국제계약 분쟁해결론

이헌묵

弘文社

머리말

본 연구서에서는 국제계약에 관한 분쟁에서 발생하는 세 가지의 법적 문제점에 관하여 논하였습니다.

첫째 국제계약에 관한 분쟁이 발생한 경우 먼저 어느 국가의 법원에 소를 제기할 것인지를 결정해야 합니다. 분쟁의 당사자는 자신이 원하는 국가에 마음대로 소를 제기할 수 없고 소를 제기하고자 하는 국가의 법에서 허용하는 경우에만 소를 제기할 수 있습니다. 이를 '국제재판관할'이라고 합니다. 만일 국제재판관할이 없는 국가에 소를 제기하면 소가 각하되므로 국제재판관할에 관하여 신중한 검토가 필요합니다.

둘째 일단 소가 제기되어서 법원의 소송절차가 개시되었다면 그 분쟁에 관하여 어느 국가의 법이 적용되는지 결정해야 합니다. 이를 '준거법의 결정'이라고 합니다. 언뜻 생각하면 법원은 자신이 소재한 국가의 법을 적용할 것으로 보이지만 실제로는 자국의 국제사법에 의하여 결정된 준거법을 적용합니다.

셋째 소송절차가 끝나고 최종판결을 받았지만 법원이 소재한 국가 이외의 국가에서 강제집행을 해야 하는 경우가 있습니다. 각 국은 외국법원이 한 재판에 대하여도 일정한 요건을 갖추면 그 효력을 자국 내에서 인정하고 강제집행을 허용하는데 이를 '외국재판의 승인 및 집행'이라고 합니다.

위 세 가지 주제는 국제계약분쟁에서 필수적 사항이지만 이 세 가지 주제를 모아놓은 서적은 국내에 없는 듯합니다. 소위 서구 선진국의 경우에는 'International Private Law' 또는 'Conflict of Laws'라고 할 때 위 세 가지 주제를 모두 다루는 것이 일반적입니다. 이러한 점에서 본 연구서가 다른 훌륭한 분들의 연구에 밑거름이 되거나 실무에서 사용되기를 기대합니다.

본 연구서는 필자가 적지 않은 시간 동안 위 주제와 관련한 실무와 연구를 진행한 결과물입니다. 본 연구를 진행하면서 우리의 현행법이 도입된 이유와 이러한 현행법에 근거한 판례의 논리에 대하여 많은 의문이 들었지만 이에 대한 답을 주는 연구결과를 국내에서 찾기 힘들었습니다. 본 연구서는 이러한 의문에 대한 필자의 '답안'입니다. 따라서 반드시 정답이 아니란 점을 명확히 하고자 합니다. 덧붙여 필자는 당분간(또는 앞으로 계속) 위 주제들에 대한 연구를 중단할 생각입니다. 여러모로 힘든 일을 겪으면서 휴식이 필요하다고 느꼈습니다.

본 연구서가 나오기까지 고마운 분들이 있습니다. 법률서적의 판매가 부진함에도 불구하고 흔쾌히 출판을 결정해 주신 홍문사의 임권규 사장님과 임정우 상무님, 그리고 어려운 편집 작업을 훌륭하게 해주신 이경희 주간님을 포함한 홍문사의 편집팀 여러분에게 감사를 표합니다. 또한 집필의 대부분이 이루어진 University of Edinburgh에서 여러모로 도움을 준 Mr.Cabrelli의 배려에 감사를 전하고 싶습니다.

2020. 8.
청계산 매봉(과천 쪽) 밑자락에서

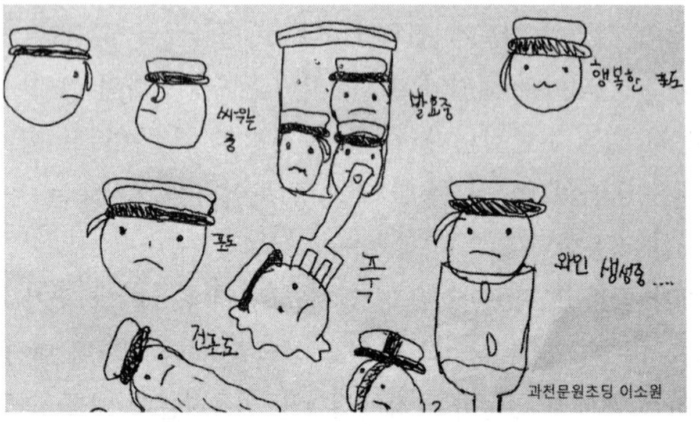

차 례

제 1 편 국제계약의 분쟁에 있어서 국제재판관할

제 3 편 외국재판의 승인과 집행

01

국제계약의 분쟁에 있어서 국제재판관할

제1장 서 언

Ⅰ. 국제재판관할의 의미

국제적 요소가 있는 국제계약(통상 당사자가 다른 국가에 소재한 경우가 될 것이다.)에 관하여 분쟁이 발생하였고 이러한 분쟁이 협의에 의하여 해결될 수 없다면 당사자는 법원의 소송절차를 통하여 분쟁을 해결하고자 할 것이다. 이때 분쟁의 당사자는 국제계약과 관련된 국가 중 어느 국가의 법원에 소를 제기할 것인지를 결정해야 한다. 당연히 분쟁의 당사자는 자신에게 가장 유리한 국가의 법원에 소를 제기하고자 할 것이다. 어느 국가가 자신에게 가장 유리한 법정지인지를 결정하기 위해서는 ① 지리적 거리와 언어, ② 소송절차에 적용되는 절차법의 유불리,[1] ③ 국제계약에 준거법에 관하여 합의를 하지 아니한 경우에 법정지 국제사법에 따라서 결정되는 객관적 준거법의 유불리,[2] ④ 피고의 재산이 재판국에 소재하여 강제집행이 용이한지 여부, ⑤ 피고의 재산이 재판국에 없다면 그 재판이 피고의 재산이 소재한 국가에서 승인 및 집행될 수 있는지 여부[3] 등을 고려해야 한다.

이때 분쟁의 당사자는 자신에게 유리한 법정지라고 하여 무작정 소를 제기할 수 있는 것이 아니라 소를 제기하고자 하는 국가의 법원이 그 나라의 법에 따라서 재판권을 행사할 수 있는 때 비로소 적법하게 소를 제기할 수 있다. 이러한 재판권을 국제재판관할(international jurisdiction)이라고 한다. 국제재판관할이 관할이라는 용어를 사용하고 있지만 이는 법원이 사법주권을 행사할 수 있는 민사재판권을 의미한다. 이러한 민사재판권이 인정된 후에 비로소 그 국가의 법원 중 어느 법원이 민사재판권을 행사할 것인지에 관한 토지관할의 문제가 발생한다. 즉 양자는 선후의 관계에 있다.

Ⅱ. 직접관할과 간접관할

국제재판관할에는 직접관할(compétence directe, direct jurisdiction)과 간접관할(compétence

---

1) '절차는 법정지법에 따른다.'(forum regit processum)는 원칙은 실체법(substantive law)은 국제사법에 의하여 결정된 준거법(lex causae)이 적용되지만 절차법(procedural law 또는 adjective law)은 준거법에 관계없이 법원이 소재한 국가의 법인 법정지법(lex fori)이 적용된다는 원칙이다.

2) 실체법은 법률관계를 형성시키는 법이고 절차법은 이미 확정된 실체적 권리를 실현하는 법이므로 시간적으로 전자가 후자에 우선한다. 그런데 법정지가 달라진다고 하여 실현되는 권리의 내용이 달라진다면, 이미 발생된 권리가 절차법에 의하여 변동되는 논리모순이 발생하고, 결국 원고가 법정지를 어디로 선택하는가에 따라서 다른 결과를 가져오는 소위 '법정지 쇼핑'(forum shopping)의 문제가 발생한다. 따라서 절차법에 한정하여 법정지법이 적용되어야 하며, 법정지의 실체법은 반드시 필요한 경우 이외에는 피해야 한다.

3) 외국재판의 승인 및 집행에 관하여도 국제협약이 존재하지 않기 때문에 각 국의 국내법이 적용된다. 따라서 개별사안마다 관련된 국내법을 검토해야 한다.

indirecte, indirect jurisdiction)이 있다. 직접관할이란 외국적 요소를 갖고 있는 사건을 심리하는 법원이 당해 사건에 대하여 국제재판관할을 갖고 있는가의 문제를 말한다. 통상 국제재판관할이라고 하면 이 직접관할을 의미한다. 그런데 외국재판의 승인에 관한 민사소송법 제217조 제1항 제1호에서는 외국재판이 승인되기 위한 요건 중의 하나로 "대한민국의 법령 또는 조약에 따른 국제재판관할의 원칙상 그 외국 법원의 국제재판관할권이 인정될 것"을 요구하고 있는데 이와 같이 외국재판을 승인 및 집행하기 위한 요건으로서 외국재판을 한 외국법원에게 요구되는 국제재판관할을 간접관할이라고 한다. 외국재판의 승인 및 집행을 심사하는 법원(이하 '승인국 법원'이라고 한다.)이 외국재판을 한 외국법원의 국제재판관할을 직접 규율하는 것은 그 국가의 사법주권을 침해하므로 불가능하고 오직 승인 및 집행의 절차에서만 외국법원의 국제재판관할을 간접적으로 규율할 수 있다는 의미에서 간접관할이라고 한다.[4] 간접관할에 관하여는 헤이그국제사법회의가 2019년에 채택한 헤이그승인집행협약이 있다.

국제사법 제2조 또는 국제조약에 따라서 직접관할이 결정된다. 그런데 국제재판관할 전반에 관한 국제협약은 존재하지 아니하며 다만 당사자가 국제재판관할에 관하여 합의를 한 경우에 관한 「헤이그관할합의협약」(Hague Choice of Court Convention)이 헤이그국제사법회의에 의하여 2005년에 마련되어 있다. 우리나라는 아직 이 협약에 가입하지 아니하였으므로 현재는 국제사법 제2조에 따라서만 직접관할이 결정된다. 간접관할에 관하여는 민사소송법 제217조 제1항에서 "대한민국의 법령 또는 조약에 따른 국제재판관할의 원칙"에 따르도록 규정하고 있지만 간접관할에 관한 법령이 따로 존재하지 아니하므로 간접관할도 직접관할에 관한 국제사법 제2조에 따라서 결정된다. 결국 직접관할과 간접관할은 개념적 차이는 있으나 결정원칙은 동일하다. 독일에서는 이를 '경상의 원칙'(mirror-image principle)이라고 한다.[5]

예를 들면 각 국은 자신의 국내법에 따라서 국제재판관할을 결정하므로 우리 법원은 우리 법에 따라서, 일본 법원은 일본법에 따라서 소가 제기된 국제계약분쟁에 대하여 국제재판관할을 갖고 있는지 결정한다. 그러나 일본 법원이 한 재판에 관하여 우리 법원에서 승인 및 집행이 문제되었다면 경상의 원칙에 따라서 일본법에 관계없이 우리 법상 당해 일본 법원이 국제재판관할을 갖고 있는지를 심사해야 한다. 이러한 결과 일본 법원이 일본법에 따라서 국제재판관할을 갖고 있더라도 우리 법에 따라서는 국제재판관할이 부정되어서 일본 법원의 재판에 대한 승인 및 집행이 거부될 수 있다.

국제재판관할은 특정 법원이 관할이 아니라 한 국가의 민사재판권을 뜻하므로 경상의 원칙이 적용된다고 하여 외국 법원 중 특정 법원에 한정하여 국제재판관할이 인정되는 것은 아니며 그 국가의 법원에 국제재판관할이 인정되면 그 국가의 법원 중 어느 법원이라도 국제

4) Ralf Michaels, Some Fundamental Jurisdictional Conceptions as Applied in Judgment Conventions, available at https://scholarship.law.duke.edu/faculty_scholarship/1574.

5) Wolfgang Wurmnest, Recognition and Enforcement of U.S. Money Judgments in Germany, 23 Berkeley J. Int'l Law. 175 (2005), p. 189. 영국의 보통법(common law)에서도 외국재판을 한 외국 법원이 영국법상 국제재판관할을 가질 것을 요구하고 있다(Collins, para. 14-129).

재판관할이 있는 법원으로 인정된다.[6] 이와 같이 경상의 원칙이 인정되는 이유는 국내의 국제재판관할규정은 과잉관할(exorbitant jurisdiction)[7]을 방지하기 위하여 마련되었고 따라서 외국 법원이라고 하더라도 국내의 국제재판관할규정에 반하여 재판권을 행사하였다면 과잉관할권의 행사로서 그에 따른 외국재판은 승인 및 집행이 거부되어야 하기 때문이다.[8] 간접관할에 관한 좀 더 자세한 설명은 외국재판의 승인 및 집행의 부분에서 다루도록 한다.

Ⅲ. 국제재판관할에 관한 우리 법의 규정

1. 국제사법 개정 전

국제사법 제2조가 도입되기 전 섭외사법은 2001년 국제사법으로 개정되었고 이 법 제2조에서 국제재판관할에 관한 규정을 두기 전에는 국제재판관할의 결정원칙에 관한 규정을 둔 법률은 존재하지 않았다. 다만 대법원 판례에서 국제재판관할을 결정하기 위한 원칙을 제시하고 있었다.

대법원 1992.7.28. 선고 91다41897 판결을 포함한 다수의 대법원 판결에서는 "섭외사건에 관하여 국내의 재판관할을 인정할지의 여부는 국제재판관할에 관하여 조약이나 일반적으로 승인된 국제법상의 원칙이 아직 확립되어 있지 않고 이에 관한 우리나라의 성문법규도 없는 이상 결국 당사자 간의 공평, 재판의 적정, 신속을 기한다는 기본이념에 따라 조리에 의하여 이를 결정함이 상당하다 할 것이고, 이 경우 우리나라의 민사소송법의 토지관할에 관한 규정 또한 위 기본이념에 따라 제정된 것이므로 위 규정에 의한 재판적이 국내에 있을 때에는 섭외사건에 관한 소송에 관하여도 우리나라에 재판관할권이 있다고 인정함이 상당하다고 할 것이다."라고 판시하여 국제재판관할은 민사소송법상의 조리에 따라야 하고 민사소송법의 토지관할에 관한 규정도 조리에 따른 것이므로 토지관할이 국내에 있는 경우에 국제재판관할을 인정할 수 있다고 보았다. 원칙적으로 우리 법원에 민사재판권인 국제재판관할이 인정된 후에 토지관할이 결정되어야 하는데 토지관할로부터 국제재판관할을 찾았다는 점에서 특징이 있다. 위 판결에서는 위와 같은 원칙을 적용하여, 외국 법인인 피고 회사의 사무소가 서울에 있고 여기서 근무하던 외국인인 원고들이 피고 회사로부터 부당해고 되었음을 이유로 한 손해배상을 청구한 소송은 국내에 영업소 소재지 특별재판적이 인정된다는 이유로 우리 법원에 국제재판관할이 있다고 보았다.

---

6) Wolfgang Wurmnest, Recognition and Enforcement of U.S. Money Judgments in Germany, 23 Berkeley J. Int'l Law. 175 (2005), p. 189.

7) 국제재판관할의 발생근거에 기한 국제재판관할 중 국제적인 기준에 비추어 수용될 수 없는 국제재판관할을 '금지되는 관할'(prohibited jurisdiction) 또는 과잉관할이라고 한다(석광현, 국제재판관할에 관한 연구, 서울대학교출판부, 2001, 29쪽). 한충수, "국제사법의 탄생과 국제재판관할", 법조 536호(2001), 59쪽에서는 외국법인의 영업소 소재지 보통재판적을 명시적으로 과잉관할 중의 하나로 분류하고 있다.

8) Wolfgang Wurmnest, Recognition and Enforcement of U.S. Money Judgments in Germany, 23 Berkeley J. Int'l Law. 175 (2005), p. 189.

그리고 대법원 2000.6.9. 선고 98다35037 판결에서는 앞서의 기준을 그대로 받아들이면서 다만 증거수집의 용이성이나 소송수행의 부담 정도 등 구체적인 제반 사정을 고려하여 그 응소를 강제하는 것이 민사소송의 이념에 비추어 보아 심히 부당한 결과에 이르게 되는 특별한 사정이 국제재판관할을 부정할 수 있다고 보았다. 정리하자면 민사소송법에 따라서 우리 법원에 토지관할이 인정되면 원칙적으로 국제재판관할이 인정되지만, 이러한 획일적 기준을 국제사건에 적용한 결과 국제분쟁의 특성상 우리 법원이 관할권을 행사하는 것이 부당하다는 예외적 사정이 존재한다면 국제재판관할이 부정된다는 것으로서 원칙적 기준과 예외적 기준을 명확히 분별하였다는 점에서 의미가 있다. 위 판결에서는 위 기준을 적용하여 외국 법인이 우리나라에 영업소를 두고 있어서 민사소송법상 외국 법인의 보통재판적이 인정된다면 원칙적으로 우리 법원에 국제재판관할이 인정되고, 당해 사건이 그 영업소와 관련이 없다는 사정만으로는 우리 법원이 국제재판관할권을 행사하는 것이 당사자 간의 공평이나 재판의 적정, 신속 등 조리에 반하는 예외적 사정에 해당하지 아니한다고 보았다. 이 판결의 문제점에 관하여는 국제재판관할 중 일반관할에 관한 부분에서 논의하도록 한다.

2. 국제사법 제2조의 규정의 신설

국제사법의 제1조에서는 국제재판관할도 국제사법의 규율대상임을 명시적으로 선언하면서 제2조에서 국제재판관할을 결정하기 위한 일반원칙을 규정하고 있다.

> **국제사법 제2조** ① 법원은 당사자 또는 분쟁이 된 사안이 대한민국과 실질적 관련이 있는 경우에 국제재판관할권을 가진다. 이 경우 법원은 실질적 관련의 유무를 판단함에 있어 국제재판관할 배분의 이념에 부합하는 합리적인 원칙에 따라야 한다.
> ② 법원은 국내법의 관할 규정을 참작하여 국제재판관할권의 유무를 판단하되, 제1항의 규정의 취지에 비추어 국제재판관할의 특수성을 충분히 고려하여야 한다.

(1) 우리 법원이 당해 국제사건에 대하여 국제재판관할권을 행사하는 것을 정당화할 수 있을 정도로 당사자 또는 분쟁이 된 사안이 우리나라와 실질적 관련성(substantial relationship)이 있어야 비로소 우리 법원에 국제재판관할권이 인정된다. 예를 들어 거주지, 사건의 발생지 또는 재산의 소재지 등이 전적으로 외국에 소재하고 있어서 우리나라와 어떠한 관련도 없는 분쟁에 대하여는 우리 법원에 국제재판관할권이 없다.

(2) 실질적 관련성은 매우 추상적 기준이기 때문에 좀 더 명확한 기준이 필요하다. 민사소송법의 토지관할(각 지역에 있는 법원 중에 어느 법원이 관할법원이 되는가의 문제)에 관한 규정은 사건과 법원 사이의 관련성을 고려하여 마련된 것이므로 어느 국제사건에 관하여 국내에 토지관할이 인정되면 일단 그 사건과 국내 법원 사이에 실질적 관련성이 높다고 볼 수 있다. 이러한 취지에서 국제사법 제2조 제2항에서는 국제재판관할을 결정할 때 국내 관할규정을 참

조하도록 규정하고 있다.

(3) 민사소송법의 토지관할에 관한 규정은 구체적 사건에서의 특수성을 고려하지 아니하고 획일적으로 마련된 것이다. 만일 국제사건에서도 토지관할에 관한 규정을 획일적으로 적용하게 되면 국내 법원과 실질적 관련이 없는 국제사건에 대하여도 재판권을 행사하는 과잉관할이 발생할 수 있다. 이러한 이유로 국제재판관할의 배분은 원칙적으로 토지관할에 따르되 국제재판관할의 특수성을 고려해야 한다.

(4) 실질적 관련성과 합리성의 원칙은 국제재판관할의 결정에서 필수적 요소로 볼 수 있지만 이러한 기준과 토지관할을 참조하는 것만으로는 다양한 사건에 대한 국제재판관할을 결정하는데 한계가 있을 수밖에 없다. 브뤼셀규정 recast나 1999년 헤이그초안을 보면 국내토지관할과 별개로 국제재판관할에 관하여 일반관할(general jurisdiction)과 특별관할(special jurisdiction)을 나누어 규정하고 있고, 미국의 Restatement (Third) of Foreign Relations Law 제421조 제1항에서도 재판권 행사에 대한 합리성을 국제재판관할의 결정원칙으로 규정하면서도 제2항에서는 예시를 들고 있다. 우리의 경우에도 보다 구체적인 규정을 둘 필요가 있다고 본다.[9)]

3. 소비자계약과 근로계약에 관한 특칙

국제사법 제27조와 제28조는 약자인 소비자 및 근로자를 보호하기 위하여 소비자계약과 근로계약의 국제재판관할의 결정에 있어서 특칙을 규정하고 있다. 간략히 소개하면 소비자를 피고로 하여 소송을 제기할 때는 소비자가 상시 거주하는 곳(이를 '상거소'(permanent residence)라고 한다.)의 법원만이 관할을 갖고, 근로자를 피고로 하여 소송을 제기할 때는 근로자의 상거소지의 국가 또는 일상적인 노무제공지의 국가의 법원만이 국제재판관할을 갖는다. 이는 전속관할로서 강행규정이므로 계약의 당사자는 이와 다른 국제재판관할의 합의를 할 수 없다. 다만 분쟁이 이미 발생한 경우 또는 소비자나 근로자에게 위 관할법원에 추가하여 다른 법원에 제소하는 것을 허용하는 경우는 소비자나 근로자에게 유리한 경우이므로 국제재판관할의 합의가 허용된다.

9) 윤성근, "국제재판관할 결정의 일반적 기준으로서 실질적 관련의 원칙", 국제사법연구 제18호(2012), 51쪽.

제 2 장 국제재판관할의 결정기준

제 1 절 외국의 사례

1. 영 국

영국의 보통법(common law)에 따르면 국내관할과 국제재판관할의 결정원칙이 동일하다. 피고에 대하여 일정한 작위 또는 부작위를 요구하는 대인적 청구(claim in personam)의 경우에 있어서는 피고가 영국에서 송달을 받을 수 있거나 또는 법령이 정한 바에 따라서 외국에서 송달을 받을 수 있는 경우[1]에 그 피고에 대한 재판관할이 발생한다. 소송은 소장의 제출에 의하여 개시되므로 이러한 소장이 피고에게 적법하게 송달되지 못한다면 법원이 관할권을 행사할 수 없기 때문이다.[2] 결국 송달에 관한 규정이 법원의 국제재판관할도 결정짓는다. 송달에 관하여는 민사소송규칙(Civil Procedure Rules)에서 규정하고 있다. 위와 같은 원칙에 따라서 피고가 영국에 임시로 소재한 경우에도 송달만 가능하다면 영국 법원의 관할을 인정된다. 그러나 브뤼셀협약 제3조에서는 피고가 임시로 법정지에 소재하여 송달이 이루어졌다는 이유로 관할을 허용하는 영국의 관할규칙은 적용되지 아니한다고 명시하여 이를 과잉관할로 보고 있다. 해외송달에 관하여는 민사소송규칙 제6.37조에서 규정하고 있는데 제2항에서는 사건의 쟁점이 영국 법원이 재판권을 행사하는데 있어서 합리적일 것을 요구하고 제3항에서는 영국이 소를 제기하기에 적절한 장소(proper place)가 아닌 경우에는 해외송달을 허용해서는 아니 된다고 규정하고 있다.

영국 법원이 소송을 진행하는 데 있어서 적절하고 합리적인 법원인지 여부를 결정하기 위해서는 사건의 속성, 법적 그리고 실질적 쟁점, 증거조사의 용이성, 비용 등 다양한 요소가 고려되어야 한다.[3] 계약상 분쟁에 관하여는 그 계약이 영국에서 체결된 경우(원격자 사이의 계약의 경우에는 승낙의 의사표시를 한 곳이 계약의 체결지가 된다.), 외국인인 피고가 영국에 소재하거나 영국에서 활동하는 대리인에 의하여 또는 통하여(by or through)[4] 계약을 체결한 경우, 준거법이 영국법인 경우,[5] 계약위반이 영국 내에서 발생하고 분쟁이 그 계약위반에 관한 것일 경우(계약의 전부 또는 일부가 영국 내에서 이행될 것을 전제로 한다.)에 해외송달이 허용되고 영국 법원이 국제재판관할을 갖는다.[6]

---

1) 이러한 경우에는 민사소송규칙 제6.36조에 따라서 법원의 허가가 있어야 한다.
2) Collins, para. 11-003.
3) Ibid.
4) 대리인이 대리권 없이 중개행위만 한 경우도 포함한다.
5) 영국법이 준거법이라고 하더라도 외국 법원이 재판하는 것이 더 편리한 경우에는 영국 법원의 관할이 부정된다(Amin Rasheed Shipping Corp v Kuwait Insurance Co [1984] A.C. 50).

2. 미 국

미국법에 있어서 관할(jurisdiction)을 논할 때에는 일반적으로 대물관할(In rem jurisdiction, subject matter jurisdiction), 준대물관할(quasi In rem jurisdiction) 및 대인관할(In personam jurisdiction, personal jurisdiction)로 분류한다. 대물관할이라 함은 각 주(州, state)는 그 영역 내에 있는 모든 재산에 대하여 일반적으로 관할권을 갖는다는 원칙이다. 따라서 그 재산의 소유자가 그 주에 존재하느냐의 여부는 문제가 되지 아니한다. 대인관할이라 함은 각 주는 그 영토 내에 있는 사람에 대하여 재판관할권을 갖는다는 원칙이다. 준대물관할은 대인관할이나 대물관할이 없이 피고의 재산소재지에서 그 재산을 압류함으로써 발생하는 관할을 말한다. 즉 어느 주가 어느 특정 개인에 대하여 대인관할을 가지고 있지 않지만, 그 사람 소유의 재산이 그 주의 영토 내에 있는 경우 제3자(주로 그 주의 시민)의 위 재산소유자에 대한 채권(그 재산과 관련 없는 채권)의 만족을 위하여 특정한 상황에서 특별히 인정되는 관할이다.[7)]

대인관할과 관련하여 미국의 재판관할은 일반관할(general jurisdiction)와 특정관할(specific jurisdiction)이 있다. 전자는 분쟁이 어디에서 발생하였는지에 관계없이 특정 주가 특정 피고에 대하여 일반적으로 갖고 있는 관할이고 후자는 특정 주가 피고에 대하여 일반관할이 없더라도 피고와 특정 주 사이에 상당한 접촉(contacts)이 있다면 피고에 대하여 인정되는 관할이다. 미국은 다른 국가에 비하여 일반관할을 폭넓게 인정하고 있어서 원고가 '법정지 쇼핑'(forum shopping)을 하는 것을 허용한다는 비판이 있다.[8)]

영국과 마찬가지로 미국에서도 피고가 법정지의 주에 소재하여 소환장(summon)이 그 피고에게 송달될 수 있는 경우에 일반관할이 발생하는 것이 원칙이다. 피고가 지속적으로 법정지의 주에 거주할 필요는 없고 법정지의 주에 방문하는 경우라도 적법하게 송달이 이루어질 수 있다면 그 피고에 대하여 관할이 발생한다. 심지어 비행기가 법정지 주의 상공을 지나갈 때 피고에게 실시한 송달에 의해서도 관할이 발생한다.[9)] 이를 태그관할(tag jurisdiction)[10)]이라고 한다. 미국 연방대법원은 Goldey v. Morning News 판결[11)]에서 회사의 사장이 일시적으로 법정지의 주에 있는 동안에 소환장을 송달한 경우에는 연방법원의 그 회사에 대한 관할이 발생하지 않는다고 하여 위 관할을 피고가 개인인 경우에 한정시켰는데 현재는 연방법원과 주법원 모두에 대하여 위 원칙이 지켜지고 있다.

미국에서 가장 많이 사용되고 있는 피고에 대한 관할의 발생기준은 최소접촉기준(minimum contacts test)이다. 최소접촉기준을 처음 제시한 연방대법원의 International Shoe

---

6) Collins, para. 11R－176.
7) 강병섭, "국제재판관할", 재판자료 제34집(1986), 339쪽.
8) Hay, p. 391. 관대한 관할에 덧붙여 미국은 다른 나라에 비하여 높은 금액의 손해액을 인정하고 있기 때문에 상해사건이 경우에 미국 법원을 선호하는 경향이 있다. 이와 같이 미국 법원이 세계 각 국의 원고들을 끌어들인다고 하여 미국을 '자석 법정지'(magnetic forum)이라고도 부른다.
9) Hay, p. 392.
10) 술래잡기놀이의 영어명칭인 'tag'로부터 그 이름이 유래되었다.
11) 156 U.S. 518, 15 S.Ct. 559, 39 L.Ed. 517 (1984).

Co. v Washington 판결[12)]에서는 최소접촉이 필요한 이유에 대하여, 피고와 법정지와의 충분한 접촉이 있어야 비로소 법정지 법원이 관할권을 행사하는데 있어서 '합리적이고 정당하다'(reasonable and just)하게 된다고 보았다. 덧붙여 "피고의 법정지와의 어떤 접촉이 상당 정도에 이르러 소의 유지가 전통적 관념인 '공정한 게임과 상당한 정의'를 해하지 않아야 한다."(he have certain minimum contacts with it such that the maintenance of the suit does not offend traditional notions of fair play and substantial justice.)고 밝혀서 미미한 접촉만으로는 특정관할이 발생하지 않는다는 점을 명확히 하고 있다.

앞의 International Shoe Co. v Washington 판결에서는 최소접촉기준을 비관련접촉(unrelated contact)과 관련접촉(related contact)으로 나누었다. 전자는 피고의 법정지 주와의 접촉이 '지속적이고 체계적'(continuous and systematic)인 경우에는 분쟁과 피고의 법정지 주와의 접촉 사이에 아무런 관련이 없어도 관할이 발생하는 경우를 말한다. 이를 '영업행위기준'(doing business test)라고 한다. 후자는 피고의 법정지 주와의 접촉이 일회적이라고 하더라도 그 접촉으로부터 분쟁이 발생하였다면 관할이 발생하는 경우를 말한다. 전자는 일반관할이 되고 후자는 특정관할이 된다. 이러한 최소접촉기준은 재판관할을 주의 피고에 대한 지역적 권한(territorial power)이라는 관점에서 피고의 그 주와 관련(defendants' relationship with the state)에 따른 결과라는 관점으로 변화를 가져왔다.[13)]

비관련접촉에서 지속적이고 체계적인 접촉이 어느 정도의 접촉을 의미하는지 그 기준은 매우 애매하다. 피고가 법정지 주에 사무소 또는 직원을 상주시킨 경우에는 일반적으로 지속적이고 체계적인 접촉이 인정되지만 그렇지 않고 법정지 주에서 판매행위를 한 경우, 사업자등록만 한 경우, 송달대리인을 지명한 경우가 지속적이고 체계적인 접촉인지에 관하여는 판례가 나뉘어 있다.[14)] 그런데 연방대법원의 Goodyear Dunlop Tires Operations, S.A. v. Brown 판결[15)]과 이에 이은 Daimler AG v. Bauman 판결[16)]에서는 지속적이고 체계적인 접촉이 상당하여 법정지를 '집으로'(at home)으로 만들 정도에 이르러야 한다고 판시하였다.[17)] 이를 'at home test'라고도 한다. 이 기준에 따르면 개인의 경우에는 그의 주소지를 집이라고 볼 수 있고 회사의 경우에는 설립지 또는 본사의 소재지가 집이 될 수 있으므로 이러한 곳의 법정지

12) 326 U.S. 310, 66 S.Ct. 154, 90 L.Ed. 95 (1945).

13) Keri Martin, What Remains of Vicarious Jurisdiction for Establishing General Jurisdiction Over Corporate Defendants After Daimler AG v. Bauman?, SETON HALL CIRCUIT REVIEW Vol. 12:1 (2015), p. 7.

14) Hay, pp. 411–412.

15) 131 S. Ct. 2846, 2853-54 (2011).

16) 134 S. Ct. 746 (2014). 이 사건에서 독일 회사인 다임러의 피해자라고 주장하는 아르헨티나의 원고들이 다임러의 자회사가 소재한 캘리포니아주가 아르헨티나에서 발생한 이 사건에 관하여 국제재판관할이 있다고 주장하면서 소를 제기하였다. 피고가 관할위반을 주장한데 대하여 연방제9순회재판소(9th circuit)는 만일 자회사가 소재하지 않았다면 모회사가 사업을 수행하였을 경우에는 자회사의 접촉이 모회사의 접촉으로 볼 수 있다는 소위 '대리인 이론'(agency theory)을 적용하여 관할을 인정하였다. 그러나 연방대법원은 다임러가 켈리포니아주에서 설립되었거나 본사를 두고 있지 아니하여 캘리포니아주를 '집으로'(at home) 삼고 있지 않다는 이유로 관할을 부정하였다. 이 판결은 연방대법원의 Tyrrell v. BNSF Ry. Co., 373 P.3d 1, 3 (Mont. 2016) 판결에서도 지지되었다.

17) "when their affiliations with the State are so "continuous and systematic" as to render them essentially at home in the forum State."

가 그 회사에 대한 일반관할을 갖는다.[18] 따라서 외국회사가 특정 주에서 영업행위(doing business)를 했다는 사실만으로는 그 주의 외국회사에 대한 일반관할이 발생한다고 볼 수 없다. 이러한 결과 외국법인이 법정지에서 지속적이고 조직적인 활동(continuous and systematic activities)을 영위하는 경우에 그 법정지는 그 외국 법인에 대하여 일반관할을 가지게 된다는 영업행위기준은 더 이상 인정되지 아니하고 다만 그 행위와 관련된 분쟁이 발생한 경우에만 특정관할이 인정될 수 있을 뿐이다.

관련접촉과 관련하여서는 피고가 법정지 주와 최소한의 접촉을 의도적(purposefully)으로 형성해야 한다. 즉 피고가 법정지 주의 혜택을 의도적으로 이용해야 한다(purposely avail itself of the forum's benefits). 이와 같이 보지 않는다면 우연적(fortuitous)으로 형성된 접촉에도 관할이 발생할 수 있기 때문이다. 피고가 의도적으로 최소한의 접촉을 형성하였는지 여부는 계약이 체결되기 전 교섭단계부터 모든 정황을 고려하여 결정해야 한다. 미국 연방대법원의 Burger King Corp v. Rudzewicz 판결[19]의 사안에서는 플로리다주에 소재한 유명한 햄버거 가맹사업자인 버거킹이 미시건주에 소재한 가맹점주를 상대로 플로리다주 법원에 가맹료의 지급을 구하는 소를 제기하였는데, 연방대법원은 의도적 최소접촉의 기준을 적용하여 가맹점 계약이 플로리다주에서 체결되고, 플로리다주에 있는 원고의 본사로 가맹료가 지급되었으며, 피고가 원고에게 중요한 사항에 대한 연락을 플로리다주로 했다는 점 등을 이유로 의도적 최소접촉의 존재를 인정하였다. 위와 같은 의도적 최소접촉으로 인하여 피고가 플로리다주에서 제소될 것을 합리적으로 예견(reasonably anticipate)할 수 있었기 때문이다.

이러한 피고의 예견가능성의 기준은 미국 연방대법원의 World－Wide Volkwagen Corp. v. Woodson 판결[20]에서 제시되었었다. 이 판결에서는 적법절차(due process)에서 중대한(critical)한 의미를 갖는 예견가능성(foreseeability)은 "피고의 행위와 법정지와의 관련이 상당정도에 이르러 피고가 그 법정지 법원에 제소될 수 있다고 합리적으로 예상할 수 있어야 한다."(the defendant's conduct and connection with the forum are such that he should reasonably anticipate being haled into court there.)는 의미로 해석하고 있다. 이러한 미국의 최소접촉기준은 국제사법 제2조와 상당 부분 일치하는 것으로 보인다.[21] 실제로 미국 연방대법원의 McGee v. International Life Ins. Co. 판결[22]에서는 최소접촉을 위하여 '상당한 관련'(substantial connection)이란 기준을 제시하고 있다.

영국과 마찬가지로 미국에서도 '부적절한 법정지의 원칙'이 인정된다. 소가 제기된 법원이 부절절한 법정지인지 여부를 판단하기 위해서는 증인이 소재지, 관련 증거의 소재지, 비용 등 피고의 방어의 어려움, 원고가 다른 법정지를 선택할 수 있는지 여부, 분쟁에 적용되는 준

18) Keri Martin, What Remains of Vicarious Jurisdiction for Establishing General Jurisdiction Over Corporate Defendants After Daimler AG v. Bauman?, SETON HALL CIRCUIT REVIEW Vol. 12:1 (2015), p. 5.

19) 471 U.S. 462,105 S.Ct. 2174, 85 L.Ed.2d 528 (1985).

20) 444 U.S. 286 (1980).

21) 윤성근, "국제재판관할 결정의 일반적 기준으로서 실질적 관련의 원칙", 국제사법연구 제18호(2012), 74쪽.

22) 355 U.S. 220 (1957).

거법 등을 고려해야 한다. 회사의 경우 본사의 소재지에서 소가 제기되었다면 '부적절한 법정지의 원칙'이 적용되지 아니한다.

3. 캐나다

캐나다는 대법원(Supreme Court of Canada)이 1990년 12월 20일 Morguard Investment v. De Savoye 판결[23]에서 법정지 법원이 법정지에 소재하지 아니한 피고에 대하여 관할을 갖기 위해서는 사건과 법정지 사이에 '진정하고 상당한 관련'(a real and substantial connection)이 있을 것을 요구한 이래로 이 기준이 적용되고 있다. 이 판결에서는 피고에 대한 공정성을 그 근거로 제시하고 있는데 피고에 대한 공정성을 위해서는 사건과 법정지 사이에 상당한 접촉(signigicant contacts)이 있을 것을 요구하고 이를 달리 표현한 것이 '진정하고 상당한 관련'이다. 그러나 '진정하고 상당한 관련'은 추상적이었기 때문에 2002년 온타리오주 항소법원은 '진정하고 상당한 관련'의 존재를 인정하기 위하여 8가지 요소를 제시하였고 이러한 요소는 캐나다의 일부 다른 주에서도 받아들여졌다.[24]

이 여덟 가지의 요소는 다음과 같다. 첫째 원고의 청구와 법정지 사이의 관련, 둘째 피고와 법정지 사이의 관련, 셋째 관할의 인정에 따른 피고에 대한 불공정성, 넷째 관할의 불인정에 따른 원고에 대한 불공정성, 다섯째 다수당사자 소송이나 참가인이 있는지 여부(중복소송의 방지를 위하여), 여섯째 동일한 관할원칙을 갖고 있는 다른 법정지의 재판을 승인할 준비가 되었는지 여부(법원이 법정지에 소재한 당사자를 더욱 배려하는 것을 방지하기 위하여), 일곱째 사건이 지방 사이의 분쟁인지 아니면 국제적 분쟁인지 여부, 여덟째 예양(comity) 및 다른 법정지의 관할과 승인 및 집행의 기준. 이와 같은 여덟 가지의 기준이 제시되었지만 실제로는 앞의 두 가지 요소가 가장 중요한 요소가 되며 나머지 요소들은 앞의 두 가지 요소를 지지하는 보충적 역할을 한다.

한편 캐나다 대법원은 2012년 4월 18일 Club Resorts Ltd. v. Van Breda 판결[25]에서 '진정하고 상당한 관련'을 유지하면서도 이 기준의 추상성으로 인하여 예측가능성(predictability)이 떨어진다는 이유로 불법행위와 관련하여 몇 가지 관할추정의 요소를 제시하였다. 추정요소는 다음과 같다. 첫째 피고가 법정지에 주소를 갖고 있거나 거주자라는 사실, 둘째 피고가 법정지에서 사업을 수행하고 있는 사실, 셋째 법정지에서 불법행위가 저질러진 사실, 넷째 분쟁과 관련한 계약이 법정지에서 체결된 사실. 이러한 추정요소는 국제재판관할의 존재를 주장하는 당사자가 증명책임을 부담한다.

---

23) [1990] 3 SCR 1077.
24) Stephen G.A. Pitel, Reformulating a Real and Substantial Connection, UNB LJ Vol/Tome 60 (2009), p. 177.
25) [2012] 1 SCR 572.

4. 브뤼셀규칙 recast

1968년 유럽경제공동체(European Economic Community)의 6개 회원국(벨기에, 독일, 프랑스, 이태리, 룩셈부르크, 네덜란드)은 브뤼셀협약을 체결하였는데 당초 목표는 체약국 상호 간에 재판의 승인 및 집행에 있었지만 국제재판관할에 관한 규정까지도 포함되었다.[26) 브뤼셀협약은 2007년 유럽연합의 브뤼셀규칙으로 대체되었고, 이 규칙은 2012년 브뤼셀규칙 recast로 대체되었다. 브뤼셀규칙 recast는 국제재판관할을 결정하기 위한 일반적 · 추상적 기준을 제시하지 않고 일반관할(chapter II section 1)과 특별관할(chapter II section 2－7)로 나누어 개별적 · 구체적으로 규정하고 있다. 이러한 일반관할과 특별관할은 한정적 규정이기 때문에 각 국의 법원은 위 규칙에서 지정하는 법원 이외의 법원에 관할을 인정할 수 없다. 또한 국내의 관할규칙을 적용할 수 없으므로 영국 법원은 '부적절한 법정지의 원칙'을 적용하여 하여 위 규칙에 따라서 인정된 영국 법원의 관할을 배제시킬 수 없다.[27) 이와 같은 엄격한 해석의 이유는 위 규칙에서 규정하지 아니한 관할을 인정할 경우에는 당사자의 관할법원에 대한 법적 확실성 또는 예측가능성을 해쳐서 위 규칙의 목적에 반하는 결과를 가져오기 때문이다.[28)

일반관할로서 피고가 주소를 두고 있는 국가의 법원이 국제재판관할을 갖는다(제4조(1)). 이를 'actor sequitur forum rei'(원고는 피고의 법정지를 따른다.)라고 하는데 우리 민사소송법을 포함하여[29) 세계적으로 인정되고 있는 원칙이다. 피고는 자신이 소재한 곳에서 가장 잘 방어를 할 수 있는데 승패를 알 수 없는 상황에서 피고로 하여금 자신의 소재지 이외에 소재하는 법원에서 응소하도록 하는 것은 부당하기 때문에 이 원칙이 인정되고 있다. 그렇다고 피고가 소재하는 지방의 법원이 국제재판관할을 갖는 것은 아니며 구체적으로 어느 법원이 관할을 갖는가의 문제는 그 국가의 국내법에 따라서 결정된다.

그런데 이러한 피고의 주소지 원칙은 분쟁과 법정지 사이의 관계를 전혀 고려하지 않았기 때문에 분쟁과 밀접한 관련(close connection)[30)이 있는 국가의 법원에 대하여도 국제재판관할을 인정할 필요가 있었고 이에 따라서 마련된 것이 특별관할이다.[31) 그리고 피고의 주소지 법원에 대하여만 관할을 인정하게 되면 피고의 이익만을 우선하게 되므로 원고와 피고의 이익에 균형을 맞추기 위한데도 특별관할을 인정한 목적이 있다.[32) 계약에 관한 특별관할을 보면 제7조(1)(a)에서는 원칙적으로 문제된 의무의 이행지 법원에 대하여 국제재판관할을 인

26) 국제관할원칙을 직접 규율하지 않고 외국재판의 승인 및 집행만을 규율하는 형식의 협약을 'simple convention'(단일협약), 체약국 법원이 협약에 열거된 관할근거에 따라서만 국제관할을 가질 수 있는 협약을 'double convention'(이중협약), 체약국이 협약의 규정에 따라서 국제관할을 가지지만, 협약에서 강제하지 않는 사항은 자국법의 관할규칙을 근거로 국제관할을 인정할 수 있도록 허용하는 'mixed convention'(혼합협약)이 있다(석광현, "개정루가노협약에 따른 계약사건의 국제재판관할", 서울대학교 *法學* 제49권 제4호, 주17), 주28)). 브뤼셀협약은 이중협약이고, 헤이그국제사법회의에서 마련한 1999년 헤이그초안은 혼합협약이다.

27) Owusu v Jackson Case C－281/02 [2005] ECR I－1383.

28) Custom Made Commercial Ltd v. Stawa Metallbau GmbH Case C－288/92 [1994] ECR I－2913, I－2956.

29) 민사소송법 제2조는 "소는 피고의 보통재판적이 있는 곳의 법원이 관할한다."고 규정하고 있다.

30) 특별관할이 밀접한 관련을 바탕으로 하고 있다는 점은 브뤼셀규칙 recast 전문(16)에서 명시하고 있다.

31) 제나드 보고서 p. 22. 밀접한 관련은 국제사법 전반에 걸쳐서 인정되고 있는 원칙인 근접성(proximity)을 바탕으로 하고 있다(Magnus, p. 90).

32) Ibid.

정하고 있다. 여기서 의무의 이행지는 당사자가 달리 합의한 사항이 없다면 물품매매와 관련하여서는 물품이 인도되었거나 인도되었어야 하는 국가를 의미하며, 용역의 제공과 관련하여서는 용역이 제공되었거나 제공되었어야 하는 국가를 의미한다(제7조(1)(b)). 유럽사법재판소의 Color Drack GmbH v Lexx International Vertriebs GmbH 결정[33]에서는 계약의 이행지 법원에 특별관할이 인정되는 이유는 당사자의 예측가능성과 근접성을 이유로 한다고 밝히고 있다. 이에 따라서 이 판결에서는 물품이 여러 군데에서 인도된 경우에 경제적 관점에서 가장 주된 이행이 이뤄진 곳의 법원이 관할을 갖고, 만일 가장 주된 이행을 구분할 수 없다면 이행이 이루진 곳 중 원고가 선택한 곳이 관할을 갖는다고 보았다.

앞서 언급한 바와 같이 브뤼셀규칙 recast의 관할규칙은 한정적 규정으로서 법정지 법원은 브뤼셀규칙 recast에 규정된 연결요소 이외의 요소를 고려할 수 없으므로 계약의 이행지가 분쟁과 밀접한 관련이 없더라도 이행지 법원이 관할법원이 된다.[34]

5. 1999년 헤이그초안

1999년 헤이그초안은 브뤼셀협약이나 브뤼셀규칙과 마찬가지로 국제재판관할의 결정에 관한 일반원칙을 두지 않고 일반관할과 특별관할에 관한 구체적인 규정을 두었다. 일반관할로서 피고가 상시적으로(habitually) 거주하는 국가의 법원에 국제재판관할을 인정하였는데 자연인과 법인의 구분을 두지 않고 있다. 계약에 관한 특별관할은 제6조에서 규정하고 있는데 여러 종류의 계약에 관하여 개별적 관할규칙을 둘 것인지 아니면 하나의 규칙을 둘 것인지 논의의 결과 양자를 합쳐서 대표적인 두 가지의 계약(매매계약과 용역제공계약)에 관하여만 관할규칙을 두었다. 각 계약의 특별관할은 이행지를 중심으로 규정되었기 때문에 이행지를 찾아야 할 필요가 있다. 구체적으로 제6조에서는 물품공급계약의 경우에는 물품의 전부 또는 일부가 공급된 국가, 용역제공계약의 경우에는 용역의 전부 또는 일부가 제공된 국가, 물품과 용역을 모두 제공하는 계약의 경우에는 주된 의무(principal obligation)의 이행이 전부 또는 일부 이루어진 국가의 법원을 관할법원으로 지정하였다.

1999년 헤이그초안은 일부규정만 강행규정으로 하고 이러한 강행규정에서 규정하지 아니한 사항에 대하여는 체약국이 국내법에 따라서 결정할 수 있도록 허용하고 있는 점에서 특이점이 있다(제17조). 그러나 체약국이 국내법을 적용할 수 있다고 하더라도 분쟁과 그 국가 사이에 실질적 관련이 없는 경우에도 관할을 허용하는 관할규칙의 적용은 금지된다(제18조).

6. 헤이그승인집행협약

헤이그승인집행협약은 외국재판의 승인 및 집행에 관한 협약이기 때문에 직접관할을 규정하지 않고 제5조에서 간접관할에 관하여만 규정하고 있다. 이 협약은 피고의 상거소를 일반

33) Case C−386/05 [2007] ECR I−3699.

34) Custom Made Commercial Ltd v. Stawa Metallbau GmbH Case C−288/92 [1994] ECR I−2913, I−2956.

관할로 하면서 다양한 특별관할을 인정하고 있다.

7. 국제민사소송원칙

국제민사소송원칙35) 제2.1.2조에서는 국제재판관할을 결정하는 원칙으로서 당사자 또는 분쟁과 법정지 사이의 실질적 관련(substantial connection)을 요구하고 있다. 구체적으로 거래 또는 사건의 중요한 부분이 법정지에서 발생한 경우, 자연인이 법정지에 상거소(habitual residence)를 가지고 있는 경우, 법인이 법정지에서 법인격이 부여되거나 주된 사무소를 갖고 있는 경우, 분쟁과 관련한 재산이 법정지에 소재한 경우에 법정지와의 실질적 관련이 인정된다. 위 원칙에서 실질적 관련을 기준으로 설정한 이유는 이러한 기준이 국제분쟁에서 일반적으로 받아들여 왔기 때문이다. 그리고 피고가 법정지에 물리적으로 존재하는 것만으로는 실질적 관련이 있다고 볼 수 없으므로 앞서 언급한 미국의 '태그관할'은 허용되지 아니한다.

8. 지적재산에서 저촉법 원칙

유럽막스플랑크그룹(European Max-Planck Group)에서 작업한 '지적재산에서 저촉법 원칙'(Principles for Conflict of Laws in Intellectual Property)은 지적재산권에 관련한 국제재판관할의 원칙을 규정하고 있다. 이 원칙 제2:202조에서 계약과 관련된 국제재판관할을 규정하고 있는데, 계약상 의무와 관련된 분쟁에 있어서는 문제된 의무가 이행되어야 하는 국가의 법원에 관할을 인정하고(제1항), 지적재산의 사용허락과 양도를 위한 계약에 관한 분쟁의 경우에는 지적재산의 사용허락과 양도가 발생하는 국가를 의무가 이행되어야 하는 국가로 보고 있으며, 계약관계에서 발생하는 지적재산권의 침해에 관한 분쟁에 관하여는 계약의 관할법원을 관할법원으로 하고 있다.

제 2 절 국제사법 제2조에서의 국제재판관할결정의 기본원칙

Ⅰ. 실질적 관련의 요구

국제사법 제2조 제1항에서는 "당사자 또는 분쟁이 된 사안과 대한민국 사이의 실질적 관련"을 국제재판관할의 결정기준으로서 규정하고 있다. 준거법 결정을 위한 협의의 국제사법을 포함하여 국제재판관할, 준거법, 외국재판의 승인 및 집행 등 국제적 민사분쟁의 해결을

35) 국제민사소송원칙은 UNIDROIT(International Institute for the Unification of Private Law)와 미국의 ALI(American Law Institute)는 공동의 연구 끝에 2004년 봄 국제상사분쟁의 해결을 위한 국제민사소송원칙(Principles of Transnational Civil Procedure)을 공표하였다. 이 원칙에서는 국제재판관할에 관한 대륙법계와 영미법계의 접근 방법을 절충하면서도 너무 세부적인 규정을 둘 경우의 거부감을 예상하여 가장 기본적인 원칙만을 제시하는 선에서 그치고 있다. 이 원칙의 자세한 내용에 관하여는 한충수, "국제재판관할과 관련된 우리 판례의 현주소-ALI/UNIDROIT의 국제민사소송원칙과의 비교를 중심으로-", 변호사 37집(2007.1) 참조.

위한 광의의 국제사법의 영역에서는 어느 국가의 법이 준거법이 되어야 하는지, 어느 국가의 법원이 국제재판관할을 갖는지 등과 같은 장소적 선택의 문제를 대상으로 한다. 장소의 선택을 위한 기준이 필요한데 아무런 관련 없는 국가가 선택되면 분쟁과 아무런 관련이 없는 법을 적용하여 아무런 관련이 없는 국가의 법원이 재판을 하므로 이를 적정한 분쟁해결방법이라고 할 수 없다. 이러한 이유에서 광의의 국제사법에서는 분쟁해결에 적정한 국가를 찾는 것을 그 목적으로 하는데 분쟁 또는 당사자와 그 국가 사이의 장소적 근접성(proximity)이 있는 경우에는 그 국가의 법 또는 그 국가의 법원이 분쟁해결에 밀접한 관련(close connection)이 있는 것이 일반적이므로 이를 기준으로 하여 분쟁을 해결하는데 있어서 적정한 장소를 탐색한다(localisation).

이러한 장소적 근접성은 나라에 따라서 실질적 관련성(국제사법 제2조), 합리적 관련성(Restatement (Third) of Foreign Relations Law 제421조), 진정하고 상당한 관련(real and substantial connection, 캐나다) 등 여러 가지로 표현되는데 장소적 근접성을 근본으로 하고 있다는 점에서는 차이가 없다.[36] 물론 장소적 근접성 찾기 위하여 어떤 요소를 어느 정도로 고려할 것인지 세부적 내용에는 차이가 있을 수밖에 없다. 이러한 점에서 국제사법 제2조의 실질적 관련은 국제분쟁을 해결하는데 있어서 어느 국가의 법원이 적정한 법원인지를 탐색하는 적극적 성격과 함께 분쟁을 해결하는데 부적절한 국가의 법원이 관할권을 행사하는 것을 방지하는 소극적 성격도 갖고 있다.[37]

Ⅱ. 실질적 관련의 판단기준

1. 판 례

대법원 2005.1.27. 선고 2002다59788 판결에서는 국제재판관할의 결정에 관하여 중요한 원칙을 선언하였는데, 이 판결의 사안은 다음과 같다. 대한민국 국민인 원고는 도메인이름 'hpweb.com'을 등록하여 사용하고 있었다. 피고 후렛트 팩커드 컴퍼니는 통일도메인이름분쟁해결정책(Uniform Domain Name Dispute Resolution Policy)에 따라서 위 도메인이름에 대하여

36) 윤성근, "국제재판관할 결정의 일반적 기준으로서 실질적 관련의 원칙", 국제사법연구 제18호(2012), 64쪽에서는 "한국의 국제사법에서 말하는 실질적 관련이란, 종래 외국의 판례나 학설이 취하고 있는 피고와 법정지주 또는 법정지국과의 '최소한의 접촉'(minimum contact), 관할권을 행사하는 국가와 사건 간의 '진정한 연계'(genuine link)' 또는 '의미 있는 연결', '합리적인 연계'(reasonable link), 나아가 법원과 당사자 간의 '근접성'(proximity), '중요한 관련'(significant connection) 등과 유사한 용어라고 한다. 이들이 실질적으로는 모두 동일한 내포를 갖고 있는 것으로 해석할 수 있다는 견해가 있는데, 각 법리의 발전 과정이나 법체계상의 정합성 등에 비추어 위 개념들의 내포가 모두 실질적으로 동일하다고 단정하기는 어렵겠지만, 그 역할이나 내포가 매우 근접하며, 그 개념의 발전과정에서도 상호 영향을 교환하고 있으며, 해석상 긴밀하게 상호 참조가 될 수 있을 것이라는 점은 의문의 여지가 없다."고 한다. 도두형, "도메인 이름 분쟁의 국제재판관할", 인권과 정의 347호(2005.7), 133쪽도 같은 견해를 취하고 있다.

37) 이에 대하여 실질적 관련이 요구되는 이유는 실질적 관련이 있는 국가 법원이 재판을 하는 것이 분쟁의 해결에 가장 적합할 것이라는 경험칙 때문이라면서 특정 국가 법원이 국제재판관할권을 갖는지 여부를 판단함에 있어서 가장 중요하게 고려하여야 할 사항은 당사자 간의 분쟁이 가장 합리적이고 공정하고 적절하게 해결할 수 있는 법원이 어디인지 하는 점이라는 견해가 있다(도두형, 앞의 글, 124쪽). 그러나 위와 같은 경험칙이 존재했었는지 의문이며 실질적 관련은 법원이 국제재판관할권을 행사하는데 정당성이 인정되면 충분하기 때문에 여러 국가에 동시에 존재할 수 있다는 점에서 '가장' 합리적으로 공정하고 적절하게 해결할 수 있는 법원을 결정하기 위한 기준으로 보는 것은 무리가 있다고 본다.

이전명령을 내려줄 것을 미국의 국가중재위원회(National Arbitration Forum)에 청구하였고, 미국의 국가중재위원회는 위 도메인이름의 이전명령을 하여 위 도메인이름이 원고로부터 피고로 이전등록 되었다. 원고는 위 도메인이름이 위와 같이 이전등록된 것은 불법행위 또는 부당이득에 해당하므로 피고는 원고에게 위 도메인이름을 반환해야 한다고 주장하면서 국내 법원에 소를 제기하였다. 이 사건에서 대법원은 다음과 같이 국제재판관할의 결정에 관한 몇 가지 중요한 원칙을 선언하였다.

첫째 국제재판관할을 결정함에 있어서는 당사자 간의 공평, 재판의 적정, 신속 및 경제를 기한다는 민사소송의 기본이념에 따라야 한다.

둘째 위와 같은 민사소송의 기본이념에 합당한지 여부를 결정하기 위해서는 소송당사자들의 공평, 편의 그리고 예측가능성과 같은 개인적인 이익뿐만 아니라 재판의 적정, 신속, 효율 및 판결의 실효성 등과 같은 법원 내지 국가의 이익도 함께 고려해야 한다.

셋째 위와 같은 다양한 이익 중 어떠한 이익을 보호할 필요가 있을지 여부는 개별 사건에서 법정지와 당사자와의 실질적 관련성 및 법정지와 분쟁이 된 사안과의 실질적 관련성을 객관적인 기준으로 삼아 합리적으로 판단해야 한다.

위와 같은 판시내용을 좀 더 구체화하여, ① 당사자들의 시각에서는 앞서 본 소송의 기본 이념에 부합하는 법적 절차를 향유할 권리, 특히 피고의 방어권 및 원고의 법정선택권을, ② 법원의 시각에서는 재판진행의 편의, 증거조사의 용이성, 준거법과 관련된 이익을, ③ 개별 국가의 시각에서는 주권의 적절한 행사 및 불필요한 외국 분쟁에 재판자원을 낭비하지 않는 이익을, 그리고 ④ 국제사회의 시각에서는 국제적 분쟁의 효과적이고 통일적인 해결, 국제재판관할배분에 관한 조화롭고 통일적인 국제질서의 유지 등을 종합적으로 고려할 수 있다는 견해가 있다.[38)]

2. 대법원 판례의 문제점

앞의 대법원 판결과 같이 이익형량이 필요하다는 점은 일단 타당하지만 구체적으로 무엇을 어떻게 비교형량 해야 하는지 명확히 다가오지 않는다. 그 이유는 위 판단요소들이 동일한 가치를 갖고 있는 것이 아니므로 각 요소마다의 경중과 우열이 있을 것인데 위 판결에서는 이를 제시하지 않고 있기 때문으로 보인다. 게다가 판단요소의 범위에 무엇이 들어가는지도 명확하지 않다. 그리고 모든 사건에서 위와 같은 종합적 판단을 하게 되면 상당한 비용과 시간이 소요되는 문제가 있다. 좀 더 명확하고 신속한 판단을 위해서는 체계적 판단기준과 순서가 제시될 필요가 있다고 보는데 사견으로는 피고의 예측가능성을 중심으로 하여 법정지와 사건 사이의 근접성(proximity)을 찾아서 실질적 관련을 판단해야 한다고 생각한다.

---

38) 윤성근, “국제재판관할 결정의 일반적 기준으로서 실질적 관련의 원칙”, 국제사법연구 제18호(2012), 76쪽.

3. 국제재판관할의 결정요소로서의 예측가능성

국제사법 제2조 제1항 제1문에서는 국제재판관할의 결정원칙으로서 실질적 관련을 요구하고 있으면서, 같은 항 제2문에서는 "실질적 관련의 유무를 판단함에 있어 국제재판관할 배분의 이념에 부합하는 합리적인 원칙에 따라야 한다."고 규정하여 합리적 원칙을 추가로 요구하고 있다. 국제재판관할 배분의 이념을 반드시 당사자 간의 공평, 재판의 적정, 신속에 한정할 이유가 없으므로 이를 굳이 열거하는 대신 단지 합리적 원칙만을 추가한 것이다.[39] 실질적 관련과 합리적 원칙의 관계에 관하여 실질적 관련에 합리적 원칙이 포함된다고 볼 수 있고 양자가 각 별개의 요건에 해당한다고 볼 수도 있지만, 이를 어떻게 보든지 관계없이 합리적 원칙은 손해발생지, 영업소 소재지, 이행지 등과 같이 일정한 재판적을 근거로 국제재판관할을 긍정하는 것이 궁극적으로 정당한가의 여부를 결정하는 기준으로 작용한다.[40] 이러한 합리적 원칙과 국제재판관할 배분의 이념 중 '당사자 간의 공평'을 바탕으로 할 때, 피고는 자신의 행위로 인하여 어느 곳에서 제소될 것인지에 관하여 '최소한의 예견'을 가지고 그것에 맞추어 자신의 행위를 계획할 수 있어야 한다.

특히 세계적으로 인정되고 있고 민사소송법 제2조에서도 규정하고 있는 'actor sequitur forum rei'(원고는 피고의 법정지에 따른다.) 원칙에 비추어 보더라도 피고의 이익을 중심으로 하여 국제재판관할이 결정되어야 하며 피고의 이익은 피고의 예측가능성을 의미한다고도 볼 수 있다. 그리고 당사자의 의사를 가장 우선시하고 있는 민사소송법 제29조의 합의관할이나 피고의 의사를 우선시하는 민사소송법 제30조의 변론관할이 보통재판적이나 특별재판적에 우선한다는 사실을 결합하여 보면 관할의 결정에 있어서 재판적과 같은 객관적 요소보다도 이러한 객관적 요소를 통하여 추론할 수 있는 피고의 의사가 더욱 중요하다는 사실을 알 수 있다.[41] 국내관할에 관한 위와 같은 규정이 국제재판관할에도 그대로 적용될 수 있는지 의문은 있을 수 있는데 대법원은 국제재판관할에 있어서도 일정한 제한 하에 합의관할이 허용된다고 보고 있으며,[42] 또한 변론관할도 일정한 조건에서 허용하고 있다.[43] 이러한 점들을 종합할 때 국제재판관할의 결정에 있어서 증거의 근접성 등의 공적이익보다도 당사자의 의사가 가장 중요

39) 석광현, 국제사법 해설, 2013, 67쪽.

40) 앞의 책, 같은 쪽.

41) 이시윤, 신민사소송법, 제6판, 2011, 박영사, 110쪽.

42) 대법원도 일정한 요건에 해당하면 대한민국법원의 관할을 배제하고 외국 법원을 전속적 관할법원으로 지정하는 것(대법원 2010.8.26. 선고 2010다28185 판결)과 외국 법원의 관할을 배제하고 대한민국 법원을 전속적 관할법원으로 지정하는 것(대법원 2011.4.28. 선고 2009다19093 판결) 모두 유효하다고 보고 있다.

43) 일본국에 주소를 둔 재외동포 갑이 일본국에 주소를 둔 재외동포 을을 상대로 3건의 대여금채무에 대한 변제를 구하는 소를 대한민국 법원에 제기하였고, 3건의 대여금 청구 중 2건은 분쟁이 된 사안과 대한민국 사이에 실질적 관련성이 있어 대한민국 법원에 국제재판관할권이 인정되고, 나머지 1건은 당사자 또는 분쟁이 된 사안과 법정지인 대한민국 사이에 실질적 관련성이 있다고 볼 수는 없는 사건에서, 대법원 판례는 국제재판관할에서 민사소송법 제30조의 변론관할을 인정하더라도 ① 당사자 사이의 공평을 해칠 우려가 없고, ② 오히려 같은 당사자 사이의 분쟁을 일거에 해결할 수 있으며, ③ 효과적인 절차의 진행 및 소송경제에도 적합하다는 점에서 비록 당사자 또는 분쟁이 된 사안과 법정지인 대한민국 사이에 실질적 관련성이 없다 하더라도 이에 관하여 제1심 법원에 국제재판관할권이 생긴다고 보고 있다(대법원 2014.4.10. 선고 2012다7571 판결). 이 판결이 있기 전에도 국제재판관할에서 변론관할을 긍정하는 견해가 있었다(석광현, 국제민사소송법, 박영사, 2012, 116쪽 및 같은 책 129쪽). 다만 전속관할 사건에 대하여는 합의관할이나 변론관할이 인정되지 않을 것이다(서울중앙지법 2007.8.23. 선고 2006가합89560 판결).

한 요소이고, 결국 당사자 간의 공평, 재판의 적정, 신속 및 경제 등의 민사소송법의 원칙 중에 공평이 가장 중요하다는 점을 알 수 있다.44)

대법원 2005.1.27. 선고 2002다59788 판결에서도 당사자 간의 공평의 구체적인 요소로 '예측가능성'을 제시하고 있다. 대법원 2019.6.13. 선고 2016다33752 판결에서는 예측가능성은 피고와 법정지 사이에 상당한 관련이 있어서 법정지 법원에 소가 제기되는 것에 대하여 합리적으로 예견할 수 있었는지를 기준으로 판단해야 한다고 그 기준을 제시하면서 피고가 대한민국에서 생활 기반을 가지고 있거나 재산을 취득하여 경제활동을 할 때에는 대한민국 법원에 피고를 상대로 재산에 관한 소가 제기되리라는 점을 쉽게 예측할 수 있다고 판시하고 있다.

그리고 비록 불법행위에 관한 판시내용이지만 대법원 1995.11.21. 선고 93다39607 판결에서는 "특히 물품을 제조하여 판매하는 제조자의 불법행위로 인한 손해배상 책임에 관한 제조물책임 소송에 있어서 손해 발생지의 외국 법원에 국제재판관할권이 있는지 여부는 제조자가 당해 손해 발생지에서 사고가 발생하여 그 지역의 외국 법원에 제소될 것임을 합리적으로 예견할 수 있을 정도로 제조자와 손해 발생지와의 사이에 실질적 관련이 있는지 여부(밑줄은 필자가 추가)에 따라 결정함이 조리상 상당하다고 할 것"이라고 판시하여 적어도 제조물책임소송에 있어서는 예측가능성이 국제재판관할의 결정기준인 실질적 관련성을 판단하는 데에 있어서 가장 중요한 결정요소란 점을 지적하고 있다. 서울중앙지방법원 2005.6.22. 선고 2003가합87723 판결에도 예측가능성을 실질적 관련여부 판단의 근거로 삼았는데 이에 대하여는 반대하는 견해가 있다.45)

그러므로 당사자의 공평을 근거로 하는 예측가능성은 국제재판관할의 결정에서 다른 재판적에 비하여 중요한 요소로 작용한다.46) 브뤼셀규칙 recast 전문(15)에서도 "관할규칙은 상

---

44) 석광현, "국제재판관할의 기초이론－도메인이름에 관한 대법원 2005.1.27. 선고 2002다59788 판결의 의의－", 법학논총 22집 2호(2005.12), 17－18쪽에서도 "공평이 적정보다 상대적으로 중요하다고 봄이 합리적이다"라고 하여 필자와 같은 의견이다. 한편 미국의 재판관할 결정의 원칙인 최소접촉(minimum contacts)의 원칙은 피고가 멀리 떨어진 불편한 법정에서 재판받는 것을 방지하기 위한 것인데, 이러한 피고의 보호를 '합리성' 또는 '공평성'이라고 부른다고 한다(World－Wide Volkswagen Corp. v. Woodson 444 U.S. 286).

45) 손경한, "국제 저작권 분쟁의 국제재판관할", 법률신문 3400호(2005.10). 그러나 이 견해에서도 예견가능성의 부존재를 소극적 요건으로 보아 당사자와 법정지국간에 실질적 관련이 있는 것으로 일단 보일지라도 만약 예견가능성이 없었던 특별한 사정이 있었다면 그 실질적 관련성은 부인하도록 이론 구성함이 타당하다고 하여 예측가능성의 중요성을 인정하고 있다.

46) 이러한 결론에 따르게 되면 전속적 국제재판관할의 합의가 유효하려면 사건과 합의된 관할법원 사이에 합리적 관련성을 요구하고 있는 대법원판결들(대법원 2011.4.28. 선고 2009다19093; 대법원 2010.8.26. 선고 2010다28185 판결)은 문제가 있다. 당사자의 의사를 최우선시 한다면 국제재판관할에 있어서도 당사자의 합의만으로 관할을 인정하는 것이 타당하며, 추가로 합리적 관련성을 요구해서는 안 된다고 본다(이에 대한 구체적인 논의는 한충수, "국제재판관할합의에 있어서 전속적 관할합의의 유효요건 중 내국 관련성문제", 민사소송 vol.1(98.1) 참조). 일본판례는 합리적 관련성을 요구하지 않는다고 한다(이시윤, 신민사소송법, 제6판, 2011, 박영사, 105쪽). 그리고 1999년 헤이그초안 제4조, 브뤼셀규칙 제23조 및 헤이그관할합의협약에서도 합리적 관련성을 요구하지 않고 있으며, 당사자가 별도의 합의가 없으면 국제재판관할이 합의는 전속적 관할합의로 보고 있다. 반면에 관련성 요건을 전혀 고려하지 않으면 합의된 법원으로 하여금 외국법의 적용, 외국에서의 증거조사 등 과도한 부담을 지게 하는 한편 심리의 적정이나 소송경제에도 도움이 되지 않는다는 이유로 판례에 찬성하는 견해가 있다(강희철, "전속적 국제재판관할 합의의 유효요건", 국제사법연구 제2호(1997), 345－346쪽). 이 견해도 당사자들이 명백한 합의에도 불구하고 단지 관련성 요건을 충족시키지 못했다는 이유로 관할합의의 효력을 부인하는 것은 법적 안정성을 해지는 문제가 있으므로 가급적 관련성의 범위를 넓게 인정해야 한다고 주장하고 있다. 앞의 합리적 관련성을 요구하지 않는 견해도 합의된 법원이 재판진행이 불가능할 정도로 현저히 불합리하다는 특단의 사정이 있다면 그 효력을 인정하지 않을 것이란 점에서 보면(특히, 부적절한 법정지의 법리'forum non conveniens'를 인정

당히 예측가능 해야 하며 관할은 피고의 주소지를 기초로 하여 정립되어야 한다."(The rules of jurisdiction should be highly predictable and founded on the principle that jurisdiction is generally based on the defendant's domicile.)고 규정하여 관할규칙에서 가장 중요한 요소가 예측가능성이고 피고의 주소지 관할 일반원칙도 예측가능성을 기초로 하고 있음을 밝히고 있다.

또한 미국 연방대법원의 Burger King Corp v. Rudzewicz 판결에서는 미국 헌법의 적법절차(due process)의 규정은 각 개인들에게 자신의 특정한 행위가 다른 법정지의 관할에 복속될 수 있다는 '정당한 경고'(fair warning)을 가질 수 있을 것을 요구하고 있는데, 이는 곧 각 개인이 어디에서 제소될 것인지 아니면 제소되지 아니하는지 '어느 정도의 예측가능성'(a degree of predictability)을 주는 것이라고 판시하면서 피고가 법정지를 향하여 의도적으로 행위하였다면 '정당한 경고'의 요건이 충족된다고 보았다. 즉 피고의 법정지를 향한 의도적인 행위는 최소접촉기준을 충족한다는 것인데 결과적으로 예측가능성을 최소접촉기준을 판단하기 위한 가장 중요한 요소로 보았다. 그리고 유럽사법재판소의 Color Drack GmbH v Lexx International Vertriebs GmbH 결정[47]에서도 계약의 이행지 법원에 특별관할이 인정되는 이유는 당사자의 예측가능성과 근접성을 이유로 한다고 밝히고 있다.

4. 계약분쟁에서의 예측가능성

불법행위청구의 국제재판관할 결정에서 예측가능성이 요구된다는 점은 이론이 없어 보인다. 그러나 계약상 분쟁의 국제재판관할에서도 여전히 예측가능성이 요구되는지 논의가 거의 없고, 특히 1999년 헤이그초안 제10조(1)b)에서는 불법행위청구에 대하여만 예측가능성을 요구하는 규정을 두고 있어서 예측가능성이 불법행위청구에 한정된 결정요소가 아닌가 하는 의문이 발생한다.[48] 1999년 헤이그초안에서 불법행위에 한정하여 예측가능성을 규정한 이유는 알 수 없지만 국제재판관할의 결정에 있어서 당사자 간의 공평은 불법행위뿐만 아니라 계약상 분쟁에도 당연히 적용되므로 예측가능성이 계약상 분쟁에 관한 국제재판관할의 결정에서 기준이 된다고 할 것이다. 앞서 언급한 중국 항공기의 추락사건에 대한 대법원 2010.7.15. 선고 2010다18355 판결에서는 근로계약상 청구에서도 예측가능성을 국제재판관할의 결정요소로 보고 있고, 예측가능성의 기준을 제시한 미국 연방대법원의 Burger King Corporation v. John Rudzewicz 사건 판결도 프랜차이즈 계약의 분쟁에 관한 판결이지만 여전히 예측가능성을 요구하고 있으며, 유럽연합법원의 Color Drack GmbH v Lexx International Vertriebs GmbH 사건 판결도 물품매매계약에 관한 분쟁이지만 국제재판관할의 결정에서 예측가능성을 요구하고 있다.

하는 견해에서 더욱 그러할 것이다) 양자의 주장은 큰 차이가 없다고 본다.

47) Case C-386/05 [2007] ECR I-3699.

48) 물론 대부분의 국제적 계약에서는 관할합의조항(jurisdiction clause)을 두고 있기 때문에 국제재판관할이 문제되는 경우는 많지 않을 것이다.

5. 예측가능성의 의미

가. 피고의 예측가능성

원고는 자신이 선택한 법원에 소를 제기한 것이므로 원고의 예측가능성은 고려할 필요가 없다는 점에서 국제재판관할의 결정요소로서의 예측가능성은 피고의 예측가능성으로 보는 것이 타당하다. 앞의 도메인사건에 관한 대법원 2005.1.27. 선고 2002다59788 판결과 중국 항공기 추락사건에 관한 대법원 2010.7.15. 선고 2010다18355 판결에서도 피고들이 대한민국 법원에 소가 제기될 것을 예견하였다는 이유로 국제재판관할을 인정함으로써 국제재판관할의 결정요소로서의 예측가능성을 피고의 예측가능성으로 보고 있다. 또한 미국 연방대법원의 World－Wide Volkswagen Corp. v. Woodson 판결[49]에서도 피고의 예측가능성으로 보고 있으며, 브뤼셀규칙 recast 전문(16)에서는 피고가 예측하지 못했던 곳에서 피고가 제소되지 않도록 해야 한다고 규정하고 있다.

나. 법정지 법원에 소가 제기될 것에 대한 예측가능성

국제재판관할의 결정요소로서의 예측가능성을 '법정지에서 손해가 발생할 것에 대한 예측가능성'으로 볼 것인지 아니면 '법정지 법원에 소가 제기될 것에 대한 예측가능성'으로 볼 것인지 문제가 제기된다. 대법원 판결에서는 이에 관한 구체적인 논의를 하고 있지 않지만 미국 연방대법원 World－Wide Volkswagen Corp. v. Woodson 판결에서는 재판관할의 결정요소로서의 예측가능성을 손해발생의 예측가능성으로 본다면, 이동이 용이한 동산(動産)의 판매자는 세계 어디에서도 손해가 발생할 수 있다는 사실을 예견할 수 있다고 할 것이므로 그 판매자는 세계 어디에서도 응소를 해야 하는데, 이러한 결과는 불합리하다고 지적하고 있다.

참고로 재판관할의 결정에 있어서 예측가능성을 '법정지 법원에 소가 제기될 것에 대한 예측가능성'이 아니라 '법정지에서 손해가 발생할 점에 대한 예측가능성'으로 오해하는 판결이 미국에서 종종 나타나고 있으므로 예측가능성(foreseeability)라는 일반용어(generic term)을 사용하지 말고 '피고의 피소의 예견 또는 기대'(the defendant's expectation and anticipation of suit)라는 좀 더 명확한 용어를 사용하자는 주장도 있다.[50]

다. 일반적 · 객관적 예측가능성

국제재판관할의 결정요소로서의 '법정지 법원에 소가 제기될 것에 대한 예측가능성'을 개별적 피고가 법정지에서의 제소될 것을 예측하는 것(개별적 · 주관적 예측가능성)으로 볼 것인지 아니면, 평균인의 일반적 관점에서 법정지에서의 제소될 것을 예견하는 것(일반적 · 객관적 예측가능성)으로 볼 것인지의 문제가 있다. 만일 전자로 본다면 당해 피고의 법률적 지식수준,

---

49) 444 U.S. 286.
50) Charles W. "Rocky" Rhodes, The Predictability Principle in Personal Jurisdiction, Baylor Law Review, Vol. 57 (2005), pp. 167－168.

결과발생에 대한 예견능력, 객관적 상황에 대한 피고의 인식정도 등 특정 피고에 한정된 사실만으로도 예측가능성을 인정할 수 있지만, 후자로 본다면 평균인의 관점에서 예견가능 하였는지를 판단할 수밖에 없다. 그런데 아래에서 보는 바와 같이 피고의 예측가능성은 피고와 법정지 사이의 근접성(proximity)을 기준으로 하여 판단해야 하는데 근접성은 객관적 기준이란 점에서 피고의 예측가능성은 일반적 · 객관적 예측가능성이라고 봐야 한다.

라. 합리적 예측가능성

국제사법 제2조 제1항의 합리적 원칙을 선언하고 있으므로 이 합리적 원칙을 예측가능성의 존부판단에 적용하여 보면 '법정지 법원에 소가 제기될 것에 대한 피고의 합리적 예측가능성'이 된다. 제조물책임에 관한 대법원 2013.7.12. 선고 2006다17553 판결과 대법원 1995.11.21. 선고 93다39607 판결에서는 모두 피고가 합리적으로 예견할 수 있을 것을 요구하고 있으며, 미국 연방대법원의 World-Wide Volkswagen Corp. v. Woodson 판결 및 유럽연합법원의 Color Drack GmbH v Lexx International Vertriebs GmbH 판결도 합리적 예측가능성을 요구하고 있고, 브뤼셀규칙 recast 전문(16)에서도 국제재판관할의 결정기준이 피고의 합리적 예측가능성임을 명시하고 있으며, 1999년 헤이그초안 제10조 제1항(b)에서도 합리적 예측가능성으로 규정하고 있다.[51)]

마. 합리적 예측가능성의 판단기준

(1) 법정지와 피고 및 사건과의 근접성

법정지와 피고 및 사건에 관련된 모든 요소를 고려했을 때에 양자 사이에 충분한 근접성이 있어서 객관적이고 평균적인 입장에서 피고가 법정지에서 제소되는 것이 이례적이지 않고 법정지 법원이 재판을 진행하는 것이 정당하다면 피고의 합리적 예측가능성이 인정될 것이다. 반대로 법정지와 피고 또는 사건과 사소한 관련이 있을 뿐이어서 이러한 관련만으로 법정지 법원이 재판을 행사하는 것이 피고에게 이례적이고 법정지 법원이 재판권을 행사하는 것이 정당하지 않다면 피고의 합리적 예측가능성이 인정될 수 없다. 이때 법정지와 피고 사이의 충분한 근접성은 국제사법 제2조의 실질적 관련이라고도 볼 수 있다. 이러한 논리에 따른다면 합리적 예측가능성, 법정지와 피고 사이의 근접성, 실질적 관련은 모두 국제재판관할의

51) 국제재판관할의 결정에 있어서 '법정지 법원에 소가 제기될 것에 대한 예측가능성'만을 기준으로 하거나 주로 이 요소만을 기준으로 하게 되면 순환론에 빠지는 문제가 발생한다는 주장이 있다(Ibid. pp. 164-165; Kim Maerowitz, World-Wide Volkswagon Corp. v. Woodson: A Limit to the Expansion of Long-Arm Jurisdiction, 69 Cal. L. Rev. 611 (1981), p. 621). 왜냐하면 '법정지 법원에 소가 제기될 것에 대한 예견'을 하기 위해서는 법정지 법원의 관할배분의 원칙을 알아야 하는데, 법정지 법원이 예측가능성을 국제재판관할의 주된 결정요소로 본다면 관할배분의 원칙은 예측가능성이 되어 논리적으로 피고가 법정지 법원에서의 피소를 예견가능 하기만 하면 국제재판관할이 인정되어야 한다. 그러나 피고가 예견가능 하였는지를 무엇을 기준으로 판단할 것인지 다시 국제재판관할의 배분원칙인 예측가능성으로 돌아가게 되므로 순환에 빠진다. 게다가 법에 문외한인 일반인이 피고인 경우에는 관할배분의 원칙을 잘 알지 못하므로 제소에 대한 예측가능성을 기대하기 힘들다는 문제도 있다. 하지만 위와 같은 주장은 '개별적 · 주관적 예측가능성'을 전제로 하고 있을 때 가능하며, '일반적 · 객관적 예측가능성'을 전제로 하는 경우에는 타당하지 않다. 먼저 결론부터 언급한다면 국제재판관할의 결정에 있어서 '법정지 법원에 소가 제기될 것에 대한 예측가능성'은 '일반적 · 객관적 예측가능성'으로 봐야 한다고 생각한다.

결정에 있어서 동일한 판단기준이고 결국 동일한 작용을 한다. 브뤼셀규칙 recast 전문(16)에서는 "밀접한 관련은 법적 확실성을 보장하고 피고가 합리적으로 예상할 수 없는 회원국의 법원에서 제소될 가능성을 배제시켜야 한다."[52]고 규정하여 밀접한 관련이 피고의 합리적 예측가능성의 판단기준임을 명시하고 있다.

대법원 2013.7.12. 선고 판결에서도 "물품을 제조 · 판매하는 제조업자에 대한 제조물책임소송에서 손해발생지 법원에 국제재판관할권이 있는지를 판단하는 경우에는 제조업자가 손해발생지에서 사고가 발생하여 그 지역의 법원에 제소될 것임을 합리적으로 예견할 수 있을 정도로 제조업자와 손해발생지 사이에 실질적 관련성이 있는지를 고려하여야 한다."고 판시하여 적어도 제조물책임소송에서 있어서는 실질적 관련성이 합리적 예측가능성의 판단기준이란 점을 밝히고 있다. 그리고 미국 연방대법원의 World Wide Volkswagen Corp. v. Woodson 판결에서도 '피고의 행위와 법정지와의 관련성'이 상당한 정도에 이른 경우에 피고에게 합리적 예측가능성이 있다고 판시하고 있다.

그런데 내심적 그리고 주관적 요소라고 볼 수 있는 예측가능성을 객관적 요소들을 고려한 결과인 상당한 관련성으로부터 도출한다는 것이 쉽게 납득가지 않을 수 있다. 만일 예측가능성을 개별적 · 주관적 예측가능성으로 본다면 예측가능성의 판단기준은 피고의 법률적 지식수준, 결과발생에 대한 예견능력, 객관적 상황에 대한 피고의 인식정도 등과 같은 피고의 주관적 요소들만을 고려하기 때문에 법정지와 피고의 관련성을 고려할 필요는 없을 것이다. 그러나 예측가능성을 일반적 · 객관적 예측가능성으로 보는 이상 위와 같은 주관적 요소를 가지고 예측가능성의 존부를 판단할 수 없으며, 일반적 또는 평균인의 관점에서 볼 때 피고와 법정지 사이에 객관적으로 상당한 관련이 있어서 그 법정지에서 제소될 것임을 피고가 합리적으로 예견할 수 있는지 여부를 기준으로 해야 한다. 그렇다면 어떠한 객관적 요소들을 고려하여 법정지와의 근접성을 판단해야 하는지 문제되는데 이에 관하여는 아래에서 논의하도록 한다.

한편 충분한 근접성과 실질적 관련성만으로 피고의 예측가능성을 인정할 수 있으므로 가장 밀접한 근접성이나 실질적 관련성이 가장 높은 국가에 한하여 국제재판관할이 인정되는 것은 아니다. 이러한 결과 국제재판관할은 여러 법정지에 중첩적으로 발생할 수 있다. 대법원 2005.1.27. 선고 2002다59788 판결에서도 국제재판관할이 중첩적으로 발생할 수 있다는 점을 밝히고 있다. 다만 브뤼셀규칙 recast는 1999년 헤이그초안과 같은 국제협약에서는 동일한 분쟁에 대하여 여러 국가에서 중복된 소송이 진행되어 모순된 판결이 나오는 것을 방지하는 것이 목표 중의 하나이기 때문에 가급적 하나의 국가에 대하여만 국제재판관할을 인정하고자 하는 경향이 있다.

앞서의 논의를 종합하면 실질적 관련성을 결정하기 위한 예측가능성은 피고의 주관적

52) "The existence of a close connection should ensure legal certainty and avoid the possibility of the defendant being sued in a court of a Member State which he could not reasonably have foreseen."

예측가능성에 한정되는 것이 아니라 사건과 법정지 사이의 근접성을 판단하기 위한 모든 객관적 사정을 고려하여 결론적으로 피고가 합리적 · 일반적 예측가능성을 가지는 것이 정당한지 여부를 판단하기 위한 과정을 의미하므로 단순한 주관적 기준이 아님을 명백히 하고자 한다.

(2) 의도적 결과발생지 기준

법정지에서 발생한 결과가 우연히 발생한 것이라면 피고는 그 법정지에서 제소될 것임을 합리적으로 예상할 수 없었다고 볼 수 있지만, 피고 스스로 법정지에서 일정한 결과발생을 의도하였다면 그곳 법원에 제소될 것임을 피고가 합리적으로 예상할 수 있었다고 할 것이다. 이러한 점에서 피고가 법정지에서 일정한 결과발생을 의도하였는지 여부가 대표적인 예측가능성의 판단기준이 된다. 제조물책임에 관한 대법원 1995.11.21. 선고 93다39607 판결에서도 법정지 내에서의 거래에 따른 이익을 향유하려는 제조자의 의도적인 행위가 있었는지 여부를 국제재판관할의 결정요소로 고려하고 있는바, 결국 피고가 법정지에서 일정한 결과발생을 의도하였는지 여부를 합리적 예측가능성의 존재의 판단기준으로 보고 있다.

이러한 판단기준은 인터넷을 기반으로 하는 사이버공간에서 발생한 분쟁에 관한 국제재판관할의 결정에서도 적절한 해법을 제시한다. 사이버공간에서의 행위는 인터넷에 접속할 수 있는 곳이면 세계 어디나 대상으로 하기 때문에 국경이 없고 따라서 세계 어디에서도 손해가 발생할 수 있으며, 행위자 또한 이를 충분히 예상할 수도 있다. 그렇다고 사이버공간에서 활동하는 사람이 세계 어디에서나 제소될 수 있다고 보는 것은 과잉관할에 해당한다. 이러한 사이버공간상의 분쟁에 대하여 위와 같은 '의도적 결과발생지 기준'을 적용하여 '합리적 예측가능성'을 인정하게 되면 과잉관할의 문제를 해결하고 국제사법 제2조의 합리적 원칙과 공평의 원칙에 적합한 결과를 얻을 수 있다. 대법원 2003.9.2. 선고 2003다29555 판결에서는 인터넷을 통한 명예훼손과 관련하여 "인터넷을 통한 불법행위에 있어서 불법행위의 결과발생지로서의 재판관할의 인정에는 피해자의 보호, 피해의 경중, 증거수집의 편의, 가해자의 의도와 예측가능성 등이 고려되어야 한다."고 판시한 원심판결이 적법하다고 하고 있는 바, 의도적 결과발생지 기준을 제시한 것으로 볼 수 있다. 미국 연방대법원의 Burger King Corp. v. Rudzewicz 판결, World-Wide Volkswagen Corp. v. Woodson 판결 등에서는 법정지 법원의 관할이 인정되기 위해서는 피고가 법정지에서 의도적으로 이익을 향유해야 한다고 판시하면서, 이러한 '의도적 향유요건'(purposeful availment requirement)은 단지 우연적 사정에 의한 법정지와의 접촉으로 인하여 피고가 그 법정지에 복종되는 것을 방지할 수 있다고 한다.

(3) 이익의 중심지

유럽사법재판소는 eDate Advertising GmbH and Others v X and Société MGN LIMITED 결정[53]에서 인터넷 콘텐츠를 통하여 개인의 명예를 훼손한 것에 따른 불법행위에 기한 손해배상청구에 대하여, 콘텐츠 제작자가 설립된 곳의 국가와 피해자인 원고의 이익의

53) Case C-509/09 [2011] I-10269.

중심지(centre of interests)가 있는 국가 모두 손해의 전부에 대하여 국제재판관할을 갖고, 그밖에 콘텐츠에 접근할 수 있는 회원국은 그 회원국에서 발생한 손해에 한정하여 국제재판관할을 갖는다고 보았다. 그리고 일반적으로 피해자의 상거소지가 이익의 중심지가 되겠지만 직업적 활동(professional activity) 등과 같은 다른 요소를 고려할 때 다른 국가와 밀접한 관련이 있다면 그곳이 이익의 중심지가 될 수 있다고 보았다. 유럽사법재판소가 이러한 결론에 이르게 된 이유는 피고가 온라인에 콘텐츠를 게재할 당시에 피고는 피해자의 이익의 중심지를 알았을 것이고 이에 따라서 이익의 중심지가 있는 국가에 국제재판관할을 인정하는 것이 국제재판관할을 결정하는 규칙의 목적인 예견가능성(predictability)에 일치하기 때문이다. 적어도 인터넷을 통한 명예훼손 등의 사건에서는 위와 같은 결론이 우리에게 있어서도 동일하게 적용되어야 한다고 본다.

바. 직권조사사항

국제재판관할은 재판권에 관한 사항이므로 우리 법상 당사자의 주장이 없더라도 법원이 직권에 의하여 조사를 해야 하는 직권조사사항에 해당한다. 국제재판관할의 결정기준은 실질적 관련은 동시에 예측가능성의 판단기준이 되므로 예측가능성도 직권조사사항이라고 보는 것이 타당하다.

Ⅲ. 국제사법 제2조의 국제재판관할결정의 기준 사이의 우열관계

1. 문제점

국제사법 제2조는 ① 제1항 전문에서 실질적 관련을 국제재판관할의 기본원칙으로 선언하면서도 ② 후문에서는 국제재판관할 배분의 이념에 부합하는 합리적인 원칙을 제시하고 ③ 제2항에서는 국내법의 관할 규정을 참작하여 국제재판관할권의 유무를 판단하되 ④ 실질적 관련과 합리성의 원칙에 비추어 국제재판관할의 특수성을 충분히 고려하도록 규정하도록 규정함으로써 구체적인 판단기준을 제시하지 아니하고 일반원칙만을 규정하고 있다. 위 조문이 작성될 당시에 국내에서 국제재판관할에 관한 연구가 충분하지 않았고, 헤이그국제사법회에서 국제재판관할에 관한 협약을 준비 중이었기 때문에 과도기적 조치로 일반원칙에 관한 규정만을 두 것이다.

이러한 사정에도 불구하고 현실적으로 국제사법 제2조에서 제시하는 네 가지의 요소가 국제재판관할을 결정하기 위한 단계적 순서도 아니고 그렇다고 네 가지 요소 사이에 우열관계가 있어 보이지도 아니하는 등 상호간의 관계가 불명확한 점이 있기 때문에 제2조의 해석에 어려움이 있다. 이에 따라서 그 해석에 관하여 견해가 나뉘는데 여기서는 두 가지의 견해만 소개한다.

2. 견해의 대립

첫 번째 견해는, 국제사법 제2조를 법문에 충실하게 해석하면 국제재판관할 판단의 순서는 ① 먼저 실질적 관련을 인정할 수 있는 어떤 기초적인 연결요소(connecting factor)가 있는지를 판단하는데, ② 이런 판단에는 국내법상의 관할규정을 참조하되, ③ 국내법상의 관할규정을 그대로 곧바로 국제재판관할 인정의 근거로 삼으라는 것이 아니며 국제재판관할의 특수성을 고려하여 판단하여야 하고, ④ 최종적으로 실질적 관련을 인정할지 여부에는 국제재판관할 배분의 합리성이라는 측면을 종합적으로 고려해야 한다고 하면서 결국 제2조 제1항 전문만이 아니라 후문과 제2항을 포함하여 이들 요소 모두를 포섭하는 원칙을 실질적 관련의 원칙이라고 한다.54)

두 번째 견해는, 첫째 국제사법 제2조를 적용함에 있어 실질적 관련의 개념에 관하여 구체적인 연결점을 뜻하는 좁은 의미와 대한민국 법원의 국제재판관할권 행사가 정당한지를 결정하는 넓은 의미로 구분하고, 둘째 넓은 의미의 실질적 관련을 결정함에 있어 그 하위개념으로 좁은 의미의 실질적 관련이라는 요소와 국제재판관할 배분의 이념이라는 요소 및 국내관할규정의 참작이라는 요소를 사용하는데 이때 경우에 따라 좁은 의미의 실질적 관련이 되는 여러 연결점 등은 동시에 국제재판관할 배분의 이념의 요소가 되기도 하여 중첩적인 기능을 담당할 수 있으며, 셋째 국제재판관할의 특수성이라는 개념은 주로 국내법상 토지관할규정이 있음에도 위와 같은 특수성을 고려하면 넓은 의미의 실질적 관련을 부정할 수 있는 소극적인 작용 요소를 기능하고, 넷째 위와 같은 하위개념을 이루는 요소들은 넓은 의미의 실질적 관련을 판단함에 있어 반드시 검토되어야 하나 그에 해당하는 요소를 모두 갖추어야 할 필요는 없으므로 좁은 의미의 실질적 관련이 존재하지 않는다거나 구체적인 국내토지관할이 인정되지 않는 경우에도 넓은 의미에서의 실질적 관련을 인정할 수 있다고 한다.55)

양자의 견해를 비교해 보면 전자는 국제재판관할의 특수성의 개념을 포함하여 국제사법 제2조의 전체적인 내용이 실질적 관련을 판단하기 위한 요소라는 입장이고 후자는 국제재판관할의 특수성과 관련 없이 좁은 의미의 실질적 관련이 판단되어야 하고 국제재판관할의 특수성을 고려할 때 넓은 의미의 실질적 관련이 부정될 수 있다고 보는 점에서 차이가 있다.

3. 사 견

가. 예측가능성과 유연성의 필요성

안정적 국제거래의 진행을 위해서는 당해 국제거래에서 발생할 수 있는 분쟁의 국제재판관할에 대하여 당사자가 합리적 예견을 할 수 있어야 한다. 이를 위해서는 국제재판관할에 관하여 상세한 규정을 둘 필요가 있다. 반면에 엄격한 규정에 무조건 따르게 되면 실질적 관

54) 윤성근, "국제재판관할 결정의 일반적 기준으로서 실질적 관련의 원칙", 국제사법연구 제18호(2012), 58쪽.

55) 노태악, "국제재판관할에 관한 최근 대법원판결의 분석－실질적 관련 원칙과 국제사법 제2조의 해석론을 중심으로", 사법 22호(2012.12), 205쪽.

련이 없는 또는 재판권을 행사하기에 적절하지 아니한 법원에 국제재판관할을 인정하게 될 위험이 있다. 이러한 점에서 국제재판관할의 결정규칙은 예측가능성과 유연성(flexibility)을 모두 갖추고 있는 것이 가장 이상적이다.[56] 이러한 결론은 객관적 준거법의 결정에 있어서도 마찬가지이다.

로마협약을 제정하는 과정에서 주관적 접근방식(subjective approach)과 객관적 접근방식(objective approach) 사이에 경합이 발생하였다. 주관적 접근방식이란 계약의 협상의 장소, 계약에 사용된 언어, 이행지, 분쟁해결의 장소 등을 종합적으로 고려하여 계약의 '중심적 장소'(centre of gravity)를 가리키는 주된 접촉지역을 찾아내서 준거법을 결정하는 방식이다. 이러한 방식은 유연성을 제공하지만 당사자의 예견가능성이 떨어지고 연결요소들의 일부가 각 다른 나라를 지시하고 있는 경우에 그 기준이 모호하다는 문제가 있다. 그리고 객관적 접근방식이란 여러 연결요소 중 준거법을 결정할 수 있는 하나의 결정적 요소를 선택하는 것이다. 이러한 방식에는 계약의 종류에 관계없이 모든 계약에 관하여 하나의 결정적 요소를 지정하는 방식과 계약의 종류마다 다른 요소를 결정적 요소로 지정하는 방식이 있을 수 있다. 이러한 객관적 접근방식은 예견가능성을 높이지만 유연성이 떨어져서 언제나 적절한 해결방법을 제시하는 것이 아니라는 문제가 있다. 준거법의 객관적 연결에 관한 로마협약 제4조는 위 양자의 장점과 단점을 모두 고려하여 마련되었다. 로마협약 제4조 제1항에서 "제3조에 따라서 계약에 적용될 법이 선택되지 아니한 한도에서 계약에는 가장 밀접하게 관련된 국가의 법이 적용된다."고 규정하여 유연한 접근방식을 취하는 동시에, 제2항에서는 특징적 이행을 연결요소로 하여 준거법을 추정함으로써 준거법에 대한 예견가능성을 높였다.

나. 국제사법 제2조의 해석을 통한 예측가능성과 유연성의 추구

예측가능성과 유연성을 추구하기 위해서는 국제재판관할의 결정규칙을 가능한 상세하게 규정하되 이를 추정규정으로 두어서 반증이 있는 경우에는 국제재판관할이 부인될 수 있는 여지를 남겨둘 필요가 있다.[57] 국제사법 제2조는 잠정적 규정이기 때문에 국제재판관할에 관한 일반적 · 추상적 원칙만을 규정하고 상세한 결정규칙을 두지 않고 있다. 대신에 국제사법 제2조 제2항에서 토지관할에 관한 규정을 참조하도록 하여 예측가능성을 높이는 방법을 취하면서도 동시에 국제재판관할의 특수성을 고려하도록 하여 유연성을 추구하고 있다.[58] 이러한

---

56) 한편 로마협약은 2008년 로마규칙 I로 개정되어 2009년 12월 17일 이후에 체결된 계약에 적용되고 있다. 이러한 개정에도 불구하고 로마규칙 제4조 제4항에서는 "제1항 및 제2항에 따라서 준거법을 결정할 수 없는 경우에는 그 계약과 가장 밀접한 관련이 있는 국가의 법이 그 계약을 규율한다."라고 규정하여 여전히 '가장 밀접한 관련'을 준거법의 객관적 연결원칙으로 유지하고 있다.

57) 브뤼셀규정 recast의 경우에는 국제재판관할의 결정규칙에 관하여 상세한 규정을 두고 있지만 이러한 규칙에서 벗어나는 것을 허용하지 아니하는데 유럽연합의 공동시장(common market)의 목적을 위하여 당사자의 예측가능성이 가장 중요하기 때문이다. 1999년 헤이그초안의 경우에는 상세한 국제재판관할의 결정규칙을 두고 있지만 제17조에서는 체약국이 국내법에 따라서 국제재판관할을 결정하는 것을 금지하고 있지 않다. 다만 제18조에서는 체약국에 국내법을 적용하는 경우에 법정지와 분쟁 사이에 상당한 관련이 없다는 등의 금지사유가 있는 경우에는 관할을 부정하여 예측가능성과 유연성을 모두 추구하고 있다.

58) 석광현, 국제사법 해설, 박영사, 2013, 87쪽.

국제사법 제2조의 취지를 고려할 때 국제재판관할을 결정함에 있어서는 1차적으로 국내법의 관할규정을 참조하여야 한다.

다. 민사소송법이 토지관할의 문제점

국제재판관할의 결정에서 국내법의 관할규정을 참조하더라도 이 규정이 국제재판관할의 특수성을 고려한 규정이 아니기 때문에 국제재판관할의 추정규정이 될 수 없고 단지 참조만 가능할 뿐이기 때문에 국내법의 관할규정에 관한 분석이 필요하다. 국내법의 관할규정의 규정은 ① 그대로 국제재판관할규칙으로 사용할 수 있는 것, ② 국제적인 고려에 의해 수정함으로써 비로소 국제재판관할규칙으로 사용할 수 있는 것, ③ 국제재판관할규칙으로는 적절치 않아 아예 배제되어야 할 것 등 세 가지 그룹으로 구분할 수 있다.[59] 이때 ①그룹에 속하는 것은 그러한 관할규정에 해당됨으로써 예외적인 소극적 요소가 없다면 바로 실질적 관련이 인정될 것이며, ②그룹에 속하는 것은 합리성이나 국제재판관할의 특수성 등에 비추어 보강 요소의 존재에 관한 추가적인 심사를 거쳐 실질적 관련이 인정될 수 있고, ③그룹에 속하는 것은 원칙적으로 그런 규정에 해당한다는 점만으로는 실질적 관련이 존재한다고 보기 어려운 경우에 해당할 것이다. 그밖에 민사소송법에 관할규정이 없는 경우에는 독자적으로 실질적 관련을 인정할 수 있는 경우를 상정할 수도 있을 것이다.[60]

앞서 언급한 것처럼 실질적 관련성, 근접성, 합리성, 예측가능성은 동일한 기준을 제시하고 있으므로 국내법의 관할규정이 위 세 가지 중 어디에 해당하지 여부에 대하여는 이러한 기준을 적용하고 필요한 경우에는 위 기준을 적용하여 내용을 보강해야 한다. 향후 정치한 국제재판관할의 규칙을 정립한다면 이러한 기준을 적용하여 이를 추정규정을 두고서 구체적 사건에 따라서 달리 판단할 여지를 둘 필요가 있다.

라. 다른 이익의 고려

국내법의 관할규정의 규정을 참조하여 실질적 관련성을 판단할 때에 피고의 예측가능성을 중심으로 판단해야 하지만 피고의 예측가능성만이 국제재판관할의 결정의 유일한 요소라고 볼 수 없다는 점은 명확하다. 만일 피고의 예측가능성 이외에 다른 이익을 고려하여 그러한 이익을 보호할 필요성이 강하다면 피고의 예측가능성에도 불구하고 다른 법원이 국제재판관할권을 행사하는 것이 정의의 관념에 합당할 것이다. 이러한 다른 이익의 고려는 국제사법 제2조 제2호의 국제재판관할의 특수성에서 도출할 수 있을 것이며, 대법원 2005.1.27. 선고 2002다59788 판결에서도 제시하고 있다. 구체적으로 소송당사자의 입장에서는 증거를 수집하는데 있어서 수월해야 하므로 증거가 전적으로 법정지 밖에 소재하여 증거를 수집하기 힘들거나 증인을 소환하는데 상당한 비용이 소요되는지 검토해야 한다. 그리고 원고가 소를 제기

59) 앞의 책, 82쪽.
60) 윤성근, "국제재판관할 결정의 일반적 기준으로서 실질적 관련의 원칙", 국제사법연구 제18호(2012), 61쪽.

한 법원에서 절차가 지연될 특별한 사정이 있는지, 그 법원에서 판결을 받더라도 그러한 판결이 외국 법원에서 승인 및 집행이 될 가능성 등도 고려해야 한다. 법원의 입장에서는 현장검증이 필요한 경우에 현장에 접근가능성이나 비용을 고려해야 하고, 준거법을 따져 보았을 때 소가 제기된 법원이 그 준거법에 따라서 적절한 판단을 할 수 있는지 여부, 동일한 분쟁에 대하여 외국에서도 소가 제기되었다면 모순된 판결을 방지하기 위한 적절한 수단이 무엇인지를 따져보아야 한다.

마. 사견의 정리

국제재판관할에 관한 당사자의 예측가능성, 유연성, 공적이익을 고려할 때 국제사법 제2조는 다음의 단계에 따라서 적용되어야 한다고 본다.

1단계 – 국내법의 관할규정의 참조
2단계 – 실질적 관련성 등의 기준을 적용하여 국내법의 관할규정이 국제재판관할에 적정하게 사용될 수 있는지 여부 및 내용의 보강
3단계 – 국제재판관할의 특수성을 바탕으로 한 공적이익의 고려

궁극적으로는 국제사법에서 위와 같은 단계와 유사한 형식으로 보다 정치한 국제재판관할의 기준이 제시될 필요가 있다.

Ⅳ. 민사소송법의 관할규정을 고려한 국제계약분쟁에서의 일반관할과 특별관할

1. 일반관할과 특별관할

민사소송법의 토지관할의 발생원인이 되는 인적, 물적 관련지점(재산의 소재지, 영업소 소재지, 불법행위지 등)을 '재판적'이라고 한다. 재판적에는 모든 사건에 적용되는 보통재판적(일반재판적)과 특정한 종류의 사건에 대하여만 적용되는 특별재판적이 있다. 만일 여러 곳에 보통재판적과 특별재판적이 있으면 그러한 곳에 소재한 법원 모두가 관할법원이 되고 관할법원 사이에 우열관계가 없으므로 원고는 그 중에서 하나의 법원을 선택하여 소를 제기할 수 있다. 국제재판관할에 있어서도 민사소송법의 보통재판적과 특별재판적에 관한 규정을 바탕으로 하여 사건의 종류나 내용에 관계없이 우리 법원이 국제재판관할권을 행사할 수 있는 경우와 특정사건에 대하여만 국제재판관할권을 행사할 수 있는 경우로 나눌 수 있다. 국내 토지관할과 구분하기 위하여 전자를 일반관할(general jurisdiction), 후자를 특별관할(special jurisdiction)이라고 한다.[61] 아래에서는 국제계약분쟁에 한정하여 민사소송법의 토지관할을 참조하되 국제재

61) 브뤼셀규칙 recast에서는 국제재판관할을 결정하기 위한 일반적 · 추상적 기준을 제시하지 않고 일반관할(chapter Ⅱ

판관할의 특수성을 고려하여 국제재판관할에서의 일반관할과 특별관할을 도출해 보고자 한다.

2. 국제재판관할에서의 일반관할

가. 자연인의 일반관할

(1) 민사소송법 제3조와 자연인의 일반관할

민사소송법 제2조에서는 "소는 피고의 보통재판적이 있는 곳의 법원이 관할한다."고 규정하면서, 제3조에서는 자연인인 피고의 보통재판적은 그의 주소에 따라 정하고, 대한민국에 주소가 없거나 주소를 알 수 없는 경우에는 거소에 따라 정하고, 거소가 일정하지 아니하거나 거소도 알 수 없으면 마지막 주소에 따라 정하도록 규정하고 있다. 이와 같은 피고의 소재지 중심의 보통재판적의 원칙은 세계적으로 인정되고 있으며 이를 'actor sequitur forum rei'(원고는 피고의 법정지를 따른다.)라고 한다. 소송의 승패를 알 수 없는 상황에서 원고보다 피고의 이익을 고려하는 것이 타당하기 때문에 피고의 편의와 피고의 방어권 행사를 보장하기 위하여 피고의 소재지를 중심으로 보통재판적이 인정된다. 이러한 원칙에 덧붙여 전통적으로 사법관할은 국가의 사법주권의 행사로서 그 영토 내에 있는 자에 대하여 행사하는 것으로 인식되었다는 점을 고려할 때[62] 국제재판관할에 있어서도 피고의 소재지를 중심으로 일반관할을 결정하는 것이 타당하다.

(2) 민사소송법 제3조의 문제점

민사소송법 제3조의 규정을 국제재판관할에서 그대로 사용하는 데는 몇 가지 문제점이 있다. 첫째 피고의 주소는 법적 개념이고 나라마다 주소의 개념에 차이가 있기 때문에 피고의 주소를 중심으로 국제재판관할의 일반관할을 결정하고자 한다면, 먼저 국제사법을 적용하여 준거법을 결정하고 그 준거법에 따라서 주소의 개념을 확정한 후에 국제재판관할을 결정해야 하는 불편함이 있다. 둘째 피고의 실제 거주지와 주소지가 상이한 경우에 피고의 주소를 중심으로 일반관할을 결정하면 피고는 자신의 거주지 이외의 국가에서 응소해야 하는데 피고 소재지 일반관할원칙의 취지인 피고의 편의와 피고의 방어권의 보장에 적합하지 않다. 셋째 민사소송법 제3조에서는 피고가 대한민국에 주소가 없는 경우에 바로 거소에 따라서 보통재판적을 정하도록 규정하고 있는데 국제재판관할에서 한시적 거주지인 거소를 기준으로 일반관할을 결정한다면 이 또한 피고의 편의와 피고의 방어권의 보장에 적합하다고 볼 수 없다.[63]

---

section 1)과 특별관할(chapter Ⅱ section 2−7)로 나누어 규정하고 있다. 이러한 일반관할과 특별관할은 한정적 규정이기 때문에 각 회원국의 법원은 법정지와 분쟁 사이의 실질적 관련을 찾을 목적으로 연결요소(connecting factor)를 고려하여 위 규칙에서 지정하는 법원 이외의 법원에 관할을 인정할 수 없다. 또한 국내의 관할원칙을 적용할 수 없으므로 영국 법원은 '부적절한 법정지의 원칙'을 적용하여 하여 위 규칙에 따라서 인정된 영국 법원의 관할을 배제시킬 수 없다. 위 규칙에서 규정하지 아니한 관할을 인정할 경우에는 당사자의 관할법원에 대한 법적 확실성 또는 예측가능성을 해쳐서 위 규칙의 목적에 반하기 때문이다(Custom Made Commercial Ltd v. Stawa Metallbau GmbH Case C−288/92 [1994] ECR Ⅰ−2913, Ⅰ−2956).

62) 미국 연방대법원의 International Shoe v. State of Washington 326 U.S. 310, 66 S.Ct. 154, 90 L.Ed. 95 (1945) 판결에서도 동일하게 판시하고 있다.

63) 이러한 문제로 인하여 석광현, 국제민사소송법, 박영사, 2012, 91쪽 주56)에서는 거소에 의하는 것은 피고가 세계 어느 곳에서도 주소를 가지고 있지 않은 경우에 한정된다는 입장이다.

대법원 2019.6.13. 선고 2016다33752 판결에서는 피고의 주소지를 생활관계의 중심적 장소로서 중요한 고려요소로만 보고 있다. 따라서 우리나라가 피고의 주소지라고 하더라도 생활관계의 중심적 장소가 아니라면 우리 법원에 국제재판관할이 발생하지 않을 수 있는데 타당한 결론이라고 본다.

(3) 피고의 상거소에 따른 일반관할

앞서의 문제점들을 해결하기 위해서는 피고의 주소가 아니라 피고가 실제로 거주하는 소재지를 기준으로 국제재판관할에서의 일반관할을 결정할 필요가 있다. 앞서 언급한 대로 주소는 법적 개념이고 나라마다 개념에 차이가 있기 때문에 혼동을 가져올 수 있는 반면에 피고의 소재지는 사실적 기준(factual criterion)으로서 쉽게 증명될 수 있고,[64] 피고의 주소와 피고의 생활의 중심지가 다른 경우에 피고의 생활의 중심지를 중심으로 국제재판관할을 결정하는 것이 피고의 편의와 피고의 방어권 보장에 적합하기 때문이다.[65] 그리고 이와 같이 보는 것이 국가는 자신의 영토 내에 있는 자에 대하여 사법주권을 행사할 수 있다는 관념과도 일치한다. 이때 피고의 소재지는 거소와 같은 임시적 소재지가 아니라 상시적으로 거주하는 상거소(habitual residence)라고 보는 것이 피고의 편의와 피고의 방어권 보장에 적합하고, 상거소를 연결요소로 규정하고 있는 국제사법과도 통일적 해석이 가능하다. 1999년 헤이그초안 제3조(1)(1)에서도 "피고가 상시적으로 거주하는 국가의 법원"(the courts of the State where that defendant is habitually resident)에 일반관할을 인정하고 있었다.[66]

나. 법인의 일반관할

(1) 문제점

민사소송법 제5조 제1항에서는 국내에 소재하는 법인, 그 밖의 사단 또는 재단의 보통재판적은 이들의 주된 사무소 또는 영업소가 있는 곳[67]에 따라 정하고, 사무소와 영업소가 없는 경우에는 주된 업무담당자의 주소에 따라 정하도록 규정하면서 제2항에서는 외국법인, 그 밖의 사단 또는 재단의 경우 보통재판적은 대한민국에 있는 이들의 사무소 · 영업소 또는 업무담당자의 주소에 따라 정하도록 규정하고 있다. 만일 위 제2항을 그대로 적용한다면 국내에 영업소를 두고 있는 모든 외국법인에 대하여 국내 법원의 일반관할을 인정할 수 있게 된다.

---

64) Nygh/Pocar, Report on Preliminary Draft Convention on Jurisdiction and Foreign Judgments in Civil and Commercial Matters Report, Preliminary Document No 11 of August 2000 for the attention of the Nineteenth Session of June 2001, p. 40.

65) 나라마다 법의 내용이 다르기 때문에 국제재판관할의 결정에 있어서 법적 개념을 사용하게 되면 국제사법에 따른 준거법의 결정과 준거법의 적용이라는 복잡한 문제가 발생하게 된다. 이러한 이유로 가급적 사실적 개념을 사용하는 것이 바람직하지만 사실적 개념에도 해석이 필요하므로 법적 해석에서 완전히 자유로울 수는 없다. 그러나 사실적 개념이 법적 개념보다는 편리한 경우가 더 많을 것이다.

66) 헤이그승인집행협약 제5조(1)(a)에서도 간접관할로서 피고의 상거소를 규정하고 있다. 반면에 피고의 국적은 일반관할과 관련이 없다고 보아야 한다. 피고가 방어권을 행사하기 위해서는 물리적으로 존재하는 곳이 중요하지 법률적인 소속국이 중요한 것은 아니기 때문이다. 브뤼셀규칙 recast 제4조 제1항은 이를 명시하고 있다.

67) 국내법인과 외국법인의 구분은 통상적으로 주로 법인의 주된 사무소의 소재지를 기준으로 한다(법인세법 제1조 제3호, 국제사법 제16조 등).

(2) 대법원 판결

대법원 2000.6.9. 선고 98다35037 판결은 "민사소송법의 규정에 의하면 외국법인 등이 대한민국 내에 사무소, 영업소 또는 업무담당자의 주소를 가지고 있는 경우에는 그 사무소 등에 보통재판적이 인정된다고 할 것이므로, 증거수집의 용이성이나 소송수행의 부담 정도 등 구체적인 제반 사정을 고려하여 그 응소를 강제하는 것이 앞서 본 민사소송의 이념에 비추어 보아 심히 부당한 결과에 이르게 되는 특별한 사정이 없는 한, 원칙적으로 그 분쟁이 외국법인의 대한민국 지점의 영업에 관한 것이 아니라 하더라도 우리 법원의 관할권을 인정하는 것이 조리에 맞는다 할 것이다."라고 판시하여 외국법인의 영업소가 국내에 있으면 당해 분쟁과 그 영업소 사이에 아무런 관련이 없어도 원칙적으로 대한민국 법원에 국제재판관할을 인정하고 있다.

이러한 결론에 따라서, 위 판결에서는 중국에 소재한 은행의 본사에서 발행한 신용장에 관한 분쟁이 이 은행의 한국 내 지점과 아무런 관련이 없더라도 우리 법원이 당해 분쟁에 대하여 국제재판관할을 갖는다고 보았다. 이러한 판시내용은 대법원 2012.5.24. 선고 2009다22549 판결[68]에서도 그대로 유지되었다.[69] 또한 다수의 하급심 판결에서 외국법인의 영업소 소재지를 국제재판관할의 일반관할의 근거 또는 실질적 관련성의 판단요소로 보고 있을 뿐만 아니라 영업소 소재지가 사실상 유일한 국제재판관할의 연결점인 경우도 자주 발견된다.[70]

(3) 관련한 논의

외국법인의 영업소 소재지 보통재판적에 관한 기존의 논의를 간단히 정리하면, 첫째 영업소 소재지 보통재판적을 근거로 국제재판관할을 인정하는 것은 부당하다는 견해, 둘째 기업은 고도의 조직과 통제력을 가지고 지점과 영업소를 관리하고 있으므로 응소에 어려움이 없다는 등의 이유로 영업소 소재지 보통재판적은 그대로 국제재판관할 결정에 적용될 수 있다는 견해, 셋째 원칙적으로 첫째 견해에 찬성하지만 분쟁이 한국지점의 영업에 관한 것이 아니라도 소송에 관한 증거자료가 대부분 한국에 있거나 원고가 개인이어서 그로 하여금 외국에서 소송을 강요한다면 사실상 구제를 부정하는 결과가 되는 경우에는 우리 법원의 국제재판관할을 인정할 것이라는 견해가 있다.[71]

이 중에서 위 첫 번째 견해가 우리의 다수견해로 보이는데[72] 외국법인의 영업소 소재지를 보통재판적으로 하는 것은 과잉관할(exorbitant jurisdiction)[73]이기 때문이라고 한다. 다수견

68) 일제강점기 강제징용을 이유로 하여 손해배상을 청구한 이 사건에서 대법원은 피고 미쓰비시가 일본법에 의하여 설립된 일본 법인으로서 주된 사무소를 일본국 내에 두고 있으나 대한민국 내 업무 진행을 위한 연락사무소가 소 제기 당시 대한민국 내에 존재하고 있었던 점을 국제재판관할을 인정하는 이유 중의 하나로 설시하고 있다.

69) 일본 판례도 동일하다고 한다(강영수, 인터넷과 국제재판관할, 인터넷과 법률 Ⅱ, 법문사, 2005, 918쪽).

70) 한애라, "국제재판관할과 관련된 판결의 추이 및 국제사법의 개정방향－국제재판관할의 판단구조 및 법인에 대한 일부 과잉관할 쟁점과 관련하여－", 민사판례연구 35권(2013.2), 1141쪽.

71) 좀 더 구체적인 논의는 석광현, 국제재판관할에 관한 연구, 서울대학교출판부, 2001, 236쪽.

72) 앞의 책, 240쪽; 한충수, "민사소송법상의 국내토지관할 규정에 대한 재검토와 입법론－국제재판관할과 관련하여－", 한국민사소송법학회지 vol.8－1(2004.2), 58－61쪽; 유영일, "국제재판관할의 실무운영에 관한 소고－개정 국제사법과 헤이그신협약의 논의를 중심으로－", 법조 51권 11호 통권554호(2002.11), 78－84쪽; 윤성근, "국제재판관할 결정의 일반적 기준으로서 실질적 관련의 원칙", 국제사법연구 제18호(2012), 79쪽.

해에서 영업소 소재지 보통재판적을 과잉관할로 보는 주된 이유는 피고가 법정지에 영업소를 갖고 있거나 상업적 행위를 했다는 이유만으로 분쟁이 피고의 영업소 또는 상업적 행위와 실질적 관련성이 없는 경우까지 법정지의 국제재판관할을 인정하는 것은 부당하기 때문이라고 한다. 덧붙여 외국법인의 영업소 소재지 보통재판적에 관한 민사소송법 제5조 제2항은 영업소 소재지 특별재판적에 관한 동법 제12조[74]와의 관계에서도 입법론적 문제가 있고, 국제사법 제2조 제2항의 국제재판관할의 특수성을 바탕으로 한 해석론에 의해서도 영업소 소재지 보통관할을 허용하지 말아야 한다는 주장도 있다.[75] 반면에 기본적으로 영업소 소재지 보통재판적이 과잉관할이란 점을 동의하면서도 아직 국제적인 합의가 이뤄지지 않은 상태에서 자국의 관할원인을 서둘러 축소 해석하는 양보조치를 취할 필요는 없다고 하면서 이 문제에 관하여 시일을 두고 신중하게 검토할 필요가 있다는 주장도 제기되고 있다.[76]

(4) 외국의 사례

민사소송법 제5조 제2항의 영업소 소재지 보통재판적은 미국의 영업관할기준(doing business test)과 많이 비교된다.[77] 미국의 영업관할기준에 따르면 외국법인이 법정지에서 지속적이고 조직적인 활동(continuous and systematic activities)[78]을 영위하는 경우에 그 법정지는 그 외국법인에 대하여 일반관할을 가진다.[79] 1999년 헤이그초안을 논의하던 중에 미국 측은 영업관할 기준이 부당한 관할이 아니라고 주장했지만, 대부분의 국가들은 미국의 영업관할기준이 분쟁이 된 사안과 법정지와의 실질적 관련성의 존재를 만족시키지 못하는 경우가 있고, 현실적으로 외국기업들에게 예측가능성을 보장하지 못하므로 관할의 근거에서 배제되어야 한다고 주장하였다. 그 결과 1999년 헤이그초안 제18조(2)e)[80]에서는 영업관할을 금지관할로 규정하였다.[81][82]

---

73) 국제재판관할의 발생근거에 기한 국제재판관할 중 국제적인 기준에 비추어 수용될 수 없는 국제재판관할을 '금지되는 관할'(prohibited jurisdiction) 또는 '과잉관할'이라고 한다(석광현, 국제재판관할에 관한 연구, 서울대학교출판부, 2001, 29쪽).

74) 이 특별관할에서는 당해 영업소와 관련된 사건에 대하여만 영업소 소재지 법원에 특별관할을 인정하고 있는 바, 영업소 소재지 보통재판적과의 관계에서 보면 전자는 무용의 특별관할이 되고, 영업소 소재지 보통관할을 인정하는 것은 영업소 소재지 특별관할을 실질적 관련성으로 제한하는 이유가 무시되는 결과에 이르게 된다(앞의 책, 237쪽).

75) 앞의 책, 240쪽.

76) 이성호, "사이버 지적재산권분쟁의 재판관할과 준거법", 국제사법연구 제8호(2003.8), 254쪽.

77) 석광현, 국제재판관할에 관한 연구, 서울대학교출판부, 2001, 224쪽 이하; 유영일, "국제재판관할의 실무운영에 관한 소고 -개정 국제사법과 헤이그신협약의 논의를 중심으로-", 법조 51권 11호 통권554호(2002.11), 77쪽 이하.

78) 미국연방대법원의 International Shoe Co. v Washington 326 U.S. 310, 66 S.Ct. 154, 90 L.Ed. 95 (1945) 판결에서는 최소접촉기준(minimum contact test)을 비관련접촉(unrelated contract)과 관련접촉(related contact)으로 나누었다. 전자는 피고의 법정지 주와의 접촉이 '지속적이고 체계적'(continuous and systematic)인 경우에는 분쟁과 피고의 법정지 주와의 접촉 사이에 아무런 관련이 없어도 일반관할이 발생하는 경우를 말한다.

79) 미국에서 영업관할을 인정하는 궁극적인 기준은 적법절차이므로 영업소의 소재라는 객관적 사실만으로 그 실질관계에 대한 고려 없이 바로 관할이 인정되는 것은 아니란 점에서 영업소의 소재만으로 관할을 인정하는 민사소송법 제5조 제2항과 차이가 있다는 견해가 있다(유영일, "국제재판관할의 실무운영에 관한 소고-개정 국제사법과 헤이그신협약의 논의를 중심으로-", 법조 51권 11호 통권554호(2002.11), 83쪽).

80) "피고가 그 국가에서 상업적 기타의 행위를 수행한 것. 다만 분쟁이 그 행위와 직접적으로 관련되어 있는 경우에는 그러하지 아니하다"(the carrying on of commercial or other activities by the defendant in that State, except where the dispute is directly related to those activities).

81) 석광현, 국제재판관할에 관한 연구, 서울대학교출판부, 2001, 230-231쪽. 한편 미국의 영업관할은 영업소의 소재만으로 영업관할이 인정되지 않고 지속적이고 조직적인 활동에 해당하는지를 판단하여 결정하는데 반하여 민사소송법의 영업소 소재지 보통재판적은 영업소의 존재만으로 관할을 인정한다는 점에서 차이가 있고, 미국의 영업관할에 비하여 더 합리성이 결여되어 있다고 한다(자세한 내용은 유영일, "국제재판관할의 실무운영에 관한 소고-개정 국제사법과 헤이그신협약

현재 미국에서도 영업관할기준이 사실상 폐기된 상태이다. 2011년 미국연방대법원의 Goodyear Dunlop Tires Operations, S.A. v. Brown 판결[83]과 이에 이은 Daimler AG v. Bauman 판결[84]에서는 지속적이고 체계적인 접촉이 상당하여 법정지를 '집으로'(at home)로 만들 정도에 이르러야 일반관할이 발생한다고 판시하였다.[85] 이를 'at home test'라고도 한다. 개인의 경우에는 그의 주소지를 집이라고 볼 수 있고 회사의 경우에는 설립지 또는 본사의 소재지만이 집이 될 수 있으므로 그 외의 장소에 대하여는 일반관할이 발생하지 아니한다.[86] 따라서 외국회사가 특정 주에서 영업행위(doing business)를 했다는 사실만으로는 그 외국회사에 대한 일반관할이 발생한다고 볼 수 없다. 다만 당해 영업행위와 관련된 분쟁이 발생한 경우에는 특별관할에 해당하는 특정관할(specific jurisdiction)[87]이 인정될 수 있을 뿐이다.

한편 1999년 헤이그초안은 제3조(1)에서 피고의 상거소를 일반관할로 규정하면서 제3조(2)에서는 법인의 주소지(statutory seat), 설립의 기초가 된 법률의 소속국, 행정의 중심지, 주된 영업장소가 있는 국가를 법인의 상거소로 보고 있었다. 주된 사무소가 아닌 단순한 영업소의 경우에는 제9조에서 "분쟁이 피고의 지점, 대리점 기타 영업소 [또는 피고가 기타 다른 방법으로 정기적으로 한 상업활동]과 직접관련이 있는 경우에 원고는 그 지점, 대리점 기타 영업소 [또는 피고가 기타 다른 방법으로 정기적으로 상업활동을 한 곳]가 소재한 국가의 법원에 소를 제기할 수 있다."[88]고 규정하여 당해 영업소와 직접적으로 관련된 분쟁에 대한 특별관할의 하나로 인정하고 있을 뿐이었다. 피고의 주소지에 대하여 일반관할을 인정하고 있는 브뤼셀규칙 recast에서는 제63조에서 법인의 경우에는 주소지, 행정중심지, 주된 영업장소를 법인의 주소로 규정하고 있다. 그리고 브뤼셀규칙 recast 제7조(5)에서는 1999년 헤이그초안 제9조와 동일하게 단순한 영업소가 소재한 곳에 대하여는 그 영업소와 관련된 분쟁에 대하여만 특별관할을 인정하고 있다.[89]

의 논의를 중심으로-", 법조 51권 11호 통권 554호((2002.11), 78-84쪽 참조).

82) Nygh/Pocar, Report on Preliminary Draft Convention on Jurisdiction and Foreign Judgments in Civil and Commercial Matters Report, Preliminary Document No 11 of August 2000 for the attention of the Nineteenth Session of June 2001, p. 80. 이 보고서에서는 덧붙여 어느 정도의 행위가 있는 경우에 관할을 인정할 것인 불명확하고, 결국 당사자 간의 분쟁으로 이어질 가능성이 있다는 점에서도 관할을 인정해서는 안 된다고 보고 있다.

83) 131 S. Ct. 2846, 2853-54 (2011)

84) 134 S. Ct. 746 (2014). 이 사건에서 독일 회사인 다임러의 피해자라고 주장하는 아르헨티나의 원고들이 다임러의 자회사가 소재한 캘리포니아주가 아르헨티나에서 발생한 이 사건에 관하여 국제재판관할이 있다고 주장하면서 소를 제기하였다. 피고가 관할위반을 주장한데 대하여 연방제9순회재판소(9th circuit)는 만일 자회사가 소재하지 않았다면 모회사가 사업을 수행하였을 경우에는 자회사의 접촉이 모회사의 접촉으로 볼 수 있다는 소위 '대리인 이론'(agency theory)을 적용하여 관할을 인정하였다. 그러나 연방대법원은 다임러가 켈리포니아주에서 설립되었거나 본사를 두고 있지 아니하여 캘리포니아주를 '집으로'(at home) 삼고 있지 않다는 이유로 관할을 부정하였다. 이 판결은 연방대법원의 Tyrrell v. BNSF Ry. Co., 373 P.3d 1, 3 (Mont. 2016) 판결에서도 지지되었다.

85) "when their affiliations with the State are so "continuous and systematic" as to render them essentially at home in the forum State."

86) Keri Martin, What Remains of Vicarious Jurisdiction for Establishing General Jurisdiction Over Corporate Defendants After Daimler AG v. Bauman?, SETON HALL CIRCUIT REVIEW Vol. 12:1 (2015), p. 5.

87) 미국의 재판관할은 일반관할(general jurisdiction)와 특정관할(specific jurisdiction)이 있다. 전자는 분쟁의 성질에 관계없이 일반적으로 인정되는 관할이고 후자는 분쟁의 성질에 따라서 인정되는 관할이다.

88) "A plaintiff may bring an action in the courts of a State in which a branch, agency or any other establishment of the defendant is situated, [or where the defendant has carried on regular commercial activity by other means,] provided that the dispute relates directly to the activity of that branch, agency or establishment [or to that regular commercial activity]."

(5) 소 결

앞서 언급한 바와 같이 피고의 소재지를 일반관할로 인정한 이유는 피고의 소송상 편의와 방어권의 보장에 있다. 그런데 피고가 영업소를 갖고 있는 국가에 대해서까지 일반관할을 인정하게 되면 분쟁과 아무런 관련이 없는 국가도 국제재판관할권을 갖게 되어 피고의 방어권 보장에 적절하다고 볼 수 없다. 즉 피고의 영업소 소재지 일반관할은 피고의 소재지를 일반관할로 하고 있는 취지와 정면으로 반대의 결과를 가져온다는 점에서 외국법인의 영업소의 소재를 일반관할의 근거로 규정하고 있는 민사소송법 제5조 제2항은 과잉관할로 판단된다. 다만 민사소송법 제5조 제2항이 현행법이기 때문에 그 적용을 배제할 수 있는가의 문제가 있다. 그런데 앞서 언급한 바와 같이 국제사법은 국제재판관할의 결정에 있어서 민사소송법의 특별법의 지위에 있으므로 국제재판관할의 특수성을 고려하여 해석상 그 적용을 배제할 수 있다고 본다.

다. 일반관할과 실질적 관련성의 관계

우리뿐만 아니라 국제적으로 널리 받아들여지고 있는 국제재판관할의 결정기준은 크게 사건과 법정지 사이의 실질적 관련성, 피고의 소재지, 당사자의 국제재판관할합의, 사회적 약자인 소비자와 근로자의 보호 등 네 가지이다.[90] 이 중 피고의 소재지를 일반관할로 인정하고 있는 이유는 피고의 소송상 편의와 방어권의 보장에 있기 때문에 피고의 소재지와 분쟁 사이에 실질적 관련이 요구되는 것은 아니다. 분쟁과의 실질적 관련성은 특별관할에서 요구될 뿐이다. 그런데 국제사법 제2조에서는 “법원은 당사자 또는 분쟁이 된 사안이 대한민국과 실질적 관련이 있는 경우에 국제재판관할권을 가진다.”고 규정하여 실질적 관련성만을 국제재판관할의 결정기준으로 제시하고 있는 문제가 있다. 다만 위 규정에 따르면 당사자와 대한민국 사이에 실질적 관련이 있는 경우에도 우리 법원이 국제재판관할권을 가지고 피고가 대한민국에 소재하는 경우에는 피고와 대한민국 사이에 실질적 관련성이 있다고 볼 수 있으므로 우리 법원이 국제재판관할권을 갖는다는 해석이 가능하다. 그러나 실질적 관련성이 요구되는 이상 개별적 사안마다 피고의 소재와 대한민국 사이에 실질적 관련성이 있는지를 따져야 하는데 이러한 과정은 특별관할에서나 요구되는 과정으로서 일반관할에서는 부적절하다. 따라서 입법론적으로는 피고의 소재지 일반관할에 관하여는 별도의 규정을 두면서 실질적 관련성을 요구하지 않는 방향으로 개정할 필요가 있다고 본다.

---

89) “지점, 대리점 기타 영업소가 설립된 장소의 법원에 그 지점, 대리점 기타 영업소의 활동으로부터 발생한 분쟁에 관하여 제소될 수 있다.”(as regards a dispute arising out of the operations of a branch, agency or other establishment, in the courts for the place in which the branch, agency or other establishment is situated).

90) 긴급관할(forum of necessity)을 받아들이는 견해에서는 이를 포함하여 다섯 가지로 보고 있다. 긴급관할은 앞서의 세 가지의 국제재판관할의 근거가 없는 경우에도 당사자의 권리구제의 필요를 위하여 인정되는 관할을 말하는데 이러한 관할을 인정할 것인지에 대하여는 상당한 논란이 있다. 캐나다의 경우에는 일부 주에서 이를 입법적으로 받아들이고 있는데, 이러한 태도에 대하여도 상당한 비판이 있다(Sagi Peari, Three Objections to Forum of Necessity: Global Access to Justice, International Criminal Law and Proper Party, Osgoode Legal Studies Research Paper No. 58 Vol.13/Issue.12/(2017)).

3. 국제계약분쟁에 관한 특별관할

가. 특별관할의 인정근거

일반관할의 결정기준인 피고의 소재지 원칙은 분쟁과 법정지 사이의 관계를 전혀 고려하지 않고 인정되기 때문에 분쟁과 실질적 관련[91]이 있는 국가에 대하여도 국제재판관할을 인정할 필요가 있었고 이에 따라서 인정되는 것이 특별관할이다.[92] 더불어 피고의 소재지에 대하여만 국제재판관할을 인정하게 되면 피고의 이익만을 우선하게 되므로 원고와 피고의 이익에 균형을 맞추기 위한데도 특별관할의 목적이 있다.[93]

나. 계약상 의무의 이행지

(1) 특별관할로서의 인정가능성

가) 문제점

민사소송법 제8조에서는 "재산권에 관한 소를 제기하는 경우에는 거소지 또는 의무이행지의 법원에 제기할 수 있다."고 규정하고 있다. 민법 제467조[94]에서는 지참채무원칙을 선언하고 있기 때문에 채무자가 채권자의 주소지에서 채무를 이행해야 하는데 이로 인하여 채권자인 원고는 자신의 주소지 법원에 재산권에 관한 소를 제기할 수 있으므로 이행시 특별재판적은 계약분쟁에서 가장 많이 사용되고 있다. 하지만 위와 같은 결과 이행지 특별재판적은 채무자의 주소지가 보통재판적이란 점을 무의미하게 만드는 문제가 있다. 게다가 민사소송법 제8조에서는 '재산권에 관한 소'에 관하여 제한을 두고 있지 아니하므로 청구원인이나 청구형식을 묻지 아니하고 모든 재산권에 관한 소(금전지급, 부동산관련 소송, 확인의 소, 이행의 소 등)에 대하여 이행지 특별재판적이 인정된다. 이런 문제점에도 불구하고 이행지 특별재판적이 국제재판관할의 특별관할의 인정근거가 될 수 있는지 검토할 필요가 있다.

나) 해외사례

국제재판관할에서 이행지 특별관할은 세계적으로 인정되고 있다. 브뤼셀규칙 recast 제7조(1)(a)에서는 계약에 관한 사항에 대하여 원칙적으로 문제된 의무(the obligation in question)의 이행지 법원에 대하여 국제재판관할을 인정하고 있다. 여기서 의무의 이행지는 당사자가 달리 합의한 사항이 없다면 물품매매와 관련하여서는 물품이 인도되었거나 인도되었어야 하는 국가를 의미하며 용역의 제공과 관련하여서는 용역이 제공되었거나 제공되었어야 하는 국가를 의미한다(제7조(1)(b)). 따라서 물품의 대가나 용역의 대가가 지급되어야 하는 곳은 이행

---

91) 특별관할이 밀접한 관련(close connection)을 바탕으로 하고 있다는 점은 브뤼셀규칙 recast 전문(16)에서 명시하고 있다.

92) 제나드 보고서 p. 22. 브뤼셀규칙의 밀접한 관련은 국제사법 전반에 걸쳐서 인정되고 있는 원칙인 근접성(proximity)을 바탕으로 하고 있다(Magnus, p. 90).

93) Magnus, p. 90.

94) 민법 제467조(변제의 장소) ① 채무의 성질 또는 당사자의 의사표시로 변제장소를 정하지 아니한 때에는 특정물의 인도는 채권성립당시에 그 물건이 있던 장소에서 하여야 한다. ② 전항의 경우에 특정물인도 이외의 채무변제는 채권자의 현주소에서 하여야 한다. 그러나 영업에 관한 채무의 변제는 채권자의 현영업소에서 하여야 한다.

지에 포함되지 아니한다. 이와 같이 물품의 인도나 용역의 제공과 같이 계약의 특성을 보여주는 이행을 '특징적 이행'(characteristic performance)이라고 한다. 브뤼셀규칙 recast 제7조에서는 물품매매계약과 용역제공계약에만 특징적 이행을 사용하여 특별관할을 인정하고 나머지 계약에 관하여는 단순히 이행지에 특별관할을 인정하고 있다.[95] 최초 브뤼셀협약에서 이행지의 법원에 국제재판관할을 인정한 이유는 협약의 체약국 대부분이 국내법에서 이행지 특별관할을 규정했기 때문이다.[96] 그리고 유럽사법재판소의 Color Drack GmbH v Lexx International Vertriebs GmbH 결정[97]에서 밝히고 있는 바와 같이 계약의 이행지는 계약분쟁과 근접성(proximity)을 갖고 있어서 당사자가 소가 제기될 것으로 예측할 수 있다는 점에서도 특별관할에 포함되었다.

1999년 헤이그초안은 계약에 관한 특별관할을 제6조에서 규정하고 있었는데[98] 물품매매계약과 용역제공계약에 관하여만 관할규칙을 두었고 이행지를 중심으로 특별관할을 규정하였다. 구체적으로 제6조에서는 물품매매계약의 경우에는 물품이 전부 또는 일부가 공급된 국가, 용역제공계약의 경우에는 용역의 전부 또는 일부가 제공된 국가, 물품과 용역을 모두 제공하는 계약의 경우에는 주된 의무(principal obligation)의 이행이 전부 또는 일부 이루어진 국가의 법원을 관할법원으로 지정하였다. 1999년 헤이그초안은 브뤼셀규칙 recast와 동일하게 물품매매계약이나 용역제공계약의 이행지를 통일하였는데 이행과 직접적 관련이 없는, 예를 들어 계약의 효력에 관한 분쟁에 대하여도 이행지의 특별관할을 인정하였다.[99]

미국의 경우에는 피고가 법정지 주의 혜택을 의도적(purposefully)으로 향유한 한 경우에만 그 법정지 주에 특정관할(specific jurisdiction)을 인정하고 있기 때문에 이행지 자체가 관할을 결정하는 것이 아니라 계약이 이행된 곳이 피고가 의도적으로 최소접촉(minimum contact)을 형성한 곳인지를 따져서 관할을 결정한다. 예를 들어 건설계약의 경우에는 이행지인 건설현장이 소재한 주는 최소접촉관계를 인정할 수 있으므로 건설계약의 분쟁에 관하여 관할이 인정된다.[100]

다) 소 결

계약에서 가장 중요한 요소는 이행이다. 이행에는 이행의 장소가 있을 수밖에 없기 때문에 계약과 가장 밀접한 장소는 이행지가 되고 당사자는 계약의 이행과 관련하여 분쟁이 발생하면 그 이행지에 소가 제기될 것을 충분히 예상할 수 있다. 그러나 지참채무원칙과 같이 이행지가 채권자의 소재지인 경우에는 '원고가 소재하는 곳이 법정지'(forum actoris)가 되어 피고 소재지의 일반관할을 무색하게 하는 결과를 가져올 수 있다는 문제가 있다. 이러한 문제에도

95) Magnus, p. 153.
96) Ibid, p. 91
97) Case C-386/05 [2007] ECR I-3699.
98) 소비자계약과 근로계약에 관하여도 각 제7조와 제8조에서 규정하고 있었다.
99) Nygh/Pocar, Report on Preliminary Draft Convention on Jurisdiction and Foreign Judgments in Civil and Commercial Matters Report, Preliminary Document No 11 of August 2000 for the attention of the Nineteenth Session of June 2001, p. 50.
100) Ibid, p. 453.

불구하고 이행지 관할은 널리 채용되고 있는 특별관할이기 때문에 당사자로서는 이행지에서 소가 제기될 것을 충분히 예상할 수 있고 이에 따라서 이행지가 계약과 실질적 관련이 있다는 점도 부정할 수 없으므로 이행지 특별관할을 인정하는 것이 타당하다고 본다. 게다가 이에 따르면 이행지와 법정지를 일치시키는 이득도 있다. 이러한 점에서 민사소송법 제8조의 이행지 특별재판적은 국제재판관할에서 특별관할이 발생하는 근거가 될 수 있다.[101)][102)] 그러나 국제재판관할의 특수성을 고려할 때 민사소송법 제8조에 대하여는 아래와 같은 여러 해석이 필요하다.

(2) 이행지의 결정

이행지는 1차적으로 당사자가 계약에서 이행지로 합의한 곳이 된다. 예를 들어 물품매매계약을 체결하면서 인도조건을 CIF로 한 경우에 물품을 선박에 선적한 때에 매수인에게 물품이 인도되고 물품의 위험도 함께 이전되므로[103)] 매도인은 매수인의 소재지까지 물품을 운송할 의무는 없다. 따라서 물품이 목적항에 도착한 후에 하자가 발견되었다고 하더라도 이행은 매도인의 소재지에서 종료되므로 매수인은 목적항이나 자신의 소재지가 이행지라는 이유로 이행지 특별관할을 주장할 수 없다.

만일 이행지에 관한 합의가 없다면 이행지는 그 계약의 준거법에 따라서 결정된다. 브뤼셀규칙 recast 제7조(1)(b)에서는 당사자가 달리 합의하지 않은 경우(unless otherwise agreed)에는 물품매매계약은 물품이 인도된 곳 또는 인도되어야 하는 곳, 용역제공계약은 용역이 제공된 곳 또는 제공되어야 하는 곳[104)]을 각 이행지로 규정하고 있지만 우리의 경우에는 이와 같은 규정이 없으므로 계약의 준거법에 따를 수밖에 없다.[105)] 위와 같은 규정이 없었던 브뤼셀협약을 적용한 유럽사법재판소의 Industrie Tessili Italian Como v Dunlop AG 결정[106)]에서도 동일하게 보고 있었다. 그리고 헤이그승인집행협약 제5조(1)(g)(ii)에서도 간접관할과 관

---

101) 석광현, 국제민사소송법, 박영사, 2012, 92쪽. 이행지 특별관할에 대하여는 여러 비판이 제기되고 있는데, 적어도 계약에 관하여는 이행지 특별관할을 완전히 부정하는 견해가 있는 것 같지는 않다. 불법행위의 이행지 특별관할은 문제가 있는데, 서울고법 2006.1.26. 선고 2002나32662 판결은 다음과 같은 이유로 불법행위에서 이행지 특별관할을 부정하고 있다. "재산권에 관한 소는 의무이행지의 법원에 제기할 수 있다고 규정하고 있는바, 불법행위채무는 지참채무이므로 이에 기한 손해배상 청구소송을 일률적으로 그 의무이행지에 해당하는 피해자의 주소지국에서 제기할 수 있다고 한다면 피고가 예측하지 못한 곳에서 응소를 강요받는 결과가 되어 공평에 반하게 되므로, 위 조항이 규정하고 있는 의무이행지에는 불법행위에 기한 손해배상채무의 이행지는 제외된다 할 것이다."

102) 반면에 우리 민법은 지참채무원칙에 따라서 채무자가 채권자의 주소지에서 이행을 해야 하는데 이에 따르면 불법행위에 기한 손해배상채무, 침해부당이득 반환채무 등 계약상의 의무와 무관한 경우까지도 원고 주소지에 관할이 발생하게 되어 원고 주소지 관할이 사실상 일반관할화 하게 되고 피고 주소지 관할이라는 로마법 이래의 대원칙이 전도되는 결과를 가져온다는 문제로 인하여 계약에 한정하여 이행지 관할을 인정하자는 것이 다수의 견해이다(한애라, "국제재판관할과 관련된 판결의 추이 및 국제사법의 개정방향－국제재판관할의 판단구조 및 법인에 대한 일부 과잉관할 쟁점과 관련하여－", 민사판례연구 35권(2013.2), 1157－1158쪽). 그러나 계약과 관련이 없는 재산권상의 소에서 의무이행지 관할을 인정하고 있는 하급심 판결이 다수 존재한다(앞의 글, 1164쪽).

103) 국제상업회의소(International Chamber of Commerce, ICC)의 Incoterms 2010에 따른 해석이다.

104) 브뤼셀규칙 recast는 물품매매계약과 용역제공계약의 이행지를 물품의 인도지 하나로 통일하고 이행지를 실제로 이행이 발생하거나 이행되어야 하는 곳이라고 규정하고 순전히 사실적 기준을 제시하고 있다. 이와 같이 규정한 이유는 브뤼셀규칙 recast에서 독자적으로 이행지의 판단기준을 제시함으로써 각 회원국이 이행지를 판단하기 위하여 자국의 국제사법을 참조하고 다시 준거법을 참조해야 하는 불편함을 없애는데 있다(Dickinson, para. 4.53). 그러나 여러 운송과정을 거쳐서 물품이 인도되는 경우에 어느 시점에서 물품이 인도되었는지를 확정짓는 경우와 같이 법적 해석이 필요한 경우를 배제시킬 수는 없다.

105) Collins, para. 11－203.

106) Case 12－76 [1976] ECR 1473.

련하여 동일하게 규정하고 있다.

만일 계약의 준거법이 우리법이라면 다음과 같이 이행지가 결정된다.

① 지참채무원칙: 민법 제467조[107]에서는 지참채무원칙을 선언하고 있으므로 채무자가 채권자의 주소지에서 채무를 이행해야 한다. 따라서 채권자는 자신의 주소지 법원에 재산권에 관한 소를 제기할 수 있다.

② 예외적 추심채무: 특정물의 인도는 민법 제467조에 따라서 채권성립 당시에 그 물건이 있던 장소가 이행지가 되므로 채권자는 그곳의 법원에 소를 제기할 수 있다.

③ 채권자의 지점: 상법 제56조에서는 "채권자의 지점에서의 거래로 인한 채무이행의 장소가 그 행위의 성질 또는 당사자의 의사표시에 의하여 특정되지 아니한 경우 특정물 인도 외의 채무이행은 그 지점을 이행장소로 본다."고 규정하고 있으므로 상행위로 인한 거래에서는 채권자의 지점이 이행지가 될 수 있다.

④ 등기소 소재지: 등기의무는 성질상 등기권리자의 주소지가 아니라 관할등기소에서 이루어져야 하므로 등기에 관한 소의 특별재판적은 등기권리자의 주소지가 아니라 등기소 소재지가 된다(대법원 2002. 5. 10.자 2002마1156 결정). 같은 취지에서 민사소송법 제21조에서는 "등기·등록에 관한 소를 제기하는 경우에는 등기 또는 등록할 공공기관이 있는 곳의 법원에 제기할 수 있다"고 규정하고 있다.

(3) 분쟁이 발생된 의무의 이행지

하나의 계약이라고 하더라도 하나의 이행지만 존재하는 것은 아니다. 특히 쌍무계약의 경우에는 계약의 당사자가 쌍방에 대하여 의무를 부담하고 있고 각 의무의 이행지가 다를 수 있다. 이때 하나의 이행지가 모든 분쟁에 대하여 특별관할을 갖는 것은 아니며 당해 의무의 이행과 관련된 분쟁에 대하여만 그 이행지가 특별관할을 갖는다고 봐야 한다. 예를 들어 물품매매계약의 경우에는 물품의 인도지는 물품의 인도와 관련된 분쟁에 대하여 특별관할을 갖고 대금의 지급지는 대금의 지급과 관련된 분쟁에 대하여만 특별관할을 갖는다.[108] 민사소송법이나 국제사법의 규정상 현재로서는 분쟁이 발생되지 아니한 이행의 이행지까지 특별관할을 인정하는 것은 사소한 관련이 있는 곳에 대하여 국제재판관할을 인정하는 것으로써 과잉관할에 해당한다고 본다. 따라서 분쟁이 발생한 의무의 이행지에 한정하여 특별관할을 인정해야 한다.[109] 다만 원고가 여러 청구를 병합하여 소를 제기하였고 분쟁의 일회적 해결과 소송의 신속의 취지에 적합하다면 법원은 관련재판적에 따라서 그 소재지에서 발생한 분쟁뿐만 아니라 다른 관련 분쟁에 대하여도 관할을 갖는다고 보는 것이 타당해 보인다. 이러한 결론은 국제재판관할에서 관련재판적이 허용된다는 점을 전제로 한다. 그런데 국제재판관할에서 관련재

107) 민법 제467조(변제의 장소) ① 채무의 성질 또는 당사자의 의사표시로 변제장소를 정하지 아니한 때에는 특정물의 인도는 채권성립당시에 그 물건이 있던 장소에서 하여야 한다. ② 전항의 경우에 특정물인도 이외의 채무변제는 채권자의 현주소에서 하여야 한다. 그러나 영업에 관한 채무의 변제는 채권자의 현영업소에서 하여야 한다.

108) 이에 대하여 본질적으로 상호 연관된 의무가 각 분리되어서 재판되어야 한다는 점에서 분쟁이 발생한 의무의 이행지에 한정하여 특별관할을 인정하는 것에 반대하는 견해가 있다(Dickinson, para. 4.57).

109) 석광현, 국제민사소송법, 박영사, 2012, 92쪽.

판적이 허용되는지에 관하여 대법원 판례는 없고 인천지방법원 2003.7.24. 선고 2003가합1768 판결에서는 국제재판관할에서 관련재판적을 허용하면 국제사회에서의 재판기능의 합리적인 분배의 관점에서 볼 때 상당하지 않을 뿐만 아니라 오히려 재판이 복잡해지고 장기화될 우려가 있다는 이유로 그 적용을 거부하고 있다. 그러나 인천지방법원의 판결과 같이 단정적으로 보기 보다는 개별적 사안마다 검토하여 병합된 청구 사이에 긴밀히 관련이 있고 주된 공격방어방법을 같이하여 소송이 지연될 우려가 없다면 관련재판적을 허용할 수 있다고 본다.

한편 브뤼셀규칙 recast 제7조(1)(a)는 "문제된 의무의 이행지"(the place of performance of the obligation in question)이라고 하여 분쟁이 발생된 의무의 이행지에 한정된다는 점을 명시하고 있다. 다만 제7조(1)(b)에서는 물품매매계약과 용역제공계약의 경우에는 물품의 인도지 또는 인도되어야 하는 곳과 용역의 제공지 또는 제공되어야 하는 곳에 한정하여 특별관할을 인정하고 있으므로 물품의 인도나 용역의 제공과 직접적 관련이 없는 예를 들어 대금지급에 관한 분쟁이나 계약의 효력의 관한 분쟁에 관하여도 위와 같은 곳에 특별관할이 발생한다. 물품매매계약의 인도지와 용역제공계약의 제공지에 대하여 특별관할을 인정하고 있었던 1999년 헤이그초안 제6조에 관하여도 위와 동일하게 해석되었었다.110)

그런데 국제재판관할이 너무 많은 국가에 인정되면 법정지 쇼핑(forum shopping)이 발생할 가능성이 있고 피고로서는 어디에서 소가 제기될 것인지 예측하기 어렵기 때문에 가급적 국세재판관할의 범위를 축소할 필요가 있다. 물품매매계약이나 용역제공계약은 국제계약에서 상당히 많은 부분을 차지하는 반면에 특징적 이행의 이행지를 특정하기가 다른 계약에 비해서 용이하다. 이러한 점에서 브뤼셀규칙 recast와 같이 향후 입법적으로 물품매매계약이나 용역제공계약에서는 물품의 인도지 또는 인도되어야 하는 곳과 용역의 제공지 또는 제공되어야 하는 곳에 한정하여 특별관할을 인정하는 것도 고려할만 하다고 본다.

(4) 여러 이행지에서 분쟁이 발생한 경우

계약상 의무가 여럿 존재하고 각 의무의 이행지가 다른 경우에 각 의무의 이행에 대하여 분쟁이 발생하였다면 어느 이행지가 특별관할을 갖는지 문제된다. 예를 들어 매수인이 여러 나라에 매장을 갖고 있고 매도인이 각 매장에 물품을 공급하였는데 공급된 물품 모두에 하자가 발견된 경우가 그러하다. 이에 대하여는 여러 해법이 주장될 수 있다. 각 이행지가 모두 특별관할이 된다는 견해, 각 이행지가 모두 특별관할이 되지만 각 그 이행지에서 발생된 하자에 대하여만 관할을 갖는다는 견해, 가장 중요한 이행이 이루어진 이행지만 특별관할을 갖는다는 견해, 이행지를 확인할 수 없는 경우이므로 이행지 특별관할이 적용되지 아니한다는 견해 등이 가능하다.111)

앞서 언급한 유럽사법재판소의 Color Drack GmbH v Lexx International Vertriebs

110) Nygh/Pocar, Report on Preliminary Draft Convention on Jurisdiction and Foreign Judgments in Civil and Commercial Matters Report, Preliminary Document No 11 of August 2000 for the attention of the Nineteenth Session of June 2001, p. 50.

111) Magnus, p. 146.

GmbH 결정에서는 브뤼셀규칙의 주된 목적이 모순된 판결의 방지에 있다는 이유로 물품이 여러 군데에서 인도된 경우에 경제적 데이터를 사용하여 주된 이행(principal delivery)이 이뤄진 곳의 법원이 관할을 갖고, 만일 가장 주된 이행을 구분할 수 없다면 이행이 이루진 곳 중 원고가 선택한 곳이 관할을 갖는다고 보았다. 1999년 헤이그초안의 경우에는 제6조c)에서 물품의 공급과 용역의 제공이 모두 문제된 경우에 '주된 의무'(the principal obligation)가 이행된 곳에 특별관할이 있다고 규정하고 있었다.

문제된 이행지가 여러 곳이라면 모든 이행지가 분쟁과 실질적 관련성과 근접성을 갖고 있으므로 피고로서는 어느 곳에서라도 소가 제기될 것을 예상할 수 있다. 그리고 국제재판관할은 중첩적으로 존재할 수 있는데 법적 근거 없이 '주된 의무'를 이유로 국제재판관할을 부정하게 되면 원고의 권리구제에 문제가 발생할 수 있다. 또한 '주된 의무'의 개념이 불명확하여 그 개념을 가지고 분쟁이 확대될 수 있다는 점에서도 사견은 브뤼셀규칙 recast나 1999년 헤이그초안의 입장과 달리 이행지가 여러 곳이라면 이행지 모두에 특별관할이 발생한다고 본다. 다만 전체 계약의 이행에 비추어 상대적으로 매우 사소한 이행만이 이루진 곳이어서 피고가 그곳에서 소가 제기될 것을 합리적으로 예상할 수 없었다면 그러한 이행지는 실질적 관련이 없는 곳으로서 특별관할이 부정되어야 할 것이다.[112)]

(5) '이행을 해야 하는 곳'

계약에 관련한 분쟁은 계약의 존재나 효력을 다투는 경우, 채무자가 이행을 하지 아니하는 경우, 채무자가 이행을 하였지만 이행의 내용에 하자가 있는 경우, 채무자가 이행을 지체한 경우로 나눌 수 있다. 즉 이행지 특별관할이 적용되는 계약상 분쟁은 계약상 이행의 하자만이 아니라 계약의 효력, 취소와 관련된 분쟁도 포함된다고 봐야 한다.[113)] 그런데 채무자가 이행을 하였지만 이행의 내용에 하자가 있는 경우에는 이행지를 특정할 수 있지만 나머지의 경우에는 이행이 존재하지 않기 때문에 이행지를 특정할 수 없다. 이때 '이행을 해야 하는 곳'이 이행지로서 그곳에 이행지 특별관할이 발생하는지 문제된다. 이 문제는 채무자가 이행지가 아닌 곳에 이행을 하여 분쟁이 발생한 경우에도 제기된다.

브뤼셀규칙 recast를 보면 제7조(1)(a)에서는 계약의 이행지 법원이 특별관할을 갖는다고 규정하면서도 세부적으로는 제7조(1)(b)에서 물품매매계약의 경우에 계약에 따라서 물품이 인도된 곳뿐만 아니라 인도되었어야 하는 곳(should have been provided)의 법원에 특별관할이

112) 법정지와 피고 및 사건에 관련된 모든 요소를 고려했을 때에 양자 사이에 충분한 근접성(proximity)이 있어서 객관적이고 평균적인 입장에서 피고가 법정지에서 제소되는 것이 이례적이지 않고 법정지 법원이 재판을 진행하는 것이 정당하다면 피고의 합리적 예측가능성이 인정될 것이다. 반대로 법정지와 피고 또는 사건과 사소한 관련이 있을 뿐이어서 이러한 관련만으로 법정지 법원이 재판을 행사하는 것이 피고에게 이례적이고 법정지 법원이 재판권을 행사하는 것이 정당하지 않다면 피고의 합리적 예측가능성이 인정될 수 없다. 이때 법정지와 피고 사이의 충분한 근접성은 국제사법 제2조의 실질적 관련이라고도 볼 수 있다. 이러한 논리에 따른다면 합리적 예측가능성, 법정지와 피고 사이의 근접성, 실질적 관련은 모두 국제재판관할의 결정에 있어서 동일한 판단기준이고 결국 동일한 작용을 한다. 브뤼셀규칙 recast 전문(16)에서는 "밀접한 관련은 법적 확실성을 보장하고 피고가 합리적으로 예상할 수 없는 회원국의 법원에서 제소될 가능성을 배제시켜야 한다."고 규정하여 밀접한 관련이 피고의 합리적 예측가능성의 판단기준임을 명시하고 있다.

113) 브뤼셀규칙 recast 제7조(1)(a)에서는 계약에 관한 특별관할이 적용되는 범위를 '계약에 관한 사항'(matters relating to a contract)이라고 규정하고 있는데 계약의 효력이나 취소에 관한 분쟁도 포함되는 것으로 해석되고 있다(Dickinson, paras. 4.39－4.41).

발생하도록 규정하고 있고 용역제공계약의 경우에는 용역이 제공된 곳뿐만 아니라 제공되었어야 하는 곳의 법원에도 특별관할이 발생하도록 규정하고 있다. 이러한 특별관할은 이행지와 관련된 분쟁에 한정되지 아니하고 당해 계약에 관한 분쟁 모두를 포함한다.114) 헤이그승인집행협약 제5조(1)(g)에서도 '이행을 해야 하는 곳'(should have taken place)을 계약분쟁의 간접관할로 규정하고 있다. 반면에 1999년 헤이그초안 제6조에서는 물품매매계약의 경우 물품이 공급된 곳과 용역제공계약의 경우에는 용역이 제공된 국가에 대하여만 특별관할을 인정하고 있다. 특별관할은 분쟁과 법정지 사이의 실질적 관련이 있는 경우에 피고의 소재지 일반관할의 원칙에 대한 예외를 인정하고 있다. 따라서 위 문제에 대하여도 실질적 관련의 기준을 적용하여 결론을 도출할 필요가 있다.

채무자가 이행을 하지 않거나 이행을 지체하여 계약이 해제된 경우에 이행지에서 채무자의 이행을 강제하거나 채무불이행 또는 이행지체의 원인을 판단할 필요가 있는 경우와 같이 '이행을 해야 하는 곳'이 분쟁과 실질적 관련이 있다면 '이행을 해야 하는 곳'에 특별관할을 인정할 수 있다고 본다. 그리고 계약의 존재나 효력을 다투어 이행을 거절하는 경우에도 그러한 분쟁이 이행지의 상황으로 인하여 발생한 경우와 같이 '이행을 해야 하는 곳'이 분쟁과 실질적 관련이 있다면 '이행을 해야 하는 곳'에 특별관할을 인정할 수 있다고 본다. 정리하자면 '이행을 해야 하는 곳'에 일률적으로 특별관할을 인정하거나 부정하기 보다는 개별적 사안마다 분쟁과 '이행을 해야 하는 곳' 사이에 실질적 관련이 있는지 여부를 따져서 결정할 문제라고 본다.

다만 앞서의 입법적 제안과 같이 물품매매계약이나 용역제공계약에서는 물품의 인도지 또는 인도되어야 하는 곳과 용역의 제공지 또는 제공되어야 하는 곳에 한정하여 특별관할을 인정한다면 개별적 사안마다 분쟁과 '이행을 해야 하는 곳' 사이에 실질적 관련이 있는지 여부를 따질 필요가 없을 것이다.

(6) 인터넷을 통한 공급계약

인터넷을 통한 물품매매계약의 경우에는 계약이 인터넷을 통하여 체결될 뿐이고 이행은 오프라인에서 이루어지므로 일반 매매계약과 동일한 방법으로 이행지를 결정할 수밖에 없다.115) 그러나 소프트웨어의 판매, 음악파일의 판매나 공급, 동영상 파일의 판매나 공급 등 인터넷을 통하여 용역을 제공하기로 하는 계약을 경우에는, 공급자가 파일을 전송하는 등의 이행이 필요하지만 고객이 인터넷에 접근하여 파일을 다운로드하지 아니하면 공급자의 이행이 완료되지 않기 때문에 공급자의 일방적인 행위만으로 이행이 완료되지 않는다는 문제가 발생한다. 따라서 공급자의 공급행위를 이행으로 볼 것인지 아니면 고객의 다운로드를 이행으로 볼 것인지 결정해야 한다.

---

114) Ibid, para. 4.62.

115) 이러한 계약의 대부분은 소비자계약에 해당할 것이다. 국제사법 제27조 제4항에서는 "제1항의 규정에 의한 계약의 경우에 소비자는 그의 상거소가 있는 국가에서도 상대방에 대하여 소를 제기할 수 있다."고 규정하고 있으므로 소비자는 국제재판관할의 일반관할이나 특별관할이 인정되는 국가에서도 소를 제기할 수 있다.

고객의 다운로드가 이행을 완료시키는 행위라는 점을 부정할 수 없지만 만일 고객의 다운로드를 이행으로 보게 되면 공급자의 이행이 고객의 행위에 의하여 결정된다는 점에서 부당하다. 이러한 점에서 불완전한 이행이지만 공급자의 공급행위를 이행으로 보고서 이행을 위하여 공급자의 컴퓨터 등 공급장치가 소재한 곳을 이행지로 보는 것이 타당하다.116) 그리고 공급자가 직접 서버를 갖고 있지 않은 경우에 서버의 위치는 무작위로 결정되므로 이행지를 결정하는 공급장치가 소재한 곳에서 서버의 위치는 제외되어야 한다.117) 만일 공급자의 공급장치의 소재를 알 수 없다면 공급자는 통상 영업장소에 공급장치를 갖고 있으므로 공급자의 영업장소를 공급장치의 소재지, 즉 공급의 이행지로 추정할 수 있을 것이다.118)

다. 영업소 소재지

(1) 특별관할로서의 인정가능성

민사소송법 제12조에서는 "사무소 또는 영업소가 있는 사람에 대하여 그 사무소 또는 영업소의 업무와 관련이 있는 소를 제기하는 경우에는 그 사무소 또는 영업소가 있는 곳의 법원에 제기할 수 있다."고 규정하여 영업소 소재지 특별재판적을 인정하고 있다. 앞서 언급한 민사소송법 제5조 제2항의 외국법인이 영업소 소재지 일반관할과 다른 점은 '그 사무소 또는 영업소의 업무와 관련이 있는 소'에 대하여만 관할이 인정된다는 점에 있다. 브뤼셀규칙 recast 제7조(5)에서도 "지점, 대리점, 기타 영업시설로부터 발생한 분쟁에 관하여는 그러나 지점, 대리점 또는 다른 영업시설이 위치한 장소의 법원"119)에 대하여 특별관할을 인정하고 있다. 1999년 헤이그초안 제9조에서도 분쟁이 영업소 등과 직접적(directly)으로 관련이 있는 경우에 한하여 영업소 소재지에 특별관할을 인정하고 있었다. 이와 같이 영업소 소재지에 대하여 특별관할을 인정하는 이유는 피고가 본인의 의사에 의하여 수익을 취하기 위하여 이용한 장소가 있다면 그러한 행위로 인하여 발생한 결과에 대하여도 그 장소에서 책임을 부담해야 하고120) 영업소 등을 설치한 피고로서는 그 장소의 관할에 복종할 의사가 있다는 점을 보여주기 때문이다.121) 무엇보다 피고는 자신의 사무소 또는 영업소가 있는 국가에서 그 사무소 또는 영업소의 업무와 관련된 소가 제기될 것을 충분히 예견할 수 있으므로 분쟁과 법정지 사이에 실질적 관련을 인정할 수 있다. 따라서 민사소송법 제12조는 국제재판관할의 특별관할에 있어서도 사용될 수 있다고 본다.

---

116) Magnus, p. 149.

117) Ibid.

118) Ibid.

119) "as regards a dispute arising out of the operations of a branch, agency or other establishment, in the courts for the place where the branch, agency or other establishment is situated."

120) Magnus, p. 219.

121) Dickinson, para. 4.133.

(2) 영업소의 의미

영업소라고 함은 인적 · 물적 시설을 갖추고서 외부적으로 영업활동을 하는 곳이므로 외부적 영업활동을 하지 않는 공장이나 창고와 같은 시설이라면 인적 · 물적 시설을 갖추고 있다고 하더라도 영업소라고 볼 수 없다. 법정지에 인적 · 물적 시설을 갖추지 않고 다만 인터넷을 통하여 법정지를 목표로 영업활동을 하는 경우에 이를 영업소라고 볼 수 있는지 문제된다. 이에 대하여 유럽연합의 전자상거래지침[122] 전문(19)에서는 인터넷 웹사이트를 통하여 서비스를 제공하는 회사의 영업소는 웹사이트에 기술적 조력을 제공하는 장소나 웹사이트에 접속할 수 있는 장소에 존재하는 것이 아니라 영속적으로(indefinite period) 경제적 활동(economic activity)을 추구하는 곳에 존재한다고 규정하고 있다. 예를 들어 미국 회사가 한국어로 된 웹사이트를 개설하여 적극적으로 광고를 한다든가 그 웹사이트를 통하여 한국으로부터 주문을 받아서 제품이나 서비스를 제공한다면 그 미국 회사는 가상의 영업소(virtual establishment)를 한국에 두고 있다고 볼 수 있다. 그리고 1999년 헤이그초안 제9조에서는 명시적으로 영업소가 물리적으로 존재하는 하는 경우뿐만 아니라 피고가 '통상적으로 상업활동을 수행하는 장소'(where the defendant has carried on regular commercial activity)에 대하여도 특별관할을 인정하고 있었다.

영업소 소재지에 특별관할을 인정하는 이유는 영업활동의 존재인 영업의 표지를 이유로 하므로 영업시설의 사실적 존재를 기준으로 할 필요는 없다.[123] 따라서 우리의 경우에도 위와 같은 기준이 적용될 수 있다고 본다. 이러한 영업소 등은 사실상 존재하는 것으로 충분하며 법적 요건을 갖출 필요는 없을 것이다. 그러므로 등록되지 아니한 영업소라고 하더라도 실제로 인적 · 물적 시설을 갖추어서 경제적 활동을 하였다면 영업소 특별관할의 영업소로 볼 수 있다.

(3) 대리점 소재지의 특별관할

외국회사가 국내에 영업소를 두고 있지 않지만 대리점을 통하여 영업활동을 한 경우에 이러한 대리점을 영업소로 볼 수 있을지 문제된다. 브뤼셀규칙 recast나 1999년 헤이그초안에는 대리점의 소재지에 대하여도 특별관할을 인정하고 있지만 민사소송법에는 관련규정이 존재하지 아니한다. 관련규정이 없는 이상 국제사법 제2조의 실질적 관련을 따져서 관할의 발생 여부를 결정할 수밖에 없는데 외국회사가 우리나라에 영업소를 설치할 것인지 아니면 대리점을 통하여 경제적 활동을 할 것인지는 선택의 문제에 불과하며 어느 쪽이든 외국회사를 위하여 영업활동을 하고 상대방도 외국회사의 영업소와 대리점을 모두 외국회사의 영업의 표지로 인식한다는 점에서 차이가 없다.[124] 이러한 점에서 영업소 소재지 특별관할을 인정하는 취지

122) Directive 2000/31/EC of the European Parliament and of the Council of 8 June 2000 on certain legal aspects of information society services, in particular electronic commerce, in the Internal Market.

123) Dickinson, para. 4.142.

124) 통상적인 대리점계약을 보면 본사가 대리점의 광고 기타 영업활동에 대하여 전면적인 통제를 하고 특히 독점적 대리점계약에서는 대리점의 영업인력에 대해서까지 본사가 통제할 수 있도록 하는 등 대리점을 사실상 본사의 영업소처럼 이용하고 있다. 대리점계약의 자세한 내용에 관하여는 이태희, 국제계약법, 법문사, 2001, 588쪽 참조.

는 대리점에 대하여도 동일하게 적용될 수 있으므로 대리점 소재지 특별관할도 인정될 수 있다고 본다. 다만 대리점 소재지 특별관할이 인정되기 위해서는 대리점이 외국회사를 위하여 지속적인 영업행위를 해야 하며 1회적으로 대리행위를 하였다면 대리점의 독립성이 강하므로 외국회사의 영업소라고 보기에는 무리가 있다.

(4) 자회사의 경우

현대 다국적 기업들은 여러 나라의 국내법상 규제는 물론 각 국가 간의 투자조약이나 조세조약 등을 검토한 후 자신이 의도하는 사업을 추진하기에 가장 합리적인 기업구조나 투자구조를 결정해서 사업을 수행하고 있기 때문에 외형적으로는 직접 투자한 영업소의 형태를 띠고 있지만 실제로는 다른 계열사의 업무만을 담당할 수도 있고, 외형적으로는 현지법인의 형태를 띠고 있지만 실제로는 영업소나 마찬가지로 모회사의 직접적 인적·물적 지시와 통제 하에 분쟁에 관련된 사업에 관여할 수도 있다.[125] 이러한 현상과 관련하여 우리나라에 외국회사의 영업소가 아니라 자회사만이 존재하는 경우에 이러한 자회사를 영업소로 보아서 영업소 소재지 관할을 인정할 수 있는지 문제된다.

고엽제소송에 관한 서울고등법원 2006.1.26. 선고 2002나32662 판결에서 밝히고 있는 바와 같이 모회사와 자회사는 별개의 법인격을 갖고 있으므로 우리 법원이 국내에 설립된 위 자회사들에 대하여 재판관할권을 가지고 있다고 하여 당연히 그 모회사에 대하여도 국제재판관할권을 가진다고 볼 수 없다. 다만 외국회사의 자회사가 모회사의 사무소, 영업소 등과 동일시할 수 있는 실질을 가지고 있어 자회사의 법인격을 부인할 수 있거나, 마치 위 자회사들이 모회사의 사무소 또는 영업소인 것과 같은 권리외관을 형성하거나, 모회사의 대리인으로 활동한 경우에는 자회사를 피고의 사무소 또는 영업소로 보고, 이에 기하여 자회사가 소재한 국가의 법원에 국제재판관할을 인정할 수 있을 것이다.[126]

라. 재신소재지 특별관할

(1) 재산소재지 특별재판적의 취지

민사소송법 제11조에서는 "대한민국에 주소가 없는 사람 또는 주소를 알 수 없는 사람에 대하여 재산권에 관한 소를 제기하는 경우에는 청구의 목적 또는 담보의 목적이나 압류할 수 있는 피고의 재산이 있는 곳의 법원에 제기할 수 있다."고 규정하고 있다. 이 규정은 독일 민사소송법 제23조를 바탕으로 한 것이다. 이 규정은 피고가 외국인이라 할지라도 청구의 목적 또는 담보의 목적이나 압류할 수 있는 재산이 대한민국 내에 있다면 그 피고를 상대로 얻은 승소판결을 대한민국에서 집행할 수 있기 때문에 우리 법원에 국제재판관할권을 인정한 것이다.[127]

---

125) 윤성근, "국제재판관할 결정의 일반적 기준으로서 실질적 관련의 원칙", 국제사법연구 제18호(2012), 108쪽.
126) 석광현, 국제민사소송법, 박영사, 2012, 109쪽.
127) 대법원 1988.10.25. 선고 87다카1728 판결.

대법원 2019.6.13. 선고 2016다33752 판결에서는 위 규정에 따라서 피고에 대한 국제재판관할을 판단하면서도, 다만 그 재산이 우연히 대한민국에 있는 경우까지 무조건 국제재판관할권을 인정하는 것은 피고에게 현저한 불이익이 발생할 수 있다는 이유로, 원고의 청구가 피고의 재산과 직접적인 관련이 없는 경우에는 그 재산이 대한민국에 있게 된 경위, 재산의 가액, 원고의 권리구제 필요성과 판결의 실효성 등을 고려하여 국제재판관할권을 판단해야 한다고 판시하고 있다.

(2) 재산이 청구의 목적물인 경우와 그렇지 아니한 경우

앞서 언급한 바와 같이 국제사법 제2조는 민사소송법의 특별규정이라고 볼 수 있으므로 비록 민사소송법 제11조가 외국인을 염두에 두고서 만들어졌다고 하더라도 규정을 그대로 적용할 필요는 없으며 국제재판관할의 특수성을 고려하여 그 적용을 제외 또는 제한적으로 적용할 수 있다.

가) 재산이 청구의 목적물인 경우

청구의 목적물인 재산은 1차적으로 그 소재지 국가의 규율을 받기 때문에 피고로서는 이러한 국가에서 소가 제기될 것을 충분히 예상할 수 있으므로 분쟁과 법정지 사이에 실질적 관련성을 인정할 수 있다. 따라서 재산소재지 특별관할이 인정된다. 대법원 2019.6.13. 선고 2016다33752 판결도 동일한 취지로 판시하고 있다. 그리고 미국 연방대법원의 Shaffer v. Hcitner 판결[128]에서도 청구목적물의 소재지에 대한 관할을 인정한 바 있다. 다만 부동산에 관하여는 그 소재지 법원이 전속관할(exclusive jurisdiction)을 갖고 있으므로 여기서 논하는 재산은 부동산 이외의 재산을 의미한다.[129]

나) 재산이 청구목적물은 아니지만 분쟁과 간접적으로 관련된 경우

예를 들어 부동산매매계약에서 대금지급과 관련하여 분쟁이 발생하여 부동산 소재지에 소를 제기하는 것과 같이 재산이 청구목적물은 아니지만 분쟁과 밀접한 관련을 갖는 경우에 재산소재지 법원에 국제재판관할이 인정되는지 문제된다. 국내 관할의 경우에는 부동산에 관한 소의 경우에는 부동산 소재지와 등기소 소재지 법원에 특별재판적을 인정하고 있지만 부동산 자체를 목적으로 하는 소에 한정되는 것으로 해석되고 있다. 이러한 규정에 비추어 보아도 재산이 청구목적물은 아니지만 분쟁과 간접적으로 관련되었다는 이유만으로 재산의 소재지 법원에 국제재판관할을 인정하는 것은 무리가 있어 보인다. 그러나 중요한 고려요소로 작용할 수 있을 것이다. 대법원 2019.6.13. 선고 2016다33752 판결도 동일한 취지로 판시하고 있다.

128) 433 U.S. 186 (1977).

129) 우리의 경우에는 명문규정이 없지만 우리나라에서 국제재판관할의 전속관할이 인정될 수 있다는 점에 이론이 없어 보인다. 부동산은 영토의 일부에 해당하여 다른 국가의 사법주권에 복속된다고 볼 수 없으므로 국제사법 제2조 제2항의 국제재판관할의 특수성을 감안하여 부동산물권에 관한 분쟁은 그 부동산의 소재지 국가의 전속관할로 보는 것이 타당하다. 브뤼셀규칙 recast 제24조에서는 부동산 물권이나 임차권을 목적으로 하는 소송의 경우에는 그 부동산의 소재지에 전속관할을 인정하고 있다.

다) 재산이 청구의 목적물이 아니고 청구와 직접적 관련이 없는 경우

원고의 청구와 직접적 관련이 없이 단지 재산이 소재한다는 이유만으로 재산소재지에 국제재판관할을 인정하는 것은 과잉관할이라고 본다.130) 첫째 피고의 재산이 어디에 소재하는가는 우연적인 사정에 불과하고131) 재산의 소재만을 고려하는 것은 사건과 법원 사이의 관련성을 전적으로 무시하는 것이며132) 피고로서도 재산의 소재지에서 제소될 것을 예상하기 어렵다. 즉 분쟁과 법정지 사이에 실질적 관련성이 인정되지 아니한다. 둘째 승소판결을 받은 원고가 강제집행을 하기에 편리하다는 이유에서 피고의 재산소재지 특별재판적을 인정하고 있는데133) 이러한 이유는 전적으로 원고의 이익만을 고려한 것으로서 피고의 소재지를 일반관할로 하는 원칙에 반한다. 셋째 재산의 가액도 전혀 고려하지 않고 있어서 피고의 신발 한 짝만 있는 국가도 국제재판관할을 갖는 불리한 결과가 발생한다.134)

외국의 사례를 보면 브뤼셀규칙 recast나 1999년 헤이그초안 등에서는 피고의 일반재산의 소재지를 특별관할로 지정하고 있는 경우를 찾아볼 수 없고 심지어 브뤼셀협약 제3조에서는 우리 민사소송법 제11조의 바탕이 된 독일 민사소송법 제23조를 과잉관할로 규정하여 그 적용을 배제시키고 있다. 또한 앞서 언급한 미국 연방대법원의 Shaffer v. Heitner 판결에서는 피고가 델라웨어주에서 설립된 회사의 주식을 갖고 있다는 이유만으로는 피고가 델라웨어주 법원에 관할에 복속될 충분한 접촉(contact)이 있다고 볼 수 없다고 판시함으로써 피고의 재산이 청구목적물이 아닌 경우에는 재판소재지의 특정관할을 부정하였다.135)

4. 전속관할

가. 전속관할의 의의와 문제점

전문성 또는 고도의 공익적 필요로 인하여 특정한 사건에 대하여는 특정한 법원만이 관할권을 갖는데 이를 '전속관할'(exclusive jurisdiction)이라고 한다. 국제사법 제2조에서는 실질적 관련성을 기준으로 국제재판관할을 결정하도록 하고 있고 국내의 관할규정은 참조를 위한데 불과하기 때문에 국제재판관할에서도 전속관할이 인정되는지 여부 및 국내 전속관할이 국제재판관할에도 그대로 인정되는지 등이 문제된다.

---

130) 독일 연방대법원은 재산의 소재지에 추가하여 법적 쟁송의 충분한 내국관련을 요구한다고 한다(석광현, 국제민사소송법, 박영사, 2012, 112－113쪽).

131) 한충수, "민사소송법상의 국내토지관할 규정에 대한 재검토와 입법론－국제재판관할과 관련하여－", 한국민사소송법학회지 vol.8－1(2004.2), 153쪽.

132) 독일에서도 독일 민사소송법 제23조에 대하여 동일한 비판이 있다고 한다(최공웅, "국내재산의 소재와 국제재판관할", 민사재판의 제문제 6권, 390쪽).

133) 한애라, "국제재판관할과 관련된 판결의 추이 및 국제사법의 개정방향－국제재판관할의 판단구조 및 법인에 대한 일부 과잉관할 쟁점과 관련하여－", 민사판례연구 35권(2013.2), 1144쪽에서는 어느 나라에 피고의 재산이 있을 때, 원고가 타국(예를 들어 피고 주소지국이나 의무이행지국)에서 소를 제기하여 승소판결을 받아 재산 소재지국 법원에 그 판결의 승인·집행을 요청한다 해도 재산 소재지국 법원이 집행판결을 해 주리라는 보장은 어디에도 없다는 이유로 재산소재지 관할을 무조건 부인하는 것은 적절하지 않다는 견해를 취하고 있다.

134) 최공웅, "국내재산의 소재와 국제재판관할", 민사재판의 제문제 6권, 390쪽.

135) 이 판결로 인하여 피고가 법정지에 소재하지 아니하더라도 재산이 소재한 사실만으로 법정지의 관할권을 인정한 준대물관할(quasi *in rem* jurisdiction)의 기능이 상당히 감소하였다. 충분한 접촉이 있다면 굳이 준재물관할을 주장할 것 없이 바로 대인관할을 주장할 수 있기 때문이다.

나. 국제재판관할에서 전속관할의 인정가능성에 관한 논의

국제사법 제27조 제5항과 제28조 제4항에서는 소비자계약과 근로계약에서 소비자와 근로자를 상대방으로 하는 소에 관하여 전속관할을 규정하고 있지만 이러한 규정을 제외하고는 명문으로 국제재판관할에서 전속관할을 인정하는 규정은 없다. 반면에 브뤼셀규칙 recast의 경우에는 전속관할에 관한 명시적인 규정을 두고 있는데, 이 규칙 제24조에서는 ① 부동산 물권이나 임차권을 목적으로 하는 소송의 경우에는 그 부동산의 소재지, ② 법인의 설립이나 해산, 법인의 결정의 유효성을 목적으로 하는 소송의 경우에는 국제사법에 따라서 결정되는 그 법인의 소재지(seat), ③ 공적 등록의 유효성을 목적으로 하는 경우에는 그러한 등록이 유지되고 있는 국가, ④ 등록이 요구되는 지적재산권 등의 등록이나 유효성에 관한 소송은 그러한 등록이 신청되거나 등록된 국가, ⑤ 재판의 집행에 관련된 절차에 관하여는 그러한 재판이 집행되었거나 집행되어야 하는 국가가 각 전속관할을 갖고 있다고 규정하고 있다. 1999년 헤이그초안의 경우에는 제12조에서 브뤼셀규칙 recast와 사실상 동일한 규정을 두고 있다. 우리의 경우에는 명문규정이 없지만 우리나라에서 국제재판관할의 전속관할이 인정될 수 있다는 점에 이론이 없어 보인다.[136]

다. 국제재판관할에서 전속관할의 근거

국내법상 전속관할에 관한 규정이 항상 국제재판관할에서의 전속관할의 근거가 된다고 보기 힘들다. 국내법상 전속관할은 전문성 또는 고도의 공익적 필요가 있는 경우에 인정된다. 그런데 국제재판관할과 관련해서는 어느 국가의 법원이 다른 국가의 법원보다 더 전문성이 있다고 볼 수 없으므로 전문성은 국제재판관할에서의 전속관할의 근거가 될 수 없다. 예를 들어 민사소송법 제24조 제1항에서 국제거래에 관한 소에 대하여 전속관할을 규정하고 있지만 이러한 전속관할은 법원의 전문성을 고려하여 인정되고 있으므로 국제재판관할에서도 전속관할의 근거가 된다고 볼 수 없다. 이와 같이 국내법상 전속관할이라고 하더라도 반드시 국제재판관할에서도 전속관할이라고 볼 수 없다.

그리고 예를 들어 민사소송법 제20조에서는 "부동산에 관한 소를 제기하는 경우에는 부동산이 있는 곳의 법원에 제기할 수 있다."고 규정하여 부동산 소재지에 특별재판적을 인정하고 있을 뿐이지 부동산 소재지 법원에 전속관할을 인정하고 있지 않다. 이에 반하여 국가 간의 관계에서 부동산은 영토에 해당하므로 부동산에 관한 분쟁에 대하여는 그 부동산이 소재한 국가의 법원의 전속관할이라고 봐야 한다. 이와 같이 국내법상 전속관할이 아님에도 국제재판관할에서는 전속관할로 인정될 수도 있다.

국제재판관할에서 전속관할의 근거는 다양하게 제시될 수 있지만 간략하면, 분쟁의 사안이 어느 국가에 중대한 의미 또는 고도의 공익적 이익과 관련이 있어서 다른 나라의 법원이

136) 석광현, 국제민사소송법, 박영사, 2012, 130쪽.

재판하는 것이 적정하지 아니한 경우라고 볼 수 있다.[137] 예를 들어 특허권은 등록된 국가의 권한에 의하여 창설되므로 다른 나라에서 그 효력에 관하여 심판하는 것은 주권침해로서 적정하지 아니하고, 부동산은 소재한 국가의 영토에 해당하므로 법원이 외국의 부동산에 관하여 판단하는 것도 주권침해의 소지가 있다. 앞서 언급한 바와 같이 국제재판관할을 결정하는 일반원칙인 밀접성은 '가장 밀접한 관련이 있는 국가'를 의미하지 아니하므로 여러 국가에 동시에 국제재판관할이 발생할 수 있다.[138] 그런데 국제재판관할의 전속관할은 어떤 면에서는 '가장 밀접한 관련이 있는 하나의 국가'에 관할을 인정하는 것이란 점에서 국제재판관할결정의 일반원칙의 예외에 해당한다.

라. 국제재판관할에서 전속관할이 인정될 수 있는 경우

(1) 부동산물권이나 부동산임대차

우리의 경우에 민사소송법 제20조에서는 부동산에 관한 소에 관하여 부동산 소재지 특별재판적을 규정하고 있지만 이를 전속관할로 규정하고 있지는 않다. 반면에 브뤼셀규칙 recast 제24조(1)에서는 부동산의 물권을 목적으로 하는 소송의 경우에는 그 부동산의 소재한 국가의 법원에 전속관할을 인정하고 있다. 이와 같이 전속관할을 인정한 이유는 유럽연합의 회원국들이 이를 공서양속(public policy)로 보아서 다른 국가의 법원이 한 자국에 소재한 부동산에 관한 재판에 대하여 승인 및 집행을 거부하였기 때문이다. 이에 덧붙여 부동산물권에 관한 분쟁은 부동산의 소재지에서 증거조사를 하거나 부동산에 관한 관습이 관여되거나 공적장부와 관련이 있다는 이유로도 전속관할에 포함되었다.[139] 부동산은 영토의 일부에 해당하여 다른 국가의 사법주권에 복속된다고 볼 수 없으므로 국제사법 제2조 제2항의 국제재판관할의 특수성을 감안하여 부동산물권에 관한 분쟁은 그 부동산의 소재지 국가의 전속관할로 보는 것이 타당하다.

그리고 브뤼셀규칙 recast 제24조(1)에서 부동산임대차에 관한 분쟁에 대하여도 그 부동산의 소재지 국가에 전속관할을 인정하고 있는데 그 이유는 부동산임대차에 관하여는 각 국이 특별한 입법을 마련하고 있는 경우가 대부분이기 때문이다.[140] 이때 부동산임대차에 관한 분쟁에는 임차목적물인 부동산에 직접 관련된 분쟁만이 아니라 연체차임에 관한 분쟁도 포함된다. 우리의 경우에도 주택임대차보호법이나 「상가건물 임대차보호법」이 존재하고 이와 같이 사회적 약자인 임차인을 보호하기 위한 법률은 국제적 공서를 보호하기 위한 국제적 강행규정을 볼 수 있으므로 부동산임대차에 관한 분쟁도 그 부동산이 소재한 국가의 전속관할에 속한다고 본다.

---

137) Dickinson, para. 8.11.

138) 대법원 2019.6.13. 선고 2016다33752 판결.

139) 제나드 보고서 p. 35.

140) Ibid.

(2) 법인의 설립이나 해산, 법인의 결정의 유효성

상법 제328조 제2항에서는 합명회사에 관한 상법 제186조를 준용하여 주식회사의 설립무효의 소에 관하여 본점 소재지 지방법원의 전속관할로 규정하고 있다. 그리고 주주총회결의 취소의 소, 부존재확인, 무효확인의 소 및 신주발행무효의 소에 관하여도 상법 제186조를 준용하여 주식회사의 본점 소재지 지방법원의 전속관할로 규정하고 있다(상법 제376조, 제380조, 제430조). 브뤼셀규칙 recast 제24조(2)에서는 위와 같은 소를 국제재판관할에서의 전속관할로 규정하고 있는데 법인의 존재는 매우 중요한 문제로서 모순된 판결이 나오는 것을 방지할 필요가 있고, 법인이 속한 국가가 법인의 존재에 관하여 가장 큰 이익을 갖고 있기 때문에 법인의 소재지가 있는 국가에 전속관할을 인정했다.[141] 이러한 결론은 우리의 경우에도 그대로 적용되므로 이를 국제재판관할에서의 전속관할로 인정할 수 있을 것이다.

(3) 공적 등록의 유효성

민사소송법 제21조에서는 "등기 · 등록에 관한 소를 제기하는 경우에는 등기 또는 등록할 공공기관이 있는 곳의 법원에 제기할 수 있다."고 하여 공적 등록의 유효성에 관하여는 특별재판적을 인정하고 있을 뿐이고 전속관할을 인정하고 있지 않다. 그러나 브뤼셀 규칙 recast에서 규정하는 바와 같이 공적 등록의 유효성에 관한 분쟁은 그러한 공적 등록을 유지하는 국가의 고도의 공익적 사항이므로 다른 국가가 함부로 관여해서는 안 된다는 점에서 명확하다. 따라서 국제재판관할의 결정에 있어서는 전속관할에 해당한다. 다만 이러한 전속관할은 공적 등록의 유효성에 한정되며 공적 등록의 사법적 효력에 관하여는 전속관할에 해당하지 아니한다.[142]

(4) 등록이 필요한 지적재산권의 유효성

창작과 동시에 권리가 발생하는 저작권을 제외한 특허권 등 나머지 지적재산권의 경우에는 등록에 의하여 비로소 권리가 발생한다. 이러한 권리는 배타적 성격을 갖고 있기 때문에 등록이 유지되는 한 동일한 내용의 권리가 발생할 수 없다. 이러한 이유로 지적재산권의 등록의 유효성에 관한 분쟁이 종종 발생하는데 이러한 분쟁에 관하여 특허법 제186조를 포함한 관련 지적재산권에 관한 법률에서는 특허법원의 전속관할로 규정하고 있다. 이와 같이 전속관할로 규정한 이유는 지적재산권의 기술적 전문성과 법적 전문성을 근거로 한다. 그러나 어느 국가의 법원이 더 전문성 있다고 볼 수 없으므로 전문성의 국제재판관할에서 전속관할을 결정하는 기준이 될 수 없다.

지적재산권의 등록은 국가가 등록자에게 배타적 권리를 수여하는 행위로서 국제적 관점에서는 국가의 주권행사에 해당한다. 이러한 이유로 지적재산권은 권리가 수여된 국가에서만 효력을 갖고 다른 국가에서는 효력이 없는 속지적 성격을 갖고 있다. 결국 지적재산권의 등록의 유효성을 판단하는 것은 국가의 주권행사의 유효성을 심사하는 행위가 되어서 등록국 이

141) Ibid.
142) Magnus, p. 359.

외의 국가의 법원이 등록의 유효성을 판단하는 것은 다른 국가의 주권행사의 유효성을 판단하는 행위로서 적합하지 않다는 점에서 등록된 지적재산권의 분쟁은 등록된 국가 또는 등록이 청구된 국가의 전속관할에 속한다.143) 대법원 2011.4.28. 선고 2009다19093 판결에서도 특허권은 등록국법에 의하여 발생하는 권리로서 법원은 다른 국가의 특허권 부여행위와 그 행위의 유효성에 대하여 판단할 수 없으므로 등록을 요하는 특허권의 성립에 관한 것이거나 유 · 무효 또는 취소 등을 구하는 소는 일반적으로 등록국 또는 등록이 청구된 국가 법원의 전속관할에 속한다고 보았다.

반면에 지적재산권의 양도 등 지적재산권을 대상으로 하는 계약에 관한 분쟁은 지적재산권의 성립이나 유무효와 관련이 없으므로 국제재판관할에서 전속관할이고 보기 힘들다. 앞의 대법원 판결에서도 특허권 등을 양도하는 계약의 해석과 효력 그 양도계약의 이행을 구하는 소는 등록국이나 등록이 청구된 국가 법원의 전속관할에 속하는 것으로 볼 수 없다고 보았다. 그리고 대법원 2015.1.15. 선고 2012다4763 판결에서는 직무발명144)에 의하여 사용자가 통상실시권을 가지는지는 여부는 특허권이나 실용신안권의 성립이나 유 · 무효 등에 관한 것이 아니어서 그 등록국이나 등록이 청구된 국가 법원의 전속관할에 속하지도 아니한다고 보았다. 유럽사법재판소의 Ferdinand M.J.J. Dujinstee v Lodewijk Goderbauer 판결145)에서도 직원의 발명에 의하여 고용계약상 직원과 사용자가 갖게 되는 각 권리에 관한 분쟁에 대하여는 브뤼셀협약 제16조(4)의 전속관할에 관한 규정이 적용되지 아니한다고 보았다.

앞서와 동일한 이유로 지적재산권의 침해에 관한 소송에 관하여도 전속관할이라고 볼 수 없다.146) 브뤼셀규칙 recast에 관하여는 이와 같이 해석되고 있으며147) 1999년 헤이그초안에서는 명시적으로 특허의 침해에 관하여는 전속관할에 관한 규정이 적용되지 아니한다고 규정하고 있다.

(5) 지적재산권의 효력이 선결문제인 경우

예를 들어 원고가 특허권침해에 따른 손해배상청구의 소를 제기한데 대하여 피고가 문제된 특허권이 무효이므로 특허권의 침해가 존재하지 아니한다고 주장한 경우와 같이 지적재산권의 유효성 여부가 직접적 심판대상이 아니라 일반 민사소송의 선결문제에 해당하는 경우에도 등록국의 전속관할에 해당하는지 문제된다.

대법원 2015.1.15. 선고 2012다4763 판결의 원심판결인 서울고등법원 2011.12.8. 선고 2011나20210 판결에서는 외국에 등록된 특허권의 유효성이 직접적 심판대상이 아니라면 전속관할에 속하지 아니하므로 우리 법원이 선결문제로서 외국에 등록된 특허권의 유효성에 대하

143) 제나드 보고서, p. 36.

144) 발명진흥법 제2조 제2호 "직무발명이란 종업원, 법인의 임원 또는 공무원이 그 직무에 관하여 발명한 것이 성질상 사용자 · 법인 또는 국가나 지방자치단체의 업무 범위에 속하고 그 발명을 하게 된 행위가 종업원등의 현재 또는 과거의 직무에 속하는 발명을 말한다." 이러한 직무발명이 있게 되면 발명을 한 종업원등의 사용자등은 그 특허권, 실용신안권, 디자인권에 대하여 통상실시권(通常實施權)을 가진다(발명진흥법 제10조 제1항).

145) Case 288/82 [1983] ECR I-1005.

146) Magnus, p. 361.

147) 제나드 보고서, p. 36.

여 판단할 수 있다고 보았다. 그런데 대법원 2015.1.15. 선고 2012다4763 판결에서는 원심판결과 달리 직무발명에 따라서 원고가 통상실시권을 가지는지 여부는 지적재산권의 유효성에 관한 것이 아니어서 등록국 법원의 전속관할이 아니라고 설시하여 선결문제로서의 지적재산권의 유효성의 판단이 전속관할인지에 대하여 언급을 하지 않았는데 "같은 취지의 원심판단은 정당하고 거기에 상고이유 주장과 같이 국제재판관할에 관한 법리를 오해하는 등의 위법이 없다."고 결론을 내려서 어떤 입장인지 명확하지 않다.

국내사건에서 본다면 대법원 2012.1.19. 선고 2010다95390 전원합의체 판결에서는 "진보성이 없어 본래 공중에게 개방되어야 하는 기술에 대하여 잘못하여 특허등록이 이루어져 있음에도 별다른 제한 없이 그 기술을 당해 특허권자에게 독점시킨다면 공공의 이익을 부당하게 훼손할 뿐만 아니라 위에서 본 바와 같은 특허법의 입법목적에도 정면으로 배치된다. 또한 특허권도 사적 재산권의 하나인 이상 특허발명의 실질적 가치에 부응하여 정의와 공평의 이념에 맞게 행사되어야 할 것인데, 진보성이 없어 보호할 가치가 없는 발명에 대하여 형식적으로 특허등록이 되어 있음을 기화로 발명을 실시하는 자를 상대로 침해금지 또는 손해배상 등을 청구할 수 있도록 용인하는 것은 특허권자에게 부당한 이익을 주고 발명을 실시하는 자에게는 불합리한 고통이나 손해를 줄 뿐이므로 실질적 정의와 당사자들 사이의 형평에도 어긋난다. 이러한 점들에 비추어 보면, 특허발명에 대한 무효심결이 확정되기 전이라고 하더라도 특허발명의 진보성이 부정되어 특허가 특허무효심판에 의하여 무효로 될 것임이 명백한 경우에는 특허권에 기초한 침해금지 또는 손해배상 등의 청구는 특별한 사정이 없는 한 권리남용에 해당하여 허용되지 아니한다고 보아야 하고, 특허권침해소송을 담당하는 법원으로서도 특허권자의 그러한 청구가 권리남용에 해당한다는 항변이 있는 경우 당부를 살피기 위한 전제로서 특허발명의 진보성 여부에 대하여 심리·판단할 수 있다."고 하여 일정한 조건 하에서는 선결문제로서 특허권의 유효성에 관하여 일반법원이 관할권을 행사할 수 있다는 입장이다. 위와 같은 판시내용을 바탕으로 하여 지적재산권의 무효 사유의 성질상 그 하자가 중대하고 명백하여 지적재산권이 당연무효에 해당할 정도의 하자라고 볼 수 있는 경우에는 국제재판관할에 있어서도 전속관할로 볼 수 없다는 견해가 있다.[148]

그러나 위와 같은 결론에는 의문이 있다. 국내 소송에서 지적재산권의 유효성에 관하여 특허법원에 전속관할을 인정한 것은 특허법원의 전문성을 근거로 하고 있지만 국제재판관할에서는 이러한 전문성과 관련이 없이 어느 국가의 지적재산권의 수여라는 주권적 행위의 효력을 다른 국가의 법원이 심판하는 것이 부적절하기 때문에 지적재산권이 등록된 국가의 법원에 대하여만 전속관할을 인정하는 것이다. 이러한 관점에서 보면 지적재산권이 무효라는 사실이 명확하다는 판단도 법원의 사법적 판단에 해당하고 결국 외국의 주권행사에 대하여 유효성을 판단하는 결과를 가져온다는 점에서 여전히 지적재산권이 등록된 국가의 법원의 전속관할로 보는 것이 타당하다. 우리 법원에서 외국의 지적재산권의 유효성이 선결문제가 되었다

148) 문선영, "국제특허침해소송의 재판관할권 판단기준에 관한 연구", 상사판례연구 26집 1권(2013), p. 142-143쪽.

면 최선의 방법은 소송절차를 중단시키고 등록국에서 유효성에 대한 재판을 받도록 하여 그러한 재판이 외국재판의 승인요건을 갖춘 경우에 그 결과에 따르는 것이라고 본다.

(6) 지적재산권 등 특별재판적의 문제

2016년 1월 1일 시행된 개정 민사소송법 제24조에서는 지식재산권을 통상 산업재산권으로 지칭되는 '특허권, 실용신안권, 디자인권, 상표권, 품종보호권(이하, '특허권 등'이라 한다)'과 '특허권 등을 제외한 지식재산권'으로 구별하고, 기술과 산업재산권에 관한 전문성이 강조되는 '특허권 등'에 관한 소를 제기하는 경우에는 고등법원 소재지 지방법원의 전속관할(서울 지역은 서울중앙지방법원으로 한정)로 하였다(법 제24조 제2항). 예를 들어 의정부지방법원이 토지관할인 특허권침해에 관한 소는 의정부지방법원의 고등법원인 서울고등법원이 소재한 지방법원인 서울중앙지방법원이 전속관할법원이 된다.

그런데 위와 같은 전속관할에도 불구하고 소송당사자가 서울중앙지방법원이 축적해 온 특허권 등의 지식재산권 소송의 전문성을 활용할 수 있도록 당사자의 선택으로 특허권 등의 지식재산권에 관한 소를 서울중앙지방법원에도 제기할 수 있도록 중복관할에 관한 규정을 두었고(민사소송법 제24조 제3항), 이와 같이 전속관할이 정하여진 특허권 등 지식재산권에 관한 소이더라도 현저한 손해 또는 지연을 피하기 위해 필요한 경우에는 법원의 직권 또는 당사자의 신청에 따른 결정으로 그 소송의 전부 또는 일부를 이송할 수 있다(민사소송법 제36조 제3항). 이러한 규정은 위 전속관할이 중대한 공적이익을 보호하는데 목적이 있기 보다는 전문성을 제고하여 사적이익의 보호를 좀 더 두텁게 하는데 목적이 있다는 점을 보여준다. 앞서 언급한 바와 같이 전문성은 국제재판관할에서 전속관할을 결정하는 기준이 될 수 없다. 위 규정이 전문성을 근거로 인정되고 있다는 점에서 위 규정을 근거로 국제재판관할에서도 전속관할의 근거가 된다고 보기 힘들다.

(7) 저작권

등록과 같은 국가행위에 의하여 발생하는 산업재산권인 특허권 또는 상표권과는 달리 저작권은 저작물의 창작으로 즉시 권리가 발생하며 등록[149]이 권리발생의 요건은 아니다. 등록에 의하여 발생되는 권리가 아니기 때문에 저작권유효성소송에 대해서는 특허권의 경우와 달리 특허심판원 · 특허법원이 아니라 통상법원이 관할을 가진다. 마찬가지 이유에서 저작권의 경우 저작물이 창작된 국가의 전속관할을 인정할 것도 아니라고 본다.[150]

마. 국제재판관할에서 전속관할의 효력

(1) 관할의 부인

직접관할과 관련하여 외국 법원의 전속관할에 속하는 사건에 관하여 소가 우리 법원에 제기되었다면 우리 법원은 국제재판관할의 부재를 이유로 소를 각하해야 한다. 간접관할과 관

149) 저작권법 제54조에 따르면 저작권을 등록할 수 있지만 제3자에 대한 대항력이 발생하는데 그친다.

150) 석광현, "한국에 있어서 지적재산권분쟁의 국제재판관할", 변호사 35집(2005.1), 411쪽.

련하여 민사소송법 제217조 제1항 제1호에서는 "대한민국의 법령 또는 조약에 따른 국제재판관할의 원칙상 그 외국 법원의 국제재판관할권이 인정될 것"을 요구하는데 외국 법원이 우리 법원 또는 다른 국가의 법원의 전속관할인 사건에 관하여 재판을 하였다면 그러한 재판은 관할이 없는 법원에 의한 재판이라는 이유로 승인이 거부되어야 한다.

(2) 국제재판관할의 합의, 관련재판적, 변론관할

민사소송법 제31조에서는 전속관할을 가진 법원이 아닌 법원을 관할법원으로 하는 관할의 합의를 못하도록 규정하고 있는데 국제재판관할에서도 전속관할을 강행적 성질을 갖고 있으므로 이에 반하는 합의는 효력이 없다.[151] 대법원 2010.8.26. 선고 2010다28185 판결에서도 우리 법원의 전속관할에 속하는 사건에 관하여 외국 법원을 전속적 관할법원으로 하는 합의는 효력이 없다고 보고 있다. 또한 대법원 2011.4.28. 선고 2009다19093 판결에서는 외국 법원에 전속관할이 있는 사건에 관하여 우리 법원을 전속적 관할법원으로 하는 합의는 무효라고 보고 있다. 그리고 민사소송법 제31조에서는 전속관할이 있는 경우에는 관련재판적이나 변론관할이 발생하지 않는다고 규정하고 있는데 국제재판관할에서도 마찬가지로 해석되어야 한다.

Ⅴ. 국제재판관할의 특수성을 바탕으로 한 부적절한 법정지 원칙의 도입가능성

1. 부적절한 법정지 원칙의 내용

부적절한 법정지 법리는, 법원이 당해 사건에 관하여 다른 국가의 법원이 재판하는 것이 더 적절하다고 판단한 경우에 더 적절한 법원이 절차를 진행할 수 있도록 자신의 절차를 중지하거나 소를 각하할 수 있는 법리이다. 이 법리는 재판을 진행하는 것이 더 적절한 법원이 있다면 그 법원이 재판을 진행하는 것이 정의의 관념에 부합한다는 이념에 기초하고 있는데,[152] 결국 사안과 더 밀접한 관련(closer link to the case)이 있는 법원을 탐색하는데 그 목적이 있다.[153] 이 법리에 따르면 수소법원은 더 적절한 법원이 있는지를 결정하는 것뿐만 아니라 절차를 중지할 것인지 아니면 소를 각하할 것인지에 관하여도 상당한 재량을 갖는다.

부적절한 법정지 법리는 스코틀랜드에서 시작되었는데 보통법계 국가라고 하더라도 나라마다 부적절한 법정지 법리의 내용에 관하여 적지 않은 차이가 있다. 영국의 경우에는 20세기 중반까지 법정지의 법원이 피고에게 매우 '가혹하고 성가신'(oppressive and vexatious) 예외적인 경우에만 법원이 관할권의 행사를 거절할 수 있다고 보았다.[154] 그런데 영국의 Spiliada

151) 한충수, 국제재판관할합의에 관한 연구, 연세대학교 대학원 박사학위논문(1997), 120쪽.
152) Ronald A. Brand, Challenges to Forum Non Conveniens, (July 2013), available at http://ssrn.com/abstract=2288697, p. 1005.
153) Martine Stückelberg, Lis Pendens and Forum Non Conveniens at The Hague Conference, 26 Brook. J. Int'l L. 949, p. 951.

Maritime Corp v Cansulex Ltd 판결[155]에서 부적절한 법정지 법리가 적용되기 위한 2단계의 분석을 요구함으로써 기존의 법리에 변경을 가져왔다. 1단계로서 영국 법원보다도 모든 당사자에게 명백히(clearly) 더 이익이 되고 정의에 부합하는 적절한 다른 법정지가 존재한다는 점이 인정되어야 하고, 일단(prima facie) 명백히 더 적절한 다른 법정지가 있다면 2단계로서 원고는 영국 법원이 재판권을 행사하는 것이 정의에 부합한다는 점에 대하여 증명해야 한다. 이러한 법리는 피고의 이익만 고려하던 종전의 법리에 비하여 더 많은 이해관계를 고려하고 정의에 부합하는 법정지를 모색한다는 점에서 차이가 있다.[156] 이 Spiliada 판결은 호주와 미국을 제외한 다른 보통법계 국가에서도 채용되었다.

호주의 경우에는 Spiliada 판결에서 제시한 새로운 법리의 적용을 거부하고 기존의 법리인 '가혹하고 성가신'(oppressive and vexatious) 법리를 바탕으로 하여, 명백히 더 적절한 법정지가 외국에 있는지를 분석하는 대신에 호주가 피고에게 부당한 부담과 차별, 손해를 주는 명백히 부적절한 법정지인지를 판단한다.[157] 법관으로서는 자신에게 생소한 다른 법정지에 대한 고려를 할 필요가 없고 자신이 판단하기 쉬운 자신의 법정지의 적절성만 판단하면 된다는 장점이 있다.[158]

한편 다른 보통법계 국가의 경우에는 부적절한 법정지 법리를 적용함에 있어서 소송당사자의 사적이익만으로 고려하지만 미국의 경우에는 사적이익과 공적이익을 모두 고려한다는 점에서 차이가 있다. 미국 연방대법원의 Gulf Oil Corp. v. Gilbert 330 U.S. 501 (1947) 판결에서는 사적이익으로 증거방법에 대한 접근의 용이성, 출석을 거부하는 증인을 출석시키기 위한 강제절차의 이용가능성, 출석하고자 하는 증인의 출석시키기 위한 비용, 사건현장에 대한 검증이 필요한 경우 그 가능성, 기타 사건진행을 쉽고, 신속하고, 저렴하게 할 수 있는 실무적 문제점들, 그리고 재판을 얻은 경우에 재판의 집행가능성을 제시하고, 공적이익으로 사건이 발생된 장소 대신에 사건이 산적한 중심지에서 사건을 처리해야 하는 행정적 어려움, 사건과 관련이 없는 지역주민에게 가해지는 배심의 부담, 지역적 분쟁을 지역에서 해결할 당해 지역의 이익, 준거법 소속국이 아닌 법원이 복잡한 저촉법적 문제나 낯선 법률의 적용문제를 부딪히지 아니하고 준거법이 속한 법정지의 법원이 재판하도록 하는 적절성을 들고 있다.[159]

부적절한 법정지 법리가 입법화된 경우도 있다. 캐나다의 브리티쉬 콜럼비아(British Columbia), 사스카츄완(Saskatchewan), 노바 스코샤(Nova Scotia) 등은 「법원관할 및 소송 이송법」(Court Jurisdiction and Proceedings Transfer Act)에서 부적절한 법정지 법리를 규정하고 있다. 이 법에서는 (a) 당사자와 증인의 상대적 편리성과 비용, (b) 소송절차에 적용되는 준거

154) Ibid, p. 956.
155) [1986] UKHL 10.
156) Martine Stückelberg, Lis Pendens and Forum Non Conveniens at The Hague Conference, 26 Brook. J. Int'l L. 949, p. 957.
157) Ibid, p. 958.
158) Ibid, pp. 972–973.
159) 미국은 현재 28 U.S. Code § 1404(a)에서 당사자와 증인의 편의를 위하여 연방지방법원이 다른 연방지법원에 사건을 이송을 할 수 있도록 허용하고 있으므로 연방지방법원 사이에서는 부적절한 법정지 법리를 적용할 필요가 없어졌다.

법, (c) 복수의 소송절차를 회피하는 이점, (d) 상호 모순되는 재판을 회피하는 이점, (e) 최종재판의 집행, (f) 캐나다 법률시스템의 공정하고 효율적인 운용 등을 부적절한 법정지 법리의 고려요소로 규정하고 있다.

부적절한 법정지 법리는 국제적 소송경합에 한정된 법리는 아니지만, 어느 국가의 기준을 적용하더라도 국제적 소송경합이 존재한다는 사실은 부적절한 법정지의 법리를 적용하는 데 있어서 하나의 고려요소가 된다.160) 따라서 동일한 청구와 동일한 당사자 사이에 외국 법원에 병행소송이 존재하고 이러한 외국 법원의 재판이 승인될 가능성이 있다면 그러한 외국 법원이 재판을 하기에 더 적절한 법원인지를 판단해서 절차를 중지할 것인지 소를 각하할 것인지를 결정할 수 있다. 부적절한 법정지의 법리에서는 소가 먼저 제기되었는지 여부가 고려요소가 아니므로 우선주의가 적용되지 않는다. 그리고 법원은 폭 넓은 재량을 갖고 있기 때문에 외국이 명백히 더 적절한 법정지라고 하더라도 법원은 외국에서의 병행소송을 이유로 절차를 중지하거나 소를 각하하지 아니하고 자신의 절차를 계속하여 진행함으로써 국제적 소송경합의 상태를 허용할 수도 있다.161)

2. 부적절한 법정지 원칙의 도입가능성

가. 논 의

정치한 국제재판관할규칙을 정립하고 이에 따르게 되면 국제재판관할이 있음에도 불구하고 구체적 사안에서 우리 법원이 국제재판관할권을 행사하는 것이 적절하지 않은 예외적인 사정이 있을 수 있다는 이유로, 정치한 토지관할규정을 두고 있는 민사소송법 하에서도 이송의 필요성이 있는 경우에는 부적절한 법정지의 원칙을 적용하여 소송절차를 중지하거나 소를 각하할 수 있다는 견해가 있다.162) 이에 반하여 국제재판관할이 중첩적으로 존재할 수 있다는 이유로 실질적 관련이 인정되면 국제재판관할을 긍정하는 것이 타당하며 반드시 '상대적으로 더 높은 실질적 관련성을 가지는 국가'에 국제재판관할이 인정되는 것은 아니므로 다른 국

160) 보통법계 국가에서는 국제적 소송경합을 방지하기 위하여 법원이 피고에 대하여 외국에서 소를 제기하는 것을 금지하는 제소금지가처분(anti－suit injunction)을 할 수 있다. 이러한 가처분이 외국의 사법권에 대한 부당한 간섭이라는 비판이 계속적으로 제기되었다. 영국 판례에서도 사법적 정의를 위하여 필요한 경우에 한정하여 제소금지가처분이 허용된다고 제한적으로 보았다(Pailli, Giacomo, Lis Alibi Pendens within Europe: Is There a Way Out of the 'First in Time' Rule?, (April 1, 2013), available at https://ssrn.com/abstract=2276572, p. 6)는 이유로 영국 법원이 관할합의에 위반된 소를 유럽연합의 회원국의 법원에 제기하거나 계속하여 진행하는 것을 금지하는 제소금지가처분을 할 수 없다고 판시하고 있다. 그러나 이러한 결정에 대하여는 법원 사이의 조직적 화합의 가치가 개별적 사안에서의 개인적 정의의 가치에 앞서는 것인지 의문이 있다는 비판이 있다(Ahmed/Beaumont, Exclusive choice of court agreements: some issues on the Hague Convention on Choice of Court Agreements and its relationship with the Brussels I Recast especially anti－suit injunctions, concurrent proceedings and the implications of BREXIT, (August 11, 2016), available at https://ssrn.com/abstract=2824703, p. 7). 이러한 비판은 주로 관할합의에도 불구하고 절차를 중지해야 하는 이태리 어뢰를 대상으로 하는데 브뤼셀규칙 recast에서 이 문제를 해결하기 위한 규정을 두었으므로 현재로서는 위와 비판이 적절해 보이지 않는다. 한편 「관할합의협약」 제7조에서는 임시적 보호조치(Interim measures of protection)는 이 협약에 의하여 규율되지 아니한다고 규정하여 이에 관하여는 각 국이 개별적으로 결정한 사안으로 보고 있다. 그런데 이러한 임시적 보호조치에 제소금지가처분이 포함된 것으로 해석되고 있다(Hartley/Dogauchi, "Explanatory Report on the Preliminary Draft Convention on Exclusive Choice of Court Agreements", HCCH Prel. Doc. No 26, p. 30).

161) 캐나다 연방대법원 Teck Cominco Metals Ltd. v. Lloyd's Underwriters 2009 SCC 11 (SCC) 판결.

162) 석광현, 국제민사소송법, 박영사, 2012, 85－86쪽.

가의 법원에도 실질적 관련이 있는지 여부 내지 그 실질적 관련이 더 우월한지 여부는 고려의 대상이 아니라는 견해가 있다.[163]

일본 민사소송법 제3조의9[164]에서는 당사자가 일본 법원을 전속적 관할법원으로 합의한 경우 이외에는 사안의 성질, 응소하는 피고의 부담의 정도, 증거의 소재지 기타 다른 사정을 고려하였을 때에 일본 법원이 심리를 진행하거나 재판하는 것이 당사자의 형평을 침해하거나 적정하고 신속한 재판의 실현을 방해하는 특별한 사정이 있는 때에는 법원이 소를 각하할 수 있도록 규정하고 있다. 이러한 특별한 사정의 고려를 부적절한 법정지의 법리로 이해하는 견해[165]와 특단의 사정이론은 기본적으로 국제재판관할에 관한 국제적이고도 통일적인 규정과 관습의 부재를 전제하고 조리에 의한 관할권 유무를 판단하고자 한 점에서 부적절한 법정지의 법리와 비견되기는 어렵다는 견해[166]가 있다.

나. 대법원 판결

대법원 2019.6.13. 선고 2016다33752 판결에서는 "지리, 언어, 통신의 편의 측면에서 다른 나라 법원이 대한민국 법원보다 더 편리하다는 것만으로 대한민국 법원의 재판관할권을 쉽게 부정할 수는 없다."고 판시하고 있고, 대법원 2005.1.27. 선고 2002다59788 판결에서는 "피고의 법정지에 따른다는 전통적인 재판관할의 기본원칙에 따라 피고의 본거지를 관할하는 법원에 국제재판관할이 인정될 수 있음은 별론으로 하고, 재판관할이라는 것은 얼마든지 중첩적으로 인정될 수 있는 것이고, 위와 같은 분쟁의 실질적인 내용 기타 기록상 인정되는 제반 사정에 비추어 볼 때 대한민국이 이 사건 분쟁에 관하여 국제재판관할을 행사하기에 현저히 부적절한 법정지국이라고 인정되지도 아니한다."고 판시하고 있으며, 국제사법 제2조를 적용한 판결은 아니지만 대법원 2000.6.9. 선고 98다35037 판결에서는 "우리 민사소송법 제4조에 의하면 외국법인 등이 대한민국 내에 사무소, 영업소 또는 업무담당자의 주소를 가지고 있는 경우에는 그 사무소 등에 보통재판적이 인정된다고 할 것이므로, 증거수집의 용이성이나 소송수행의 부담 정도 등 구체적인 제반 사정을 고려하여 그 응소를 강제하는 것이 민사소송의 이념에 비추어 보아 심히 부당한 결과에 이르게 되는 특별한 사정이 없는 한, 원칙적으로 그 분쟁이 외국법인의 대한민국 지점의 영업에 관한 것이 아니라 하더라도 우리 법원의 관할권을 인정하는 것이 조리에 맞는다."고 판시하고 있다.

위 두 판결의 판시내용을 종합하면 우리 법원이 국제재판관할권을 행사하는 것이 현저

163) 윤성근, "국제재판관할 결정의 일반적 기준으로서 실질적 관련의 원칙", 국제사법연구 제18호(2012), 61－62쪽.

164) "第三条の九　裁判所は´ 訴えについて日本の裁判所が管轄権を有することとなる場合（日本の裁判所にのみ訴えを提起することができる旨の合意に基づき訴えが提起された場合を除く° ）においても´ 事案の性質´ 応訴による被告の負担の程度´ 証拠の所在地その他の事情を考慮して´ 日本の裁判所が審理及び裁判をすることが当事者間の衡平を害し´ 又は適正かつ迅速な審理の実現を妨げることとなる特別の事情があると認めるときは´ その訴えの全部又は一部を却下することができる° "

165) 노태악, "국제재판관할에 관한 최근 대법원판결의 분석－실질적 관련 원칙과 국제사법 제2조의 해석론을 중심으로", 사법 22호(2012.12), 206－207쪽.

166) 한충수, "국제재판관할과 관련된 우리 판례의 현주소－ALI/UNIDROIT의 국제민사소송원칙과의 비교를 중심으로－", 변호사 37집(2007.1), 381쪽.

히 부당하거나 피고의 응소를 강제하는 것이 심히 부당한 경우에는 우리 법원이 국제재판관할권을 행사할 수 없다. 이와 같이 법원의 이익과 피고의 이익을 고려하여 우리 법원이 국제재판관할권을 행사하는 것이 적절한지 여부를 판단하는 것은 미국의 부적절한 법정지의 원칙과 상당히 유사하다. 다만 위와 같은 예외적 사정이 있는 경우에 우리 법원의 국제재판관할이 부정된다는 것인지 아니면 일단 국제재판관할은 인정되지만 이를 행사할 수 없다는 것인지는 위 대법원 판결에서는 명확하지 않다. 민사소송법의 관할규정을 언급한 후에 예외적 사정을 언급한 것으로 보건데 국제재판관할이 부정된다는 취지로 보인다. 현재로서는 대법원의 명확한 입장을 알 수 없는 상태이다.[167] 어쨌든 위 판시내용에 따르면 미국의 부적절한 법정지의 원칙을 그대로 도입하지는 않더라도 그와 유사한 예외적 사정을 인정할 수 있는 여지는 제공하고 있다.

다. 사 견

결론부터 언급하면 다음과 같은 이유로 부적절한 법정지 법리를 받아들일 필요가 없다고 본다.

첫째 중복제소금지의 법리를 기본으로 하면서 부적절한 법정지 법리를 받아들인 1999년 헤이그초안은 국제협약의 특성상 예견가능성을 높이기 위하여 일정한 사건에 관하여 일정한 국가의 법원이 국제재판관할을 갖는다는 엄격한 국제재판관할의 배분규칙을 갖고 있었다. 이러한 엄격한 규정방식으로 인하여 국제재판관할이 갖게 된 법원과 사건 사이에 충분한 관련이 없는 경우가 발생할 수 있었고 이러한 문제를 해결하기 위해서 부적절한 법정지 법리를 도입하여 법정의 국제재판관할을 갖고 있는 국가의 법원이라고 하더라도 관할권을 행사하는 것이 부적절하다고 판단한 경우에 관할권의 행사를 거부할 수 있도록 허용한 것이다. 또한 부적절한 법정지 법리를 기본으로 하는 보통법계 국가의 주장을 반영하여 부적절한 법정지 법리를 받아들인 면도 있다.

반면에 우리의 경우에는 국제사법 제2조에서 유연한 국제재판관할의 결정기준을 제시하고 있고 앞서 언급한 바와 같이 이러한 결정기준에 재판권 행사의 '적절성'이 포함되었다고 볼 수 있으므로 굳이 부적절한 법정지 법리를 도입할 필요는 없다. 영국과 아일랜드가 브뤼셀협약에 가입하면서 부적절한 법정지 법리의 도입을 주장하였지만 브뤼셀협약 제4조에서 과잉관할에 관한 규정을 두고 있었기 때문에 굳이 부적절한 법정지 법리의 도입이 필요하지 않다는 이유로 위 주장이 거부되었다. 그런데 우리의 경우에도 국제사법 제2조에 의하여 국제재판관할에서의 과잉관할이 배제될 수 있으므로 굳이 부적절한 법정지 법리를 도입할 필요가 없는 것으로 보이며 만일 이를 도입할 경우 국제사법 제2조의 규정과 혼란을 야기할 가능성이 있다고 생각한다.

---

167) 노태악, "국제재판관할에 관한 최근 대법원판결의 분석－실질적 관련 원칙과 국제사법 제2조의 해석론을 중심으로", 사법 22호(2012.12), 206쪽.

둘째 부적절한 법정지 법리의 내용은 보통법계 국가에서도 통일되어 있지 않기 때문에 명확한 기준이 제시되어 있는 법리가 아니다. 더욱이 우리의 경우에는 부적절한 법정지 법리에 대한 이해나 방법이 부족한데 이에 대한 명확한 기준을 제시하지 아니한 채 이 법리를 도입하게 되면 내용의 불확실성으로 인하여 혼란이 발생할 우려가 있다고 본다.

셋째 부적절한 법정지 법리는 어느 사건에 관하여 국제재판관할을 갖는 국가는 1개의 국가라는 사상을 바탕으로 하고 있다. 그러나 대법원 2019.6.13. 선고 2016다33752 판결에서 밝히고 있는 바와 같이 우리 법상 복수의 국가가 국제재판관할을 가질 수 있으므로 부적절한 법정지 법리는 우리 법의 원칙과 배치되는 면이 있다.

제3장 국제재판관할의 합의

제1절 국제재판관할의 합의의 허용과 유형

Ⅰ. 합의의 허용

계약체결의 자유, 당사자선택의 자유, 계약내용결정의 자유 등의 당사자자치(party autonomy)의 원칙은 국내계약에서보다 국제계약에서 더욱 강조된다. 나라마다 법의 내용에 상당한 차이가 존재하기 때문에 당사자로서는 국제계약에서 발생하는 분쟁의 해결에 대하여 어느 국가의 법원에 의하여 어느 국가의 법이 적용될 것인지를 예측하기 매우 어렵고 이에 따라서 계약의 당사자는 이러한 위험을 감소시키고자 계약서에 가능한 범위에서 구체적인 내용을 담으려고 노력한다. 이러한 국제거래에서의 당사자자치의 원칙은 계약체결의 자유, 당사자선택의 자유, 계약내용결정의 자유를 넘어서 준거법의 선택의 자유[1]와 법정지의 선택의 자유 등[2]에 확장되었다. 국제계약분쟁에시의 당사자는 신속하고 공정한 법원을 찾기 때문에 법정지 선택의 자유는 국제계약에서 필수적 요소가 되었다. 민사소송법 제29조에서는 국내소송에 대한 관할의 합의를 허용하고 있지만 국제재판관할에 관한 국제사법 제2조에서는 분쟁의 당사자가 국제재판관할에 관하여 합의를 할 수 있는지 아무런 규정을 두고 있지 않다. 그러나 국제재판관할의 합의가 가능하다는 점에 대하여는 세계적으로 이론이 없다. 대법원 2010.8.26. 선고 2010다28185 판결 등 대법원 판례에서도 당연히 국제재판관할의 합의를 허용하고 있다. 거의 모든 국제계약에서는 국제재판관할의 합의를 하고 있는데 반드시 국제계약을 체결할 때 관할합의를 할 필요는 없으며 계약이 체결된 후에도 할 수 있으므로 분쟁이 발생한 후에 관할합의를 하는 것도 가능하다.

또한 국제재판관할의 합의가 세계적으로 허용되는 점을 이용하여 자국을 국제상업분쟁의 중심지로 만들고자 하는 시도도 계속되고 있다. 네덜란드는 2018년 네덜란드 상업법원(Netherlands Commercial Court)을 설립하였고 벨기에는 2020년에 브뤼셀국제비지니스법원

1) 세계적으로 준거법의 선택에 있어서 당사자자치의 원칙이 인정되고 있고 국제사법 제25조에서도 준거법의 선택에 관하여 당사자자치를 인정하고 있지만, 이러한 원칙이 확립된 것은 그렇게 오래된 일이 아니다. 20세기 초까지만 하더라도 유럽과 미국에서는 당사자가 준거법을 자유롭게 선택하는 것은 당사자가 법 위에 군림하는 것과 마찬가지라고 하여 이를 반대하는 견해가 적지 않았다(Ibid, p. 4−6). 실제로 미국의 Restatement (First) of Conflict of Laws에서는 당사자의 준거법 선택의 자유에 대하여 아무런 규정을 두지 아니하여 묵시적으로 당사자자치를 인정하지 않았다.

2) 로마규칙 Ⅰ 전문(14)에서는 "관할법원의 결정에 있어서 한정된 자치만이 허용되는 보험계약, 소비자계약 또는 근로계약 이외의 계약에 관한 당사자 자치는 본 규칙에서 규정하고 있는 전속관할의 근거를 제외하고는 존중되어야 한다."(The autonomy of the parties to a contract, other than an insurance, consumer or employment contract, where only limited autonomy to determine the courts having jurisdiction is allowed, must be respected subject to the exclusive grounds of jurisdiction laid down in this Regulation)고 규정하여 국제재판관할에서 당사자자치가 존중되어야 한다는 점이 천명되어 있다.

(Brussels International Business Court)의 설립을 추진하고 있다. 양자는 모두 자국과 관련이 없는 사건이라고 하더라도 국제재판관할의 합의에 의하여 관할이 발생하고 영어를 사용하여 재판을 진행하고 특히 후자의 경우에는 간편한 절차의 진행을 위하여 유엔국제중재모델법(UNCITRAL Model Law on international arbitration)을 기초로 절차를 진행할 예정이다. 프랑스는 2018년 파리국제항소법원(the International Chamber of Court of Appeal of Paris; CISAP)을 설치하였는데 파리와 관련이 없는 사건이라도 당사자의 국제재판관할의 합의만으로도 관할이 발생한다. 이 법원에서의 절차는 프랑스어 이외에 영어로도 절차가 진행될 수 있고 외국변호사라고 하더라도 파리의 변호사와 함께라면 법정에 출석하여 변론할 수 있도록 하였다.

Ⅱ. 국제재판관할의 합의의 유형

1. 세 가지 유형

국제재판관할의 합의는 말 그대로 당사자의 합의이므로 그 내용을 어떻게 구성할 것인지는 전적으로 당사자의 의사에 달려 있다. 국제재판관할의 합의를 하는 경우에는 통상적으로 어느 한 국가의 법원만을 관할법원으로 지정하는 '전속적 관할합의'(exclusive jurisdiction agreement)[3]를 하고 예외적으로 법률에 의하여 지정된 관할법원에 추가하여 다른 국가의 법원도 관할법원으로 추가하는 '비전속적 관할합의'(non-exclusive jurisdiction agreement) 또는 '부가적 합의'를 한다. 전속적 관할합의를 하게 되면 그 법원에 관할이 발생(forum prorogatum)되는 적극적 효력(prorogation)이 있고 동시에 이러한 합의가 없었더라면 관할이 있었을 법원의 관할을 배제(forum derogatum)시키는 소극적 효력(derogation)도 있다.[4] 따라서 전속적 관할합의에 위반하여 소를 제기하면 국내소송에서는 관할법원으로 이송하지만 국제소송에서는 국가 간에 이송제도가 없으므로 소를 각하할 수밖에 없다. 참고로 헤이그관할합의협약은 일정한 전속적 관할합의에만 적용된다.

그리고 금전대출계약과 관련하여, 채무자는 어느 특정 국가의 법원에 대하여만 소를 제기할 수 있도록 하는 반면에 채권자는 채무자의 재산이 소재한 어느 국가의 법원에 대하여도 소를 제기할 수 있도록 하는 소위 '하이브리드(hybrid) 관할합의'를 하는 경우도 있다. 그런데 대법원 1977.11.9. 자 77마284 결정에서는 "당사자 중 일방이 지정하는 법원을 관할 법원으로 한다."는 내용의 관할에 관한 합의는 피고의 권리를 부당하게 침해하고 공평의 원칙에 어긋나는 결과가 되어 무효라고 판시하고 있다. 위 세 가지의 유형 중 하이브리드 관할합의는 사실상 채권자가 지정하는 법원을 관할법원으로 하는 합의로서 공평의 원칙에 어긋나서 우리 법상 유효한 관할합의라고 볼 수 없을 것이다.

---

3) 2005년 관할합의협약은 배타적 관할합의에 대하여만 적용된다(제1조(1)).

4) Dickinson, para. 9.06

2. 전속적 관할합의와 비전속적 관할합의의 예시

가. 전속적 관할합의 조항(Exclusive jurisdiction clause)

Each of the parties to this Agreement irrevocably agrees that the courts of the Republic of Korea shall have exclusive jurisdiction to hear and decide any suit, action or proceedings, and/or to settle any disputes, which may arise out of or in connection with this Agreement or its formation or validity and, for these purposes, each party irrevocably submits to the jurisdiction of the courts of the Republic of Korea.

본 계약의 각 당사자는 본 계약으로부터 또는 본 계약과 관련하거나 본 계약의 형식과 유효성에 관하여 발생하는 소 또는 재판절차의 변론과 재판 그리고/또는 분쟁의 해결함에 있어서 대한민국 법원이 배타적 관할을 갖고 있고 있음을 합의하고 이러한 합의는 취소될 수 없다. 이러한 목적을 위하여 각 당사자는 대한민국의 법원에 복속하며 이를 취소할 수 없다.

나. 비전속적 관할합의 조항(Non-exclusive jurisdiction clause)

The parties hereby irrevocably submit to the non-exclusive jurisdiction of the courts of the Republic of Korea for the purpose of hearing and determining any dispute arising out of or in connection with this Agreement or its formation or validity and for the purpose of enforcement of any judgment against their respective assets.

당사자는 본 계약으로부터 또는 본 계약과 관련하거나 본 계약의 형식과 유효성에 관하여 발생하는 분쟁의 변론과 재판을 위하여, 그리고 당사자의 각 재산에 대한 재판의 집행을 위하여 대한민국 법원에 비배타적으로 복속한다.

3. 전속적 관할합의와 비전속적 관할합의의 구분

전속적 관할합의와 비전속적 관할합의는 당사자의 의사에 따라서 구분되므로 국제재판관할의 합의에서 합의된 관할법원이 전속적인지 아니면 비전속적인지를 명시하고 있는 경우에는 그에 따르면 되지만 합의된 관할법원이 전속적인지 아니면 비전속적인지 명시하고 있지 아니하다면 이를 어떻게 해석해야 하는가의 문제가 발생한다.

대법원 2008.3.13. 선고 2006다68209 판결에서는 국내적 관할합의와 관련하여 당사자들이 법정의 관할법원에 속하는 여러 관할법원 중 어느 하나의 법원을 관할법원으로 하기로 약정한 경우에는 전속적 합의로 해석되고, 법정의 관할법원이 아닌 법원을 관할법원으로 약정한 경우에는 그 법원을 관할법원 중의 하나로 추가하는 부가적 합의로 해석된다고 판시하고 있다. 이에 반하여 브뤼셀규칙 recast 제25조(1)에서는 "합의된 관할은 전속적이다. 다만 당사자가 달리 합의한 경우에는 그러하지 아니하다."[5]고 규정하여 국제재판관할의 합의를 전속적 관할합의로 추정하고 이러한 추정을 다투는 당사자에게 그에 대한 증명책임을 부담시키고 있다. 헤이그관할합의협약 제3조b)도 사실상 동일하게 규정하고 있다.

국내에서의 견해를 보면 국제거래에 있어 관할의 불안을 해소하는 기능으로서 국제재판관할의 합의의 의의가 있으므로 이를 다시금 부가적 합의로 본다면 관할합의의 본래적 기능은 대부분 상실될 것이란 이유로 원칙적으로 전속적 관할합의로 추정하되 무조건적인 전속성의 추정보다는 우선 합의된 문구와 개별 사례의 모든 상황을 고려하여 양당사자가 상호 상대방을 제소할 경우 피고 주소지를 관할하는 국가를 관할 법원으로 한 경우 혹은 법정지 및 적용법 모두를 공통하여 외국 법원으로 한 경우 등은 전속적 관할합의를 한 것으로 보아야 한다는 견해가 있고,[6] 명시적 합의가 없다고 해서 곧바로 추정할 것은 아니고 우선 당사자들의 묵시적 의사를 탐구하고 당사자의 의사도 알 수 없는 경우에는 거래의 유형에 따라서 결정하고 이러한 기준도 불분명한 경우에 비로소 당사자의 관할이익을 고려하여 비전속적 합의로 추정하자는 견해가 있다.[7]

앞서 언급한 바와 같이 국제계약에서는 법정지와 적용법률의 불확실성이 큰 걸림돌이고 이러한 불확실성을 제거하기 위하여 당사자자치의 원칙이 더 강조된다. 국제계약의 당사자가 국제재판관할의 합의를 하는 가장 큰 이유는 관할법원을 확정시켜서 법정지의 불확실성을 제거하는데 있기 때문에 국제계약에서는 통상적으로 전속적 관할합의를 한다.[8] 이러한 측면에서 보면 브뤼셀규칙 recast와 같이 전속적 관할합의로 추정하고 당사자 이와 다른 의사가 있었다는 점에 대하여는 추정의 효력을 다투는 당사자의 증명책임으로 하는 것이 간편한 해결방법으로서 타당하다고 본다.

제 2 절 국제재판관할의 합의의 유효성의 준거법

1. 판례와 학설

국제재판관할의 합의의 유효성을 판단하는 기준이 되는 준거법을 어떻게 결정해야 하는가에 관한 문제를 다룬 대법원 판례는 없다. 대법원 2010.8.26. 선고 2010다28185 판결을 보면 "그와 같은 전속적인 관할합의가 현저하게 불합리하고 불공정하여 공서양속에 반하는 법률행위에 해당하지 않는 한 그 관할 합의는 유효하다 할 것이다."라고 판시하고 있는데 준거법의 문제를 전혀 언급하지 아니하고 당연히 민법 제103조(참조조문으로 명시)를 적용하고 있

5) "Such jurisdiction shall be exclusive unless the parties have agreed otherwise."
6) 한충수, 국제재판관할합의에 관한 연구, 연세대학교 대학원 박사학위논문(1997), 46쪽.
7) 석광현, 국제민사소송법, 박영사, 2012, 118쪽.
8) Magnus, p. 426.

는 점에 비추어 국제재판관할의 합의의 준거법에 관하여 문제의식이 없었던 것으로 보인다. 그렇다고 판시내용상 대법원이 민법 제103조를 준거법에 관계없이 당연히 적용되어야 하는 국제적 강행규정으로 본 것 같지도 않다.

한편 국제재판관할의 합의의 유효성의 준거법에 대한 학계의 논의는 활발하지 않지만 대체적으로 관할합의의 법적 성질의 논의에 관계없이 관할합의에서 지정한 법원이 소재한 국가의 법, 즉 법정지법에 따라야 한다는 입장으로 보인다. 다만 이때 법정지법이 무엇인지에 대한 견해가 나뉘는데, 원칙적으로 법정지의 민사소송법에 따르되 민사소송법에 관할합의의 성립과 유효성에 관하여 별도의 규정이 없다면 통상의 국제계약과 마찬가지로 법정지의 국제사법이 지정하는 준거법에 따라야 한다는 견해[9]와 법정지의 민사소송법이 기준이 된다는 견해[10]가 있다.

2. 브뤼셀규칙 recast와 헤이그관할합의협약의 입장

브뤼셀규칙 recast 제25조(1)에서는 국제재판관할의 합의의 방식에 관하여 별도로 규정하고 합의의 방식을 제외한 관할합의의 실체적 유효성(substantive validity)에 관하여는 합의된 법정지의 법에 따라서 결정되어야 한다고 규정하고 있다. 이에 덧붙여 위 규칙 전문(20)에서는 이러한 법정지의 법에는 저촉규칙(conflict of laws rules)이 포함된다고 규정하고 있다. 예를 들어 국제계약에서 국제재판관할에 관하여 합의를 하면 통상 지정된 법정지의 법을 준거법으로도 합의하므로 이러한 경우에는 계약의 준거법이 국제재판관할의 관할합의의 유효성의 준거법이 된다.

그리고 위 규정에서 국제재판관할의 합의의 유효성의 준거법으로 법정지법 하나만을 언급하고 있으므로 법정지 이외의 회원국에서 국제재판관할의 합의의 유효성과 관련한 문제가 제되었더라도 여전히 법정지법에 따라서 유효성을 결정해야 한다.[11] 헤이그관할합의협약 제5조(1)에서도 브뤼셀규칙 recast 제25조(1)와 동일한 규정을 두고 있는데 여기서는 지정된 관할법원이 관할합의의 유효성을 판단할 관할도 갖는다고 규정하고 있다. 그리고 이 협약의 보고서에서는 합의된 법정지의 법에는 저촉규칙도 포함된다고 설명하여 브뤼셀규칙 recast와 같은 입장이다.

3. 사 견

가. 우리 법원을 전속적 관할법원으로 하는 국제재판관할의 합의

(1) 국제재판관할의 합의의 채권적 합의로서의 유효성의 준거법

절차법은 원칙적으로 강행규정이므로 당사자는 민사소송절차에 관하여 합의를 할 수 없

9) 석광현, 국제민사소송법, 박영사, 2012, 118쪽.
10) 한충수, 국제재판관할합의에 관한 연구, 연세대학교 대학원 박사학위논문(1997), 94쪽.
11) Dickinson, para. 9.64.

는 것이 원칙이지만 법률과 당사자의 처분권을 허용해야 하는 성격상 예외적으로 합의가 허용되는 경우가 있다. 이러한 민사소송절차에 관한 당사자의 합의를 '소송상 합의'라고 한다. 국제재판관할의 합의는 소송상 합의라고 할 것이다. 소송법적 효력의 발생을 목적으로 하는 소송행위는 소송당사자의 법원에 대한 행위인 반면에, 소송상 합의는 소송 외에서의 소송당사자 사이의 의사의 합치란 점에서 소송행위와 구분된다. 그리고 의사의 합의라는 점에서는 일종의 채권계약에 해당한다. 대법원 1996.7.26. 선고 95다19072 판결에서도 소송상 합의의 하나인 부집행의 합의를 청구의 실현에 관련하여 이루어지는 사법상의 채권계약이라고 보고 있다. 소송상 합의는 사법상의 채권계약이므로 소송상 합의에 관하여 민법 등의 법률행위의 효력에 관한 실체적 규정이 적용된다.[12)]

결국 국제재판관할의 합의는 채권계약이므로 일반 채권계약의 준거법의 결정원칙에 따라서 그 준거법이 결정되어야 한다. 따라서 만일 원고가 우리 법원이 국제재판관할의 합의에서 지정된 법원이라고 주장하면서 소를 제기하였고 당사자가 계약의 준거법을 합의하였다면 이러한 준거법에 따라서 국제재판관할의 합의의 성립과 유효성이 결정되어야 하고, 이러한 준거법의 합의가 없다면 국제사법 제26조에 따라서 결정된 객관적 준거법에 따라서 국제재판관할의 합의의 성립과 유효성이 결정되어야 한다.

(2) 국제재판관할의 합의의 형식적 유효성의 준거법

국제재판관할의 합의도 채권적 합의이므로 방식의 유효성에 관하여는 국제사법 제17조에 따라서 결정된 준거법이 적용된다. 국제사법 제17조에서는 법률행위의 준거법과 행위지법을 중 어느 법에 따른 법률행위의 방식이라도 유효한 방식으로 규정하고 있다. 그런데 아래에서 보는 바와 같이 관할합의에 관한 민사소송법 제29조는 국제재판관할의 합의의 준거법이 외국법인 경우에도 적용된다. 그리고 여기서는 서면에 의하여 관할합의를 할 것을 요구하므로 국제재판관할의 합의가 형식적으로 유효하기 위해서는 국제사법 제17조에 의하여 결정된 준거법에 따라서 유효할 뿐만 아니라 민사소송법 제29조의 서면요건도 갖추어야 한다. 양자의 요건이 모두 충족되어야 형식적 유효성이 인정된다고 할 것이므로 설령 방식의 준거법에서 국제재판관할의 합의가 서면에 의하여 이루어질 것을 요구하지 않더라도[13)] 이러한 합의가 민사소송법 제29조에 따라서 서면으로 작성되어야 비로소 형식적으로 유효하다고 할 것이다. 그런데 외국법이 중첩적으로 적용되는 것은 바람직하지 않으므로 국제재판관할의 합의방식에 관하여 별도의 규정을 두는 것이 올바른 해결방법이라고 본다.

12) 따라서 부제소의 합의가 민법 제104조의 불공정한 법률행위에 해당하면 무효가 되고(대법원 2004.12.23. 선고 2002다73821 판결), 기망에 의한 부제소의 합의는 민법 제110조에 따라서 취소할 수 있으며(대법원 2008.9.11. 선고 2008다15278 판결), 미성년자가 체결한 부제소의 합의는 민법 제5조 제2항에 의하여 취소할 수 있고(대법원 1989.10.10. 선고 89다카1602 판결), 부제소의 합의에 「약관의 규제에 관한 법률」이 적용될 수 있으며(대법원 1994.12.9. 선고 93다43873 판결), 소취하의 합의에 대하여는 화해계약에 관한 민법 제733조가 적용될 수 있다(대법원 2004.6.5. 선고 2003다32797 판결).

13) 예를 들어 브뤼셀규칙 recast 제25조에서는 국제재판관할의 합의가 반드시 서면으로 작성될 것을 요구하지 않는다.

(3) 강행적으로 적용되는 우리 법

가) 민사소송법 제29조

민사소송법 제29조는 소송당사자가 분쟁의 대상에 대한 관할법원을 지정하는 관할합의를 허용하면서 이러한 관할합의가 유효하게 되기 위한 일정한 요건을 규정하고 있다. 민사소송법 제29조는 국내 토지관할에 관한 관할합의를 규율하는데 그 목적이 있지만 국내의 토지관할은 법원의 민사재판권의 존재를 전제로 하고 국제재판관할은 민사재판권에 해당하므로 국제재판관할의 합의에도 위 규정이 적용 또는 유추적용 된다고 봐야 한다. 대법원 판례도 동일한 입장이다.14)

이러한 민사소송법 제29조는 국제재판관할의 합의의 준거법이 외국법인 경우에도 여전히 강행적으로 적용된다고 봐야 한다. 첫째 민사소송법 제29조는 절차법에 해당하므로 '절차는 법정지법에 따른다.'(forum regit processum)는 원칙에 따라서 국제재판관할의 합의의 준거법이 외국법인 경우에도 적용된다고 할 것이다. 둘째 우리 법원을 관할법원으로 지정하는 국제재판관할의 합의는 우리 법원에 민사재판권을 발생시키는 근거가 되므로 궁극적으로 민사소송법 제29조는 사법주권의 행사요건이 된다. 이러한 점에서 민사소송법 제29조는 강행적으로 적용될 필요가 있다.

나) 국제재판관할권의 발생에 관한 특별요건

대법원 2011.4.28. 선고 2009다19093 판결에서는 우리 법원을 전속적 관할법원으로 하는 국제재판관할의 합의의 유효요건 네 가지를 제시하고 있다. ① 당해 사건이 외국 법원의 전속관할에 속하지 아니하여야 한다. ② 우리 법원이 우리 법상 당해 사건에 대하여 관할권을 가져야 한다. ③ 당해 사건이 대한민국 법원에 대하여 합리적인 관련성이 있어야 한다. ④ 그와 같은 전속적인 관할 합의가 현저하게 불합리하고 불공정하여 공서양속에 반하는 법률행위에 해당하지 않아야 한다. 아래에서 보는 바와 같이 이러한 특별요건은 대법원이 창설한 것이 아니라 법률에 근거하여 제시한 요건으로서 사법주권의 행사요건이 된다. 따라서 국제재판관할의 합의의 준거법이 외국법인 경우에도 강행적으로 적용된다고 봐야 한다.

나. 외국 법원을 전속적 관할법원으로 하는 국제재판관할의 합의

외국 법원을 관할법원으로 지정하는 합의로 인하여 지정된 외국 법원에 국제재판관할이 발생되는지 여부가 우리 법원에서 문제되는 경우가 있다. 첫째 민사소송법 제217조 제1항 제1호에서는 외국재판의 승인요건의 하나로서 외국재판을 한 외국 법원에게 국제재판관할(간접관할)이 있을 것을 요구하고 있다. 따라서 국제재판관할의 합의에서 관할법원으로 지정된 외국 법원이 재판을 하였고 이러한 재판이 우리나라서 승인될 수 있는지 문제된 경우에 우리 법원은 당해 외국 법원이 국제재판관할을 갖고 있는지 심리해야 한다. 둘째 외국 법원을 관할

---

14) 국제재판관할의 합의에 관한 대법원 2010.8.26. 선고 2010다28185 판결; 대법원 2011.4.28. 선고 2009다19093 판결에서는 참고조문으로 민사소송법 제29조를 제시하고 있다.

법원으로 지정한 국제재판관할의 합의가 무효라고 주장하면서 원고가 우리 법원에 소를 제기하였다면 우리 법원은 위와 같은 국제재판관할의 합의가 무효인지 여부를 심리해야 한다.

(1) 첫 번째 경우와 관련하여

민사소송법 제217조 제1항 제1호에서는 외국 법원이 '대한민국의 법령 또는 조약'에 따라서 국제재판관할을 가질 것을 요구하고 있다. 이러한 결과 외국재판을 한 외국 법원이 그 외국법상 국제재판관할을 가졌는지는 여부는 승인요건에 해당하지 아니하므로 이를 심리할 필요가 없다. 더욱이 외국재판을 한 외국법원이 스스로 국제재판관할이 있는 것으로 판단하여 재판을 하였는데 우리 법원이 그 외국법상 그 외국 법원에 국제재판관할이 있는지를 다시 심사하는 것은 재심사금지의 원칙에도 반할뿐더러 주권침해의 소지도 있어 보인다.

민사소송법 제217조 제1항 제1호는 경상의 원칙(mirror image rule)에 따라서 직접관할과 간접관할을 동일하게 취급하여 외국 법원의 국제재판관할권의 행사가 우리 법상 과잉관할에 해당할 경우 그에 따른 외국재판의 승인을 거부하는데 그 목적이 있다. 결국 간접관할이 존재하는지를 판단하는 기준이 되는 준거법은 앞서 언급한 직접관할을 판단하는 준거법과 동일하다고 할 것이다.

(2) 두 번째 경우와 관련하여

가) 심판의 가능성

외국 법원을 관할법원으로 지정한 국제재판관할의 합의가 무효라는 주장은 한편으로 그 외국 법원에 민사재판권이 없다는 주장으로서 우리 법원이 이러한 주장에 대한 심리를 진행하면 외국의 주권범위에 관한 심리가 진행된다. 따라서 두 번째의 경우에 있어서는 과연 우리 법원이 위와 같은 심리를 진행할 수 있는 민사재판권이 있는지 아니면 일단 원고로 하여금 관할법원으로 지정된 외국 법원의 최종적 판단을 먼저 받도록 한 후에 처리해야 하는지의 문제가 해결되어야 한다.[15] 대법원 2010.8.26. 선고 2010다28185 판결에서는 외국 법원을 전속적 관할법원으로 하는 국제재판관할이 유효하기 위한 요건 중 하나로서 "지정된 외국 법원이 그 외국법상 당해 사건에 대하여 관할권을 가져야 한다."한다고 하여 우리 법원이 위와 같은 합의의 유효성을 판단하는 것에 긍정하는 입장이지만 외국의 사법주권의 침해에 대하여 진지한 고려를 한 것으로 보이지 않는다.

민사소송절차는 당사자의 권리구제를 목표로 하므로 항상 주권의 문제가 당사자의 권리구제의 문제에 우선한다고 볼 수 없다. 대법원 2012.1.19. 선고 2010다95390 전원합의체 판결에서는 "특허발명에 대한 무효심결이 확정되기 전이라고 하더라도 특허발명의 진보성이 부정되어 특허가 특허무효심판에 의하여 무효로 될 것임이 명백한 경우에는 특허권에 기초한 침해금지 또는 손해배상 등의 청구는 특별한 사정이 없는 한 권리남용에 해당하여 허용되지 않는다고 보아야 하고, 특허권침해소송을 담당하는 법원으로서도 특허권자의 그러한 청구가 권

15) 대법원 2011.12.13. 선고 2009다16766 판결에서도 외국의 활동에 대한 우리 법원의 재판권 행사가 외국의 주권적 활동에 대한 부당한 간섭이 될 우려가 있는 경우에는 우리 법원에 재판권이 없다는 취지로 판시하고 있다.

리남용에 해당한다는 항변이 있는 경우 당부를 살피기 위한 전제로서 특허발명의 진보성 여부에 대하여 심리 · 판단할 수 있다."고 판시하여 전속관할의 취지와 당사자의 권리구제 사이에 조화를 취하고 있다. 이러한 법리는 국제재판관할의 합의에도 적용된다고 볼 것이므로 외국 법원을 관할법원으로 지정하는 국제재판관할의 합의가 무효인 점이 명백하다면 소송의 신속, 경제, 공평의 원칙상 우리 법원이 이에 대하여 심판할 수 있다고 본다. 예를 들어 우리나라에 등록된 특허권의 유무효에 관하여 외국 법원을 전속적 관할법원으로 하는 합의는 무효임이 명백하므로 우리 법원이 이러한 합의의 유효성에 대한 판단할 수 있을 것이다.

나) 판단의 준거법

예외적으로 우리 법원이 외국 법원을 관할법원으로 지정하는 국제재판관할의 합의의 유효성을 판단할 수 있다고 할 때 어느 법에 따라서 판단해야 하는지 추가적 문제가 발생한다.

어느 한 국가의 재판권은 그 국가의 사법주권이므로 그 국가의 법률에 따라서만 발생하고 그 국가의 법률에 위반된 당사자의 국제재판관할의 합의나 다른 국가의 법에 따라서 재판권이 발생하지 않는다. 이러한 결과 국제재판관할의 합의가 아무리 채권계약의 성질을 갖고 있다고 하더라도 그러한 채권계약만으로는 합의된 법정지의 재판권이 발생하지 않고 법정지의 법률에서 그러한 합의에 효력을 부여하여 재판권이 발생할 수 있도록 허용해야 하므로 외국 법원을 관할법원으로 지정하는 국제재판관할의 합의는 법정지의 법에 따라서 유효성을 검토해야 한다. 브뤼셀규칙 recast 제25조(1)에서도 '합의된 법정지의 법'에 따라서 유효성을 판단하도록 규정하고 있다. 이러한 점에서 "지정된 외국 법원이 그 외국법상 당해 사건에 대하여 관할권을 가져야 한다."고 판시한 대법원 2010.8.26. 선고 2010다28185 판결이 합당하다고 볼 것이다.

다. 여러 국가의 법원을 관할법원으로 지정하는 국제재판관할의 합의

하나의 국가의 법원에 전속적 관할의 인정하지 아니하고 여러 국가의 법원을 관할법원으로 지정하여 선택적으로 소를 제기하도록 하는 경우가 있다. 이때 지정된 국가의 법원 중 하나가 우리 법원이라면 우리 법원은 앞서 우리 법원을 전속적 관할법원으로 지정한 경우와 동일한 기준을 적용하여 유효성을 판단해야 할 것이다. 그리고 간접관할의 경우에도 앞서와 마찬가지로 민사소송법 제217조 제1항 제1호에 따라서 우리 법에 따라서 국제재판관할의 합의의 유효성을 판단해야 할 것이다. 지정된 관할 법원에 우리 법원이 포함되어 있지 않은데 원고가 이러한 국제재판관할의 합의의 무효를 주장하면서 우리 법원에 소를 제기하였다면 이러한 무효가 명백한 경우에만 우리 법원이 그 무효를 판단할 수 있고, 이때는 지정된 외국 법원 모두에 대하여 민사재판권이 발생되지 않아야 하므로 그 각 법정지법에 따라서 국제재판관할의 합의의 유효성을 판단해야 할 것이다.[16]

16) Dickinson, para. 9.65.

Ⅰ. 우리 법상 국제재판관할의 합의에 의하여 재판권이 발생되기 위한 유효요건

1. 국제재판관할의 합의의 일반적 유효요건

(가) 제1심 법원의 관할에 관한 것이어야 한다.

우리 법원의 조직상 항소심이나 상고심이 1심 법원으로서 심리를 진행하지 아니하므로 국제재판관할의 합의를 하는 당사자도 우리 법원의 심급을 무시하고 바로 항소심이나 상고심을 1심으로 하여 관할의 합의를 할 수 없다. 그리고 항소법원과 상고법원에 관한 규정은 강행규정이므로 1심 판결에 대한 항소법원 또는 상고법원을 지정하는 국제재판관할의 합의도 할 수 없다. 그러나 당사자가 상고할 권리를 유보하되 항소를 하지 않기로 합의하는 불항소의 합의 또는 비약적 상고의 합의는 민사소송법 제390조에서 허용하고 있으므로 이러한 합의는 가능하다.

(나) 합의의 대상인 법률관계가 특정되어야 한다.

국제재판관할의 합의는 특정한 법률관계에 한정되어야 하므로 당사자 사이에 향후 발생하는 모든 분쟁에 대한 관할의 합의(catch-all clause)는 효력이 없다. 향후의 모든 분쟁에 대하여 관할합의를 하게 되면 예상하지 못한 분쟁에 대하여는 예상하지 못한 법원이 관할법원이 되어 당사자에게 가혹하기 때문이다.[17] 브뤼셀규칙 recast 제25조(1)에서도 국제재판관할의 합의가 특정한 법률관계(particular legal relationship)와 관련이 있을 것을 요구하고 헤이그관할합의협약 제3조a)도 동일하게 규정하고 있다. 특정한 법률관계와 관련되어 있는지는 당사자의 의사의 해석의 문제이다. 따라서 계속적 거래관계에서 향후 있을 동일한 또는 유사한 거래에 대하여도 국제재판관할의 합의를 하였다면 이러한 합의는 유효하다고 봐야 한다.[18]

(다) 서면(in writing)으로 작성되어야 한다.

국제재판관할의 합의는 합의의 당사자에게 매우 중요한 사항이므로 당사자가 이에 대하여 합의하였다는 사실을 명확히 하기 위하여 서면으로 작성될 필요가 있다. 이러한 점에서 준거법의 합의와 달리 국제재판관할의 합의에서는 묵시적 방법으로 합의할 수 없다.

만일 국제재판관할의 합의가 포함된 본 계약이 별도로 있는데 당사자가 본 계약이 아니라 기본약정(standard terms)에 대하여만 합의를 하고 이러한 기본약정에 본 계약의 내용이 일반적으로 당사자 사이의 계약의 내용으로 편입(incorporation)된다는 문구만 있다면 이러한 기본약정에 합의한 것만으로는 국제재판관할의 합의의 존재를 인정할 수 없다.[19] 대법원 2003. 1.10. 선고 2000다70064 판결은 "일반적으로 용선계약상의 중재조항이 선하증권에 편입되기 위하여는 우선, 용선계약상의 중재조항이 선하증권에 편입된다는 규정이 선하증권상에 기재되

17) 유럽사법재판소의 Powell Duffryn plc v Wolfgang Petereit Case C-214/89 [1992] ECR I-1745 결정에서도 동일한 취지로 판시하고 있다.

18) Magnus, p. 395.

19) Dickinson, para. 9.42.

어 있어야 하고, 그 기재상에서 용선계약의 일자와 당사자 등으로 해당 용선계약이 특정되어야 하며(다만 위와 같은 방법에 의하여 용선계약이 특정되지 않았더라도 선하증권의 소지인이 해당 용선계약의 존재와 중재조항의 내용을 알았던 경우는 별론으로 한다.)"라고 판시하고 있는데 비록 중재합의의 존재에 관한 판결이지만[20] 국제재판관할의 합의에서도 동일하게 적용된다고 본다.

현재는 전자문서를 많이 사용하므로 전자문서에 의한 국제재판관할의 합의도 허용된다고 봐야 한다.「전자문서 및 전자거래 기본법」 제4조 제1항에서는 전자문서의 문서로서의 효력을 인정하고 있다. 브뤼셀규칙 recast 제25조(2)에서는 이를 명시하고 있다. 이 밖에도 이 규칙에서는 당사자 사이에 확립된 관행이 있다면 그러한 형식으로 그리고 국제거래의 경우에 당사자가 인식하거나 인식할 수 있었던 국제적 관행이 있다면 그러한 형식에 따라서 국제재판관할의 합의를 할 것을 요구하고 있다. 우리의 경우에도 동일하게 볼 수 있을 것이다. 헤이그관할합의협약 제3조c)ii)에서는 "정보를 향후 참조를 위하여 사용할 수 있도록 하는 기타 의사통신의 수단"[21]이라고 하여 전자문서보다 널리 규정하고 있다. 정보통신이 급속히 발전하고 있기 때문에 이와 같이 폭넓은 해석이 적절하다고 본다.

(라) 법정지가 특정되어야 한다.

민사소송법 제29조는 관할합의에서 특정 법원을 관할법원으로 지정할 것을 요구하는 것으로 해석되고 있지만 국제재판관할의 합의에서는 재판국인 특정 국가가 지정되는 것으로 충분하여 그 국가 내의 특정 법원이 지정될 필요는 없다. 물론 당사자는 특정 국가의 특정법원을 구체적으로 지정하는 합의를 할 수도 있다.[22] 만일 특정 국가만을 법정지로 지정하는 합의를 하였다면 구체적인 관할법원은 법정지의 국내법에 따라서 결정된다.

합의 당시에 법정지를 특정하지 아니하고 장래 일정한 사건이 발생하면 그에 따라서 법정지를 확정하고 소급하여 효력을 갖도록 하는 유동적 법정지의 합의가 가능한지 검토할 필요가 있다. 법정지를 결정하기 위한 명확한 기준이 있다면 법정지를 특정한 것과 차이가 없으므로 허용된다고 본다.[23] 대법원 1977.11.9. 자 77마284 결정에서는 "당사자 중 일방이 지정하는 법원을 관할 법원으로 한다."는 내용의 관할에 관한 합의는 피고의 권리를 부당하게 침해하고 공평의 원칙에 어긋나는 결과가 되어 무효라고 판시하고 있는데 이에 덧붙여 관할법원이 특정되어야 한다는 요건도 충족시키지 못하고 있다.[24]

당사자 일방의 본점 소재지나 영업소 소재지를 법정지로 하는 국제재판관할의 합의의 효력도 문제된다. 대법원 2009.11.13.자 2009마1482 결정에서 주택분양보증약관에서 '대한주택보증 주식회사의 관할 영업점 소재지 법원'을 전속적 합의관할 법원으로 정한 경우에 위 회사의 내부적인 업무조정에 따라서 관할영업소가 이전되면 관할법원이 변경되므로 결국 당사자 중

20) 중재법 제8조 제2항에서는 중재합의가 서면에 의하여 작성될 것을 요구하고 있다.
21) "by any other means of communication which renders information accessible so as to be usable for subsequent reference."
22) Dickinson, para. 9.11.
23) Magnus, p. 396.
24) Ibid, p. 397.

일방이 지정하는 법원에 관할권을 인정하는 결과를 가져오지만, 이러한 약관을 무효로 하기 보다는 위 약관조항에서 말하는 '위 회사의 관할 영업점 소재지 법원'은 주택분양보증계약이 체결될 당시 이를 관할하던 위 회사의 영업점 소재지 법원을 의미하는 것으로 해석하고 있다. 반면에 유럽사법재판소의 Coreck Maritime GmbH v Handelsveem BV and Others 판결[25]에서는 객관적 요소에 의하여 법정지와 당사자의 의사를 확인할 수 있는 것으로 충분하므로 선하증권에서 운송인의 본점 소재지를 법정지로 하는 국제재판관할의 합의도 유효하다고 보았다. 그리고 국제재판관할을 합의한 후에 본점 소재지가 변경되었다면 당사자가 국제재판관할의 변경을 위하여 변경한 것이 아니라면 변경된 소재지가 법정지가 된다는 견해가 있다.[26]

2. 전속적 관할합의의 유효요건

가. 외국 법원을 전속적 관할법원으로 하는 합의의 유효요건(대법원 2010.8.26. 선고 2010다28185 판결)

① 당해 사건이 대한민국 법원의 전속관할에 속하지 아니하여야 한다.

② 지정된 외국 법원이 그 외국법상 당해 사건에 대하여 관할권을 가져야 한다.

③ 당해 사건이 그 외국 법원에 대하여 합리적인 관련성이 있어야 한다.

④ 그와 같은 전속적인 관할합의가 현저하게 불합리하고 불공정하여 공서양속에 반하는 법률행위에 해당하지 않아야 한다.

나. 우리 법원을 전속적 관할법원으로 하는 합의의 유효요건(대법원 2011.4.28. 선고 2009다19093 판결)

우리 법원을 전속적 관할법원으로 하는 합의의 유효요건은 앞의 외국 법원을 전속적 관할법원으로 하는 합의의 유효요건과 동일하다.

① 당해 사건이 외국 법원의 전속관할에 속하지 아니하여야 한다.

② 우리 법원이 우리 법상 당해 사건에 대하여 관할권을 가져야 한다.

③ 당해 사건이 대한민국 법원에 대하여 합리적인 관련성이 있어야 한다.

④ 그와 같은 전속적인 관할 합의가 현저하게 불합리하고 불공정하여 공서양속에 반하는 법률행위에 해당하지 않아야 한다.

다. 판시내용

(1) 뉴욕주 법원과 사건 사이에 합리적 관련성이 없다는 판결(대법원 1997.9.9. 선고 96다20093 판결)

이 사건이 미합중국 뉴욕주법원과 관련성을 갖는다고 볼만한 점은, 피고가 뉴욕주에도

25) Case C-387/98 [2000] ECR I-9337.

26) Magnus, p. 397.

영업소(지점)를 가지고 있다는 점과 피고를 위하여 운송물 인도업무를 담당하였다가 운송물을 멸실시킨 보세창고업자가 미국인이고 그 운송물이 멸실된 곳이 미합중국의 텍사스주라는 것 정도라 할 것인데, 한편 원고와 피고는 모두 대한민국에 주된 사무소를 두고 대표자 및 사원들이 한국인들로 구성된 대한민국의 법인인데다가, 운송물의 목적지는 텍사스주로서 뉴욕주와는 전혀 관련이 없고, 운송물이 멸실된 경위에 관하여 원·피고 사이에 전혀 다툼이 없어서 이 사건의 심리에 필요한 중요한 증거방법은 모두 대한민국 내에 있는 한국인 증인들이거나 문서들이며, 운송인의 책임 범위나 면책 요건에 관한 미합중국의 법이 대한민국의 법보다 운송인인 피고에게 더 유리하다고 볼 만한 자료도 없고, 그밖에 이 사건 소송물의 가액이 극히 소액인 점 등에 비추어 보면, 뉴욕주법원에서 소송을 수행하는 것이 피고에게도 여러 가지로 불편할 뿐이므로, 이 사건 전속적 관할 합의는 사건이 그 지정된 외국 법원에 대하여 합리적인 관련성을 결여함으로써 전속적 관할 합의가 유효 요건을 구비하지 못하여 무효라고 할 것이다. 그러므로 같은 취지의 원심의 판단은 정당하고, 논지는 이유가 없다.

(2) 일본국과 사건 사이에 합리적 관련성이 없다는 판결(대법원 2004.3.25. 선고 2001다53349 판결)

원심은, 이 사건이 일본국의 도쿄지방법원과 관련성을 갖는다고 볼 만한 점은 이 사건 화물의 수출자(홍콩에 있는 한화 주식회사)가, 일본에 본점을 둔 운송업자인 피고와 사이에 화물의 운송계약을 체결하고, 피고 소유의 선박에 의하여 화물을 운송하였다는 점 정도라 할 것인데, 한편 이 사건 신용장 개설은행인 원고와 이 사건 화물의 수입자인 동해펄프 주식회사(이하 '동해펄프'라 한다)는 모두 대한민국에 주된 사무소를 두고 대표자 및 사원이 한국인으로 구성된 대한민국의 법인이고, 운송의 목적지도 대한민국 울산항이어서 일본국 도쿄와는 관련이 없고, 운송물이 멸실된 경위에 관하여는 원·피고 사이에 다툼이 없고 그밖에 이 사건의 심리에 필요한 중요한 증거방법이 모두 대한민국 내에 있는 한국인인 증인들이거나 문서들이며, 운송인의 책임 범위나 면책 요건에 관한 일본국의 법이 대한민국의 법보다 운송인인 피고에게 더 유리하다고 볼 만한 자료도 없는 점 등에 비추어, 일본국 도쿄에서 소송을 수행하는 것이 피고에게 반드시 더 유리하다고 볼 수 없으므로, 이 사건 전속적 관할 합의는 사건이 그 지정된 외국 법원에 대하여 합리적인 관련성을 결여함으로써 전속적 관할 합의가 유효 요건을 구비하지 못하여 무효인 경우라고 판단하였는바, 여기에 다음에서 보는 바와 같이 이 사건의 준거법이 일본국 법이 아니라 대한민국 법이라는 점까지 아울러 고려하여 보면, 원심의 위 판단은 정당하고, 상고이유 제1점에서 주장하는 전속적 국제관할 합의 요건 및 효력에 관한 법리오해 등의 위법이 없다.

(3) 일본국의 전속관할이 아니라는 판결(대법원 2011.4.28. 선고 2009다19093 판결)

이 사건 양도계약에 기하여 특허권의 이전등록 또는 특허출원인 명의변경을 구하는 이 사건 소는 그 주된 분쟁 및 심리의 대상이 이 사건 양도계약의 해석 및 효력의 유무일 뿐 이 사건 특허권의 성립에 관한 것이거나 그 유·무효 또는 취소를 구하는 것과는 무관하므로 이 사건 특허권의 등록국이나 출원국인 일본국 등 법원의 전속관할에 속한다고 볼 수 없고, 또한 대한민국법상 당사자 사이에 전속적 국제관할합의를 하는 것이 인정되고 있는 외에, 이 사건 양도계약의 효력을 판단하기 위해서는 대한민국에서의 증거조사가 필요할 것으로 보이는 점, 원고가 대한민국 법인이며 피고 1 역시 원심 재판 당시 대한민국에 거주하고 있었던 것으로 보이는 점 등에 비추어, 이 사건은 대한민국 법원과 합리적 관련성도 있으며, 달리 위 전속적 국제관할합의가 현저하게 불합리하거나 불공정하여 공서양속에 반한다고 볼 만한 사정도 보이지 아니하므로, 위 전속적 국제관할합의는 유효하다고 할 것이다.

라. 각 요건에 대한 비판

(1) 전속관할의 요건에 대한 비판

대법원 판례에서 전속적 국제재판관할의 합의의 요건으로서 전속관할에 속하지 않을 것을 요구한 것은 국제재판관할에서도 전속관할이 인정될 수 있다는 점을 전제로 한다. 그런데 우리 법이나 대법원 판결에서는 국제재판관할에서 전속관할을 결정하는 준거법을 결정하는 기준을 제시하고 있지 않으므로 대법원 판결에서 이에 대한 기준을 제시하지 아니한 아쉬움이 있다. 외국 법원을 전속적 관할법원으로 하는 합의의 유효요건 중 "당해 사건이 대한민국 법원의 전속관할에 속하지 아니하여야 한다."는 요건에서는 우리 법에 따라서 전속관할이 결정되어야 할 것이다.

그런데 우리 법원을 전속적 관할법원으로 하는 합의의 유효요건 중 "당해 사건이 외국 법원의 전속관할에 속하지 아니하여야 한다."는 요건에서 전속관할을 우리 법과 당해 외국법 중 어느 국가의 법에 의하여 전속관할을 결정해야 하는가의 문제가 발생한다. '절차는 법정지법에 따른다.'는 원칙상 우리 법원은 외국의 절차법을 적용할 수 없고 국제재판관할의 결정은 우리 법에 따라야 하므로 외국법을 적용하여 국제재판관할에서 전속관할을 결정할 수 없다. 이러한 법리적 측면 이외에 우리 법원이 재판권을 행사하는 것이 부적절하다는 판단은 우리 법에 따라야 한다는 논리적 측면에서도 우리 법에 따라서 외국법원의 전속관할이 결정되어야 할 것이다.

(2) 법정지 법원의 관할의 존재의 요건에 대한 비판

우리 법원을 전속적 관할법원으로 지정된 경우에 대법원 판례는 우리 법상 우리 법원이 국제재판관할을 갖고 있을 것을 요구한다. 그러나 국제사법 제2조의 실질적 관련성에 당사자의 주소, 국적 등만이 아니라 당사자의 합의도 포함되는 것으로 볼 여지가 있고, 그렇지 않더라도 국제사법 제2조는 관할의 합의에서까지 실질적 관련을 요구하는 것은 아니라고 볼 수도 있다.[27] 또한 뒤에서 보는 바와 같이 대법원 판례는 변론관할의 성립에 있어서 당사자나 사건이 우리나라와 실질적 관련이 있을 것을 요구하지 않으면서 관할합의에서는 실질적 관련을 요구하는 것은 모순된다.

---

27) 석광현, 국제민사소송법, 박영사, 2012, 121쪽.

우리나라와 실질적 관련을 갖고 있는 사건에 대하여만 우리 법원을 전속적 관할법원으로 하는 합의가 유효한지는 정책적 판단의 문제라고 본다. 헤이그관할합의협약 제20조에서는 "만일 집행이 신청된 국가에 당사자가 거주하고 당사자의 관계 그리고 선택된 법원의 위치를 제외한 다른 모든 요소가 오직 집행이 신청된 국가와 관련이 있는 경우에는 체약국은 그 국가의 법원이 다른 체약국의 법원의 재판을 승인 또는 집행하는 것을 거부할 수 있다는 선언을 할 수 있다."[28]고 하여 간접관할과 관련한 재판국과 당해 사건 사이의 관련성의 요구는 선택적 사항이란 점을 명시하고 있다. 이러한 점에서도 위 문제는 정책적 문제임을 알 수 있다.

위 문제에 관하여 우리 법원의 인력과 비용을 우리 법원과 관련이 없는 사건에 사용하는 것이 적절하지 않다는 견해가 있을 수 있고 우리 법원을 국제분쟁의 중심으로 만들어 법률시장의 규모를 키우고 이와 밀접하게 연계된 국제금융산업 등을 육성하자는 견해가 있을 수 있다. 법정지와의 실질적 관련성을 요구하지 않는 것이 국제적 추세이고 우리 법원과 완전히 관련이 없으면서 우리 법원을 전속적 관할법원으로 지정하는 일은 거의 없을 것이고 '실질적 관련성'이라는 엄격한 잣대를 가지고 법률시장의 확대를 굳이 막을 필요는 없다는 점에서 위와 같은 요건을 요구할 이유는 없다고 본다. 전속적 관한법원으로 지정된 법원이 그 법정지법상 관할을 있어야 한다는 요건은 브뤼셀규칙 recast,[29] 헤이그관할합의협약, 국제민사소송원칙[30] 등에서는 찾아볼 수 없다.

한편 "지성된 외국 법원이 그 외국법상 당해 사건에 대하여 관할권을 가져야 한다."는 앞의 논의와 동일한 이유로 전속적 관할합의의 유효요건이 될 수 없다고 본다. 덧붙여 외국법원의 관할은 당해 법원이 판단할 문제이며 '절차는 법정지 법에 따른다.'는 원칙과 사법주권침해의 염려가 있으므로 우리 법원은 외국 법원이 그 외국법상 관할권을 갖고 있는지 여부를 판단할 수 없다고 본다. 따라서 외국 법원이 전속적 관할법원으로 지정되었음에도 불구하고 우리 법원에 소를 제기하였다면 1차적으로 그 외국 법원에 소를 제기하도록 하여 국제재판관할 여부에 관하여 판단 받도록 한 후 국제재판관할이 없다는 이유로 각하되었다면 그때 우리 법원이 사정에 따라서 판단하도록 하는 것이 타당하다고 본다.

(3) 당해 사건과 법정지 사이에 합리적 관련성의 요건에 대한 비판

이 요건은 가장 많은 비판이 제기되고 있는 요건이다. 앞서 언급한 바와 같이 국제사법 제2조의 실질적 관련성에 당사자의 주소, 국적 등만이 아니라 당사자의 합의도 포함되는 것으로 볼 여지가 있고, 그렇지 않더라도 국제사법 제2조는 관할의 합의에서까지 실질적 관련을

---

28) "A State may declare that its courts may refuse to recognise or enforce a judgment given by a court of another Contracting State if the parties were resident in the requested State, and the relationship of the parties and all other elements relevant to the dispute, other than the location of the chosen court, were connected only with the requested State."

29) 브뤼셀규칙 recast는 본 규칙에서 요구하는 관할합의의 유효요건 이외의 요건을 추가하여 요구할 수 없다는 점에서 지정된 법원과 사건 사이의 관련이 요구되지 아니한다(Dickinson, para. 9.33).

30) 제2.4조에서 "당사자가 사전에 다른 법원이 전속적 관할을 갖고 있다고 합의한 경우에 관할권의 행사는 통상 거절되어야 한다."(Exercise of jurisdiction must ordinarily be declined when the parties have previously agreed that some other tribunal has exclusive jurisdiction.)고 규정하고 있다.

요구하는 것은 아니라고 볼 수 있다. 그리고 관할합의의 유효요건으로 '외국 법원에 관할이 있을 것'과 '당해 사건과 법정지 간에 합리적 관련성이 있을 것'을 요구한 것은 과도하다는 지적과[31] 이러한 요건을 요구하지 아니하는 국제적 흐름에 역행하고[32]가 실질적으로 대등한 당사자 간에 이루어진 관할합의에 있어 공평한 분쟁해결을 지향하기 위해 제3국의 법원을 선택할 권리가 보장되어야 한다는 견해[33]가 있다. 반면에 관련성 요건을 전혀 고려하지 않으면 합의된 법원으로 하여금 외국법의 적용, 외국에서의 증거조사 등 과도한 부담을 지게 하는 한편 심리의 적정이나 소송경제에도 도움이 되지 않는다는 이유로 판례에 찬성하는 견해가 있다.[34] 이 견해도 당사자들이 명백한 합의에도 불구하고 단지 관련성 요건을 충족시키지 못했다는 이유로 관할합의의 효력을 부인하는 것은 법적 안정성을 해치는 문제가 있으므로 가급적 관련성의 범위를 넓게 인정해야 한다고 주장하고 있다.

사견으로는 앞서 법정지 법원의 관할의 존재를 요구하는데 대한 비판과 동일한 이유로 합리적 관련성을 요구하는 판례는 변경되어야 한다고 본다. 브뤼셀규칙 recast, 헤이그관할합의협약, 국제민사소송원칙 등 국제적으로도 위와 같은 요건을 찾아보기 힘들다. 그리고 국제중재의 합의의 경우에는 중재기관의 소재지와 사건 사이의 합리적 관련성을 요구하지 아니하면서 국제재판관할의 합의에서는 합리적 관련성을 요구하는 것은 일관성이 없다.[35] 대법원 2014.4.10. 선고 2012다7571 판결에서는 당사자 또는 분쟁이 된 사안과 법정지인 대한민국 사이에 실질적 관련성이 없다 하더라도 국제재판관할에서 변론관할이 발생한다고 판시하고 있다. 변론관할이 인정되는 이유는 피고가 변론기일에 출석하여 본안에 관한 진술을 하였다면 원고와 피고 사이에 묵시적 관할합의가 성립된 것으로 볼 수 있다는 점을 근거로 하는데 변론관할에서는 당사자 또는 분쟁된 사안과 법정지 사이에 실질적 관련성을 요구하지 아니하면서 관할합의에서는 합리적 관련성을 요구하는 것은 모순된다. 무엇보다 국제계약의 당사자가 자신들의 분쟁을 처리하는데 적합하다고 판단한 법원이라면 그 법원에 국제재판관할을 인정할 합리성이 충분히 있는데도 불구하고 별도로 합리적 관련성의 요구하는 것은 국제계약에서의 당사자자치의 중요성을 무시하는 결과를 가져오며 국제상업재판소의 설치를 추진하고 있는 세계적 추세에 역행하는 문제가 있다.

(4) 전속적인 관할 합의가 현저하게 불합리하고 불공정하여 공서양속에 반하는 법률행위에 해당하지 않아야 한다는 요건에 대한 비판

현저하게 불합리하고 불공정하여 공서양속에 반하는 법률행위의 효력을 부인하는 것은

---

31) 윤성근, "국제재판관할 결정의 일반적 기준으로서 실질적 관련의 원칙", 국제사법연구 제18호(2012), 70쪽.

32) 한충수, "국제재판관할과 관련된 우리 판례의 현주소-ALI/UNIDROIT의 국제민사소송원칙과의 비교를 중심으로-", 변호사 37집(2007.1), 374쪽.

33) 한충수, "민사소송법상의 국내토지관할 규정에 대한 재검토와 입법론-국제재판관할과 관련하여-", 민사소송 8권 1호(2004.2), 161쪽.

34) 강희철, "전속적 국제재판관할 합의의 유효요건", 국제사법연구 제2호(1997), 345-346쪽.

35) 앞서 언급한 바와 같이 네덜란드나 벨기에서는 국제상업법원의 설립을 추진하고 있고 프랑스는 이미 운용하고 있는데, 대법원이 합리적 관련성을 계속하여 요구한다면 이러한 국제상업법원의 판결은 민사소송법 제217조 제1항 제1호에서 요구하는 우리 법상 국제재판관할이 없는 법원에 의한 판결이 되어서 우리나라에서 승인 또는 집행이 될 수 없다는 결론에 이르게 된다.

관할의 합의에 한정되지 아니하고 모든 법률행위에 동일하게 적용된다. 특히 대법원 판례에서는 위 요건에 대한 근거로 민법 제103조를 제시하고 있는데 민법 제103조는 국제사법 제7조의 국제적 강행규정이기 때문에[36] 국제재판관할의 합의의 준거법이 외국법인 경우에도 적용된다. 따라서 이 요건이 전속적 국제재판관할의 합의에 한정하여 적용되는 것은 아니다.

Ⅱ. 국제재판관할합의의 효력범위

1. 주관적 효력범위

계약의 효력은 계약의 당사자에게만 미치는 것이 원칙이므로 국제재판관할합의 역시 합의의 당사자에 대하여만 효력이 미친다. 그런데 계약상 지위가 제3자에게 승계되거나 또는 계약상 권리 또는 의무가 제3자에게 승계된 경우에 국제재판관할합의의 효력 역시 이러한 제3자에게 미치는지 문제된다. 관할합의는 소송상 합의로서 채권계약에 해당하므로 주관적 효력범위는 관할합의의 준거법에 따를 사항이다. 우리 법이 적용되는 국제재판관할합의에 있어서는 국내 관할합의와 달리 볼 이유가 없으므로 그 결론은 다음과 같을 것이다.

사망 · 합병과 같이 포괄승계가 있는 경우에는 피승계인의 모든 권리의무가 포괄승계인에게 승계되므로 관할합의의 효력도 승계된다. 그리고 관할합의는 권리행사의 조건으로서 그 권리관계에 불가분적으로 부착되어 있으므로 당해 권리관계의 특정승계인에게도 관할합의의 효력이 미친다.[37] 따라서 채권의 양수인이 채무자에게 채무이행의 소를 제기하고자 한다면 양수인은 기존의 관할합의에 구속된다. 그러나 외국에서 그 외국 내의 법원에 한정된 관할합의의 약정은 그 약정이 이루어진 국가 내에서 재판이 이루어질 경우를 예상하여 그 국가 내에서의 관할법원을 정하는 취지의 합의라고 해석되므로, 특별한 사정이 없는 한 다른 국가의 재판관할권을 완전히 배제하거나 다른 국가에서의 전속적인 관할법원까지 정하는 합의를 한 것으로 볼 수는 없다.[38] 예를 들어 일본에서 발생한 채권에 관하여 도쿄지방법원을 전속적 관할법원으로 하는 관할합의는 우리 법원의 관할을 배제하는 합의로 해석되지 아니한다. 따라서 그 채권이 한국으로 양도되었다면 한국의 양수인은 위와 같은 관할합의에 구속되지 아니하므로 도쿄지방법원이 아니라 한국의 민사소송법의 규정에 따라서 결정된 한국 내의 관할법

---

36) 여기서 국제적 강행규정이란 국제거래에서 당사자자치가 중요한 지위를 차지하는 결과 이러한 당사자자치를 무력하게 하는 공서양속도 국내적 공서양속(domestic public policy)보다 엄격한 의미의 국제적 공서양속(international public policy)이어야 한다는 의미이다. 어떤 규정이 국제적 강행규정에 해당하는지 당해 규정이 보호하고자 하는 이익이 '고도의 공적이익'인지 여부에 달려 있다. 모든 반사회질서행위를 금지하고 있는 민법 제103조는 '신의성실의 원칙'과 '사회질서유지'를 목표로 하고 있으므로 '공적이익'을 보호법익으로 하고 있다. 그리고 이때의 공적이익은 사회질서를 유지하기 위한 엄격한 의미의 공적이익이라고 해석된다. 대법원 2004.1.27. 선고 2003다45410 판결에서도 신의칙과 같은 일반원칙에 의하여 계약의 효력이 제한하는 것은 자칫 잘못하면 당사자 자치의 원칙이나 법적 안정성에 대한 중대한 위협이 될 수 있으므로 신중을 기하여 '극히 예외적'으로 인정하여야 한다고 보고 있다. 그렇다면 민법 제103조가 보호하고 있는 공적이익은 '근본적 또는 필수적 공적이익'이라고 할 것이므로 민법 제103조는 국제적 강행규정에 해당한다.

37) 대법원 2006.3.2.자 2005마902 결정. 유럽사법재판소도 Coreck Maritime GmbH v Handelsveem BV and Others 결정에서 선하증권의 준거법상 선하증권의 수령인이 선하증권상의 권리와 의무를 승계한다면 이러한 승계인은 선하증권상의 관할합의에도 구속된다고 보았다.

38) 대법원 2008.3.13. 선고 2006다68209 판결.

원에 소를 제기할 수 있다.[39)]

한편 물권의 특정승계인이 그 물건에 관한 채권적 합의까지도 승계하기로 하는 별도의 합의를 하지 않았다면, 물권의 승계만으로는 그 물건에 관한 채권적 합의는 승계되지 아니하므로 채권적 합의인 관할합의의 효력은 물권의 특정승계인에게 미치지 아니한다. 예를 들어 근저당권설정자와 근저당권자 사이에 근저당권에 관하여 관할합의를 하더라도 근저당권설정자로부터 소유권을 취득한 양수인은 근저당권설정자와 근저당권자 사이의 채권적 합의에 구속되지 아니하므로 양수인은 위 관할의 합의에 구속되지 아니 한다.[40)]

2. 객관적 효력범위

가. 국제재판관할의 합의의 독립성

국제재판관할의 합의가 어떠한 사항에 대하여 적용되는지 여부는 당사자가 결정할 사항이므로 당사자의 의사해석에 따라서 그 적용범위가 결정된다.[41)] 주된 계약을 체결하면서 국제재판관할의 합의를 한 경우에 계약의 미이행이나 불완전이행 또는 이행지체에 대하여 국제재판관할의 합의가 적용됨은 명백하다. 그런데 주된 계약의 부존재, 무효, 취소의 경우에는 국제재판관할의 합의도 부존재, 무효라거나 취소에 의하여 효력이 소멸되었다는 주장이 가능하다. 그러나 국제재판관할의 합의는 주된 계약의 효력과 분리된 독립된 합의로서 주된 계약의 효력과 관계없이 그 자체로서 부존재, 무효, 취소의 사유가 없다면 유효한 합의가 되어서 주된 계약의 부존재, 무효, 취소의 다툼에서도 관할법원을 지정하는 효력이 있다고 봐야 한다.

그렇지 않다면 예를 들어 채무불이행에 관하여 소를 제기하고자 하는 원고로서는 계약의 부존재, 무효, 취소에 관하여 분쟁이 없더라도 이러한 효력을 주장하면서 자신이 원하는 국가의 법원에 소를 제기하여 국제재판관할의 합의를 무력화시킬 수 있게 된다. 또한 이러한 결과는 당사자의 의사나 법적 확실성에도 반하는 결과를 가져온다.[42)] 국제사법 제25조 제5항에서는 "준거법 선택에 관한 당사자의 합의의 성립 및 유효성에 관하여는 제29조의 규정을 준용한다."고 규정하고 있고, 제29조 제1항에서는 "계약의 성립 및 유효성은 그 계약이 유효하게 성립하였을 경우 이 법에 의하여 적용되어야 하는 준거법에 따라 판단한다."고 규정하여 준거법의 합의가 계약의 성립 및 유효성과 독립되어야 있다는 점을 명시하고 있다. 이러한 규정의 취지는 국제재판관할의 합의에도 동일하게 적용된다고 봐야 한다. 브뤼셀규칙 recast나 헤이그관할합의협약에서는 국제재판관할의 합의는 주된 계약의 효력과 분리되어 있다는 (severability) 명시적인 규정을 두고 있다.

---

39) 앞의 판결.

40) 대법원 1994.5.26. 자 94마536 결정.

41) Magnus, p. 428

42) 브뤼셀협약을 적용한 유럽사법재판소의 Francesco Benincasa v Dentalkit Srl Case C-269/95 [1997] ECR I-3767 판결에서도 법적 확실성(legal certainty)을 국제재판관할의 합의의 독자성을 인정해야 하는 이유 중 하나로 보고 있다.

나. 법정채권에 대한 효력

계약에서의 국제재판관할의 합의의 효력이 당해 계약에 관한 분쟁에 한정되어서 효력이 있는지 아니면 그러한 계약과 관련된 불법행위, 부당이득, 사무관리 등과 같은 법정채권에 대하여도 효력이 있는지 문제된다. 이 문제도 당사자의 의사해석의 문제이지만 그 의사가 불명확한 경우에 주로 문제가 된다. 당사자가 계약에 관련된 일체의 분쟁에 관하여 국제재판관할의 합의를 한 이상 이러한 계약과 관련된 법정채권에 대하여도 국제재판관할의 합의를 한 것으로 보는 것이 합리적인 의사해석으로 보인다.43)

Ⅲ. 소비자계약과 근로계약에서 국제재판관할합의의 제한

소비자계약과 근로계약의 국제재판관할에 관한 부분에서 논의한다.

---

43) Magnus, p. 429; Dickinson, para. 9.88.

제 4 장 국제재판관할에서 변론관할과 관련재판적

제 1 절 변론관할

Ⅰ. 인정가능성

민사소송법 제30조에 따르면 원고가 법정관할 또는 합의관할에 위반하여 소를 제기하였는데 피고가 이의 없이 본안에 관하여 변론하게 되면 그 법원에 관할이 발생한다. 이와 같이 변론관할이 발생하는 이유는 피고가 관할이 없는 법원에 응소한 이상 당사자가 묵시적으로 그 법원을 관할법원으로 하는 합의를 한 것으로 볼 수 있기 때문이다.[1] 민사소송법은 국제재판관할의 경우에도 변론관할이 성립되는지 아무런 규정을 두고 있지 않다. 그러나 국제재판관할에서 관할의 합의가 허용되고 있고 변론관할은 일종의 묵시적 관할합의에 해당하므로 이러한 점에서 변론관할도 허용된다고 해석된다.[2] 브뤼셀규칙 recast 제26조(1)이나 1999년 헤이그초안 제5조에서는 국제재판관할에 있어서 변론관할을 인정하고 있는데 이를 일종의 묵시적 국제재판관할이란 의미에서 복종(submission)이라고 표현하고 있다.[3]

대법원 2014.4.10. 선고 2012다7571 판결에서도 국제재판관할에서 변론관할을 인정하고 있다. 이 판결의 사안에서 일본국에 주소를 둔 재외동포 갑이 일본국에 주소를 둔 재외동포 을을 상대로 3건의 대여금채무에 대한 변제를 구하는 소를 대한민국 법원에 제기하였다. 이 3건의 대여금 청구 중 2건은 분쟁이 된 사안과 대한민국 사이에 실질적 관련성이 있어 대한민국 법원에 국제재판관할권이 인정되고, 나머지 1건은 당사자 또는 분쟁이 된 사안과 법정지인 대한민국 사이에 실질적 관련성이 있다고 볼 수는 없었다. 위 대법원 판결에서는 국제재판관할에서 민사소송법 제30조에 규정된 바와 같은 변론관할을 인정하더라도 ① 당사자 사이의 공평을 해칠 우려가 없고, ② 오히려 같은 당사자 사이의 분쟁을 일거에 해결할 수 있으며, ③ 효과적인 절차의 진행 및 소송경제에도 적합하다고 보았다.

Ⅱ. 요 건

변론관할을 규정하고 있는 민사소송법 제30조의 규정을 바탕으로 할 때 국제재판관할에서 변론관할이 발생하기 위한 요건은 다음과 같다.

---

1) 노태악, "한국 국제재판관할법에 있어 합의관할, 변론관할, 전속관할, 반소관할", 국제사법연구 제18호(2012), 102쪽.
2) 석광현, 국제민사소송법, 박영사, 2012, 129쪽.
3) Magnus, p. 437.

1. 제1심 임의관할

제1심 임의관할에 대하여만 변론관할이 발생한다. 전속관할의 경우에 당사자의 합의에 의하여 그 관할을 변경할 수 없으므로 변론관할도 허용되지 아니한다. 반면에 전속적 관할합의는 당사자가 사후적으로 변경할 수 있으므로 전속적 관할합의에 위반된 경우에는 변론관할이 발생한다.[4] 브뤼셀규칙 recast 제26조(1)에서도 전속관할에 관하여 변론관할을 허용하지 않고 있다.

2. 본안에 대한 변론

피고가 변론기일에 출석한 이유가 국제재판관할의 위반을 다투는데 있지 아니하고 변론기일에 본안에 대하여 변론하거나 변론준비기일에서 진술하여야 한다. 국제재판관할의 위반을 다툴 목적으로 출석하였다면 피고가 그 법원에 복종하기로 하는 의사를 표시한 것으로 볼 수 없기 때문이다. 이때 피고가 국제재판관할의 위반을 다투면서 예비적으로 본안에 대하여 진술을 했다고 하더라도 마찬가지로 피고가 복종할 의사를 표시한 것으로 볼 수 없으므로 변론관할을 인정할 수 없다. 피고가 국제재판관할을 다투는 것이 아니라 당해 법원의 토지관할만을 다투고 있다면 이때는 적어도 그 국가의 법원의 재판권에 복종할 의사를 표시한 것으로 볼 수 있으므로 국제재판관할의 변론관할이 인정되고 국내적 토지관할은 법성지 민사소송법에 따라서 해결해야 할 것이다.[5]

민사소송법 제30조에서는 피고가 본안에 관하여 변론할 것을 변론관할의 발생요건을 규정하고 있기 때문에 피고가 당사자능력의 부재나 당사자적격의 부재와 같은 본안전 항변을 했다면 본안에 대하여 변론을 했다고 볼 수 없으므로 변론관할이 발생하지 아니한다. 그런데 브뤼셀규칙 recast 제26조나 1999년 헤이그초안 제5조에서는 국제재판관할의 위반을 다투는 경우에는 변론관할이 발생하지 아니한다고 규정하여 기타 본안전 항변을 한 경우에는 변론관할이 발생할 여지를 두고 있다.[6] 그러나 본안전 항변을 통하여 소의 적법성을 다투고 있는 이상 법정지 법원에 완전히 복종할 의사를 표시했다고 볼 수 없으므로 변론관할이 발생하지 않는다고 해석하는 것이 타당하다.

3. 구두에 의한 변론

변론관할이 발생하기 위한 변론은 구두변론에 한정되며 준비서면, 답변서의 진술간주만으로는 변론관할이 발생하지 아니한다.[7]

---

4) 노태악, "한국 국제재판관할법에 있어 합의관할, 변론관할, 전속관할, 반소관할", 국제사법연구 제18호(2012), 102쪽. 유럽사법재판소도 동일하게 보고 있다(Magnus, p. 445).

5) Magnus, p. 440.

6) 노태악, "한국 국제재판관할법에 있어 합의관할, 변론관할, 전속관할, 반소관할", 국제사법연구 제18호(2012), 103쪽.

7) 대법원 1980.9.26. 자 80마403 결정.

Ⅲ. 추가적 요건

1. 실질적 관련이 요구되는지 여부

대법원 2014.4.10. 선고 2012다7571 판결에서는 사건이 우리나라와 실질적 관련이 없는 경우에도 변론관할을 인정하고 있다. 국제사법 제2조는 국제재판관할이 발생하기 위하여 당사자 또는 분쟁이 된 사안과 법정지인 대한민국 사이에 실질적 관련이 있을 것을 요구하고 있지만, 변론관할은 관할이 없는 법원에 관할을 인정하기 위한 제도이므로 국제재판관할에서 변론관할을 인정하면서도 실질적 관련을 요구하는 것은 모순된다. 따라서 국제재판관할에서 변론관할을 인정하는 이상 사건과 우리나라 사이에 실질적 관련은 요구되지 아니한다. 유럽사법재판소도 국제재판관할에서 변론관할이 재판권이 없는 국가의 법원에 재판권을 발생시키기 위한 제도라는 이유로 국제재판관할의 발생사유인 실질적 관련성을 요구하지 않는다.[8] 그런데 대법원 판례가 변론관할이 성립되기 위하여 실질적 관련이 요구하지 않으면서 국제재판관할의 전속적 관할합의에서는 지정된 법원이 법정지법상 관할이 있을 것을 요구하는 것은 일면 모순된다고 볼 수 있다.

2. 대법원 판례에서 제시한 요건이 타당한지 여부

국제재판관할에서 변론관할이 성립되기 위하여 대법원 판례는 ① 당사자 사이의 공평을 해칠 우려가 없고, ② 오히려 같은 당사자 사이의 분쟁을 일거에 해결할 수 있으며, ③ 효과적인 절차의 진행 및 소송경제에 적합한 경우 등 세 가지의 요건이 충족될 것을 요구하고 있다. 이러한 요건의 법률적 근거는 민사소송법 제1조에서 찾을 수 있는 바, 타당하다고 본다.

제2절 관련재판적

Ⅰ. 문제점

민사소송법 제25조에서는 제1항에서 "하나의 소로 여러 개의 청구를 하는 경우에는 제2조 내지 제24조의 규정에 따라 그 여러 개 가운데 하나의 청구에 대한 관할권이 있는 법원에 소를 제기할 수 있다.", 제2항에서 "소송목적이 되는 권리나 의무가 여러 사람에게 공통되거나 사실상 또는 법률상 같은 원인으로 말미암아 그 여러 사람이 공동소송인으로서 당사자가 되는 경우에는 제1항의 규정을 준용한다."고 규정하고 있다. 이와 같은 관련재판적으로 인하여 여러 청구 또는 여러 당사자가 하나의 법원에 집중되어 심리될 수 있기 때문에 분쟁의 일

---

8) Magnus, p. 442.

회적 해결, 소송경제와 모순된 재판의 방지에 도움이 된다. 이러한 관련재판적이 국제재판관할에서도 허용되는지 규정이 없으므로 이를 검토할 필요가 있다. 물론 전속관할의 경우에는 관련재판적이 인정될 여지가 없다.

Ⅱ. 객관적 병합에서의 관련재판적

1. 견 해

객관적 병합에서 국제재판관할의 관련재판적을 인정할 것인지에 관하여 민사소송법 제25조 제1항을 국제재판관할에도 곧바로 적용하여 병합된 청구에 대해 당연히 국제재판관할을 인정할 것은 아니고 소송목적이 되는 권리나 의무가 공통되거나 사실상 또는 법률상 같은 원인으로부터 발생한 것이라는 등 청구 사이에 견련성이 있어야 한다는 견해가 있다.[9] 일본에도 청구 상호 간에 일정한 견련성이 있으면 국제재판관할에서도 관련재판적을 인정할 수 있다는 견해가 다수설이고,[10] 일본 최고재판소도 '청구 사이에 밀접한 관계'가 있는 경우에 제한적으로 관련재판적을 인정하고 있다고 한다.[11]

2. 판 례

대법원 2012.5.24. 선고 2009다22549 판결에서는 불법행위로 인한 손해배상청구에 대하여 우리 법원이 국제재판관할을 갖는다는 상세한 설명을 한 후에 이러한 손해배상청구와 미지급임금지급청구 사이에는 '객관적 관련성'이 인정되는 점을 이유로 미지급임금지급청구에 대하여도 국제재판관할을 인정하고 있는데 '객관적 관련성'의 의미에 대한 설명은 없었지만 앞서와 동일한 의미로 보인다.

인천지법 2003.7.24. 선고 2003가합1768 판결에서는 청구의 객관적 병합에서 국제재판관할이 인정되기 위한 관련재판적의 요건에 대하여 다음과 같이 상세히 설시하고 있는데 결론적으로 통설적 견해와 동일하다.

"원고가 하나의 소로써 여러 개의 청구를 하는 경우에 그 중 하나의 청구에 관하여 어떠한 관할원인에 의해 우리나라 법원에 국제재판관할권이 인정되는 경우에 다른 청구에 대하여도 우리나라 법원이 민사소송법 제25조의 관련재판적 규정에 따라 국제재판관할권을 행사하기 위하여는 국내관할과는 달리 여러 개의 청구 사이에 그 기초되는 사실관계 혹은 쟁점이 동일하거나 견련관계를 갖는 등의 밀접한 관계가 인정되어야 하고(밑줄은 필자가 추가), 비록

9) 석광현, 국제민사소송법, 박영사, 2012, 134쪽; 한충수, "국제사법의 탄생과 국제재판관할", 법조 536호(2001.5), 64쪽; 유영일, "국제재판관할의 실무운영에 관한 소고－개정 국제사법과 헤이그신협약의 논의를 중심으로－", 법조 51권 12호 통권555호(2002.12), 199－201쪽; 오정후, "판례에 나타난 국제재판관할에 대한 이해에 관한 소고", 법학 48권 1호(2007), 78쪽.

10) 노태악, "디지털 재화의 거래와 국제재판관할", 인권과 정의 제359호(2006.7), 80쪽.

11) 유영일, "국제재판관할의 실무운영에 관한 소고－개정 국제사법과 헤이그신협약의 논의를 중심으로－, 법조 51권 12호 통권555호(2002.12), 199－201쪽.

동일한 당사자 사이의 청구라 할지라도 위와 같은 밀접한 관계가 없는 경우에는 병합하여 재판하는 것은 국제사회에서의 재판기능의 합리적인 분배의 관점에서 볼 때 상당하지 않을 뿐만 아니라 오히려 재판이 복잡해지고 장기화될 우려가 있을 뿐이기 때문에 민사소송법상의 관련재판적 규정에 의한 국제재판관할권이 인정되지 아니한다."

3. 유럽연합의 상반된 입장

브뤼셀협약, 브뤼셀규칙, 브뤼셀규칙 recast로 이어지는 브뤼셀 체제(Brussels regime)에서는 객관적 병합에서의 관련재판적에 관한 규정을 두지 않고 주관적 병합인 공동소송에서의 관련재판적에 관하여만 규정을 두고 있다. 이러한 결과 객관적 병합에서 관련재판적이 허용되는지는 해석에 맡겨져 있는데 유럽사법재판소는 Athanasios Kalfelis v Bankhaus Schröder, Münchmeyer, Hengst and Co. and others 결정[12]에서는 브뤼셀협약의 특별관할은 피고의 주소지를 일반관할로 하는 원칙에 대한 예외이므로 이를 제한적으로(restrictively) 해석해야 한다는 이유로 불법행위에 기한 청구에 대하여 관할을 갖는 법원이 그러한 불법행위에 기초하지 아니한 청구에 대해서까지 관할을 갖는 것은 아니라고 하여 객관적 병합에서의 관련재판적을 허용하지 아니하였다. 위 판결에서는 브뤼셀협약에서 주관적 병합의 경우에 관련재판적으로 인정하는 이유가 효과적인 절차의 진행과 모순된 판결의 방지에 있는데 객관적 병합에서 관련재판적을 부정한다면 이러한 이익을 향유하지 못하는 단점이 있음에도 불구하고 원고는 언제든지 피고의 주소지 법원에 소를 제기하여 관련된 분쟁을 일거에 해결할 수 있고 브뤼셀협약 제22조에서는 관련된 청구가 여러 국가에 제소된 경우에 처음 소가 제기된 국가의 법원이 병합할 수 있는 방법을 마련하고 있다는 점을 지적하고 있다.

4. 사 견

객관적 병합에서의 관련재판적에 관한 규정인 민사소송법 제25조 제1항도 국제사법 제2조에 규정된 국제재판관할의 특수성에 의하여 제한될 수밖에 없다. 국제사법 제2조에서는 국제재판관할의 결정원칙으로 당사자 또는 분쟁이 된 사안과 우리나라 사이에 실질적 관련을 요구하고 있는데 관련재판적을 인정하게 되면 이러한 실질적 관련이 없는 사건에 대하여도 국제재판관할이 발생하는 문제가 발생한다. 반면에 객관적 병합에서의 관련재판적을 부정하게 되면 당사자 사이의 분쟁을 일거에 해결할 수 없게 되어 재판의 신속과 경제에 반하고 모순된 재판이 나올 염려가 있다. 결국 양자의 이익형량이 필요하다는 점에서 청구 사이에 밀접한 관련이 있는 경우에 한정하여 관련재판적을 인정해야 한다는 앞서의 견해가 일면 타당해 보인다.

그러나 첫째 국제사법 제2조에서는 실질적 관련을 국제재판관할의 결정원칙으로 규정하고 있는데 재판의 신속과 경제 및 모순된 판결의 방지가 실질적 관련에 우선하는 가장 높은

12) C 189/87 [1988] ECR I-5565.

고려요소라고 볼 수 없다. 둘째 소의 객관적 병합에서 관련재판적은 중대한 공적이익보다는 주로 원고의 주관적 이익을 위하여 인정되고 있다. 국내관할이나 국제재판관할이나 피고의 주소가 일반관할이 된다는 점에서 관할의 결정에서는 피고의 이익이 원고의 이익에 우선하는데 관련재판적을 인정하게 되면 합리적 이유 없이 원고의 이익을 우선시키고 피고의 주소지 일반관할의 원칙을 무시하는 결과를 가져온다. 셋째 유럽사법재판소의 판결에서 언급한 바와 같이 원고는 피고의 주소가 있는 국가에 소를 제기하여 피고에 대한 모든 청구를 병합할 수 있으므로 객관적 병합에서 관련재판적을 허용하지 않는다고 하여 원고의 이익이 전적으로 무시되는 것도 아니다. 넷째 국제재판관할이 인정되는 청구와 밀접한 관련이 있는 청구라면 대부분의 경우에 국제사법 제2조의 실질적 관련이 성립되어 우리 법원에 그 사건에 대하여도 국제재판관할을 가질 것이므로 굳이 관련재판적을 인정할 이유도 없어 보인다. 다섯째 국제사법 제2조의 실질적 관련을 피고가 우리나라 법원에 제소될 것을 예견할 수 있을 정도로 사건 또는 당사자와 우리나라 사이에 근접성이 있었는가를 기준으로 판단해야 한다는 사견에서는 우리나라와 실질적 관련이 없는 청구에 대하여 관련재판적을 인정하면 피고의 예견가능성을 전적으로 무시하는 결과를 가져온다.

이러한 이유로 국제재판관할에서 우리나라와 실질저 관련이 없는 청구에 대하여 객관적 병합의 관련재판적을 인정하게 되면 우리나라와 실질적 관련이 없는 사건에 대하여도 우리 법원에 관할을 행사하게 되어 과잉관할에 해당한다고 본다.

Ⅲ. 주관적 병합에서의 관련재판적

1. 견 해

주관적 병합에서의 관련재판적에 관하여는 상당히 신중한 접근을 취하여 공동소송인 사이에 매우 긴밀한 관계가 있는 경우에 한정하여 관련재판적을 인정하거나 아예 부정하는 견해가 주류로 보인다.[13] 관련재판적으로 인하여 우리나라 법원에 국제재판관할이 없는 피고에 대해서까지 공동피고가 될 수 있도록 하는 것이 가혹하기 때문이다.

2. 유럽연합의 입장

브뤼셀협약 제6조(1)에서는 체약국에 주소를 둔 피고가 공동피고로 포함되어 있다면 그러한 피고가 주소를 갖고 있는 국가의 법원에 다른 공동피고에 대한 국제재판관할을 인정하였다.[14] 그러나 앞서 언급한 Athanasios Kalfelis v Bankhaus Schröder, Münchmeyer,

13) 유영일, “국제재판관할의 실무운영에 관한 소고－개정 국제사법과 헤이그신협약의 논의를 중심으로－, 법조 51권 12호 통권555호(2002.12), 202쪽; 한충수, “국제사법의 탄생과 국제재판관할”, 법조 536호(2001), 66쪽. 그러나 일본 동경지방재판소는 소화 62.5.8. 판결(판례시보 1232호 40면)에서 개정 전 민사소송법 제21조의 규정을 근거로 공동피고의 1인에 대한 관할을 토대로 다른 공동피고에 대한 국제재판관할을 인정한 바 있다고 한다(한충수, 앞의 글, 주45).

14) “where he is one of a number of defendants, in the courts for the place where any one of them is domiciled”

Hengst and Co. and others 판결에서는 피고가 그 주소지 법원에서 제소되는 것이 원칙이고 위 관련재판적은 이러한 원칙에 대한 예외에 해당하므로 이러한 원칙의 존재에 대한 의문이 발생하지 않을 정도에서 허용된다는 이유로 원고의 공동피고에 대한 각 청구 사이에 견련성이 있어서 별개의 소송으로 진행할 때 발생할 수 있는 모순된 판결을 방지하기 위하여 청구 모두를 함께 판단하는 것이 편리한 경우에 한정된다고 해석하였다.[15] 이러한 판시내용을 반영하여 브뤼셀규칙 recast 제8조(1)에서는 "원고의 공동피고에 대한 청구가 매우 긴밀하게 관련되어 있어서 개별적 절차에서 발생할 수 있는 모순된 판결의 위험을 피하기 위하여 청구 모두를 함께 판단하고 심리하는 것이 편리한 경우에는 피고가 공동피고 중의 한 명이라면 공동피고 중 한명이 주소를 두고 있는 국가의 법원"[16]에, 즉 공동피고 1인에 대하여 일반관할을 갖고 있는 국가의 법원에 대하여만 관련재판적으로 인정하고 있다.

3. 사 견

'절차는 법정지법에 따른다.'는 원칙상 공동소송에 관하여는 준거법이 외국법인 경우에도 우리 법이 적용된다. 따라서 공동소송의 형태도 우리 법에 따르게 되는데, 우리 법에 따른 공동소송의 형태에는 통상공동소송, 필수적 공동소송, 예비적 · 선택적 공동소송이 있다.

가. 통상공동소송

통상공동소송은 소송의 목적인 권리와 의무에 대한 처분권이 공동소송인 사이에 공동으로 귀속되지 아니하여 공동소송인이 이를 각자 처분할 수 있고, 이러한 결과 어느 공동소송인에 대한 판결의 효력이 다른 공동소송인에게 미치지 아니하는 공동소송을 말한다. 즉 원래 개별적, 상대적으로 해결될 수 있는 사건이 편의상 하나의 소송절차에 병합된 소송형태이다. 이러한 통상공동소송에서는 공동소송이 강제되지 않고, 공동소송인 사이에 판결의 합일확정이 필요하지 아니하다.

통상공동소송은 원고의 편의를 위하여 관련재판적이 인정되기 때문에 주관적 병합에서의 관련재판적에 관한 민사소송법 제2항에서는 "소송목적이 되는 권리나 의무가 여러 사람에게 공통되거나 사실상 또는 법률상 같은 원인으로 말미암아 그 여러 사람이 공동소송인으로서 당사자가 되는 경우에는 제1항의 규정을 준용한다."고 규정하여 모든 통상공동소송에 관련재판적이 인정되지 않고 주요한 공격방어방법을 공통으로 하는 통상공동소송에 한정하여 관련재판적이 인정된다. 그런데 다른 피고와 주요한 공격방어방법을 같이 한다고 하여 우리나라와 실질적 관련이 발생한다고 볼 수 없으므로 원래 우리 법원의 국제재판관할에 복속하지 아

15) "there must exist between various actions brought by the same plaintiff against different defendants a connection of such a kind that it is expedient to determine those actions together in order to avoid the risk of irreconcilable judgments resulting from separate proceedings."

16) "where he is one of a number of defendants, in the courts for the place where any one of them is domiciled, provided the claims are so closely connected that it is expedient to hear and determine them together to avoid the risk of irreconcilable judgments resulting from separate proceedings;"

니하는 피고에게 국제재판관할이 발생하는 것도 아니며, 분쟁의 일회적 해결이란 목적이 원고에게 이익이 되지만 피고가 우리 법원에 응소를 해야 하는 불편을 정당화할 만큼 공적이익이 크다고 보이지도 않는다. 따라서 통상공동소송에서는 관련재판적을 인정하는 것은 과잉관할이므로 허용할 수 없다고 본다.

나. 필수적 공동소송

필수적 공동소송은 통상공동소송에 반대되는 개념으로서 공동소송인 사이에 판결의 승패가 통일되어야 한다는 합일확정이 요구되는 공동소송을 말한다. 필수적 공동소송에는 공동소송이 강제되는지 여부에 따라서 고유필수적 공동소송과 유사필수적 공동소송이 있다. 고유필수적 공동소송에서는 공동소송이 강제되기 때문에 원고 측이든 피고 측이든 관계없이 공동소송인이 되어야 할 사람이 누락되면 당사자적격의 부재로 소가 각하된다.[17] 유사필수적 공동소송이란 공동소송이 강제되지는 않지만, 일단 공동소송으로 진행된 이상 판결의 합일확정이 요구되는 공동소송을 말한다.

고유필수적 공동소송에서 공동소송이 강제되는 이유는 실체법상 권리와 의무가 여러 사람에게 공동으로 귀속되어 있기 때문이다. 대표적으로 합유재산이나 합유지분이 이에 해당한다. 실체법상 권리와 의무가 공동으로 귀속된 경우에는 처분권이 공동으로 귀속된 것이고 민사소송절차는 실체법상 권리와 의무를 처분하는 절차이므로 공동으로 처분권을 가진 자가 모두 당사자가 되어야 하며 그렇지 아니하면 판결의 실효성을 확보할 수 없다. 이때 실체법상 권리와 의무에 대한 처분권이 공동으로 귀속되어 있는지 여부는 당해 준거법에 따라서 결정되어야 하지만 일단 그 준거법에 따라서 공동의 처분권이 인정된다면 우리 법원의 소송절차에서 공동소송인이 되어야 비로소 당사자적격이 인정되므로 관련재판적을 인정해야 한다. 이러한 결론은 브뤼셀규칙 recast 제8조(1)과 유사하다.

예를 들어 준거법에 따른 합유자 중의 1인이 우리나라에 소재하지만 나머지 합유자가 외국에 소재한다면 분쟁이 우리나라와 실질적 관련이 없다고 하더라도 원고는 주관적 병합에서의 관련재판적을 근거로 합유자 전원을 공동피고로 하여 우리 법원에 소를 제기할 수 있을 것이다.

한편 유사필수적 공동소송은 공동소송이 강제되지 아니하므로 원고는 개별적으로 소송절차를 진행할 수 있는 사안을 편의를 위하여 공동소송으로 진행한 것이다. 다만 공동소송인들은 상호 판결의 효력을 받는 지위에 있기 때문에 기판력의 모순 · 저촉이 발생을 방지하기 위하여 일단 공동소송인이 된 이상 합일확정이 요구된다. 이러한 합일확정이라는 공적이익은 공동소송으로 진행된 후에 발생되는 이익이며 공동소송으로 진행되기 전에 요구되는 공적이익은 아니다. 이러한 결과 유사필수적 공동소송인이 될 관계에 있는 당사자들 사이에서는 피고의 소재를 일반관할로 하는 원칙의 예외를 인정할 강력한 공적이익이 없어 보인다. 결국 유

17) 대법원 2004.12.9. 선고 2002후567 판결.

사필수적 공동소송인이 될 관계에 있는 자들 사이에서는 관련재판적을 인정하기 어렵다고 생각한다.

다. 예비적 · 선택적 공동소송

공동소송인들 사이의 청구가 양립될 수 없는 결과 공동소송인 중 1명의 청구만이 정당한 경우(원고 측 병합) 또는 공동소송인들에 대한 청구가 양립될 수 없는 결과 공동소송인 중 1명에 대한 청구만이 정당한 경우(피고 측 병합)에 심판의 순서를 정하여 청구하는 것을 '예비적 공동소송'이라고 하고, 심판에 순서를 정하지 아니하고 공동소송인 중 1명의 청구 또는 공동소송인 중 1명에 대한 청구를 인용하여 달라고 청구하는 것을 '선택적 공동소송'이라고 한다. 예비적 · 선택적 공동소송은 원고의 선택에 의하여 공동소송이 되는 경우로서 원고의 편의를 위하여 인정되는 공동소송이고 공동소송이 강제되는 경우가 아니므로 예비적 · 선택적 공동소송인 될 관계에 있는 당사자들 사이에서는 관련재판적을 인정할 수 없다고 본다.

제 5 장 소비자계약과 근로계약에서의 국제재판관할

대부분의 나라에서는 소비자와 근로자를 '사회적 약자'로 분류하여 소비자기본법이나 근로기준법과 같이 소비자와 근로자를 보호하기 위한 규정이 다수 존재하고, 이러한 규정들은 강행규정에 해당하여 당사자의 합의에 우선하여 적용된다.[1] 국제적 소비자계약이나 근로계약의 경우에는 경험과 지식이 부족한 소비자와 근로자가 더욱 취약한 지위에 놓이게 되기 때문에 소비자와 근로자 보호의 필요가 더욱 강화된다.[2] 특히 높지 않은 분쟁가액에 비하여 외국에서의 소를 진행하는데 따른 높은 소송비용을 고려했을 때 소비자와 근로자가 자신이 상시 거주하는 곳이 아닌 외국 법원에 소를 제기하거나 응소하는 것을 기대하기는 힘들다. 그러므로 소비자와 근로자를 보호하기 위하여 국제사법 제2조의 국제재판관할의 원칙을 수정할 필요가 있었고 국제사법 제27조와 제28조에서는 각 소비자계약과 근로계약에 관하여 국제재판관할의 결정원칙에 관하여 특별규정을 두고 있다.

유럽에서는 브뤼셀협약에서 소비자와 근로자를 보호하기 위한 규정 둔 이래로 브뤼셀규칙 recast에서도 보호관할에 관한 규정을 두고 있으며, 관할합의협약의 경우에는 소비자계약과 근로계약에 관한 분쟁을 협약의 적용범위에서 제외하여 이러한 계약에는 국제재판관할합의에 관한 일반원칙이 적용되지 아니한다는 점을 명확히 하고 있다.

제 1 절 소비자계약에서의 국제재판관할

> **국제사법 제27조** ④ 제1항의 규정에 의한 계약의 경우에 소비자는 그의 상거소가 있는 국가에서도 상대방에 대하여 소를 제기할 수 있다.
> ⑤ 제1항의 규정에 의한 계약의 경우에 소비자의 상대방이 소비자에 대하여 제기하는 소는 소비자의 상거소가 있는 국가에서만 제기할 수 있다.
> ⑥ 제1항의 규정에 의한 계약의 당사자는 서면에 의하여 국제재판관할에 관한 합의를 할 수 있

1) 전통적으로 소비자는 구매의 선택이 한정되고 정보가 부족하기 때문에 경제적 약자로 분류되었지만 기업들 사이의 경쟁을 고려하면 소비자의 '거래상의 지위'(bargaining power)가 반드시 약하다고만 볼 수 없다는 점에서 소비자를 보호해야 하는 이유가 소비자가 경제적 약자이기 때문이 아니라 소비자가 제품이나 계약에 관한 지식과 정보가 부족하기 때문이라는 주장이 있다(Giesela Rühl, Consumer Protection in Choice of Law, Cornell International Law Journal Vol.44, 2011, p. 572).

2) Anabela Susana de Sousa Gonçalves, The E-Commerce International Consumer Contract in the European Union, Masaryk University Journal of Law and Technology Vol. 9:1(2015), p. 6.

다. 다만 그 합의는 다음 각 호 중 어느 하나에 해당하는 경우에 한하여 그 효력이 있다.
1. 분쟁이 이미 발생한 경우
2. 소비자에게 이 조에 의한 관할법원에 추가하여 다른 법원에 제소하는 것을 허용하는 경우

Ⅰ. 소비자 보호의 내용

1. 소비자가 제기하는 소(제4항)

소비자가 원고가 되는 경우에는 소비자는 그의 상거소가 있는 국가에서도 상대방에 대하여 소를 제기할 수 있다. '그의 상거소가 있는 국가에서도'에서라는 문구에서 알 수 있는 바와 같이 소비자는 국제사법 제2조에 따라서 국제재판관할이 있는 국가의 법원에 소를 제기할 수 있을 뿐만 아니라 선택적으로 자신의 상거소에 있는 국가의 법원에도 소를 제기할 수 있다. 국제사법 제27조에서는 소비자계약의 준거법에 관하여도 특칙을 두고 있는데 여기서 상거소를 중심으로 특칙을 두고 있기 때문에 국제재판관할에서도 주소가 아니라 상거소에 따랐다. 이 규정은 피고가 주소를 갖고 있는 곳의 법원이 관할법원이 된다는 일반원칙의 예외로서 소비자의 편의를 위하여 '원고가 주소를 갖고 있는 곳의 법원을 관할법원'(forum actoris)으로 하고 있다는 점에서 특징이 있다. 게다가 국제사법 제27조 제2항에서는 소비자의 상거소가 있는 국가의 법을 객관적 준거법으로 지정하고 있으므로 소비자가 자신의 상거소가 있는 국가의 법원에 소를 제기하였다면 이 법원은 자신의 법을 적용하여 판단할 수 있다는 편리함도 있다. 만일 소비자가 소비자계약을 체결한 후에 다른 국가로 상거소를 옮겼다면 소비자 보호의 취지상 새로운 상거소가 위 상거소에 해당한다고 봐야 할 것이다.3)

그런데 국제사법 제27조는 소비자계약과 관련하여 우리 법원의 국제재판관할에 한정하지 아니하고 외국 법원을 포함한 누구에게나 적용되는(erga omnes) 전면적 국제재판관할의 규칙을 규정한다는 점에 특징이 있다.4) 즉 국제사법 제27조의 규정내용상 우리나라에 상거소를 두고 있는 소비자뿐만 아니라 외국에 상거소를 두고 있는 소비자가 소를 제기하는 경우에도 적용되도록 해석되기 때문에 외국 법원의 국제재판관할도 결정하고 있다. 그러나 우리 법이 외국 법원의 관할을 규정하는 것은 외국주권의 침해에 해당하고 외국 법원이 국제사법 제27조에 따라서 자신의 국제재판관할을 결정하지도 아니할 것이므로 외국에 상거소를 두고 있는 소비자가 위 규정에 근거하여 자신의 상거소에 있는 법원에 소를 제기할 수 있는 것은 아니다.

결국 위 특별규정은 우리나라에 상거소를 갖고 있는 소비자가 소비자계약에 관하여 우

3) Dickinson, para. 6.66.

4) 브뤼셀규칙 recast 제18조(1)에서는 소비자는 상대방이 주소를 갖고 있는 회원국에서 상대방에 대하여 소를 제기하거나 상대방의 주소에 관계없이 소비자가 주소를 갖고 있는 곳의 법원에서 소를 제기할 수 있다고 규정하고 있는데 소비자가 반드시 유럽연합의 회원국에 주소를 갖고 있을 필요가 없다는 점에서 적용범위를 전면적으로 확장하고 있다.

리 법원에 소를 제기할 수 있다는 직접관할을 규정함과 동시에, 외국에 상거소를 둔 소비자가 자신의 상거소가 있는 국가의 법원에 소비자계약에 관한 소를 제기하여 재판을 받았다면 이러한 재판은 민사소송법 제217조 제1항 제1호의 '우리 법상 관할이 있는 국가의 법원의 재판'에 해당하여 우리나라에서 승인될 수 있다는 간접관할에 규정하고 있다고 해석되어야 한다.

2. 소비자를 상대로 제기하는 소(제5항)

소비자의 상대방이 소비자를 피고로 하여 제기하는 소는 소비자의 상거소가 있는 국가에서만 제기할 수 있다. 소비자가 외국에 가서 응소하는 것이 사실상 불가능하므로 소비자의 편의를 위하여 소비자의 상거소를 전속관할로 한 것이다. 소비자가 제기하는 소의 경우에는 일반관할에 추가하는 방법으로 소비자를 보호하고 있지만 소비자를 상대로 제기하는 소의 경우에는 소비자의 상거소가 있는 국가의 법원을 전속관할로 하고 있다는 점에서 차이가 있다. 그러나 국제사법 제27조 제6항에서 예외적으로 소비자계약에 대하여 국제재판관할합의를 허용하므로 완전한 전속관할은 아니다.[5)]

이 규정도 우리나라 법원의 국제재판관할에 한정하지 아니하고 외국 법원을 포함한 전면적인 국제재판관할의 원칙을 규정하고 있다. 소비자가 원고가 되는 경우와 마찬가지로 이 규정은 우리 법원의 직접관할을 규정하고 있을 뿐만 아니라 외국재판의 승인 및 집행에 있어서 간접관할을 규정하고 있다. 따라서 소비자를 상대로 한 소송이 소비자의 상거소지 이외의 국가의 법원에서 진행되었다면 이에 따른 재판은 민사소송법 제217조 제1항 제1호의 국제재판관할이 없는 국가의 법원에 의한 재판으로서 우리나라에서 승인될 수 없다.

한편 소비자가 자신의 상거소 이외의 국가에서 상대방에 대하여 소를 제기한 경우에 상대방이 소비자를 상대로 반소를 제기할 수 있는지 문제된다. 브뤼셀규칙 recast 제18조(3)에서는 명시적으로 이를 허용하고 있지만 국제사법은 이에 침묵하고 있다. 소비자가 자신의 상거소가 있는 국가 이외의 국가의 법원에 이미 소를 제기한 이상 상대방에 이 법원에 반소를 제기하더라도 소비자의 절차상 편의를 해한다고 볼 수 없고 위 규정이 완전한 전속관할규정도 아닌 점에서 상대방의 반소가 해석상 허용된다고 본다.

3. 국제재판관할의 합의의 제한

소비자는 일반적으로 교섭력이 약하고 국제재판관할에 관한 경험과 지식이 부족하기 때문에 소비자계약에서 국제재판관할의 합의를 무제한으로 허용할 경우 소비자에게 분리할 수 밖에 없다. 국제사법은 소비자 보호를 위하여 국제재판관할합의를 전면적으로 금지하지 아니하고 소비자가 불리하지 않은 상황에서만 국제재판관할합의를 허용하고 있다. 첫째 분쟁이 이미 발생하였다면 소비자의 교섭력이 약하다고 볼 수 없고 법률전문가의 조력을 받을 수 있으며 관할합의의 중요성을 충분히 인식하고 있기 때문에 이 경우에는 국제재판관할합의가 허용

5) Dickinson, para. 6.76.

된다.[6] 둘째 소비자에게 국제사법 제27조에 의하여 인정되는 국제재판관할에 추가하여 다른 법원에 제소하는 것을 허용하는 경우에는 소비자에게만 유리한 합의이므로 이를 금지시킬 이유가 없다.

한편 브뤼셀규칙 recast 제19조(3)에서는 위와 같은 두 가지 경우에 추가하여 소비자와 상대방이 계약체결 당시에 같은 국가에 주소를 두거나 상시적으로 거주하고 있었고 그 국가의 법원을 관할법원으로 하는 합의가 그 국가의 법에 저촉되지 아니한 이상 이를 허용하고 있다. 이 규정은 소비자계약이 체결된 후에 다른 국가로 이주한 경우에 여전히 관할합의를 유효한 것으로 보기 위하여 마련된 것이다.[7]

4. 소비자 보호를 위한 특별법과 국제사법의 관계

「방문판매 등에 관한 법률」 제44조는 전속관할이라는 제목 하에 "특수판매와 관련된 소(訴)는 제소 당시 소비자 주소를, 주소가 없는 경우에는 거소를 관할하는 지방법원의 전속관할로 한다. 다만 제소 당시 소비자의 주소 또는 거소가 분명하지 아니한 경우에는 「민사소송법」의 관계 규정을 준용한다."고 규정하고 있고 「할부거래에 관한 법률」 제44조도 동일한 규정을 두고 있다. 이와 같이 소비자 보호를 위하여 전속관할을 규정하고 있는 특별법과 국제사법 제27조의 관계가 문제된다. 이에 대하여 위 관할규정이 강행규정(즉 전속관할)이므로 국내외 간 거래에 관계없이 적용된다는 견해가 있고[8] 위 관할규정은 국제재판관할을 적절히 고려한 규정이 아니므로 국제사법이 적용된다는 견해가 있다.[9]

앞서 언급한 바와 같이 국제재판관할에서도 전속관할이 인정될 수 있지만 국제재판관할의 전속관할의 결정에서 전문성은 고도의 공익적 필요를 기준으로 한다. 국제재판관할에서 전속관할의 기준이 되는 '고도의 공익적 필요'는 국내의 강행적 규정에 해당하는 전속관할규정의 효력을 확보해 줄 필요가 강하여 우리나라와 분쟁 사이의 밀접성이 특히 강한 경우라고 말할 수 있다. 국제사법 제27조는 소비자를 보호히여 궁극적으로 경제정의실현을 목적으로 한다는 점에서 '고도의 공익적 필요'가 있는 경우에 해당한다. 더욱이 위 특별법이 모든 소비자계약이 아니라 특정한 소비자계약에 한정하여 그러한 계약상의 소비자를 더욱 강력하게 보호하고 있다는 점에서도 공익적 성격을 갖고 있다는 점을 알 수 있다.

덧붙여 뒤에서 언급하는 국제사법편의 국제적 강행규정에서 보는 바와 같이 위와 같은 특별법은 소비자 보호를 넘어서 미시적 경제정의를 실현하기 위한데 입법목적이 있다는 점에서 국제사법 제7조의 국제적 강행규정에 해당한다. 따라서 외국법이 준거법으로서 지정되더라도 이에 관계없이 반드시 그 적용이 확보되어야 하는 국내법의 규정이라고 해석된다.

---

6) Ibid, para. 6.84.
7) Magnus, p. 324
8) 노태악, "전자거래에서 있어 계약의 성립을 둘러싼 몇 가지 문제", 법조 통권 517호(1999.10), 133쪽.
9) 서광현, 국제민사소송법, 박영사, 2012, 99쪽.

Ⅱ. 소비자계약의 의미

1. 직업 또는 영업활동 외의 목적으로 체결하는 계약

국제사법 제27조에서는 소비자계약을 "소비자가 직업 또는 영업활동 외의 목적으로 체결하는 계약"이라고 규정하고 있다. 직업 또는 영업활동 외의 목적으로 체결하는 계약이란 소비자의 개인적 필요와 사적 소비를 위하여 최종적으로 물품이나 용역 등을 구매하는 계약을 의미한다.[10] 따라서 거래, 제조, 기타 직업상 필요에 의하여 체결한 계약은 소비자계약에 해당하지 않는다. 국제사법은 소비자계약을 계약의 '대상'이 아니라 '목적'에 따라서 포괄적으로 정의하고 있으므로 물품의 구매나 용역의 제공에 한정되지 아니하고 대출계약과 같은 금융계약이나 소프트웨어의 사용과 같은 지적재산권의 사용계약이라도 직업 또는 영업활동 외의 목적으로 체결하였다면 소비자계약에 포함된다.[11] 또한 인터넷서비스를 이용하는 계약도 상업적 이용목적이 없다면 소비자계약에 포함된다. 캐나다 대법원의 Douez v. Facebook, Inc. 판결[12]과 유럽사법재판소의 Maximilian Schrems v Facebook Ireland Limited 결정[13] 모두 인터넷 SNS서비스인 facebook을 상업적 이익을 추구할 목적이 없이 이용한 자를 소비자로 보았다. 그리고 후자의 판결에서는, 원고가 facebook의 개인정보침해를 주장하면서 소송을 개시한 후 점차 개인정보보호에 관한 유명인사가 되어서 이와 관련된 책의 출판, 강연, 웹사이트의 개설, 자금의 모집 등의 활동을 하였는데 이러한 활동도 개인정보보호를 위한 활동이란 이유로 원고의 소비자로서 지위에 변함이 없다고 보았다.

이때 계약의 대상의 가치는 소비자계약인지를 결정하는데 있어서 아무런 역할을 하지 않는다. 따라서 고가의 요트를 구매하는 계약이라고 하더라도 사적 이용을 위해서 구매한다면 소비자계약에 해당한다.[14] 그리고 소비자계약이 보호되는 이유는 우월적 지위에 있는 사업자로부터 소비자를 보호하는데 그 목적이 있으므로 소비자계약으로서 보호되기 위해서는 상대방이 사업자이어야 하고 소비자 사이의 계약이나 소비자단체와 사업자 사이의 계약은 소비자계약에 포함되지 아니한다.[15] 이러한 계약에서는 불평등한 지위가 존재하지 않기 때문이다.[16] 브뤼셀규칙 recast 제17조(1)(c)에서는 "상업적, 직업적 활동을 추구하는 사람과 체결한 계약"(the contract has been concluded with a person who pursues commercial or professional activities)이라고 하여 이를 명시하고 있다.

한편 소비자기본법 제2조 제2항에서는 소비자를 "사업자가 제공하는 물품 또는 용역(시

---

10) Giuliano－Lagarde 보고서, p. 23.
11) Ferrari/Leible, Rome I regulation: the law applicable to contractual obligations in europe, Sellier, 2009, pp. 138－139.
12) 2017 SCC 33.
13) Case C－498/16 [2018].
14) Collins, para. 33－129; Magnus, p. 313; Dickinson, para. 6.17.
15) Dickinson, para. 6.15.
16) Ibid, para. 6.23.

설물을 포함한다. 이하 같다)을 소비생활을 위하여 사용(이용을 포함한다. 이하 같다)하는 자 또는 생산활동을 위하여 사용하는 자로서 대통령령이 정하는 자를 말한다."고 규정하여 일부 생산활동을 위한 목적이 있는 경우에도 소비자계약에 포함시키고 있는데 이러한 점에서 국제사법에서 규정하는 소비자계약과 소비자기본법에서 규정하는 소비자계약은 그 의미를 달리한다.[17]

2. 직업 또는 영업활동을 위한 목적과 소비 목적이 모두 있는 경우

직업 또는 영업활동을 위한 목적과 소비 목적은 각 개념적으로 구분되지만 주거를 위한 주택을 상업적 목적으로도 함께 사용하는 경우와 같이 양자가 명확히 구분되지 아니하는 경우가 적지 않게 존재한다. 브뤼셀협약 제13조[18]도 로마협약과 동일하게 소비자계약을 정의하고 있었는데, 그 해석과 관련한 유럽사법재판소의 Gruber v Bay Wa AG 결정[19]에서는 소비목적과 영업 또는 직업의 목적이 결합된 경우에 영업 또는 직업의 목적이 무시할 정도(negligible)가 아니라면 위 규정이 적용될 수 있는 소비자계약에 해당하지 아니하며 사적 요소가 지배적(predominant)인지는 관련이 없다고 보았다.

위 판결의 사안에서 독일인 원고는 자신과 가족이 거주하는 집의 60%가 넘는 부분을 주거목적으로 사용하고 나머지는 돼지사육을 위한 목적으로 사용하였다. 이 독일인은 위 집의 지붕타일을 교체하고자 오스트리아 회사로부터 타일을 구매하였는데 이러한 구매계약이 소비자계약에 해당하는지 문제가 되었다. 위 판결에서는 위 가옥 중 주거목적을 위한 사용부분이 지배적임에도 불구하고 영업목적을 위한 사용부분이 무시할 정도에 이르지 않는다는 이유로 브뤼셀협약 제13조를 적용할 수 없다고 보았다. 이러한 결론은 로마협약에 관한 Giuliano－Lagarde 보고서[20]에서 소비의 목적과 영업 또는 직업의 목적이 결합된 계약이 "주로 영업 또는 직업 외의 목적으로 구매한 경우"(primarily outside his trade or profession)에는 소비자계약에 해당한다고 본 입상과 차이가 있다.

소비자계약을 보호하는 목적을 고려했을 때 소비 목적과 영업 또는 직업의 목적의 비율을 고려하여 소비자계약인지 여부를 결정하는 것은 합당해 보이지 아니하므로 앞의 유럽사법재판소의 결정과 같이 영업 또는 직업의 목적이 무시할 정도로 사소하지 않다면 소비자계약으로서 보호할 필요가 없다고 본다.

---

17) 순수한 소비를 위한 소비자를 '이론적(또는 본질적) 의미의 소비자'라고 하고 생산활동을 위하여 사용하는데도 불구하고 소비자에 포함되는 소비자를 '정책적 의미의 소비자'라고 한다(석광현, "국제사법상 소비자계약의 범위에 관한 판례의 소개와 검토－제27조의 목적론적 축소와 관련하여", 국제사법 22권 1호(2016.6), 43－44쪽).

18) "영업 또는 직업 외의 목적을 위하여 어느 당사자(이하 "소비자"라고 한다)가 체결한 계약에 관한 소송에서"(In proceedings concerning a contract concluded by a person for a purpose which can be regarded as being outside his trade or profession, hereinafter called "the consumer").

19) Case C－464/01 [2005] ECR I－440.

20) Giuliano－Lagarde 보고서, p. 23.

3. 체결된 소비자 계약

국제사법 제27조의 소비자 보호는 소비자계약이 체결된 경우에만 적용된다. 따라서 본조는 단순히 소비자계약과 관련된 사항이나 계약이 체결되기 위한 협상의 단계에서 발생한 체약상의 과실(culpa in contrahendo)에는 적용되지 않는다. 소비자계약이 체결되는 과정에 발생하는 사업자의 소비자에 대한 보호의무 등은 불법행위의 영역에 속하기 때문이다.[21] 그리고 문언상으로도 국제사법 제27에서는 '소비자계약'의 준거법의 결정의 원칙을 정하고 있으므로 그 전 단계는 적용범위에서 배제된다. 브뤼셀규칙 recast 제17조(1)에서는 "체결된 계약"(a contract concluded)이라고 하여 이를 명시하고 있다.

4. 무상의 소비자계약

소비자가 사업자에게 대가를 지급하지 아니하는 무상계약도 국제사법에 의하여 보호되는 소비자계약에 포함되는지 문제된다. 서울중앙지법 2015.10.16. 선고 2014가합38116 판결에서는 "국제사법 제27조가 보호하는 소비자계약이 반드시 소비자의 상대방이 유상으로 물품 또는 용역을 제공하는 경우로 한정된다고 볼 아무런 근거가 없으므로, 비록 소비자의 상대방인 피고 구글 Inc.가 구글 서비스와 같은 용역을 무상으로 제공한다고 하더라도 이를 국제사법 제27조가 보호하는 소비자계약의 범위에서 제외된다고 볼 수는 없다."고 하여 무상계약도 국제사법에 의하여 보호되는 소비자계약이라고 보았다. 이에 대하여는 진정한 무상계약이라면 소비자는 그에 따른 부담도 없고, 나아가 소비자의 계약 해제 또는 해지를 제한하지 않는다면 계약의 구속으로부터 벗어날 수 있으므로 소비자 보호는 원칙적으로 문제되지 않는다는 비판이 있다.[22] 반면에 브뤼셀협약의 경우에는 소비자계약이 유상계약일 것을 요구하였지만 브뤼셀협약이 개정된 브뤼셀규칙에서는 더 이상 유상계약일 것을 요구하지 않았고 이에 따라서 유럽사법재판소는 Renate Ilsinger v Martin Dreschers 결정[23]에서 소비자가 상대방에 대하여 의무를 부담하지 아니하는 무상계약이라고 하더라도 소비자 보호에 관한 규정이 적용된다고 보았다. 앞서 언급한 facebook에 관한 판결들에서는 facebook을 이용하는 계약을 당연히 소비자계약으로 보고 있다.

그런데 무상의 소비자계약을 보호할 것인지의 문제는 실질법의 영역에서 결정할 사항이지 국제사법에서 결정할 사항은 아니라고 본다. 실질법에서 무상의 소비자계약을 보호하고 있는데도 국제사법에서 무상의 소비자계약을 보호하지 아니하는 것은 적절하지 아니하며, 국제사법 제27조가 무상의 소비자계약에 대하여 적용되더라도 실질법에서 무상의 소비자계약을 보호하지 않는다면 그 계약은 보호되지 아니할 것이다. 이러함에도 불구하고 국제사법 제27조

---

21) 계약의 체결단계에서 상대방에 대한 보호의무를 부담하는 자가 이를 위반하여 상대방에게 손해를 가한 경우에는 불법행위를 구성한다(대법원 2013.9.26. 선고 2013다26746 전원합의체 판결).

22) 석광현, "국제사법상 소비자계약의 범위에 관한 판례의 소개와 검토－제27조의 목적론적 축소와 관련하여", 국제사법 22권 1호(2016.6), 47－48쪽.

23) Case C－180/06 [2009] ECR I－3961.

를 해석하여 보면 여기서는 소비자계약이 유상계약일 것을 요구하지 아니할 뿐만 아니라 인터넷사업자에 의한 개인정보의 침해로 인하여 발생한 손해의 경우에는 단순히 계약의 해지, 해제만으로 소비자의 손해가 완전히 회복되는 것이 아니어서 이용자가 소를 제기할 필요도 있다는 점을 고려하면 무상의 소비자계약이라고 하더라도 국제사법 제27조의 소비자 보호규정이 적용된다고 본다.

5. 소비자는 자연인

보호되는 소비자계약에 해당하기 위해서는 소비자가 자연인이어야 한다.[24] 법인의 경우에는 사회적 약자로서 보호할 필요가 없기 때문이다. 국제사법은 이러한 점에 관하여 규정을 두고 있지 않고 브뤼셀규칙 recast에서도 사람(a person)이라고만 규정하고 있지만 로마규칙 Ⅰ에서는 소비자가 자연인(a natural person)이란 점을 명시하고 있다. 로마협약에서는 사람(a person)이라고만 규정되어 있었는데 유럽연합의 법 중에는 소비자를 자연인에 한정하지 아니하는 경우에가 있어서 소비자가 자연인에 한정된다는 점을 명확히 하기 위하여 로마규칙 Ⅰ에서는 자연인이라고 규정한 것이다.[25] 우리의 경우에도 자연인을 명시하는 방향으로 개정하는 것을 고려할 필요가 있다.

6. 상대방이 소비자를 사업자로 오해한 경우

사업자가 소비자의 소비목적을 인지해야 국제사법 제27조가 적용된다.[26] 모든 객관적 사정을 고려하였을 때 사업자가 과실 없이 상대방이 영업목적을 갖고 있는 것으로 신뢰하였다면 이러한 사업자로서는 소비자 보호에 관한 규정이 적용되리라고 전혀 생각하지 못했을 것이므로 이러한 사업자의 선의를 보호할 필요가 있다.[27] 따라서 사업자의 상대방이 소비자임에도 불구하고 외관상 영업 또는 직업을 위하여 계약을 체결한 것으로 보이고 구매한 물품 또는 서비스도 사업용으로 사용될 수 있는 것이라면 국제사법 제27조의 적용이 배제된다.[28] 앞서 언급한 유럽사법재판소의 Gruber v Bay Wa AG 결정에서도 소비자가 사업자에게 영업목적을 갖고 있다는 인상을 주어 사업자가 상대방이 소비자란 사실을 합리적으로 알 수 없었다면 소비자 보호에 관한 규정이 적용되지 아니한다고 보았다.

---

24) 석광현, "국제사법상 소비자계약의 범위에 관한 판례의 소개와 검토–제27조의 목적론적 축소와 관련하여", 국제사법 22권 1호(2016.6), 45–46쪽.

25) Dickinson, para. 12.93.

26) 이러한 인지요건은 국제물품매매협약(United Nations Convention on Contracts for the International Sale of Goods) 제2조(a)에 뿌리를 두고 있다(Calliess, p. 138). 여기서는 소비목적의 물품매매에 대하여 협약이 적용되지 않는다고 규정하는 한편 매도인이 계약이 체결될 때 또는 그 전에 그러한 소비목적을 알지 못했거나 알 수 없었다면 협약이 적용되도록 규정하고 있다.

27) Giuliano–Lagarde 보고서, p. 23.

28) Collins, para. 33–129

7. 영업을 개시할 목적을 갖고 있는 경우

아직 영업을 개시하지는 않았지만 장래 영업을 개시할 목적으로 물품을 구매하거나 용역을 이용한 경우에는 구매 당시에 영리목적이 없으므로 이를 직업 또는 영업활동이라고 볼 수 없다. 그러나 이러한 구매나 용역의 이용을 소비자의 개인적 이용을 위한 최종적 소비라고 볼 수 없으므로 이러한 경우에는 국제사법 제27조에 의하여 보호되는 소비자계약의 범주에 포함되지 않는다고 보는 것이 타당하다.[29)]

8. 소비자의 채권이 사업자에게 양도된 경우

소비자계약에 따른 소비자의 상대방에 대한 채권이 제3자인 사업자에게 양도된 경우에도 여전히 국제사법상 소비자 보호에 관한 규정이 적용되는지 문제된다. 유럽사법재판소의 Shearson Lehmann Hutton Inc. v TVB Treuhandgesellschaft für Vermögensverwaltung und Beteiligungen mbH. 결정[30)]의 사안에서는 독일인이 선물거래(futures transactions)를 위하여 중개인에게 거래지시를 하였지만 투자금액의 거의 전부를 잃었다. 이 독일인은 이 중개인에 대한 손해배상청구권을 독일회사에 양도하였고 이 독일회사가 원고가 되어서 중개인을 상대로 소를 제기하였다. 위 판결에서는 소비자가 직접 소송당사자가 된 경우에만 브뤼셀협약의 소비자 보호에 관한 규정이 적용된다고 보았다.

그러나 계약에 적용되는 준거법은 계약체결 당시에 결정되고 이러한 준거법에 따라서 당사자의 권리와 의무가 확정되므로 채권양도가 있다고 하더라도 당해 채권에 관하여는 여전히 국제사법의 소비자 보호에 관한 규정이 적용된다고 보는 것이 타당하다.[31)] 이러한 결론은 국제재판관할에도 동일하다고 볼 것이다. 그리고 이에 따르더라도 소비자의 상대방에게 더 불이익한 결과가 발생하는 것은 아니며 오히려 소비자 보호규정의 적용을 배제할 경우 채권내용에 변동이 발생하여 채권의 양수인에게 예측하지 못한 손해가 발생하고 상대방은 부당하게 이득을 얻는 결과를 가져올 수 있다.

Ⅲ. '수동적 소비자'가 되기 위한 요건

1. '수동적 소비자'의 의미

모든 소비자계약에 대하여 국제사법 제27조가 적용되는 것이 아니라 제27조 제1항에 규정된 바와 같이 소비자의 상거소와 소비자계약 사이에 일정한 관련이 있는 경우에만 제27조가 적용된다.

"1. 소비자의 상대방이 계약체결에 앞서 그 국가에서 광고에 의한 거래의 권유 등 직업

29) Calliess, p. 138; McParland, para. 6.17.
30) Case C-89/91 [1993] ECR I-139.
31) Calliess, p. 139.

또는 영업활동을 행하거나 그 국가 외의 지역에서 그 국가로 광고에 의한 거래의 권유 등 직업 또는 영업활동을 행하고, 소비자가 그 국가에서 계약체결에 필요한 행위를 한 경우

2. 소비자의 상대방이 그 국가에서 소비자의 주문을 받은 경우
3. 소비자의 상대방이 소비자로 하여금 외국에 가서 주문을 하도록 유도한 경우"

위 세 가지의 경우는 외국의 사업자에 의하여 자신의 상거소에서 거래관계에 끌어들여진 소비자인 소위 '수동적 소비자'(passive consumer)를 규정한 것이다. 이러한 수동적 소비자에 의한 소비자계약은 소비자의 상거소와 일정한 관련을 맺고서 계약이 체결되기 때문에 소비자의 상거소를 국제재판관할로 하는 정당성이 인정된다. 반면에 외국의 사업자에 의하여 거래관계에 끌어들여지지 아니하고 스스로 외국에 여행하거나 거주하면서 물품이나 용역을 구매한 경우인 소위 '능동적 소비자'(active consumer)의 경우에는 소비자의 상거소와 직접적 관련이 없으므로 소비자의 상거소를 국제재판관할로 하는 방법에 의하여 소비자를 보호할 필요가 없어다. 그러나 아래에서 보는 바와 같이 로마규칙 I 에서는 이러한 원칙을 수정하여 일부 능동적 소비자도 보호될 수 있도록 규정하고 있다. 아래에서는 수동적 소비자가 되기 위한 요건과 현행 규정의 문제점에 대하여 논의한다.

2. 제27조 제1항 제1호의 요건

국제사법 제27조 제1항 제1호의 요건을 분설을 하면 ① 소비자의 상대방이 계약체결에 앞서 그 국가에서 광고에 의한 거래의 권유 등 직업 또는 영업활동을 행하거나 ② 그 국가 외의 지역에서 그 국가로 광고에 의한 거래의 권유 등 직업 또는 영업활동을 행하고, ③ 소비자가 그 국가에서 계약체결에 필요한 행위를 해야 한다.

가. 소비자의 상거소에서의 직업 또는 영업활동

소비자의 상거소에서 직업 또는 영업활동을 하는 행위는 세 가지로 나누어 볼 수 있다.

첫째 사업자가 지점 등 소비자의 상거소에 영구적 사업장을 두거나 대리점을 두는 경우. 국제사법에서는 사업자가 대리인을 통하여 직업 또는 영업활동을 하는 경우를 명시적으로 규정하고 있지 않지만 대리인을 통한 직업 또는 영업활동에 대하여도 소비자 보호의 필요가 있다는 점은 명백하고 소비자로서는 대리인과 소비자계약을 체결하는 경우에도 상거소의 소비자 보호법이 적용될 것을 일반적으로 예상하므로 이러한 경우도 국제사법에 의하여 보호된다.[32)]

둘째 영구적 사업장을 두지 않더라도 박람회, 전시회 등에 참가하여 사업자의 제품에 관하여 홍보, 광고를 한 경우. 이와 같은 임시적인 활동이라고 하더라도 사업자의 직업 또는 영

32) Collins, para. 33-132

업활동에 해당하고 소비자 보호의 필요성이 인정되며 소비자는 상거소의 소비자 보호법이 적용될 것을 일반적으로 예상하므로 국제사법 제27조가 적용된다.

셋째 소비자의 상거소에 영구적이거나 임시적 사업장을 두고 있지 않지만 소비자의 상거소에서 라디오, 텔레비전, 영화 등을 포함한 모든 매체와 방법을 통하여 홍보 및 광고행위를 한 경우. 사업자가 소비자의 상거소에 사업장을 두지 않더라도 홍보와 광고행위를 하였다면 직업 또는 영업활동을 하였다고 볼 수 있다. 이러한 홍보와 광고행위의 방법에는 제한이 있을 수 없으므로 사업자의 직원 또는 대리인이 직접 소비자를 방문하여 구매를 권유하는 개별적 영업활동도 포함된다.[33]

나. 외국에서 소비자의 상거소를 향한 직업 또는 영업활동

(1) 사업자의 '지향된 행위'

'외국에서 소비자의 상거소를 향한 직업 또는 영업활동'이란 소위 '지향된 행위'(directed activity)로서 사업자가 특히 인터넷 웹사이트를 통하여 소비자의 상거소에 대하여 광고 및 홍보를 하고 이러한 결과 체결된 소비자계약에 대하여 소비자 보호를 부여하는데 지향된 행위의 목적이 있다. 유럽연합에서는 브뤼셀규칙 제15조(1)(c)에서 먼저 지향된 행위를 규정하였고 유럽연합법의 조화를 위하여 로마규칙 I 제6조에서도 지향된 행위를 규정하였다.[34] 이 규정은 사업자가 단순히 온라인상에 존재한다는 이유만으로 소비자 보호규정이 적용되는 불이익을 받는 것을 방지함과 동시에 온라인을 통하여 소비자계약을 체결한 소비자도 보호하는데 그 목적이 있다.[35] 국제사법에서는 지향된 행위를 정의하고 있지 않지만 이 규정이 원거리계약(distance contract)을 체결하기 위한 새로운 형태의 마켓팅 기술을 포섭하는데 목적이 있으므로 이를 넓게 해석할 필요가 있다.[36] 따라서 웹사이트에 의한 홍보에 한정되지 않고 이메일이나 스마트폰의 애플리케이션을 통한 홍보뿐만 아니라 장래 새로운 미디어에 의한 홍보도 포함된다.[37] 또한 사업자가 직접 지향된 행위를 하지 않더라도 그의 대리인이나 중개업자가 지향행위를 하였다면 사업자가 지향된 행위를 한 것으로 봐야한다.[38] 유럽사법재판소도 병합사건인 Peter Pammer와 Hotel Alpenhof GesmbH 결정[39]에서 호텔의 웹사이트가 아니라 호텔소개중개인이 운영하는 웹사이트를 통하여 호텔을 예약한 경우에도 호텔사업자의 지향된

---

33) McParland, para. 12.142.

34) Paul Cachia, Consumer Contracts in European Private International Law: the Sphere of Operation of the Consumer Rules in the Brussels I and Rome Regulations, E.L. Rev. 2009, 34(3), p. 481.

35) Dickinson, para. 6.39.

36) Paul Cachia, Consumer Contracts in European Private International Law: the Sphere of Operation of the Consumer Rules in the Brussels I and Rome Regulations, E.L. Rev. 2009, 34(3), p. 483. 로마규칙 I 에서는 "어떠한 수단에 의하던"(by any means)이라고 규정하여 지향된 행위를 넓게 해석해야 한다는 점을 표시하고 있다.

37) Ibid, p. 485.

38) Anabela Susana de Sousa Gonçalves, The E-Commerce International Consumer Contract in the European Union, Masaryk University Journal of Law and Technology Vol. 9:1(2015), p. 12.

39) 이 결정은 Peter Pammer v Reederei Karl Schlüter GmbH & Co KG Case C-585/08과 Hotel Alpenhof GesmbH v Oliver Heller Case C-144/09이 병합된 사건에 관한 판결이다.

행위로 인정할 수 있다고 보았다.

(2) 웹사이트를 통한 지향된 행위의 예시

인터넷에는 국경이 존재하지 않기 때문에 일단 웹사이트를 개설하면 모든 국가에서 접속이 가능하다. 사업자가 웹사이트를 개설하여 이를 통해 홍보와 광고를 했다는 것만으로 모든 국가에 지향된 행위를 했다고 보는 것은 무리가 있다. 웹사이트에 게재된 모든 정보를 종합하여 판단하였을 때에 사업자가 소비자와 계약을 체결하기 전에 특정 국가의 소비자와 상업적 관계를 맺고 싶어 한다는 의사를 표시하였다고 볼 수 있는 경우에 비로소 지향된 행위를 인정할 수 있다. 어떤 행위가 지향된 행위로 인정될 수 있는가에 관하여 위의 Peter Pammer와 Hotel Alpenhof GesmbH 결정에서는 예시적으로 아래와 같은 정보가 웹사이트에 있는 것을 지향된 행위로 제시하고 있는데 우리의 경우에도 동일하게 적용될 수 있다고 본다. 다만 위와 같은 징표 중에 하나만 가지고 지향행위를 결정하기에는 무리가 있으며 다른 징표들과 종합하여 결정해야 한다.

가) 소비자의 상거소에서 사업자가 소재하고 있는 국가의 사업장으로 오는 여행일정의 표시[40)]

이와 같은 표시는 상거소에 있는 소비자로 하여금 사업자의 사업장으로 오게끔 유도하는 행위이므로 소비자의 상거소에 대한 홍보 및 광고행위로 볼 수 있다. 다만 국제사법 제27조 제1항 제1호에서는 소비자가 자신의 상거소에서 계약체결에 필요한 행위를 할 것을 요구하고 있는데 소비자가 외국에 있는 사업자의 사업장으로 방문하여 계약을 체결한 경우에 이러한 요건을 충족하는지 문제될 수 있다. 이에 관하여는 뒤에서 논의하도록 한다.

나) 사업자가 소재하고 있는 국가에서 사용되는 언어와 통화가 아닌 소비자의 상거소에서 사용되고 있는 언어와 통화를 사용하고 이러한 언어와 통화에 의하여 예약할 수 있다는 표시[41)]

앞서 언급한 유럽연합의 이사회와 위원회의 공동선언에서는 언어 또는 통화는 지향된 행위가 있었는지를 판단하는데 있어서 관련요소가 되지 않는다고 보았고 로마규칙 I 서문 (24)에서는 이러한 선언이 로마규칙 I 에도 적용된다고 규정하고 있다. 그런데 위 결정에서는 위와 같은 선언은 사업자가 소재한 국가의 언어 또는 통화와 사업자의 웹사이트에서 사용하고 있는 언어 또는 통화가 일치한 경우만을 의미한다고 보면서 사업자가 소재한 국가의 언어 또는 통화와 사업자의 웹사이트에서 사용하고 있는 언어 또는 통화가 다른 경우에는 지향된 행위의 판단요소가 될 수 있다고 보았다. 사업자의 웹사이트에서 여러 언어 또는 통화를 선택할 수 있도록 한 경우가 대표적인 지향된 행위로 볼 수 있을 것이다.

다) 국제전화국가번호와 함께 전화번호의 표시[42)]

예를 들어 영국의 사업자가 자신의 웹사이트에 영국의 국제전화국가번호인 +44와 같은 표시를 했다면 외국의 고객으로부터 주문을 받을 의향이 있다는 표시이므로 지향된 행위를

---

40) "mention of itineraries from other Member States for going to the place where the trader is established."

41) "use of a language or a currency other than the language or currency generally used in the Member State in which the trader is established with the possibility of making and confirming the reservation in that other language."

42) "mention of telephone numbers with an international code."

판단하기 위한 요소가 될 수 있다. 그러나 이러한 표시만으로 전 세계 모든 국가에 지향된 행위를 했다고 보기에는 무리가 있고 다른 요소와 결합하여 판단해야 할 것이다.

라) 사업자가 소재한 국가 이외의 국가에 소재하는 소비자가 사업자의 웹사이트에 접속하도록 유도하기 위해서 인터넷검색업체에게 비용을 지출한 사실[43)]

사업자가 소재한 국가가 아닌 국가에서 인터넷검색결과의 순위를 높이기 위해서 비용을 지출하거나 검색결과에 동반하여 광고가 나타나도록 하는 등의 방법을 사용하는 것은 그 외국에서의 영업의사를 보여주는 행위로 볼 수 있다.

마) 사업자가 소재하는 국가 이외의 국가의 최상위도메인이름(top-level domain name)을 사용한 사실[44)]

최상위 도메인이름은 .com, .net과 같은 일반최상위도메인이름(generic top-level domain, gTLD)과 .kr, .uk와 같은 국가코드최상위도메인이름(Country Code Top-Level Domain, ccTLD)으로 나뉜다. 사업자가 자신이 소재한 국가에서만 홍보를 원한다면 통상 그 국가의 국가코드최상위도메인이름을 사용할 것이다. 따라서 사업자가 자신이 소재한 국가의 국가코드최상위도메인이름을 사용하지 아니하고 일반최상위도메인이름을 사용하거나 또는 자신이 소재한 국가 이외의 국가의 국가코드최상위도메인이름을 사용하였다면 이러한 웹사이트는 사업자가 소재한 국가 이외의 국가에 대한 홍보 또는 광고를 의도한 행위의 징표로 볼 수 있다. 다만 사업자가 자신의 소재한 국가 이외의 국가의 국가코드최상위도메인이름을 사용한 경우에는 특별한 사정이 없는 한 이러한 사실 자체만으로 그 도메인이름의 소속국에 대한 홍보 또는 광고행위를 인정할 수 있겠지만 일반최상위도메인이름의 경우에는 외국에 대한 지향된 행위를 의도하지 아니한 경우에도 종종 사용되므로 다른 요소들과 결합해서 지향된 행위의 존재여부를 판단해야 한다고 본다.

바) 여러 국가에 소재한 고객들로 구성된 고객의 표시[45)]

고객의 국제성을 표시했다는 것은 사업자가 자신이 소재한 국가 이외의 국가에서도 영업을 할 의사가 있다는 표시이므로 지향된 행위를 판단하기 위한 요소가 될 수 있다. 이 요소는 상대적으로 약한 요소이므로 다른 요소와 결합하여 판단할 필요가 있다.

(3) 계약체결방법의 무제한

지향된 행위에 의한 소비자계약은 반드시 원거리방식으로 체결되거나[46)] 전자적 방법으로 체결될 필요는 없다. 지향된 행위에 의하여 체결된 소비자계약을 보호하는 취지상 지향된 행위인지 여부는 홍보 및 광고의 지향점만으로 판단되어야 하므로 계약체결의 수단이나 방법에 의하여 결정될 수 없다. 게다가 소비자가 웹사이트를 통하여 사업자를 직접 접촉할 수 있고 계약도 체결할 수 있는 양방향성 웹사이트(interactive website)와 그렇지 아니한 수동적 웹

43) "outlay of expenditure on an internet referencing service in order to facilitate access to the trader's site or that of its intermediary by consumers domiciled in other Member States."

44) "use of a top-level domain name other than that of the Member State in which the trader is established."

45) "mention of an international clientele composed of customers domiciled in various Member States."

46) 유럽사법재판소의 Daniela Mühlleitner v Ahmad Yusufi and Wadat Yusufi 결정(Case C-190/11)에서도 동일하게 보고 있다.

사이트(passive website)를 구별하기도 쉽지 않다. 따라서 웹사이트가 일방적으로 정보를 제공의 형태이고 제품의 주문은 이메일이나 팩스를 통하여만 가능한 경우도 소비자계약으로서 보호될 필요가 있다.47)

앞서 언급한 유럽사법재판소의 Peter Pammer와 Hotel Alpenhof GesmbH 결정에서는 양방향성 웹사이트를 통한 소비자계약만이 지향된 행위로 보호되어야 한다는 주장에 대하여 웹사이트를 통하여 홍보와 광고를 하였다면 다른 수단에 의하여 계약이 체결된 경우에도 소비자계약으로서 보호된다는 입장을 취하였다. 유럽연합의 이사회(Council)과 위원회(Commission)가 브뤼셀규칙48) 제15조와 제73조에 관하여 한 공동선언49)에서도 인터넷 웹사이트가 원거리계약을 유도하고 그로 인하여 실제로 계약이 체결되었다면 소비자 보호에 관한 제15조가 적용되며 그 계약체결의 수단에는 제한이 없다고 공표하였다.50)

(4) 부인문구의 표시

사업자가 웹사이트에서 자신이 소재한 국가 이외의 국가에 대한 영업의사가 없다거나 특정 국가에 대한 영업의사가 없다는 등의 부인문구(disclaimer)를 표시한 경우에 지향된 행위의 존재를 부인할 수 있는지 문제된다. 이에 대하여 이러한 부인문구의 표시만으로는 부족하고 자신이 영업하지 않고자 하는 국가로부터 자신의 웹사이트로의 접근을 차단하는 등의 기술적 조치가 필요하다는 견해가 있다.51) 그러나 사업자에게 기술적 조치까지 요구하는 것은 과도한 요구라고 본다. 그렇다고 위와 같은 부인문구의 존재만으로 지향된 행위의 존재를 부정해야 하는 것도 아니다. 부인문구와 함께 사업자의 영업행위를 종합하여 판단할 문제인데 부인문구에도 불구하고 사업자가 외국에 있는 소비자임을 인식하고도 물품이나 용역을 제공하였다면 지향된 행위의 존재를 인정할 수 있다. 즉 부인문구와 사업자의 영업행위가 일치해야만 지향된 행위의 존재가 부정될 수 있는데 독일연방사법재판소의 판례도 이와 같은 입장이다.52)

---

47) McParland, para. 12.150. 참고로 소비자계약에 관한 판결은 아니지만 미국 연방대법원의 Zippo Manufacturing Co. V. Zippo Dot Com, Inc. 판결은 인터넷을 통한 영업행위와 미국의 대인관할의 기본원칙인 최소접촉(minimum contact)을 접목시킨 판결로서 이 판결에서는 sliding scale을 제시하였다. 이에 따르면 인터넷을 통하여 파일을 계속적으로 전송하는 외국에서 계약을 체결하는 등 명백히 인터넷을 통하여 영업행위를 한다면 대인관할이 인정된다. 반대로 단순히 정보만 웹사이트에 올려서 관심이 있는 외국의 사용자가 접속하여 정보를 얻도록 하는 수동적 웹사이트는 대인관할이 인정되지 아니한다. 마지막으로 사용자가 호스트 컴퓨터와 정보를 주고받을 수 있는 양방향성 웹사이트의 경우에는 양방향성의 정도와 상업적 성격의 정도를 고려하여 대인관할이 결정된다.

48) 브뤼셀규칙 제15조에서는 소비자 보호규정이 적용되기 위한 소비자계약이 되기 위한 요건으로 "그 계약이 소비자의 주소가 있는 회원국에서 상업적 또는 직업적 활동을 추구하는 자에 의하여 체결되거나 또는 어떠한 수단에 의하던지 그러한 행위를 회원국 또는 회원국을 포함하여 여러 국가에 지향하고 그 계약이 그러한 행위의 범위에 포함되는 경우"(the contract has been concluded with a person who pursues commercial or professional activities in the Member State of the consumer's domicile or, by any means, directs such activities to that Member State or to several States including that Member State, and the contract falls within the scope of such activities)를 규정하고 있는데 로마규칙 I 에서는 상거소로 규정하고 있는 바가 브뤼셀규칙에서는 주소로 규정하고 있는 점만 제외하면 나머지 규정은 동일하다. 브뤼셀규칙은 브뤼셀규칙 recast로 변경되었는데 브뤼셀규칙 recast 제17조에서는 브뤼셀규칙 제15조와 동일한 규정을 두고 있다.

49) Joint Declaration of the Council land the Commission on Articles 15 and 73 made at the Meeting of the Council (JHA) of 14 December 2000. 로마규칙 I 서문(24)에서는 이 공동선언이 로마규칙 I 에도 적용된다는 점을 확인하고 있다.

50) "this Internet site solicits the conclusion of distance contracts and that a contract has actually been concluded at a distance, by whatever means."

51) 석광현, 국제사법 해설, 박영사, 2013, 330쪽.

(5) 지향된 행위와 계약체결 사이에 인과관계가 요구되는지 여부

사업자의 지향된 행위의 결과 소비자계약이 체결되었어야 하는지 문제된다. 대법원 2015.7.23. 선고 2014다230580 판결의 사안에서 원고인 대만인은 한국회사인 피고가 운영하는 호텔에 숙박하였는데, 피고는 홈페이지를 운영하여 광고를 하면서 'Chinese'를 선택하면 중국어 간체를 사용하여 호텔안내 화면으로 전환되고 대만에서도 홈페이지에 접속할 수 있도록 하였다. 그러나 원고는 위 홈페이지를 통하여 호텔예약을 한 것이 아니라 여행사를 통하여 호텔을 예약했기 때문에 위 판결에서는 국제사법 제27조가 적용되지 않는다고 보았다.[53] 마찬가지로 독일연방사법재판소는 독일어가 가능한 그리스 변호사가 웹사이트를 통하여 독일어가 가능한 변호사라고 광고를 하였지만 독일인이 이러한 광고를 알지 못하고 우연히 그 변호사를 선임하였다면 광고행위와 소비자계약 사이에는 아무런 관련이 없으므로 보호되는 소비자계약이라고 볼 수 없다고 판시하였다.[54]

그러나 유럽사법재판소는 Lokman Emrek v Vlado Sabranovic 결정[55]에서 브뤼셀규칙 제15조(1)(c)에서 지향된 행위와 소비자계약의 체결이라는 두 가지 요건만을 요구하고 있고 지향된 행위와 소비자계약의 체결 사이에 인과관계를 요구하고 있지 아니한데도 이러한 요건을 요구한다면 소비자를 불리한 지위에 놓아서 소비자 보호에 문제가 있고, 특히 사업자의 웹사이트를 통하여 계약을 체결하지 아니한 소비자의 경우에는 인과관계에 대한 증명책임을 부담하게 되어 소송을 포기할 수 있기 때문에 소비자 보호를 약화시킨다는 이유로 지향된 행위와 소비자계약의 체결 사이의 인과관계는 소비자 보호의 요건이 아니라고 보았다. 즉 사업자의 영업 또는 광고된 범위에서 소비자계약이 체결되면 충분하고 광고로 인하여 계약이 이루어질 것이 요구되지 않기 때문에 위 결정에서 인과관계를 요구하지 않는 것으로 해석하였다.

우리 국제사법 제27조 제1항 제1호도 지향된 행위와 소비자가 그 국가에서 계약체결에 필요한 행위를 한 경우만을 요구하고 있고 양자 사이에 인과관계를 요구하지 않고 있다. 소비자 보호의 취지를 고려할 때 문언에 없는 요건을 추가하여 요구하는 것이 적절하지 아니하다고 본다. 그리고 웹사이트에서 계약을 체결한 경우가 아닌 이상 소비자가 지향된 행위와 소비자계약의 체결 사이의 인과관계를 증명하는 것은 매우 힘든 일이므로 소비자에게 이에 대한 증명책임을 부담시키는 것은 소비자 보호의 취지에 비추어 적절하다고 볼 수 없다. 그러나 지향된 행위와 완전히 관련이 없는 소비자계약까지 보호할 필요는 없으므로 입법적으로는 소비자가 지향된 행위에 의하여 영향을 받지 않고 소비자계약을 체결했다는 점에 대하여 사업자에게 증명책임을 부담시키는 방향으로 국제사법을 개정할 필요가 있다.

---

52) McParland, para. 12.164.

53) 석광현, "국제사법상 소비자계약의 범위에 관한 판례의 소개와 검토-제27조의 목적론적 축소와 관련하여", 국제사법 22권 1호(2016.6), 57-58쪽.

54) McParland, para. 12.176.

55) Case C-218/12 [2013].

다. 소비자가 자신의 상거소에서 계약체결에 필요한 행위를 할 것

국제사법 제27조 제1항 제1호에서는 소비자가 자신이 소재한 상거소에서 계약체결에 필요한 행위를 하도록 요구하고 있다. 이 규정은 로마협약 제5조(2)의 영향을 받은 것이다. 이 규정의 이유는 국제계약에서는 통상 직접 대면하여 계약을 체결하기보다는 통신수단을 통하여 계약을 체결하기 때문에 계약체결지를 결정하는 어려움을 줄이기 위한데 있다.[56] 여기서 계약체결에 필요한 행위란 사업장의 광고 등에 의하여 소비자가 계약체결을 위하여 취한 행위를 의미하고 계약체결을 요구하는 것은 아니므로 소비자의 상거소 이외의 국가에서 계약을 체결해도 무방하다.[57]

그런데 국제사법과 동일한 규정을 두고 있던 로마협약이 로마규칙 I 로 변경되면서 제6조(1)에서는 소비자 보호규정이 적용되는 소비자계약이 되기 위해서는 (a) 사업자가 소비자의 상거소가 있는 국가에서 상업적 또는 직업적 행위를 추구하거나 또는 (b) 어떤 수단에 의하든 상업적 또는 직업적 행위를 소비자의 상거소가 있는 국가로 지향하거나 그 국가를 포함한 여러 국가로 지향을 하고, 위와 같은 행위의 범주 내에서 계약을 체결할 것만을 요구한다.[58] 따라서 소비자가 자신의 상거소에서 계약체결에 필요한 행위를 할 것은 더 이상 보호되는 소비자계약이 되기 위한 요건이 아니다.[59] 예를 들어 사업자가 소비자의 상거소를 향하여 인터넷 광고를 하였고 이러한 광고의 영향을 받은 소비자가 사업자의 소재지로 스스로 여행을 하여 계약을 체결하더라도 여전히 보호된다.[60] 즉 일부 능동적 소비자도 보호하는 결과를 가져온다. 이와 같이 소비자가 자신의 상거소에서 계약체결에 필요한 행위를 할 것을 더 이상 요구하지 않는 이유는 소비자계약과 소비자의 상거소 사이의 연결을 만드는 것은 사업자이지 소비자가 아니므로 초점을 소비자에서 사업자로 변경하였기 때문이다.[61] 또한 인터넷을 통한 거래의 경우에는 소비자가 계약체결을 위한 행위를 한 장소를 찾기 어렵거나 불가능한 경우가 있고 그러한 행위가 소비자계약과 소비자의 상거소를 연결시키는 것과 관련이 없는 경우도 있기 때문이다.[62]

사견으로는 사업자가 소비자의 상거소에서 영업행위를 하거나 소비자의 상거소를 향하여 광고행위를 하고 이로 인하여 소비자계약이 체결된 사실만으로도 소비자의 보호를 정당화시킬 만큼 충분히 소비자의 상거소와 소비자계약 사이의 상관관계가 인정되므로 로마규칙 I 의 접근방법이 타당하다고 본다. 이러한 점에서 입법적으로는 "소비자가 그 국가에서 계약체

56) Giuliano-Lagarde 보고서, p. 24.

57) 석광현, 국제사법 해설, 박영사, 2013, 326쪽.

58) "(a) pursues his commercial or professional activities in the country where the consumer has his habitual residence, or (b) by any means, directs such activities to that country or to several countries including that country, and the contract falls within the scope of such activities."

59) McParland, para. 12.143.

60) Collins, para. 33-135.

61) McParland, para. 12.41.

62) Paul Cachia, Consumer Contracts in European Private International Law: the Sphere of Operation of the Consumer Rules in the Brussels I and Rome Regulations, E.L. Rev. 2009, 34(3), p. 482.

결에 필요한 행위를 한 경우"를 삭제하는 방향으로 국제사법을 개정할 필요가 있다. 현재로서는 국제사법 제27조 제1항 제1호의 "계약체결에 필요한 행위"를 넓게 해석하는 방법으로 소비자를 보호할 수 있을 것이다. 예를 들어 사업자의 광고행위에 영향을 받은 소비자가 계약체결을 위하여 해외로 여행을 한 행위나 상거소에서 애플리케이션을 다운받아서 외국에서 이를 사용하여 소비자계약을 체결하는 행위도 "계약체결에 필요한 행위"로 해석될 수 있을 것이다.

3. 제27조 제1항 제2호의 요건

국제사법 제27조 제1항 제1호에서는 "소비자의 상대방이 그 국가에서 소비자의 주문을 받은 경우"도 소비자 보호의 범위에 포함시키고 있다. 그런데 국제사법 제27조 제1항 제1호에서 사업자가 소비자의 상거소에서 광고에 의한 거래의 권유 등 직업 또는 영업활동을 한 경우를 규정하고 있고 소비자의 주문을 받는 행위는 직업 또는 영업활동을 볼 수밖에 없다는 점에서 이를 별도로 규정한 이유에 대하여 의문이 발생한다. 위 규정은 로마협약 제5조 제2항의 규정을 그대로 가져온 것인데 로마협약에서는 사업자와 소비자의 상거소와의 관련성을 '소비자의 상거소에서의 사업자의 직업 또는 영업활동'과 같이 폭넓게 규정하지 아니하고 "소비자의 상거소에서 소비자에 대한 특정한 청약 또는 광고에 의하여 계약이 진행되었을 것"[63)]이라고 좁게 규정하고 있었기 때문에 사업자가 소비자의 상거소에서 청약이나 광고를 하지 않았지만 박람회 등에서 주문을 받는 행위에 대하여 별도의 규정을 둘 필요가 있었다.[64)]

반면에 로마규칙 I 제6조(1)(a)에서는 사업자가 소비자의 상거소에서 상업적 또는 직업적 행위(commercial or professional activities)를 한 경우에 소비자 보호규정이 적용되도록 폭넓게 규정하고 있기 때문에 사업자가 소비자의 상거소에서 주문을 받는 행위에 대하여 별도로 보호할 필요가 없었고 이에 따라서 로마협약에서 로마규칙 I로 변경되는 과정에서 위 규정은 삭제되었다. 결론적으로 국제사법 제27조 제1항 제2호는 우리에게 불필요한 규정이고 오히려 오해를 일으킬 소지가 있으므로 삭제하는 것이 바람직하다.

4. 제27조 제1항 제3호의 요건

국제사법 제27조 제1항 제3호에서는 "소비자의 상대방이 소비자로 하여금 외국에 가서 주문을 하도록 유도한 경우"도 소비자 보호의 범위에 포함시키고 있다. 이 규정은 스위스 국제사법 제120조(1)(c)의 규정을 그대로 가져온 것이다. 반면에 로마협약에서는 물품매매의 경우에 사업자가 소비자를 유도하기 위한 목적으로 해외여행을 준비한 경우에만 소비자 보호의 대상으로 규정하고 있다.[65)] 이러한 해외여행을 독일에서는 Kaffeefahrten(커피여행)라고 하는

---

63) "if in that country the conclusion of the contract was preceded by a specific invitation addressed to him or by advertising."

64) Giuliano－Lagarde 보고서, p. 24.

65) "계약이 물품매매를 위한 것이고 소비자가 자신의 상거소에서 외국으로 여행하여 그곳에서 주문한 경우. 다만 소비자의 여행은 소비자가 구매하도록 유도할 목적으로 판매자에 의하여 준비되어야 한다."(if the contract is for the sale of goods and the consumer travelled from that country to another country and there gave his order, provided that the

데 유럽에서는 국경이 개방되어 있고 육로에 의하여 쉽게 외국에 갈 수 있는 반면에 물가는 나라마다 적지 않은 차이가 있기 때문에 위와 같은 현상이 벌어지고 있다.

스위스 국제사법이나 로마협약은 원칙적으로 소비자가 자신의 상거소에서 계약체결을 위하여 필요한 행위를 한 경우에 소비자 보호를 허용했기 때문에 사업자의 유도에 의하여 소비자가 외국에서 주문한 경우를 별도로 보호할 필요가 있었다. 그러나 로마규칙 I 에서는 더 이상 소비자가 그의 상거소에서 계약체결에 필요한 행위를 할 것을 요구하지 아니하고 사업자의 상업적 또는 직업적 행위 또는 지향행위의 범주 내에 계약이 체결될 것만을 요구하고 있기 때문에 해외여행이 사업자에 의하여 준비되었는지에 관계없이 사업자의 유도에 의하여 외국에 가서 주문하는 능동적 소비자도 소비자 보호의 범위에 포함된다.[66] 이에 따라서 로마협약에서 로마규칙 I 로 변경되는 과정에서 위 규정은 삭제되었다. 앞서 언급한 바와 같이 사업자의 유도에 의하여 소비자계약이 체결되었다면 계약체결을 위한 행위를 장소적으로 제한할 이유가 없으므로 제27조 제1항 제1호의 "소비자가 그 국가에서 계약체결에 필요한 행위를 한 경우"를 삭제한다면 제3호도 불필요한 규정이 되므로 이를 함께 삭제할 필요가 있다.

제 2 절 근로계약에서의 국제재판관할

> **국제사법 제28조** ③ 근로계약의 경우에 근로자는 자신이 일상적으로 노무를 제공하거나 또는 최후로 일상적 노무를 제공하였던 국가에서도 사용자에 대하여 소를 제기할 수 있으며, 자신이 일상적으로 어느 한 국가 안에서 노무를 제공하지 아니하거나 아니하였던 경우에는 사용자가 그를 고용한 영업소가 있거나 있었던 국가에서도 사용자에 대하여 소를 제기할 수 있다.
> ④ 근로계약의 경우에 사용자가 근로자에 대하여 제기하는 소는 근로자의 상거소가 있는 국가 또는 근로자가 일상적으로 노무를 제공하는 국가에서만 제기할 수 있다.
> ⑤ 근로계약의 당사자는 서면에 의하여 국제재판관할에 관한 합의를 할 수 있다. 다만 그 합의는 다음 각 호 중 어느 하나에 해당하는 경우에 한하여 그 효력이 있다.
> 1. 분쟁이 이미 발생한 경우
> 2. 근로자에게 이 조에 의한 관할법원에 추가하여 다른 법원에 제소하는 것을 허용하는 경우

Ⅰ. 근로자 보호의 내용

1. 근로자가 제기하는 소(제3항)

국제사법 제28조 제3항에 따르면 근로자가 어느 국가에서 일상적으로 노무를 제공하고 있다면 근로자는 사용자에 대하여 그곳 법원에서도 소를 제기할 수 있고, 최후로 일상적으로

consumer's journey was arranged by the seller for the purpose of inducing the consumer to buy.)
66) Dickinson, para. 6.44.

노무를 제공하였던 국가에서도 소를 제기할 수 있으며, 근로자가 일상적으로 어느 한 국가 안에서 노무를 제공하지 아니하거나 아니하였던 경우에는 사용자가 그를 고용한 영업소가 있거나 있었던 국가에서도 사용자에 대하여 소를 제기할 수 있다. 여기서 '최후로 일상적으로 노무를 제공하였던 국가'의 의미가 불명확한 점이 있다.

브뤼셀규칙 recast 제21조(1)(b)(i)에서는 "근로자가 일상적으로 그의 업무를 수행하는 장소나 그로부터 일상적으로 업무를 수행하는 장소의 법원 또는 근로자가 마지막으로 일상적으로 업무를 수행했던 장소의 법원"(in the courts for the place where or from where the employee habitually carries out his work or in the courts for the last place where he did so)을 근로자가 사용자에 대하여 소를 제기할 수 있는 국제재판관할로 지정하여 국제사법 제28조 제3항과 매우 유사한 규정을 두고 있는데 "근로자가 마지막으로 일상적으로 업무를 수행한 장소의 법원"은 브뤼셀협약이 2001년 브뤼셀규칙으로 변경되는 과정에서 추가되었다. 그런데 이 규정은 사용자가 유리한 국제재판관할을 얻기 위하여 근로자를 일방적으로 외국에 전근시키고 해고한 경우에도 근로자가 종전에 일상적으로 근무하던 국가에서도 소를 제기할 수 있도록 하는데 그 목적이 있는 것으로 해석되고 있다.67)

결론적으로 근로자가 현재 어느 국가에서 일상적으로 노무를 제공하는 있지 않다면 최후로 일상적으로 노무를 제공한 국가에서 사용자에 대하여 소를 제기할 수 있고 또는 사용자가 유리한 국제재판관할을 얻기 위하여 근로자를 전근시킨 경우에도 근로자는 종전에 일상적으로 근무한 국가에서도 사용자에 대하여 소를 제기할 수도 있다. 궁극적으로는 국제사법 제28조 제3항의 규정을 위 양자가 모두 포함될 수 있도록 개정할 필요가 있다.

한편 소비자 보호규정과 마찬가지로 국제사법 제28조의 근로계약에 관련한 규정은 우리나라 법원의 국제재판관할에 한정하지 아니하고 외국 법원의 국제재판관할을 포함하여 전면적인 국제재판관할의 규칙을 규정하고 있는데 '절차는 법정지법에 따른다.'는 원칙상 외국 법원이 우리 법에 구속되는 것이 아니므로 외국 법원의 직접관할과는 아무런 관련이 없다. 국제사법 제28조 제3항에 의한 국제재판관할은 국제사법 제2조에 의하여 인정되는 국제재판관할에 추가하여 인정되는 국제재판관할이므로 이와 같이 추가된 국가의 법원이 국제사법 제2조에 의하여 국제재판관할을 갖고 있지 않더라도 국제사법 제28조 제3항에 의하여 우리나라에서 승인 또는 집행될 수 있다는 점에서 간접관할에 관련하여 제한적 의미를 갖고 있다.

2. 근로자를 상대로 제기하는 소(제4항)

사용자가 근로자에 대하여 제기하는 소는 근로자의 상거소가 있는 국가 또는 근로자가 일상적으로 노무를 제공하는 국가에서만 제기할 수 있다. 근로자가 사용자를 상대로 소를 제기하는 경우와 달리 사용자가 근로자를 상대로 하는 경우는 전속관할로 되어 있다. 다만 소비자 보호규정과 마찬가지로 "분쟁이 이미 발생한 경우나 근로자에게 관할법원에 추가하여 다

67) Dickinson, para. 7.35.

른 법원에 제소하는 것을 허용하는 경우"에는 예외적으로 국제재판관할합의가 허용되므로 완전한 전속관할은 아니다. 위 규정의 해석상 근로자가 현재 일상적으로 노무를 제공하고 있지 않다면 사용자는 근로자의 상거소가 있는 국가에서만 소를 제기할 수 있다.[68)]

이 규정도 우리나라 법원의 국제재판관할에 한정하지 아지 아니하고 전면적인 국제재판관할의 규칙을 두고 있는데 소비자계약에서와 마찬가지로 우리 법이 외국 법원의 관할을 규정할 수 없으므로 이 규정은 우리 법원의 직접관할과 외국 법원의 간접관할을 규정한 것이다. 따라서 이 규정에 따라서 관할이 없는 외국 법원이 재판권을 행사하였다면 이러한 재판은 그 국가에서는 유효한 재판이지만 민사소송법 제217조 제1항에서 외국재판의 승인을 위하여 요구하고 있는 '우리 법상 관할이 있는 국가의 재판'이 아니므로 우리나라에서 승인 및 집행될 수 없다.

소비자계약과 마찬가지로 여기서도 근로자가 상거소를 갖고 있는 국가 또는 일상적으로 노무를 제공하는 국가 이외의 국가에서 사용자를 상대로 소를 제기한 경우에 사용자가 근로자를 상대로 반소를 제기할 수 있는가 문제되는데 소비자계약에서 언급한 동일한 이유로 허용된다고 본다. 브뤼셀규칙 recast 제22조(2)에서는 명시적으로 이를 허용하고 있다.

3. 일상적으로 노무를 제공하는 국가

가. 하나의 국가에서 일상적으로 노무를 제공하는 경우

근로자가 하나의 국가에서 일상적으로 노무를 제공하는 경우에는 그 국가의 법원이 근로계약에 관하여 국제재판관할을 갖는다. 여기서 국가란 전통적으로 주권행사가 가능한 영토, 영해, 영공을 의미한다.[69)] 따라서 선박에서 근무하는 선원이라고 하더라도 하나의 국가의 수역 내에서만 운항을 하는 선박에서 근무하고 있다면 그 국가의 법원이 근로계약에 관하여 국제재판관할을 갖는다. 그러나 국가의 영토를 확정하는 것이 반드시 쉬운 것만은 아니다.

유럽사법재판소의 Herbert Weber v Universal Ogden Services Ltd 결정[70)]의 사안에서는 독일인이 영국회사에 고용되어서 네덜란드 대륙붕에 설치된 채굴시설에서 근무하였는데 이곳이 네덜란드의 영해에 해당하지 않았기 때문에 일상적으로 노무를 제공하는 국가를 어디로 봐야 하는가의 문제가 발생하였다. 이에 대하여 유럽사법재판소는 「대륙붕에 관한 협약」(Convention of the Continental Shelf) 제2조에서 연안국가(coastal state)가 대륙붕을 탐사하고 그 자원을 채굴할 권리를 갖고 있다고 규정하고 있고 제5조에서 연안국가는 대륙붕의 탐사와 채굴을 위하여 시설을 설치, 유지, 운영할 수 있고 그러한 시설은 연안국가의 관할(jurisdiction)에 포함된다고 규정하고 있다는 이유로[71)] 위 근로자가 연안국가인 네덜란드에서 일상적으로 노

68) 브뤼셀규칙 recast 제22조(1)에서는 사용자는 근로자가 주소를 갖고 있는 회원국의 법원에서만 근로자를 상대로 소를 제기할 수 있다고 규정하고 있는데, 브뤼셀협약에서 허용하던 일상적으로 노무를 제공하고 있는 국가의 관할을 배제하여 근로자를 더욱 보호하는데 개정의 목적이 있다(Dickinson, para. 7.43).

69) McParland, para. 14.95.

70) Case C-37/00 [2002] ECR I-2032.

71) 그러나 이 협약 제5조 제4항에서는 채굴시설 등을 연안국가의 관할이라고 보더라도 이러한 시설이 섬(island)으로서 인

무를 제공하고 있다고 보았다.

나. 일시적으로 외국에서 노무를 제공하는 경우

근로자가 하나의 국가에서 일상적으로 노무를 제공하면 충분하므로 하나의 국가에서 주로 또는 필수적으로 노무를 제공하는 경우도 일상적으로 노무를 제공하는 경우에 해당한다.[72] 따라서 근로자가 주로 또는 필수적으로 노무를 제공하는 국가가 정해져 있지만 일시적으로 다른 국가에서 노무를 제공한 경우에는 일상적으로 노무를 제공하는 곳에 변동이 있다고 볼 수 없다.[73] 로마규칙 I 제8조(2)에는 이러한 점이 명시되어 있지만[74] 이러한 규정이 없는 우리의 경우에도 이와 같이 해석하는데 있어서 어려움이 없어 보인다. 한편 로마규칙 I 서문(36)[75]에서는 일시적으로 외국에서 노무를 제공하는 행위의 의미를 규정하고 있다. 이에 따르면 근로자가 제3국에서 업무를 수행한 후에 원래 자신이 일상적으로 노무를 제공하던 국가에 복귀하여 다시 업무를 수행할 것이 기대되는 경우가 일시적으로 외국에서 노무를 제공하는 경우에 해당한다.

다. 근로자가 여러 국가에서 상당기간 노무를 제공하는 경우

(1) 일상적으로 노무를 제공하는 국가에 대한 넓은 해석의 필요

근로자가 여러 국가에서 상당기간 동안 노무를 제공하는 경우에 일상적으로 노무를 제공하는 국가를 어디로 봐야 하는지 문제 된다. 이러한 경우를 국제사법 제28조 제2항 후단의 "근로자가 일상적으로 어느 한 국가 안에서 노무를 제공하지 아니하는 경우"에 해당하는 것으로 보자는 견해가 있을 수 있다. 그러나 위와 동일한 내용의 로마규칙 I 제8조(3)의 해석과 관련하여 유럽사법재판소는 이러한 접근을 허용하지 않는다. 국제사법 제28조 제3항에서 근로자가 일상적으로 노무를 제공하는 국가의 법원에 국제재판관할을 인정하는 이유는 그러한 법원이 근로자가 소를 제기하는데 있어서 편리하기 때문이다. 따라서 함부로 "자신이 일상적으로 어느 한 국가 안에서 노무를 제공하지 아니하거나 아니하였던 경우"에 해당하는 것으로 봐서 사용자가 근로자를 고용한 영업소가 있는 국가의 법원에 국제재판관할을 인정한다면 소

정된다든가 그곳이 연안국가의 영해가 되는 것은 아니라고 규정하고 있다.

72) Calliess, p. 184.

73) 석광현, 국제사법해설, 박영사, 2013, 359쪽.

74) "근로자가 임시로 다른 국가에 고용되었다고 하더라도 업무가 일상적으로 수행되는 국가가 변동된 것으로 봐서는 아니 된다."(The country where the work is habitually carried out shall not be deemed to have changed if he is temporarily employed in another country.)

75) "개별적 근로계약에 관하여, 근로자가 외국에서의 업무를 종료한 후에 원래의 국가에서 업무를 다시 개시할 것으로 예상된다면 외국에서 수행된 업무는 일시적인 것으로 본다. 원래의 사용자 또는 원래의 사용자와 동일한 그룹의 회사에 속한 사용자와 새로운 계약을 체결하였다고 하더라도 그 근로자가 다른 국가에서 일시적으로 업무를 수행했다고 봐야 하는 점에서는 변함이 없다."(As regards individual employment contracts, work carried out in another country should be regarded as temporary if the employee is expected to resume working in the country of origin after carrying out his tasks abroad. The conclusion of a new contract of employment with the original employer or an employer belonging to the same group of companies as the original employer should not preclude the employee from being regarded as carrying out his work in another country temporarily.)

비자에 대한 '적정한 보호'가 배제되는 결과를 가져오므로 바람직하지 않다. 이러한 이유로 유럽사법재판소는 근로자가 일상적으로 노무를 제공하는 국가를 넓게 해석하고 있다.[76]

(2) 브뤼셀규칙 recast 제21조(1)(a)(i)의 "그로부터 노무를 제공하는 국가"

로마협약을 적용한 유럽사법재판소의 Heiko Koelzsch v État du Grand-Duché de Luxembourg 결정에서는 노무의 제공과 밀접한 관련(significant connection)이 있는 국가의 법을 근로계약의 객관적 준거법으로 결정해야 한다고 보면서 근로자가 여러 국가에서 노무를 제공하는 경우에도 그러한 노무의 제공과 가장 밀접한 관련이 있는 국가를 찾아야 한다고 보았다. 위 결정에서 유럽사법재판소는 이러한 국가를 찾기 위해서는 일상적으로 노무를 제공하는 국가를 넓게 해석하여 이러한 국가를 '근로자가 실제로 그의 노무를 수행하고 있는 국가 또는 이러한 국가가 없다면 근로자가 그로부터 노무를 제공하고 있는 국가'(the country in which or from which the employee actually carries out his working activities)라고 판시하였다. 이러한 유럽사법재판소의 판시내용은 브뤼셀규칙 recast에 반영되어 '그로부터 근로자가 일상적으로 노무를 수행하는 국가'(from where the employee habitually carries out his work)를 포함시켰다.[77]

이를 '거점규칙'(base rule)이라고도 한다.[78] 거점규칙에 따르면 노무제공에 중심적 국가가 있다면 그곳을, 만일 그러한 국가가 없다면 노무의 대부분(majority)을 제공하는 국가가 일상적으로 노무를 제공한 국가가 된다.[79] 여기서 대부분의 의미에 대하여 위 결정은 명확히 하지 않았는데 양적으로 50%이상의 업무 또는 시간을 수행하는 곳이냐 질적으로 가장 중요한 업무를 수행하는 곳이냐의 문제에 대하여 통상 후자로 풀이되고 있다.[80]

구체적으로 유럽사법재판소의 Mulox IBC Ltd v Hendrick Geels 결정[81]의 사안에서는 영국회사가 프랑스에 거주하는 네덜란드인을 고용하였는데, 근로자는 프랑스에 사무소를 두고 독일, 벨기에, 네덜란드, 스칸디나비아 국가에 회사 제품을 팔기 위해서 출장을 다녔다. 이 사안에서 유럽사법재판소는 근로자가 여러 국가에서 노무를 제공하는 경우에는 일상적으로 노무를 제공하는 국가는 주로(principally) 업무를 수행하는 국가라고 보면서, 근로자가 거주하는 국가에 근로자가 노무를 제공하는 사무실이 있고 근로자가 그 사무소에서 근무를 하고 해외출장 후 돌아온다면 그곳이 일상적으로 노무를 제공하는 국가라고 보았다.

---

76) Heiko Koelzsch v État du Grand-Duché de Luxembourg Case C-29/10 [2011] ECR I-1595, para. 43.

77) 브뤼셀규칙 recast 21조(1)(b)(i)도 동일하게 규정하고 있다.

78) McParland, para. 14.101.

79) Case C-29/10 Heiko Koelzsch v État du Grand-Duché de Luxembourg [2011] ECR I-1595, para. 45: "업무가 일상적으로 수행되는 국가의 요소는 근로자가 실제로 그의 업무를 수행하는 곳 또는 그로부터 수행하는 곳을, 만일 행위의 중심지가 없다면, 근로자가 그의 업무의 대부분을 수행하는 곳을 언급하는 것으로 이해되어야 한다."(the factor of the country in which the work is habitually carried out must be understood as referring to the place in which or from which the employee actually carries out his working activities and, if there is no centre of activities, to the place where he carries out the majority of his activities)

80) McParland, para. 14.99.

81) Case C-125/92 [1993] ECR I-4099.

(3) 근로자에게 사무소가 없는 경우

근로자가 여러 국가에서 근무하면서도 근로의 중심이 되는 사무소가 없는 경우가 있는데, 대표적으로 선박의 선원, 항공기의 승무원, 여러 국가를 걸쳐서 화물운송을 하는 화물차운전사의 경우가 그렇다. 앞서 언급한 유럽사법재판소의 Heiko Koelzsch v État du Grand-Duché de Luxembourg 결정의 사안에서 덴마크 운송회사에 고용된 독일인이 주로 덴마크로부터 독일로 운송을 하고 차량은 독일에 있지만, 룩셈부르크에 차량이 등록되어 있고 그곳 사회보장제도가 적용되었다. 이러한 사안에서 유럽사법재판소는 운송이 개시된 곳, 업무지시를 받은 곳, 업무를 계획한 곳, 근로자의 작업도구가 소재한 곳과 함께 운송이 이루어진 곳, 화물이 하역된 곳, 운송완료 후에 운전사가 돌아온 곳을 고려하여 노무가 일상적으로 제공된 국가를 찾아야 한다고 보았다. 이에 덧붙여 유럽사법재판소의 Jan Voogsgeerd v Navimer SA 결정[82]에서는 위와 같은 요소를 특정한 후 운송업무가 시작된 곳과 업무지시를 받는 곳이 동일하다면 그러한 장소가 근로자가 일상적으로 업무를 수행하는 곳이 되는데 결국 업무지시를 받고 업무보고를 하는 곳이 동일한 경우에 그곳이 일상적으로 노무를 제공하는 곳이 된다고 보았다.

한편 앞서 언급한 유럽사법재판소의 Herbert Weber v Universal Ogden Services Ltd 결정의 사안에서 근로자는 주로 네덜란드의 대륙붕에 설치된 채굴시설에서 일하고 네덜란드 선적의 선박과 덴마크 영해에 떠 있는 크레인에서도 노무를 제공하였다. 이 결정에서는 근로자가 여러 국가에서 근무하였다면 질적으로 업무수행의 필수적 부분(essential part)을 수행한 국가가 근로계약과 가장 밀접한 관련이 있지만 만일 이러한 기준을 적용할 수 없다면 양적으로 가장 오랜 시간동안 노무를 제공한 국가가 근로계약과 가장 밀접한 관련이 있다고 보았다.[83] 그런데 위 결정의 사안에서 Weber는 요리사로 일을 했기 때문에 질적 기준(qualitative criteria)을 적용할 수 없었으므로 유럽사법재판소는 Weber의 전체 근무기간을 통괄하여 Weber가 노무제공을 위하여 대부분의 시간을 사용한 곳이 일상적으로 노무를 제공하는 국가가 된다고 보았다.[84]

(4) 국제사법의 해석론과 입법론

근로자가 일상적으로 노무를 제공하는 국가를 찾을 수 없는 경우에도 국제재판관할에 대한 예견가능성을 높이기 위하여 근로자와 사용자를 연결시켜 줄 고정된 연결점(fixed connection)이 필요하다.[85] 그런데 사용자가 근로자를 고용한 영업소가 있는 국가를 이러한 연결점으로 보게 되면 사용자가 근로자를 고용한 영업소가 있는 국가는 사용자가 일방적으로 결정할 수 있고[86] 사용자가 근로자를 고용한 영업소가 소재한 국가가 동시에 근로자가 노무

82) Case C-384/10 [2011] ECR I-13309, para. 40. 이 결정의 사안에서 네덜란드 사람인 Voogsgeerd는 룩셈부르크 회사와 벨기에 엔트워프(Antwerp)에 있는 Naviglobe NV 본사에서 근로계약을 체결하면서 룩셈부르크 법을 준거법을 지정하였다. Voogsgeerd는 Navier 소유의 선박에서 엔지니어로 근무하였는데 이 선박은 북해까지 운항하는 선박이었다.

83) Case C-37/00 [2002] ECR I-2032, para 58.

84) Case C-37/00 [2002] ECR I-2032, para 58.

85) Calliess, p. 186.

를 제공하는 국가가 아니라면 노무의 제공과 관련하여 경제적, 정치적 환경을 제공하는 곳으로 볼 수 없기 때문에 근로계약과의 관련성이 충분히 강하지 못하다는 문제가 발생한다. 따라서 근로자 보호의 취지를 고려할 때 근로자가 일상적으로 노무를 제공하는 국가를 발견하는 것이 완전히 '불가능'한 경우에 한하여 위 규정을 적용하는 것이 타당하다.

또한 이와 같이 한정적으로 해석하지 아니하면 일상적으로 노무를 제공하는 국가를 확정하기 어려운 경우에 법원이 쉽게 위 규정에 의존하게 되어 국제재판관할에 대한 예견가능성이 떨어지게 되는 문제가 발생한다.87) 그러므로 실제로 위 규정이 적용될 수 있는 경우는 근로자가 어느 국가의 영토, 영공, 영해에도 속하지 아니하는 장소에서 노무를 제공한 경우에 한정되는 것이 바람직한데 대표적으로 공해에 설치된 오일시추선(oil rig platform)에서 근무하는 경우가 위와 같은 경우에 해당한다.88) 이러한 관점에서 유럽사법재판소의 거점규칙은 국제사법 제28조의 해석에서도 바람직하다고 생각한다.

대법원 판례를 근거로 하여서도 위와 같은 해석이 가능하다. 대법원 2004.6.25. 선고 2002다56130, 56147 판결에서는 외국의 근로자공급사업자와 국내 항공회사 간에 체결된 근로자공급계약에 기하여 국내 항공회사에 파견되어 근무한 외국인 조종사들이 국내 항공회사를 상대로 퇴직금의 지급청구를 한 사안과 관련하여 "원고들과 피고 회사 사이에 명시적인 근로계약이 체결되지 않은 이 사건에 있어서, 항공기 조종사들인 원고들의 일상적인 노무급부지가 우리나라라고는 볼 수 없으나 노무제공의 수령자인 피고 회사가 우리나라 법인이고, 원고들이 우리나라 근로기준법에 기하여 이 사건 청구를 하고 있는 사정 등을 고려할 때 원고들과 피고 회사 사이의 근로계약관계의 성립에 관한 준거법은 우리나라 법률이라 할 것이다."고 결론에 이르고 있다. 여기서 우리 법인이 '노무제공의 수령자'라는 점이 중요한 요소가 되었는데 '노무제공의 수령자'에는 사용자가 업무지시를 하고 근로자가 업무보고를 한다는 의미를 함축하고 있으므로 위와 같은 대법원 판결을 바탕으로 하여서도 거점규칙을 받아들일 수 있을 것이다.89)

이에 더하여 거점은 사실적 판단의 대상으로서 실제로 거점이 어디인지를 판단해야 하므로 이에 대한 당사자의 합의는 허용되지 않는다고 봐야 한다. 유럽사법재판소도 Sandra Nogueira and Others v Crewlink Ireland Ltd 결정90)에서 근로자 보호를 위한 국제재판관할

86) Ibid, p. 178.

87) McParland, para. 14.125.

88) Peter Stone, EU Private International Law, 3rd edition, 2014, Elgar European Law, p. 353.

89) 그러나 대법원이 노무제공의 수령지가 한국이라고 판시하지 않고 우리 법인이라고 판시한 바에 대하여는 아쉬움이 있다. 국제사법은 제26조 제1항은 '계약과 가장 밀접한 관련이 있는 국가의 법'을 객관적 준거법으로 지정하고 있는데 이는 계약과 장소와의 근접성을 근거로 하므로 당사자의 국적은 밀접한 관련을 판단하기 위한 고려요소가 될 수 있지만 친족관계의 준거법의 결정에서처럼 연결요소라고 보기 힘들다. 더욱이 대법원 2007.11.15. 선고 2006다72567 판결에서는 일본에서 한국인 사이에 맺어진 근로계약에 관하여 일본법을 준거법으로 보면서 당사자의 국적을 고려하지 않고 있다. 따라서 위 판결에서 노무제공의 수령자인 피고 회사가 우리 법인이라는 이유로 한국법을 근로계약의 준거법으로 본 것은 법적 근거가 희박하며, 대법원으로서는 노무제공의 수령지가 한국이라는 이유로 한국법을 근로계약의 준거법으로 봤어야 한다고 본다.

90) Case C−168/17 [2017]. 이 결정은 Miguel José Moreno Osacar v Ryanair Designated Activity Company Case C−169/16 [2017]과 병합된 사건이다. 이 사건의 근로계약에서는 근로자들인 청구인들이 아일랜드 국적기에서 근무하므

의 규칙을 회피할 목적으로 일상적으로 노무를 제공하는 국가를 근로계약에서 지정하는 합의는 허용되지 아니한다고 보았다.

라. 국제사법 제28조 제3항의 '사용자가 근로자를 고용한 영업소'의 의미

국제근로계약을 체결하는 경우에는 사용자가 해외에 있는 영업소에서 근로자를 고용하거나, 호텔 등에서 면접을 한 후에 고용하거나, 해외에 있는 대리인을 통하여 고용하는 등 다양한 방법을 취하고 있다. 이러한 이유로 사용자가 근로자를 고용한 영업소의 의미가 무엇인지 검토할 필요가 있다.

국제사법 제28조 제3항의 영업소의 의미에 관하여는 앞서 언급한 유럽사법재판소의 Jan Voogsgeerd v Navimer SA 결정이 그대로 적용될 수 있을 것으로 본다. 이 결정에서는 이러한 영업소를 확정짓기 위해서는 제공되는 노무와 관련된 요소를 고려할 것이 아니라 채용공고, 면접과 같은 근로계약체결의 절차에 관한 요소만을 고려해야 한다고 보았다.[91] 이때 영업소는 사용자의 전체 사업조직 속의 하나(an integral part of its structure)로서 법인격을 갖고 있을 필요는 없으며 '모든 지속적 영업시설'(every stable structure of an undertaking)이면 충분하다. 따라서 호텔 등 근로자의 채용을 위하여 임시로 사용한 시설은 근로계약과 관련성이 희박하므로 위 영업소에서 제외된다.[92] 설령 사업자가 직접 근로자를 채용하지 아니하고 대리인을 통하여 근로자를 채용하였다고 하더라도 대리인이 사용자의 영업소에 출장을 가서 채용하였다면 위 영업소에 포함된다.[93]

덧붙여 근로계약을 체결한 후에 위 영업소의 장소가 변동되었다고 하더라도 국제재판관할에 변동이 없다고 봐야 한다. 이와 같이 보지 않는다면 사용자가 일방적으로 영업소의 위치를 변경하여 일방적으로 국제재판관할을 변경할 수 있는 부당한 결과를 가져오기 때문이다.[94]

4. 국제재판관할합의의 제한(제5항)

근로자는 일반적으로 교섭력이 약하고 국제재판관할에 관한 경험과 지식이 부족하기 때문에 근로계약에서 국제재판관할의 합의를 무제한으로 허용할 경우 근로자에게 일방적으로 분리할 수밖에 없다. 국제사법은 근로자 보호를 위하여 국제재판관할합의를 전면적으로 금지하지 아니하고 근로자가 불리하지 않은 상황에서만 국제재판관할합의를 허용하고 있다. 첫째 분쟁이 이미 발생하였다면 근로자의 교섭력이 약하다고 볼 수 없고 법률전문가의 조력을 받을 수 있기 때문에 이 경우에는 국제재판관할합의가 허용된다. 둘째 근로자에게 국제사법 제

로 일상적으로 노무를 제공하는 국가가 아일랜드라는 이유로 아일랜드 법원을 관할법원으로 하는 국제재판관할합의를 하고 아일랜드법을 준거법으로 지정하였다.

91) Case C-384/10 [2011] ECR I-13309, para 50.
92) Case C-384/10 [2011] ECR I-13309, para 57.
93) Case C-384/10 [2011] ECR I-13309, para 56.
94) Ibid.

27조에 의하여 인정되는 국제재판관할에 추가하여 다른 법원에 제소하는 것을 허용하는 경우에는 근로자에게만 유리한 합의이므로 이를 금지시킬 이유가 없다.

Ⅱ. 국제사법 제28조가 적용되는 근로계약의 의미

1. 근로계약의 존재를 판단하기 위한 준거법

국제사법 제28조는 근로계약에 적용된다.[95] 그러나 근로계약의 개념이 세계적으로 통일된 것은 아니므로 국제사법 제28조가 적용되는 근로계약의 존재를 어느 국가의 법에 의해서 판단해야 하는가의 문제가 발생한다.[96] 이 문제는 법률관계성질결정(classification)에 해당하는데 국제사법은 우리의 국내법에 해당하므로 국제사법에서 사용하는 용어는 원칙적으로 우리 법에 따라서 그 의미를 확정해야 한다고 본다.[97] 그러나 이에는 추가적으로 고려할 사항이 있다. 국제사법 제28조 제1항에서는 당사자가 근로계약에 관하여 준거법을 선택하더라도 객관적 준거법에 의한 강행규정의 보호를 박탈할 수 없도록 규정하고 있다. 그 결과 객관적 준거법상 근로계약에 해당하지 않더라도 우리 법에 따라서 근로계약에 해당한다면 외국법의 강행규정을 적용해야 하는데 이러한 결과는 외국법의 입법취지에 반한다.[98]

이에 대하여는 다음과 같은 해법들이 제시될 수 있다. 첫째 위와 같은 결과에도 불구하고 여전히 법정지법에 따라서 근로계약인지를 판단하는 방법. 둘째 객관적 준거법에 따라서 근로계약인지를 판단하는 방법.[99] 셋째 법정지법과 객관적 준거법을 중첩적으로 적용하여 근로계약인지를 판단하는 방법. 논리적으로 본다면 마지막 해법이 국제사법의 입법취지와 객관적 준거법의 입법취지를 모두 반영할 수 있기 때문에 가장 바람직한 해결방법으로 보이지만 이와 같이 본다면 보호되는 근로계약의 범위가 축소되어 근로자 보호의 취지에 반하는 문제가 있다. 결국 법정지법과 객관적 준거법 중에서 선택해야 하는데 객관적 준거법에 따를 경우에 법정지 국제사법에서 사용하는 용어의 의미가 준거법에 따라서 변하게 되므로 법적 확실성과 당사자의 준거법에 대한 예견가능성이 떨어지게 된다. 결국 불완전하지만 법정지법에 따라서 근로계약인지 여부를 결정하는 것이 법적 안정성에 적합하고 보호되는 근로계약의 범위를 넓힐 수 있는 방법이라고 생각한다.

---

95) 국제근로계약이 유형에 관하여는 석광현, 국제사법해설, 박영사, 2013, 353－354쪽 참조.

96) 그러나 유럽연합 회원국의 근로자의 개념을 비교한 결과 큰 차이는 없다고 한다(Calliess, p. 179).

97) 법률관계성질결정에 관하여는 다양한 학설이 존재한다. 구체적인 논의는 안춘수, “국제사법에 있어서의 성질결정 문제”, 「비교사법」, 제11권 2호(통권25호)(2004) 또는 이호정, 국제사법, 경문사, 1988, 102－120쪽 참조.

98) 국제사법은 국제분쟁을 해결하는데 가장 적합한 준거법을 찾아야 한다는 국제사법적 이익만을 고려하기 때문에 지정된 준거법이 우리의 공서양속과 관련이 없는 한 그 준거법의 입법취지를 따질 필요가 없다. 그러나 국제사법 제28조는 실질법적 이익을 보호하고 있기 때문에 지정되는 준거법의 입법취지도 고려해야 한다는 점에서 위와 같은 문제가 발생한다.

99) McParland, para. 14.38.

2. 우리 법상 근로계약의 존재에 대한 판단기준

가. 종속관계의 요구

고용계약에 관한 민법 제655조에서는 "고용은 당사자 일방이 상대방에 대하여 노무를 제공할 것을 약정하고 상대방이 이에 대하여 보수를 지급할 것을 약정함으로써 그 효력이 생긴다."고 규정하고 있고, 근로기준법 제2조 제1항 제1호에서는 ""근로자"란 직업의 종류와 관계없이 임금을 목적으로 사업이나 사업장에 노무를 제공하는 자를 말한다."고 규정하고 있는 바, 이를 종합하면 근로계약은 노무의 제공과 그에 대한 대가의 지급을 위한 계약으로 볼 수 있다. 그러나 이러한 단순한 정의만으로는 자영업자가 제공하는 노무에 관한 계약인 도급계약과 구분이 어렵다.

대법원 2012.12.13. 선고 2012다77006 판결에서는 근로계약의 구분에 관한 기준을 제시하고 있는데 그 판시내용은 다음과 같다.

"근로기준법 제2조 제1항 제1호는 직업의 종류와 관계없이 임금을 목적으로 사업이나 사업장에 노무를 제공하는 자를 근로자로 규정하고 있다. 근로자에 해당하는지는 그 계약 형식이 민법상 고용계약인지 또는 도급계약인지에 관계없이 그 실질 면에서 근로자가 사업 또는 사업장에 임금을 목적으로 종속적 관계에서 사용자에게 노무를 제공하였는지에 따라 판단하여야 한다. 그러한 종속적 관계가 있는지를 판단하려면, 업무 내용이 사용자에 의하여 정하여지고 취업규칙 또는 복무(인사)규정 등의 적용을 받으며 업무수행 과정에서도 사용자로부터 구체적, 개별적인 지휘·감독을 받는지 여부, 사용자에 의하여 근무시간과 근무장소가 지정되고 이에 구속을 받는지 여부, 근로자 스스로 제3자를 고용하여 업무를 대행케 하는 등 업무의 대체성 유무, 비품 등의 소유관계, 보수의 성격이 노무 자체에 대한 대상적 성격이 있는지 여부와 기본급이나 고정급이 정하여져 있는지 여부 및 노무소득세의 원천징수 여부 등 보수에 관한 사항, 노무제공관계의 계속성과 사용자에 대한 전속성 유무와 정도, 사회보장제도에 관한 법령 등 다른 법령에 의하여 근로자 지위를 인정받는지 여부, 양 당사자의 사회·경제적 조건 등을 종합적으로 고려하여 판단하여야 한다."

위 판시내용에서 핵심적으로 제시하는 근로계약의 판단기준은 근로자와 사용자의 '종속관계'이다. 대법원 1984.12.26. 선고 84도2534 판결에서도 주로 사용자의 작업장에서 작업을 하지만 그의 지시감독을 받지 않고 독자적으로 제품을 완성하여 그 작업량에 따른 보수를 지급받는 자는 근로자에 해당하지 않는다고 보았다. 따라서 계약의 명칭 등에 관계없이 사용자의 지휘감독 하에 노무를 제공하기로 하는 계약이 국제사법 제28조가 적용되는 근로계약에 해당하고 자영업자가 자주적으로 노동을 제공하는 계약은 근로계약에서 제외된다.[100)]

위와 같은 기준에 따르면 회사의 임원이라 하더라도, 업무의 성격상 회사로부터 위임받은 사무를 처리하는 것으로 보기에 부족하고 실제로는 업무집행권을 가지는 대표이사 등의

---

100) 석광현, 국제사법해설, 박영사, 2013, 357쪽.

지휘 · 감독 아래 일정한 노무를 담당하면서 그 노무에 대한 대가로 일정한 보수를 지급받아 왔다면 그 임원은 근로기준법에서 정한 근로자에 해당할 수 있다(대법원 2017.11.9. 선고 2012다10959 판결).

나. 근로계약이 적법해야 하는지 여부

근로자를 보호하는 취지를 고려할 때 근로자가 사용자와의 종속관계에서 노무를 제공한다면 근로계약의 존재를 인정할 수 있으며 이러한 근로계약이 적법할 필요는 없다고 본다. 대법원 2015.6.25. 선고 2007두4995 전원합의체 판결에서는 불법체류외국인을 고용하는 행위가 금지되어 있지만 이는 불법체류외국인의 고용이라는 사실적 행위 자체를 금지하고자 하는 것에 불과할 뿐이며 취업자격이 없는 외국인이 사실상 제공한 노무에 따른 권리나 이미 형성된 노무관계에서 근로자로서의 신분에 따른 노동관계법상의 제반 권리 등의 법률효과까지 금지하려는 것으로 보기는 어렵다는 이유로 근로계약의 존재를 인정하고 있다. 또한 대법원 2006.12.7. 선고 2006다53627 판결에서는 외국인을 국내회사에서 기술연수 시킨다는 명목으로 계약을 체결하였지만 국내회사가 지시하는 바에 따라 1일 최소한 8시간 동안 노무를 제공하고 그 대가로 임금을 받기로 되어 있었고 국내 회사의 공장에서 국내 근로자들과 마찬가지로 회사의 지시 · 감독 하에 노무를 제공하였으며 상시로 연장노무와 야간노무까지 하고 그에 대한 수당을 받아온 경우에 근로계약의 존재를 인정하고 있다.

다. 인센티브계약 등

근로계약에 부수하여 별도로 연금이나 인센티브에 관한 계약을 체결한 경우에 이러한 계약을 노무제공에 관한 계약이라고 볼 수 없다. 그러나 이러한 계약도 근로계약과 필수적으로 연관되어 체결되는 계약이므로 국제사법 제28조가 적용되는 근로계약에 포함된다고 본다.[101] 만일 이와 달리 본다면 사용자는 위와 같은 계약을 근로계약과 별도로 체결하여 국제사법 제28조의 적용을 회피하려고 할 것이다.

3. 개별적 근로계약

브뤼셀규칙 recast 제20조에서는 근로자 보호규정의 적용대상을 개별적 근로계약(individual employment contracts)이라고 명시하고 있지만[102] 우리의 경우에는 근로계약이 개별적 근로계약만을 의미하므로 굳이 개별적 근로계약이라고 명시하지 않았다.[103] 이러한 이유로 국제사법 제28조는 단체협약 등 단체적 노사관계(collective employment agreement)에 대하여는 적용되지 않는다고 해석된다. 국제사법은 단체협약에 대하여 별도의 규정을 두고 있지

101) McParland, para. 14.14.

102) 로마협약에서는 제6조의 제목에서만 개별적 근로계약이라고 하고 본문에서는 단순히 근로계약(contract of employment)이라고 규정하였었다.

103) 석광헌, 국제사법해설, 박영사, 2013, 357쪽.

아니하므로 이에 대하여는 일반 국제재판관할결정의 원칙이 적용된다.104) 이와 같이 본다고 하여 근로자에게 단체협약에 의한 보호가 박탈되는 것은 아니다. 개별적 근로계약에서 국제재판관할을 지정했다고 하더라도 근로계약의 객관적 준거법에서 단체협약의 사용자에 대한 구속력을 인정하고 있다면 단체협약에서 근로자에게 부여하는 보호는 국제재판관할의 지정에 의하여 박탈되지 아니하기 때문이다.105) 마찬가지로 개별적 근로계약에서 단체협약을 인용하는 방법 등에 의하여 단체협약의 내용이 개별적 근로계약의 내용으로 편입되었는지 여부도 근로계약의 준거법에 따라야 할 사항이다.106)

4. 한국인 사이에 체결된 근로계약에 대하여 국제사법 제28조가 적용될 수 있는지 여부

가. 문제점

국제사법 제28조는 국제근로계약에만 적용된다. 이에 따라서 국제사법이 적용되는 국제근로계약이 무엇인지를 밝힐 필요가 있다. 비록 불법행위에 관한 판결이지만 대법원 1979. 11.13. 선고 78다1343 판결에서는 "섭외적 불법행위의 준거법을 그 원인된 사실이 발생한 곳의 법에 의하도록 규정한 취지는 불법행위가 행하여진 사회적 조건을 고려하여 그곳에서의 법의식을 기준으로 하여 판단해서 처리하는 것이 일반적으로 국내법을 적용해서 처리하는 것보다 형평의 견지에서 합리적이고 실제적이라고 할 수 있고 또 그리하는 것이 당사자의 기대에도 상응하는 것이라고 할 수 있기 때문이라고 할 것이므로 양 당사자가 모두 내국인인 경우에 있어서 원인사실의 발생지(불법행위지)가 단순히 우연적이고 형식적인 의미를 갖는데 그치는 경우에는 일반적으로 위 섭외사법을 적용해서 처리하여야 할 합리적인 이유는 없는 것이라고 봄이 상당하다."고 판시한 바 있다. 이를 간단히 정리하면 가해자와 피해자 모두 우리나라 국민이고 우리나라 회사에 의하여 고용되어 그 회사의 사업장 근무를 위하여 일시 카타르에 건너가 위 사업장에서 근무 중에 불법행위가 발생한 것은 국내사건으로 봐야 하므로 구(舊)섭외사법의 적용대상인 섭외사건이 아니란 것이다.

반면에 대법원 2007.11.15. 선고 2006다72567 판결에서는 우리나라 국적의 원고와 피고가 일본국에서 일본국 소재 주점에서의 노무제공을 내용으로 근로계약을 체결하였는데 그 근로계약의 내용이 된 약정의 유무효가 다투어졌다면 외국적 요소가 있는 법률관계에 해당하므로 우선 그 준거법이 결정되어야 한다고 판시하고 있다. 이러한 대법원 판례의 변화는 환영할 일이지만107) 대법원 판례에 근본적으로 변경된 것인지에 관하여는 의문이 있다. 왜냐하면 위 판결 이후의 판결인 대법원 2008.1.31. 선고 2004다26454 판결과 대법원 2014.12.11. 선고 2012다119443 판결 등에서도 국제사법의 적용을 위하여 여전히 '합리성'을 요구하고 있기 때

104) Collins, para. 33–253.
105) Giuliano–Lagarde 보고서, p. 25.
106) McParland, para. 14.12.
107) 석광현, 한국인 간에 일본에서 체결된 근로계약의 준거법, 민사판례연구 31권(2009.2), 581쪽.

문이다. 앞서 일본주점 사건에서는 당사자가 일본에서 근로계약을 체결하고 일본에서 노무를 제공하되 당사자의 국적만 한국이었으므로 대법원이 국제사법을 적용하였지만 대법원이 여전히 '합리성'의 요구하고 있으므로 한국인 사이에 외국에서 노무를 제공하기 위한 계약을 한국에서 체결한 경우와 같이 내국적 요소가 좀 더 강한 경우에는 국제사법을 적용할 것인지 불명확하다.

나. 견해의 대립

위 문제에 관한 견해를 보면, '외국적 요소가 있는 법률관계'를 외국적 요소가 포함된 모든 사법적 생활관계 또는 외국관련이 있는 사법관계를 의미하는 것으로 넓게 이해하는 견해와 단순히 외국적 요소를 포함하고 있는 것만으로는 부족하고 외국적 성격이 상당한 정도에 이르러 국제사법을 적용하는 것이 합리적이고 타당하다고 할 경우에 한하여 국제적 법률관계를 인정할 수 있다고 하여 이를 좁게 파악하는 견해가 있다. 후자와 같은 소극적 견해 중에는 재판실무에서 조그만 외국적 요소가 있다고 하여 모두 섭외사건으로 보아 국제사법을 적용하면 외국법의 조사 · 증명의 어려움 · 감정 · 비용 · 시간 그리고 국내법관들이 외국법에 정통할 수 없다는 점에서 판결의 질적 저하를 가져오는 등 많은 낭비가 따르게 된다고 하면서, 국제사법에 연결점으로 규정되어 있는 국적 · 주소 · 물건소재지 · 행위지 · 사실발생지 등이 외국과 관련이 있어서 외국법의 적용이 고려되는 경우에 '외국적 요소가 있는 법률관계'로 보자는 견해가 있다.[108] 반면에 국제사법에 연결점으로 규정된 요소에 외국 관련이 있는 때에는 일단은 '국제성'이 있는 것으로 보되 국제사법의 개별조문의 적용대상이 되는가의 여부는 당해 조문과의 관계에서 그 조문의 해석을 통한 적용범위의 문제로 처리되어야 한다는 견해도 있다.[109]

다. 사 견

국제사법 제1조에서는 "이 법은 외국적 요소가 있는 법률관계에 관하여 국제재판관할에 관한 원칙과 순거법을 정함을 목적으로 한다."고 규정하고 있는데 문언적으로 외국적 요소가 있다면 일단 국제사법이 적용되어야 마땅하다. 이론적으로도 국제사법은 외국적 요소가 있는 사안에 여러 국가의 법이 동시에 적용되어 법의 충돌(conflict of laws)이 발생하는 문제를 해결하는데 취지가 있으므로 계약의 요소 중에 외국법이 적용될 여지가 있는 외국적 요소가 존재한다면 끝내 한국법이 계약의 준거법으로 지정되더라도 일단 국제사법을 적용하는 것이 타당하다. 덧붙여 국제사법의 적용에 합리성을 요구한다면 합리성의 의미가 불명확하여 법적 확실성이 떨어지는 문제가 있고 합리성의 판단을 위하여도 기본적으로 국제사법의 해석이 필요하다는 점에서 합리성을 요구할 실효성이 없어 보인다.

---

108) 최공웅, "국제사법의 적용대상과 대외성의 판단", 법조 제48권 제8호(1999.8), 15쪽.
109) 석광현, 「국제사법과 국제소송 제1권」, 박영사, 2001, 203쪽.

무엇보다 국제사법을 적용함에 있어서 합리성을 요구할 법적 근거를 찾기 힘들다. 오히려 국제사법 제8조 제1항에서 "이 법에 의하여 지정된 준거법이 해당 법률관계와 근소한 관련이 있을 뿐이고, 그 법률관계와 가장 밀접한 관련이 있는 다른 국가의 법이 명백히 존재하는 경우에는 그 다른 국가의 법에 의한다."고 예외규정을 두고 있다. 따라서 외국법을 적용하기에 불합리한 경우(즉 외국과 사안 사이에 사소한 관련만이 있는 경우)는 위 예외규정을 통하여 해결해야 하며 법적 근거도 없는 합리성을 요구하는 것은 타당하지 않다. 결론적으로 한국인 사이에 한국에서 체결된 근로계약이라고 하더라도 외국에서 노무를 제공하기로 하는 등 외국적 요소가 있다면 일단 국제사법 제28조가 적용되는 국제근로계약으로 보는 것이 합당하다. 덧붙여 근로자를 보호하는 취지를 고려할 때 노무를 상시적으로 제공하는 국가의 보호법률을 적용하는 것이 타당하고 당사자로서도 그러한 기대를 할 것이란 점에서도 한국인 사이의 근로계약이라고 하더라도 국제사법 제28조가 적용될 수 있다고 본다.

제 6 장 국제적 소송경합

Ⅰ. 서 설

동일한 당사자 사이에 동시에 2개 이상의 국가에서 동일한 청구에 대하여 소송이 진행되고 있는 것을 '국제적 소송경합'(lis alibi pendens)[1] 또는 '국제적 병행소송'(parallel proceedings, concurrent proceedings)이라고 한다.[2]

준거법인 실체법에 따라서 발생한 권리와 의무의 관계인 법률관계는 법정지에 관계없이 동일하게 인정되어야 하는 것이 가장 이상적임에도 불구하고, 법정지가 달라지면 국제사법, 소송비용, 절차규칙, 소송의 편리성 등의 차이로 인하여 본래의 법률관계와 다른 결과가 나올 수 있다.[3] 이러한 이유에서, 어느 한 국가에서 이미 소를 제기한 원고가 패소할 가능성에 대비하여 다른 국가의 법원에 동일한 내용의 소를 제기하거나 후소 법원에 특별한 구제방법이 있는 경우에 이를 이용하기 위하여 다시 소를 제기하는 경우가 있다.

그리고 이행의무를 부담하는 채무자가 채권자를 상대로 소극적 확인(negative declaration)의 소를 제기하여 국제적 소송경합이 발생하는 경우도 있다. 예를 들어 채무자가 소송지연을 목적으로 소송절차가 느린 것으로 악명이 높은 국가에 채무부존재확인의 소를 제기하는 선제적 소송(pre-emptive proceedings)을 제기한 후에 채권자가 국제재판관할이 있는 다른 국가의 법원에 채무자를 상대로 이행의 소를 제기함으로써 국제적 소송경합이 발생하는 경우가 있다.[4] 채무자가 소송지연을 노리는 이유는 소송지연에 지친 원고에게 합의를 종용하거나 소송이 지연되는 동안에 계속하여 침해행위를 할 수 있기 때문이다.[5]

---

1) 국제적 소송경합을 뜻하는 용어인 'lis alibi pendens'는 '다른 곳에 계속 중인 소송'(a lawsuit pending elsewhere)이라는 뜻이다. 이를 줄여서 'lis pendens'라고도 한다.

2) 국제거래가 증가함에 따라서 자연스럽게 국제분쟁이 증가하고 있고, 국제거래의 중심국가인 미국의 연방대법원이 주권은 그 영토에서만 작용한다는 지역주의(territorialism)를 버리고 국외자에 대하여도 관할권을 행사할 수 있다는 판결을 하였고, 각 주가 역외자에 대하여도 관할권을 행사할 수 있도록 하는 관할확대규정(long arm statute)을 마련함으로써 미국 법원의 대인관할(personal jurisdiction)이 확대되었는데, 미국 법원은 통상 원고에게 유리하다고 알려져 있기 때문에 국제적 소송경합의 증가를 가속시켰다고 평가되고 있다(Austen L. Parrish, Duplicative Foreign Litigation, (March 9, 2009), available at http://ssrn.com/abstract=1356177, p. 24).

3) N. Jansen Calamita, Rethinking Comity: Towards a Coherent Treatment of International Parallel Proceedings, 27 U. Pa. J. Int'l L. 601 (2006), p. 609.

4) 소송지연을 노린 선제적 소송의 대표적인 경우가 '이태리 어뢰'(Italian torpedo)이다. 이태리의 경우에는 소송이 느린 것으로 악명이 높은데, 예를 들어 유럽사법재판소(European Court of Justice)의 Trasporti Castelletti Spedizioni Internazionali SpA v Hugo Trumpy SpA 결정은 원심 법원인 이태리 법원을 거쳐서 선하증권의 이면약관에서 영국 법원을 관할법원으로 합의하였으므로 당해 이태리 법원에 관할이 없다는 결정에 이르기까지 10년이 소요되었다. 이와 같은 소송지연이 가능했던 이유는 브뤼셀협약 제21조에서 "동일한 당사자 사이에 동일한 청구원인과 관련한 소가 다른 체약국들에 제기되었다면 처음 소가 계속된 법원 이외의 법원은 처음 소가 계속된 법원의 관할이 확정될 때까지 직권으로 절차를 중지해야 한다."고 규정하고 있었기 때문이다. 더욱이 유럽사법재판소의 Erich Gasser GmbH v MISAT Srl. 결정(이하 'Gasser 결정'이라고 한다.)에서는 전속적 관할합의가 있는 경우에도 위 규정이 적용되므로 전속적 관할법원으로 지정된 법원이 후소 법원이라면 이러한 후소 법원도 전소법원이 관할을 확정할 때까지 절차를 중지해야 한다고 보았다. 즉 후소 법원은 전소 법원의 관할에 관하여 심사할 권한이 없었다.

민사소송법을 포함하여 현재 우리나라에는 국제적 소송경합을 직접적으로 규율하는 법 규정은 없다. 이러한 점에서 다음과 같은 세 가지의 문제가 제기된다. 첫째 정책적 관점에서 국제적 소송경합이 규제되어야 하는지 아니면 국제적 소송경합을 방임해야 하는지의 문제가 제기된다. 둘째 법률적 관점에서, 만일 국제적 소송경합에 대한 규제의 필요성이 인정된다면 이에 대한 명시적 규정이 없는 상태에서 이를 규율할 수 있는 법적 근거를 찾을 수 있는지 문제된다. 셋째 법적 근거를 찾을 수 있다면 국제소송의 특수성을 고려했을 때 그러한 법적 근거의 구체적 요건이 어떻게 해석되어야 하는가의 문제가 제기된다. 본 글은 위 세 가지 쟁점에 관한 것이다.

Ⅱ. 국제적 소송경합의 규제의 필요성

1. 국제적 소송경합의 문제점

가. 사적 영역에서의 문제점

첫째 국제적 소송경합이 문제되는 핵심적 이유는 외국재판이 민사소송법 제217조 제1항에 규정된 승인요건을 갖추면[6] 우리나라에서도 효력을 갖기 때문이다.[7] 이때의 효력은 기판력을 의미하며[8] 외국재판이 승인요건을 충족할 수 있다면 사실상 민사집행법 제26조의 집행판결을 받을 수 있으므로[9] 집행력도 얻을 수 있다. 그런데 외국재판이 승인되어 국내에서 효력을 가질 수 있다면 당사자는 외국 법원과 우리 법원 모두를 통하여 자신의 목적을 달성할 수 있으므로 복수의 소송을 유지할 이익이 없고 비용만 증가시키는 결과를 가져온다.

둘째 소송비용이 증가할 경우 재력이 부족한 당사자는 복수의 소송을 유지하기 어려우므로 자신에게 불리한 합의를 어쩔 수 없이 받아들이거나 부실한 소송진행으로 인하여 불리한 결과가 나올 수 있는데 이는 사법정의에 반한다.[10] 또한 재력이 있는 당사자가 유리한 합의를 이끌어 낼 목적으로 재력이 없는 상대방을 압박하기 위한 수단으로써 국제적 병행소송

---

5) Pailli, Giacomo, Lis Alibi Pendens within Europe: Is There a Way Out of the 'First in Time' Rule?, (April 1, 2013), available at https://ssrn.com/abstract=2276572, p. 4.

6) 민사소송법 제217조에서는 외국재판이 일정한 요건을 충족하면 승인판결이나 승인재판과 같은 별도의 절차를 갖추지 않더라도 우리나라에서 당연히 그 외국재판이 효력을 갖도록 규정하고 있다. 이를 '자동승인'(automatic recognition)이라고 한다. 이에 따라서 외국재판이 민사소송법 제217조의 요건을 충족하고 있는데 동일한 소송물에 대하여 우리 법원에 다시 소가 제기되었다면 우리 법원은 국내사건과 동일하게 기판력의 효력에 따라서 이를 처리해야 한다.

7) 최공웅, "국제소송과 중복제소의 금지", 민사재판의 제문제 7권(1993.6), 259쪽.

8) 석광현, "사기에 의하여 획득한 외국중재판정의 승인과 공서위반 여부", 판례연구 24집 2호(2010.12), 409-416쪽. 반면에 외국재판의 집행력이 그대로 우리나라에서도 미치는지 여부에 관하여 논의가 있는데 외국재판의 집행판결을 위한 절차를 외국재판의 집행력의 존재를 확인하는 확인소송이라고 보는 견해에서는 외국재판의 집행력을 인정하지만, 집행판결을 위한 절차를 외국재판에 대하여 강제력을 부여하는 형성소송이라는 견해에서는 외국재판의 집행력을 부인한다.

9) 민사집행법 제27조 제2항에서는 "집행판결을 청구하는 소는 다음 각호 가운데 어느 하나에 해당하면 각하하여야 한다. 1. 외국 법원의 확정재판 등이 확정된 것을 증명하지 아니한 때 2. 외국 법원의 확정재판 등이 민사소송법 제217조의 조건을 갖추지 아니한 때"라고 규정하고 있으므로 집행판결의 요건으로서 승인요건 이외에 외국재판이 확정되었다는 요건만이 추가로 요구된다.

10) N. Jansen Calamita, Rethinking Comity: Towards a Coherent Treatment of International Parallel Proceedings, 27 U. Pa. J. Int'l L. 601 (2006), p. 610.

을 제기할 수 있는데 사법적 구제수단이 부당한 압박수단으로 오용되는 문제가 발생한다.

셋째 국제적 소송경합을 방치할 경우에 우리 법원과 외국 법원 모두 재판을 하게 될 것이고 그 결과가 상호 모순된 재판(inconsistent judgments)의 결과가 발생할 수 있다. 재판의 내용에 모순저촉이 발생하면 하나의 법률관계에 대하여 각 다른 내용의 확정력이 발생하므로 당사자 사이에 파행적 법률관계가 발생하여 종국적 분쟁해결에 이를 수 없는 문제가 있다.

나. 공적 영역에서의 문제점

첫째 국제적 소송경합은 경합된 법원에도 부담이 된다. 국제적 소송경합의 상황에서 외국 법원이 우리 법원보다 먼저 재판을 하고 이러한 재판이 국내에서 승인될 수 있다면 국내 법원의 절차는 무용의 절차가 된다.[11] 법원은 한정된 자원을 갖고 있는데 다른 소송에 효율적으로 사용될 수 있는 자원이 국제적 소송경합으로 인하여 무용의 재판에 낭비될 수 있는 문제가 있다.

둘째 국제적 소송경합을 허용하면 경합된 법원 모두가 재판을 하여야 하는데 앞서 언급한 바와 같이 기판력의 모순저촉이 발생할 수 있는 문제가 있다. 민사소송절차는 당사자의 권리구제를 목적으로 하는 절차인데 기판력의 모순저촉으로 인하여 당사자의 법률관계가 혼란에 빠지는 것은 민사소송절차의 목적에 반하고 사법 시스템에 대한 당사자의 신뢰를 떨어뜨리는 문제가 있다.

셋째 민사소송법 제217조에서 외국재판의 승인을 허용하는 이유는 외국 법원에 의한 절차라고 하더라도 분쟁이 종결된 이상 이와 동일한 분쟁에 대하여 다시 소송이 진행되는 것을 방지함으로써 분쟁의 1회적 해결을 꾀하고 이를 통하여 소송경제를 달성하려는데 있다.[12] 만일 국제적 소송경합을 허용한다면 분쟁의 1회적 해결을 달성할 수 없고 소송비용이 증가하므로 민사소송법 제217조에서 외국재판을 승인하는 취지를 망각시키는 문제가 있다.

2. 사법주권의 포기의 문제

앞서의 논의를 종합하면 국제적 소송경합에 대한 규제의 필요성은 충분히 인정된다. 그런데 전소 법원인 외국 법원을 위하여 후소 법원인 우리 법원이 소를 각하하거나 절차를 중지하는 것이 사법주권의 포기가 아닌지 추가적으로 문제된다.

---

11) 대법원 1987.4.14. 선고 86므57, 86므58 판결에서는 "피청구인이 청구인을 상대로 이 사건 반심청구와 같은 내용을 포함하는 심판청구를 제기하여 승소한 뉴욕주법원의 위 확정판결이 이 사건에 현출된 이상 원심으로서는 위 확정판결이 우리나라에서 승인의 요건이 구비되어 그 판결의 효력이 인정됨으로써 피청구인의 이 사건 반심청구가 그 판결의 기판력에 저촉되어 권리보호의 요건을 갖추지 못하였는지 여부를 심리, 판단했어야 할 텐데 이에 이르지 아니한 것은 외국 법원의 확정판결의 효력에 관한 법리를 오해한 위법을 저지른 것이라 할 것이다."고 하여 국제적 소송경합의 결과 우리나라에서 승인될 수 있는 외국재판이 먼저 있는 경우에 우리 법원은 외국재판의 기판력에 구속된다는 취지로 판시하고 있다.

12) 최공웅, "국제소송과 중복제소의 금지", 민사재판의 제문제 7권(1993.6), 265쪽. 과거에는 외국재판의 승인의 근거를 국제예양(comity of nations)에서 찾았다. 국제예양이란 우리가 외국의 주권행사를 존중해 주어야 하지만 그 외국도 우리의 주권을 존중해 줄 때 비로소 우리도 그 외국의 주권을 존중하겠다는 상호주의를 의미한다. 민사소송절차가 당사자의 사적 권리를 구제하는데 주된 목적이 있으므로 외국재판의 승인의 근거를 국가 간의 관계인 국제예양에서 찾는 것은 적당해 보이지 않는다.

대륙법과 영미법에 관계없이 국제적 소송경합을 허용한 것이 과거의 경향이었다.[13] 과거에 국제적 소송경합을 허용한 이유는 각 국은 사법주권을 갖고 있으므로 외국에서의 병행소송을 고려할 필요가 없고 외국에서의 병행소송을 이유로 국내에서 소송의 진행을 거부한다면 국민의 재판받을 권리가 침해된다고 보았기 때문이다. 그러나 이와 같이 국제적 소송경합을 허용하던 경향은 이를 규제하는 방향으로 변화하였는데[14] 이러한 변화의 가장 큰 이유는, 종전에 사법주권은 그 영토 내에서만 효력을 갖는다는 이유로 외국재판의 효력을 인정하지 않았던 경향이 점차 외국재판의 효력을 인정하는 경향으로 변화하였고 이에 따라서 국내의 중복제소에서 발생하는 문제가 국제적 소송경합에서도 발생하였기 때문이다. 더욱이 인터넷의 출현이 지역적 한계를 넘어서게 하고 있다는 점에서, 주권의 지역적 범위를 따져서 법원이 재판권을 포기할 수 있는가라고 질문을 하기 보다는 재판권을 포기하는 것이 합리적인가라고 질문을 하는 것이 합당하다고 본다.[15]

Ⅲ. 국제적 소송경합의 처리에 관한 법적 근거

1. 국제민사소송법에 대한 보충의 필요성과 근거

민사소송법은 국제사건에 적용되는 국제민사소송법에 관하여 일반원칙을 두시 아니하고 일부 특별규정을 두고 있다. 예를 들어 제3조 외국인의 보통재판적, 제5조 제2항 외국법인의 보통재판적, 제11조 외국인의 재산소재지 특별재판적, 제57조 외국인의 소송능력, 제191조 및 제196조 제2항 외국에서 해야 하는 송달, 제194조 외국에서 하여야 할 송달의 공시송달, 제217조 및 제217조의2 외국재판의 승인, 제296조 외국에서 시행하는 증거조사, 제466조 제2항 지급명령의 외국송달 등 다수의 특별규정이 존재한다. 그리고 국제재판관할에 관하여는 국제사법 제2조에서 규정하고 있다. 그러나 이러한 특별규정에도 불구하고 국제사건, 특히 외국법이 준거법인 사건에서는 당사자능력, 당사자적격, 증거능력, 외국법의 주장과 증명 등 민사소송법 전반에 걸쳐서 국제민사소송법적 접근이 요구되지만 이에 관한 규정이 부재한 것이 현실이다.

'절차는 법정지법에 따른다.'(forum regit processum)는 원칙[16]에 따라서 준거법이 외국법

---

13) Campbell McLachlan, Lis Pendens in International Litigation, Martinus Nijhoff Publishers, 2009, p. 92.

14) 예를 들어 프랑스의 경우에는 국내사건에서의 중복제소에 관한 규정이 국제적 소송경합에 적용되지 않는다고 보다가 대법원인 *Cour de cassation*은 1974년 국내사건의 중복제소에 관한 규정이 국제적 소송경합에도 적용된다고 보았다. 이태리는 1995년까지 민사소송법 제3조에서 외국의 소송으로 인하여 이태리법원의 관할이 배제되지 않는다고 규정하고 있었다. 그 결과 외국에서 이미 동일한 당사자 사이에 동일한 분쟁에 관하여 소송이 진행 중이라고 하더라도 이태리 법원은 이를 고려하지 아니하고 계속하여 소송을 진행할 수 있었다. 그러나 브뤼셀협약 제21조의 영향에 따라서 1999년 개정 국제사법 제7조에서는 동일한 당사자 사이에 동일한 분쟁에 대하여 외국에서 먼저 재판이 진행되었고 이러한 재판의 결과가 이태리에서 승인이 가능한 경우에는 법원이 소송절차를 중지하도록 규정하고 있다.

15) Austen L. Parrish, Duplicative Foreign Litigation, (March 9, 2009), available at http://ssrn.com/abstract=1356177, pp. 20-21.

16) 민사소송법이나 어느 법에서도 이 원칙을 명시적으로 규정하고 있지 않지만 대법원 1997.5.9. 선고 95다34385 판결; 대법원 2011.1.27. 선고 2009다10249 판결; 대법원 2012.10.25. 선고 2009다77754 판결 등에서 이 원칙을 인정하고 있다.

이라고 하더라도 절차에 관하여는 우리 민사소송법이 적용된다. 그러나 실체와 절차가 엄격하게 구분되지 아니할 뿐만 아니라 양자의 성격이 중첩된 경우[17]가 다수 존재하기 때문에 국제사건에 무조건 우리 민사소송법을 적용하게 되면 절차법인 민사소송법이 당사자 사이의 실체관계에 영향을 끼치는 문제가 발생한다.[18] 따라서 국제민사소송법에 관한 보다 정치한 규정이 필요하지만 이러한 규정이 없는 현재에도 위와 같은 문제는 해결되어야 하므로 이에 대한 판례와 이론정립이 필요하다. 그러나 이러한 이론정립이 현행법의 해석의 한계를 넘어서게 되면 사실상 입법의 수준에 이르게 되어 명확성과 법적 안정성을 해하는 결과를 가져온다는 점에 주의해야 한다.[19]

그렇다면 어떤 기준에 의하여 국제민사소송법에 대한 이론을 정립해야 하는지 문제가 제기된다. 법의 해석을 넘어서 입법에 이르지 않기 위해서는 문제된 사안에 적용 또는 유추적용 될 수 있는 민사소송법의 규정을 찾아내서 이를 기본으로 하고, 이에 당사자 간의 공평, 재판의 적정, 신속을 기한다는 민사소송법의 기본이념과 국제사건의 특수성을 복합적으로 고려하는 방법으로 국제민사소송법을 보충해야 한다고 본다. 국제사법 제2조에서 국제재판관할에 관한 규정을 두기 전의 대법원 2000.6.9. 선고 98다35037 판결에서도 민사소송법의 토지관할에 관할 규정에 민사소송법의 이념을 보충하여 국제재판관할을 결정하였다.

2. 중복제소금지의 법리의 적용 또는 유추적용

민사소송법 제259조에서는 "법원에 계속되어 있는 사건에 대하여 당사자는 다시 소를 제기하지 못한다."고 하여 중복된 소를 금지하고 있다. 외국 법원에 계속 중인 사건을 '법원에 계속되어 있는 사건'으로 볼 수 있는지가 문제되는데 우리나라에서 승인된 외국재판은 국내재판과 그 효력에서 차이가 없고 기판력의 모순저촉이나 이중의 소송으로 인한 소송비용의 증가 등의 문제는 국제적 소송경합과 국내에서의 중복제소 모두에서 발생한다는 점에서 동일하다. 동일한 문제는 동일한 방법으로 처리해야 정합성과 일관성이 있으므로 국제적 소송경합에 대하여도 민사소송법 제259조가 적용 또는 유추적용 될 수 있다고 본다.[20] 독일, 프랑스, 캐나다 퀘벡, 스위스[21]도 국내소송에서의 중복제소금지의 법리를 국제적 소송경합에도 적용하

17) 예를 들어 대법원 2011.1.27. 선고 2009다10249 판결에서 「소송촉진 등에 관한 특례법」의 법정이율이, 대법원 2015.2.26. 선고 2012다79866 판결에서는 가지급물반환의무가 각 실체법과 절차법의 성격이 중첩된 경우라고 밝히고 있다.

18) 예를 들어 당사자능력은 소송절차에서 요구되는 능력이기 때문에 절차적 사항으로 비춰지지만, 외국인이 우리 법상 권리능력이 없더라도 권리능력의 준거법에 따라서 권리능력을 갖고 있다면 이러한 외국인이 우리 법원에서 한 권리와 의무에 대한 처분행위의 효력을 부정할 합리적 이유가 없다. 반대로 외국인이 권리능력의 준거법에 따라서 권리능력이 없는데도 불구하고 우리 법상 권리능력이 있다고 하여 소송절차에서 권리의무를 처분하도록 허용한다면 무권리자에 의한 처분행위가 될 뿐만 아니라 그에 대한 판결은 무권리자에 대한 판결이 되어서 판결의 실체적 효력을 확보할 수 없게 된다. 이러한 점에서 당사자능력에 관하여는 우리 민사소송법이 아니라 당사자의 본국실체법의 권리능력에 관한 규정이 적용되어야 한다고 본다. 보다 구체적인 논의는 이헌묵, 앞의 글(주13) 참조.

19) 최공웅, "국제소송과 중복제소의 금지", 민사재판의 제문제 7권(1993.6), 259쪽.

20) 한충수, "국제적 소송경합(Lis Pendens) – 서울중앙지방법원 2002.12.13. 선고 2000가합90940 판결을 중심으로 –", 민사소송 8권 2호(2004.11), 48쪽에서는 외국재판이 승인되는 경우에는 국제적 소송경합을 규제할 필요성이 있다고 하면서도 외국재판이 민사소송법 제259조가 규정하는 중복제소에 있어 전소의 의미를 당연히 갖는 것은 아니라고 한다.

21) 스위스는 현재 국제사법 제9조에서 우선주의를 기초로 하여 국제적 소송경합을 규제하고 있다.

였다고 한다.[22] 그리고 브뤼셀규칙 recast나 「민사 및 상사에서 관할과 재판의 승인 및 집행에 관한 협약」,[23] 1999년 헤이그초안, 국제민사소송원칙은 먼저 소가 제기된 법원이 다른 법원에 우선하여 자신의 관할을 심사하고 자신에게 관할이 있다고 결정한 경우에 계속하여 본안에 대하여 심사할 수 있도록 하는 우선주의(principle of priority, first in time rule, prior in tempore)에 따라서 국제적 소송경합을 해결하고 있다.

우리나라의 하급심 판결 중에도 국제적 소송경합이 발생한 경우에 외국재판의 승인이 예측되는 것을 전제로 하여 민사소송법 제259조의 중복제소금지의 법리를 적용한 판결이 있다. 대표적으로 부산지방법원 2007.2.2. 선고 2000가합7960 판결에서는 "외국 법원에 소가 제기되어 있는 경우 그 외국 법원의 판결이 장차 민사소송법 제217조에 의하여 승인받을 가능성이 예측되는 때에는 민사소송법 제259조에서 정한 소송계속으로 보아야 할 것이므로, 이와 동일한 사건에 대하여 우리나라 법원에 제소한다면 중복제소에 해당하여 부적법하다 할 것이다."라고 판시하고 있다.[24] 반면에 서울가정법원 2004.8.16. 자 2004즈단419 결정은 비록 외국 법원에의 제소가 제소명령에 따른 본안소송으로서의 적격성이 있는지에 관한 결정이지만, 판시내용을 종합하면 외국 법원에 먼저 소를 제기한 후에 우리 법원에 동일한 소를 제기한 경우에 외국재판의 승인예측에 관계없이 중복제소가 된다는 입장으로 볼 수 있다.

그런데 국제적 소송경합에 중복제소금지의 법리가 적용 또는 유추적용 될 수 있다는 결론은 외국 법원의 절차에 의한 외국재판이 장래 승인될 수 있다는 것을 전제로 한다. 따라서 외국재판이 있기 전에도 장래의 외국재판이 승인될 것을 미리 예측을 할 수 있는지 검토할 필요가 있다. 덧붙여 이러한 승인예측이 가능하더라도 민사소송법의 이념인 적정, 공평, 신속, 경제와 국제소송의 특수성을 고려할 때 국제적 소송경합이 제259조의 중복제소금지에 해당하기 위한 특별한 요건을 검토할 필요가 있다.

Ⅳ. 외국재판의 승인예측의 가능성

1. 공서양속 위반의 예측의 어려움

민사소송법 제217조에서는 외국재판이 승인되기 위한 네 가지의 요건을 제시하고 있다. 이러한 네 가지 요건 중 국제재판관할의 존재, 송달요건, 상호보증의 요건 등 세 가지 요건은 특별한 사정이 없는 한 외국재판이 있기 전에도 판단이 가능하다. 그러나 외국재판이 공서양속에 위반되었는지 여부를 판단하는 것에는 어려움이 있다.

---

22) Martine Stückelberg, Lis Pendens and Forum Non Conveniens at The Hague Conference, 26 Brook. J. Int'l L. 949, foot note 48.

23) Convention on Jurisdiction and the Recognition and Enforcement of Judgments in Civil and Commercial Matters, '루가노협약'.

24) 서울중앙지방법원 2002.12.13. 선고 2000가합90940 판결도 승인예측설을 취하고 있는데 사건의 내용에 관하여는 한충수, "국제적 소송경합(Lis Pendens)-서울중앙지방법원 2002.12.13. 선고 2000가합90940 판결을 중심으로-", 민사소송 8권 2호(2004.11) 참조.

외국재판의 승인의 요건으로서의 공서양속은 실체적 공서와 절차적 공서를 포함하는 개념이다.[25] 외국재판의 승인요건을 심사한다는 것은 우리 법원이 외국재판의 상급심 법원처럼 외국재판이 한 사실과 법의 적용을 다시 심사하는 것이 아니라[26] 외국재판을 승인한 '결과'가 우리나라의 공서양속에 반하는지 여부만을 심사하는 것이다. 국제적 소송경합이 문제된 시점에서 외국절차에 이미 절차적 하자가 있고 이러한 하자가 절차적 공서를 위반할 정도에 이른다면 승인이 거부될 것을 예측할 수 있지만 아직 진행되지 아니한 절차에 대하여는 절차적 공서위반의 예측이 불가능하다. 그리고 실체적 공서의 위반은 외국재판의 종국적 판단의 내용이 우리의 공서양속에 반하는 경우로서 외국재판의 내용을 알기 전에는 이를 미리 예측할 수 없다는 문제가 있다. 앞서 언급한 서울가정법원 2004.8.16. 자 2004즈단419 결정에서도 "외국법원에의 제소단계에서 외국판결의 확정 여부 또는 조속한 확정가능성 등을 제소명령에 따른 본안소송의 적격성 판단의 근거로 삼는 것은 그 자체로 무리이고, 장래에 외국 법원의 판결이 민사소송법 제217조가 정한 승인요건을 구비할 것인지, 특히 그 외국판결의 효력을 인정하는 것이 대한민국의 선량한 풍속이나 그 밖의 사회질서에 어긋나지 아니할 것인지 여부를 판결 확정 전에 미리 판단하는 것은 불가능하고.."라고 판시하여 위와 같은 문제를 지적하고 있다.

2. 적극적 승인예측의 필요

만일 장래의 외국재판이 우리의 공서양속에 위반되었는지를 미리 예측할 수 없고 이에 따라서 외국재판의 승인예측이 불가능하다는 결론에 이르게 되면 국제적 소송경합을 허용할 수밖에 없다. 그러나 국제적 소송경합에 의하여 발생할 수 있는 문제점과 민사소송법에서 중복제소를 금지하는 취지를 고려하면 무제한으로 국제적 소송경합을 허용하는 것은 무리가 있다. 그렇다면 국제적 소송경합의 규제의 필요성과 승인예측의 어려움을 비교형량 하여 승인예측의 정도를 낮추고 승인예측에 오류가 있는 경우에 대비하여 피해를 최소화 하는 방법을 찾는 것이 합리적이라고 본다.

승인예측 당시에 아직 존재하지 아니한 사정까지 고려하여 승인예측을 하는 것은 불가능하다. 그런데 외국재판을 승인하는 이유는 세계화의 기조 속에 원활한 국제거래의 증진에 큰 기여를 할 것이란 점, 이중의 소송을 방지하여 소송경제에 적합하다는 점, 국제적으로 모순된 판결을 방지할 수 있다는 점 등이 제시되고 있다.[27] 이러한 외국재판의 승인의 취지는

25) 아동의 혼인이나 일부다처제가 적법하다는 전제 하에서 내려진 외국재판과 같이 재판의 실체적 내용이 우리의 법감정상 도저히 받아들일 수 없는 경우가 '실체적 공서'가 문제되는 경우이고, 일방당사자에게 방어의 기회가 주어지지 않은 재판절차와 같이 재판의 성립과정이 우리의 공서양속에 반하는 경우가 '절차적 공서'가 문제되는 경우이다. 판례와 학설에 의하여 외국재판이 절차적 공서에 반하는 경우도 승인거부사유로 인정되어 왔는데, 2014년 개정 민사소송법 제217조 제1항 제3호에서는 "그 확정재판 등의 내용 및 재판절차에 비추어"를 포함시켜서 외국재판의 승인요건으로서의 공서에 '절차적 공서'도 포함됨을 명확히 하였다.

26) 이를 '실질재심사금지의 원칙'이라고 한다. 이에 관하여 민사소송법에는 아무런 규정이 없지만 민사집행법 제27조 제1항에서는 "집행판결은 재판의 옳고 그름을 조사하지 아니하고 하여야 한다."고 명시적 규정을 두고 있다.

27) 그러나 위와 같은 경제적 측면에서만 외국재판의 승인의 근거를 찾기 보다는 민사소송의 주된 목적인 당사자의 권리구제도 외국재판의 승인의 근거가 되어야 함을 당연하다. 이와 같이 당사자의 권리구제도 외국재판의 승인의 근거로 본다면 역설적으로 우리가 승인해야 하는 대상을 외국재판에 한정시킬 필요는 없으며 재판상 화해와 같이 외국재판에 상응하는 효력이 있는 외국의 제도도 승인되어야 한다.

외국 법원의 판단에 대한 신뢰를 바탕으로 한다. 그렇다면 법원으로서는 국제적 소송경합이 문제된 시점에서 외국재판이 공서양속에 반한다는 확실한 증거가 없다면 일단 외국재판에 승인예측이 존재한다고 적극적으로 예측하는 것이 타당하다.[28)]

그런데 승인예측의 시점 이후에 발생한 사정에 의하여 결국 외국재판이 우리의 공서양속에 반하는 경우가 발생할 수 있다. 이러한 경우에 대비해서 법원이 후소를 각하할 것이 아니라 뒤에서 보는 바와 같이 절차를 중지하도록 하여, 장래 제출된 외국재판이 승인될 수 없다면 우리 법원이 계속하여 절차를 진행할 수 있도록 하는 방안을 생각해 볼 수 있다.

3. 예외가 인정될 수 있는 경우

부산지방법원 2007.2.2. 선고 2000가합7960 판결에서는 "이 사건 전소에 대한 히로시마 지방재판소의 판결 이외에 다수의 과거 일본국 재판소의 판결 내용에 비추어 볼 때 일본국 최고재판소가 위 원고들과 같은 재한 피징용자들의 손해배상 등 청구에 관한 판단을 함에 있어 그 판단의 기초가 되는 대한민국과 일본 사이에 있었던 역사적 사실이나 일본국 또는 그 국민에 의하여 자행되었던 과거의 행위에 대한 평가, 법령의 적용 및 해석 등에 있어서 대한민국의 법원과 그 견해를 달리할 가능성을 배제할 수 없으므로, 이 사건 전소에 관하여 일본국 재판소가 결론내린 확정판결의 효력을 그대로 승인하는 것이 대한민국의 공익이나 정의관념 및 국내법질서 등에 비추어 허용될 수 없는 결과를 전혀 예상 못할 바 아니므로, 결국 이 사건 전소에 대한 일본국 재판소의 확정판결이 대한민국에서 당연히 승인될 것이라고 단정할 수 없다."고 판시하고 있다.

위 밑줄 친 부분의 판시내용은 외국재판이 공서양속에 반한다는 확실한 증거가 없는 경우에도 승인이 거부될 것을 예측할 수 있다는 매우 소극적 입장으로서, 결국 외국재판의 승인이 확실하게 예측될 것을 요구한다는 점에서 앞서의 사견과 차이가 있다.[29)] 게다가 일본 법원의 판결이 있기도 전에 기존의 일본 판례를 이유로 장래의 일본 판결이 우리의 실체적 공서에 위반될 '가능성'이 있다고 본 것은 공서양속의 위반을 판단할 충분한 근거라고 보기 힘든 면이 있다. 그러나 위 판례의 사안인 강제징용사건과 같은 인권관련 사건이나 또는 환경관련 소송 등과 같이 범세계적으로 보호할 필요성이 있는 이익의 침해가 후소에서 주장되는 경우에는 외국 법원의 판결의 경향과 같이 승인거절의 의심이 있는 사정을 고려하여 공서위반을 판단할 수 있다고 본다. 이러한 경우에는 국제적 소송경합에 의하여 발생하는 문제점보다도 피해자를 구제할 이익이 더욱 크고 이를 통하여 인권보호 또는 환경보호라는 범세계적 이익을 추구할 수 있기 때문이다. 즉 예외적으로 외국재판이 확실하게 승인될 것임을 요구할 수 있다고 본다.

---

28) 석광현, 국제민사소송법, 박영사, 2012, 201쪽; Adrian Briggs, Civil Jurisdiction and Judgments, 6th ed, informa law, p. 345.

29) 한충수, "국제적 소송경합을 둘러싼 몇 가지 문제점 – 국제민사소송원칙과의 정합성을 중심으로 –", 국제사법연구 16권 (2010.12), p. 308에서는 이에 반대하는 견해를 피력하고 있다.

물론 위와 같은 예외적 경우에 해당하는지 판단하는 것은 매우 어렵다. 위 판결에서는 피고 구(舊) 미쓰비시의 행위가 불법행위에 해당한다는 점에 관하여 "국제법적으로는 노예제를 금지하는 국제관습법과 1930년 체결된 강제노동 폐지를 규정한 국제노동기구(ILO) 제29호 조약에 위반될 뿐만 아니라 뉘른베르그(Nurnberg) 국제군사재판소 조례 및 당해 재판소의 판결에 의해 승인된 국제법의 제 원칙에서 정한 전쟁 범죄 및 인도에 대한 죄에 해당하고, 국내법적으로도 우리 민법 제750조 소정의 불법행위에 해당하므로,"라고 판시하고 있다. 결국 재판을 통하여 얻을 수 있는 범세계적 이익과 국제적 소송경합의 규제의 필요성을 비교형량 하여 개별적 사안마다 판단해야 한다고 본다.

Ⅴ. 국제적 소송경합이 중복제소가 되기 위한 요건

1. 국내소송에서 중복제소가 되기 위한 요건의 개요

가. 당사자의 동일

중복제소의 목적은 판결의 모순저촉을 방지하는데 있으므로 후소의 당사자가 전소 법원의 판결의 효력을 받는 기판력의 주관적 범위에 포함되어야 한다. 민사소송법 제218조에 따르면 판결의 효력은 소송의 당사자 사이에만 미치는 것이 원칙이지만, 예외적으로 변론종결 뒤의 승계인, 청구목적물의 소지자, 제3자의 소송담당에서 권리의무의 귀속주체, 제80조에 의하여 탈퇴한 당사자에게도 기판력이 미치므로 이러한 제3자가 제기한 소도 중복제소가 될 수 있다.[30]

나. 청구의 동일

판결의 효력은 그 소송의 소송물에 대하여만 미치므로 중복제소가 되기 위해서는 전소와 후소의 소송물이 동일해야 한다.[31]

다. 전소 계속 중 후소의 제기

후소가 중복제소에 해당하면 소송요건 부재로 소가 각하된다. 이때 전소와 후소를 어떻게 구분할 것인가의 문제가 발생하는데, 소송계속이 발생한 선후를 기준으로 하여 전소와 후소를 구분한다. 따라서 소장이 먼저 접수된 청구라고 하더라도 피고에 대한 소장의 송달이 늦다면 후소가 되어 소가 각하된다.[32]

---

30) 대법원 1989.4.11. 선고 87다카3155 판결.
31) 대법원 2017.11.14. 선고 2017다23066 판결.
32) 대법원 1992.5.22. 선고 91다41187 판결.

2. 국제적 소송경합에의 적용

가. 청구의 동일성과 당사자의 동일성의 판단의 준거법

국제적 소송경합이 발생하려면 전소 법원인 외국 법원에 의한 재판이 승인되었을 때에 그 외국재판의 기판력이 후소 법원인 우리 법원에 작용하는 관계에 있어야 한다. 만일 전소 법원의 기판력의 범위에 후소 법원의 당사자 또는 청구가 포함되지 아니한다면 외국재판의 기판력이 후소 법원인 우리 법원에 작용하지 아니하므로 양자는 별개의 소송이고 따라서 국제적 소송경합의 문제가 발생하지 않는다. 그런데 나라마다 기판력의 범위가 다르므로 외국재판의 기판력의 범위를 재판국법과 승인국법 중 어느 국가의 법에 따라야 하는가의 문제가 발생한다.[33] 이에 관하여 세계적으로 다양한 이론이 존재하지만 대표적으로 아래와 같은 세 가지 이론이 있다.

(1) 효력확장설(doctrine of extension of effects, Wirkungserstreckungstheorie)

효력확장설은 승인요건을 구비한 외국재판은 재판국에서 부여되는 것과 동일한 효력을 승인국에서도 가진다는 재판국법기준설을 취한다. 따라서 그 효력의 종류, 기판력의 객관적 범위, 시적 범위, 주관적 범위도 모두 재판국법에 따른다.[34] 이 이론이 우리나라의 다수의 견해로 보인다.[35] 유럽사법재판소는 Hoffmann v Krieg 판결[36]에서 브뤼셀협약 제26조[37]에 의하여 승인된 외국재판은 재판국에서와 동일하게 집행국에서도 효력을 갖는다고 판시하고 있는데[38] 이는 효력확장설에 따른 것으로 볼 수 있다.[39] 이와 같이 유럽사법재판소가 효력확장설에 따른 이유는, 브뤼셀협약이 재판의 자유로운 이동(free movement of judgments)을 추구하고 있으므로 외국재판의 승인은 재판이 내려진 국가에서 그 재판에 부여하고 있는 효력과 동일한 효력을 그 재판에 부여해야 하기 때문이라고 한다.[40] 이를 'Hoffmann 원칙'이라고 하는데 이 원칙은 위 판결 이후의 유럽사법재판소의 판결에서도 유지되고 있다.[41]

그리고 브뤼셀협약이 개정된 브뤼셀규칙 recast 제54조[42]에서는 승인국이 알지 못하는

---

33) 1999년 헤이그초안 제21조(1)에서는 국제적 소송경합이 발생하기 위한 청구원인(cause of action)의 동일성을 판단하는데 있어서 구체적 구제방법(relief sought)에 구애되지 아니하고 소송의 대상(subject matter of litigation)으로 넓게 보고 있다(Peter Nygh/Fausto Pocar, Report on Preliminary Draft Convention on Jurisdiction and Foreign Judgments in Civil And Commercial Matters, HCCP Preliminary Document No 11 of August 2000, p. 89). 이러한 독자적 입장은 국제협약에서 가능하고 우리의 경우에는 국내법과 일치시킬 필요가 있으므로 국제적 소송경합에서의 소송물에 대하여 별도의 개념을 정립할 필요는 없다고 본다.

34) 석광현, 국제민사소송법, 박영사, 2012, 410쪽.

35) 최공웅, "외국판결의 효력", 사법논집 제18집(1987.12), 337쪽; 권혁준, "외국판결 등의 승인 및 집행에 관한 실무상 문제", YGBL 제2권 제1호(2010), 198쪽. 또한 Savigny 이후의 독일의 통설이고 판례라고 한다. 그리고 「지적재산에서 저촉법에 관한 원칙」(Principles for Conflict of Laws in Intellectual Property) 제4:102조 제3항에서도 "재판의 효력은 재판국법에 따라서 결정된다."(The effect of the judgment is determined by the law of the State of origin.)고 규정하고 있다.

36) Case 145/86 [1988] ECR I-648.

37) "체약국에서 내려진 재판은 특별한 절차를 거치지 아니하고 다른 체약국에서 승인되어야 한다."(A judgment given in a Contracting State shall be recognized in the other Contracting States without any special procedure being required.)

38) "a foreign judgment which has been recognized by virtue of article 26 of the convention must in principle have the same effects in the state in which enforcement is sought as it does in the state in which judgment was given."

39) Andrew Dickinson, The Brussels I Regulation recast, The Brussels I Regulation recast, Oxford, 2015, para. 13.29.

40) 정확하게 이 판결에서는 브뤼셀협약에 관한 제나드 보고서, p. 43 중 위와 같은 취지의 내용을 인용하고 있다.

41) Andrew Dickinson, The Brussels I Regulation recast, The Brussels I Regulation recast, Oxford, 2015, para. 13.30.

효력이 외국재판에 있는 경우에 승인국의 상응하는 재판의 효력에 맞추어 적응(adaptation)할 수 있도록 규정하고 있는데, 이 규정은 재판국법이 당해 외국재판에 부여한 효력과 동일한 효력이 승인국에서도 인정된다는 것을 전제로 하므로 간접적으로 효력확장설을 지지하는 규정이라고 볼 수 있다.43)

(2) 동등설(doctrine of equalization of effects, Gleichstellungstheorie)

동등설은 승인된 외국재판은 마치 승인국에서 선고된 재판처럼 취급되어야 한다는 주장이다. 그 결과 승인된 외국재판의 기판력의 범위 등 외국재판의 효력의 내용은 재판국법이 아니라 승인국법(정확하게는 승인된 외국재판에 상응하는 승인국의 재판에 적용되는 승인국법)에 따라서 결정된다. 승인된 외국재판의 효력이 승인국에서 인정되는 이유는 승인에 의하여 외국재판의 효력이 승인국으로 확장되기 때문이 아니라 승인국에서 외국재판에 효력을 부여하기 때문이라고 한다.44)

(3) 누적설(Kumulationstheorie)

누적설은 외국재판의 효력은 원칙적으로 재판국법에 따라서 인정되지만 승인국법에서 인정하는 효력만을 인정하고 승인국법에서 인정하지 아니하는 효력은 인정되지 아니한다는 주장이다. 이에 덧붙여 승인국법에서 허용하고 있는 재판의 효력이라고 하더라도 재판국법에서 인정하지 아니하는 효력은 승인국에서도 인정되지 아니한다고 주장한다. 즉 승인국법이 일종의 여과기와 같은 기능을 한다.45) 예를 들어 영국의 재판이 우리나라에서 승인되었다고 할 때에 우리의 기판력과 유사한 '청구원인 기판력'(cause of action estoppel)46)은 인정될 수 있지만 우리나라에서 전혀 인정되지 아니하는 영국법상의 쟁점기판력(issue estoppel)47)이나

42) "만일 재판이 승인국의 법에 알려지지 아니한 조치나 명령을 포함하고 있다면, 그러한 조치나 명령은 가능한 범위에서 그 재판의 효력에 상응하고 유사한 목적과 이익을 추구하고 있는 조치 또는 명령에 맞추어 적응되어야 한다."(If a judgment contains a measure or an order which is not known in the law of the Member State addressed, that measure or order shall, to the extent possible, be adapted to a measure or an order known in the law of that Member State which has equivalent effects attached to it and which pursues similar aims and interests.)

43) Andrew Dickinson, The Brussels I Regulation recast, The Brussels I Regulation recast, Oxford, 2015, para. 13.31.

44) 최공웅, "외국판결의 효력", 사법논집 제18집(1987.12), 337쪽; 권혁준, "외국판결 등의 승인 및 집행에 관한 실무상 문제", YGBL 제2권 제1호(2010), 334쪽. 미국의 경우에는 연방제의 특수성으로 동등설을 따르고 있다. 미국 헌법 제4장 제1조에서는 "다른 모든 주의 법령, 기록과 사법절차는 각 주에서 충분한 신뢰와 신용이 부여되어야 한다. 그리고 의회는 일반법에 의하여 그러한 법령, 기록과 사법절차가 증명되기 위한 방법과 그 효력에 관하여 규정할 수 있다."고 규정하여 어느 주(州)의 재판이 다른 주(州)에서도 승인될 수 있는 근거를 마련하고 있다. 이를 '완전한 신뢰와 신용의 원칙'(Full Faith and Credit doctrine)이라고 한다. 그리고 이러한 '완전한 신뢰와 신용의 원칙'은 각 주(州)가 다른 주(州)의 재판에 대하여 자신의 재판과 동일한 효력을 부여해야 한다는 의미로 해석되고 있다. 그런데 Restatement (Third) of Foreign Relations Law 제481조 comment c에서는 승인된 외국재판에 대하여는 미국의 다른 주(州)의 재판과 동일한 효력이 부여되어야 한다고 하여 '완전한 신뢰와 신용의 원칙'이 외국재판에 대하여도 적용되도록 하는 취지의 규정을 두고 있고, 이에 따라서 대부분의 미국 법원은 큰 논의를 거치지 아니하고 자신의 법에 따라서 외국재판의 기판력의 범위를 결정하고 있다.

45) 석광현, 국제민사소송법, 박영사, 2012, 410쪽.

46) 전소의 청구원인(cause of action)과 동일한 청구원인에 관한 후소는 금지된다는 원칙이 '청구원인 기판력'이다. '청구원인 기판력'이 적용되기 위해서는 전소와 후소의 당사자가 동일해야 하고, 만일 동일한 청구권이라도 다른 사건으로부터 발생한 청구권이라면 '청구원인 기판력'이 적용되지 아니한다(Neil Andrews, English Civil Procedure, Oxford, 2003, para. 40.13).

47) 전소의 당사자와 동일한 당사자 사이의 후소에서는 전소에서 확정된 사실적 쟁점 또는 법률적 쟁점이 청구원인(cause of action)이 아니더라도 이와 모순된 주장을 할 수 없다는 것을 쟁점기판력(issue estoppel)이라고 한다. 영국에서는 판시내용 중 기판력이 발생하는 쟁점부분은 ratio decidendi라고 하며, 부수적인 방론을 obiter dictum이라고 하여 양자를 구분한다.

Henderson v Henderson 규칙[48]은 인정되지 아니한다. 외국재판의 효력은 승인국의 기본원칙이나 공공질서에 반하지 아니하는 한도에서 허용되기 때문에 승인국법에 의하여 외국재판의 효력범위가 제한되고 재판국법에서 인정하는 재판의 효력이 승인국법보다 좁다면 당사자는 재판국법에 따른 재판의 효력만을 기대할 것이므로 당사자의 기대에 부응하기 위해서 재판의 효력을 재판국법에 따르도록 하는 것이 타당하다고 한다.[49] 이러한 누적설이 독일의 다수설이라고 하며[50] 우리나라에도 누적설을 따르는 견해가 있다.[51]

(4) 사 견

외국재판의 승인은 외국재판의 기판력의 승인이고 기판력은 재판에 의하여 확정된 당사자 사이의 법률관계를 의미하므로 외국재판의 승인은 외국재판에 의하여 형성된 당사자 사이의 권리의무의 관계인 법률관계의 승인이 된다.[52] 이러한 따르면 승인의 대상은 단순히 외국재판이 아니라 '외국재판에 의하여 확정된 당사자 사이의 사법상의 법률관계'가 된다.

그런데 '외국재판에 의하여 확정된 사법상의 법률관계'는 재판국법에 따른 기판력의 결과이므로 외국재판의 기판력의 범위는 재판국법에 따라서 결정될 수밖에 없다. 또한 외국재판이 민사소송법 제217조의 승인의 요건을 갖추면 재판이 있는 때에 자동적으로 승인되므로 이러한 점에서도 승인의 대상은 '외국재판에 의하여 확정된 사법상의 법률관계'가 될 수밖에 없다. 그러나 외국재판의 기판력이 우리 법원에의 후소에 미치는지는 절차적 사항으로서 '절차는 법정지법에 따른다.'는 원칙상 우리 절차법에 따라서 판단할 사항이므로 결국 국제적 소송경합에서 전소와 후소 사이의 기판력의 주관적 범위와 객관적 범위는 각자의 법정지법에 따라 각각 결정한 뒤 우리 법의 기준에 따라 양자를 비교함으로써 결정할 사항이다.[53]

예를 들어 신소송물이론을 따르는 독일에서는 동일한 사실관계에 기초한 계약위반에 기한 청구와 불법행위에 기한 청구가 동일한 소송물로 취급되고 있으므로[54] 어느 한 청구에 관한 확정판결의 기판력은 다른 청구에 관한 후소에 작용한다. 따라서 독일에서 계약위반에 기한 손해배상청구를 제기한 원고가 우리 법원에 불법행위에 기한 손해배상청구의 소를 제기하였다면 양소의 소송물은 동일한 것으로 취급되어야 한다.

---

48) 전소에서 주장할 수 있었고 주장해야 했던 사항(subject matter)에 대하여 당사자가 주장하지 않았다면 그러한 사항에 대하여 후소에서 주장하는 것은 소송절차를 남용하는 남소(abuse of process)에 해당하므로 허용되지 아니한다는 법칙을 말한다.

49) Pedro Alberto, Recognition and Enforcement of Judgments in International Property Litigation: the CLIP Principles, available at http://eprints.ucm.es/15214/1/Recognition－Tokyo－PDeMiguelf.pdf, p. 16.

50) Wolfgang Wurmnest, Recognition and Enforcement of U.S. Money Judgments in Germany, Berkeley Journal of International Law Vol. 23:175, 2005, pp. 181－182.

51) 김용진, "국제적 제조물책임에 관련한 제3자 소송의 비교법적 고찰", 인권과 정의 제265호(1998.9), 94쪽. 이 견해에서는 승인가능 한 외국판결은 우리나라에서도 그대로 인정되어야 하는데 그에 상응한 국내효력으로 변환된다고 보는 동등설은 기교적 해석이고, 효력확장설은 승인국가의 실질법 또는 승인국가의 국제사법에 따라서 지정된 제3국의 실질법과 저촉될 위험이 있다는 이유로 위와 같은 견해를 배척한다. 반면에 승인국가인 우리나라에서 외국판결의 효력범위를 검토해야 할 필요가 있다는 이유로 외국판결의 효력을 국내의 판결효의 범위 내로 축소시키는 누적설에 찬성한다.

52) 브뤼셀협약 서문에서도 이 협약이 당사자의 권리구제(to strengthen in the Community the legal protection of persons)에 목적이 있다고 규정하고 있다.

53) 석광현, 국제사법과 국제소송 제4권, 박영사, 2007, 185－186쪽.

54) 이시윤, 신민사소송법, 박영사, 2010, 216－218쪽.

그러나 기판력의 범위와 소송물의 범위를 달리 보는 법제의 경우에는 기판력의 범위만으로 소송물의 동일성을 판단할 수 없는 문제가 있다. 예를 들어 채권자가 영국 법원에 이자채무이행청구의 소를 제기하였다면 소송물에 해당하는 청구원인(cause of action)은 이자채무이행청구가 되지만 피고가 선결적 법률관계인 원본채무의 존재를 다투어 법원이 판결이유 중에서 원본채무가 존재한다고 판단하였다면 이러한 판단부분에 대하여도 쟁점기판력이 발생한다.[55] 그런데 이러한 쟁점기판력이 발생하기 전까지 소송물은 이자지급청구이고 원본채무의 존재에 대하여 기판력이 발생할 것인지는 판결이 있기 전까지 불확실한 상태이므로 채권자가 원본채권의 이행을 구하는 후소를 제기하더라도 양자의 소송물이 동일하다고 보기는 힘들다.

나. 소의 전후를 판단하는 준거법

국내소송의 중복제소에서 소송계속이 발생한 선후를 기준으로 전소와 후소를 결정하므로 소장이 먼저 접수된 청구라고 하더라도 소송계속이 늦다면 후소가 되어 소가 각하된다.[56] 그리고 소장이 피고에게 송달된 때에 소송계속이 발생하므로[57] 피고에게 먼저 소장이 송달된 청구가 전소가 된다. 그러나 소송계속의 시점에 관하여 나라마다 차이가 있기 때문에[58] 소송계속의 시점을 어느 나라의 법에 따라서 판단할 것인지 문제된다.

이에 대하여 법정지법인 우리나라의 소송계속에 준하는 시점에 이른 때를 기준으로 전후를 판단해야 한다는 견해[59]와 소송물의 동일성 여부도 절차문제이므로 소송계속의 시점도 각자의 법정지법에 따르는 것이 타당하다는 견해[60]가 있다. 서울중앙지방법원 2002.12.13. 선고 2000가합 90940 판결에서는 제소시기만을 기준으로 소송의 선후를 판단하였는데 어차피 양소의 제소시기에 상당한 차이가 있기 때문에 제소시점이 문제되지 아니하여 간략히 처리한 것으로 보인다.

'절차는 법정지법에 따른다.'는 원칙[61]에는 외국의 절차법을 적용할 수 없다는 원칙도 포함되므로 외국의 절차법에 따라서 소송계속의 시섬을 판난하는 것이 적힙하지 아니할 뿐만 아니라[62] 외국 법원에서의 소송계속의 시점을 그 법원의 소재지법을 적용하면 사안마다 소송

55) 우리 대법원 판례에서는 판결이유 중의 판단인 선결적 법률관계에 관하여는 기판력을 인정하지 아니한다. 예를 들어 매매계약의 무효 또는 해제를 원인으로 한 매매대금반환의 판결의 기판력은 그 매매대금반환청구권의 존부에 관하여만 발생할 뿐, 그 전제가 되는 선결적 법률관계인 매매계약의 무효 또는 해제에까지 발생하는 것은 아니다(대법원 2013.11.28. 선고 2013다19083 판결).

56) 대법원 1992.5.22. 선고 91다41187 판결.

57) 대법원 1994.11.25. 선고 94다12517, 94다12524 판결.

58) 중복제소에 있어서 소송계속이 발생하는 시점은, 네덜란드와 이태리의 경우에는 집행관에 의하여 소장이 피고에게 송달된 때에 중복제소를 위한 소송계속이 발생하는데 이러한 송달은 법원에 소장이 제출되기 전에 이루어지고, 덴마크, 스페인, 아일랜드, 핀란드, 노르웨이의 경우에는 소장이 법원에 접수된 때, 프랑스와 룩셈부르크의 경우에는 출석요구서가 피고에게 송달된 때, 독일, 오스트리아, 벨기에, 그리스, 포르투갈, 영국의 경우에는 우리와 동일하게 소장이 법원에 먼저 접수된 후 피고에게 송달된 때에 각 중복제소를 위한 소송계속이 발생한다(Peter Nygh/Fausto Pocar, Report on Preliminary Draft Convention on Jurisdiction and Foreign Judgments in Civil And Commercial Matters, HCCP Preliminary Document No 11 of August 2000, p. 32).

59) 석광현, 국제사법과 국제소송 제4권, 박영사, 2007, 190쪽.

60) 이규호, "국제적 소송경합–1999년 헤이그협약 예비초안과 루가노협약을 중심으로", 국제사법연구 13권(2007.12), 208쪽.

61) 민사소송법이나 어느 법에서도 이 원칙을 명시적으로 규정하고 있지 않지만 대법원 1997.5.9. 선고 95다34385 판결; 대법원 2011.1.27. 선고 2009다10249 판결; 대법원 2012.10.25. 선고 2009다77754 판결 등에서 이 원칙을 인정하고 있다.

계속의 시점이 달라져서 법적 안정성을 해치는 문제가 있다. 따라서 국제적 소송경합에서 소의 전후를 판단하기 위한 기준을 법정지법인 우리 법에 따라서 일률적으로 결정할 필요가 있다. 소송계속의 발생시점에 관한 규정이 없는 브뤼셀협약을 적용한 유럽사법재판소의 Siegfried Zelger v Sebastiano Salinitri 결정[63]에서도 법정지 법원이 충분한 확실성을 가지고 (with a sufficient degree of certainty) 소송계속의 시점을 판단할 수 있어야 한다는 이유로 법정지법에 따라서 일률적으로 결정되어야 한다고 보았다.[64]

Ⅵ. 채무자의 소극적 확인의 소와 채권자의 이행의 소의 관계

앞서 언급한 바와 같이 채무자가 소송지연을 노려서 선제적으로 채무부존재확인의 소를 제기하거나 채권자의 이행의 소에 대항하여 채무부존재확인의 소를 제기하는 경우가 있다. 채무의 존재에 관하여 다툼이 있는 경우에 이행의 소가 보다 직접적 권리구제의 방법이고 확인의 소는 이행의 소를 이용할 수 없는 경우에 비로소 허용되는 보충적 소송이란 점에서 소극적 확인이 소와 이행의 소가 각 다른 국가에 계속된 경우에 이를 어떻게 해결할 것인지 문제된다.[65]

1. 소송물의 동일성

중복제소가 되기 위해서는 전소와 후소의 소송물이 동일해야 한다. 소극적 확인의 소와 이행의 소의 소송물이 동일한지 여부에 관하여는, 이행의 소가 먼저 제기되고 확인의 소가 뒤에 제기된 경우에는 동일사건이고 확인의 소가 먼저 제기되고 이행의 소가 나중에 제기된 경우에는 후소는 전소와 동일사건이 아니라는 견해,[66] 확인의 소가 먼저 제기되고 이행의 소가 뒤에 제기된 경우에도 동일사건으로 보아 중복소송에 해당한다는 견해,[67] 청구취지가 서로 상이하므로 중복소송에 해당하지 않는다는 견해가 있다.[68]

---

62) 대법원 판례는 실체법상 근거규정마다 별개의 소송물로 보고 있다. 이러한 기준은 절차법으로서 법정지법인 우리 법에 따라야 하지만 소송물의 구분이 되는 실체법은 준거법에 따라야 하므로 결국 외국법이 준거법인 경우에는 그 외국법에 따라서 소송물이 결정된다. 그리고 외국재판이 확정되어 발생하는 기판력은 당사자 사이의 법률관계를 확정시키는 실체법적 효력을 의미하므로 이를 절차법으로 보는 것은 무리가 있다고 본다. 따라서 소송계속 시점을 절차법으로 봐서 법정지법을 적용하는 것이 소송물의 동일성의 판단과 모순되는 것은 아니라고 본다.

63) Case 129/83 [1984] ECR I-2397.

64) 제나드 보고서 p. 41에서는 브뤼셀협약을 마련하는 과정에서 소송계속의 시점에 관한 규정을 둘 것인지 논의가 있었지만 각 국의 국내법에 따라서 결정하도록 맡기고 협약에서는 규정을 두지 않았다고 한다.

65) 대표적으로 이태리어뢰가 이에 해당하는데, 다만 이태리어뢰의 경우에는 전속적 관할의 합의가 있음에도 불구하고 브뤼셀협약에서 엄격한 우선주의를 따른 결과 발생한 문제인 반면에, 우리의 경우에는 외국재판이 승인예측 되는 경우에 한하여 국제적 소송경합의 문제가 발생하고 민사소송법 제217조 제1항 제1호에서는 외국 법원이 국제재판관할을 갖고 있는 경우에 외국재판을 승인하므로 관할법원으로 지정되지 아니한 법원에 제기한 채무부존재확인의 소는 국제재판관할이 없는 법원에서 진행되고 있는 절차이므로 국제적 소송경합의 문제가 발생할 염려는 없어 보인다.

66) 독일의 통설과 판례는 소송계속 중인 이행의 소는 그에 상응한 확인의 소의 소송물을 포함하기 때문에 양자의 소송물이 동일하고 따라서 이를 중복제소라고 보고 있다고 한다(김용진, "소극적 확인의 소와 이행의 소의 관계에 대한 국내법적 처리 방향과 국제적 차원에서의 대응 방안-대법원 1999.6.8. 선고 99다17401, 17428 판결 및 2010.7.15. 선고 2010다2428, 2435 판결에 대한 평석을 겸하여", 인권과 정의 통권 459호(2016.8), 24쪽).

67) 양석완, "'소극적 확인의 소'와 국제적 소송경합-소송지연 또는 유리한 법정지선점 전략으로 악용되는 경우를 중심으로-", 고려법학 제64호(2012.3), 486쪽.

소송물이란 민사소송절차에서 법원의 심판의 대상인 법률관계로서 소송물을 어떻게 구성할 것인가에 관하여 다양한 이론이 전개되고 있다. 이러한 이론 전개에도 불구하고 대법원 판례(대법원 1995.12.8. 선고 94다39628 판결 등 다수)는 확고하게 청구취지와 청구원인의 동일성을 기준으로 소송물의 동일성을 판단하고 있다. 청구취지가 달라지면 원고가 달성하려는 목적에 차이가 발생하고, 청구원인이 달라지면 주요사실이 달라져서 당사자의 주장책임과 증명책임의 범위, 즉 변론주의의 범위에 차이가 발생하기 때문이다.[69] 소극적 확인의 소와 적극적 이행의 소는 청구취지를 달리하고 그 목적에 차이가 있으므로[70] 대법원 판례를 기준으로 볼 때 소송물의 동일성을 인정하기 힘들어 보인다.[71] 대법원 2010.7.15. 선고 2010다2428, 2435 판결에서는 "소송요건을 구비하여 적법하게 제기된 본소가 그 후에 상대방이 제기한 반소로 인하여 소송요건에 흠결이 생겨 다시 부적법하게 되는 것은 아니므로, 원고가 피고에 대하여 손해배상채무의 부존재확인을 구할 이익이 있어 본소로 그 확인을 구하였다면, 피고가 그 후에 그 손해배상채무의 이행을 구하는 반소를 제기하였다 하더라도 그러한 사정만으로 본소청구에 대한 확인의 이익이 소멸하여 본소가 부적법하게 된다고 볼 수는 없다."고 판시하고 있는데 이행을 구하는 반소가 중복제소금지에 위반되는지 여부에 대하여 아무런 언급이 없는 것으로 보건대 양자의 소송물이 다르다고 본 것으로 추측된다.

서울지방법원 1999.4.9. 선고 98가단215282 판결에서는 구상금채무부존재확인이 소가 제기된 후에 구상금채무이행의 소가 제기된 경우에, 전소에서는 위 구상금청구권의 존부의 확정만이 문제되는 것임에 대하여 후소에서는 위와 같은 확정뿐만 아니라 이행명령까지도 문제되므로 후소의 소송물은 위 구상금청구권의 존부의 확정이라는 면에서 전소의 그것을 모두 포함하고 있어 부분적 동일성을 가지기는 하지만 이행명령이라는 면에서는 질적으로 큰 것이므로, 양자의 소송물은 서로 다르다고 하여 후소가 중복제소에 해당하지 아니한다고 보았다. 앞서의 대법원 판례의 기준에 따른다면 타당한 결론이라고 생각한다.

2. 전소가 선제적 소극적 확인의 소인 경우의 처리

가. 권리보호의 이익에 관한 법리

민사소송절차는 당사자의 사적 권리를 구제하는 절차이다. 만일 원고가 법원의 판결을

---

68) 이규호, "선제타격형 국제소송에 대한 연구", 민사소송 14권 2호(2010.11), 141쪽.

69) 대법원 1989.3.28. 선고 88다1936 판결에서는 "두 개의 소의 소송물이 동일한 법률사실에 기하고 있더라도 청구원인이 다르다면 그 소송물은 서로 별개라고 할 것이므로"라고 판시하고 있다.

70) 대법원 2001.9.20. 선고 99다37894 전원합의체 판결의 다수의견에서는 소유권이전등기말소청구소송과 진정명의회복을 원인으로 한 소유권이전등기청구소송의 경우에는 청구취지가 다르다고 하더라도 양자 모두 진정한 소유자의 등기명의를 회복하기 위한 것으로서 실질적으로 그 목적이 동일하고 두 청구권 모두 소유권에 기한 방해배제청구권으로서 그 법적 근거와 성질이 동일하므로 그 소송물은 실질상 동일하다고 보고 있다. 이 경우에는 궁극적으로 원고에게 소유자명의를 회복시킨다는 점에서 특별한 사정이 있다고 할 것이다.

71) 반면에 유럽사법재판소의 Erich Gasser GmbH v MISAT Srl. Case C-116/02 [2003] ECR I-14693 결정에서는 채무부존재확인의 소와 채무이행의 소의 청구원인(cause of action)이 동일하다고 보았다. 유럽사법재판소는 브뤼셀협약 제21조에서 청구원인이 동일할 것을 요구하고 있는데 청구원인은 소송의 목적으로서 사실과 기초되는 법으로 구성되어 있다고 보면서 채무부존재확인과 채무이행의 청구는 모두 동일한 채무를 대상으로 하므로 청구원인이 동일하다고 보았다.

통하여 얻을 수 있는 법률상 이익, 즉 권리보호의 이익이 없다면 이러한 소송은 아무런 실익이 없는 소송이므로 허용되지 아니한다. 권리보호의 이익은 원고가 소를 제기할 때에 한정되지 아니하고 민사소송절차 전반에서 요구되는데, 동일한 당사자 사이의 동일한 청구에 관하여 다시 후소가 제기되는 경우인 중복제소, 소의 취하 뒤의 재소, 기판력의 작용에서도 모두 요구된다.

중복제소금지의 법리와 관련하여 대법원 1987.11.10. 선고 87다카1761 판결에서는 소멸시효기간의 도과가 임박하여서 강제집행의 실시가 현실적으로 어렵게 되었다면 동일내용의 소에 대하여 소를 제기한 것은 권리보호의 이익이 있으므로 중복제소금지 규정에 위반한 것이 아니라고 보았다. 재소금지의 법리와 관련하여 대법원 1981.7.14. 선고 81다64 판결 등에서는 후소를 제기할 새로운 권리보호의 이익이 있다면 전소와 후소는 동일한 소라고 할 수 없다는 이유로 재소를 허용하고 있다. 그리고 기판력의 작용과 관련하여 대법원 2013.4.11. 선고 2012다111340 판결에서는 승소확정판결을 받은 원고라고 하더라도 시효중단 등 특별한 사정이 있는 경우에는 확정된 승소판결과 동일한 소송물에 기한 후소에 대하여 권리보호의 이익이 인정된다고 보고 있다.

나. 후소인 이행의 소의 권리보호의 이익

확인의 소는 당사자가 이행의 소와 형성의 소에 의하여 권리구제를 받을 수 없는 경우에 비로소 허용되는 보충적 소송에 해당한다.[72] 이러한 점에서 채무자가 채무부존재확인의 소를 제기한 후에 채권자가 채무이행의 소를 제기하였다면 채권자가 제기한 후소는 집행력을 얻기 위한 보다 직접적 권리구제수단으로서 권리보호의 이익이 인정된다. 대법원 2010.7.15. 선고 2010다2428 판결에서는 채무부존재확인의 소에서 피고가 반소로서 채무이행의 소를 제기한 것을 당연히 적법한 소로 받아들이고 있는데 이 판결의 함축적 의미에 따르면 채무부존재확인의 소를 제기한 후에 제기한 이행의 소는 소의 이익이 있다는 것이다.[73] 앞서 언급한 서울지방법원 1999.4.9. 선고 98가단215282 판결에서도 전소 자체에서는 결코 얻을 수 없는 이행명령을 바로 후소를 통하여 받아냄으로써 채무명의를 획득할 수 있다는 추가적 이유에서도 중복제소에 해당하지 아니한다고 보았는데 타당한 결론이라고 본다. 중복제소를 금지하는 궁극적인 이유도 당사자가 전소에 의하여 권리구제를 받을 수 있다면 후소는 무용의 절차로서 권리보호의 이익이 없다는데 있으므로 중복제소도 결국 권리보호의 이익이 없는 경우 중에 하나에 불과하다.

---

72) 이러한 이유로 확인의 소가 적법하기 위하여 확인의 이익이 요구된다. 확인의 이익은 ① 원고의 권리 또는 법률상의 지위에 ② 현존하는 불안, 위험이 있고 ③ 그 불안, 위험을 제거함에는 ④ 피고를 상대로 확인판결을 받는 것이 가장 유효적절한 수단일 때에만 인정된다(대법원 2013.2.15. 선고 2012다67399 판결).

73) 한충수, "국제적 소송경합(Lis Pendens)－서울중앙지방법원 2002.12.13. 선고 2000가합90940 판결을 중심으로－", 민사소송 8권 2호(2004.11), 62쪽에서는 "이 경우도 외국에 계속된 전소의 피고가 이행청구를 반소로 제기할 가능성이 있는지 여부와 아울러 국내에 제기되는 이행소송의 권리보호의 이익이나 필요성 여부를 점검해야 할 것이다."라고 하는데 피고가 외국절차에서 반소를 제기할 의무가 있다고 할 수 없고 확인의 소의 보충성을 감안할 때 이행청구소송이 권리보호의 이익이 없는 경우는 사실상 없을 것으로 보인다.

이에 덧붙여 채권자는 자신이 원하는 시기에 원하는 방법으로 채권을 행사할 자유가 있다. 채권의 행사방법 중에는 재판상 청구가 포함되고 이러한 재판상 청구권은 헌법에서 보호하는 기본권 중의 하나이다. 헌법상의 기본권도 합리적 필요성이 있다면 비례의 원칙에 따라서 제한될 수 있지만, 채무자가 제기한 채무부존재확인의 소에 의해서는 채권자가 강제집행을 위한 채무명의를 얻을 수 없으므로[74] 전소인 채무부존재확인의 소가 제기되었다고 하여 채권자가 이행이 소를 제기할 기본권을 박탈당할 합리적 필요성이 없다고 할 것이다.

다. 소 결

(1) 후소 절차의 계속적 진행

이제까지의 논의를 종합하면 전소인 채무부존재확인의 소와 후소인 채무이행의 소는 소송물이 다르다는 점에서 중복제소에 해당하지 아니할 뿐만 아니라 설령 중복제소에 해당한다고 하더라도 후소는 독자적인 권리보호의 이익이 있으므로 허용되어야 한다. 이러한 결론은 국제적 소송경합에도 그대로 적용되므로 외국에서 소극적 확인의 소가 먼저 제기된 후에 우리 법원에 비로소 이행의 소가 제기되었다면 우리 법원은 이러한 소의 적법성을 인정하여 절차를 계속하여 진행해야 할 것이다.

(2) 기판력의 모순저촉의 문제

대법원 1995.3.24. 선고 93다52488 판결 등 다수의 대법원 판례에 따르면 전, 후 양소의 소송물이 동일하지 않다고 하더라도, 만일 후소의 소송물이 전소에서 확정된 법률관계와 모순되는 정반대의 사항을 소송물로 삼았다면 이러한 경우에는 전소 판결의 기판력이 후소에 미친다. 예를 들어 전소의 확정판결에 의하여 피고로부터 원고에게 소유권이전등기가 이루어진 이후에 전소의 피고가 이러한 소유권이전등기의 말소를 구하는 후소를 제기하였다면 이러한 청구는 모순된 청구에 해당하므로 전소의 확정판결의 기판력에 저촉된다. 채무부존재확인은 채무이행청구의 선결적 법률관계에 해당하므로 후소인 이행의 소를 계속하여 진행한다면 전소 법원인 외국 법원의 재판과 후소 법원인 우리 법원의 재판 사이에 기판력의 모순저촉이 발생할 가능성이 있다.

만일 전소의 재판이 먼저 확정이 되고 이러한 재판이 민사소송법 제217조의 승인요건을 갖추어서 우리나라에서 승인될 수 있다면 우리 법원은 이러한 전소 재판의 기판력에 기속되어 판단할 수밖에 없을 것이다. 만일 우리 법원에서의 재판이 먼저 확정된 후에 비로소 외국재판이 확정되었는데 양자 사이에 모순저촉이 있다면 이러한 외국재판은 우리 법원의 재판의 기판력에 저촉되므로 대한민국의 선량한 풍속 기타 사회질서에 위반되어 우리나라에서 승인될 수 없을 것이다.[75]

---

74) 1999년 헤이그초안 제21조(6)에서는 채무자가 채무부존재확인의 소를 제기한 후에 채권자가 비로소 채무이행의 소를 제기한 경우에는 우선주의 적용을 배제하여 전소 법원이 소송절차를 중단하도록 함으로써 후소 법원에게 우선권을 수여하고 있는데, 후소인 이행의 소에 대하여 권리보호의 이익을 인정한 것이라고 볼 수 있다.

75) 대법원 1994.5.10. 선고 93므1051 판결.

3. 후소가 대항적 소극적 확인의 소인 경우

이행의 소가 계속되어 진행되던 중에 채무자가 이에 대항하여 채무부존재확인의 소를 제기한 경우에, 채무자는 전소에서 채무부존재를 주장할 수 있으므로 후소를 통하여 채무가 존재하지 아니한다는 확인을 받을 확인의 이익, 즉 권리보호의 이익이 없다.[76] 물론 특별한 사정에 의하여 후소에 권리보호의 필요성이 인정된다면 앞서의 논의와 같이 후소는 적법하다고 할 것이다. 이러한 논리는 국제적 소송경합에도 동일하게 적용될 것이지만 전소가 취하 또는 각하 될 가능성을 배제할 수 없으므로 대항적 소극적 확인의 소를 각하하기 보다는 절차를 중지한 후에 전소의 결과에 따라서 소를 각하하거나 절차를 계속하여 진행할 수 있도록 하는 것이 타당하다고 본다.

Ⅶ. 소송절차의 중지 및 중지된 절차의 속행

1. 소송절차의 중지의 근거

만일 법원이 적극적 승인예측을 하여 후소를 각하하였는데 그 후 외국재판이 우리의 공서양속에 반하는 등 우리나라에서 승인될 수 없음이 판명되었나면 후소를 제기한 원고는 다시 소를 제기해야 하는 부담을 안게 된다. 이러한 문제를 해결하기 위하여 우리 법원은 후소를 바로 각하할 것이 아니라 일단 후소의 절차를 중지한 후에 외국재판의 결과를 기다려서 외국재판이 최종적으로 승인될 수 없다면 절차를 속행하고 승인될 수 있다면 소를 각하하도록 하는 방법을 고려할 수 있다. 브뤼셀규칙 recast 제29조, 루가노협약 제27조, 1999년 헤이그초안 제21조(1)에서도 후소 법원이 소를 각하할 것이 아니라 절차를 중지하도록 규정하고 있다.

그런데 소송절차의 중지와 관련하여 민사소송법 제245조에서는 천재지변, 그 밖의 사고로 법원이 직무를 수행할 수 없을 경우에 소송절차를 중지하도록 규정하고, 제246조 제1항에서는 당사자에게 불확정 기간 동안 소송행위를 할 수 없는 장애사유가 생긴 경우에는 소송절차를 중지하도록 명할 수 있도록 규정하고 있을 뿐이며, 중복제소가 발생한 경우에 관하여는 아무런 규정을 두지 않고 있다. 따라서 국제적 소송경합이 발생한 경우에 법원이 소송절차를 중지할 수 있는지 문제가 제기되는데, 법원이 이 정도의 재량권을 갖고 있다고 보는 견해와[77] 명시적인 중지가 아니더라도 변론기일의 추후지정의 방법으로 사실상 중지할 수도 있다는 견해가 있다.[78] 전자의 견해도 일리가 있지만[79] 앞서 언급한 바와 같이 국제민사소송법은

---

76) 대법원 2001.7.24. 선고 2001다22246 판결.

77) 한충수, "국제적 소송경합(Lis Pendens)－서울중앙지방법원 2002.12.13. 선고 2000가합90940 판결을 중심으로－", 민사소송 8권 2호(2004.11), 70－71쪽.

78) 이규호, "선제타격형 국제소송에 대한 연구", 민사소송 14권 2호(2010.11), 142쪽.

79) 미국 연방대법원은 Landis v. North American Co., 299 US 248, 57 S. Ct. 163 (1936)판결에서 연방법원은 다른 연방법

사안과 가장 유사한 민사소송법의 규정을 근거로 하고 이에 민사소송법의 이념과 국제소송의 특수성을 고려하는 방법으로 보충하는 것이 타당하다.

민사소송법 제165조 제1항에서는 "기일은 직권으로 또는 당사자의 신청에 따라 재판장이 지정한다."고 규정하여 기일의 지정을 재판장의 재량사항으로 규정하고 있다. 기일을 무작정 지정하지 아니하는 것은 재량의 남용으로서 위법한 절차의 진행이라고 볼 수 있지만 합리적 사유가 있다면 합리적인 기간 동안 기일을 지정하지 아니하는 방법으로 사실상 소송절차를 중지시킬 수 있을 것이다. 결론적으로 국제적 소송경합은 기일을 지정하지 아니할 합리적 사유로 볼 수 있으므로 법원은 국제적 소송경합이 유지되는 동안 기일을 지정하지 아니할 권한이 있다고 본다.

2. 중지된 절차의 속행

가. 전소 절차의 지연

국제적 소송경합의 상황에서 후소 법원인 우리 법원이 절차를 중지하였는데 전소 법원의 소송절차가 지연되는 경우에 우리 법원이 절차를 재개할 수 있는지 검토할 필요가 있다. 민사소송법의 이념의 하나로서 소송의 신속이 요구되므로 외국절차의 지연에 따라서 국내 절차를 계속하여 진행할 필요성은 충분히 인정된다. 앞서 법원은 민사소송법 제165조 제1항을 근거로 하여 합리적 사유가 있는 경우에 기일을 추후지정 할 수 있다고 하였는데 이러한 추후지정이 무제한으로 허용되는 것은 아니므로 합리적 기간 내에서만 추후지정이 가능하다고 봐야 한다. 또한 이러한 합리적 기간이 도과하도록 외국절차가 종결되지 않고 있다면 후소의 당사자는 절차를 계속하여 진행함으로써 얻을 수 있는 권리보호의 이익도 있다고 할 것이다. 따라서 우리 법원으로서는 당사자의 변론기일지정신청을 받아들이는 방법으로 절차를 계속하여 진행할 수 있다고 본다.

참고로 브뤼셀규칙 recast 제33조(2)(b)[80]에서는 외국절차가 상당히 오랫동안 진행되었고 합리적 기간 내에 종결될 것으로 보이지 아니한다면 후소 법원인 회원국 법원이 계속하여 절차를 진행할 수 있도록 허용하고 있다. 1999년 헤이그초안 제21조(3)[81]에서는 전소의 원고가 실체적 판단에 필요한 조치를 취하지 아니하거나 전소 법원이 합리적 기간 내에 실체적 판단을 하지 아니하는 경우에 후소 법원이 계속하여 절차를 진행할 수 있도록 허용하고 있다.

원에 동일한 사건에 관하여 병행소송이 진행 중이라면, 법원과 당사자의 소송경제를 고려하여 자신의 절차를 중지할 수 있는 권한이 있는데 이러한 권한은 법률규정이 없더라도 행사될 수 있는 모든 법원의 본래적 권한(inherent power)이라고 보았다.

80) "it appears to the court of the Member State that the proceedings in the court of the third State are unlikely to be concluded within a reasonable time."

81) "Upon application of a party, the court second seised may proceed with the case if the plaintiff in the court first seised has failed to take the necessary steps to bring the proceedings to a decision on the merits or if that court has not rendered such a decision within a reasonable time."

나. 승인예측 후에 승인거절의 사유가 발생한 경우

앞서 언급한 바와 같이 국제적 소송경합은 외국재판의 승인이 예측되는 것을 전제로 하고 이러한 승인의 예측은 예측 당시에 나타난 자료만을 바탕으로 하여 실시되어야 한다. 그런데 외국재판의 승인이 예측되어 우리 법원이 후소 절차를 중지하였는데 그 후에 비로소 외국법원의 절차가 우리의 절차적 공서에 위반하는 등 승인거절의 사유가 발생하였고 이러한 승인거절의 사유가 명백하다면 법원은 소송의 신속과 당사자의 권리구제를 위하여 당사자의 기일지정신청에 따라서 기일을 지정하여 절차를 속행할 수 있다고 본다.

Ⅷ. 국제적 소송경합에 관한 입법적 제안

1. 국제적 소송경합이 발생하기 위한 요건

가. 중복제소금지의 법리의 채용의 필요성

국제적 소송경합에 관한 입법, 판례, 이론 등이 세계적으로 다양하게 전개되고 있다. 크게 분류하면 대륙법계(civil law)와 보통법계(common law)의 입장으로 나누어 볼 수 있다. 독일과 프랑스를 중심으로 한 대륙법계는 중복제소금지의 법리(doctrine of lis pendens)를 채용하여 이를 해결하고 있는 빈면에, 영국을 중심으로 한 보통법계 국가의 경우 부적절한 법정지의 법리(forum non conveniens)[82]나 제소금지가처분(anti−suit injunction)[83]을 통하여 위 문제를 해결하고 있고, 미국 연방법원의 경우에는 독자적 법리를 제시하고 있다. 그리고 일부 국제협약의 경우에는 중복제소의 법리와 부적절한 법정지의 법리를 복합적으로 채용하고 있다. 반면에 외국에서의 소송을 전혀 고려하지 아니하고 자국에서의 소송을 계속하여 진행하는 경우도 있다.[84]

그런데 국제적 소송경합으로 인하여 발생하는 문제인 기판력의 모순과 저촉, 소송비용의 증가, 소송비용증가에 따른 경제적 약자의 불이익, 소송지연 등은 국내소송의 중복제소로 인하여 발생하는 문제와 다를 바가 없다. 같은 문제를 달리 해결한다는 것은 법적 안정성을 해치는 결과를 가져옴과 동시에 어느 한 쪽의 해결방법이 부적절하다는 것을 스스로 인정하는 결과를 가져온다. 따라서 국제적 소송경합에 대하여도 중복제소금지의 법리를 채용하는 것이 타당하다. 이에 따르면 먼저 소가 제기된 국가의 법원이 다른 국가의 법원에 우선하여 자신의 관할을 심사하고 자신에게 관할이 있다고 결정한 경우에 계속하여 본안에 대하여 심사할 수

82) 부적절한 법정지 법리는, 법원이 당해 사건에 관하여 다른 국가의 법원이 재판하는 것이 더 적절하다고 판단한 경우에 더 적절한 법원이 절차를 진행할 수 있도록 자신의 절차를 중지하거나 소를 각하할 수 있는 법리이다. 부적절한 법정지 법리의 구체적 내용은 이를 채택한 나라마다 차이가 있다.

83) 제소금지가처분이란 소송당사자 일방에게 외국에서 소송을 진행하지 말 것을 명령하는 것을 말한다. 이 가처분은 외국의 소송에 직접 관여하는 것은 아니지만 간접적으로 간섭한다는 점에서 문제가 지적되고 있다.

84) 덴마크, 폴란드, 포르투갈, 루마니아, 핀란드, 리투아니아 등이 그러하다고 한다(Vitellino, Gaetano, The Brussels I Regulation and Concurrent Proceedings in Third Countries: A Possible Reform, (January 16, 2011), available at SSRN: https://ssrn.com/abstract=2718978, p. 14).

있는 우선주의(principle of priority, first in time rule, prior in tempore)가 적용된다. 다만 민사소송법의 중복제소금지의 규정만으로 해결할 수 없는 국제적 소송경합의 특수성이 있으므로 중복제소금지의 법리를 바탕으로 하되 이러한 특수성을 고려하여 이에 대한 별도의 규정을 두는 것이 올바른 입법 방향이라고 생각한다.

브뤼셀규칙 recast이나 「민사 및 상사 사건에서 관할과 재판의 승인 및 집행에 관한 협약」,[85] 1999년 헤이그초안, 국제민사소송원칙도 중복제소금지의 법리에 기초하여 국제적 소송경합의 문제를 해결하고 있다.

나. 국제적 소송경합이 발생하기 위한 전제로서의 외국재판의 승인

(1) 외국재판의 승인예측의 필요성

국제적 소송경합이 문제되는 핵심은 외국재판이 민사소송법 제217조 제1항의 요건을 갖추면[86] 우리나라에서도 효력을 가질 수 있다는 점에 있다.[87] 만일 외국 법원에 의한 외국재판이 장래 우리나라에서 승인될 수 없다면 외국 법원의 소송절차는 우리에게 아무런 영향을 끼치지 아니하므로 국제적 소송경합의 문제는 발생하지 아니하고 따라서 우리 법원은 국내의 소송절차를 계속하여 진행해야 한다.[88] 따라서 먼저 개시된 외국절차에 의한 재판(외국재판)이 국내에서 승인될 것이 예측된다는 전제 하에서 국제적 소송경합이 문제된다.

브뤼셀규칙 recast 제33조[89]에서는 "제3국의 법원이 그 회원국에서 승인되고 집행될 수 있는 재판을 할 것이 기대되는 경우"라고 규정하고, 1999년 헤이그초안 제22조(1)에서는 "먼저 소가 계속된 법원이 관할이 있고 뒤에 소가 계속된 체약국에서 본 협약에 따라서 승인될 수 있는 재판을 할 것으로 예상된다면"이라고 규정하여 국제적 소송경합에 관한 규정이 적용되기 위한 전제조건으로서 외국재판의 승인예측을 요구하고 있다. 법무부 입법예고 제11조 제1항 또한 "외국 법원이 내릴 재판이 대한민국에서 승인될 것으로 예상되는 때"라고 규정하여 외국재판의 승인예측을 요구하고 있다. 그런데 외국재판이 우리나라에서 승인될 수 있는지 이를 확실하게 예측할 수 없다는 문제가 있다.

(2) 공서양속 위반의 승인예측의 어려움

민사소송법 제217조에서는 외국재판이 승인되기 위한 네 가지의 요건을 제시하고 있다.

---

85) Convention on Jurisdiction and the Recognition and Enforcement of Judgments in Civil and Commercial Matters, '루가노협약'.

86) 민사소송법 제217조에서는 외국재판이 일정한 요건을 충족하면 승인판결이나 승인재판과 같은 별도의 절차를 갖추지 않더라도 우리나라에서 당연히 그 외국재판이 효력을 갖도록 규정하고 있다. 이를 '자동승인'(automatic recognition)이라고 한다. 이에 따라서 외국재판이 민사소송법 제217조의 요건을 충족하고 있는데 같은 소송물에 대하여 우리 법원에 다시 소가 제기되었다면 우리 법원은 국내사건과 동일하게 기판력의 효력에 따라서 이를 처리해야 한다.

87) 최공웅, "국제소송과 중복제소의 금지", 민사재판의 제문제 7권(1993.6), 259쪽.

88) 이를 '승인예측설'이라고 한다. 국내 다수의 입장으로 보이며 다수의 하급심 판례도 이를 따르고 있다.

89) 브뤼셀규칙 recast는 유럽연합의 회원국 법원 사이에 병행소송이 발생한 경우에 관하여는 제29조에서, 유럽연합의 회원국 법원과 비회원국의 법원 사이에 국제적 소송경합이 발생한 경우에 관하여는 제33조에서 각 규정하고 있다. 유럽연합의 회원국 사이에서는 외국재판을 국내재판과 동일하게 취급하고 있기 때문에 우리가 입법에 참조하는데 있어서는 제29조보다는 제33조가 적합하다.

이러한 네 가지 요건 중에 '그 확정재판 등의 내용 및 소송절차에 비추어 그 확정재판 등의 승인이 대한민국의 선량한 풍속이나 그 밖의 사회질서에 어긋나지 아니할 것'이 있다. 이때 공서양속은 실체적 공서와 절차적 공서를 포함하는 개념이다.[90] 국제적 소송경합이 문제된 시점에서 외국 법원의 절차에 이미 하자가 있고 이러한 하자가 우리의 절차적 공서를 위반할 정도에 이른다면 외국재판의 승인이 거부될 것을 미리 예측할 수 있지만 아직 진행되지 아니한 외국 법원의 절차에 대하여는 절차적 공서위반의 예측이 불가능하다. 그리고 실체적 공서의 위반은 외국재판의 종국적 판단의 내용이 우리의 공서양속에 반하는 경우로서 외국재판이 나오기 전까지는 그 판단내용이 우리의 공서양속을 위반하였는지 알 수 없다는 문제가 있다.[91]

(3) 승인거절사유의 존재의 판단과 예외

가) 승인거절사유의 존재의 판단

외국재판의 승인예측이 불가능하다는 결론에 이르게 되면 국제적 소송경합을 허용할 수밖에 없다. 그러나 국제적 소송경합에 의하여 발생할 수 있는 문제점과 민사소송법에서 중복제소를 금지하는 취지를 고려하면 무제한으로 국제적 소송경합을 허용하는 것은 무리가 있다. 이에 대하여 법원으로서는 국제적 소송경합이 문제된 시점에서 외국재판이 공서양속에 반한다는 확실한 증거가 없다면 일단 외국재판에 승인예측이 존재한다고 적극적으로 예측하는 것이 타당하다는 견해가 있다.[92] 법무부 입법예고 제11조 제1항에서는 "외국 법원이 내릴 재판이 대한민국에서 승인될 것으로 예상되는 때"라고만 규정할 뿐이고 어떻게 승인예측을 할 것인지 방법과 기준을 제시하지 않고 있다.

사견은 적극적 승인예측을 하자는 앞서의 견해와 사실상 같지만 관점에서 차이가 있다. 사견으로는 외국재판의 확실한 승인예측이 불가능하므로 승인예측을 요구할 것이 아니라 국제적 소송경합이 문제된 시점(뒤에서 보는 바와 같이 소송절차의 중지결정 당시를 말한다.)의 사정만을 고려했을 때 명백히 외국 법원의 절차에 승인거절사유가 존재하지 않는다면 국제적 소송경합을 인정해야 한다는 것이다.[93] 이러한 사견에 따르면 "중지 결정 당시의 모든 사정을 고려하여 외국 법원이 내릴 재판이 대한민국에서 승인될 수 없다는 점이 명백하지 않다면"이

---

90) 아동의 혼인이나 일부다처제가 적법하다는 전제 하에서 내려진 외국재판과 같이 재판의 실체적 내용이 우리의 법감정상 도저히 받아들일 수 없는 경우가 '실체적 공서'가 문제되는 경우이고, 일방당사자에게 방어의 기회가 주어지지 않은 재판절차와 같이 재판의 성립과정이 우리의 공서양속에 반하는 경우가 '절차적 공서'가 문제되는 경우이다. 판례와 학설에 의하여 외국재판이 절차적 공서에 반하는 경우도 승인거부사유로 인정되어 왔는데, 2014년 개정 민사소송법 제217조 제1항 제3호에서는 "그 확정재판 등의 내용 및 재판절차에 비추어"를 포함시켜서 외국재판의 승인요건으로서의 공서에 '절차적 공서'도 포함됨을 명확히 하였다.

91) 서울가정법원 2004.8.16. 자 2004즈단419 결정에서도 "외국 법원에의 제소단계에서 외국판결의 확정 여부 또는 조속한 확정가능성 등을 제소명령에 따른 본안소송의 적격성 판단의 근거로 삼는 것은 그 자체로 무리이고, 장래에 외국 법원의 판결이 민사소송법 제217조가 정한 승인요건을 구비할 것인지, 특히 그 외국판결의 효력을 인정하는 것이 대한민국의 선량한 풍속이나 그 밖의 사회질서에 어긋나지 아니할 것인지 여부를 판결확정 전에 미리 판단하는 것은 불가능하고.."라고 판시하여 위와 같은 문제를 지적하고 있다.

92) 석광현, 국제민사소송법, 박영사, 2012, 201쪽.

93) Adrian Briggs, Civil Jurisdiction and Judgments, 6th ed, informa law, p. 345.

라고 규정할 필요가 있는데 단순히 승인예측을 요구하는 것보다는 기준이 명확해 보인다.

그리고 외국 법원의 절차에 승인거절사유가 존재한다는 점은 직권조사사항으로 볼 수 있지만 직권탐지사항이라고 보기 힘들다. 따라서 법원이 적극적으로 사실을 조사하고 증거를 수집할 책임이 없고 당사자의 증명이 있어야 비로소 직권조사를 해야 할 것이다.[94)]

나) 예 외

부산지방법원 2007.2.2. 선고 2000가합7960 판결에서는 "이 사건 전소에 대한 히로시마 지방재판소의 판결 이외에 다수의 과거 일본국 재판소의 판결 내용에 비추어 볼 때 일본국 최고재판소가 위 원고들과 같은 재한 피징용자들의 손해배상 등 청구에 관한 판단을 함에 있어 그 판단의 기초가 되는 대한민국과 일본 사이에 있었던 역사적 사실이나 일본국 또는 그 국민에 의하여 자행되었던 과거의 행위에 대한 평가, 법령의 적용 및 해석 등에 있어서 대한민국의 법원과 그 견해를 달리할 가능성을 배제할 수 없으므로, 이 사건 전소에 관하여 일본국 재판소가 결론내린 확정판결의 효력을 그대로 승인하는 것이 대한민국의 공익이나 정의관념 및 국내법질서 등에 비추어 허용될 수 없는 결과를 전혀 예상 못할 바 아니므로, 결국 이 사건 전소에 대한 일본국 재판소의 확정판결이 대한민국에서 당연히 승인될 것이라고 단정할 수 없다."고 판시하고 있다.

위 밑줄 친 부분의 판시내용에 따르면, 승인예측 당시에 명백한 승인거절사유가 존재하지 않더라도 승인거절의 '가능성'만 있으면 외국재판이 장래 승인되지 아니할 것을 인정할 수 있다. 그러나 이러한 '가능성'의 기준이 너무 불명확하기 때문에 이를 수용하면 법적 안정성과 예견가능성을 해치고 결국 승인예측이 되는 경우는 현격히 줄어들 것이다. 따라서 위와 같은 기준을 일반적으로 받아들이는 것은 찬성하지 않는다. 그러나 위 판례의 사안인 강제징용사건과 같은 인권관련 사건이나 또는 환경관련 소송 등과 같이 범세계적으로 보호할 필요성이 있는 이익의 침해가 후소에서 주장되는 경우에는, 외국 법원의 판결의 경향이 우리의 공서양속에 위반된다는 것과 같이 승인거절사유가 명백히 존재하지 않더라도 그러한 가능성만으로도 승인거절사유가 존재한다고 인정할 수 있다고 본다. 이러한 경우에는 국제적 소송경합에 의하여 발생하는 문제점보다도 피해자를 구제할 이익이 더욱 크고 이를 통하여 인권보호 또는 환경보호라는 범세계적 이익을 추구할 수 있기 때문이다.

이러한 예외는 개별적 사안마다 판단할 수밖에 없기 때문에 이를 법조문화 시키는 것은 매우 어려운 작업이다. 그런데 범세계적 이익과 관련된 후소가 우리 법원에 제기된 경우에는 후소에 독자적인 권리보호의 이익이 있다고 볼 수 있다. 아래에서 검토하는 바와 같이 후소에 독자적 권리보호의 이익이 있다면 우리 법원이 후소 법원이라도 절차를 계속하여 진행할 수 있도록 하는 규정을 마련할 필요가 있다. 따라서 위와 같은 예외에 대하여 별도의 법조문을 마련하기 보다는 권리보호의 이익에 관한 규정을 통하여 문제를 해결할 수 있다고 본다.

94) 대법원 1981.6.23. 선고 81다124 판결.

다. 전소와 후소의 당사자와 소송물의 동일성

(1) 당사자의 동일성과 소송물의 동일성의 요구

국제적 소송경합은 기판력의 모순 · 저촉을 피하는데 1차적 목표가 있다. 따라서 전소의 기판력이 후소에 미치는 관계에 있어야 비로소 국제적 소송경합이 문제된다. 전소의 기판력이 후소에 미치는지 여부는 '절차는 법정지법에 따른다.'(forum regit processum)는 원칙[95]에 따라서 우리 법이 결정할 사항이다. 우리 법상 전소의 기판력이 후소에 미치기 위해서는 전소의 당사자와 소송물이 후소의 당사자와 소송물과 같아야 하고 이러한 경우에 중복제소에 해당한다.[96]

(2) 당사자와 소송물의 동일성의 판단기준

전소와 후소의 당사자와 소송물이 같으려면 전소 확정재판의 기판력을 받는 당사자와 소송물의 범위와 후소 확정재판의 기판력을 받는 당사자와 소송물의 범위가 같아야 한다. 그런데 승인된 외국재판의 기판력의 범위를 재판국법과 승인국인 우리 법 중 어느 국가의 법에 따라야 하는가의 문제가 발생한다.[97] 이에 관하여 세계적으로 다양한 이론이 존재한다. 대표적으로 승인요건을 구비한 외국재판은 재판국에서 부여되는 것과 같은 효력을 승인국에서도 가진다는 효력확장설, 승인된 외국재판은 마치 승인국에서 선고된 재판처럼 취급되어야 한다는 동등설, 외국재판의 효력은 원칙적으로 재판국법에 따라서 인정되지만 승인국법에서 인정하는 효력만을 인정하고 승인국법에서 인정하지 아니하는 효력은 인정되지 아니한다는 누적설 등이 있다.

외국재판의 승인은 외국재판의 기판력의 승인이고 기판력은 재판에 의하여 확정된 당사자 사이의 법률관계를 의미하므로, 외국재판의 승인은 외국재판에 의하여 확정된 당사자 사이의 권리의무의 관계인 법률관계의 승인이 된다. 그런데 '외국재판에 의하여 확정된 당사자 사이의 권리의무'는 재판국법에 따른 기판력의 결과이므로 결국 외국재판의 기판력의 범위는 재판국법에 따라서 결정되어야 한다. 결론적으로 국제적 소송경합에서 전소와 후소 사이의 기판력의 주관적 범위와 객관적 범위는 각자의 재판국법에 따라 각각 결정한 뒤 우리 법의 기준에 따라 양자를 비교함으로써 결정해야 한다.[98] 이를 명확하게 하기 위하여 "제1항의 당사자와 소가 같은지 여부는 외국 법원이 속한 국가의 법과 대한민국 법에 따른 각 기판력의 범위

---

95) 민사소송법이나 어느 법에서도 이 원칙을 명시적으로 규정하고 있지 않지만 이 원칙은 세계적으로 인정되고 있을 뿐만 아니라, 대법원 1997.5.9. 선고 95다34385 판결; 대법원 2011.1.27. 선고 2009다10249 판결; 대법원 2012.10.25. 선고 2009다77754 판결 등에서도 인정하고 있다.

96) 전소와 후소의 소송물이 같은 경우뿐만이 아니라 전소의 소송물에 관한 판단이 후소의 선결문제가 되거나 모순관계에 있을 때에도 기판력이 작용한다(대법원 2002.12.27. 선고 2000다47361 판결). 그러나 대법원 판례(대법원 1992.3.10. 선고 91누5273 판결 등)는 전소와 후소의 소송물이 같은 경우에만 중복제소금지의 법리를 적용하고 있다.

97) 1999년 헤이그초안 제21조(1)에서는 국제적 소송경합이 발생하기 위한 청구원인(cause of action)의 동일성을 판단하는데 있어서 구체적 구제방법(relief sought)에 구애되지 아니하고 소송의 대상(subject matter of litigation)으로 넓게 보고 있다(Peter Nygh/Fausto Pocar, Report on Preliminary Draft Convention on Jurisdiction and Foreign Judgments in Civil And Commercial Matters, HCCP Preliminary Document No 11 of August 2000, p. 89). 이러한 독자적 입장은 국제협약에서 가능하고 우리의 경우에는 국내법과 일치시킬 필요가 있으므로 국제적 소송경합에서의 소송물에 대하여 별도의 개념을 정립할 필요는 없다고 본다.

98) 석광현, 국제사법과 국제소송 제4권, 박영사, 2007, 185-186쪽.

를 비교하여 결정한다."고 명시할 필요가 있다.

이러한 규정에도 불구하고 기판력의 범위와 소송물의 범위를 달리 보는 법제의 경우에는 기판력의 범위만으로 소송물의 동일성을 판단할 수 없다는 점을 지적해 둘 필요가 있다. 예를 들어 채권자가 영국 법원에 이자채무이행청구의 소를 제기하였다면 소송물에 해당하는 청구원인(cause of action[99])은 이자채무이행청구가 되어 원칙적으로 이러한 청구원인에 기판력이 발생한다.[100] 그러나 피고가 선결적 법률관계인 원본채무의 존재를 다투어 법원이 판결이유 중에서 원본채무가 존재한다고 판단하였다면 이러한 판단부분에 대하여도 쟁점기판력(issue estoppel)[101]이 발생한다. 그런데 이러한 쟁점기판력이 발생하기 전까지 청구원인은 이자지급청구이고 선결적 법률관계인 원본채무의 존재에 대하여 기판력이 발생할 것인지는 판결이 있기 전까지 불확실한 상태이므로 채권자가 우리 법원에 원본채권의 이행을 구하는 후소를 제기하더라도 양자의 소송물이 같다고 보기는 힘들다. 이러한 경우에는 우리 법원은 소송물의 동일성을 부정하고 계속하여 절차를 진행해야 할 것이다.

라. 소의 선후의 판단기준

(1) 법정지법인 우리 법의 적용

중복제소금지의 법리에서는 먼저 소가 계속된 법원에 우선권을 수여한다. 중복제소에 관한 민사소송법 제259조도 소송계속의 시점을 기준으로 하여 소의 선후를 결정하고 있다. 다만 민사소송법은 법원에 소가 계속되는 시기에 관하여 규정을 두고 있지 않은데, 대법원 판례는 소장이 피고에게 송달된 때에 소송계속이 발생한다고 보고 있다.[102] 따라서 법원에 소장이 먼저 접수된 청구라고 하더라도 피고에 대한 소장의 송달이 늦었다면 후소가 되어 각하된다. 그런데 소송계속의 시점에 관하여 나라마다 차이가 있기 때문에[103] 국제적 소송경합에서는 소송계속의 시점을 어느 나라의 법에 따라서 판단해야 하는지 추가적 문제가 발생한다.[104]

99) 영국법상 'cause of action'이란 우리의 청구원인에 상응하는 개념으로서 청구권(claim)을 발생시키기에 충분한 일련의 사실과 정황을 의미한다. 예를 들어 불법행위(tort)에 기한 손해배상청구를 할 때 cause of action은 의무의 존재, 의무의 위반, 그 결과 원고에 대하여 발생한 손해가 된다(Neil Andrews, Andrews on Civil Processes Volume I, Intersentia, 2013, para. 8.06).

100) 이를 '청구원인 기판력'(cause of action estoppel)이라고 한다.

101) 전소의 당사자와 같은 당사자 사이의 후소에서는 전소에서 확정된 사실적 쟁점 또는 법률적 쟁점과 모순된 주장을 할 수 없다는 것을 쟁점기판력이라고 한다(International Law Association Berlin Conference (2004), Interim Report on "*Res judicata*" and Arbitration, available at http://www.ila-hq.org/en/committees/index.cfm/cid/19, p. 7). 쟁점기판력에서 기판력이 작용되는 쟁점(issue)이 되기 위해서는 법원이 그에 관하여 판단을 한 것만으로는 부족하고 원고의 청구원인 또는 피고의 답변에 있어서 핵심적 요소에 해당해야 한다.

102) 대법원 1994.11.25. 선고 94다12517 판결.

103) 중복제소에 있어서 소송계속이 발생하는 시점은, 네덜란드와 이태리의 경우에는 집행관에 의하여 소장이 피고에게 송달된 때에 중복제소를 위한 소송계속이 발생하는데 이러한 송달은 법원에 소장이 제출되기 전에 이루어지고, 덴마크, 스페인, 아일랜드, 핀란드, 노르웨이의 경우에는 소장이 법원에 접수된 때, 프랑스와 룩셈부르크의 경우에는 출석요구서가 피고에게 송달된 때, 독일, 오스트리아, 벨기에, 그리스, 포르투갈, 영국의 경우에는 우리와 동일하게 소장이 법원에 먼저 접수된 후 피고에게 송달된 때에 각 중복제소를 위한 소송계속이 발생한다(Peter Nygh/Fausto Pocar, Report on Preliminary Draft Convention on Jurisdiction and Foreign Judgments in Civil And Commercial Matters, HCCP Preliminary Document No 11 of August 2000, p. 32).

104) 이에 대하여 법정지법인 우리나라의 소송계속에 준하는 시점에 이른 때를 기준으로 전후를 판단해야 한다는 견해(석광현, 국제사법과 국제소송 제4권, 박영사, 2007, 190쪽)와 소송물의 동일성 여부도 절차문제이므로 소송계속의 시점도 각자의 법정지법에 따르는 것이 타당하다는 견해(이규호, "국제적 소송경합-1999년 헤이그협약 예비초안과 루가노협

따라서 소송계속의 시점을 어떻게 결정할 것인지 입법적으로 해결할 필요가 있다.

만일 외국법원에서의 소송계속의 시점을 그 법원이 소재한 국가의 법에 따르게 되면 국제적 소송경합이 문제될 때마다 소송계속의 시점을 판단하는 기준이 달라져서 법적 안정성과 당사자의 예측가능성을 해치는 문제가 있다. 따라서 법정지법인 우리 법의 기준에 따라서 소송계속의 시점을 결정해야 하고, 민사소송법과의 정합성을 고려할 때 소송계속이 발생하는 시점도 국내에서의 중복제소와 동일하게 소장부본이 피고에게 송달된 때로 할 필요가 있다. 브뤼셀협약을 적용한 유럽사법재판소의 Siegfried Zelger v Sebastiano Salinitri 결정에서도 법정지 법원이 충분한 확실성을 가지고(with a sufficient degree of certainty) 소송계속의 시점을 판단할 수 있어야 한다는 이유로 소송계속의 시점을 법정지법에 따라서 일률적으로 결정해야 한다고 보았다.

(2) "청구서면을 법원에 제출한 때"

국제적 소송경합에서 '소장'이라는 법률적 개념을 사용하면 '소장'의 의미가 나라마다 다르기 때문에 그 의미를 어떻게 해석해야 하는가의 추가적 문제가 발생한다. 대법원 판례에서 피고에게 소장부본이 송달된 때에 소송계속이 발생한다고 보는 이유는, 원고의 청구내용이 기재된 소장부본이 피고에게 송달되어 피고도 방어권을 행사할 수 있는 때에 비로소 두 당사자 대립구조가 성립된다고 보기 때문이다. 이러한 점에서 입법적으로는 '소장'이라는 법률적 개념보다는 '원고의 청구내용이 기재된 서면'이라는 사실적 개념을 사용하는 것이 바람직하다고 본다.[105] 이를 정리하면 "이 조를 적용함에 있어 소의 전후는 원고의 청구내용이 기재된 서면이 피고에게 송달된 때를 기준으로 한다."가 된다.

(3) 법무부 입법예고에 대한 비판

법무부 입법예고 제11조 제5항에서는 "이 조를 적용함에 있어 소의 전후는 소를 제기한 때를 기준으로 한다."고 규정하고 있다. 이 규정은 민사소송법 제259조와 달리 소송계속의 시기가 아닌 '소를 제기한 때'를 기준으로 소의 선후를 결정하고 있다. 그런데 민사소송법과 달리 규정할 특별한 필요성을 찾기 힘들다는 점과 민사소송법과의 정합성을 고려할 때 위 규정은 적합하지 않다고 본다. 위 규정은 아마도 브뤼셀규칙 recast 제32조 제1항이나 1999년 헤이그초안 제21조 제5항을 채용한 듯한데, 이 규정들에서는 "절차를 개시하는 서면 또는 이에 상응하는 서면을 법원에 제출한 때"(the document instituting the proceedings or an equivalent document is lodged with the court)에 "소가 계속된 것으로 본다."(deemed to be seised)고 규정하여 궁극적으로 '청구서면을 법원에 제출한 때'를 기준으로 소의 선후를 결정하고 있지만 원칙적으로 '소송계속의 시점'을 소의 선후의 판단기준으로 하고 있다는 점에서 법무부 입법예고와 차이가 있다.

약을 중심으로", 국제사법연구 13권(2007.12), 208쪽)가 있다.

105) 나라마다 법의 내용이 다르기 때문에 국제민사소송법에 있어서 법적 개념을 사용하게 되면 국제사법에 따른 준거법의 결정과 준거법의 적용이라는 복잡한 문제가 발생하게 된다. 이러한 이유로 가급적 법적 해석이 요구되지 아니하는 사실적 개념을 사용하는 것이 바람직하다.

덧붙여 법무부 입법예고 제11조 제5항의 "소를 제기한 때"의 의미가 명확하지 않다. "소를 제기한 때"는 "청구서면을 법원에 제출한 때"와 같은 사실적 개념이 아니라 법률적 개념으로서 언제 소를 제기한 것인지에 관하여 다시 해석이 필요하다. 이러한 해석을 위해서는 어느 국가의 법률을 기준으로 해야 하는가의 준거법의 문제가 추가적으로 발생하는데, 결국 위 규정은 소의 선후를 결정하는 확정적 기준을 제시하지 못하고 있다고 본다.

마. 전속관할이나 전속적 관할합의가 있는 경우에 대한 특별규정이 필요한지 여부

브뤼셀규칙 recast 제31조 제1항에서는 여러 국가에 전속관할이 있는 경우에 처음 소송이 계속된 법원 이외의 법원이 절차를 중지하도록 규정하고 제2항에서는 전속적 합의관할이 있는 경우에 소송계속의 전후에 관계없이 지정된 법원 이외의 법원은 절차를 중지하도록 규정하고 있다. 1999년 헤이그초안 제21조 제1항에서는 뒤에 소가 제기된 법원이 협약상의 전속관할을 갖거나 또는 전속적 관할합의에서 지정된 법원일 경우에는 중복제소금지의 법리가 적용되는 예외로 규정하고 있다. 그리고 「관할합의협약」(Convention on Choice of Court Agreements) 제6조[106]에서는 일정한 예외적 사유가 있는 경우를 제외하고는 전속적 관할법원으로 지정된 법원 이외의 법원은 소를 각하하거나 절차를 중지해야 한다고 규정하여 전속적 관할법원으로 지정된 법원에 관할심사에 관한 우선권을 주고 있다. 법무부 입법예고 제11조 제1항 제1호에서도 "전속적 국제재판관할합의에 따라 법원에 국제재판관할이 있는 경우"에는 우리 법원이 후소 법원이라고 하더라도 절차를 중지하지 않아도 되는 예외로 규정하고 있는데 전속관할이 있는 경우에 관하여는 규정이 없다.

앞서 언급한 바와 같이 국제적 소송경합은 외국재판의 승인을 전제로 하고 있고 승인의 요건의 하나로서 외국법원은 우리 법이나 국제조약에 따라서 국제재판관할을 갖고 있어야 한다. 만일 후소 법원인 우리 법원이 전속관할[107]을 갖고 있거나 관할합의에서 전속적 관할법원으로 지정되었다면[108] 전소 법원인 외국 법원은 국제재판관할이 없으므로 국제적 소송경합의 문제가 발생하지 아니한다. 반대로 외국 법원이 전속관할을 갖고 있거나 전속적 관할합의에서 관할법원으로 지정되었다면[109] 우리 법원은 국제재판관할이 없으므로 소를 각하해야 할 것이다. 따라서 전속관할이나 전속적 관할합의가 있는 경우에 관하여 별도의 규정이 필요하지 아니하며 이러한 규정은 오히려 법률해석에 혼동을 일으킬 우려가 있다고 생각한다.

---

106) "선택된 법원의 국가 이외의 체약국의 법원은 전속적 관할합의가 적용되는 절차를 중지하거나 각하해야 한다. 다만 다음의 경우에는 그러하지 아니하다."(A court of a Contracting State other than that of the chosen court shall suspend or dismiss proceedings to which an exclusive choice of court agreement applies unless –)

107) 현행법상 국제재판관할에서 전속관할에 관하여 아무런 규정이 없지만 해석상 충분히 인정될 수 있다고 본다. 법무부 입법예고 제10조에서는 국제재판관할에서의 전속관할에 관한 규정을 두고 있다.

108) 대한민국 법원을 전속적 관할법원으로 하는 국제재판관할의 합의의 유효요건은 대법원 2011.4.28. 선고 2009다19093 판결에서 제시하고 있다.

109) 외국 법원을 전속적 관할법원으로 하는 국제재판관할의 합의의 유효요건은 대법원 2010.8.26. 선고 2010다28185 판결에서 제시하고 있다.

3. 국제적 소송경합의 처리

가. 직권 또는 당사자의 신청에 따른 결정에 의한 소송절차의 중지

(1) 소송절차의 중지

국제적 소송경합이 문제된 당시에는 외국 법원의 절차에 명백한 승인거절사유가 존재하지 않았지만 그 후의 절차 또는 실체적 판단이 우리의 공서양속에 반하는 결과를 가져와서 외국재판의 승인요건을 충족시키지 못할 수 있다. 그리고 부적절한 법정지의 법리를 적용하는 국가의 경우에는 먼저 소가 제기되었다고 하더라도 보다 적절한 법정지를 위하여 자신의 절차를 중지 또는 각하할 수 있다. 이와 같이 국제적 소송경합이 문제된 당시에는 후소 법원인 우리 법원이 계속하여 절차를 진행할 수 없었지만 그 후의 사정으로 인하여 우리 법원이 계속하여 소송절차를 진행할 필요가 있는 상황이 발생할 수 있다. 이러한 상황에 대비하여 우리 법원이 국제적 소송경합을 이유로 소를 각하[110]할 것이 아니라 절차를 중지한 후 필요에 따라서 절차를 속행할 수 있도록 할 필요가 있다. 브뤼셀규칙 recast, 루가노협약, 1999년 헤이그초안, 국제민사소송원칙 모두 절차를 중지(suspend)하도록 규정하고 있다. 법무부 입법예고 제11조에서도 국제적 소송경합이 발생한 경우에 소를 각하할 것이 아니라 절차를 '중지할 수' 있도록 규정하고 있는데 절차를 중지하도록 한 점은 적절하지만 절차를 '중지할 수' 있도록 법원에 재량을 수여한 점은 아래에서 보는 바와 같이 부적절하다고 본다.

(2) 직권 또는 당사자의 신청

국제적 소송경합은 당사자의 사적이익에만 관련되지 아니하고 공적이익[111]과도 밀접한 관련이 있다. 따라서 당사자에게 절차의 중지에 대한 신청권을 부여함과 동시에 법원도 직권으로도 절차를 중지할 수 있어야 한다.[112] 그리고 당사자에게 중지신청권이 있으므로 당사자의 신청에 따른 법원의 결정에 대하여 항고가 허용되어야 하고[113] 신속한 절차의 진행을 위하여 즉시항고를 하도록 할 필요가 있다. 법무부 입법예고 제11조 제2항에서는 중지결정에 대하여만 즉시항고를 할 수 있도록 허용하고 있는데 당사자는 중지결정과 중지거부결정 모두에 대하여 중대한 이익을 갖고 있고 양자 모두 신속하게 결정될 필요가 있으므로 이러한 결정 모두에 대하여 즉시항고를 허용해야 한다고 본다.

---

110) 국내 법원 사이에 중복제소가 발생한 경우에는 중복제소금지가 소송요건에 해당하므로 소를 각하해야 한다(대법원 1998.2.27. 선고 97다45532 판결).

111) 첫째 국제적 소송경합은 경합된 법원에도 부담이 된다. 국제적 소송경합의 상황에서 외국 법원이 우리 법원보다 먼저 재판을 하고 이러한 재판이 국내에서 승인될 수 있다면 국내 법원의 절차는 무용의 절차가 된다. 법원은 한정된 자원을 갖고 있는데 다른 소송에 효율적으로 사용될 수 있는 자원이 국제적 소송경합으로 인하여 무용의 재판에 낭비될 수 있는 문제가 있다. 둘째 국제적 소송경합을 허용하면 경합된 법원 모두가 재판을 하여야 하는데 기판력의 모순저촉이 발생할 수 있다. 기판력의 모순저촉은 민사소송절차의 목적에 반하고 사법 시스템에 대한 당사자의 신뢰를 떨어뜨리는 문제가 있다. 셋째 만일 국제적 소송경합을 허용한다면 분쟁의 1회적 해결을 달성할 수 없고 소송비용이 증가하므로 민사소송법 제217조에서 외국재판을 승인하는 취지를 망각시키는 문제가 있다.

112) 당사자에게 신청권이 있으므로 법원은 이러한 신청에 대하여 판단을 해야 하며 만일 판단하지 않았다면 판단누락의 상고이유가 된다(대법원 1997.1.24. 선고 96다32706 판결).

113) 대법원 1993.12.6. 자 93마524 전원합의체 결정.

(3) 결정과 중지

소송절차의 중지도 법원이 재판이고 소송절차에 관한 재판이므로 형식상 '결정'으로서 중지해야 할 것이다. 그리고 민사소송법 제245조 및 제246조는 법원과 소송당사자가 더 이상 소송을 진행할 수 없는 사정이 발생한 경우에 소송절차가 '중지'되도록 규정하고 그러한 사정이 소멸된 경우에 절차를 속행할 수 있도록 규정하고 있는데, 이와 유사한 경우에 해당하는 국제적 소송경합에서도 '중지'라는 용어를 사용하는 것이 일관성이 있어 보인다.114)

(4) 정 리

앞서의 논의를 조문의 형태로 정리하면 "법원은 직권 또는 당사자의 신청에 따라 결정으로 소송절차를 중지해야 한다.", "제1항의 중지결정 또는 신청을 기각한 결정에 대하여는 즉시항고를 할 수 있다."고 규정할 필요가 있다.

나. 후소에 권리보호의 이익이 있는 경우의 예외

민사소송절차는 당사자의 사적 권리를 구제하는 절차이다. 만일 원고가 법원의 판결을 통하여 얻을 수 있는 법률상 이익, 즉 권리보호의 이익이 없다면 이러한 소송은 아무런 실익이 없는 소송이므로 허용되지 아니한다. 권리보호의 이익은 민사소송절차 전반에서 요구되는데, 같은 당사자 사이의 같은 청구에 관하여 다시 후소의 제기를 금지시키는 경우인 중복제소금지, 재소금지, 기판력의 작용에서도 모두 권리보호의 이익에 관한 법리가 적용된다.

중복제소금지와 관련하여 대법원 1987.11.10. 선고 87다카1761 판결에서는 소멸시효기간의 도과가 임박하여서 강제집행의 실시가 현실적으로 어렵게 되었다면 같은 내용의 소에 대하여 소를 제기한 것은 권리보호의 이익이 있으므로 중복제소금지 규정에 위반한 것이 아니라고 보았다. 재소금지와 관련하여 대법원 1981.7.14. 선고 81다64 판결 등에서는 후소를 제기할 새로운 권리보호의 이익이 있다면 전소와 후소는 같은 소라고 할 수 없다는 이유로 재소를 허용하고 있다. 그리고 기판력의 작용과 관련하여 대법원 2013.4.11. 선고 2012다111340 판결에서는 승소확정판결을 받은 원고라고 하더라도 시효중단 등 특별한 사정이 있는 경우에는 확정된 승소판결과 같은 소송물에 기한 후소에 대하여 권리보호의 이익이 인정된다고 보고 있다.

앞서의 권리보호의 이익에 관한 법리는 국제적 소송경합에도 적용된다고 할 것이므로 국제적 소송경합의 요건이 충족되었다고 하더라도 우리 법원에 제기된 후소에 독자적 권리보호의 이익이 있다면115) 우리 법원은 이를 적법한 소로 취급하여 소송절차를 계속하여 진행해

114) 민사소송법 제233조 내지 제240조에서는 당사자가 소송절차를 수행할 수 없는 사정이 발생한 경우에 소송절차를 '중단'하도록 한 후 소송절차를 수행할 수 있는 자가 소송수계를 한 경우에 절차를 속행하도록 규정하고 있다. 국제적 소송경합은 당사자가 소송절차를 수행할 수 없는 경우는 아니므로 '중단'이라는 용어를 사용하는 것이 부적절해 보인다.

115) 채무부존재확인(declaration of none liability)의 소와 같은 소극적 확인(negative declaration)의 소와 이행의 소가 경합되는 경우가 있다. 이러한 경합이 국제적 소송경합에 해당하는지 여부는 양자의 소송물이 같은지의 문제에 달려 있다. 이에 대하여는 여러 학설이 존재하는데, 대법원 판례(대법원 1995.12.8. 선고 94다39628 판결 등 다수)는 확고하게 청구취지와 청구원인의 동일성을 기준으로 소송물의 동일성을 판단하고 있으므로 이에 따르면 양자의 소송물이 다르다고 봐야 할 것이다. 양자의 소송물이 같다는 입장에 따를 경우에 외국에서 소극적 확인의 소가 제기된 후에 우리 법원에

야 할 것이다. 이를 명확하게 하기 위하여 "다만, 법원에 제기된 소를 계속하여 진행하는 것이 당사자의 권리보호를 위하여 필요한 경우에는 그러하지 아니하다."고 규정할 필요가 있다.

4. 중지된 절차의 속행 및 소의 각하

가. 중지된 절차가 속행될 수 있는 경우

(1) 확정된 외국재판이 승인될 수 없는 경우

국제적 소송경합을 이유로 우리 법원이 절차를 중지한 후에 외국법원의 재판이 민사소송법 제217조의 요건을 충족하지 못하여 우리나라에서 승인될 수 없다면 후소 법원인 우리 법원은 중지되었던 절차를 속행하여야 한다. 이때 외국재판이 확정된 재판일 필요가 있는지 문제되는데 민사소송법 제217조 제1항에서는 승인의 대상을 "외국의 확정판결 또는 이와 동일한 효력이 인정되는 재판"[116]이라고 하므로 절차의 속행을 위하여 승인여부가 문제되는 외국재판도 '확정판결 또는 이와 같은 효력이 인정되는 재판'이어야 한다. 외국의 하급심 판결에 하자가 있는 경우에는 우선적으로 당해 외국 절차 내에서 그러한 하자를 다투는 것이 타당하다는 점에서도 더욱 그러하다.

그리고 민사소송절차는 사적이익의 구제를 위한 절차로서 절차의 속행은 당사자의 이익과 관련이 있을 뿐이므로 당사자의 신청에 따라서만 절차를 속행하는 것으로 충분하고 법원이 직권으로 절차를 속행시킬 필요는 없다. 이때 당사자는 변론기일의 지정신청의 방법으로 절차의 속행을 신청할 수 있을 것이다. 민사소송법 제258조에서는 재판장에게 변론기일을 지정할 권한을 수여하고 있지만 위와 같은 변론기일의 지정신청에 대하여 당사자 사이에 다툼이 있을 수 있으므로 법원이 '결정'으로 변론기일을 지정해야 한다고 본다.

(2) 외국 법원의 절차가 중지 또는 각하된 경우

후소 법원인 우리 법원이 국제적 소송경합을 이유로 절차를 중지한 후에 전소 법원인 외국 법원이 절차를 중지 또는 각하하는 경우가 발생할 수 있다. 대표적으로 보통법계 국가의 법원이 부적절한 법정지의 법리를 적용하여 보다 적절한 법정지인 우리 법원을 위하여 자신의 절차를 중지 또는 각하할 수 있다. 이와 같은 경우에도 당사자의 신청에 따라서 법원은 결정으로 변론기일을 지정해야 할 것이다.

(3) 외국 법원의 절차가 지연되는 경우

소송절차가 지연되면 경제적으로 열악한 지위에 있는 당사자는 소송비용을 줄이기 위하여 어쩔 수 없이 자신에게 불리한 합의를 할 수밖에 없고, 디자인과 같이 수명이 짧은 지적재산권의 경우에는 소송절차가 종료되기 전에 지적재산권의 효용성이 소멸되는 등의 결과가 발

적극적 이행의 소가 제기되었다면 후소는 집행권원을 확보할 수 있으므로 권리보호의 이익이 있다고 볼 수 있다. 서울지방법원 1999.4.9. 선고 98가단215282 판결도 동일한 입장이다. 반대로 외국에서 채권자가 이행의 소를 제기하였는데 채무자가 이에 대항하여 국내에서 소극적 확인의 소를 제기하였다면 이러한 소는 특별한 사정이 없는 한 권리보호의 이익(확인의 이익)이 없으므로 각하되어야 할 것이다(대법원 2001.7.24. 선고 2001다22246 판결).

116) 기판력과 집행력이 발생되기 위한 요건은 나라마다 차이가 있기 때문에 외국법원의 재판이 확정되었는지 여부를 우리법과 재판국법 중 어느 법에 의하여 판단해야 하는가의 문제가 발생한다.

생할 수 있는데, 이러한 결과는 모두 사법정의에 반한다. 따라서 전소 법원에서의 절차가 지연되는 경우에 후소 법원인 우리 법원이 절차를 계속하여 진행할 수 있도록 할 필요가 있다.

전소 법원의 소송절차의 지연에 대비하여 브뤼셀규칙 recast 제33조(2)(b)에서는 "제3국에서의 절차가 합리적 기간 내에 종결될 것 같지 않을 것으로 회원국 법원에 보이는 경우"117)에 후소 법원이 계속하여 절차를 진행할 수 있도록 허용하고 있다. 그리고 1999년 헤이그초안 제21조(3)에서는 "첫 번째로 소가 계속된 법원에서의 원고가 실체에 관한 결정이 이뤄지는데 필요한 조치를 취하지 않거나 그 법원이 합리적 기간 내에 그러한 결정을 하지 아니하는 경우에 두 번째로 소가 계속된 법원은 당사자의 신청에 따라서 소송절차를 계속할 수 있다."118)고 규정하고 있다. 법무부 입법예고 제11조 제4항에서는 "법원은 외국 법원이 본안에 대한 재판을 하기 위하여 필요한 조치를 취하지 않거나 합리적인 기간 내에 본안에 관하여 재판을 선고하지 아니하거나 선고하지 아니할 것으로 예상되는 때에는 당사자의 신청에 따라 사건의 심리를 계속할 수 있다."고 규정하고 있다.

위 규정들을 비교하면, 법무부 입법예고의 경우에는 외국 법원의 행위에 중점을 두고서 절차지연을 규정하고 있을 뿐이며 당사자의 행위에 관하여는 아무런 언급이 없고, 1999년 헤이그초안의 경우에는 외국 법원과 당사자의 행위 모두에 의하여 절차가 지연되는 경우를 규정하고 있으며, 브뤼셀규칙 recast는 법원이나 당사자의 행위에 중점을 두지 않고 절차가 지연되고 있다는 사실적 상태에 중점을 두고 있다. 후소 법원인 우리 법원이 절차를 속행할 수 있는 이유는 소송절차의 지연으로 인하여 당사자의 권리구제가 늦어지기 때문이므로 소송절차가 지연되는 이유를 물을 필요는 없다. 따라서 소송절차가 지연되고 있다는 사실적 상태만으로 소송절차를 속행할 수 있도록 한 브뤼셀규칙 recast의 규정방식이 바람직하다고 본다.

그런데 어느 정도의 기간이 경과하였을 때에 소송지연이 발생하였는지를 판단할 명확한 기준을 제시하기 어렵다는 문제가 있다. 사건의 내용, 법원의 사정, 당사자의 사정 등의 객관적 정황만을 종합 평가하여 통상적으로 소송절차가 소요되는 기간이 경과한 경우에 소송지연이 발생하였다고 볼 수 있는데, 이러한 통상적 기간을 '합리적 기간'이라고 표현할 수 있을 것이다.

앞서의 논의를 조문의 형태로 정리하면 "법원은 외국 법원에서의 절차가 합리적 기간 내에 종결되지 아니할 것으로 보이는 때에는 당사자의 신청에 따라 결정으로 변론기일을 지정할 수 있다."고 규정할 필요가 있다.

(4) 즉시항고의 허용

법원의 중지 또는 중지거부 결정에 대하여 즉시항고를 허용하는 것과 같은 이유로 변론

---

117) "it appears to the court of the Member State that the proceedings in the court of the third State are unlikely to be concluded within a reasonable time."

118) "Upon application of a party, the court second seised may proceed with the case if the plaintiff in the court first seised has failed to take the necessary steps to bring the proceedings to a decision on the merits or if that court has not rendered such a decision within a reasonable time."

기일의 지정결정 또는 지정거부결정에 대하여도 즉시항고를 허용할 필요가 있다.

나. 승인될 수 있는 외국재판이 제출된 경우

국제적 소송경합을 이유로 후소 법원인 우리 법원일 절차를 중지한 후에, 전소 법원인 외국법원의 외국재판이 제출되고 이러한 외국재판이 민사소송법 제217조 제1항의 요건을 충족하여 승인될 수 있다면, 후소는 중복제소에 해당하는 위법한 소라는 점이 확정되므로 우리 법원은 최종적으로 후소를 각하해야 한다.[119) 법무부 입법예고 제11조 제3항, 브뤼셀규칙 recast 제33조(3), 1999년 헤이그초안 제21조(2)도 같다. 그런데 앞서 언급한 바와 같이 승인 여부가 문제되는 외국재판은 확정판결 또는 이와 같은 효력이 인정되는 재판이다. 이를 명확히 하기 위하여 "법원은 대한민국 법령 또는 조약에 따른 승인 요건을 구비한 외국의 확정판결 또는 이와 같은 효력이 인정되는 재판이 제출된 때에는 제1조에 따라서 중지된 소를 각하하여야 한다."라고 규정할 필요가 있다.

5. 우선주의의 완화의 필요와 방법

가. 엄격한 우선주의와 부적절한 법정지 법리의 혼합의 필요성

중복제소금지의 법리의 우선주의를 엄격하게 따르면 당사자의 예견가능성을 높여서 분쟁의 해결절차에 대한 불확실성을 감소시키는 장점이 있다.[120) 반면에 엄격한 우선주의는 개별적 · 구체적 사정을 고려하지 아니한 채 후소를 각하 또는 중지하므로 개별적 · 구체적 사법정의를 실현하기 어렵다는 문제가 있다. 또한 분쟁의 당사자는 자신에게 유리한 국가의 법원에 먼저 소를 제기하려고 하는 '법정에 대한 경주'(race to the court)를 할 것이므로 소를 제기하기 전에 분쟁을 소송 외에서의 해결하려는 노력과 시도는 심각하게 훼손될 것이다.[121) 한편 보통법의 부적절한 법정지 법리에 따르면 법원은 넓은 재량을 가지고 개별사건의 다양한 이익을 고려하여 재판권의 행사여부를 결정할 수 있으므로 개별적 · 구체적 사법정의를 실현할 수 있다는 장점이 있다. 반면에 법원의 넓은 재량으로 인하여[122) 분쟁의 해결절차에 대한 당사자의 예견가능성이 떨어지는 단점이 있다.[123) 이러한 중복제소금지의 법리와 부적절한

119) 중복제소는 소제기의 금지사유이므로 소송요건이 되고 이에 위반한 후소는 각하된다(대법원 1998.2.27. 선고 97다45532 판결).

120) 부적절한 법정지의 법리를 채용하고 있는 영국과 아일랜드가 브뤼셀협약에 가입하면서 부적절한 법정지의 법리를 인정하여 줄 것을 주장했지만 유럽시장의 통합을 위하여 법적 확실성이 유연성보다 더 요구된다는 이유로 거절되었다(William Martin, Forum Conveniens and Forum Non Conveniens－Judicial Discretion and The Appropriate Forum, QUT Law Review, [S.l.], v. 6, dec. 1990, p. 5).

121) Pailli, Giacomo, Lis Alibi Pendens within Europe: Is There a Way Out of the 'First in Time' Rule?, (April 1, 2013), available at https://ssrn.com/abstract=2276572, p. 9.

122) 수소법원은 더 적절한 법원이 있는지를 결정하는 것뿐만 아니라 절차를 중지할 것인지 아니면 소를 각하할 것인지에 관하여도 상당한 재량을 갖는다.

123) 브뤼셀협약을 적용한 유럽사법재판소의 Owusu v. Jackson Case C－281/02 [2005] ECR I－138325 결정에서는 부적절한 법정지 법리를 적용하면 외국 법원이 심리를 진행하는 것이 더 적절한지에 관하여 법원이 재량을 갖게 되어 피고로서는 어느 법원에서 자신이 제소될 것인지 예견하기 어렵게 되고 결국 법적 확실성도 해친다는 이유로 브뤼셀협약이 적용되는 사안에서는 부적절한 법정지 법리가 적용되지 않는다고 보았다.

법정지 법리의 장단점으로 인하여 양자가 혼합된 형태가 나타나고 있다.[124)]

나. 혼합된 형태

(1) 후소 법원에 재량을 주는 경우

브뤼셀규칙 recast 제33조에서는 후소 법원에게 '사건과 관련된 모든 상황'을 고려하여 '적정한 정의의 실현'[125)]을 위하여 절차를 중지할 수도 있고 계속할 수도 있는 넓은 재량을 수여하고 있다. 부적절한 법정지 법리는 국제적 소송경합에 한정하여 적용되는 법리가 아니고 전후소 법원에 관계없이 적용되는데 비하여 위 규정은 회원국 법원이 후소 법원인 경우에만 재량을 수여하였다는 점에서 부적절한 법정지 법리를 전면적으로 받아들였다고 보기는 힘들지만 소극적으로 받아들였다고 평가될 수 있을 것이다.[126)]

국제민사소송원칙은 제2.6조에서는 "전소 법원에서 분쟁이 공정하게, 효율적으로, 신속하게 종결될 것으로 보이지 않는다면"[127)] 후소 법원이 절차를 계속하여 진행할 수 있도록 허용하고 있다. 이 규정은 전소 법원의 사정만을 고려하고 있다는 점에서 특징이 있다.

법무부 입법예고 제11조 제1항 제2호에서는 "법원에서 당해 사건을 재판하는 것이 외국법원에서 재판하는 것보다 더 적절함이 명백한 경우"에 후소 법원인 우리 법원이 절차를 중지하지 아니할 수 있도록 규정하여 후소 법원에 재량을 수여하고 있다. 이 규정은 전소 법원과 후소 법원의 절차를 비교하여 후소 법원에 비교우위가 있는 경우 후소 법원이 절차를 계속하여 진행할 수 있도록 하고 있다는 점에서 특징이 있다.

(2) 전소 법원에 재량을 주는 경우

중복제소금지의 법리를 원칙으로 하되 이에 부적절한 법정지 법리를 결합시킨 결과 전소 법원이 재판권의 행사에 대하여 재량을 갖는 경우가 있다. 1999년 헤이그초안 제22조(1)에서는 소가 제기된 법원이 전속관할을 갖고 있는 경우가 아니라면 (a) 그 법원이 관할권을 행사하는 것이 명백히 부적절하고 (b) 다른 국가의 법원이 관할을 갖고 있고 (c) 그 법원이 사건을 해결하는데 있어 명백히 더 적절하다는 예외적인 사정(exceptional circumstances)이 있

---

124) 대륙법계에는 부적절한 법정지 법리를 도입하여 중복제소금지의 법리의 엄격성을 완화해야 한다는 주장이 있는 반면에(Pailli, Giacomo, Lis Alibi Pendens within Europe: Is There a Way Out of the 'First in Time' Rule?, (April 1, 2013), available at https://ssrn.com/abstract=2276572, p. 9) 보통법계에는 중복제소금지의 법리를 받아들여서 예견가능성을 높여야 한다는 상반된 주장(Austen L. Parrish, Duplicative Foreign Litigation, (March 9, 2009), available at http://ssrn.com/abstract=1356177, p. 35)이 있다.

125) 브뤼셀규칙 recast 전문(24)에서는 적정한 정의의 실현을 판단하기 위해서는 사건과 관련된 모든 상황을 고려하도록 규정하고 있는데 이러한 상황에 대한 예시로서 사건의 사실관계, 당사자, 제3국 사이의 관계, 회원국에서 절차가 진행될 당시 제3국에서의 절차의 진행의 단계, 제3국 법원이 합리적 기간 내에 재판을 할 것인지 여부를 고려할 것을 규정하고 있다. 이러한 고려요소들은 또한 부적절한 법정지 법리에서 고려되는 요소들이라고 한다(Andrew Dickinson, The Brussels I Regulation recast, The Brussels I Regulation recast, Oxford, 2015, para. 11.78).

126) Pailli, Giacomo, Lis Alibi Pendens within Europe: Is There a Way Out of the 'First in Time' Rule?, (April 1, 2013), available at https://ssrn.com/abstract=2276572, p. 8; Paul Beaumont, Forum non Conveniens and the EU rules on Conflicts of Jurisdiction: A Possible Global Solution, available at https://www.abdn.ac.uk/law/documents/Forum%20non%20Conveniens%20and%20the%20EU%20rules%20on%20Conflicts%20of%20Jurisdiction%20%20A%20Possible%20Global%20Solution.pdf, p 9.

127) "It appears that the dispute will not be fairly, effectively, and expeditiously resolved in that forum"

다면 당사자의 신청에 따라서 절차를 중지할 수 있도록 규정하여 보통법의 부적절한 법정지 법리를 받아들이고 있다.128) 위 (a)의 요건에서는 수소법원이 적절한 법정지인지 여부에 대한 심사를 요구하는바 호주의 부적절한 법정지 법리129)를 받아들인 것이고 (c)의 요건에서는 다른 적절한 법정지에 대한 모색을 요구하는바 호주 이외의 보통법계 국가의 부적절한 법정지 법리를 받아들인 것이다.130)

국제민사소송원칙 제2.5조에서는 "관할권을 행사할 수 있는 더 적절한 다른 법원과 비교하여 법원이 명백히 부적절한 경우에는 관할권 행사를 거부하거나 절차를 중지할 수 있다."131)고 규정하고 있는데 이 원칙 comment p-2F에서는 부적절한 법정지 법리를 받아들인 것이라고 밝히고 있다.132)

법무부 입법예고 제12조에서도 "법원은 이 법에 따라 국제재판관할이 있더라도 법원이 국제재판관할권을 행사하기에 부적절하고 국제재판관할이 있는 외국의 법원이 분쟁을 해결하는데 보다 적절하다는 예외적인 사정이 명백히 존재하는 때에는 본안에 관한 최초의 변론기일 또는 변론준비기일까지 피고의 신청에 따라 소송절차를 결정으로 중지하거나 소를 각하할 수 있다."고 규정하여 부적절한 법정지 법리를 받아들이고 있다.

다. 우리 법원이 후소 법원인 경우에 재량을 수여할 필요가 있는지 여부

(1) 국제재판관할규정에 의한 해결

국제사법 제2조는 국제재판관할의 결정에 있어서 다양한 이익을 고려하고 있다.133) 이와 관련하여 대법원 2005.1.27. 선고 2002다59788 판결에서는 다음과 같이 국제재판관할의 결정에 관한 몇 가지 중요한 원칙을 제시하였다. ① 국제재판관할을 결정함에 있어서는 당사자 간의 공평, 재판의 적정, 신속 및 경제를 기한다는 민사소송의 기본이념에 따라야 한다. ② 위와 같은 민사소송의 기본이념에 합당한지 여부를 결정하기 위해서는 소송당사자들의 공평, 편의 그리고 예측가능성과 같은 개인적인 이익뿐만 아니라 재판의 적정, 신속, 효율 및 판결

---

128) 절차를 중지한 후에 더 적절한 법원이 관할권을 행사하거나 원고가 법원이 지정한 기한 내에 그 국가에 소를 제기하지 아니한 경우에는 법원은 관할권의 행사를 거부해야 한다(제22조(5)a)).

129) 호주의 경우에는 영국의 Spiliada Maritime Corp v Cansulex Ltd [1986] UKHL 10 판결에서 제시한 새로운 법리의 적용을 거부하고 기존의 법리인 '가혹하고 성가신'(oppressive and vexatious) 법리를 바탕으로 하여, 명백히 더 적절한 법정지가 외국에 있는지를 분석하는 대신에 호주가 피고에게 부당한 부담과 차별, 손해를 주는 명백히 부적절한 법정지인지를 판단한다. 법관으로서는 자신에게 생소한 다른 법정지에 대한 고려를 할 필요가 없고 자신이 판단하기 쉬운 자신의 법정지의 적절성만 판단하면 된다는 장점이 있다. 그러나 외국에 더 적절한 법정지가 있는지를 찾는 방식과 결과적으로 차이가 없는 것으로 평가되고 있다(Martine Stückelberg, Lis Pendens and Forum Non Conveniens at The Hague Conference, 26 Brook. J. Int'l L. 949, p. 973).

130) Ibid, pp. 972-973.

131) "Jurisdiction may be declined or the proceeding suspended when the court is manifestly inappropriate relative to another more appropriate court that could exercise jurisdiction."

132) 한충수, "국제적 소송경합을 둘러싼 몇 가지 문제점-국제민사소송원칙과의 정합성을 중심으로", 「국제사법연구」 제16권, 한국국제사법학회, 2010, 314쪽에서는 이 규정에 관하여 "영미의 불편의법정지 이론과 다른 점은 "명백한 부적절성"을 요구하고 있다는 점이다. 이 점에서 엄격한 불편의 법정지 이론이라고 칭할 수 있을 것이다."라고 설명하고 있다.

133) 법무부 입법예고는 국제사법 제2조의 합리성의 원칙을 좀 더 구체화 하여 "당사자 간의 공평, 재판의 적정, 신속 및 경제를 기한다는 국제재판관할 배분의 이념에 부합하는 합리적인 원칙에 따라야 한다."고 규정하고 있을 뿐 현행 국제사법과 사실상 같은 규정을 두고 있다.

의 실효성 등과 같은 법원 내지 국가의 이익도 함께 고려해야 한다. ③ 위와 같은 다양한 이익 중 어떠한 이익을 보호할 필요가 있을지 여부는 개별 사건에서 법정지와 당사자와의 실질적 관련성 및 법정지와 분쟁이 된 사안과의 실질적 관련성을 객관적인 기준으로 삼아 합리적으로 판단해야 한다. 이러한 원칙에 따라서 외국 법원이 적정한 절차를 진행할 것인지 여부도 국제재판관할을 결정하는 요소에 포함된 사항이라고 볼 수 있다.[134)]

대법원 2005.1.27. 선고 2002다59788 판결에서는 "피고의 법정지에 따른다는 전통적인 재판관할의 기본원칙에 따라 피고의 본거지를 관할하는 법원에 국제재판관할이 인정될 수 있음은 별론으로 하고, 재판관할이라는 것은 얼마든지 중첩적으로 인정될 수 있는 것이고, 위와 같은 분쟁의 실질적인 내용 기타 기록상 인정되는 제반 사정에 비추어 볼 때 대한민국이 이 사건 분쟁에 관하여 국제재판관할을 행사하기에 현저히 부적절한 법정지국이라고 인정되지도 아니한다."고 판시하고, 국제사법 제2조를 적용한 판결은 아니지만 대법원 2000.6.9. 선고 98다35037 판결에서는 "우리 민사소송법 제4조에 의하면 외국법인 등이 대한민국 내에 사무소, 영업소 또는 업무담당자의 주소를 가지고 있는 경우에는 그 사무소 등에 보통재판적이 인정된다고 할 것이므로, 증거수집의 용이성이나 소송수행의 부담 정도 등 구체적인 제반 사정을 고려하여 그 응소를 강제하는 것이 민사소송의 이념에 비추어 보아 심히 부당한 결과에 이르게 되는 특별한 사정이 없는 한, 원칙적으로 그 분쟁이 외국법인의 대한민국 지점의 영업에 관한 것이 아니라 하더라도 우리 법원의 관할권을 인정하는 것이 조리에 맞는다."고 판시하고 있다.

위 두 판결의 판시내용을 종합하면(특히 밑줄 친 부분) 우리 법원이 국제재판관할권을 행사하는 것이 현저히 부당하거나 피고의 응소를 강제하는 것이 심히 부당한 경우에는 우리 법원의 국제재판관할권이 부정되므로 후소 법원인 우리 법원은 소를 각하해야 한다. 반대로 외국 법원이 국제재판관할권을 행사는 것이 명백히 부적절하다면 그러한 외국 법원의 국제재판관할이 부정되어 그에 따른 외국재판은 우리나라에서 승인이 거부될 것이므로 국제적 소송경합의 문제가 발생하지 아니하고 따라서 후소 법원인 우리 법원은 계속하여 소송절차를 진행해야 한다.

이에 덧붙여 부적절한 법정지 법리는 재판을 진행하는 것이 더 적절한 법원이 있다면 그 법원이 재판을 진행하는 것이 정의의 관념에 부합한다는 이념에 기초하고 있는데,[135)] 결국 사안과 더 밀접한 관련(closer link to the case)이 있는 법원을 탐색하는데 그 목적이 있다.[136)] 국제사법 제2조는 분쟁해결에 적정한 국가의 법원을 찾는 것을 그 목적으로 하는데

134) 다만 부적절한 법정지 법리는 관할을 결정하는 원칙이 아니라 일단 관할이 인정된 후에 문제된다는 점과 수소 법원이 부적절한 법원이라고 하더라도 법원이 재판관할을 행사할 것인지 아니면 행사하지 아니할 것인지가 전적으로 법원의 자유재량이라는 점에서 차이가 있다.

135) Ronald A. Brand, Challenges to Forum Non Conveniens, (July 2013), available at http://ssrn.com/abstract=2288697, p. 1005.

136) Martine Stückelberg, Lis Pendens and Forum Non Conveniens at The Hague Conference, 26 Brook. J. Int'l L. 949, p. 951.

분쟁 또는 당사자와 그 국가 사이의 장소적 근접성(proximity)이 있는 경우에 그 국가의 법 또는 그 국가의 법원이 분쟁해결에 밀접한 관련(close connection)이 있는 것이 일반적이므로 이를 기준으로 하여 분쟁을 해결하는데 있어서 적정한 장소를 탐색한다(localisation). 이러한 적정한 장소를 찾는데 있어서는 당사자 간의 공평, 재판의 적정, 신속 및 경제를 기한다는 국제재판관할 배분의 이념에 부합하는 합리적인 원칙에 따라야 한다는 점은 앞의 대법원 판례에서 적시한 바와 같다. 이러한 점에서 부적절한 법정지 법리의 기준은 국제사법 제2조에 이미 반영되어 있다고 볼 수 있다.

결국 개별적 · 구체적 사법정의는 국제사법 제2조의 국제재판관할의 결정원칙에 의하여 달성할 수 있으므로 후소 법원인 우리 법원에 별도의 재량권을 수여할 필요가 없다. 만일 재량권을 수여하게 되면 국제사법 제2조에 따른 국제재판관할의 결정원칙과 재량권 사이의 관계가 불명확하여 해석상 혼동이 발생할 염려가 있어 보인다.

(2) 소송지연과 권리보호의 이익에 관한 규정에 의한 해결

앞서 언급한 바와 같이 전소 절차의 지연은 후소 법원이 절차를 속행할 수 있는 사유가 된다. 전소 법원인 외국 법원이 합리적 기간 내에 재판을 할 것인지 여부도 부적절한 법정지 법리를 적용하는데 있어서 고려되는 요소[137]인데 절차의 지연에 관하여 규정을 둔다면 이러한 점에서도 이와 별개로 '적절성'에 관한 재량이 후소 법원에 수여될 필요가 없다고 본다.

그리고 후소 법원이 절차를 진행하는데 있어서 전소 법원보다 더 적절하다는 의미는 결국 후소에 권리보호의 이익이 있다는 의미로 볼 수 있다.[138] 부적절한 법정지 법리에서의 '적절성'은 우리에게 생소한 법리인 반면에 '권리보호의 이익'은 민사소송절차 전반에서 요구되는 이익으로서 확립된 법리이다. 따라서 앞서 언급한 바와 같이 후소에 독자적 권리보호의 이익이 있는 경우에 후소 법원인 우리 법원이 절차를 계속하여 진행할 수 있도록 규정한다면 별도로 '적절성'을 중복제소금지의 법리의 예외사유로 규정할 필요는 없을 것이다.

(3) 법무부 입법예고 제12조와 중첩되는 문제

부적절한 법정지 법리는 국제적 소송경합을 전제로 한 것은 아니지만 국제적 소송경합은 부적절한 법정지 법리를 적용하는데 있어서 중요한 요소가 된다.[139] 따라서 부적절한 법정지 법리가 적용된다면, 전소 법원이 절차를 진행하는 것이 부적절하다고 후소 법원이 판단한 경우에 후소 법원은 소송절차를 계속하여 진행할 수 있다. 법무부 입법예고는 부적절한 법

137) Dickinson, para. 11.78.

138) 물론 더 적절하다는 의미를 단순한 비교우위로 본다면 권리보호의 이익과 달리 봐야 하지만 그와 같은 의미는 아닐 것이다. 국제재판관할이 여러 국가에 발생할 수 있고 법원마다 재판의 진행에 있어서 적절성에 어느 정도의 차이가 발생할 수밖에 없으므로 전소 법원에 국제재판관할이 인정되는 이상 후소 법원이 절차를 진행하기 위한 정당성은 엄격히 해석되어야 하며 그렇지 않다면 당사자의 예측가능성이 심하게 훼손될 것이다. 대법원 2007.11.15. 자 2007마346 결정에서는 "법 제35조에서 말하는 현저한 손해라 함은, 주로 상대방(피고)측의 소송수행상의 부담을 의미하는 것이기는 하지만 재항고인(원고)측의 손해도 도외시하여서는 아니 된다 할 것이므로, 상대방측이 소송을 수행하는 데 많은 비용과 시간이 소요된다는 사정만으로는 법 제35조에서 말하는 현저한 손해 또는 소송의 지연을 가져올 사유가 된다고 단정할 수 없는 것"이라고 판시하고 있는데 관할을 부정할 수 있는 예외는 엄격하게 해석되어야 한다는 점을 보여준다.

139) Martine Stückelberg, Lis Pendens and Forum Non Conveniens at The Hague Conference, 26 Brook. J. Int'l L. 949, p. 959.

정지 법리에 관한 제12조의 규정을 두고 있음에도 불구하고 제11조 제1항 제2호에서 후소 법원인 우리 법원에 추가로 재량을 수여하고 있으므로 중복적 규정에 해당하고 '적절성'의 해석에 혼란을 일으킬 염려가 있다고 본다. 더욱이 법무부 입법예고 제11조 제1항에서는 "소송절차를 중지할 수 있다."고 하여 기준이 불명확한 재량을 법원에 수여하고 있는데 이에 더하여 제11조 제1항 제2호와 제12조에서도 법원에 재량을 수여함으로서 같은 사안에 대하여 법원에 3중의 재량을 수여하고 있다. 그런데 재량들 상호 간의 관계가 불명확하고 과도한 재량은 중복제소금지의 법리를 형해화 시킬 수 있는 문제가 있다.

법무부 입법예고와 같이 중복제소금지의 법리를 원칙으로 하되 부적절한 법정지 법리를 받아들이고 있는 1999년 헤이그초안의 경우에는, 수소 법원이 전소 법원인지 후소 법원인지에 관계없이 부적절한 법정지 법리에 따른 1개의 재량만을 법원에 수여하고 후소 법원에 한정된 재량규정이 없다는 점에서 법무부 입법예고와 차이가 있다. 그리고 1999년 헤이그초안 제21조에서는 국제적 소송경합이 발생한 경우에 후소 법원이 소를 '중지하도록'(shall suspend) 규정하여 중지 여부에 관하여 법원이 재량을 갖지 않는다는 점에서 '중지할 수 있도록' 규정한 법무부 입법예고 제11조 제1항과 차이가 있다. 결론적으로 1999년 헤이그초안과 비교했을 때에도 법무부 입법예고는 법원에 과도한 재량을 수여하고 있다고 볼 수 있고 이에 따라서 당사자의 예견가능성이 떨어지는 문제가 있다.

라. 부적절한 법정지 법리의 도입을 통하여 전소 법원인 우리 법원에 재량을 수여할 필요가 있는지 여부

우리 법원이 전소 법원인 경우에 재량을 수여할 필요가 있는지 여부의 문제는 결국 부적절한 법정지 법리를 받아들일 필요가 있는지의 문제로 귀결된다. 결론부터 언급하면 다음과 같은 이유로 이를 받아들일 필요가 없다고 본다.

첫째 중복제소금지의 법리를 기본으로 하면서 부적절한 법성시 법리를 빋아들인 1999년 헤이그초안은 국제협약의 특성상 예견가능성을 높이기 위하여 일정한 사건에 관하여 일정한 국가의 법원이 국제재판관할을 갖는다는 엄격한 국제재판관할의 배분규칙을 갖고 있었다. 이러한 엄격한 규정방식으로 인하여 국제재판관할이 갖게 된 법원과 사건 사이에 충분한 관련이 없는 경우가 발생할 수 있었고[140] 이러한 문제를 해결하기 위해서 부적질한 법정지 법리를 도입하여 법정의 국제재판관할을 갖고 있는 국가의 법원이라고 하더라도 관할권을 행사하는 것이 부적절하다고 판단한 경우에 관할권의 행사를 거부할 수 있도록 허용한 것이다.[141] 또한 부적절한 법정지 법리를 기본으로 하는 보통법계 국가의 주장을 반영하여 부적절한 법

140) Ibid, p. 969에서는 1999년 헤이그초안에서 불법행위에 관하여 불법행위가 발생한 국가의 법원에 관할을 인정하고 있지만 독일 단체여행객들이 미국 아리조나(Arizona)를 여행하다가 여행객 사이에 상해를 입힌 경우에는 원고와 피고가 모두 독일에 소재하고 증인이 모두 독일에 있으므로 사건과 아리조나 사이에 관련성이 높지 않다고 설명하고 있다.

141) Peter Nygh/Fausto Pocar, Report on Preliminary Draft Convention on Jurisdiction and Foreign Judgments in Civil And Commercial Matters, HCCP Preliminary Document No 11 of August 2000, p. 93.

정지 법리를 받아들인 면도 있다.

반면에 우리의 경우에는 국제사법 제2조에서 유연한 국제재판관할의 결정기준을 제시하고 있고 앞서 언급한 바와 같이 이러한 결정기준에 재판권 행사의 '적절성'이 포함되었다고 볼 수 있으므로 굳이 부적절한 법정지 법리를 도입할 필요는 없다. 영국과 아일랜드가 브뤼셀협약에 가입하면서 부적절한 법정지 법리의 도입을 주장하였지만 브뤼셀협약 제4조에서 과잉관할에 관한 규정을 두고 있었기 때문에 굳이 부적절한 법정지 법리의 도입이 필요하지 않다는 이유로 위 주장이 거부되었다.[142] 그런데 우리의 경우에도 국제사법 제2조에 의하여 국제재판관할에서의 과잉관할이 배제될 수 있으므로 굳이 부적절한 법정지 법리를 도입할 필요가 없는 것으로 보이며 만일 이를 도입할 경우 국제사법 제2조의 규정과 혼란을 야기할 가능성이 있다고 생각한다.

둘째 부적절한 법정지 법리의 내용은 보통법계 국가에서도 통일되어 있지 않기 때문에 명확한 기준이 제시되어 있는 법리가 아니다. 더욱이 우리의 경우에는 부적절한 법정지 법리에 대한 이해나 방법이 부족한데 이에 대한 명확한 기준을 제시하지 아니한 채 이 법리를 도입하게 되면 내용의 불확실성으로 인하여 혼란이 발생할 우려가 있다고 본다.

셋째 보통법계 국가는 판례나 입법을 통하여 부적절한 법정지 법리가 적용되는 기준을 제시하고 있고 1999년 헤이그초안 제22조(2)에서도 부적절한 법정지 법리를 적용할 때 고려해야 하는 사항을 예시적으로 열거하고 있다.[143] 그러나 법무부 입법예고의 경우에는 이와 같이 기준을 제시하고 있지 아니하여 법적 확실성이 떨어지는 문제가 있다.

넷째 1999년 헤이그초안 제22조(5)에서는 더 적절한 국가의 법원이 관할을 행사하거나 원고가 법원에서 정한 기간 내에 더 적절한 국가의 법원에 소를 제기하지 아니하면 법원은 관할의 행사를 거부할 수 있고, 더 적절한 국가가 관할을 행사하지 아니하면 법원은 계속하여 절차를 진행할 수 있도록 규정하여, 수소 법원이 부적절한 법정지 법리를 적용하여 절차를 중지하는 경우에 더 적절한 국가의 법원에서 소송절차가 진행될 수 있도록 하는 방안을 마련하고 있다. 반면에 법무부 입법예고에서는 더 적절한 국가에서 소송절차가 진행될 것을 확보하기 위한 방안이 마련되어 있지 않다. 이러한 방안이 없는 상태에서 부적절한 법정지 법리를 적용하여 소송절차를 중지 또는 각하하게 되면 국민의 재판받을 권리를 침해하는 소지가 있어 보인다.

다섯째 부적절한 법정지 법리는 국제적 소송경합에 한정된 법리가 아니라 법원의 재판권 행사 전반에 적용되는 법리이다. 그런데 법무부 입법예고와 같이 부적절한 법정지 법리를

---

142) Martine Stückelberg, Lis Pendens and Forum Non Conveniens at The Hague Conference, 26 Brook. J. Int'l L. 949, p. 964.

143) "a) 당사자의 상거소를 고려할 때 당사자에 대한 불편; b) 서증, 증인을 포함한 증거의 속성과 위치 및 그러한 증거를 얻기 위한 절차, c) 적용되는 시효기간; d) 본안에 대한 결정의 승인 및 집행을 확보할 가능성"(a) any inconvenience to the parties in view of their habitual residence; b) the nature and location of the evidence, including documents and witnesses, and the procedures for obtaining such evidence; c) applicable limitation or prescription periods; d) the possibility of obtaining recognition and enforcement of any decision on the merits.)

민사소송법 전반에 도입하지 않고 국제적 소송경합에 한정하여 도입한다면 민사소송제도 전체적 관점에서 일관성과 정합성에 벗어난 것으로 보인다.

마. 소 결

앞서의 논의와 같이 우리 법원이 전소 법원이든 후소 법원이든 관계없이 관할권의 행사에 관하여 법원에 재량을 수여하는 것은 현행법이나 법무부 입법예고의 규정 하에서 모두에서 적절하지 않아 보인다. 만일 위와 같은 재량을 법원에 수여하고자 한다면 아래와 같은 여러 조건이 충족될 필요가 있다. 첫째 국제재판관할의 결정에 관하여 국제사법 제2조의 포괄적 규정을 폐지하고 엄격한 결정원칙에 관하여 규정할 것. 둘째 법원에 수여되는 재량은 부적절한 법정지 법리 하나에 한정하되 민사소송법과의 정합성을 고려할 때 이러한 법리를 민사소송법 전반에 도입할 것. 셋째 부적절한 법정지 법리의 기준을 예시적으로 나열하는 방법으로 그 해석에 관한 예견가능성을 높일 것. 넷째 적절한 법정지에서 절차가 진행될 수 있도록 하는 방안을 마련할 것.

그러나 굳이 위와 같은 추가적 조치를 취하면서까지 우리에게 낯선 부적절한 법정지 법리를 도입할 필요가 있는지는 의문이다.

6. 결 론

앞서의 논의를 종합한 입법안을 정리하면 다음과 같다.

제1조(국제적 소송경합) ① 같은 당사자 사이에 외국 법원에 계속 중인 사건과 같은 소가 법원에 다시 제기된 경우 법원은 중지 결정 당시의 모든 사정을 고려하여 외국 법원이 내릴 재판이 대한민국에서 승인될 수 없다는 점이 명백하지 않다면 직권 또는 당사자의 신청에 따라 결정으로 소송절차를 중지해야 한다. 다만, 법원에 제기된 소를 계속하여 진행하는 것이 당사자의 권리보호를 위하여 필요한 경우에는 그러하지 아니하다.

② 제1항의 중지결정 또는 신청을 기각한 결정에 대하여는 즉시항고를 할 수 있다.

③ 제1항의 당사자와 소가 같은지 여부는 외국 법원이 속한 국가의 법과 대한민국 법에 따른 각 기판력의 범위를 비교하여 결정한다.

④ 이 조를 적용함에 있어 소의 전후는 원고의 청구내용이 기재된 서면이 피고에게 송달된 때를 기준으로 한다.

제2조(중지된 절차의 속행) ① 법원은 다음 각 호의 어느 하나에 해당하는 경우에는 당사자의 신청에 따라 결정으로 변론기일을 지정하여야 한다.

1. 대한민국 법령 또는 조약에 따른 승인 요건을 구비하지 못한 외국의 확정판결 또는 이와 같은 효력이 인정되는 재판이 제출된 때
2. 외국 법원이 그 절차를 중지하거나 또는 소를 각하한 때
3. 외국 법원에서의 절차가 합리적 기간 내에 종결되지 아니할 것으로 보이는 때

② 제1항의 변론기일을 정하는 결정 또는 신청을 기각한 결정에 대하여는 즉시항고를 할 수

있다.

제3조(소의 각하) 대한민국 법령 또는 조약에 따른 승인 요건을 구비한 외국의 확정판결 또는 이와 같은 효력이 인정되는 재판이 제출된 때에는 제1조에 따라서 중지된 소를 각하하여야 한다.

02

계약에 적용되는 국가의 법

제 1 장 국제사법의 기초

제 1 절 국제사법의 의의

I. 국제사법의 필요성

국제적 요소(foreign elements)가 있는 법률관계에 적용되는 국가의 법을 준거법(governing law, applicable law)이라고 한다. 여기서 국제적 요소가 있는 법률관계란 분쟁의 구성요소가 하나 이상의 국가와 관련된 경우를 의미한다. 이러한 구성요소는 당사자의 국적, 주소, 거주지, 분쟁이 발생한 장소, 목적물의 소재지 등과 같은 특정국가와 연결시키는 요소를 말하는데 그 종류는 매우 다양하다. 통상은 당사자의 국적이나 소재지가 다른 경우를 의미하지만 반드시 그렇지 않다. 예를 들어 한국 회사 사이에 계약이 한국에서 체결되었지만 계약의 이행은 외국에서 이루어진 경우나, 한국회사가 한국에서 파산을 하였지만 해외에 채권자가 다수 있는 경우에도 국제적 요소가 있다고 볼 수 있다. 그리고 그러한 법률관계에 관련이 된 국가의 법 중 준거법을 선택하는 것을 준거법의 결정(determination of governing law)이라고 한다.

준거법의 결정이 필요한 이유는 세계 각 나라의 법이 다르기 때문이다. 따라서 어느 국가의 법을 적용하느냐에 따라서 국제분쟁의 결론이 다르게 되므로 준거법의 결정은 국제분쟁의 해결에 있어서 핵심적 사항에 해당한다. 이러한 준거법을 결정하는 법이 국제사법이고 분쟁과 관련된 법 중 준거법을 선택한다는 점에서 이를 '법선택의 법'(rules of choice of law)이라고도 한다. 국제사법은 그 이름만 보면 국제적으로 통일된 조약이나 협약으로 오해할 소지가 있지만 이는 국내법 중의 하나이고 나라마다 국제사법의 내용이 다르기 때문에 법정지에 따라서 준거법이 달라질 수 있다. 우리나라의 경우에는 과거 '섭외사법'이라는 법이 존재하였는데 2001년에 이 법을 개정하면서 그 명칭을 '국제사법'으로 변경하였다. 법원은 자신이 소재한 국가에서 효력을 갖고 있는 법만을 적용할 의무가 있으므로 우리 법원이 국제사건에서 외국법을 적용할 수 있는 근거는 국제사법에 있다. 이와 같이 국제사법이 국제사건에서 어느 국가의 법을 적용하여야 하는지를 지정하는 것은 마치 기차역의 안내소에서 기차가 어느 플랫폼에서 출발하는지 안내하는 것과 같은 기능을 한다.[1]

그렇다고 준거법이 반드시 한 국가 단위로 결정되는 것은 아니다. 하나의 사건이라고 하더라도 여러 쟁점이 있을 수 있고 각 쟁점마다 다른 준거법이 결정될 수 있으므로 하나의 사건에 여러 국가의 법이 동시에 적용될 수 있다. 이를 '준거법의 분열'(dépeçage)이라고 한다.

---

1) Fawcett, p. 8.

그리고 하나의 국가라도 연방국가와 같이 지역단위 별로 별도의 법을 갖고 있는 경우에는 그 지역의 법을 적용해야 한다. 물론 연방법이 적용되는 사건에서는 연방법을 적용해야 한다. 지역법과 연방법의 적용범위에 관하여는 그 연방국가에 달려 있으므로 그 국가의 규칙에 따라야 한다.

한편 국제사법을 지칭하는 영어의 용어는 다양한데, 미국에서는 conflict of laws라는 용어를 주로 사용하고 영국을 포함한 유럽 국가들은 private international law 또는 international private law라는 용어를 주로 사용한다. 그런데 위 두 개의 용어는 준거법의 결정에 한정되지 않고 국제재판관할과 외국재판의 승인 및 집행을 포함한 광의의 국제사법을 의미하는데 주로 사용된다. 준거법의 결정에 한정된 협의의 국제사법을 지칭할 때에는 통상 choice of law라고 한다. 그런데 private international law라는 용어는 사법과 공법의 완전한 분리를 의미하는데 보통법 국가의 경우에는 이러한 완전한 분리가 인정되지 아니하고, international이란 표현은 마치 세계적으로 통일된 독립된 법이 있는 듯한 오해를 일으킨다는 점에서 비판이 있다. 그리고 conflict of laws라는 용어에 대하여는 특정한 국제사건에 관련된 국가 모두가 마치 법적용에 대한 의지가 있는 듯하고 이러한 관련된 국가의 법 사이의 충돌을 해결할 수 있는 최상위의 기구가 별도로 있는 듯 보인다는 비판이 있다.

Ⅱ. 외국법의 적용을 허용하는 이유와 근거

국제적 교류가 활발하게 진행되기 전의 국가들은 당연히 자신의 법을 적용하였으며 굳이 외국법을 적용할 필요도 이유도 없었다. 그리고 어느 정도의 국제교류가 이루어 진 후에도 입법권은 그 국가에 한정되어 효력이 있다는 원칙과 국가는 자신의 영토 안의 모든 사람과 물건 그리고 발생하는 거래에 대하여 절대적 관할을 갖고 있어서 자신의 법만을 적용할 수 있다는 영토주의적 이념에 따라서 법원이 외국법을 준거법으로 적용하기까지 오랜 시간이 걸렸다. 그리고 현재에도 법원이 소재한 국가인 법정지의 법(lex fori)을 적용하는 것이 어떤 면에서는 일면 간편한 해결방법으로 보인다. 그러나 법정지법만을 적용하게 되면 다음과 같은 중대한 문제가 발생하게 된다.

첫째 국제분쟁에 대하여는 하나의 국가만 국제재판관할을 갖고 있는 것이 아니라 관련된 여러 국가가 국제재판관할을 갖게 된다. 만일 외국적 요소를 무시하고 법원이 법정지법만을 적용한다면 나라마다 법이 다르기 때문에 원고는 자신에게 유리한 법의 적용을 받기 위해서 유리한 법정지를 찾아다닐 것이다. 이를 '법정지 쇼핑'(forum shopping)이라고 한다. 이러한 '법정지 쇼핑'은 소송이 어디에서 진행이 되던 관계없이 그 결론은 동일해야 한다는 일반적 정의관념에 반한다.

둘째 위와 같이 소송이 진행되는 법정지가 달라짐에 따라서 소송의 결론이 다르게 나타난다면 거래당사자는 자신의 거래에 대한 예측가능성을 가질 수 없게 된다. 거래의 당사자는 계약을 체결하는 과정에서 상업적 이익에 대한 예측뿐만 아니라 그 계약에 관한 분쟁에 대하여도 예측을 하여 계약체결 여부를 결정하게 되는데, 위와 같이 분쟁해결에 대한 예측가능성이 사라진다면 국제거래가 활성화되기는 불가능할 것이다.

셋째 법정지법만 적용하게 되면 실질적 정의에 반하는 결론에 이르는 경우도 있다. 예를 들어 A국에서 계약을 체결하면서 A국의 법에 따라서 형식적 요건을 갖추어 유효하게 계약을 체결하였는데, 그 후 이 계약의 분쟁에 관하여 B국의 법원에 소가 제기되었고 B국 법상 위 계약이 형식적 요건을 갖추지 못하여 무효라고 한다면 이미 유효하게 체결된 계약을 무효로 돌리는 것이므로 실질적 정의에 반한다. 또한 일본 회사 사이에 일본에서 계약을 체결하고 계약을 이행하였는데 한국에서 소가 제기되었다고 하여 느닷없이 우리 법에 따라서 권리의무를 부여하는 것도 적절하지 않다.

위와 같은 문제로 인하여 현재는 외국법을 준거법으로 적용하는 것을 당연하게 생각하고 있지만 준거법을 결정하는 해법에 관하여는 다양한 견해가 제시되어 왔다. 다양한 법제와 견해에도 불구하고 국제사법의 목표는 외국적 요소가 있는 사건을 해결하는데 있어서 가장 적절한 법을 찾는 것이란 점에는 이론이 없을 것이다. 따라서 논의의 핵심은 '가장 적절한 법'을 어떤 기준에 의하여 판단할 것인가 있다. 언뜻 생각하더라도 여러 기준이 제시될 수 있는데 당사자의 예측가능성, 신속한 소송의 진행, 저렴한 소송의 진행, 가장 훌륭한 내용을 갖고 있는 법, 분쟁이 발생한 곳의 법, 분쟁과 가장 밀접한 관련이 있는 국가의 법 등이 제시될 수 있다. 이와 같이 다양한 기준이 제시될 수 있기 때문에 국제분쟁에 '가장 적절한 법'을 찾는 것은 결코 쉬운 일이 아니며 다양한 견해가 전개되어 왔다.

Ⅲ. 국제사법의 보호이익

1. 국제사법적 이익의 추구

최초 국제사법이 태동할 당시에는 어느 국가의 주권은 그 영토에 한정되어 효력이 있고 입법권도 주권이므로 어느 국가의 법은 그 국가에서만 효력이 있고 외국에서는 적용되지 않는다고 보았다. 이러한 이유로 국제사법이 어느 정도 정립되기 전까지는 외국적 요소가 있는 국제분쟁에서 반드시 내국법이 아닌 외국법이 적용될 수 있으며 그 적용의 근거가 무엇인지에 관한 논의가 많았다. 그러나 현재는 국제적 교류와 거래의 일반화로 인하여 외국법이 준거법으로 적용되어야 할 필요성이 있다는 점에 대하여 아무도 의문을 제기하지 않는다. 현재로서는 국제사법의 쟁점은 국제분쟁에 적용할 '적절한 법'이 어느 국가의 법인지를 찾는데 있다.

연혁적 논의를 보면 '적절한 법'을 찾는 방법은 적절한 법정지를 찾아서 그 법정지의 법을 준거법으로 할 것인지 아니면 법정지를 거치지 않고 적절한 법을 찾을 것인지에 논의의 중심이 있었다. 이러한 논의를 다른 측면에서 보면, 모든 법의 가치를 동일하게 보는 가치중립적 입장에서 문제된 법률관계와 공간적으로 밀접한 관련이 있는 국가를 찾아가는 방법을 취할 것인지, 아니면 미국에서 전개된 논의와 같이 문제된 국가의 법 중 실질법적으로 가장 좋은 법을 찾아가는 방법을 취할 것인지의 문제로 연결된다. 그리고 현재 유럽과 미국의 경향을 보면 국제사법적 정의를 앞세워 가치중립적 입장에서 분쟁의 대상인 법률관계와 가장 밀접한 관련이 있는 국가를 찾아가는 방법을 주된 방법으로 채택하면서도 특정 분야(예를 들어 소비자계약이나 근로계약과 같이 사회적 약자로서 보호할 필요가 있는 경우)에서는 실질법적 정의를 추구하고 있는 것으로 보인다.

준거법의 충돌이 발생하는 이유는 각 국가가 다른 내용의 법을 가지고 있고 그 결과 다른 결론에 이를 수 있기 때문이다. 따라서 어느 법이 법률관계의 준거법이 되든지 법률관계의 당사자 중 누군가는 만족을 얻고 누군가는 좌절한다. 이러한 점에서 법률관계의 준거법을 결정하는 국제사법이 실질법적 정의를 가져오는 것은 아니다. 더욱이 더 좋은 법을 찾을 기준이 있는 것도 아니다. 따라서 내용적으로 가장 적절한 법을 찾을 것이 아니라 공간적으로 가장 적절한 국가를 찾는데 목적을 두는 것이 타당하다. 이를 위하여 현재까지 제시된 가장 일반적으로 받아들여지고 있는 방법은 문제된 법률관계와 가장 밀접한 관련이 있는 국가를 찾는 것(localisation)이다. 즉 국제재판관할과 준거법의 결정에서 전반적으로 적용되는 근접성(proximity)을 기준으로 하는 것이다.[2] 물론 어떻게 가장 밀접한 관련이 있는 국가를 찾을 것인지는 매우 어려운 문제이다. 예를 들어 행위지를 중심으로 할 것인지, 당사자의 소재지를 중심으로 할 것인지, 계약의 체결지를 중심으로 할 것인지 다양한 방법이 제시될 수 있다. 이를 위하여 문제된 법률관계와 특정 국가를 공간적으로 연결시키는 다양한 연결요소(connecting factors)를 고려하는 것이 일반적 방법으로 보인다.

2. 국제사법의 보호이익

다른 법과 마찬가지로 국제사법도 보호하고자 하는 법익이 있다. 하지만 실질사법에서는 '법의 내용'이 문제되는 반면에 국제사법에서는 '적용할 법의 선택'이 문제가 되므로 국제사법은 지정된 준거법의 내용에 대하여는 원칙적으로 고려하지 않는다. '적용할 법의 선택'의 정당성은 당사자이익, 거래이익, 질서이익 세 가지의 평가요소를 가지고 있는바, 분설하면 다음과 같다.[3] ① 사람은 혼인 · 이혼 · 상속 · 권리능력 · 행위능력과 같은 인격적으로 관계된 사항에 대하여 그와 가장 밀접한 관계가 있는 법의 적용을 받을 이익이 있다(당사자이익). 따라서 인격적으로 밀접하게 관계되는 법은 그가 국적을 갖고 있는 국가의 법(본국법) 또는 그가 살고 있는 국가의 법(주소지법 또는 상거소지법)이 된다. ② 거래가 안전 · 원활하게 이루어지는 데 대하여 사람들이 가지는 이익이 있다(거래이익). 이러한 이유로 국제사법 제26조 제1항에서는 당사자가 준거법을 선택하지 아니한 경우에 계약의 객관적 준거법으로 당해 계약과 가장 밀

2) Magnus, p. 90.
3) 자세한 논의는 이호정, 국제사법, 경문사, 1988, 16-33쪽 참조.

접한 관련이 있는 국가의 법을 지정하고 있고, 제8조 제1항에서는 국제사법에 의하여 지정된 준거법보다 더욱 밀접한 관계가 있는 국가의 법이 있는 경우에 그 국가의 법을 준거법으로 지정하고 있다. ③ 하나의 사안에 여러 준거법이 중첩적으로 적용된다면 법률관계에 혼선을 가져 올 것이다. 법률관계의 질서를 유지하기 위해서는 법이 통일적으로 적용될 필요가 있다(질서이익).

3. 국제사법을 통한 실질법적 이익의 보호

국제사법을 통하여 실질법적 정의를 추구할 필요성이 있고 그것이 가능하다면 이를 포기할 수도 없기 때문에 예외적으로 국제사법을 통하여 실질법적 정의를 추구하는 경우가 있다. 예를 들어 우리 국제사법 제17조에서는 "① 법률행위의 방식은 그 행위의 준거법에 의한다. ② 행위지법에 의하여 행한 법률행위의 방식은 제1항의 규정에 불구하고 유효하다. ③ 당사자가 계약체결시 서로 다른 국가에 있는 때에는 그 국가 중 어느 한 국가의 법이 정한 법률행위의 방식에 의할 수 있다."고 규정하고 있는데 법률행위의 방식의 유효성을 가장 밀접한 국가의 법 하나로만 결정하지 않고 여러 국가의 법에 의하여 확보할 수 있도록 함으로써 가급적 법률행위의 유효성을 유지시키려고 한다. 그리고 제27조와 제28조에서 각 소비자계약과 근로계약에 관한 특칙을 두고 있는데 그 내용은 사회적 약자에 해당하는 소비자와 근로자를 보호하는데 있으므로 이 또한 실질법적 정의를 추구하는데 그 취지가 있다.[4] 미국의 '더 좋은 법 접근방법'(better-law approach)도 실질법적 이익을 추구한다는 점에서는 동일한 취지를 갖고 있지만 이 이론은 그 범위를 제한하지 아니하고 실질법적 정의를 추구하는데 반하여 국제사법은 보호가 필요한 특정 분야에서만 실질법적 정의를 내세우고 있다는 점에서 차이가 있다.

4. 예측가능성과 소송경제의 추가적 고려

위와 같은 이론적 논의에 더하여 실질적 문제가 다수 제기된다. 준거법은 당사자의 권리와 의무를 결정하는 법이므로 준거법에 대한 예측가능성은 당사자의 권리와 의무의 내용에 대한 예측가능성을 의미한다. '가장 밀접한 관련'이 자칫 객관적 요소만을 고려한 결과 당사자가 예상하지 못한 준거법이 당사자 사이의 법률관계를 결정하는 문제가 발생할 수 있다. 따라서 '가장 밀접한 관련'은 객관적 사정에 의하여 가장 밀접한 관련이 있는 장소를 탐색해야 하지만 이러한 탐색의 과정에서 객관적 사정을 기준으로 한 당사자의 준거법에 대한 예측가능성을 필수적으로 고려할 필요가 있다.

또한 소송절차에서 준거법을 결정하는 과정은 실체적 분쟁해결의 시작에 불과하기 때문에 그 과정이 단순하고 쉬워야 하며 저렴해야 한다. 그렇지 않다면 소송은 장기화되고 많은

4) 국제사법 제7조와 제10조에서 각 공서양속에 관한 규정을 두고 있는 것도 국제사법적 정의보다 실질법적 정의를 더 앞세운 것이다(최공웅, 외국법의 적용과 그 제한, 판례월보 182호(1985), 13쪽).

비용이 소요되어 소송의 신속과 경제에 반하는 결과를 가져온다. 계약의 객관적 준거법에 관한 국제사법 제26조는 제1항에서는 가장 밀접한 관련이 있는 국가의 법을 객관적 준거법으로 지정하고 있지만 '가장 밀접한 관련'은 매우 추상적 기준이어서 이러한 기준만을 제시하면 준거법에 대한 예측가능성이 떨어지고 소송은 지연될 것이다. 이러한 이유에서 같은 조 제2항에서 가장 밀접한 관련에 대한 추정규정을 두어 보다 쉽게 준거법을 결정할 수 있도록 하고 있다. 이러한 방식은 이론적 문제를 떠나서 실무적, 실제적 문제를 쉽게 해결할 수 있도록 하는 하나의 좋은 방식이라고 보인다. 앞으로도 이러한 방식에 관한 계속적 연구가 필요하겠다.

Ⅳ. 국제사법의 법원(法源)

1. 국제사법

우리나라의 국제사법은 1962년 1월 15일 제정되고 시행된 '섭외사법'에서 시작된다. 이 섭외사법은 일본의 법례(法例)의 영향을 많이 받았는데 계약이 아니라 법률행위를 중심으로 하여 규정하였고 법률행위의 효력을 행위지법에 따르도록 한 점에서 특징이 있다. 이 섭외사법은 2001년 시행된 '국제사법'으로 대체되었는데 국제사법의 규정 중 계약에 관한 규정은 유럽의 로마협약의 영향을 크게 받았다. 이러한 영향에 따라서 섭외사법에서의 법률관계를 중심으로 한 준거법의 결정은 계약을 중심으로 한 준거법의 결정을 변경되었고, 법률행위지법에 따른 단편적이고 획일적인 준거법결정의 방식은 '가장 밀접한 관련'이라는 다면적이고 유연한 준거법결정의 방식으로 변경되었다. 또한 계약의 준거법의 추정규정을 둔 것이나 소비자와 근로자에 관한 특칙을 둔 것도 모두 로마협약의 영향에 따른 것이다. 이러한 점에서는 로마협약과 이를 이어 받은 로마규칙 Ⅰ의 해석은 우리 국제사법의 해석에서도 중요한 역할을 한다.

2. 국제조약

우리나라가 가입한 국제조약도 우리나라에서 구속력이 발생하므로 국제사법의 법원이 될 수 있다. 세계적으로 국제사법을 통일하자는 움직임은 일찍부터 있었는데 이에 1893년 헤이그국제사법회의(Hague Conference on Private International Law)가 설치되었고, 이 회의에서는 국제가족법, 국제민사소송법, 국제상사법을 세 꼭지로 하여 적지 않은 국제협약을 마련하였다. 그러나 우리나라는 이 중 4개의 협약에만 가입하였고 그 중 준거법에 관한 규정이 있는 협약은 2013년에 가입한 「국제적 아동탈취의 민사적 측면에 관한 협약」(Convention of on the Civil Aspects of International Child Abduction)밖에 없다.[5] 이 협약 제3조에서는 아동의 양육권에 관하여 아동이 탈취되기 전에 상시적으로 거주하던 장소의 법을 적용하도록 규정하고 있다. 그리고 이 협약의 시행을 위하여 「헤이그 국제아동탈취협약 이행에 관한 법률」이 제정되어 있

5) 나머지 세 개의 협약은 헤이그송달협약, Apostille 협약, 헤이그증거협약이 있다.

다. 그밖에 우리나라가 가입한 국제사법에 관한 국제조약을 찾을 수 없다.

제 2 절 국제사법의 연혁

Ⅰ. 유럽의 경우

가. 유럽에서는 국제사법이 중세부터 시작되어 1850년까지는 이론적 정립이 이루어 졌다. 유럽에서는 국가 간의 무역이 활발했던 북부 이태리에서 12세기부터 국제사법이 시작되었다. 이때부터 국제사법이 시작되었다고 보는 이유는, 이때부터 관련된 국가의 법을 섞거나 아니면 새로운 규칙을 창설하는 방법을 사용하지 않고 관련된 국가의 법 중의 하나의 법을 적용하기 시작하였기 때문이다. 당시에는 법률관계가 아닌 법의 성격에 초점을 맞추는 방법을 사용하였는데, 법을 재산에 관한 법과 사람에 관한 법으로 구분하여, 재산에 관한 법은 그 법의 소속국 안에 소재한 재산에 한정되어 적용된다고 보는 반면에, 사람에 관한 법은 그 사람의 소재지에 관계없이 그 사람이 특정 국가에 속해 있다면 그 국가의 법이 적용된다고 보았다. 그리고 재산에 관한 법인지 사람에 관한 법인지는 법문의 주어를 가지고 결정하였는데, 법문이 재산으로 시작하면 재산법, 사람으로 시작하면 사람법이라고 보았다. 이러한 준거법의 결정방법은 법의 성격 하나만을 고려한다는 점에서 '단편적 방법'(unilateral conflictual method)이라고도 한다.

나. 17세기에 들어서 네덜란드에서는 Johann Voet과 Ulrich Huber가 국제예양(international comity)을 주장하였다. Huber는 한 국가의 법은 그 영역 내에서만 효력이 있다는 속지주의를 바탕으로 하여 국제예양(comity)에 따라서 외국법이 아니라 외국에서 취득된 권리의 효력을 인정해 주어야 한다고 보았다. 여기서 국제예양이란 법원이 외국법을 적용할 의무가 있는 것은 아니지만 국가 간의 관계를 고려하여 외국법에 따라서 취득된 권리가 유지될 수 있도록 해 줄 필요가 있다는 의미이다. Huber의 이론은 영국과 미국에 큰 영향을 끼쳤는데 특히 후일 영국의 Dicey의 권리귀속이론(vested right theory)의 기초가 되었다.

다. 독일에서는 19세기 Carl Georg von Wächter와 Friedrich Carl von Savigny가 주된 이론을 전개하였다. Wächter는 국가는 자신의 영토 내에서만 입법권을 갖고 있으므로 다른 국가의 법에 의하여 취득된 권리를 승인할 필요가 없고, 또한 판사도 국가의 입법권의 하나이므로 자신이 속한 국가의 정책과 이익만을 고려해야 한다고 주장하였다. 이에 따라서 법원은 자국의 실체법을 우선하여 적용하도록 하되, 내국법의 적용이 불가능한 경우에만 외국법을 적용해야 한다고 보았다. 이러한 Wächter의 주장은 국제사법을 퇴보시켰다는 비판을 받아서 유럽에는 추종자가 없지만 미국에서는 Curry의 이익형량론(interest analysis)에 영향을 주었다.

Savigny는 단편적 방법을 버리고 쌍면적 방법(bilateral conflictual method)을 채택하여 종

전과 같이 법률의 성격과 그 법의 적용범위를 탐구하는 대신에 분쟁의 대상인 법률관계에 집중하였다. 모든 법률관계는 그 법률관계가 귀속하는 영토(territory), 즉 그 법률관계의 '자리'(seat, sitz)[6]가 있다고 보았는데, 그 법률관계와 가장 밀접한 관련이 있는 국가에 '자리'가 있다고 보았다. 각 법률관계의 '자리'를 찾기 위하여 Savigny는 사법을 가족법, 상속법, 재산법, 계약법, 불법행위 기타로 나누고 연결요소를 통하여 각 법률관계가 어느 국가엔가 '자리'를 갖게 되는 본질적 특성을 찾아냈다. 이러한 탐구에서 모든 법은 동등하게 취급되고 그 법에서 스스로 그 적용범위에 관한 규정을 두는 것은 무시된다. 이러한 탐구의 궁극적인 목표는 법정지에 관계없이 재판결과의 결과가 동일하게 나오도록 하는데 있었다. 결국 국제사법은 법정지의 이익을 증진하기 위하여 존재하는 것이 아니라 법정지에 관계없이 분쟁이 동일한 방법으로 해결될 수 있도록 하는 것이다.

이와 같이 국제적 통일성을 추구한다는 점에서 Savigny와 그 추종자를 세계주의자(universalists)라고 부른다. 세계적으로 통일된 '자리'를 정립하려는 Savigny의 노력이 완성되었다고 볼 수는 없지만 문제된 법률관계가 귀속된 장소를 찾으려는 방법론인 'localisation'은 여전히 큰 영향력을 행사하고 있다. 이 방법론은 기존의 법률선택의 방식(rule selective method)을 법정지선택의 방식(jurisdiction selective method)으로 이끌었다. 즉 현재의 국제사법의 지배적인 경향은 어느 법이 적용되어야 하는가의 문제가 아니라 어느 국가의 법이 적용되어야 하는가의 문제이다. 이러한 Savigny의 이론은 영국과 미국에도 강력한 영향을 끼쳤다.[7]

라. 과거 영국의 법원은 영국 내에서 발생한 사건만을 처리하였으며 외국적 요소가 있는 사건은 외국법이 적용된다고 하여 사건을 각하하고, 대신에 그러한 사건에 관하여는 외국 법원에서 재판을 받도록 한 후 이러한 외국재판을 영국에서 승인해 주는 방식을 취하였다. 영국의 영역이 넓혀짐에 따라서 마침내 18세기에서야 진정한 국제사법이 태동되었고 19세기에야 이론적 전개가 활발히 이루어졌다. 영국에서는 당사자의 명시적인 준거법의 선택이 없는 경우에, 계약의 조건이나 성질 기타 사정을 고려하여 당사자의 의사를 추론하였는데, 이러한 추론을 할 수 없는 경우에는 그 거래와 '가장 밀접하고 가장 현실적인 연결'(closest and most real connection)되어 있는 법질서(system of law)를 준거법(proper law)으로 보았다.[8] '가장 밀접하고 가장 현실적인 연결'을 찾기 위해서 거주지, 사업의 수행지, 이행지, 계약의 체결지, 계약의 성질과 목적 등 모든 사정을 고려하였는데, 어느 하나의 요소가 결정적이지 않다면 이행지에 가장 큰 비중을 두었다.[9]

마. 현대의 유럽은 유럽국가 사이의 시장통일(common market)의 움직임에 따라서 국제사법의 통일에 관한 논의가 진행되어 로마협약을 거쳐서 현재 로마규칙 I 이 시행되고 있다. 로마협약이 시행되기 전에의 상황을 보면, 다음과 같다. 프랑스와 벨기에는 당사자의 명시적

---

6) 통상 이를 본거(本據)라고 번역하는데 정확한 의미 전달에 적합하지 아니하므로 여기서는 우리말로 '자리'라고 한다.
7) John Greenwood Collier, Conflict of Laws, Cambridge University Press, 2001, p. 387.
8) Collins, para. 32−006
9) McParland, para. 10.10.

인 준거법 선택이 없는 경우에, 계약이 특정국가에 위치하고 있다는 것을 보여줄 수 있는 다양한 요소를 찾아서 준거법을 결정하였다. 이러한 '위치결정'(localisation)은 객관적으로 계약과 경제적인 측면에서 가장 밀접한 관련이 있는 국가를 탐색하는 것이었고, 특히 특징적 성격을 갖고 있는 계약상 의무가 이행되는 곳을 계약과 가장 밀접한 관련이 있는 곳으로 보았다.[10] 독일에서는 당사자가 준거법을 선택하지 아니한 경우에 개별적 사안에서 문제된 일반적 이익을 고려하여 당사자의 가정적 의사를 보여주는 여러 요소를 바탕으로 하여 준거법을 결정하였다. 만일 이러한 방식에 의하여 준거법이 결정되지 아니하면, 판례는 하나의 계약에 의한 여러 의무가 여러 나라에서 이행되어야 한다면 각 그 국가의 법이 준거법이 된다고 보았다. 이태리는 당사자의 명시적 준거법의 선택이 없더라도 당사자의 추정적 의사를 도출하지 아니하고 몇 가지 계약유형에 관하여 준거법을 확정적으로 지정하고 나머지 계약에 관하여 당사자의 국적이 공통이면 그 나라의 법을, 국적이 다르면 계약이 체결된 곳의 법을 준거법으로 지정하였다. 마지막으로 효력이 발생하지는 않았지만 1969년 베네룩스 조약[11]에서는"당사자가 준거법을 선택하지 아니한 경우에 계약에는 가장 밀접한 관련이 있는 국가의 법이 적용되고, 만일 이러한 국가를 특정할 수 없다면 그 계약이 체결된 국가의 법이 적용된다."고 규정하고 있었다.

바. 위와 같은 각 국의 입법례를 살펴보면, 일정한 연결요소(connecting factor)가 있으면 준거법을 확정적으로 결정하는 이태리를 제외하고 나머지 국가는 밀접한 관련이라는 유연한 기준을 제시하여 법관에게 준거법 결정을 위한 다양한 요소 중 결정적 요소를 선택하여 개별적 사안마다 준거법을 결정할 수 있는 재량을 수여하고 있었다. 위와 같은 입법례를 고려하여 로마협약이 마련되었는데, 로마협약을 제정하는 과정에서 주관적 접근방법(subjective approach)과 객관적 접근방법(objective approach) 사이에 경합이 발생하였다.[12] 주관적 접근방식이란 계약의 협상의 장소, 계약에 사용된 언어, 이행지, 분쟁해결의 장소 등을 종합적으로 고려하여 계약의 '중심적 장소'(centre of gravity)를 가리키는 주된 접촉지역을 찾아내서 준거법을 결정하는 방식이다. 이러한 방식은 유연성(flexibility)을 제공하지만 당사자의 예견가능성(predictability)이 떨어지고 연결요소들의 일부가 각 다른 나라를 지시하고 있는 경우에 그 기준이 모호하다는 문제가 있다. 그리고 객관적 접근방식이란 여러 연결요소 중 준거법을 결정할 수 있는 하나의 결정적 요소를 선택하는 것이다. 이러한 방식에는 계약의 종류에 관계없이 모든 계약에 관하여 하나의 결정적 요소를 지정하는 방식과 계약의 종류마다 다른 요소를 결정적 요소로 지정하는 방식이 있을 수 있다. 이러한 객관적 접근방식은 예견가능성을 높이지만 유연성이 떨어져서 언제나 적절한 해결방법을 제시하는 것이 아니라는 문제가 있다.

준거법의 객관적 연결에 관한 로마협약 제4조는 위 양자의 장점과 단점을 모두 고려하

---

10) Giuliano－Lagarde 보고서, p. 19.

11) 벨기에, 룩셈부르크, 네덜란드가 체결한 국제사법에 관한 조약으로서 각 국이 국내법으로 제정하기로 한 조약이다.

12) McParland, para. 10.12.

여 마련되었다. 로마협약 제4조 제1항에서 "제3조에 따라서 계약에 적용될 법이 선택되지 아니한 한도에서 계약에는 가장 밀접하게 관련된 국가의 법이 적용된다."[13]고 규정하여 유연한 접근방식을 취하는 동시에, 제2항에서는 특징적 이행(characteristic performance)을 연결요소로 하여 준거법을 추정함으로써 준거법에 대한 예견가능성을 높였다. 한편 로마협약은 2008년 로마규칙 Ⅰ으로 개정되면서 객관적 준거법을 추정하는 방식에서 객관적 준거법을 확정적으로 지정하는 방식으로 변경함으로써 예견가능성을 더욱 높였다. 이러한 변화에도 불구하고 로마규칙 Ⅰ 제4조 제4항에서는 "제1항 및 제2항에 따라서 준거법을 결정할 수 없는 경우에는 그 계약과 가장 밀접한 관련이 있는 국가의 법이 그 계약을 규율한다."[14]라고 규정하여 여전히 '가장 밀접한 관련'을 준거법의 객관적 연결원칙으로 유지하고 있다. 우리 국제사법의 계약에 관한 규정은 로마협약을 기초로 하여 작성되었다.

Ⅱ. 미국의 경우

가. 미국의 경우에는 국제사법이 유럽의 영향을 받지 않고 고립적으로 발전하다 혼란을 겪었는데 현재도 연방법으로서 국제사법이 존재하지 않고 각 주(州)가 독자적인 준거법 결정의 원칙을 갖고 있다.

나. 미국에서는 Joseph Beal이 영국의 Dicey와 함께 권리귀속이론(vested right theory 또는 acquired right theory)을 주장하였다. 이는 영토주의(territorialism)를 바탕으로 한다. 이에 따르면 법관은 자신이 소재한 국가의 법만을 적용할 수 있기 때문에 직접 외국법을 적용하거나 외국의 재판을 승인할 수 없고 외국법 또는 외국재판에 의하여 이미 취득된 권리만을 승인할 수 있다. 따라서 법원은 외국법을 적용할 것이 아니라 그 법에 의하여 창설된 권리를 승인해야 한다. 그러나 권리를 보호한다는 것은 그 권리가 발생된 법률시스템에 효력을 준다는 것이므로 외국법에 의하여 창설된 권리를 승인한다는 것은 외국법을 적용한다는 것과 차이가 없고, 권리가 발생했는지 확인하려면 그 권리를 발생시킨 법을 찾아야 한다는 순환론에 빠진다는 비판이 있었고 현재는 이러한 이론은 거의 받아들여지지 않고 있다. Beal은 위와 같은 이론을 바탕으로 하여 Restatement (First) of Conflict of Laws를 정립하였다. Restatement (First) of Conflict of Laws에서는 계약의 당사자가 준거법을 선택할 수 있는 당사자자치를 허용하지 아니하고 행위지를 바탕으로 하여 준거법을 결정하였는데, 불법행위는 불법행위지법(lex loci delicti)을, 계약은 계약체결지법(lex loci contractus), 재산은 재산소재지법(lex rei sitae)을 준거법으로 보았고 이를 기계적으로 적용하여 이에 대한 예외를 인정하지 않았다. 이러한 기계적 적용의 엄격에 대하여는 강력한 비판이 있었지만 Savigny의 이론에 따라서 법률관계를 중심으

13) "To the extent that the law applicable to the contract has not been chosen in accordance with Article 3, the contract shall be governed by the law of the country with which it is most closely connected."

14) "Where the law applicable cannot be determined pursuant to paragraphs 1 or 2, the contract shall be governed by the law of the country with which it is most closely connected."

로 준거법을 결정했다는 점은 그 후의 미국의 이론에도 강력한 영향을 끼쳤다.

다. 1960년대 초 이래로 위와 같은 기계적 적용에 대하여 많은 비판이 제기되면서 법의 내용과 목적에 대한 고려도 있어야 한다는 다양한 이론이 전개되었는데 이를 '미국 국제사법의 혁명'(American Conflicts Revolution)이라고 한다. 대표적으로 Brainerd Currie는 법의 내용을 고려하지 않았던 종전과 달리 관련된 국가의 실질법에서 보호하고자 하는 이익을 분석하는 '정부이익형량론'(governmental interests analysis)을 취하였다. 그는 통상적인 법해석(ordinary construction)의 방법으로 법관이 위와 같은 이익을 도출할 수 있고 이러한 이익이 도출되면 그 법이 의도한 공간적인 적용범위를 결정할 수 있다고 보았다. 이를 통하여 Currie는 '진정한 충돌'(true conflict)과 '비진정한 충돌'(false conflict)로 나누었는데, 전자는 관련된 국가의 법이 모두 적용의 이익을 갖는 경우이고 후자는 한 국가만이 이익을 갖는 경우이다. 전자의 경우에만 국제사법이 문제되고 후자의 경우에는 이익을 갖고 있는 국가의 법(대부분의 경우에 법정지법)만이 적용되므로 국제사법이 문제되지 않는다. 그런데 Currie는 진정한 충돌의 경우에는 법정지법이 적용된다고 보았는데, 법정지의 이익을 다른 국가의 이익보다 경시할 수 없기 때문이라고 한다.

예를 들어 X국에 거주하는 부부가 Y국에 여행을 가서 남편의 운전 중 과실로 인하여 부인이 상해를 입었고, X국법에 따르면 부인이 남편에게 손해배상청구를 할 수 있지만 Y국법에 따르면 손해배상청구를 할 수 없는 경우를 상정해 보자.[15] 이때 불법행위의 준거법 결정의 원칙인 행위지 원칙이 적용되면 Y국법이 적용되어야 하지만, Y국에서 부인의 손해배상청구를 금지한 이유는 부부 간의 화합을 유지하고 보험료의 인상을 방지하는데 있는 반면에 만일 차량이 X국에 등록되어 X국에서 보험금이 지급되어 보험료가 인상도 X국에서 발생한다면 Y국은 실제로 위 사건에 자신의 법을 적용할 이익이 없다. 반대로 위 부부가 Y국에서 차량을 빌려서 보험금이 Y국에서 지급되어 Y국의 보험료를 인상시킨다면 Y국은 자신의 법을 적용시킬 이익이 있게 된다.

결국 '정부이익형량론'에서의 이익의 분석의 주된 기능은 진정한 충돌이냐 아니냐를 밝히는데 있지 준거법을 결정하는데 있지 않고 결과적으로 매우 예외적인 경우를 제외하면 법정지법을 적용되도록 되어 있다. 이러한 이론에 대하여는 국제사법의 포기라는 지적과 법에서 추구하는 정부의 이익이 확인되더라도 법에서 의도한 지역적 적용범위가 확인되는 것은 아니라는 지적에 따라서 현재 이 이론의 지지자가 거의 없다.

라. Albert Ehrenzweigh는 재판관할에 관한 이론으로부터 준거법 결정의 원칙을 도출하였다. Ehrenzweigh은 미국의 재판관할의 결정에 관한 원칙은 '부적절한 법정지(forum non conveniens) 법리'에 바탕을 두고 있는데, 만일 미국 법원이 적절한 법정지로서 국제사건에 대하여 재판권을 행사한다면 이때는 법정지의 이익이 고려되어야 하므로 원칙적으로 법정지법

15) 이러한 예시는 Russell Weintraub, Commentary on the Conflict of Laws, fourth edition, Foundation Press, 2001, p. 9에 따른 것이다.

을 적용하되 예외적으로 외국법을 준거법으로서 적용해야 한다고 주장하였다. 다만 계약의 유효성에 관하여는 당사자가 합리적으로 고려했다고 볼 수 있는 어떤 법에 따라서도 유효하다면 그 유효성을 인정해야 한다고 보았다. 그리고 Arthur von Mehren과 Donald Trautman은 먼저 각 법정지의 실질법과 구성원에 대한 이익 등의 일반적 정책을 고려하여 '관련된 법정지'(concerned jurisdiction)을 찾은 후에 각 '관련된 법정지'의 국내법에 나타난 정책과 국제분쟁에 대한 정책을 고려하여 주된 관련을 갖고 있는 법정지의 법을 적용해야 한다고 보았다. 이를 '기능적 접근과 분석'(functional approach and analysis)이라고 한다.

마. 이때까지만 해도 공간적으로 어느 법정지의 법이 국제분쟁에 적용될 가장 적절한 법인가라는 국제사법적 정의(conflict justice)를 탐구하였지만, 이에 반발하여 사건에 해결하는데 있어서 내용적으로 적절한 법을 탐구하자는 실질적 정의(material justice)에 관한 이론이 나타났다. 이 이론에서는 법관의 의무는 분쟁을 정의와 공평에 맞추어 해결하는 것이므로 준거법의 선택에서도 실질적 정의를 추구해야 한다는 것이다.

대표적으로 Robert A. Leflar는 준거법을 결정하기 위한 5가지 고려사항을 제시하였는데 이 중 '더 좋은 법규칙'(the better rule of law)을 포함시켰고 이 요소가 가장 강력한 역할을 하였다. 이 방법론은 유럽의 국제사법 초기와 같이 법률선택의 방식(rule selective method)을 취한 것이다. 이러한 '더 좋은 법 접근방법'(better law approach)은 실제로 미국의 몇몇 주(州)에서 채택되었다. 그런데 법관은 법정지법을 선호하는 경향이 있기 때문에 위 이론을 채택한 주의 법원은 법정지법이 '더 좋은 법'이라고 하면서 주로 법정지법을 적용하였고 드물게 외국법을 적용하는 경우에도 원고에게 유리하게 판결했다.[16] 이와 같이 법정지법을 '더 좋은 법'과 동일시하는 문제점에 덧붙여 법관이 '더 좋은 법'을 판단할 능력이 있는지에 관한 의혹이 제기되자 이 이론의 영향력이 감소하였다.

바. Restatement (First) of Conflict of Laws가 너무 엄격한 규칙이어서 유연성이 부족하였다는 비판에 따라서 1971년 Restatement (Second) of Conflict of Law가 마련되었다. Restatement (Second)에서는 국제사법의 가장 중요한 기능으로서 국가 사이에 조화로운 관계를 증진하고 국가 사이의 상업적 교류를 촉진하도록 하는 국제적 시스템이 잘 작동하는데 두었다. Restatement (Second)의 특징은 Restatement (First)와 달리 각 법률관계마다 준거법을 확정적으로 지정하지 아니하고 추정적, 잠정적으로 지정한 점에 있다. 제6조에서는 준거법 선택에서 고려해야 할 7가지 요소[17]를 규정하고 있는데, 만일 이러한 요소를 고려한 결과 추정적, 잠정적으로 지정된 국가의 법보다 중요한 관계가 있는 국가의 법이 존재한다면 그러한 국

---

16) Symeon Symeonides, American Private International Law, Kluwer Law International, 2008, p. 102.

17) (a) 주(州) 사이와 국제적 시스템의 필요성, (b) 법정지의 관련된 정책, (c) 특정한 쟁점의 결정에 있어서 다른 이해관계가 있는 국가의 관련된 정책과 그러한 국가의 상대적 이익, (d) 정당한 기대의 보호, (e) 특정한 법영역에 기저한 기초적 정책, (f) 확실성, 예견가능성, 결과의 통일성, (g) 준거법의 결정과 적용에 있어서 용이함((a) the needs of the interstate and international systems, (b) the relevant policies of the forum, (c) the relevant policies of other interested states and the relative interests of those states in the determination of the particular issue, (d) the protection of justified expectations, (e) the basic policies underlying the particular field of law, (f) certainty, predictability and uniformity of result, and (g) ease in the determination and application of the law to be applied.)

가의 법이 준거법이 될 수 있도록 함으로써 유연성을 추구하였다. 이러한 원칙은 특정 이슈에 관하여 당사자와 분쟁과 가장 중요한 관계가 있는 국가의 법을 적용한다는 점에 특징이 있다.

Restatement (Second) 제145조[18]에서는 불법행위와 관련하여, 제188조[19]에서는 계약과 관련하여 '가장 중요한 관계'(the most significant relationship)가 있는 국가의 법을 준거법으로 지정하여 이를 명확히 하고 있다. 위 각 조문에서는 불법행위지, 계약의 체결지와 같은 다양한 연결점(contact)을 규정하고 있는데 연결점이 많을수록 '가장 중요한 관계'가 인정된다. 그리고 Restatement (Second)에서는 Restatement (First)에서 허용하지 않았던 당사자자치를 허용하여 계약의 당사자가 준거법을 선택할 수 있도록 하였다. 이러한 Restatement (Second)도 시간이 지남에 따라서 적절하지 않기 때문에 Restatement (Third)로 넘어가야 한다는 주장이 강하게 제기되고 있다.[20]

Ⅲ. '법정지 선택의 방법'과 '법률선택의 방법'의 결합

위에서의 이론이 국제사법 이론의 일부에 불과하다는 점을 감안하면 국제사법 이론의 다양성은 놀랄 만큼 다양하다. 그러나 전체 이론은 함축하면 크게 '법정지 선택의 방법'(jurisdiction selecting rules)과 '법률선택의 방법'(rule selecting rules)로 나눌 수 있다. 우리 국제사법이나 로마규칙의 경우에는 법률관계를 중심으로 하여 그 법률관계와 가장 밀접한 관련이 있는 국가를 찾는다는 '법정지 선택의 방법'을 취하고 있다고 볼 수 있지만, 사회적 약자인 소비자나 근로자를 보호하기 위하여 소비자계약이나 근로계약에 관하여 특칙을 규정한 점이나 준거법의 선택에 관계없이 적용되어야 하는 법정지법인 국제적 강행규정을 인정하는 점 등에서는 법률의 가치에 대한 중립성을 버렸다는 점에서 '법률선택의 방법'을 일부 결합시키고 있다고 볼 수 있다. 미국의 경우에는 Restatement (Second) Conflict of Laws 제188조에서 계약의 준거법에 관하여 계약 또는 당사자와 가장 중대한 관련(the most significant relationship)이 있는 국가의 법을 준거법으로 지정함으로써 '법정지 선택의 방법'을 취하면서도 제6조 (2)(e)에서 준거법을 결정할 때의 요소 중의 하나로서 '특정 분야의 법의 근저에 있는 기초적 정책'(the basic policies underlying the particular field of law)도 고려하도록 하여 '법률선택의 방법'을 결합시키고 있다. 이러한 점에서 현대의 국제사법의 이론의 쟁점은 '법정지 선택의 방법'을 중심으로 하여 어느 범위에서 '법률선택의 방법'을 취할 것인지에 있다고도 볼 수 있다.

---

18) "불법행위에서의 쟁점과 관련한 당사자의 권리와 의무는 제6조에 규정된 원칙 하에 그 쟁점과 관련하여 사건 및 당사자와 가장 중요한 관계가 있는 국가의 법에 의하여 결정한다."(The rights and liabilities of the parties with respect to an issue in tort are determined by the local law of the state which, with respect to that issue, has the most significant relationship to the occurrence and the parties under the principles stated in § 6.)

19) "계약에서의 쟁점과 관련한 당사자의 권리와 의무는 제6조에 규정된 원칙 하에 그 쟁점과 관련하여 거래 및 당사자와 가장 중요한 관계가 있는 국가의 법에 의하여 결정한다."(The rights and duties of the parties with respect to an issue in contract are determined by the local law of the state which, with respect to that issue, has the most significant relationship to the transaction and the parties under the principles stated in § 6.)

20) Hay, pp. 77–78.

제3절 국제사법을 적용하기 위한 외국적 요소의 존재

Ⅰ. 의 의

국제사법 제1조에서는 "이 법은 외국적 요소가 있는 법률관계에 관하여 국제재판관할에 관한 원칙과 준거법을 정함을 목적으로 한다."고 규정하여 '외국적 요소'(foreign elements)가 있는 법률관계에 한하여 국제사법이 적용된다는 취지의 규정을 두고 있다. 이때 어느 정도의 외국적 요소가 있어야 국제사법이 적용되는지 의문이 발생한다. 아무리 사소한 외국적 요소가 있더라도 일단 국제사법을 적용해야 하는지 아니면 외국적 요소가 상당정도가 있어야 국제사법을 적용해야 하는지 문제된다. 더불어 외국적 요소의 존재와 관계없이 모든 사건에서 일단 국제사법을 적용한 뒤에 준거법을 결정해야 하는지도 문제된다. 예를 들어 대법원 2015.2.26. 선고 2012다79866 판결은 본안청구의 준거법이 영국법인 소송사건에서 가지급물반환의무[21]의 준거법에 관한 판결로서, 사안에서는 원고와 피고가 모두 국내회사이고 위 판결에서 가지급이 이루어진 장소에 관하여 특별히 언급이 없다는 점에서 가지급이 국내에서 이루어 진 것으로 보인다. 만일 그렇다면 사안에서는 본래의 청구권인 보증금지급청구권의 준거법이 영국법이란 것 이외에 외국적 요소가 존재하지 아니함에도 불구하고 위 판결에서는 국제사법을 적용하였다. 이와 같은 외국적 요소만 가지고 국제사법을 적용한 것이 타당한지 국제사법의 적용요건을 검토할 필요가 있다.[22]

Ⅱ. '외국적 요소'의 존재가 국제사법의 적용을 위한 필수조건인지 여부

국제사법 제1조에서 국제사법의 적용을 위하여 '외국적 요소'를 요구하고 있음에도 불구하고 '외국적 요소'가 전혀 존재하지 아니하는 순수한 국내사건에 대하여도 국제사법이 적용되어야 한다는 견해가 있다. 이러한 견해에 따른다면 위 판결의 사안에 국제사법을 적용하기 위한 '외국적 요소'가 존재하는지 검토할 필요가 없을 것이다. 이를 긍정하는 견해는 한 개의

---

21) 원칙적으로 판결이 확정되어야 강제집행을 개시할 수 있는 집행력이 발생하지만, 예외적으로 가집행선고가 있는 종국판결이 있으면 판결이 확정되지 않더라도 집행력이 발생한다(민사소송법 제24조). 이러한 가집행선고는 패소한 피고가 강제집행을 지연시킬 목적만으로 상소를 제기하는 것 을 방지하고 제1심에 변론을 집중시키기 위한데 그 취지가 있다. 그러나 상급법원에서 가집행선고 또는 본안판결을 바꾸는 판결을 선고하면 그 한도에서 가집행선고는 효력을 잃고(민사소송법 제215조 제1항), 원고는 가집행으로 인하여 지급받은 물건을 피고에게 반환해야 할 뿐만 아니라(민사소송법 제215조 제2항) 지급일 이후의 지연손해금도 지급해야 한다.

22) 판결의 요지는 다음과 같다. "제1심판결에 기하여 금원을 지급하였다가 다시 상소심판결의 선고에 의해 그 가집행선고가 실효됨에 따라 금원의 수령자가 부담하게 되는 원상회복의무는 성질상 부당이득의 반환채무이지만, 이러한 원상회복의무는 가집행선고의 실효가 기왕에 소급하는 것이 아니기 때문에 본래부터 가집행이 없었던 것과 같은 원상으로 회복시키려는 공평의 관념에서 민사소송법이 인정한 법정채무이므로, 국제사법 제31조 단서에 정한 '부당이득이 당사자 간의 법률관계에 기하여 행하여진 이행으로부터 발생한 경우'에 해당한다고 볼 수 없다. 원심이 가지급물은 그 성질이 당사자 간의 법률관계에 기하여 행하여진 이행으로부터 발생한 경우가 아니라 법원의 가집행선고부 판결에 기한 것이라는 이유로 이 사건 가지급물반환신청의 지연손해금 비율에 관하여 영국법이 적용되어야 한다는 원고들의 주장을 배척하고 특례법 제3조 제1항을 적용한 조치는 정당하고, 거기에 상고이유 주장과 같이 국제사법 제31조에 관한 법리를 오해한 위법이 없다."

사법규정이 적용될 때만다 필연적으로 국제사법이 개입된다고 하면서 순수한 국내적 법률관계에 대해서도 작용한다고 한다.23) 이때 순수한 국내적 법률관계에 대하여는 국내법이 준거법으로 적용된다는 것이다.24) 반면에 부정하는 견해는 국제사법 제1조에서 '외국적 요소가 있는 법률관계'에 관하여 준거법을 지정하는 것을 그 목적으로 한다는 점을 명시하고 있으므로 순수한 국내적 법률관계에 관하여는 국제사법이 적용되지 않는다고 한다.25) 이러한 논의는 섭외사법 하에 있었지만 국제사법 하에서도 가능한 논의이다.26) 한편 대법원 2008.1.31. 선고 2004다26454 판결에서는 국제사법 제1조에서 국제사법의 적용을 위하여 '외국적 요소'를 요구하고 있으므로 국제사법을 적용하기 위해서는 '외국적 요소'가 필요하다는 입장이다.

국제사법이 법 위의 법이라고 볼 필요는 없고, 국제사법 제1조에서 명시적으로 '외국적 요소'를 요구하고 있는 이상 '외국적 요소'가 국제사법을 적용하기 위한 조건이 된다는 점을 부정하기 힘들다고 본다.

Ⅲ. '외국적 요소가 있는 법률관계'의 판단기준

1. 국내에서의 논의

국제사법 제1조에서는 '외국적 요소가 있는 법률관계'가 무엇인지 규정하고 있지 않다. 이러한 이유로 조그만 외국과의 관련성이 있다고 하여 바로 '외국적 요소가 있는 법률관계'로서 국제사법을 적용해야 하는지 문제가 제기된다.

이에 대하여는 '외국적 요소가 있는 법률관계'를 외국적 요소가 포함된 모든 사법적 생활관계 또는 외국관련이 있는 사법관계를 의미하는 것으로 넓게 이해하는 견해와, 단순히 외국적 요소를 포함하고 있는 것만으로는 부족하고 외국적 성격이 상당한 정도에 이르러 그 관계에 막연히 국내법을 적용함은 부당하고 국제사법을 적용하는 것이 합리적이고 타당하다고 할 경우에 한하여 국제적 법률관계를 인정할 수 있다고 하여 이를 좁게 파악하는 견해가 있다.27) 후자와 같은 소극적 견해 중에는 재판실무에서 조그만 외국적 요소가 있다하여 모두 섭외사건으로 보아 준거법을 지정 적용한다는 것은, 외국법의 조사·증명의 어려움, 감정, 비용, 시간 그리고 국내법관들이 외국법에 정통할 수 없다는 점에서 판결의 질적 저하를 가져오는 등 많은 낭비가 따르게 된다고 하면서, 국제사법에 연결점으로 규정되어 있는 국적, 주소,

---

23) 이호정, 국제사법, 경문사, 1988, 2쪽.

24) 최공웅, "국제사법의 적용대상과 대외성의 판단", 법조 제48권 제8호(99.8), 11쪽.

25) 석광현, 국제사법 해설, 박영사, 2013, 51쪽; 최공웅, 앞의 글, 12쪽.

26) 석광현, 한국인 간에 일본에서 체결된 근로계약의 준거법, 민사판례연구 31권(2009.2), 576쪽.

27) 석광현, 국제사법과 국제소송 제1권, 박영사, 2001, 202-203쪽. 일본에서는 국제사법의 연결점이 되는 법률관계의 요소가 적어도 하나라도 외국과 관련되는 경우에는 국제사법을 적용하자는 형식설과 국제사법적 처리에 적합한 법률관계에 대해서만 국제사법을 적용해야 할 것이므로 법률관계의 관점에서 출발하여 개개의 법률관계를 기능적으로 이해하여 구체적인 법률관계가 외국사회와 결정적인 관련성을 갖는 경우에만 국제사법을 적용하자는 실질설이 있다고 한다(최공웅, "국제사법의 적용대상과 대외성의 판단", 법조 제48권 제8호(99.8), 16쪽). 대법원 판례는 실질설의 입장이라고 한다(앞의 글, 17-20쪽).

물건소재지, 행위지, 사실발생지 등이 외국과 관련이 있어서 외국법의 적용이 고려되는 경우에 '외국적 요소가 있는 법률관계'로 보자는 견해가 있다.[28] 또한 국제사법에 연결점으로 규정된 요소에 외국관련이 있는 때에는 일단은 '국제성'이 있는 것으로 보되 국제사법의 개별조문의 적용대상이 되는가의 여부는 당해 조문과의 관계에서 그 조문의 해석을 통한 적용범위의 문제로 처리되어야 한다는 견해도 있다.[29]

2. 대법원 판례

대법원 1979.11.13. 선고 78다1343 판결에서는 "섭외적 불법행위의 준거법을 그 원인된 사실이 발생한 곳의 법에 의하도록 규정한 취지는 불법행위가 행하여진 사회적 조건을 고려하여 그 곳에서의 법의식을 기준으로 하여 판단해서 처리하는 것이 일반적으로 국내법을 적용해서 처리하는 것보다 형평의 견지에서 합리적이고 실제적이라고 할 수 있고 또 그리하는 것이 당사자의 기대에도 상응하는 것이라고 할 수 있기 때문이라고 할 것이므로 양 당사자가 모두 내국인인 경우에 있어서 원인사실의 발생지(불법행위지)가 단순히 우연적이고 형식적인 의미를 갖는데 그치는 경우에는 일반적으로 위 섭외사법을 적용해서 처리하여야 할 합리적인 이유는 없는 것이라고 봄이 상당하다."고 판시하면서, 가해자와 피해자 모두 우리나라 국민이고 우리나라 회사에 의하여 고용되어 그 회사의 사업장 근무를 위하여 일시 카타르에 건너가 위 사업장에서 근무 중에 불법행위가 발생한 것은 국내에서 사고가 발생한 경우와 달리 취급할 바가 못 된다는 이유로 구(舊)섭외사법의 적용대상인 섭외사건이 아니라고 보았다.[30] 이러한 대법원 판결을 정리하자면 '외국적 요소'가 존재한다고 바로 국제사법을 적용할 것이 아니라 국제사법을 적용하는 것이 '합리적'이라는 추가적 요건이 충족된 경우에 비로소 국제사법을 적용해야 한다.

이러한 대법원 판례의 입장은 현재도 이어져 오고 있는데, 대법원 2008.1.31. 선고 2004다26454 판결에서는 "국제사법 제1조는 "이 법은 외국적 요소가 있는 법률관계에 관하여 국제재판관할에 관한 원칙과 준거법을 정함을 목적으로 한다."고 규정하고 있는바, 외국적 요소가 있는지 여부는 거래당사자의 국적뿐만 아니라 주소, 물건 소재지, 행위지, 사실발생지 등이 외국과 밀접하게 관련되어 있는지 등을 종합적으로 고려하여야 하고, 그 결과 곧바로 내국법을 적용하기보다는 국제사법을 적용하여 그 준거법을 정하는 것이 더 합리적이라고 인정되는 법률관계에 대하여는 국제사법의 규정을 적용하여 준거법을 정하여야 한다."고 판시하면서, 필리핀인들이 필리핀에서 낙찰 받은 기계에 대하여 한국인이 매수하여 한국으로 반입된 후에 한국인 사이에 순차로 매매계약이 이루어졌다면, 국제사법 제19조에서 "동산 및 부동산에 관

28) 최공웅, 앞의 글, 15쪽. 그러나 국제사법의 저촉규정에 따라서 외국법이 준거법으로 지정된 후에 비로소 외국법에 대한 조사가 이루어지고, 국제사법의 적용을 위한 '외국적 요소'가 존재하는지 여부에 대한 검토단계에서는 아직 외국법에 대한 조사가 필요하지 아니하므로 위와 같은 견해에는 찬성하기 어렵다.

29) 석광현, 국제사법과 국제소송 제1권, 박영사, 203쪽.

30) 이 판결의 비판에 관하여는 앞의 책 193쪽 이하 참조.

한 물권 또는 등기하여야 하는 권리는 그 목적물의 소재지법에 의한다. 제1항에 규정된 권리의 득실변경은 그 원인된 행위 또는 사실의 완성 당시 그 목적물의 소재지법에 의한다."고 규정하고 있고 위 각 매매계약이 체결된 당시 목적물인 위 기계가 필리핀국 내에 있었으므로 위 각 매매계약에 관하여는 필리핀국법을 적용하여 그 법률효과를 판단하여야 한다고 보았다.[31)]

이러한 대법원 판결에 대하여는 강력한 비판이 있는데, 이 비판에서는 첫째 합리성의 기준을 도입하는 것은 국제사법상 명문의 근거가 없다는 점, 둘째 "국제사법을 적용하여 그 준거법을 정하는 것이 더 합리적이라고 인정되는가"를 판단하는 기준이 무엇인지 분명하지 않다는 점, 셋째 합리성의 판단을 함에 있어서 법원의 자의가 개입할 여지가 있다는 점, 넷째 국제사법을 적용하는 것이 합리적이지 않다고 판단되는 사안은 결국 준거법이 한국법인 사안일 것이란 점에서 법원은 국제사법을 적용해서 준거법이 한국법이라고 판단하면 충분하지 다른 기준에 의하여 우리 법이 적용된다고 먼저 판단하고 국제사법을 적용하여 준거법을 정하는 것이 더 합리적이라고 인정되지 않는다는 결론을 도출할 이유가 없다는 점을 지적하고 있다.[32)]

3. 유럽에서의 논의

로마규칙 I 제1조에서는 "본 규칙은 법의 충돌이 관련된 사안에서 민사 및 상사에 관한 계약적 채무에 적용된다."(This Regulation shall apply, in situations involving a conflict of laws, to contractual obligations in civil and commercial matters)고 규정하고 있다. 이에 따라서 순수한 국내적 법률관계에 대하여는 위 규칙이 적용되지 아니하고 외국적 요소가 있는 경우에 위 규칙이 적용되는 것으로 해석되고 있다.[33)]

위 규정은 로마규칙 I 의 전신인 로마협약 제1조와 차이가 있는데 로마협약 제1조에서는 "여러 국가의 법들 사이에 선택이 관련된 경우에"(in situations involving a choice between the laws of different countries)라고 규정하고 있었다. 즉 로마협약이 로마규칙 I 로 바뀌면서 그 적용의 조건이 'choice of law'에서 'conflict of laws'로 변경되었다. 그러나 'conflict of laws'가 국제재판관할과 외국판결의 승인집행을 포함하는 넓은 개념이라는 차이에도 불구하고, 적어도 로마규칙 I 과 관련하여 'choice of law'와 'conflict of laws'는 동일한 의미로 인식되고 있다.[34)] 이러한 점에서 종전의 로마협약에 관련한 논의는 로마규칙 I 에도 그대로 적용된다고 할 것이다.

그런데 로마협약에 관한 Giuliano-Lagarde 보고서에서는 "여러 국가의 법들 사이에 선

31) 반면에 대법원 2007.11.15. 선고 2006다72567 판결에서는 우리나라 국적의 원고와 피고가 일본국에서 일본국 소재 주점에서의 근로제공을 내용으로 근로계약을 체결하고, 그 근로계약의 내용이 된 이 사건 약정의 유무효가 다투어지는 이 사건은, 외국적 요소가 있는 법률관계에 해당한다고 하면서 가정적 의사에 따라서 준거법을 일본법으로 결정하였다.

32) 석광현, 국제사법 해설, 박영사, 2013, 53쪽.

33) Fawcett, p. 776.

34) Ibid, pp. 775-776.

택이 관련된 경우"란 어느 한 국가의 내부적 사회시스템에 생소한 하나 또는 그 이상의 요소가 관련된 상황으로서 여러 국가의 법에 따라서 청구권이 발생할 수 있기 때문에 두 개 이상의 법률시스템 사이에 충돌(conflict)이 발생하는 경우라고 설명하고 있다. 결국 '외국적 요소'를 매우 넓게 보아야 한다는 의미로 해석된다. 예를 들어 독일 기업 사이에 순전히 독일에 관련된 계약이 체결된 후에 당사자 일방이 영국으로 기업의 본거지를 옮겨서 영국에서 사업을 계속하여 수행하는 경우에도 외국적 요소가 존재하므로 로마협약을 적용해야 한다.[35)]

4. 사 견

어느 국가에서 그 국가의 법률행위의 유효요건을 갖추어서 법률행위를 하였는데, 다른 국가에서 자신의 국가의 유효요건을 갖추지 못했다고 하여 그 법률행위의 효력을 부정할 수 있다면 거래당사자는 이러한 법률적 위험을 피하기 위하여 거래규모를 급격히 줄이거나 거래를 하지 아니할 것이다. 따라서 당사자가 자신의 법률행위에 대하여 일정한 국가의 법이 적용될 것을 기대하였다면 이러한 기대는 보호되어야 마땅하다.[36)] 결국 국제사법이 적용되기 위해서는 문제된 법률관계에 관련된 '외국적 요소'로 인하여 그 법률관계가 복수의 법질서와 관련을 맺고,[37)] 이로 인하여 여러 국가의 법이 적용될 수 있는 법의 충돌(conflict of laws)이 발생해야 한다.

이러한 결론에 따르면, '외국적 요소'를 포함하고 있는 것만으로는 국제사법을 적용하기에 부족하고 외국적 성격이 상당한 정도에 이르러 그 관계에 막연히 국내법을 적용함은 부당하고 국제사법을 적용하는 것이 합리적이고 타당하다고 할 경우에 한하여 국제사법을 적용해야 한다는 앞서 언급한 소극적 견해와 유사해 보인다. 그러나 종국적 결론은 그러하지 아니하다. 왜냐하면 법의 충돌이 발생할 가능성이 있는지는 법정지법에 따를 수밖에 없는데, 이는 결국 법정지의 국제사법에 의하여 결정되므로 '외국적 요소'가 전혀 없는 순수한 국내적 법률관계라는 점이 명백하지 아니한 이상 일단 국제사법을 적용할 수밖에 없기 때문이다.[38)]

그러므로 국제사법 제1조에서 규정하고 있는 '외국적 요소'란 국제사법에서 연결점으로 승인되고 있는 당사자의 국적 · 주소 · 거소 · 상거소 · 행위지 · 이행지 · 불법행위지 · 부당이득지 · 사무관리지 · 물건의 소재지 · 등록지 · 법인의 본거지 등이 대표적으로 포함되겠지만, 국제사법의 연결점에 해당하는 '외국적 요소'가 아니라고 하더라도 순수한 국내적 법률관계와 구분시킬 수 있는 '외국과의 관련성'만으로도 '외국적 요소가 있는 법률관계'가 존재한다고 봐야 할 것이다.

위와 같은 기준을 가지고 대법원 판결을 비판하면 다음과 같다. 앞서 언급한 대법원 1979.11.13. 선고 78다1343 판결에서는 우리 국민 사이에 카타르에서 불법행위가 발생한 것은

---

35) Ibid, pp. 681－682.
36) Collins, para. 1－005.
37) 석광현, 국제사법 해설, 박영사, 2013, 54쪽.
38) 이러한 결론은 사실상 석광현, 국제사법 해설, 박영사, 2013, 52쪽에서 제시된 의견과 동일하다.

우연적 요소에 불과하므로 이를 국제적 요소가 있는 사건으로 볼 수 없다고 하였다. 그러나 외국적 요소가 '우연적 사정'으로 발생하였다고 하여 이러한 외국적 요소를 무시할 법적, 논리적 근거가 없다. 무엇보다 '우연적 사정'이라는 불명확한 개념을 사용하면 법원의 자의에 따라서 국제사법의 적용범위가 좌우되어 입법권을 침해하는 결과를 가져온다. 마찬가지로 섭외사법 또는 국제사법에서 그 적용의 요건으로 규정하고 있지 아니하고 그 내용도 불명확한 '합리성'을 적용의 요건으로 제시하고 있는 점도 찬성하기 어렵다. 게다가 카타르는 가해자와 피해자 모두의 근로장소로서 불법행위가 발생할 것을 충분히 예측할 수 있었는데 이를 '우연적 사정'에 불과하다고 본 것은 납득하기 어렵다.

대법원이 위 사건에 대한 판결을 할 당시의 섭외사법 제13조에서는 불법행위에 관하여는 원인행위의 발생지법을 준거법으로 지정하고 있었는데, 대법원으로서는 불법행위의 당사자 모두 한국인이란 점에서 카타르국법을 적용하기가 매우 부담스러웠을 것이다.[39] 실제로 현행 국제사법 제32조 제2항에서는 "불법행위가 행하여진 당시 동일한 국가 안에 가해자와 피해자의 상거소가 있는 경우에는 제1항의 규정에 불구하고 그 국가의 법에 의한다."고 하여 공통의 속인국법을 준거법으로 지정하고 있다.[40] 그러나 현행 국제사법은 '외국적 요소'가 존재하면 일단 국제사법의 규칙을 적용한 다음에 당사자 모두의 속인법을 준거법으로 지정하는 것으로서 처음부터 국제사법의 적용을 배제하고 있는 위 대법원 판례와 차이가 있다.

한편 현행의 국제사법 하에서는 제32조 제2항과 같은 규정이 없고 '합리성'이라는 법리를 채용하지 않더라도 대법원이 의도한 결과를 얻을 수 있다. 국제사법 제26조 제1항에서는 계약의 객관적 준거법[41]으로 가장 밀접한 관련이 있는 국가의 법을 지정하고 있고, 제8조 제1항에서는 국제사법에 의하여 지정된 준거법보다 더욱 밀접한 관계가 있는 국가의 법이 있는 경우에 그 국가의 법을 준거법으로 지정하고 있는데, 결국 우리 국제사법의 준거법 지정의 원칙은 '가장 밀접한 관련성'[42]이 된다. 그런데 위 대법원 판결에서 판시하고 있는 바와 같이 불법행위의 준거법에 관하여 행위지법을 준거법으로 지정하는 이유는 불법행위가 행하여진 사회적 조건을 고려하여 그 곳에서의 법의식을 기준으로 하여 판단해서 처리하는 것이 일반적으로 국내법을 적용해서 처리하는 것보다 형평의 견지에서 합리적이고 실제적이라고 할 수 있고 또 그리하는 것이 당사자의 기대에도 상응하는 것인데, 가해자와 피해자 모두 동일한 국

39) 이러한 이유에서 불법행위의 가해자와 피해자가 모두 한국인이므로 공통의 속인법인 한국법이 적용되어야 한다는 견해도 있다(이호정, 국제사법, 경문사, 1988, 35쪽).

40) 로마규칙 II 제4조 제2항에서도 "그러나 책임이 있는 자로 주장되는 자와 손해를 입은 자가 모두 손해가 발생할 당시에 같은 국가에 상거소를 갖고 있었다면, 그 국가의 법이 적용된다."(However, where the person claimed to be liable and the person sustaining damage both have their habitual residence in the same country at the time when the damage occurs, the law of that country shall apply)라고 하여 공통의 속인국법을 준거법으로 지정하고 있다.

41) 당사자 합의에 의하여 지정된 준거법을 '주관적 준거법'이라고 하고, 저촉법에 따라 지정된 준거법을 '객관적 준거법'이라고 한다.

42) 유럽연합의 로마규칙 I 제4조 제3하에서도 우리 국제사법 제8조 제1항과 동일한 규정을 두고 있다. "사건의 모든 사정을 감안할 때 계약이 제1항과 제2항에서 지정하고 하는 국가보다 명백히 더 밀접하게 다른 국가와 관련되어 있다면 그 국가의 법이 적용된다."(Where it is clear from all the circumstances of the case that the contract is manifestly more closely connected with a country other than that indicated in paragraphs 1 or 2, the law of that other country shall apply.)

가의 국민이라면 이러한 당사자의 법의식은 불법행위지가 아니라 당사자의 공통의 속인국가가 보다 밀접한 관련이 갖고 있으므로 이러한 공통의 속인국법이 준거법이 되는 것이 타당하다.[43]

현행의 국제사법이 위와 같은데도 불구하고 현행의 국제사법이 시행된 이후의 대법원 판결인 앞서의 필리핀 기계사건에서 섭외사법이 적용되던 때의 대법원 판결을 답습하여 국제사법의 적용에 '합리성'을 요구하고 있는 문제가 있다. 만일 '합리성'으로부터 파생된 '우연적인 외국적 요소의 배제'의 법리를 필리핀 기계사건에서도 그대로 적용한다면, 당사자가 모두 한국인인데 기계만 필리핀에서 수입되었을 뿐이므로 이러한 '외국적 요소' 일단 '우연적 사정' 또는 '사소한 외국적 요소'에 불과하여 국제사법의 적용이 배제되었어야 한다. 그러나 이 판결에서는 기존의 카타르 사건의 판결을 그대로 답습하여 국제사법을 적용하기 위해서 '합리성'을 요구하면서도 이번에는 외국적 요소가 있는 것으로 보아 국제사법을 적용하였다. 이와 같이 모순된 결과가 나온 이유는, 위 두 개의 대법원 판결에서 대법원이 국제사법을 먼저 적용하여 준거법을 알아낸 뒤 역으로 국제사법을 적용할 필요가 있는지 여부를 결정했기 때문인 것으로 추측된다.[44]

결론적으로 국제사법 제1조의 '외국적 요소가 있는 법률관계'를 넓게 해석하여 외국적 요소가 전혀 존재하지 않는 순수한 국내사건이 아니라면 국제사법을 적용해야 한다. 그리고 이와 같이 넓게 해석함으로써 관련이 없거나 사소한 관련만 있는 국가의 법이 준거법으로 지정될 위험은 '가장 밀접한 관련성'의 기준에 의하여 배제될 수 있을 것이다.

Ⅳ. 대법원 2015.2.26. 선고 2012다79866 판결에 대한 비판

위와 같은 결론에 따르면 본안사건의 준거법이 영국법인 경우라도 국제사법을 적용한 대법원 2015.2.26. 선고 2012다79866 판결은 정당하다. 그런데 국제사법 제31조에서는 "부당이득은 그 이득이 발생한 곳의 법에 의한다. 다만 부당이득이 당사자 간의 법률관계에 기하여 행하여진 이행으로부터 발생한 경우에는 그 법률관계의 준거법에 의한다."고 규정하고 있다. 법문의 해석상 외국적 요소가 있는 부당이득에 대하여 부당이득지법을 그 준거법으로 하되, 그 부당이득이 당사자 사이의 법률관계로부터 발생하고 그 법률관계의 준거법과 부당이득지법이 다른 경우에는 그 법률관계의 준거법이 부당이득의 준거법이 된다. 따라서 국제사법 제31조의 단서를 적용하기 위해서는 본문에 따라서 지정된 준거법과 당사자 사이의 법률관계의 준거법이 달라야 하고, 다른지 여부를 검토하기 위해서는 본문을 먼저 적용해야 한다.

그런데 위 판결에서는 국제사법 제31조 본문을 적용하지 않고 가지급물반환의무를 '형평

43) 이러한 점에서 국제사법 제32조 제2항도 '밀접한 관련성'을 근거로 한다.

44) 석광현, 국제사법 해설, 박영사, 2013, 53-54쪽에서도 대법원의 카타르 사건 판결에 대하여 동일한 지적을 하고 있는데, 필리핀 기계사건에 대한 대법원 판결을 추가로 검토하여 보면 이러한 지적에 더욱 확신이 생긴다.

의 원칙에서 민사소송법이 인정한 법정채무'라고 하여 당연히 한국법을 적용한 후에 바로 이어서 국제사법 제31조 단서의 적용여부를 검토하고 있다. 즉 국제사법 제31조의 본문과 관련하여서는 '외국적 요소'를 고려하지 않다고 갑자기 단서와 관련하여 '외국적 요소'를 고려했다는 점에서 이 판결에 문제가 있어 보인다. 비록 위 판결의 사안 중 가지급물반환의무와 관련된 외국적 요소는 원고의 본래의 청구권인 보증금지급청구권의 준거법이 영국법이란 점에 불과하지만, 국제사법을 적용하기 위한 '외국적 요소'는 넓게 해석되어야 하므로 대법원은 이러한 외국적 요소만으로도 국제사법 제31조 본문을 먼저 적용했어야 한다. 그리고 앞서 언급한 바와 같이 국제사법 제31조 본문을 적용한 준거법과 당사자 사이의 법률관계의 준거법이 달라야만 단서의 규정을 적용할 수 있는데, 본문에 따른 준거법을 확정하지 아니하고 바로 단서를 적용한데 대하여도 위 판결에는 오류가 있다.

물론 민사소송법 제431조에 따라서 상고인이 상고이유에서 이러한 사항에 대하여 불복하지 않았기 때문에 위 판결에서 이에 관하여 심판하지 않았을 수도 있다. 그러나 위 판결만의 판시내용만으로는 국제사법 제31조가 적정하게 적용되었는지 알 수 없으므로 본문에 따른 준거법에 관하여 심판하지 않았다고 하더라도 판결이유에서는 본문을 적용한 준거법에 관하여 설시했어야 한다고 본다.

제 4 절 국제사법에서의 시간적 문제

Ⅰ. 문제점

국제사법은 문제된 법률행위와 가장 밀접한 관련이 있는 국가의 법을 탐색한다는 점에서 주로 공간적 문제를 다룬다. 그렇다고 시간적 문제가 없는 것은 아니다. 예를 들어 법정지의 국제사법의 개정된 경우, 연결요소가 변동된 경우, 준거법에 개정된 경우에 이를 각 어떻게 처리할 것인지 문제된다. 우리 국제사법은 부칙에서 시간적 적용범위에 관한 규정을 두고 있기 때문에 법정지의 국제사법이 개정된 경우에는 문제되지 않지만 연결요소가 변동된 경우와 준거법에 개정된 경우에 관하여는 아무런 규정을 두고 있지 아니하므로 이를 검토할 필요가 있다.

Ⅱ. 연결요소가 변동된 경우

부동산의 소재지와 같이 연결요소 중에는 변동되지 아니하는 연결요소가 있는 반면에 동산의 소재지나 당사자의 영업소 소재지 등과 같이 언제든지 변동이 가능한 연결요소가 있다. 또한 당사자가 물품매매계약을 체결하면서 인도지를 특정하지 아니하고 추후 사정에 따라서 인도지를 결정하기로 하는 경우와 같이 계약체결 당시에는 특정되지 아니한 연결요소가 나중에 특정될 수도 있다.[45] 이와 같이 계약이 체결된 후에 연결요소가 변동되었거나 결정되었다면 준거법의 결정에 있어서 이러한 사정도 고려해야 하는지 문제된다.[46]

국제사법 제26조 제1항에서는 단순히 "당사자가 준거법을 선택하지 아니한 경우에 계약은 그 계약과 가장 밀접한 관련이 있는 국가의 법에 의한다."고만 규정하고 있기 때문에 위 문제에 대하여 해답을 주지 않고 있다. 제2항에서는 "계약체결 당시 그의 상거소가 있는 국가의 법"이라고 규정하고 있으므로 계약체결 후의 변동된 연결요소를 고려할 필요가 없다는 주장이 있을 수 있지만 제2항은 추정규정에 불과하므로 무리한 해석이라고 보인다. 오히려 국제사법 제26조에서 시간적 범위에 아무런 제한을 두고 있지 아니하므로 시간에 관계없이 계약과 관련된 모든 요소를 고려할 수 있다고 해석하는 것이 적합해 보인다.

한편 로마규칙 I 제4조 제3항의 예외조항에서는 계약과 밀접한 관련이 있는 국가를 찾는데 있어서 "사건에 관한 모든 상황"(all the circumstances of the case)을 고려하도록 규정하고 있다. 이 문구로 인하여 계약체결 후에 변동된 또는 결정된 연결요소도 고려해서 준거법을 결정해야 하는 것으로 해석되고 있다.[47] 우리 국제사법은 제8조에서 예외조항을 두고 있지만 국제사법 제26조 제1항에서 가장 밀접한 관련이 있는 국가의 법을 객관적 준거법으로 지정하고 제2항에 의하여 지정된 준거법은 추정에 불과하므로 제2항에 의하여 추정된 준거법보다 더 밀접한 관련이 있는 국가의 법이 있는 경우에 그러한 법이 준거법이 된다는 결론은 국제사법 제26조 제2항에 따른 추정이 깨어지고 제1항이 적용되기 때문이다.[48] 따라서 제26조 제1항은 어떤 면에서 예외조항의 역할을 하고 있으므로 로마규칙 I 의 예외조항의 해석이 적용될 수 있다. 국제사법의 규정의 해석뿐만 아니라 이론적으로도 계약과 가장 밀접한 관련이 있는 국가를 탐색하는데 있어서 계약체결 당시의 연결요소에 한정하여 고려할 이유는 없어 보인다. 그렇다고 계약체결 후에 변동되거나 결정된 연결요소도 준거법의 결정함에 있어서 반드시 동등한 가치가 있다고 할 수 없으며 어느 정도로 고려할 것인지에 관하여는 하나의 원칙을 제시하기 어렵고 개별적 사안마다 결정할 문제라고 보인다.[49]

예를 들어 영국의 Bank of Baroda v Vysya Bank Ltd 판결[50]에서는 신용장의 확인은행(confirming bank)과 수익자(beneficiary) 사이 및 확인은행과 개설은행(issuing bank) 사이에서는 확인은행의 소재지법인 영국법이 준거법이 되고 수익자와 개설은행 사이에서는 개설은행의 소재지법인 인도법이 준거법이 되어야 한다고 보면서도, 만일 이러한 결과를 그대로 적용한다

45) 계약 이외에도 국제사법의 전반에 걸쳐서 연결요소의 변동이 발생하는 경우는 흔하다. 예를 들어 유언에서 유언의 장소와 사망의 장소가 다른 경우에 유언의 형식과 해석을 유언지법에 따를 것인지 사망지법에 따를 것인지 결정해야 하고, 동산이 소유자가 아닌 자에 의하여 처분되어 여러 국가로 처분된 경우에 어느 국가의 법에 따라서 소유권의 취득을 확정지을 것인지도 결정해야 한다(Collins, para. 3-010).

46) 보통법상으로는 계약체결 당시의 사정만을 고려한다고 한다(Ibid. 3-011).

47) Ibid.

48) 석광현, 국제사법 해설, 박영사, 2013, 312쪽.

49) Collins, para. 3-011.

50) Bank of Baroda v Vysya Bank Ltd [1994] 2 Lloyd's Rep 87.

면 수익자와 확인은행 사이의 준거법과 수익자와 개설은행 사이의 준거법이 달라지는 비정상적인 상황이 발생한다는 이유로 수익자와 개설은행 사이의 법률관계에 대하여도 잉글랜드법이 '가장 밀접한 관련이 있는 법'이라고 보았다.[51] 신용장개설 당시에 확인은행을 지정하는 것이 일반적이지만 확인은행의 확인이 있어야 비로소 수익자와 확인은행 사이의 법률관계가 발생하므로 위 판결은 계약체결 후의 사정을 고려하여 준거법을 결정한 셈이다.

Ⅲ. 준거법인 외국법이 개정된 경우

외국법이 준거법으로 적용되는 경우와 외국법인 계약의 내용으로 편입되는 경우는 구별되어야 한다. 전자의 경우에는 외국법이 법률로서 적용되는 경우이고 후자는 외국법이 계약의 내용으로 적용되기 때문이다. 따라서 준거법인 외국법이 개정되더라도 법정지 법원은 개정된 내용대로 외국법을 적용해야 한다. 물론 외국법에서 경과규정을 두고 있다면 이러한 경과규정에 따라야 할 것이다. 이러한 결론이 유럽과 영국의 법원의 일반적 실무라고 한다.[52]

그런데 외국법이 소급적용규정을 두는 경우에는 공서양속에 의하여 그 적용이 제한될 수 있다는 주장이 있다.[53] 국제사법 제10조에서는 "외국법에 의하여야 하는 경우에 그 규정의 적용이 대한민국의 선량한 풍속 그 밖의 사회질서에 명백히 위반되는 때에는 이를 적용하지 아니한다."고 규정하고 있으므로 구체적 사정에 따라서 개정된 외국법의 적용이 배척될 수 있다고 본다. 예를 들어 계약이 준거법에 따라서 유효하게 체결되었는데 준거법이 개정되어 합리적 이유 없이 소급적용 된 결과 계약이 무효가 된다면 개정된 법을 적용하는 것은 공서양속에 반하여 허용되지 않는다고 본다.

제5절 국제사법에서 계약에 관한 규정의 개관과 적용범위

Ⅰ. 계약에 관한 규정의 개관

국제사법은 채권에 관하여 제5장에서 규정하고 있다. 그 중 계약에 관하여는 제25조 내지 제29조에서 규정하고, 사무관리, 부당이득, 불법행위 등 법정채권에 관하여는 제30조 내지 제33조에서 규정하고, 계약과 법정채권에 공통되는 채권의 양도와 법률에 의한 채권의 이전에 관하여는 제34조와 제35조에서 각 규정하고 있다. 계약에 한정해서는 그 내용은 대략 다음과

51) 국제사법에 관한 판례는 아니지만 대법원 2009.8.20. 선고 2008다58978 판결에서는 "복합운송의 손해발생구간이 육상운송구간임이 명백한 경우에도 해상운송에 관한 규정을 적용하면, 복합운송인이 그 구간에 대하여 하수급운송인으로 하여금 운송하게 한 경우에 하수급운송인과 복합운송인 사이에는 육상운송에 관한 법률이 적용되는 것과 균형이 맞지 않게 되는 점"이라고 판시하여 질서의 이익을 기초로 하여 법의 적용범위를 결정하고 있다.

52) Collins, para. 3-013.

53) Ibid. para. 3-028

같다.

가. 제25조: 계약의 당사자가 계약에 적용이 되는 준거법(주관적 준거법)을 선택할 수 있는 당사자자치의 원칙을 규정하고 있다.

나. 제26조: 당사자가 계약의 준거법을 선택하지 아니한 경우에 준거법을 지정하기 위한 저촉규칙을 규정하고 있다. 제26조 제1항에 따르면 당해 계약과 가장 밀접한 관련이 있는 국가의 법이 준거법으로 지정된다. 다만 '가장 밀접한 관련'은 매우 추상적인 기준이므로 제2항에서는 '특징적 이행'(characteristic performance)을 통하여 가장 밀접한 관련이 있는 국가의 법을 추정하고 있다.

다. 제27조 및 제28조: 계약의 당사자 중에서 사회적 약자에 해당하는 소비자와 근로자를 보호하기 위한 규정을 제27조와 제28조에서 두고 있는데 재판관할에 관하여도 특별규정을 두고 있다는 점에서 특징이 있다.

라. 제29조: 계약의 성립과 유효성에 관하여 계약이 성립되고 유효하였을 때에 적용되는 준거법에 따르도록 규정하고 있다.

마. 한편 계약의 방식에 관하여는 별도의 규정을 두지 않고 법률행위의 방식과 함께 제17조에서 포괄적으로 규정하고 있다.

국제사법의 규정 중 계약에 관한 규정은 로마협약을 참조하여 입법되었으므로 로마협약의 해석은 국제사법의 해석에도 많은 도움을 주고 있다. 다만 로마협약이 로마규칙 I로 전환되면서 많은 변화가 있었기 때문에 우리 국제사법의 규정과 로마규칙 I의 규정 사이에 차이가 있다. 무엇보다 당사자가 준거법을 선택하지 않은 경우에 객관적 준거법을 지정하는 저촉규칙에 관하여 중요한 차이점이 존재한다. 로마협약에서는 특징적 이행을 통하여 당사자의 상거소가 소재한 국가의 법을 계약과 가장 밀접한 관련이 있는 국가의 법으로 추정하고서 이보다 더 밀접한 관련이 있는 국가의 법이 있으면 위 추정을 번복되도록 규정하고 있었다. 그러나 로마규칙 I에서는 특징적 이행을 통하여 당사자의 상거소로 연결시킨 점에서는 동일하지만 추정이 아니라 확정을 한 후 보다 더 밀접한 관련이 있는 국가의 법이 있는 경우에 예외적으로 그 국가의 법을 준거법으로 지정하고 있다. 이러한 결과 로마협약의 경우에는 '가장 밀접한 관련'을 연결원칙으로 하고 있었다면 로마규칙 I에서는 '특징적 이행을 하는 당사자의 상거소가 소재한 국가'가 연결원칙이고 '가장 밀접한 관련'은 예외조항(escape clause)이 되었다. 이러한 규정상의 차이는 실질적 차이점은 없어 보이지만 추정을 확정으로 바꿈으로서 예견가능성과 법적 확실을 높였다는 점에서 의미가 있다.

또한 로마협약에서는 운송계약, 소비자계약, 근로자계약에 관하여만 객관적 준거법의 지정에 대한 저촉규칙의 예외를 인정하였지만 로마규칙 I에서는 보험계약에 관하여도 특별규정을 추가하였다. 그리고 로마협약에서는 객관적 준거법의 경우에도 준거법의 분열을 허용하고 있었지만 로마규칙 I에서는 이러한 규정을 삭제하여 사실상 객관적 준거법에 있어서는 준거법의 분열을 허용하지 않고 있다. 이러한 로마규칙 I 에서의 변화는 오랫동안 로마협약을 시행한 결과를 반영한 것이므로 우리 국제사법의 개정방향도 제시하여 주는 측면이 있다.

Ⅱ. 계약의 준거법의 적용범위

계약의 준거법은 계약에 관련된 사항에만 적용되고 불법행위 등 법정채권에 관한 사항에는 적용되지 아니한다. 그리고 계약에 관한 사항 중 실체적 사항에만 적용되고 절차적 사항에는 적용되지 아니한다. 이때 계약의 실체적 사항의 범위에 관하여 나라마다 다른 기준을 갖고 있기 때문에 그 범위에 관하여 문제가 발생될 수 있다. 먼저 어느 국가의 법에 의하여 그 범위를 결정해야 하는가의 문제가 발생한다. 준거법은 우리 국제사법에 의하여 결정되므로 그러한 준거법의 적용범위도 우리 법에 따라서 결정되어야 한다.

그런데 국제사법에서는 계약의 실체적 사항의 범위에 관하여 명시적인 규정을 두고 있지 않다. 반면에 로마규칙 I 제12조 제1항에서는 계약의 준거법이 적용되는 범위에 관하여 다음과 같이 예시적으로 열거하고 있는데[54] 우리의 경우에도 동일하게 적용될 수 있을 것으로 보인다.

(a) 계약의 해석(interpretation).

(b) 계약의 이행(performance).

(c) 손해액의 산정을 포함한 계약의 전부 또는 일부의 불이행의 결과(within the limits of the powers conferred on the court by its procedural law, the consequences of a total or partial breach of obligations, including the assessment of damages in so far as it is governed by rules of law). 영국의 보통법(common law)에서는 손해액의 산정을 절차법으로 보고 있지만 로마규칙 I 에서는 이를 실체법으로 분류하여 계약의 준거법이 적용되도록 규정하고 있다.[55]

(d) 채무가 소멸되는 다양한 방식과 소멸시효(the various ways of extinguishing obligations, and prescription and limitation of actions). 영국의 보통법에서는 권리행사의 기간을 소멸시효가 아니라 제소기간으로 봐서 이를 절차법으로 분류하고 있고 있는데, 로마규칙에서는 이를 실체법으로 분류하여 준거법이 적용되도록 하였다.[56] 다만 영국은 Foreign Limitation Act 1984 제1조에서 외국법이 준거법인 경우에 그 외국법의 소멸시효에 관한 규정을 적용하도록 하여 외국법의 소멸시효를 실체법으로 의제하고 있다.

(e) 무효인 계약의 결과(the consequences of nullity of the contract).

---

54) 로마협약 제10조도 사실상 동일한 규정을 두고 있었다.

55) Nygh, p. 124.

56) Ibid.

제2장 절차와 실체의 구분

제1절 '절차는 법정지법에 따른다.'는 원칙

'절차는 법정지법에 따른다.'(forum regit processum)는 민사소송법의 원칙이 있다. 실체법(substantive law)은 국제사법에 의하여 결정된 준거법(lex causae)이 적용되지만 절차법(procedural law 또는 adjective law)은 준거법에 관계없이 법원이 소재한 국가의 법인 법정지법(lex fori)이 적용된다는 원칙이다. 또한 외국의 실체법만이 준거법이 될 수 있고 외국의 절차법은 준거법이 될 수 없다는 의미도 갖고 있다. 민사소송법이나 어느 법에서도 이 원칙으로 명시적으로 규정하고 있지 않지만 우리나라뿐만 아니라 세계적으로 이 원칙이 인정되고 있다.[1)]

대법원 1988.12.13. 선고 87다카1112 판결에서는 "욜단국은행이 국내법원에 내국회사를 상대로 한 대여금청구소송을 제기한 경우 그 준거법이 행위지법인 욜단국법이 된다고 하더라도 그 재판의 소송절차에 관하여는 낭연히 국내의 재판절차법규가 적용되는 것이고 증거의 증거능력에 관한 규정은 위와 같은 재판절차법규에 해당되는 것이므로, 구두증거의 증거능력을 제한한 욜단국법은 적용될 수 없다."라고 판시하고 있는데 명시적으로 '절차는 법정지법에 따른다.'는 원칙을 선언하고 있지는 않지만 이 원칙을 당연한 전제로 보고 있다. 이러한 대법원의 입장은 그 후의 대법원 2011.1.27. 선고 2009다10249 판결이나 대법원 2012.10.25. 선고 2009다77754 판결 등에서도 유지되고 있다.

명시적 규정을 두고 있지 아니한 우리와 달리 로마규칙 I 제1조 제3항에서는 "본 규칙은 제18조의 유보 하에 증거와 절차에는 적용되지 아니한다."(This Regulation shall not apply to evidence and procedure, without prejudice to Article 18)고 규정하여 '절차는 법정지법에 따른다.'는 원칙을 간접적으로 선언하고 있다.

절차법은 전체 법률 중에서 기술적 성격을 가장 강하게 갖고 있어서 법관이 외국의 절차법을 인지하기 어려우며 일부 인지할 수 있는 부분이 있다고 하더라도 상호 밀접하게 관련되어 있어서 그 부분만 분리하여 적용하는 것이 바람직하지 않다. 그리고 법원의 구조는 자국의 절차법을 실행하기 적합하게 형성되었기 때문에 외국 절차법을 적용하기 어렵다.[2)] 그 결과 만일 법원이 준거법이 외국법일 때마다 그 외국의 절차법을 적용하려면 상당한 시간이 비용과 시간이 소요되고 오류가 발생할 것이다. 결론적으로 법원의 소송진행의 편의와 효율성,

1) 석광현, 국제사법과 국제소송 제1권, 2001, 465쪽; Fawcett, p. 76; Mcdougal/Felix/Whitten, American Conflicts law, 5th ed, 2001, p. 403; Garnett, p. 1.

2) Fawcett, p. 68.

소송경제 및 신속을 위하여 '절차는 법정지법에 따른다.'는 원칙이 인정되고 있다. 이러한 이론적 배경 외에 실무적 배경도 있다. 준거법은 법원의 절차에 통하여 확정적으로 결정되는데, 법원이 준거법을 결정하기 위한 절차를 진행하기 위해서는 법정지의 절차법을 적용할 수밖에 없다는 것이다.[3)]

따라서 실체적 권리관계에 영향을 끼치지 아니하는 절차법에 한정하여 법정지법이 적용되어야 하며 실체적 권리관계를 형성하는 실체법은 당해 법률관계의 준거법에 따라야 한다. 만일 준거법에 관계없이 법정지의 실체법이 적용된다면 법정지가 달라짐에 따라서 실체적 법률관계에 변동이 발생하므로 법적 안정성이 깨질 뿐만 아니라 소송당사자는 자신에게 유리한 법정지를 모색하는 법정지 쇼핑(forum shopping)을 할 것이다.

그러나 절차법과 실체법이 구분이 명확하지 않고 나라마다 판단기준이 다르기 때문에 '절차는 법정지법에 따른다.'는 원칙에서 기대한 것과 다른 결과가 나올 수 있다. 영국의 Leroux v Brown 판결[4)]은 이에 대한 좋은 예시이다. 이 사건에서 영국인인 피고는 프랑스에서 프랑스인 원고를 1년간 고용하기로 하는 구두계약을 체결하였고, 이 계약은 준거법인 프랑스법에 따르면 유효하였다. 하지만 영국 법원은 고용계약은 영국의 절차법인 사기방지법(Statute of Frauds)에 따라서 서면으로 체결되어야 한다면서 구두로 이뤄진 고용계약은 영국에서 집행될 수 없다고 보았다. 이 판결에 따르면 원고가 법정지를 어디로 선택하는가에 따라서 계약의 실체법의 효력이 달라져 결국 당사자가 기대한 것과 다른 결과를 가져오는 문제가 있다. 이러한 문제로 인하여 영국에서도 사기방지법을 실체법으로 보아야 한다는 강력한 주장이 제기되고 있다.[5)]

제 2 절 절차법과 실체법의 구분기준

앞서 언급한 대법원판결에서는 실체법과 절차법을 구별하는 명확한 기준을 제시하지 아니한 채, 「소송촉진 등에 관한 특례법」의 법정이율을 실체법으로 취급해야 한다고 판단하고 있다. 통상적으로 실체법은 권리 · 의무의 발생 · 변경 · 소멸 · 내용 · 성질 · 종류 등을 규율하는 법으로서 재판내용의 기준이라고 설명되고 있고, 절차법은 권리와 의무를 실현하는 절차와 방식에 관한 법으로서 권리를 어떻게 주장할 것이고 절차를 어떻게 진행하며, 어떻게 사실인정의 자료를 수집하고 어떠한 방식으로 재판할 것인가를 규율하는 법이라고 설명되고 있다.[6)]

---

3) Janeen M. Carruthers, Substance and procedure in the conflict of laws: a continuing debate in relation to damages, I.C.L.Q. 2004, 53(3), p. 693.

4) (1852) 12 CB 801.

5) Monterosso Shipping Co Ltd v International Transport Workers' Federation [1982] 3 All ER 841; Fawcett, p. 77.

6) 이시윤, 신민사소송법, 제6판, 2011, 36-37쪽; 정동윤, 유병현, 민사소송법, 제3판, 2010, 41-42쪽. 한편 독일에서는 실체법과 절차법이 아니라 실체법과 소송법이 논의의 중심이라고 한다(오세혁, "실체법과 절차법의 상호의존성", 법철학연구 12권 2호(2009), 397쪽).

그러나 실체법과 절차법은 흑백과 같이 명확하게 구별되기 보다는 회색과 같이 다양한 스펙트럼을 갖고 있다.[7] 예를 들어 우리 법상 손해액의 산정은 실체법에 해당하지만 영국법에서는 손해배상의 종류나 인과관계는 실체법으로 보면서도 손해액의 산정(quantification of damages)을 절차법으로 분류하고 있다.[8]

Ⅰ. 실체법과 절차법을 구별하는 기준이 되는 법

동일 또는 유사한 제도라도 이를 절차법으로 분류할지 또는 실체법으로 분류할지 나라마다 차이가 있다. 그렇기 때문에 어느 국가의 법을 기준으로 하여 양자를 분류를 할 것인지 결정할 필요가 있다. 이 문제는 국제사법에서의 법률관계성질결정의 문제와 유사하다. 국제사법에서 법률관계성질결정의 기준에 관하여는 다양한 견해가 있지만,[9] 대법원 1997.5.9. 선고 95다34385 판결에서는 "지연손해금은 채무의 이행지체에 대한 손해배상으로서 본래의 채무에 부수하여 지급되는 것이므로 본래의 채권채무관계를 규율하는 준거법에 의하여 결정되어야 한다."고만 판시하여 지연손해금의 성격을 당연히 우리 법을 기준으로 한 것으로 보인다.

1. 실체법과 절차법 구별의 대상이 우리 법인 경우

국제사법에서 법률관계성질결정을 하는 이유는 어떤 법률관계가 저촉법 규정의 어떤 체계개념에 해당하는지를 결정하기 위한 목적에 있다. 예를 들어 일정한 사실관계에 관하여 이러한 사실이 발생한 국가에서는 이를 계약위반으로 보고 있는 반면에 우리 법에서는 불법행위로 보고 있다면 이를 우리 국제사법의 저촉규정 중 계약에 관한 규정을 적용할 것인지 아니면 불법행위에 관한 규정을 적용할 것인지 문제가 발생하는데, 이러한 문제가 법률관계성질결정의 문제이다. 하지만 실체법과 절차법의 구별은 위와 같은 체계개념의 문제가 아니다. 앞서 언급한 바와 같이 법정지법의 절차법을 따르도록 한 이유는 절차법은 전체 법률 중에서 가장 기술적 성격을 강하게 갖고 있고, 법관이 외국의 절차법을 인지하기 어려우며, 법원의 구조도 자국의 절차법을 실행하기 위하여 형성되었기 때문이다. 외국법을 기준으로 분류된 절차법은 어차피 국내 법원에 친숙한 분류방법이 아니기 때문에 법원에게 익숙한 절차법의 적용이라는 목적에 충실하기 위해서는 국내법을 기준으로 절차법을 구별하는 것이 타당하다.[10] 또한 외국법을 기준으로 한다면 극단적으로 우리 법에서는 의심의 여지없이 실체법으로 취급

7) Jennifer S. Hendricks, In defense of substance－procedure dichotomy, http://ssrn.com/abstract=1772249, p. 6.

8) John Greenwood Collier, Conflict of Laws, Cambridge University Press, 2001, p. 65. Harding v Wealands [2006] UKHL 32 사건에서 항소법원(Court of Appeal)은 손해액의 산정이 실체적 권리와 의무에 영향을 끼치므로 실체적이라고 보았지만 이 사건에 대한 상고심(House of Lord)은 기존의 입장대로 손해액의 산정은 절차적이라고 판시하였다.

9) 구체적인 논의는 안춘수, "국제사법에 있어서의 성질결정 문제", 비교사법 제11권 2호(2004.6); 이호정, 국제사법, 경문사, 1988, 102－12쪽 참조.

10) Janeen M. Carruthers, Substance and procedure in the conflict of laws: a continuing debate in relation to damages, I.C.L.Q. 2004, 53(3), p. 691.

받는 것이 외국법을 기준으로 본 결과 절차법이 되어 준거법인 외국법이 아니라 국내의 실체법이 적용되는 괴이한 결과가 발생할 수도 있다.

2. 실체법과 절차법 구별의 대상이 외국법인 경우

외국법이 실체법과 절차법을 구별하는 대상인 경우에 어떤 기준을 적용할 것인지 위의 문제와 별개로 검토할 필요가 있다. 예를 들어 영국의 보통법상 상계(legal set-off)는 별개의 거래관계에서 발생한 채권을 자동채권으로 하여 행사하는 상계로서 소송에서 항변권으로만 행사할 수 있으며, 우리 법과 같이 소송 외에서 일방적 의사표시에 의하여 행사할 수 없다.[11] 따라서 준거법이 영국법인 경우에 한국의 법정지에서 영국의 보통법상 상계를 어떻게 처리할 것인지 문제가 제기된다. 이러한 경우에는 영국의 국제절차법이 법정지인 한국법에로의 '숨은 반정'[12]을 한 것으로 보고 이에 따라 한국법을 적용해야 한다는 견해가 있다.[13] 그런데 이 견해에서 명시적으로 언급하지 않지만 보통법상 상계를 영국에서와 같이 절차법으로 보고 있다는 사실에서 ① 외국법이 실체법인지 절차법인지 문제되는 경우에 당해 외국법을 기준으로 하여 이를 결정해야 한다는 점과 ② 그 외국법에서 이를 절차법으로 보는 경우에는 이를 국내에서 적용해서는 안 되며 이에 상응하는 국내의 실체법을 적용해야 한다는 점을 전제로 하고 있다.

그러나 사견으로는 준거법이 외국법이라도 실체법과 절차법의 구분은 우리 법의 독자적 입장에서 판단해야 한다고 본다. 그 이유는 다음과 같다. 첫째 법정지의 절차법을 적용한다는 원칙이 주로 법원의 편의 때문에 인정되고 있다면 절차법이 무엇인지는 법정지인 우리의 기준에 따를 수밖에 없다. 둘째 실체법과 절차법의 구별이 준거법에 따라서 다르게 된다면 실체법과 절차법의 구분이 유동적이 되어 법적용의 통일을 해하게 되므로 받아들이기 힘들다. 셋째 보통법상 상계와 같이 절차법적 성격과 실체법적 성격이 중첩된 경우에는 아래에서 보는 바와 같이 절차법적 부분을 제외한 나머지 부분을 준거법으로 적용하는 방법으로 문제를 해결할 수 있다.

---

11) 동일한 거래관계에서 발생한 채권을 자동채권으로 하는 경우에는 소송 외에서 행사할 수 있다. 이를 거래상 상계(transactional set-off)라고 한다.

12) 또는 '간접적 반정'이라고도 한다. 국제사법 제9조 제1항에서는 "이 법에 의하여 외국법이 준거법으로 지정된 경우에 그 국가의 법에 의하여 대한민국 법이 적용되어야 하는 때에는 대한민국의 법에 의한다"고 규정하여 반정(revoi)을 인정하고 있다. 이러한 국제사법의 입장은 반정을 명시적으로 인정하지 않고 있는 위 로마협약 제15조의 입장과 상치된다. 그런데 영국과 미국에서는 국제재판관할규정에 준거법이 간접적으로 지정되어 있는 경우가 있다. 즉 관할법원으로 지정된 법정지의 법이 준거법으로 지정된다. 이러한 경우 준거법을 명시적으로 지정하지 아니하고 어느 나라 법원이 재판관할을 가지는지에 관하여만 규율되고 있다. 만일 우리나라의 국제사법이 위와 같은 국가의 법을 준거법으로 지정하였는데, 위 국가의 법이 우리나라 법원의 국제재판관할을 인정하고 있다면, 이러한 국제재판관할의 지정 속에 숨겨진 저촉규정에 의한 반정을 인정하여 우리나라법을 적용해야 한다는 원칙이 '숨은 반정'이다. 우리 대법원은 위 국제사법 제9조 제1항을 근거로 하여 위 '숨은 반정'의 법리를 받아들이고 있다(대법원 2006.5.26. 선고 2005므884).

13) 이호정, 국제사법, 경문사, 1988, 321쪽.

Ⅱ. 실체법과 절차법을 구별하는 기준의 제시

1. 영국과 미국에서의 논의

가. 영국에서의 논의

영국에서는 판사들이 법률문제를 절차법적 성격으로 분류하는 고질적인 병폐가 있었다.[14] 이와 같은 현상이 발생한 이유는 영국의 저촉법 규칙이 만족스럽지 않자 판사들이 절차법의 의미를 확대 해석하여 외국법인 준거법 대신에 영국법인 법정지법을 적용하여 왔기 때문이다. 이와 같이 절차법의 범위를 확대하게 되면 결국 외국 실체법의 적용범위를 축소하는 결과를 가져온다는 비판이 있어 왔고,[15] 그 결과 과거에는 절차법이라고 분류되던 것이 현재는 실체법으로 받아들여지는 경우가 증가하고 있다.[16] 위와 같은 문제가 의회의 관여에 의하여 입법적으로 해결된 적도 있다. 영국에서는 권리가 행사되어야 하는 기간(limitation periods)이 만료된 경우에 권리가 소멸되는 것이 아니라 소권이 소멸되어 더 이상 소를 제기할 수 없는 것으로 취급하고 있다. 그 결과 영국에서에는 권리행사의 기간을 절차법으로 분류하여 왔다.

이러한 경향은 대부분의 국가가 소멸시효를 실체적인 것으로 분류하는 것과 상치되어 성질결정의 충돌(conflict of characterization)이 발생하게 되었고,[17] 이러한 문제를 해결하기 위하여 Foreign Limitation Periods Act 1984가 제정되었다.[18] 동법 제1조 제1항(a)에서는 잉글랜드와 웨일즈의 법원에 계속 중인 사건에서 외국법이 적용될 예정이라면 권리행사기간에 관하여는 해당 외국법을 적용할 것을 규정하고 있다.[19] 그리고 이러한 적용을 배제하고 잉글랜드와 웨일즈법을 적용할 수 있는 유일한 경우를 권리행사기간에 관한 외국법의 적용이 공서양속(public policy)에 반하는 경우라고 명시하여 이러한 경우를 제외하고는 해당 외국법에서 권리행사기간의 성격을 어떻게 분류하든 관계없이 그 외국법을 적용하도록 하였다.

절차법으로 분류하는 영국 법원의 경향을 시정하기 위한 사법적 시도도 있었다. Harding v Wealands 판결[20]에서 영국의 항소법원(Court of Appeal)은 손해액의 산정이 실체적 권리와 의무에 영향을 끼치므로 실체적이라고 보았다. 하지만 이 사건에 대한 상고심(House of Lord)[21]은 기존의 입장대로 손해액의 산정은 절차적이라고 판시하여 위와 같은 사

14) John Greenwood Collier, Conflict of Laws, Cambridge University Press, 2001, p. 60.

15) Fawcett, p. 77.

16) Collins, para 7－003.

17) 유럽연합의 회원국인 영국에서도 적용되고 있는 유럽연합의 로마규칙 Ⅰ 제12조 제1항(d)에서는 "본 규칙에 의하여 계약에 적용되는 법은 특히 다음의 사항에 적용된다. (d) 채무가 소멸되는 다양한 방법 및 소멸시효, 제척기간"이라고 규정하여 권리행사의 기간이 실체법적 성격을 갖고 있다는 점을 선언하고 있다.

18) John Greenwood Collier, Conflict of Laws, Cambridge University Press, 2001, p. 63.

19) Subject to the following provisions of this Act, where in any action or proceedings in a court in England and Wales the law of any other country falls (in accordance with rules of private international law applicable by any such court) to be taken into account in the determination of any matter－(a)the law of that other country relating to limitation shall apply in respect of that matter for the purposes of the action or proceedings.

20) [2006] UKHL 32.

21) Harding v Wealands [2007] 2 A.C.1 (HL).

법적 시도는 무산되었다. 위와 같은 영국의 사례는 절차법과 실체법의 구별기준을 제시해 주지는 못하지만 적어도 법제도의 성격이 애매한 경우에는 법원이 이를 절차법으로 분류하여 법정지법인 자국법을 적용하고자 하는 경향이 있다는 점을 보여 주고 있다.

한편 Chase Manhatten Bank NA v Israel－British Bank (London) Ltd 판결[22]에서 Goulding 판사는 실체적 권리와 실체적 권리를 실행하기 위한 절차는 역사적으로 상호 영향을 끼치며 밀접하게 발달했기 때문에 양자를 명백하게 구별하는 것은 불가능하다고 지적하였다. 이러함에도 불구하고 양자는 구별되어야 하므로 양자를 구별하고자 하는 목적과 법률용어의 상대성을 고려하여 구별하자는 견해가 영국에서 유력하게 제기되고 있다.[23] 이 견해에 따르면 절차법과 실체법의 구별하는 목적에 따라서 양자의 구별이 달라질 수 있다. 구체적으로 법정지의 절차법을 적용해야 한다는 원칙이 인정되는 이유는 송달, 증거, 집행에 관한 외국의 법을 적용하는 것을 법정지 법원에 기대할 수 없기 때문이므로 법원이 어느 정도까지 재판절차를 방해받지 않고 외국법을 적용할 수 있는지를 기준으로 하여 양자를 상대적으로 구별하자고 한다.[24] 이러한 주장은 미국에서도 설득력 있게 전개되어 왔다.[25]

나. 미국에서의 논의

미국에서는 연방제라는 독특한 환경 속에서 절차법과 실체법의 구별에 관한 논의가 이뤄져 왔다. 미국 연방대법원은 Erie Railroad Company v. Tompkins 판결[26]에서 '미국법 역사상 가장 중요한 판결 중의 하나'라고 일컬어지고 있는 판결을 하였는데,[27] 이 판결에서 연방법원은 연방법원관할사건(diversity of citizenship Jurisdiction)에서[28] 절차법은 연방법을 적용하고, 실체법은 주(州)법을 적용해야 한다는 소위 'Erie 원칙'을 선언하였다.[29] 미국 연방대법원은 첫째 유리한 법의 적용을 목표로 하는 관할법원의 쇼핑(forum shopping)을 방지하고, 둘째 법적용의 차이로 인하여 차별적 보호가 부여되는 것(inequitable administration of law)을 방지해야 한다는 이유로 위와 같이 판시하였다. 절차법과 실체법의 구별은 미국연방법원의 법적용에 있어서도 매우 중요한 문제로 부각되었지만 논의의 배경은 위와 같이 다른 나라와 차이

22) [1981] Ch 105.

23) Fawcett, p. 79; Collins, para 7－004; Martin Illmer, Neutrality matters－some thoughts about the Rome Regulations and the so－called dichotomy of substance and procedure in European private international law, C.J.Q. 2009, 28(2), p. 244.

24) Fawcett, p. 79; Boys v Chaplin [1971] A.C. 356, 395, per Lord Pearson.

25) Walter. W. Cook, "substance' and 'procedure' in the Conflicts of Laws, (1932—3) 42 Yale L. J. 333; Thomas O. Main, Overcoming the Substance－Procedure Dichotomy, http://works.bepress.com/thomas_main/1.

26) 304 U.S. 64. 이 사건에서 피해자는 펜실바니아의 철로를 걷고 있다가 기차사고를 당하였다. 펜실바니아 주법에 따르면 철도회사는 중대한 과실(gross negligence) 또는 미필적 고의에 의한 과실(willful negligence)이 있는 경우에만 책임을 지고, 연방법에 따르면 철도회사의 통상의 과실만으로도 책임을 부담하게 된다. 이 사건에서 철도회사가 뉴욕주에 소재하였기 때문에 사건은 연방법원에서 진행되었다.

27) Friedenthal/Kane/Miller, Civil Procedure, 4th ed, 2005, p. 207.

28) 'diversity of citizenship Jurisdiction'은 사물관할(subject matter jurisdiction)의 일종으로서 당사자가 각 다른 주의 주민 또는 다른 국가의 국민인 경우에 연방법원에게 관할을 인정하는 제도를 말한다(Ibid, p. 24).

29) 연방법은 기업인 피고에게 유리하고 주법은 원고에게 유리한 것으로 받아 들여 지고 있다고 한다(Adam N. Steinman, What is the Erie Doctrine? (and What Does It Mean For the Contemporary Politics of Judicial Federalism?), http://ssrn.com/abstract=1115336).

가 있다. 따라서 미국에서의 논의를 우리의 경우에 기계적으로 적용하는 것은 문제가 있지만,[30] 적어도 그 중심적 내용을 채용할 수 있을 것이다.

Erie 사건이후에 'Erie 원칙'을 발전시킨 사건은 Guaranty Trust Company v. York 사건[31]이다. 이 사건에서는 권리행사기한(statute of limitation)에 관하여 연방법으로 적용할 것인지 아니면 주(州)법을 적용할 것인지 문제가 되었다. 권리행사기한을 절차법으로 본다면 'Erie 원칙'에 따라서 연방법이 적용되어 원고는 여전히 권리를 행사할 수 있는 상태이지만 이를 실체법으로 보아 주(州)법을 적용한다면 기한이 도과된 사건이었다. 이에 대하여 연방대법원은 실체법과 절차법의 구별에 대하여는 언급하지 않고, Erie원칙의 근거 중 두 번째인 '법적용의 차이로 인하여 차별적 보호가 부여되는 것(inequitable administration of law)의 방지'에 중점을 두어 '주법의 적용을 배제하는 것이 소송의 결과에 중대한 영향을 끼치는지 여부'를 기준으로 하여 만일 영향을 끼친다면 주(州)법을 적용하고 그렇지 않다면 연방법을 적용하자는 결과결정기준(outcome determinative test)을 제시하였다.[32] 그러나 거의 모든 절차법이 어느 정도 소송의 결과에 영향을 끼치기 때문에 위 기준에 따른다면 거의 모든 법이 실체법으로 분류된다는 문제가 지적되었다.[33]

미국 연방대법원은 1958년 Byrd v. Blue Ridge Rural Electric Cooperative, Inc. 판결[34]에서 Erie원칙을 새로운 방향으로 수정하였다. 이 사건에서 연방대법원은 단순히 결과에 변화를 가져오는 것이 연방법과 주(州)법의 적용여부를 결정하는데 있어서 큰 역할을 할 수 없다고 보고, 개별적 경우에서서 문제되는 연방법과 주(州)법의 정책을 비교형량하여 보다 중요한 법을 적용하는 방법을 제시하였다. 이를 정부정책형량기준(balancing of government interests test)이라고 부른다.[35] 위 사건에서는 연방법에 따라서 배심원제도를 통하여 사실관계를 확정할 것인지 아니면 사우스캐롤라이나 주(州)법원의 판례에 따라서 판사가 사실관계를 확정할 것인지 문제가 되었다. 이 문제에 관하여 연방대법원은 사우스캐롤라이나 주(州)법원의 판례는 당사자의 권리 또는 의무와 밀접한 관련 없이 단지 절차적, 행정적 관행에 불과하며 이를 뒷받침할 강력한 정책적 바탕이 없다는 이유로 주(州)법원의 판례를 적용하지 않고 연방법에 따라서 배심제도를 채택하였다. 하지만 이러한 비교형량적 방법을 사용하기 위해서는 연방법과 주(州)법의 전체적인 법률시스템과 개별적 법률규정 및 개별적 법률규정 상호간의 영향관계를 분석하여야 하는데, 법원 또는 소송당사자가 매 사건마다 이러한 분석을 하는 것을 기대하는 것은 현실성이 없다는 비판이 있다.[36]

---

30) Garnett, p. 41.

31) 326 U.S. 99.

32) 미국의 Restatement (Second) of Conflict of Laws §122 comment a.에서도 결과발생에 영향을 미치는 경우에는 법정지법이 아니라 준거법을 적용해야 한다고 보고 있다.

33) Friedenthal/Kane/Miller, Civil Procedure, 4th ed, 2005, p. 212; Mcdougal/Felix/Whitten, American Conflicts law, 5th ed, 2001, p. 405.

34) 356 U.S. 525.

35) 미국의 Restatement (Second) of Conflict of Laws §122 comment a.에서도 법정지의 중대한 이익(dominant interest)이 있는 경우에는 법정지법을 적용해야 한다고 보고 있다.

2. 구별기준의 제시

앞서 영국과 미국에서의 논의를 보면 실체법과 절차법의 구별이 간단하지 않음을 알 수 있다. 하지만 기본적으로 실체법은 권리 · 의무의 발생 · 변경 · 소멸 · 내용 · 성질 · 종류 등을 규율하는 법으로서 재판내용의 기준이고, 절차법은 권리 · 의무를 실현하는 절차 · 방식에 관한 법으로서 권리를 어떻게 주장할 것이고 절차를 어떻게 진행하며, 어떻게 사실인정의 자료를 수집하고 어떠한 방식으로 재판할 것인가를 규율하는 법이란[37] 점을 부정하기 힘들어 보인다. 따라서 우리 법상 민사소송법, 민사집행법 및 관련 법률의 규정은 절차법으로 분류되고, 민법 등 권리와 의무를 발생, 소멸시키는 법률이 실체법으로 분류될 것이다.

그러나 앞서 제시한 기준은 추상적이기 때문에 실체법과 절차법을 분류하는 명확한 기준을 제시하지 못하는 문제가 있다. 실체법과 절차법의 구별은 애당초 정해진(preordained) 것이 아니기 때문에 이를 구별하는 명확한 선이 존재하지 않고 따라서 개별적 사건마다 그 목적이나 법률용어 등을 고려하여 상대적으로 처리해야 한다고 주장되고 있음[38]은 앞서 본 바와 같다. 심지어 실체법과 절차법을 통합하자는 일원론도 주장되고 있다.[39] 이러한 주장이 제기되는 이유는 다른 무엇보다도 실체법적 성격과 절차법적 성격이 중첩되어 있는 경우가 적지 않기 때문이다. 구체적으로 보면 형식적 의미의 민사소송법 규정에서도 소송비용에 관한 규정(제99조),[40] 가집행선고가 실효된 경우의 배상책임(제215조) 등은 실체적 성격을 갖고 있다.[41] 반면에 확인의 이익이나 당사자적격을 판단하는데 있어서 민법과 상법의 규정은 절차법적 기능을 담당한다.[42] 그리고 우리 대법원은 구실체법설에 따라서 실체법상 권리마다 하나의 소송물로 파악하고,[43] 입증책임과 주장책임도 실체법상 규정에 따라 분배하며,[44] 요건사실도 법률규정에 따르고 있어 실체법과 절차법이 혼융되고 있는 사실은 부정할 수 없다.

3. 실체법과 절차법의 성격이 중첩된 경우의 처리

가. 원 칙

일단 위에서 언급한 추상적 분류기준을 받아들인다면 실체법과 절차법의 성격이 중첩된 경우에는 이를 실체법이나 절차법 하나로 분류하는 것은 불가능하다. 하지만 '절차는 법정지

36) Mcdougal/Felix/Whitten, American Conflicts law, 5th ed, 2001, p. 406.

37) 이시윤, 신민사소송법, 제6판, 2011, 36－37쪽.

38) Martin Illmer, Neutrality matters－some thoughts about the Rome Regulations and the so－called dichotomy of substance and procedure in European private international law, C.J.Q. 2009, 28(2), p. 244.

39) 구체적인 논의는 오세혁, "실체법과 절차법의 상호의존성", 법철학연구 12권 2호(2009) 참조.

40) 일본 최고재판소는 외국 법원에서의 소송비용결정도 승인 및 집행되어야 한다는 입장이다(最高裁平成10年4月28日判決, 民集第52巻第3号853頁).

41) 이시윤, 신민사소송법, 제6판, 2011, 37쪽.

42) 정동윤, 유병현, 민사소송법, 제3판, 2010, 42쪽.

43) 대법원이 항상 실체법상 권리마다 1개의 소송물로 파악하고 있지는 않다. 대표적으로 불법행위에 기한 손해배상청구에 있어서 적극적 손해, 소극적 손해, 정신적 손해를 각 1개의 손해로 보고 있다. 대법원 1994.6.28. 선고 94다3063 판결에서도 인정하고 있는 바와 같이 소송물은 편의에 따라서 파악되고 있다.

44) 이시윤, 신민사소송법, 제6판, 2011, 502쪽.

법에 따른다.'는 원칙이 유효한 이상 위와 같은 경우를 실체법으로 처리하여 준거법을 적용할 것인지 절차법으로 처리하여 법정지법을 적용할 것인지 반드시 해결되어야 한다. 이러한 어려움으로 인하여 외국에서는 일찍이 실체법과 절차법의 이분법(The substance-procedure dichotomy)은 환상에 불과하며, 단지 논리적으로 구별이 될 뿐이며 실제로 구별될 수 없다는 견해가 피력되었다.[45] 그리고 이러한 논의는 현재까지 진행되고 있다.[46] 절차법과 실체법의 이분적 사고에 대한 비판은 충분히 이해가지만 이러한 현재의 제도는 이러한 사고를 기초로 만들어져 왔기 때문에 그 기초를 허물기는 어려울 듯하다. 이러한 점에서 보면 앞서 영국에서의 논의와 같이 양자는 구별하고자 하는 목적과 상황 및 적용의 결과를 고려하여 상대적으로 처리하자는 주장이 설득력 있게 들린다. 이러한 상대적 관점에서 보면 하나의 법이 경우에 따라서 실체법으로 또는 절차법으로 다르게 처리될 수 있다.[47] 그러나 이에 대하여는 명확한 기준을 제시하지 못한다는 비판이 있다.[48]

위와 같은 기초적 이념 하에 실체법적 성격과 절차법적 성격이 중첩된 법을 어떻게 처리해야 하는지 보면 다음과 같다. 절차법은 실체적 권리에 영향을 끼쳐서는 안 되며, 오직 실체적 권리의 실현에 조력해야 한다. 이상적으로는 법정지가 달라짐으로써 실체적 법률관계에 변동이 발생되는 것을 방지해야 한다. 이러한 점에서 실체법적 성격과 절차법적 성격이 중첩된 경우에는 원칙적으로 이를 실체법으로 분류하여 준거법에 따르도록 함으로써 법정지가 달라짐에 따라서 실체적 법률관계가 달라지는 것을 방지할 필요가 있다. 대법원 2011.1.27. 선고 2009다10249 판결에서는 명시적으로 판시하지 않았지만 판시내용상 위와 같은 입장임을 알 수 있다. 캐나다법원도 Block Bros. Realty Ltd. v. Mollard 사건[49]에서 "의심의 여지가 없는 경우에만 절차법으로 분류되어야 한다(Legislation should only be categorized as procedural if beyond a doubt)"고 보았는바 이에 동의한다. 이러한 기준을 '중립성의 기준(criterion of neutrality)'이라고 표현하기도 한다.[50]

그런데 절차법도 실체적 권리관계의 결정에 어느 정도 영향을 끼치므로 '실체적 권리관계의 결정에 영향을 끼치는 법'을 실체법이라고 분류하기에는 부족하고 '실체적 권리관계의 결정에 직접적 영향을 끼치는 법'을 실체법으로 봐야 할 것이다. 또한 '절차는 법정지법에 따른다.'는 원칙이 인정되는 주된 이유는 다른 국가의 절차법에 따른 절차의 진행이 소송의 신속과 경제에 비추어 사실상 불가능하다는 점에 있으므로 법원의 절차진행에 혼동을 불러일으

---

45) Albert Kocourek, Substance and Procedure, 10 Fordham L. Rev. 157 (1941), http://ir.lawnet.fordham.edu/flr/vol10/iss2/1.

46) Jennifer S. Hendricks, In defense of substance-procedure dichotomy, http://ssrn.com/abstract=1772249는 실체법과 절차법의 이분적 사고를 지지하고 있는 반면에 Thomas O. Main, Overcoming the Substance-Procedure Dichotomy, http://works.bepress.com/thomas_main/1은 실체법과 절차법의 이분적 사고의 극복을 주장하고 있다.

47) 정동윤/유병현, 민사소송법, 제3판, 2010, 42-43쪽에서는 실체법과 절차법의 구별이 필요한 경우를 세 가지로 나누어 보고 있는바, 상대적 견해에 따르면 각각의 경우마다 실체법과 절차법을 구별하는 기준이 달라질 것이다.

48) Garnett, p. 16.

49) (1981), 122 D.L.R. (3d) 323 (B.C.C.A.).

50) Martin Illmer, Neutrality matters-some thoughts about the Rome Regulations and the so-called dichotomy of substance and procedure in European private international law, C.J.Q. 2009, 28(2), pp. 246-247.

킬 수 있다면 실체법으로 볼 수 없다.

위에서의 논의를 종합하면 실체법은 '실체적 권리관계의 결정에 직접적 영향을 끼치면서도 법원의 절차진행에 혼동을 불러일으키지 않는 법'이라고 볼 수 있고 그 반대의 경우는 절차법이라고 볼 수 있다.[51] 이때 '직접적 영향'을 어떻게 보는가에 따라서 실체법과 절차법의 구분에 많은 차이가 발생한다. 여기서 '직접적 영향'에는 '소송절차에서 법률관계를 확정하는데 있어서의 영향'을 제외해야 하고, '소송 외에서 실체법적 법률관계가 유효하게 성립되어 효력을 갖는데 있어서의 영향'에 한정해야 한다고 본다. 만일 소송절차에서 법률관계를 확정하는데 있어서의 영향을 '직접적 영향'에 포함시키면 순수한 절차법은 거의 존재하지 않게 되어 법원으로서는 절차의 거의 모든 면에서 외국법을 적용해야 하는 엄청난 부담을 안게 될 것이다.

예를 들어 증거능력에 따라서 확정되는 사실관계가 달라지고 결국 법률관계의 내용이 달라지지만 증거능력은 소송절차에서 법률관계를 확정시키는 효력을 갖는 것에 불과하므로 증거능력을 직접적으로 제한하는 법률규정은 원칙적으로 절차법으로 보는 것이 타당하다. 미국에서 인정되고 있는 사망자 법칙(dead man's statute)이 있다. 사망자 법칙이란 증인이 사망자에 의하여 이루어진 진술이나 거래와 이해관계가 있다면[52]이 위증을 방지하기 위하여 그에 관하여 증언하는 것을 금지하는 법칙을 말한다. 결국 증거능력을 제한하는 결과를 가져온다. 이 법칙은 진정한 사실을 밝히기 위한 증명방법에 관한 법칙이지 증명의 대상인 실체적 법률관계의 발생, 변동, 소멸을 가져오는 사실이 아니므로 이를 절차법으로 분류하는 것이 타당하다. 미국 법원도 이 법칙을 절차법으로 분류하여 법정지법을 적용하고 있다.[53]

결국 절차와 실체의 이분법(The substance－procedure dichotomy)에 따라서 증거에 관련된 사항을 일률적으로 절차법으로 분류할 것이 아니라 개별적 사안마다 '실체적 권리관계의 결정에 직접적 영향을 끼치면서도 법원의 절차진행에 혼동을 불러일으키지 않는 법'에 해당하는지 여부에 대한 성질결정을 통하여 적용법을 결정할 필요가 있다.[54] 또한 절차법과 실체법의 결정에 있어서 법문언의 형식이 중요한 역할을 하지만 더 중요한 것은 법률의 적용의 결과가 실체적 권리관계의 결정에 직접적 영향을 끼치면서도 법원의 절차진행에 혼동을 불러일으키지는 여부이므로 우리 법원이 실체법과 절차법을 구분함에 있어서 외국법의 문언에도 구속된다고 볼 수 없다.[55]

51) 이에 관한 구체적인 논의는 이헌묵, "법정지법의 적용에 있어서 절차와 실체의 구분", 민사소송 16권 2호(2012.11) 참조.

52) 이에 덧붙여 증인이 자신의 이해관계에 관하여 진술하는 경우로서 사망자의 이해관계와 상반되는 경우에만 이 원칙이 적용된다.

53) Garnett, para. 7.31.

54) 실체법과 절차법의 구별은 애당초 정해진(preordained) 것이 아니기 때문에 이를 구별하는 명확한 선이 존재하지 않고 따라서 개별적 사건마다 그 목적이나 법률용어 등을 고려하여 상대적으로 처리해야 한다는 주장이 있다(Martin Illmer, Neutrality matters－some thoughts about the Rome Regulations and the so－called dichotomy of substance and procedure in European private international law, C.J.Q. 2009, 28(2), p. 244).

55) 법문언의 기재에 따라서 실체법과 절차법을 구별해야 한다는 것에 대하여는 강력한 반론이 제기되고 있다(Luther L. Mcdougal, III, Robert L. Felix and Ralph U. Whitten, American Conflicts law, 5th ed, 2001, p. 420).

나. 추가적 고려사항

국제사법 제7조에서는 "입법목적에 비추어 준거법에 관계없이 해당 법률관계에 적용되어야 하는 대한민국의 강행규정은 이 법에 의하여 외국법이 준거법으로 지정되는 경우에도 이를 적용한다."고 규정하고 있다. 여기서의 강행규정은 당사자의 의사에 의하여 그 적용을 배제할 수 있는 '단순한 강행규정'이 아니라 외국법이 준거법임에도 불구하고 그 적용을 배제할 수 없는 '국제적 강행규정'을 말한다. '국제적 강행규정'인지 여부는 당해 법규의 의미와 목적을 조사하여 그것이 적용의지를 가지는가를 개별적으로 검토하여 판단해야 한다. 특히 주로 공적인 이익에 봉사하고 있는가 아니면 주로 계약관계에 관여하는 당사자들 간의 대립하는 이익의 조정에 봉사하고 있는가를 기준으로 해야 한다.[56]

실체법과 절차법의 구별은 준거법의 적용범위의 문제와 별개의 사항이므로 위 국제사법 제7조가 실체법과 절차법의 구별에 적용되지는 않을 것이다. 하지만 그 취지는 동일하게 적용될 수 있을 것이다. 따라서 실체법과 절차법의 성격이 중첩된 경우에 원칙적으로 이를 실체법으로 분류해야 하지만 실체법적 성격에서 추구하는 이익과 절차법적 성격에서 추구하는 이익을 비교형량한 결과 후자에게 공적 · 정책적 이익이 있고, 이러한 이익이 전자에 비하여 월등히 크다면 예외적으로 절차법으로 처리하여 법정지법을 적용하는 것이 타당하다. 다만 절차법적 성격에서 추구하는 이익이 워낙 다양하기 때문에 이익분석을 위한 구체적인 요소를 제기하는 어려우며, 개별적 사안마다 이익을 분석한 후 비교형량 할 수밖에 없다고 본다.

Ⅲ. 개별적 사례의 검토

1. 「소송촉진 등에 관한 특례법」[57]의 법정이율의 성격

가. 미국에서의 법정이율의 성격에 관한 논의

미국에서 법정이율의 성격에 관하여 논의가 있으므로 먼저 이에 관하여 살펴본다.[58] 미국에서 민사사건의 법정이율은 판결전 이자(prejudgment interest)[59]와 판결후 이자(postjudgment interest)[60]가 있다. 판결전 이자는 손해액이 확정된 날로부터[61] 판결의 효력[62]

---

56) 석광현, 국제사법 해설, 박영사, 2013, 141쪽 이하 참조.

57) 1981년 3월 1일에 시행되었다. 헌법재판소 97헌바49 구소송촉진등에관한특례법 제3조 제1항 위헌소원 사건에서 "이 사건 법률조항은 기본권제한의 방법에 있어서도 적정하고 합리적이라고 할 것이어서 청구인의 계약의 자유, 재산권 및 재판청구권을 침해하거나 평등의 원칙에 위반된다고 볼 수 없다."고 판시하여 동법이 합헌임을 선언하였다. 그러나 이자율이 지나치게 높다는 지적이 있었다.

58) 독일에서는 소송이자의 준거법에 관하여 논의가 있는데, 이를 준거법에 따르게 하자는 견해와 법정지법에 따르게 하자는 견해가 있다고 한다(석광현, 국제사법과 국제소송 제1권, 2001, 48쪽).

59) 미국 연방법에서는 판결전 이자율에 관한 규정이 없기 때문에 법원이 원고의 손해보전에 적정한 이자율을 정해야 한다(Michael S. Knoll and Jeffrey M. Colon, The Calculation of Prejudgment Interest Michael S., http://lsr.nellco.org/cgi/viewcontent.cgi?article=1124&context=upenn_wps). 주(州)의 경우에는 차이가 있지만 대약 9%~12%가 가장 많은 것으로 보인다(http://www.ncsconline.org/WC/Publications/KIS_PreCivPJIPub.pdf 참조). 다만 텍사스 주의 경우에는 20%까지 가능하다.

60) 미국 연방법(28 U.S.C 1961)에서는 1년간 미국국채의 주당수익률의 평균(weekly average 1-year constant maturity Treasury yield)을 판결후 이자율로 규정하고 있다.

이 발생하기 전까지 산정되는 이자이고, 판결후 이자는 판결의 효력이 발생한 후부터 완제일까지 산정되는 이자이다.[63] 「소송촉진 등에 관한 특례법」의 법정이율은 피고가 항쟁할 정당한 이유가 있는 경우에는 판결이 선고된 날로부터 기산되므로 미국의 판결후 이자와 유사하고, 만일 피고가 항쟁할 이유가 없는 경우에는 소장부본이 피고에게 송달된 다음날부터 기산되므로 미국의 판결전 이자가 산정되는 기간과 일부와 겹치게 된다. 이러한 점에서 미국의 법정이자도 우리의 「소송촉진 등에 관한 특례법」 사이에는 유사점이 있다. 또한 미국의 법정이자의 취지는 1) 원고의 손해를 전보하는 기능과 함께 2) 소송촉진의 목적도 있다는 점[64]에서 「소송촉진 등에 관한 특례법」에서 법정이자를 규정하고 있는 취지와 동일하다. 앞서 언급한 바와 같이 미국의 Erie원칙에서는 연방법원관할사건의 진행에서 절차법은 연방법을 적용하고 실체법은 주법을 적용하도록 하고 있는 반면에, 판결전 법정이자의 위 첫 번째 취지는 실체법적 성격을 위 두 번째 취지는 절차법적 성격을 갖고 있기 때문에 판결전 법정이자의 성격이 큰 화두로 제기되어 왔다.

이에 대하여 미국연방법원은 판결전 이자가 실체법과 절차법의 성격을 모두 갖고 있다는 사실을 인정하면서도,[65] 일관되게 이를 실체법으로 분류하여 주법을 적용하여 왔다.[66] 한편 미국의 Restatement (Second) of Conflict of Laws[67] 제207조에서는 "계약위반으로 인한 손해보전조치는 제187조 및 제188조의 규칙에 따라서 결정된 주법에 따른다."[68]고 규정하면서 Comment e. Interest에서는 "본장의 규칙에 의하여 지정된 주법은 원고가 계약위반과 판결선고 기간 동안 손해배상청구권에 대하여 이자를 지급받을 수 있는지 여부 및 있다면 그 이율을 결정한다."[69]고 규정하여 판결전 법정이자를 실체법으로 보고 있다. 적어도 미국의 주의 반이 이러한 규정을 좇고 있다고 하며, 나머지 주는 아직 확실한 입장을 밝히지 않거나 위 규정에도 불구하고 절차법으로 보고 있다고 한다.[70] 이를 절차법으로 보고 있는 주들은 판결

---

61) 계약의 경우에는 계약위반과 동시에 손해액이 확정(liquidated)되는 경우도 있지만 그렇지 않은 경우도 있다. 불법행위의 경우에는 통상 판결이 선고되어야 손해액이 확정된 것으로 본다(Dan B. Dobbs, Dobbs Law of Remedies, Volume 1, 2nd ed, 1992, pp. 336－337).

62) 미국에서는 판결의 효력이 발생되어 이를 집행하기 위해서는 판결이 선고된 후에 법원사무관(law clerk)에 의하여 서명되고 편철되어 entry of judgment가 되어야 한다.

63) Dan B. Dobbs, Dobbs Law of Remedies, Volume 1, 2nd ed, 1992, p. 335.

64) Dustin K. Palmer, Should Prejudgment Interest be a Matter of Procedural or Substantive law in Choice of Law Disputes?, 69 U. Chi. L. Rev.705, p. 705.

65) Klaxon Co v. Stentor Electric Manufacturing Co, Inc, 313 U.S. 487 (1941); hanna v. Plumer, 380 U.S. 460, 468 (1965); Guaranty Trust Company v. York, 326 U.S. 98; American Anodco, Inc v. Reynolds Metals Co, 743 F2d 417, 425 (6th Cir 1984).

66) Dustin K. Palmer, Should Prejudgment Interest be a Matter of Procedural or Substantive law in Choice of Law Disputes?, 69 U. Chi. L. Rev.705, 709.

67) Restatement (Second) of Conflict of Laws는 미국법위원회(American Law Institute)에서 보통법(common law)을 정리한 것이다. 법적 구속력은 없지만 상당한 영향력을 행사하고 있다.

68) "The measure of recovery for a breach of contract is determined by the local law of the state selected by application of the rules of §§187－188."

69) "The local law of the state selected by application of the rule of this Section determines whether plaintiff can recover interest, and, if so, upon damages awarded him for the period between the breach of contract and the rendition of judgment."

70) Dustin K. Palmer, Should Prejudgment Interest be a Matter of Procedural or Substantive law in Choice of Law Disputes?, 69 U. Chi. L. Rev.705, 711. 대표적으로 Connecticut 항소법원은 판결전 이자는 채무와 관련이 없다며 명시적

전 법정이자가 실체법적 성격을 갖고 있는 점은 인정하지만 소송경제라는 공적 목적에 기여하는 바와 형량하였을 때에 공적 목적이 더욱 크므로 이를 절차법으로 분류하여 법정지법을 적용해야 한다는 입장이라고 한다.[71]

흥미로운 점은 미국연방법원은 판결전 이자와 달리 판결후 이자는 절차법으로 보고 있는 점이다. Nissho－Iwai Co., Ltd. v. Occidental Crude Sales 사건[72]에서 미국연방법원 제5항소부는 판결후 이자는 이행하여야 할 금액을 증감한다는 점에서 실체법적 성격을 갖고 있지만 판결후 이자는 실체법상 결정된 권리에 부수할 뿐이고, 새로운 권리를 수여하는 것이 아니란 점에서 절차법으로 분류하는 것이 타당하다고 보았다. 그리고 미국연방법원 제8항소부도 Weitz Co. v. Mo－Kan Carpet, Inc., 사건[73]에서 판결후 이자가 실체법과 절차법의 성격을 모두 갖고 있다는 점을 인정하면서도 이를 절차법으로 보아 연방법을 적용하였다. 그 이유로 연방법에서는 판결전 이자에 대하여는 아무런 언급을 하지 않은 반면에 판결후 이자는 명시적으로 규정하여 이를 법률에서 절차법으로 분류하였기 때문인데, 이와 같이 분류한 이유는 일반인은 사업계획을 세울 때 실체법적 규정을 고려하지만 판결후 이자까지 고려하여 사업계획을 세우지 아니하므로 판결후 이자를 절차법으로 분류하는 것이 올바르기 때문이라고 한다.[74]

나. 「소송촉신 등에 관한 특례법」의 법정이율의 성격

(1) 실체법과 절차법 성격의 중첩

지금까지의 논의를 토대로 대법원 2011.1.27. 선고 2009다10249 판결의 내용을 검토해 보면 다음과 같다. 「소송촉진 등에 관한 특례법」의 법정이율은 피고가 원고에게 지급해야 하는 금전채권액의 범위를 결정하므로 실체법적 성격을 갖고 있다는 점은 부정할 수 없다. 그런데 「소송촉진 등에 관한 특례법」 제1조에서는 "이 법은 소송의 지연(遲延)을 방지하고, 국민의 권리ㆍ의무의 신속한 실현과 분쟁처리의 촉진을 도모함을 목적으로 한다."고 규정하여 법정이자의 제도적 취지가 절차적 목적에 있다는 점을 분명하게 하고 있다. 그리고 동법 제3조에서는 이례적으로 높은 연 40% 이내에서 대통령령으로 이자율을 정하도록 하고 위 판결 당시 대통령령에서는 이례적으로 높은 연 20%[75]의 법정이자율을 정하고 있었다.[76]

이와 같이 이례적으로 높은 이자율을 정하고 있는 이유는 높은 이자율로 피고를 압박하

으로 Second Restatement의 적용을 거부하였다(Paine Webber Jackson and Curtis, Inc v. Winters, 579 A2d 545 (1990)).

71) Dustin K. Palmer, Should Prejudgment Interest be a Matter of Procedural or Substantive law in Choice of Law Disputes?, 69 U. Chi. L. Rev.705, 716.

72) 729 F.2d 1530, 1551 (5th Cir. 1984).

73) 723 F.2d 1382 (8th Cir. 1983).

74) 캔사스주 대법원도 손해배상액의 산정과 그에 따른 이자는 실체법으로 보았지만 판결후 이자를 절차법으로 보아 캔사스주 주법을 적용하였다(Ary Jewelers, L.L.C. v. Krigel, 85 P.3d 1151 (Kan.2004)).

75) 2019년 6월 1일부터 12%가 적용되고 있다.

76) 미국의 경우 연 9－12%이고, 영국의 경우에도 10% 내외 정도이다(http://www.justice.gov.uk/publications/pre－judgment－interest.htm 참조).

여 불필요한 응소와 소송을 지연을 방지하고 원고가 신속한 권리구제를 받도록 하기 위해서다.[77] 이러한 점들은 「소송촉진 등에 관한 특례법」의 법정이율이 금전채권의 범위를 결정하는 실체법적 성격뿐만 아니라 소송촉진과 신속한 권리구제라는 절차법적 성격을 갖고 있다는 점을 보여 주고 있다. 따라서 위 대법원 판결에서 「소송촉진 등에 관한 특례법」의 법정이율이 실체법과 절차법의 성격을 모두 갖고 있다고 본 점은 타당하다.

법정이율 '실체적 권리관계의 결정에 직접적 영향을 끼치면서도 법원의 절차진행에 혼동을 불러일으키지 않는 법'이 실체법이라는 기준을 적용하면, 법정이율은 당사자 사이에 법정이자의 지급청구권과 지급의무라는 실체적 법률관계를 발생에 직접적 영향을 끼치지만 외국의 법정이자를 적용한다고 하여 우리 법원이 절차를 진행하는데 있어서 혼동을 일으킬 염려도 없다고 보인다. 따라서 대법원 판결에서 「소송촉진 등에 관한 특례법」의 법정이자를 실체법으로 처리하여 준거법인 일본법[78]을 적용한 사실은 원칙적 처리방법에 합당하다.

(2) 이익의 형량

「소송촉진 등에 관한 특례법」 제3조 제1항에서는 소장이 채무자에게 송달된 다음날부터 위 법정이자를 기산하도록 규정하고 있지만 제2항에서는 채무자가 그 이행의무의 존재 여부나 범위에 관하여 항쟁하는 것이 타당하다고 인정되는 경우에는 사실심판결 선고 때부터 변제일까지 이자를 기산하도록 하고 있다. 양자를 나누어서 검토해 보도록 한다.

가) 제3조 제2항의 법정이자

먼저 위 제2항의 법정이자는 판결이 선고된 후에 원고가 신속하게 권리구제를 받을 수 있도록 하는 목적에 편중되어 있으며 지연이자의 성격은 거의 없다. 설령 있다고 하더라도 연 20% 중에서 민사법정이자 연 5% 또는 상사법정이자 연 6%에 불과하며 이를 초과하는 부분은 전적으로 절차적 목적에 봉사하고 있다. 무엇보다 다른 국가에 비하여 고율의 이자율이 인정되고 있고, 채무자는 패소 즉시 변제하여 고율의 이자율의 적용을 피할 수 있다는 점은 위와 같은 목적을 더욱 뒷받침하고 있다. 결국 실체법적 성격으로서의 지연손해금과 절차법적 성격으로서의 신속한 권리구제를 비교형량하면 후자의 비중이 훨씬 크기 때문에 위 제2항의 법정이자는 절차법적 성격으로 분류하여 법정지법인 「소송촉진 등에 관한 특례법」을 적용하는 것이 타당하다고 생각한다.[79] 앞서 본 바와 같이 미국에서도 판결후 이자의 신속한 권리구제의 취지를 고려하여 이를 절차법으로 분류하고 있다.

---

77) 「소송촉진 등에 관한 특례법」에서 최초에 연 25%의 이자율을 정한 것은 당시 물가 상승률이 15%이고, 사채이자가 20% 이상이란 점 등을 감안하여 정했으나 그러한 사정이 수시로 바뀐다는 점을 고려하면 국채수익율이나 시중이자율과 연동시키지 않고 이자율을 고정시킨 것은 문제가 있어 보인다.

78) 참고로 이 사건의 원심판결인 부산고등법원 2008.12.19. 선고 2007나13503 판결에서는 일본법을 준거법으로 보고서 일본법의 상사법정이율인 연 6%의 지연손해금을 인정하였다.

79) 석광현, 국제사법과 국제소송 제1권, 2001, 47－48쪽에서는 "연 2할 5푼의 연체이자는 한국법원에서의 소송촉진을 위하여 부과하는 것이고, 특례법에 따른 연체이자는 한국법원에 소송이 계속하였다고 해서 당연히 부과되는 것이 아니라 피고가 상당한 이유 없이 이행의무의 존부나 범위에 관하여 다투는 경우에 그에 대한 제재로서 법원의 재량에 의하여 부과된다는 점에서, 특례법은 채권의 준거법에 관계없이 동법의 요건이 구비되는 한 적용된다고 보는 것이 입법취지에 부합된다."는 이유로 법정지법인 「소송촉진 등에 관한 특례법」을 적용해야 한다고 하여 필자와 동일한 견해를 취하고 있다.

나) 제3조 제1항의 법정이자

「소송촉진 등에 관한 특례법」 제3조 제1항의 법정이자는 미국의 판결전 이자와 유사하다. 미국 연방대법원은 판결전 이자를 실체법으로 보고 있는바, 이러한 결론은 위 법정이자에도 그대로 적용되지 않을까 의문이 든다. 미국의 판결전 이자는 손해액이 확정된 때(liquidated)부터 기산된다는 점은 이미 언급한 바와 같다. 손해액이 확정되는 시기는 계약의 경우에는 계약을 위반한 때가 일반적이다. 손해액이 계약위반시에 확정되는 경우에는 판결전 이자가 계약위반시부터 판결선고일까지 계산되기 때문이 이 기간의 일부기간이 우리의 민법 또는 상법상 법정이자가 계산되는 기간과 중첩된다. 따라서 적어도 위 기간 동안의 판결전 이자는 우리 법에 의하더라도 실체법적 성격을 갖고 있다는 점에 의문이 없다. 그러나 「소송촉진 등에 관한 특례법」 제3조 제1항의 법정이자는 소장이 채무자에게 송달된 다음날부터 계산되므로 민사소송절차와 불가분의 관계에 있고, 제3조 제2항의 법정이자와 마찬가지로 이례적으로 고율인 연 20%의 이자 중 민사법정이율인 연 5% 또는 상사법정이율인 연 6%를 초과하는 부분은 지연손해금의 성질보다는 채무자가 이유 없이 항쟁하지 못하도록 하여 소송지연방지를 목적으로 하고 있다는 점에서 미국의 판결전 이자와 차이가 있다. 미국의 판결전 이자는 소송이 진행되기 전에도 지연이자가 계산되므로 실체법적 성질로 분류하는 견해가 일면 이해되지만 제3조 제1항의 법정이자는 위와 같이 절차법적 목적이 훨씬 강하다는 점에서 동조 제2항과 마찬가지로 절차법으로 처리하는 것이 타당하다고 본다.

다) 준거법이 미국법인 경우의 문제

앞서 언급한 바와 같이 외국법의 성격을 결정하는 기준은 법정지법인 우리 법이다. 그런데 위와 같은 사견에 따르게 되면 미국의 판결전 이자는 손해액이 확정된 날부터 채무자에게 소장이 송달된 날까지는 실체법적 성격으로, 그 다음날부터 판결시까지는 절차법적 성격으로 분류할 수밖에 없다. 이렇게 되면 미국법이 준거법인 경우에 앞의 기간 동안에는 미국의 판결전 이자를 적용하고, 뒤의 기간 동안에는 법정지의 절차법인 「소송촉진 등에 관한 특례법」을 적용해야 한다.

2. 외국법이 적용되는 소송에서 가지급물반환의무의 준거법

원칙적으로 판결이 확정되어야 강제집행을 개시할 수 있는 집행력이 발생하지만, 예외적으로 가집행선고가 있는 종국판결이 있으면 판결이 확정되지 않더라도 집행력이 발생한다(민사소송법 제24조).[80] 이러한 가집행선고는 패소한 피고가 강제집행을 지연시킬 목적만으로 상소를 제기하는 것을 방지하고 제1심에 변론을 집중시키기 위한데 그 취지가 있다. 그러나 상급법원에서 가집행선고 또는 본안판결을 바꾸는 판결을 선고하면 그 한도에서 가집행선고는 효력을 잃고(민사소송법 제215조 제1항), 원고는 가집행으로 인하여 지급받은 물건을 피고에게

80) 확정된 지급명령이나 이행권고결정 또는 집행수락의 의사표시가 있는 공정증서의 경우에도 기판력이 발생하지 않지만 집행력이 발생한다. 이와 같이 기판력이 없지만 집행력만 발생하는 경우에는 변론종결 전의 사유를 가지고 청구이의의 소를 제기하거나 채무부존재확인의 소를 제기할 수 있고, 강제집행이 완료된 후에는 부당이득반환청구를 할 수 있다.

반환하고(민사소송법 제215조 제2항) 지급일 이후의 지연손해금도 지급해야 한다.[81] 대법원 2015.2.26. 선고 2012다79866 판결은 본안청구의 준거법이 영국법인 소송사건에서 가지급물 반환의무의 준거법에 관한 판결이다. 이 판결의 요지는 다음과 같다.

"제1심판결에 기하여 금원을 지급하였다가 다시 상소심판결의 선고에 의해 그 가집행선고가 실효됨에 따라 금원의 수령자가 부담하게 되는 원상회복의무는 성질상 부당이득의 반환채무이지만, 이러한 원상회복의무는 가집행선고의 실효가 기왕에 소급하는 것이 아니기 때문에 본래부터 가집행이 없었던 것과 같은 원상으로 회복시키려는 공평의 관념에서 민사소송법이 인정한 법정채무이므로, 국제사법 제31조 단서에 정한 '부당이득이 당사자 간의 법률관계에 기하여 행하여진 이행으로부터 발생한 경우'에 해당한다고 볼 수 없다. 원심이 가지급물은 그 성질이 당사자 간의 법률관계에 기하여 행하여진 이행으로부터 발생한 경우가 아니라 법원의 가집행선고부 판결에 기한 것이라는 이유로 이 사건 가지급물반환신청의 지연손해금 비율에 관하여 영국법이 적용되어야 한다는 원고들의 주장을 배척하고 특례법 제3조 제1항을 적용한 조치는 정당하고, 거기에 상고이유 주장과 같이 국제사법 제31조에 관한 법리를 오해한 위법이 없다."

가지급물반환의무는 법원의 가집행선고에 의하여 가지급된 물건을 반환하는 의무로서 민사소송절차와 불가분이 관계에 있기 때문에 만일 이를 절차법으로 분류한다면 '절차는 법정지법에 따른다.'는 원칙에 따라서 당연히 법정지법(lex fori)인 한국법이 적용되고 국제사법이 적용될 여지가 없다. 그러나 위 판결은 가지급물반환의무에 대하여 국제사법 제31조 단서가 적용되는지 여부를 검토함으로써 가지급물반환의무를 실체법으로 보고 있다는 점을 간접적으로 보여주고 있다. 하지만 가지급물반환의무는 민사소송절차에서 발생한 현상을 원상으로 복구하기 위한 절차적 목적을 갖고 제도로서 절차법인 민사소송법에서 규정하고 있으므로 절차법적 성질을 갖고 있고, 동시에 원고는 피고에 대하여 가지급물반환청구권이라는 채권을 갖고 있고 피고는 원고에게 가지급물을 반환할 의무라는 채무를 부담한다는 점에서 실체법적 성질도 갖고 있다.

가지급물반환의무에 대하여 '실체적 권리관계의 결정에 직접적 영향을 끼치면서도 법원의 절차진행에 혼동을 불러일으키지 않는 법'이 실체법이라는 기준을 적용하여 보면 가지급물반환의무는 당사자 사이에 반환청구권과 반환의무를 발생시키는데 있어서 직접적 영향을 끼치고 외국의 부당이득반환청구권에 관한 규정을 적용하더라도 우리 법원에 혼동을 야기할 염려가 있는 것도 아니다. 이러한 점에서 가지급물반환의무를 실체법으로 봐야 하며 그 결과 법정지법인 우리 법이 무조건 적용되는 것이 아니다 국제사법의 저촉규정을 적용하여 준거법을 결정해야 한다. 이러한 점에서 앞의 대법원 판례와 결론을 같이 한다.

다만 위 판결에서는 「소송촉진 등에 관한 특례법」 제3조 제1항에서 정하는 법정이율에 관하여는 절차법과 실체법의 성격이 중복된 경우로 보면서도 이를 실체법으로 분류하여 준거

81) 대법원 2014.4.10. 선고 2013다52073.

법이 외국법인 사건에서 적용될 수 없다고 판단을 하고 있는 반면에, 위 법정이율과 동일한 문제를 안고 있는 가지급물반환의무에 관하여는 실체법과 절차법의 구분에 관하여 아무런 판단을 하지 아니하고 당연히 실체법으로 보고서 국제사법을 적용하고 있는 오류가 있다. 더욱이 위 판결에서 가지급물반환의무가 '공평의 관념에서 민사소송법이 인정한 법정채무'라고 판시하여 절차법적 성질을 갖고 있다는 점을 인정한 있는 이상 실체법과 절차법의 구분에 관한 판단이 필요했다고 본다. 물론 민사소송법 제431조는 "상고법원은 상고이유에 따라 불복신청의 한도 안에서 심리한다"고 규정하고 있으므로 상고인이 상고이유에서 위와 같은 사항에 대하여 불복하지 않았기 때문에 이에 관하여 심판하지 않았을 수도 있다.

제3절 외국인의 당사자능력과 소송능력을 결정하는 국가의 법

Ⅰ. 의 의

민사소송절차에서 소송당사자가 적법한 지위를 갖기 위해서는 당사자능력, 소송능력, 당사자적격[82]을 갖고 있어야 한다. 당사자능력과 소송능력은 민사소송법에서 규정하고 있지만 당사자적격은 대법원 판례에 의하여 인정되고 있다.[83] 주요 국가에서는 소송당사자가 적법한 지위를 갖기 위하여 위 세 가지와 유사한 요건을 요구하고 있지만[84] 뒤에서 보는 바와 같이 그 구체적인 내용에는 차이가 있다. 따라서 우리 민사소송절차에서 외국인이 소송당사자가 된 경우에 그 외국인의 당사자능력과 소송능력을 어느 국가의 법에 의하여 결정해야 하는가의 문제가 발생한다. 그런데 위와 같은 문제는 민사소송절차에서 발생한다는 점에서 '절차는 법정지법에 따른다.'(forum regit processum)는 원칙과 긴밀한 관련을 갖는다.

82) 당사자적격이란 소송사건에서 정당한 당사자가 될 수 있는 자격을 말한다. 당사자능력과 소송능력이 있어도 재판의 대상과 직접적 관련이 없는 자는 소송을 수행하기에 부적절하고 판결의 효력을 받는 자도 아니므로 소송절차에서 배제시켜야 한다. 이러한 당사자적격은 소송요건이므로 당사자적격이 없으면 소가 각하된다. 당사자적격에는 원고적격과 피고적격이 있다.

83) 대법원 2018.5.30. 선고 2015다51968 판결 외.

84) 예를 들어 미국 연방민사소송규칙(Federal Civil Procedure Rules) 제17조는 당사자의 적법한 지위에서 관하여 (a)에서 당사자적격(real party in interest)을, (b)는 당사자능력(capacity to sue or be sued), (c)는 소송능력(minor or incompetent person)을 각 규정하고 있다. 그리고 영국의 경우에는 민사소송규칙(Civil Procedure Rules) 제21절에서는 미성년자(children)와 정신적 능력이 부족한 성인(protected party)이 당사자가 되는 경우와 이러한 자에 대한 법정대리인(litigation friend)에 관하여 규정을 두고 있다. 반면에 당사자능력이나 당사자적격(*locus standi*)에 관하여는 아무런 규정을 두지 아니하고 판례에 따르고 있다.

Ⅱ. 당사자능력과 소송능력의 성질[85]과 처리방법

1. 당사자능력과 소송능력의 중첩적 성질

당사자능력은 권리의무의 귀속주체가 될 수 있는 실체법상의 능력인 권리능력에 대응하는 개념으로서 민사소송절차에서 소송당사자가 될 수 있는 능력을 말한다. 민사소송법 제51조에서는 "당사자능력, 소송능력, 소송무능력자의 법정대리와 소송행위에 필요한 권한의 수여는 이 법에 특별한 규정이 없으면 민법, 그 밖의 법률에 따른다."고 규정하고 있다. 그런데 민사소송법은 제52조에서 법인이 아닌 사단이나 재단의 당사자능력에 관한 규정만을 두고 있을 뿐이고 그밖에 당사자능력에 관한 규정을 두고 있지 아니하므로 나머지 사항에 관하여는 민법의 권리능력에 관한 규정에 따르게 된다. 소송당사자가 소송절차에서 하는 소송행위 중에는 실체법상의 권리의무를 처분하는 행위[86]가 포함되므로 민법의 권리능력자의 범위와 민사소송법의 당사자능력자의 범위를 일치시킨 것이다. 이에 따라서 자연인, 국가, 지방자치단체, 법인과 같이 독립된 인격을 갖고 있는 당사자는 권리능력이 있는 동시에 당사자능력이 있지만 권리능력이 없는 하부조직은 독자적인 당사자능력이 없다.[87]

한편 소송능력은 민사소송절차에서 독자적으로 유효한 소송행위를 할 수 있는 능력을 의미한다. 미성년자와 같이 소송능력이 없는 당사자는 법정대리인[88]에 의해서만 유효한 소송행위를 할 수 있다. 민사소송법 제51조에서는 당사자능력과 마찬가지로 소송능력에 관하여도 민사소송법에 특별한 규정이 없는 경우에는 민법 등 법률의 규정에 따르도록 규정하고 있다. 민사소송법은 소송능력에 관하여 제55조에서 제한능력자의 소송능력을 규정하고 있을 뿐이고 다른 규정을 두고 있지 아니하므로 나머지 소송능력에 관하여는 민법의 행위능력에 관한 규정에 따르게 된다. 소송능력은 당사자와 청구원인 사이의 이해관계와 관련 없이 미성년자나 정신적 능력이 부족한 성년과 같은 독자적 판단능력이 부족한 자연인을 보호하는데 그 목적이 있다. 이러한 점에서 소송능력이 당사자능력과 동일하게 '능력'이란 표현을 사용하고 있지만 그 제도적 취지를 달리한다.[89]

당사자능력이나 소송능력은 소송요건으로서[90] 모두 민사소송절차에서 요구되는 능력이므로 절차적 사항으로 분류할 수 있고 '절차는 법정지법에 따른다.'는 원칙에 따라서 법정지법

---

85) 당사자능력과 소송능력이 절차법과 실체법 중 어떠한 성질을 갖고 있는지를 밝히는 것은 법률관계성질결정(classification)에 해당한다. 법률관계성질결정을 어느 국가의 법에 따라야 하는가에 관하여는 여러 주장이 있는데 본 글에서 논의하는 당사자능력과 소송능력은 우리의 국내법에서 사용하는 용어이므로 원칙적으로 법정지법인 우리 법에 따라서 그 의미를 확정해야 한다고 본다. 그러나 법률관계성질결정에 관하여는 다양한 학설이 존재한다.

86) 예를 들어 소송상 합의나 청구의 포기 또는 인낙에는 기판력이 있어서 창설적 효력이 있으므로 소송당사자 사이의 법률관계를 확정시키는 효력이 있다. 따라서 실체법상 권리의무에 관한 처분행위에 해당하는데 이러한 이유로 민사소송법 제90조 제2항에서는 위와 같은 사항을 소송대리인의 특별수권사항으로 규정하고 있다.

87) 대법원 2002.3.29. 선고 2001다83258 판결. 예를 들어 대법원은 정부기관에 불과하므로 대법원에게는 당사자능력이 없고 대한민국에게 당사자능력이 있다.

88) 누가 민사소송절차에서 법정대리인이 될 수 있는지도 민법 및 기타 법률의 규정에 따른다(민사소송법 제51조).

89) Eliantonio/Backes/Rhee/Spronken/Berlee, Standing up for Your Right(s) in Europe, intersentia, 2013, p. 49.

90) 따라서 당사자능력이나 소송능력이 흠결된 경우에는 소를 각하해야 한다. 다만 소송능력의 경우에는 민사소송법 제59조에 따라서 먼저 당사자에게 보정명령을 내린 후 보정이 없는 경우에 비로소 소를 각하할 수 있다.

인 우리 민사소송법에 따라서 당사자능력과 소송능력을 판단해야 한다는 결론에 이를 수 있다. 그러나 이와 반대로 우리 법상 당사자능력과 소송능력은 실체법상의 권리능력, 행위능력과 연계되어서 결정되는데 권리능력과 행위능력은 권리와 의무의 취득능력 및 처분능력으로서 실체법에 해당한다는 점에서 당사자능력과 소송능력도 일면 실체법적 성질을 갖고 있다. 덧붙여 당사자능력과 소송능력은 순수하게 절차적 행위만을 할 수 있는 능력을 의미하지 않고 소송절차에서 실체법상의 권리와 의무를 처분할 수 있는 능력도 의미한다는 점에서도 실체법적 성질을 갖고 있다. 국제사법 제11조와 제13조 제1항에서는 사람의 권리능력과 행위능력을 그의 본국법[91]에 따라서 결정하도록 규정하고 있으므로 당사자능력과 소송능력을 실체법으로 본다면 이를 본국법에 따라서 판단해야 한다는 결론에 이를 수도 있다.

앞서의 논의를 종합하면 당사자능력과 소송능력은 절차법적 성격과 실체법적 성격을 모두 갖고 있는 경우에 해당하므로 외국인이 소송당사자인 경우에 당사자능력과 소송능력을 절차법으로 보아서 법정지법인 우리 민사소송법을 적용하여 결정할 것인지 아니면 이를 실체법으로 보아서 국제사법 제11조와 제13조에 따라서 그 외국인의 본국법을 적용하여 결정할 것인지 확정지을 필요가 있다.

2. 실체법과 절차법의 성격이 중첩된 경우의 처리

앞서 언급한 바와 같이 절차법적 성질과 실체법적 성질이 중첩된 경우에는 실체법적 성질로 분류하는 것이 타당하다. 따라서 당사자능력과 소송능력은 실체법으로 분류되므로 외국인의 당사자능력과 소송능력에 관하여 국제사법 제11조와 제13조 제1항에 따라서 외국인의 본국법을 적용해서 결정해야 한다. 그러나 개별적 사안마다 개별적 사정을 고려할 필요가 있고 민사소송법 제52조와 제57조에서 각 외국인의 소송능력과 당사자능력에 관한 특칙을 두고 있으므로 일률적으로 외국인의 당사자능력과 소송능력을 국제사법에 따라서 결정해야 한다는 결론에 이르기에는 무리가 있다. 아래에서는 위에서의 결론을 바탕으로 하여 외국인의 당사자능력과 소송능력의 준거법에 관하여 보다 심도 있는 논의를 진행하도록 한다.

Ⅲ. 외국인의 당사자능력의 준거법

1. 문제되는 경우의 예시

우리 민사소송법에서는 자연인, 법인, 법인격 없는 단체에 대하여 당사자능력을 인정하고 있지만[92] 나라마다 자연인, 법인, 법인격 없는 단체의 범위가 다르기 때문에 당사자능력의

91) 외국인의 본국법의 의미에 관하여는 국제사법 제3조에서 규정하고 있다.

92) 대법원 2006.6.2. 자 2004마1148, 1149 결정에서는 "도롱뇽은 천성산 일원에 서식하고 있는 도롱뇽목 도롱뇽과에 속하는 양서류로서 자연물인 도롱뇽 또는 그를 포함한 자연 그 자체로서는 소송을 수행할 당사자능력을 인정할 수 없다."고 판시하여 자연인 이외의 동물의 당사자능력을 부정하였는데, 자연인 이외의 동물에게 당사자능력을 인정하는 국가는 없는 것으로 보인다(http://www.animal-ethics.org/legal-status-nonhuman-animals/). 따라서 현재는 자연인 이외의 동물의 당사자능력을 어느 국가의 법에 따라서 인정할 것인지의 문제는 발생하지 않는다. 그러나 동물의 권리에 관한 인식이

준거법은 중요한 의미를 갖는다. 구체적인 예를 들어 보면 다음과 같다.

가. 자연인

자연인의 경우에는 생존하고 있는 자연인에게 당사자능력이 있다는 점에 관하여는 의문이 없지만 사망한 자연인에게 당사자능력이 있는지, 아직 태어나지 아니한 태아에게 당사자능력이 있는지에 관하여는 의문이 있다. 민법 제3조는 "사람은 생존한 동안 권리와 의무의 주체가 된다."고 규정하고 있으므로 태아는 원칙적으로 권리능력이 없지만 민법에서는 불법행위(제762조), 상속(제1000조 제3항), 유증(제1064조)에 관하여 예외적으로 태아가 이미 출생한 것으로 의제하고 있다. 이러한 경우에 태아가 권리능력자로서 당사자능력도 갖는지 문제되는데, 이에 관하여 태아는 권리능력을 갖지만 사산된 경우에는 문제된 시점에 소급하여 권리능력이 소멸된다는 해제조건설과 태아 상태에서는 권리능력이 없지만 살아서 출생한 경우에는 문제된 시점에 소급하여 권리능력을 갖는다는 정지조건설이 있다.

대법원 1976.9.14. 선고 76다1365 판결에서는 "태아가 특정한 권리에 있어서 이미 태어난 것으로 본다는 것은 살아서 출생한 때에 출생시기가 문제의 사건의 시기까지 소급하여 그 때에 태아가 출생한 것과 같이 법률상 보아 준다고 해석하여야 상당하므로"라고 판시하여 정지조건설에 따르고 있다. 반면에 미국의 대부분의 주(州)는 제3자의 행위로 인하여 태아가 사망한 경우에 태아에게 손해배상청구권을 인정하고 사망한 태아의 이름으로 소를 제기할 수 있도록 허용한다.93)

한편 우리의 경우에 사망한 자연인은 권리능력을 상실하므로 당사자능력도 상실한다. 따라서 소송 도중에 당사자가 사망한 경우에는 소송절차가 중단되고 그 상속인이 수계절차를 밟아야 하고(민사소송법 제233조) 사망한 당사자의 명의로 소를 제기하거나 제소당한 경우에는 당사자표시정정이 허용되는 경우를 제외하고는 소가 각하된다. 반면에 영국에서는 소송당사자가 소송도중에 사망한 경우에는 사망자의 재산관리인(personal representative)이 당사자가 되며 소제기 당시에 당사자가 이미 사망한 경우에는 영국 민사소송규칙(Civil Procedure Rules) 제19.8조(2)(b)(1)에서 원고가 사망한 피고의 재산(estate)을 상대로 소를 제기할 수 있도록 허용하고94) 그 판결의 효력은 사망한 피고의 재산에 대하여 미친다.95)

나. 법 인

법인의 경우에는 당사자능력의 전제가 되는 법인격의 존재 또는 부존재에 관하여 나라

계속 변해가고 있으므로 향후 동물의 당사자능력을 인정하는 국가가 나온다면 그때는 어느 국가법에 따라야 하는가의 문제 발생할 것이다. 이때는 단순히 법적 문제를 떠나서 철학적, 윤리적 문제가 함께 고려되어야 할 것이다.

93) Mamta K. Shah, Inconsistencies in the Legal Status of an Unborn Child: Recognition of a Fetus as Potential Life, 29 Hofstra L.Rev. 931.

94) 이러한 경우에는 원고는 법원에 피고의 재산을 대표할 수 있는 재산관리인(personal representative)의 선임을 요청해야 하지만 재산관리인 없이 절차를 진행할 수도 있다.

95) Stuart Sime, A Practical Approach to Civil Procedure, 15th ed, Oxford, 2012, para. 17.26.

마다 차이가 있다. 대법원 1992.10.9. 선고 92다23087 판결에서는 "사단법인에 있어서는 사원이 없게 된다고 하더라도 이는 해산사유가 될 뿐 막바로 권리능력이 소멸하는 것이 아니므로 법인 아닌 사단에 있어서도 구성원이 없게 되었다 하여 막바로 그 사단이 소멸하여 소송상의 당사자능력을 상실하였다고 할 수는 없고 청산사무가 완료되어야 비로소 그 당사자능력이 소멸하는 것이다."라고 판시하여 소송도중에 법인이 해산하더라도 소송이 계속 중인 한 청산사무가 완료된 것이 아니므로 법인의 당사자능력이 유지된다는 입장이다. 그러나 영국의 경우에는 Steanes Fashions Ltd v Legal & General Assurance Society Ltd 판결[96]에서 소송도중에 법인이 해산한 경우에는 당사자능력이 소멸되지만 다만 회사법[97]에 따라서 법인격이 회복될 수 있으므로 법인이 해산하였다고 하여 바로 소를 각하할 것이 아니라 법인격이 회복될 수 있는 시점까지 소를 중단시켜야 한다고 판시하여 우리와 다른 입장이다.

다. 법인격 없는 단체

법인이 아닌 단체의 당사사자능력도 문제된다. 대법원 1999.4.23. 선고 99다4504 판결에서는 조합은 어느 정도 단체성에서 오는 제약을 받게 되는 것이지만 구성원의 개인성이 강하게 드러나는 인적 결합체이므로 조합에게는 당사자능력이 없다고 판시하고 있다.[98] 미국이나 영국 등 보통법(common law)계 국가에서 인정되고 있는 파트너쉽(partnership)[99]은 구성원들(partners) 사이의 계약관계라는 점에서 우리의 조합과 마찬가지로 파트너쉽에게는 권리능력이 인정되지 않는 것이 원칙이다. 그러나 영국의 경우에는 파트너쉽의 구성원들 전원이 당사자가 될 수도 있지만[100] 민사소송규칙 부속명령(RSC Ord 81) 규칙 1[101]에서 영국 내에서 사업을 수행하는 파트너쉽의 경우에는 파트너쉽의 이름으로 소를 제기하거나 소가 제기될 수 있도록 규정하고[102] 있기 때문에, 원고의 선택에 따라서 구성원의 이름이나 파트너쉽의 이름으로 소를 제기할 수 있다. 미국의 경우 현재 많은 주에서 파트너쉽의 법인격을 인정하는 통일파트너쉽법(Uniform Partnership Act)[103]을 채용하고 있지만 과거 이 법을 채용하기 전에도 몇몇 주

96) [1995] BCC 510, [1995] 1 BCLC 332.

97) 영국의 Companies Act 2006 제1029조에서는 해산된 회사에 대하여 법원에 법인등기회복신청(Application to court for restoration to the register)을 할 수 있도록 규정하고 제1032조에서는 법원이 등기회복명령을 한 경우에는 법인이 계속하여 존속한 것으로 의제하고 있다.

98) 물론 조합에게는 권리능력도 없다.

99) 파트너쉽의 구체적인 형태는 나라마다 차이가 있는데, 크게는 모든 구성원들이 무제한의 책임을 부담하는 일반파트너쉽(general partnership)과 무제한의 책임을 부담하는 일반구성원(general partner)과 투자금 내에서 책임을 부담하는 유한구성원(limited partner)로 구성된 유한파트너쉽(limited partnership)으로 구분된다. 후자의 경우에는 일반구성원만이 경영에 참여할 수 있고 유한구성원은 경영에 참여할 수 없다.

100) 반면에 대륙법의 영향을 받은 영국의 스코틀랜드(Scotland)의 경우에는 파트너쉽의 법인격이 인정된다.

101) "다른 입법의 유보 하에, 영국 내에서 사업을 수행하고 청구원인과 관련하여 구성원으로서 권리가 있다거나 책임이 있다고 주장되는 두 명 또는 그 이상의 사람은 청구원인이 발생할 당시 그들이 구성원이었던 회사의 이름으로 소를 제기하거나 제소될 수 있다."(Subject to the provisions of any enactment, any two or more persons claiming to be entitled, or alleged to be liable, as partners in respect of a cause of action and carrying on business within the jurisdiction may sue, or be sued, in the name of the firm (if any) of which they were partners at the time when the cause of action accrued.)

102) 이외에도 법인격이 인정되지 아니하는데도 소송당사자능력이 인정되는 경우는 세계 각 국에 적지 않게 존재한다(Eliantonio/Backes/Rhee/Spronken/Berlee, Standing up for Your Right(s) in Europe, intersentia, 2013, p. 50).

103) 제201조 "파트너쉽은 그 구성원들과 분리된 존재이다."(A partnership is an entity distinct from its partners.)

(州)에서는 파트너쉽의 권리능력을 부정하면서도 소송당사자가 될 수 있도록 허용하였다.[104)]

2. 학설의 소개 및 외국의 사례

가. 학 설

민사소송에서 당사자능력의 준거법이 어느 나라의 법이 되어야 하는가에 관하여 여러 가지 설이 있는데 대표적으로 법정지법설, 본국소송법설, 누적적용설이 있다.

첫째 법정지법설은 '절차는 법정지법에 따른다.'는 원칙에 따라서 법정지법에 따라서 당사자능력을 결정해야 한다고 본다. 그 결과 외국인의 당사자능력에 관하여는 민사소송법 제51조가 적용되고 제51조에서 규정하고 있는 "민사소송법 이외의 법률"에는 국제사법이 포함되므로 외국인의 권리능력에 관한 국제사법 제11조가 순차로 적용되어 외국인의 당사자능력에 관하여는 그 외국인의 본국법의 실체법이 적용된다.

둘째 본국소송법설은 당사자능력은 권리능력, 행위능력과 표리를 이루는 인(人)의 속성 · 능력에 관한 문제이므로 속인법에 의한다고 하는 설이다. 법정지소송법이 타당한 것은 소송절차와 같은 직접 사법권의 작용에 관한 분야에 한하고 당사자능력과 같은 관계까지 법정지소송법을 적용할 이유는 반드시 존재하지 않는다고 한다.[105)]

셋째 누적적용설은 외국인의 당사자능력은 그가 속한 본국소송법에 따라 결정하여야 할 것이나 본국소송법에 의하여 당사자능력이 인정되지 않더라도 법정지소송법에 의하여 당사자능력이 인정되면 법정지소송법을 누적적으로 적용하여 당사자능력을 인정하자는 견해이다. 이 견해는 외국인의 소송능력에 관하여 법정지법인 우리 법과 외국인의 본국법 모두를 적용하도록 규정하고 있는 민사소송법 제57조의 규정을 당사자능력에도 유추적용 하여야 한다는 입장이다.[106)]

나. 영국과 미국의 사례

미국의 Restatement (Second) of Conflict of Laws[107)] 제125조에서는 "법정지법이 소송절차에서 누가 당사자가 될 수 있고 당사자가 되어야 하는지를 결정한다. 다만 당사자의 중대한 권리와 의무가 그러한 결정에 의하여 영향을 받는 경우에는 그러하지 아니하다."[108)]고 규

---

104) 파트너쉽의 당사자능력을 인정하는 법과 규칙이 없다면 파트너쉽은 법인격이 없기 때문에 미국에서도 당사자능력을 인정할 수 없다는 주장도 있다(Alan R. Bromberg, Enforcement of Partnership Rights—Who Sues for the Partnership?, Nebraska Law Review, Volume 70 Issue 1, 1991, pp. 24－25).

105) 전병서, "국제민사소송법 서설 및 외국인당사자의 소송상 취급", 사법행정 통권 416호(1995), 14－15쪽.

106) 강현중, "외국인의 민사소송상 지위", 재판자료 제34집(1986), 431쪽; 유승훈, "국제관련 사적 분쟁해결과 관련한 현재의 제문제", 민사소송 1권(1998), 521쪽. 석광현, 국제민사소송법, 박영사, 2012, 161쪽에서도 세 가지 이유를 제시하면서 누적적용설에 찬성하고 있다. 그런데 '절차는 법정지법에 따른다.'는 원칙에는 외국의 절차법을 적용하지 아니한다는 원칙도 포함되기 때문에 본국소송법에 따른다는 견해는 위 원칙에 반하지 않는가의 의문이 발생한다. 이에 대하여 석광현, "국제소송의 외국인당사자에 관한 몇 가지 문제점", 변호사 36집(2006), 274쪽에서는 당사자능력에 관하여 민사소송법 제57조를 유추적용하면 예외를 인정하는 데 별 무리가 없다는 입장이다.

107) Restatement (Second) of Conflict of Laws는 미국법위원회(American Law Institute)에서 보통법(common law)을 정리한 것이다. 법적 구속력은 없지만 법원의 판단에 상당한 영향력을 행사하고 있다.

108) "The local law of the forum determines who may and who must be parties to a proceeding unless the substantial

정하여 원칙적으로 법정지소송법의 입장이다. 반면에 연방민사소송규칙(Federal Civil Procedure Rules) 제17조(b)에서는 자연인의 경우에는 자연인의 주소지에 따라서 그리고 법인의 경우에는 설립지법에 따라서 당사자능력을 인정하고, 파트너쉽이나 비법인 사단의 경우에는 법정지법상 당사자능력이 없더라도 미국 헌법이나 법률에 의하여 존속하는 권리의 집행을 위하여 당사자능력을 인정하며, 나머지의 경우에는 법정지법에 따라서 당사자능력을 인정하여 복합적 입장을 취하고 있다.

영국은 당사자능력의 성질분석을 통하여 해결하고 있다. Oxnard Financing SA v Dr. Christian Rahn 판결[109] 사안에서 원고는 스위스 파트너쉽을 상대로 소를 제기하면서 파트너쉽의 이름이 아니라 그 구성원들을 피고로 기재하여 소를 제기하였다. 피고들은 스위스법에서 파트너쉽의 독립된 법인격이 인정되고 있으므로 원고의 피고들에 대한 소는 부적법하다고 주장하였다. 위 판결에서는 스위스 파트너쉽이 법인격이 있는가의 문제는 실체법적 사항이므로 스위스법이 적용되고 이에 따라서 스위스 파트너쉽의 당사자능력을 인정하였다. 그러나 파트너쉽을 어떻게 특정하고 표시할 것인가의 문제는 절차법적 사항으로서 법정지법인 영국법이 적용되므로 원고의 선택에 따라서 구성원 전원의 이름을 표시할 수 있고 파트너쉽의 이름을 표시할 수도 있다고 보았다. 그리고 Bumper Development Corp v Commissioner of Police for the Metropolis 판결[110]에서는 영국법상 법인격이 인정되지 아니하는 인도의 사원(寺院)이 인도법상 법인격이 인정된다면 영국에서도 당사자능력이 있다고 보았다.

3. 사 견

가. 당사자능력의 준거법

(1) 본국소송법설과 누적적용설의 문제점

소송당사자인 외국인이 본국실체법상 권리능력이 없지만 본국소송법에서 당사자능력을 인정하는 경우에 우리 법원도 이러한 당사자능력을 인정해야 하는가에 문제가 발생하는데 본국소송법설이나 누적적용설은 이러한 경우에도 당사자능력을 인정하자는 입장이다. 그러나 이와 같이 본다면 아래와 같은 문제가 발생한다.

앞서 언급한 대로 영미법에서 인정하고 있는 파트너쉽의 경우에는 우리의 조합과 유사한 형태로서 구성원들 사이의 계약관계에 불과하기 때문에 법인격이 인정되지 아니한다. 이러한 이유로 과거에는 원칙적으로 파트너쉽이 소송당사자가 될 수 없었고 구성원들 전원이 소송당사자가 되어야 했다.[111] 그러나 파트너쉽은 거래관계에서 독립된 법인처럼 활동하고 공동으로 재산이 관리되기 때문에 소송절차에서 당사자능력을 인정하는 것이 매우 편리한 면이

rights and duties of the parties would be affected by the determination of this issue."

109) [1998] 1 WLR 1465 (CA).

110) [1991] 1 W.L.R. 1362 (CA).

111) Alan R. Bromberg, Enforcement of Partnership Rights—Who Sues for the Partnership?, Nebraska Law Review, Volume 70 Issue 1, 1991, p. 27.

있다. 이러한 이유에서 영국의 민사소송규칙에서는 영국 내에서 사업을 수행하고 있는 파트너쉽의 경우에는 파트너쉽의 이름으로 당사자가 될 수 있도록 허용하고 있다.

반면에 대법원 1999.4.23. 선고 99다4504 판결에서는 조합이 어느 정도 단체성에서 오는 제약을 받게 되는 것이지만 구성원의 개인성이 강하게 드러나는 인적 결합체이므로 조합에게는 당사자능력이 없다고 보았다. 다만 소송상 편의를 위하여 대법원 1984.2.14. 선고 83다카1815 판결에서는 법률규정이 없지만 조합 업무를 집행할 권한을 수여받은 업무집행조합원이 조합재산에 관하여 조합원으로부터 '임의적 소송신탁'[112]을 받아 자기 이름으로 소송을 수행하는 것을 허용하고 있을 뿐이다.

이와 같이 우리나라와 영국이 유사한 사례에서 소송법적 해결방법을 달리하는 이유는 법정지마다 절차법이 다르기 때문이다. 영국의 파트너쉽의 경우에 영국 민사소송규칙의 부속명령(RSC Ord 81) 규칙5에서는 파트너쉽에 대한 판결이나 명령은 그 구성원들에게도 효력이 있다고 규정하면서 그들에 대한 강제집행방법을 상세히 규정하고 있다. 그러나 우리의 경우에는 위와 같은 규정이 없으므로 우리 법원이 영국의 파트너쉽에 대하여 당사자능력을 인정하더라도, 우리 법에 따르면 단체에 대한 판결의 효력은 그 구성원에게 미치지 아니하므로 구성원들에게 공동으로 귀속되어 있는 파트너쉽의 재산에 대하여 강제집행을 할 수 없다. 그렇다고 우리 법원이 절차법인 영국의 민사소송규칙의 부속명령(RSC Ord 81) 규칙5를 적용하여 강제집행을 허용하면 '절차는 법정지법에 따른다.'는 원칙을 위반하는 문제가 발생한다.[113]

결론적으로 법정지의 당사자능력은 법정지의 다른 절차법과 긴밀하게 관련되어 있기 때문에 외국인의 당사자능력을 본국소송법에 따라서 인정하면 우리의 소송법과 양립될 수 없는 결과가 발생하여 판결의 실효성을 확보할 수 없는 경우가 발생할 수 있다.

(2) 본국실체법 적용의 타당성

앞서 논의한 바와 같이 절차법과 실체법의 성격이 중첩된 경우에 원칙적으로 실체법으로 봐야 하므로 당사자능력도 실체법으로 분류해야 하고,[114] 이를 실체법으로 분류한다면 '절차는 법정지법에 따른다.'는 원칙이 적용되지 아니하므로 법정지소송법이 적용되지 아니한다. 결국 외국인의 당사자능력은 외국적 요소(foreign elements)가 있는 실체법적 사항에 해당하므로 국제사법에 따라서 지정된 준거법에 따라서 결정되어야 한다.

---

112) '임의적 소송신탁'은 권리주체가 임의로 제3자에게 당사자적격을 수여하는 경우로서 수탁받은 자가 신탁자의 소송대리인의 지위를 취득하는 것이 아니라 당사자 본인이 된다는 점에서 소송대리권의 수여와 차이가 있다. 그런데 '임의적 소송신탁'을 무제한으로 허용하게 되면 소송대리인은 원칙적으로 변호사만이 될 수 있다는 변호사대리의 원칙과 형식은 신탁이지만 실질은 변호사 자격이 없는 수탁자로 하여금 소송을 수행하도록 하기 소위 소송신탁을 금지하고 있는 신탁법 제6조의 취지가 망각되므로 '임의적 소송신탁'은 원칙적으로 법률에서 허용하는 경우에만 가능하다. 다만 변호사대리의 원칙과 소송신탁금지의 원칙을 잠탈할 염려가 없는 경우에는 '임의적 소송신탁'이 허용되는데, 종전의 대법원은 판례는 업무집행조합원에 대한 임의적 소송신탁만을 허용하였지만 현재는 대법원 2016.12.15. 선고 2014다87885, 87892 판결에서 집합건물의 체납관리비와 관련하여 위탁관리회사에 대한 임의적 소송신탁을 허용하고, 대법원 2017.3.16. 선고 2015다3570 판결에서 집합건물의 공용부분의 변경과 관련하여 입주자대표회의에 대한 임의적 소송신탁을 허용하고 있다.

113) 이러한 경우에는 '절차는 법정지법에 따른다.'는 원칙의 예외를 인정하자는 주장이 있을 수 있지만 예외를 인정할 만한 정당한 근거를 찾기 어려워 보인다.

114) 당사자능력에 관한 규정이 고도의 공익을 보호하기 위한 목적을 갖고 있는 것은 아니므로 앞서 언급한 실체법적 성격과 절차법적 성격이 중첩된 경우의 처리에 있어서 예외적 처리방법이 적용되지 아니한다고 본다.

무엇보다 외국인이 우리 법상 권리능력이 없더라도 권리능력의 준거법에 따라서 권리능력을 갖고 있다면 이러한 외국인이 우리 법원에서 한 권리와 의무에 대한 처분행위의 효력을 부정할 합리적 이유가 없다.[115] 반대로 외국인이 권리능력의 준거법에 따라서 권리능력이 없는데도 불구하고 우리 법상 권리능력이 있다고 하여 소송절차에서 권리의무를 처분하도록 허용한다면 무권리자에 의한 처분행위가 될 뿐만 아니라 그에 대한 판결은 무권리자에 대한 판결이 되어서 판결의 실체적 효력을 확보할 수 없게 된다.

민사소송법 제51조에서 당사자능력을 민법의 권리능력에 관한 규정에 따르도록 한 이유도 민사소송절차는 실체법상의 권리와 의무를 처분하는 절차이므로 소송당사자가 이를 처분한 권리능력이 있어야 하기 때문이다. 즉 당사자능력과 권리능력은 명칭에 차이가 있을 뿐이고 동일한 능력을 의미하므로 권리능력의 준거법에 따라서 당사자능력도 결정되어야 한다. 이러한 점에서도 당사자능력은 국제사법에 의하여 지정된 권리능력의 준거법에 따라서 결정되어야 한다.

나. 법인격 없는 사단이나 재단과 관련한 추가적 논의

민사소송법 제52조에서는 "법인이 아닌 사단이나 재단은 대표자 또는 관리인이 있는 경우에는 그 사단이나 재단의 이름으로 당사자가 될 수 있다."고 규정하여 비법인사단과 비법인재단에 대하여도 당사자능력을 인정하고 있다. 이 규정을 근거로 소송당사자가 본국법 또는 설립지법에 따라서 당사자능력이 인정되지 않더라도 위 규정상 비법인사단이나 비법인재단의 요건을 충족한다면 당사자능력이 인정되어야 한다는 견해가 있다.[116]

그런데 민법에서는 비법인사단이나 비법인재단의 권리능력을 인정하고 있으므로[117] 이러한 단체는 당연히 당사자능력을 가진다고 볼 수 있다.[118] 이러한 점에서 민사소송법 제52조는 비법인사단이나 비법인재단의 당사자능력을 창설하는 규정이 아니라 이미 존재하는 당사자능력을 명확히 하는 규정에 불과하다. 그러므로 권리능력의 존부가 불명확한 외국의 비법인사단이나 비법인재단에 대하여 민사소송법 제52조를 당연히 적용하기 보다는 외국의 비법인사단이나 비법인재단의 권리능력의 준거법을 밝힌 후에 이러한 준거법에 따라서 외국의 비법인사단이나 비법인재단의 권리능력을 명확히 하고 이에 따라서 당사자능력의 존부를 결정하는 것이 민사소송법 제52조의 규정취지에 적합해 보인다.

그리고 비법인사단이나 비법인재단의 권리능력의 준거법과 관련하여, 국제사법 제16조[119]가 법인격이 없는 회사나 또는 단체에도 적용된다고 하면서 미국의 어느 주법에 따라서

---

115) Collins, para. 7-017.

116) 석광현, 국제민사소송법, 법문사, 2012, 160쪽.

117) 대법원 2008.1.31. 선고 2005다60871 판결 등.

118) 예를 들어 영국의 비법인사단(unincorporated association)의 경우에는 독립된 법인격이 없기; 때문에 소송에서 당사자가 될 수 없고 구성원 전원이 당사자가 한다(Stuart Sime, A Practical Approach to Civil Procedure, 15th ed, Oxford, 2012, para. 17.42).

119) 제16조(법인 및 단체) 법인 또는 단체는 그 설립의 준거법에 의한다. 다만 외국에서 설립된 법인 또는 단체가 대한민국에 주된 사무소가 있거나 대한민국에서 주된 사업을 하는 경우에는 대한민국 법에 의한다.

설립된 파트너쉽이 당해 주법상 법인격이 없다면 우리나라에서도 법인격이 없다는 견해가 있다.[120] 만일 비법인사단이나 비법인재단의 권리능력을 법정지법에 따르도록 한다면 법정지에 따라서 권리능력의 존부가 달라져서 결국 법률행위의 유효성도 법정지가 어디인가에 따라서 달라지므로[121] 법적 안정성이 훼손되고 법정지쇼핑(forum shopping)이 발생하게 될 것이다. 비법인사단이나 비법인재단의 권리능력을 일률적으로 결정하여 법적 안정성을 확보하고 동시에 법인의 권리능력의 준거법과의 일관성을 유지하기 위해서는 국제사법 제16조가 비법인사단이나 비법인재단에 대하여도 적용된다고 해석된다.

결론적으로 외국의 단체에 대하여는 민사소송법 제52조가 적용되지 아니하고 그 설립의 준거법에 따라서 권리능력이 결정되어야 하며, 만일 권리능력이 인정되지 않는다면 당사자능력도 인정될 수 없다고 본다.

다. 당사자표시정정과 지적의무

(1) 당사자표시정정의 허용

앞서의 결론에 따르면 영국법의 파트너쉽과 같이 본국법상 권리능력은 없지만 당사자능력이 있는 경우에 우리 법원은 당사자능력이 없다는 이유로 소를 각하해야 한다. 그러나 외국인의 당사자능력의 준거법에 관하여 국내에 법률규정이 있거나 확립된 판례도 없는 상황에서 이를 각하하게 되면 원고는 다시 소를 제기해야 하므로 소송절차가 지연되고 시효중단의 이익도 상실하는 불이익을 입는다. 이러한 결과가 발생하는 것을 방지하기 위하여 위와 같은 경우에 당사자능력이 있는 당사자로 당사자표시정정을 할 수 있도록 허용할 필요가 있다.

당사자표시정정이 허용되려면 표시된 당사자와 정정될 당사자 사이에 동일성이 있어야 한다.[122] 예를 들어 회사의 대표이사가 자신의 이름으로 소송을 제기한 후에 회사를 당사자로 하는 당사자표시정정을 하는 것은 변경 전후에 당사자의 동일성이 인정되지 아니하므로 부적법하다.[123] 그러나 대법원 2006.7.4.자 2005마425 결정 등 대법원 판례는 원고가 피고로 표시된 자가 이미 사망한 사실을 모르고 그를 피고로 표시하여 제소하였을 경우에는 진정한 피고는 사망자의 상속인이 되는데 다만 원고가 그 표시를 그릇한 것에 불과하므로 사망자의 상속인으로 당사자표시정정이 허용된다고 보고 있다. 영국의 파트너쉽과 같은 경우에도 당사자능력에 대한 오해로 인한 일종의 표시상의 착오로 볼 수 있으므로 시효중단 등의 이익을 유지시켜 줄 정당성이 있다. 따라서 당사자표시정정이 허용된다고 본다. 실무적으로는 당사자능력이 불확실한 경우에는 민사소송법 제70조에 따라서 파트너쉽과 그 구성원들을 예비적 또는 선택적 공동소송인으로 하여 청구할 수 있을 것이다.[124]

---

120) 석광현, 국제민사소송법, 법문사, 2012, 208－209쪽.

121) 권리능력이 없는 자에 의한 법률행위는 무효이기 때문이다.

122) 대법원 2009.10.29. 선고 2009다54744, 54751 판결. 소송의 당사자가 누구인지는 원칙적으로 소장에 기재된 '표시'를 기준으로 하여 결정하지만, 원고의 의사도 고려해야 하므로 청구의 내용과 원인사실 등 '소장의 전취지'를 합리적으로 해석하여 당사자를 확정해야 한다(대법원 2011.7.28. 선고 2010다97044 판결).

123) 대법원 2008.6.12. 선고 2008다11276 판결.

(2) 지적의무

민사소송법 제136조에 따른 법원의 석명권[125] 행사는 ① 당사자의 주장에 모순된 점이 있거나 불완전, 불명료한 점이 있을 때에 이를 지적하여 정정 · 보충할 수 있는 기회를 주고(이를 '소극적 석명'이라고도 한다.), ② 계쟁 사실에 대한 증거의 제출을 촉구하는 것(이를 '증명촉구'라고도 한다)을 말한다.[126] 석명권은 법원의 권한이자 동시에 의무이다. 따라서 법원이 석명권을 행사할 수 있는 상황인데도 석명권을 행사하지 아니하면 석명의무위반이 되고, 반대로 법원이 석명권을 행사할 의무가 없는 상황인데도 석명권을 행사하였다면 석명권 행사의 한계를 넘게 된다. 소극적 석명은 적법한 석명권의 행사이자 법원의 의무에 해당하지만 ① 당사자의 주장이 명확함에도 불구하고 법원이 새로운 주장을 하도록 석명권을 행사하거나, ② 당사자가 주장하지도 아니한 법률효과에 관한 요건사실이나 독립된 공격방어 방법을 시사하여 그 제출을 권유함과 같은 소위 '적극적 석명'은 변론주의의 원칙에 위배되는 것으로서 석명권 행사의 한계를 벗어난다.[127]

그러나 당사자가 전혀 의식하지 못하거나 예상하지 못하였던 법률적 관점을 이유로 법원이 청구의 당부를 판단하려는 경우에 그 법률적 관점에 대하여 당사자에게 의견진술의 기회를 주지 않는다면 예상외의 재판으로 당사자 일방에게 불의의 타격을 가하는 결과를 가져온다.[128] 따라서 민사소송법 제136조 제4항에서는 법원은 당사자가 간과하였음이 분명하다고 인정되는 법률상 사항에 관하여 당사자에게 의견을 진술할 기회를 주도록 규정하고 있다. 이를 '지적의무'라고 한다. 우리는 소송당사자인 외국인이 본국법상 권리능력이 없지만 당사자능력이 있는 경우에 이를 어떻게 처리할 것인지에 관하여 법률규정이 없고 대법원 판례도 없으므로 당사자가 당사자표시정정신청을 하지 않았다고 하여 법원이 바로 소를 각하하기 보다는 "당사자가 간과하였음이 분명하다고 인정되는 법률상 사항"으로 봐서 당사자에게 당사자표시정정신청을 할 것을 석명해야 한다고 본다.[129]

Ⅳ. 외국인의 소송능력의 준거법

1. 문제점

민사소송법 제57조에서는 "외국인은 그의 본국법에 따르면 소송능력이 없는 경우라도

124) 예비적 공동소송이 적법하기 위해서는 청구가 공동소송인들 사이에 법률상 양립될 수 없는 관계에 있어야 하는데 실체법상 서로 양립할 수 없는 경우뿐 아니라 소송법상으로 서로 양립할 수 없는 경우를 포함한다(대법원 2007.6.26.자 2007마515 결정).

125) 소송당사자의 소송수행능력에 차이가 있으므로 엄격한 변론주의를 적용하면 오히려 당사자평등을 실질적으로 구현하지 못하는 문제가 있다. 또한 법원으로서도 모순된 주장 또는 불명확한 주장을 바탕으로 판단하게 되면 실체진실을 발견할 수 없으므로 이러한 문제들을 방지하기 위하여 석명권이 인정된다.

126) 대법원 2005.2.17. 선고 2004다59959 판결.

127) 앞의 판결.

128) 대법원 2014.6.12. 선고 2014다11376 판결.

129) 대법원은 석명권과 석명의무의 범위를 동일하게 보고 있으므로 만일 법원이 위와 같은 경우에 석명권을 행사하지 않는다면 석명의무위반의 상고이유가 된다.

대한민국의 법률에 따라 소송능력이 있는 경우에는 소송능력이 있는 것으로 본다."[130]고 규정하여 외국인의 소송능력에 관하여 외국인의 본국법도 중첩적으로 적용하고 있다. 이와 같이 중첩적용을 하는 이유는 소송능력은 당사자를 보호하기 위한 취지에서 인정되는데, 외국인의 본국법에서 보호하는 정도로 우리 법원이 외국인을 보호하는 것으로 충분하므로 우리 법상 소송능력이 없더라도 본국법에 따르면 소송능력이 있다면 소송능력자로 취급하더라도 무리가 없고, 외국인을 내국인 이상으로 보호할 필요가 없으므로 당사자의 본국법상 소송능력이 없더라도 우리 법상 소송능력이 있다면 소송능력자로 취급하는 것이 타당하기 때문이다.[131]

그런데 여기서 한 가지 의문이 제기된다. 우리 민사소송법에서는 소송능력을 민법의 행위능력과 일치시키고 있고 국제사법 제13조 제1항에서는 "사람의 행위능력은 그의 본국법에 의한다."고 규정하여 외국인의 행위능력에 관하여는 외국인의 본국실체법을 준거법으로 지정하고 있다. 만일 외국인의 본국법에서 소송능력과 행위능력을 일치시키고 있다면 문제가 없지만, 예를 들어 외국인이 18세인데 본국의 소송법상 소송능력은 20세부터 있으나 실체법상 행위능력은 18세부터 있는 경우에 본국소송법을 적용하면 우리 법원에서도 소송능력이 있지만 본국실체법을 적용하게 되면 우리 법원에서 소송능력이 없게 되는 문제가 발생한다. 이와 반대로 본국소송법상 소송능력이 있지만 본국실체법상 행위능력이 없는 경우에도 동일한 문제가 발생한다.

2. 학 설

이에 대하여는 일본에서 시작된 학설로서 법정지법설(본국실체법설)과 본국소송법설이 있다.

첫째 법정지법설은 법정지법인 우리 민사소송법 제51조에서는 소송능력에 관하여 민사소송법에 특별한 규정이 없으면 "민법, 그 밖의 법률에 따른다."고 규정하고 있고 여기서 그 밖의 법률에는 국제사법이 포함되는데 국제사법 제13조 제1항에서는 외국인의 행위능력은 본국실체법에 따르도록 규정하고 있으므로 결국 외국인의 본국실체법에 따라서 소송능력이 결정되어야 한다는 것이다. 이러한 결론을 따르는 국내 견해 중에는 소송능력은 결국 소송에 있어서 자기의 이익을 충분히 지킬 수 없다고 생각되는 자를 심리절차로부터 배제하여 대리제도 등에 의하여 그 이익을 보호하려는 제도로서 당사자능력보다도 절차적 성격이 강하고, 판결은 소송능력의 유무와 관계없이 그 당사자의 이름으로 내려지므로 실체상의 권리실현과의 관계도 희박한 것에 비추어 소송능력에 대하여는 법정지법설에 입각하는 것이 정당하다는 주장이 있다.[132] 이러한 견해에 따르면 앞의 첫 번째 예에서 18세의 외국인은 우리의 소송법이나 실체법상 소송능력이나 행위능력이 없지만 본국실체법상 행위능력이 있으므로 우리 법원

130) 독일 민사소송법 제55조, 일본 민사소송법 제33조도 동일한 규정을 두고 있다.
131) 강현중, "외국인의 민사소송상 지위", 재판자료 제34집(1986), 418-419쪽.
132) 전병서, "국제민사소송법 서설 및 외국인당사자의 소송상 취급", 사법행정 통권 416호(1995), 17쪽; 유승훈, "국제관련 사적 분쟁해결과 관련한 현재의 제문제", 민사소송 1권(1998), 521쪽.

에서 소송능력이 인정된다. 두 번째 예에서는 본국실체법상 행위능력이 없고 우리 법상으로도 소송능력이 없으므로 소송능력이 부정된다.

둘째 본국소송법설은 민사소송법 제57조에서 "외국인은 그의 본국법에 따르면 소송능력이 없는 경우라도 대한민국의 법률에 따라 소송능력이 있는 경우에는 소송능력이 있는 것으로 본다."고 규정하고 있는데 '행위능력'이 없는 경우라고 규정하지 않고 '소송능력'이 없는 경우라고 규정하고 있으므로 본국소송법을 적용하여 한다는 입장이다. 이러한 결론을 따르는 국내의 견해 중에는 변론능력과 같이 소송처리의 원활을 도모하려는 사법제도는 법정지법에 의하여야 할 것이나 소송능력은 당사자보호의 관점에 입각한 제도이기 때문에 그 규율은 당사자의 이익을 가장 잘 반영한 외국인의 본국소송법에 따라야 한다는 견해와[133] 민사소송법 제57조는 외국인의 소송능력에 관한 특칙이라는 이류로 외국인의 본국소송법에 따라야 한다는 견해가 있다.[134] 이러한 견해에 따르면 앞의 첫 번째 예에서 외국인은 본국소송법상 소송능력이 없을 뿐만 아니라 우리 민사소송법상으로도 소송능력이 없으므로 결국 소송능력이 없게 된다. 본국소송법상 소송능력이 있으므로 우리 법원에서 그 외국인의 소송능력이 인정된다.

3. 사 견

앞서의 문제를 정리하면 민사소송법 제51조에서 실체법의 행위능력을 기초로 소송능력을 인정하는 점을 중시하여 외국인에게도 동일한 원칙을 적용할 것인지, 아니면 민사소송법 제57조를 특별한 저촉규범으로 취급하여 외국인에 대하여는 제57조만 적용하고 제51조의 적용을 배제할 것인지의 문제이다.[135] 그런데 이 문제는 당사자능력에 관한 문제와 확연히 구분된다. 당사자능력은 소송물인 권리의무의 귀속주체가 소송의 당사자가 되어야 한다는 순전히 소송법적 의미를 갖고 있지만 소송능력은 당사자능력이 인정된다는 전제 하에서 독자적으로 소송행위를 할 수 없는 자를 보호하기 위한데 그 목적이 있다는 점에서 양자는 차이가 있다. 무엇보다 당사자능력은 앞서 언급한 바와 같이 당사자의 표시부터 판결의 효력까지 민사소송법이나 민사집행법과 같은 소송법의 다른 규정과 긴밀한 관계를 맺고 있기 때문에 당사자능력과 소송법을 분리시킬 수 없지만, 소송능력은 다른 소송법의 규정과 긴밀한 관련을 갖지 않기 때문에 소송법적 효력에 대하여 고려할 필요 없이 당사자보호라는 정책적 고려만으로 충분하다. 이러한 차이가 있기 때문에 당사자능력이나 소송능력이나 모두 '능력'이라는 표현을 사용하고 있지만 양자를 동등하게 취급하는 것은 적절하지 않다.[136] 소송능력에 대한 정책적 고려와 민사소송법의 문언적 해석에 따르면 사견은 다음과 같다.

앞서 언급한 바와 같이 당사자능력과 소송능력의 '개념'은 순전히 절차법적 성격을 갖고 있으므로 법정지법이 적용된다. 우리 민사소송법상 소송능력이란 소송당사자가 소제기, 변론,

133) 강현중, "외국인의 민사소송상 지위", 재판자료 제34집(1986), 429쪽.
134) 석광현, 국제민사소송법, 법문사, 2012, 163쪽.
135) 앞의 책, 같은 쪽.
136) 이러한 이유로 민사소송법 제57조를 당사자능력에 유추적용하자는 견해(앞의 책, 161쪽)에 찬성하기 힘들다.

증거의 제출 등의 소송행위를 할 수 있는 능력으로서 소송법상의 소송행위나 실체법상의 법률행위 모두 유효하게 법률행위를 할 수 있는 능력이란 점에서 우리 민사소송법 제51조에서는 소송능력을 행위능력과 일치시키고 있다. 이러한 민사소송법의 취지를 고려하면 외국인의 소송능력을 외국인의 행위능력과 일치시키는 것이 일관성이 있으므로 원칙적으로 본국실체법에 따라서 외국인의 소송능력이 결정되어야 한다. 그런데 민사소송법은 제57조에서는 특칙을 두어서 외국인의 본국소송법에 의한 보호도 포함시키고 있으므로 결국 외국인의 소송능력에 관하여는 본국실체법과 본국소송법이 모두 적용된 본다. 따라서 본국실체법에 따라서 행위능력이 있거나 본국소송법에 따라서 소송능력이 있다면 우리 법원에서 그 외국인의 소송능력을 인정해야 하며 본국법에 따라서 행위능력이나 소송능력이 모두 없다면 그때 우리 민사소송법상 소송능력이 있는지를 검토해야 한다. 이러한 결론에 따르면 앞의 첫 번째 예에서 외국인은 본국실체법상 행위능력이 있으므로 우리 법원에서 소송능력이 인정되고 두 번째 예에서도 본국소송법상 소송능력이 있으므로 우리 법원에서 소송능력이 인정된다.

4. 입법적 제안

소송능력은 민사소송절차에서 요구되는 능력이므로 절차법적 성질을 갖고 있지만 우리 법상 소송능력과 행위능력을 일치시키고 있으므로 실체법적 성질도 갖고 있다. 소송법적 성격과 실체법적 성격이 중첩된 경우의 처리에 관한 앞서의 논의에 따르면 소송능력은 실체법적 성질로 분류하여 준거법에 따르도록 해야 한다. 그러나 실체법적 성격에서 추구하는 이익과 절차법적 성격에서 추구하는 이익을 비교형량 한 결과 후자에게 공적 · 정책적 이익이 있고 이러한 이익이 전자에 비하여 월등히 크다면 예외적으로 절차법으로 처리하여 법정지법을 적용하는 것이 타당하다는 의견을 앞서 제시하였다.

소송능력은 미성년자나 정신적 능력이 부족한 성년과 같은 독자적 판단능력이 부족한 자연인을 보호하는데 그 목적이 있으므로 소송낭사자를 보호하기 위한 최소한의 기준을 외국인의 본국법에 따라야 할 것인지 아니면 법정지인 우리 법에 따라야 할 것인지를 결정해야 한다. 그런데 국적에 관계없이 자연인에 대한 보호는 국가의 정책적 목적이라고 볼 수 있고 법정지법이 제시하는 소송능력의 기준은 소송당사자를 보호하기 위한 최소의 기준이므로 외국법의 기준을 적용하기에 적절하지 않다고 본다. 결론적으로 외국인의 본국법에 따라서도 소송능력을 인정할 수 있도록 하는 민사소송법 제57조는 위와 같은 최소보호의 기준에 적합하지 아니하므로 외국인의 소송능력을 우리 민사소송법에 따라서 일률적으로 결정하는 방향으로 입법적 개선이 필요하다고 본다.[137)]

137) 입법취지를 알 수 없으나 영국 민사소송규칙에서도 외국인의 소송능력에 관하여 별도의 규정을 두지 않고 있어서 외국인의 소송능력을 내국인과 동일하게 취급하고 있다.

제4절 상 계

우리 민법상 상계는 소송절차의 내외에서 상대방에 대한 일방적 의사표시에 의하여 효력이 발생하는 형성권으로서 채권을 소멸시키는 실체적 효력을 발생시킨다는 점에서 실체법이란 점에 의문이 없다. 하지만 모든 국가에서 이와 같이 분류되고 있는 것은 아니다. 예를 들어 영국의 보통법(common law)상 상계는 소송 외에서 행사할 수 없고 소송이 진행된 후에서야 피고가 재판상 항변권으로만 사용할 수 있다는 점에서 영국에서는 이를 절차법으로 분류되고 있다. 그런데 '절차는 법정지법에 따른다.'는 원칙에 따르면 외국의 절차법은 준거법이 될 수 없다는 점에서 영국의 보통법상 상계를 절차법으로 보아서 그 적용을 배제해야 할 것인지 아니면 우리 법에서 상계를 실체법으로 분류하고 있는 이상 이를 상계의 준거법으로 적용해야 할 것인지 문제된다. 이에 관한 구체적인 논의는 편의상 상계의 준거법에 관한 부분에서 함께 진행하도록 한다.

제5절 소멸시효

Ⅰ. 문제점

절차와 실체의 문제에서 소멸시효가 문제가 되는 이유는 영미법에서 소멸시효를 절차법으로 보고 있기 때문이다. 보다 정확히 표현하면 영미법에서는 권리자가 일정기간 권리를 행사하지 아니한 경우에 실체법상 권리가 소멸되는 것이 아니라 그 권리에 기초하여 소를 제기할 수 있는 소권이 소멸된다고 본다. 이와 같이 제소기간(limitation periods)이 만료되었다고 하여 권리가 소멸되는 것이 아니라 더 이상 소를 제기할 수 없음에 그친다는 점에서 절차법으로 분류되었다.[138] 이러한 점에서 만일 영국법이 준거법인 사건에서 피고가 영국법에 따라서 제소기간 도과되었다는 항변을 한다면 제소기간을 영국법에 따라서 절차로 분류하여 그 적용을 배제할 것인지 아니면 우리 법에 따라서 실체로 분류하여 영국법을 적용할 것인지 문제가 발생한다.

Ⅱ. 성질결정

이 문제를 해결하기 위해서는 우리 법상 영미법의 제소기간을 절차와 실체 중 어떠한 성질로 봐야 하는지 법률관계의 성질결정이 필요한데, 앞서 언급한 바와 같이 실체적 권리관

138) Garnett, para. 9.01; Russell Weintraub, Commentary on the Conflict of Laws, fourth edition, Foundation Press, 2001, p. 63.

계의 결정에 영향을 끼치는지 여부에 따라서 성질결정을 해야 한다. 영국의 제소기한법(Limitation Act 1980)에서는 제소기간을 '소를 제기해야 하는 시간제한'(time limits for bringing action)이라고만 규정하고 있을 뿐이므로 이 기간이 도과되면 제소권만 소멸되고 실체적 권리까지 박탈되지 않는다는 점은 명백하다. 그러나 이는 표현상의 차이일 뿐이고 제소기간의 도과에 의하여 실체적 권리의 행사가 불가능해 진다는 점에서는 제소기간도 실체적 권리에 직접적 영향을 끼치고 있다. 더욱이 제소기간은 소송절차의 진행과 직접적으로 관련된 것도 아니다. 게다가 제소기간을 절차법으로 분류하여 법정지법을 적용하게 되면 원고는 제소기간 긴 국가의 법원을 찾게 되는 '법정지 쇼핑'(forum shopping)이 발생하는 문제가 있다.

또한 영미법이 준거법인 사건에서 우리 법원이 영미법의 제소기간을 절차법으로 분류하여 그 적용을 배제하더라도 우리의 소멸시효는 실체법으로서 역시 적용되지 않으므로 '법의 공백'이 발생하는 문제가 발생한다. 이러한 이유에서 영미법상의 제소기간을 실체법으로 분류하여 영미법이 준거법인 경우에도 이를 적용하는 것이 타당하다.[139] 유럽연합의 로마규칙 I 제12조 제1항(d)에서는 "본 규칙에 의하여 계약에 적용되는 법은 특히 다음의 사항에 적용된다. (d) 채무가 소멸되는 다양한 방법 및 소멸시효, 제척기간"[140]이라고 규정하여 권리행사의 기간이 실체법적 성격을 갖고 있다는 점을 선언하고 있다.

참고로 영미법계 국가에서도 제소기간을 실체법으로 분류하려는 움직임이 있다. 영국의 보통법을 적용하고 있는 캐나다와 호주의 법원에서는 제소기간이 실체적 권리에 직접적인 영향을 끼친다는 이유로 이를 실체법으로 분류하고 있으며, 영국의 경우에는 Foreign Limitation Periods Act 1984가 제정되어 잉글랜드와 웨일즈의 법원에 계속 중인 사건에서 외국법이 적용될 예정이라면 권리행사기간에 관하여는 법정지법이 아닌 해당 외국법을 적용할 것을 규정하고 있다. 또한 미국의 경우에는 제소기간통일법(Uniform Conflict of Laws Limitations Act)에서 제소기간을 실체법으로 분류하여 준거법이 적용되도록 규정하고 있다.[141]

Ⅲ. 시효의 중단과 정지

영국의 제소기한법 제1조 제3항에서는 외국법의 제소기간을 적용하더라도 시효의 중단사유는 영국법에 따르도록 규정하고 있는데 이와 같이 보지 않는다면 영국 법원이 외국의 복잡한 소송절차에 관여될 수 있기 때문이라고 한다. 우리의 경우에는 위와 같은 명시적인 규정이 없을 뿐만 아니라 이를 절차법으로 분류할 근거도 없다. 그리고 위 영국법의 규정은 정책적 이익을 고려한 것인데 소제기가 통상적으로 시효의 중단과 정지사유라는 점에서 소송법과

139) 석광현, 국제사법 해설, 박영사, 2013, 25쪽.

140) "the various ways of extinguishing obligations, and prescription and limitation of actions"

141) 미국의 일부 주(州)는 또한 제소기간이 긴 주(州)의 법원을 찾아다니는 법정지쇼핑을 방지하기 위하여 'borrowing statute'를 채용하고 있다(Russell Weintraub, Commentary on the Conflict of Laws, forth edition, Foundation Press, 2001, p. 75). 'borrowing statute'란 청구원인이 발생한 주(州)의 제소기간이 법정지주(州)보다 짧은 경우에 그 주(州)의 제소기간을 차용하는 것을 말한다(Ibid, p. 72).

관련이 있지만 소송절차 자체는 아니고 시효의 중단과 정지사유를 확인하는 것이 다른 증명에 비하여 고도의 어려움이 있는 것도 아니며 그렇다고 이에 대하여 공공의 이익이 크게 관여되는 것도 아니다. 따라서 시효의 중단과 정지에 관하여도 채권의 준거법을 적용하는 것이 타당하다고 본다. 부산고등법원 2001.2.2. 선고 99나5033 판결에서도 러시아법이 적용되는 채권의 소멸시효의 중단요건에 관하여도 러시아법을 적용한 바 있다.

제6절 증거에 적용되는 국가의 법

Ⅰ. 서 론

민사소송절차는 법원이 사실관계를 확정하고 확정된 사실관계에 법률을 적용하여 소송당사자 사이의 법률관계를 확정하는 절차이다. 법원은 불요증사실[142]이 아니라면 당사자의 주장만으로 권리의 발생 · 변경 · 소멸이라는 법률효과를 발생시키는 실체법상의 구성요건 해당사실인 주요사실[143](이하 '사실'이라고 한다.)의 존재를 인정할 수 없고 반드시 증거를 바탕으로 해서 사실의 존재를 인정해야 한다.[144]

소송당사자가 증거조사를 신청하면 법원은 증거조사를 개시할 것인지 증거채부결정을 해야 하며 증거로서 채택하였다면 증거조사를 실시해야 한다. 증거조사의 방법은 사실을 증명하기 위한 방법인 증거방법에 따라서 달라지는데 민사소송법에 규정된 증거방법으로는 증인신문, 감정, 서증, 검증, 당사자본인신문, 새로운 정보저장매체(도면 · 사진 · 녹음테이프 · 비디오테이프 · 컴퓨터용 자기디스크 · 그밖에 정보를 담기 위하여 만들어진 물건으로서 문서가 아닌 증거) 등 6가지가 있다. 법원이 증거조사를 마쳤으면 그 조사결과인 증거자료에 대한 평가를 통해서 사실인정을 해야 한다. 이러한 일련의 과정들은 절차법인 민사소송법에 규정되어 있기 때문에 '절차는 법정지법에 따른다.'는 원칙과 긴밀한 관련을 갖는다.

증거에 관련된 사항은 절차법인 민사소송법에 규정되어 있기 때문에 깊은 고민 없이 법정지법인 우리 법이 적용된다고 생각하기 쉽다. 그러나 증거는 사실을 발견하기 위하여 존재하고 사실은 실체적 법률관계를 발생시키는 바탕이 된다는 점에서 증거와 실체법은 불가분의 관계를 갖고 있다. 유럽연합의 로마규칙 Ⅰ 제1조(3)에서는 "제18조[145]의 적용의 유보 하에

142) 자백한 사실이나 현저한 사실과 같은 '불요증사실'은 예외적으로 증거가 없더라도 법원이 사실의 존재를 인정을 할 수 있다(민사소송법 제288조).

143) 대법원 1983.12.13. 선고 83다카1489 전원합의체 판결. 법률규정의 요건사실로 기재되어 있지 아니하지만 주요사실의 존부를 추단케 하는 사실인 간접사실이나 증거의 증명력에 관한 사실인 보조사실에 대하여는 변론주의가 적용되지 아니하므로 반드시 증거에 의해서만 사실인정을 해야 하는 것은 아니다(대법원 2002.8.23. 선고 2000다66133 판결 등).

144) 대법원 2012.4.13. 선고 2009다77198 판결.

145) 로마규칙 Ⅰ 제18조는 증명책임(burden of proof)에 관한 규정이다. 여기서는 증명책임에 관하여 실체에 관한 준거법이 적용된다고 규정하고 있다. 증명책임은 실체법상 규정에 따라서 분배되므로 증명책임에 관하여는 실체법이 적용되는 것이 타당하다.

본 규칙은 증거나 절차에 적용되지 아니한다."[146]고 규정하고 있지만 증거가 절차법에 해당하기 때문에 적용범위에서 제외한 것이 아니라 그 적용 여부를 각 회원국이 결정하도록 하는 것이 바람직하다고 보았기 때문에 적용범위에서 제외한 것이다.[147] 또한 캐나다 퀘벡 민법 제3130조에서는 "소송이 계속된 법원에 증명에 관하여 더 유리한 규칙이 있지 않다면 증거는 분쟁의 실체에 적용되는 법에 따른다."[148]고 규정하여 증거능력 등 증거에 관한 사항을 실체법으로 분류하고 있다.[149]

Ⅱ. 증거능력에서의 문제

1. 증거능력의 의의

증거조사의 대상이 될 수 있는 자격을 증거능력(admissibility of evidence)이라고 한다. 엄격하게 증거능력을 제한하고 있는 형사소송법과 달리 민사소송법 제202조에서는 "법원은 변론 전체의 취지와 증거조사의 결과를 참작하여 자유로운 심증으로 사회정의와 형평의 이념에 입각하여 논리와 경험의 법칙에 따라 사실주장이 진실한지 아닌지를 판단한다."고 규정하여 자유심증주의를 취하고 있으므로 원칙적으로 증거능력에 제한이 없다. 따라서 상대방에게 비밀로 한 상태에서 상대방과의 대화를 녹음하였다는 이유만으로 그 녹음테이프나 이를 속기사에 의하여 녹취한 녹취록이 증거능력이 없다고 단정할 수 없고,[150] 소 제기 이후에 작성된 사문서라는 점만으로 당연히 증거능력이 부정되는 것도 아니다.[151]

자유심증주의에도 불구하고 증거능력이 제한되는 경우가 있다. 증거능력이 제한되는 형태는 크게 두 가지로 나눌 수 있다.

첫째 민사소송법이나 기타 법률에서 증거능력을 직접 제한하는 경우가 있다. 민사소송법 제367조, 제372조에서는 소송의 당사자와 그 법정대리인에 대한 신문은 증인신문방식이 아니라 당사자신문방식에 의하도록 규정하고 있으므로 당사자와 그 법정대리인은 증인능력이 없다. 또한 민사소송법 이외의 법률에서 증거능력을 제한하는 경우가 있는데, 예를 들어 통신비밀보호법 제4조에서는 불법검열의 방법으로 취득한 우편물이나 그 내용 및 불법감청에 의하여 지득 또는 채록된 전기통신의 내용의 증거능력을 부인하고 있다.

둘째 민사소송법이나 기타 법률에서 특정 사실을 증명하기 위한 증거방법(modes of

---

146) "This Regulation shall not apply to evidence and procedure, without prejudice to Article 18."

147) Giuliano/Lagarde 보고서, p. 36.

148) "Evidence is governed by the law applicable to the merits of the dispute, subject to any rules of the court seized of the matter which are more favourable to establishing it."

149) H. Patrick Glenn, Codification of Private International Law in Quebec, The Rabel Journal of Comparative and International Private Law Bd. 60, H. 2 (April 1996), p. 252. 다만 증거조사절차, 증거조사절차에서의 판사 또는 소송대리인의 역할 등과 같은 증거의 관리(administration of evidence)에 관하여는 법정지법이 적용된다고 한다(Ibid).

150) 대법원 2009.9.10. 선고 2009다37138 판결. 이러한 경우는 타인 간의 대화를 녹음한 것이 아니라 대화자 중 1인이 녹음한 것이므로 통신비밀보호법에 위반되지 아니한다.

151) 대법원 1992.4.14. 선고 91다24755 판결.

proof)을 제한한 결과 증거능력이 부정되는 경우도 있다. 예를 들어 민사소송법 제355조에서는 당사자가 서증을 제출하는 경우에 원본, 정본 또는 인증이 있는 등본으로 제출하도록 규정하고 있으므로 사본은 원칙적으로 증거능력이 없다.[152)]

2. 증거능력을 직접 제한하는 법률의 성질

가. 판례와 논의

대법원 1988.12.13. 선고 87다카1112 판결에서는 "욜단국은행이 국내법원에 내국회사를 상대로 한 대여금청구소송을 제기한 경우 그 준거법이 행위지법인 욜단국법이 된다고 하더라도 그 재판의 소송절차에 관하여는 당연히 국내의 재판절차법규가 적용되는 것이고 증거의 증거능력에 관한 규정은 위와 같은 재판절차법규에 해당되는 것이므로, 구두증거의 증거능력을 제한한 욜단국법은 적용될 수 없다."고 하여 증거능력을 절차법으로 분류하고 있다.

보통법 국가에서도 증거능력을 절차법으로 분류하고 있는데 증거능력을 증명되어야 하는 사실이 아니라 어떻게 사실을 증명할 것인가라는 방법의 문제로 보기 때문이다.[153)] 미국의 Restatement (Second) Conflict of Laws 제138조에서도 "법정지법이 증거능력을 결정한다."[154)]고 규정하여 증거능력을 절차법으로 보고 있다. 이러한 보통법에 따르면 본안에 관한 준거법의 소속국의 법에 따라서 증거능력이 인정되지 않는 증거라고 하더라도 법정지법에서 증거능력이 있다면 증거로서 사용될 수 있다. 그러나 증거능력은 소송의 결과에 영향을 끼칠 뿐만 아니라 외국의 증거능력에 관한 규정을 적용하더라도 법정지 법원에 특별한 불편을 끼치는 것도 아니란 점에서 증거능력을 실체법으로 분류하자는 견해도 있다.[155)]

나. 검 토

민사소송절차는 사실을 확정하고 이렇게 확정된 사실에 법률을 적용하여 소송당사자 사이의 법률관계를 확정하는 절차이므로 결국 증거는 소송당사자 사이의 법률관계를 확정시키는데 있어서 결정적 역할을 한다. 이러한 점에서 증거능력을 실체법으로 분류하자는 견해도 일면 타당성이 있다.

그러나 앞서 언급한 바와 같이 실체법이 되기 위한 요건인 '실체적 권리관계의 결정에 직접적 영향'의 의미에서 '소송절차에서 법률관계가 확정되는데 있어서의 영향'은 제외시켜야 한다는 결론에 따르면, 증거능력을 직접적으로 제한하는 법률규정은 '소송절차에서 법률관계가 확정되는데 있어서의 영향'을 끼치는 경우에 해당하므로 원칙적으로 절차법으로 보는 것이 타당하다. 예를 들어 미국에서 인정되고 있는 사망자 법칙(dead man's statute)이 있다. 사망자

152) 대법원 1995.5.26. 선고 95다12125 판결.

153) Garnett, para. 7.03.

154) "The local law of the forum determines the admissibility of evidence." 제137조에서도 법정지법이 증인능력에 관하여 결정한다고 규정하고 있다.

155) Garnett, para. 7.04.

법칙이란 증인이 사망자에 의하여 이루어진 진술이나 거래와 이해관계가 있다면[156]이 위증을 방지하기 위하여 증인이 사망자에 관하여 증언하는 것을 금지하는 법칙을 말한다. 이 법칙은 진정한 사실을 밝히기 위한 증거능력에 관한 법칙이지 증명의 대상인 실체적 법률관계의 발생 · 변경 · 소멸을 가져오는 사실이 아니므로 이를 절차법으로 분류하여 우리 법원의 소송절차에서는 적용되지 아니한다고 보는 것이 타당하다. 미국 법원도 이 법칙을 절차법으로 분류하여 법정지법을 적용하고 있다.[157]

다. 추가적 문제

외국법이 준거법인 경우에 그 외국의 통신비밀보호법 등 당해 외국의 공적이익의 보호를 위한 법에서 당해 법률에 위반하여 수집된 증거의 증거능력을 부정하고 있다면 이러한 외국의 공적이익을 존중하여 우리 법원에서도 증거능력을 부정해야 하는지 의문이 발생한다.[158] 증거능력은 절차법으로서 외국의 증거능력에 관한 법이 우리 법원의 소송절차에서 적용될 수 없지만 만일 우리나라에서 외국의 공서양속(public policy)이 보호되어야 한다면 그 적용가능성을 부정할 수만은 없을 것이다.

그런데 로마협약 제7조(1)이나 로마규칙 I 제9조(3)과 같이 제3국의 공서양속을 보호하는 국내법의 규정이 있다면 이를 유추하여 위와 같은 경우에도 외국법에 따라서 증거능력을 부인할 수 있다는 주장이 가능하겠지만,[159] 우리의 경우에는 외국의 공서양속을 보호하는 법률규정이 없고 해석상으로도 우리 법원이 외국의 공서양속을 보호해야 할 의무가 있다고 볼 수 없으므로 위와 같은 외국법은 적용될 수 없다고 본다.

---

156) 이에 덧붙여 증인이 자신의 이해관계에 관하여 진술하는 경우로서 사망자의 이해관계와 상반되는 경우에만 이 원칙이 적용된다.

157) Garnett, para. 7.31.

158) 물론 외국에서 취득한 증거라고 하더라도 우리 법에 따라서 증거능력이 부정되는 경우도 있을 수 있다.

159) 로마협약 제7조(1)에서는 "본 협약에 따라서 어느 국가의 법을 적용하는 경우에 만일 사안과 밀접한 관련이 있는 국가의 법에 따라서 계약에 적용되는 법에 관계없이 그 국가의 강행규칙이 반드시 적용되어야 한다면 그러한 규칙에 효력이 부여될 수 있다. 이러한 강행규칙에 효력을 부여할 것인지 고려함에 있어서 그러한 강행규칙의 성격과 목적 및 그 적용과 비적용의 결과를 고려해야 한다."(When applying under this Convention the law of a country, effect may be given to the mandatory rules of the law of another country with which the situation has a close connection, if and in so far as, under the law of the latter country, those rules must be applied whatever the law applicable to the contract. In considering whether to give effect to these mandatory rules, regard shall be had to their nature and purpose and to the consequences of their application or non-application.)고 규정하여 제3국의 공서양속도 고려하는 규정을 두고 있었다. 이러한 규정에 대하여 영국 등 7개 체약국은 그 적용을 거부하는 선언을 하였는데 위 로마협약이 로마규칙 I로 개정되는 과정에서 영국 등의 주장으로 위 규정은 적용범위가 축소되어 로마규칙 I 제9조(3)에 규정되어 있다(자세한 내용은 McParland, paras. 15.57-15.90 참조). 로마규칙 I 제9조(3)에서는 "계약상 채무가 이행되어야 하거나 이행된 국가의 국제적 강행규정이 그러한 계약의 이행을 불법으로 하고 있다면 그러한 국제적 강행규정에 대하여 효력이 부여될 수 있다."(Effect may be given to the overriding mandatory provisions of the law of the country where the obligations arising out of the contract have to be or have been performed, in so far as those overriding mandatory provisions render the performance of the contract unlawful.)고 규정하여 ① '이행지 국가'의 ② '국제적 강행규정'(overriding mandatory provisions)이 ③ 계약의 이행을 불법(unlawful)으로 하는 경우에 한정하고 있다.

3. 증거방법을 제한하는 법률의 성질

가. 원 칙

앞서 언급한 바와 같이 우리 민사소송법은 6가지의 증거방법을 규정하고 있다. 당사자가 이러한 6가지의 증거방법에 해당하지 않는데도 준거법인 외국법에서 허용하는 증거방법을 우리 법원에 제출한 경우 그 증거능력이 문제된다. 그런데 앞서 논의한 바와 같이 소송 외에서 발생한 실체법적 법률관계의 성립 · 유효성 · 효력에 대하여 직접적 영향을 끼치는 법을 실체법으로 한정시킨다면 사실관계를 증명하기 위한 증거방법은 절차법적 성질을 가졌다고 할 것이므로[160] 우리 법에서 허용하지 아니하는 증거방법은 원칙적으로 증거능력이 없다고 해석된다.

나. 법률행위의 방식과 관련한 문제

국제사법 제17조에서는 법률행위의 방식에 관하여 그 행위의 준거법, 행위지법 또는 당사자가 계약체결 시 서로 다른 국가에 있는 때에는 그 국가 중 어느 한 국가의 법에 의할 수 있도록 규정하고 있다. 이에 따라서 법률행위의 방식은 법정지법인 우리 법만이 아니라 다른 국가의 법이 적용될 수 있다. 그런데 법률행위의 방식의 준거법에서 요구하는 방식이 우리 민사소송법에서 규정하고 있는 6가지의 증거방법에 포함되시 않는 경우가 있을 것이다. 만일 증거방법을 일률적으로 절차법으로 분류하여 법정지법만을 적용하게 되면 당사자는 우리 법원에 위와 같은 법률행위의 방식을 증거방법으로 제출할 수 없게 된다. 그 결과 방식의 준거법에 따라서 적법하게 이루어진 법률행위가 우리 소송절차에서 그 효력을 인정받지 못하는 모순되는 결과가 발생할 수 있고 이러한 결과는 당사자의 정당한 기대(legitimate expectation)에도 반하여 거래의 안전을 해치는 문제가 발생한다.

앞서의 실체법의 분류기준인 '실체적 권리관계의 결정에 직접적 영향을 끼치면서도 법원의 절차진행에 혼동을 불러일으키지 않는 법'을 법률행위의 방식에 적용하면, 법률행위의 방식은 실체적 법률관계의 성립과 유효성에 관한 사항으로서 실체적 법률관계에 직접적 영향을 끼치므로 결국 이러한 법률행위의 방식에 따른 증거방법도 실체적 법률관계에 직접적 영향을 끼친다. 문제는 우리 법원이 우리가 알지 못하는 증거방법에 대하여 증거조사를 하는 것이 법원의 절차진행에 혼동을 야기할 수 있는가에 있는데 이를 일률적으로 결정할 수 없고 개별적 사안마다 판단할 수밖에 없을 것이다. 만일 혼동을 야기하지 않는다면 그러한 증거방법을 실체법으로 분류하여 우리 법원에서 증거조사가 허용되어야 한다고 본다.

로마규칙 I 제18조(2)에서는 "계약 또는 법적 효력을 가지려고 의도한 행위는 법정지법

160) 영국(England를 의미한다. 이하 동일하다) 법원의 Wall v Mutelle de Poiters Assurances [2013] EWHC 53 (QB) 판결은 프랑스에서 발생한 교통사고에 관한 사건으로서 프랑스법이 준거법이었다. 피고는 여러 명의 의료감정인을 사용하는 영국 법원의 관행과 달리 프랑스 법원은 하나의 공동의료감정인을 사용하는 관행이 있고 준거법이 프랑스법인 이상 하나의 공동의료감정인을 사용해야 한다고 주장하였다. 그러나 법원은 몇 명의의 의료감정인을 사용할 것인지의 문제는 '증거와 절차'의 문제로서 법정지법인 영국법이 적용된다고 판시하였다.

또는 계약 또는 행위가 형식적으로 유효하기 위한 제11조[161]에서 언급하고 있는 법에 의하여 인정되는 어떠한 증거방법에 의해서도 증명될 수 있다. 다만 증거방법이 법정지 법원에 의하여 처리될 수 있어야 한다."[162]고 규정하여 법률행위의 방식이 법정지의 증거방법에 포함되지 않더라도 증거방법으로서 허용되도록 규정하면서도 그러한 증거방법이 법정지 법원에서 처리될 수 있는 경우에 한정하여 법률행위의 효력을 최대한 유지시켜 주면서도 법원의 절차 진행의 혼동 또한 방지하고 있다. 이러한 접근방법[163]은 법률행위의 방식에 관하여 절차법과 실체법의 이분론에 집착하지 않고 법원의 처리가능성을 기준으로 적용법을 결정하고 있다는 점에서 타당한 접근방법이고 우리의 경우에도 이를 입법적으로 도입할 필요가 있다고 본다.

4. 특정 사실의 증명에 있어서 특정한 증거방법에 한정되는 경우

가. 우리 민사소송법의 경우

민사소송법 제58조 제1항에서는 법정대리권의 존재를, 제88조 제1항에서는 소송대리권의 존재를 각 서면에 의하여만 증명할 수 있도록 규정하고, 제158조에서는 변론방식에 관한 규정이 지켜졌다는 사실을 조서로써만 증명할 수 있도록 규정하고 있다. 법정대리권이나 소송대리권의 존재 또는 변론방식에 관한 규정이 지켜졌다는 사실은 절차적 사실로서 실체적 사실관계를 확정하는데 직접적 관련이 없으므로 절차법적 성질을 갖고 있다고 할 것이다. 따라서 본안에 적용되는 준거법이 외국법이라고 하더라도 위와 같은 증거방법의 제한은 우리 민사소송절차에서 여전히 적용된다고 할 것이다.

나. 영미법상 사기방지법(Statute of Frauds)의 문제

(1) 사기방지법의 내용

실체적 사실관계를 증명하는데 있어서 특정한 증거방법으로 제한하는 대표적 외국법으로는 영미법에서 인정되고 있는 사기방지법이 있다. 이 원칙에 따르면 특정 계약의 경우에는 반드시 서면으로 작성되고 증명되어야 비로소 법원이 그 계약의 이행을 강제할 수 있다.[164] 우리 법원의 민사소송절차에서 본안의 준거법이 영미법인 경우에 영미법상의 사기방지법을

---

161) 로마규칙 I 제11조는 계약의 형식적 유효성(formal validity), 즉 방식의 준거법에 관한 규정이다.

162) "A contract or an act intended to have legal effect may be proved by any mode of proof recognised by the law of the forum or by any of the laws referred to in Article 11 under which that contract or act is formally valid, provided that such mode of proof can be administered by the forum." 이와 유사한 규정으로 영국 해상보험법(Marine Insurance Act 1906) 제22조가 있다. 여기서는 해상보험계약이 약관으로 작성되지 아니하면 증거로서 사용될 수 없다고 규정하고 있다(Subject to the provisions of any statute, a contract of marine insurance is inadmissible in evidence unless it is embodied in a marine policy in accordance with this Act.)

163) 유럽연합의 「비계약상 채무의 준거법에 관한 규칙」(Regulation (EC) No 864/2007 of the European Parliament and of the Council of 11 July 2007 on the law applicable to non-contractual obligations (Rome II)) 제22조(2)에서도 동일한 규정을 두고 있다.

164) 영미법에서는 계약의 유효성(validity)과 계약의 강제가능성(enforceability)을 구분한다. 계약이 무효(void)인 경우에는 계약이 효력이 없을 뿐만 아니라 법원이 이행을 강제할 수 없고, 계약이 강제할 수 없는 경우(unenforceable)는 계약은 유효하지만 법원이 이행을 강제할 수 없는 경우를 의미한다. 후자의 경우에 채무자가 계약을 임의로 이행하면 유효한 이행이 된다는 점에서 계약의 무효와 차이가 있다.

실체법으로 본다면 특정 계약의 존재를 증명하는데 있어서 서면의 방법으로만 증명해야 하지만 이를 절차법으로 본다면 우리 민사소송법에 따라서 증거방법에 제한이 없다. 결국 영미법상의 사기방지법의 성질을 어떻게 보는지를 결정할 필요가 있다.

(2) 사기방지법의 성질에 관한 논의

이에 관한 영미에서의 논의를 보면 영국의 Leroux v Brown 판결[165]에서는 영국의 사기방지법 제4조[166]에서 "…경우에 어떠한 소송도 제기될 수 없다(No action shall be brought…)"고 규정하여 문언에서 이를 절차법상의 규칙으로 보고 있다는 이유와 서면에 의한 계약만이 집행될 수 있다(enforceable)는 의미는 구제수단과 관련이 있다는 이유로, 구두계약을 허용하는 프랑스 법이 적용되는 계약이라고 하더라도 서면에 의하여 계약의 존재가 증명되어야 한다고 판시하였다. 이에 대하여는 강력한 비판들이 제기되었는데, 구두의 증거를 인정하더라도 법원에 끼치는 불편함이 없고 문언의 내용만으로 절차법으로 분류하는 것은 문언의 형식을 그 실체적 내용보다도 더 중요시하는 것이므로 허용되어서는 안 된다는 주장이 있었다.[167] 이러한 비판에 따라서 위 판결을 뒤집기위한 시도가 있었지만 아직도 위 판결은 유효하게 유지되고 있다. 다만 앞서 언급한 바와 같이 로마규칙 I 제18조(2)에서 방식의 준거법에 따라서 계약의 존재가 증명될 수 있도록 규정하고 있기 때문에 위 규칙이 적용되는 범위에서는 반드시 서면에 의하여 계약의 존재가 증명될 필요가 없는 것으로 해석되고 있다.[168]

미국의 경우에는 거의 모든 주(州)에서 채택하고 있는 2002년 통일상법전(Uniform Commercial Code) 제2-201조[169]에서 사기방지법을 채택하고 있다. 이에 따르면 미화 500달러 이상의 물품매매계약을 체결하는 경우에는 서면으로 계약을 체결하고 당사자가 서명해야 한다. 그런데 Restatement (Second) of Conflict of Laws[170] 제141조에서는 "계약이 유효하기 위해서 계약이 서면으로 체결되어야 하는지 또는 서면에 의하여 증명되어야 하는지 여부는 제188조와 제189조의 규칙을 적용하여 선택된 법에 따라서 결정된다."[171]고 규정하고 있는데, 여기서 제188조는 당사자의 선택에 의하여 지정된 계약의 주관적 준거법에 관한 규정이고 제189조는 당사자의 선택이 없는 경우에 계약의 객관적 준거법에 관한 규정이다. 따라서 위

---

165) (1852) 12 C.B. 801.

166) 현재 영국의 사기방지법은 제4조 이외의 규정은 모두 폐지되어 보증계약에 한정하여 적용되고 있다. 다만 재산법(Law of Property (Miscellaneous Provisions) Act 1989) 제2조에서 부동산매매계약을 서면으로 체결하도록 규정하는 등 실체법에서 서면요건을 요구하는 경우가 있다.

167) Collins, para. 7-026.

168) Garnett, para. 7.28. 그러나 영국이 유럽연합을 탈퇴(no-deal Brexit)한다면 어떻게 해석될 것인지 불명확한 상태이다.

169) "본장에서 달리 규정하고 있는 이외에, 500달러 또는 그 이상의 가격의 물품의 판매를 위한 계약은 그러한 계약이 당사자 사이에 체결되었고 강제집행의 상대방 또는 그의 대리인에 의하여 서명되었다는 사실을 충분히 보여주는 서면이 존재하지 아니하면 소송이나 방어의 방법으로 강제집행 할 수 없다."(Except as otherwise provided in this section a contract for the sale of goods for the price of $500 or more is not enforceable by way of action or defense unless there is some writing sufficient to indicate that a contract for sale has been made between the parties and signed by the party against whom enforcement is sought or by his authorized agent or broker.)

170) Restatement (Second) of Conflict of Laws는 미국법위원회(American Law Institute)에서 보통법(common law)을 정리한 것이다. 법적 구속력은 없지만 법원의 판결에 상당한 영향력을 행사하고 있다.

171) Whether a contract must be in writing, or evidenced by a writing, in order to be enforceable is determined by the law selected by application of the rules of § 187-188.

제141조에 따르면 계약의 존재에 대한 증명방법에 관하여 법정지법인 사기방지법이 적용되는 것이 아니라 계약의 준거법이 적용된다. 이는 결국 사기방지법을 실체적 사항, 즉 법률행위의 방식으로 파악한 것이다. 그리고 호주에서도 사기방지법을 실체법으로 보고 있고172) 캐나다도 마찬가지이다.173) 이러한 점에서 영국과 차이가 있다.

(3) 검 토

법률행위의 방식에 해당하기 위해서는, 첫째 요구되는 행위가 법률적 구속의사를 외부에 표현하는 것이어야 하고, 둘째 그러한 외부적 표현이 없는 경우에는 당해 법률행위가 무효가 되어야 한다.174) 사기방지법은 서면이라는 외부적 표현방법을 요구하고 이러한 서면이 없는 경우에 그 법률행위가 궁극적으로 효력을 갖지 못한다는 점에서 우리 법상 법률행위의 방식에 해당하고 이러한 점에서 실체법적 성질을 갖고 있다. 반면에 사기방지법은 민사소송절차에서 증거방법을 제한한다는 점에서 절차법적 성질도 갖고 있다. 그러나 계약의 존재를 증명하기 위한 증거방법을 서증에 한정하더라도 우리 법원의 절차진행에 혼동을 가져온다고 볼 수 없다.

이러한 점에서 사기방지법은 실체법적 성질을 가지고 있고 따라서 우리 법원은 본안의 준거법에 사기방지법이 포함되어 있다면 사기방지법을 적용하여 계약의 존재를 증명하기 위한 증거방법을 서증으로 제한해야 한다고 본다.

다. 영미법상의 구두증거배제의 법칙(parole evidence rule)의 문제

(1) 구두증거배제의 법칙의 내용

영미법상 사기방지법 이외에 증거방법이 제한되는 규칙으로는 구두증거배제의 법칙이 있다. 구두증거배제의 법칙이란 계약의 당사자가 자신의 최종적 의사를 서면에 의하여 작성하였다면 서면의 계약내용을 배척하기 위하여 구두 또는 기타의 증거를 제출할 수 없다는 법칙을 말한다.175) 그리고 당사자가 합의에 의하여 구두증거배제의 법칙을 계약의 내용으로서 받아들이는 경우가 있는데 이러한 계약조항을 전체조항(entire clause)이라고 한다. 전체조항의 예는 다음과 같다: "본 계약은 계약의 내용과 관련하여 계약당사자 사이의 전체 합의를 구성한다. 모든 사전의 합의, 논의, 진술, 보증, 약속은 본 계약에 흡수된다. 본 계약에서 명시적으로 규정한 사항 이외에는 당사자 사이에 보증, 진술, 약속, 합의는 존재하지 아니한다. 본 계약의 수정 및 변경은 반드시 당사자에 의한 서면으로 작성되어야 한다."176)

---

172) Collins, para. 7－028.

173) Garnett, para. 7.27.

174) 로마협약에서는 법률행위의 방식을 정의하기가 난해하기 때문에 이에 대한 정의규정을 두고 있지 않았는데, '법률적으로 구속될 의사를 표시하고자 하는 당사자에게 요구되는 모든 외부적 표현이고 그러한 표현이 없는 경우에는 법률적으로 유효하지 아니한 것으로 여겨지는 경우'라고 해석되었다(Giuliano/Lagarde 보고서, p. 29). 우리 국제사법에서도 법률행위의 방식의 정의를 두고 있지 않지만 로마규칙 I과 동일하게 해석될 수 있을 것이다.

175) 구두증거배제의 원칙은 법률문외한인 배심원들이 당사자 또는 그 대리인의 계약서면 이외의 주장 때문에 유력한 서면계약이 있음에도 불구하고 그것을 무시하는 것을 막기 위하여 인정되기 시작하였다고 한다(김선국, 구두증거배제의 원칙: 그 적용상의 문제와 현대적 의미에 관하여, 경영법률 제16집 제2호(2006), 676쪽).

176) This Agreement hereto constitute the entire agreement between the contracting parties concerning the subject

(2) 구두증거배제의 법칙의 성질에 관한 논의

이 법칙은 증거방법을 제한하는 경우에 해당하므로 절차법적 성질을 갖고 있는 반면에, 당사자 사이에 계약이 성립되는 방법과 시기를 결정하고 계약의 해석에 있어서 서면을 중심으로 해야 하며 다른 사정을 고려하지 못하도록 함으로써 계약의 내용을 확정 짓는다는 점에서 실체법적 성질도 동시에 갖고 있다.[177)]

미국의 Restatement (Second) of Conflict of Laws 제140조[178)]에서는 계약의 준거법에 따라서 구두증거배제의 법칙을 적용할 것인지를 결정하도록 규정하여 이를 실체법으로 보고 있다. 그리고 대부분 미국 판례에서도 실체법으로 보고 있다.[179)] 영국의 경우에는 서면의 해석을 위한 증거와 서면의 내용을 배척 · 변경 · 추가하기 위한 증거로 나누어 전자는 실체법적 성격으로 후자는 증거능력 또는 증거로서 절차법 성격으로 보는 경향이 있다.[180)] 영국에서는 구두증거배제의 법칙은 서면의 내용을 배척하기 위한 증거로서 절차적 성질을 가졌다는 이유로 외국법이 준거법인 경우에도 법정지법인 구두증거배제의 법칙을 적용하고 있다.[181)] 그러나 이러한 영국의 입장에 반하여 같은 보통법계 국가인 호주나 뉴질랜드는 구두증거배제의 법칙이 계약조항의 존재와 해석에 관한 문제로서 당사자의 권리에 영향을 끼친다는 이유로 실체법으로 보고 있다.[182)]

(3) 검 토

구두증거의 배제의 법칙은 계약의 해석에 있어서 증거방법을 서면에 한정시키는 법칙으로서 소송절차 내에서 당사자의 법률관계를 밝히는 방법에 불과하므로 절차법으로 봐야 한다는 주장이 가능하다. 그러나 이러한 주장은 구두증거배제의 법칙의 형식적 측면만을 고려한 결론이라고 볼 수 있다. 구두증거배제의 법칙은 맹목적으로 소송절차 내에서의 증거방법을 제한하고자 하는 법칙이 아니라 서면에 표시된 범위에서 당사자의 의사를 객관적으로 해석하고자 하는 법칙이다. 이러한 점에서 위 법칙의 실질적 측면은 당사자의 의사해석의 방법에 해당한다.

확립된 대법원 판례[183)]는 처분문서[184)]의 해석방법과 관련하여 "처분문서는 진정성립이

---

matter hereof. All prior agreements, discussions, representations, warranties and covenants are merged herein. There are no warranties, representations, covenants or agreements, expressed or implied, between the parties except those expressly set forth in this agreement. Any amendments or modifications of this agreement shall be in writing and executed by the contracting parties.

177) Restatement (Second) Conflict of Laws 제140조 comment c.

178) "계약이 서면에 의하여 완성되었는지 여부와 만일 그렇다면 그러한 완성의 효력에 대하여는 제187조 및 제188조의 적용에 의하여 선택된 주(州)의 법에 의하여 결정된다."(Whether a contract is integrated in a writing and, if so, the effects of integration are determined by the local law of the state selected by application of the rules of §§ 187－188.)

179) Russell Weintraub, Commentary on the Conflict of Laws, forth edition, Foundation Press, 2001, p. 61.

180) Garnett, para. 7.12; Collins, para. 7－024.

181) Garnett, para. 7.12.

182) Ibid para. 7.13.

183) 대법원 2018.11.29. 선고 2018두41532 판결 등.

184) 계약서, 어음, 수표 등 증명하고자 하는 공법상 또는 사법상의 행위가 문서에 의하여 이루어진 경우에 그 문서를 '처분문서'라고 한다(대법원 2010.5.13. 선고 2010다6222 판결).

인정되면 특별한 사정이 없는 한 처분문서에 기재되어 있는 문언의 내용에 따라 당사자의 의사표시가 있었던 것으로 객관적으로 해석"해야 한다고 보고 있는데 서면으로 작성된 당사자의 의사의 해석방법을 제시하고 있다는 점에서 구두증거배제의 법칙과 동일하고 서면기재를 중심으로 의사해석을 한다는 점에서 그 내용도 유사하다. 대법원 판례는 처분문서의 해석방법의 근거로서 민법 제105조를 제시하고 있는데 민법 제105조에서는 "법률행위의 당사자가 법령 중의 선량한 풍속 기타 사회질서에 관계없는 규정과 다른 의사를 표시한 때에는 그 의사에 의한다."고 규정하여 당사자의 의사해석의 방법을 제시하고 있다.

이로써 당사자의 의사해석의 방법이 '실체적 권리관계의 결정에 직접적 영향'끼치는 실체법에 해당한다는 점을 알 수 있는데, 결국 의사해석의 방법인 구두증거배제의 법칙도 실체법적 성질을 갖고 있다. 그리고 구두증거배제의 법칙에 따라서 계약의 해석을 위한 증거방법을 서면에 한정되더라도 법원의 절차진행에 혼동을 없을 것이다. 결론적으로 영미법이 준거법인 경우에 우리 법원은 구두증거배제의 법칙을 실체법으로서 적용할 수 있다고 본다.[185]

덧붙여 증거법칙에 관한 당사자의 합의가 유효한지 의문이 있으므로 구두증거배제의 법칙을 증거법칙으로 본다면 국제계약의 전체조항의 유효성도 함께 문제가 되지만 구두증거배제의 법칙을 계약의 해석방법으로 본다면 전체조항의 효력도 인정할 수 있을 것이다.

Ⅲ. 증거력에서의 문제

1. 원 칙

증거가 사실인정에 기여하는 정도를 증거력(weight of evidence)이라고 한다. 앞서 언급한 바와 같이 민사소송법은 자유심증주의를 채택하고 있으므로 법관은 증거의 증거력을 평가함에 있어서 증거법칙에 제약되지 아니하고 자유로운 심증으로 사실을 인정할 수 있다.[186] 이러한 증거력은 소송 외에서 이미 성립된 실체적 법률관계를 밝히기 위한 수단이므로 실체적 권리관계의 결정에 직접적 영향을 끼치는 사항에 해당하지 않는다. 따라서 원칙적으로 절차법에 해당하고 법정지법이 적용된다.[187] 다만 서증의 증거력은 다른 증거의 증거력에 비하여 좀 더 복잡한 법리가 적용되므로 이에 대한 추가적 검토가 필요하다.

---

185) McParland, para. 8.32.

186) 물론 자유심증주의는 형식적 · 법률적 증거규칙에 얽매일 필요가 없다는 것을 뜻할 뿐 법관의 자의적 판단을 허용하는 것은 아니다. 따라서 사실의 인정은 적법한 증거조사절차를 거친 증거능력 있는 증거에 의하여 정의와 형평의 이념에 입각하여 논리와 경험의 법칙에 따라 하여야 하고, 그 한도를 벗어나서는 안 된다(대법원 2012.4.13. 선고 2009다77198 판결).

187) Garnett, para. 7.32. 로마협약을 준비하는 과정에서 증거력에 관한 규정을 둘 것인지에 관하여 논의가 있었지만 합의가 이루어지지 않아서 각 체약국이 결정하도록 협약의 적용범위에서 제외시켰다(Giuliano/Lagarde 보고서, p. 37).

2. 서증의 증거력

가. 서증의 증거력의 성질

민사소송법상 서증의 증거력은, ① 서증으로 제출된 문서가 문서의 작성명의인의 진정한 의사에 기하여 작성되었고 위조되지 아니하였다는 문서의 '형식적 증거력'과 ② 제출된 문서에 기재된 내용이 객관적 사실을 밝히는데 있어서 기여하는 정도를 의미하는 문서의 '실질적 증거력'으로 구성된다. 법원은 서증의 형식적 증거력이 인정되어야 비로소 그 서증의 실질적 증거력을 판단할 수 있다.[188]

이 중 형식적 증거력은 문서의 진정성립에 관한 문제로서 서증의 증거능력에 관한 사항에 해당하고[189] 실질적 증거력은 통상의 증거력에 해당한다. 양자 모두 실체적 권리관계의 결정에 직접적 영향을 끼치는 사항이 아니라 이미 성립된 권리관계를 밝히기 위한 방법에 해당한다는 점에서 절차법적 성질을 갖고 있다. 따라서 분쟁의 실체에 적용되는 준거법이 외국법이라고 하더라도 서증의 증거력은 우리 법에 따라서 형식적 증거력과 실질적 증거력으로 나누어지고 서증의 형식적 증거력이 인정되어야 비로소 실질적 증거력에 관하여 판단할 수 있다.

나. 문서의 진정성립의 주요사실로의 취급

민사소송법의 변론주의는 법률관계의 발생·변경·소멸이라는 법률효과 판단의 요건이 되는 주요사실에 한정하여 적용되며 그 주요사실의 존부를 확인하는 데 있어 도움이 됨에 그치는 간접사실이나 그의 증빙자료에 대하여는 적용되지 않는다.[190] 그러므로 변론주의에 의하여 인정되는 자백의 구속력[191]도 주요사실에만 인정되고 간접사실과 보조사실에는 인정되지 않는다. 그러나 서증의 형식적 증거력에 해당하는 문서의 진정성립에 관한 사실은 증거의 증거력에 관한 보조사실인데도 불구하고 대법원 판례는 예외적으로 자백의 구속력을 인정하고 있다.[192] 이와 같이 예외적으로 취급되는 이유는 민사소송법 제357조에서 문서제출자에게 문서의 진정성립에 대한 증명책임을 부과하여 이를 주요사실처럼 취급하고 있기 때문이다.

이러한 결과 서증의 형식적 증거력에 관한 사실은 증명책임이 부과된 주요사실이므로 이에 대하여는 분쟁의 실체에 대한 준거법인 외국법이 적용되어야 한다는 주장이 있을 수 있다. 그러나 민사소송법 제357조는 서증이 소송절차에서 가장 많이 제출되는 증거로써 위조 또는 변조된 서증이 사용되는 것을 방지하기 위한 절차적 목적을 갖고 있을 뿐이며 당사자 사

188) 대법원 2002.8.23. 선고 2000다66133 판결.

189) 대법원 1989.6.27. 선고 89다카3240 판결.

190) 대법원 2002.8.23. 선고 2000다66133 판결.

191) 자백이 있으면 법원에 대한 구속력과 당사자에 대한 구속력이 발생한다. 법원은 자백한 사실을 진실한 사실로 인정해야 하며 진실하지 않다는 심증을 얻어도 자백과 다른 사실을 인정할 수 없다(대법원 2010.2.11. 선고 2009다84288, 84295 판결). 그리고 재판상 자백은 당사자가 임의로 철회할 수 없고 자백이 ① 진실에 반하고 ② 착오로 인한 것임을 증명한 때는 취소할 수 있을 뿐이다(민사소송법 제288조 단서).

192) 대법원 2007.2.8. 선고 2006다28065 판결. 더 나아가 문서에 찍힌 인영이 자신의 의사에 의하여 현출되었다는 인영의 진정성립에 대하여도 자백의 구속력이 인정되고 있다(대법원 2001.4.24. 선고 2001다5654 판결).

이의 실체법상 권리관계를 형성하기 위한 규정이 아니다. 따라서 이를 여전히 절차법으로 분류하는 것이 타당하다고 본다.

다. 처분문서의 증거력

앞서 언급한 바와 같이 대법원 판례에서는 처분문서는 진정성립이 인정되면 특별한 사정이 없는 한 처분문서에 기재되어 있는 문언의 내용에 따라 당사자의 의사표시가 있었던 것으로 객관적으로 해석해야 한다고 보고 있다. 이러한 처분문서의 증거력은 실질적 증거력에 관한 법칙으로서 절차법적 성질을 갖고 있지만 동시에 민법 제105조에 따른 당사자의 의사해석의 방법이므로 실체법적 성질도 동시에 갖고 있다. 그런데 처분문서의 증거력은 당사자의 의사해석의 방법으로서 실체법적 권리관계에 직접적 영향을 끼치면서도 이에 관한 외국법을 적용하더라도 법원의 절차진행에 혼동을 일으키지 않을 것으로 보이므로 이에 반하는 사정이 없는 한 이를 실체법으로 분류하는 것이 타당하다고 본다. 따라서 준거법인 외국법에서 처분문서의 해석방법에 관하여 다른 기준을 제시하고 있다면 원칙적으로 그에 따라야 할 것이다.

Ⅳ. 증명의 정도에서의 문제

1. 문제점

법관이 증거에 의하여 사실의 존재를 인정하기 위해서 어느 정도의 심증을 형성해야 하는가의 문제를 증명의 정도(standard of proof)라고 한다. 증명의 정도는 각 나라마다 다른데 우리의 경우에는 대법원 2010.10.28. 선고 2008다6755 판결에서 "민사소송에서 사실의 증명은 추호의 의혹도 있어서는 아니 되는 자연과학적 증명은 아니나, 특별한 사정이 없는 한 경험칙에 비추어 모든 증거를 종합 검토하여 어떠한 사실이 있었다는 점을 시인할 수 있는 고도의 개연성을 증명하는 것이고, 그 판정은 통상인이라면 의심을 품지 않을 정도일 것을 필요로 한다."라고 하여 '고도의 개연성'을 요구하고 있다.

한편 영국에서는 두 가지의 증명의 정도가 있는데 '의심의 여지가 없을 정도'(beyond reasonable doubt)와 '개연성의 우월'(balance of probability 또는 preponderance of probability)이 있다. 전자는 우리의 형사소송절차에서 요구하는 증명의 정도와 동일한 개념으로서 영국에서도 형사소송절차에서 적용되는데 민사소송절차에서의 법정모독이나 조직 내 징계처분에 대한 다툼에 대한 민사사건에서도 적용된다.[193] 일반민사절차에서는 후자가 적용되는데 '어떤 사건이 발생했을 개연성이 발생하지 않았었을 개연성보다 더 높은 정도'(the occurrence of the event was more likely than not)를 의미한다.[194] 이러한 증명의 정도는 우리 대법원이 제시하고 있는 '통상인이라면 의심을 품지 않을 정도'와 같은 고도의 개연성보다 낮은 정도의 개연

193) Neil Andrews, Andrews on Civil Processes Volume I, Intersentia(2013), para. 14.17.
194) Ibid.

성을 요구한다는 점에서 차이가 있다.

2. 증명의 정도의 성질에 관한 논의와 판례

증명의 정도의 준거법에 관하여 독일에서는 실체법설과 절차법설이 있다.[195] 절차법설은 증명의 정도는 소송에서의 법관의 지위 및 확신에 이를 정도의 심증의 형성과 분리될 수 없을 정도로 밀접하게 관련된다는 점 등을 근거로 한다. 실체법설은 증명의 정도는 증명책임과 마찬가지로 실체법과 상호의존성이 있고 증명의 정도의 높고 낮음에 따라서 결국 책임이 결정되므로 실체법에 큰 영향을 미친다는 점을 근거로 한다.

대법원 2001.5.15. 선고 99다26221 판결에서는 "영국 해상보험법 및 관습에 의하면, 보험의 목적에 생긴 손해가 그 부보위험인 해상 고유의 위험으로 인하여 발생한 것이라는 점에 관한 입증책임은 피보험자가 부담한다고 할 것이고, 그 증명의 정도는 이른바 '증거의 우월(preponderance of evidence)'에 의한 증명으로 충분하다 할 것이다."라고 판시하여 증명의 정도에 관하여 준거법인 외국법을 적용하고 있지만 그 근거를 제시하지는 않는다. 미국의 몇몇 판례에서는 당사자가 '우월적 증거'(the preponderance of evidence)를 가지고 증명해야 하는지 아니면 '명백하고 설득력이 있는 증거'(clear and convincing evidence)를 가지고 증명해야 하는지를 절차적 사항으로 보고 있다.[196]

3. 검 토

독일의 실체법설의 근거는 증명의 정도에 따라서 판결의 결과가 달라질 수 있다는 점에 있다. 그러나 앞서 정리한 바와 같이 판결의 결과에 대한 영향을 기준으로 실체법과 절차법을 구분하게 되면 실제로 절차법에 해당하는 경우 극히 드물 것이고 '절차는 법정지법에 따른다.'는 원칙은 무의미하게 될 것이다. 증명의 정도는 당사자 사이의 법률관계의 발생 · 변경 · 소멸을 위한 요건이 아니라 이미 성립된 당사자 사이의 권리관계를 증명하기 위한 방법에 불과하므로 절차법으로 보는 것이 타당하다고 생각한다.[197]

V. 증언거부권에서의 문제

1. 증언거부권의 내용

민사소송법상 증인은 증언의무가 있기 때문에 정당한 이유가 없는데도 증언을 거부하면 민사소송법 제318조에 의거 과태료의 제재를 받는다. 민사소송법에서 증언거부를 허용하는 경우는 세 가지로 나눌 수 있는데, 공무원의 지위에 있는 증인이 직무상 비밀에 관하여 증언

195) 자세한 내용은 석광현, 앞의 책, 320쪽 참조.
196) Garnett, para. 7.33.
197) 석광현, 앞의 책, 321쪽.

해야 하는 경우, 증인과 일정한 신뢰관계가 있는 사람에 대하여 증언을 해야 하는 경우, 증인의 증언이 증인 자신에게 불리하게 작용하는 경우가 있다. 영국의 경우에는 보통법에 의하여 증언거부권(witness privilege)이 인정되고 있는데, 변호사가 의뢰인에게 한 법률조언에 관하여 증언을 거부할 수 있는 법률조언증언거부권(legal advice privilege), 변호사가 소송에 관하여 의뢰인 또는 제3자와 한 연락(communication)에 관하여 증언을 거부할 수 있는 소송증언거부권(litigation privilege), 증인의 증언에 의하여 자신이 기소될 위험이 있다면 증언을 거부할 수 있는 자기기소증언거부권(self-incrimination privilege)이 있다.[198] 미국법의 경우에는 연방법과 주법에서 각 증언거부권을 규정하고 있는데 통상적으로 친족 사이, 환자와 의사 사이, 의뢰인과 변호사 사이, 신자와 성직자 사이와 같이 신뢰관계가 유지되어야 하는 관계에 있는 사람에 대하여 증언거부권을 인정하고 있다.[199] 이와 같이 증언거부권의 내용이 나라마다 다를 뿐만 아니라 증언거부권의 성질결정에도 차이가 있다.

2. 증언거부권의 성질에 관한 논의

영국은 전통적으로 증언거부권을 절차적 사항으로 분류하여 법정지법을 적용하였다. 증거에 관한 사항은 절차적 사항이고 증언거부권은 증거법의 일부를 이루기 때문이다.[200] 영국과 같은 보통법 국가인 호주와 캐나다의 경우에는 변호사의 증언거부권을 변호사와 의뢰인 사이의 실체법적 사항이라고 보면서도 저촉법의 영역에서는 증언거부권이 증거의 제출에 관한 사항이라는 이유로 법정지법을 적용하고 있다.[201]

반면에 미국의 몇몇 판결에서는 변호사와 의뢰인의 관계에서의 증언거부권에 관하여 준거법의 결정원칙인 '가장 중요한 관련'(the most significant relationship)을 적용하여 적용법을 결정하였는데 이는 변호사와 의뢰인의 관계에서의 증언거부권을 실체적 사항으로 본 것이다.[202] 따라서 미국 내에서 미국법에 관하여 자문을 해 주었다면 미국이 가장 밀접한 관련이 있으므로 미국법에 따라서 증언거부권이 결정되고, 외국에서 외국법에 관하여 자문을 해 주었다면 그 외국법이 적용된다. 그리고 미국의 Restatement (Second) Conflict of Laws 제139조는 변호사와 의뢰인의 관계에 한정하지 않고 신뢰관계가 필요한 관계에서도 증언거부권을 인정하고 있는데 가장 밀접한 관련을 기준으로 준거법을 결정하면서도 당사자의 기대이익과 국가의 이익을 복합적으로 고려하여 다음과 같이 규정하고 있다. "(1) 법정지법상 증언거부권을 인정하더라도 가장 밀접한 관련이 있는 곳의 법에서 증언거부권을 인정하지 않는다면 증언거부권이 없다. 다만 증언이 법정지의 강력한 공서양속에 반하는 경우에는 그러하지 아니하다. (2) 가장 밀접한 관련이 있는 곳의 법에서 증언거부권을 인정하더라도 법정지법상 증언거부권

198) 구체적인 내용은 Richard S. Pike, The English Law of Legal Professional Privilege: A Guide for American Attorneys, Loyola University Chicago International Law Review Volume 4 Issue 1 Fall/Winter 2006 참조.
199) Restatement (Second) Conflict of Laws 제139조 comment b.
200) Garnett, para. 8.21.
201) Ibid. para. 8.23.
202) Ibid. para. 8.29.

을 인정하지 않는다면 증언거부권이 인정되지 아니한다. 다만 증언을 허용하는 법정지의 정책에 효력이 부여되지 않아야 하는 특별한 이유가 있는 경우에는 그러하지 아니하다."[203] (1)의 경우에는 당사자 사이의 기대를 저버리는 것이 아니고 (2)의 경우에는 법정지 국가가 증언에 대한 강력한 이익을 갖고 있기 때문이라고 한다.[204]

3. 검 토

민사소송법상 증언거부권이 인정되는 경우는 공적이익을 보호하기 위한 경우와 당사자 사이의 신뢰관계를 보호하기 위한 경우로 나눌 수 있다. 전자의 경우에는 증언거부권이 당사자 사이의 실체법상의 권리관계를 결정하는 요건이 되는 것이 아니고 법정지의 공적이익을 보호하는데 그 목적이 있다는 점을 고려할 때 절차법으로 보는 것이 타당하다.

후자의 경우에는 미국에서의 논의와 같이 당사자 사이의 신뢰관계는 계약 등에 의하여 발생하므로 이러한 계약 등의 준거법이 증언거부권의 준거법도 되어야 한다는 주장이 가능하다. 또한 민사소송법 제1항 제1호에서 "그밖에 법령에 따라 비밀을 지킬 의무가 있는 직책 또는 종교의 직책"이라고 규정하고 있는데 이때 법령은 외국의 법령이 포함되므로 증언거부권에 관하여 외국법이 적용될 수 있다는 주장도 가능하다.

그러나 증언거부권은 당사자 사이의 권리관계를 결정하는 요건이 아니란 점에서 이를 실체법으로 보기에는 무리가 있다. 또한 우리 법상 변호사와 의뢰인 사이의 관계에 따른 변호사의 증언거부권과 같은 경우에 당사자의 계약에 의하여 증언거부권이 창설되는 것이 아니라 민사소송법 제1항 제1호에서 변호사에게 증언거부권을 수여하기 때문이므로 증언거부권을 절차법으로 보는 것이 타당하다.[205] 다만 민사소송법 제315조 제1항 제1호의 "그밖에 법령에 따라 비밀을 지킬 의무가 있는 직책 또는 종교의 직책"에서 법령은 우리의 법령을 전제로 한 것으로 보이지만 해석상 외국법도 포함되는 봐야 할 것이다. 이와 같이 해석하지 아니하면 국내변호사와 외국변호사 모두 의뢰인에 대한 신뢰관계를 유지할 필요가 있는데도 외국변호사의 경우에는 증언의무를 부담하게 되는 부당한 결과를 가져올 수 있다.

---

203) "(1) Evidence that is not privileged under the local law of the state which has the most significant relationship with the communication will be admitted, even though it would be privileged under the local law of the forum, unless the admission of such evidence would be contrary to the strong public policy of the forum. (2) Evidence that is privileged under the local law of the state which has the most significant relationship with the communication but which is not privileged under the local law of the forum will be admitted unless there is some special reason why the forum policy favoring admission should not be given effect."

204) Restatement (Second) Conflict of Laws 제139조 comment c, d.

205) 석광현, 앞의 책, 302쪽.

제 3 장 당사자의 선택에 의한 준거법

제 1 절 당사자자치의 원칙

Ⅰ. 준거법의 선택에 있어서 당사자자치의 원칙이 인정되는 이유

계약체결의 자유, 당사자선택의 자유, 계약내용결정의 자유 등의 당사자자치(party autonomy)의 원칙은 국내계약에서보다 국제계약에서 더욱 강조된다. 「외국중재판정의 승인 및 집행에 관한 협약」(The Convention on the Recognition and Enforcement of Foreign Arbitral Awards; 뉴욕협약)이나 「국제물품매매계약에 관한 국제물품매매협약」(Convention on Contracts for the International Sale of Goods; CISG)과 같이 국제계약에 적용되는 몇몇의 성공적인 국제협약이 존재하지만, 기본적으로 나라마다 법의 내용에 상당한 차이가 존재한다. 이에 따라서 국제계약의 효력에 대한 예측가능성이 떨어지고, 계약의 당사자는 이러한 위험을 감소시키고자 계약서에 가능한 범위에서 구체적인 내용을 담으려고 노력한다. 즉 국제적 통일법의 부재는 당사자자치의 원칙에 의하여 보충되고 있는데, 이는 자연적 현상이다.[1] 이러한 국제거래에서의 당사자자치의 원칙은 계약체결의 자유, 당사자선택의 자유, 계약내용결정의 자유를 넘어서 준거법의 선택의 자유[2]와 법정지의 선택의 자유 등[3]에 확장되었다.

국제사법은 가장 밀접한 관련이 있는 국가의 법을 준거법으로 지정하는 저촉규칙을 갖고 있는데, 당해 법률관계에 적용되기에 가장 적절한 법은 그 법률관계와 가장 밀접한 관련이 있는 국가의 법이라고 보기 때문이다. 하지만 이러한 획일적이고 추상적 규칙보다 계약의 당사자야말로 그 계약관계에 적용될 가장 적절한 법을 발견할 수 있는 지위에 있다. 그리고 국제사법에 따라서 어떤 국가의 법이 객관적 준거법으로 결정될 것인지 항상 확실한 것도 아니므로 계약의 당사자가 미리 준거법을 선택하는 방법으로 계약의 효력에 관한 불확실성을 제거할 수 있다.[4] 덧붙여 당사자는 중립적 국가의 법의 적용을 원할 수 있고 또는 금융계약에

1) Horatia Muir Watt, "Party Autonomy" in international contracts: from the makings of a myth to the requirements of global governance, E.R.C.L. 3/2010, pp. 6-8.

2) 세계적으로 준거법의 선택에 있어서 당사자자치의 원칙이 인정되고 있고 국제사법 제25조에서도 준거법의 선택에 관하여 당사자자치를 인정하고 있지만, 이러한 원칙이 확립된 것은 그렇게 오래된 일이 아니다. 20세기 초까지만 하더라도 유럽과 미국에서는 당사자가 준거법을 자유롭게 선택하는 것은 당사자가 법 위에 군림하는 것과 마찬가지라고 하여 이를 반대하는 견해가 적지 않았다(Ibid, pp. 4-6). 실제로 미국의 Restatement (First) of Conflict of Laws에서는 당사자의 준거법 선택의 자유에 대하여 아무런 규정을 두지 아니하여 묵시적으로 당사자자치를 인정하지 않았다.

3) 로마규칙 I 전문(14)에서는 "관할법원의 결정에 있어서 한정된 자치만이 허용되는 보험계약, 소비자계약 또는 근로계약 이외의 계약에 관한 당사자 자치는 본 규칙에서 규정하고 있는 전속관할의 근거를 제외하고는 존중되어야 한다."(The autonomy of the parties to a contract, other than an insurance, consumer or employment contract, where only limited autonomy to determine the courts having jurisdiction is allowed, must be respected subject to the exclusive grounds of jurisdiction laid down in this Regulation)고 규정하여 국제재판관할에서 당사자자치가 존중되어야 한다는 점이 천명되어 있다.

서 뉴욕주법이나 영국법과 같이 시장의 관행에 적합한 국가의 법의 적용을 원할 수도 있으며, 선박건조계약(ship building contract)이나 구조화금융거래(structured finance transaction)와 같이 다른 계약과 긴밀하게 연결되어 있어서 당사자가 관련된 모든 계약이 동일한 국가의 법에 의하여 규율받기를 원하는 경우도 있다.5) 정리하자면 국제사법상의 당사자의 이익과 거래의 이익을 위하여 당사자자치의 원칙이 인정된다.6) 이러한 필요에 의하여 국제사법 제25조에서는 '당사자자치'라는 제목 하에 계약의 당사자가 준거법을 자유롭게 지정할 수 있도록 규정하고 있다.

이러한 준거법의 선택에 대한 당사자자치의 원칙은 세계적으로 인정되고 있다. 하지만 당사자자치의 원칙이라고 해서 무제한의 자유를 의미하는 것은 아니다. 이에 대하여는 여러 제한이 있는데 준거법의 선택에 대한 당사자의 이익보다 더 큰 이익을 보호할 필요가 있는 경우에 그러하다. 이에 관하여는 관련부분에서 언급하도록 한다.

Ⅱ. 준거법의 합의가 허용되는 범위

1. 계약의 준거법이 적용되는 범위

준거법의 합의는 계약의 준거법이 적용되는 영역에서만 허용된다. 그러나 국제사법에서는 계약의 준거법이 적용되는 범위에 관하여 명시적인 규정을 두고 있지 않다. 반면에 로마규칙 Ⅰ 제12조 제1항에서는 계약의 준거법이 적용되는 범위에 관하여 다음과 같이 예시적으로 열거하고 있는데,7) 우리의 경우에도 동일하게 적용될 수 있을 것이다. (a) 계약의 해석(interpretation), (b) 계약의 이행(performance), (c) 손해액의 산정을 포함한 계약의 전부 또는 일부의 불이행의 결과(within the limits of the powers conferred on the court by its procedural law, the consequences of a total or partial breach of obligations, including the assessment of damages in so far as it is governed by rules of law),8) (d) 채무가 소멸되는 다양한 방식과 소멸시효(the various ways of extinguishing obligations, and prescription and limitation of actions),9) (e) 무효인 계약의 결과(the consequences of nullity of the contract).

이에 반하여 절차적 사항은 강행규정이고,10) 물권에 관하여는 물권법정주의가 적용되며,

4) H.L.E. Verhagen, The tension between party autonomy and European Union law: some observations on Ingmar GB Ltd v Eaton Leonard Technologies Inc, I.C.L.Q. 2002, 51(1), p. 144.

5) Ibid.

6) 석광현, 국제사법 해설, 2013, 293쪽.

7) 로마협약 제10조도 사실상 동일한 규정을 두고 있었다.

8) 보통법(common law)에서는 손해액의 산정을 절차법으로 보고 있다(Nygh, p. 124).

9) 보통법에서는 권리행사의 기간을 소멸시효가 아니라 제소기간으로 봐서 이를 절차법으로 분류하고 있고 있는데, 로마규칙 Ⅰ에서는 이를 실체법으로 분류하여 준거법이 적용되도록 하였다(Ibid). 다만 영국은 Foreign Limitation Act 1984 제1조에서 외국법이 준거법이라면 그 외국법의 소멸시효에 관한 규정을 적용하도록 하여 외국법의 소멸시효를 실체법으로 의제하고 있다.

10) "절차는 법정지법에 따른다."는 원칙(forum regit processum)에 의하여 절차에 관하여는 계약의 준거법이 아닌 법정지의 절차법이 적용된다.

당사자의 능력이나 지위는 그 당사자의 소속국이 규율하므로 당사자가 처분할 수 있는 사항에 포함되지 아니하고 계약의 준거법이 적용되지 아니한다. 따라서 당사자는 이에 대한 준거법의 합의를 할 수 없다.[11)]

2. 계약과 관련이 없는 국가의 법을 준거법으로 지정할 수 있는지 여부

당사자가 계약과 전혀 관련이 없는 국가의 법을 준거법을 지정할 수 있는지 문제된다. 국제사법은 이에 관하여 명시적인 규정을 두고 있지 아니한데 반하여 미국통일상법전(Uniform Commercial Code) § 1－301에서는 "본장에 달리 규정하고 있지 아니하는 한, 거래가 본 주(州) 또는 다른 주(州)나 국가와 합리적 관련이 있는 때에는 당사자는 그러한 주(州) 또는 국가의 법이 자신들의 권리와 의무를 규율한다고 합의할 수 있다."[12)]고 규정하여 계약과 전혀 관련이 없는 국가의 법을 준거법으로 선택하는 것을 허용하지 않고 있다. 그런데 국제사법 제8조 제1항에서는 "이 법에 의하여 지정된 준거법이 해당 법률관계와 근소한 관련이 있을 뿐이고, 그 법률관계와 가장 밀접한 관련이 있는 다른 국가의 법이 명백히 존재하는 경우에는 그 다른 국가의 법에 의한다."고 규정하면서도 제2항에서는 위와 같은 예외조항이 당사자가 합의에 의하여 준거법을 선택하는 경우에는 이를 적용하지 아니한다고 규정하여 당사자가 계약과 전혀 관련이 없는 국가의 법을 준거법으로 합의하더라도 이러한 합의가 유효하다는 점을 간접적으로 보여주고 있다.[13)]

3. 비국가적 규범을 준거법으로 지정할 수 있는지 여부

비국가적 규범이란 상인법(lex mercatoria 또는 law merchant)[14)]과 같은 국제적 관습,[15)] UNIDROIT 국제상사계약규칙(UNIDROIT Principles of International Commercial Contracts 1980)과 같은 법원칙 또는 국제물품매매협약(UN Convention on the International Sale of Goods)과 같은 국제협약을 의미한다.[16)] 이러한 비국가적 규범은 한 국가의 법이 아니라는 점에서 준거법이

---

11) 미국의 Restatement 제187조 제2항에서는 당사자가 처분할 수 없는 영역에 대하여도 당사자자치를 허용하면서, 다만 상당한 관련이 있는 국가의 법만을 준거법으로 지정하도록 하거나 중대한 이익을 갖고 있는 국가의 공서양속에 반하지 않아야 한다는 제한을 두고 있다.

12) "Except as otherwise provided in this section, when a transaction bears a reasonable relation to this state and also to another state or nation the parties may agree that the law either of this state or of such other state or nation shall govern their rights and duties."

13) 석광현, 국제사법 해설, 박영사, 2013, 294쪽.

14) 상인법이란 17세기까지 중세유럽 전반에 해상 및 상사에 관련된 사항을 규율하던 관습법을 의미한다.

15) 세계의 거의 모든 신용장에는 국제상업회의소(ICC)가 마련한 '신용장통일규칙(Uniform Customs and Practice for Documentary Credits; UCP)'을 원용하고 있다. 이러한 신용장통일규칙의 법적 성격에 관한 논의에서 동 규칙이 세계적인 국제관행이라는 견해가 유력하다고 한다(석광현, 국제사법과 국제소송 제1권, 법문사, 2001, 153쪽). 그러나 제6차 신용장통일규칙 제1조에서는 신용장에서 동 규칙이 적용된다는 점을 명시해야만 동 규칙이 적용된다고 선언하여 스스로 법적 구속력을 인정하지 않고 있으며, 매 10년마다 개정되고 있다는 점에서 '세계적인 국제관행'이라고 보기는 힘들다고 본 다. 물론 동 규칙의 내용 중에는 '세계적인 국제관행'이라고 볼 만한 내용이 있다는 점은 인정하지만 그렇다고 동 규칙 전체가 '세계적인 국제관행'이라고 할 수는 없을 것이다. 따라서 신용장에서 신용장통일규칙을 원용하고 있는 것은 계약의 내용으로 편입하고자 하는 실질법적 지정에 해당한다.

16) 예를 들어 선하증권의 양식으로 많이 쓰이는 Conlinbill과 Congenbill의 지상약관을 보면 "선적국에서 입법화된 헤이그규칙은 본 운송계약에 적용된다. 만일 선적국에 이러한 입법이 없다면, 이에 상응하는 목적지국에서의 법률이 적용된다. 그러나 이러한 법률이 강행적으로 적용되지 않는 선적에 대하여는 헤이그규칙의 규정(terms)이 적용된다. 헤이그－비스비

될 수 있는지 의문이 있다. UNIDROIT 국제상사계약규칙의 전문에서도 위와 같은 문제점을 인식하고는 만일 위 원칙을 준거법으로 선택한다면 중재합의를 같이 할 것을 권고하고 있다. 그 이유는 전통적으로 준거법은 국가의 법(national laws)에 한정되었으므로 위 원칙의 선택은 계약내용으로의 편입으로 해석될 것인 반면에, 중재에서 중재인은 특정 국가의 법에 구속되지 아니하므로 위 원칙의 선택을 준거법의 합의로 볼 수 있고 이러한 경우에는 법정지의 국제적 강행규정 이외의 국가의 법의 적용이 배제될 것이기 때문이다. 따라서 우리 국제사법상 비국가적 규범이 준거법으로 선택될 수 있는지 검토할 필요가 있다.

대법원 2016.3.24. 선고 2013다81514 판결에서는 "당사자 자치의 원칙에 비추어 계약 당사자는 어느 국제협약을 준거법으로 하거나 그중 특정 조항이 당해 계약에 적용된다는 합의를 할 수 있고"라고 판시하고 있는데 국제협약이 어느 국가에서 강제력을 가져서 계약의 준거법이 될 수 있다는 의미로 볼 수도 있지만 문면상으로는 특정 국가의 법이 아니라 국제협약을 바로 준거법으로 지정할 수 있다는 의미로 보인다. 한편 객관적 준거법에 관한 국제사법 제26조 제1항에서는 "가장 밀접한 관련이 있는 국가의 법에 의한다."고 규정하고 있는 반면에 국제사법 제25조 제1항에서는 "계약은 당사자가 명시적 또는 묵시적으로 선택한 법에 의한다."고 규정하고 있으므로 문면상으로 객관적 준거법의 경우에는 어느 국가의 법이어야 함이 명백하지만 주관적 준거법의 경우에는 견해가 나뉠 수 있다는 주장이 있다.[17]

그런데 국제사법의 바탕이 된 로마협약의 경우에는 제3조 제1항에서 "당사자가 선택한 법"(the law chosen by the parties)이라고 규정하고 있었는데, 이때의 '법'은 특정 국가의 법이라고 해석되었다.[18] 한편 로마협약이 로마규칙 I 로 개정되는 과정에서 비국가적 규범을 준거법으로서 선택할 수 있도록 하자는 주장이 있었지만 구제방법(remedy)은 특정 국가의 법으로부터만 도출될 수 있다는 이유로 채택되지 아니하였다.[19] 로마규칙 I 제3조나 제4조 제4항에서는 준거법을 국가의 법(law of the country)라고 하여 비국가적 규범이 준거법이 될 수 없음을 간접적으로 보여주고 있다.[20] 국제사법의 해석에서도 '법'은 특정 국가의 법으로 해석된다. 국제사법의 전반에서 언급하고 있는 '법'의 의미나, 제5조에서 '외국법'을 제7조에서 '대한민국법'을 언급하고 있는데 종합하여 보면 준거법은 대한민국법이거나 외국법이라는 의미로 해석되기 때문이다. 게다가 제26조에서 '국가의 법'이라고 한 것은 제25조의 '법'과 구별하기 위해서가 아니라 '가장 밀접한 관련이 있는' '국가'를 수식하는 과정에서 발생한 오해에 불과한 점에도 그러하다.

로마규칙 I 전문(13)에서도 "본 규칙은 당사자가 인용에 의하여 비국가적 규범이나 국제협약을 계약에 편입시키는 것을 금지하지 아니한다."[21]고 규정하여 비국가적 규범이나 국

규칙이 강행적으로 적용되는 거래에서는 헤이그-비스비규칙이 선하증권에 편입된 것으로 본다."고 규정하고 있다.

17) 석광현, 국제사법 해설, 박영사, 2013, 296쪽.

18) Fawcett, pp. 698-699.

19) Ibid p. 699

20) McParland, para. 4.02.

21) "This Regulation does not preclude parties from incorporating by reference into their contract a non-State body of

제협약이 준거법이 될 수 없고 계약의 내용으로 편입될 수 있는 것에 불과하다는 점을 간접적으로 보여주고 있다.

Ⅲ. 준거법의 선택의 방법

1. 준거법 합의의 방식

국제사법 제25조 제5항에서는 "준거법 선택에 관한 당사자의 합의의 성립 및 유효성에 관하여는 제29조의 규정을 준용한다."고 규정하고 있고, 제29조 제1항에서는 "계약의 성립 및 유효성은 그 계약이 유효하게 성립하였을 경우 이 법에 의하여 적용되어야 하는 준거법에 따라 판단한다."고 규정하고 있으므로 결국 준거법의 합의의 방식에도 국제사법 제17조가 적용된다.[22] 로마규칙 Ⅰ 제3조 제5항에서는 준거법의 합의의 방식에 관하여 계약의 방식에 관한 제11조가 적용된다고 규정하여 이를 명시하고 있다. 만일 방식의 준거법이 우리 법이라면 국제사법에서는 준거법의 합의의 방식에 관하여 아무런 규정이 없으므로 계약의 일반적 체결방식에 따라서 준거법의 합의를 하면 충분하다. 따라서 서면에 의하여 준거법의 합의를 할 필요가 없고,[23] 또한 계약의 본문만이 아니라 당사자가 합리적으로 확인할 수 있다면 부속서에서 준거법의 합의를 하는 것도 가능하다.

2. 묵시적 방법에 의한 준거법의 합의

가. 일반론

국제사법 제25조 제1항에서는 명시적으로 준거법의 합의를 하는 경우뿐만 아니라 묵시적으로 준거법의 합의를 하는 경우도 허용하고 있다. 그러나 어떤 사정이 있는 경우에 묵시적 합의의 존재를 인정할 것인지는 매우 어려운 일이다. 그리고 묵시적 합의를 함부로 인정하게 되면 당사자가 의도하지 아니한 법률이 적용될 위험이 있기 때문에 묵시적 합의가 부당하게 확대되는 것을 방지하기 위하여 국제사법 제25조 제1항에서는 모든 사정으로부터 합리적으로 인정할 수 있는 경우에만 당사자가 묵시적으로 준거법을 지정한 것으로 인정할 수 있다.[24] 이때 '모든 사정'에는 계약 문언, 계약 전후의 사정, 거래 관행 등 모든 사정이 포함된다.[25]

---

law or an international convention."

22) 석광현, 국제사법 해설, 박영사, 2013, 225쪽.

23) 반면에 민사소송법 제29조 제2항에서는 관할의 합의를 함에 있어서 서면의 방식을 요구하고 있다.

24) Michael Wilderspin, The European Private International Law of Obligations, 2015, para 6-048. Giuliano-Lagarde 보고서, p. 17에서는 묵시적 준거법의 지정의 예로 로이드 해상보험약관과 같이 특정 국가의 법이 적용된다는 것이 널리 알려져 있는 경우에 그 국가의 법, 당사자 사이의 기존의 계약에서 특정 국가의 법을 준거법으로 지정하여 왔는데 문제된 계약에서 준거법의 합의를 고의적으로 누락한 것이 아닌 경우에 그 국가의 법, 배타적 관할법원의 합의가 있고 계약의 다른 규정과 종합할 때 당사자가 묵시적으로 준거법을 지정한 것으로 인정된다면 그 관할법원이 소재하는 국가의 법을 들고 있다. 일본의 판결 중에도 해상보험업자가 영문으로써 보험증권을 발행하는 경우에는 계약약관의 해석에 있어 영국법의 규정 및 관행에 준거한다는 사실인 관습이 있다고 판시하면서 영문의 보험증권에 영국법의 규정 및 관행에 따른다는 기재가 생략되었다고 하더라도 당사자가 위와 여전히 영국법이 규정 및 관행에 따르를 의사가 있었다고 추정할 수 있다고 본 사례가 있다고 한다(정호영, "국제운송 보험계약", 재판자료 제33집(1986), 402쪽).

국제재판관할의 합의가 있지만 준거법의 합의가 없는 경우에 당사자가 지정된 관할법원이 소재한 국가의 법을 준거법으로 묵시적 합의를 한 것으로 볼 수 있는지 문제된다. 보통법(common law)에서는 국제재판관할의 합의를 준거법의 합의의 강력한 표상(weighty indication)이라고 보고 있지만[26] 로마규칙 I 전문(12)에서는 국제재판관할의 합의를 묵시적 합의의 존재를 인정하기 위한 여러 요소들 중의 하나로만 보고 있다. 후자의 입장에 찬성한다.

대법원 판례는 묵시적 방법에 의하여 준거법의 합의가 가능하다는 점에 대하여는 계속적으로 언급하고 있지만[27] 실제로 이를 인정한 판결을 찾을 수 없다. 다만 하급심 판결에서 묵시적 준거법의 합의를 인정한 바 있다. 부산지방법원 1999.4.14. 선고 98가합25606 판결은, 보증서에 서명할 때 피고는 보증의 전제가 되는 매매계약의 준거법에 따라 보증의 효력을 정하기로 하는 묵시의 의사가 있었다고 봄이 합리적이라 할 것이고, 뿐만 아니라 보증계약은 실질법상 주된 계약에 대한 부종성을 갖고 있으므로 특히 반대의 의사가 없는 한 주된 계약의 준거법에 의한다는 묵시적인 의사가 있는 것으로 봄이 상당하다고 보았다. 또한 부산고등법원 2002.7.9. 선고 2001나4750 판결은 이 사건 원 · 피고 간의 화물 운송계약의 성립 여부와 한진트레이딩과 퍼펙트웨스트사이의 운송주선계약 및 퍼펙트웨스트와 피고와의 사이의 운송계약의 성립 및 효력에 관하여는, 한진트레이딩과 퍼펙트 웨스트는 미국 캘리포니아주에 영업소 소재지를 두고 있는 점, 퍼펙트 웨스트가 데살로로에 이 사건 화물의 운송을 청약의 의사표시를 한 곳은 위 영업소라고 보이는 점, 피고의 미국지사도 미국 갤리포니아주에 영업소 소재지를 가지고 있다고 보이는 점, 피고가 작성한 선하증권 사본은 미국 캘리포니아주에 있는 로스엔젤레스에 작성된 점 등을 감안하면, 섭외사법 제32조, 제9조 및 제11조 제1항에 따라 이 사건 운송주선계약을 비롯한 운송계약의 성립에 관하여는 미국 캘리포니아주법을 적용하려는 묵시적 의사를 인정할 수 있다고 판시하였다.[28]

나. 명시적 약정이 불확실한 경우 묵시적 약정의 활용

당사자가 준거법의 합의를 하였지만 그 내용이 불확실한 경우라도 일단 당사자에게는 준거법을 지정할 의사가 있었으므로 이를 무효로 보고 객관적 준거법을 지정하는 것은 당사자의 의사에 반한다. 이러한 경우에는 당사자의 합의내용을 중심으로 하여 다른 사정을 결합하여 당사자가 묵시적으로 희망한 준거법을 도출할 필요가 있다. 대법원 2012.10.25. 선고 2009다77754 판결에서는 "국제사법 제25조 제1항은 "계약은 당사자가 명시적 또는 묵시적으로 선택한 법에 의한다. 다만 묵시적인 선택은 계약 내용 그밖에 모든 사정으로부터 합리적으로 인정할 수 있는 경우에 한한다."고 규정하여 계약의 준거법을 당사자가 자유롭게 선택할

---

25) 대법원 2012.10.25. 선고 2009다77754 판결; Nygh, p. 88.

26) Mukarrum Ahmed, The Nature and Enforcement of Choice of Law Agreements, p. 4, available at: https://ssrn.com/abstract=3177512.

27) 대법원 2003.1.10. 선고 2000다70064; 대법원 1997.5.9. 선고 95다34385.

28) 석광현, 한국인 간에 일본에서 체결된 근로계약의 준거법, 민사판례연구 31권(2009.2), 각주 44.

수 있도록 하면서, 당사자의 준거법 선택은 명시적인 지정뿐만 아니라 묵시적인 지정도 가능하도록 하고 다만 그것이 부당하게 확대되는 것을 방지하기 위하여 묵시적인 선택은 계약 내용 그밖에 모든 사정으로부터 합리적으로 인정할 수 있는 경우로 제한하고 있다. 당사자가 계약의 준거법으로 지역에 따라 법을 달리하는 이른바 연방제국가의 어느 특정 지역의 법을 지정하지 않고 단순히 연방제국가의 법이라고만 약정한 경우, 선택된 법이 특정 지역의 법이 아니라 연방제국가의 법이라는 사정만으로 그러한 준거법 약정이 내용을 확정할 수 없는 것으로 당연 무효라고 보아서는 아니 되고, 계약 문언, 계약 전후의 사정, 거래관행 등 모든 사정을 고려하여 당사자가 그 국가의 어느 지역의 법을 지정한 것으로 합리적으로 인정되는지 여부까지 살펴보아야 한다."고 판시하여 명시적 약정이 불확실한 경우에 묵시적 약정을 도출해야 한다는 입장이다.

3. 유동적 준거법의 합의가 가능한지 여부

가. 문제점

당사자가 계약을 체결하는 시점에서 준거법을 지정하지 아니하고 장래 일정한 사건이 발생하면 그 결과에 따라서 준거법을 확정짓고서 그 준거법이 소급하여 효력을 갖도록 하는 합의를 유동적 준거법의 합의(floating choice of law)라고 한다. 예를 들어 선하증권에서 어느 한 국가의 법을 준거법으로 명시하지 아니하고 "선하증권에 관련한 분쟁은 원고의 선택에 따라서 또는 운송인(또는 피고가 운송인이 아닌 경우에 피고)의 주된 사무소 소재지 법원이 그 나라의 법에 따라 결정한다"라고[29] 규정하여 선하증권 발행 후의 사정에 따라서 준거법이 결정되도록 하는 경우가 있다.[30] 준거법을 확정시키는 사건이 발생하기 전까지 계약에 적용될 준거법에 공백이 발생한다는 점에서 유동적 준거법의 합의가 허용되는지 문제가 제기된다. 위 문제는 준거법의 합의를 언제 할 수 있는가에 관한 시간적 문제라고 할 것이다.

나. 유동적 준거법 합의의 유효성

국내에서 유동적 준거법의 합의의 효력에 관한 본격적인 논의나 대법원 판례를 찾을 수 없으므로 이에 관한 외국의 사례를 보면 다음과 같다. 영국 법원은 The Amar 판결에서 "준거법은 미래의 불확실한 사건에 따라서 소급적으로 결정될 수 없다."[31]고 판시하여 준거법의 선택은 계약이 성립될 당시에 이루어져야 하고, 계약이 성립된 후 당사자 일방이 준거법을 지정하도록 하는 것은 허용되지 않는다는 입장이었다.[32] The Amar 판결은 The Iran Vojdan

29) "any claim or dispute arising under this Bill of Lading shall be determined, at the option of the plaintiff, either by the courts where the Carrier, or the defendant if not the Carrier, has his principal place of business according to the laws of that country."

30) 이러한 예로는 P&O Containers Bill, P&O Nedlloyd Bill이 있다.

31) "The governing law cannot fall to be decided, retrospectively, by reference to an event which was an uncertain event in the future..."

32) *Armar Shipping Co. Ltd v Caisse Algérienne d'Assurance et de Réassurance* [1981] 1 WLR 207.

판결[33]에서 지지되었는데 함부르크항에서 선적된 화물에 관한 선하증권의 이면약관에서 운송인이 독일법, 이란법, 영국법 중에서 준거법을 선택할 수 있도록 하는 유동적 준거법의 효력에 대하여 준거법은 계약의 성립, 유효성, 해석 및 이행과 관련하여 본질적인 사항이므로 처음부터 계약에서 명시하여야 하며, 당사자 일방의 선택이 있을 때까지 불확정한 방법에 의하여 유동적인 상태로 둘 수 없다고 하여 이를 무효라고 판시한 바 있다. 반면에 스위스 국제사법 제116조 제3항에서는 언제든지 준거법을 선택할 수 있도록 하고 있으므로 선하증권 당사자의 일방이 사후에 준거법을 선택할 수 있도록 하는 유동적 준거법 조항도 유효하다고 한다.[34]

우리 국제사법 제25조 제3항에서는 준거법을 사후적으로 변경하기 위한 합의를 허용하고 있지만 처음부터 준거법을 지정하지 않는 유동적 준거법 조항이 허용되는지 여부에 관하여 명시적인 규정을 두고 있지 않다. 영국 판례에서 지적하고 있는 바와 같이 유동적 준거법 조항의 유효성이 문제되는 이유는 운송계약을 체결할 때에 준거법을 지정하지 아니하고 사후에 준거법이 지정하게 되면 계약체결 시로부터 준거법을 결정할 때까지 법적 공백이 발생하기 때문이다. 하지만 영국 판례의 이러한 입장은 영국의 The Agios Lazarus 판결[35]에서 Lord Denning의 "계약규정이 불명확하다고 하여 당해 규정이 의미가 없다고(meaningless)고 할 수 없으며, 이러한 규정에 효력을 부여하기 위하여 합의(implication)를 찾아야 한다."는 말을 상기시킨다. 유동적 준거법에서 법적 공백의 문제는 저촉법에 의한 객관적 준거법이 적용된다고 봄으로써 간단히 해결될 수 있다.[36] 따라서 법적 공백만을 이유로 유동적 준거법을 무효라는 주장은 받아들이기 힘들다. 그리고 국제사법 제25조 제3항에서는 준거법의 사후적 변경을 허용하고 있는데, 명시적이지는 안지만 규정의 취지상 준거법의 합의에 시기적 제한이 없다는 해석이 가능하므로 유동적 준거법의 유효성을 인정하기 위한 법적 근거는 갖추어졌다고 할 것이다.[37]

다. 유동적 준거법 합의의 소급효

유동적 준거법의 합의에 따라서 계약이 체결된 후에 확정된 준거법이 소급효를 갖고 있는지는 당사자의 의사에 달려 있다. 따라서 당사자가 소급효를 합의할 수도 있고 그렇지 않을 수도 있다. 만일 당사자가 소급효를 주고자 하더라도 국제사법 제25조 제3항의 취지에 따라서 제3자가 그 전에 취득한 이익을 보호해 주어야 하므로 제3자가 유동적 준거법이 확정되기 전에 객관적 준거법에 따라서 취득한 권리에는 영향을 미칠 수 없다.[38] 만일 당사자가 확정된

33) [1984] 2 Lloyd's Rep. 384.
34) Nygh, p 99.
35) [1976] 2 Lloyd's Rep. 47.
36) McParland, para. 9.145; Collins, para. 33-287.
37) Nygh, p. 99; Nicholas Gaskell and Regina Asariotis Yvonne Baatz, Biils of Lading: Law and Contracts International Press Publication Inc, 2000, paras. 19.38-19.40에서는 영국이 로마협약에 가입하였고, 로마협약 제3.2조에서는 준거법의 사후적 변경을 인정하고 있는 이상 이러한 판례의 입장이 계속 유지되기는 힘들다는 입장이다. Giuliano-Lagarde 보고서, p. 17에서도 당사자가 준거법을 지정할 수 있는 권한을 계약이 체결되는 시점에 한정할 필요가 없다고 보고 있다.

준거법의 소급효에 관하여 아무런 합의를 하지 않았다면 그 효력은 계약체결 시에 소급한다고 보는 것이 당사자의 의사에 합치될 것이다.[39] 이때도 제3자가 객관적 준거법에 따라서 취득한 권리에는 영향을 미칠 수 없다.

4. 인용에 의한 준거법의 지정

가. 의 의

계약의 당사자는 자신의 의사를 명확히 하기 위하여 명시적으로 특정 국가의 법을 준거법으로 하는 합의를 하는 것이 바람직하지만 준거법을 지정하는 방법에는 제한이 없으므로 다른 계약의 준거법의 합의를 인용하는 방법에 의해서도 준거법의 합의를 할 수 있다. 인용의 방법은 다양하겠지만 인용의 대상인 계약을 특정하고 그 계약의 내용 중 준거법의 합의에 관한 규정을 편입시키겠다는 문구가 가장 확실한 인용방법이 될 것이다. 만일 인용의 대상인 계약을 특정하지 않았거나 그 계약의 전체를 편입시키겠다는 일반적 문구만 사용한 경우에 문제가 되는데, 이때는 묵시적 준거법의 합의를 보아서 모든 사정을 고려하여 합리적 당사자의 의사를 도출할 수밖에 없다. 이때 준거법의 합의를 주장하는 당사자가 증명책임을 부담할 것이다.

나. 선하증권에서의 특수한 문제

인용에 의한 준거법의 합의는 선하증권에서 많이 사용되고 있다. 선하증권 중에는 표면에 "용선계약과 함께 사용됨"(To be used with Charterparty)이란 문구가 기재되어 있고, 이면약관에 "준거법과 중재조항을 포함한 용선계약의 모든 조건과 내용, 권리와 예외는 이 선하증권의 내용으로 편입된다."[40]고 기재된 선하증권[41]이 있다. 인용에 의한 준거법의 합의가 선하증권에서 특별히 문제되는 이유는, 선하증권은 통상 송하인(consignor)이 운송인(carrier)으로부터 발급받아서 수하인(consignee)에게 양도하는데 선하증권의 이면약관은 운송인이 일방적으로 작성되고 운송인과 수하인이 직접 계약의 내용을 합의하지 않기 때문에 용선계약의 '인용'만으로 수하인이 준거법의 합의에 구속되는지 의문이 있기 때문이다. 송하인과 운송인 간에는 선하증권의 내용보다는 항해용선계약이 우선적으로 적용되므로 선하증권에 용선계약의 내용이 편입되는가의 문제가 발생하지 않는다.

---

38) Nygh, p. 100.

39) 석광현, "해사국제사법의 몇 가지 문제점-준거법을 중심으로", 한국해법학회지 제31권 제2호(2009.11), 205쪽. Nygh, p. 100.

40) "All terms and conditions, liberties and exceptions of the Charter Party including the Law and Arbitration Clause, are herewith incorporated."

41) 대표적으로 BIMCO에서 제정한 CONGENBILL 선하증권이 있다.

다. 중재조항 편입에 관한 논의를 준거법 조항의 편입에 적용

다른 계약에 포함된 조항의 인용에 의하여 당해 계약의 내용을 편입시킬 수 있는가의 문제에 관한 논의는 용선계약상 규정된 중재조항이 선하증권상의 편입문구에 의하여 선하증권의 법률관계에서도 적용되는가에 집중되어 있다. 계약의 내용은 당사자의 의사의 합치이므로 계약에 유효하게 편입되었는지를 판단하기 위한 가장 중요한 요소는 당사자의 의사해석이 될 수밖에 없다. 이러한 의사해석을 위한 요건은 중재조항이나 준거법 조항이나 차이가 없기 때문에 용선계약상의 중재조항이 선하증권에 편입되기 위한 논의는 용선계약상 중재조항이 선하증권에 편입되기 위한 요건과 사실상 동일하다고 볼 수 있다.[42]

라. 용선계약의 특정과 준거법 조항의 편입문구

대법원 2003.1.10. 선고 2000다70064 판결에서는 용선계약상의 중재조항이 선하증권에 편입되기 위한 요건을 제시한 바 있다. 먼저 주된 요건으로는 용선계약상의 중재조항이 선하증권에 '편입'된다는 규정이 선하증권에 기재되어 있어야 하고, 그 기재에서 용선계약의 일자와 당사자 등으로 해당 용선계약이 특정되어야 한다. 만일 위와 같은 방법에 의하여 용선계약이 특정되지 않았더라도 선하증권의 소지인이 해당 용선계약의 존재와 중재조항의 내용을 알았던 경우는 편입된 것으로 본다.

위와 같은 법리는 준거법 조항의 편입에도 그대로 적용된다고 할 것이므로 선하증권에서 용선계약을 특정하고 그 용선계약상의 준거법 조항이 선하증권에도 편입된다는 문구가 있으면 용선계약의 준거법 조항이 유효하게 편입된다. 용선계약이 특정되지 않았는데도 편입을 인정하게 되면 준거법 조항을 확인할 수 없는 수하인에게 가혹하므로 편입을 인정할 수 없다. 그러나 용선계약상의 준거법 조항이 특정되지 않았다고 하더라도 수하인이 용선계약상의 준거법 조항의 내용을 알았다면 편입을 인정할 수 있다.

마. 용선계약의 조항이 모두 편입된다는 취지의 문구의 문제점

앞의 대법원 판결의 사안에서 선하증권에는 "용선계약의 모든 조건과 내용, 권리와 예외는 이 선하증권의 내용으로 편입된다."라고만[43] 기재되어 있었으며, 용선계약을 특정할 수 있는 기재나 용선계약상 중재조항이 있는지 여부에 대한 아무런 언급이 없었다. 이에 대하여 위 판결에서는 그 편입 문구의 기재가 중재조항을 특정하지 아니하고 용선계약상의 일반 조항 모두를 편입한다는 취지로 기재되어 있어 그 기재만으로는 용선계약상의 중재조항이 편입대상에 포함되는지 여부가 분명하지 않을 경우에는 "선하증권의 양수인(소지인)이 그와 같이 편

42) 석광현, "해사국제사법의 몇 가지 문제점－준거법을 중심으로", 한국해법학회지 제31권 제2호(2009.11), 106쪽; Nicholas Gaskell and Regina Asariotis Yvonne Baatz, Biils of Lading: Law and Contracts International Press Publication Inc, 2000, para. 19.20.

43) "All terms and conditions, liberties and exceptions of the Charter Party, dated as overleaf, are herewith incorporated."

입의 대상이 되는 중재조항의 존재를 알았거나 알 수 있었어야 하고, 중재조항이 선하증권에 편입됨으로 인하여 해당 조항이 선하증권의 다른 규정과 모순이 되지 않아야 하며, 용선계약상의 중재조항은 그 중재약정에 구속되는 당사자의 범위가 선박소유자와 용선자 사이의 분쟁뿐 아니라 제3자 즉 선하증권의 소지인에게도 적용됨을 전제로 광범위하게 규정되어 있어야 한다."고 판시하고 있다. 그리고 위와 같은 기준을 사안에서 적용할 결과 사안에서는 용선계약상의 중재조항이 선하증권에 편입된다고 볼 수 없다고 판시하였다.

반면에 미국에서 많이 인용되는 Continental Insurance Co. v. Polish Steamship Co 판결[44]에서 문제된 선하증권[45]의 표면에는 "to be used with charter－parties(용선계약서와 함께 사용됨)"라는 기재와 함께 "freight payable as per CHARTER PARTY dated…(몇일자 용선계약서에 따라서 운임을 지급해야 함)"라는 기재가 있었고, 빈칸에는 날짜가 기재되었다. 이와 같은 사안에서 재판부는 날짜의 기재만으로 용선계약은 충분히 특정되어 있는 것이므로 용선계약상의 중재조항이 선하증권에 편입된다고 결정하였다.[46] 이 판결은 편입의 요건으로 '용선계약의 중재조항을 편입한다.'는 명시적 문구를 요구하지 않은 점에서 우리나라나 영국의 판례[47]와 다른 입장을 취하고 있다.

양자의 차이는 편입의 요건을 엄격히 하여 선하증권 소지인을 보호할 것인지 아니면 편입의 요건을 완화하여 선하증권의 발행인인 운송인을 보호할 것인지에 대한 정책적 차이에서 발생한 것으로 보인다. 사견으로는 선하증권의 이면약관은 운송인이 일방적으로 작성하므로 불명확한 선하증권의 기재로부터 발생하는 불이익은 운송인이 부담해야 한다고 본다.[48] 실무

---

44) *Continental Insurance Co v. Polish Steamship Co*, F.3d 281(2d Cir. 2003).

45) 이 사건의 선하증권은 CONGENBILL이었다.

46) 이 판결 이전의 판결들 *Son Shipping Co v. De Fosse & Tanghe*, 199 F.2d 678, 688 (2d Cir.1952)나 *Import Export Steel Corp v Mississippi Valley Barge Line Co*, 351 F.2d 503, 506 (2d Cir.1965)에서는 이미 용선계약이 특정되고 용선계약의 내용을 선하증권에 편입한다는 일반적 문구만으로 편입을 인정하여 왔다. 본 사건에서 문제가 된 점은 날짜의 기재만으로 용선계약이 특정된 것인가의 문제였는데, 재판부는 당사자의 기재가 바람직하기는 하지만 날짜의 기재만으로 용선계약은 충분히 특정된 것이라고 보았다.

47) 용선계약의 중재조항의 편입에 관한 기존의 영국의 판례를 정리한 것이 유명한 The Nerano [1996] 1 Lloyd's Rep. 1 판결이다. 이 판결에서 영국 항소법원(The Court of Appeal)은 "1990년 7월 2일 자 용선계약상의 조건은 선하증권에 편입되며 만일 양자 간에 충돌이 있다면 용선계약이 우선한다."(The conditions as per relevant charterparty dated 02.07.1990 are incorporated in this bill of lading and have precedence if there is a conflict.)라는 문구가 인쇄된 선하증권에서 용선계약의 중재조항이 선하증권에 편입되기 위해서는 선하증권의 편입문구에서 명백하게(expressly) 용선계약의 중재조항을 원용해야 한다고 판시하였다. 만일 선하증권에서 용선계약의 중재조항을 특정하여 원용하지 않고 단지 용선계약의 내용을 편입시킨다는 일반적 문구(general words)만을 규정하고 있다면 용선계약의 중재조항이 선하증권의 분쟁도 포괄할 만큼 넓게 규정되어 있어야 하고, 편입으로 인하여 선하증권의 내용과 모순이 없어야 한다고 판시하여 용선계약이 특정되어야 한다는 요건을 제외하면 대법원 2003.1.10. 선고 2000다70064 판결과 사실상 동일하다. 한편 위 사건에서는 용선계약이 날짜에 의하여 특정되어 있었기 때문에 편입의 요건으로 용선계약이 특정되어야 하는가에 관하여 언급이 없었다. 그런데 위 사건과 별개의 사건인 The Nai Matteini [1988] 1 Lloyd's Rep. 452 판결과 The Heidberg [1994] 2 Lloyd's Rep. 287 판결에서는 선하증권에 용선계약의 중재조항이 편입된다는 문구가 기재되었지만 용선계약은 날짜나 당사자의 기재 등에 의하여 특정되지 않았다. 하지만 이 사건들에서는 당사자의 의사를 추론하여 당사자가 원용하고자 하는 용선계약을 찾아내어 편입을 인정하였다. 특히 The San Nicholas [1976] 1 Lloyd's Rep. 8 판결에서 용선계약의 편입문구에서 용선계약의 날짜를 공란으로 두었으므로 용선계약이 편입되지 아니하여 편입을 인정할 수 없다는 원심의 결정에 대하여 Lord Denning은 편입문구에서 용선계약을 공란으로 두었다고 하더라도 선박소유자가 당사자인 용선계약은 하나이므로 위 편입문구는 이 용선계약을 원용한 것이라고 볼 수 있다고 판시하여 용선계약의 날짜를 필수적 요소로 보지 아니하였다.

48) 이를 라틴어로 contra proferentem이라고 한다. 영국은 중재조항의 편입에 있어서 엄격한 contra proferentem을 취하고 있다고 한다(John F. Wilson, Carriage of Goods by Sea, Prentice Hall, 2001, p. 235). 우리 약관의 규제에 관한 법률 제5조 제2항에서도 이를 명시하고 있다.

적으로 송하인이 아닌 제3자가 선하증권의 소지인이 되었을 때에 용선계약을 확인하는 경우는 거의 없고, 제3자는 통상 은행이나 수하인이므로 운송인과 같이 해상운송의 전문가도 아니며, 그렇다고 운송인이 용선계약서를 제공하는 것도 아니다. 또한 중재조항이나 준거법 조항이 선하증권의 본질적 내용인 선적, 운송, 화물의 인도와 직접적 관련이 있는 것도 아니므로 명확한 편입문구가 없다면 편입을 허용해서는 안 된다고 본다.[49)]

이러한 점을 고려하면 용선계약의 준거법 조항이 선하증권에 편입되려면 용선계약이 특정되고 그 용선계약의 준거법 조항이 편입된다는 명확한 문구가 있거나, 앞서의 대법원 판결과 같이 ① 수하인이 용선계약의 내용을 인지하고 있고 ② 용선계약의 내용과 선하증권의 내용사이에 모순이 없어야 하며, ③ 용선계약의 준거법 조항이 송하인뿐만 아니라 선하증권의 소지인에 대하여까지 적용되도록 광범하게 규정되어야 있어야 한다.[50)] 덧붙여 약관규제법에서는 국제적으로 통용되는 운송업의 약관에 대하여는 일부조항을 배제하고 있지만 이는 내용통제에 한정되고 편입통제는 여전히 적용된다. 따라서 용선계약의 준거법 조항이 선하증권에 편입되려면 위와 같은 요건을 충족하는 외에 약관규제법의 편입요건을 충족해야 한다.[51)]

바. 유효한 편입에 대한 판단의 준거법

앞서의 논의는 인용에 의한 준거법 조항의 편입의 문제에 관하여 우리 법이 적용된다는 것을 전제로 한다. 그런데 국제사법 제25조 제5항에서는 "준거법 선택에 관한 당사자의 합의의 성립 및 유효성에 관하여는 제29조의 규정을 준용한다."고 규정하여 동법 제29조의 규정에 따라서 준거법을 선택하는 당사자의 합의가 유효한지 여부를 결정하도록 하고 있다. 제29조 제1항은 "계약의 성립 및 유효성은 그 계약이 유효하게 성립하였을 경우 이 법에 의하여 적용되어야 하는 준거법에 따라 판단한다."라고 규정하여 '준거법 선택을 위한 준거법'을 당해 준거법 지정방식이 유효하였을 때에 지정되었을 준거법으로 정하고 있다.[52)53)] 그렇다면 선하증권에서 용선계약의 준거법 조항을 인용하는 방법으로 준거법을 선택하는 것이 유효한지 여부는 용선계약의 준거법 조항에서 지정하고 있는 준거법을 기준으로 결정해야 한다.[54)]

---

49) 영국의 The Annefiled [1971] 1 Lloyd's Rep. 1 판결에서 Lord Denning은 "선적, 운송, 화물의 인도와 같이 선하증권의 내용과 직접적 관련이 있는 조항은 비록 선하증권에 합치하도록 일부 수정을 가한다고 하더라도 편입될 수 있다고 본다. 하지만 선하증권과 직접 관련이 없는 조항은 선하증권이나 용선계약에서 명확하게 규정하지 않으면 편입되어서는 아니된다."라고 판시한 바 있는데 경청할 만하다.

50) 참고로 위 대법원 판결이나 위 미국 판결에서 문제된 선하증권에 "All terms and conditions, liberties and exceptions of the Charter Party, dated as overleaf, are herewith incorporated."라고 기재된 사실에 비추어 'CONGENBILL 1976'으로 보인다. 그런데 'CONGENBILL 1994'에서는 위 문구를 "All terms and conditions, liberties and exceptions of the Charter Party, dated as overleaf, including the Law and Arbitration Clause, are herewith incorporated."라고 수정하였다. 이 문구로부터 용선계약에 중재조항과 준거법 조항이 있음을 알 수 있으므로 선하증권에 용선계약이 특정만 된다면 용선계약의 중재조항이나 준거법 조항이 선하증권에 편입될 것이다.

51) 석광현, 국제사법과 국제소송 제4권, 법문사, 2007, 489쪽. 선하증권의 이면약관과 약관규제법에 관하여는 석광현, 국제사법과 국제소송 제1권, 법문사, 2001, 168쪽 참조.

52) 이호정, 국제사법, 경문사, 1988, 283쪽, 당사자들의 법선택의 성립과 효력은 선택된 채권계약준거법에 따라 판단된다. 법정지법에 따라서 결정해야 한다는 견해도 있다. 채권계약의 준거법을 선택하는 약정은 선정된 법질서가 채권계약을 무효로 선언하고 있는 경우에도 유효하다.

53) Fawcett, p. 162(과거 판 다시 찾아볼 것)에서는 준거법 선택의 유효성은 해석의 문제이므로 법정지법이 아니라 준거법으로 지정되었을 준거법에 따라서 결정해야 한다고 한다.

Ⅳ. 실질법적 지정과 저촉법적 지정의 구분

1. 개념과 구분의 실익

저촉법적 지정이란 계약의 당사자가 그 계약의 준거법을 선택하는 것을 말하고 실질법적 지정이란 준거법이 허용하는 범위에서 외국의 법규를 계약의 내용으로 편입하는 지정을 말한다.[55] 전자의 경우에는 법정지의 단순한 강행규정의 적용이 배제되고 국제적 강행규정만이 적용될 수 있지만 후자의 경우에는 계약의 내용으로 편입되는 것에 불과하므로 법정지의 단순한 강행규정의 경우에도 적용이 배제되지 아니하고, 전자의 경우에는 계약이 체결된 후에 지정된 국가의 법이 개정된 경우에 개정된 법이 적용되지만 후자의 경우에는 개정되기 전의 법이 계약의 내용으로 편입된 것으로 봐야 하므로 적용이 배제되며, 전자의 경우에는 준거법의 내용을 법원이 직권으로 조사해야 하는 반면에[56] 후자의 경우에 외국의 법규가 계약의 내용으로서 주요사실에 해당하므로 변론주의의 원칙상 당사자가 편입된 법규의 내용에 대하여 주장하고 증명할 책임을 부담한다.

2. 구분의 기준

먼저 어느 국가의 법을 기준으로 하여 외국법준거조항의 성격을 실질법적 지정과 저촉법적 지정으로 구분할 것인지 문제되는데 이 문제는 준거법의 합의의 효력의 문제이므로 법정지법인 우리 법에 따라서 결정할 수밖에 없다.[57] 한편 우리 법을 기준으로 할 경우에 준거법의 지정이나 계약내용으로의 편입은 모두 계약의 당사자가 결정하므로 결국 위 양자의 구분기준은 당사자의 의사해석의 문제가 된다.[58] 그리고 계약서는 처분문서에 해당하므로 계약의 내용에 관하여는 처분문서의 해석의 기준을 적용해야 한다.[59] 처분문서의 해석에 관하여 대법원은 확립된 두 가지의 기준을 제시하고 있다. 첫째 계약당사자 사이에 어떠한 계약내용을 처분문서인 서면으로 작성한 경우에 문언의 객관적인 의미가 명확하다면 특별한 사정이 없는 한 문언대로 의사표시의 존재와 내용을 인정하여야 하고, 특히 문언의 객관적 의미와 달리 해석함으로써 당사자 사이의 법률관계에 중대한 영향을 초래하게 되는 경우에는 그 문언의 내용을 더욱 엄격하게 해석하여야 한다.[60] 둘째 당사자 사이에 계약의 해석을 둘러싸고 이견이 있어 처분문서에 나타난 당사자의 의사해석이 문제되는 경우에는 문언의 내용, 그와

---

54) Nicholas Gaskell and Regina Asariotis Yvonne Baatz, Biils of Lading: Law and Contracts International Press Publication Inc, 2000, para. 19.21. 용선계약의 중재조항이 편입되는가에 관한 준거법은 중재합의라는 특수성 때문에 준거법 조항의 편입의 준거법과 결론이 달라질 수 있다. 이에 대한 상세를 석광현, 국제사법과 국제소송 제4권, 법문사, 2007, 489쪽 참조.

55) 자세한 내용은 석광현, 국제사법과 국제소송 제2권, 박영사, 2001, 55－57쪽 참조.

56) 대법원 2010.3.25. 선고 2008다88375 판결.

57) Nygh, p. 190.

58) 석광현, 국제사법과 국제소송 제2권, 박영사, 2001, 57쪽.

59) 영국 판례에서도 준거법 조항의 해석에 관하여 일반 계약해석의 원칙이 적용된다고 보았다고 한다(Nygh, p. 89).

60) 대법원 2014.11.27. 선고 2012다21621 판결.

같은 약정이 이루어진 동기와 경위, 약정에 의하여 달성하려는 목적, 당사자의 진정한 의사 등을 종합적으로 고찰하여 논리와 경험칙에 따라 합리적으로 해석하여야 한다.[61]

아래에서는 위와 같은 판시내용을 바탕으로 하여 외국법준거조항에서 특정 국가의 법을 지정하고 있는 경우와 비국가적 규범을 지정하고 있는 경우로 나누어 저촉법적 지정과 실질법적 지정의 구분기준을 검토해 보도록 한다.

가. 특정 국가의 법을 인용하고 있는 경우

"A국의 법을 준거법으로 한다."(A country's law shall be a governing law)라는 규정과 같이 특정 국가의 법을 준거법으로 지정하고 있다는 점이 명백하다면 실체법적 지정으로 봐야 한다. 만일 외국법준거조항에서 "본 계약은 A국의 법에 따라서 해석한다."(This contract shall be construed in accordance with A country's law), "본 계약은 A국의 법에 따라서 체결된 것으로 본다."(This contract shall be deemed to be entered into in accordance with A country's law)와 같이 명시적 준거법의 선택으로 보기에 애매한 경우에는 위 두 번째 대법원 판결을 적용하여 외국법준거조항 이외에 다른 객관적 그리고 주관적 요소들도 모두 고려해야 한다. 예를 들어 계약에서의 외국법준거조항의 제목이 '준거법'(governing law)라고 되어 있고 특정 국가의 법을 인용하고 있다면 당사자는 준거법을 지정하고자 하는 의도가 있었다고 할 것이므로 원칙적으로 저촉법적 지정으로 봐야 할 것이다. 게다가 특정 국가의 법을 계약의 내용으로 편입하는 실질법적 지정의 경우는 매우 이례적이고, 실제로 당사자가 특정 국가의 법을 계약의 내용으로 편입하고자 의도하였다면 계약에서 그러한 취지를 좀 더 명확하게 기재하였을 것이다. 따라서 위와 같은 외국법준거조항의 경우에는 원칙적으로 저촉법적 지정으로 보고 특별한 사정이 있는 경우에만 실질법적 지정으로 보는 것이 합당하다.

그런데 대법원 2015.12.23. 선고 2015다228553 판결에서는 약관의 해석에 있어서는 개개 계약 당사자가 기도한 목적이나 의사를 참작함이 없이 평균적 고객의 이해가능성을 기준으로 객관적 · 획일적으로 해석할 것을 요구하고 있다. 이러한 기준을 적용하더라도 위의 예에서 외국법준거조항의 제목이 '준거법'이라고 기재되어 있고 어떠한 제한적 문구를 포함하지 아니한 채 특정 국가의 법이 지정되어 있다면 평균인의 관점에서도 이를 저촉법적 지정으로 보는 것이 일반적일 것이므로 약관에 포함된 외국법준거조항이라고 하더라도 그 결론에 차이는 없다.

위와 반대로 외국법준거조항에서 특정 국가의 법 중 특정 조항만을 인용하거나, 특정 조문만이 적용될 수 있는 협소한 법률관계에 관하여만 특정 국가의 법이 적용된다는 취지로 기재되어 있다면 이를 실질법적 지정으로 볼 가능성이 높다. 이러한 문구는 의사해석상 그 국가의 법을 준거법으로서 전반적으로 받아들이기 보다는 그 특정 조문을 계약의 내용으로 편입하려는 의도라고 보이기 때문이다.[62] 예를 들어 계약의 준거법을 영국법으로 지정하면서 대

61) 대법원 2012.11.15. 선고 2012다39172 판결.

리인의 본인(本人)에 대한 책임에 관하여만은 프랑스법을 적용하기로 하였다면 프랑스법 중위 법률관계에 관련된 특정 조문만을 계약의 내용으로 편입하기로 하는 합의로 보는 것이 타당하다.63) 다만 다른 사정을 고려하였을 때 위와 같은 문구가 묵시적 준거법의 합의로 볼 여지도 있다는 점에 주의할 필요가 있다. 덧붙여 실질법적 지정은 당사자의 의사에 따른 것이므로 당사자는 위 특정 조항의 존재를 인식하고 있어야 하며 그렇지 않다면 이를 계약에 편입할 의도라고 보기 힘들다.64)

나. 비국가적 규범을 인용하고 있는 경우

실질법적 지정에 관한 논의가 집중되어 있는 부분은, 계약에서 특정 국가의 법이 아닌 비국가적 규범(non-national system of law)을 인용하고 있는 때이다. 이와 같이 비국가적 규범을 인용하는 것이 실질법적 지정인지 저촉법적 지정인지 여부는 당사자가 선택할 수 있는 준거법이 특정 국가의 법(law of a country)에 한정되는지 아니면 비국가적 규범을 포함하는지에 달려 있다. 만일 비국가적 규범이 준거법이 될 수 없다면 이러한 규범을 인용한 것은 저촉법적 지정이 될 수 없으므로 실질법적 지정으로 볼 수밖에 없다.65) 그런데 앞서 언급한 바와 같이 비국가적 규범은 준거법이 될 수 없으므로 비국가적 규범을 인용하고 있다면 비국가적 규범을 계약의 내용을 편입하고자 하는 실질법적 지정으로 봐야 할 것이다. 그러나 국제협약이 준거법이 될 수 있다는 대법원 판례에 따르면 적어도 국제협약에 관하여는 저촉법적 지정이 될 수 있다.

V. 가정적 의사의 허용여부

당사자가 명시적 또는 묵시적으로 준거법의 합의를 하지 않았다고 하더라도 만일 당사자들이 합의가 있었더라면 그들이 약정하였으리라고 생각되는 국가의 법이 준거법이 된다는 주장이 있는데,66) 이와 같이 실제로 있지는 않지만 그와 같이 원했을 것이라고 생각되는 바를 '가정적 의사'라고 한다. 섭외사법을 적용한 대법원 2004.6.25. 선고 2002다56130, 56147 판결도 "근로계약의 당사자 사이에 준거법 선택에 관한 명시적인 합의가 없는 경우에 있어서는 근로계약에 포함된 준거법 이외의 다른 의사표시의 내용이나 소송행위를 통하여 나타난 당사자의 태도 등을 기초로 당사자의 묵시적 의사를 추정하여야 할 것이고, 그러한 묵시적 의사를 추정할 수 없는 경우에도 당사자의 국적, 주소 등 생활본거지, 사용자인 법인의 설립 준

62) 반면에 미국의 Restatement (Second) Conflict of Laws 제187조 comment에서는 특정국가에서만 인정되고 있는 법률적 표현이나 원칙을 인용하고 있다면 당사자가 그 국가의 법을 묵시적 준거법으로 지정한 것으로 볼 수 있다고 설명하고 있다.

63) Collins, para. 32-056.

64) Ibid para. 32-057.

65) 스위스 법원은 "본 계약은 FIFA규칙과 스위스 법에 따른다."는 조항은 FIFA규칙을 계약의 내용을 편입하는 실질법적 지정에 불과하다고 보았다고 한다(Calliess, p. 87).

66) 이호정, 국제사법, 경문사, 1988, 284쪽.

거법, 노무급부지, 직무내용 등 근로계약에 관한 여러 가지 객관적 사정을 종합하여 볼 때 근로계약 당시 당사자가 준거법을 지정하였더라면 선택하였을 것으로 판단되는 가정적 의사를 추정하여 준거법을 결정할 수 있다."고 판시하여 '가정적 의사'에 따른 준거법의 결정을 허용한 바 있다.[67)]

과거 유럽의 주요 국가에서도 당사자자치의 원칙을 존중하기 위하여 당사자가 명시적 또는 묵시적으로 준거법을 선택하지 아니한 경우에도 당사자의 가정적 의사를 탐구하여 준거법을 결정하였다.[68)] 그러나 당사자의 주관적 의도를 고려하지 아니하는 객관적 연결요소가 점차 지지를 얻어서, 독일의 경우 법원이 '가정적 의사'라고 표현하는 것은 실제로 가장 밀접한 관련을 의미한다고 한다.[69)] 우리의 경우에 국제사법 제25조 제1항에서 당사자가 준거법을 지정하는 방식을 '명시적 또는 묵시적'으로 한정하고 있으므로 가정적 의사를 통하여 주관적 준거법을 도출하는 것은 허용되지 아니한다.[70)] 그리고 국제사법 제26조 제1항에서는 당사자가 명시적 또는 묵시적으로 준거법을 선택하지 아니한 경우에는 "그 계약과 가장 밀접한 관련이 있는 국가의 법"이 객관적 준거법이 되도록 규정하고 있고, 가장 밀접한 관련은 계약의 모든 객관적 연결요소를 고려하여 그 계약이 소재하는 곳을 찾기 위한 원칙이므로 '가정적 의사'라는 주관적 요소를 고려하여 객관적 준거법을 결정하는 것도 타당하지 않다.

더욱이 실재하지 아니하는 '가정적 의사'를 도출할 수 있는 것인지도 매우 의문이며, 연결기준의 불확실성으로 인하여 당사자의 준거법에 대한 예견가능성이 오히려 떨어지고 편파적 결과가 발생할 가능성이 있다. 따라서 준거법의 부분적 지정이 무효인 경우라도 '가정적 의사'를 고려하여 준거법을 결정하는 것은 타당하지 않다.[71)]

제 2 절 준거법의 분열

I. 준거법의 분열의 의의

하나의 법률관계의 실체적 내용에 대하여 여러 국가의 법이 적용되는 경우가 있는데 이를 '준거법의 분열'(splitting the applicable law, severability, dépeçage)이라고 한다. 그리고 계약의 당사자가 계약의 일부에 대하여만 준거법을 지정하는 것을 '준거법의 부분지정'이라고 하

67) 이 판결 이후의 대법원 2007.11.15. 선고 2006다72567 판결과 대법원 2008.2.1. 선고 2006다71724 판결에서 위 판시내용을 그대로 따랐는데, 이 판결들 역시 섭외사법을 적용한 판결이다.

68) Friedrich K. Juenger, Contract Choice of Law in the Americas, 45 Am. J. Comp. L., pp. 200－201.

69) Ibid.

70) Calliess, p. 89.

71) 석광현, 국제사법 해설, 박영사, 2013, 297쪽에서도 현행 국제사법 하에서는 국제계약의 객관적 준거법은 그 계약과 가장 밀접한 관련이 있는 국가의 법이라는 이유로 '가정적 당사자의사'를 인정할 수 없다고 한다. Giuliano－Lagarde 보고서, p. 17에서도 당사자가 준거법을 명시적으로 선택하지 아니한 이상 법원이 당사자의 가정적 의사를 추론해서는 아니 된다고 한다.

는데, 이는 주관적 준거법[72]에 있어서 준거법의 분열이라고 할 것이다. 이러한 준거법의 분열은 당사자가 자신에게 유리한 국가의 법을 적용받고자 하거나 계약의 일부가 다른 국가와 좀 더 밀접한 관련이 있는 경우에 사용된다.[73]

국제사법으로 개정되기 전의 섭외사법에서는 준거법의 분열이 허용되는지 여부에 관하여 규정을 두지 않았기 때문에 준거법의 분열이 허용되는지에 관하여 학설이 나뉘고 있었다.[74] 그러나 섭외사법을 적용한 대법원 1998.7.14. 선고 96다39707 판결에서는 해상적하보험증권상 영국법준거조항과 관련하여 명시적으로 준거법의 부분지정을 허용하였다.[75] 섭외사법을 대체한 국제사법은 제25조 제1항에서 당사자가 계약의 준거법을 선택할 수 있는 당사자자치를 허용하면서, 제2항에서 "당사자는 계약의 일부에 관하여도 준거법을 선택할 수 있다."고 규정하여 계약이 일부에 관하여 준거법을 선택할 수 있는 당사자자치도 허용하고 있다. 이 규정은 로마협약 제3조 제1항 3문을 바탕으로 한 것인데, 여기서는 "당사자는 계약의 전부 또는 일부에 적용될 법을 선택할 수 있다."(By their choice the parties can select the law applicable to the whole or a part only of the contract)고 규정하고 있었다. 그리고 로마협약을 대체한 로마규칙 I 제3조 제1항에서도 동일한 내용의 규정이 유지되고 있다. 그런데 위 규정에서는 계약의 일부에 대한 준거법의 선택을 허용하고 있을 뿐이고 하나의 계약에 관하여 다수의 준거법을 선택할 수 있는지 명시하고 있지 않다. 그러나 계약의 일부에 대한 준거법을 선택할 수 있다는 문구는 동시에 하나의 계약에 대하여 여러 준거법을 선택할 수 있다는 의미와 동일하므로 국제사법이 준거법의 부분지정을 허용하고 있다는데 대하여는 의문의 여지가 없다.[76]

Ⅱ. 준거법의 부분지정의 방법

1. 명시적 또는 묵시적 부분지정

준거법의 합의와 마찬가지로 준거법의 부분지정의 방식도 국제사법 제17조가 적용된다. 방식의 준거법이 우리 법인 경우에 국제사법 제25조 제1항에서는 "계약은 당사자가 명시적 또는 묵시적으로 선택한 법에 의한다."고 규정하고 있으므로 계약의 당사자는 명시적으로 준거법을 부분지정 할 수 있지만, 모든 사정으로부터 합리적으로 인정할 수 있다면 당사자가 묵

72) 당사자의 선택에 의하여 지정된 준거법을 '주관적 준거법'(subjectively selected law)이라고 하고, 국제사법의 저촉규정에 따라서 지정된 준거법을 '객관적 준거법'(objectively ascertained law)이라고 한다.

73) McParland, para. 9.125. 예를 들어 국제파생상품계약에서 사용되는 International Swaps and Derivatives Association (ISDA) Master Agreement의 경우에도 주된 계약의 경우는 미국의 뉴욕주법을 준거법으로 지정하지만 부속서인 Credit Support Annexe의 경우에는 영국법을 준거법으로 지정하는 경우가 종종 있다. Credit Support Annexe에 따른 권리의 이전에 대하여 영국법이 담보권자에게 더 유리하다고 여겨지기 때문이다.

74) 석광현, 국제사법 해설, 박영사, 2013, 298쪽.

75) 반면에 위 대법원 판결이 저촉법적 지정설을 따른 것에 불과하고 전부지정설 또는 부분지정설의 어느 한 견해를 취하고 있는 것이 아니란 주장이 있다(송해연, "해상보험계약과 선하증권의 준거법약관에 대한 우리 법원의 해석과 이에 대한 고찰", 한국해법학회지 제38권 제1호(2016.4), 288쪽).

76) 석광현, 국제사법 해설, 박영사, 298쪽; Collins, para. 32-026.

시적으로 준거법을 부분지정 한 것으로 인정할 수도 있다.[77] 이때 '모든 사정'에는 계약체결 후의 사정도 포함된다고 할 것이다.[78] 또한 계약의 본문만이 아니라 당사자가 합리적으로 확인할 수 있다면 부속서에서 준거법의 합의를 하는 것도 가능하다. 예를 들어 유럽사법재판소 Herrenknecht AG v Hév－Sugár kft 결정[79]에서는 일방당사자가 타방당사자에게 기계를 리스(lease)해 주고 리스기간이 만료되면 그 기계를 리스받은 사람에게 판매하기로 계약을 체결하면서, 물품의 공급에 관한 부속서 1에서는 독일법을 준거법으로 지정하고 필요한 인력의 제공과 리스조건에 관한 부속서 2, 4에서는 스위스법을 준거법으로 지정한 것도 유효한 준거법의 부분지정이라고 보았다.

2. 사후적 준거법의 변경을 통한 부분지정

사후적으로 준거법을 변경하는 방법으로 준거법을 부분지정 할 수 있는지 문제되는데, 이에 관한 논의를 찾아보기 힘들지만 이를 금지할 이유가 없다고 본다. 그리고 이러한 준거법의 사후적 변경으로 부분지정을 것은 당사자의 의사에 따라서 소급효를 가질 수도 있고 아닐 수도 있다.[80] 다만 소급효를 갖도록 합의하더라도 이미 발생한 계약의 방식의 유효성에 의문이 발생하는 것을 방지하고 계약에 의하여 권리가 발생한 제3자의 신뢰를 보호해야 하므로 제25조 제3항 단서에 따라서 계약의 방식의 유효성과 제3자의 권리에는 영향을 끼치지 아니한다.

3. 계약의 일부에 관하여만 준거법을 선택한 경우

앞서 언급한 바와 같이 당사자는 하나의 계약에 관하여 다수의 준거법을 선택할 수 있지만 일부에 관하여만 준거법을 선택하고 나머지 부분에 관하여는 준거법을 지정하지 아니할 수도 있다. 이러한 경우에 나머지 부분에 적용될 준거법이 무엇인지 문제된다. 이때 당사자가 계약의 일부에 대하여만 준거법을 선택하였다면 나머지 계약의 부분에 관하여도 그 준거법을 선택한 것으로 추정할 수 있다는 주장이 있을 수 있지만, 계약의 일부에 대하여만 준거법을 명시적으로 선택한 이상 나머지 부분에 대하여까지 준거법을 선택한 것으로 추정하는 것은 무리가 있다.[81] 이때는 나머지 부분에 대하여 준거법의 선택이 없는 경우에 해당하므로 국제

---

77) Michael Wilderspin, The European Private International Law of Obligations, 2015, para 6－048. Giuliano－Lagarde 보고서, p. 17에서는 묵시적 준거법의 지정의 예로 로이드 해상보험약관과 같이 특정 국가의 법이 적용된다는 것이 널리 알려져 있는 경우에 그 국가의 법, 당사자 사이의 기존의 계약에서 특정 국가의 법을 준거법으로 지정하여 왔는데 문제된 계약에서 준거법의 합의를 고의적으로 누락한 것이 아닌 경우에 그 국가의 법, 배타적 관할법원의 합의가 있고 계약의 다른 규정과 종합할 때 당사자가 묵시적으로 준거법을 지정한 것으로 인정된다면 그 관할법원이 소재하는 국가의 법을 들고 있다. 일본의 판결 중에도 해상보험업자가 영문으로써 보험증권을 발행하는 경우에는 계약약관의 해석에 있어 영국법의 규정 및 관행에 준거한다는 사실인 관습이 있다고 판시하면서 영문의 보험증권에 영국법의 규정 및 관행에 따른다는 기재가 생략되었다고 하더라도 당사자가 위와 여전히 영국법이 규정 및 관행에 따를 의사가 있었다고 추정할 수 있다고 본 사례가 있다고 한다(정호영, "국제운송 보험계약", 재판자료 제33집(1986), 402쪽).

78) 대법원 2012.10.25. 선고 2009다77754 판결; Nygh, p. 88.

79) Case C－366/13 [2016].

80) 석광현, 국제사법 해설, 박영사, 2013, 300쪽.

81) Giuliano－Lagarde 보고서, p. 17.

사법 제26조에 따라서 결정된 객관적 준거법이 적용될 것이다. 대법원 2016.6.23. 선고 2015다5194 판결에서도 해상적하보험증권에서 계약의 일부에 관하여 준거법을 선택한 경우에 그 해당 부분에 관하여는 당사자가 선택한 법이 준거법이 되지만, 준거법 선택이 없는 부분에 관하여는 객관적 준거법이 된다고 판시하였다.

Ⅲ. 준거법의 부분지정의 한계

1. 법적용의 통일성의 요구

법은 그 규정들이 서로 조화를 이루고 통일적으로 적용되어야 하는데, 이를 '통일적 법적용의 원칙'이라고 부를 수 있을 것이다. 앞서 언급한 바와 같이 나라마다 법의 내용에 차이가 있고 또한 한 국가의 국내법은 서로 조화를 이루도록 설계되어 있으므로 하나의 사안에 대하여 여러 국가의 법이 동시에 적용되면 적용되는 법률 사이에 모순이 발생하거나 생소한 다른 국가의 제도를 국내의 제도에 맞춰야 하는 복잡한 적응의 문제가 발생하여 법적용이 복잡해진다. 그리고 관련된 여러 국가의 법을 중첩적으로 적용하면 각 국의 이익이 모두 존중되는 것처럼 보이지만 실제로는 효력발생에 관하여 가장 엄격하게 규정하고 있는 국가의 법만 적용되는 결과를 가져오기 때문에 그러한 국가의 이익만 존중되는 결과를 가져온다.[82] 따라서 연결요소가 여러 국가에 존재하고 있다고 하더라도 준거법은 가능한 하나의 국가의 법으로 일치시켜야 한다.

이러한 통일적 법적용의 원칙이 작용하는 대표적인 경우는 선박건조계약, 구조화금융거래, 이행보증(performance bond), 요구불보증(on-demand guarantee), 용선계약(charter party)과 그에 따라서 발행된 선하증권과 같이 하나의 계약이 다른 계약과 긴밀하게 연결되어 있는 경우이다.[83] 이를 위하여 로마규칙 I 전문(21)에서는 "문제된 계약이 다른 계약 또는 계약들과 더욱 긴밀한 관련이 있는지 여부를 고려하여 가장 밀접하게 관련된 국가를 결정해야 한다."고 규정하고 있다.[84] 규정의 내용상 관련된 계약의 당사자가 동일할 필요가 없으며 또한 같은 거래에서 발생한 계약일 필요도 없다. 대표적으로 영국의 Bank of Baroda v Vysya Bank Ltd 판결[85]에서는 신용장의 확인은행(confirming bank)과 수익자(beneficiary) 사이 및 확인은행과 개설은행(issuing bank) 사이에서 확인은행의 소재지법인 영국법이 준거법이 되고 수익자와 개설은행 사이에서는 개설은행의 소재지법인 인도법이 준거법이 되어야 한다고 보면서도, 만일 이러한 결과를 그대로 적용한다면 수익자와 확인은행 사이의 준거법과 수익자와 개설은행 사

82) 국제계약에 관하여는 중첩적용을 주장하는 견해를 찾아보기 힘들지만 상계나 채권자취소권에 관하여는 일본에서 중첩적용설이 주장되고 있다.

83) McParland, para. 10.385.

84) "In order to determine that country, account should be taken, inter alia, of whether the contract in question has a very close relationship with another contract or contracts."

85) *Bank of Baroda v Vysya Bank Ltd* [1994] 2 Lloyd's Rep 87.

이의 준거법이 달라지는 비정상적인 상황이 발생한다는 이유로 수익자와 개설은행 사이의 법률관계에 대하여도 잉글랜드법이 '가장 밀접한 관련이 있는 법'이라고 보았다. 우리 국제사법에는 로마규칙 I 전문(21)과 같은 규정이 없지만 통일적 법적용의 원칙은 법질서를 유지하기 위한 기본적 원칙이므로 우리의 경우에도 이러한 원칙이 인정된다고 본다.

2. 분리가능성의 요구

준거법의 분열은 하나의 계약에 여러 국가의 법이 적용되는 결과를 가져오기 때문에 앞서 언급한 통일적 법적용의 원칙과 충돌하는 문제가 있다. 국제사법이나 로마협약 또는 로마규칙 I 에는 준거법의 부분지정의 한계에 관하여 아무런 규정을 두고 있지 않지만 통일적 법적용의 원칙을 고려할 때 준거법의 부분지정에는 한계가 존재할 수밖에 없다. 실제로 로마협약이 제정되는 과정에서 하나의 법에 의한 통일적 법적용을 주장하면서 준거법의 분열에 관한 규정을 넣지 말 것을 주장하는 견해가 있었지만 당사자자치의 원칙상 준거법의 분열을 금지하는 것은 타당하지 않다는 이유로 위 주장은 배척되었다.[86] 그러나 준거법의 부분지정을 찬성하는 견해도 여러 국가의 법이 서로 모순 없이 적용될 수 있는 논리적 일관성이 있는 경우에만 준거법의 부분지정이 한정되어야 한다고 본다.[87] 구체적으로 계약당사자 사이의 관계에 관한 핵심적 사항에 해당하는 '일반적 의무'(general obligation)에 관하여는 오직 하나의 법만이 적용되어야 한다.[88] 예를 들어 계약위반에 따른 계약의 해제에는 하나의 법이 적용되는 것이 타당하므로 매도인과 매수인에게 각 다른 법이 적용되는 것은 허용될 수 없다.[89] 마찬가지로 하나의 운송계약에서 운송인의 책임, 선하증권의 양도가능성, 운송인이 화물을 인도하여 책임을 다했는지 여부 등은 운송계약의 핵심적 사항이므로 하나의 준거법이 적용될 필요가 있다.[90]

한편 로마협약을 적용한 영국의 CGU International Insurance Plc v Ashleigh V Szabo & Ors 판결[91]은 준거법의 분열의 한계를 명백히 보여주고 있다. 이 사건에서 원고인 CGU는 피보험자가 제3자에게 부담하게 될 손해배상책임을 부보하는 전세계책임보험증권(Global Liability Policy)을 발급하였다. 이러한 보험이 적용되는 피보험자의 범위가 문제가 되었는데, 위 판결에서는 위와 같은 문제는 분리될 수 없는 문제이므로 대상자마다 각 다른국가의 법을 적용하여 피보험자에 해당하는지 여부를 판단할 수 없다고 보았다. 반면에 보험약관의 일부조항은 다른 약관조항과 분리될 수 있는 경우가 있다고 하면서, 그 예로 보험자가 보험금지급의

86) Giuliano－Lagarde 보고서, p. 17. 2006년 개정된 일본 국제사법의 경우에 개정작업의 과정에서 준거법의 분열을 허용하는 규정을 명문으로 넣자는 주장과 이에 반대하는 주장이 있었는데 준거법의 분열의 한계에 관한 명확한 기준을 정립하는 것이 곤란하다는 이유로 국제사법에서는 준거법의 분열의 허용여부에 관한 명문규정을 두지 않고 해석에 맡기기로 했다고 한다(이성웅, "선하증권 지상약관에 의한 준거법의 분할지정", 통상법률 79호(2008.2), 110－112쪽).

87) Giuliano－Lagarde 보고서, p. 17.

88) Fawcett, p. 691.

89) Giuliano－Lagarde 보고서, p. 17.

90) Fawcett/Harris/Bridge, International Sale of Goods in the Conflict of Laws, 2005, para. 18.86.

91) 2001 WL 1251868. 이 사건의 보험약관에서는 준거법의 지정이 없었던 것으로 보인다.

무로부터 면책되는 조건들은 상호 분리될 수 있으므로 각 조건에 대하여 각 다른 국가의 법이 적용될 수 있다고 보았다.

우리 법에서도 법적용의 통일성이 요구되므로 로마협약에 관한 위와 같은 논의는 우리의 경우에 있어서도 그대로 적용된다. 따라서 준거법의 부분지정의 경우에 분리가능성이 요구되는데, 계약의 조문이 동일하더라도 분리가 가능한 경우가 있을 수 있고 계약의 조문이 다르더라도 분리할 수 없는 경우가 있으므로 분리가능성은 계약의 형태에 따라서 결정할 것이 아니라 그 법적용의 효과가 상호 충돌할 수 있는지 여부를 기준으로 결정해야 한다. 이와 같이 분리가능 한 대표적인 경우는 여러 성격의 계약이 하나의 계약으로 체결되는 복합계약이다. 예를 들어 판매점계약(distribution agreement)의 경우에는 물품매매계약, 라이선스계약, 경영관리계약 등이 포함되는데, 각 부분은 권리의무의 내용에 있어서 상호 영향을 끼치지 하므로 상호분리가 가능하다. 그러나 상호분리가 가능한 복합계약이라고 하더라도 그 계약의 채무불이행으로 인하여 계약을 해제하고자 한다면 계약을 전체적으로 해제해야 하므로 해제의 요건이나 효과에 있어서 하나의 법률이 적용되어야 한다. 따라서 복합계약이라고 하더라도 계약 전체의 효력을 좌우하는 '일반적 의무'에 대해서는 준거법의 부분지정이 허용되어서는 아니된다.

3. 한계를 벗어난 준거법의 부분지정의 효력

가. 묵시적 준거법의 검토

대법원 2012.10.25. 선고 2009다77754 판결에서는 "국제사법 제25조 제1항은 "계약은 당사자가 명시적 또는 묵시적으로 선택한 법에 의한다. 다만 묵시적인 선택은 계약 내용 그밖에 모든 사정으로부터 합리적으로 인정할 수 있는 경우에 한한다."고 규정하여 계약의 준거법을 당사자가 자유롭게 선택할 수 있도록 하면서, 당사자의 준거법 선택은 명시적인 지정뿐만 아니라 묵시적인 지정도 가능하도록 하고 다만 그것이 부당하게 확대되는 것을 방지하기 위하여 묵시적인 선택은 계약 내용 그밖에 모든 사정으로부터 합리적으로 인정할 수 있는 경우로 제한하고 있다. 당사자가 계약의 준거법으로 지역에 따라 법을 달리하는 이른바 연방제국가의 어느 특정 지역의 법을 지정하지 않고 단순히 연방제국가의 법이라고만 약정한 경우, 선택된 법이 특정 지역의 법이 아니라 연방제국가의 법이라는 사정만으로 그러한 준거법 약정이 내용을 확정할 수 없는 것으로 당연 무효라고 보아서는 아니 되고, 계약 문언, 계약 전후의 사정, 거래관행 등 모든 사정을 고려하여 당사자가 그 국가의 어느 지역의 법을 지정한 것으로 합리적으로 인정되는지 여부까지 살펴보아야 한다."[92]고 판시하여 일단 당사자의 준거법의 선택이 있으면 이러한 선택에 하자가 있다고 하더라도 이를 무작정 무효로 하기 보다는

92) 영국의 King v Brandywine Reinsurance Co (UK) Ltd [2004] EWHC 1033 (Comm) 사건 판결에서도 보험계약이 런던에서 협상되었고, 런던에 소재한 로이드(Lloyd's)를 통하여 보험증권이 발행되었으며, 중개인도 런던에 있었고, 런던의 보험문구를 수용한 스칸디나비안 시장에서 보험증권이 발행되었으므로 위 보험계약에 관하여 당사자가 영국법을 준거법으로 선택하고자 강력한 추정이 존재하다고 보았다.

당사자자치의 원칙을 배려하여 당사자의 묵시적 선택을 검토할 것을 요구하고 있다. 이러한 원칙은 준거법의 부분지정에도 동일하게 적용될 것이다.

이러한 경우에 당사자가 부분지정 한 범위를 재정립하는 방법으로 준거법의 부분지정의 효력을 유지시키거나, 당사자가 선택한 국가의 법 중 하나의 법을 계약 전체에 대한 묵시적 준거법으로 볼 수도 있을 것이다. 다만 계약 내용 그밖에 모든 사정으로부터 합리적으로 위와 같은 묵시적 선택을 인정할 수 있어야 하는데, 당사자가 다수의 국가의 법을 선택한 경우에는 선택된 국가의 법이 모두 당사자의 의사에 따른 것이므로 그 사이에 우열이 있다고 볼 수 없다. 게다가 법원이 위와 같은 선택을 하는 것 자체가 이미 당사자자치의 원칙을 벗어난다. 따라서 당사자가 선택된 국가의 법 중 하나의 국가의 법을 묵시적으로 선택하였다고 인정할 수 있는 경우는 사실상 없을 것이다. 그러나 당사자가 계약의 일부에 관하여만 준거법을 선택하고 나머지 부분에 대하여는 준거법을 선택하지 않았다면 구체적인 사정에 따라서 그 지정된 준거법을 계약 전체의 준거법으로서 묵시적으로 선택을 한 것으로 볼 수 있는 경우가 있을 수 있을 것이다.

나. 하자 있는 준거법의 부분지정의 효력의 준거법

하자 있는 준거법의 부분지정의 효력이 문제되는데, 먼저 그 효력을 결정할 법이 어느 국가의 법이 되는지 결정해야 한다. 국제사법에서는 준거법에 관한 합의가 무효가 되는 요건에 관하여는 아무런 규정을 두지 아니한 채, 제29조 제1항에서 "계약의 성립 및 유효성은 그 계약이 유효하게 성립하였을 경우 이 법에 의하여 적용되어야 하는 준거법에 따라 판단한다." 고만 규정하고 있다. 이 규정이 준거법이 규율하는 사항의 범위를 정한 것이라는 설명도 있지만, 이 규정은 당사자 사이에 유효한 계약이 존재하는지의 여부도 그 계약에서 당사자가 합의한 준거법 또는 이러한 합의가 없는 경우에 객관적으로 결정된 준거법인 '잠정적 준거법'(putative governing law)에 따라야 한다는 의미로 해석하는 것이 타당하다.[93] 이를 '부트스트랩 규칙'(bootstraps rule)이라고도 한다. 이러한 결론에 따르면 준거법의 부분지정의 한계를 벗어난 준거법의 합의의 효력에 관하여도 그 합의에서 지정된 준거법이 적용되는 것처럼 보인다.

그런데 대법원 2010.8.26. 선고 2010다28185 판결에서는 민법 제103조를 근거로 하여 준거법의 합의로 인하여 현저하게 불합리하거나 불공정한 결과가 초래된다면 그러한 합의는 무효라는 취지의 판시를 하고 있다.[94] 만일 앞서의 '부트스트랩 규칙'을 엄격하게 적용한다면 위 대법원 판결도 계약의 잠정적 준거법이 한국법인 경우에만 적용될 것이다. 그러나 국제사

93) 석광현, 국제사법 해설, 박영사, 2013, 370－371쪽.

94) 이 판결에서는 전속적인 관할합의가 현저하게 불합리하고 불공정하여 공서양속에 반하는 법률행위에 해당하면 그러한 합의가 무효라는 대법원 1997.9.9. 선고 96다20093 판결을 선행판결로 인용하고 있다. 전속적 관할합의와 준거법의 합의는 모두 국제계약에서 분쟁해결위한 절차적 합의라는 점에서 양자 모두에 대하여 유사한 법리가 적용될 수 있다는 점에는 찬성하지만, 양자를 엄격히 다른 합의이므로 대법원은 위 판결을 선행판결로 인용하기 보다는 준거법의 합의에 대하여 독자적인 법리를 제시하였어야 한다고 본다.

법 제7조에서는 "입법목적에 비추어 준거법에 관계없이 해당 법률관계에 적용되어야 하는 대한민국의 강행규정은 이 법에 의하여 외국법이 준거법으로 지정되는 경우에도 이를 적용한다."고 규정하고 있고, 앞의 판결의 근거가 된 민법 제103조가 소위 '국제적 강행규정'[95]에 해당한다면 계약의 잠정적 준거법에 관계없이 위 판결이 제103조의 해석의 기준으로서 작용할 것이다. 여기서 국제적 강행규정이란 국제거래에서 당사자자치가 중요한 지위를 차지하는 결과 이러한 당사자자치를 무력하게 하는 공서양속도 국내적 공서양속(domestic public policy)보다 엄격한 의미의 국제적 공서양속(international public policy)이어야 한다는 의미이다.[96]

어떤 규정이 국제적 강행규정에 해당하는지 여부는 당해 규정이 보호하고자 하는 이익이 '고도의 공적이익'인지 여부에 달려 있다.[97] 모든 반사회질서행위를 금지하고 있는 민법 제103조는 '신의성실의 원칙'과 '사회질서유지'를 목표로 하고 있으므로 '공적이익'을 보호법익으로 하고 있다. 그리고 이때의 공적이익은 사회질서를 유지하기 위한 엄격한 의미의 공적이익이라고 해석된다. 대법원 2004.1.27. 선고 2003다45410 판결에서도 신의칙과 같은 일반원칙에 의하여 계약의 효력이 제한하는 것은 자칫 잘못하면 당사자 자치의 원칙이나 법적 안정성에 대한 중대한 위협이 될 수 있으므로 신중을 기하여 '극히 예외적'으로 인정하여야 한다고 보고 있다.[98] 그렇다면 민법 제103조가 보호하고 있는 공적이익은 '근본적 또는 필수적 공적이익'이라고 할 것이므로 민법 제103조는 국제적 강행규정에 해당한다.

다. 하자 있는 준거법의 부분지정의 효력

계약의 잠정적 준거법이 한국법이 아닌 사안이라고 하더라도 민법 제103조는 국제적 강행규정으로서 적용되므로 하자 있는 준거법의 부분지정의 효력에 관하여 위 대법원 2010.8.26. 선고 2010다28185 판결 해석의 기준으로 작용된다. 그런데 위 판결에서는 준거법의 합의로 인하여 현저하게 불합리하거나 불공정한 결과가 초래된다면 그러한 합의는 무효라는 취지의 판시를 하고 있다. 그런데 준거법의 부분지정이 분리가능성의 한계를 넘어서 법적용의 통일성을 해치고 있다면 현저하게 불합리한 결과를 초래한다고 할 것이므로 이러한 준거법의 부분지정은 무효로 보는 것이 타당하다.

---

95) 로마규칙 I 전문 (37)에서는 국제적 강행규정을 'overriding mandatory provision'이라고 하면서 이러한 국제적 강행규정은 '당사자의 합의에 의하여 그 적용을 벗어날 수 없는 규정'(provisions which cannot be derogated from by agreement)과 구별되어야 하고 더욱 엄격히 해석되어야 한다고 규정하고 있다.

96) 석광현, 국제사법 해설, 박영사, 2013, 176–179쪽.

97) 로마규칙 I 제9조 제1항에서는 국제적 강행규정을 어느 국가의 공적이익을 보호하기 위하여 그 국가가 그 규정의 존중을 중대하다고 여기는 규정이라고 규정하고 있다(Overriding mandatory provisions are provisions the respect for which is regarded as crucial by a country for safeguarding its public interests).

98) 또한 대법원 2004.9.24. 선고 2001다69771 판결에서는 모든 경우에 동일한 수준의 신의성실이 요구되는 것은 아니며 거래의 종류에 따라서 요구되는 정도에 차이가 있을 수밖에 없다고 판시하고 있다. 예를 들어 사적 관계에서의 계약관계보다 금융거래에서의 계약관계에서 보다 높은 신의성실의 원칙이 요구된다. 앞의 대법원 판결에서는 보증신용장의 개설의뢰인과 개설은행 사이의 법률관계는 당사자 사이의 개설계약의 내용 및 그 계약의 내용으로 편입되는 신용장통일규칙에 의하여 규율될 것이지만, 그 외에 고도의 신뢰관계를 바탕으로 하는 개설은행과 개설의뢰인 사이의 법률관계의 특성상 사법상의 대원칙인 신의성실의 원칙이 더욱 폭 넓게 적용된다고 보고 있다.

라. 준거법의 부분지정이 무효인 경우의 계약의 준거법

준거법의 부분지정이 무효라고 하더라도 당사자의 준거법의 선택이 전혀 없는 경우는 아니므로 그러한 선택을 존중하여 당사자의 진정한 의사를 도출하는 방법으로 준거법을 결정하자는 견해가 있을 수 있다. 그리고 실제로 당사자에게 준거법의 합의가 없더라도 만일 당사자들이 합의가 있었더라면 그들이 약정하였으리라고 생각되는 국가의 법이 준거법이 된다는 주장이 있는데,[99] 이를 당사자의 '가정적 의사'라고 한다. 섭외사법을 적용한 대법원 2004.6. 25. 선고 2002다56130,56147 판결도 "근로계약의 당사자 사이에 준거법 선택에 관한 명시적인 합의가 없는 경우에 있어서는 근로계약에 포함된 준거법 이외의 다른 의사표시의 내용이나 소송행위를 통하여 나타난 당사자의 태도 등을 기초로 당사자의 묵시적 의사를 추정하여야 할 것이고, 그러한 묵시적 의사를 추정할 수 없는 경우에도 당사자의 국적, 주소 등 생활본거지, 사용자인 법인의 설립 준거법, 노무급부지, 직무내용 등 근로계약에 관한 여러 가지 객관적 사정을 종합하여 볼 때 근로계약 당시 당사자가 준거법을 지정하였더라면 선택하였을 것으로 판단되는 가정적 의사를 추정하여 준거법을 결정할 수 있다."고 판시하여 '가정적 의사'에 따른 준거법의 결정을 허용한 바 있다.[100]

과거 유럽의 주요 국가에서도 당사자자치의 원칙을 존중하기 위하여 당사자가 명시적 또는 묵시적으로 준거법을 선택하지 아니한 경우에도 당사자의 가정적 의사를 탐구하여 준거법을 결정하였다.[101] 그러나 당사자의 주관적 의도를 고려하지 아니하는 객관적 연결요소가 점차 지지를 얻어서, 독일의 경우 법원이 '가정적 의사'라고 표현하는 것은 실제로 가장 밀접한 관련을 의미한다고 한다.[102] 우리의 경우에 국제사법 제25조 제1항에서 당사자가 준거법을 지정하는 방식을 '명시적 또는 묵시적'으로 한정하고 있으므로 가정적 의사를 통하여 주관적 준거법을 도출하는 것은 허용되지 아니한다.[103] 그리고 국제사법 제26조 제1항에서는 당사자가 명시적 또는 묵시적으로 준거법을 선택하지 아니한 경우에는 "그 계약과 가장 밀접한 관련이 있는 국가의 법"이 객관적 준거법이 되도록 규정하고 있고, 가장 밀접한 관련은 계약의 모든 객관적 연결요소를 고려하여 그 계약이 소재하는 곳을 찾기 위한 원칙이므로 '가정적 의사'라는 주관적 요소를 고려하여 객관적 준거법을 결정하는 것도 타당하지 않다. 더욱이 실재하지 아니하는 '가정적 의사'를 도출할 수 있는 것인지도 매우 의문이며, 연결기준의 불확실성으로 인하여 당사자의 준거법에 대한 예견가능성이 오히려 떨어지고 편파적 결과가 발생할 가능성이 있다. 따라서 준거법의 부분적 지정이 무효인 경우라도 '가정적 의사'를 고려하여 준거법을 결정하는 것은 타당하지 않다.[104] 결국 준거법의 부분지정이 무효인 경우는 당사자가

---

99) 이호정, 국제사법, 경문사, 1988, 284쪽.

100) 이 판결 이후의 대법원 2007.11.15. 선고 2006다72567 판결과 대법원 2008.2.1. 선고 2006다71724 판결에서 위 판시내용을 그대로 따랐는데, 이 판결들 역시 섭외사법을 적용한 판결이다.

101) Friedrich K. Juenger, Contract Choice of Law in the Americas, 45 Am. J. Comp. L., pp. 200−201.

102) Ibid.

103) Calliess, p. 89.

104) 석광현, 국제사법 해설, 박영사, 2013, 297쪽에서도 현행 국제사법 하에서는 국제계약의 객관적 준거법은 그 계약과 가

준거법을 선택하지 아니한 경우와 다를 바 없으므로 국제사법 제26조에 따라서 결정된 객관적 준거법이 계약의 준거법이 된다고 볼 수밖에 없다.105)

마. 새로운 준거법의 합의

준거법의 부분지정이 그 한계를 위반하여 무효로 판명된 된 후에 당사자가 새로운 준거법의 합의를 할 수 있는지 문제된다. 앞서 언급한 것처럼 준거법의 부분지정이 그 한계를 위반하여 무효가 된다면 국제사법 제26조에 따른 객관적 준거법이 계약의 준거법이 된다. 따라서 당사자가 계약에 적용될 새로운 준거법의 합의를 하는 것은 앞서 언급한 준거법의 사후적 변경에 해당하므로 당사자는 준거법의 부분지정이 무효로 판명된 후에도 새로운 준거법의 합의를 할 수 있다.

Ⅳ. 해상적하보험증권상 영국법준거조항과 관련한 쟁점

1. 문제점

대법원 1998.7.14. 선고 96다39707 판결에서 해상적하보험증권상 "이 보험증권에 포함되어 있거나 또는 이 보험증권에 첨부되는 어떠한 반대되는 규정이 있음에도 불구하고, 이 보험은 일체의 전보청구 및 결제에 관해서 영국의 법률과 관습에만 의한다."(Notwithstanding anything contained herein or attached hereto to the contrary, this insurance is understood and agreed to be subject to English law and practice only as to liability for and settlement of any and all claims)106)는 영국법준거조항을 준거법의 부분지정으로 보았다. 그런데 위 판결과 달리 위 조항은 영국법을 계약의 내용으로 편입하기 위한 규정(실질법적 지정)이지 준거법을 지정하는 규정(저촉법적 지정)으로 해석될 수 없다는 유력한 주장이 있다.107)

그리고 해상적하보증권상 "본 보험증권에 따라 발생하는 책임에 관한 모는 문제는 영국의 법률과 관습이 적용된다."(All questions of liability arising under this policy are to be governed by the laws and customs of England)는 영국법준거조항와 관련하여 대법원 1991.5.14. 선고 90다카25314 판결에서는 "보험계약에서 발생하는 모든 책임문제는 영국의 법률과 관습에 의하

장 밀접한 관련이 있는 국가의 법이라는 이유로 '가정적 당사자의사'를 인정할 수 없다고 한다. Giuliano-Lagarde 보고서, p. 17에서도 당사자가 준거법을 명시적으로 선택하지 아니한 이상 법원이 당사자의 가정적 의사를 추론해서는 아니 된다고 한다.

105) Giuliano-Lagarde 보고서, p. 17에서는 구체적인 이유는 제시하고 있지 않지만 당사자가 선택한 법이 논리적으로 공존할 수 없는 경우에는 객관적 연결원칙에 따라서 준거법이 결정되어야 한다고 보고 있다.

106) 이 약관조항에서 "subject to English law and practice only as to liability for and settlement of any and all claims"라고 규정하고 있으므로 정확한 번역은 "이 보험은 일체의 전보청구 및 결제에 관해서 영국의 법률과 관습에만 의한다."가 아니라 "이 보험의 일체의 전보청구 및 결제 관하여만 영국의 법률과 관습에 의한다."일 것이다. 전자의 번역에 따르면 위 약관조항이 준거법의 부분지정이 아니라고 해석될 여지가 있으므로 번역의 차이는 중요한데, 위와 같은 잘못된 것으로 보이는 번역에도 불구하고 위 대법원 판결에서는 위 약관조항을 준거법의 부분지정으로 보고 있으므로 결론에 있어서 차이가 없다(석광현, 국제사법과 국제소송 제3권, 박영사, 2004, 202-203쪽).

107) 석광현, 국제사법 해설, 박영사, 299-300쪽. 정호영, "국제운송 보험계약", 재판자료 제33집(1986), 408쪽.

여 규율하기로 약정하였으므로 위 보험계약의 효력은 영국의 법률과 관습에 준거하여 판단되어야 하는 것"이라고 하여 위 영국법준거조항이 준거법의 부분지정이 아니라 단일한 준거법의 지정으로 본 듯한 판시를 하고 있다.[108] 반면에 대법원 2016.6.23. 선고 2015다5194 판결에서는 위 영국법준거조항은 보험계약 전부에 대한 준거법을 지정한 것이 아니라 보험자의 '책임' 문제에 한정하여 영국의 법률과 관습에 따르기로 한 것이고 보험자의 책임에 관한 것이 아닌 사항에 관하여는 준거법의 합의를 하지 않은 것으로 보아 준거법의 부분지정으로 보았다.[109] 그런데 위 영국법준거조항과 관련하여서도 이를 준거법의 지정(저촉법적 지정)이 아닌 계약의 내용으로 편입하는 지정(실질법적 지정)으로 해석해야 한다는 유력한 견해가 있다.[110]

따라서 위와 같은 영국법준거조항이 영국법을 준거법으로 지정하는 것인지 아니면 계약의 내용으로 편입하는 것인지, 만일 영국법을 준거법으로 지정하는 것이라면 계약의 전부에 관한 준거법을 지정하는 것인지 아니면 계약의 일부에 대한 준거법만을 지정하는 부분지정에 해당하는지 살펴볼 필요가 있다.

2. 문제된 조항의 성격

이미 설명한 저촉법적 지정과 실질법적 지정의 구분기준을 적용하여 앞의 두 개의 영국법순거조항 중 우선 첫 번째 조항에 관하여 보고자 한다.

먼저 "이 보험의 일체의 전보청구 및 결제 관하여만 영국의 법률과 관습에 의한다."는 문언을 보면 비국가적 규범이 아닌 특정 국가의 법을 명시하고 있고, 영국의 법률과 관습을 계약의 내용으로 편입한다는 명시적 규정을 두고 있지 아니하다는 점에서 영국법을 준거법으로서 부분지정 한 것으로 해석할 수 있다. 그리고 영국법의 특정조항을 원용하거나 영국법의 특정조항만이 적용될 수 있는 정도로 협소한 법률관계에 한정하여 영국법을 적용하기로 한 것도 아닌 점에서 더욱 그러하다. 그런데 여기서 영국법뿐만 아니라 관습(practice)[111]도 포함되어 있다는 점에서 실질법적 지정을 의도한 것이라는 주장이 있을 수 있지만, 아래에서 보는 바와 같이 관습을 포함시킨 것은 보험증권에 사용된 영문의 용어들이 오랜 기간 동안 영국보험업계에서 사용되어 그 의미가 정해졌기 때문에 관습이란 용어를 포함시킨 것에 불과하다.

다음으로 위 영국법준거조항이 작성된 경위와 목적으로 바탕으로 하여 그 성격을 도출해 보고자 한다. 위 영국법준거조항은 일본의 보험회사가 처음 사용하였고, 현재는 우리나라와 태국의 보험회사에서도 사용하고 있다.[112] 일본은 19세기부터 영국에서 사용되던 보험증

108) 석광현, 국제사법과 국제소송 제2권, 박영사, 2001, 58쪽. 이에 대하여 전부지정설을 취한 것으로 단언하기 어렵다는 견해도 있다(송해연, "해상보험계약과 선하증권의 준거법약관에 대한 우리 법원의 해석과 이에 대한 고찰", 한국해법학회지 제38권 제1호(2016.4), 287쪽).

109) 이를 준거법의 부분지정이라고 보는 경우에 '책임'의 범위를 어떻게 볼 것인지 추가적인 문제가 발생한다.

110) 석광현, 국제사법 해설, 박영사, 299－300쪽.

111) 영국법상 관습법을 custom이라고 하며, 그 성립요건도 우리와 마찬가지로 관습만으로 부족하고 그러한 관습에 법적 효력까지 인정되어야 한다(Elliott/Quinn, English Legal System, Pearson, 2015, p. 118).

112) John Dunt, Marine Cargo Insurance, Informa Law, 2009, para. 6.4.

권의 양식인 SG Form[113]을 사용하였는데, 약관의 문장이나 단어가 고어체이며 약관도 상충되는 점이 많아서 1981년 7월에 새로운 해상적하보험증권이 마련되고 이에 맞추어 협회적하보험약관(Institute Cargo Clause; ICC)[114]도 재정비하여 1982년부터 새로운 보험증권인 MAR Form이 사용되자[115] 일본도 새로운 해상보험증권을 사용하기 시작하였다. 새로운 해상보험증권이 사용되면서 위 영국법준거조항이 포함되기 시작하였는데,[116] 보험계약이 일본의 보험회사와 일본의 수출자 사이에 체결되기 때문에 일본법의 적용을 받고자 하였지만 보험증권과 보험증권에서 원용하고 있는 협회적하보험약관이 모두 영어로 작성되어 있고, 이때 영어로 작성된 용어들은 영국에서 오랜 기간 동안 보험업계에서 사용되고 영국 법원의 판례에 의하여 그 법적 의미가 정립되었기 때문에 일본법에 따라서 해석하는 것이 적절하지 않았다. 특히 SG Form 형식의 보험증권의 준거법에 관한 영국 법원의 판결인 Amin Rasheed Shipping Corpn v. Kuwait Insurance Co. 판결에서 SG Form은 영국법 없이는 해석이 불가능하다는 이유로 보험계약의 준거법이 영국법이라고 판시하자 일본 보험회사들은 보험회사의 책임에 한정하여[117] 영국법의 적용을 받고, 나머지 계약에 관한 사항에 관하여는 보험계약의 객관적 준거법인 일본법의 적용을 받고자 위와 같은 영국법준거조항을 보험증권에 넣게 된 것이다.[118] 이러한 점을 고려할 때 위 영국법준거조항이 준거법의 부분지정을 의도한 것임을 알 수 있고,[119] 이러한 결론은 우리의 영국법준거조항의 경우에도 그대로 적용될 것이다.

덧붙여 해상적하보험증권과 영국법준거조항의 문언적 해석에 의해서도 위와 같은 결론에 이르게 된다. 영국법준거조항을 포함하고 있는 해상적하보험증권에서는 협회적하보험약관을 원용하고 있는데, 이 협회적하보험약관의 세 가지 종류 모두 제19조에서 "이 보험은 영국법과 관습에 의한다."(This insurance is subject to English law and practice)고 규정하고 있다. 이 조항이 영국법을 보험계약 전체의 준거법으로 지정하고 있다는 점은 이론이 없을 것이다. 만일 위 영국법준거조항을 실질법적 지정으로 본다면 위 해상적하보험증권은 영국법을 준거법

113) 이 보험증권은 1779년부터 1982년까지 사용되었는데, S는 Ship이고 G는 Goods를 의미한다(최성수, "해상보험계약에서 준거법의 결정", 이화여자대학교 법학논집 제16권 제3호(2012.3), 164쪽 주23).

114) 협회적하보험약관의 종류에는 부보의 범위가 넓은 것부터 가장 좁은 것까지 A, B, C가 있는데 각 약관은 부보의 범위가 다를 뿐이고 나머지 내용은 동일하다.

115) 김진권, "해상보험계약상 영국법 준거약관에 관한 국제사법적 고찰", 해사법연구 제18권 제2호(2006.9), 118쪽.

116) 앞의 글, 123-124쪽.

117) 여기서 '책임'의 범위에 관하여 일본 판례에서는 ① 보험기간 중 보험사고에 의하여 손해가 발생하였는가, ② 그러하다면 그 손해는 손해전보의 범위에 관한 조약에 의하여 보험자가 전보하는 손해인가, ③ 그러하다면 피보험자 측에게 고지의무위반, 손해방지의무위반 등이 없었는가, ④ 앞의 제의무위반이 없다면 보험금을 청구하는 자가 정당한 청구권자인가 등의 네 가지라고 한다(한창희, "해상적하보험계약에 있어서 영국법 준거조항의 효력, 고지의무, 입증책임", 판례월보 258호(1992), 53쪽).

118) John Dunt, Marine Cargo Insurance, Informa Law, 2009, para. 6.3. 이 영국법준거조항이 사용되기 전에는 "이 보험은 일부 또는 전부의 보상청구에 대한 책임 및 그 결제에 관하여는 영국법과 관습에 따르는 것으로 이행되고 합의된다."(This insurance is understood and agreed to be subject to English law and usage as to liability and settlement of any and all claims)라는 영국법준거조항이 사용되었다고 한다(최성수, "해상보험계약에서 준거법의 결정", 이화여자대학교 법학논집 제16권 제3호(2012.3), 161쪽 각주 6).

119) 위 영국법준거조항의 성격에 관한 일본 판례에 관하여는 한창희, "해상적하보험계약에 있어서 영국법 준거조항의 효력, 고지의무, 입증책임", 판례월보 258호(1992) 참조. 이와 같은 배경을 알지 못하는 Nima SARL v The Deves Insurance Public Company Ltd 판결에서는 'only'는 강조하는 의미에 불과하다고 하면서 영국법이 보험계약의 전반에 관한 준거법이 된다고 판시했다(John Dunt, Marine Cargo Insurance, Informa Law, 2009, para. 6.4).

으로 지정하는 동시에 영국법을 계약의 내용으로 편입시키는 무용의 행위를 하는 결과를 가져온다. 반면에 위 영국법준거조항을 저촉법적 지정으로 해석한다면 영국법준거조항은 협회적하보험약관 제19조의 준거법 조항의 특별규정으로서 제19조의 적용이 배제되어 결국 보험회사의 책임에 관하여는 영국법이 적용되고 나머지 사항은 객관적 준거법이 적용되는 결과 위 영국법준거조항이 실효성을 갖게 된다.[120] 또한 위 영국법준거조항에서 "이 보험증권에 포함되어 있거나 또는 이 보험증권에 첨부되는 어떠한 반대되는 규정이 있음에도 불구하고"(Notwithstanding anything contained herein or attached hereto to the contrary)라는 문구를 사용하고 있는데 이러한 문구는 협회적하보험약관 제19조의 적용을 배제시켜서 영국법이 보험계약의 전반에 적용되는 것을 방지시키고 있다는 점에서 위 영국법준거조항을 저촉법적 지정으로 볼 수밖에 없다.[121] 결론적으로 객관적 관점에서도 위 영국법준거조항을 준거법의 부분지정으로 보는 것이 타당하다.

다음으로 위 두 번째 영국법준거조항의 성격에 관하여 보건대, 두 번째 영국법준거조항은 첫 번째 영국법준거조항과 문구를 달리하지만 영국법의 적용범위를 '책임'에 한정시킨다는 점에서 동일하고 이러한 규정을 둔 취지도 첫 번째 영국준거약관과 동일하므로 앞에서의 논의는 두 번째 영국준거조항에도 그대로 적용될 것이다. 그리고 두 번째 영국법준거조항에서는 첫 번째 영국법준거조항과 달리 "이 보험증권에 포함되어 있거나 또는 이 보험증권에 첨부되는 어떠한 반대되는 규정이 있음에도 불구하고"라는 내용이 없지만 협회적하보험약관 제19조에서 이미 영국법을 준거법으로 지정하고 있는데도 불구하고 보험증권에서 별도의 영국법준거조항을 두고 있다는 점을 고려할 때 마찬가지로 저촉법적 지정으로 해석된다.

3. 전부지정과 일부지정

앞서 언급한 것처럼 위 두 개의 영국법준거조항이 사용된 이유는 보험회사의 책임에 관하여는 영국법을 적용하고 나머지 보험계약에 관한 사항에 관하여는 객관적 준거법을 적용하는데 있다. 따라서 위 두 개의 영국법준거조항을 저촉법적 지정으로 본다면 이를 부분지정을 볼 수밖에 없으며 전부지정으로 볼 여지는 없다.[122]

V. 정 리

이상으로 준거법의 분열에 관련된 논점들을 살펴보았다. 위에서의 논의를 간략히 정리하자면 첫째 객관적 준거법의 분열은 당사자의 준거법에 대한 예견가능성을 현저히 떨어뜨리는 문제가 있으므로 바람직하지 않지만 계약의 구조를 고려할 때 그리고 계약의 내용대로 의무

120) Ibid para. 6.6.
121) Ibid.
122) 송해연, "해상보험계약과 선하증권의 준거법약관에 대한 우리 법원의 해석과 이에 대한 고찰", 한국해법학회지 제38권 제1호(2016.4), 288－289쪽.

가 이행되기 위하여 준거법의 분열이 절대적으로 필요한 매우 예외적인 경우에는 인정될 수 있을 것이다. 둘째 준거법의 부분지정은 계약의 준거법이 적용될 수 있는 영역에서만 가능하고 국제계약에 한정되지 아니하고 순수한 국내계약에서도 가능하다. 셋째 준거법의 부분지정의 방법은 일반적 준거법의 지정의 방법과 동일하므로 묵시적으로, 사후적으로, 유동적으로 할 수 있다. 넷째 준거법의 부분지정은 하나의 계약에서도 각 그 목적이 상이하여 상호 분리 가능한 경우에 한정되어야 하는바 이러한 한계를 넘어선 준거법의 부분지정은 무효로서 객관적 준거법이 적용되는 것이 원칙이다. 다섯째 해상적하보험증권상 영국법준거조항은 그 취지상 준거법의 부분지정을 의도한 것이고, 문언의 객관적 해석과 통상의 고객의 관점에서도 준거법의 부분지정으로 보는 것이 타당하며, 영국법준거조항과 협회적하보험약관 상호 간의 충돌관계를 고려할 때도 이를 준거법의 부분지정으로 봐야 한다.

이러한 준거법의 분열은 기본적으로 당사자자치를 최대한 보장하기 위하여 허용되고 있지만 앞서 언급한 복잡한 문제를 발생시킨다는 점에서 바람직하지는 않다. 더욱이 앞서 영국법준거조항에서 '책임'의 범위를 어떻게 볼 것인가의 문제와 같이, 준거법의 부분지정이 적법하다고 하더라도 각 준거법의 적용범위에 대하여 명확한 선을 긋는 것이 어렵기 때문에 이에 대한 추가적 문제가 발생한다.

제3절 기타 준거법의 지정과 관련한 문제점

I. 준거법의 사후적 변경

1. 의 의

국제사법 제25조 제3항에서는 준거법의 선택에서 있어서 당사자자치를 최대한 보장하기 위해서 당사자가 선택한 준거법뿐만 아니라 제26조에 의하여 결정된 객관적 준거법도 사후적으로 변경할 수 있도록 허용하고 있다. 이에 따라서 법정지가 우리나라인 경우에 준거법의 변경은 계약의 준거법에 따르지 아니하고 우리 국제사법에 따르게 된다. 로마협약에서 준거법의 사후적 변경을 받아들이기 전에 독일과 프랑스는 준거법의 사후적 변경을 널리 인정하고 있었지만 이태리는 이를 부정하고 있었다.[123] 그러나 당사자자치를 최대한 보장한다는 취지에 비추어 봤을 때 당사자자치가 계약체결 시에만 허용된다는 시간적 제약이 있다는 것은 합리적이지 아니하므로 로마협약에서는 계약체결 후에도 준거법을 변경할 수 있도록 허용하였다.[124]

이러한 준거법의 사후적 변경은 당사자의 의사에 따라서 소급효를 가질 수도 있고 아닐

123) McParland, para. 9.145.
124) Ibid 9.143

수도 있다.[125] 다만 소급효를 갖도록 합의하더라도 이미 발생한 계약의 방식의 유효성에 의문이 발생하는 것을 방지하고 계약에 의하여 권리가 발생한 제3자의 신뢰를 보호해야 하므로 제25조 제3항 단서에 따라서 계약의 방식의 유효성과 제3자의 권리에는 영향을 끼치지 아니한다.

2. 소송절차에서의 준거법의 묵시적 사후적 변경

가. 문제점

준거법의 사후적 합의에 대하여 시간적 제한이 없으므로 소송이 개시된 이후에도 준거법의 사후적 합의가 가능할 것이다. 그런데 당사자가 소송절차 중에 명시적으로 준거법을 변경한 것이 아니라 당사자의 일정한 태도로부터 준거법을 묵시적으로 변경한 것으로 인정할 수 있는지 검토할 필요가 있다.

나. 대법원 판결

대법원 2016.3.24. 선고 2013다81514 판결에서는 "당사자 자치의 원칙에 비추어 계약 당사자는 어느 국제협약을 준거법으로 하거나 그중 특정 조항이 당해 계약에 적용된다는 합의를 할 수 있고 그 합의가 있었다는 사실은 자백의 대상이 될 수 있지만, 소송절차에서 비로소 당해 사건에 적용할 규범에 관하여 쌍방 당사자가 일치하는 의견을 진술하였다고 해서 이를 준거법 등에 관한 합의가 성립된 것으로 볼 수는 없다. 소송대리인이 그러한 합의를 하려면 소송대리권의 수여 외에 별도로 정당한 수권이 있어야 함은 물론이다."라고 판시하고 있는데 이 판시내용만 가지고는 위 사실만으로는 당사자의 묵시적 의사를 인정하기 부족했다는 의미인지 아니면 소송절차가 개시된 후에는 준거법의 사후적 변경이 허용되지 아니한다는 것인지 확실하지가 않다. 다만 "소송대리인이 그러한 합의를 하려면 소송대리권의 수여 외에 별도로 정당한 수권이 있어야 함은 물론이다."라는 판시내용으로부터 소송절차가 개시된 후라고 하더라도 명시적인 방법으로 준거법의 사후적 합의를 할 수 있다는 취지로 이해된다.

그리고 한국인들 간에 일본에서 체결된 근로계약의 준거법에 관한 대법원 2007.11.15. 선고 2006다72567 판결에서, 당사자들은 제1심과 항소심의 소송과정을 통하여 준거법을 전혀 다투지 않았는데, 그렇다면 당사자들이 문제된 약정 체결 당시 일본법을 준거법으로 지정하였더라도 이를 사후적으로 한국법으로 변경한 것으로 볼 여지가 있었는데도 이를 고려하지 아니하고 준거법이 일본법이라고 본 바가 있다.[126]

다. 사 견

국제사법 제25조 제3항에서 준거법의 사후적 변경의 시기에 제한을 두고 있지 아니하고

125) 석광현, 국제사법 해설, 박영사, 2013, 300쪽.
126) 석광현, 국제사법 해설, 박영사, 2013, 300쪽.

묵시적 방법에 의한 준거법의 합의가 가능하므로 소송절차에서 당사자가 소극적으로 준거법을 다투지 않거나 적극적으로 준거법에 대하여 공통의 진술을 하고 있다면 준거법의 묵시적 사후적 변경을 허용할 수 있을 것이다. 독일과 프랑스 판례에서도 소송절차 중의 당사자의 태도로부터 준거법의 사후적 변경을 인정하고 있다고 한다.[127] 다만 당사자가 명백히 사후적 변경의 의도가 있다고 보이는 경우에만 그와 같이 본다고 한다.

우리의 경우에도 국제사법 제25조 제1항에서 "묵시적인 선택은 계약내용 그밖에 모든 사정으로부터 합리적으로 인정할 수 있는 경우에 한한다."고 규정하고 있으므로 당사자의 태도로부터 준거법의 사후적 변경을 명백히 인정할 수 있는 경우에 한정해야 할 것이다. 이러한 결론에 따르면 앞의 대법원 판결 중 첫 번째 판결의 경우에는 당사자가 적극적으로 동일한 규범에 대한 주장을 하였으므로 준거법의 사후적 변경을 인정할 수 있지만 앞의 두 번째 판결의 경우에는 당사자가 소극적으로 준거법에 관하여 다투지 않은 것에 불과하므로 이러한 사정만으로는 준거법의 사후적 합의를 이끌어 내기에는 부족해 보인다.

한편 소송절차에서 당사자의 태도가 준거법의 사후적 변경으로 해석될 여지가 있다면 민사소송법 제136조 제4항의 "당사자가 간과하였음이 분명하다고 인정되는 법률상 사항"으로 볼 수 있으므로 법원으로서는 적극적으로 석명권을 행사하여 당사자의 의사를 명확히 한 후에 이를 조서에 기재해야 한다고 본다.[128]

3. 소송절차에서 준거법의 사후적 변경을 위한 소송대리인의 대리권

민사소송법 제90조 제1항에서는 "소송대리인은 위임인으로부터 개별적으로 수권받지 않더라도 위임 받은 사건에 대하여 반소 · 참가 · 강제집행 · 가압류 · 가처분에 관한 소송행위 등 일체의 소송행위와 변제의 영수를 할 수 있다."고 규정하고 있고, 제90조 제2항에서는 반소의 제기, 소의 취하, 화해, 청구의 포기 · 인낙 또는 제80조의 규정에 따른 탈퇴, 상소의 제기 또는 취하, 대리인의 선임에 대하여는 소송대리인이 특별수권을 받도록 규정하고 있다.

위와 같은 소송대리권에 관한 규정을 종합하면 소송물에 대한 변동을 가져오는 행위는 소송대리권에 포함되지 아니하고 당사자로부터 별도의 수권을 받아야 한다. 준거법을 사후적으로 변경하는 행위는 적용 법률의 변경에 의하여 법률관계에 변동을 가져오는 행위이므로 당사자 사이의 실체적 법률관계에 변동을 가져올 수 있다. 따라서 준거법의 사후적 변경은 소송당사자에게 매우 중요한 행위이므로 소송대리인이 이에 대하여 대리권을 갖기 위해서는 당사자로부터 별도의 수권을 받아야 한다고 본다. 앞의 대법원 판결에서도 이러한 취지에서 별도의 수권이 있어야 한다고 판시하고 있다.

그런데 이러한 결론에 따르면 위와 같은 수권이 없는 소송대리인이 진행하고 있는 소송사건에서는 묵시적으로 준거법의 사후적 변경이 발생할 수 없다. 그리고 실제로 소송을 개시

127) Giuliano-Lagarde 보고서, p. 18.
128) 석광현, 국제사법 해설, 박영사, 2013, 300쪽.

할 당시지에 위와 같은 수권이 이뤄지는 경우는 사실상 없으므로 적어도 소송대리인이 있는 사건에서는 묵시적 그리고 사후적으로 준거법이 변경될 가능성은 사실상 없다. 이러한 점에서도 법원이 적극적으로 석명권을 행사하여 적용될 법률을 확정시킬 필요가 있다고 본다.

Ⅱ. 순수한 국내계약에 대한 준거법의 지정

1. 순수한 국내계약에서 준거법 합의의 허용

국제사법 이전의 섭외사법에서는 당사자가 순수한 국내계약에 대하여도 외국법을 준거법으로 지정할 수 있는지에 관하여 아무런 규정을 주지 않았고 이를 부정하는 견해가 유력했다.[129] 그런데 국제사법 제25조 제4항에서는 외국적 요소가 없는 순수한 국내계약에도 당사자가 준거법의 합의를 할 수 있도록 허용하되 외국법을 준거법으로 지정하는 방법으로 국내의 강행규정의 적용을 회피하는 것을 방지하기 위하여 국내의 강행규정이 여전히 적용되도록 하였다.[130] 이와 같이 순수한 국내계약에도 외국법을 준거법으로 지정한 이유는 어느 계약에 적용될 가장 적합한 법은 당사자가 가장 잘 알고 있으며, 준거법의 선택에 관한 당사자의 자유를 최대한으로 보장할 때 당사자는 적용될 법에 대한 예견가능성을 가지고 자신의 계약상 지위에 관한 계획을 마련할 수 있기 때문이다.[131]

우리나라에서는 선박과 관련한 경우에 순수한 국내계약임에도 불구하고 영국법을 준거법으로 지정하는 경우에 많이 있다. 대표적으로 용선계약으로서 대부분의 경우에 영국법을 준거법으로 지정하고 있다. 그러나 이와 같이 영국법을 준거법으로 지정하는 특별한 이유는 없고 영어로 작성되었던 용선계약서를 번역하여 사용하면서 준거법 조항까지 사용하게 된 듯하다.

2. 국내적 강행규정의 적용

순수한 국내계약에서 외국법을 준거법으로 지정할 수 있다고 하더라도 이러한 자유를 무제한으로 허용하게 되면, 국내의 강행규정의 적용을 회피할 목적으로 이를 남용할 위험이 있다. 이러한 남용의 위험을 방지하기 위하여 국제사법 제25조 제4항에서는 관련된 하나의 국가의 강행규정이 여전히 적용된다는 점을 명확히 하였다.

한편 당사자의 준거법의 합의에 의하여 그 적용을 배제할 수 없는 강행규정을 국제적 강행규정이라고 하고 당사자의 합의에 의하여 그 적용을 배제할 수 없는 강행규정을 국내적 강행규정이라고 한다. 국제적 강행규정은 국제적 거래안정을 위하여 엄격하게 제한될 필요가

129) 석광현, 국제사법 해설, 박영사, 2013, 301쪽.

130) 여기서 의미하는 강행규정은 고도의 공익을 보호하기 위한 국제적 강행규정(internationally mandatory rules)에 한정되지 아니하고 국내적 강행규정(domestically mandatory rules)도 의미한다(석광현, 국제사법 해설, 박영사, 2013, 301－302쪽).

131) Calliess, pp. 78－79.

있으므로 국내적 강행규정에 비하여 그 범위가 좁다. 그런데 순수한 국내계약의 경우에는 국제적 거래안정과 관련이 없으므로 국제사법 제25조 제4항에서의 강행규정은 국내적 강행규정으로 해석된다.[132)]

따라서 순수한 국내계약과 국제계약을 구분하는 것은 실질적 의미를 갖는데 외국적 요소의 존부에 따라서 결정되는 문제이다. 순수한 국내계약은 외국적 요소가 완전히 없는 경우로 해석된다.[133)] 그리고 당사자가 외국 법원을 관할법원이나 외국을 중재지로 하는 합의를 함께 하더라도 이러한 사유만으로 외국적 요소로 볼 수 없다.[134)] 이러한 합의도 전적으로 당사자에게 달려 있으므로 당사자가 자의로 외국적 요소를 창설하여 강행규정의 적용에서 벗어나는 것을 허용하라 수 없기 때문이다. 우리 국제사법에는 이러한 규정이 없지만 로마규칙 I 서문(15)에서는 "본 규칙은 법의 선택이 법원 또는 중재의 선택을 동반하는지에 관련 없이 적용된다."[135)]고 하여 이를 명확히 하고 있다.

대법원 2010.9.9. 선고 2009다105383 판결의 사안에서 한국회사 사이에 선박에 관한 리스계약을 체결하면서 준거법을 영국법으로 지정하였는데도, 대법원은 국내적 강행규정인 「약관의 규제에 관한 법률」[136)]을 적용하였다. 그런데 위 계약이 순수한 국내계약이므로 결론적으로 위와 같은 법률의 적용은 타당하지만 위 판결에서는 국제사법 제25조 제4항을 적용하여 위와 같은 결론에 이른 것이 아니라 당연히 위 법을 적용하고 있다는 점에서 아쉬움이 있다.[137)]

Ⅲ. 준거법의 합의의 성립과 유효성

1. 의 의

국제사법 제25조 제5항에서는 "준거법 선택에 관한 당사자의 합의의 성립 및 유효성에 관하여는 제29조의 규정을 준용한다."고 규정하여 동법 제29조의 규정에 따라서 준거법을 선택하는 당사자의 합의가 유효한지 여부를 결정하도록 하고 있다. 제29조 제1항은 "계약의 성립 및 유효성은 그 계약이 유효하게 성립하였을 경우 이 법에 의하여 적용되어야 하는 준거법에 따라 판단한다."라고 규정하여 '준거법 선택을 위한 준거법'을 당해 준거법 지정방식이 유효하였을 때에 지정되었을 준거법으로 정하고 있다. 제29조가 준거법이 규율하는 사항의 범

132) 석광현, 국제사법 해설, 박영사, 2013, 301쪽.

133) McParland, para. 9.163.

134) 석광현, 국제사법 해설, 박영사, 2013, 301쪽.

135) "This rule should apply whether or not the choice of law was accompanied by a choice of court or tribunal."

136) 대법원 2010.8.26. 선고 2010다28185 판결에서는 "국제사법 제27조에서 소비자 보호를 위하여 준거법 지정과 관련하여 소비자계약에 관한 강행규정을 별도로 마련해 두고 있는 점이나 약관의 규제에 관한 법률의 입법 목적을 고려하면, 외국법을 준거법으로 하여 체결된 모든 계약에 관하여 당연히 약관의 규제에 관한 법률을 적용할 수 있는 것은 아니다."라고 하여 「약관의 규제에 관한 법률」을 국내적 강행규정으로 보고 있다.

137) 순수한 국내계약에서 외국법을 준거법으로 지정하고 있는 관행의 폐해에 대하여는 석광현, 외국법제로의 과도한 도피와 국제사법적 사고의 빈곤, 법률신문 제3926호 (2011.4.11.) 참조.

위를 정한 것이라는 설명도 있지만, 이 규정은 당사자 사이에 유효한 계약이 존재하는지의 여부도 그 계약에서 당사자가 합의한 준거법 또는 이러한 합의가 없는 경우에 객관적으로 결정된 준거법인 '잠정적 준거법'(putative governing law)에 따라야 한다는 의미로 해석하는 것이 타당하다.[138] 이를 '부트스트랩 규칙'(bootstraps rule)이라고도 한다.[139] 이 원칙에 대하여 주로 미국의 학자들 사이에서 논리적 순환론이라는 비판이 있지만 당해 계약에 적용되지도 않을 법에 의하여 준거법의 합의의 효력을 판단하는 것이야 말로 논리적으로 문제가 있어 보인다.[140]

2. 준거법 합의의 방식의 준거법

법률행위의 방식에 관하여는 국제사법 제17조에서 별도로 규정하고 있으므로 준거법의 합의의 방식에 관하여는 그 방식이 유효하였더라면 적용되었을 준거법이 적용되어야 한다. 로마규칙 Ⅰ 제3조 제5항에서는 준거법의 합의의 방식에 관하여도 계약의 방식에 관한 제11조가 적용된다는 점을 명시하고 있다. 입법적으로 이와 같이 명시하는 것이 바람직해 보인다.

3. 현저하고 불공정한 준거법의 합의

대법원 1997.9.9. 선고 96다20093 판결에서는 "전속적인 관할 합의가 현저하게 불합리하고 불공정한 경우에는 그 관할합의는 공서양속에 반하는 법률행위에 해당하는 점에서도 무효이다."라고 판시하고 있다. 위 판결은 민법 제103조를 적용하고 있는데 준거법의 합의가 현저하고 불공정한 경우에도 동일하게 볼 수 있을 것이다.[141] 국제사법 제25조 제5항의 규정에도 불구하고 위와 결론도 준거법이 합의의 효력의 준거법이 우리 법인 경우에 한정되지 아니한다. 민법 제103조가 준거법에 관계없이 적용될 수 있는 국제적 강행규정에 해당하기 때문이다.

제 4 절 해상운송계약의 준거법과 관련한 몇 가지 문제점

Ⅰ. 의 의

선하증권(bill of lading)은 해상운송인이 송하인(consignor)으로부터 운송물은 인수한 후에 송하인에게 발행해 주는 증권이다. 선하증권을 발급받은 송하인은 목적지에서 직접 운송물의 인도청구를 하거나 또는 수하인(consignee)에게 선하증권을 양도한 후에 수하인으로 하여금

138) 석광현, 국제사법 해설, 박영사, 2013, 370－371쪽.

139) Peter Kaye, The New Private International Law of Contract of the European Community, Dartmouth Pub Co, 1991, pp. 269－272.

140) McParland, para. 9.193.

141) 석광현, 국제사법 해설, 박영사, 2013, 295쪽.

운송물의 인도청구를 할 수 있도록 한다. 선하증권은 상환증권이기 때문에 운송물을 인도청구할 때 반드시 선하증권을 제시해야 하며(상법 제861조, 제129조), 당연의 지시증권이기 때문에 당사자가 양도금지를 합의하지 아니한 이상 배서에 의하여 언제든지 양도할 수 있다(상법 제861조, 제130조).

선하증권은 통상 이면약관에서 준거법 조항을 두고 있다. 선하증권에서 준거법을 지정하는 방식은 한 국가의 법을 준거법으로 지정하는 방식, 일정한 요건에 따라서 발항항과 도착항의 법 중에서 준거법을 결정하는 방식, 국제협약인 헤이그-비스비규칙(Hague-Visby Rules)[142]이나 함부르크규칙(Hamburg Rules)[143]을 준거법으로 지정하는 방식, 선하증권에서 준거법을 명시하지 아니하고 용선계약상의 준거법 조항을 선하증권에 편입하는 방식 등 다양한 형태로 존재하고 있다. 그런데 나라마다, 국제협약마다 운송인의 책임제한, 면책규정, 제소기간 등 당사자의 권리의무가 다르기 때문에 선하증권 이면약관상의 준거법 조항은 중요한 의미를 갖는다.

Ⅱ. 선하증권의 준거법 조항의 적용범위

선하증권에는, 소지인이 운송인에 대하여 운송물의 인도를 청구할 수 있는 화물인도청구권이 표창되어 있는데 이를 선하증권의 '채권적 효력'이라고 한다. 한편 동산물권의 양도는 원칙적으로 동산의 점유이전에 의하여 발생하지만(민법 제188조 제1항) 운송 중의 화물을 실제로 점유이전 하는 것은 불가능하므로 선하증권을 교부한 때에는 운송물 위에 행사하는 권리의 취득에 관하여 운송물을 인도한 것과 동일한 효력이 있는데(상법 제861조, 제133조) 이를 선하증권의 '물권적 효력'이라고 한다. 당사자가 준거법을 선택할 수 있다는 당사자자치의 원칙 계약에 한정되어 인정되므로 선하증권의 준거법 조항에서 지정한 준거법은 선하증권의 채권적 효력[144]에만 적용되며, 물권법정주의에 따라서 당사자에게 처분권이 인정되지 아니하는 물권적 효력[145]에는 적용되지 않는다.

---

142) 헤이그-비스비규칙의 정식명칭은 '선하증권에 관한 약간의 규칙을 통일하기 위한 국제협약의 개정을 위한 1968년 의정서(Protocol to amend International Convention for the Unification of Certain Rules of Law relating to Bill of Lading)'이다. 국제법협회(International Law Association)가 1921년 9월 헤이그회의에서 채택한 이른바 '헤이그규칙'을 많은 국가들이 정식으로 수용하지 않은 채 동규칙의 일부 조항만 받아들여 특별법을 제정하였기 때문에 각국의 입법이 상이한 결과가 발생하여 만국해법회(CMI)가 1968년 2월 헤이그-비스비규칙을 채택하였다. 우리나라는 이 의정서에 찬성은 하였으나 서명은 하지 아니한 채, 단지 1991 개정 상법에서 위 규칙의 내용을 수정하여 받아들였다.

143) 함부르크규칙의 정식명칭은 '1978년 국제연합 해상 물건 운송에 관한 협약(United Nations Convention on the Carriage of Goods by Sea, 1978)'이다. 헤이그-비스비규칙은 식민지시대의 선진해운국들이 주도하여 제정되었기 때문에 선박소유자 및 운송인에게 부당한 특혜를 수여한다는 이유로 개발도상국들이 자신의 이익을 보호하기 위하여 새로운 국제협약의 제정을 촉구하였고, 이에 제정작업을 거쳐 1976년 유엔총회는 위 규칙을 채택하였다. 하지만 함부르크규칙은 운송인에게 운송물의 멸실·훼손에 대한 책임이 있는 것으로 추정하고, 책임제한액을 감소하였으며, 손해발생통지기간과 소멸시효기간을 연장하였기 때문에 주요 해운국이 수용하고 있지 않다(고유경, "선하증권에 관한 소고", 한국해법학회지 제17권 제1호(1995.10) 264쪽). 한편 로테르담규칙(United Nations Convention on Contracts for the International Carriage of Goods Wholly or Partly by Sea)이 헤이그-비스비규칙과 함부르크규칙을 대체하기 위하여 마련되었으나 효력발생요건인 20개의 서명국을 채우지 못하여 아직 효력을 발생하지 않고 있다. 이 규칙은 운송인의 책임제한금액을 상향조정하고 제소기간을 2년으로 한 점에서 특징이 있다.

144) 선하증권의 채권적 효력의 준거법이 규율하는 사항에 대하여는 석광현, "해사국제사법의 몇 가지 문제점-준거법을 중심으로", 한국해법학회지 제31권 제2호(2009.11), 98쪽 주14 참조.

Ⅲ. 불법행위에 기한 손해배상청구와 선하증권 준거법 조항의 적용범위

1. 선하증권 준거법 조항이 불법행위에 기한 손해배상청구에도 적용되는지 여부

선하증권의 채권적 효력과 물권적 효력으로 인하여 운송 도중에 운송인의 고의 또는 과실로 인하여 화물이 손상되었다면 운송인은 선하증권의 소지인에 대하여 채무불이행의 책임과 불법행위의 책임을 모두 부담한다. 따라서 선하증권의 소지인은 두 개의 손해배상청구권 중 하나를 선택하여 행사하거나 또는 두 개를 동시에 행사할 수 있다.[146)][147)]

대법원 1991.4.26. 선고 90다카8098 판결에서는 법정채권인 불법행위에 기한 손해배상청구에 대하여는 선하증권 준거법 조항이 적용되지 아니하고 섭외사법의 규정에 따라서 지정된 객관적 준거법이 결정된다고 보았다. 그러나 청구의 내용에 차이가 있다고 하더라도 동일한 사안에 대하여 준거법이 달리 보는 것은 바람직하지 아니하므로 섭외사법이 개정된 국제사법 제32조 제3항에서는 “가해자와 피해자간에 존재하는 법률관계가 불법행위에 의하여 침해되는 경우에는 제1항 및 제2항의 규정에 불구하고 그 법률관계의 준거법에 의한다.”고 규정하여 종속적 연결의 원칙을 채택함으로써 위 문제를 입법적으로 해결하였다.[148)]

2. 선하증권의 양도에 따라서 불법행위에 기한 손해배상청구권도 양도되는지 여부를 판단하기 위한 준거법

만일 선하증권에 불법행위에 기한 손해배상청구권이 표창되어 있다고 본다면 선하증권의 양도에 의하여 불법행위에 기한 손해배상청구권도 양도될 것이며, 반대의 경우에는 양도되지 않을 것이다.

위 문제에 대한 우리나라와 영국의 판례를 살펴보면, 대법원 1991.4.26. 선고 90다카8098 판결은 “보증도 등으로 운송물이 멸실 된 경우에 채무불이행으로 인한 손해배상청구권은 물론이고 불법행위로 인한 손해배상청구권도 선하증권에 화체되어 선하증권이 양도됨에 따라 선하증권의 소지인에게 이전되는 것이므로 운송물이 멸실 된 후에 선하증권을 취득(양수)하였다고 하더라도 그 선하증권의 소지인이 손해배상채권을 행사할 수 있고, 별도의 채권양도 통지가 필요치 않다.”고 판시하여 선하증권에는 불법행위에 기한 손해배상청구권이 화체되어 있다는 견해를 취하고 있다.[149)]

---

145) 선하증권의 물권적 효력의 준거법을 포함한 수입화물의 소유권이전에 관하여는 석광현, 국제사법과 국제소송 제3권, 법문사, 2004, 51쪽 참조.

146) 대법원 1983.3.22. 선고 82다카1533.

147) 채무불이행에 기한 손해배상청구와 불법행위에 기한 손해배상청구는 입증책임의 귀속에서 차이가 나타난다. 전자는 피고인 운송인에게 화물손상에 대하여 고의 또는 과실이 없음을 입증할 책임이 있는지만 후자의 경우에는 원고인 선하증권의 소지인이 운송인의 고의 또는 과실을 입증할 책임을 부담한다. 그런데 해상운송의 경우에는 운송 중의 화물손상의 원인을 밝히기가 난해하기 때문에 입증책임이 누구에게 있는가에 따라서 소송의 운명이 많이 좌우된다.

148) 종속적 연결에 의한 불법행위의 준거법에 관한 상세한 내용은 김인호, “종속적 연결에 의한 불법행위의 준거법”, 인권과 정의 392호(2009.4). 참조

149) 이러한 대법원의 입장에 대하여 학설은 긍정하는 견해와 반대하는 견해로 나뉘어 있다(석광현, 국제사법과 국제소송 제2권, 법문사, 2001, 98쪽).

반면에 영국의 Margarine Union v Cambay Prince 판결[150]에서 운송인의 과실로 인하여 화물인 코프라(야자의 열매를 말린 것)가 바퀴벌레에 의하여 손상을 입었다는 이유로 수하인이 운송인에 대하여 불법행위에 기한 손해배상청구를 한 데 대하여 원고가 불법행위가 발생한 때의 손상된 화물의 소유자가 아니라면 불법행위에 기한 손해배상청구를 할 수 없다고 하여 불법행위에 기한 손해배상청구권이 선하증권에 표창되어 있지 않다는 입장이다. 이러한 결론은 The Aliakmon 판결[151]에서 상원(House of Lord)[152]에 의하여 지지되었다. 이러한 차이점으로 인하여 불법행위에 기한 손해배상청구권이 선하증권에 화체되어 있는지 여부를 결정하기 위한 준거법의 결정은 중요한 의미를 갖는다. 하지만 앞서의 대법원 판결에서는 이러한 국제사법적 고려를 하지 아니한 채 당연히 한국법을 전제로 하여 결론을 내렸다는 문제가 있다. 사안의 선하증권의 준거법이 영국법이었다는 점에서 더욱 그러하다.

선하증권은 우리 법상 유가증권이지만 영국법에서는 유가증권이 아니다. 어느 법에 의하여 선하증권이 유가증권인지 여부를 결정할 필요가 있는데, 법률관계 성질결정에 관한 이론상 법정지법에 따라서 결정해야 될 것이다. 유가증권의 준거법은 '유가증권에 화체된 권리의 준거법'과 '유가증권 자체의 준거법'을 구분되는데, 전자는 사채 또는 주식과 같은 유가증권의 내용인 권리의 준거법이 그 준거법이 되지만 후자는 유가증권 자체에 대한 소유권의 준거법이므로 유가증권의 소재지법이 준거법이 된다. 따라서 유가증권인 선하증권에 불법행위에 기한 손해배상청구권이 화체되어 있는지 여부는 '유가증권에 화체된 권리의 준거법'인 선하증권의 준거법에 따라서 결정되어야 한다.

Ⅳ. 지상약관과 관련한 문제

1. 선하증권에서 지상약관의 출현

1971년 개정 전의 영국 해상운송법(Carriage of Goods by Sea Act 1924) 세3조에서는 헤이그규칙(Hague Rules)[153]이 적용되는 잉글랜드와 북아일랜드에서 발행되는 모든 선하증권에 "본 선하증권은 헤이그규칙의 규정에 따라서 효력을 갖는다."(it is to have effect subject to the provisions of the Hague Rules)라는 문구를 포함시키도록 의무를 부과하였다.[154] 이러한 문구

150) [1969] 1 KB 219. 이러한 판결에 대하여 The Irene's Success [1981] 2 Lloyd's Rep. 639에서는 Margarine Union v Cambay Prince는 현재는 지지되기 어렵다는 견해가 피력된바 있다. 하지만 The Aliakmon 판결에서 영국항소법원은 Margarine Union 판결은 현재에도 유효하게 적용된다고 판시하였다(John F. Wilson, Carriage of Goods by Sea, Prentice Hall, 2001, p. 149).

151) [1986] 2 Lloyd's Rep. 1.

152) 2009년 10월 1일부터 새로 설립된 영국대법원(Supreme Court of the United Kingdom)이 최종심으로서의 기능을 하고 있다.

153) 선하증권에 관한 약간의 규칙을 통일하기 위한 1924년 국제협약(International Convention for the Unification of Certain Rules of Law relating to Bills of Lading). 운송인이 계약의 자유를 내세워 운송계약에 무제한으로 면책사유를 규정하였고, 이러한 결과 운송계약내용에 대하여 협상을 할 수 없었던 화주 특히 수화주가 막대한 피해를 입었기 때문에 운송인의 계약의 자유를 제한하여 화주를 보호하기 위해서 헤이그규칙이 마련되었다(Nicholas Gaskell and Regina Asariotis Yvonne Baatz, Biils of Lading: Law and Contracts International Press Publication Inc, 2000, paras. 1.5-1.7).

를 지상약관(paramount clause)이라고 하는데, 다른 계약조항에 우선하는 효력이 있기 때문에 이와 같이 지칭되었다고 한다.[155] 이러한 점에서 영국 해상운송법은 헤이그규칙에 법적 효력을 부여하지 않고 계약적 효력만을 인정했다고 해석되어 왔다.[156] 대표적으로 Vita Food Products v Unus Shipping Co 사건[157]에서 영국 추밀원(Privy Council)은 지상약관이 기재되지 아니한 선하증권에는 헤이그규칙이 적용되지 않는다고 보았다.

반면에 헤이그－비스비규칙을 시행하기 위한 1971년의 영국 해상운송법(Carriage of Goods by Sea Act 1971) 제1조 제2항에서는 헤이그－비스비규칙의 규정들이 법적 효력(force of law)이 있다고 명시적으로 규정하고 지상약관을 요구하지 않았다. 이에 따라서 영국의 상원(House of Lords)은 The Morviken 판결[158]에서 만장일치로 위 추밀원의 결정을 받아들이기를 거부하면서, 지상약관이 없더라도 헤이그－비스비규칙의 적용요건을 충족하면 동 규칙이 적용된다고 결정하였다. 이 사건에서 Diplock 판사는 1971년 해상운송법은 헤이그－비스비규칙에 법적 효력을 부여함으로써 1924년 해상운송법의 지상약관의 방식을 포기하였다고 지적하였다.

그러나 1971년 해상운송법이 적용되지 아니하는 선하증권의 경우에도 헤이그－비스비규칙이 적용될 수 있도록 하기 위하여 위 법 제1조 제6항(a)에서는 "선하증권에 포함되고 증명되는 해상운송계약에서 헤이그－비스비규칙이 적용된다고 규정하고 있으면 그 선하증권에 관하여 헤이그－비스비규칙은 법적 효력을 갖는다."[159]고 규정하고 있고, 이 때문에 헤이그－비스비규칙에 관련된 지상약관도 사용되고 있다.[160] 결국 지상약관이 사용되는 이유는 운송인을 헤이그규칙에 구속시키거나 영국 해상운송법 1971에 따라서 당연히 헤이그－비스비규칙이 적용되지 않는 선하증권에 당해 규칙을 적용시키고자 함에 있다.[161]

2. 지상약관에 관한 기존의 논의

지상약관과 관련하여서는 지상약관이 선하증권의 준거법을 지정한 것인지, 아니면 선하증권의 내용에 헤이그규칙 또는 헤이그－비스비규칙을 편입한 것인지 문제에 대한 논의가 있

---

154) 미국의 해상운송법(Carriage of Goods by Sea Act 1936) 제13조(US Code 1312)에서는 미국항으로부터의 운송계약에 관한 선하증권에 당해 운송계약이 미국 해상운송법의 적용을 받는다는 기재를 포함하도록 하고 있다.

155) Nicholas Gaskell and Regina Asariotis Yvonne Baatz, Biils of Lading: Law and Contracts International Press Publication Inc, 2000, para. 2.52.

156) John F. Wilson, Carriage of Goods by Sea, Prentice Hall, 2001, p. 186. 참고로 Lord Denning은 The Agios Lazaros [1976] Q.B 933에서 'Paramount Clause'란 헤이그규칙을 운송계약에 편입시킨다는 의미이며, 이로써 헤이그규칙은 계약적 효력(contractual force)을 갖는다고 하였다.

157) [1939] AC 277.

158) [1983] 1 Lloyd's Rep. 1.

159) "the Rules shall have the force of law in relation to (a) any bill of lading if the contract contained in or evidenced by it expressly provides that the Rules shall govern the contract,"

160) 예를 들어 헤이그－비스비규칙 제10조에서는 선하증권이 체약국에서 발행된 경우 또는 화물이 체약국을 떠나는 경우에 동 규칙이 적용되도록 규정되어 있기 때문에 화물이 외국에서 들어오는 경우에 동 규칙을 적용시키기 위하여 지상약관을 사용한다.

161) 미국지상약관(US Clause Paramount)도 지상약관을 통하여 미국 해상운송법(Carriage of Goods by Sea Act 1936)이 당연히 적용되지 않는 선하증권에 미국 해상운송법을 적용시키고자 사용된다.

다. 즉 지상약관의 법적 성질이 저촉법적 지정인지, 아니면 실질법적 지정인지의 문제이다. 저촉법적 지정으로 본다면 당사자가 준거법을 선택하지 않았을 때 준거법으로 지정될 객관적 준거법의 강행법규의 적용이 배제되는 데 반하여, 실질법적 지정의 경우에는 객관적 준거법의 강행법규의 적용이 배제되지 않는다는 점에 기본적인 차이가 있다.

앞서 언급한 바와 같이 비국가적 규범은 준거법이 될 수 없고 계약의 내용으로 편입될 수 있는 것에 그친다. 이와 같이 본다면 준거법의 소속국에서 헤이그－비스비규칙이 법률로서 구속적 효력이 있는지 아닌지에 따라서 지상약관의 효력에 차이가 있을 수밖에 없다. 이를 구체적으로 보면 다음과 같다. 헤이그－비스비규칙이 조약으로서 적용되지 않는데도 불구하고[162] 선하증권의 이면약관에서 헤이그－비스비규칙이 직접 적용된다고 규정하는 경우에는 실질법적 지정으로 보고, 선하증권의 이면약관에서 헤이그－비스비규칙을 입법화한 특정국의 법이 적용된다고 규정하는 경우에는 그것이 당해 국가법의 적용요건을 구비한 때에는 저촉법적 부분지정으로 보며, 헤이그－비스비규칙을 입법화한 특정국가의 법이 적용된다고 규정하더라도 그것이 당해 국가법의 적용요건을 구비하지 못한 때에는 실질법적 지정이 된다.[163]

3. 판 례

대법원 2018.3.29. 선고 2014다41469 판결에서는 "선하증권에 일반적인 준거법에 대한 규정이 있음에도 운송인의 책임범위에 관하여 국제협약이나 그 국제협약을 입법화한 특정 국가의 법을 우선 적용하기로 하는 이른바 '지상약관(Clause Paramount)'이 준거법의 부분지정(분할)인지 해당 국제협약이나 외국 법률규정의 계약 내용으로의 편입인지는 기본적으로 당사자의 의사표시 해석의 문제이다. 일반적 준거법 조항이 있음에도 운송인의 책임범위에 관하여 국제협약을 입법화한 특정 국가의 법을 따르도록 규정하고, 그것이 해당 국가 법률의 적용요건을 구비하였다면, 특별한 사정이 없는 한 운송인의 책임제한에는 그 국가의 법을 준거법으로 우선적으로 적용하는 것이 당사자의 의사에 부합한다."고 판시하고 있다.

4. 사 견

준거법의 지정이 허용되는 근거는 당사자자치의 원칙에 근거를 두고 있으므로 준거법의

---

162) 대법원 1999.12.10. 선고 98다9038 판결에서는 "선하증권 이면약관 제2조가 정하는 지상약관(Clause Paramount)이 '미합중국의 1936년 해상물건운송법(The U. S. Carriage of Goods by Sea Act, 1936)'과 함께 위 이면약관상 합의로부터 파생되는 분쟁에 관하여 관할권을 가지고 재판을 할 법원의 소재국에서 '효력을 가지는(in effect)' 헤이그규칙, 즉 1921년에 제정되고 1924년에 개정된 '선하증권에관한규정의통일을위한국제협약(International Convention for the Unification of Certain Rules of Law relating to Bills of Lading, signed at Brussels on August 25, 1924)'을 운송계약에 따른 화물의 수령, 보관, 운송, 그리고 인도에 관한 준거법으로 지정하고 있는 경우, 위 재판을 할 법원의 소재국에서 효력을 가진다고 하는 취지는 결국 위 헤이그규칙이 그 자체로서 소재국에서 법규범으로서의 효력을 가지는 것을 의미한다고 해석함이 상당한데, 우리 헌법은 제6조 제1항에서, "헌법에 의하여 체결, 공포된 조약과 일반적으로 승인된 국제법규는 국내법과 같은 효력을 가진다."고 규정하고 있고 우리나라는 그 헤이그규칙의 당사자로 가입하지 않았음은 공지의 사실이므로, 헤이그규칙은 우리나라에서 법규범으로서의 효력을 갖지는 못한다고 할 것이고, 우리 상법이 위 헤이그규칙의 대부분을 수용하고 있는 것은 사실이지만 그러한 사정만으로 위 이면약관 제2조에 의하여 우리 상법이 곧바로 위 운송계약에 따른 법률관계의 준거법으로 된다고 할 수 없다."고 판시하고 있다.

163) 석광현, 국제사법과 국제소송 제2권, 법문사, 2001, 87쪽.

지정이 저촉법적 지정인지 아니면 실질법적 지정인지 여부는 기본적으로 당사자의 의사에 달려있다. 그런데 계약문서에 나타난 당사자의 의사해석이 문제되는 경우에는 문언의 내용, 그러한 약정이 이루어진 동기와 경위, 약정에 의하여 달성하려는 목적, 당사자의 진정한 의사 등을 종합적으로 고찰하여 논리와 경험칙에 따라 합리적으로 해석하여야 하므로[164] 지상약관이 어떠한 성격을 갖고 있는지를 알기 위해서는 지상약관 자체의 문언의 내용, 기타 선하증권 또는 용선계약상 기재된 문언 등을 종합적으로 분석할 필요가 있다. 따라서 아래에서는 몇 가지 대표적 지상약관을 살펴본다.

먼저 Conlinbill과 Congenbill의 지상약관을 보면 "선적국에서 입법화된 헤이그규칙은 본 운송계약에 적용된다. 만일 선적국에 이러한 입법이 없다면, 이에 상응하는 목적지국에서의 법률이 적용된다. 그러나 이러한 법률이 강행적으로 적용되지 않는 선적에 대하여는 헤이그규칙의 규정(terms)이 적용된다. 헤이그－비스비규칙이 강행적으로 적용되는 거래에서는 헤이그－비스비규칙이 선하증권에 편입된 것으로 본다."[165]고 규정하고 있다. 이 규정의 첫 번째와 두 번째 단락을 보면 입법에 의하여 법률적 효력을 갖고 있는 헤이그규칙과 그렇지 않은 헤이그규칙을 명확하게 구분하고 있고, 후자에 관하여는 또한 헤이그규칙의 규정이 편입된다고 표현하여 전자는 저촉법적 지정으로 후자는 실질법적 지정으로 할 의사가 있었음을 나타내고 있다. 이에 반하여 마지막 단락은 준거법을 지정하는 규정이라기보다는 헤이그－비스비규칙이 강행적으로 적용되는 사안에서 헤이그규칙이 아니라 헤이그－비스비규칙이 적용된다는 당연한 결론을 서술한 것에 불과한 것으로 보인다.

다음으로 P&O Nedlloyd Bill을 보면 제24조와 제27조에서 준거법에 관한 규정을 두면서도 동시에 제5조에서는 일정한 경우에 운송인의 화물의 손상, 손실, 지연으로 인한 책임은 당해 선하증권에 헤이그규칙을 강행적으로 적용시키는 내국법[166]에 따라서 결정되고 기타의 경우에는 제1조 내지 제8조에 한하여 헤이그규칙에 따라서 결정된다고 규정하고 있다.[167] 그

---

164) 대법원 2007.1.11. 선고 2005다1445 판결; 대법원 2007.7.12. 선고 2007다13640 판결 참조.

165) "The Hague Rules contained in the International Convention for the Unification of certain rules relating to Bills of Lading, dated Brusssels the 25the August 1924 as enacted in the country of shipment shall apply to this contract. When no such enactment is in force in the country of shipment, the corresponding legislation of the country of destination shall apply, but in respect of shipments to which no such enactments are compulsorily applicable, the terms of the said Convention shall apply. In trades where the International Brussels Convention 1924 as amended by the Protocol signed at Brussels on February 23rd 1968－The Hague Visby Rules－ apply compulsorily, the provisions of the respective legislation shall be considered incorporated in the Bill of Lading."

166) 법률에서 헤이그규칙에 수정을 가하고 있는 경우가 있으므로 법률이라고 표현했다고 한다(Nicholas Gaskell and Regina Asariotis Yvonne Baatz, Biils of Lading: Law and Contracts International Press Publication Inc, 2000, p. 154). 한편 대법원 2009.8.20. 선고 2008다58978 사건에서 대법원은 "이 사건 유통 선하증권은 제7조 제1항에서 '이 계약이 적용되는 국제조약 또는 내국법의 강행규정에 반하지 않는 한도에서 효력을 가진다'는 내용의 지상조항(paramount clause)을 두고 있는바, 위 조항의 내국법의 강행규정이라 함은 그러한 내국법이 이 사건 운송계약에 적용되는 것을 전제로 하고 있으므로 계약상 준거법이 되는 국가의 법률을 의미하는 것이지 손해가 발생한 국가의 법률을 의미하는 것으로 해석할 수 없다."고 판시한 바 있다.

167) "If Carriage is Port－to－Port, the liability (if any) of the Carrier for loss, damage or delay to the Goods occurring from and during loading onto any vessel up to and during discharge from that vessel or from another vessel into which the Goods have been transhipped shall be determined in accordance with any national law making the Hague Rules compulsorily applicable to this Bill of Lading, or in any other case in accordance with the Hague Rules, Article 1－8 inclusive only."

리고 제6조에서도 유사한 규정을 두고 있다. 그런데 적어도 국내에는 헤이그규칙이나 헤이그－비스비규칙을 강행적으로 적용시키는 법이 없으므로 우리나라가 법정지인 경우에 위 약관의 전단은 아무런 효력이 없다. 한편 이 선하증권 약관 제1조에서는 '헤이그규칙'의 의미에 대하여 헤이그－비스비규칙이 강행적으로 적용되는 경우에는 헤이그－비스비규칙을 그렇지 않은 경우에는 1924년 헤이그규칙을 의미한다고 정의하고 있다. 덧붙여 (강행적으로 적용되지 않는) 헤이그－비스비규칙은 계약적으로나마(즉 실질법적 지정) 적용되지 않는다고 규정하고 있다.[168] 이 제1조의 규정에 따르면 우리나라가 법정지인 경우에 1924년 헤이그규칙만이 제1조 내지 제8조와 관련하여 계약의 내용으로 편입되어 실질법적 지정이 되고,[169] 결국 헤이그－비스비규칙은 실질법적 지정으로조차 인정되지 않는다.[170]

그리고 소위 미국지상약관(USA Clause Paramount)에서는 미국발(發) 또는 미국향(向)[171] 운송을 위한 선하증권이 적용되는 운송에는 미국 해상운송법이 적용되고 그 법조항은 계약의 내용으로 편입된다고 규정하고 있다.[172] 미국지상약관은 단독으로 규정되는 경우도 있지만 Combiconbill에서처럼 준거법 조항[173]과 함께 규정되어 있는 경우가 있다. 이 미국지상약관은 특정 국가의 특정의 법의 적용을 규정하고 있다는 점에서 국제협약이 적용되도록 하는 영국의 지상약관과 차이가 있다. 이 약관에서는 비록 미국 해상운송법이 편입된다(incorporated)라는 표현을 사용하고 있지만 동시에 적용된다(govern)라는 표현을 사용하고 있으며, 운송이 미국발(發) 또는 미국향(向)을 요구하는 것으로 보아 미국의 해상운송법의 적용요건을 충족하는 경우를 상정했다고 할 수 있다. 따라서 당사자의 의사는 동법을 법률적으로 적용시키기 위한데 있다는 것을 알 수 있고, 이 약관을 저촉법적 지정으로 보는 것이 타당하다.

한편 영국의 The Freights Queen 판결[174]의 선하증권에서는 명시적으로 준거법을 지정하지 않고 "선하증권은 미국 해상운송법의 유보 하에 효력을 갖고, 이 법은 선하증권에 편입된 것으로 간주되고…"라고만[175] 기재되어 있었다. 이러한 기재를 단편적으로 본다면 특정 국가의 특정 법률을 지정하고 있으므로 이를 저촉법적 지정이라고 결론을 내리기 쉽다. 그런데 이 사안에서 원고의 대리인은, 미국 해상운송법을 원용함으로써 헤이그규칙을 선하증권에

168) "It is expressly provided that nothing in this Bill of Lading shall be construed as contractually apply said Rules as amended by said Protocol."

169) Nicholas Gaskell and Regina Asariotis Yvonne Baatz, Biils of Lading: Law and Contracts International Press Publication Inc, 2000, p. 154.

170) 이러한 결론을 우리나라가 법정지인 경우에 대입하여 보면 우리나라에서는 헤이그규칙이나 헤이그－비스비규칙 모두 강행적으로 적용되지 않으므로 1924년 헤이그규칙만이 실질법적 지정으로 인정될 것이며, 헤이그－비스비규칙은 저촉법적 지정 및 실질법적 지정 모두 인정되지 아니하게 된다.

171) 미국 해상운송법에서는 미국發 운송을 위한 선하증권에 대하여만 지상약관을 규정하도록 하고 있지만 미국지상약관에서는 미국向 운송에도 미국 해상운송법이 적용되도록 규정하고 있다.

172) "If the Carriage covered by this Bill of Lading includes Carriage to or from a port in the United States of America, this Bill of Lading shall be subject to the United States Carriage of Goods by Sea Act 1936(US COGSA), the terms of which are incorporated herein and shall govern throughout the entire Carriage set forth in the Bill of Ladiing."

173) Combiconbill에서는 운송인의 주된 영업소 소재지법을 준거법으로 지정하고 있다.

174) [1977] 2 Lloyd's Rep. 140.

175) "The bill of lading shall have effect subject to the provisions of the Carriage of Goods by Sea Act of the United States … which shall be deemed to be incorporated therein…."

편입시키려고 하는 것은 흔히 발견되는 것이고, 특히 미국 해상운송법은 미국발(發)이나 미국향(向)의 운송에 적용되도록 되어 있는데, 이 사건 운송은 브라질에서 독일이로 이루어 진 점을 고려하면 위 조항은 헤이그규칙을 계약의 내용으로 편입(즉 실질법적 지정)시키기 위한 규정에 불과하므로 미국법을 준거법으로 보아서는 아니 된다고 주장하였고, 이러한 원고 대리인의 주장은 그대로 받아 들여졌다. 특히 이 사건에서 위 지상약관이 저촉법적 지정이 아니라고 본 가장 큰 이유는 선하증권에서 용선계약을 편입하는 규정을 두었고, 용선계약에서는 명시적으로 영국법을 준거법으로 지정하고 있었으므로 당사자는 미국법이 아니라 영국법을 준거법으로 지정할 의사가 있었다는 결론 때문이었다. 위 판결에서는 The San Nicholas 판결[176]에서의 Denning 판사를 인용하고 있는데, 이 사건에서 Denning 판사는 "만일 용선계약을 편입하는 문구가 없었더라면 본 선하증권의 준거법은 영국법이 아니라 라이베리아나 또는 미국법 또는 다른 국가의 법이 되었을 것이다."라고 판시함으로써 용선계약을 편입하는 문구가 없었더라면 의사해석상 위 조항이 저촉법적 지정이 될 수 있었음을 밝히고 있다.

V. 적하보험자의 대위권의 존부에 관한 준거법

1. 의 의

상법 제682조 제1항에서는 "손해가 제3자의 행위로 인하여 생긴 경우에 보험금액을 지급한 보험자는 그 지급한 금액의 한도에서 그 제3자에 대한 보험계약자 또는 피보험자의 권리를 취득한다."고 규정하고 있다. 이를 근거로 운송 중에 손상된 화물에 대한 보험금을 지급한 적하보험자는 화주를 대위하여 화물의 손상에 원인을 제공한 운송인에게 손해배상청구를 할 수 있는데 이를 보험자대위권(right of subrogation)이라고 한다.[177] 하지만 이러한 결론은 우리 상법에 따를 때에만 타당하며, 다른 국가의 법에서는 대위권 발생의 요건이나 그 효과를 우리 법과 달리 규정할 수 있다. 따라서 적하보험자가 보험금을 지급한 후에 선하증권의 정당한 권리자를 대위할 수 있는지를 검토하기 위해서는 그 준거법을 먼저 확정할 필요가 있다.

2. 국제사법 제35조 제1항의 적용의 문제점

국제사법 제35조 제1항에서는 "법률에 의한 채권의 이전은 그 이전의 원인이 된 구채권자와 신채권자간의 법률관계의 준거법에 의한다."고 규정하고 있다.[178] 우리 상법상 보험자대

---

176) [1976] 1 Lloyd's Rep. 8.

177) 해상운송이 이루어지는 거의 모든 화물은 적하보험으로 부보되기 때문에 화물의 손상을 원인으로 하는 거의 모든 손해배상청구소송에서의 원고는 적하보험자가 된다.

178) 로마규칙 I 제15조에서도 국제사법 제35조 제1항과 사실상 동일한 규정을 두고 있다. 참고로 이 규칙 제1조 제2항(c)에서는 "환어음, 수표, 약속어음 기타 유가증권으로부터 발생하는 채무에 관하여 그 채무가 유가증권적 성질로부터 발생하는 한도(obligations arising under bills of exchange, cheques and promissory notes and other negotiable instruments to the extent that the obligations under such other negotiable instruments arise out of their negotiable character)"에서 동 규칙의 적용을 배제하고 있다. 이러한 규정으로 인하여 유통선하증권(negotiable bill of lading)이 위 규칙의 적용대상인지 아닌지에 관한 논의가 있다. Giuliano-Lagarde 보고서에서는 선하증권이 유가증권인지 여부

위권은 법률에 규정된 요건을 충족하였을 때에 당사자의 의사와 관계없이 당연히 발생하며, 그 결과 보험자는 채권자 의 지위에서 운송인에게 손해배상청구를 할 수 있다. 그렇다면 보험자의 대위권의 취득은 위 국제사법 제35조 제1항의 법률에 의한 채권의 이전이라고 할 것이고, 결국 보험자가 대위권을 취득하는지 여부는 선하증권의 준거법이 아니라 보험계약의 준거법에 따라서 결정하여야 한다.[179]

그런데 영국 해상보험법(Marine Insurance Act 1906) 제79조 제1항[180]에서는 보험금을 지급한 보험자가 피보험자의 가해자에 대한 권리를 대신하여 행사할 수 있도록 규정하고 있을 뿐이지 피보험자의 가해자에 대한 채권이 보험자에게 양도되지 아니한다. 따라서 보험자는 자신의 이름으로 피보험자의 채무자인 가해자 대하여 소를 제기할 수 없으며 피보험자의 이름으로만 소를 제기해야 한다. 즉 우리 상법 제682조 제1항과 같이 보험금을 지급한 보험자에게 피보험자의 가해자에 대한 권리가 자동적으로 이전되는 것이 아니라 보험자가 피보험자의 가해자에 대한 권리를 대신하여 행사할 수 있는 대위권만이 부여된다. 이와 같이 채권양도가 발생하지 아니하는 경우도 국제사법 제35조 제1항이 적용되는지 의문이 있다.

3. 사견과 입법론

국제사법 제35조 제1항에 상응하는 로마규칙 I 제15조[181]에서는 "채권자가 채무자에 대하여 계약상 권리를 갖고 있고 제3자가 채권자에게 채무를 이행해야 할 의무가 있거나 또는 실제로 그 의무를 이행한 경우에, 제3자가 채권자에게 채무를 이행해야 할 의무에 적용되는 법이 채권자가 채무자에 대하여 갖고 있는 권리를 제3자가 채무자에 대하여 행사할 수 있는지 여부 및 그 범위를 결정한다."[182]고 규정하여 '법률에 의한 채권이전'이라는 법률효과를 요구하지 않고 제3자에 의한 채권자의 권리의 행사라는 결과만을 요구함으로써 대위권을 폭넓게 규정하고 있기 때문에 영국법상의 보험자대위권도 이에 포함된다. 이에 따라서 조문의 제목도 제14조에서는 "자발적 양도 및 계약상 대위권"(voluntary assignment and contractual

---

를 위 규칙에서 정할 문제가 아니가 법정지법이 정할 문제라고 지적하고 있다(REPORT on the Convention on the law applicable to contractual obligations, Official Journal No L 266 of 9 October 1980). 그런데 영국에서는 유가증권이 되려면 양수인이 양도인보다 유리한 권리를 취득해야 하는데, 선하증권은 이러한 효력이 없으므로 유가증권으로 분류하고 있지 않으며, 따라서 위 규칙의 적용이 배제되지 않는다고 한다(Nicholas Gaskell and Regina Asariotis Yvonne Baatz, Biils of Lading: Law and Contracts International Press Publication Inc, 2000, paras. 19.7－19.8).

179) 석광현, 국제사법 해설, 박영사, 2013, 431쪽.

180) "보험자가 부보된 목적물의 전부 또는 분할할 수 있는 경우에 그 부보된 부분에 대하여 보험금을 지급한 경우에 보험자는 손해를 야기한 사고가 발생한 때부터 부보된 목적물 중 남은 부분에 대한 이익을 취득할 수 있으며 피보험자가 부보된 목적물에 대하여 갖고 있는 모든 권리와 구제방법을 대위할 수 있다."(Where the insurer pays for a total loss, either of the whole, or in the case of goods of any apportionable part, of the subject－matter insured, he thereupon becomes entitled to take over the interest of the assured in whatever may remain of the subject－matter so paid for, and he is thereby subrogated to all the rights and remedies of the assured in and in respect of that subject－matter as from the time of the casualty causing the loss.)

181) 로마규칙 II 제19조에서도 비계약상 권리에 관한 대위권에 관하여 동일한 규정을 두고 있다.

182) "Where a person (the creditor) has a contractual claim against another (the debtor) and a third person has a duty to satisfy the creditor, or has in fact satisfied the creditor in discharge of that duty, the law which governs the third person's duty to satisfy the creditor shall determine whether and to what extent the third person is entitled to exercise against the debtor the rights which the creditor had against the debtor under the law governing their relationship."

subrogation)이라고 하면서도 제15조에서는 양도를 제외하고 "법률상 대위권"(legal subrogation)이라고만 규정하고 있다.183)

비록 국제사법 제35조 제1항이 '법률에 의한 채권이전'을 요구하고 있지만 제3자가 채권자에게 채무이행을 하고 채무자에 대하여 권리를 행사하는 관계에서 가장 밀접한 관계가 있는 국가의 법이 제3자와 채권자 사이의 법률관계에 적용되는 법이란 점을 명확히 나타내고 있으므로 영국법상 보험자대위에 대하여도 국제사법 제35조 제1항이 적용 또는 유추적용 될 수 있으리라 보인다. 그리고 앞서 본 바와 같이 대위권이라고 하여 항상 채권양도의 효력이 있는 것은 아니므로 입법론적으로는 채권양도를 삭제하고 로마규칙 I 과 같이 폭넓게 규정될 필요가 있다고 본다.

183) McParland, para. 18.108.

제4장 당사자의 준거법의 선택이 없는 경우의 준거법

제1절 '가장 밀접한 관련'의 요구-국제사법 제26조 제1항

Ⅰ. 규정내용의 개요

당사자가 국제계약에 적용될 준거법을 국제사법 제25조에 따라서 명시적 또는 묵시적으로 선택하지 않았다면, 그 계약에 적용될 준거법은 국제사법 제26조에 규정된 객관적 연결원칙에 따라서 결정된다. 이와 같이 객관적 연결원칙에 따라서 선택된 준거법을 당사자가 선택한 '주관적 준거법'에 대비하여 '객관적 준거법'이라고 한다. 국제사법 제26조 제1항에서는 "그 계약과 가장 밀접한 관련이 있는 국가의 법"을 객관적 준거법으로 지정하고 있다.[1] 그리고 "그 계약과 가장 밀접한 관련이 있는 국가의 법"을 보다 쉽게 발견할 수 있도록 국제사법 제26조 제2항에서는 소위 '특징적 이행'(characteristic performance)을 중심으로 하여 준거법을 추정하는 규정을 두고 있다. 그러나 이는 추정에 불과하므로 다시 국제사법 제26조 제1항의 연결원칙으로 돌아와 추정되는 법보다 더 밀접한 관련이 있는 법이 있다면 추정은 번복되고 보다 더 밀접한 관련이 있는 법이 준거법이 된다.

'가장 밀접한 관련'을 탐색하는 과정에서 여러 다양한 연결요소(connecting factor)를 고려해야 하지만, 이러한 연결요소가 여러 국가에 산재하고 있는 경우에 이러한 연결요소에 대하여 동등한 가치를 부여하게 되면 준거법을 결정할 수 없는 눈제가 발생한다. 따라시 여러 연결요소 중에 어떤 연결요소가 보다 높은 가치를 갖고 있는지를 결정해야 하는데, 국제사법의 보호법익은 이러한 결정에 있어서 중대한 판단기준을 제시하므로 국제사법의 보호법익을 연구하는 것은 매우 중요하다. 다만 실질사법에서는 '법의 내용'이 문제되는 반면에 국제사법에서는 '적용할 법의 선택'만이 문제가 될 뿐이다. 그리고 다른 법과 마찬가지로 국제사법의 보호법익으로서는 공적이익과 사적이익이 있고, 양자는 상호 충돌하면서도 보충하는 기능을 한다. 위와 같은 논의를 위하여 아래에서는 먼저 '가장 밀접한 관련'에 관한 몇 가지 일반적 사항을 살펴본다.

---

1) '가장 밀접한 관련이 있는 국가의 법'을 준거법으로 연결하는 원칙은 국제사법 제26조 이외에도 제3조, 제8조, 제27조에도 있다. 이러한 점에서 위 원칙은 계약뿐만 아니라 모든 법률관계에도 공통적으로 적용된다고 할 것이다.

Ⅱ. '가장 밀접한 관련'의 일반적 내용

1. '가장 밀접한 관련'의 도입

국제사법이 제정되기 전 섭외사법 제9조에서는 "당사자의 의사가 분명하지 아니한 때에는 행위지법에 의한다."고 규정하여 준거법의 객관적 연결원칙을 행위지법(lex loci actus)으로 하고 있었다. 이는 '장소는 행위를 지배한다.'는 원칙[2)]에 따른 것으로 법률행위의 효력은 그 법률행위를 한 장소의 법이 적용된다는 의미이다. 그런데 격지자 간의 계약에서는 행위지를 특정할 수 없으므로 제11조 제2항에서는 청약의 통지를 한 곳을 행위지로 의제하였다. 그러나 계약의 여러 요소를 고려하지 않고 준거법을 행위지법으로 일률적으로 연결하는 것은 지나치게 기계적이고 도식적인 원칙이며, 계약의 체결지나 이행지는 우연한 사정에 의해 결정되는 경우가 많고, 현대에는 직접 대면하여 계약을 체결하는 경우보다 원거리에서 계약을 체결하는 경우가 많기 때문에 행위지를 특정하기 불가능한 경우가 있으며, 격지자간 청약발송지는 의제적이며 타당성이 의문시 된다는 비판 등이 있었다.[3)] 즉 다양한 연결요소를 무시하고 행위지를 중심으로만 준거법을 결정하게 되면 막상 그 계약과 가장 관련이 깊은 법은 적용되지 않고 별 관계가 없는 법이 적용될 가능성이 발생하는 문제가 있다.

이러한 비판 등을 수용하여 국제사법 제26조 제1항에서는 기존의 행위지법의 원칙을 버리고 준거법의 객관적 연결원칙을 '그 계약과 가장 밀접한 관련이 있는 국가의 법'으로 규정하였다. 이러한 객관적 연결의 원칙은 로마규칙 I 의 전신인 로마협약과 외국의 입법례를 받아들인 것이다. 로마협약이 시행되기 전 유럽 각 국의 입법례를 살펴보면 다음과 같다.

프랑스와 벨기에는 당사자의 명시적인 준거법 선택이 없는 경우에, 계약이 특정국가에 위치하고 있다는 것을 보여줄 수 있는 다양한 요소를 찾아서 준거법을 결정하였다.[4)] 이러한 '위치결정'(localisation)은 객관적으로 계약과 경제적인 측면에서 가장 밀접한 관련이 있는 국가를 탐색하는 것이었고, 특히 특징적 성격을 갖고 있는 계약상 의무가 이행되는 곳을 계약과 가장 밀접한 관련이 있는 곳으로 보았다.[5)] 독일에서는 당사자가 준거법을 선택하지 아니한 경우에 개별적 사안에서 문제된 일반적 이익을 고려하여 당사자의 가정적 의사를 보여주는 여러 요소를 바탕으로 하여 준거법을 결정하였다.[6)] 만일 이러한 방식에 의하여 준거법이 결정되지 아니하면 판례는 하나의 계약에 의한 여러 의무가 여러 나라에서 이행되어야 하는 경우에 각 그 곳의 법이 준거법이 된다고 보았다.[7)]

---

2) '장소가 행위를 지배한다.'는 원칙이 인정되는 이유는 행위지법이 당사자에게 익숙하고 당사자가 그곳 법률가의 조언을 받기가 쉽기 때문이다(이호정, 국제사법, 경문사, 1988, 20쪽).

3) 장준혁, "계약상 채권관계 등의 준거법지정규칙의 개정에 관한 연구", 법조 540호(2001.9), 169－170쪽. 미국에서도 준거법의 객관적 연결원칙은 행위지법이 지배적이었지만 행위지법은 지나치게 교조적이란 비판이 있었고, 그 대안으로 영국의 가장 밀접한 관련(closest connection)이 주장되어 Restatement (Second) of Conflict of Laws에서는 "가장 중대한 관련"(most significant relationship)을 받아들였다(Friedrich K. Juenger, Contract Choice of Law in the Americas, 45 Am. J. Comp. L. pp. 198－199).

4) Giuliano－Lagarde 보고서, p. 19.

5) Ibid.

6) Ibid.

그리고 영국에서는 당사자의 명시적인 준거법의 선택이 없는 경우에, 계약의 조건이나 성질 기타 사정을 고려하여 당사자의 의사를 추론하였는데, 이러한 추론을 할 수 없는 경우에는 그 거래와 '가장 밀접하고 가장 현실적인 연결'(closet and most real connection)되어 있는 법질서(system of law)를 준거법(proper law)으로 보았다.[8] '가장 밀접하고 가장 현실적인 연결'을 찾기 위해서 거주지, 사업의 수행지, 이행지, 계약의 체결지, 계약의 성질과 목적 등 모든 사정을 고려하였는데, 어느 하나의 요소가 결정적이지 않다면 이행지에 가장 큰 비중을 두었다.[9] 이태리는 당사자의 명시적 준거법의 선택이 없더라도 당사자의 추정적 의사를 도출하지 아니하고 몇 가지 계약유형에 관하여 준거법을 확정적으로 지정하고 나머지 계약에 관하여 당사자의 국적이 공통이면 그 나라의 법을, 국적이 다르면 계약이 체결된 곳의 법을 준거법으로 지정하였다.[10] 마지막으로 효력이 발생하지는 않았지만 1969년 베네룩스 조약[11]에서는 "당사자가 준거법을 선택하지 아니한 경우에 계약에는 가장 밀접한 관련이 있는 국가의 법이 적용되고, 만일 이러한 국가를 특정할 수 없다면 그 계약이 체결된 국가의 법이 적용된다."고 규정하고 있었다.[12]

그리고 미국에서도 준거법의 객관적 연결원칙은 행위지법이 지배적이었지만 행위지법은 지나치게 교조적이란 비판이 있었고, 그 대안으로 영국의 '가장 근접한 관련'(closest connection)이 주장되어 Restatement (Second) of Conflict of Laws 제188조 제1항[13]에서는 계약의 객관적 준거법을 결정하는데 있어서 "가장 중대한 관련"(most significant relationship)의 기준을 받아들였다.[14]

위와 같은 각 국의 입법례를 살펴보면, 일정한 연결요소가 있으면 준거법을 확정적으로 결정하는 이태리를 제외하고 나머지 국가는 밀접한 관련이라는 유연한 기준을 제시하여 법관에게 준거법 결정을 위한 다양한 요소 중 결정적 요소를 선택하여 개별적 사안마다 준거법을 결정할 수 있는 재량을 수여하고 있다.[15] 위와 같은 입법례를 고려하여 로마협약이 마련되었는데, 로마협약을 제정하는 과정에서 주관적 접근방법(subjectivc approach)과 객관적 접근방법(objective approach) 사이에 경합이 발생하였다.[16]

주관적 접근방식이란 계약의 협상의 장소, 계약에 사용된 언어, 이행지, 분쟁해결의 장소

---

7) Ibid.
8) Collins, para. 32-006.
9) McParland, para. 10.10. 영국에서는 준거법이 이행지법과 다르더라도 이행지법에 큰 의미를 두었는데, 이행지법상 계약상 의무의 이행이 불법이라면 준거법상 적법하더라도 계약을 무효로 보았다(Collins, para. 32-008).
10) McParland, para. 10.8.
11) 벨기에, 룩셈부르크, 네덜란드가 체결한 국제사법에 관한 조약으로서 각 국이 국내법으로 제정하기로 한 조약이다.
12) Giuliano-Lagarde 보고서, p. 19.
13) "계약에서 쟁점이 된 당사자의 권리와 의무는 제6조의 원칙에 따라서 거래 또는 당사자와 가장 중대한 관련이 있는 국가에 따라서 결정한다."(The rights and duties of the parties with respect to an issue in contract are determined by the local law of the state which, with respect to that issue, has the most significant relationship to the transaction and the parties under the principles stated in § 6.)
14) Friedrich K. Juenger, Contract Choice of Law in the Americas, 45 Am. J. Comp. L. pp. 198-199.
15) Ibid.
16) McParland, para. 10.12.

등을 종합적으로 고려하여 계약의 '중심적 장소'(centre of gravity)를 가리키는 주된 접촉지역을 찾아내서 준거법을 결정하는 방식이다.[17] 이러한 방식은 유연성(flexibility)을 제공하지만 당사자의 예견가능성(predictability)이 떨어지고 연결요소들의 일부가 각 다른 나라를 지시하고 있는 경우에 그 기준이 모호하다는 문제가 있다.[18] 그리고 객관적 접근방식이란 여러 연결요소 중 준거법을 결정할 수 있는 하나의 결정적 요소를 선택하는 것이다.[19] 이러한 방식에는 계약의 종류에 관계없이 모든 계약에 관하여 하나의 결정적 요소를 지정하는 방식과 계약의 종류마다 다른 요소를 결정적 요소로 지정하는 방식이 있을 수 있다.[20] 이러한 객관적 접근방식은 예견가능성을 높이지만 유연성이 떨어져서 언제나 적절한 해결방법을 제시하는 것이 아니라는 문제가 있다.[21]

준거법의 객관적 연결에 관한 로마협약 제4조는 위 양자의 장점과 단점을 모두 고려하여 마련되었다. 로마협약 제4조 제1항에서 "제3조에 따라서 계약에 적용될 법이 선택되지 아니한 한도에서 계약에는 가장 밀접하게 관련된 국가의 법이 적용된다."[22]고 규정하여 유연한 접근방식을 취하는 동시에, 제2항에서는 특징적 이행을 연결요소로 하여 준거법을 추정함으로써 준거법에 대한 예견가능성을 높였다. 한편 로마협약은 2008년 로마규칙 I 으로 개정되어 2009년 12월 17일 이후에 체결된 계약에 적용되고 있다. 이러한 개정에도 불구하고 로마규칙 I 제4조 제4항에서는 "제1항 및 제2항에 따라서 준거법을 결정할 수 없는 경우에는 그 계약과 가장 밀접한 관련이 있는 국가의 법이 그 계약을 규율한다."[23]라고 규정하여 여전히 '가장 밀접한 관련'을 준거법의 객관적 연결원칙으로 유지하고 있다.[24]

2. '가장 밀접한 관련'의 판단기준에 관한 기존의 논의

국제사법과 마찬가지로 로마협약이나 로마규칙에도 '가장 밀접한 관련'의 정의를 두지 않고 있는데 이러한 이유로 '가장 밀접한 관련'의 의미가 명확하지 않다는 비판이 있다.[25] 그리고 로마규칙 제4조 제3항에서는 '가장 밀접한 관련'을 판단하기 위하여 사안의 모든 사정(all the circumstances)을 고려하도록 규정하고 있지만 여전히 그 내용이 불명확하다는 점에서는 차이가 없다. 또한 사안이 모든 사정을 고려하기 위하여 계약체결지, 계약이행지, 당사자의 상거소지, 계약의 성질 및 대상 등과 같은 연결요소를 고려해야 하겠지만, 이러한 연결요소들이

17) Ibid, para. 10.13.
18) Ibid.
19) Ibid, para. 10.14.
20) Ibid.
21) Ibid.
22) "To the extent that the law applicable to the contract has not been chosen in accordance with Article 3, the contract shall be governed by the law of the country with which it is most closely connected."
23) "Where the law applicable cannot be determined pursuant to paragraphs 1 or 2, the contract shall be governed by the law of the country with which it is most closely connected."
24) 이러한 점에서 로마협약의 해석의 기준이 되었던 Giuliano−Lagarde 보고서는 로마규칙 I 의 해석에 관하여도 특별한 위치에 있다(Collins, para. 32−014).
25) McParland, para. 10.18.

하나의 국가에 집중되어 있는 경우에는 문제가 없지만 그렇지 아니한 경우에는 여전히 해결 방법을 제시하지 못하는 문제가 있다. 예를 들어 나미비아의 광산개발에 투자한 프랑스 회사가 한국 회사에 광산설비의 설치를 의뢰하면서 중개인이 소재한 영국에서 계약을 체결하였고 대금의 지급은 독일에 소재한 은행을 통하여 지급하되 미국에 있는 은행이 보증을 해주기로 한 경우 위와 같은 기준은 준거법의 결정에 큰 도움이 되지 못한다.

한편 미국의 Restatement (Second) of Conflict of Laws[26] 제188조 제1항에서는 "계약에 관한 당사자의 권리와 의무는 제6조의 원칙에 따라서 거래 및 당사자와 가장 중대한 관련이 있는 주(州)법에 따라서 결정된다."[27]고 규정하고 있다.[28] 그리고 제2항에서 '가장 중대한 관련'을 판단하기 위한 요소(contacts)로서 계약체결지(the place of contracting), 계약체결을 위한 협상지(the place of negotiation of the contract), 이행지(the place of performance), 계약목적물의 소재지(the location of the subject matter of the contract), 당사자의 주소, 거소, 국적, 설립지, 사업지(the domicil, residence, nationality, place of incorporation and place of business of the parties) 등을 제시하고 있다. 그런데 위 각 요소들은 개별적 사안마다 그 중요성에 차이가 있으므로 제2항에서는 개별적 사안에 따라서 그 상대적 중요성을 평가하여 고려하도록 규정하고 있다. 예를 들어 이행지는 계약과 중대한 관련을 갖지만 계약 당시 이행지를 특정할 수 없거나 이행이 여러 국가에 걸쳐서 이행되는 경우에는 이행지가 '가장 중대한 관련'을 결정하는데 중요한 요소라고 볼 수 없다.[29] 이러한 중요성의 평가는 국제사법 제26조 제1항의 '가장 밀접한 관련'의 탐색에 있어서도 필수적이라고 할 것이다.

3. '가장 밀접한 관련'에 관한 대법원 판례

국제사법 제26조 제1항에 관한 대법원 2011.1.27. 선고 2009다10249 판결에서는 "국제사법 제26조 제1항은 외국적 요소가 있는 법률관계에서 당사자가 준거법을 선택하지 아니한 경우에 계약은 그 계약과 가장 밀접한 관련이 있는 국가의 법에 의하여야 한다고 규정하고, 제26조 제2항 제3호에서는 위임사무의 준거법은 위임사무 이행의무 당사자의 계약체결 당시의 주된 사무소 등의 소재지법을 가장 밀접한 관련이 있는 법으로 추정하고 있다. 그런데 신용장에 기한 환어음 등을 매입하는 매입은행은 신용장 개설은행의 수권에 의하여 매입하긴 하지만, 이는 어디까지나 자기의 계산에 따라 독자적인 영업행위로서 매입하는 것이고 신용장 개설은행을 위한 위임사무의 이행으로서 신용장을 매입하는 것은 아니므로, 신용장 개설은행

26) Restatement는 미국법률협회(American Law Institute, ALI)가 미국의 각 주의 법을 통일하기 위하여 중요한 판례를 중심으로 하여 법조문 형식으로 정리한 것이다. 법조문 형식이기는 하지만 법률적 구속은 없다. 하지만 미국 전역의 많은 법원에서 Restatement를 common law를 집대성한 이차적 근거(secondary authority)로서 판결에서 원용되고 있다.

27) "The rights and duties of the parties with respect to an issue in contract are determined by the local law of the state which, with respect to that issue, has the most significant relationship to the transaction and the parties under the principles stated in s 6."

28) Restatement (Second) of Conflict of Laws가 제정되기 전에 1950년대 몇몇 판례에서는 어느 주(州)가 거래와의 '지배적 접촉'(dominant contacts)을 갖고 있는지 여부에 따라서 준거법을 결정하였다(Felix/Whitten, American Conflicts Law: Cases and Materials, LexisNexis, 2015, p. 46).

29) Restatement (Second) of Conflict of Laws §188 comment(e).

과 매입은행 사이의 신용장대금 상환의 법률관계에 관한 준거법의 결정에는 위임사무의 이행에 관한 준거법의 추정 규정인 국제사법 제26조 제2항 제3호를 적용할 수 없고, 환어음 등의 매입을 수권하고 신용장대금의 상환을 약정하여 신용장대금 상환의무를 이행하여야 하는 신용장 개설은행의 소재지법이 계약과 가장 밀접한 관련이 있는 국가의 법으로서 준거법이 된다."고 판시하고 있다.

위 대법원 판례에 관하여는 여러 문제가 제기될 수 있지만,[30] '가장 밀접한 관련'과 관련하여서 살펴보면, 위 판결은 '가장 밀접한 관련'의 구체적인 연결기준을 제시하지 아니한 채, '환어음 등의 매입을 수권', '신용장대금의 상환을 약정', '신용장대금 상환의무를 이행' 등과 같이 채무자의 행위를 중심으로 하여 행위지인 개설은행의 소재지를 '가장 밀접한 관련'이 있는 것으로 보고 있다. 신용장의 매입은행과 개설은행 사이의 행위가 주로 개설은행을 중심으로 발생하기 때문에 연결요소들이 개설은행의 소재지로 향하고 있고 따라서 개설은행의 소재지가 '가장 밀접한 관련'이 있다는 점에서 결론에 있어서는 타당한 결론이다.[31] 그러나 위 판결은 계약의 이행지와 당사자의 소재지가 다른 경우에는 어느 장소가 '가장 밀접한 관련'이 있는 장소인지 그 연결기준을 제시하지 아니한 문제가 있다.

Ⅲ. '가장 밀접한 관련'의 탐색에 있어서 공적이익과 사적이익

1. 공적이익과 사적이익의 의미

모든 국가는 자신의 법과 관련된 사항에 대하여 자신의 법을 적용할 이익을 갖고 있는데 이를 국제사법의 '공적이익'이라고 지칭할 수 있다. 만일 여러 국가에 연결요소가 걸쳐져 있어서 그 국가들 모두가 자신의 법을 적용할 이익을 갖고 있다면 그 국가들의 이익을 형량하여 보다 더 중대한 이익을 갖고 있는 국가의 법을 적용하는 것이 합리적이다. 이때 문제된 계약에 의하여 자신의 이익과 정책에 관하여 가장 큰 영향을 받는 국가[32]가 자신의 법을 적용할 이익을 가장 크게 갖고 있다고 볼 수 있다.[33][34] 이러한 공적이익은 국제사법에 반영되

30) 위 대법원 판결은 신용장의 매입은행과 개설은행 사이의 관계를 계약관계로 파악하고 있다. 그러나 양자 사이의 관계를 달리 보는 견해가 있으므로 위 대법원 판결에서는 먼저 양자 사이의 법률관계의 성격을 명확히 한 다음에 국제사법 제26조를 적용했어야 한다고 본다. 또한 국제사법 제26조 제2항의 세 가지 유형의 계약의 나열은 예시적 나열에 불과하므로 이에 해당하지 않는 계약이라고 하더라도 일단 특징적 이행을 통하여 가장 밀접한 관련이 있는 국가의 법을 추정하는 것이 타당한데, 위 대법원 판결은 이러한 과정을 거치지 안하고 바로 국제사법 제26조 제1항을 적용하고 있는바 논란의 여지가 있다.

31) 행위지를 중심으로 준거법을 결정하였던 섭외사법을 적용한 대법원 1997.5.9. 선고 95다34385 판결에서는 "수입신용장 개설은행의 신용장에 따른 대금지급의무는 법률행위인 신용장상의 지급확약에 의하여 발생하는 것인바, 그 법률행위의 성립과 효력 등에 관하여는 섭외사법 제9조에 따라 당사자가 지정한 준거법에 의하며, 당사자가 명시적으로나 묵시적으로 준거법을 정하지 아니한 경우에는 같은 조의 단서를 적용하여 행위지법에 의하나, 신용장 매입은행이 개설은행의 소재지와는 다른 법률이 적용하는 곳에 존재하는 경우에는 같은 법 제11조에 의하여 신용장 개설은행의 지급확약 의사표시를 통지한 곳, 즉 개설은행의 소재지에서 시행되는 법이 행위지법으로 간주된다."고 판시하여 대법원 2011.1.27. 선고 2009다10249 판결과 그 결론을 같이 하지만 그 근거를 달리한다.

32) 이를 'center of gravity'라고도 한다.

33) Clarkson/Hill, The Conflict of Laws, Oxford, 2006, p. 171.

34) 미국의 Currie교수가 주장한 정부이익분석(governmental interest analysis)도 Restatement (Second) of Conflict of Laws 제188조 제1항의 '가장 중대한 관련'(the most substantial relationship)에 어느 정도 반영되었다. 이 정부이익분석에서는

어 있다. 국제사법 제7조에서는 "입법목적에 비추어 준거법에 관계없이 해당 법률관계에 적용되어야 하는 대한민국의 강행규정은 이 법에 의하여 외국법이 준거법으로 지정되는 경우에도 이를 적용한다."고 규정하여 소위 국제적 강행법규가 최상위의 준거법이 된다는 점을 명백히 하고 있고, 제25조 제4항에서는 "모든 요소가 오로지 한 국가와 관련이 있음에도 불구하고 당사자가 그 외의 다른 국가의 법을 선택한 경우에 관련된 국가의 강행규정은 그 적용이 배제되지 아니한다."고 규정하여 당사자의 준거법에 관한 합의만으로 강행규정의 적용을 배제시킬 수 없도록 하고 있다. 이와 같이 국제사법에서 강행법규에 대하여 별도의 배려를 하고 있는 이유는, 국가는 자신의 기본적 법질서를 유지하기 위하여 강행법규에 대한 강력한 이익을 갖고 있기 때문이다. 또한 국제사법 제26조 제3항에서는 "부동산에 대한 권리를 대상으로 하는 계약의 경우에는 부동산이 소재하는 국가의 법이 가장 밀접한 관련이 있는 것으로 추정한다."고 규정하고 있는데, 부동산은 그것이 소재하는 국가의 규제적 이익이 강력하게 작용하기 때문에 '부동산에 대한 권리'[35]를 대상으로 하는 계약에 관하여는 소재지의 법(lex rei sitae)이 '그 계약과 가장 밀접한 관련이 있는 법'이 되는 경우가 일반적이기 때문이다.[36]

한편 평균인들은 그와 밀접하게 결합되어 있는 법의 적용을 받을 이익을 가지고 있는데 이를 국제사법에서의 '사적이익'이라고 지칭할 수 있다. 대부분의 사람들은 그들이 속하고 있는 국가의 법의 밑에서 성장하고 생활하고 경제활동을 영위하고 있기 때문에 자신에게 익숙한 자신이 속하고 있는 국가의 법의 적용을 받을 이익이 있다.[37] 이때 국제사법에서의 사적이익은 법을 적용한 결과가 당사자에게 유리하다는 실질법적 이익을 의미하는 것이 아니라 당사자가 속하고 있는 사회의 법의 적용을 받는 것 자체가 이익이 된다는 국제사법적 이익을 의미한다는 점에 주의할 필요가 있다.[38] 따라서 사적이익을 고려하여 결정된 준거법을 적용한 결과가 오히려 그 당사자에게 실질법적으로 불리한 결과를 가져올 수도 있다.[39]

2. 사적이익의 우선적 고려

계약체결의 자유, 당사자선택의 자유, 계약내용결정의 자유 등의 당사자자치의 원칙은

다음과 같은 세 가지 단계를 걸친다(Felix/Whitten, American Conflicts Law: Cases and Materials, LexisNexis, 2015, pp. 28-29). 첫째 미국법과 외국법의 내용이 다른지 여부를 판단한 후에 만일 차이가 없다면 법정지법을 적용한다. 이때 차이는 사소한 차이가 아니라 '상당한 차이'(materially differ)가 있어야 하는데, '상당한 차이'란 다른 결과를 가져오는 결과를 말한다. 둘째 미국법과 외국법 사이에 차이가 있다면 각 국가가 자신의 법을 적용한 이익이 있는지를 검토하여 그러한 이익이 진정하게 충돌하고 있는지 검토해야 한다. 셋째 만일 이익이 진정하게 충돌하고 있다면 각 공적이익을 형량하여 자신의 법이 적용되지 아니함으로써 그 이익이 더욱 상실하게 되는 국가를 찾아야 한다. 그러나 Currie의 정부이익분석은 이익분석이란 측면에서는 받아들일 점이 있지만 끝내 법정지법을 적용하자는 결론에는 무리가 있다고 본다.

35) 로마협약 제4조(3)와 스위스 국제사법 제119조 제1항에서는 "계약의 목적이 부동산에 대한 권리이거나 부동산을 사용할 권리"라고 하여 그 대상의 범위를 명확하게 규정하고 있지만, 우리 국제사법 제26조 제3항에서는 "부동산에 대한 권리를 대상으로 하는 계약"이라고 규정하여 그 대상을 다소 애매하게 규정하고 있다.

36) 이호정, 국제사법, 경문사, 1988, 21쪽.

37) 앞의 책, 19쪽.

38) 앞의 책, 278쪽.

39) 자연인의 경우에 사적이익은 혼인 · 이혼 · 상속 · 권리능력 · 행위능력과 같은 인격적으로 관계된 사항에서도 문제된다. 따라서 인격적으로 밀접하게 관계되는 법은 그가 국적을 갖고 있는 국가의 법(본국법) 또는 그가 살고 있는 국가의 법(주소지법 또는 상거소지법)이 된다(앞의 책, 19-20쪽).

국내계약에서보다 국제계약에서 더욱 강조된다. 그리고 국제사법에 따라서 어떤 국가의 법이 객관적 준거법으로 결정될 것인지 항상 확실한 것도 아니므로 계약의 당사자가 미리 준거법을 선택하는 방법으로 계약의 효력에 관한 불확실성을 제거할 수 있다.[40] 덧붙여 당사자는 중립적 국가의 법의 적용을 원할 수 있고, 또는 금융계약에서 뉴욕주법이나 영국법과 같이 시장의 관행에 적합한 국가의 법의 적용을 원할 수도 있으며, 선박건조계약(ship building contract)이나 구조화금융거래(structured finance transaction)와 같이 다른 계약과 긴밀하게 연결되어 있어서 당사자가 관련된 모든 계약이 동일한 국가의 법에 의하여 규율받기를 원하는 경우도 있다.[41] 이러한 필요에 의하여 국제사법 제25조에서는 '당사자자치'라는 제목 하에 계약의 당사자가 준거법을 자유롭게 지정할 수 있도록 규정하고 있다.

한편 국제사법 제7조에서 언급하는 '강행규정'은 당사자의 합의에 의하여 그 적용을 배제시킬 수 없는 '국내적 강행규정'이 아니라 당사자의 준거법의 선택에 의하여 그 적용을 배제시킬 수 없는 '국제적 강행규정'으로서 더욱 엄격하게 해석된다.[42] 이와 같이 해석되는 이유는 국가의 정책적 이익에 의하여 국제계약에서의 당사자자치가 함부로 훼손되는 것을 방지하는데 있다. 대법원 1999.12.10. 선고 98다9038 판결에서도 "섭외법률관계에 있어서 당사자가 준거법으로 정한 외국법의 규정이나 그 적용의 결과가 우리 법의 강행규정들에 위반된다고 하더라도 그것이 섭외사법 제5조가 규정하는 '선량한 풍속 기타 사회질서'에 관한 것이 아닌 한 이를 이유로 곧바로 당사자 사이의 섭외법률관계에 그 외국법의 규정을 적용하지 아니할 수는 없다."고 판시하여 국제적 강행규정의 엄격성을 인정하고 있다. 따라서 국제거래에서의 당사자자치는 국내거래에서의 당사자자치보다 더욱 존중되어야 하며, 당사자자치의 원칙은 사적이익을 위한 원칙이므로 객관적 준거법의 결정에 있어서도 공적이익보다는 사적이익이 우선적으로 고려되어야 한다. 환언하면 국가보다 당사자가 계약과 보다 밀접한 관련을 갖고 있다. 게다가 사적이익을 추구하기 위한 계약에 의하여 가장 큰 영향을 받는 것은 국가가 아니라 계약의 당사자라는 점에서도 객관적 준거법의 결정에 있어서도 사적이익이 공적이익에 우선한다고 본다.

반면에 국제사법에서 공적이익이 강력한 효력을 발생하는 경우는 당사자자치가 허용되지 아니하는 법정채권에 관해서이다. 국제사법 제30조, 제31조 제32조에서는 각 법정채권인 사무관리, 부당이득, 불법행위의 준거법에 관하여 규정하고 있는데, 모두 행위지법을 원칙적으로 그 준거법으로 규정하고 있다. 대법원 1979.11.13. 선고 78다1343 판결에서 "섭외사법 제13조 제1항이 섭외적 불법행위의 준거법을 그 원인된 사실이 발생한 곳의 법에 의하도록 규정한 취지는 불법행위가 행하여진 사회적 조건을 고려하여 그 곳에서의 법의식을 기준으로

---

40) H.L.E. Verhagen, The tension between party autonomy and European Union law: some observations on Ingmar GB Ltd v Eaton Leonard Technologies Inc, I.C.L.Q. 2002, 51(1), p. 144.

41) Ibid.

42) 자세한 내용은 장준혁, "국제적 강행법규 개념의 요소로서의 저촉법적 강행성", 성균관법학, 제19권 제2호(2007.8), 567－570쪽 참조.

하여 판단해서 처리하는 것이 일반적으로 국내법을 적용해서 처리하는 것보다 형평의 견지에서 합리적이고 실제적이라고 할 수 있고"라고 밝히고 있는 바와 같이 법정채권의 준거법의 결정에 관하여는 행위지의 공적이익이 당사자의 사적이익에 우선하는 고려요소이다.[43]

그러나 국제사법 제33조에서는 위와 같은 법정채권의 경우에도 당사자가 사후적으로 준거법의 합의를 할 수 있도록 허용하여 사적이익도 고려하고 있다. 또한 로마규칙 I 제14조 제1항(a)에서는 우리 국제사법과 마찬가지로 당사자가 사후적으로 준거법의 합의를 할 수 있도록 규정하면서도 (b)[44]에서는 관련 당사자 모두가 하나의 상업적 목적을 추구하고 있다면 사건이 발생하기 전에도 법정채권에 관한 준거법의 합의를 할 수 있도록 규정하고 있다. 이러한 로마규칙 I 의 입장은 법정채권에서의 사적이익을 강화시킨 측면이 있는데 법정채권이라고 하더라도 궁극적으로 당사자 사이의 이해관계를 조정하는데 그 목적이 있으므로 가능하다면 사적이익을 우선적으로 고려하는 것이 타당하다는 점에서 우리도 위와 같은 규정의 도입을 고려할 필요가 있다고 본다.

Ⅳ. '가장 밀접한 관련'의 탐색에 있어서 고려요소

당사자의 사적이익을 중심으로 준거법을 탐색한다고 할 때 고려해야 하는 요소는 크게 장소적 요소, 당사자의 이익의 형량, 국제사법적 가치 세 가지로 나누어 볼 수 있다.

1. 장소적 요소

국가는 장소적 개념이므로 계약과 가장 밀접한 관련이 있는 국가를 탐색하는데 있어서는 필수적으로 장소적 요소를 고려해야 한다. 계약에서 장소적 요소는 계약의 협상지, 계약의 체결지, 계약의 이행지, 당사자의 소재지, 청약과 승낙의 장소 등이 있지만 실제로 가장 큰 의미를 갖는 요소는 계약의 이행지와 당사사의 소재지가 된다.

그런데 계약의 이행은 그러한 이행이 이루어지는 국가의 정책과 관련되어 있다.[45] 따라서 국가적 이익을 강조한다면 이행지의 법이 그러한 이행과 가장 밀접한 관련이 있다고 볼 수 있다.[46] 영미법의 경우에 특히 이행지법에 큰 의미를 부여해 왔는데,[47] 영국은 당사자의 소재지법을 중심으로 준거법을 결정하고 있는 로마규칙 I 을 적용하고 있음에도[48] 아직도 이

43) 국제사법 제19조에서 "동산 및 부동산에 관한 물권 또는 등기하여야 하는 권리는 그 목적물의 소재지법에 의한다."고 규정하고 있는 것도 마찬가지 이유를 근거로 한다.

44) "where all the parties are pursuing a commercial activity, also by an agreement freely negotiated before the event giving rise to the damage occurred."

45) 반면에 당사자의 자유의사에 기하여 체결되는 계약은 일정한 장소와의 확정된 관계를 가지고 있지 않고 계약의 체결지는 우연적이며 유동적이기 때문에 공적이익과 긴밀한 관련이 있다고 보기 힘들다(이호정, 국제사법, 경문사, 1988, 278쪽).

46) Deniss Solomon, The Private International Law of Contracts in Europe: Advances and Retreats, 82 Tul. L. Rev. p. 1716.

47) McParland, para. 10.389

48) Ibid.

행지에 큰 비중을 부여하고 있다.[49] 그러나 당사자자치의 원칙이 적용되는 계약에서 공적이익을 내세워 이행지에 큰 비중을 두는 것은 적절하지 아니할 뿐만 아니라, 쌍무계약에서 양당사자의 이행지가 다르거나 이행지가 여러 장소에 산재하고 있는 경우에 어느 이행지를 중심으로 준거법을 결정해야 하는지 명확하지 않다는 문제가 발생한다. 예를 들어 영국의 컴퓨터 제작자가 프랑스 회사에 컴퓨터를 인도하고 설치해 주기로 하였는데, 프랑스 본사에 설치해 줄 것인지 아니면 이태리의 지사에 설치해 줄 것인지에 따라서 준거법이 달라지는 것은 합리적이지 않다.[50]

반면에 객관적 준거법을 결정함에 있어서 사적이익에 우위를 부여한다면 당사자의 소재지를 중심으로 하여 준거법을 결정해야 한다. 당사자는 자신이 소재하는 국가의 법을 적용받을 이익을 갖고 있기 때문이다.[51] 그리고 당사자가 준거법에 관한 합의를 하는 경우에 당사자 일방이 소재하는 곳의 법을 준거법으로 지정하는 것이 일반적이며 이행지를 준거법으로 지정하는 것은 매우 드물다는 점에서 위와 같은 결론은 당사자의 기대와도 일치한다. 더욱이 의무자의 소재지를 중심으로 준거법을 결정하는 것은 공적이익에도 부합한다. 왜냐하면 국가는 자신의 국가에 소재하는 당사자가 의무를 이행하는데 대하여 대인적 규제의 이익이 있기 때문이다.[52]

결론적으로 채무자의 이행을 연결요소로 하여 준거법이 연결되지만 이행지로 연결되는 것이 아니라 그러한 이행을 하는 당사자의 소재지로 연결되어야 한다. 따라서 특별한 사정이 없는 한,[53] 당사자가 동일한 국가에 소재한다면 그 국가의 법이 '그 계약과 가장 밀접한 관련이 있는 국가의 법'으로서 준거법이 되고, 당사자가 각 다른 국가에 소재한다면 특징적 이행을 하는 당사자가 소재하는 국가의 법이 준거법이 되며, 특징적 이행을 찾을 수 없는 경우에는 연결요소를 고려하여 어느 사적이익을 우선해야 하는지 판단하여 그 당사자가 소재하는 국가의 법이 준거법이 되는 것이 원칙이다.

국제사법 제26조 제2항에서 특징적 이행을 연결요소로 하면서 특징적 이행이 이루어지는 이행지로 연결시키는 것이 아니라 이행자의 상거소지 등으로 연결시키는 것도 동일한 이유에서이다.[54] 앞서 언급한 대법원 2011.1.27. 선고 2009다10249 판결에서는 "환어음 등의 매

49) Fawcett, p. 720에서는 영국 법원이 이행지에 너무나 큰 의미를 부여하고 있는데 비판을 가하고 있다.

50) Deniss Solomon, The Private International Law of Contracts in Europe: Advances and Retreats, 82 Tul. L. Rev. p. 1716.

51) 이호정, 국제사법, 경문사, 1988, 279쪽; McParland, para. 10.28.

52) Clarkson/Hill, The Conflict of Laws, Oxford, 2006, p. 171.

53) 대법원 2014.7.24. 선고 2013다34839 판결의 사안에서는 편의치적을 위하여 파나마에 서류상으로만 설립된 회사의 소유로 등록된 선박이 실질적으로는 한국회사의 소유인 경우로서, 위 판결에서는 국제사법 제60조 제1호, 제2호는 해상에 관한 준거법으로서 '선박의 소유권 및 저당권, 선박우선특권 그 밖의 선박에 관한 물권' 및 '선박에 관한 담보물권의 우선순위'는 선적국법에 의한다고 규정하고 있다고 하더라도, 국제사법의 규정에 따라서 지정된 준거법보다 밀접한 관련이 있는 국가의 법이 있다면 그 국가의 법을 적용하도록 규정하고 있는 국제사법 제8조 제1항에 따라서 가장 밀접한 관련이 있는 국가의 법은 서류상의 회사만 존재하는 파나마의 법이 아니라 실질적 소유자가 존재하는 한국의 법이라고 보았다. 이 판례는 국제계약에 관한 판례가 아니라 선박우선특권에 관한 판례이지만, 편의치적 된 국가를 실질적 당사자의 소재지로 볼 수 없다는 점을 시사하고 있다는 점에서는 국제계약의 객관적 준거법을 결정하는 과정에서 당사자와 당사자의 소재지를 확정하는데도 의미를 갖는다.

54) 국제사법 제26조 제2항에 상응하는 로마규칙 I 의 관련 조문에 대하여도 동일하게 해석되고 있다(Collins, para.

입을 수권하고 신용장대금의 상환을 약정하여 신용장대금 상환의무를 이행하여야 하는 신용장 개설은행의 소재지법이 계약과 가장 밀접한 관련이 있는 국가의 법으로서 준거법이 된다." 고 판시하고 있는데, 채무자의 행위를 중심으로 준거법을 연결시킨 것인지 아니면 소재지를 중심으로 준거법으로 연결시킨 것인지 명확하지 아니한 문제가 있다.

2. 당사자의 이익의 형량

가. 준거법에 대한 기대이익

국제사법에 의하여 보호되는 당사자의 이익은 준거법에 대한 예견가능성이라는 기대이익이라고 볼 수 있다. 국제계약을 체결하는 당사자는 그 계약에 대하여 어떤 법이 적용되어 어떤 효과가 발생할 것인지를 기대하고서 계약을 체결하기 때문이다. 특히 국제계약의 대부분을 차지하는 상업적 거래의 경우에 있어서는 이러한 예견가능성이 사업계획에 필수적 요소이기 때문에 더욱 중요하다. 예를 들어 국제금융거래를 하는 금융회사들은 상호 간에 계속적 금융거래가 이루어져서 일정 기간마다 채권과 채무를 소멸시키는 청산절차를 거쳐야 하고 당해 계약의 준거법상 이러한 청산절차가 가능하기 때문에 계속적 금융거래를 한다.

이러한 이유로 준거법에 대한 당사자의 예견가능성은 사적이익의 하나라고 할 것이므로 '가장 밀접한 관련'을 결정하는데 있어서 고려되어야 한다.[55] 이때 예견가능성의 판단은 당사자의 내면적 의사의 판단이 아니라 객관적 요소를 고려한 평균적 합리적 예견가능성을 의미한다고 봐야 한다. 따라서 예외적 예견가능성은 그러한 주장을 하는 당사자가 주장 및 증명을 해야 한다. 이러한 당사자의 예견가능성은 경매의 준거법의 결정에 그 중요성을 보여주고 있다. 그런데 로마규칙 I 제4조(1)(g)에서 경매에 의한 물품매매계약에 관하여 별도의 규정을 두고 있는데 "경매에 의한 물품매매계약은 경매의 장소가 확인될 수 있다면 경매가 발생한 국가의 법에 따른다."[56]고 규정하여 일반 매매계약에 관한 제4조(1)(a)와 다른 연결규칙을 두고 있다. 이와 같이 로마규칙 I 제4조(1)(g)에서 경매에 관한 특별규칙을 마련한 이유는, 경매를 일반적인 매매계약으로 취급하여 특징적 이행을 하는 매도인의 상거소 등이 있는 국가의 법을 경매의 준거법으로 보게 되면, 경매에서는 낙찰이 있기 전에 매도인이 누구인지 알려지지 아니하므로 매수인으로서는 준거법을 예측할 수 없기 때문이다.[57][58]

32-075).

55) 대법원 2010.7.15. 선고 2010다18355 판결에서는 예측가능성을 개인적 이익의 하나로 포함시키고 있다.

56) "a contract for the sale of goods by auction shall be governed by the law of the country where the auction takes place, if such a place can be determined."

57) Collins, para. 33-011.

58) 한편 인터넷 경매와 같이 경매가 특정 장소에 이뤄지지 아니하여 그 장소를 발견할 수 없는 경우에는 경매가 이뤄진 국가의 법을 준거법으로 지정할 수 없는 문제가 발생한다. 이러한 이유로 로마규칙 II 제4조(g)에서도 경매의 장소가 확인될 수 있는 경우에만 그 장소의 법을 준거법으로 지정하고 있다. 앞서 언급한 바와 같이 경매도 매매계약으로서 국제사법 제26조 제2항 제1호에 따라서 매도인의 물품의 인도가 특징적 이행이고 매도인의 상거소 등이 있는 국가가 가장 밀접한 관련이 있는 국가로 추정된다. 그런데 경매장소를 찾을 수 없다면 위와 같은 추정을 번복 시킬 수 있는 가장 밀접한 관련이 있는 국가의 법이 없다는 의미이므로 여전히 매도인의 상거소 등이 있는 국가의 법이 준거법으로 추정된다고 할 것이다(Collins, para. 33-011).

나. 특징적 이행을 하는 채무자 이익의 우선적 고려

국제계약의 일반적 형태의 쌍무계약의 경우에는 당사자 모두가 의무를 부담하고 있기 때문에 어느 당사자의 사적이익을 우선적으로 고려해야 하는지 문제가 발생한다. 통상 쌍무계약은 일방당사자가 특정한 행위를 할 의무(특징적 이행)를 부담하고 상대방이 그러한 이행에 대한 대가로서 금전을 지급하는 유상계약에 해당한다. 이때 특징적 이행을 하는 자가 일반적으로 그러한 계약관계를 반복적으로 접하고, 하나의 의무를 이행하는데 있어서 각 다른 법이 적용되면 좀 더 불이익을 입을 수 있는 당사자에 해당한다. 반면에 금전을 지급하는 행위는 일상적인 행위로서 준거법이 달라진다고 해서 그 의무의 내용에 큰 변화가 발생할 가능성은 많지 않다. 이러한 점에서 준거법을 결정하는데 있어서 특징적 이행을 하는 당사자의 사적이익이 좀 더 고려되어야 한다.[59] 한편 당사자 쌍방이 모두 특징적 이행을 부담하는 경우에는 개별적 · 구체적 사안마다 '모든 사정을 고려'하여 보다 더 밀접한 관련을 갖고 있는 당사자의 이익을 찾아내서 이를 우선적으로 고려할 수밖에 없다.

다. 실질법적 이익의 고려

특징적 이행을 통하여 연결된 준거법보다 밀접한 관련이 있는 국가의 법을 탐색하기 위해서는 또는 특징적 이행을 특정할 수 없는 경우에 실질법적 이익을 고려할 필요가 발생할 수 있다. 예를 들어 상계의 경우에는 양당사자 모두 특징적 이행을 부담하므로 특징적 이행을 특정할 수 없는데, 이때는 자동채권자의 일방적인 상계권의 행사에 의하여 자동채권만이 소멸되는 것이 아니라 수동채권의 채권자의 수동채권까지 소멸된다는 점에서 수동채권의 채권자의 실질법적 이익을 고려해야 하고, 일방적으로 채권을 상실하는 수동채권의 채권자의 기대이익을 자동채권의 채권자의 기대이익보다 우선시할 필요가 있다. 수동채권의 채권자는 수동채권의 준거법에 따라서 수동채권이 소멸될 것을 기대하므로 상계의 준거법은 수동채권의 준거법으로 보는 것이 타당하다.

대법원 2016.12.29. 선고 2013므4133 판결에서도 "채권자취소권의 행사에서 피보전권리는 단지 권리행사의 근거가 될 뿐이고 취소 및 원상회복의 대상이 되는 것은 사해행위이며, 사해행위 취소가 인정되면 채무자와 법률행위를 한 수익자 및 이를 기초로 다시 법률관계를 맺은 전득자 등이 가장 직접적으로 이해관계를 가지게 되므로 거래의 안전과 제3자의 신뢰를 보호할 필요도 있다. 이러한 요소 등을 감안하면, 외국적 요소가 있는 채권자취소권의 행사에서 가장 밀접한 관련이 있는 국가의 법은 취소대상인 사해행위에 적용되는 국가의 법이다."라고 판시하여 실질법적 이익을 고려하고 있다.[60]

59) Deniss Solomon, The Private International Law of Contracts in Europe: Advances and Retreats, 82 Tul. L. Rev. p. 1716.

60) 미국의 Restatement 제6조(2)(e)에서도 준거법의 결정에서 고려해야 할 요소 중에 '특정 분야의 법의 근저에 있는 기초적 정책'(the basic policies underlying the particular field of law)을 포함시켜서 실질법적 이익을 고려하도록 하고 있다.

3. 질서의 이익 또는 일치의 이익의 고려

법률은 그 규정들이 서로 조화를 이루고 통일적으로 적용되어야 하는데, 이를 '질서의 이익' 또는 '일치의 이익'이라고 한다. 각 국의 국내법의 내용에 차이가 있고 또한 각 국의 국내법은 서로 조화를 이루도록 설계되어 있으므로 하나의 사안에 대하여 여러 국가의 법이 동시에 적용되면 적용되는 법률 사이에 모순이 발생하고 적응의 문제가 발생하여 법적용이 복잡해진다.61) 그리고 관련된 여러 국가의 법을 중첩적으로 적용하면 각 국의 이익을 모두 존중한 것처럼 보이지만 실제로는 효력발생에 관하여 가장 엄격하게 규정하고 있는 국가의 법만 적용되는 결과를 가져오기 때문에 그러한 국가의 이익만 존중하는 결과를 가져온다.62) 따라서 연결요소가 여러 국가에 존재하고 있다고 하더라도 준거법은 가능한 하나의 국가의 법으로 일치시켜야 한다.

이러한 질서의 이익 또는 일치의 이익이 작용하는 대표적인 경우는 선박건조계약, 구조화금융거래, 이행보증(performance bond), 요구불보증(on-demand guarantee), 용선계약(charter party)과 그에 따라서 발행된 선하증권과 같이 하나의 계약이 다른 계약과 긴밀하게 연결되어 있는 경우이다.63) 이를 위하여 로마규칙 I 전문(21)에서는 "문제된 계약이 다른 계약 또는 계약들과 더욱 긴밀한 관련이 있는지 여부를 고려하여 가장 밀접하게 관련된 국가를 결정해야 한다."고 규정하고 있다.64) 규정의 내용상 관련된 계약의 당사자가 동일할 필요가 없으며, 또한 같은 거래에서 발생한 계약일 필요도 없다. 대표적으로 영국의 Bank of Baroda v Vysya Bank Ltd 판결65)에서는 신용장의 확인은행(confirming bank)과 수익자(beneficiary) 사이 및 확인은행과 개설은행(issuing bank) 사이에서는 확인은행의 소재지법인 영국법이 준거법이 되고 수익자와 개설은행 사이에서는 개설은행의 소재지법인 인도법이 준거법이 되어야 한다고 보면서도, 만일 이러한 결과를 그대로 적용한다면 수익자와 확인은행 사이의 준거법과 수익자와 개설은행 사이의 준거법이 달라지는 비정상적인 상황이 발생한다는 이유로 수익자와 개설은행 사이의 법률관계에 대하여도 잉글랜드법이 '가장 밀접한 관련이 있는 법'이라고 보았다.66)

우리 국제사법에는 로마규칙 I 전문(21)과 같은 규정이 없지만 질서의 이익 또는 일치의 이익은 준거법을 결정하는 기본적 원칙이므로 우리의 경우에도 관련된 계약의 준거법을 고려하여 '가장 밀접한 관련'을 결정할 수 있을 것이다. 또한 '가장' 밀접한 관련이 있는 하나

61) 이호정, 국제사법, 경문사, 1988, 24쪽.

62) 국제계약에 관하여는 중첩적용을 주장하는 견해를 찾아보기 힘들지만 상계, 채권자대위권, 채권자취소권에 관하여는 일본에서 중첩적용설이 주장되고 있다.

63) McParland, para. 10.385

64) "In order to determine that country, account should be taken, inter alia, of whether the contract in question has a very close relationship with another contract or contracts."

65) *Bank of Baroda v Vysya Bank Ltd* [1994] 2 Lloyd's Rep 87.

66) 국제사법에 관한 판례는 아니지만 대법원 2009.8.20. 선고 2008다58978 판결에서는 "복합운송의 손해발생구간이 육상운송구간임이 명백한 경우에도 해상운송에 관한 규정을 적용하면, 복합운송인이 그 구간에 대하여 하수급운송인으로 하여금 운송하게 한 경우에 하수급운송인과 복합운송인 사이에는 육상운송에 관한 법률이 적용되는 것과 균형이 맞지 않게 되는 점"이라고 판시하여 질서의 이익을 기초로 하여 법의 적용범위를 결정하고 있다.

의 국가의 법이 준거법으로 지정되어야 하므로 관련된 국가의 법을 중첩적으로 적용하려는 시도에 대하여는 찬성하기 어렵다.

V. 정 리

결론적으로 계약의 객관적 준거법을 결정하기 위해서는 보호되어야 하는 사적이익을 찾아서 그러한 당사자의 소재지를 중심으로 '가장 밀접한 관련'을 찾아야 한다. 그러나 '그 계약과 가장 밀접한 관련이 있는 국가의 법'은 객관적 준거법을 찾기 위한 이념 또는 원칙에 불과하고 적절하거나 실현가능한 연결요소가 아니기 때문에[67] 국제사법 제26조 제1항의 '그 계약과 가장 밀접한 관련이 있는 국가의 법'이라는 아주 짧은 문구만으로 계약의 객관적 준거법을 결정하는 것은 매우 어렵다. 애당초 로마규칙 I 에서 '가장 밀접하나 관련'을 준거법의 객관적 연결원칙으로 내세우면서도 특징적 이행을 연결요소로 하여 당사자의 상거소 등의 법을 준거법으로 추정한 이유도 '가장 밀접한 관련'의 개념이 모호하여 좀 더 예측가능한 수단이 필요했기 때문이다.[68] 그리고 로마협약 제4조 제2항에 있던 준거법의 추정규정을 로마규칙 I 에서는 제4조 제1항으로 변경하면서 더 이상 준거법을 추정하지 아니하고 준거법을 확정하고 있는 것도 '가장 밀접한 관련'의 개념적 모호성을 피하고 예견가능성을 높이기 위해서이다. 위와 같은 이유로 인하여 국제사법 제26조 제1항의 '그 계약과 가장 밀접한 관련이 있는 국가의 법'은 타당한 연결원칙임에도 불구하고 로마규칙 I 등을 참조하여 당사자의 준거법에 대한 예견가능성을 높이는 방향으로 국제사법을 개정할 필요가 있다고 본다.

제 2 절 특징적 이행에 기초한 준거법의 결정-국제사법 제26조 제2항

국제사법 제26조 제2항 ②당사자가 계약에 따라 다음 각호중 어느 하나에 해당하는 이행을 행하여야 하는 경우에는 계약체결 당시 그의 상거소가 있는 국가의 법(당사자가 법인 또는 단체인 경우에는 주된 사무소가 있는 국가의 법)이 가장 밀접한 관련이 있는 것으로 추정한다. 다만 계약이 당사자의 직업 또는 영업활동으로 체결된 경우에는 당사자의 영업소가 있는 국가의 법이 가장 밀접한 관련이 있는 것으로 추정한다.

1. 양도계약의 경우에는 양도인의 이행

67) Magnus/Mankowski, Joint Response to the Green Paper on the Conversion of the Rome Convention of 1980 on the Law Applicable to Contractual Obligations into a Community Instrument and its Modernization COM(2002) 654 final, p. 19, available at http://ec.europa.eu/justice/news/consulting_public/rome_i/contributions/university_hamburg_en.pdf.

68) Friedrich K. Juenger, Contract Choice of Law in the Americas, 45 Am. J. Comp. L., p. 201; Deniss Solomon, The Private International Law of Contracts in Europe: Advances and Retreats, 82 Tul. L. Rev. pp. 1716-1717.

2. 이용계약의 경우에는 물건 또는 권리를 이용하도록 하는 당사자의 이행
3. 위임 · 도급계약 및 이와 유사한 용역제공계약의 경우에는 용역의 이행

Ⅰ. 규정내용의 개요

국제계약의 효력 및 법률관계를 결정하기 위해서는 그 계약에 적용되는 국가의 법을 확정해야 한다. 국제사법 제25조 제1항에서는 당사자가 명시적 또는 묵시적으로 선택한 국가의 법을 준거법(주관적 준거법)으로서 지정하고 있지만, 만일 당사자가 준거법을 선택하지 않았다면 국제사법 제26조 제1항에 따라서 '그 계약과 가장 밀접한 관련이 있는 국가의 법'이 준거법(객관적 준거법)으로서 지정된다. 그런데 같은 조 제2항에서는 양도계약, 이용계약, 용역제공계약 등 세 가지 유형의 계약을 나열하고서 각 양도인의 이행, 이용하도록 하는 당사자의 이행, 용역의 이행을 하는 당사자의 상거소(당사자가 법인 또는 단체인 경우에는 주된 사무소, 이하 '상거소 등'이라고 한다)가 있는 국가의 법을 가장 밀접한 관련이 있는 것으로 추정하고 있다. 위와 같이 '가장 밀접한 관련'을 추정하기 위한 전제가 되는 이행을 '특징적 이행'(characteristic performance)이라고 한다.

그런데 위 세 가지 유형의 계약은 다양한 종류의 계약을 포함하는데, 계약의 의무내용이 단순한 경우를 제외하고는 그 계약의 특징적 이행을 찾는 것은 쉬운 일이 아니다. 그리고 위 세 가지 유형의 계약에 포함되고 그 계약의 특징적 이행을 찾았다고 하더라도 이러한 특징적 이행에 의하여 연결되는 국가의 법은 그 계약과 밀접한 관련이 있는 국가의 법으로 추정되는 것에 불과하고, 이러한 국가보다 더 밀접한 관련이 있는 국가가 있다면 국제사법 제26조 제1항에 따라서 그 국가의 법이 준거법이 된다. 아래에서는 위 세 가지 유형의 계약에 포함되는 개별적 계약과 그러한 계약의 특징적 이행 및 이러한 특징적 이행에도 불구하고 보다 밀접한 관련이 있는 국가의 법이 있는지를 논의에 보기로 한다. 이러한 논의를 위하여 먼저 특징적 이행의 이론적 기초에 관하여 살펴본다.

Ⅱ. 특징적 이행의 이론적 기초

1. 특징적 이행의 의미

특징적 이행은 스위스법의 산물이다. 스위스는 전통적으로 계약의 성립과 효력에 대하여는 계약의 체결지법(lex loci contractus)에 따르고 계약의 이행에 관하여는 이행지법(lex loci solutionis)에 따랐는데, 이러한 분열을 봉합하기 위하여 사비니(Savigny)의 견해에 따라서 이행을 중심으로 준거법을 통일적으로 결정하였다.[69] 그런데 쌍무계약(bilateral contract) 중에는 각

69) McParland, para. 10.26.

당사자의 의무가 동등한 가치를 갖고 있지만 이행지가 다른 경우가 존재하였고, 이러한 경우에는 이행을 중심으로 준거법을 결정할 수 없었기 때문에 새로운 해법이 필요하였다.[70] 이를 위해서 고안된 것이 특징적 이행이다. 처음 특징적 이행을 도입한 스위스 국제사법 제117조에서는 계약과 가장 밀접한 관련이 있는 국가의 법을 그 계약의 준거법으로 지정하고, 특징적 이행을 해야 하는 당사자가 상거소를 갖고 있는 국가가 가장 밀접한 관련이 있는 것으로 추정하고 있다.

스위스 국제사법이나 우리 국제사법에서 특징적 이행이 무엇인지 정의하고 있지 않지만 특징적 이행이란 하나의 계약을 다른 계약과 구별 짓게 하는 이행을 의미한다.[71] 예를 들어 매매계약에서 판매자는 물품을 인도할 이행의무가 있고, 운송계약에서 운송인은 화물 또는 여객을 운송할 의무가 있는데 이러한 의무는 이러한 계약을 다른 계약과 구별시켜주는 이행에 해당하므로 특징적 이행에 해당한다. 이와 반대로 특징적 의무이행에 대하여 상대방이 대가인 금전을 지급할 의무는 다른 계약과 구별되는 계약의 특징적 모습을 보여주지 아니하므로 원칙적으로 특징적 이행이라고 볼 수 없다.[72] 그러나 금전거래의 경우에는 금전을 지급할 의무가 특징적 이행이 될 것이다. 예를 들어 대출계약의 경우에 은행의 대출이 특징적 모습을 보여준다.

2. 특징적 이행을 통한 준거법 추정의 정당성

국제사법이 제정되기 전 섭외사법 제9조에서는 "당사자의 의사가 분명하지 아니한 때에는 행위지법에 의한다."고 규정하여 준거법의 객관적 연결원칙을 행위지법(lex loci actus)으로 하고 있었다. 그리고 격지자 간의 계약에서는 행위지를 특정할 수 없으므로 제11조 제2항에서는 청약의 통지를 한 곳을 행위지로 의제하였다. 이에 대하여 계약의 여러 요소를 고려하지 않고 준거법을 일률적으로 행위지법으로 연결하는 것은 지나치게 기계적이고 도식적인 원칙이며, 이행지는 우연한 사정에 의해 결정되는 경우가 많고 격지자간 청약발송지는 의제적이며 타당성이 의문시 된다는 비판이 있었다.[73] 그리고 청약에 대한 승낙에 의하여 계약이 성립되는데 최후의 행위인 승낙의 의미를 과소평가했다는 점에 대하여도 비판이 있었다.[74]

이러한 비판 등을 수용하여 국제사법 제26조 제1항에서는 기존의 행위지법의 원칙을 버리고 로마협약 제4조에 따라서 '그 계약과 가장 밀접한 관련이 있는 국가의 법'을 준거법의 객관적 연결원칙으로 수용하였다.[75] 그런데 '가장 밀접한 관련'의 개념이 불확정적이므로 계

---

70) Ibid.

71) Green paper on the conversion of the Rome Convention of 1980 on the law applicable to contractual obligations into a Community instrument and its modernisation, COM/2002/0654 final.

72) Ibid.

73) 장준혁, "계약상 채권관계 등의 준거법지정규칙의 개정에 관한 연구", 법조 540호(2001.9.), 169-170쪽. 좀 더 자세한 비판에 관하여는 석광현, 국제사법과 국제소송 제2권, 박영사, 2001, 12쪽 이하 참조.

74) 석광현, 국제사법 해설, 박영사, 2013, 308쪽.

75) 로마협약이 제정되기 전 유럽에서는 이태리를 제외하고 '가장 밀접한 관련'을 준거법의 객관적 연결원칙으로 채택하고 있었다(Giuliano-Lagarde 보고서, p. 19).

약의 준거법의 결정에서 유연성(flexibility)을 제공하지만 당사자의 예견가능성(predictability)을 떨어뜨리고, 연결요소들의 일부가 각각 다른 나라를 지시하고 있는 경우에 그 기준이 모호하다는 문제가 있었다. 이러한 이유로 로마협약 제4조에서는 특징적 이행을 연결요소로 하여 준거법을 추정하는 방법을 수용하여 준거법에 대한 예견가능성을 높였는데 우리 국제사법은 이러한 로마협약 제4조의 방식을 따랐다.

이와 같이 로마협약에서 특징적 이행을 연결요소로 하여 준거법을 추정한 이유는 당사자의 국적이나 계약의 체결지 등은 계약의 핵심과 관련이 없는 계약의 외부적 요소에 불과한 반면에, 특징적 이행은 계약의 핵심적 사항으로 계약의 내부로부터 도출된 연결요소이기 때문이다.[76] 그리고 장소적으로 구분되는 여러 국가가 존재하기 때문에 준거법의 문제가 발생하므로 국제계약의 준거법을 찾는 것은 그 계약과 가장 밀접한 관련이 있는 지리적 위치를 찾는 과정(localisation)이라고 볼 수 있는데, 특징적 이행은 사회 · 경제적 환경에서 법률관계가 수행하는 기능을 의미하므로 계약을 그 계약이 속해 있는 사회 · 경제적 환경과 필수적으로 연결시키고[77] 결국 그 계약과 가장 밀접한 관련이 있는 국가의 법을 찾을 수 있도록 하기 때문이다.

게다가 쌍무계약에서는 통상 일방당사자가 특징적 이행을 할 의무를 부담하고 상대방이 그러한 이행에 대한 대가로서 금전을 지급하는 유상계약인 경우가 많은데, 이때 특징적 이행을 하는 자가 일반적으로 그러한 계약관계를 반복적으로 접하는 당사자로서 의무이행의 근거가 되는 준거법의 결정에 대하여 보다 더 큰 이익을 갖고 있는 반면에, 금전적 대가를 지급하는 행위는 일상적인 행위로서 특별한 사정이 없는 한 특정한 국가의 정책에 의하여 크게 영향을 받지 않기 때문이다. 이러한 점에서 특징적 이행은 준거법을 결정하는데 있어서 결정적 연결요소가 된다.[78]

참고로 미국의 Restatement (Second) Conflict of Laws도 연결요소를 검토하여 가장 중대한 관련성이 있는 국가의 법을 객관적 준거법으로 본다는 점에서는 원칙적으로 우리 국제사법이나 로마규칙 I 과 동일하지만 '특징적 이행'의 개념이나 '특징적 이행'을 통하여 준거법을 추정 또는 확정하는 방법을 알지 못한다는 점에서 국제사법이나 로마규칙 I 과 차이가 있다.

3. 특징적 이행을 부담하는 당사자의 상거소 등으로의 연결

가. 기존의 행위지 중심의 준거법 결정

계약의 이행은 그러한 이행이 이루어지는 국가의 정책과 관련되어 있다.[79] 따라서 준거

---

76) Giuliano-Lagarde 보고서, p. 20.

77) Ibid.

78) Deniss Solomon, The Private International Law of Contracts in Europe: Advances and Retreats, 82 Tul. L. Rev. p. 1716.

79) 반면에 당사자의 자유의사에 기하여 체결되는 계약은 일정한 장소와의 확정된 관계를 가지고 있지 않고 계약의 체결지는 우연적이며 유동적이기 때문에 국가의 이익과 긴밀한 관련이 있다고 보기 힘들다(이호정, 국제사법, 경문사, 1988, 278쪽).

법의 결정에 있어서 국가적 이익을 강조한다면 이행지의 법이 그러한 이행과 가장 밀접한 관련이 있다고 볼 수 있다.[80] 영미법의 경우에 특히 이행지법에 큰 의미를 부여해 왔는데,[81] 영국은 당사자의 소재지법을 중심으로 준거법을 결정하고 있는 로마규칙 I 을 적용하고 있음에도[82] 아직도 이행지에 큰 비중을 부여하고 있다.[83] 그리고 미국의 Restatement (Second) Conflict of Laws 제188조 제2항에서는 제1항의 계약과 가장 중대한 관련이 있는 국가를 찾는데 있데 있어서 계약장소(the place of contracting), 협상장소(the place of negotiation of the contract), 이행지(the place of performance), 계약의 목적물의 소재지(the location of the subject matter of the contract), 그리고 당사자의 주소, 거주지, 국적, 설립지, 영업지(the domicil, residence, nationality, place of incorporation and place of business of the parties)를 연결요소로 제시하고, 제3항[84]에서는 계약의 협상장소와 이행지가 같은 국가에 있을 경우에 원칙적으로 그 국가의 법을 준거법으로 지정하여 여전히 행위지를 중심으로 하여 준거법을 결정한다. 위와 같은 이행지 또는 행위지 중심의 준거법 결정의 방식은 '장소는 행위를 지배한다.'는 원칙에 따라서 국가의 자신의 영토 내에서의 법적용의 이익을 강조한 것이다.

나. 당사자 소재지 중심의 준거법 결정

당사자자치의 원칙이 적용되는 계약에서 국가의 이익을 내세워 이행지에 큰 비중을 두는 것은 적절하지 아니할 뿐만 아니라, 쌍무계약에서 양당사자의 이행지가 다르거나 이행지가 여러 장소에 산재하고 있는 경우에 어느 이행지를 중심으로 준거법을 결정해야 하는지 명확하지 않다는 문제가 발생한다. 이러한 이유로 국제사법 제26조이나 로마규칙 I 에서는 특징적 이행을 연결요소로 규정하면서도 준거법을 특징적 이행의 이행지로 연결시키지 아니하였다. 대신에 특징적 이행을 부담하는 당사자의 상거소 등으로 준거법을 연결시켰는데, 그 이유는 다음과 같다.

계약의 준거법은 당사자의 계약상 권리와 의무의 내용을 확정하는데 큰 의미를 갖고 있기 때문에 국가보다 계약의 당사자가 계약의 준거법에 대하여 보다 큰 이익을 갖고 있고, 국가도 계약에 대한 규제적 이익을 갖고 있지만 이러한 이익은 국제적 강행규정 등 공서양속에 관련된 규정을 통하여 보호될 수 있으므로 준거법의 결정에 있어서는 당사자의 이익이 국가의 이익보다 우선한다고 볼 것이다. 이와 같이 당사자의 이익에 우위를 부여한다면, 당사자는 자신이 소재하는 국가의 법을 적용받을 이익을 갖고 있으므로 당사자의 소재지를 중심으로 하여 준거법이 결정되어야 한다.[85]

80) Deniss Solomon, The Private International Law of Contracts in Europe: Advances and Retreats, 82 Tul. L. Rev. p. 1716.

81) McParland, para. 10.389

82) Ibid.

83) Fawcett, p. 720에서는 영국 법원이 이행지에 너무나 큰 의미를 부여하고 있는데 비판을 가하고 있다.

84) "If the place of negotiating the contract and the place of performance are in the same state, the local law of this state will usually be applied, except as otherwise provided in §§ 189 – 199 and 203."

85) 이호정, 국제사법, 경문사, 1988, 279쪽; McParland, para. 10.28.

또한 당사자가 준거법에 관한 합의를 하는 경우에 당사자 일방이 소재하는 곳의 법을 준거법으로 지정하는 것이 일반적이며 이행지를 준거법으로 지정하는 것은 매우 드물다는 점에서 위와 같은 결론은 당사자의 기대와도 일치한다. 게다가 국가는 자신의 국가에 소재하는 당사자가 의무를 이행하는데 대하여 대인적 규제의 이익이 있으므로 의무자의 소재지를 중심으로 준거법을 결정하는 것은 국가의 이익에도 부합한다.86) 위와 같은 이유에서 국제사법 제26조 제2항에서는 특징적 이행을 연결요소로 하면서도 준거법을 특징적 이행이 이루어지는 이행지의 법으로 연결시키지 아니하고 특징적 이행을 수행하는 당사자의 상거소 등의 법으로 연결시킨 것이다.87)

Ⅲ. 국제사법 제26조 제2항의 세 가지 유형의 계약

1. 양도계약

양도계약은 재산의 소유권을 상대방에게 이전하는 계약이다. 민법에서 규정하고 있는 전형계약 중 재산의 소유권을 상대방에게 이전하는 계약에는 증여계약, 매매계약, 교환계약이 있다.88) 증여계약은 당사자 일방이 무상으로 재산을 상대방에 수여하는 의사를 표시하고 상대방이 이를 승낙함으로써 그 효력이 생긴다(민법 제564조). 증여계약에서는 일방당사자만이 증여의무를 부담하고 상대방은 이에 대한 대가를 지급할 의무를 부담하지 아니하므로 특징적 이행도 그 증여행위가 될 수밖에 없다. 따라서 증여계약에서의 특징적 이행은 명확하므로 아래에서는 특징적 이행에 대한 논의가 필요한 매매계약과 교환계약의 특징적 이행과 관련한 문제점에 한정하여 논하기로 한다.

가. 제작물공급계약

제작물공급계약이란 당사자의 일방이 상대방의 주문에 따라 자기 소유의 재료를 사용하여 만든 물건을 공급하기로 하고 상대방이 이에 대하여 대가를 지급하기로 약정을 말한다. 제작물공급계약은 공급자가 제작한 물건을 대가를 받고서 상대방에게 양도한다는 점에서는 매매계약으로서의 성격을 갖고 있지만, 상대방이 제품의 제작을 주문하다는 점에서 도급계약으로서의 성격도 갖고 있다. 이러한 점에서 제작물공급계약이 국제사법 제26조 제2항 제1호의 양도계약에 포함되는지 문제된다. 이 문제에 대하여 대법원 2010.11.25. 선고 2010다56685 판결에서는 제작물공급계약이 그 제작의 측면에서는 도급의 성질이 있고 공급의 측면에서는 매매의 성질이 있어 대체로 매매와 도급의 성질을 함께 가지고 있다고 인정하면서, 제작 공급하여야 할 물건이 대체물인 경우에는 매매에 관한 규정이 되어야 하고, 물건이 특정의 주문자의

86) Clarkson/Hill, The Conflict of Laws, Oxford, 2006, p. 171.
87) Collins, para. 32–075.
88) 반면에 로마규칙 I 제4조(1)(a)에서는 양도계약이 아니라 물품의 매매계약(a contract for the sale of goods)에 대하여만 규정하고 있다.

수요를 만족시키기 위한 부대체물인 경우에는 그 제작이 계약의 주목적이 되어 도급에 관한 규정이 적용되어야 한다고 보고 있다. 이러한 대법원 판례에 따르면 제작되는 물품이 대체물인 경우에는 국제사법 제26조 제2항 제1호의 양도계약에 해당하고 부대체물인 경우에는 국제사법 제26조 제2항 제3호의 도급계약이 된다.

그런데 우리나라에서 법적 구속력을 갖고 있는 「국제물품매매계약에 관한 국제연합협약」(United Nations Convention on Contracts for the International Sale of Goods; 이하 'CISG'라고 한다) 제3조 제1항에서는 "물품을 제조 또는 생산하여 공급하는 계약은 이를 매매로 본다. 다만 물품을 주문한 당사자가 그 제조 또는 생산에 필요한 재료의 중요한 부분을 공급하는 경우에는 그러하지 아니하다."[89]고 규정하여 주문자가 제조 또는 생산에 필요한 재료의 중요한 부분을 공급한 경우를 매매계약에서 제외시키고 있다. 따라서 주문자가 제작을 의뢰한 물품이 부대체물이라고 하더라도 주문자가 재료의 중요한 부분을 제공하지 않았다면 위 협약이 적용되는 매매계약에 포함된다. 그리고 브뤼셀규칙 제5조(1)(b)에 규정된 매매계약의 해석에 관한 유럽사법재판소의 Car Trim GmbH v KeySafety Systems Srl. 결정[90]에서는 주문자가 물품의 제작과 인도에 관하여 구체적인 주문을 했다고 하더라도 그 부품을 제공하지 않았다면 공급자가 제품의 품질과 제품이 계약내용과 일치하는지에 관하여 책임을 부담한다는 이유로 브뤼셀규칙 제5조(1)(b)의 매매계약에 해당한다고 보았다. 이러한 해석에 따라서 부품을 공급자가 제공한 경우에는 로마규칙 I 제4조(1)(a)의 매매계약으로 보고, 주문자가 제공한 경우에는 로마규칙 I 제4조(1)(b)의 용역제공계약(a contract for the provision of services)로 보자는 주장이 있다.[91]

법률관계의 성질결정은 법정지법에 따라야 하는데 위와 같이 대법원 판례와 CISG 사이에 내용상 차이가 있는 점에서 어느 법에 따라야 하는가의 문제가 발생한다. 그런데 CISG 제3조는 CISG의 적용범위를 적용하기 위한 특별한 규정이란 점을 고려하면[92] 국제사법의 해석에는 위 대법원 판례를 따르는 것이 법의 통일적 적용을 위하여 타당하다고 본다. 그러나 궁극적으로는 우리의 경우에 있어서도 대법원 판례와 같이 대체물과 비대체물에 따라서 제작물 공급계약의 성격을 다르게 보는 것보다는 제작물의 부품을 누가 공급하느냐에 따라서 제작물 공급계약의 성격을 분류하는 것이 매매계약과 도급계약의 분류에 합당하지 않을까 생각한다.

나. 판매점계약

판매점계약(Distribution Agreement 또는 Distributorship Contract)[93]은 일반적으로 판매자

89) "Contracts for the supply of goods to be manufactured or produced are to be considered sales unless the party who orders the goods undertakes to supply a substantial part of the materials necessary for such manufacture or production." 국문번역은 외교부 웹사이트에 게재된 번역문을 따랐다.

90) Case C-381/08 [2010] I-1255.

91) McParland, para. 10.115.

92) 위 대법원 판례는 CISG 제3조의 해석에 있어서 적용되지 아니한다(석광현, 국제물품매매계약의 법리, 박영사, 2010, 47쪽).

93) 국내에서는 '판매점계약'이란 용어와 함께 '특약상계약', '판매권계약', '판매권수여계약'이란 용어도 사용한다. 그러나 '판매점계약'이란 표현이 계약의 특징을 잘 나타내고 있으므로 본 글에서는 이 용어를 사용하도록 한다.

(distributor)[94]가 공급자(supplier)로부터 일정 기간 동안 물품을 공급받아 일정한 지역[95]에서 그 물품을 판매하기로 하는 계약을 말한다.[96] 판매점계약에는 공급자와 판매자 사이의 물품매매가 포함되기 때문에 양도계약으로서의 성격을 갖고 있다. 그러나 아래에서 보는 바와 같이 공급자와 판매자의 관계는 계속적 관계이자 수직적 관계에 있기 때문에 이러한 관계를 규율하는 계약내용이 다수 포함되어 있다는 점에서 복합계약에 해당한다.

그런데 로마규칙 I 제4조(1)(f)에서는 "판매점계약은 판매자가 상거소를 갖고 있는 국가의 법에 따른다."[97]고 규정하여 공급자의 물품인도가 아니라 판매자의 채무이행을 연결요소로 보고 있다. 로마규칙 I에서 위와 같은 규정을 두기 전에는 판매점계약의 특징적 이행이 무엇인지에 관하여 유럽 각 국에 통일된 규칙이 존재하지 않았다. 이태리, 프랑스, 영국은 공급자의 공급이 없으면 판매자의 재판매가 없다는 점에서 공급자의 이행을 특징적 이행을 본 반면에, 오스트리아, 네덜란드, 스페인, 독일은 판매점계약이 판매자의 재판매행위에 관한 계약이란 점에서 재판매행위를 특징적 이행으로 보았다.[98] 최초에 로마규칙 I 제4조(1)(f)와 같은 내용의 입법적 제안이 있었던 이유는 판매자가 약자이고 로마규칙 I 전문(23)[99]에서 약자를 보호하는 방향으로 저촉규칙을 정하도록 규정하고 있기 때문이었다.[100] 그러나 판매점계약에서 판매자가 약자라는 점에 대하여 의문이 제기되었고, 현재는 준거법에 대한 예견가능성을 높이기 위한 규정으로 해석되고 있다.[101] 우리 국제사법에서는 판매점계약에 대하여 별도의 규정을 두고 있지 아니한데, 우리의 경우에 판매자의 재판매행위를 특징적 이행으로 봐서 로마규칙 I 제4조(1)(f)와 동일한 결론에 이를 수 있는지 의문이 있다.

전세계적으로 수많은 판매점계약이 체결되고 있고 IT산업의 발전에 따라서 판매점계약은 물품에 한정되지 않고 소프트웨어 산업에서도 많이 이용되고 있다. 이러한 이유로 판매점계약의 형태도 매우 다양한데 전형적인 판매점계약의 내용을 살펴보면 크게 물품매매에 관한 사항과 판매자의 재판매에 관한 사항으로 나눌 수 있다.[102] 물품매매에 관한 사항으로서는

94) 영어로 작성된 판매점계약서는 통상 제품을 공급하는 자를 supplier라 지칭하고, supplier로부터 물품을 구매하여 편매히는 자를 distributor라고 지칭한다. 본 글에서는 supplier를 '공급자', distributor를 '판매자'라고 부르기로 한다. 판매점계약을 '특약상계약'으로 지칭하는 경우에 판매자를 '특약점' 또는 '특약판매점' 등으로 부르기도 한다.

95) 영어로 작성된 판매점계약에서 판매자가 물품을 판매할 수 있는 지역을 통상 'territory'라고 표현한다. 이러한 지역에서의 판매자의 판매권한이 독점적(exclusive)인지 아니면 비독점적(non-exclusive)인지 계약에서 정한다.

96) 벨기에는 유럽에서 유일하게 판매점계약에 관하여 별도의 법을 제정하고 있는데 그 법인 「불확정기한 독점적 판매점계약의 일방적 종료에 관한 법률」(a statute on the unilateral termination of exclusive distribution agreements of indefinite duration) 제1조 제2항에서는 판매점계약을 "공급자가 장기간에 걸쳐서 자신이 직접 제작하거나 또는 공급하는 제품에 대하여 하나 또는 그 이상의 판매자에게 판매자의 이름과 계산으로 특정지역에서 판매할 수 있는 권리를 수여하는 계약"(an agreement under which the grantor grants one or more distributors the right to sell in their own name and for their own account, products manufactured or distributed by the grantor; 영문번역은 Hammonds LLP 벨기에 사무소의 영문번역이며, 벨기에 정부의 공식 영문번역이 아님을 밝힌다)으로 정의하고 있다.

97) "a distribution contract shall be governed by the law of the country where the distributor has his habitual residence."

98) McParland, para. 10.234.

99) "약자로 여겨지는 당사자와 체결한 계약과 관련하여, 그러한 약자는 일반적 저촉규칙보다 그들의 이익에 보다 유리한 저촉규칙에 의하여 보호되어야 한다."(As regards contracts concluded with parties regarded as being weaker, those parties should be protected by conflict-of-law rules that are more favourable to their interests than the general rules).

100) Collins, para. 33-063.

101) McParland, para. 10.236; Collins, para. 33-063.

물품의 내역 · 판매가격 · 대금의 지불방법 · 물품의 인도방법 등 일반적 물품매매계약에 들어가는 기본적 계약조항이 판매점계약에 포함된다. 판매자의 재판매에 관한 사항으로서는 판매자가 재판매를 할 수 있는 지역적 범위인 판매지역에 관한 조항(territory), 판매자가 당해 지역에서 독점적 판매권자인지 아니면 비독점적 판매권자인지 여부에 관한 조항(exclusivity) · 재판매가격에 관한 조항(resale price), 판매자가 당해 제품의 경쟁제품을 취급하는 것을 금지하는 조항(non-competition), 판매자가 공급자의 광고정책에 따라야 한다는 조항(compliance with advertising policies), 판매자가 갖추어야 하는 최소한의 인력과 시설을 규정한 조항(sales organization), 판매자가 공급자로부터 구매해야 하는 최소의 물량을 규정한 최소구매량에 관한 조항(minimum purchase), 판매자가 판촉활동을 위하여 공급자의 상표를 사용하는 것을 허용하는 사용허락에 관한 조항(license to use supplier's trademarks), 계약기간에 관한 조항(supply period), 판매자의 판촉활동의 결과 또는 고객에 대한 정보를 공급자에게 보고하도록 하는 조항(report) 등이 포함된다.[103] 이와 같이 재판매에 관련된 사항은 공급자가 판매자의 재판매를 통제하는 것을 주된 내용으로 하는데, 그 이유는 공급자가 단순히 신규시장 진출의 위험을 줄이거나 판매자에게 제품을 판매하는데 판매점계약의 목표가 있는 것이 아니라 궁극적으로 판매자가 구축한 영업망을 이용하여 자신의 영업망을 구축하는데 있기 때문이다. 이러한 목적에서 판매점계약에서는 판매자를 사실상 공급자의 하나의 영업부서의 지위에 놓기 위한 수단들이 많이 이용되고,[104] 결국 당사자의 지위는 수평적이 아니라 수직적이 된다. 이러한 점에서 판매점계약은 매매계약보다는 대리점계약(agency agreement)[105] 또는 가맹계약(franchise agreement)과 더 가깝다.[106]

정리하면 판매점계약은 매매계약의 내용과 재판매를 통제하는 내용으로 구성되는데, 전자가 아닌 후자로 인하여 판매점계약은 통상의 매매계약과 차별을 갖고 있고 판매점계약의 사회 · 경제적 작용도 매매계약적 성질보다 재판매를 통제하는데 월등히 큰 비중이 있다고 할 것이다. 따라서 판매자의 재판매행위가 특징적 이행이 되어 판매자의 상거소 등이 있는 국가의 법이 준거법으로 추정된다는 점에서 국제사법과 로마규칙 I 사이에 차이가 없다.

다. 가맹계약

가맹계약은 가맹사업을 위한 계약이다. 여기서 가맹사업이라 함은 가맹본부가 가맹점사

102) 국제상업회의소(International Chamber of Commerce)에서는 표준판매점계약서(The ICC Model Distributorship Contract)를 작성해서 보급하고 있는데, 전형적 판매점계약의 모습을 보여주고 있다.

103) 판매점계약에 관한 보다 구체적인 내용에 관하여는 이헌묵, "국제거래에서 판매점계약(Distribution Agreement)의 판매자의 보상청구권에 관한 비교법적 고찰", 국제거래법연구 제19집 제2호(2010.12) 참조.

104) 구체적으로 판매점계약에서는 판매자로 하여금 일정한 시설과 인력을 갖추도록 의무를 부과하거나, 제품의 판매에 관련된 장부를 작성하여 비치한 후 공급자가 열람할 수 있도록 하거나, 광고에 있어서 공급자의 광고전략을 따르게 하거나, 판매자의 경영진의 변경에 있어서 사전승인 또는 사후승인을 얻도록 하거나, 재판매가격의 결정에 관여하는 등의 규정을 두고 있다.

105) 판매점계약과 대리점계약의 비교에 관하여는 이태희, 국제계약법, 법문사, 2001, 588쪽 참조.

106) 폐지된 공정거래위원회의 「국제계약상의 불공정거래행위 등의 유형 및 기준」 제8조의 제목은 '수입대리점계약상의 불공정거래행위 등'이었지만 규정내용을 보면 대리점계약뿐만 아니라 판매점계약도 적용범위에 포함시키고 있었다.

업자로 하여금 자기의 상표, 서비스표, 상호, 간판 그 밖의 영업표지를 사용하여 일정한 품질기준이나 영업방식에 따라 상품 또는 용역을 판매하도록 함과 아울러 이에 따른 경영 및 영업활동 등에 대한 지원, 교육과 통제를 하며, 가맹점사업자는 영업표지의 사용과 경영 및 영업활동 등에 대한 지원, 교육의 대가로 가맹본부에 가맹금을 지급하는 계속적인 거래관계를 말한다(「가맹사업거래의 공정화에 관한 법률」 제2조 제1호). 이러한 가맹계약 중 상품의 판매를 위한 가맹계약은 가맹본부와 가맹사업자 사이의 양도계약의 성격을 갖고 있지만 가맹본부의 가맹사업자에 대한 지원, 교육과 통제에 관한 규정도 포함되어 있다는 점에서 복합계약에 해당한다.

그런데 로마규칙 I 제4조(1)(e)에서는 "가맹계약은 가맹점사업자[107]가 상거소를 갖고 있는 국가의 법에 따른다."[108]고 규정하여 가맹본부(franchisor)[109]의 가맹점사업자(franchisee)에 대한 물품인도가 아니라 가맹점사업자의 채무이행을 연결요소로 보고 있다. 로마규칙 I 제4조(1)(e)가 마련되기 전에 유럽에서는 가맹사업자의 물품공급을 가맹계약의 특징적 이행으로 보는 견해와 가맹점사업자의 채무이행을 특징적 이행으로 보는 견해로 나뉘어 있었다.[110] 이러한 견해의 대립과 별도로 로마규칙 I 에서 가맹계약에 관한 규정을 둘 것인지도 논란이 되었는데, 독일은 가맹계약이 다양한 형태를 갖고 있고 그 내용이 복잡하다는 이유로 관련규정을 두는 것을 반대하였지만 유럽연합 회원국 다수의 찬성에 따라서 로마규칙 I 제4조(1)(e)가 마련되었다.[111] 이러한 점에서 판매점계약과 마찬가지로 우리의 경우에도 가맹계약에서 가맹점사업자의 채무이행을 특징적 이행으로 볼 수 있는지 검토할 필요가 있다.

가맹계약도 판매점계약과 유사하게 가맹본부의 가맹점사업자에 대한 물품공급에 관한 내용과 가맹점사업자의 가맹점사업에 관한 내용으로 구성되어 있다. 가맹점사업에서는 물품과 서비스의 일정한 품질을 유지하고 통일된 영업방식을 유지하는 것이 중요하고 다른 계약과 차별을 두는 특징적 모습인 반면에 물품의 공급은 다른 계약과 차별을 두는 계약의 내용이 아니다.[112] 이러한 점에서 보면 가맹계약도 판매점계약과 마찬가지 이유로 가맹점사업자의 가맹점사업의 이행을 특징적 이행으로 보아서 가맹점사업자의 상거소 등이 있는 국가의 법이 그 준거법으로 추정된다고 볼 것이다.[113]

107) "가맹점사업자"라 함은 가맹사업과 관련하여 가맹본부로부터 가맹점운영권을 부여받은 사업자를 말한다(「가맹사업거래의 공정화에 관한 법률」 제2조 제3호).

108) "a franchise contract shall be governed by the law of the country where the franchisee has his habitual residence."

109) "가맹본부"라 함은 가맹사업과 관련하여 가맹점사업자에게 가맹점운영권을 부여하는 사업자를 말한다(「가맹사업거래의 공정화에 관한 법률」 제2조 제2호).

110) McParland, para. 10.215.

111) Ibid, paras. 10.218–10.219.

112) 「가맹사업거래의 공정화에 관한 법률」 제11조 제2항에서는 가맹계약서에 반드시 포함되어야 하는 사항을 규정하고 있는데 모두 가맹점사업에 관한 내용이다.

113) Collins, para. 33R 062 Rule 232에서는 가맹계약과 판매점계약을 동일하게 취급하고 있다.

라. 경 매

다수인으로 하여금 계약의 내용에 관하여 서로 경쟁하게 하여 그 중 가장 유리한 조건을 제시한 자를 골라 이 자를 상대방으로 계약을 체결하는 것을 '계약의 경쟁체결'이라고 하고,114) 이러한 계약의 경쟁체결에 의하여 물품매매계약을 체결하는 것을 경매라고 한다.115) 그런데 로마규칙 I 제4조(1)(g)에서 경매에 의한 물품매매계약에 관하여 별도의 규정을 두고 있는데 "경매에 의한 물품매매계약은 경매의 장소가 확인될 수 있다면 경매가 발생한 국가의 법에 따른다."116)고 규정하여 일반 매매계약에 관한 제4조(1)(a)와 다른 연결규칙을 두고 있다. 더욱이 다른 계약의 경우에는 당사자의 상거소 등을 중심으로 준거법을 결정하고 있는데 반하여 경매의 경우에는 행위지를 중심으로 준거법을 결정하고 있는 점에서 차이가 있다. 이와 같이 로마규칙 I 제4조(1)(g)에서 경매에 관한 특별규칙을 마련한 이유는, 경매에서도 매도인의 물품인도를 특징적 이행으로 보게 되면 다수의 매도인이 경매를 통하여 하나의 장소에서 매매계약을 체결하였음도 매도인의 상거소 등이 달라짐에 따라서 준거법도 달라지는 이상한 결과가 발생하고,117) 경매에서 낙찰이 되기 전에는 매수인에게 매도인이 누구인지 알려지지 아니하므로 매수인이 준거법을 예측할 수 없기 때문이다.118) 그러므로 우리의 경우에도 로마규칙 I 제4조(1)(g)와 동일한 결론에 이를 수 있는지 살펴볼 필요가 있다.

경매는 청약과 승낙에 있어서 일반매매계약과 다른 특수한 방법을 사용하는 것에 지나지 않으며 계약의 체결과정을 제외하면 일반매매계약과 차이가 없다.119) 이러한 점에서 경매에서도 특징적 이행은 매도인의 물품인도가 되며 매도인의 상거소 등이 있는 국가가 가장 밀접한 관련이 있는 국가로 추정된다. 그런데 앞서 언급한 바와 같이 사적이익을 추구하기 위한 계약에 의하여 가장 큰 영향을 받는 것은 국가가 아니라 계약의 당사자이므로 준거법의 객관적 결정에 있어서 당사자이익의 하나인 당사자의 예견가능성이 고려되어야 한다. 이때 낙찰 전에는 매도인을 알 수 없는 경매에서 매도인의 상거소가 있는 국가의 법을 준거법으로 한다면 매수인의 예견가능성을 전적으로 무시하는 결과를 가져오기 때문에 위와 같은 준거법의 추정은 부당하다.120) 따라서 예견가능성이 가장 높은 법이 국제사법 제26조 제1항의 가장 밀접한 관련이 있는 국가의 법으로서 준거법이 되어야 하는데, 매도인이나 매수인이나 모두 예견가능한 국가의 법은 경매가 이루어진 국가의 법밖에 없으므로 이 법이 경매의 준거법이 되는 것이 타당하다. 또한 이러한 결론이 다수인에 의한 다수의 매매계약이 발생하는 경매의 통

---

114) 지원림, 민법강의, 홍문사, 2013, 5−39.

115) 이때 경매는 사경매(私競買)만을 의미하며 민사집행법에 따른 강제집행이나 임의경매는 '절차는 법정지법에 따른다'(forum regit processum)는 원칙에 따라서 법정지법이 적용된다.

116) "a contract for the sale of goods by auction shall be governed by the law of the country where the auction takes place, if such a place can be determined."

117) McParland, para. 10.254.

118) Collins, para. 33−011.

119) 지원림, 민법강의, 홍문사, 2013, 5−39.

120) CISG 제2조(b)에서도 경매를 그 적용대상에서 제외하고 있는데, 이와 같이 제외한 이유도 낙찰되기 전에는 매수인이 누구인지를 알 수 없고 따라서 CISG의 적용 여부를 미리 알 수 없기 때문이다.

일적 규율에도 적합하다.

한편 인터넷 경매와 같이 경매가 특정 장소에 이뤄지지 아니하여 그 장소를 발견할 수 없는 경우에는 경매가 이뤄진 국가의 법을 준거법으로 지정할 수 없는 문제가 발생한다. 이러한 이유로 로마규칙 I 제4조(g)에서도 경매의 장소가 확인될 수 있는 경우에만 그 장소의 법을 준거법으로 지정하고 있다.[121] 앞서 언급한 바와 같이 경매도 매매계약으로서 국제사법 제26조 제2항 제1호에 따라서 매도인의 물품의 인도가 특징적 이행이고 매도인의 상거소 등이 있는 국가가 가장 밀접한 관련이 있는 국가로 추정된다. 그런데 경매장소를 찾을 수 없다면 위와 같은 추정을 번복 시킬 수 있는 가장 밀접한 관련이 있는 국가의 법이 없다는 의미이므로 여전히 매도인의 상거소 등이 있는 국가의 법이 준거법으로 추정된다고 할 것이다.[122]

마. 부동산매매계약과 부동산임대차계약

국제사법 제26조 제3항에서는 "부동산에 대한 권리를 대상으로 하는 계약의 경우에는 부동산이 소재하는 국가의 법이 가장 밀접한 관련이 있는 것으로 추정한다."고 규정하여 제2항과 다른 추정원칙을 적용하고 있다. 이러한 규정을 둔 이유는 부동산은 그것이 소재하는 국가의 규제적 이익이 강력하게 작용하기 때문에 '부동산에 대한 권리'를 대상으로 하는 계약에 관하여는 소재지의 법(lex rei sitae, lex situs)이 그 계약과 가장 밀접한 관련이 있는 법이 되는 경우가 일반적이기 때문이다.[123] 로마규칙 I 제4조(1)(c)와 스위스 국제사법 제119조 제1항도 동일한 규정을 두고 있다.[124] 다만 로마규칙 I 에서는 "부동산의 물권에 관한 계약 또는 임차대차계약은 그 재산이 소재한 국가의 법이 적용된다."[125]라고 규정하여 그 대상의 범위를 명확하게 규정하고 있고 스위스 국제사법에서도 동일하게 규정하고 있는 반면에,[126] 우리 국제사법 제26조 제3항에서는 "부동산에 대한 권리를 대상으로 하는 계약"이라고 규정하여 그 대상을 다소 애매하게 규정하고 있다. 이러한 애매한 규정내용에도 불구하고 "부동산에 대한 권리를 대상으로 하는 계약"에는 부동산에 대한 물권뿐민 이니라 부동산에 대한 임차권 등 채권적 권리도 포함된다고 해석된다. 그러나 건물의 건설계약이나 수리계약 등은 부동산의 권리와 관련이 없으므로 이에 포함되지 아니한다.[127]

---

121) Collins, para. 33－011.

122) Ibid.

123) 이호정, 국제사법, 경문사, 1988, 21쪽.

124) 부동산에 관하여는 부동산 소재지법이 적용된다는 원칙은 유럽에서 오랜 역사를 가지고 있고, 유럽 국가 모두 이러한 원칙을 받아들이고 있기 때문에 그 근거와 타당성을 따지지 아니하고 로마협약에서 당연히 수용하였다고 한다(McParland, para. 10.158).

125) "a contract relating to a right *in rem* in immovable property or to a tenancy of immovable property shall be governed by the law of the country where the property is situated."

126) common law에서는 임차권(tenancy)도 물건에 대한 권리(right in rem)를 창설하기 때문에 양자 사이에 차이가 없다고 한다(McParland, para. 10.177).

127) Fawcett/Harris/Bridge, International Sale of Goods in the Conflict of Laws, 2005, p. 716. 로마규칙 I 로 개정하면서 덴마크에서 건설계약도 포함시킬 것을 주장하였지만 이러한 주장은 받아들여지지 않았다고 한다(McParland, para. 10.167).

바. 교환계약

교환계약(barter contract)은 당사자 쌍방이 금전 이외의 재산권을 상호 이전할 것을 약정하는 계약을 말한다(민법 제596조). 양도인의 재산권의 양도에 대하여 상대방이 금전적 대가를 지급하지 아니하고 그 역시 재산권을 이전한다는 점에서 매매계약과 차이가 있다. 교환계약도 재산권을 이전하기 위한 계약이란 점에서 국제사법 제26조 제2항 제1호의 양도계약이라고 볼 수 있다. 그런데 교환계약에서는 양쪽 당사자 모두 재산권을 양도하는 행위를 하므로 어느 양도인의 이행을 특징적 이행으로 볼 것인지 결정할 수 없는 경우에 해당한다. 따라서 국제사법 제26조 제2항에 따라서는 준거법을 결정할 수 없고, 제1항에 따라서 개별계약의 모든 연결요소를 고려하여 가장 밀접한 관련이 있는 국가의 법을 결정할 수밖에 없다.[128]

2. 이용계약

국제사법 제26조 제2항 제2호가 적용되는 이용계약은 물건 또는 권리를 이용하는 계약을 의미한다. 이용계약의 경우에 상대방이 이용에 대한 대가를 지급하는지 여부에 관계없이 이용을 허락하는 행위가 그 계약을 다른 계약과 구분 짓게 하는 행위이므로 물건 또는 권리를 이용하도록 하는 행위가 특징적 이행이 된다.

가. 리스계약

이용자가 선정한 기계, 시설, 그 밖의 재산을 공급자가 제3자로부터 취득하거나 대여 받아 이용자에게 이용하게 하는 약정을 리스계약이라고 한다(상법 제168조의2).[129] 이러한 리스계약은 공급자가 이용자에게 이용자가 필요한 설비의 구입자금을 융자하여 주는 대신에 그러한 설비를 직접 구입하여 임대하여 준다는 점에서 형식적으로는 물건의 임대차이지만 실질적으로는 자금의 대여이다.[130] 대법원 1994.11.8. 선고 94다23388 판결에서도 리스계약이 형식에서는 임대차계약과 유사하나 그 실질은 물적 금융이며 임대차계약과는 여러 가지 다른 특질이 있기 때문에 리스계약은 비전형계약무명계약이고, 따라서 이에 대하여는 민법의 임대차에 관한 규정이 바로 적용되지 아니한다고 보고 있다. 이와 같이 물적 금융에 해당하는 리스계약이 국제사법 제26조 제2항 제2호의 이용계약에 해당되는지 문제된다.

이에 대하여 대법원 2011.4.28. 선고 2010도15350 판결에서는 "국제사법 제26조는 제1항에서 "외국적 요소가 있는 법률관계에서 당사자가 준거법을 선택하지 아니한 경우에 계약은 그 계약과 가장 밀접한 관련이 있는 국가의 법에 의하여야 한다."고 규정하고, 제2항 제2호에서 '이용계약'의 준거법은 물건 또는 권리를 이용하도록 하는 당사자의 계약체결 당시의

128) Ibid, para. 10.129.

129) 여신전문금융업법 제2조 제10호에서는 "시설대여란 대통령령으로 정하는 물건(이하 "특정물건"이라 한다)을 새로 취득하거나 대여 받아 거래상대방에게 대통령령으로 정하는 일정 기간 이상 사용하게 하고, 그 사용 기간 동안 일정한 대가를 정기적으로 나누어 지급받으며, 그 사용 기간이 끝난 후의 물건의 처분에 관하여는 당사자 간의 약정(約定)으로 정하는 방식의 금융을 말한다."고 규정하고 있다.

130) 정찬형, 상법강의(상), 박영사, 2015, 399쪽.

주된 사무소 등의 소재지법을 가장 밀접한 관련이 있는 법으로 추정하고 있다. 그렇다면 앞서 본 대로 리스계약의 당사자가 준거법을 선택하지 아니하였고 준거법의 결정에 있어서 달리 고려되어야 할 사정을 기록상 찾을 수 없는 이 사건에서 리스회사의 소재지법인 미국 캘리포니아주의 법이 위 리스계약과 가장 밀접한 관련이 있는 법으로서 준거법이 된다고 할 것이므로, 이에 따라 위 리스계약의 내용과 효력을 판단하여야 한다."고 판시하여 리스계약도 이용계약에 해당한다고 보고 있다.

리스계약의 형태, 목적, 대상이 다양하게 존재하지만 리스계약은 소유권을 양도하는 것이 아니라 물건의 이용을 목적으로 하고 있다. 따라서 리스계약이 다른 계약과 다른 특징을 갖는 면은 이용허락에 있고 이러한 이용허락이 특징적 이행이 되므로 국제사법 제26조 제2항 제2호의 이용계약으로 보는 것이 타당하다.[131]

나. 라이선스계약

(1) 원 칙

라이선스계약(license agreement)이란 지적재산권의 소유자가 상대방에게 자신의 지적재산권의 이용을 허락하는 계약이다. 국제사법 제26조 제2호에서는 권리를 이용하도록 하는 계약도 이용계약에 포함시키고 있으므로 라이선스계약도 이 이용계약에 포함된다. 따라서 이용허락을 하는 지적재산권의 소유자(licensor, 이하 '이용허락자'라고 한다)의 상거소지가 소재하는 국가의 법이 라이선스계약의 준거법으로 추정된다.[132]

(2) 라이선스계약의 준거법 결정의 문제점

이러한 결론에도 불구하고 라이선스계약의 특징적 이행이 이용자(licensee, 이하 '이용자'라고 한다)의 이용행위라는 주장이 있다. 저작권이나 상표권 등 이용계약에 있어서 이용의 대상이 되는 저작권이나 상표권은 국제적으로 통일된 하나의 권리로서 보호되는 것이 아니라 이용행위가 이루어지는 개별 국가의 영토 내에서 그 국가가 부여하는 보호를 받을 뿐이고(속지주의 내지 보호국법주의의 원칙), 이용자로서도 그 영역 내에서 당해 국가가 보호하는 범위 내에서 이를 이용할 권리를 가질 뿐이며, 이용자에게는 계속적인 이용의무(저작물의 일정 부수 이상 출판의무, 상표권의 실시의무 및 상표품 품질관리의무 등)가 부여되는 게 일반적인 점을 고려하여, 그와 같은 의무를 지는 이용자를 계약의 특징적 이행을 행하는 당사자로 보는 것이 보다 타당하다는 것이다.[133] 이 주장에서는 궁극적으로 국제사법 제26조 제2항 제2호의 이용계약에서 라이선스계약을 제외시키자고 한다. 반면에 라이선스계약에 국제사법 제26조 제2항 제2호를 적용하더라도 추정규정에 불과하므로 추정을 번복하면 될 것이고, 라이선스계약의 내용이 다양하므로 구체적 계약내용에 따라서 누구의 이행이 특징적 이행이 될 것인지 유동적이므로

131) McParland, para. 10.123.
132) 석광현, 국제사법 해설, 박영사, 2013, 314쪽.
133) 이성호, "사이버 지적재산권 분쟁에 관한 국제재판관할과 준거법", 저스티스 통권 제72호(2003.4), 188-199쪽.

위와 같은 주장은 타당하지 않다는 주장이 있다.[134]

한편 로마규칙 I에는 라이선스계약에 관하여 별도의 규정을 두지 않았는데, 로마협약에서 로마규칙 I로 변경하는 과정에서 지적재산권의 양도와 이용허락에 관한 계약에 관하여 다양한 형태의 제안이 있었지만, 지적재산권의 사용에 관한 계약은 다양한 형태를 갖고 있어서 준거법의 결정에 다양한 해결방법이 필요하다는 이유로 로마규칙 I에서는 라이선스계약에 관하여 별도의 규정을 두지 않았다. 그 결과 라이선스계약은 로마규칙 I 제4조(2)에 따라서 개별계약마다 특징적 이행을 찾아내서 준거법을 결정할 수밖에 없다.[135] 실제로 라이선스계약의 형태는 매우 다양하기 때문에 그 준거법에 대하여도 다양한 주장이 있는데, 이용허락자의 상거소가 있는 국가의 법을 준거법으로 하자는 견해, 이용자의 상거소가 있는 국가의 법을 준거법으로 하자는 견해, 보호국법(지적재산권은 속지주의에 따르므로 지적재산권이 사용되는 국가의 법을 의미한다)을 준거법으로 하자는 견해 등이 있다.[136] 아래에서는 라이선스계약 중 일반적으로 사용되는 세 가지 형태에 대하여만 살펴보기로 한다.

(3) 개별적 라이선스계약에 따른 검토

가장 기본적인 라이선스계약은 이용자가 지적재산권을 자신이 이용을 위하여 이용허락을 받는 형태인데, 이와 같이 자신의 목적을 위하여 지적재산권을 이용하는 이용자를 통상 'end-user'라고도 한다. 예를 들어 컴퓨터프로그램을 구매하여 자신의 컴퓨터에만 사용하고 제3자에게 판매하는 등의 행위를 하지 않는다면 이러한 구매자는 'end-user'에 해당한다. 이러한 형태의 라이선스계약에서는 통상 이용자가 지적재산권을 침해하지 아니할 의무를 자세히 규정하지만 이러한 의무는 계약상 의무라기보다는 지적재산권법에서 부과하는 의무이므로 이용자가 부담하는 계약상의 의무는 실제로 이용료(royalty)의 지급이 가장 중요하다. 그런데 이용료를 지급하는 행위는 라이선스계약의 특징적 모습이 아니므로 라이선스계약에서는 이용허락자의 이용허락을 특징적 이행으로 보는 것이 타당하다.[137] 따라서 원칙적으로 이용허락자의 상거소 등이 있는 국가의 법이 준거법이 된다.

한편 이용자가 자신의 이용을 위하여 이용허락을 받는 것이 아니라 이용자가 지적재산권을 복제하여 제3자인 'end-user'에게 판매하기 위하여 이용허락을 받는 라이선스계약이 있다. 대표적인 경우가 컴퓨터소프트웨어를 제3자에게 판매하기 위한 라이선스계약이다. 이 경우에는 이용자가 이용허락자의 동의하에 소프트웨어를 DVD 등 고정물에 복제하여 제3자에게 판매한다. 이와 유사한 경우가 캐릭터 사용을 위한 라이선스계약이다. 이 경우에는 이용자가 이용허락자의 동의하에 캐릭터를 옷이나 문구와 같은 제품에 복제하여 판매한다. 위와 같은 라이선스계약은 이용허락자가 아닌 이용자가 제품을 제작하여 판매한다는 점에서 판매점계약

134) 석광현, 국제사법 해설, 박영사, 2013, 315쪽 주19.

135) McParland, para. 10.423.

136) Fawcett/Torremans, Intellectual Property and Private International Law, Oxford, 2011, paras. 14.57-14.97.

137) 스위스 국제사법 제122조(1)에서는 지적재산권의 이용허락자가 상거소를 갖고 있는 국가의 법을 라이선스계약의 준거법으로 지정하고 있다.

과 차이가 있지만, 이러한 라이선스계약도 기능적으로는 판매점계약과 동일하고 이용자는 이용허락자에게 이용료를 지급하는데 그치는 것이 아니라 판매점계약과 마찬가지로 허락자에게 영업상황을 보고하고 허락자의 광고정책을 준수해야 한다는 점에서 이용자의 지위는 판매점계약의 판매자의 지위와 유사하다. 이러한 라이선스계약에서는 이용료를 지급하는 방법은 크게 고정액(lump sum royalty)방식과 경상액(running royalty)방식이 있는데, 고정액방식은 일정기간 동안의 이용료를 미리 정하는 방식이고, 경상액방식은 판매액 또는 판매량에 비례하여 이용료를 산정하는 방식이다.[138] 이러한 이용료지급의 방식 중 특히 경상액 방식의 경우에는 이용허락자의 수입이 이용자의 영업행위에 전적으로 의존하기 때문에 계약에서 양자의 관계에 대하여 자세히 규정한다. 이러한 점에서 고정액방식보다 경상액 방식에서 이용자의 행위를 특징적 이행으로 볼 가능성이 더욱 높다고 하겠다. 그리고 이용자의 행위를 특징적 이행으로 볼 경우에도 이행지가 아니라 이용자의 상거소 등이 소재하는 국가의 법이 준거법으로 지정되어야 한다.

한편 가맹계약이나 판매점계약에서는 가맹점사업자나 판매자가 가맹본부나 공급자의 상표, 캐릭터, 판촉물 등을 사용할 필요가 있기 때문에 거의 예외 없이 지적재산권의 사용허락에 관한 사항이 포함된다. 그러나 지적재산권의 사용허락에 관한 사항이 포함되어 있다고 하더라도 가맹계약이나 판매점계약으로서의 성격에 변화가 없기 때문에 여전히 가맹계약이나 판매점계약으로서 준거법이 결정되는 것이 마땅하다.[139] 다만 지적재산권의 사용허락에 관한 사항에 대하여 가맹계약이나 판매점계약의 준거법과 다른 별개의 준거법이 결정될 수 있는지 준거법의 분열(dépçage, severance)의 허용여부가 문제된다. 그런데 국제사법은 제25조 제2항에서 당사자가 합의에 의한 준거법의 분열은 허용하고 있을 뿐이며 객관적 준거법에 관하여는 아무런 규정을 두지 아니하여 묵시적으로 준거법의 분열을 허용하지 않고 있다는 이유로 위와 같은 경우에 지적재산권의 사용허락에 관한 사항에 대하여 별개의 객관적 준거법을 결정할 수 없다는 견해가 있다.[140] 사견으로는 앞서 준거법의 분열에서 언급한 바와 같이 객관적 준거법의 분열은 단순히 분리가능성과 밀접한 관련성이 있다고 하여 인정할 것이 아니라, 계약의 내용대로 의무가 이행되기 위하여 준거법의 분열이 절대적으로 필요한 매우 예외적인 경우에 한정되어야 한다.

다. 부동산임대차계약

부동산임대차도 이용계약이지만 국제사법 제26조 제3항의 '부동산에 대한 권리를 대상으로 하는 계약'에 포함되기 때문에 부동산이 소재하는 국가의 법이 가장 밀접한 관련이 있는

138) 이헌묵, "국제거래에서 판매점계약(Distribution Agreement)의 판매자의 보상청구권에 관한 비교법적 고찰", 국제거래법연구 제19집 제2호(2010.12), 197쪽.

139) Fawcett/Torremans, Intellectual Property and Private International Law, Oxford, 2011, para. 14.57.

140) 석광현, 국제사법 해설, 박영사, 2013, 314쪽. 로마협약 제1조 제2문에서는 객관적 준거법에 관하여도 준거법의 분열을 허용하고 있었다. 그러나 로마규칙 I 에서는 이러한 규정을 삭제하여 논쟁의 여지는 있지만 법원이 이를 허용하지 아니할 것이라고 보고 있나(McParland, para. 10.405)

것으로 추정된다. 그런데 위와 동일한 특칙을 두고 있는 로마규칙 I 은 제4조(d)에서는 "(c)에 불구하고, 연속하여 6개월 이하의 기간 동안 임시로 사용할 목적으로 하는 부동산 임차권은 부동산 소유자가 상거소를 갖고 있는 국가의 법에 따른다. 다만 그 임차인이 자연인이고 그의 상거소가 있는 국가가 부동산 소유자의 상거소가 있는 국가와 동일한 경우에만 그러하다."141) 고 규정하여 위 특칙에 대한 예외를 규정하고 있다. 이러한 예외규정을 둔 이유는, 로마협약에 관한 Giuliano－Lagarde 보고서에서 보다 밀접한 관련이 있는 국가의 법이 있는 경우에는 특징적 이행을 통한 준거법의 추정이 번복될 수 있도록 한 로마협약 제4조(5)의 예외조항(escape clause)이 단기 휴가목적의 임대차에 대하여 적용될 수 있다고 제시하였기 때문이다.142) Giuliano－Lagarde 보고서에서는 벨기에에 거주하는 당사자들 사이에서 이태리의 엘바섬에 있는 휴양숙소를 단기간 임차하는 내용의 계약을 체결하였다면, 이러한 계약과 가장 밀접한 관련이 있는 국가는 당사자들이 거주하는 벨기에이며 이태리가 아니므로 부동산 소재지법으로의 추정은 번복될 수 있다고 밝힌 바 있다. 동일한 국가에 거주하는 당사자 사이에 체결한 휴양목적의 단기임대차의 경우에는 휴양숙소가 소재하는 국가보다 당사자가 거주하는 국가에서 계약의 사회적, 경제적 작용이 보다 밀접하게 발생하기 때문이다.143) 유럽과 지리적 환경이 다른 우리나라의 경우에는 위와 같은 상황이 발생할 가능성이 매우 적다고 보이지만 동일한 법리가 적용될 수 있다고 생각한다.

3. 용역제공계약

국제사법 제26조 제2항 제3호가 적용되는 용역제공계약은 용역의 제공자가 대가를 받고 용역을 제공하므로 용역의 제공이 특징적 이행이 된다. 여기서 용역제공계약이란 위임계약, 도급계약 및 이와 유사한 용역제공계약을 의미한다.

가. 선박대리점계약

선박은 세계 각 국의 항구를 돌아다니지만 그렇다고 선박의 소유자가 모든 항구에 사무소를 개설할 수는 없다. 이러한 이유로 선박의 소유자는 자신의 선박이 출입항하는 항구에서 화물의 선적과 하역에 관련한 업무를 수행해 줄 대리인이 필요한데 이때 체결하는 계약이 선박대리점계약(shipping agency agreement)이다.

대법원 2012.7.16. 자 2009마461 결정에서는 "국내에 영업소가 있는 선박대리점이 외국의 선박소유자 등과의 선박대리점계약에 기하여 외국 선적의 선박에 관하여 항해 등에 관한

---

141) "notwithstanding point (c), a tenancy of immovable property concluded for temporary private use for a period of no more than six consecutive months shall be governed by the law of the country where the landlord has his habitual residence, provided that the tenant is a natural person and has his habitual residence in the same country." 참고로 브뤼셀규칙 제22조(1)에서도 부동산 소재지 법원의 전속관할의 예외로서 6개월 이하의 임대차에 대하여는 피고의 주소지 법원에 대하여도 재판관할을 인정하고 있다.

142) McParland, para. 10.187

143) Ibid, para.193.

사무의 처리를 위탁받아 그 사무를 처리하는 경우에, 그 선박대리점계약에 의하여 발생하는 채권 및 채무의 종류 · 내용과 효력, 그리고 변제 그 밖의 방법에 의한 소멸 등의 사항에 관하여 당사자가 준거법을 따로 선택하지 아니하였다면, 다른 특별한 사정이 없는 한 국제사법 제26조 제2항 단서에 의하여 계약과 가장 밀접한 관련이 있는 것으로 추정되는 선박대리점의 영업소가 있는 우리나라의 법이 준거법이 된다."고 판시하고 있는데, 명시하지는 않았지만 판시의 취지를 고려할 때 선박대리점계약을 국제사법 제26조 제2항 제3호의 용역제공계약으로 보고서 선박대리점의 대리행위를 특징적 이행으로 본 듯하다. 선박대리점계약은 운송인과 선박대리점 사이에 대리업무에 관한 계약으로서 위임계약의 일종이므로 위와 같은 대법원의 판시내용은 정당하다.

나. 물품운송계약

물품운송계약(contract for the carriage of goods)은 물품을 운송수단에 의하여 목적지까지 운송하여 줄 것을 위탁하는 계약이므로 용역계약에 해당한다. 그러므로 운송인의 운송의 제공이 특징적 이행이 되고 운송인의 상거소 등의 있는 국가의 법이 가장 밀접한 관련이 있는 법으로 추정된다. 그런데 로마규칙 I 제5조(1)에서는 "제3조에 따라서 운송계약에 적용될 법이 선택되지 않았다면 운송인의 상거소가 있는 국가의 법이 준거법이 된다. 다만 수령장소, 인도장소 또는 수하인의 상거소가 운송인의 상거소와 같은 국가에 있어야 한다. 만일 이러한 요건이 충족되지 않는다면 당사자가 합의한 인도장소의 법이 적용된다."[144]고 규정하여 물품운송계약에 관하여 특별한 연결규칙을 두고 추정의 번복이 허용되지 아니하는 확정적 규칙으로 규정하고 있다. 로마협약에도 거의 동일한 규정이 있었는데 로마규칙 I 에서 일부 수정한 것이다.

로마규칙 I 에서 위와 같은 특칙을 둔 이유는 두 가지다. 첫째 해상운송계약에서는 선박이 편의치적(flag of convenience)[145] 되는 경우가 많은데, 이와 같이 선박이 편의치적이 된 경우에도 운송인의 상거소가 소재하는 국가의 법을 운송계약의 준거법으로 보게 되면 실질적으로 운송계약과 관련이 없는 국가의 법이 준거법으로 지정되는 문제가 발생한다.[146] 둘째 일본에 소재한 운송인이 홍콩으로부터 한국으로 운송을 한 경우처럼 운송인의 소재지가 운송계약과 미약한 관련만을 갖고 있는 경우가 있다.[147] 따라서 로마규칙 I 에서는 운송인의 소재지라는 연결요소에 다른 연결요소가 결합된 경우에만 운송인의 소재지가 있는 국가의 법이 준

---

144) "To the extent that the law applicable to a contract for the carriage of goods has not been chosen in accordance with Article 3, the law applicable shall be the law of the country of habitual residence of the carrier, provided that the place of receipt or the place of delivery or the habitual residence of the consignor is also situated in that country. If those requirements are not met, the law of the country where the place of delivery as agreed by the parties is situated shall apply."

145) 편의치적이라고 함은 선박을 취득하면서 제3국에 서류상으로만 회사를 만들어 놓고 그 회사의 소유로 선박을 등록하여 그 외국의 국적을 취득하는 것을 말한다.

146) McParland, para. 11.04.

147) Ibid, para. 11.06.

거법이 될 수 있도록 수령장소, 인도장소, 수하인의 상거소라는 연결요소를 추가하여 이 중 하나의 연결요소가 운송인의 소재지와 동일한 경우에만 운송인의 소재지가 있는 국가의 법이 준거법이 되도록 하였다.[148] 한편 로마규칙 I에 따르면 위와 같은 요건이 충족되지 않는 경우에는 당사자가 합의한 인도장소의 법이 운송계약의 준거법이 된다. 당사자가 합의한 인도장소의 법은 당사자 모두가 예견가능한 법이고 손상된 화물은 통상 인도장소에서 처분절차를 밟기 때문이다.[149] 위와 같은 특칙을 두지 아니한 우리의 경우에도 위와 같은 해석이 가능한지 검토할 필요가 있다.

선박이 편의치적이 되고 편의치적이 된 국가와 운송계약 사이의 편의치적 이외의 관련성이 존재하지 않는다면 그러한 국가가 운송계약과 가장 밀접한 관련이 있는 국가라고 보기 힘들다. 대법원 2014.7.24. 선고 2013다34839 판결에서는 "선원의 임금채권을 근거로 하는 선박우선특권의 성립 여부나 선박우선특권과 선박저당권 사이의 우선순위를 정하는 준거법은 원칙적으로 선적국법이라고 할 것이나, 선박이 편의치적이 되어 있어 그 선적만이 선적국과 유일한 관련이 있을 뿐이고, 실질적인 선박 소유자나 선박 운영회사의 국적과 주된 영업활동장소, 선박의 주된 항해지와 근거지, 선원들의 국적, 선원들의 근로계약에 적용하기로 한 법률, 선박저당권의 피담보채권을 성립시키는 법률행위가 이루어진 장소 및 그에 대하여 적용되는 법률, 선박경매절차가 진행되는 법원이나 경매절차에 참가한 이해관계인 등은 선적국이 아닌 다른 특정 국가와 밀접한 관련이 있어 앞서 본 법률관계와 가장 밀접한 관련이 있는 다른 국가의 법이 명백히 존재하는 경우에는 그 다른 국가의 법을 준거법으로 보아야 할 것이다."고 판시하고 있는데, 비록 위 판결이 선박우선특권에 관한 판결이지만 편의치적이 된 선박의 경우에는 선적만이 선적된 국가와 유일한 관련이 있다는 점을 명백히 보여주고 있다. 운송계약의 경우에는 계약의 체결지, 수령장소, 인도장소, 환적장소, 수하인의 소재지 등을 연결요소로 볼 수 있는데, 계약의 체결지나 환적장소는 우연적 사정으로 결정되는 경우가 많으므로 로마규칙 I과 같이 특징적 이행인 운송의무를 이행하는 운송인의 소재지와 수령장소, 인도장소, 수하인의 소재지 중 하나와 동일한 경우에만 운송인의 소재지가 있는 국가의 법을 가장 밀접한 관련이 있는 국가의 법으로 보는 것이 타당하다.

한편 운송계약에 편의치적의 문제가 없더라도, 만일 송하인(consignor)과 운송인이 직접 운송계약을 체결하는 예외적인 경우를 제외하면 통상 운송계약은 선박대리인 또는 운송주선인을 통하여 체결하기 때문에 송하인은 운송인이 누구인지 잘 모르는 경우에 대부분이고, 운송계약에서는 선하증권이 양도됨에 따라서 운송물에 대한 인도청구권도 이전되는데 선하증권의 양수인으로서는 운송인과 직접 계약을 체결한 것도 아니므로 운송계약과 운송인의 상거소 등이 소재한 국가가 가장 밀접한 관련이 있다고 보기에 무리가 있다. 따라서 운송인의 상거소 등이 화물의 수령장소 및 인도장소와 다르다면 운송계약과 운송인의 상거소 등 사이에는 희

148) Ibid, para. 11.9.

149) Ibid, para. 90.

박한 관련만이 있으므로 특징적 이행을 부담하는 운송인의 상거소 등이 있는 국가의 법을 운송계약의 준거법으로 추정하는 것은 문제가 있다. 대법원 2004.3.25. 선고 2001다53349 판결에서는 일본에 소재한 운송인이 홍콩으로부터 한국으로 물품을 운송하기로 한 운송계약이 일본국의 도쿄지방법원과 관련성을 갖는다고 볼만한 점은 운송업자가 일본에 본점을 두었다는 점 정도라 할 것이라고 하여 도쿄지방법원을 전속적 관할법원으로 하는 합의는 사건이 그 지정된 외국 법원에 대하여 합리적인 관련성을 결여되었다고 판시하였다. 비록 이 판결이 국제재판관할의 합의에 관한 것이지만 운송인의 소재지가 수령장소 및 인도장소와 관련이 없다면 운송계약과 운송인의 소재지 사이에 준거법의 결정을 위한 밀접한 관련도 없다는 점을 간접적으로 보여주고 있다.

따라서 이러한 경우에는 운송인의 상거소 등이 있는 국가의 법을 준거법으로 보는 추정은 번복된다. 결국 위와 같은 운송계약에서는 수령장소, 인도장소 또는 수하인의 소재지가 있는 국가가 가장 밀접한 관련이 있는 후보국가가 될 수 있는데, 수령장소는 운송되는 물품이 일단 떠난 이상 운송계약과 아무런 관련이 없는 장소로서 이를 준거법으로 보는 것은 적당하지 않고, 수하인의 소재지는 선하증권의 양도에 의하여 언제든지 변동이 가능하므로 이를 준거법으로 보는 것도 부당하다. 인도장소야 말로 인도되는 물품이 존재하거나 존재했어야 하는 장소로서 손상된 화물이 처리되는 곳이고, 인도장소의 법은 당사자 모두 예견가능하며 선하증권의 양도에 의하여 변동될 가능성이 없다는 점에서 위와 같은 경우에는 로마규칙 I 과 같이 인도장소의 법이 운송계약과 가장 밀접한 관련이 있는 국가의 법으로서 그 준거법이 된다고 본다.

Ⅳ. 세 가지 유형의 계약이 한정적 열거인지 여부

국제사법 제26조 제2항에서는 양도계약, 이용계약, 위임 · 도급계약 세 가지 유형의 계약에 대한 특징적 이행을 나열하면서 이러한 특징적 이행을 해야 하는 당사자가 계약체결 당시에 갖고 있던 상거소 등이 있는 국가의 법을 준거법으로 추정하고 있다. 그런데 위 규정에서는 이러한 나열이 한정적인지 아니면 예시적인지 명시하지 아니하여 다른 유형의 계약의 경우에도 특징적 이행을 통하여 이행자의 상거소 등이 있는 국가의 법을 '가장 밀접한 관련'을 추정해야 하는 것인지 명확하지 아니하다.

이 문제와 관련하여 대법원 2011.1.27. 선고 2009다10249 판결에서는 신용장에 기한 환어음 등을 매입하는 매입은행은 신용장 개설은행을 위한 위임사무의 이행으로서 신용장을 매입하는 것은 아니므로, 신용장 개설은행과 매입은행 사이의 신용장대금 상환의 법률관계에 관한 준거법의 결정에는 위임사무의 이행에 관한 준거법의 추정규정인 국제사법 제26조 제2항 제3호를 적용할 수 없다고 판시하면서 국제사법 제26조 제1항을 적용하고 있는 바, 국제사법 제26조 제2항의 세 가지 유형의 계약을 한정적 열거로 해석하고 있다는 것을 간접적으로 보여주고 있다.

그러나 앞서 본 바와 같이 특징적 이행을 통하여 '가장 밀접한 관련'을 추정하는 계약 전반에 적용될 수 있는 원리이므로 국제사법 제26조 제2항에서 특징적 이행을 통하여 '가장 밀접한 관련'을 추정하는 이유가 국제사법 제26조 제2항에 규정된 세 가지 유형의 경우에만 적용된다고 볼 근거가 없다. 또한 이를 한정적 열거로 본다면 위 세 가지 유형의 계약에 대하여만 특징적 이행이 연결원칙이 되고 나머지 계약에 대하여는 연결원칙이 되지 않아 법적용의 통일성이 떨어진다. 로마규칙 I 제4조(1)에서도 몇 가지 계약의 유형에 따라서 특징적 이행을 도출하고서 준거법을 지정하고 있는데, 제4조(2)[150]는 계약의 유형을 따지지 아니하고 특징적 이행을 해야 하는 당사자의 상거소 등이 소재한 국가의 법을 준거법으로 지정하고 있다.

그리고 앞서 논의한 바와 같이 국제사법에서 준거법을 결정함에 있어서는 국가의 공적 이익에 비하여 당사자의 사적이익에 좀 더 큰 비중을 두어야 하므로 위 예시에 해당하지 아니하는 경우에도 특징적 이행의 이행지가 소재한 국가의 법을 준거법으로 지정할 것이 아니라 원칙적으로 이행의무를 부담하고 있는 당사자의 상거소 등이 있는 국가의 법을 준거법으로 지정해야 한다.

V. 입법적 제안

국제사법 제26조 제2항의 세 가지 유형의 계약이 예시적 열거에 불과하다면 위 세 가지 유형의 계약에 포함되지 않는 계약이라고 하더라도 먼저 계약의 특징적 이행을 찾아서 준거법을 추정하는 과정을 거쳐야 한다. 그런데 국제사법 제26조의 규정내용의 구조를 보면 계약의 준거법의 결정하는데 있어서 그 계약과 가장 밀접한 관련을 갖고 있는 국가의 법을 준거법으로 지정하는 것이 원칙이고, 특징적 이행을 통한 준거법으로의 연결은 밀접한 관련을 찾기 위한 하나의 수단에 불과하다. 그러나 국제사법 제26조를 구체적인 사건에 적용하여 보면 그 계약과 가장 밀접한 관련이 있는 국가를 찾는 것이 우선이 아니라 특징적 이행을 찾는 것이 우선이 된다는 것을 알 수 있다.

종전의 로마협약이 우리 국제사법과 같이 '가장 밀접한 관련'을 연결원칙으로 규정하고 특징적 이행을 통하여 '가장 밀접한 관련'이 있는 국가의 법을 추정하는데 불과하였지만, 현재 로마규칙 I 제4조(1)에서는 몇몇 계약에 관한 예시를 두어서 그러한 계약의 특징적 이행에 따른 준거법을 '확정'하고 '가장 밀접한 관련'의 추정을 삭제하였다. 그리고 제4조(2)에서는 위 예시에 해당하지 않는 계약이라고 하더라도 특징적 이행을 해야 하는 당사자의 상거소 등이 있는 국가의 법을 준거법으로 확정하고 있다. 이를 통하여 당사자의 준거법에 대한 예견가능성을 높이는 한편 구체적 타당성을 추구하기 위하여 제4조(3)에서 소위 '예외조항'을 두어서

150) Where the contract is not covered by paragraph 1 or where the elements of the contract would be covered by more than one of points (a) to (h) of paragraph 1, the contract shall be governed by the law of the country where the party required to effect the characteristic performance of the contract has his habitual residence.

위와 같이 지정된 준거법보다 더 밀접한 관련이 있는 국가의 법이 있는 경우에는 그러한 법이 준거법이 되도록 하였다.

우리의 경우에도 로마규칙 I과 같이 특징적 이행을 중심으로 준거법을 '확정'하고 '가장 밀접한 관련'은 예외조항[151]으로 변경할 필요가 있다고 본다. 이와 같이 변경을 한다면 제26조 제2항의 각 계약이 예시적인지 한정적인지 불필요한 논쟁을 할 필요가 없게 되고, 예시된 세 가지 계약에 관하여는 특징적 이행을 통하여 당사자의 상거소 등으로 연결하고 그 외의 계약에 관하여는 연결요소를 고려하여 밀접한 관련이 있는 국가를 찾는 이중적 해법으로부터 벗어날 수 있게 된다. 즉 앞서 언급한 주관적 접근방식과 객관적 접근방식을 좀 더 정치하게 접목할 수 있다.

제3절 객관적 준거법의 분열의 허용여부

Ⅰ. 준거법의 분열의 의의

하나의 법률관계의 실체적 내용에 대하여 여러 국가의 법이 적용되는 경우가 있는데 이를 '준거법의 분열'(splitting the applicable law, severability, dépeçage)이라고 한다. 섭외사법에서는 준거법의 분열이 허용되는지 여부에 관하여 규정을 두지 않았기 때문에 준거법의 분열이 허용되는지에 관하여 학설이 나뉘고 있었다.[152] 그러나 섭외사법을 적용한 대법원 1998.7.14. 선고 96다39707 판결에서는 해상적하보험증권상 영국법 준거 조항과 관련하여 명시적으로 준거법의 부분지정을 허용하였다.[153] 섭외사법을 대체한 국제사법은 제25조 제1항에서 당사자가 계약의 준거법을 선택할 수 있는 당사자자치를 허용하면서, 제2항에서 "당사자는 계약의 일부에 관하여도 준거법을 선택할 수 있다."고 규정하여 계약의 일부에 관하여 준거법을 선택할 수 있는 당사자자치도 허용하고 있다. 그런데 주관적 준거법과 달리 국제사법에서는 객관적 준거법의 분열이 허용되는지에 관하여 아무런 규정을 두고 있지 않다.

Ⅱ. 로마협약과 로마규칙 I의 입장

국제사법의 바탕이 되었던 로마협약의 제4조 제1항에서는 "그럼에도 불구하고 분리될 수 있는 계약의 일부가 다른 국가와 보다 더 밀접한 관련이 있다면 예외적으로 그 국가의 법

151) 이를 '회피조항'이라고 부르는 경우도 있는데, 이 용어는 반정과 공서 등을 포함한 넓은 개념으로 이해될 수 있으므로 본 글에서는 예외조항이라고 지칭한다. 그리고 이러한 예외조항은 국제사법 전체에 관하여 제8조에 규정되어 있다.

152) 석광현, 국제사법 해설, 박영사, 2013, 298쪽.

153) 반면에 위 대법원 판결이 저촉법적 지정설을 따른 것에 불과하고 전부지정설 또는 부분지정설의 어느 한 견해를 취하고 있는 것이 아니란 주장이 있다(송해연, "해상보험계약과 선하증권의 준거법약관에 대한 우리 법원의 해석과 이에 대한 고찰", 한국해법학회지 제38권 제1호(2016.4), 288쪽).

이 적용될 수 있다."(Nevertheless, a severable part of the contract which has a closer connection with another country may by way of exception be governed by the law of that other country)고 규정하여 원칙적으로 가장 밀접한 관련이 있는 하나의 국가의 법을 객관적 준거법으로 하되 예외적인 경우에는 준거법의 분열을 허용하였다. 결국 로마협약에서는 주관적 준거법과 객관적 준거법 모두에 대하여 준거법의 분열을 허용하였는데, 주관적 준거법의 분열은 당사자에게 준거법의 선택에 관하여 최대한의 자유(maximum freedom)를 보장하는데 그 근거가 있는 반면에 객관적 준거법의 분열은 '가장 밀접한 관련'을 근거로 하고 있다는 점에서 차이가 있다.

이와 같이 로마협약에서는 객관적 준거법의 분열을 허용하였지만 제4조 제1항에서는 "예외적인 경우에만"(by way exception) 객관적 준거법의 분열을 허용하고 있었으므로 법원은 반드시 필요한 경우가 아니라면 하나의 계약에 관하여 각 다른 법을 적용할 수 없었다.[154] 여기서 예외적으로 허용되는 경우란 분쟁의 일부가 아니라 계약의 한 조항이 다른 부분과 독립되어 있어서 분리가 가능하고 그 부분이 다른 국가와 보다 더 밀접한 관련이 있는 경우를 의미한다. 예를 들어 합작투자계약(joint venture)과 같이 여러 성격의 계약이 하나의 계약에 포함된 복합계약의 경우가 그러하다.[155] 또한 물품판매와 판매된 물품에 대한 기술적 지원이 하나의 계약에서 합의된 경우에 양자는 분리가 가능하므로 객관적 준거법의 분열이 가능하다.[156] 유럽사법재판소는 Intercontainer Interfrigo SC (ICF) v Balkenende Oosthuizen BV and MIC Operations BV 사건[157] 판결에서는 객관적 준거법의 분열이 허용되기 위하여 계약이 분리될 수 있는지 여부를 판단하기 위해서는 로마협약의 목적인 '법적 확실성'(legal certainty)을 고려해야 한다고 보았다. 이러한 전제에서 위 판결에서는 계약의 일부의 목적이 나머지 부분의 목적과 독립되어 있는 경우에만 객관적 준거법의 분열이 허용된다고 판시하면서 채권과 채권의 소멸시효는 동일한 국가의 법이 적용되어야 한다고 보았다. 그런데 로마협약을 대체한 로마규칙 I 에서는 객관적 준거법의 분열을 허용한 규정을 삭제하여 객관적 준거법의 분열이 허용되는지 애매한 상태이다. 이에 대한 구체적인 논의를 찾아보기 힘들지만 로마규칙 I 에서 기존의 객관적 준거법의 분열을 허용하는 규정을 삭제한 것은 객관적 준거법의 분열을 허용하지 않겠다는 입법취지로 해석하는 것이 대체적인 경향으로 보인다.[158]

---

154) Giuliano-Lagarde 보고서, p. 23. 이 리포트는 로마협약의 실무그룹(working group)이 마련한 해설로서 로마협약의 해석에 있어서 특별한 지위를 갖는다. 영국 Contracts (Applicable Law) Act 1990에서는 로마협약을 해석할 때 위 리포트를 고려하도록 규정하고 있다.

155) Ibid. 합작투자계약은 투자자들이 공동의 목적을 위하여 회사를 설립하기로 하는 계약으로서 투자의 방법, 규모, 비율 및 사업수행의 방법 등 투자의 내용에 관한 사항 이외에 이사의 선임권자, 이사회의 결의사항 등 이사회에 관한 사항과 주주총회의 결의사항 등 회사법적 사항이 함께 포함된다는 점에서 복합계약에 해당한다.

156) McParland, para. 9.132.

157) C-133/08 [2009] I-9687.

158) Ibid para. 10-405; Calliess, p. 113. Fawcett/Torremans, Intellectual Property and Private International Law, Oxford, 2011, para. 18.14.에서는 비록 로마규칙 I 에서 객관적 준거법의 분열을 삭제했다고 하더라도 예를 들어 특허권의 사용허락, 그 특허권이 있는 물건을 생산하기 위한 플랜트의 건설 그리고 이러한 플랜트의 건설을 위한 자금의 대출이 하나의 계약에 포함된 경우처럼 객관적 준거법의 분열이 유용한 경우가 있다고 주장하고 있다.

Ⅲ. 국제사법의 해석

우리 법으로 돌아와서 보면, 국제사법 제26조 제1항에서는 준거법의 객관적 연결의 원칙으로서 '그 계약과 가장 밀접한 관련이 있는 국가의 법'을 요구하고 있다. 이러한 문언만으로는 객관적 준거법이 반드시 하나의 국가의 법이어야 하는지 아니면 다수의 국가의 법이 될 수 있는지 알 수 없다. 따라서 앞서 로마협약에서의 논의와 같이 계약의 각 부분이 분리가능성이 있고 분리된 부분이 각 다른 국가와 밀접한 관련이 있다면 다수의 객관적 준거법이 지정될 수 있는 여지가 있다. 그러나 당사자는 통상적으로 계약의 객관적 준거법이 하나의 국가의 법이 될 것으로 예상하므로 객관적 준거법의 분열은 당사자의 예견가능성을 현저히 떨어뜨리는 문제가 발생한다.[159] 또한 각 국의 국내법의 내용에 차이가 있고 또한 각 국의 국내법은 서로 조화를 이루도록 설계되어 있으므로 하나의 사안에 대하여 여러 국가의 법이 동시에 적용되면 적용되는 법률 사이에 모순이 발생하고 적응의 문제가 발생하여 법적용이 복잡해진다.[160] 이러한 점을 고려할 때 객관적 준거법의 분열은 단순히 분리가능성과 밀접한 관련성이 있다고 하여 인정할 것이 아니라, 계약의 내용대로 의무가 이행되기 위하여 준거법의 분열이 절대적으로 필요한 매우 예외적인 경우에 한정되어야 한다. 이러한 예외적인 경우를 상정하기 힘들지만 발생의 가능성을 완전히 배제시킬 수는 없을 것이다.

그런데 국제사법 제26조 제2항에서는 특징적 이행(characteristic performance)을 객관적 준거법으로의 연결요소로 규정하면서도 이행지의 법으로 연결시키는 것이 아니라 특징적 이행을 수행해야 하는 당사자의 상거소가 있는 국가의 법(당사자가 법인 또는 단체인 경우에는 주된 사무소가 있는 국가의 법)으로 연결시키고 있다. 따라서 다수의 특징적 이행이 발생하는 복합계약이라고 하더라도 통상 특징적 이행을 수행하는 당사자의 상거소 등이 있는 국가의 법이 가장 밀접한 관련이 있는 국가의 법이 될 것이므로 실제로 객관적 준거법의 분열이 필요한 경우는 거의 없을 것이다.[161]

---

159) Calliess, p. 103.

160) 이호정, 국제사법, 경문사, 1988, 24쪽.

161) 석광현, 국제사법 해설, 박영사, 2013, 314쪽. 만일 당사자의 상거소가 있는 국가의 법이 아니라 특징적 이행을 해야 하는 이행지법이 가장 밀접한 관련이 있는 국가의 법으로 추정된다면 객관적 준거법의 분열은 빈번하게 발생할 것이다.

제5장 계약의 성립과 유효성의 준거법 및 방식의 준거법

Ⅰ. 계약의 성립과 유효성의 준거법

> **제29조(계약의 성립 및 유효성)** ① 계약의 성립 및 유효성은 그 계약이 유효하게 성립하였을 경우 이 법에 의하여 적용되어야 하는 준거법에 따라 판단한다.
> ② 제1항의 규정에 의한 준거법에 따라 당사자의 행위의 효력을 판단하는 것이 모든 사정에 비추어 명백히 부당한 경우에는 그 당사자는 계약에 동의하지 아니하였음을 주장하기 위하여 그의 상거소지법을 원용할 수 있다.

1. 잠정적 준거법의 적용

계약의 성립 및 유효성은 그 계약이 유효하게 성립하였을 경우 국제사법에 의하여 적용되어야 하는 준거법에 따라서 판단한다. 이때의 준거법은 객관적 준거법과 주관적 준거법을 모두 포함한다. 객관적 준거법이나 주관적 준거법이 결정되기 위해서는 일단 계약이 성립되고 유효하다는 점이 확정되어야 하는데, 국제사법 제29조 제1항은 계약의 성립되고 유효하다는 가정 하에 잠정적 또는 추정적으로 지정된 잠정적 준거법(putative applicable law)을 적용하여 그 계약의 성립과 유효성을 판단해야 한다고 선언한 것이다. 이를 '부트스트랩 규칙'(bootstraps rule)이라고도 한다. 여기서 계약의 성립과 유효성은 계약이 체결되는 모든 과정을 의미하므로 청약의 구속력, 승낙의 발생시기, 침묵의 효력 및 영미법상 약인(consideration)이 제공되지 아니한 경우의 계약의 효력을 포함한다. 그리고 계약의 유효성은 계약의 성립되고 유효한 후에 계약으로부터 발생하는 권리와 의무에 해당하는 계약의 효력과 구분되어야 한다.[1] 대법원 2010.3.25. 선고 2008다88375 판결에서는 국제사법 제29조 제1항을 적용하여 영국법을 준거법으로 지정하고 있는 보상장(letter of indemnity)의 성립과 유효성에 관하여 영국법이 적용된다고 본 바가 있다.

이러한 접근방식은 실용적이기는 하지만 순환론에 빠진 모순이 있다는 비판이 있다.[2] 또한 예를 들어 일본의 회사가 한국 회사에 대하여 일본법을 준거법으로 청약을 한 후에 한국 회사가 한국법을 준거법으로 승낙을 의사표시를 한 소위 서식전쟁(battle of forms)의 경우

---

1) 석광현, 국제사법 해설, 박영사, 2013, 372쪽.
2) McParland, para. 16.03.

에 어느 법을 잠정적 준거법으로 봐야 하는지 알 수 없다는 지적도 있다.[3)]

2. 잠정적 준거법의 예외

국제사법 제29조 제2항의 예외는 당사자가 계약에 동의하지 아니하였음을 주장하기 위한 경우에 한정하여 인정된다. 따라서 계약의 유효성이나 동의의 유효성에 대하여는 적용되지 아니하고 동의의 존재여부에 대하여만 적용된다.[4)] 이 규정의 주된 목적은 계약의 성립에 있어서 당사자 일방의 행위가 어떤 효력을 갖는지를 해결하는데 있다. 예를 들어 청약의 상대방이 승낙이나 거절의 의사표시를 하지 않고 침묵한 경우에 계약이 성립되는가의 문제가 이에 해당한다. 그런데 위 규정은 당사자의 행위의 의미를 다루므로 침묵과 같은 부작위뿐만 아니라 작위의 경우에도 적용된다.[5)]

국제사법 제29조 제2항은 "계약에 동의하지 아니하였음을 주장하기 위하여"만 원용될 수 있는 방어적 성격을 갖고 있다. 따라서 잠정적 준거법에 따르면 계약의 존재를 인정할 수 없지만 당사자의 상거소지법에 다르면 계약의 존재를 인정할 수 있다는 결론을 이끌어 내기 위하여 국제사법 제29조 제2항을 적용할 수 있다.

국제사법 제29조 제2항은 "제1항의 규정에 의한 준거법에 따라 당사자의 행위의 효력을 판단하는 것이 모든 사정에 비추어 명백히 부당한 경우"에 적용되는데, 잠정적 준거법과 당사자의 상거소지법의 내용이 달라서 그 당사자에게 매우 불리한 결과를 가져온다는 실질법적 불이익만으로는 위 요건을 충족할 수 없다. 위 요건은 개별적 사안마다 판단할 사항이지만 대표적으로 청약자와 승낙자 사이의 기존에 따랐던 관행이나 거래관계를 고려하였을 때에 잠정적 준거법을 적용하는 것이 명백히 부당한 경우가 이에 해당할 것이다.[6)] 위와 같은 사유의 존재에 대하여는 계약에 동의하지 않았음을 주장하는 당사자가 증명해야 한다.[7)]

Ⅱ. 법률행위의 방식의 준거법

제17조(법률행위의 방식) ① 법률행위의 방식은 그 행위의 준거법에 의한다.
② 행위지법에 의하여 행한 법률행위의 방식은 제1항의 규정에 불구하고 유효하다.
③ 당사자가 계약체결 시 서로 다른 국가에 있는 때에는 그 국가 중 어느 한 국가의 법이 정한 법률행위의 방식에 의할 수 있다.
④ 대리인에 의한 법률행위의 경우에는 대리인이 있는 국가를 기준으로 제2항에 규정된 행위지법을 정한다.

3) Ibid. para 16.04.
4) Ibid. para. 16.12.
5) McParland, para. 16.13.
6) Ibid, para. 16.16.
7) 석광현, 국제사법 해설, 박영사, 2013, 374쪽.

⑤ 제2항 내지 제4항의 규정은 물권 그밖에 등기하여야 하는 권리를 설정하거나 처분하는 법률행위의 방식에 관하여는 이를 적용하지 아니한다.

1. 의 의

우리 민법은 계약의 방식에 관하여 원칙적으로 제한을 두고 있지 않기 때문에 서면에 의하여 계약을 체결하지 않더라도 유효한 계약이 된다. 다만 특별법에서 제한을 두는 경우가 있는데 대표적으로 「할부거래에 관한 법률」 제6조는 서면주의라는 제목 하에 할부계약을 체결하는 경우에는 반드시 일정한 사항을 기재한 서면으로 체결하도록 규정하고 있다. 계약의 방식에 관하여는 나라마다 규정내용이 다르기 때문에 그 준거법을 결정을 결정하는 것은 중요하다. 국제사법 제17조에서는 법률행위의 방식에 관하여 그 행위의 준거법, 행위지법, 당사자가 계약체결 시 서로 다른 국가에 있는 때에는 그 국가 중 어느 한 국가의 법 중 어느 국가의 법에 의해서도 유효하도록 규정하고 있다. 하나의 법이 아니라 여러 법을 적용하도록 규정한 이유는 가능한 범위에서 형식적 유효성을 인정하여 당사자가 예견하지 못한 사유로 인하여 계약이 무효가 되는 것을 방지하는데 있다.[8] 이러한 점에서 국제사법 제17조는 국제사법적 이익과 함께 실질법적 이익도 고려한 것이다. 그리고 국제사법 제17조는 법률행위를 중심으로 규정하고 있으므로 계약에 한정되지 아니하고 단독행위에도 적용된다.[9] 한편 소비자계약에 관한 국제사법 제27조 제3항에서는 방식의 유효성에 관하여 "제1항의 규정에 의한 계약의 방식은 제17조제1항 내지 제3항의 규정에 불구하고 소비자의 상거소지법에 의한다."고 특별한 규정을 두고 있으므로 소비자계약에 관하여는 국제사법 제17조가 적용되지 아니한다.

2. 법률행위의 방식의 의미

국제사법 제17조에서는 법률행위의 방식의 정의를 두고 있지 않지만 법률행위의 방식이란 법률행위가 성립하기 위하여 필요한 의사표시의 외부적 표현방법을 의미하는 것으로 해석되고 있다.[10] 로마협약이나 로마 I에서도 법률행위의 방식을 정의하기가 난해하기 때문에 이에 대한 정의규정을 두고 있지 않은데, '법률적으로 구속될 의사를 표시하고자 하는 당사자에게 요구되는 모든 외부적 표현이고 그러한 표현이 없는 경우에는 법률적으로 유효하지 아니한 것으로 여겨지는 경우'[11]라고 해석된다.[12] 법률행위의 내재적 유효성을 뜻하는 실질적 유효성(material validity)에 대비하여 외부적 유효성인 방식을 형식적 유효성(formal validity)라고도

8) McParland, para. 16.28.
9) 로마규칙 I 제11조 제3항은 단독행위에 관하여 별도의 규정을 두고 있다.
10) 석광현, 국제사법 해설, 박영사, 2013, 224쪽.
11) "as including every external manifestation required on the part of a person expressing the will to be legally bound, and in the absence of which such expression of will would not be regarded as fully effective"
12) Giuliano-Lagarde 보고서, p. 29.

한다. 그런데 법률행위의 형식적 유효성과 소송절차에서의 증거방법의 제한은 형식적 요건을 요구한다는 점에서 구분하기가 어렵다.

영미법상의 사기방지법(Statute of Frauds)에 따르면 특정계약의 경우에는 반드시 서면으로 작성되고 증명되어야 비로소 법원에서 그 계약을 강제할 수 있다. 우리 법원에서 영미법이 준거법이 되었을 경우에 사기방지법을 실체법으로 본다면 특정계약의 존재에 대한 증명이 문제되었다면 위 사기방지법에 따라서 서면에 의하여 증명되어야 하고 반대로 이를 절차법으로 본다면 우리 법원에서 사기방지법이 적용되지 아니할 것이다. 이에 관한 영미에서의 논의를 보면 영국의 사기방지법 제4조[13]에서 "…경우에 어떠한 소송도 제기될 수 없다(No action shall be brought…)"고 규정하여 문언에서 이를 절차법상의 규칙으로 보고 있다는 이유와 서면에 의한 계약만이 집행될 수 있다(enforceable)는 의미는 구제수단과 관련이 있다는 이유로 Leroux v Brown 판결[14]에서는 구두에 의한 계약체결을 허용하는 프랑스법이 적용되는 계약이라고 하더라도 서면에 의하여 계약의 존재가 증명되어야 한다고 판시하였다. 이에 대하여는 강력한 비판들이 제기되었는데, 구두의 증거를 인정하더라도 법원에 끼치는 불편함이 없고 문언의 내용만으로 절차법으로 분류하는 것은 문언의 형식을 그 실체적 내용보다도 더 중요시하는 것이므로 허용되어는 아니 된다고 주장되었다.[15] 이러한 비판에 따라서 일부 사법적으로 위 판결을 뒤집기위한 시도가 있었지만 아직도 위 판결은 유효하게 유지되고 있다.[16]

한편 미국의 경우에는 대표적으로 미국의 거의 모든 주(州)에서 채택하고 있는 2002년 통일상법전(Uniform Commercial Code) 제2－201조[17]에서 사기방지법을 채택하고 있다. 이에 따르면 미화 500달러 이상의 물품매매계약을 체결하는 경우에는 서면으로 계약을 체결하고 당사자가 서명해야 한다. 이러한 사기방지법에도 불구하고 Restatement (Second) of Conflict of Laws 제141조에서는 "계약이 유효하기 위해서 계약이 서면으로 체결되어야 하는지 또는 서면에 의하여 증명되어야 하는지 여부는 제188조와 제189조의 규칙을 적용하여 선택된 법에 따라서 결정된다."[18]고 규정하고 있는데 제188조는 당사자의 선택에 의하여 지정된 계약의 준거법에 관한 규정이고 제189조는 당사자의 선택이 없는 경우에 계약의 준거법에 관한 규정이다. 따라서 위 제141조에 따르면 계약의 존재에 대한 증명방법에 관하여 법정지법인 사기방

13) 영국의 사기방지법은 제4조 이외의 규정은 모두 폐지되어 보증계약에 한정하여 적용되고 있다. 현재는 재산법(Law of Property (Miscellaneous Provisions) Act 1989) 제2조에서 부동산매매계약을 서면으로 체결하도록 규정하는 등 실체법에서 서면요건을 요구하는 경우가 있다.

14) (1852) 12 C.B. 801.

15) Collins, para. 7－026.

16) 그러나 앞서 언급한 바와 같이 rome Ⅰ 제18조 제2항에서 방식의 준거법에 따라서 계약의 존재가 증명될 수 있도록 규정하고 있기 때문에 위 규칙이 적용되는 범위에서는 반드시 서면에 의하여 계약의 존재가 증명될 필요가 없는 것으로 해석되고 있다(Garnett, para. 7.28).

17) Except as otherwise provided in this section a contract for the sale of goods for the price of $500 or more is not enforceable by way of action or defense unless there is some writing sufficient to indicate that a contract for sale has been made between the parties and signed by the party against whom enforcement is sought or by his authorized agent or broker.

18) Whether a contract must be in writing, or evidenced by a writing, in order to be enforceable is determined by the law selected by application of the rules of §§ 187－188.

지법이 적용되는 것이 아니라 계약의 준거법이 적용되는 결과를 가져오므로 결국 사기방지법을 실체적 사항으로 파악한 것이다.[19] 이러한 점에서 영국과 차이가 있다.

외국의 제도가 실체적 사항인지 절차적 사항인지는 법정지법인 우리 법에 따라서 결정할 문제이다. 외국법에서 어떻게 규정하고 있는지 법문언의 형식이 이러한 결정에 있어서 중요한 역할을 하지만 더 중요한 것은 실질적 내용이라고 봐야 한다. 따라서 우리 법원이 외국의 제도를 실체법이나 절차법으로 성질결정을 함에 있어서 외국법의 문언에 구속된다고 볼 수 없다.[20] 그런데 사기방지법은 증거방법의 제한이란 측면에서 보면 절차법적 성질을 갖고 있지만 동시에 실체법적 성질을 갖고 있는 법률행위의 방식에도 해당한다는 점에서 절차법적 성질과 실체법적 성질이 중첩되어 있다. 앞서 언급한 바와 같이 법률행위의 방식이란 법률행위가 성립하기 위하여 필요한 의사표시의 외부적 표현방법이므로 그 요건을 ① 법률적 구속의사의 외부적 표현 ② 그러한 외부적 표현이 없는 경우에 무효로 나누어 볼 수 있다. 그런데 사기방지법은 서면이라는 외부적 표현방법을 요구하고 이러한 서면이 없는 경우에 그 법률행위를 무효로 한다는 점에서 법률행위의 방식에 해당한다. 결국 영미법의 사기방지법은 궁극적으로 계약의 효력에도 영향을 미친다는 점에서 이를 법률행위의 방식에 관한 실체법으로 보는 것이 타당하다.[21] 이러한 결론에 따르면 우리 법원에서 영미법이 준거법이라면 사기방지법도 준거법으로서 적용될 수 있다.

그러나 위와 같은 결론은 사기방지법의 실체법적 사항에 한정해야 적용되어야 하며 절차법적 사항인 소송절차에서 증거방법으로서의 제한은 적용이 배제되어야 하므로 법률행위의 방식이 제한되어 있다고 하여 증거방법도 그러한 법률행위의 방식으로 제한되는 것은 아니다. 즉 방식을 지켜야 한다는 것과 그러한 방식이 지켜졌다는 증명은 별개의 문제이다. 예를 들어 방식의 준거법에 따르면 서면에 의하여 계약이 체결되어야 하더라도 우리 법상 증거방법에 제한이 없으므로 증인의 증언에 의하여 서면으로 계약이 체결된 사실을 증명할 수 있다.

3. 법률행위의 준거법

국제사법 제17조에서는 법률행위의 방식은 그 행위의 준거법에 의하도록 규정하고 있다. 즉 법률행위의 형식적 유효성은 그 법률행위의 실질적 유효성에 관한 준거법(lex contractus)에 따른다. 법률행위의 유효성의 의미에는 형식적 유효성과 실질적 유효성을 모두 포함하므로 법률행위의 방식을 그 행위의 준거법에 따르도록 한 국제사법 제17조의 규정형식은 그 의미상 명확한지 아니한 면이 있다.[22] 법률행위의 형식은 실질과 가장 밀접한 관련이 있기 때문에 위와 같이 규정하였다.[23]

---

19) 호주에서도 사기방지법을 실체법으로 보고 있고(Collins, para. 7−028), 캐나다도 마찬가지라고 한다(Garnett, para. 7.27).

20) 법문언의 기재에 따라서 실체법과 절차법을 구별해야 한다는 것에 대하여는 강력한 반론이 제기되고 있다(Mcdougal/Felix/Whitten, American Conflicts law, 5th ed, 2001, p. 420).

21) 석광현, 국제사법 해설, 박영사, 2013, 228쪽; Collins, para. 7−030.

22) 석광현, 국제사법 해설, 박영사, 2013, 224쪽.

4. 행위지법

국제사법 제17조 제2항에서는 '장소는 행위를 지배한다.'(locus regit actum)라는 원칙을 근거로 하여 법률행위가 이루어진 장소의 법인 행위지법(lex loci actus)도 법률행위의 방식의 준거법이 될 수 있도록 규정하고 있다. 일방적 법률행위의 경우에는 그 행위를 한 장소의 법이 준거법이 되고 계약의 경우에는 계약을 체결한 장소의 법이 준거법이 된다. 계약의 경우에는 계약을 체결할 당시에 계약의 당사자가 같은 국가에 소재하였다면 위 규정이 적용된다. 만일 계약체결 당시에 계약의 당사자가 다른 국가에 소재하였다면 격지자 간의 계약에 관한 제3항이 적용된다. 국제사법은 이를 명확히 규정하고 있지 않지만 로마규칙 I 제11조(1)에서는 이를 명확히 규정하고 있다.

5. 격지자 간의 계약

당사자가 계약체결 시 서로 다른 국가에 있는 때에는 국제사법 제17조 제1항에 따라서 그 계약의 실질에 관한 준거법에 따라서 형식적 요건을 갖추거나 제3항에 따라서 당사자가 소재한 국가 중 어느 한 국가의 법에 따라서 형식적 요건을 갖추어야 한다. 격지자 간의 계약에서 행위지를 청약의 발송지 또는 승낙의 발송지 중 어느 하나로 보는 것은 매우 인위적이므로 이러한 접근을 피하고 당사자의 소재지를 행위지로 본 것이다.[24)]

제3항이 적용되는 경우에 만일 청약과 승낙의 시점과 계약을 체결하는 시점에 차이가 있다면 전자로 보는 것이 타당하다.[25)] 로마규칙 I 은 로마협약보다 방식의 유효성의 준거법을 확대하여 계약체결 당시 당사자가 상거소를 갖고 있는 국가의 법도 방식의 준거법으로 포함시켰지만 국제사법은 이러한 규정을 두지 않고 있다. 당사자의 '소재'의 의미가 불명확하고 국제사법 제26조에서도 상거소를 중심으로 하여 객관적 준거법을 지정하고 있으므로 제17조의 경우에도 상거소의 법을 형식적 유효성의 준거법으로 추가하는 것을 고려할 필요가 있다.

6. 대리인에 의한 법률행위

대리인에 의하여 법률행위가 이루어 진 경우에 당사자가 법률행위 당시에 동일한 국가에 소재하였는지 아니면 다른 국가에 소재하였는지 여부는 대리인을 기준으로 결정한다.[26)] 법률행위와 법률행위를 한 장소와의 연관성은 법률행위를 한 사람을 기준으로 해야 하기 때문이다. 국제사법 제17조 제4항에서는 제2항만을 언급하고 있지만 제3항의 경우에 있어서도 대리인을 기준으로 장소를 결정해야 한다.[27)]

---

23) McParland, para. 16.31.
24) Ibid, para. 16.32.
25) 석광현, 국제사법 해설, 박영사, 2013, 227쪽.
26) McParland, para. 16.34.
27) 석광현, 국제사법 해설, 박영사, 2013, 227쪽.

7. 물권에 관한 계약

국제사법 제17조는 물권 그밖에 등기하여야 하는 권리를 설정하거나 처분하는 계약에는 적용되지 아니한다. 로마규칙 I은 '부동산 물권과 부동산의 임대차에 대한 권리'(a right in rem in immovable property or a tenancy of immovable property)에 한정하고, 계약의 방식을 요구하는 부동산의 소재지법이 당사자의 합의에 의하여 그 적용을 배제할 수 없는 강행규정인 경우에만 방식의 준거법에 대한 예외가 인정된다는 점에서 우리의 국제사법과 차이가 있다.

제 6 장　채권양도의 준거법

Ⅰ. 채권양도계약

> **제34조(채권의 양도 및 채무의 인수)** ① 채권의 양도인과 양수인간의 법률관계는 당사자 간의 계약의 준거법에 의한다. 다만 채권의 양도가능성, 채무자 및 제3자에 대한 채권양도의 효력은 양도되는 채권의 준거법에 의한다.
> ② 제1항의 규정은 채무인수에 이를 준용한다.

1. 의　의

채권의 양도인과 양수인 사이의 자발적인 채권양도에 관하여는 국제사법 제34조에서, 그리고 법률규정에 의한 채권양도에 관하여는 국제사법 제35조에서 규정하고 있다. 채권양도와 관련하여 여러 법률관계가 관련되는데, 첫째 채권자와 채무자 사이에서 채권이 발생되기 위한 법률관계가 있고, 둘째 채권자인 양도인과 양수인 사이에 채권을 양도하기 위한 법률관계가 있으며, 셋째 채권의 양수인과 채무자 사이의 법률관계가 있다. 그런데 국제적 채권양도의 경우에는 각 법률관계의 준거법이 달라질 수 있다는 문제가 있다. 국제사법 제34조에서는 밀접한 관련성이라는 국제사법적 이익 이외도 채무자의 보호라는 실질법적 이익도 고려하여, 채권양도의 효력을 양도인과 양수인 사이에서의 채권양도의 효력과 채무자 및 제3자에 대한 채권양도의 효력으로 나누어서 준거법을 지정하고 있다. 다만 채권양도의 방식에 관하여는 별도의 규정이 없으므로 방식의 준거법에 관한 일반규정인 국제사법 제17조가 적용된다.

한편 로마규칙 Ⅰ 제14조(1)에서는 계약상 대위(contractual subrogation)에 관하여도 채권양도와 동일한 원칙에 따라서 준거법을 지정하고 있다. 여기서 계약상 대위란 프랑스와 이태리법에 있는 제도로서 제3자가 채무자를 대신하여 채무를 이행하였지만 제3자와 채권자의 합의 또는 제3자와 채무자의 합의에 의하여 채권이 소멸되지 아니하고 제3자에게 이전되는 경우를 말한다.[1] 이러한 계약상의 대위도 사실상 채권양도에 해당하므로 국제사법 제34조가 적용될 것이다.

2. 채권의 범위

국제사법 제34조에서 채권은 지명채권만을 의미하는 것으로 해석된다. 채권이 증서에 표

1) Calliess, p. 276.

창되어 증서의 양도만으로 채권이 이전되는 무기명증권에 관하여는 국제사법 제21조가 적용되고, 선하증권과 같이 배서에 의하여 양도할 수 있는 지시증권에 관하여는 국제사법에 별도의 규정이 없지만 지명채권의 양도방식과 다른 방식을 취하고 있기 때문에 성질상 국제사법 제34조가 적용되기에 적합하지 않다.[2] 로마규칙 Ⅰ의 경우에는 제1조(2)(d)에서 수표, 약속어음, 환어음, 유가증권(negotiable instruments)을 규칙의 적용대상에 배제하고 있기 때문에 자발적 채권양도에 관한 제14조가 지명채권에 한정하여 적용된다는 점이 명백하다. 그리고 양도의 대상인 채권에도 제한이 없으므로 계약상 채권이나 법정채권 모두 포함된다.[3]

3. 채권양도의 목적의 범위

국제사법 제34조가 적용되기 위한 채권양도의 목적에 제한이 없으므로 채권양도에는 증여를 위한 채권양도나 신탁을 위한 채권양도의 경우도 포함된다.[4] 다만 로마규칙 Ⅰ 제14조(3)에서는 채권양도를 채권이 완전히 이전되는 경우뿐만 아니라 담보목적으로 이전되는 경우와 채권에 대한 담보권이 이전되는 경우도 포함시키고 있지만 국제사법은 이에 관하여 제23조에서 별도로 규정하고 있으므로 제34조에서의 채권양도는 순전한 채권양도만을 의미한다고 보아야 한다.[5]

4. 양도인과 양수인 사이의 법률관계의 준거법

채권의 양도인과 양수인 사이의 법률관계는 양도계약의 관계이므로 당사자 사이의 양도계약의 준거법에 따른다(국제사법 제34조 제1항 전문). 채권의 양도인과 양수인 사이의 양도계약의 준거법에 관하여는 계약 일반의 준거법에 관한 국제사법 제25조와 제26조가 적용된다. 따라서 채권의 양수인이 이자 등 과실을 취득할 수 있는 시기와 채권의 위험을 인수하는 시기에 관하여도 위 준거법에 따른다. 이러한 채권의 양도인과 양수인 사이의 법률관계에는 채권양도의 대가, 시기, 방법 등과 같은 채권적 법률관계뿐만 아니라 채권 자체가 양도인에게서 양수인으로 이전되기 위한 준물권행위도 포함된다.[6] 로마규칙 Ⅰ 서문(38)에서는 논란을 없애기 위해서 명시적으로 준물권행위(the property aspects of an assignment)가 포함된다고 규정하고 있다. 따라서 채권양도계약의 채권적 효력뿐만 아니라 이러한 양도인과 양수인 사이에서 채권이 유효하게 양수인에게 이전되는지 여부에 관한 준물권행위에 관하여도 위 준거법에 따른다.[7] 이러한 점에서 국제사법 제34조는 채권에 관한 준거법과 물권에 관한 준거법을 모두

2) 유가증권에 관하여는 유가증권에 화체된 권리의 준거법과 유가증권 자체의 준거법을 구분해야 한다.
3) 석광현, 국제사법 해설, 박영사, 2013, 428쪽.
4) Calliess, p. 277.
5) 국제사법 제23조에서는 채권의 준거법에 따르도록 규정하고 있으므로 결론에 있어서는 동일하다.
6) 석광현, 국제사법 해설, 박영사, 2013, 424쪽. 그러나 이와 같이 볼 경우 채권질권설정과 관련하여 문제가 발생한다(석광현, 국제사법 해설, 박영사, 2013, 269쪽).
7) 채권행위와 물권행위를 구분하는지 여부도 당해 준거법에 따를 것이다. 적어도 독일과 영국의 경우에는 채권행위와 물권행위를 명확히 구분하고 있다(McParland, para. 18.11).

규정하고 있는 혼합규정(hybrid)의 성질을 갖고 있다.[8] 다만 이러한 채권양도의 효력은 양도인과 양수인 사이의 효력만을 의미하며 채무자나 제3자에 대한 효력에 관하여는 국제사법 제34조 제1항 단서에 따라서 채권의 준거법에 따른다.

5. 채무자와 제3자에 대한 효력

가. 의 의

국제사법 제34조 제1항 단서에서는 채권의 양도가능성, 채무자 및 제3자에 대한 채권양도의 효력은 양도되는 채권의 준거법에 의하도록 규정하고 있다.[9] 채권양도는 채권의 성립부터 소멸에 이르기까지 당해 채권과 관련하여 발생하는 일련의 문제 중 하나이므로 당해 채권과 가장 밀접한 관련이 있다고 볼 수 있기 때문이다.[10] 또한 이 규정은 채무자를 보호하기 위한 규정으로서 채권양도에 의하여 채권자가 변경되었다고 하여 채권의 준거법까지 변동되면 이에 따라서 채무자의 지위가 불리하게 변경될 수 있으므로 이를 방지하기 위해서 채권양도의 채무자의 효력에 대하여는 채권의 준거법에 따르도록 하였다.[11]

나. 채권의 양도가능성

채권의 양도가능성도 채권의 준거법에 따르는데 양도가능성에 관한 채무자의 기대이익을 보호하기 위한 규정이다.[12] 채권의 양도가능성에 관한 분쟁은 양도인과 양수인 사이에 그치지 아니하고 양수인과 채무자 사이의 사이에서의 분쟁도 포함된다.[13] 채권의 양도가능성이 채권의 준거법에 따르는 결과, 예를 들어 채권의 준거법이 우리 법이라면 근로기준법상의 보상청구권은 양도할 수 없고(근로기준법 제86조), 채권자와 채무자가 채권을 양도하지 아니하기로 약정을 했다고 하더라도 이러한 사실을 모르는 채권의 양수인에 대하여는 위와 같은 약정의 효력을 주장할 수 없다(민법 제449조 제2항).

그러나 채권이 우리 민사집행법에 따라서 가압류 또는 압류된 경우의 양도가능성에 관하여는 달리 볼 필요가 있다. 채권의 준거법이 비록 외국법이라고 하더라도 우리 민사집행법에 따라서 채권이 가압류 또는 압류되었다면 '절차는 법정지법에 따른다.'는 원칙상 채권의 가압류 또는 압류의 효력은 우리 민사집행법에 따를 수밖에 없기 때문이다. 따라서 이 경우에는 채권의 준거법이 아니라 우리 민사집행법에 따라서 채권의 양도가능성이 결정되어야 한다. 대법원 2015.1.29. 선고 2012다108764 판결에서는 "채권자가 대한민국의 민사집행법에 의하여

8) McParland, para. 18.08.

9) 로마규칙 Ⅰ에서는 채권양도의 채무자에 대한 효력에 관하여 채권의 준거법에 따르도록 규정하고 있지만 제3자에 대한 효력에 관하여는 규정을 두고 있지 않다. UNCITRAL 국제채권양도협약의 경우에도 채권양도의 채무자에 대한 효력에 관하여 채권의 준거법에 따르도록 규정하고 있지만 제3자에 대한 효력에 관하여는 양도인의 소재지법을 적용하도록 규정하고 있다.

10) 석광현, 국제사법 해설, 박영사, 2013, 425쪽.

11) 앞의 책, 같은 쪽.

12) McParland, para. 18.65.

13) Ibid.

가압류명령 또는 채권압류명령 및 추심명령을 받아 채권집행을 한 경우에, 채권가압류명령 또는 채권압류명령을 받은 제3채무자가 채무자에 대한 반대채권을 가지고 상계로써 가압류채권자 또는 압류채권자에게 대항할 수 있는지는 집행절차인 채권가압류나 채권압류의 효력과 관련된 문제이므로, 특별한 사정이 없는 한 대한민국의 민사집행법 등에 의하여 판단함이 원칙이고 상계의 준거법에 의할 것은 아니다."라고 판시하고 있는데 비록 상계가능성에 관한 판결이지만 양도가능성에 관하여도 동일하게 적용될 수 있을 것이다.

다. 채무자에 대한 효력

채권양도의 채무자에 대한 효력에는 양수인이 채무자에 대하여 채권자의 지위를 주장할 수 있는지 여부뿐만이 아니라 채무자가 양도인에게 대항할 수 있는 사유로서 양수인에게 대항할 수 있는지 여부도 포함된다. 전자와 관련하여 만일 우리 민법이 채권의 준거법이라면 양도인이 채권양도의 사실을 채무자에게 통지하거나 채무자가 승낙하지 아니하면 양수인은 채무자에게 채권자의 지위를 주장할 수 없다(민법 제450조 제1항). 후자와 관련하여 채무자가 양도인에 대하여 가지고 있던 채권을 자동채권으로 하여 양수인에게 상계로서 대항할 수 있는지 여부도 채권의 준거법에 따른다. 따라서 채무자의 채권양도인에 대한 자동채권이 발생하는 기초가 되는 원인이 양도 전에 이미 성립하여 존재하고 그 자동채권이 수동채권인 양도채권과 동시이행의 관계에 있는 경우에는, 양도통지가 채무자에게 도달하여 채권양도의 대항요건이 갖추어진 후에 자동채권이 발생하였다고 하더라도 채무자는 동시이행의 항변권을 주장할 수 있고, 따라서 그 채권에 의한 상계로 양수인에게 대항할 수 있다(대법원 2015.4.9. 선고 2014다80945 판결).

로마규칙 I 제14조(2)에서는 채무자의 면책되는지 여부(whether the debtor's obligations have been discharged)도 채권의 준거법에 따르도록 규정하고 있는바, 예를 들어 채무자가 채권이 양수인에게 양도된 사실을 모르고 양도인에게 변제를 한 경우에 채무자가 면책되는지 여부는 채권의 준거법에 따른다.[14] 국제사법 제34조에는 이와 같이 채무자의 선의를 보호하기 위한 명시적 규정을 두고 있지는 않지만 위와 같은 문제도 채권양도의 채무자에 대한 효력의 일종이므로 채권의 준거법에 따른다.[15]

라. 제3자에 대한 효력

채권양도의 제3자에 대한 효력이 문제되는 경우는 채권이 이중으로 양도된 경우에 이중의 양수인 중 누가 채권자가 되는지(priority)의 문제가 발생한 경우이다. 국제사법은 이에 관하여 아무런 규정을 두고 있지 않다. 그리고 로마규칙 I의 경우에도 이에 관한 규정이 없을 뿐더러 채권양도의 제3자에 대한 효력(즉 대세적 효력(Erga Omnes))에 관하여 채권양도에 관한

14) Calliess, p. 280.
15) 석광현, 국제사법 해설, 박영사, 2013, 426쪽.

규정이 적용되지 않는 것으로 해석되고 있다.[16] 채권양도의 대세적 효력의 준거법에 관하여 네 가지 견해가 있다.

첫째 양도인과 양수인 사이의 법률관계의 준거법에 따르자는 견해가 있는데 네덜란드 법원이 이러한 입장이다.[17] 이와 같이 볼 경우 채권양도의 준거법을 미리 확정할 수 있으므로 채권의 대량양도(bulk assignment)에 유리하다. 그러나 채무자를 포함한 제3자는 자신이 예상하지 않았던 법의 적용을 받게 되는 문제가 발생하고, 채권의 이중양도의 경우에 이중양도를 위한 두 개의 양도계약의 준거법이 각 다른 경우에 어느 준거법에 따를 것인지의 문제가 발생한다.[18]

둘째 채권의 준거법에 따르자는 견해가 있는데 독일 연방사법재판소가 이러한 입장이다.[19] 이와 같은 경우에는 채권양도의 대세적 효력과 채무자 보호가 동일한 법에 의하여 규율되고 이중양도에서의 우선권도 동일한 법이 적용된다는 장점이 있다. 그러나 채권의 대량양도에 있어서 양도되는 채권에 동일하지 않은 준거법이 적용되어 국제적 채권양도를 저해할 위험이 있다는 문제가 있다.[20]

셋째 채무자의 상거소지법을 준거법으로 보자는 주장이 있다. 채무자의 재산은 통상 채무자의 상거소가 있는 곳에서 재판이 집행되기 때문이다. 그러나 채무자의 상거소와 채권양도 사이에 관련성이 약하기 때문이 실제로 이 학설에 대한 지지자는 없다고 한다.[21]

넷째 양도인의 상거소지법에 따르자는 견해가 있다. 이에 따르면 양도되는 채권의 준거법이 다르더라도 하나의 법이 일률적으로 적용되므로 채권의 대량양도에서 편리하고, 제3자도 준거법을 예측할 수 있으므로 적어도 제3자의 국제사법상의 이익이 보호된다는 것을 근거로 한다. UNCITRAL 국제채권양도협약[22] 제30조 제1항에서도 채권의 이중양도에서의 우선권에 관하여 양도인의 소재지법에 따르도록 규정하고 있다. 그러나 채권의 준거법 이외에 양도인의 상거소지법이 추가로 적용되어 법률관계를 복잡하게 만든다는 문제가 지적되고 있다.[23]

채권양도의 채무자에 대한 효력뿐만 아니라 제3자에 대한 효력도 채권양도의 효력이라고 봐야 하므로 현행 국제사법의 해석상 채권의 준거법에 따를 수밖에 없다고 본다.

6. 채무인수의 준거법

국제사법 제34조 제2항에서는 채무인수에 관하여도 채권양도에 관한 규정을 준용하고 있다. 채무인수에는 기존의 채무자에 대한 채무가 소멸하는 중첩적 채무인수와 기존의 채무자

16) Calliess, p. 286.
17) McParland, para. 18.72.
18) Calliess, p. 288.
19) McParland, para. 18.70.
20) 석광현, 국제사법 해설, 박영사, 426쪽.
21) Calliess, p. 289.
22) United Nations Convention on the Assignment of Receivables in International Trade (New York, 2001). 이 협약은 아직 발효되지 않고 있다.
23) Calliess, p. 289.

에 대한 채무가 존속하는 중첩적 채무인수가 있는데, 중첩적 채무인수의 경우에는 채권자와 새로운 채무자 사이의 일종의 제3자를 위한 계약에 해당한다(대법원 2013.9.13. 선고 2011다56033 판결). 이러한 중첩적 채무인수의 효력에 관하여는 채권자와 새로운 채무자 사이의 계약에 관한 준거법이 적용되므로 국제사법 제34조 제2항에서의 채무인수는 면책적 채무인수만을 의미한다.[24] 위와 같이 채무인수에 관하여도 채권양도에 관한 규정이 준용되는 결과 채무의 인수인과 채무자 사이의 법률관계에 관하여는 당사자 사이의 계약의 준거법에 따르고, 채무의 인수가능성과 채권자와 제3자에 대한 채무인수의 효력에 관하여는 채무의 준거법에 따른다.

Ⅱ. 법률에 의한 채권양도

> **제35조(법률에 의한 채권의 이전)** ① 법률에 의한 채권의 이전은 그 이전의 원인이 된 구채권자와 신채권자간의 법률관계의 준거법에 의한다. 다만 이전되는 채권의 준거법에 채무자 보호를 위한 규정이 있는 경우에는 그 규정이 적용된다.
> ② 제1항과 같은 법률관계가 존재하지 아니하는 경우에는 이전되는 채권의 준거법에 의한다.

1. 원인관계의 준거법

법률에 의한 채권의 이전은 채권의 양도인과 양수인 사이에 채권양도의 합의가 없는 경우에도 법률에 규정된 요건을 충족하면 채권이 당연히 이전되는 경우에 해당한다. 우리 민법 제481조의 변제자의 법정대위나 상법 제682조의 보험자대위 등이 이에 해당한다. 법률에 의한 채권의 이전은 변제자의 이익을 위한 제도로서 그 이전의 원인이 된 구채권자와 신채권자간의 법률관계와 밀접한 관련이 있으므로 그 법률관계의 준거법에 의한다(국제사법 제35조 제1항). 이러한 규정은 스위스 국제사법 제146조 제1항에 따른 것이다. 예를 들어 보험자가 피보험자에게 보험금을 지급한 경우에 보험자가 피보험자의 가해자에 대한 권리를 취득하는지 여부는 보험자와 피보험자 사이의 보험계약의 준거법에 따라서 결정된다.

구채권자와 신채권자간의 법률관계의 준거법은 채권의 양도에 한하여 적용되며 신채권자와 채무자 사이의 법률관계에 대하여는 채권의 준거법이 여전히 적용된다고 봐야 한다. 그렇지 아니하면 채권의 내용이 달라져서 채무자에게 불이익이 발생하기 때문이다.[25]

2. 회사의 합병과 분할 및 상속의 배제

회사가 합병과 분할하거나 또는 상속에 의하여 포괄적으로 권리와 의무가 승계되는 경우에는 국제사법 제35조가 적용되지 아니한다. 전자에 관하여는 국제사법 제16조가 후자에

---

24) 국제사법 428.
25) Calliess, p. 291.

관하여는 국제사법 제49조가 적용되기 때문이다.[26)]

3. 적하보험자의 대위권의 존부에 관한 준거법

가. 의 의

상법 제682조 제1항에서는 "손해가 제3자의 행위로 인하여 생긴 경우에 보험금액을 지급한 보험자는 그 지급한 금액의 한도에서 그 제3자에 대한 보험계약자 또는 피보험자의 권리를 취득한다."고 규정하고 있다. 이를 근거로 운송 중에 손상된 화물에 대한 보험금을 지급한 적하보험자는 화주를 대위하여 화물의 손상에 원인을 제공한 운송인에게 손해배상청구를 할 수 있는데 이를 보험자대위권(right of subrogation)이라고 한다.[27)] 하지만 이러한 결론은 우리 상법에 따를 때에만 타당하며, 다른 국가의 법에서는 대위권 발생의 요건이나 그 효과를 우리 법과 달리 규정할 수 있다. 따라서 적하보험자가 보험금을 지급한 후에 선하증권의 정당한 권리자를 대위할 수 있는지를 검토하기 위해서는 그 준거법을 먼저 확정할 필요가 있다.

나. 국제사법 제35조 제1항의 적용의 문제점

국제사법 제35조 제1항에서는 "법률에 의한 채권의 이전은 그 이전의 원인이 된 구채권자와 신채권자간의 법률관계의 준거법에 의한다."고 규정하고 있다.[28)] 우리 상법상 보험자대위권은 법률에 규정된 요건을 충족하였을 때에 당사자의 의사와 관계없이 당연히 발생하며, 그 결과 보험자는 채권자 의 지위에서 운송인에게 손해배상청구를 할 수 있다. 그렇다면 보험자의 대위권의 취득은 위 국제사법 제35조 제1항의 법률에 의한 채권의 이전이라고 할 것이고, 결국 보험자가 대위권을 취득하는지 여부는 선하증권의 준거법이 아니라 보험계약의 준거법에 따라서 결정하여야 한다.[29)]

그런데 영국 해상보험법(Marine Insurance Act 1906) 제79조 제1항[30)]에서는 보험금을 지

26) 석광현, 국제사법 해설, 박영사, 2013, 433쪽.

27) 해상운송이 이루어지는 거의 모든 화물은 적하보험으로 부보되기 때문에 화물의 손상을 원인으로 하는 거의 모든 손해배상청구소송에서의 원고는 적하보험자가 된다.

28) 로마규칙 I 제15조에서도 국제사법 제35조 제1항과 사실상 동일한 규정을 두고 있다. 참고로 이 규칙 제1조 제2항(c)에서는 "환어음, 수표, 약속어음 기타 유가증권으로부터 발생하는 채무에 관하여 그 채무가 유가증권적 성질로부터 발생하는 한도(obligations arising under bills of exchange, cheques and promissory notes and other negotiable instruments to the extent that the obligations under such other negotiable instruments arise out of their negotiable character)"에서 동 규칙의 적용을 배제하고 있다. 이러한 규정으로 인하여 유통선하증권(negotiable bill of lading)이 위 규칙의 적용대상인지 아닌지에 관한 논의가 있다. Giuliano-Lagarde 보고서에서는 선하증권이 유가증권인지 여부를 위 규칙에서 정할 문제가 아니가 법정지법이 정할 문제라고 지적하고 있다. 그런데 영국에서는 유가증권이 되려면 양수인이 양도인보다 유리한 권리를 취득해야 하는데, 선하증권은 이러한 효력이 없으므로 유가증권으로 분류하고 있지 않으며, 따라서 위 규칙의 적용이 배제되지 않는다고 한다(Nicholas Gaskell and Regina Asariotis Yvonne Baatz, Biils of Lading: Law and Contracts International Press Publication Inc, 2000, paras. 19.7-19.8).

29) 석광현, 국제사법 해설, 박영사, 2013, 431쪽.

30) "보험자가 부보된 목적물의 전부 또는 분할할 수 있는 경우에 그 부보된 부분에 대하여 보험금을 지급한 경우에 보험자는 손해를 야기한 사고가 발생한 때부터 부보된 목적물 중 남은 부분에 대한 이익을 취득할 수 있으며 피보험자가 부보된 목적물에 대하여 갖고 있는 모든 권리와 구제방법을 대위할 수 있다."(Where the insurer pays for a total loss, either of the whole, or in the case of goods of any apportionable part, of the subject-matter insured, he thereupon becomes entitled to take over the interest of the assured in whatever may remain of the subject-matter so paid for, and he is thereby subrogated to all the rights and remedies of the assured in and in respect of that subject-matter as from the time of the casualty causing the loss.)

급한 보험자가 피보험자의 가해자에 대한 권리를 대신하여 행사할 수 있도록 규정하고 있을 뿐이지 피보험자의 가해자에 대한 채권이 보험자에게 양도되지 아니한다. 따라서 보험자는 자신의 이름으로 피보험자의 채무자인 가해자 대하여 소를 제기할 수 없으며 피보험자의 이름으로만 소를 제기해야 한다. 즉 우리 상법 제682조 제1항과 같이 보험금을 지급한 보험자에게 피보험자의 가해자에 대한 권리가 자동적으로 이전되는 것이 아니라 보험자가 피보험자의 가해자에 대한 권리를 대신하여 행사할 수 있는 대위권만이 부여된다.31) 이와 같이 채권양도가 발생하지 아니하는 경우도 국제사법 제35조 제1항이 적용되는지 의문이 있다.

다. 사견과 입법론

국제사법 제35조 제1항에 상응하는 로마규칙 I 제15조32)에서는 "채권자가 채무자에 대하여 계약상 권리를 갖고 있고 제3자가 채권자에게 채무를 이행해야 할 의무가 있거나 또는 실제로 그 의무를 이행한 경우에, 제3자가 채권자에게 채무를 이행해야 할 의무에 적용되는 법이 채권자가 채무자에 대하여 갖고 있는 권리를 제3자가 채무자에 대하여 행사할 수 있는지 여부 및 그 범위를 결정한다."33)고 규정하여 '법률에 의한 채권이전'이라는 법률효과를 요구하지 않고 제3자에 의한 채권자의 권리의 행사라는 결과만을 요구함으로써 대위권을 폭넓게 규정하고 있기 때문에 영국법상의 보험자대위권도 이에 포함시키고 있다. 이에 따라서 조문의 제목도 계약상 채권양도의 준거법에 관한 제14조의 제목에서는 "자발적 양도 및 계약상 대위권"(voluntary assignment and contractual subrogation)이라고 하면서도 법률상 채권양도에 관한 제15조의 제목에서는 양도(assignment)를 배제하고 "법률상 대위권"(legal subrogation)이라고만 규정하고 있다.34)

비록 국제사법 제35조 제1항이 '법률에 의한 채권이전'을 요구하고 있지만 제3자가 채권자에게 채무이행을 하고 채무자에 대하여 권리를 행사하는 관계에서 가장 밀접한 관계가 있는 국가의 법이 제3자와 채권자 사이의 법률관계에 적용되는 법이란 점을 명확히 나타내고 있다. 다라서 영국법상 보험자대위에 대하여도 국제사법 제35조 제1항이 적용 또는 유추적용될 수 있으리라 보인다. 그리고 앞서 본 바와 같이 대위권이라고 하여 항상 채권양도의 효력이 있는 것은 아니므로 입법론적으로는 채권양도를 삭제하고 로마규칙 I 과 같이 폭넓게 규정할 필요가 있다고 본다.

---

31) 이에 따라서 당사자적격의 문제가 발생한다. 영국에서는 보험자가 자신의 이름으로 가해자에 대하여 소를 제기하더라도 이를 권리자의 가해자에 대한 권리행사로 보지 않기 때문에 시효중단이 발생하지 아니하고 만일 그 사이에 제소기간이 도과하였다면 보험자는 피보험자의 이름으로도 다시 소를 제기할 수 없다.

32) 로마규칙 II 제19조에서도 비계약상 권리에 관한 대위권에 관하여 동일한 규정을 두고 있다.

33) "Where a person (the creditor) has a contractual claim against another (the debtor) and a third person has a duty to satisfy the creditor, or has in fact satisfied the creditor in discharge of that duty, the law which governs the third person's duty to satisfy the creditor shall determine whether and to what extent the third person is entitled to exercise against the debtor the rights which the creditor had against the debtor under the law governing their relationship."

34) McParland, para. 18.108.

4. 채권 자체의 준거법에 의하는 경우

국제사법 제35조 제2항에서는 구채권자와 신채권자 사이에 법률관계가 존재하지 아니하는 경우에는 이전되는 채권의 준거법에 따르도록 규정하고 있다. 법률에 의한 채권의 이전은 채무변제의 효력의 문제라고 할 수 있기 때문에 위와 같이 규정되었다.[35] 그러나 구채권자와 신채권자 사이에 법률관계가 존재하지 않는 경우에도 신채권자가 변제를 하게 된 정당한 이익이 있는 경우에 그렇지 아니한 경우를 나누어 볼 필요가 있다고 본다.[36] 전자의 경우에는 구채권자와 신채권자 사이에 법률관계가 존재하지 아니하므로 변제와 가장 밀접한 관련이 있는 법률관계는 변제된 채권이 되고 따라서 채권의 준거법이 법률상 대위의 준거법이 된다고 볼 수 있다. 그러나 후자의 경우에는 정당한 이익을 갖게 되는 법률행위가 변제와 밀접한 관련이 있으므로 그 법률행위의 준거법이 법률상 대위의 준거법이 된다고 확대해석하는 것이 타당하다고 본다. 예를 들어 물상보증인이 채권자에게 변제한 경우에는 물상보증인은 채권자에게 채무를 이행할 법률상의 의무를 부담하지는 않지만 물상보증인이 채무를 이행하게 된 사실상의 원인으로서 물상보증계약이 있으므로 물상보증인의 변제의 원인행위를 넓게 해석하여 물상보증계약의 준거법이 법률상 대위의 준거법이 된다고 봐야 한다.[37]

5. 채권의 준거법에 의하여 양도가 금지된 경우

채권의 준거법에 의하면 양도의 목적이 된 채권의 양도가 금지되어 있는 반면에 법률에 의한 채권이전의 준거법에 의하면 그러한 채권의 양도가 금지되어 있지 않은 경우에 어느 법에 의하여 채권의 양도가능성을 판단해야 하는지 문제된다. 국제사법 제35조 단서에서는 "이전되는 채권의 준거법에 채무자 보호를 위한 규정이 있는 경우에는 그 규정이 적용된다."고 규정하고 있으므로 채권의 준거법에 따라서 채권이 이전된다고 볼 수 없다. 이에 대하여는 국제사법 제34조 제1항에서는 명시적으로 '양도가능성'이라고 규정하고 있는 반면에 제35조 제1항 단서에서는 '채무자 보호'를 위한 규정이라고 하므로 채권의 준거법에서 채권의 양도를 금지하더라도 채무자 보호를 위한 목적을 갖고 있지 않다면 채권의 준거법이 적용되지 않는다는 주장이 가능하다. 그러나 채권의 양도가능성과 가장 밀접한 관련을 갖는 법률관계는 당해 채권의 법률관계이고, 이러한 경우에는 변제자의 이익보다는 채무자의 기대이익을 보호하는 것이 타당하며, 변제자로서는 스스로 양도가능성을 검토하는 것이 일반적이고 그의 책임이란 점을 감안하면 채무자 보호의 목적에 관계없이 채권의 양도가능성은 당해 채권의 준거법에 따르도록 하는 것이 타당하다고 본다.[38]

---

35) 석광현, 국제사법 해설, 박영사, 2013, 432쪽.

36) 민법은 채무자가 아닌 자가 변제한 경우를 정당한 이익이 없는 경우와 정당한 이익이 있는 경우로 나누어 전자에 관하여는 제480조에서 채권자의 승낙이 있는 경우에만 채권자를 대위할 수 있도록 하고 후자의 경우에는 제481조에서 당연히 채권자를 대위할 수 있도록 규정하고 있다.

37) Calliess, p. 290.

38) Ibid, p. 292.

6. 변제자의 구상권의 준거법

구상권이 발생되는 원인과 요건은 다양하지만 적어도 여러 채무자가 있는 경우에 그 중 변제한 채무자가 다른 채무자에 대하여 갖는 구상권의 경우에는 변제자를 보호하기 위하여 인정된다는 점에서 대위권과 같은 목적과 구조를 갖고 있다.[39] 우리 법의 예를 들자면 물상보증인이 채무자의 채무를 변제한 경우, 그는 민법 제370조에 의하여 준용되는 같은 법 제341조에 의하여 채무자에 대하여 구상권을 가짐과 동시에 민법 제481조에 의하여 당연히 채권자를 대위할 수 있다. 이러한 이유로 법률에 의한 채권양도에 관한 국제사법 제35조는 위와 같은 형태의 구상권에 관하여도 유추적용 할 수 있을 것으로 본다.[40]

로마규칙 I 제16조에서도 동일한 채무에 대하여 채무자가 다수인 경우에 채무를 이행한 채무자의 다른 채무자에 대한 구상권에 관하여 규정하고 있는데, 채무를 이행한 채무자의 채권자에 대한 채무의 준거법이 다른 채무자에 대한 구상권의 준거법이 되도록 규정하고 있다. 다만 구상의무를 부담하는 채무자가 타인 간의 법률관계에 관한 준거법에 따라서 불이익을 받는 것을 보호하기 위하여 구상의무를 부담하는 채무자는 자신의 채권자에 대한 채무의 준거법에 따라서 채권자에게 대항할 수 있는 사유를 가지고 구상채권자에게 대항할 수 있도록 규정하고 있다.[41] 스위스 국제사법 제144조 제1항에서도 채무를 변제한 채무자가 다른 채무자에 대하여 갖고 있는 구상권과 대위권에 관하여 함께 규정하여 양자를 동일하게 취급하고 있다. 다만 여기서는 구상권이나 대위권에 관한 준거법에 관하여 채무를 변제한 채무자의 채무의 준거법과 구상의무를 부담하는 채무자의 채무의 준거법을 중첩적으로 적용하고 있다는 점에서 차이가 있다.

결국 채무자가 다수 있는 경우에 변제한 채무자의 다른 채무자에 대한 구상권에 관하여는 국제사법 제35조가 유추적용 되어, 변제한 채무자의 채무의 준거법에 의하여 구상권의 발생과 그 내용이 결정되지만 구상의무를 부담하는 채무자는 자신의 채무의 준거법에 따라서 구상권을 행사하는 채무자에게 대항할 수 있다.

7. 책임보험에서 제3자의 직접청구권

상법 제724조 제2항에서는 가해자가 피해자에 대한 손해배상 책임에 대비하여 책임보험에 가입하였고 책임보험에서 정한 사고가 발생한 경우에 피해자가 보험자에 대하여 직접 보상을 청구할 수 있도록 허용하고 있다. 이러한 결과 보험자는 가해자의 피해자에 대한 손해배

39) 대법원 1997.5.30. 선고 97다1556 판결에서는 "물상보증인이 채무자의 채무를 변제한 경우, 그는 민법 제370조에 의하여 준용되는 같은 법 제341조에 의하여 채무자에 대하여 구상권을 가짐과 동시에 민법 제481조에 의하여 당연히 채권자를 대위하고, 위 구상권과 변제자 대위권은 원본, 변제기, 이자, 지연손해금의 유무 등에 있어서 내용이 다른 별개의 권리로서, 물상보증인은 고유의 구상권을 행사하든 대위하여 채권자의 권리를 행사하든 자유이며, 다만 채권자를 대위하는 경우에는 같은 법 제482조 제1항에 의하여 고유의 구상권의 범위에서 채권 및 그 담보에 관한 권리를 행사할 수 있는 것이어서, 변제자 대위권은 고유의 구상권의 효력을 확보하는 역할을 한다."고 판시하여 구상권과 대위권이 동일한 목적을 갖고 있음을 밝히고 있다.

40) 석광현, 국제사법 해설, 박영사, 2013, 433쪽.

41) McParland, para. 19.31.

상채무를 병존적으로 인수하게 된다. 이와 같이 책임보험에서 피해자인 제3자가 보험자에게 직접 보상청구를 할 수 있는지 여부를 어느 국가의 법에 따라서 판단해야 하는지 문제된다. 이에 대하여 대법원 2017.10.26. 선고 2015다42599 판결에서는 다음과 같은 이유로 책임보험계약에 적용되는 국가의 법이 제3자의 보험자에 대한 직접보상청구의 준거법이 된다고 보았다.

"국제사법 제34조는 채권양도 및 채무인수의 법률관계를 동일하게 취급하여, 채권의 양도가능성, 채무자 및 제3자에 대한 채권양도의 효력은 양도되는 채권의 준거법에 의하도록 규정하고(제1항), 채무인수에 대하여도 이를 준용하고 있다(제2항). 또한 국제사법 제35조는 법률에 의한 채권의 이전에 관하여, 이전의 원인이 된 구채권자와 신채권자 사이의 법률관계의 준거법에 의하지만, 만약 이러한 법률관계가 존재하지 아니하는 경우에는 채권양도 및 채무인수의 경우와 마찬가지로 이전되는 채권의 준거법에 의하도록 규정하고 있다. 이에 비추어 보면, 채무인수 및 법률에 의한 채권의 이전에 관하여 이전되는 채무 · 채권의 준거법에 의하도록 한 국제사법 제34조 및 제35조의 기준은 법률에 의한 채무의 인수의 경우에도 참작함이 타당하다. 그런데 보험자가 피보험자의 손해배상채무를 병존적으로 인수하게 되는 원인은, 피보험자가 제3자에 대하여 손해배상채무를 부담하는 것과는 별개로, 기초가 되는 보험자와 피보험자 사이의 법률관계인 책임보험계약에 관하여 제3자의 보험자에 대한 직접청구권을 인정하는 법 규정이 존재하기 때문이다. 그리고 제3자 직접청구권이 인정되는 경우에 보험자가 제3자에 대하여 부담하는 구체적인 책임의 범위와 내용은 책임보험계약에 따라 정해질 수밖에 없고, 책임보험계약에 따라 보험자와 피보험자가 부담하는 권리의무도 변경된다. 위와 같은 사정들을 종합하여 보면, 외국적 요소가 있는 책임보험계약에서 제3자 직접청구권의 행사에 관한 법률관계에 대하여는 기초가 되는 책임보험계약에 적용되는 국가의 법이 가장 밀접한 관련이 있다고 보이므로, 그 국가의 법이 준거법으로 된다고 해석함이 타당하다."

제 7 장 소비자계약과 근로계약의 준거법

제 1 절 소비자계약의 준거법

Ⅰ. 서 론

소비자는 세계적으로 '사회적 약자'로서 보호되고 있는데 우리의 경우에도 소비자 보호를 위한 법규정이 다수 존재한다. 실체법에서는 「소비자기본법」이나 「전자상거래 등에서의 소비자 보호에 관한 법률」 등이 있고 이러한 규정들은 강행규정에 해당하여 당사자의 합의에 우선하여 적용된다.[1] 절차법으로는 「방문판매 등에 관한 법률」 제46조 등에서 전속관할을 규정하고 있는데 사업자에게 일방적으로 유리한 관할합의를 금지하여 소비자를 보호하는데 그 목적이 있다. 국제적 소비자계약의 경우에서는 경험과 지식이 부족한 소비자가 더욱 취약한 지위에 놓이게 되기 때문에 소비자 보호의 필요가 더욱 강화된다.[2] 특히 국제적 소비자계약의 준거법이 외국법이라면 소비자가 거주하는 국가의 소비자 보호규정이 적용되지 않기 때문에 국제사법적 차원에서 소비자가 거주하는 국가의 소비자 보호규정이 여전히 적용되도록 할 필요가 있었다.[3] 이를 위하여 국제사법 제27조에서는 계약의 준거법의 결정의 일반원칙을 규정한 국제사법 제25조와 제26조를 수정하여 국제적 소비자계약에 대한 제한과 예외를 규정하고 있다.[4] 이 규정은 로마협약과 스위스 국제사법의 영향에 따른 것이다.[5]

국제사법 제27조는 국제사법적 이익이 아닌 실질법적 이익을 보호하기 위한데 그 목적이 있지만 국제사법적 이익을 전혀 무시할 수 없기 때문에 이를 해석하는데 어려움이 있다. 무엇보다 국제사법 제27조에서는 보호의 대상인 소비자계약을 폭넓게 규정하고 있기 때문에 보호되는 소비자계약의 범위와 보호되지 아니하는 소비자계약의 범위를 명백히 할 필요가 있다. 그리고 국제사법은 소위 '수동적 소비자'만을 보호하고 있는데 이러한 개념이 우리에게는

---

1) 전통적으로 소비자는 구매의 선택이 한정되고 정보가 부족하기 때문에 경제적 약자로 분류되었지만 기업들 사이의 경쟁을 고려하면 소비자의 '거래상의 지위'(bargaining power)가 반드시 약하다고만 볼 수 없다는 점에서 소비자를 보호해야 하는 이유는 소비자가 경제적 약자이기 때문이 아니라 소비자가 제품이나 계약에 관한 지식과 정보가 부족하기 때문이라는 주장이 있다(Giesela Rühl, Consumer Protection in Choice of Law, Cornell International Law Journal Vol.44, 2011, p. 572).

2) Anabela Susana de Sousa Gonçalves, The E-Commerce International Consumer Contract in the European Union, Masaryk University Journal of Law and Technology Vol. 9:1(2015), p. 6.

3) Calliess, p. 126.

4) 국내법상의 소비자 보호규정을 국제적 강행규정으로 봐서 준거법에 관계없이 적용시키는 방안도 있지만 이와 같이 본다면 소비자의 상거소의 소비자 보호규정이 아니라 법정지의 소비자 보호규정이 적용되어 소비자계약과 장소적으로 관련이 없는 법이 될 수 있는 문제가 있다(Ibid, p. 126).

5) 소비자계약의 준거법에 관한 비교법적 연구에 관하여는 이병화, "국제소비자계약에 관한 국제사법적 고찰", 국제사법연구 21권 1호(2015.6), 339쪽 이하 및 최성수, "국제사법 제27조의 해석론 및 관련 판례에 대한 평가", 국제사법연구 22권 2호(2016.12), 6쪽 이하 참조.

생소할 뿐만 아니라 판례도 없기 때문에 이에 대한 해석이 요구된다. 유럽사법재판소는 이에 관한 다수의 결정을 바탕으로 그 법리를 확립하고 있다. 더욱이 로마규칙 I 에서는 일부 '능동적 소비자'도 보호하고 있는데 이에 따라서 우리도 국제사법을 개정할 필요가 있는지 검토해 볼 필요가 있다.

Ⅱ. 소비자계약의 의미

소비자계약에 관한 국제사법 제27조는 소비자계약의 준거법의 결정 및 국제재판관할의 결정과 관련하여 소비자계약의 의미를 동일하게 규정하고 있다. 소비자계약의 의미에 관하여는 이미 제1편 국제재판관할의 소비자계약의 국제재판관할에서 논의하였으므로 이를 참조.

Ⅲ. 보호되는 소비자계약의 예외의 인정가능성

1. 국제사법의 해석상 예외의 인정가능성

소비자 보호규정의 목적은 소비자가 사회적 약자의 지위에 있다는 것을 근거로 하므로 이러한 보호가 정당화되지 아니하는 경우에까지 소비자 보호규정을 적용할 수 없다.[6] 이러한 이유로 로마협약과 로마규칙 I 에서는 일정한 종류의 계약에 대하여 소비자 보호를 배제하고 있다. 로마협약에서는 운송계약(a contract of carriage)과 호텔이나 외국어학원과 같이 소비자의 상거소 이외의 국가에서 배타적으로 용역이 제공되는 계약[7]을 배제시키고 있었다. 다만 운송계약 중에 숙박을 포함시키는 소위 패키지여행(package tour)의 경우에는 소비자 보호의 범위에 포함시키고 있었다. 로마규칙 I 에서는 위 두 종류의 계약을 소비자 보호의 범위에서 제외시키면서 더 많은 종류의 계약을 추가하였다. 브뤼셀규칙 recast 제17조(3)에서는 운송계약에 관하여 소비자 보호규정의 적용을 배제하고 보험계약과 고용계약에 관하여는 별도의 규정을 두어 그 적용을 배제하고 있다.

로마협약이나 로마규칙 I 과 달리 국제사법은 소비자 보호에 관한 제27조의 적용이 배제되는 계약의 종류에 관하여 아무런 규정을 두고 있지 않다. 그러나 소비자 보호의 필요성이 없는 경우까지 제27조를 적용할 수 없으므로 목적론적 축소해석상 일부 계약에 대한 적용을 배제시킬 수 있을 것이다.[8] 아래에서는 로마규칙 I 에서 인정되고 있는 예외를 검토한 후에

---

6) McParland, para. 12.98.

7) "소비자가 상거소를 갖고 있는 국가 이외의 국가에서 배타적으로 그 소비자에게 용역을 공급하기 위한 계약"(a contract for the supply of services where the services are to be supplied to the consumer exclusively in a country other than that in which he has his habitual residence.)

8) 이 판결의 원심판결인 서울중앙지방법원 2012.12.5. 선고 2012나24544 판결에서는 석광현 교수의 '2001년 개정 국제사법 해설' 제2판 226쪽을 참조하여 "국제사법의 해석상 로마협약과 마찬가지로 운송계약과 소비자의 상거소지 외에서 배타적으로 용역이 제공되는 계약의 경우에는 제27조의 적용이 배제된다고 해석되므로"라고 판시하고 있다. 이 판결이 사안과 자세한 판시내용에 관하여는 정구태, "국제항공여객운송계약에서의 오버부킹과 약관규제법의 적용 여부", 외법논집 제39권 제4호(2015.11) 참조.

이러한 예외가 우리의 경우에 있어서도 해석상 인정될 수 있는지 살펴보도록 한다.

2. 운송계약과 보험계약

로마규칙 I 제6조 제1항은 "제5조와 제7조의 적용에 영향을 끼치지 아니하고"(Without prejudice to Articles 5 and 7)라고 규정하여 제5조와 제7조에서 규정하고 있는 운송계약과 보험계약의 범위에 포함되는 계약에 대하여 제6조의 적용을 배제시키고 있다. 이 규정의 취지는 소비자계약에 해당하는 운송계약과 보험계약에 대하여 소비자 보호를 배제시키고자 하는데 있는 것이 아니라 운송계약과 보험계약의 특수한 성질로 인하여 소비자 보호에 관한 별도의 규정이 필요하고 제5조와 제7조에서 그러한 보호규정을 두고 있기 때문이다.[9] 이러한 취지는 로마규칙 I 서문(32)[10]에 명시되어 있다. 이러한 로마규칙 I 의 입장은 일면 타당성이 있지만 우리의 경우에는 운송계약과 보험계약에 관하여 별도의 소비자 보호규정을 두고 있지 아니하고 국제사법은 수동적 소비자만을 보호하여 그 보호범위를 제한하고 있으므로 위와 같은 계약에 대하여도 국제사법 제27조를 적용해야 한다고 본다.[11] 대법원 2014.8.26. 선고 2013다8410 판결에서도 여객운송계약에 관하여 국제사법 제27조가 적용된다고 보았다.[12]

이에 대하여 소비자계약의 경우 제27조의 특칙과 국제조약의 관계가 분명하지 않다는 이유와 운송계약을 소비자계약에 포함시키면 준거법이 승객별로 달라질 뿐만 아니라 종속적 연결의 결과 불법행위의 준거법도 승객별로 다르게 되어 승객 상호 간의 형평성에 문제가 있고, 항공사의 관점에서는 승객과 위험의 관리에 불편과 불확실성을 초래하게 되어 거래비용을 상승시킬 위험이 있다는 이유로 운송계약을 보호되는 소비자계약에서 제외시켜야 한다는 견해가 있다.[13]

3. 외국에서 배타적으로 제공되는 서비스

외국에서 배타적으로 서비스가 제공되는 경우에 소비자는 자신의 상거소지법이 적용될 것을 합리적으로 예상하지 아니한다는 이유[14]와 다양한 국가의 소비자들과 거래하는 중소기업들로 하여금 다양한 외국법의 내용을 파악해야 하는 부담을 덜어주기 위하여 소비자 보호

9) 로마협약에서는 운송계약에 관하여 별도의 규정이 존재하지 않았고 Giuliano－Lagarde 보고서에서는 로마협약에서 운송계약에 관하여 소비자 보호를 제공하는 것이 적절하지 않다고 언급하고 있었다. 예를 들어 독일인이 스페인의 마드리드에서 세비야로 기차여행을 하는 경우에 기차표를 마드리드에서 구매를 하든 독일에서 구매를 하든 동일한 법이 적용되어야 한다는 것이다(Jürgen Basedow, Consumer Contracts and Insurance Contracts in a Future Rome I－Regulation, The Antwerp Study, 2004, para. 10－8).

10) "운송계약과 보험계약의 특별한 성질로 인하여 별도의 규정이 여객과 보험계약자에게 적절한 수준의보호를 제공해야 한다. 따라서 제6조는 이러한 계약의 범주에서는 적용되지 아니한다."(Owing to the particular nature of contracts of carriage and insurance contracts, specific provisions should ensure an adequate level of protection of passengers and policy holders. Therefore, Article 6 should not apply in the context of those particular contracts.)

11) 우리의 경우에도 운송계약과 보험계약에 관하여 별도의 준거법의 결정의 원칙을 정할 것인지 연구할 필요가 있다.

12) 이 사건의 사실관계에 관하여는 석광현, "국제사법상 소비자계약의 범위에 관한 판례의 소개와 검토－제27조의 목적론적 축소와 관련하여", 국제사법 22권 1호(2016.6), 50쪽 이하 참조.

13) 앞의 글, 55－56쪽.

14) Giuliano－Lagarde 보고서, p. 24.

규정인 로마협약 제5조의 적용이 배제되었다.[15] 이러한 결과 사업자가 소비자의 상거소에서 영업 또는 광고행위를 하더라도 서비스가 외국에서 배타적으로 제공된다면 준거법의 결정의 일반원칙이 적용되었다.[16] 그러나 이러한 논리의 합리성에 대하여 상당한 비판이 제기되었고, 독일 법원은 해석에 의하여 위 규정의 적용범위를 축소하여 적용하였다.[17] 그리고 로마협약에서 로마규칙 I로 변경되는 과정에서도 위 규정에 대한 비판이 제기되어 위 규정을 삭제하려는 시도가 있었지만 호텔과 음식점과 같은 중소기업에서 강력히 반발하여 그대로 유지되었다.[18]

우리 국제사법의 해석에 있어서는 위와 같은 예외를 인정하기 어려워 보인다. 사업자가 소비자의 상거소에서 홍보 및 광고 등의 영업행위를 하여 이를 통하여 소비자계약을 체결하였다면 소비자로서는 상거소의 소비자 보호규정이 적용될 것을 예상하는 것이 통상적이다. 예를 들어 외국의 호텔이 직접 또는 대리인이나 중개인을 통하여 한국에서 빈번한 광고를 하였고 이에 응하여 소비자가 그 호텔을 이용하기로 하는 계약을 한 경우에 소비자는 한국의 소비자 보호법이 적용될 것을 예상하는 것이 일반적이고 이러한 소비자에 대한 보호의 필요성도 인정된다. 또한 소비자가 한국에서의 광고에 의하여 한국에서 호텔예약 애플리케이션을 스마트폰에 다운로드 한 후에 외국에서 비로소 호텔예약을 하는 경우에도 소비자는 애플리케이션을 다운로드 할 때 한국의 소비자 보호의 규정이 적용될 것을 예상하며 그 애플리케이션의 제작과 운용자가 한국회사인지 외국회사인지에 관하여는 아무런 관심이 없다. 대법원 2014.8. 26. 선고 2013다8410 판결에서도 "소비자의 상거소지 외에서 용역이 제공되는 계약이라고 하더라도 소비자계약에 해당하는 경우에는 제27조가 적용된다."는 취지로 판시하였다.[19]

4. 부동산물권계약과 부동산임대차계약

로마규칙 I 제6조(4)(c)에서는 "Directive 94/47/EC의 의미 안에서의 시간분배형 부동산 이용을 위한 권리에 관한 계약[20]을 제외한 부동산에 대한 물권 또는 부동산의 임대차에 관한 계약"[21]을 소비자 보호에서 제외시키고 있다.[22] 이와 같이 부동산물권계약과 부동산임대차계

---

15) 석광현, "국제사법상 소비자계약의 범위에 관한 판례의 소개와 검토－제27조의 목적론적 축소와 관련하여", 국제사법 22권 1호(2016.6), 59쪽.

16) McParland, para. 12.198.

17) Jürgen Basedow, Consumer Contracts and Insurance Contracts in a Future Rome I－Regulation, The Antwerp Study, 2004, para. 10－9. 유럽연합에서 소비자계약과 관련한 판결의 90% 이상이 독일 법원에 의한 판결이라고 한다(Ibid, para. 10－2).

18) McParland, para. 12.201.

19) 이 사건의 사실관계에 관하여는 석광현, "국제사법상 소비자계약의 범위에 관한 판례의 소개와 검토－제27조의 목적론적 축소와 관련하여", 국제사법 22권 1호(2016.6), 60쪽 참조.

20) 시간분배형(timeshare basis) 부동산이용계약이란 우리의 콘도미니엄 분양과 같이 하나의 부동산에 여러 소유주가 존재하여 1년에 일정 시간동안 이용할 수 있는 계약을 의미한다.

21) "a contract relating to a right *in rem* in immovable property or a tenancy of immovable property other than a contract relating to the right to use immovable properties on a timeshare basis within the meaning of Directive 94/47/EC"

22) 그러나 브뤼셀규칙 recast에서는 이러한 규정을 두고 있지 않기 때문에 부동산이용을 위한 계약에 대하여도 소비자 보호규정이 적용되는 것으로 해석되고 있다(Dickinson, para. 6.31).

약에 대하여 예외를 인정한 이유는 부동산은 그 소재지 국가의 영토에 해당하여 그 소재지법(lex rei sitae, lex situs)이 적용되어야 한다고 보는 것이 일반적이고[23] 소비자는 통상 위와 같은 계약에 관하여 부동산의 소재지법만이 적용된다고 예상하기 때문이라고 한다.[24] 그리고 로마규칙 Ⅰ 제4조(1)(c)에서는 부동산물권계약과 부동산임대차계약에 관하여 그 소재지법을 객관적 준거법으로 규정하고 있고 단기간의 임대차에 관하여 제4조(1)(d)에서 별도의 예외를 인정하고 있다는 점도 감안되었다.[25]

국제사법 제27조에서는 소비자계약을 "소비자가 직업 또는 영업활동 외의 목적으로 체결하는 계약"이라고만 규정하고 있기 때문에 부동산물권계약이나 부동산임대차계약이라고 하더라도 직업 또는 영업활동 외의 목적으로 체결하였다면 해석상 소비자계약에 포함된다. 그런데 우리의 경우에도 국제사법 제26조 제3항에서 "부동산에 대한 권리를 대상으로 하는 계약의 경우에는 부동산이 소재하는 국가의 법이 가장 밀접한 관련이 있는 것으로 추정한다."라고 규정하여 부동산의 경우에는 부동산의 소재지법이 객관적 준거법이 된다는 일반원칙을 받아들이고 있다. 다만 이러한 계약의 범위에 부동산의 임대차계약도 포함되는지 다소 애매하게 규정되어 있는데 그 취지를 고려하였을 때 부동산에 대한 물권뿐만 아니라 부동산에 대한 임차권 등 채권적 권리도 포함된다고 해석된다.

이와 같이 부동산에 관하여는 소재지법(lex rei sitae)이 적용되는 것이 원칙이고 외국에 소재한 부동산의 물권변동 또는 이용에 관한 계약에 대하여도 우리 법을 적용하면 우리 법이 우리의 영토를 넘어서 외국의 영토에도 적용되도록 하는 역외적용(extraterritorial application)을 인정하는 결과를 가져와서 부당하다. 따라서 로마규칙 Ⅰ과 마찬가지로 위와 같은 계약은 소비자 보호의 범위에서 제외된다고 본다. 다만 단기간의 부동산임대차계약의 경우에는 호텔이용계약과 같은 용역제공계약으로 보는 것이 타당하므로 소비자 보호규정의 적용이 필요하다. 그런데 구체적으로 어느 정도의 기간을 단기 부동산임대차계약으로 볼 것인지 어려운 문제가 발생하므로 이 문제는 입법적으로 해결하는 것이 바람직하다고 본다.

5. 금융증권의 권리와 의무, 양도성증권의 발행 · 청약 · 공개매수청약의 조건을 구성하는 권리와 의무, 집합투자증권의 인수와 상환

로마규칙 Ⅰ 제6조(4)(d)에서는 "금융증권을 구성하는 권리와 의무 그리고 양도성증권의 발행 · 청약 · 공개매수청약의 조건을 구성하는 권리와 의무 및 집합투자증권의 인수와 상환. 다만 이러한 행위가 금융서비스의 제공을 구성하는 경우에는 그러하지 아니하다."[26]고 규정

23) 국제재판관할에 관한 브뤼셀규칙 recast 제24조(1)에서도 부동산물권과 임대차계약에 관한 분쟁에 대하여는 부동산의 소재지법원을 전속관할로 규정하고 있다. 이와 같이 부동산에 관한 국제계약관계에서는 부동산의 소재지를 중심으로 분쟁해결을 추구하는 것이 일반적이다.

24) McParland, para. 12.219.

25) Ibid.

26) "rights and obligations which constitute a financial instrument and rights and obligations constituting the terms and conditions governing the issuance or offer to the public and public take-over bids of transferable securities, and the subscription and redemption of units in collective investment undertakings in so far as these activities do not

하고 있다. 금융증권(financial instruments)과 양도성증권(transferable securities)의 의미는 유럽연합의 금융증권규칙(Directive 2014/65/EU of the European Parliament and of the Council of 15 May 2014 on markets in financial instruments and amending Directive; MiFID)에서 규정하고 있다. 만일 위와 같은 금융증권과 양도성증권에도 소비자 보호에 관한 제6조가 적용되면 위와 같은 증권의 발행과 증권의 권리와 의무에 대하여 위 규칙 이외에 소비자의 상거소의 강행규정이 적용되므로 금융증권과 양도성증권에 대하여 통일적인 법적용이 이루어질 수 없고 그 결과 증권의 성질(nature)에 변동이 발생하여 증권의 대체적 거래와 청약(fungible trading and offer)에 지장을 주기 때문에 소비자 보호의 예외에 포함되었다.[27] 그리고 집합투자증권(units in collective investment undertakings)도 위 금융증권에 포함되지만 집행투자증권의 인수와 상환에 관하여 위 금융증권의 권리와 의무의 범주에 포함되지 아니할 수 있기 때문에 이에 관하여 별도의 예외를 규정하였다.[28] 그러나 소비자가 직접 국제증권거래를 하는 경우는 거의 없다는 점에서 위 규정의 실제 적용가능성에는 의문이 제기되고 있다.[29]

국제사법의 해석상으로도 위와 같이 양도가능 한 금융증권의 경우에는 소비자 보호의 범위에서 제외시킬 필요가 있다. 만일 위와 같은 증권에 관하여 통일적 규율이 적용되지 아니하고 소비자의 상거소지의 강행규정이 적용되면 증권마다 다른 법이 적용되어 증권의 권리와 의무의 내용이 다르게 된다. 즉 채권자평등의 원칙이 확보되지 아니한다. 이러한 경우에 증권이 유통될 때마다 증권마다 법률적 검토를 해야 하므로 증권의 유통은 사실상 불가능하게 되어 금융시스템을 마비시킬 것이다.[30] 그리고 위와 마찬가지 이유로 증권의 모집 또는 매출 및 공개매수에 있어서는 그 조건이 통일될 필요가 있는데 소비자의 상거소지법을 적용하게 되면 이를 달성할 수 없다.[31] 다만 국제재판관할은 증권의 권리와 의무의 내용이 아니므로 국제재판관할에 관련하여서는 금융증권에 대하여도 소비자 보호규정이 적용된다고 본다. 브뤼셀규칙 recast에서도 금융증권을 소비자 보호규정의 예외사유로 규정하고 있지 않다.

6. 다자간금융증권거래시스템

로마규칙 I 제6조(4)(e)에서는 "제4조(1)(h)의 범주 내에 포함되는 형태의 시스템 안에서 체결된 계약"[32]을 소비자 보호의 범위에서 배제시키고 있다. 로마규칙 I 제4조(1)(h)에서는 다자간금융증권거래시스템(multilateral systems in financial instruments)의 준거법에 관하여 특칙을 두고 있는데 그 이유는 다자간금융증권거래시스템도 유럽연합의 금융증권규칙의 적용대

---

constitute provision of a financial service"

27) 로마규칙 I 서문(28).

28) McParland, para. 12.267.

29) Calliess, p. 150.

30) 석광현, "국제사법상 소비자계약의 범위에 관한 판례의 소개와 검토－제27조의 목적론적 축소와 관련하여", 국제사법 22권 1호(2016.6), 63쪽.

31) 앞의 글, 64쪽.

32) "a contract concluded within the type of system falling within the scope of Article 4(1)(h)."

상이고 단일한 법의 적용이 필요하기 때문이다. 그리고 이와 동일한 이유로 다자간금융증권거래시스템도 소비자 보호의 대상에서 제외한 것이다.33) 소비자는 이러한 거래의 당사자가 될 가능성이 없지만 만일 있다면 금융증권과 동일한 이유로 소비자 보호의 대상에서 제외시킬 필요가 있다.34) 앞서와 마찬가지로 국제재판관할에 관하여는 여전히 소비자 보호규정이 적용된다고 본다.

Ⅳ. '수동적 소비자'가 되기 위한 요건

모든 소비자에 대하여 국제사법 제27조가 적용되는 것이 아니라 소위 '수동적 소비자'에 대하여만 국제사법 제27조가 적용된다. 국제사법은 소비자계약의 준거법과 국제재판관할의 결정에 있어서 모두 '수동적 소비자'를 요구하고 있다. '수동적 소비자'에 관하여는 이미 제1편 국제재판관할의 소비자계약의 국제재판관할에서 논의하였으므로 이를 참조.

Ⅴ. 소비자계약의 준거법에 관한 특칙

> **국제사법 제27조** ① 소비자가 직업 또는 영업활동 외의 목적으로 체결하는 계약이 다음 각호 중 어느 하나에 해당하는 경우에는 당사자가 준거법을 선택하더라도 소비자의 상거소가 있는 국가의 강행규정에 의하여 소비자에게 부여되는 보호를 박탈할 수 없다.
> ② 당사자가 준거법을 선택하지 아니한 경우에 제1항의 규정에 의한 계약은 제26조의 규정에 불구하고 소비자의 상거소지법에 의한다.

1. 객관적 준거법

당사자가 소비자계약을 체결하면서 준거법을 선택하지 아니한 경우에는 객관적 준거법의 결정에 관한 국제사법 제26조가 적용되지 아니하고 소비자의 상거소지법이 적용된다. 여기서 상거소(habitual residence)는 로마협약과 로마규칙 Ⅰ에서 사용하는 개념으로서 법적 개념인 주소가 아니라 사실적 개념인 소비자가 상시 거주하는 장소를 의미한다. 앞서 언급한 바와 같이 국제사법 제27조에 의하여 보호되는 소비자는 자신의 상거소와 일정한 관련을 맺고서 소비자계약을 체결한 수동적 소비자에 한정된다. 이러한 수동적 소비자에 의한 소비자계약은 소비자의 상거소와 일정한 관련을 맺고서 계약이 체결되기 때문에 소비자는 자신의 상거소지법에 따른 보호를 기대한다. 반면에 외국의 사업자에 의하여 거래관계에 끌어들여지지 아니하고

---

33) McParland, para. 12.275.

34) 석광현, "국제사법상 소비자계약의 범위에 관한 판례의 소개와 검토-제27조의 목적론적 축소와 관련하여", 국제사법 22권 1호(2016.6), 67쪽.

스스로 외국에 여행하거나 거주하면서 물품이나 용역을 구매한 경우인 소위 '능동적 소비자'(active consumer)의 경우에는 자신의 상거소지법에 따른 보호를 기대하지 않으며 또한 사업자에게 소비자가 거주하는 모든 국가의 소비자 보호규정을 준수하라고 하는 것은 현실성이 없으므로 능동적 소비자는 소비자 보호의 범위에서 제외되었다.[35)]

그런데 소비자의 상거소지법이 상대방이 소재한 국가의 법 등 다른 관련 국가의 법에 비하여 반드시 소비자에게 유리하다고 볼 수 없다. 그리고 다른 관련 국가의 법이 소비자에게 더 유리하다고 하더라도 소비자는 이러한 법의 적용을 주장할 수 없다. 이러한 점에서 국제사법 제27조는 소비자에게 더 좋은 법을 적용하는 방법으로 소비자를 보호하는 것이 아니라 소비자의 준거법에 대한 기대를 보호하는 방법으로 소비자를 보호하고 있다고 볼 수 있다.

2. 주관적 준거법

소비자계약이라고 하더라도 당사자는 계약의 준거법을 선택할 수 있다. 그러나 이러한 준거법의 선택에도 불구하고 소비자의 상거소가 있는 국가의 강행규정에 의하여 소비자에게 부여되는 보호를 박탈할 수 없다. 국제사법 제25조 제4항에서는 "모든 요소가 오로지 한 국가와 관련이 있음에도 불구하고 당사자가 그 외의 다른 국가의 법을 선택한 경우에 관련된 국가의 강행규정은 그 적용이 배제되지 아니한다."고 규정하고 있는데 국제사법 제27조는 위와 같은 보호를 소비자계약에도 확장한 것이다.[36)]

국제사법 제27조에서 말하는 강행규정은 국제사법 제7조의 국제적 강행규정이 아니라 국내적 강행규정을 의미한다.[37)] 이러한 국내적 강행규정에 해당하는지 여부는 소비자의 상거소가 있는 국가의 법에 따라서 결정된다. 그리고 위 강행규정은 소비자를 보호하기 위하여 특별히 마련된 소비자 보호규정만을 의미하는 것이 아니라 계약 일반에 관한 강행규정이라고 하더라도 이에 포함된다고 해석된다.[38)]

소비자에게 부여되는 보호를 박탈하는 경우란, 예를 들어 「전자상거래 등에서의 소비자 보호에 관한 법률」 제17조 제1항에서는 통신판매업자와 재화 등의 구매에 관한 계약을 체결한 소비자가 일정한 날로부터 7일 이내에 청약을 철회할 수 있도록 규정하고 있는데, 만일 소비자계약에서 합의한 준거법이 이러한 청약철회를 허용하지 아니한다면 소비자에게 부여되는 보호를 박탈하는 경우라고 볼 수 있다.

---

35) Giuliano-Lagarde 보고서, p. 24.
36) McParland, para. 12.184.
37) Ibid, 12.185.
38) Ibid.

제 2 절 근로계약의 준거법

Ⅰ. 서 론

소비자와 마찬가지로 근로자도 사회적 약자로서 사용자에 비하여 경험과 지식이 부족하여 교섭력이 떨어지므로 보호의 필요성이 인정된다. 근로자의 보호를 위한 국내법이 여럿 존재하지만 국제근로계약의 경우에는 국제협약이 따로 존재하지 않기 때문에 국제근로계약에서 근로자를 보호하기 위한 규정이 필요하였고 이에 국제사법 제28조에서는 근로자를 보호하기 위한 규정을 두었다.

Ⅱ. 국제사법 제28조가 적용되는 근로계약의 의미

근로계약에 관한 국제사법 제28조는 근로계약의 준거법의 결정 및 국제재판관할의 결정과 관련하여 근로계약의 의미를 동일하게 규정하고 있다. 근로계약의 의미에 관하여는 이미 제1편 국제재판관할의 근로계약의 국제재판관할에서 논의하였으므로 이를 참조.

Ⅲ. 객관적 준거법에 대한 특칙

1. 일상적으로 노무를 제공하는 국가의 법

가. 의 의

국제계약의 객관적 준거법의 결정원칙인 국제사법 제26조에서는 특징적 이행(characteristic performance)[39]을 해야 하는 채무자의 상거소가 있는 국가의 법을 계약의 준거법으로 추정하고 있다.[40] 이를 근로계약에 적용하면, 노무의 제공이 특징적 이행에 해당하므로 근로자의 상거소가 소재한 국가가 근로계약과 가장 밀접한 관련이 있는 국가로 추정되어 그 국가의 법이 준거법으로 지정된다. 그러나 근로자는 일상적으로 노무를 제공하는 국가에서 자신의 경제적, 사회적 의무를 수행하고 그 국가의 경제적, 정치적 환경은 이러한 근로자의

39) '특징적 이행'이란 하나의 계약을 다른 계약과 구별 짓게 하는 이행을 의미한다. 예를 들어 매매계약에서 판매자는 물품을 인도할 이행의무가 있고, 운송계약에서 운송인은 화물 또는 여객을 운송할 의무가 있는데 이러한 의무는 이러한 계약을 다른 계약과 구별시켜주는 이행에 해당하므로 특징적 이행에 해당한다. 이와 반대로 특징적 의무이행에 대하여 상대방이 대가인 금전을 지급할 의무는 다른 계약과 구별되는 계약의 특징적 모습을 보여주지 아니하므로 원칙적으로 특징적 이행이라고 볼 수 없다(Green paper on the conversion of the Rome Convention of 1980 on the law applicable to contractual obligations into a Community instrument and its modernisation, COM/2002/0654 final).

40) 국제사법 제26조 제1항에서는 기존의 행위지법의 원칙을 버리고 로마협약 제4조에 따라서 '그 계약과 가장 밀접한 관련이 있는 국가의 법'을 준거법의 객관적 연결원칙으로 수용하였다. 그런데 '가장 밀접한 관련'의 개념이 불확정적이므로 계약의 준거법의 결정에서 유연성(flexibility)을 제공하지만 당사자의 예견가능성(predictability)을 떨어뜨리고, 연결요소들의 일부가 각각 다른 나라를 지시하고 있는 경우에 그 기준이 모호하다는 문제가 있었다. 이러한 이유로 로마협약 제4조에서는 특징적 이행을 연결요소로 하여 준거법을 추정하는 방법을 수용하여 준거법에 대한 예견가능성을 높였는데 우리 국제사법은 이러한 로마협약 제4조의 방식을 따랐다.

노무제공에 영향을 끼치기 때문에 위와 같은 국가가 근로계약과 가장 밀접한 관련을 갖고 있고, 따라서 그 국가의 법을 적용하는 것이 그 근로자에게 가장 적절한 보호(adequate protection)를 보장하는 방법이 된다.[41] 또한 근로자로서도 자신의 상거소가 아니라 자신이 일상적으로 노무를 제공하는 국가의 법이 근로계약에 적용될 것을 일반적으로 예상할 것이다.

이와 같은 이유로 국제사법 제28조 제2항에서는 근로자가 일상적으로 노무를 제공하는 국가의 법을 근로계약의 객관적 준거법으로 지정하는 특칙을 두고 있다. 그리고 같은 항 후단에서는 근로자가 일상적으로 노무를 제공하는 국가가 존재하지 아니하는 경우에는 사용자가 근로자를 고용한 영업소가 있는 국가의 법을 근로계약의 준거법으로 지정하고 있는데, 이러한 경우에는 사용자가 근로자를 고용한 영업소가 있는 국가가 근로계약과 가장 밀접한 관련을 갖고 있다고 보기 때문이다. 이와 같이 근로계약의 객관적 준거법의 결정원칙도 근접성 또는 밀접성(proximity)[42]에 근거하고 있는 점에서 계약의 객관적 준거법의 결정원칙인 국제사법 제26조와 동일하다.[43]

나. 시간적 문제

만일 한 국가에서 일상적으로 노무를 제공하던 중에 다른 국가로 전근을 가서 그곳에서 일상적으로 노무를 제공하고 있다면 분쟁이 발생된 당시에 일상적으로 노무를 제공하는 국가가 분쟁과 가장 밀접한 관련이 있으므로 분쟁이 발생된 때를 기준으로 해야 한다.[44] 다만 근로자의 근무장소에 대하여는 사용자가 완전한 권한을 갖고 있으므로 아직 분쟁이 표면적으로 발생하지 않았다고 하더라도 사용자가 근로계약에 관한 분쟁이 발생할 것을 예견하고서 재판관할이나 준거법을 유리하게 적용받기 위해서 근로자를 다른 국가로 전근시켰다면 종전에 일상적 노무제공지에서 분쟁이 발생한 것으로 보고서 그 국가의 법을 객관적 준거법으로 보는 것이 근로자 보호의 취지에 적합하다.[45]

41) Heiko Koelzsch v État du Grand-Duché de Luxembourg Case C-29/10 [2011] ECR- I-1595.

42) 광의의 국제사법에서는 분쟁해결에 적정한 국가를 찾는 것을 그 목적으로 하는데 분쟁 또는 당사자와 그 국가 사이의 장소적 근접성(proximity)이 있는 경우에는 그 국가의 법 또는 그 국가의 법원이 분쟁해결에 밀접한 관련(close connection)이 있는 것이 일반적이므로 이를 기준으로 하여 분쟁을 해결하는데 있어서 적정한 장소를 탐색한다(localisation). 이러한 장소적 근접성은 나라에 따라서 실질적 관련성(국제사법 제2조), 합리적 관련성(Restatement (Third) of Foreign Relations Law 제421조, 미국), 진정하고 상당한 관련(real and substantial connection, 캐나다) 등 여러 가지로 표현되는데 장소적 근접성을 근본으로 하고 있다는 점에서는 차이가 없다.

43) Calliess, p. 178.

44) Collins, para. 33-266.

45) 브뤼셀규칙 recast 제21조(1)(b)(i)에서도 "근로자가 일상적으로 그의 업무를 수행하는 장소나 그로부터 일상적으로 업무를 수행하는 장소의 법원 또는 근로자가 마지막으로 일상적으로 업무를 수행했던 장소의 법원"(in the courts for the place where or from where the employee habitually carries out his work or in the courts for the last place where he did so)이라고 규정하여 국제사법 제28조 제3항과 매우 유사한 규정을 두고 있는데 "근로자가 마지막으로 일상적으로 업무를 수행한 장소의 법원"은 브뤼셀협약이 2001년 브뤼셀규칙으로 변경되는 과정에서 추가되었다. 이 규정은 사용자가 유리한 국제재판관할을 얻기 위하여 근로자를 일방적으로 외국에 전근시킨 경우에도 근로자가 종전에 일상적으로 근무하던 국가에서도 소를 제기할 수 있도록 하는데 그 목적이 있다(Dickinson, para. 7.35).

다. 하나의 국가에서 일상적으로 노무를 제공하는 경우

근로자가 하나의 국가에서 일상적으로 노무를 제공하는 경우에는 그 국가의 법이 객관적 준거법이 된다. 여기서 국가란 전통적으로 주권행사가 가능한 영토, 영해, 영공을 의미한다.[46] 따라서 선박에서 근무하는 선원이라고 하더라도 하나의 국가의 수역 내에서만 운항을 하는 선박에서 근무하고 있다면 그 국가의 법이 근로계약의 객관적 준거법이 된다. 그러나 국가의 영토를 확정하는 것이 반드시 쉬운 것만은 아니다.

유럽사법재판소의 Herbert Weber v Universal Ogden Services Ltd 결정[47]의 사안에서는 독일인이 영국회사에 고용되어서 네덜란드 대륙붕에 설치된 채굴시설에서 근무하였는데 이곳이 네덜란드의 영해에 해당하지 않았기 때문에 일상적으로 노무를 제공하는 국가를 어디로 봐야 하는가의 문제가 발생하였다. 이에 대하여 유럽사법재판소는 「대륙붕에 관한 협약」(Convention of the Continental Shelf) 제2조에서 연안국가(coastal state)가 대륙붕을 탐사하고 그 자원을 채굴할 권리를 갖고 있다고 규정하고 있고 제5조에서 연안국가는 대륙붕의 탐사와 채굴을 위하여 시설을 설치, 유지, 운영할 수 있고 그러한 시설은 연안국가의 관할(jurisdiction)에 포함된다고 규정하고 있다는 이유로[48] 위 근로자가 연안국가인 네덜란드에서 일상적으로 노무를 제공하고 있다고 보았다.

2. 일상적으로 노무를 제공하는 국가

가. 일시적으로 외국에서 노무를 제공하는 경우

근로자가 하나의 국가에서 일상적으로 노무를 제공하면 충분하므로 하나의 국가에서 주로 또는 필수적으로 노무를 제공하는 경우도 일상적으로 노무를 제공하는 경우에 해당한다.[49] 따라서 근로자가 주로 또는 필수적으로 노무를 제공하는 국가가 정해져 있지만 일시적으로 다른 국가에서 노무를 제공한 경우에는 일상적으로 노무를 제공하는 곳에 변동이 있다고 볼 수 없다.[50] 로마규칙 Ⅰ 제8조(2)에는 이러한 점이 명시되어 있지만[51] 이러한 규정이 없는 우리의 경우에도 이와 같이 해석하는 데 어려움이 없어 보인다. 한편 로마규칙 Ⅰ 서문(36)[52]에서는 일시적으로 외국에서 노무를 제공하는 행위의 의미를 규정하고 있다. 이에 따르

46) McParland, para. 14.95.

47) Case C-37/00 [2002] ECR I-2032.

48) 그러나 이 협약 제5조 제4항에서는 채굴시설 등을 연안국가의 관할이라고 보더라도 이러한 시설이 섬(island)으로서 인정된다든가 그곳이 연안국가의 영해가 되는 것은 아니라고 규정하고 있다.

49) Calliess, p. 184.

50) 석광현, 국제사법 해설, 박영사, 2013, 359쪽.

51) "근로자가 임시로 다른 국가에 고용되었다고 하더라도 업무가 일상적으로 수행되는 국가가 변동된 것으로 봐서는 아니된다."(The country where the work is habitually carried out shall not be deemed to have changed if he is temporarily employed in another country.)

52) "개별적 근로계약에 관하여, 근로자가 외국에서의 업무를 종료한 후에 원래의 국가에서 업무를 다시 개시할 것으로 예상된다면 외국에서 수행된 업무는 일시적인 것으로 본다. 원래의 사용자 또는 원래의 사용자와 동일한 그룹의 회사에 속한 사용자와 새로운 계약을 체결하였다고 하더라도 그 근로자가 다른 국가에서 일시적으로 업무를 수행했다고 봐야 하는 점에서는 변함이 없다."(As regards individual employment contracts, work carried out in another country should be regarded as temporary if the employee is expected to resume working in the country of origin after carrying out

면 근로자가 제3국에서 업무를 수행한 후에 원래 자신이 일상적으로 노무를 제공하던 국가에 복귀하여 다시 업무를 수행할 것이 기대되는 경우가 일시적으로 외국에서 노무를 제공하는 경우에 해당한다.

나. 근로자가 여러 국가에서 상당기간 노무를 제공하는 경우

(1) 일상적으로 노무를 제공하는 국가에 대한 넓은 해석의 필요

근로자가 여러 국가에서 상당기간 동안 노무를 제공하는 경우에 일상적으로 노무를 제공하는 국가를 어디로 봐야 하는지 문제 된다. 이러한 경우를 국제사법 제28조 제2항 후단의 "근로자가 일상적으로 어느 한 국가 안에서 노무를 제공하지 아니하는 경우"에 해당하는 것으로 보자는 견해도 있을 수 있다. 그러나 위와 동일한 내용의 로마규칙 I 제8조(3)의 해석과 관련하여 유럽사법재판소는 이러한 접근을 허용하지 않는다. 앞서 언급한 바와 같이 국제사법 제28조 제2항에서 근로자가 일상적으로 노무를 제공하는 국가의 법을 근로계약의 객관적 준거법으로 지정하는 이유는 그러한 법이 근로자에게 '적정한 보호'를 부여하기 때문이다. 따라서 함부로 "근로자가 일상적으로 어느 한 국가 안에서 노무를 제공하지 아니하는 경우"에 해당하는 것으로 봐서 사용자가 근로자를 고용한 영업소가 있는 국가의 법을 객관적 준거법으로 지정한다면 이러한 '적정한 보호'가 배제되는 결과를 가져오므로 바람직하지 않다. 이러한 이유로 유럽사법재판소는 근로자가 일상적으로 노무를 제공하는 국가를 넓게 해석하여 가급적 그 국가의 법이 적용되도록 하고 있다.[53)]

(2) 로마규칙 I 제8조(2)의 "그로부터 노무를 제공하는 국가"

로마협약을 적용한 유럽사법재판소의 Heiko Koelzsch v État du Grand-Duché de Luxembourg 결정에서는 노무의 제공과 밀접한 관련(significant connection)이 있는 국가의 법을 근로계약의 객관적 준거법으로 결정해야 한다고 보면서 근로자가 여러 국가에서 노무를 제공하는 경우에도 그러한 노무의 제공과 가장 밀접한 관련이 있는 국가를 찾아야 한다고 보았다. 위 결정에서 유럽사법재판소는 이러한 국가를 찾기 위해서는 일상적으로 노무를 제공하는 국가를 넓게 해석하여 이러한 국가를 '근로자가 실제로 그의 노무를 수행하고 있는 국가 또는 이러한 국가가 없다면 근로자가 그로부터 노무를 제공하고 있는 국가'(the country in which or from which the employee actually carries out his working activities)라고 판시하였다. 이러한 유럽사법재판소의 판시내용은 로마협약에서 로마규칙 I 으로 변경되는 과정에서 반영되어 로마규칙 I 제8조(2)에서는 근로계약의 객관적 준거법에 관하여 기존의 '노무를 제공하는 국가'에 더하여 '그로부터 노무를 제공하고 있는 국가'(from which the employee habitually carries out his work in performance of the contract)를 포함시켰다.[54)]

---

his tasks abroad. The conclusion of a new contract of employment with the original employer or an employer belonging to the same group of companies as the original employer should not preclude the employee from being regarded as carrying out his work in another country temporarily.)

53) Heiko Koelzsch v État du Grand-Duché de Luxembourg Case C-29/10 [2011] ECR I-1595, para 43.

이와 같이 근로자가 그로부터 노무를 제공하고 있는 국가의 법을 근로계약의 객관적 준거법으로 보는 것을 '거점규칙'(base rule)이라고도 한다.[55] 거점규칙에 따르면 노무제공에 중심적 국가가 있다면 그곳을, 만일 그러한 국가가 없다면 노무의 대부분(majority)을 제공하는 국가의 법이 객관적 준거법이 된다.[56] 여기서 대부분의 의미에 대하여 위 판결은 명확히 하지 않았는데 양적으로 50%이상의 업무 또는 시간을 수행하는 곳이냐 질적으로 가장 중요한 업무를 수행하는 곳이냐의 문제에 대하여 통상 후자로 풀이되고 있다.[57]

구체적으로 유럽사법재판소의 Mulox IBC Ltd v Hendrick Geels 결정[58]의 사안에서는 영국회사가 프랑스에 거주하는 네덜란드인을 고용하였는데, 근로자는 프랑스에 사무소를 두고 독일, 벨기에, 네덜란드, 스칸디나비아 국가에 회사 제품을 팔기 위해서 출장을 다녔다. 이 사안에서 유럽사법재판소는 근로자가 여러 국가에서 노무를 제공하는 경우에는 일상적으로 노무를 제공하는 국가는 주로(principally) 업무를 수행하는 국가라고 보면서, 근로자가 거주하는 국가에 근로자가 노무를 제공하는 사무실이 있고 근로자가 그 사무소에서 근무를 하고 해외출장 후 돌아온다면 그곳이 일상적으로 노무를 제공하는 국가라고 보았다.

(3) 근로자에게 사무소가 없는 경우

근로자가 여러 국가에서 근무하면서도 근로의 중심이 되는 사무소가 없는 경우가 있는데, 대표적으로 선박의 선원, 항공기의 승무원, 여러 국가를 걸쳐서 화물운송을 하는 화물차운전사의 경우가 그렇다. 앞서 언급한 유럽사법재판소의 Heiko Koelzsch v État du Grand-Duché de Luxembourg 결정의 사안에서 덴마크 운송회사에 고용된 독일인이 주로 덴마크로부터 독일로 운송을 하고 차량은 독일에 있지만, 룩셈부르크에 차량이 등록되어 있고 그곳 사회보장제도가 적용되었다. 이러한 사안에서 유럽사법재판소는 운송이 개시된 곳, 업무지시를 받은 곳, 업무를 계획한 곳, 근로자의 작업도구가 소재한 곳과 함께 운송이 이루어진 곳, 화물이 하역된 곳, 운송완료 후에 운전사가 돌아온 곳을 고려하여 노무가 일상적으로 제공된 국가를 찾아야 한다고 보았다. 이에 덧붙여 유럽사법재판소의 Jan Voogsgeerd v Navimer SA 결정[59]에서는 위와 같은 요소를 특정한 후 운송업무가 시작된 곳과 업무지시를 받는 곳이 동일하다면 그러한 장소가 근로자가 일상적으로 업무를 수행하는 곳이 되는데 결국 업무지시를 받고 업무보고를 하는 곳이 동일한 경우에 그곳이 일상적으로 노무를 제공하

---

54) 브뤼셀규칙 recast 21조(1)(b)(i)도 동일하게 규정하고 있다.

55) McParland, para. 14.101.

56) Heiko Koelzsch v État du Grand-Duché de Luxembourg Case C-29/10 [2011] ECR I-1595, para 45: "업무가 일상적으로 수행되는 국가의 요소는 근로자가 실제로 그의 업무를 수행하는 곳 또는 그로부터 수행하는 곳을, 만일 행위의 중심지가 없다면, 근로자가 그의 업무의 대부분을 수행하는 곳을 언급하는 것으로 이해되어야 한다."(the factor of the country in which the work is habitually carried out must be understood as referring to the place in which or from which the employee actually carries out his working activities and, if there is no centre of activities, to the place where he carries out the majority of his activities)

57) McParland, para. 14.99.

58) Case C-125/92 [1993] ECR I-4099.

59) Case C-384/10 [2011] ECR I-13309, para. 40. 이 판결의 사안에서 네덜란드 사람인 Voogsgeerd는 룩셈부르크 회사와 벨기에 엔트워프(Antwerp)에 있는 Naviglobe NV 본사에서 근로계약을 체결하면서 룩셈부르크 법을 준거법을 지정하였다. Voogsgeerd는 Navier 소유의 선박에서 엔지니어로 근무하였는데 이 선박은 북해까지 운항하는 선박이었다.

는 곳이 된다고 보았다.

한편 앞서 언급한 유럽사법재판소의 Herbert Weber v Universal Ogden Services Ltd 결정의 사안에서 근로자는 주로 네덜란드의 대륙붕에 설치된 채굴시설에서 일하고 네덜란드 선적의 선박과 덴마크 영해에 떠 있는 크레인에서도 노무를 제공하였다. 이 결정에서는 근로자가 여러 국가에서 근무하였다면 질적으로 업무수행의 필수적 부분(essential part)을 수행한 국가가 근로계약과 가장 밀접한 관련이 있지만 만일 이러한 기준을 적용할 수 없다면 양적으로 가장 오랜 시간동안 노무를 제공한 국가가 근로계약과 가장 밀접한 관련이 있다고 보았다.[60] 그런데 위 결정의 사안에서 Weber는 요리사로 일을 했기 때문에 질적 기준(qualitative criteria)을 적용할 수 없었으므로 유럽사법재판소는 Weber의 전체 근무기간을 통괄하여 Weber가 노무제공을 위하여 대부분의 시간을 사용한 곳이 일상적으로 노무를 제공하는 국가가 된다고 보았다.[61]

(4) 국제사법의 해석론과 입법론

근로자가 일상적으로 노무를 제공하는 국가를 찾을 수 없는 경우에도 준거법에 대한 예견가능성을 높이기 위하여 근로자와 사용자를 연결시켜 줄 고정된 연결점(fixed connection)이 필요하다.[62] 위와 같은 경우에는 사용자가 근로자를 고용한 영업소가 있는 국가가 근로계약과 가장 밀접한 관계가 있다고 볼 수 있으므로 국제사법 제28조 제2항 후단에서는 그 국가의 법을 근로계약의 준거법으로 지정하고 있다. 그러나 사용자가 근로자를 고용한 영업소가 있는 국가는 사용자가 일방적으로 결정할 수 있고[63] 사용자가 근로자를 고용한 영업소가 소재한 국가가 동시에 근로자가 노무를 제공하는 국가가 아니라면 노무의 제공과 관련하여 경제적, 정치적 환경을 제공하는 곳으로 볼 수 없기 때문에 근로계약과의 관련성이 충분히 강하지 못하다. 따라서 근로자 보호의 취지를 고려할 때 근로자가 일상적으로 노무를 제공하는 국가를 발견하는 것이 완전히 '불가능'한 경우에 한하여 위 규정을 적용하는 것이 타당하다.

또한 이와 같이 한정적으로 해석하지 아니하면 일상적으로 노무를 제공하는 국가를 확정하기 어려운 경우에 법원이 쉽게 위 규정에 의존하게 되어 준거법에 대한 예견가능성이 떨어지게 되는 문제가 발생한다.[64] 그러므로 실제로 위 규정이 적용될 수 있는 경우는 근로자가 어느 국가의 영토, 영공, 영해에도 속하지 아니하는 장소에서 노무를 제공한 경우에 한정되는 것이 바람직한데 대표적으로 공해에 설치된 오일시추선(oil rig platform)에서 근무하는 경우가 위와 같은 경우에 해당한다.[65] 이러한 관점에서 유럽사법재판소의 거점규칙은 근로계약과 가장 밀접한 관련이 있는 국가를 좀 더 세심하고 면밀하게 찾도록 하여 가급적 국제사법 제28조 제2항 후단이 적용되는 것을 방지하도록 한다는 점에서 국제사법 제28조의 해석에서

60) Case C-37/00 [2002] ECR I-2032, para. 58.
61) Ibid.
62) Calliess, p. 186.
63) Ibid, p. 178.
64) McParland, para. 14.125.
65) Peter Stone, EU Private International Law, 3rd edition, 2014, Elgar European Law, p. 353.

도 바람직하다고 생각한다. 더욱이 국제사법 제28조가 로마협약을 바탕으로 하였고 유럽사법재판소가 근로자 보호에 관한 로마협약의 규정을 확장해석 하고 있었으므로 위와 같이 해석하는 것이 일관성이 있는 태도라고 하겠다.

대법원 판례를 근거로 하여서도 위와 같은 해석이 가능하다. 대법원 2004.6.25. 선고 2002다56130, 56147 판결에서는 외국의 근로자공급사업자와 국내 항공회사 간에 체결된 근로자공급계약에 기하여 국내 항공회사에 파견되어 근무한 외국인 조종사들이 국내 항공회사를 상대로 퇴직금의 지급청구를 한 사안과 관련하여 "원고들과 피고 회사 사이에 명시적인 근로계약이 체결되지 않은 이 사건에 있어서, 항공기 조종사들인 원고들의 일상적인 노무급부지가 우리나라라고는 볼 수 없으나 노무제공의 수령자인 피고 회사가 우리나라 법인이고, 원고들이 우리나라 근로기준법에 기하여 이 사건 청구를 하고 있는 사정 등을 고려할 때 원고들과 피고 회사 사이의 근로계약관계의 성립에 관한 준거법은 우리나라 법률이라 할 것이다."고 결론에 이르고 있다. 여기서 한국법인이 '노무제공의 수령자'라는 점이 준거법 결정에 중요한 요소가 되었는데 '노무제공의 수령자'에는 사용자가 업무지시를 하고 근로자가 업무보고를 한다는 의미를 함축하고 있으므로 위와 같은 대법원 판결을 바탕으로 하여서도 거점규칙을 받아들일 수 있을 것이다.[66] 궁극적으로는 국제사법 제28조를 로마규칙 I 제8조(3)을 반영하여 개정할 필요가 있다고 생각한다.

다. 국제사법 제28조 제2항 후단의 '사용자가 근로자를 고용한 영업소'의 의미

이에 관하여는 제1편 국제재판관할 참조.

라. 선원근로계약의 객관적 준거법

(1) 선적국법에 따르자는 견해

선원근로계약에 관하여는 선박의 선적국법이 준거법이라는 견해가 있다.[67] 유엔해양법협약(United Nations Convention on the Law of the Sea) 제92조 제1항에서 "선박은 한 국가의 국기만을 게양하여 항행하며 국제조약이나 본 협약에서 명시적으로 규정하고 있는 예외적인 경우를 제외하고는 공해에서 그 국가의 배타적인 관할권에 속한다."[68]고 규정하고 있기 때문에 국가주권의 행사와 그에 대한 복종이라는 관점에서는 선박을 영토의 일부와 유사하게 볼

66) 그러나 대법원이 노무제공의 수령지가 한국이라고 판시하지 않고 한국법인이라고 판시한 바에 대하여는 아쉬움이 있다. 국제사법은 제26조 제1항은 '계약과 가장 밀접한 관련이 있는 국가의 법'을 객관적 준거법으로 지정하고 있는데 이는 계약과 장소와의 근접성을 근거로 하므로 당사자의 국적은 밀접한 관련을 판단하기 위한 고려요소가 될 수 있지만 친족관계의 준거법의 결정에서처럼 연결요소라고 보기 힘들다. 더욱이 대법원 2007.11.15. 선고 2006다72567 판결에서는 일본에서 한국인 사이에 맺어진 근로계약에 관하여 일본법을 준거법으로 보면서 당사자의 국적을 고려하지 않고 있다. 따라서 위 판결에서 노무제공의 수령자인 피고 회사가 한국법인이라는 이유로 한국법을 근로계약의 준거법으로 본 것은 법적 근거가 희박하며, 대법원으로서는 노무제공의 수령지가 한국이라는 이유로 한국법을 근로계약의 준거법으로 봤어야 한다고 본다.

67) 석광현, 국제사법 해설, 박영사, 2013, 360쪽; 김진권, "선원근로계약의 준거법에 관한 고찰", 해사법연구 제16권 제1호(2004), 142쪽.

68) "Ships shall sail under the flag of one State only and, save in exceptional cases expressly provided for in international treaties or in this Convention, shall be subject to its exclusive jurisdiction on the high seas."

여지가 있다는 것을 근거로 한다.[69] 그러나 이 견해에서도 선박이 편의치적(flag of convenience) 되어 있어서 선적이 선적국과 유일한 관련이고 다른 관련이 없다면 국제사법 제8조의 예외조항[70]에 의해서 선적국법이 아니라 가장 밀접한 관련이 있는 국가의 법이 근로계약의 준거법이 된다고 한다.[71]

(2) 사용자가 선원을 고용한 영업소의 소재지국법에 따르자는 견해

선원의 경우에는 일상적으로 노무를 제공하는 국가가 없으므로 사용자가 근로자를 고용한 영업소의 소재지국법이 근로계약의 준거법이 된다는 견해가 있다.[72] 과거 유럽의 법원들은 일상적으로 노무를 제공하는 국가를 인위적으로 만들기보다는 선원근로계약을 체결한 영업소가 소재한 국가의 법을 선호하였다고 한다.[73]

(3) 업무지시를 받고 업무보고를 하는 고정베이스에 따르자는 견해

로마협약에서 로마규칙 I 로 변경되는 과정에서 선박의 선원이나 항공기의 승무원에 관하여 특별규정을 두자는 주장이 있었지만 이러한 주장은 받아들여지지 않았고 따라서 위와 같은 근로자에 대하여도 일반근로자에 관한 규정이 그대로 적용된다.[74] 그런데 앞서 언급한 바와 같이 로마규칙 I 에서는 "그 국가로부터 노무를 제공하는 경우"를 포함시켰는데 유럽연합위원회(EU Commission)는 항공기 승무원이 등록이나 안전검사와 같은 의무를 이행하고 업무를 조정하는 소위 고정베이스(fixed base)를 갖고 있다면 위 규정이 적용될 수 있다고 보고 있다.[75]

(4) 대법원 판례

대법원 2007.7.12. 선고 2005다47939 판결에서는 "선원근로계약에 관하여는 선적국을 선원이 일상적으로 노무를 제공하는 국가로 볼 수 있어 선원근로계약에 의하여 발생되는 임금채권에 관한 사항에 대하여는 특별한 사정이 없는 한 국제사법 제28조 제2항에 의하여 선적국법이 준거법이 되므로, 결국 선원임금채권의 양도가능성, 채무자 및 제3자에 대한 채권양도의 효력과 선원임금채권의 대위에 관한 사항은 그 신원임금채권을 담보하는 선박우선특권에 관한 사항과 마찬가지로 선적국법에 의한다."고 판시하여 선박의 선적국을 선원이 일상적으로

---

69) 선원법 제3조에서는 "이 법은 특별한 규정이 있는 경우를 제외하고는 「선박법」에 따른 대한민국 선박(「어선법」에 따른 어선을 포함한다), 대한민국 국적을 취득할 것을 조건으로 용선(傭船)한 외국선박 및 국내 항과 국내 항 사이만을 항해하는 외국선박에 승무하는 선원과 그 선박의 선박소유자에 대하여 적용한다."고 규정하고 있다. 이러한 선원법이 선원근로계약의 준거법에 관하여 선적국법을 따르고 있다는 견해가 있다(김지형, "국제근로계약관계의 준거법－대상판결 : 대법원 1970.5.26. 선고 70다523, 524 판결", 저스티스 68호(2002), 241－242쪽). 그러나 위 규정은 선원법의 적용에 한정된 규정이므로 준거법을 지정하는 저촉규정으로 보기에 무리가 있다. 사견으로는 위 규정이 선원법의 적용범위를 정한 동시에, 선원법이 당사자가 준거법의 합의에 의하여 그 적용으로부터 벗어날 수 없는 국제적 강행규정이란 점을 선언한 규정으로 보인다. 따라서 선원근로계약의 당사자가 준거법의 합의를 하거나 하지 않거나 위 선원법이 강행적으로 적용되며 선원법에 규정되지 아니한 사항에 대하여는 선원근로계약의 주관적 준거법이나 객관적 준거법에 따르게 된다. 따라서 선원법이 선원근로계약의 준거법에 관하여 선적국법을 따르는 것은 아니라고 본다.

70) "이 법에 의하여 지정된 준거법이 해당 법률관계와 근소한 관련이 있을 뿐이고, 그 법률관계와 가장 밀접한 관련이 있는 다른 국가의 법이 명백히 존재하는 경우에는 그 다른 국가의 법에 의한다."

71) 석광현, 국제사법 해설, 박영사, 2013, 361쪽. 과거 유럽국가의 주된 입장이었다고 한다(McParland, para. 14.84).

72) 석광현, 국제사법 해설, 박영사, 2013, 360쪽 각주 22.

73) McParland, para. 14.85.

74) Ibid, para. 14.88.

75) COM (2005) 650 final, p. 8

노무를 제공하는 국가로 보고 있다.

다만 대법원 2014.7.24. 선고 2013다34839 판결에서는 위와 같은 판시사항을 유지하면서도 "선박이 편의치적이 되어 있어 그 선적만이 선적국과 유일한 관련이 있을 뿐이고, 실질적인 선박 소유자나 선박 운영회사의 국적과 주된 영업활동장소, 선박의 주된 항해지와 근거지, 선원들의 국적, 선원들의 근로계약에 적용하기로 한 법률, 선박저당권의 피담보채권을 성립시키는 법률행위가 이루어진 장소 및 그에 대하여 적용되는 법률, 선박경매절차가 진행되는 법원이나 경매절차에 참가한 이해관계인 등은 선적국이 아닌 다른 특정 국가와 밀접한 관련이 있어 앞서 본 법률관계와 가장 밀접한 관련이 있는 다른 국가의 법이 명백히 존재하는 경우에는 다른 국가의 법을 준거법으로 보아야 한다."고 판시하여 편의치적의 경우에는 선적국법이 아니라 가장 밀접한 관련이 있는 국가의 법을 선원근로계약의 준거법으로 보고 있다.[76)]

(5) 사 견

앞서 언급한 바와 같이 국제사법 제28조에서 근로자가 일상적으로 노무를 제공하는 국가의 법을 근로계약의 객관적 준거법의 지정하는 이유는 그 국가가 근로계약과 가장 밀접한 관련이 있기 때문이다. 그런데 선박의 선적을 어느 국가에 둘 것인지는 전적으로 소유자의 의사에 달려 있기 때문에 선적은 언제든지 변경될 수 있고 소유권이 변동됨에 따라서도 선적이 변동되기도 하므로 선적은 영속성이 없다. 그리고 선원이 선적국에서 경제적, 사회적 이무를 수행한다고 볼 수 없고 선적국의 경제적, 정치적 환경이 선원의 노무제공에 영향을 끼친다고 보기도 힘들다. 또한 선적을 여러 국가에 두는 경우도 있고 선적을 두지 않는 무국적 선박도 있는데 이러한 경우에는 선적국을 특정할 수 없는 문제가 있다. 게다가 유엔해양법협약에 따라서 선적국이 배타적인 관할권을 행사할 수 있는 경우는 공해(high sea)에 한정되어 있는 점에서 선적을 주권행사의 범위인 영토라고 보기에는 무리가 있다.[77)] 결론적으로 선적국이 선원의 근로계약과 가장 밀접한 관련이 있는 국가라고 볼 수 없다.

앞서 언급한 바와 같이 우리의 경우에도 국제사법 제28조 제2항을 넓게 해석하여 일상적으로 노무를 제공하는 국가에 '그 국가로부터 노무를 제공하는 국가'를 포함시킨다면 우리도 유럽사법재판소의 거점규칙을 받아들일 수 있다.[78)] 이에 따르면 선원이 업무지시를 받거나 보고를 하고 선원등록과 안전검사 등을 수행하는 고정된 본부가 소재하는 국가가 일상적으로 노무를 제공하는 국가가 될 것이다.[79)] 마찬가지로 항공기 승무원의 경우에도 고정된 국

76) 편의치적 자체가 반드시 강행규정의 회피만을 위하여 시도되는 것이 아닌 점(등록수수료가 싸다거나 어업권의 획득을 이유로 이루어질 수도 있다), 선적국과 관련성을 가지는 경우도 많은 점(특히 등기등록되어 공시되는 담보물권의 경우에 그러하다) 등을 감안하면, 편의치적이 되었다는 사실 자체에서 국제사법의 명문규정의 적용을 배제하는 것은 현행법의 해석으로는 어렵다는 견해가 있다(김동진, "선박우선특권과 준거법–대법원 2007.7.12. 선고 2005다39617 판결–", 판례연구 20집(2009.02), 795쪽). 그러나 편의치적을 특별히 취급하는 이유는 편의치적에 강행규정을 회피할 목적이 있기 때문에 이를 벌하려고 하는 것이 아니며 편의치적이라고 하더라도 선적 이외에 다른 요소가 선적국에 존재한다면 그때는 이러한 요소를 당연히 고려해야 한다.

77) 앞서 유럽사법재판소의 Weber 판결에서는 대륙붕에 관할이 연안국가에 있다는 이유로 그 연안국가를 일상적으로 노무를 제공하는 국가로 보았는데 대륙붕은 고정되어 변동될 가능성이 없고 지리적 요소에 해당하므로 이를 선적과 동일하게 볼 것은 아니라고 본다.

78) 김인호, "국제근로계약의 준거법에 대한 비판적 검토", 인권과정의 441호(2014.5), 39쪽.

79) McParland, para. 14.90.

가에 노무를 제공하지 않고 계속하여 이동하면서 노무를 제공하고 있지만 업무지시를 받고 업무보고를 하는 본부가 있다면 그 본부가 노무의 제공과 가장 밀접한 관련이 있는 국가로서 그 국가로부터 일상적으로 노무를 제공하고 있다고 볼 수 있을 것이다.[80)]

마. 선원관리업자에 의하여 선원이 고용된 경우

만일 선박이 공해상에서만 운항을 하여 선원이 일상적으로 노무를 제공하는 국가를 알 수 없다면 국제사법 제28조 제2항 후문에 따라서 사용자와 근로자를 고용한 영업소의 소재지 국법이 선원근로계약의 객관적 준거법이 된다. 그런데 선박소유자로부터 고용, 배승, 해고 등 모든 권한을 위임받는 선원관리사업자에 의하여 선원이 고용된 경우에 이러한 선박관리사업자의 영업소를 위 영업소로 볼 수 있는지 문제 된다. 이에 대하여 선주의 영업소를 위 영업소로 본다면 누구를 실질선주로 보아야 할 것인지에 대하여 다시 검토해야 하는 번거로움이 있고 선원의 입장에서는 선원관리사업자와 주로 접촉하고 있을 뿐이어서 예상한 바와 달리 실질선주의 준거법을 갑자기 적용하는 것이 부당하다는 이유로 선원관리사업자의 영업소를 위 영업소로 보자는 견해가 있다.[81)] 그러나 선원이 실질선주와 근로계약을 체결하는 이상 준거법의 결정에 있어서도 실질선주와의 법률관계를 바탕으로 해야 한다는 점에서는 변동이 없고 앞서 언급한 바와 같이 근로자가 고용된 영업소의 소재지를 근로계약의 객관적 준거법의 연결점을 한 이유는 근로자와 사업자를 연결시킬 고정된 지점이 필요하기 때문인데 대리점의 영업소는 이러한 연결점이 될 수 없다는 점에서 선원관리사업자의 영업소는 국제사법 제28조 제2항 후문의 영업소에 포함되지 아니한다고 본다.

3. 가장 밀접한 관련이 있는 국가가 별도로 있는 경우

가. 예외의 인정가능성

국제사법 제8조에서는 "이 법에 의하여 지정된 준거법이 해당 법률관계와 근소한 관련이 있을 뿐이고, 그 법률관계와 가장 밀접한 관련이 있는 다른 국가의 법이 명백히 존재하는 경우에는 그 다른 국가의 법에 의한다."고 규정하여 국제사법의 저촉규정에 따른 준거법의 결정에 대한 예외를 인정하고 있다. 로마협약이나 로마규칙 Ⅰ의 경우에는 소비자계약에 관하여 위와 같은 예외규정을 두지 않지만 근로계약에 관하여는 예외규정[82)]을 두고 있다. 로마협약이나 로마규칙 Ⅰ이 소비자와 근로자를 모두 사회적 약자로서 보호하면서도 위와 같은 차이를

80) Collins, para. 33-267. 로마협약을 적용한 독일판결에서는 항공기 승무원의 경우에는 일상적으로 노무를 제공하는 국가를 알 수 없다는 이유로 그 승무원을 채용한 영업소가 소재한 국가의 법을 근로계약의 준거법으로 본 바가 있다고 한다(Calliess, p. 189).

81) 김진권, "해상보험계약상 영국법 준거약관에 관한 국제사법적 고찰", 해사법연구 제18권 제2호(2006.9), 143쪽; 김동진, "선박우선특권과 준거법-대법원 2007.7.12. 선고 2005다39617 판결-", 판례연구 20집(2009.2), 802쪽.

82) 로마규칙 Ⅰ 제8조(4)에서는 다음과 같이 규정하고 있다. "전체적인 상황에서 볼 때 계약이 제2항 또는 제3항에서 언급한 국가 이외의 국가와 더 밀접하게 관련되어 있다면 그 다른 국가의 법이 적용된다."(Where it appears from the circumstances as a whole that the contract is more closely connected with a country other than that indicated in paragraphs 2 or 3, the law of that other country shall apply.)

두는 이유는 소비자와 근로자를 보호하기 위한 준거법 결정에 있어서 접근방법이 다르기 때문이다.

국제사법 제27조에서 소비자계약의 객관적 준거법을 소비자의 상거소가 있는 국가의 법으로 규정한 이유는, 자신의 상거소에서 계약을 체결하는 소비자는 통상 그 상거소의 소비자보호에 관한 규정이 적용될 것으로 예상하기 때문이다.[83] 이에 반하여 국제사법 제28조에서 근로계약의 객관적 준거법을 근로자가 일상적으로 노무를 제공하는 국가의 법으로 규정한 이유는, 근로계약의 경우에는 노무가 제공되는 객관적 환경을 고려하였을 때에 노무가 제공되는 국가와 근로계약 사이에 가장 밀접한 관련이 있고 따라서 그 국가의 법이 근로자를 보호하기에 적절하다고 보기 때문이다.[84] 이와 같이 국제사법 제28조는 기본적으로 '가장 밀접한 관련이 있는 국가의 법'을 객관적 준거법으로 지정한다는 점에서 국제사법 제26조와 그 본질을 같이 하고 소비자계약과 차이를 두고 있다.

이러한 취지에 비추어 볼 때 비록 국제사법 제28조에는 명시적으로 예외를 허용하는 규정은 없지만 국제사법 제8조를 적용하여 예외를 인정할 수 있다고 본다.[85] 앞서 언급한 대법원 2014.7.24. 선고 2013다34839 판결에서도 편의치적의 경우에 선원근로계약에 관하여 보다 밀접한 관련이 있는 국가의 법이 있다면 그 국가의 법을 적용해야 한다고 판시하여 국제사법 제28조에 국제사법 제8조의 예외규정을 적용할 수 있다는 점을 간접적으로 시사하고 있다. 입법적으로 국제사법 제28조에 로마규칙 I과 같이 명시적으로 예외를 허용하는 규정을 둘 필요가 있다.

나. 예외를 인정할 수 있는 경우

예외규정을 함부로 적용하면 법적 확실성이 떨어지고 근로자에게 부여되는 보호가 박탈될 수 있으므로 이를 엄격히 적용할 필요가 있다.[86] 따라서 근로자에게 발생할 수 있는 불이익한 결과를 방지할 필요가 있다는 사실이 명백한 경우에만 예외를 인정해야 한다. 예를 들어 한국회사와 한국인이 한국에서 근로계약을 체결하면서 아프리카 국가에서 1년간 근무하고 그 후에 한국에 돌아와 근무하기로 하였다면 근무지를 제외하고는 모든 요소가 한국에 있으므로 위와 같은 예외를 인정할 수 있을 것이다.[87] 물론 이러한 예외를 인정하기 위해서는 근로계약과 관련된 모든 객관적 요소들을 고려해야 한다.

유럽사법재판소의 Anton Schlecker v Melitta Josefa Boedeker 결정[88]에서는 독일에서 장기간 근무한 후 네덜란드에서 다시 장기간 근무한 경우에 네덜란드가 일상적으로 노무를 제공하는 곳으로 볼 수 있지만 이러한 경우에도 다른 요소를 고려한 결과 가장 밀접한 관련

83) Giuliano－Lagarde 보고서, p. 24.
84) Case C－64/12 [2013] ECR I－0000. 32.
85) 석광현, 국제사법 해설, 박영사, 2013, 359쪽.
86) Collins, para. 33－268.
87) McParland, para. 14.139.
88) Case C－64/12 [2013] ECR I－0000.

이 있는 국가가 별도로 있다면 그러한 국가의 법이 준거법이 될 수 있다고 보았다. 이 결정에서는 가장 밀접한 관련의 탐색에 있어서 근로자가 소득세를 어느 국가에 납부하는지, 사회보장 · 연금 · 의료보험이 어느 국가에 의하여 보장되는지를 중대한 고려요소(significant factors)로 제시하고 있다.

Ⅳ. 주관적 준거법에 대한 특칙

1. 당사자자치의 허용

당사자가 근로계약에 대하여 준거법의 합의를 하는 것까지 금지하는 것은 과도한 제한이라는 이유로[89] 소비자계약과 마찬가지로 근로계약에 관하여도 준거법의 합의를 허용하되 그 효력을 제한하고 있다.[90] 준거법의 합의가 가능한 한도에서 근로계약에도 주관적 준거법에 관한 국제사법 제25조가 적용되므로 당사자는 명시적 또는 묵시적으로 준거법의 합의를 할 수 있다.[91] 다만 묵시적인 선택은 계약내용 그밖에 모든 사정으로부터 합리적으로 인정할 수 있는 경우에 한한다.[92] 예를 들어 개별적 근로계약에서 단체협약을 인용하면서 단체협약의 준거법 조항도 함께 인용하고 있다면 단체협약의 준거법을 근로계약의 준거법으로 선택한 것으로 볼 수 있다.[93]

당사자가 명시적 또는 묵시적으로 준거법의 합의를 하지 않더라도 만일 당사자들이 준거법의 합의를 했더라면 당사자들이 약정하였으리라고 생각되는 국가의 법이 준거법이 된다는 주장이 있다.[94] 이와 같이 실제로 있지는 않지만 그와 같이 원했을 것이라고 생각되는 바를 '가정적 의사'라고 한다. 섭외사법을 적용한 대법원 2004.6.25. 선고 2002다56130, 56147 판결도 "근로계약의 당사자 사이에 준거법 선택에 관한 명시적인 합의가 없는 경우에 있어서는 근로계약에 포함된 준거법 이외의 다른 의사표시의 내용이나 소송행위를 통하여 나타난 당사자의 태도 등을 기초로 당사자의 묵시적 의사를 추정하여야 할 것이고, 그러한 묵시적 의사를 추정할 수 없는 경우에도 당사자의 국적, 주소 등 생활본거지, 사용자인 법인의 설립 준거법, 노무급부지, 직무내용 등 근로계약에 관한 여러 가시 객관적 사정을 종합하여 볼 때 근로계약 당시 당사자가 준거법을 지정하였더라면 선택하였을 것으로 판단되는 가정적 의사를 추정하여 준거법을 결정할 수 있다."고 판시하여 '가정적 의사'에 따른 준거법의 결정을 허용한 바 있다.[95]

89) 석광현, "국제근로계약과 근로자 보호－개정 국제사법을 중심으로－", 노동법학 13호(2001.12), 13쪽.
90) 스위스 국제사법 제120조에서는 소비자계약에 관하여 준거법의 합의를 금지하고 있지만 근로계약에 관한 제121조에서는 준거법의 합의를 허용하되 그 효력을 제한하고 있다.
91) 대법원 판례는 묵시적 방법에 의하여 준거법의 합의가 가능하다는 점에 대하여는 계속적으로 언급하고 있지만 실제로 이를 인정한 판결을 찾을 수 없다.
92) 대법원 2012.10.25. 선고 2009다77754 판결.
93) Collins, para. 33－256.
94) 이호정, 국제사법, 경문사, 1988, 284쪽.
95) 이 판결 이후의 대법원 2007.11.15. 선고 2006다72567 판결과 대법원 2008.2.1. 선고 2006다71724 판결에서 위 판시내용

과거 유럽의 주요 국가에서는 당사자자치의 원칙을 존중하기 위하여 당사자가 명시적 또는 묵시적으로 준거법을 선택하지 아니한 경우에도 당사자의 가정적 의사를 탐구하여 준거법을 결정하였다.[96] 그러나 당사자의 주관적 의도를 고려하지 아니하는 객관적 연결요소가 점차 지지를 얻어서 독일의 경우 법원이 '가정적 의사'라고 표현하는 것은 실제로 가장 밀접한 관련을 의미한다고 한다.[97] 우리의 경우에는 국제사법 제25조 제1항에서 당사자가 준거법을 지정하는 방식을 '명시적 또는 묵시적'으로 한정하고 있으므로 가정적 의사를 통하여 주관적 준거법을 도출하는 것은 현행법에서 근거를 찾기 힘들다.[98] 더욱이 실재하지 아니하는 '가정적 의사'를 도출할 수 있는 것인지도 매우 의문이며 연결기준의 불확실성으로 인하여 당사자의 준거법에 대한 예견가능성이 떨어지고 편파적 결과가 발생할 가능성도 있다. 따라서 '가정적 의사'를 고려하여 준거법을 결정하는 것은 타당하지 않다고 본다.[99]

2. 당사자자치의 한계

가. 중첩적 보호와 양 법의 비교

국제사법 제28조 제1항에 따라서 당사자가 근로계약의 준거법을 지정하더라도 객관적 준거법 소속 국가의 강행규정에 의하여 근로자에게 부여되는 보호를 박탈할 수 없다. 국제사법 제28조의 근로자 보호의 핵심은 여기에 있다. 이러한 결과 근로자는 주관적 준거법과 객관적 준거법의 강행규정에 의하여 중첩적으로 보호되고[100] 주관적 준거법과 객관적 준거법의 강행규정이 모두 적용되게 되면 준거법의 분열이 발생한다.[101] 만일 객관적 준거법의 강행규정보다 주관적 준거법이 근로자를 보다 더 두텁게 보호하고 있다면 근로자를 보호하고자 하는 취지상 주관적 준거법만이 적용된다고 봐야 한다.

그런데 이와 같이 중첩적으로 근로자를 보호하게 되면 주관적 준거법과 객관적 준거법의 비교의 문제가 발생하는데 이러한 비교가 쉽지 않다. 유리한 법의 비교방법에 관하여는 세 가지 방법이 제시될 수 있다.[102] 첫째 개별 조문을 비교하는 방법이다. 이 방법에 따르면 근

을 그대로 따랐는데, 이 판결들 역시 섭외사법을 적용한 판결이다.

96) Friedrich K. Juenger, Contract Choice of Law in the Americas, 45 Am. J. Comp. L., pp. 200－201.

97) Ibid. '가장 밀접한 관련'은 객관적 준거법의 결정의 원칙이므로 모든 객관적 사정을 고려하여 판단해야 한다. 그런데 로마규칙 I 전문(6)에서 규정하고 있는 바와 같이 국제사법은 법적 확실성이 필요하고 이러한 법적 확실성이 요구되는 이유 중 하나는 당사자에게 준거법에 대한 예견가능성을 부여하는데 있다. 이러한 점에서 '가장 밀접한 관련'의 판단에 있어서 모든 객관적 사정을 고려해야 하지만 이러한 고려의 결과 당사자가 그러한 준거법을 예견할 수 있는가가 가장 중대한 결정요소로 작용한다고 볼 수밖에 없다. 이러한 관점에서 독일 법원이 '가정적 의사'라고 표현하는 것은 실제로 가장 밀접한 관련을 의미한다는 판시한 바를 이해할 수 있다. 즉 '가정적 의사'는 예견가능성과 동일한 의미로 계약의 객관적 준거법의 결정기준이 될 수 있지만 주관적 준거법의 결정기준이 될 수 없다고 본다.

98) Calliess, p. 89.

99) 석광현, 국제사법 해설, 박영사, 2013, 297쪽에서도 현행 국제사법 하에서는 국제계약의 객관적 준거법은 그 계약과 가장 밀접한 관련이 있는 국가의 법이라는 이유로 '가정적 당사자의사'를 인정할 수 없다고 한다. Giuliano－Lagarde 보고서, p. 17에서도 당사자가 준거법을 명시적으로 선택하지 아니한 이상 법원이 당사자의 가정적 의사를 추론해서는 아니 된다고 한다.

100) Giuliano－Lagarde 보고서, p. 25.

101) 김인호, 국제근로계약의 준거법에 대한 비판적 검토, 인권과정의 441호(2014.05), 27쪽.

102) Calliess, pp. 182－183.

로자는 자신에게 유리한 조문의 적용만을 주장할 수 있는데 이러한 방법에 따르면 법적 안정성이 무너진다는 문제가 있다. 둘째 양 국가의 법률시스템 전체를 비교하는 방법이 있다. 그러나 이러한 경우에 어느 국가의 법이 더 이로운지 판단하는 것이 사실상 불가능하다는 문제가 있다. 셋째 쟁점별로 법을 비교하는 방법이다. 예를 들어 임금에 관한 규정, 해고에 관한 규정 등과 같이 쟁점별로 법을 비교하는 방법인데 가장 실효성이 있어 보인다.

그러나 위와 같은 해법에도 불구하고 양 법이 동일한 사안에 대하여 다른 해법을 제시하고 있는 경우에는 이를 비교하여 보다 유리한 법을 찾는 것이 매우 어렵거나 불가능한 경우가 있다. 예를 들어 부당해고에 대하여 주관적 준거법은 이를 무효로 하지만 대신에 근로자의 사용자에 대한 보상청구를 허용하지 않고, 객관적 준거법은 부당해고를 유효로 보지만 대신에 근로자가 사용자에 대하여 보상청구를 할 수 있도록 한 경우에 어느 법이 더 유리한가를 판단하는 것은 사실상 불가능하다.[103] 이러한 경우에는 근로자 보호의 취지상 근로자에게 준거법에 대한 선택권을 주는 것을 고려해 볼 수 있을 것이다.

나. 강행규정의 의미

국제사법 제28조 제1항에서의 강행규정은 당사자의 의사에 의하여 그 적용을 배제할 수 없는 국내적 강행규정을 의미한다.[104] 예를 들어 부당해고의 금지, 미성년자와 임산부의 보호, 최저임금 등에 관한 규정이 강행규정이 된다.[105] 만일 근로자를 보호하기 위한 강행규정이 국내적 강행규정으로서의 성질과 당사자가 준거법의 합의에 의하여 그 적용을 배제시킬 수 없는 국제사법 제8조의 국제적 강행규정으로서의 성질을 모두 갖고 있다면 굳이 국제적 강행규정의 성질을 논할 필요는 없고 국내적 강행규정의 성질만 논하는 것으로 충분하다.[106]

다. 법정지 국제적 강행규정과의 관계

법정지의 국제적 강행규정[107]은 주관적 준거법이나 객관적 준거법에 관계없이 적용된다. 따라서 근로계약의 객관적 준거법과 주관적 준거법이 모두 외국법이지만 우리 법원이 법정지인 경우에 우리 법의 국제적 강행규정이[108] 당해 근로계약에 적용되어야 한다는 결론에

103) Collins, para. 33-260.

104) 석광현, 국제사법 해설, 박영사, 2013, 356쪽; Collins, para. 33-255.

105) Calliess, p. 182.

106) McParland, para. 14.74.

107) 독일 연방사법재판소가 노무관계에 관한 법률규정 중 국제적 강행규정으로 본 경우와 그렇지 아니한 경우에 관하여는 Calliess, p. 194 참조.

108) 대법원 1970.5.26. 선고 70다523, 524 판결에서는 "근로기준법은 대한민국의 국민 간에서의 고용계약에 의한 노무인 이상 그 취업장소가 국내이거나 국외임을 가리지 않고 적용될 성질의 법률이라고 할 것이니 만큼 동법 제38조는 파월기술자의 모집에 관한 본건 고용계약들에 의한 노무에는 적용될 수 없는 것이었으며 설사 그 적용이 있다고 치더라도 동조의 평균 임금 중에는 파월수당을 포함시킬 수 없었던 것이었다고(그 수당을 임금적인 성질이 없는 것이었다고는 할 수 없다) 논난하는 소론6의 논지를 받아들일 수 없다."고 판시하고 있다. 그런데 위 판결은 국내 회사와 국내 근로자 사이에 베트남에서 근무하기로 하는 근로계약에 관한 판결로서 계약의 내용에 외국적 요소가 있으므로 우선 국제사법적 고려가 있어야 하는데 이에 대한 아무런 고려를 하지 않고서 근로기준법이 한국인 사이에서는 무조건 적용된다는 취지의 판시를 하고 있다. 판시내용을 고려할 때 근로기준법을 국제적 강행규정이라고 본 측면도 있지만 주로 속인주의를 바탕으로 한 것으로 보인다. 현재로서는 위 판례가 적용되기 힘들다고 본다. 위 판결에 대한 평가에 관하여는 김지

이르게 된다.[109] 더욱이 국제적 강행규정에 해당하는 우리 법이 근로계약의 주관적 준거법이나 객관적 준거법보다도 약한 보호를 제공해도 이론적으로는 이를 적용해야 한다.[110] 그러나 이러한 결과는 근로자를 보호하고자 하는 취지가 망각시키므로 준거법의 비교를 통하여 근로자에게 가장 유리한 법을 적용하거나 분쟁이 내국관련성[111]이 낮은 경우에는 국제적 강행규정의 적용을 배제해야 할 것이다.

라. 강행규정이 근로자 보호를 위한 규정에 한정되는지 여부

국제사법 제28조 제1항의 강행규정이 근로자를 특정하여 보호하기 위한 강행규정에 한정되는지 아니면 근로자를 보호하는 결과를 가져오는 일반적 강행규정을 포함하는지 문제 된다. 이에 대하여 영국 법원의 판례는 근로계약에 한정된 보호규정만이 강행규정이라고 보았다고 하는데,[112] 이에 대하여는 근로자 보호의 취지를 고려할 때 이와 같이 협소하게 해석하는 것이 바람직하지 않다는 지적이 있다.[113] 대법원 2015.1.15. 선고 2012다4763 판결에서는 "직무발명에 대하여 각국에서 특허를 받을 권리는 하나의 고용관계에 기초하여 실질적으로 하나의 사회적 사실로 평가되는 동일한 발명으로부터 발생한 것이며, 당사자들의 이익보호 및 법적 안정성을 위하여 직무발명으로부터 비롯되는 법률관계에 대하여 고용관계 준거법 국가의 법률에 의한 통일적인 해석이 필요하다. 이러한 사정들을 종합하여 보면, 직무발명에 관한 섭외적 법률관계에 적용될 준거법은 발생의 기초가 된 근로계약에 관한 준거법으로서 국제사법 제28조 제1항, 제2항 등에 따라 정하여지는 법률이라고 봄이 타당하다."고 하여 강행규정의 범위를 넓게 해석하고 있다.[114] 사견으로는 근로자가 일상적으로 노무를 제공하는 국가는 근로계약과 가장 밀접한 관련이 있는 국가로서 그 국가의 법이 근로자를 보호하는데 가장 적합한 법이므로 근로자 보호의 취지를 고려하면 국제사법 제28조 제1항의 강행규정은 근로계약에 관련된 강행규정에 한정되지 아니하고 일반적 강행규정도 포함되며 산업안전 등에 관한 공법도 포함된다고 본다.[115]

형, "국제근로계약관계의 준거법-대상판결: 대법원 1970.5.26. 선고 70다523, 524 판결", 저스티스 68호(2002), 225-227쪽 참조.

109) Collins, para. 33-261.

110) Ibid, para. 33-262.

111) 국제사법 제7조의 국제적 강행규정은 우리의 공서양속을 근거로 하여 인정되므로 사건의 내국관련의 정도가 낮은 경우에는 우리의 공서가 개입할 가능성도 낮아진다.

112) McParland, para. 14.64.

113) Ibid.

114) 이 판례에 관한 자세한 논의는 이규호, "직무발명에 관한 섭외적 법률관계에 적용될 준거법-대법원 2015.1.15. 선고 2012다4763 판결을 중심으로", 국제사법연구 22권 2호(2016.12) 참조.

115) Giuliano-Lagarde 보고서, p. 25. 국제사법 제6조에서는 "이 법에 의하여 준거법으로 지정되는 외국법의 규정은 공법적 성격이 있다는 이유만으로 그 적용이 배제되지 아니한다."고 규정하고 있다.

제8장 몇 가지 법률관계에서의 준거법

제1절 화환신용장의 중간은행의 법률관계와 독립적 은행보증의 제2의 은행의 법률관계에 대한 준거법

Ⅰ. 의 의

1. 화환신용장과 독립적 은행보증의 차이점과 공통점

화환신용장(documentary letter of credit)은 국제물품매매거래에서 매매대금의 결제수단으로 사용되는 반면에, 독립적 은행보증(independent bank guarantee)[1]과 보증신용장(standby letter of guarantee)[2]은 원인거래(underlying transaction)상의 주채무자가 채무불이행을 한 경우에 손해액의 지급을 담보하기 위한 수단으로 사용된다는 점에서 기능적 차이가 있다. 그리고 전자의 경우에는 수익자가 신용장의 조건에 일치하는 서류와 함께 신용장대금을 청구해야 하는 반면에 후자의 경우는 수익자가 채무자의 채무불이행 사실을 기재한 진술서 또는 단순히 지급청구서만을 제시하고서 보증금을 청구할 수 있다는 점에서 청구요건에 차이가 있다. 이러한 차이에도 불구하고 양자는 원인거래와 분리 · 독립되어서 원인거래로부터 영향을 받지 않는다는 독립추상성의 공통적인 특징을 갖고 있고, 이러한 독립추상성의 원칙은 아래의 준거법의 논의에서 중요한 의미를 가진다.

2. 화환신용장의 중간은행과 독립적 은행보증의 제2은행의 법률관계

화환신용장의 거래과정에는 통상 중간은행(intermediary bank)이 관여하게 되는데, 신용장 개설을 수익자에게 통지하는 통지은행(advising bank), 신용장에 확인하여 수익자인 수출자에게 신용장대금지급의무를 부담하는 확인은행(confirming bank), 수익자로부터 신용장을 매입하

---

1) 독립적 은행보증은 요구불보증(first demand guarantee)이라고도 불린다. 본 글에서는 독립적 은행보증이라고 지칭한다. 은행실무에서는 독립적 은행보증이라고 제목을 명기하기 보다는 독립적 은행보증의 목적에 따라서 입찰보증(bid guarantee), 이행보증(performance bond), 선수금환급보증(advance payment guarantee), 하자보증(warranty guarantee)라고 제목을 붙인다. 편의상 '보증'이란 표현을 사용하고 있지만 독립적 은행보증은 독립성과 부종성이 없다는 점에서 민법 제428조 이하의 '보증'을 의미하는 것은 아니다.

2) 국제상업회의소(International Chamber of Commerce)는 독립적 은행보증에 대하여는 '요구불보증에 관한 통일규칙(Uniform Rules on Demand Guarantees; URDG)을 제정하고, 보증신용장에 대하여는 국제보증신용장관행(International Standby Practices; ISP 98)을 제정하여 양자를 구분하고 있지만, 양자는 법적 관점에서는 아무런 차이가 없고 단지 형식 등 거래실무상의 차이가 있을 뿐이다(서울고법 2001.2.27. 선고 2000나8863 판결; Roy Goode, Commercial Law, third ed, Penguin, 2004, p. 1018; 김선국 "독립적 은행보증의 법적 규율과 관련한 문제점", 국제거래법연구 제17집 제1호(2007.07), 106쪽). 독립적 은행보증과 보증신용장에 관한 독립적 보증과 보증신용장에 관한 협약(Convention on Independent Guarantee and Standby Letters of Credit)에서도 양자를 구분하지 않고 있다. 따라서 본 글에서의 독립적 은행보증에 관한 모든 논의는 보증신용장에도 동일하게 적용된다. 독립적 은행보증과 보증신용장의 구체적인 논의에 대하여는 박석재, "독립적 보증 및 스탠바이 신용장에 관한 유엔 협약", 상사법연구 제22권 제5호(2004.2) 참조.

여 개설은행에게 신용장대금을 청구하는 매입은행(negotiating bank)[3]이 중간은행에 해당된다.

그리고 독립적 은행보증에서 채권자인 수익자는 자신의 소재지 은행이 개설한 독립적 은행보증을 요구하는 경우가 종종 있는데, 이러한 경우에 채무자인 개설의뢰인은 자신의 주거래은행(제1의 은행)에 은행보증을 의뢰를 하고 제1의 은행은 채권자의 소재지 은행(제2의 은행)에 다시 은행보증을 의뢰한다. 이러한 경우에 제2의 은행이 수익자에게 보증금을 지급하면 제1의 은행으로부터 보증금을 상환을 받을 수 있는데, 이러한 상환을 보장받기 위하여 통상적으로 제1의 은행으로부터 역보증(counter guarantee)을 제공받는다. 역보증도 독립추상성이 있기 때문에 제2의 은행과 수익자 사이의 은행보증에서 발생하는 법률관계로부터 영향을 받지 않는다.[4] 즉 제2의 은행이 역보증을 근거로 보증금의 지급청구를 하면 제1의 은행은 제2의 은행이 지급하지 말아야 할 보증금을 지급한 후 역보증의 보증금을 청구하고 있다고 주장하면서 자신의 보증금지급을 거절할 수 없다.[5] 위와 같이 제1의 은행이 직접 보증을 하지 않고 제2의 은행으로 하여금 보증서를 발급하도록 하는 경우를 간접보증(indirect guarantee)이라고도 한다. 이하에서는 화환신용장의 중간은행과 독립적 은행보증의 제2의 은행을 모두 '제2의 은행'이라 지칭한다.

3. 준거법 결정의 문제

본 글은 제2의 은행의 법률관계에 적용되는 준거법에 관한 것이다. 국제상업회의소(International Chamber of Commerce; ICC)는 화환신용장에 관하여 '신용장통일규칙(Uniform Customs and Practice for Documentary Credits; UCP)'[6]을, 독립적 은행보증에 대하여는 '요구불보증에 관한 통일규칙(Uniform Rules on Demand Guarantees; URDG)'을, 보증신용장에 대하여는 '국제보증신용장관행(International Standby Practices; ISP 98)'[7]을 제정하였고, 유엔국제상거래법위원회(United Nations Commission on International Trade Law; UNCITRAL)는 '독립적 은행보증과 보증신용장에 관한 독립적 보증과 보증신용장에 관한 협약(Convention on Independent Guarantee and Standby Letters of Credit)'을 제정하였다.[8] 그러나 이러한 규칙과 협약은 그 법

3) 신용장통일규칙에는 매입은행에 관한 규정은 없고 지정은행(nominated bank)에 관한 규정만이 있다. 신용장에는 수익자가 지급청구를 할 수 있는 은행이 지정되어 있는데, 특정한 은행이 지정은행으로 기재되어 있거나 어느 은행(any bank)이나 지정은행으로 기재되어 있는 경우가 있다. 수익자는 신용장의 유효기간 내에 지정은행에 서류를 제시할 수 있으나 지정은행이 반드시 신용장서류를 매입해야 하는 것은 아니며, 단순히 추심업무만을 할 수도 있다. 지정은행 중에 신용장을 매입한 은행이 매입은행에 해당한다.

4) 대법원 1994.12.9. 선고 93다43873 판결에서는 독립적 은행보증의 추상성, 무인성을 인정하고 있다. 이때의 독립추상성은 당사자의 약정과 합의에 의하여 인정되는 것이므로 당사자가 명시적으로 또는 묵시적으로 달리 약정하였다면 독립추상성이 인정되지 않을 것이다.

5) 그러나 만일 수익자가 보증금을 청구할 이유가 없으면서도 사기적 청구하고 있다는 사실을 제2의 은행이 명확하게 인식하고서도 보증금을 지급하였다면 제1의 은행은 역보증에 따른 보증금의 지급을 거절할 수 있다.

6) 신용장통일규칙의 법적 성격에 관한 논의에서 동 규칙이 세계적인 국제관행이라는 견해가 유력하다고 한다(석광현, 국제사법과 국제소송 제1권, 2001, 153쪽). 그러나 제6차 신용장통일규칙 제1조에서는 신용장에서 동 규칙이 적용된다는 점을 명시해야만 동 규칙이 적용된다고 선언하여 스스로 법적 구속력을 인정하지 않고 있으며, 매 10년마다 개정되고 있다는 점에서 '세계적인 국제관행'이라고 보기는 힘들다고 본다. 물론 동 규칙의 내용 중에는 '세계적인 국제관행'이라고 볼 만한 내용이 있다는 점은 인정하지만 그렇다고 동 규칙 전체가 '세계적인 국제관행'이라고 할 수는 없을 것이다.

7) 국제상업회의소가 제정한 규칙에 관하여는 Roy Goode, Abstract Payment Undertaking and the Rules of the International Chamber, 39 St.Louis U. L.J. 725(1995) 참조.

적 성격과 관계없이 화환신용장과 독립적 은행보증에 관한 모든 사항을 규율하고 있지 아니하며, 신용장통일규칙을 제외한 나머지의 경우에는 적용되는 경우도 많지 않기 때문에 여전히 준거법의 결정은 중요한 의미를 갖는다.[9] 여기서는 화환신용장과 독립적 은행보증의 모든 법률관계 중에서도 제2의 은행의 법률관계에 한정하여 논의한다. 다만 통지은행은 신용장개설을 단순히 통지하는 이외에 특별한 법률관계를 형성하지 아니하므로 논의대상에서 제외한다.

Ⅱ. 제2의 은행의 법률관계 성질결정

1. 법률관계 성질결정 논의의 필요성

우리 국제사법의 모든 준거법 연결원칙은 당해 사안과 가장 밀접한 관련을 가지는 법을 지정하는 것이라고 할 수 있다. 그러나 국제사법에 따라서 지정된 모든 준거법이 항상 가장 밀접한 관련이 있는 법이라고 할 수 없다. 이러한 이유로 제8조에서는 “이 법에 의하여 지정된 준거법이 해당 법률관계와 근소한 관련이 있을 뿐이고, 그 법률관계와 가장 밀접한 관련이 있는 다른 국가의 법이 명백히 존재하는 경우에는 그 다른 국가의 법에 의한다.”고 규정하여 준거법지정에 대한 예외 규정을 두고 있다. 이러한 예외조항을 통하여 ‘법률관계와 가장 밀접한 관계가 있는 법’이 준거법이 되어야 한다는 연결원칙을 유지하고 있다.[10] 이러한 원칙에 따르면 여러 은행이 관여되는 화환신용장이나 독립적 은행보증의 법률관계에 대한 준거법을 결정하기 위해서는 어느 은행이 중심적 역할을 했는지를 결정할 필요가 있고,[11] 따라서 준거법 논의에 앞서서 제2의 은행에 대한 법률관계를 먼저 살펴보도록 한다.[12]

2. 매입은행과 개설은행 및 매입은행과 수익자 사이의 법률관계

제6차 신용장통일규칙 제2조에서는 매입(negotiation)을 “지정은행이 대가를 지불하고 매입은행 이외의 은행 앞으로 개설된 어음이나 신용장조건에 일치하는 서류를 매입하는 것”이라고 정의하고 있다.[13] 개설은행이나 확인은행이 아닌 은행이 매입할 수 있는 신용장을 매입신용장(negotiation credit)이라고 한다. 제6차 신용장통일규칙 제12조a에 따르면 매입은행은 특

8) 본 협약에 관하여는 김선국, “독립적 보증과 보증신용장에 관한 UN 협약”, 비교사법 제3권 1호(1996.6).

9) 예를 들어 수익자가 신용장대금이나 보증금을 청구할 권원이 없다는 것을 알면서도 신용장이나 보증서를 소지한 것을 기화로 신용장대금이나 보증금을 청구하는 소위 사기적 청구에 관하여 영국 법원은 다른 국가에 비하여 훨씬 경직되어 있다고 하며(김정호, “유럽의 독립적 은행보증제도에 대한 법적 연구”, 경영법률 9집(1999), 369쪽), 사우디아라비아의 경우에는 신용장의 엄격일치의 원칙을 인정하지 않고 실질적 일치의 원칙을 받아들이고 있다고 한다. 화환신용장의 준거법 결정의 실익에 관한 구체적인 논의는 석광현, 국제사법과 국제소송 제1권, 2001, 157쪽 참조. 독립적 은행보증의 준거법의 중요성에 관하여는 채동헌, 국제거래와 법, 신용장편, 2004, 155쪽 이하 참조.

10) 국제사법 제26조 제1항에서도 “당사자가 준거법을 선택하지 아니한 경우에 계약은 그 계약과 가장 밀접한 관련이 있는 국가의 법에 의한다.”고 규정하여 ‘가장 밀접한 관련성’이 연결원칙임을 보여 주고 있다.

11) Audi Gozlan, International Letters of Credit: Resolving Conflict of Law Disputes, 1999, p. 1.

12) 법률관계의 성질결정에 관한 좀 더 구체적인 논의는 안춘수, “국제사법에 있어서의 성질결정 문제”, 비교사법 제11권 2호(2004.06); 이호정, 국제사법, 경문사, 1988, 102–120쪽 참조.

13) “Negotiation means the purchase by the nominated bank of drafts (drawn on a bank other than the nominated bank) and/or documents under a complying presentation, by advancing or agreeing to advance funds to the beneficiary on or before the banking day on which reimbursement is due to the nominated bank.”

정되었는지 관계없이 수익자에 대하여 매입의무를 부담하지 않는다. 다만 매입은행이 매입할 것을 약속하고 이러한 사실을 수익자에게 통지한 때에는 매입은행은 예외적으로 매입의무를 부담한다.[14] 매입은행이 매입의무를 부담하지 않는 경우에는 자신의 계산과 위험부담 하에 독자적인 영업활동으로서 수익자에게 여신을 제공하고, 선하증권을 담보로 취득하는 것이므로 개설은행의 위임사무를 처리한다고 볼 수 없다.[15]

매입은행이 신용장의 조건에 일치하는 서류를 제시하면 개설은행은 매입은행에 대하여 신용장대금을 상환해 주어야 하므로[16] 매입은행과 개설은행 사이의 법률관계는 수익자와 개설은행 사이의 법률관계와 사실상 동일하다. 그런데 신용장개설은행과 수익자 사이의 법률관계에 대하여는 다양한 의견이 제시되고 있다.[17] 대표적으로 계약설과 단독행위설이 있는데 필자는 신용장을 단독행위나 계약이 아닌 독자적 법률관계로 정립해야 하지 않을까 생각한다.[18] 계약관계로 볼 경우 취소불능신용장이 개설되는 즉시 수익자에게 통지도 되기 전에 취소불능이 되는 것을 설명하기 힘들고, 미국의 Amoco Oil Co. v. First Bank & Trust Co. 사건[19]에서처럼 계약법을 적용하는 것이 적합하지 아니한 상황이 발생할 수 있기 때문이다.

그리고 우리 민법에 따르면 단독행위는 타인의 권리의무에 영향을 미치지 않는 경우에만 자유롭게 할 수 있고, 타인의 권리의무에 영향을 끼치는 경우에는 비록 타인에게 이익만을 주는 경우에도 법률이 허용하는 때에 한하여 효력이 발생하므로[20] 신용장을 단독행위로 보기 어렵기 때문이다. 하지만 매입은행이 예외적으로 매입의무를 부담하였다면 매입은행과 개설은행 사이에 유상의 위임계약관계를 인정할 수 있을 것이다. 대법원 2011.1.27. 선고 2009다

---

14) "Unless a nominated bank is the confirming bank, an authorization to honour or negotiate does not impose any obligation on that nominated bank to honour or negotiate, except when expressly agreed to by that nominated bank and so communicated to the beneficiary."

15) 대법원 2011.1.27. 선고 2009다10249 판결 참조.

16) 제6차 신용장통일규칙 제7조c에서는 "개설은행의 지정은행에 대한 의무는 개설은행의 수익자에 대한 의무와 독립되어 있다."(An issuing bank's undertaking to reimburse a nominated bank is independent of the issuing bank's undertaking to the beneficiary)고 규정하여 매입은행의 개설은행에 대한 권리가 수익자와 독립되어 있음을 명시하고 있다. 따라서 개설은행은 수익자에 대한 항변사항을 가지고 매입은행에 대항할 수 없다.

17) 국내에서의 논의에 관하여는 이재홍, "보증신용장 및 관련문제, 하", 사법행정 제37권 제7호(1990.07) 참조. 영국에서는 개설은행과 수익자의 관계를 계약관계로 파악했지만, 어떻게 개설은행과 수익자 사이에 계약관계가 형성될 수 있는지에 관하여는 다양한 의견이 존재하였다(Richard King, Gutteridge & Megrah's Law of Bankers' Commercial Credits, 8th ed, 2001, Appendix 5). 이러한 논란의 중심에는 신용장개설에는 약인(consideration)이 없다는 점에 있었다. 1999년에 입법된 Contracts (Rights of Third Parties) Act 1999에서 계약의 당사자가 아닌 제3자도 자신의 이익을 위한 계약을 실행할 수 있도록 하고 있는바, 동법이 신용장개설은행과 수익자 사이의 계약관계에 대하여도 해법을 제시하고 있다는 견해가 있다(Ibid, p. 78). 미국에서는 1995년 개정 통일상법전(Uniform Commercial Code; UCC)이 약인을 요구하지 않고, 신용장의 효력발생을 위하여 청약과 승낙을 요구하지 않는다는 이유로 신용장개설은행과 수익자의 관계를 계약관계로 보지 않고 독특한 비계약적 관계로 보는 견해가 있다(Dolan, The Law of Letters of Credit, revised edition, volume 1, 2005, para. 3.01).

18) Roy Goode, Commercial Law, third ed, Penguin, 2004, p. 971. 이행보증서(performance guarantee)에 관한 Edward owen Engineering Ltd v Barclays Bank International Ltd [1978] 1 Lloyd's Rep 166에서는 이행보증서를 사실상 약속어음(promissory note)이라고 판시한 바 있다.

19) Amoco Oil Co. v. First Bank & Trust Co., 759 SW2d 877 (Mo. Ct. App. 1988). 이 사건은 화환신용장에 관한 사건이 아니라 보증신용장에 관한 사건이다. 개설은행의 보증신용장 개설에 대하여 수익자가 형식 등에 대하여 이의를 제기하였지만 개설은행은 이를 무시하였다. 추후 개설의뢰인의 채무불이행이 발생하여 수익자가 보증금지급청구를 하자 개설은행은 수익자의 이의는 청약의 거절과 수정된 청약(counteroffer)인데, 자신이 이를 승낙하지 않았으므로 계약이 체결되지 않았다고 반박하였다. 재판부는 수익자의 거절이 사소한 수정(minor amendment)을 요구한 것에 불과하므로 청약의 거절이 아니라고 판시하였지만, 신용장에도 반드시 계약법이 적용되어야 한다는 개설은행의 주장은 배척하였다.

20) 편집대표 곽윤직, 민법주해(Ⅱ)-총칙(2), 1997, 156-157쪽(송덕수 집필부분).

10249 판결에서는 신용장 개설은행과 매입은행 사이의 준거법을 결정하면서 "신용장 개설은행의 소재지법이 계약과 가장 밀접한 관련이 있는 국가의 법으로서 준거법이 된다."고 판시하여 계약설의 입장을 취하고 있는 것으로 보인다.

한편 매입은행은 수익자가 환어음을 발행하는 경우에 선적서류 등과 함께 환어음을 매입한다. 이러한 경우에 매입은행과 수익자와의 관계에 대하여 종전에는 어음매매설과 소비대차설이 있었다.[21] 전자에 의하면 매입은행은 환어음의 소구권만을 행사하여 매입대금을 반환받을 수 있지만 후자에 의하면 매입은행은 환어음의 소구권뿐만 아니라 소비대차계약상의 여신채권을 근거로 하여 매입대금을 반환받을 수 있다. 은행연합회에서 제정한 표준외국환거래약정서(2005년 5월 개정) 제2조 제1항에서는 "수출화환어음, 내국신용장어음등 매입대금(은행의 매입대금을 말합니다. 이하 이 약정에서 같습니다.) 및 수출대금채권 매입대금에 관하여 은행은 아래 제10조, 제11조, 제23조, 제24조 및 제28조에 의하여 이를 청구하거나 금전소비대차에 의한 대출금으로 보아 어음채권(어음이 발행된 경우에 한함) 또는 여신채권 중 어느 것에 의하여도 청구할 수 있습니다."라고 명시하여 매입은행과 수익자 사이의 관계가 어음관계와 소비대차관계 양자로 이루어져 있다는 점을 명시하였다. 만일 수익자가 환어음을 발행하지 않았다면 소비대차관계만이 인정될 것이다.

3. 확인은행과 개설은행 및 확인은행과 수익자 사이의 법률관계

확인은행은 개설은행의 요청에 따라서 개설된 신용장에 확인을 한다. 확인은행은 이러한 개설은행의 요청에 따름으로써 개설은행으로부터 수수료를 지급받게 되므로 개설은행과 확인은행의 관계는 유상의 위임계약으로 볼 수 있다. 그러나 민법 제689조 제1항에서는 위임계약의 당사자가 언제든지 위임계약을 해지할 수 있도록 규정하고 있는 반면에 확인은행이 취소불능신용장에 확인을 한 이상 개설은행이나 확인은행이 마음대로 위임계약을 해지하고서 확인은행이 수익자에게 신용장대금의 지급을 거절하거나 개설은행이 확인은행에게 대금상환을 거절할 수 없다.[22] 이러한 차이로 인하여 개설은행과 확인은행 사이의 법률관계가 엄격한 의미의 위임계약인지 의문이 있을 수 있지만 적어도 준거법 지정을 위한 특징적 이행을 탐구하는데 있어서는 위임으로 보더라도 문제는 없다고 본다. 한편 제6차 신용장통일규칙(UCP 600) 제2조에서는 확인(confirmation)을 "개설은행의 확약에 더하여 확인은행이 신용장조건에 맞는 서류를 인수하고 매입할 것을 확약하는 것"[23]이라고 정의하고 있다. 확인은행이 신용장에 확인을 함으로써 수익자에게 대하여 개설은행과 동일한 의무를 부담하므로[24] 확인은행과 수익

---

21) 유중원, 신용장론, 1998, 252쪽. 제6차 신용장통일규칙 제2조에서는 '매입'(negotiation)을 "지정은행이 수익자에 대한 여신 또는 여신의 약속의 방법으로 어음 또는/그리고 서류의 매입"(the purchase by the nominated bank of drafts and/or documents under a complying presentation, by advancing or agreeing to advance funds to the beneficiary)이라고 정의하여 신용장매입이 어음매매와 소비대차 모두의 성격을 갖고 있는 것으로 보고 있는 것으로 보인다.

22) 제6차 신용장통일규칙 제8조b에서는 확인은행의 확인이 취소불능임을 명시하고 있다(A confirming bank is irrevocably bound to honour or negotiate as of the time it adds its confirmation to the credit).

23) "Confirmation means a definite undertaking of the confirming bank, in addition to that of the issuing bank to honour or negotiate a complying presentation."

자와의 법률관계는 신용장개설은행과 수익자와의 법률관계와 동일하다.[25]

4. 독립적 은행보증의 제2의 은행과 제1의 은행 및 제2의 은행과 수익자 사이의 법률관계

독립적 은행보증[26]에서 제2의 은행은 제1의 은행으로부터 수익자에게 보증서를 발급하여 줄 것을 요청받는 관계와 상환을 보증받기 위하여 제1의 은행으로부터 역보증(counter guarantee)을 발급받는 관계를 맺고 있다. 이러한 두 개의 법률관계 중에서 전자는 제2의 은행이 수익자에게 보증서를 발급하고 제1의 은행으로부터 수수료를 수령하므로 유상의 위임계약으로 볼 수 있을 것이다.[27] 그리고 후자의 역보증 관계는 당사자 사이의 계약에 의하여 발생한다는 점에서 직접보증과 차이가 있지만 역보증에 의하여 제2의 은행이 제1의 은행에 대하여 독립추상적인 권리를 취득한다는 점에서는 직접보증과 차이가 없다. 따라서 준거법 지정을 위하여 가장 밀접한 관련이 있는 국가를 탐구하는데 있어서는 역보증의 법률관계를, 직접보증에서 보증은행과 수익자 사이의 법률관계와 동일게 보더라도 무방하다. 그런데 보증서의 발급을 위임하는 계약에서 역보증에 관한 계약을 함께 체결한다는 점에서 양자를 엄격하게 분리할 수 있는지 의문이 있을 수 있다.[28] 이에 관하여는 IV.3.가.에서 논의하도록 한다. 한편 제2의 은행과 수익자 사이의 법률관계는 화환신용장에서 개설은행과 수익자 사이의 법률관계와 다름없다.

Ⅲ. 제2의 은행의 법률관계에 대한 주관적 준거법

전세계적으로 계약의 당사자가 합의에 의하여 준거법을 지정할 수 있는 당사자자치의 원칙이 인정되고 있을 뿐만 아니라 국제사법 제25조에서도 명시적으로 당사자자치의 원칙을 규정하고 있다. 통상적으로 화환신용장에는 준거법 합의가 없으나 독립적 은행보증에는 준거법 합의가 있는 경우가 많다.[29] 화환신용장은 은행들이 사실상 동일한 문구를 사용하고 있지만 독립적 은행보증은 개별거래에서 필요한 경우에 변호사가 문구를 작성해 왔기 때문이다. 아래에서는 제2의 은행이 관련된 법률관계에서 당사자자치의 원칙이 인정되어 당사자들이 준거법을 지정할 수 있는지 여부를 검토하고자 한다.[30]

---

24) United City Merchants (Investments) Ltd v Royal Bank of Canada [1982] 2 W.L.R. 1039에서 Lord Diplock은 확인은행이 개설은행과 동일한 의무를 부담한다고 밝히고 있다.

25) 유중원, 신용장론, 1998, 245쪽.

26) 독립적 은행보증을 손해담보계약으로 보는 견해가 있다(석광현, "국제적 보증의 제문제", 무역상무연구 제17권(2002), 25쪽).

27) 독립적 은행보증의 제2의 은행은 화환신용장에서 확인은행과 유사한 위치에 놓여 있지만 확인은행은 개설은행의 수익자에 대한 책임에 덧붙여 책임이 더해진다면 제2의 은행은 독자적으로 수익자에게 책임을 부담할 뿐이고 수익자는 제1의 은행에 대하여 아무런 권리를 취득하지 못하는 차이가 있다.

28) 유중원, 신용장론, 1998, 182쪽.

29) Audi Gozlan, International Letters of Credit: Resolving Conflict of Law Disputes, 1999, p. 1. footnote 140.

30) 참고로 미국의 통일상법전(Uniform Commercial Code) 5－116(a)에서는 신용장에 당사자자치가 인정된다는 점을 명시하고 있다.

1. 매입은행과 개설은행 및 매입은행과 수익자 사이의 법률관계

특정신용장 또는 일반신용장에 관계없이 매입은행은 원칙적으로 매입의무를 부담하지 않는다. 매입은행이 신용장을 매입해야 비로소 개설은행과 법률관계를 맺게 되며, 매입 전에는 예외적으로 개설은행이 매입은행에게 매입을 의뢰한 경우에만 계약관계가 존재한다. 이와 같이 예외적으로 매입은행과 개설은행 사이에 위임계약이 있는 경우에는 당사자는 준거법을 지정할 수 있지만 그렇지 않은 경우에는 준거법을 지정할 기회가 주어지지 않는다. 한편 매입은행이 수익자로부터 신용장을 매입할 때 외국환거래약정을 맺게 된다. 이러한 계약에서 매입은행과 수익자는 준거법을 지정할 수 있다. 그러나 통상 매입은행과 수익자는 같은 국가에 소재하기 때문에 준거법을 별도로 지정하는 경우는 많지 않다.[31)]

2. 확인은행과 개설은행 및 확인은행과 수익자 사이의 법률관계

앞서 정리한 바와 같이 확인은행과 개설은행 사이의 법률관계는 유상의 위임계약이다. 이러한 위임계약에서 당사자인 확인은행과 개설은행은 준거법을 지정할 수 있다. 확인은행과 수익자 사이의 법률관계는 개설은행과 수익자 사이의 법률관계와 동일하고 이러한 법률관계에 대하여는 이를 계약관계로 보는 견해, 개설은행의 단독행위로 보는 견해, 사견과 같이 독자적 법률관계로 보는 견해가 있다는 점은 앞서 언급한 바와 같다. 계약관계로 보는 견해에 따르면 당사자는 당연히 국제사법 제25조에 따라서 준거법을 지정할 수 있다. 이때 준거법 지정의 방식은 개설은행이 일방적으로 신용장에 준거법을 기재하는 방식이 될 것이다.[32)] 단독행위로 보더라도 수익자와 개설은행의 법률관계가 채권관계임은 명백하므로 준거법의 지정에 대하여 당사자자치의 원칙이 인정된다는 견해가 있다.[33)] 신용장의 법률관계를 독자적 법률관계로 보자는 사견에 의하더라도 당사자자치가 인정된다고 본다. 개설의뢰인의 신청에 의하여 또는 개설은행이 독자적으로 신용장조건을 결정하는 것이 허용되는 이상 수익자에 대하여 개설은행과 동일한 법률관계를 형성하는 확인은행이 준거법을 지정하는 것을 부정할 이유는 없기 때문이다.

하지만 확인은행이 수익자에 대한 관계에서 다른 법률관계의 준거법과 다른 준거법을

---

31) 국제사법 제25조 제4항에서는 "모든 요소가 오로지 한 국가와 관련이 있음에도 불구하고 당사자가 그 외의 다른 국가의 법을 선택한 경우에 관련된 국가의 강행규정은 그 적용이 배제되지 아니한다"고 규정하여 내국인간의 계약에서도 외국법을 준거법으로 지정할 수 있도록 하고 있다. 그러나 이와 같이 내국인간의 외국법 지정은 복잡한 문제를 일으키기도 한다. 대표적으로 해운회사간의 상호채권에 있어서의 상계의 문제다. 해운회사 사이의 용선계약은 국내회사간의 계약임에도 불구하고 통상 영국법을 준거법으로 지정하고 있는데, 영국법에서는 동일한 거래에서 발생한 채권이 아니면 일방적 의사표시에 의한 상계를 허용하지 않고 재판상 항변권으로만 사용하도록 하고 있다. 이러한 영국법에 익숙하지 않은 해운회사들은 당연히 우리 법처럼 상계가 허용되리라고 생각하지만 그렇지 못하기 때문에 종종 문제가 발생한다. 특히 해운회사 일방에 대하여 파산절차 또는 회생절차가 개시된 경우에 그러하다.

32) 개설은행의 일방적 준거법 지정에 따라서 수익자가 이에 구속된다는 점에서 계약설의 문제점이 있다. 물론 수익자가 이의를 제기하지 않고 신용장을 받아들인 것은 준거법에도 동의했다고 해석할 수 있지만, 실무에서 수익자가 준거법 조항까지 꼼꼼히 살펴보고 그것이 어떠한 의미를 갖는지 조사하는 경우는 사실상 없을 것이다. 이런 점에서 본다면 수익자가 이의를 제기하지 않은 사실만으로 지정된 준거법에 동의했다고 해석하는 것은 당사자 자치의 원칙을 개설은행의 입장에서만 유리하게 적용하는 것이 아닌가 생각한다. 이러한 문제점은 선하증권에서도 발생한다. 운송인이 송하인에게 일방적으로 발급하는 선하증권에 기재된 준거법 조항에 수하인이 구속된다는 사실은 받아들이기 쉽지 않다.

33) 석광현, 국제사법해설, 박영사, 2013, 306쪽.

지정할 수 있는지의 문제가 남아 있다. 예를 들어 개설은행과 수익자 사이에 적용되는 법은 A국법인데, 확인은행이 확인을 하면서 B국법을 준거법으로 지정하여 수익자에게 통보할 수 있다고 한다면 수익자의 관점에서는 상대방이 개설은행인지 아니면 확인은행인지에 따라서 권리내용이 달라지는 문제가 발생한다. 이러한 이유에서 비록 객관적 준거법에 관한 것이지만 영국의 Bank of Baroda v Vysya Bank Ltd 판결[34]에서는 신용장개설은행과 수익자, 확인은행과 수익자, 신용장개설은행과 수익자 간에는 동일한 준거법이 결정된다고 보았다. 이에 관하여는 Ⅲ.4.에서도 논하도록 한다.

3. 독립적 은행보증의 제2의 은행과 제1의 은행 및 제2의 은행과 수익자 사이의 법률관계

만일 독립적 은행보증의 제2의 은행과 제1의 은행 사이의 법률관계를 은행보증서 발급 의뢰관계와 역보증관계로 엄격하게 분리할 수 있다면 당사자는 각 법률관계에 대하여 별도의 준거법을 지정할 수 있을 것이다. 그러나 하나의 계약에서 발생하는 관계를 두 개로 나누는 것은 비현실적이고, 이를 명확하게 구분할 수 있는 것도 아니란 견해에 따르면,[35] 당사자는 하나의 준거법만을 선택할 수 있을 것이다. 왜냐면 준거법의 분열이 가능하기 위해서는 각 법률관계가 다른 부분과 논리적으로 분할이 가능해야 하기 때문이다.[36] 아래 Ⅳ.3.가.에서 다시 논하는 바와 같이 사견으로는 위 두 개의 법률관계가 분할될 수 있다고 보고, 결론적으로 각 법률관계에 대하여 다른 준거법을 지정할 수 있다는 입장이다. 한편 독립적 은행보증의 제2의 은행과 수익자는 화환신용장에서 개설은행과 수익자 사이의 법률관계와 동일하지만,[37] 제2의 은행은 제1의 은행에 대하여 역보증관계를 갖고 있기 때문에 제2의 은행이 역보증관계의 준거법과 다른 준거법을 수익자와의 관계에서 지정할 수 있는지 여부에 관하여 확인은행에서와 동일한 문제가 제기된다. 이에 관하여는 확인신용장의 문제와 함께 아래에서 논하도록 한다.

4. 당사자자치 한계의 문제

준거법 지정을 위한 당사자자치에도 한계는 있다. 국제사법은 소비자계약과 근로계약과 같은 개별적 계약에서 약자의 보호를 위하여 당사자자치를 제한함과 동시에 동법 제7조에서는 국제적 강행법규에 해당하는 대한민국 법을 당사자가 지정한 법에 우선하여 적용하도록

34) Bank of Baroda v Vysya Bank Ltd [1994] 2 Lloyd's Rep 87.

35) 석광현, 국제사법과 국제소송 제1권, 2001, 181－182쪽.

36) 석광현, 국제사법해설, 제2판, 2003, 298쪽.

37) 유엔국제상거래법위원회의 독립적 보증과 보증신용장에 관한 협약 제21조에서는 은행보증서 또는 보증신용장에 기재하는 방법 또는 보증은행과 수익자가 별도로 합의하는 방법으로 준거법을 지정할 수 있도록 하고 있다(The undertaking is governed by the law the choice of which is: (a) Stipulated in the undertaking or demonstrated by the terms and conditions of the undertaking; or (b) Agreed elsewhere by the guarantor/issuer and the beneficiary.). 본 협약을 제정하기 위한 실무위원회에서는 준거법 지정에 관한 당사자 자치가 은행보증과 보증신용장에도 인정되어야 한다는 점에 대하여 확고한 입장이었다(Report of the Working Group on International Contract Practices on the work of its fifteenth session (A/CN.9/345), 13－24 May 1991, New York, para. 90－94). 사견으로도 신용장의 법적 성격과 관계없이 굳이 당사자자치를 부정할 이유는 없다고 본다.

하고, 제10조에서는 준거법 적용의 결과가 대한민국의 선량한 풍속 그 밖의 사회질서에 명백히 위배되는 때에는 그 적용을 배제하는 포괄적인 당사자자치의 한계에 관한 규정을 두고 있다. 그리고 준거법의 합의가 '현저하게 불합리하고 불공정한 경우'에 '공서양속에 반하는 법률행위'가 되어 무효라고 볼 여지가 있다는 견해도 있다.[38)]

하지만 우리 국제사법을 포함하여 당사자자치의 한계에 관한 여러 나라의 입장을 살펴보아도 앞서 확인은행과 독립적 은행보증의 제2의 은행에서 언급한 법적용의 통일성이 당사자자치의 한계로 작용한다는 법이나 이론을 찾아볼 수 없다.[39)] 국제사법 제8조 제1항에서는 "이 법에 의하여 지정된 준거법이 해당 법률관계와 근소한 관련이 있을 뿐이고, 그 법률관계와 가장 밀접한 관련이 있는 다른 국가의 법이 명백히 존재하는 경우에는 그 다른 국가의 법에 의한다."고 규정하여 준거법의 통일을 가능하게 하고 있지만 제8조 제2항에서는 당사자의 합의에 의하여 준거법을 지정하는 경우에는 제1항이 적용되지 않는다는 점을 명시하여 국제사법이 법적용의 통일성보다는 당사자자치를 우선하고 있다는 사실을 밝히고 있다. 국제상거래법위원회의 「독립적 보증과 보증신용장에 관한 협약」의 실무위원회에서는 준거법과 은행보증사이에 일정한 연결을 요구하거나 비합리적인 선택을 배제하자는 주장이 있었지만, 이러한 제한은 바람직하지 못한 불확실성을 낳는다고 하여 배척되었다.[40)] 종합하면 화환신용장의 확인은행과 수익자 간의 법률관계 및 독립적 은행보증의 제2의 은행과 수익자 간의 법률관계에 대한 준거법을 당사자가 지정함에 있어서 다른 법률관계의 준거법과의 통일성은 준거법 지정의 제한사유로 작용하지 아니한다고 본다.[41)]

Ⅳ. 제2의 은행의 법률관계에 대한 객관적 준거법[42)]

1. 매입은행과 개설은행 및 매입은행과 수익자 사이의 준거법

대법원 2011.1.27. 선고 2009다10249 판결에서는 "국제사법 제26조 제1항은 외국석 요소가 있는 법률관계에서 당사자가 준거법을 선택하지 아니한 경우에 계약은 그 계약과 가장 밀접한 관련이 있는 국가의 법에 의하여야 한다고 규정하고, 제26조 제2항 제3호에서는 위임사무의 준거법은 위임사무 이행의무 당사자의 계약체결 당시의 주된 사무소 등의 소재지법을 가장 밀접한 관련이 있는 법으로 추정하고 있다. 그런데 신용장에 기한 환어음 등을 매입하는

38) 석광현, 국제사법해설, 박영사, 2013, 295쪽.

39) 당사자자치의 한계에 관한 비교법적 연구에 관하여는 Giesela Rühl, Consumer Protection in Choice of Law, Cornell International Law Journal Vol.44, 2011, 참조. 영국법에서는 당사자자치가 가장 밀접한 관련성에 우선한다고 보고 있다(Chia-Jui Cheng, ed, Clive M. Schmitthoff's select essays on international trade law, 37.Conflict of Laws Issues Relating to Letters of Credit: An English Perspective, 1998, p. 585).

40) Report of the Working Group on International Contract Practices on the work of its fifteenth session (A/CN.9/345), 13-24 May 1991, New York, para. 91.

41) Audi Gozlan, International Letters of Credit: Resolving Conflict of Law Disputes, 1999, p. 35에서는 영국, 오스트리아, 스위스, 프랑스, 독일 및 미국에서는 모두 신용장에 관하여 당사자자치의 원칙을 인정하고 있다고 한다.

42) 참고로 미국의 통일상법전(Uniform Commercial Code) 5-116(b)에서는 개설은행, 지정은행, 통지은행의 소재지 법이 객관적 준거법이 된다고 명시하고 있다.

매입은행은 신용장 개설은행의 수권에 의하여 매입하긴 하지만, 이는 어디까지나 자기의 계산에 따라 독자적인 영업행위로서 매입하는 것이고 신용장 개설은행을 위한 위임사무의 이행으로서 신용장을 매입하는 것은 아니므로, 신용장 개설은행과 매입은행 사이의 신용장대금 상환의 법률관계에 관한 준거법의 결정에는 위임사무의 이행에 관한 준거법의 추정 규정인 국제사법 제26조 제2항 제3호를 적용할 수 없고, 환어음 등의 매입을 수권하고 신용장대금의 상환을 약정하여 신용장대금 상환의무를 이행하여야 하는 신용장 개설은행의 소재지법이 계약과 가장 밀접한 관련이 있는 국가의 법으로서 준거법이 된다."고 판시하고 있다. 이 판결의 흥미로운 점은 그 동안 대법원이 개설은행과 수익자 및 개설은행과 매입은행 사이의 법률관계를 단독행위로 본 것으로 파악되었으나,[43] 위 판결에서는 "신용장 개설은행의 소재지법이 계약과 가장 밀접한 관련이 있는 국가의 법"이라고 하여 매입은행과 개설은행의 법률관계를 '계약관계'로 보고 있다는 것이다. 한편 위 판결에서 개설은행과 매입은행 간의 위임계약의 존재를 부정한 것은 타당하지만, 매입은행의 환어음매입을 언급하다가 아무런 근거 없이 '계약의 준거법'을 언급한 것은 설득력이 없다.

매입은행과 개설은행의 법률관계를 계약관계로 보지 않는 사견에 의하더라도 개설은행이 신용장의 매입을 허용하고, 매입은행은 개설은행에게 관련 서류를 제시하면서 지급청구를 하며, 개설은행이 신용장대금을 상환해 준다는 점에서 보면 준거법 지정에서의 모든 연결점이 개설은행을 가리키고 있으므로 개설은행의 소재지법이 가장 밀접한 관련이 있는 법으로서 준거법이 된다는 점에서는 위 판결과 결론을 같이 한다.[44] 이러한 준거법의 결정은 매입은행이 특정된 신용장이나 그렇지 않은 신용장에 상관없이 동일하다.[45] 만일 외국에 소재하는 지점에서 신용장을 개설하였다면 이때 개설된 신용장과 가장 밀접한 관련을 갖고 있는 곳은 본점 소재지가 아니라 그 지점의 소재지이므로 그 지점의 소재지법이 준거법이 된다.[46] 드물게 서류제시지와 지급지가 다르게 지정되어 있는 경우가 있다. 이러한 경우에 어느 장소를 기준으로 준거법을 결정해야 하는지 문제된다. 사견으로는 금전의 지급은 서류제시의 결과에 불과하므로 법률관계와 좀 더 밀접한 관계가 있는 장소는 서류제시지가 되고 그 국가의 법이 준거법이 된다고 본다.[47] 하지만 만일 개설은행의 소재지와 지급지가 동일하고 다만 서류제시지

43) 석광현, 국제사법과 국제소송 제1권, 2001, 152쪽.

44) 앞의 책, 176쪽; Richard King, Gutteridge & Megrah's Law of Bankers' Commercial Credits, 8th ed, 2001, p. 300; King Tak Fung, Leading Court Cases on Letters of Credit, ICC, 2004, p. 198이하에서도 개설은행의 소재지법을 준거법으로 보고 있다.

45) Raymond Jack, Documentary Creidts, 3rd ed, 2001, para. 13.34.6에서는 특별한 근거를 제시하지 않고 매입은행이 특정된 경우에는 매입은행의 소재지법이 준거법이 되고, 매입은행이 특정되지 않은 경우에는 개설은행의 소재지법이 준거법이 된다고 설명하고 있다. 아마도 매입은행이 특정된 경우에는 매입은행과 개설은행 사이에 위임계약이 있는 것으로 파악한 듯한데, 특정된 은행도 매입의무를 부담하는 것이 아니라 독자적 판단에 의하여 신용장을 매입하므로 매입은행과 개설은행 사이에 위임관계를 인정하기 어렵다.

46) Chia-Jui Cheng, ed, Clive M. Schmitthoff's select essays on international trade law, 37.Conflict of Laws Issues Relating to Letters of Credit: An English Perspective, 1998, p. 580 및 김선국, 보증신용장의 법적 문제에 관한 연구, 고려대학교 박사학위논문, 70쪽. 제6차 신용장통일규칙에서는 "다른 국가에 소재하는 지점은 별개의 은행으로 취급한다(Branches of a bank in different countries are considered to be separate banks)."라고 규정하고 있다. '요구불보증에 관한 통일규칙(URDG 758)' 제34조에서도 은행지점의 소재지법이 준거법임을 명시하고 있다.

47) Denis Petkovic, The Proper Law of Letters of Credit, J.I.B.L. 1995, 10(4), p. 141.

만 다른 장소에 있다면 지급지가 신용장과 좀 더 밀접한 관계가 있다고 봐야 할 것이다.

한편 은행연합회의 표준외국환거래약정서에 따르면 매입은행과 수익자 사이의 법률관계는 어음관계 또는 소비대차관계이다. 소비대차관계는 계약관계이므로 국제사법 제26조가 적용되고 금전대여가 특징적 이행에 해당하므로 매입은행의 소재지법이 준거법이 될 것이다. 그리고 어음관계에 대하여는 국제사법 제8장의 어음에 관한 저촉규정에 따라서 준거법이 결정된다. 그러나 매입은행과 수익자는 통상 같은 국가에 소재하므로 준거법이 문제되는 경우는 많지 않을 것이다.

2. 확인은행과 개설은행 및 확인은행과 수익자 사이의 준거법

가. 일반론

확인은행과 개설은행 사이의 법률관계는 유상의 위임계약이다. 국제사법 제26조 제2항 제3호에서는 위임계약의 경우에 용역의 이행을 특징적 이행으로 보고 이행자의 주된 사무소가 있는 국가의 법을 가장 밀접한 관련이 있는 것으로 추정하고 있다. 따라서 확인은행과 개설은행 사이의 법률관계의 준거법은 확인은행의 소재지법이 된다.[48] 그리고 확인은행과 수익자 사이의 법률관계는 개설은행과 수익자 사이의 법률관계와 동일하다. 개설은행과 수익자 사이의 법률관계의 성질에 대한 다양한 의견에 관계없이 개설은행의 소재지에서 신용장이 발행되고, 신용장조건에 일치하는 서류가 개설은행의 소재지에서 제시되며, 신용장대금이 궁극적으로 개설은행의 소재지에서 지급된다는 점에서 개설은행과 수익자 사이에 가장 밀접하게 관련된 법은 개설은행의 소재지법이 된다. 마찬가지로 확인은행과 수익자 사이에 적용되는 준거법도 확인은행의 소재지법이 된다. 물론 통상적으로 확인은행과 수익자는 동일한 국가에 소재하기 때문에 준거법의 문제가 발생하는 경우는 거의 없을 것이다. 다만 확인은행의 존재가 개설은행과 수익자 사이의 법률관계에 적용되는 준거법인 개설은행의 소재지법에 변동을 가져오지는 않는지 의문이 제기된다. 아래에서는 이러한 의문을 던져주는 영국 판례의 시안을 소개한다. 이러한 논의는 신용장에 확인을 하지 않은 통지은행에 대하여도 동일하게 적용된다.[49]

---

48) 석광현, 국제사법과 국제소송 제1권, 2001, 177쪽; Richard King, Gutteridge & Megrah's Law of Bankers' Commercial Credits, 8th ed, 2001, p. 303. 영국의 Bank of Credit & Commerce Hong Kong Ltd v Sonali Bank [1995] 1 Lloyd's Rep 227 사건에서는 홍콩의 확인은행의 지급청구에 대하여 피고인 방글라데시의 개설은행은 방글라데시법에 따르면 소멸시효가 완성되었으므로 지급의무가 없다고 항변하였지만 재판부는 이 사건 청구에 대하여 가장 밀접한 관련이 있는 국가의 법은 확인은행의 소재지법인 홍콩법이라는 이유로 피고은행의 항변을 받아들이지 않았다.

49) Power Curber International Ltd v National Bank of Kuwait S.A.K [1981] 1 W.L.R. 1233 사건에서는 신용장을 확인하지 않은 통지은행의 소재지법을 수익자와 개설은행 간의 준거법으로 보았다. Chia-Jui Cheng, ed, Clive M. Schmitthoff's select essays on international trade law, 37.Conflict of Laws Issues Relating to Letters of Credit: An English Perspective, 1998, pp. 582-583에서도 매입은행과 개설은행 간에는 매입은행의 소재지법이 적용된다고 보고 있다.

나. 확인은행의 개입에 따른 수익자와 개설은행 사이의 준거법

(1) 영국 판례

Bank of Baroda v Vysya Bank Ltd 판결[50]에서 인도에 소재한 은행인 피고 Vysya Bank는 런던에 소재한 수익자에게 신용장을 개설하였고, 아일랜드에 소재한 은행인 원고 Bank of Baroda의 런던지점은 이와 같이 개설된 신용장을 확인해 주었다. 피고은행은 수익자가 제시한 선하증권에 하자가 있다는 것을 이유로 인도법원으로부터 원고은행에 대하여 대금지급을 금지하는 판결을 받았고, 이에 원고은행은 영국에서 피고은행을 상대로 대금지급청구소송을 제기하였다. 이 사건 판결에서 법원은 수익자에 대한 관계에서나 개설은행에 대한 관계에서나 모두 확인은행의 이행이 특징적 이행이므로 확인은행의 소재지법인 영국법이 준거법이 된다고 보았다. 이에 더하여 수익자와 개설은행 사이의 준거법이 무엇인지 문제가 되었다. 이 문제 대하여 재판부는 Contracts (Applicable Law) Act 1990에 의하여 영국에서 효력을 갖는 로마협약 제4조 제2항에 따르면 특징적 이행은 피고은행의 신용장개설이므로[51] 피고은행의 소재지법인 인도법이 준거법이 되어야 한다고 판시하면서도, 만일 위와 같은 사안에 로마협약 제4조 제2항을 그대로 적용한다면 수익자의 확인은행에 대한 준거법과 개설은행에 대한 준거법이 달라지는 비정상적인 상황이 발생하므로 로마협약 제4조 제2항에 의하여 가장 밀접한 관계가 있는 법으로 추정되는 법보다 더 밀접한 관련이 있는 법이 있는 경우에는 그 법에 따르도록 하고 있는 로마협약 제4조 제5항[52]을 적용하여 위 사건에서 피고은행과 수익자 사이의 법률관계에 대하여 인도법이 아니라 영국법이 적용된다고 보았다. 한편 인도법으로 준거법을 통일시키지 않고 영국법으로 준거법을 통일시킨 이유는 수익자는 통상 확인은행에 서류를 제시하고 확인은행으로부터 대금을 수령하므로 확인은행의 소재지법인 영국법이 통일적인 준거법이 되어야 한다고 보았기 때문이다.

(2) 확인은행의 개입과 국제사법 제8조의 적용가능성

국제사법 제8조에서는 "이 법에 의하여 지정된 준거법이 해당 법률관계와 근소한 관련이 있을 뿐이고, 그 법률관계와 가장 밀접한 관련이 있는 다른 국가의 법이 명백히 존재하는 경우에는 그 다른 국가의 법에 의한다."고 규정하여 로마협약 제4조 제5항과 유사한 규정을 두고 있다.[53] 이러한 국제사법 제8조를 적용하기 위한 요건으로 아래의 세 가지의 요건이 충족되어야 한다. 첫째 국제사법에 의하여 지정된 준거법이 해당 법률관계와 근소한 관련이 있

50) Bank of Baroda v Vysya Bank Ltd [1994] 2 Lloyd's Rep 87.

51) 개설은행과 수익자의 관계를 계약관계로 본다고 하더라도 신용장의 목적은 금전의 지급이므로 신용장관계에서 특징적 이행은 신용장의 개설이 아니라 신용장대금의 지급이라고 보는 것이 합당하다(Richard King, Gutteridge & Megrah's Law of Bankers' Commercial Credits, 8th ed, 2001, p. 304).

52) Paragraph 2 shall not apply if the characteristic performance cannot be determined, and the presumptions in paragraphs 2, 3 and 4 shall be disregarded if it appears from the circumstances as a whole that the contract is more closely connected with another country. 로마협약을 대체한 로마규칙 I 제4조 제3항에서도 사실상 동일한 규정을 두고 있다(Where it is clear from all the circumstances of the case that the contract is manifestly more closely connected with a country other than that indicated in paragraphs 1 or 2, the law of that other country shall apply).

53) 로마협약과 로마규칙 I 은 계약상 채무(contractual obligation)의 준거법에 한정되는 반면에 국제사법은 계약에 한정되지 않는다는 차이가 있다.

을 뿐일 것. 둘째 그 법률관계와 가장 밀접한 관련이 있는 다른 국가의 법이 존재할 것. 셋째 그것이 명백할 것.

먼저 수익자와 개설은행의 법률관계는 개설은행이 신용장을 개설하고 수익자가 이에 따라서 관련 서류를 개설은행에 제시하여 신용장대금을 지급받는다는 점에서 개설은행의 소재지법이 가장 밀접한 관련을 갖게 된다. 여기에 확인은행이 개입을 하여 수익자가 확인은행에 지급청구를 한다면 수익자와 개설은행 사이의 관계는 개설은행의 신용장 개설밖에 남지 않게 되므로 일단 첫째 요건이 충족된다고 할 수 있을 것이다. 다음으로 두 번째 요건의 충족여부를 살펴보면 확인은행이 존재한다고 하여 수익자와 개설은행 사이의 법률관계가 확인은행의 소재지와 어떤 관련성을 맺게 되는 것은 아니며, 확인은행은 개설은행의 대리인이 아니라 수익자에 대하여 독립적으로 의무를 부담한다는 점[54]에서 더욱 그러하다. 다만 수익자가 개설은행에 대하여 서류를 제시하거나 개설은행이 수익자에게 대금지급을 하는 것이 아니므로 확인은행이 없을 때보다 양자 간의 관련성이 줄어들 뿐이다. 그러므로 위 두 번째 요건은 충족되지 않고 결국 국제사법 제8조에 따라서 수익자와 개설은행 사이의 법률관계의 준거법이 확인은행의 소재지법으로 변동되지는 않는다고 본다.[55]

덧붙여 영국은 로마협약을 받아들이기 전부터 신용장의 법률관계마다 준거법을 달리 본다면 중간은행의 입장에서는 매우 큰 불편(inconvenience)이 초래될 수 있다는 이유로 개설은행과 수익자 사이의 법률관계에 대하여도 확인은행의 소재지법을 준거법으로 보았다.[56] 이러한 영국 판례의 입장은 로마협약을 받아들인 후의 사건인 Bank of Baroda v Vysya Bank Ltd 판결에서도 그대로 유지되었지만 이 사건에서는 기존의 법리를 근거로 한 것이 아니라 로마협약 제4조 제5항을 근거로 하였다는 점에서 차이가 있다. 그러나 Bank of Baroda v Vysya Bank Ltd 판결에서 재판부는 로마협약 제4조 제5항을 근거로 하면서도 이 규정의 요건을 분석한 후 요건의 충족 여부를 검토한 것이 아니라, 준거법을 법률관계에 따라서 개별적으로 결정할 경우에 확인은행에게 부당한 결과가 가져올 수 있다는 기존의 판례를 그대로 유지하면서 단지 위 규정을 근거로 제시하고 있을 뿐이다.

이러한 영국 판례는 로마협약을 엄격하게 적용하지 않고 오히려 정책적 이유(as a matter

54) 제6차 신용장통일규칙 제8조c에서 "확인은행의 다른 지정은행에 대한 지급확약은 확인은행의 수익자에 대한 확약과 독립되어 있다(A confirming bank's undertaking to reimburse another nominated bank is independent of the confirming bank's undertaking to the beneficiary)"고 규정하고 있다.

55) 석광현, 국제사법과 국제소송 제1권, 2001, 174쪽 및 Report of the Working Group on International Contract Practices on the work of its fifteenth session (A/CN.9/345), 13－24 May 1991, New York, para. 98. 참고로 위 영국 판례는 수익자가 확인은행에 지급청구를 한다는 확고한 전제에서 결론을 내리고 있다. 그러나 만일 확인은행이 파산하게 되면 수익자는 개설은행에 지급청구를 하게 될 것이다. 수익자가 개설은행에 지급청구를 한다면 영국 판례에 의하더라도 수익자와 개설은행 사이의 법률관계와 가장 밀접한 관련이 있는 국가의 법은 개설은행의 소재지법이 된다. 즉 수익자가 확인은행과 개설은행 중 누구에게 청구하는가에 따라서 준거법이 결정되는 유동적 상태에 놓이게 된다. 이러한 점에서 영국 판례에 오류가 있다는 비판이 있을 수 있다. 하지만 수익자와 개설은행 사이의 법률관계가 계약이 아닌 어음과 유사한 특수한 관계에 있다고 보는 사견에서는 수익자와 개설은행 사이의 법률관계가 개설은행의 신용장 개설에 의하여 확정되는 것이 아니라 수익자의 지급청구에 의하여 확정된다고 보기 때문에 위와 같은 관점에서는 반드시 영국 판례에 오류가 있다고 생각하지 않는다. 다만 영국 판례는 수익자와 개설은행 사이의 법률관계를 계약관계로 파악하고 있는데, 이러한 경우에는 견해에 따라서 위와 같은 비판이 가능하다고 본다.

56) Denis Petkovic, The Proper Law of Letters of Credit, J.I.B.L. 1995, 10(4), p. 141.

of policy)를 근거로 하고 있다는 점에서 향후 영국 법원에서 유지될 수 없을 것이란 비판이 있었다.[57] 하지만 Marconi Communications International Ltd v PT Pan Indonesia Bank TBK 판결[58]에서 재판부는 명시적으로 위 Bank of Baroda v Vysya Bank Ltd 판결의 법리를 받아들였다. 다만 이 사건에서는 확인은행은 없고 통지은행만 존재하였는데 통지은행의 소재지법인 영국법을 모든 신용장 법률관계의 통일적 준거법으로 보았다. 그 이유는 이 사건의 신용장은 누구나 매입할 수 있는 일반신용장이고 수익자는 신용장개설통지를 한 수익자의 런던 소재 거래은행에 서류를 제시하고 매입을 의뢰할 것이므로 가장 밀접한 관련이 있는 장소는 이 은행이 소재한 곳이라고 보았기 때문이다. 이와 같이 영국 판례는 로마협약만 근거로 하고 있을 뿐이고 실제로는 기존의 판례를 답습한 것에 불과하며, 그것도 영국법이 준거법이 된다는 결론에 끼어 맞췄다는 느낌을 지울 수 없다. 따라서 확인은행의 개입에 따라서 국제사법 제8조가 적용될 수 있는가에 관한 문제에 대하여 우리 법원에서 위 영국 판례들을 참고하기 어렵다고 본다.

3. 독립적 은행보증의 제2의 은행과 제1의 은행 및 제2의 은행과 수익자 사이의 준거법

가. 위임관계와 역보증관계의 준거법 문제

앞서 언급한 것처럼 독립적 은행보증에서 제2의 은행과 제1의 은행은 위임관계와 역보증관계로 구성되어 있다. 만일 이러한 두 개의 법률관계를 엄격하게 분리한다면, 위임관계에 대하여는 확인은행과 마찬가지로 제2의 은행의 소재지법이 준거법이 될 것이고, 역보증관계는 수익자와 개설은행의 법률관계와 같이 제2의 은행이 보증금의 지급을 청구하고 보증금의 지급이 이루어지는 제1의 은행의 소재지법이 준거법이 될 것이다.[59] 위와 같이 제2의 은행과 제1의 은행 사이의 관계를 위임관계와 역보증관계로 나누어 준거법을 파악하는 것이 독일의 학설이라고 한다.[60] 이에 대하여는 두 가지의 비판이 있는데, 결론에 있어서는 차이가 있다. 첫 번째 비판은 동일 당사자들 사이의 법률관계가 항상 명쾌하게 구분될 수 있는지 의문이므로 역보증서를 발행한 제1의 은행의 소재지법이 준거법이 된다고 한다.[61] 다른 비판은 하나의 계약에서 발생하는 관계를 두 개로 나누는 것은 비현실적이므로 역보증과 위임관계를 하

57) Nicholas Creed, The Governing Law of Letter of Credit Transactions, J.I.B.L. 2001, 16(2), p. 46.

58) Marconi Communications International Ltd v PT Pan Indonesia Bank TBK [2007] 2 Lloyd's Rep 72.

59) 석광현, 국제사법과 국제소송 제1권, 2001, 181－182쪽. 유엔국제상거래법위원회의 '독립적 보증과 보증신용장에 관한 협약' 제22조에서는 당사자가 준거법을 지정하지 아니한 경우에 은행보증서가 발급될 당시 보증은행의 영업소가 소재한 국가의 법을 객관적 준거법으로 지정하고 있고, 국제상업회의소의 '요구불보증에 관한 통일규칙(URDG 758)' 제34조b에서는 "역보증서에서 달리 명시하고 있지 않는 한, 해당 준거법은 역보증서를 발행한 역보증인의 지점 또는 영업소 소재지법으로 한다(Unless otherwise provided in the counter－guarantee, its governing law shall be that of the location of the counter－guarantor's branch or office that issued the counter－guarantee)"고 명시하고 있다.

60) 석광현, 국제사법과 국제소송 제1권, 2001, 181쪽. Bertram, Bank Guarantees in International Trade, 2004, p. 455에서는 독일 학설은 위임관계와 역보증관계를 분리하여 파악하고 있지만 독일의 역보증에 관한 세 개의 판례는 이와 같이 분리하지 않고 단지 위임관계로만 파악하고 있다고 한다. 그러나 이러한 판례들은 국제사법적 논점에 대하여 검토하지 않고 단순히 법정지법인 독일법을 적용한 것에 불과하다고 한다.

61) 석광현, 국제사법과 국제소송 제1권, 2001, 181－182쪽.

나의 법률관계로 파악하되 역보증은 제2의 은행이 수익자에게 보증금을 지급한 경우에 이를 보상해 주는 역할을 하는 것에 불과하므로 당사자 사이의 주된 법률관계는 위임관계라고 하면서 제2은행의 소재지법이 준거법이 된다는 견해가 있다.[62] 이 두 번째 견해는 아래 IV.3.다.에서 논의하는 '제2의 은행과 제1의 은행 및 수익자 사이의 준거법 통일의 문제'를 위 문제와 결부시키고 있다. 이에 관하여는 해당 부분에서 언급하기로 한다.

사견으로는 위임관계와 역보증관계가 하나의 계약에 의하여 발생하고 양자가 밀접한 관계가 있는 것은 사실이지만 위임관계는 제1의 은행이 제2의 은행에게 보증서의 발급을 위탁하는 관계이고, 역보증관계는 제2의 은행이 제1의 은행의 위탁에 따라서 발급한 보증서에 따라서 보증금을 지급한 경우에 제2의 은행이 보상받는 관계에 관한 것이므로 내용상 분리되고, 제2의 은행이 직접보증을 이행한 후에 역보증을 요구하게 되므로 시간상 차이도 있다는 점에서도 양 법률관계를 개별적으로 파악하여 각 법률관계마다 준거법을 결정해야 한다고 본다. 게다가 뒤에서 좀 더 자세히 논하는 바와 같이 역보증관계는 제2의 은행의 주된 보증관계와 독립된 법률관계란 점에서도 역보증관계와 위임관계를 분리하여 개별적으로 준거법을 결정하는 것에 찬성한다.

나. 제2의 은행과 수익자 사이의 준거법

제2의 은행과 수익자 사이의 준거법에 관한 논의는 Ⅳ.2.가.의 확인은행과 수익자 사이의 준거법에 관한 논의와 동일하다.

다. 제2의 은행과 제1의 은행 및 제2의 은행과 수익자 사이의 준거법 통일의 문제

앞의 확인은행에서의 논의와 유사하게 제2의 은행과 제1의 은행 사이의 준거법 및 제2의 은행과 수익자 사이의 준거법을 통일시켜야 하는가의 문제가 제기되고 있다. 다만 독립적 은행보증에서는 수익자가 제1의 은행에게 아무런 권리를 갖고 있지 않기 때문에 이 양자 간의 법률관계의 준거법을 고려할 필요가 없다는 점에서 확인은행에 관한 논의와 차이가 있다. 영국의 이행보증서에 관한 Wahda Bank v Arab Bank plc 판결[63]은 독립적 은행보증의 제2의 은행과 제1의 은행 및 제2의 은행과 수익자 사이에 동일한 준거법이 적용되어야 한다고 본 대표적인 사건이다.

이 사건에서 매도인은 리비아 군대에 방어무기를 매도하기로 약정하였는데, 이 매매계약에서는 매도인이 원고은행으로부터 이행보증서를 발급받아 주기로 하였다. 매도인은 피고은행에 원고은행을 위한 역보증을 발급하여 줄 것을 의뢰하였고, 이 의뢰계약에서는 영국법을 준거법으로 지정하였다. 원고은행은 역보증서를 발급받은 후 매수인을 위하여 이행보증서를 발급하면서 리비아법을 준거법으로 지정하였다. 원고은행이 역보증에 따른 보증금을 피고은행에

62) Bertram, Bank Guarantees in International Trade, 2004, pp. 456－457.
63) Wahda Bank v Arab Bank plc [1996] C.L.C. 408.

게 청구하는 이 사건에서 원고은행은 역보증의 준거법이 영국법이라고 주장하였고, 피고은행은 리비아법이라고 주장하였다. 영국법에 따르면 원고은행이 피고은행에게 보증금을 청구한 사실만 입증하면 충분하지만, 리비아법에 따르면 단순히 지급청구를 하였다는 사실만으로는 부족하고 이행보증의 수익자가 물품에 하자가 있어 보증금청구권이 있다는 사실을 원고은행에 입증하고 원고은행도 이러한 사실을 피고은행에 입증하여 청구해야 한다. 이에 대하여 이 사건의 재판부는 이행보증서를 발급한 은행은 역보증을 한 은행의 파산위험 이외의 위험에 노출되기를 원하지 않고 역보증을 한 은행도 이러한 사실에 동의한 것이므로 당사자 간에 명백히 준거법을 선택하지 아니하였다면 당사자는 주된 보증과 역보증에 대하여 동일한 법이 적용될 것을 의도하였다고 추정할 수 있으므로 이 사건 역보증에 대한 준거법은 리비아법이라고 보았다.[64]

유엔국제상거래법위원회의 독립적 보증과 보증신용장에 관한 협약 실무위원회는 위 판례와 같은 문제를 인식하고 제2의 은행과 제1의 은행 및 수익자 사이의 준거법을 통일할 것인지에 관하여 논의하였다.[65] 이러한 논의에는 찬성하는 측과 반대하는 측이 있었는데, 찬성하는 측은 준거법을 통일하면 일관성과 확실성을 가져온다는 것을 근거로 하였다. 하지만 찬성하는 측도 보증서 연결과정의 마지막 연결점인 역보증인의 소재지법이 준거법이 되어야 한다는 견해와 최종수익자가 보증금을 청구하는 제2의 은행의 소재지법이 준거법이 되어야 한다는 견해로 나뉘었다. 반대하는 측은 준거법을 통일하게 되면 독립적 은행보증의 독립성을 훼손하게 된다는 이유로 반대하면서 만일 당사자가 준거법의 통일을 원한다면 준거법을 통일적으로 지정하면 되므로 문제되지 않는다고 보았다. 위 협약에서는 끝내 반대하는 측의 견해를 채택하여 각 보증서에 대하여 개별적으로 준거법이 결정되도록 하였다.

---

64) 미국의 Banque Paribas v. Hamilton Industries International Inc., 767 F.2d 380 사건도 유사한 문제를 제기하고 있다. 이 사건에서 원고인 Banque Paribas는 American National Bank의 역보증서를 받고서(실제 사안에서는 American National Bank가 역보증을 한 것인지 아니면 Banque Paribas가 American National Bank의 보증신용장에 확인을 한 것인지 애매한 상황이었지만 설명의 편의를 위한 역보증을 한 것으로 본다) 사우디아라비아 소재 SMC에게 사우디아라비아법을 준거법으로 하는 입찰보증서(bid guarantee)를 발급하였다. 이 보증서에서는 SMC가 보증금을 청구할 때 서면으로 작성된 청구서(demand)를 제시할 것을 요구하였다. 하지만 SMC는 구두로 청구를 하고서 나중에 텔렉스를 통하여 구두의 청구를 확인하였을 뿐이고 정작 보증서의 번호와 날짜를 기재한 청구서를 보낸 것은 보증서의 유효기간이 경과한 후였다. 하지만 보증서의 준거법인 사우디아라비아법에서는 엄격일치의 원칙(strict compliance)을 요구하지 않고 상당일치의 원칙(substantial compliance)을 적용하기 때문에 신용장에서 서면에 의한 청구서를 요구하더라도 구두에 의한 청구도 유효하게 보고 있다. 이에 따라서 Banque Paribas는 SMC의 청구를 유효한 것으로 해석하여 보증금을 지급한 후 역보증을 한 American National Bank와 이 은행의 책임을 보증한 개설의뢰인인 Hamilton에게 보증금을 청구하였다. 위와 같은 사안에서 재판부는 제2의 은행인 Banque Paribas와 수익자인 SMC의 사이에서는 사우디아라비아법을 적용하여 Banque Paribas에게 보증금지급책임을 인정하고, Bankque Paribas와 제1의 은행인 American National Bank 사이에서는 미국법을 적용하여 American National Bank의 보증금지급책임을 인정하지 않는다면 궁극적으로 Banque Paribas가 주된 보증인이 되는 결과를 가져오게 되는데 이러한 결과는 Banque Paribas를 감내할 수 없는 위치(intolerable position)에 둔다고 보았다. 이 판결에서 주된보증과 역보증의 준거법이 통일되어야 한다고 결론을 내린 것은 아니다. 이 판결에서는 제2의 은행인 Banque Paribas가 수익자인 SMC로부터 지급청구를 당했다는 진술서만이 역보증의 지급조건으로 되어 있으므로 Banque Paribas가 사우디아라비아법에 따라서 적법하게 보증금을 지급하고 진술서를 제출하면서 보증금을 청구한 이상 Hamilton은 이를 상환해 주어야 한다고 보았다. Boris Kozolchyk, Bank Guarantee and Letters of Credit: Time for a Return to the Fold, U. Pa J. Int'l Bus. L. 1(1989), p 55, footnote 166에서는 만일 신용장개설은행이 수익자가 제출한 서류를 검토한 후에 신용장대금을 지급하겠다고 하면서 신용장을 개설하였다면 그 결론이 달라졌을 것이라고 보고 있다. 왜냐면 이 경우에는 개설은행이 미국법에 따라서 서류를 심사할 권리가 있기 때문이다.

65) Report of the Working Group on International Contract Practices on the work of its fifteenth session (A/CN.9/345), 13－24 May 1991, New York, para. 96－100.

참고로 프랑스 법원은 역보증의 준거법에 관한 판단에서 명시적으로 역보증과 주된 보증은 별개의 거래이므로 역보증은 제1의 은행의 소재지법이 적용된다고 판시하였다고 한다.[66] 한편 Ⅳ.3.가.에서 논의한 제2의 은행과 제1의 은행 사이의 법률관계를 위임관계와 역보증관계로 엄격히 나누어 각 별개의 준거법을 지정할 것인지에 관한 문제에 대하여 이를 하나의 위임관계이고 역보증은 제2의 은행에게 상환해 주는 것에 불과하므로 위임관계를 중심으로 제2의 은행의 소재지법을 준거법으로 결정하자는 견해가 있다는 점은 이미 언급한 바와 같다. 이 견해에 따르면 제1의 은행과 제2의 은행 사이의 역보증관계에 대하여는 제2의 은행의 소재지법이 적용되고, 수익자와 제2의 은행 사이의 법률관계에도 제2의 은행의 소재지법이 적용되므로 양자의 법률관계에 대하여는 모두 제2의 은행의 소재지법이 적용된다고 주장한다.[67] 또한 이 견해는 역보증의 독립성을 주장하는 견해가 역보증과 주된 보증의 상호의존성을 무시하고 있고, 역보증에 준거법 조항이 있는 경우에 거의 예외 없이 제2의 은행의 소재지법을 준거법으로 지정하고 있는 현실을 도외시하고 있다고 주장하고 있다.

제2의 은행과 제1의 은행 및 수익자 사이의 준거법을 하나의 국가의 법으로 통일하자는 견해는 각 법률관계의 준거법을 달리 볼 경우에 발생하는 불합리 결과, 특히 제2의 은행이 최종적인 책임을 부담하는 결과를 용납할 수 없다는 것을 근거로 한다. 하지만 준거법을 달리 본다고 반드시 제2의 은행에 불리한 것도 아니고 오히려 준거법을 통일했을 때 제2의 은행에게 불리한 경우도 있을 것이다. 또한 역보증의 독립성은 제2의 은행의 이익을 위하여 당사자들의 합의한 사항이며, 당사자가 준거법의 통일을 의도하였다면 처음부터 역보증의 독립성을 인정하지 않았을 것이다. 따라서 제2의 은행이 최종적인 책임을 부담할 수도 있다는 실질법적 이유를 가지고 준거법의 통일을 인정할 수 없다고 본다. 무엇보다 국제사법 제8조를 적용하여 제2의 은행의 소재지법이 역보증관계에서 보다 밀접한 관련이 있는 국가의 법인지를 살펴보면 이 규정이 적용되기 위한 세 가지 요건－첫째 국제사법에 의하여 지정된 준거법이 해당 법률관계와 근소한 관련이 있을 뿐일 것. 둘째 그 법률관계와 가장 밀접한 관련이 있는 다른 국가의 법이 존재할 것. 셋째 그것이 명백할 것－중, 첫째요건의 충족여부만 검토하더라도 제1의 은행이 역보증을 하고 제2의 은행은 제1의 은행에 지급청구를 하고 제1의 은행이 지급을 하므로 제1의 은행의 소재지법이 가장 밀접한 관련을 갖는 법이 되는 반면에 제2의 은행의 소재지는 제2의 은행이 소재한다는 것 이외에는 역보증과 관련이 없으므로 국제사법 제8조의 적용요건을 갖추고 있지 않다. 결론적으로 제2의 은행과 제1의 은행 및 제2의 은행과 수익자 사이에서 전자에 대하여는 제1의 은행의 소재지법이 후자에 대하여는 제2의 은행이 소재지법이 각 준거법이 된다고 본다.

66) Bertram, Bank Guarantees in International Trade, 2004, p. 456.

67) Ibid, pp. 456－457.

V. 결 론

위와 같은 논의를 하는 과정에 가장 핵심적으로 부각되는 문제는 각 법률관계의 준거법의 통일의 문제이다. 준거법의 통일은 준거법 결정의 예측가능성, 법적용의 일관성 그리고 중간은행 및 제2의 은행의 보호를 위하여 필요하다고 주장되고 있다. 하지만 이러한 견해의 가장 큰 문제점은 화환신용장과 독립적 은행보증에는 원인관계와 절단되는 독립성이 있고, 따라서 준거법도 각 법률관계마다 독립적으로 결정되어야 한다는 점을 간과한 점에 있다. 그리고 중간은행이나 제2의 은행의 보호가 준거법의 통일에 의하여 보장되는 것도 아니다. 국제사법의 규정에 따라서 지정된 국가의 법보다 해당 법률관계와 더 밀접한 국가가 있는 경우에 그 국가의 법이 준거법이 되도록 한 국제사법 제8조는 위와 같은 경우에 적용되지 않는다는 점은 앞서 살펴본 바와 같다. 만일 준거법 적용의 결과가 일방에게 부당한 결과를 가져온다면 국제사법 제8조가 아니라 제10조의 선량한 풍속위반을 주장하여야 합당할 것이다.[68] 그리고 제10조의 요건이 엄격하다고 하여 제8조가 도피처가 되는 것은 오히려 준거법 결정의 예측가능성을 떨어뜨리고 자의적 법적용을 허용한다는 점에서 찬성하기 어렵다.

제 2 절 상계의 준거법 및 관련한 문제

I. 상계의 준거법

1. 의 의

국제무역, 국제적 채권양도, 국제적 파생금융상품거래, 국제 용선계약상의 채권관계, 국제파산 등으로 인하여 국적이 다른 회사 간의 상계가 점증하고 있는 반면에, 상계의 준거법의 결정원칙에 대하여 우리 국제사법은 침묵하고 있다. 그런데 아래에서 보는 바와 같이 상계의 요건에 대하여 각 국이 다른 입법례를 보이고 있기 때문에 준거법에 따라 상계의 요건과 효과에 차이가 발생한다. 이러한 사항은 모두 상계의 준거법에 따라서 결정되므로 상계의 준거법을 어떻게 결정할 지를 정하는 것은 매우 중요하다. 자동채권의 준거법과 수동채권의 준거법이 동일한 경우에는 상계의 준거법도 이러한 공통의 준거법에 따르므로 문제되지 않지만 자동채권의 준거법과 수동채권의 준거법이 다른 경우에는 어느 법에 따라서 상계의 준거법을 결정할 것인지 문제된다. 그리고 상계의 준거법이 결정된 후에도 대법원 2015.1.29. 선고

68) 대법원 2009.8.20. 선고 2008다58978 판결에서는 "복합운송의 손해발생구간이 육상운송구간임이 명백한 경우에도 해상운송에 관한 규정을 적용하면, 복합운송인이 그 구간에 대하여 하수급운송인으로 하여금 운송하게 한 경우에 하수급운송인과 복합운송인 사이에는 육상운송에 관한 법률이 적용되는 것과 균형이 맞지 않게 되는 점"이라고 판시하여 마치 형평성을 근거로 하여 국제사법의 저촉규정에 따라서 지정된 준거법이 변동될 수 있다는 인상을 주고 있지만 위 판시내용은 준거법의 변동에 관한 것이 아니라 상법 해상편의 적용범위에 관한 것으로 보는 것이 합당할 것이다.

2012다108764 판결의 사안과 같이 채권의 압류 또는 가압류가 있는 경우에 여전히 상계가 가능한지 여부에 대하여 상계의 준거법이 적용되는지 그 적용범위에 관한 문제가 발생하는 경우도 있다.

2. 상계의 범위

비교법적으로 상계는 크게 세 가지 종류의 입법례[69]가 있다. 첫째는 프랑스법(Compensation légale)의 입장으로서 당사자가 상계의 의사표시를 하지 않더라도 법률에서 정한 일정한 요건이 충족되면 자동적으로(automotive) 상계의 효력이 발생한다.[70] 둘째는 우리나라를 포함한 독일법계의 입장으로 당사자 일방의 상계의 의사표시에 의해서 상계의 효력이 발생한다. 셋째는 상계를 크게 보통법상 상계(Independent set-off 또는 Legal set-off[71])와 형평법상 상계(Transaction set-off 또는 Equitable set-off)로 나누는 영국법의 입장이다.[72] 전자는 자동채권과 수동채권이 상호 연관성 없이 독립적으로 발생한 경우로써 채권의 가액을 확정할 수 있고(liquidated money sums) 양 채권의 이행기가 도래한 경우에 오직 소송절차에서 재판상 항변으로만 사용할 수 있는 상계를 의미한다.[73] 이 상계의 효력은 판결선고일에 발생하고, 판결선고일 전의 당사자의 권리와 의무에는 영향을 끼치지 못한다.[74] 반면에 후자는 양 채권이 금전채권이고 동일한 거래에서 발생하여 긴밀하게 연관된 경우로써 소송 외에서도 행사할 수 있는 상계를 의미한다.[75]

이와 같이 입법례에 따라서 상계의 형태가 다르기 때문에 상계에 포섭되기 위한 정의가 필요하다. 대법원 2015.1.29. 선고 2012다108764 판결에서는 상계권의 행사에 의하여 양 채권이 대등액에서 소멸하는 경우를 상계라고 하면서 영국의 보통법상의 상계는 소송절차에서 항변권으로만 행사될 수 있다고 하더라도 위 개념에 포함된다는 이유로 국제사법상의 상계로 분류하고 있다. 그러나 상계권의 행사를 요구하고 있기 때문에 프랑스법상의 상계를 포섭하지 못하는 문제가 있다. 프랑스법상의 상계도 당사자가 상호 채권과 채무를 부담하는 경우에 양 채권을 대등액에 소멸시키는 제도이므로 이를 상계에 포함시키는 것이 타당하다는 점에서 국제사법상의 상계의 개념에서 상계권의 행사를 제외할 필요가 있다.

---

69) 세계 주요 국가의 상계에 대한 입법례에 대하여는 William Johnston and Thomas Werlen, Set-Off Law and Practice: An International Handbook, Oxford University Press, 2006. 참조.

70) 프랑스법에도 자동상계의 요건이 충족되지 않아도 당사자 간의 합의에 의하여 상계할 수 있는 계약상의 상계(*Compensation conventionelle*)와 법원이 상계를 선언하는 사법적 상계(*Compensation judiciaire*)가 있지만 상계의 주된 형태는 자동상계이다(James Rogers, "An English Treatment of Set-off in Arbitration", Int. A.L.R 2006, 9(5), pp. 129-133).

71) 이 상계는 1735년에 제정된 Statute of Set-off에 의하여 처음 인정된 제도이기 때문에 Legal set-off라고도 부른다(Rory Derham, The Law of Set-off, third ed, Oxford University Press, 2003, paras. 2.04-2.06).

72) 이 점에 관하여는 Scotland법도 큰 차이가 없는 것으로 보인다(Trevor C. Hartley, "Article 6(3): Counterclaims", EURLR 1996, 21(2), pp. 166-168).

73) Roy Goode, Commercial Law, third ed, Penguin, 2004, p. 621.

74) Stein v Blake [1996] 1 AC 243, 보통법상 상계를 재판상 항변권으로만 사용하여야 하지만, 그렇다고 동일하지 않은 거래에서 발생한 채권에 대하여 당사자 간의 계약에 의한 상계(contractual set-off)를 허용하지 않는 것은 아니다.

75) Fuller v Happy Shopper [2001] 1 WLR 1681.

3. 상계의 준거법에 관한 종래의 견해들

종전의 프랑스의 다수설은 자동채권과 수동채권의 각 준거법을 중첩적으로 적용하여 양 준거법 모두에서 상계를 허용하는 경우에만 상계를 허용하고 어느 한 법이라도 상계를 허용하지 아니하면 그 효력을 인정할 수 없다는 입장이었고, 독일에서는 수동채권의 준거법이 상계의 준거법이 된다는 견해가 다수였다.[76) 한편 우리나라에서는 수동채권의 준거법이 상계의 준거법이 된다는 견해[77)와 자동채권과 수동채권의 각 준거법이 중첩적으로 적용된다는 견해[78)가 상존하고 있다.[79)

4. 상계의 준거법에 관한 외국의 사례

가. 독일 및 오스트리아의 판례

독일 뒤셀도르프 항소법원이 2004년 5월 28일 선고한 판결[80)의 사건을 요약하면 다음과 같다. 이태리에 소재한 텔레비전 매도인은 독일 법원에 독일에 소재한 매수인을 상대로 하여 대금지급청구소송을 제기하였고, 이에 대하여 피고인 독일의 매수인은 자신의 자회사로부터 매입한 원고에 대한 채권을 자동채권으로 하여 상계항변을 하였다. 이 사건에서 원고의 피고에 대한 채권에 대하여는 국제물품매매협약(CISG)이 적용된 반면에 피고의 원고에 대한 채권에 대하여는 독일법이 준거법으로 적용되었다. 이 사건에서 독일 뒤셀도르프 항소법원은 상계의 준거법에 대하여 종전의 독일 대법원 판례[81)와 동일하게, 독일 국제사법 제32조 제1항 제4호에서는 채무에 대한 준거법이 채무의 소멸의 방식에 대하여도 결정한다고 규정하고 있으므로 수동채권의 준거법에 따라 상계의 효력을 검토해야 한다고 보았다. 그런데 이 사건에서 수동채권에 대하여는 국제물품매매협약이 적용되지만 국제물품매매협약에는 상계에 대한 규정이 없으므로 독일 법원은 독일 국제사법의 일반원칙을 적용하였다. 독일 국제사법에서는 특징적 이행을 하는 당사자의 영업소가 소재한 국가의 법을 준거법으로 지정하고 있으므로 이 사건에서 물품매매의 특징적 이행인 물품의 인도(delivery)를 한 매도인의 영업소 소재지인 이태리의 법에 따라 상계의 효력을 결정해야 한다고 보았다. 오스트리아 대법원[82)도 독일과 마찬가지로 수동채권의 준거법이 상계의 준거법이 된다고 보고 있다.

---

76) 이호정, 국제사법, 경문사, 1988, 321쪽.

77) 위 같은 책, 같은 쪽; 최영덕, "국제소송에서 상계와 반소에 관한 법리구성: 국제재판관할과 준거법을 중심으로", 충남대학교 박사학위 논문, 2006, 140쪽.

78) 김연 · 박정기 · 김인유, 국제사법, 제2판, 법문사, 2006, 333쪽; 서희원, 국제사법강의, 일조각, 1998, 251쪽; 신창선, 국제사법, 제4판, 학우, 2005, 326쪽.

79) 석광현, "도산국제사법의 제 문제: 우리 법의 해석론의 방향", 사법 제4호(2008), 145쪽.

80) I－17 U 20/02.

81) BGHZ 38.

82) 1 OB 38/03z.

나. 유럽연합법상 관련 규정

상계의 준거법에 관하여 아무런 규정을 두지 않았던 종전의 로마협약과는 달리 로마규칙 I 제17조에서는 당사자 간에 준거법에 관한 약정이 없는 경우에는 수동채권의 준거법이 상계의 준거법이 된다고 명시하고 있다.[83] 또한 「도산절차에 관한 유럽연합규칙」[84] 제6조에서는 "채무자에 대하여 도산절차가 개시되었다고 하더라도, 도산채무자의 채권에 적용되는 준거법에서 채권자의 채무자에 대한 상계를 허용하고 있다면 도산절차의 개시가 채권자의 상계권에 영향을 끼치지 못한다."[85]고 규정하고 있고, 「금융기관의 회생 및 청산에 관한 유럽연합지침」[86] 제23조 및 「보험회사의 회생 및 청산에 관한 유럽연합지침」[87] 제22조 각 규정에서도 위 유럽연합의 규정과 동일한 규정을 두고 있다. 위 규정의 해석상 수동채권의 준거법이 상계의 준거법이 된다는 점이 받아들여진 것이라고 설명되고 있다.[88]

5. 준거법결정 원칙에 따른 상계의 준거법

가. 중첩적용설의 문제점

거래이익을 고려할 때 상계와 가장 밀접한 관계가 있는 법이 상계의 준거법으로 지정되어야 할 것이다. 상계는 자동채권과 수동채권 모두를 소멸시키는 효력이 있으므로 자동채권을 소멸시키는 법과 수동채권을 소멸시키는 법이 상계와 가장 밀접한 관련이 있는 법이 될 것이다. 그런데 위에서 언급한 독일 대법원에서 판시한 바와 같이 채권의 효력에 관한 준거법은 채권의 소멸에 관한 준거법도 되므로 자동채권과 수동채권의 각 준거법이 상계에 가장 밀접한 관련이 있는 법이 된다고 볼 수 있다. 이러한 점에서 위 양법을 중첩적, 누적적으로 적용한 법이 상계의 준거법이 된다는 중첩적용설이 일면 타당성이 있다.[89]

그러나 예를 들어 A국의 회사와 B국의 회사 간에 상호 채권채무가 발생하였는데, A국 회사의 채권은 A국법이 B국 회사의 채권은 B국법이 준거법이라면 위 중첩적용설에 따를 경우에 A국 회사가 상계를 하기 위해서는 A국법과 B국법의 상계의 요건이 모두 충족되어야 한다. 하지만 B국법의 상계의 요건이 훨씬 엄격하여 요건을 충족하지 못한 경우 A국법에 따라서 상계의 요건이 충족되었다고 하더라도 B국법에 따라서 상계할 수 없다. 즉 국제적 상계에

83) "당사자가 상계권에 관하여 합의하지 않았다면, 상계는 상계권의 대상이 된 권리에 적용되는 법에 따른다."(Where the right to set-off is not agreed by the parties, set-off shall be governed by the law applicable to the claim against which the right to set-off is asserted.)
84) Council Regulation (EC) No 1346/2000) of 29 May 2000 on insolvency proceedings.
85) "The opening of insolvency proceedings shall not affect the right of creditors to demand the set-off of their claims against the claims of the debtor where such a set-off is permitted by the law applicable to the insolvent debtor's claim."
86) Directive 2001/24/EC of the European Parliament and of the Council of 4 April 2001 on the reorganisation and winding up of credit institutions.
87) Directive 2001/17/EC of the European Parliament and of the Council of 19 March 2001 on the reorganisation and winding-up of insurance undertakings.
88) 석광현, "도산국제사법의 제 문제: 우리 법의 해석론의 방향", 사법 제4호(2008), 145쪽.; Miguel Virgos and Etienne Schmitt, "Report on the Convention on Insolvency Proceedings", paras. 107-111.
89) 유럽사법재판소는 Commission v CEMR Case C-87/01 [2003] I-7617 결정에서 중첩적용설을 따랐다.

자동채권과 수동채권의 각 준거법이 중첩적으로 적용된다고 하여도 그 적용의 결과 또한 중첩적이 되는 것이 아니라 상계의 요건을 엄격하게 규정한 국가의 법만이 적용되는 결과에 이르게 된다. 이러한 결과는 상계의 준거법 결정을 상계의 요건의 엄격성에 의존시킴으로써 당초 고려하였던 거래이익과 질서이익을 망각시키는 문제를 발생시킨다. 위의 예에서 상계와 가장 밀접한 관계가 있는 법이 항상 A국법이 된다는 것은 받아들이기 힘들다.

그리고 중첩적용설은 자동채권과 수동채권이 원래의 준거법에 덧붙여 다른 채권의 준거법이 적용되는 이상한 결과에 대하여는 논리적 설명을 하지 못하고 있다. 예를 들어 자동채권은 A국법이 준거법이고 수동채권은 B국법이고 A국법이 상계의 요건을 더욱 엄격하게 규정하고 있는 경우에 중첩적용설에 따르면 자동채권은 A국법에 따라서 소멸하지만 준거법인 B국법인 수동채권도 A국법에 따라서 소멸하는 결과가 발생한다. 즉 채권이 자신의 준거법뿐만 아니라 또 다른 준거법의 요건을 충족해야지만 소멸되는 이상한 결과가 발생한다. 이러한 결과가 원래 자신의 준거법에 따라서 채권이 소멸되어야 한다는 점을 근거로 하고 있는 중첩적용설에 합치하지는 매우 의문이며, 오히려 채권이 자신의 준거법상의 상계의 요건을 충족하였음에도 불구하고 소멸되지 못한다는 문제를 발생시킨다. 이러한 결과는 자동채권과 수동채권 중 당사자가 선택한 준거법(주관적 준거법)이 있는 경우 당사자의 선택에 더하여 다른 준거법을 적용시킴으로써 준거법 선택에 대한 당사자자치의 원칙에도 반한다. 또한 중첩적용설은 상계의 요건에 있어서 양 국법을 누적적으로 적용해야 한다는데 그치고, 그 법률효과에 관하여 어느 법을 따를지를 설명하지 않는 문제점이 있다. 상계의 법률효과까지 중첩적으로 적용할 수 없으므로 하나의 국가의 법에 따를 수밖에 없다.

결론적으로 중첩적용설은 상계의 요건을 엄격하게 규정한 국가의 법을 사실상 상계의 준거법으로 만들어 버리거나, 아무런 근거 없이 기존의 채권의 준거법에 추가하여 또 다른 준거법을 추가시키거나 아니면 상계의 효과를 어느 나라 법에 따를 것인지를 설명하지 못하는 문제를 발생시킨다. 따라서 사견으로는 중첩적용설을 받아들이기 어려우며, 아래와 같이 원칙적으로 수동채권의 준거법이 상계의 준거법이 되어야 한다고 본다.

나. 수동채권의 준거법이 상계의 준거법이 되어야 하는 이유

하나의 사안에 대하여 법이 통일적으로 적용되어야 한다는 질서이익을 고려하면 상계에 있어서 준거법은 하나의 국가의 법이 되는 것이 타당하다. 국제사법 또한 '가장 밀접한 관련이 있는 국가의 법'을 연결원칙으로 하고 있지 '밀접한 관련이 있는 국가의 법'을 연결원칙으로 하지 않고 있는 이유도 하나의 사안에 하나의 국가의 법을 적용하기 위해서이다. 중첩적용설과 같이 관련된 여러 국가의 법을 중첩적으로 적용해야 한다는 논리를 다른 법률관계에도 적용하면 대부분의 경우에 준거법은 수개의 국가의 법이 될 수밖에 없다.

상계에서는 수동채권의 준거법과 자동채권의 준거법 중 어느 국가의 법이 상계와 '가장 밀접한 관련이 있는 국가의 법'인지를 밝혀야 한다. 일반적인 경우에 준거법의 결정은 문제된 법률행위와 지리적으로 가장 밀접한 국가가 어느 국가인지를 찾는 과정(localisation)이라면 상계에 있어서 상계의 의사표시를 하는 등의 행위지나 당사자의 소재지가 문제되는 경우가 아니라 이미 존재하는 두 개의 준거법 중 어느 준거법을 상계의 준거법을 결정하는 것이 당사자의 이익에 가장 적합한가 하는 가치판단이 문제된다. 따라서 당사자의 예견가능성을 포함한 준거법에 대한 당사자의 이익을 비교형량 하는 방법으로 준거법을 결정하는 것이 타당하다.

준거법결정에 있어서 거래이익과 질서이익을 고려하는 이유는 거래의 당사자가 합리적으로 기대할 수 있는 법, 즉 당해 사안과 가장 밀접하게 관련된 법을 통일적으로 적용함으로써 당사자가 예측하지 않았거나 의도하지 않은 거래의 결과가 발생하는 것을 방지하여 종국에는 거래질서를 유지하고자 함에 있다. 상계에서 자동채권의 준거법은 A국법이고 수동채권의 준거법은 B국법이라면 당사자들은 각 준거법에 따라서 각 채권이 소멸될 것을 예측하고 거래할 것이다. 상계의 준거법이 하나의 국가의 법이 되어야 한다면 각 당사자의 자동채권의 소멸에 대한 기대이익과 수동채권의 소멸에 대한 기대이익을 비교형량 하여 그 중 하나의 기대이익을 선택할 수밖에 없다. 그런데 원래 채권은 채무의 이행에 의하여 소멸되어야 하는데 상계는 법률에서 인정한 특수한 채무의 면책방법으로서 자동채권의 채권자의 선택에 의하여 효력이 발생한다. 만일 자동채권의 준거법에 따라서 상계를 허용하면 자동채권의 채권자는 채무면탈의 이익뿐만 아니라 준거법에 대한 기대이익까지 향유하게 된다. 반면에 수동채권의 채권자는 자동채권의 채권자의 일방적 상계에 의하여 자신을 채권을 상실하는 동시에 자신의 준거법에 대한 기대이익까지 무시된다. 이러한 양자의 이익을 비교하면 수동채권의 채권자의 이익이 더 보호되어야 할 필요가 있다. 이러한 결과는 당사자가 예측하지 않았거나 의도하지 않은 결과라고 볼 수 없으므로 상계의 준거법은 수동채권의 준거법으로 보는 것이 타당하다. Rome Ⅰ 제16조에서 상계의 준거법을 수동채권의 준거법으로 규정한 이유도 위와 동일한 이유이다.[90]

그런데 앞서 살펴본 바와 같이 프랑스의 상계의 경우에는 상계의 의사표시를 요구하지 않기 때문에 자동채권과 수동채권을 특정할 수 없는 문제가 있다. 이에 대하여 프랑스의 상계의 경우에도 소송당사자 중 일방이 법원에 대하여 상계의 효력을 주장해야 하므로 자동채권과 수동채권을 특정할 수 있다는 주장이 있다.[91] 프랑스 소송실무에서는 일방당사자가 상계의 주장을 하지 아니하면 당사자가 상계의 효력을 포기한 것으로 보고 있다고 하므로[92] 위 주장이 타당하다.

90) Sarcevic/Volken/Bonomi(editors), Year Book of Private International Law, Volum VIII 2006, Sellier, 2006, p. 119.
91) Ibid.
92) McParland, para. 20.06.

6. 외국법이 적용되는 수동채권이 한국에서 압류 또는 가압류 된 경우에 제3채무자의 상계가능성

가. 문제점

대법원 2012.2.16. 선고 2011다45521 전원합의체 판결 외 다수의 대법원 판결에 따르면 수동채권의 압류명령 또는 가압류명령(이하 '압류'를 중심으로 설명한다.)에 따라서 채무자에 대한 지급금지명령을 받은 제3채무자는 그 후에 취득한 채권에 의한 상계로 그 압류채권자에게 대항하지 못하지만 수동채권이 압류될 당시 자동채권과 수동채권이 상계적상에 있거나 자동채권의 변제기가 수동채권의 그것과 동시에 또는 그보다 먼저 도래하는 경우에는 제3채무자는 자동채권에 의한 상계로 압류채권자에게 대항할 수 있다고 보고 있다.93) 만일 외국법이 적용되는 수동채권이라고 하더라도 한국에서 압류된 경우에는 한국법에 따라서 상계가능성이 결정된다고 보면 위 판례의 법리가 적용되겠지만,94) 반대로 원래의 상계의 준거법인 외국법에 따라서 상계가능성95)이 결정된다고 보면 위 판례의 법리가 적용되지 아니할 것이다.

나. 수동채권의 압류의 효력 범위에 상계가능성이 포함되는지 여부

수동채권이 한국에서 압류되었다면 민사집행법에 따라서 이루어진 것이고, 민사집행법은 절차법이므로 수동채권의 압류의 효력은 법정지법인 민사집행법에 따라서 결정된다. 수동채권이 압류된 경우에 제3채무자가 자신의 자동채권을 가지고 상계할 수 있는지 여부에 관한 상계가능성의 문제를 압류의 효력에 관한 사항으로 본다면 상계가능성은 법정지법인 한국법에 따라서 결정될 것이다. 먼저 결론부터 언급한다면 상계가능성은 압류의 효력에 관한 문제로서 상계의 준거법인 외국법이 아니라 한국법에 따라야 한다고 본다. 이러한 결론에는 다음과 같

93) 이와 같은 판시내용은 대법원 판례에서 계속적으로 이어오고 있지만 대판 2012.2.16. 선고 2011다45521 전원합의체 판결의 소수의견에서는 "지급을 금지하는 명령을 받을 당시에 반대채권과 피압류채권 모두의 이행기가 도래한 때에는 제3채무자가 당연히 반대채권으로써 상계할 수 있고, 반대채권과 피압류채권 모두 또는 그 중 어느 하나의 이행기가 아직 도래하지 아니하여 상계적상에 놓이지 아니하였더라도 그 이후 제3채무자가 피압류채권을 채무자에게 지급하지 아니하고 있는 동안에 반대채권과 피압류채권 모두의 이행기가 도래한 때에도 제3채무자는 반대채권으로써 상계할 수 있고(밑줄은 필자가 추가), 이로써 지급을 금지하는 명령을 신청한 채권자에게 대항할 수 있다."는 의견을 피력한 바 있다. 이러한 의견을 제시한 이유는 반대채권이 있어 장래 상계권을 행사할 수 있다는 기대가능성을 갖고 있었고, 이러한 담보적 효력으로 인하여 거래에 임한 제3채무자가 채권압류라는 그의 책임으로 돌릴 수 없는 우연한 사정만으로, 상계권을 행사할 수 없도록 함으로써, 그동안 갖고 있던 지위를 갑자기 상실하게 하는 것은 예상하지 못한 불합리한 결과를 발생시키기 때문이라고 한다.

94) 수동채권의 가압류 또는 압류에 따른 상계가능성에 관한 판례는 위에서 언급한 판례에 한정되지 아니한다. 대판 1989.9.12. 선고 88다카25120 판결 등에서는 제3채무자가 은행 등 금융기관인 경우에는 통상 반대채권인 대출금 등 채권과 관련하여 채권가압류나 채권압류 등 채무자의 변제자력에 의심이 가는 상황이 발생한 때에는 기한의 이익을 상실하면서 피압류채권인 예금 등의 채권과 상계를 할 수 있다는 특약을 하고 있는데, 대법원은 이러한 기한의 이익 상실 등 특약의 유효성을 인정하면서 그러한 특약에 따라 채권가압류나 채권압류로 반대채권과 피압류채권이 곧바로 상계적상에 이르기 때문에 제3채무자인 은행 등 금융기관은 사실상 제한 없이 상계권을 행사할 수 있다고 보고 있다. 또한 대판 1993.9.28. 선고 92다55794 판결은 제3채무자의 반대채권과 피압류채권이 동시이행의 관계에 있는 경우에 제3채무자는 사실상 제한 없이 상계권을 행사할 수 있다는 취지로 판시하였다.

95) 영국의 보통법상 상계가 적용되는 경우에 있어서 수동채권이 압류 또는 가압류 후에도 상계가 가능한지에 관하여 명확한 답을 찾기 힘들다. 앞서 언급한 서울고등법원 2012.10.19. 선고 2012나239490 판결의 사건에서 원고 측은 영국의 Tapp v Jones (1874−75) L.R. 10 Q.B. 591 판결에서 채권의 압류 당시에 채권이 확정된 경우에만 상계가 가능하다고 판시하였다는 영국변호사의 의견서를 제출하였지만, 필자가 확인할 결과 위 판결은 장래 계속적으로 발생하는 수동채권 중 압류 당시에 변제기가 도래한 부분에 대하여만 상계가 가능하다는 것으로써 위 영국변호사의 의견과 명백히 차이가 있다.

은 근거가 제시될 수 있다.

첫째 채권압류는 사실상 강제집행의 개시에 해당하므로 강제집행의 대상인 압류된 채권이 어떤 경우에 강제집행 이외의 방법으로 처분될 수 있는지는 압류의 효력에 관한 사항에 해당하고, 압류된 채권의 상계는 채권의 소멸이라는 효력을 가져오므로 강제집행 이외의 방법에 의한 채권의 처분에 해당한다. 따라서 압류된 수동채권에 대한 상계가능성도 압류의 효력에 해당하므로 이 문제도 법정지법인 한국법에 따라야 한다. 덧붙여 대법원 2011.10.13. 선고 2009다96625 판결에서는 "국제사법 제60조 제1호는 해상에 관한 '선박의 소유권 및 저당권, 선박우선특권 그 밖의 선박에 관한 물권'은 선적국법에 의한다고 규정하고 있으므로 선박우선특권의 성립 여부는 선적국법에 의하여야 할 것이나, 선박우선특권이 우리나라에서 실행되는 경우에 실행기간을 포함한 실행방법은 우리나라의 절차법에 의하여야 한다."고 판시하고 있다. 위 판시내용을 정리하면 권리의 성립과 발생은 그 권리의 준거법에 따르지만 그 권리를 실행하기 위한 민사집행에 관하여는 집행지인 한국법을 적용해야 한다. 위와 같은 논리를 채권압류에 대입하여 보면 채권압류의 목적물인 채권의 성립과 유효성은 채권의 준거법에 따르지만 채권압류에 따른 상계가능성 여부는 민사집행절차로서의 채권압류의 효력에 해당한다.

둘째 외국법상 채권이 압류된 후에 제3채무자가 상계를 할 수 있는지 여부는 절차법에 해당하므로 이러한 외국법이 법정지인 한국에서 적용될 수 없다. 그리고 이러한 외국법은 외국법상 압류의 효력을 전제로 하므로 한국의 민사집행법에 따라서 이루어진 채권압류의 경우에도 적용하는 것은 법적용의 전제가 잘못된 것이다. 게다가 수동채권을 압류한 채권자는 그 수동채권의 법률관계의 당사자가 아니므로 수동채권의 준거법과 전혀 관련이 없는 제3자이다. 이러한 압류채권자가 한국의 민사집행법에 따라서 채권을 압류한 후에, 느닷없이 자신과 관련이 없는 외국법상의 압류의 효력을 주장하거나 그러한 적용을 받게 되는 것은 법률적 근거가 없다.

대법원 2015.1.29. 선고 2012다108764 판결에서는 "외국적 요소가 있는 채권들 사이에서의 상계의 요건과 효과에 관한 법률관계가 상계의 준거법에 따라 해석 · 적용된다고 하더라도, 채권자가 대한민국의 민사집행법에 의하여 가압류명령 또는 채권압류명령 및 추심명령을 받아 채권집행을 한 경우에, 채권가압류명령 또는 채권압류명령을 받은 제3채무자가 채무자에 대한 반대채권을 가지고 상계로써 가압류채권자 또는 압류채권자에게 대항할 수 있는지는 집행절차인 채권가압류나 채권압류의 효력과 관련된 문제이므로, 특별한 사정이 없는 한 대한민국의 민사집행법 등에 의하여 판단함이 원칙이고 상계의 준거법에 의할 것은 아니다."라고 판시하여 법정지법인 우리 법을 적용하고 있다.

Ⅱ. 도산절차에서의 상계의 준거법

1. 논의의 필요성

채무자가 파산한 경우에 파산채무자의 채권들은 채권자평등의 원칙(Principle of pari-passu)에 따라 자신들의 채권액에 안분비례 하여 파산절차에 따라 배당을 받을 수 있을 뿐이지만, 만일 채권자가 상계할 수 있다면 상계로 소멸되는 채권액 한도에서는 다른 채권자에 비하여 우선변제 받는 것과 마찬가지이므로 이러한 점에서 상계는 담보적 기능을 갖고 있다. 따라서 채권자로서는 채무자에게 도산절차가 개시된 때에도 상계를 확보하기 위해서 채무자에게 도산절차가 개시될 수 있는 법정지[96]의 도산법에 따라 상계를 확보할 수 있는지 조사하고, 동시에 계약서에 상계에 관한 조항을 넣거나 도산절차에서 상계를 허용하는 국가의 법을 준거법으로 지정하여 상계를 확보하려고 한다. 그 대표적인 예가 close-out netting('일괄청산네팅')[97]이다.

더욱이 대륙법계에서는 도산절차에서 상계를 널리 인정하는 것은 채권자평등의 원칙에 반한다는 이유로 채권과 채무가 동일한 당사자 및 동일한 거래인 경우에만 상계를 허용하는 경향이 있는 반면에, 영미계에서는 도산절차에서의 상계를 청산(net-balance)을 위한 것으로 보아 이를 강행적이고 자동적인 것으로 인정하는 경향이 있어 도산절차에서의 상계의 요건에 관하여 각 국의 다른 입법례를 보여주고 있다. 이러한 점에서 도산절차에서의 상계의 준거법을 결정하는 것은 매우 중요한 의미를 갖는다.[98] 하지만 우리의 「채무자 회생 및 파산에 관한 법률」 제416조 내지 제422조에서는 상계의 요건에 관한 규정을 두고 있지만, 위 법이나 국제사법에서는 도산절차에서의 상계의 준거법에 대하여 아무런 규정을 두고 있지 않기 때문에 도산절차에서의 상계의 준거법을 어떻게 결정할 것인지 문제가 된다.

2. 일반 국제사법 연결원칙의 미적용

「채무자 회생 및 파산에 관한 법률」과 같이 국제도산에서의 준거법에 관한 법률규정이 없는 경우는 국제사법의 연결원칙에 따라서 국제도산에서의 준거법을 지정해야 할 것으로 보

96) 도산절차에 관한 유럽연합규칙(Council Regulation (EC) No 1346/2000) of 29 May 2000 on insolvency proceedings) 제3조 제1항에서는 주된 이해관계의 중심지(centre of main interests 'COMI')를 도산절차개시지로 정하고 있다.

97) 일괄청산네팅이란 "양당사자 사이에 다수의 거래를 행하는 경우, 당사자 일방에 대하여 도산 등 중도해지사유가 발생하면, 당사자 사이의 모든 거래를 해지하고 모든 채권채무를 일괄적으로 정산하여 이행기가 도래한 하나의 채권으로 만드는 것"을 의미한다. 일괄청산네팅은 도산절차의 원칙인 채권자평등의 원칙에 반하는 문제가 있어서 그 효력이 문제된다. 「채무자 회생 및 파산에 관한 법률」 제120조 제3항에서는 "일정한 금융거래에 관한 기본적 사항을 정한 하나의 계약에 근거하여 다음 각호의 거래를 행하는 당사자 일방에 대하여 회생절차가 개시된 경우 적격금융거래의 종료 및 정산에 관하여는 이 법의 규정에 불구하고 기본계약에서 당사자가 정한 바에 따라 효력이 발생하고 해제, 해지, 취소 및 부인의 대상이 되지 아니하며, 제4호의 거래는 중지명령 및 포괄적 금지명령의 대상이 되지 아니한다."고 규정하여 소위 기본계약에 따른 금융거래에서 일괄청산네팅의 합의가 동법의 규정에 우선하여 효력을 갖는다는 점을 명확히 하고 있다. 한편 국제통일법회의(UNIDROIT)는 2013년 '일괄청산네팅규정의 운용에 관한 원칙'(Principles on the Operation of Close-out Netting Provisions)을 제정하였다. 비록 이 원칙 법률적 구속력을 갖는 국제협약은 아니지만, 우리 법의 개정방향에 영향을 끼칠 수 있다는 점에서 이에 대한 연구가 필요하다.

98) Ian Fletcher, The Law of Insolvency, third ed, Sweet & Maxwell Ltd, 2002, pp. 845-846. 영미계 뿐만 아니라 네덜란드, 독일, 스칸디나비아법계도 도산절차에서의 상계를 일반적으로 인정하고 있다고 한다(Philip R Wood, Insolvency Law and the Legal Framework).

이지만, 국제도산에서는 당사자이익, 거래이익, 질서이익과 같은 국제사법의 보호이익보다 채권자평등의 원칙과 국제도산절차에서 법적 안정성의 보장이란 이익이 더욱 강조된다.[99] 도산절차 중 파산절차의 목적은 도산한 채무자의 재산을 처분하고, 그로부터 발생한 수익을 채권자에게 분배하는데 있기 때문에 도산절차가 개시되면 개별 채권자가 자신의 권리를 행사하는 것이 금지된다(개별집행행위의 금지 또는 포괄집행적 효력). 이러한 측면에서 보면 도산법은 일반사적관계를 조율하거나 그로부터 발생한 분쟁을 해결하기 위한 법이 아니기 때문에 국제사법상의 연결원칙이 적용되기 어렵다.

이러한 결론은 '외국도산절차의 승인제도'에서도 다시 확인된다. 만일 도산절차에 국제사법의 연결원칙이 적용된다면, 국제사법의 연결원칙에 따라 도산개시지법이 준거법으로 지정되는 과정을 거쳐서 외국도산절차의 개시에 따른 개별집행행위의 금지의 효력이 인정될 수 있지만 「채무자 회생 및 파산에 관한 법률」, 「도산절차에 관한 유럽연합규칙」, 「UN의 국제도산에 관한 모델법」[100] 등에서는 위와 같은 과정을 거치지 아니하고, 외국도산절차의 승인제도를 통해서 그 효력을 인정함으로써 외국도산절차를 외국 법원의 재판과 유사하게 취급하고 있다. 결론적으로 국제도산에서의 준거법 결정은 국제사법과 다른 원칙이 적용된다.

3. 국제도산절차의 효력에 관한 이념과 준거법

국제도산절차의 지역적 효력범위에 관하여 크게 세 가지 이념이 제시되고 있다. 순수 보편주의 · 수정된 보편주의 · 속지주의가 그 세 가지이다.[101] 이 세 가지 이념은 필연적으로 국제도산에서의 국제사법과 연결될 수밖에 없다. 간단히 순수 보편주의(pure universalism of bankruptcy)는 국제도산절차에는 하나의 법정지만이 존재하고, 그 법정지법만이 유일한 준거법이 된다는 입장이고, 수정된 보편주의(modified universality of bankruptcy)라 함은 주된 도산절차에서 선임된 관리인이 재산소재지 국가에서 재산의 보호를 위한 신청을 하고 당해 법원은 이를 수용해 주어야 한다는 원칙이며, 속지주의(territoriality of bankruptcy)라 함은 도산절차의 효력을 도산절차를 개시한 국가의 영토에 제한하는 원칙을 말한다.[102] 위 세 가지 이념 중 순수 보편주의에 의하면 도산절차개시지법이 국제도산에서의 준거법이 되고, 속지주의에 의하면 외국에서 개시된 도산절차의 효력을 인정할 수 없으므로 원래의 준거법 또는 내국에서 도산절차가 개시된 경우 내국 도산법이 준거법이 될 것이다.[103] 한편 수정된 보편주의는 도산절차의 통합관리라는 목표를 제시하면서 이러한 목표를 달성하기 위해서 타국의 법을 적용하

99) 석광현, "도산국제사법의 제 문제: 우리 법의 해석론의 방향", 사법 제4호(2008), 121쪽.

100) UNCITRAL Model Law on Cross-Border Insolvency.

101) 단일주의의 상대적 개념은 복수주의(Plurality of Bankruptcy)다.

102) 속지주의와 보편주의는 끊임없는 대립과 타협을 통하여 변증법적 발전을 하고 있고, 이러한 결과가 수정된 보편주의라고 할 수 있지만 이 또한 진행과정 중에 있다고 해야 할 것이다. 종래의 극단적 속지주의에 대항하여 보편주의가 등장하였지만, 이러한 보편주의가 국제도산절차에서 포럼쇼핑(Forum Shopping)의 문제를 일으키고 있다는 비판이 강하다. 이러한 국제도산절차에서의 포럼쇼핑은 특히 다국적 기업에 있어서 주된 이익중심지가 어디인지 정하기 어렵다는 점에 있다(구체적인 논의는 박훤일, "국제도산절차와 포럼 쇼핑 문제", 국제거래법연구 제16집 제1호(2007), 267-292쪽 및 한충수, "국제도산에 관한 몇 가지 문제점", 변호사 제34집(2004), 400-424쪽 참조).

103) 이러한 결론은 이 이념들을 극단적으로 받아들인 경우이며, 수정된 이론에서 다른 결론에 이를 수 있을 것이다.

거나 도산절차의 승인제도를 인정하거나 승인국에서의 종된 절차의 개시를 인정한다.104) 이러한 측면에서 본다면 도산법이 수정된 보편주의를 모델로 하여 입법되었다면 도산절차개시지법이 국제도산의 준거법이 된다고 단정 지을 수 없으며 별도의 연결원칙을 통하여 준거법을 지정할 수밖에 없다.

4. 국제도산절차의 효력에 대한 우리 법의 입장

우리나라의 경우 「채무자 회생 및 파산에 관한 법률」이 제정되기 전의 파산법 제3조 제2항과 회사정리법 제4조 제2항에서는 외국에서 개시된 파산 또는 회사정리절차는 한국 내에 있는 재산에 대하여 효력이 없다고 규정하여 극단적 속지주의의 입장을 취하고 있었다.105) 이러한 극단적 속지주의는 대법원 2003.4.23. 선고 2000다64359 판결에서 "미국파산법원의 파산선고에 따라 상표권에 대한 관리처분권이 파산관재인에게 이전되는 것을 인정하는 것은 파산관재인의 선임에 관한 미국 파산법원의 재판의 효력을 승인하는 것인데, 미국 파산법원의 재판이 민사소송법의 외국판결 승인요건을 갖춘 것으로 못 볼 바 아니다"고 판시함으로써 완화된 속지주의로 선회하였다. 현재의 「채무자 회생 및 파산에 관한 법률」 제5편에서는 종래의 극단적 속지주의 관한 조문을 버리고, 외국도산절차의 승인제도106)를 도입, 복수의 도산절차의 인정, 지원제도와 국제도산관리인 제도를 신설함으로써 극단적 속지주의를 포기하고 수정된 보편주의를 취하고 있다.107) 하지만 「채무자 회생 및 파산에 관한 법률」에서는 국내에서 개시된 도산절차의 대외적 효력에 관하여 제640조에서 "국내도산절차의 관리인 · 파산관재인 그밖에 법원의 허가를 받은 자 등은 외국법이 허용하는 바에 따라 국내도산절차를 위하여 외국에서 활동할 권한이 있다."고 규정하는데 그치고 있고, 외국에서 개시된 도산절차에 대하여는 승인 및 지원에 대한 규정만을 두었을 뿐이고 구체적으로 외국도산절차의 승인이 있는 경우에 어느 나라 법이 적용되는가에 관한 국제사법적 효력에 대하여는 아무런 규정이 없다.108) 이러한 이유로 우리나라나 외국에 소재한 채무자에 대하여 도산절차가 개시된 경우에

---

104) Ian F. Fletcher, "The European Union Convention on Insolvency Proceedings: Choice-of-Law Provisions", 33 Tex. Int'l L.J. 119, 1998, p. 123.

105) 대법원 2009.4.23. 선고 2006다28782 사건은 극단적 속지주의를 취하고 있던 구 회사정리법 제4조 제2항을 근거로 하여 외국에서 개시된 정리절차의 효력은 우리나라 내에 있는 재산에 대하여 미칠 수 없는데 동조 제3조에서는 "민사소송법에 의하여 재판상 청구할 수 있는 채권은 대한민국 내에 있는 것으로 본다"고 규정하고 있으므로 외국에서 정리절차가 개시된 회사의 채권자가 당해 정리절차에 참가하고 있다 하더라도, 그 회사의 채권이 대한민국 법원에 재판상 청구할 수 있는 것이라면, 그 외국의 도산법이 규정하는 상계의 금지 · 제한의 효력을 받지 않는다고 판시하였다. 이 판결에 대하여는 많은 비판이 가능할 것이다. 특히 이 사건의 원심인 서울고등법원의 판결과 비교검토할 필요가 있다.

106) 국제도산에서 승인의 대상이 도산절차인지 아니면 도산절차를 구성하는 개개의 재판인지에 관하여는 논란이 있다. 독일에서는 후자로 이해하는 것으로 보이나 UN모델법은 법원의 재판이 아니라 도산절차 자체를 승인의 대상으로 취급한다. 통합도산법은 모델법을 따르므로 통합도산법상 승인의 대상은 '외국도산절차'이다(석광현, "채무자회생 및 파산에 관한 법률(이른바 통합도산법)에 따른 국제도산법", 국제거래법연구 제15집 제2호(2006), 339쪽).

107) 하지만 UN국제도산에 관한 모델법이 외국주절차와 외국종절차를 정의하고, 외국주절차에는 승인결정에 의하여 기본적 효력을 자동적으로 부여 하면서 법원이 재량으로 기타 지원을 할 수 있도록 하며, 외국종절차에는 후자 즉 재량적 효력만을 인정하고 있는 반면에, 「채무자 회생 및 파산에 관한 법률」은 외국주절차와 외국종절차를 구분하지 아니하고 또한 승인에 따라서 자동적 효력을 부여하지 않았다는 비판이 있다(석광현, "채무자회생 및 파산에 관한 법률(이른바 통합도산법)에 따른 국제도산법", 국제거래법연구 제15집 제2호(2006), 348쪽 참조).

108) 대법원 2010.3.25. 자 2009마1600 결정에서는 "채무자 회생 및 파산에 관한 법률상의 '외국도산절차의 승인'은 민사소송법 제217조가 규정하는 '외국판결의 승인'과는 달리 외국 법원의 '재판'을 승인하는 것이 아니라 당해 '외국도산절차'를

어느 나라 법이 상계의 준거법으로 지정되어야 하는지에 관하여는 여전히 해석에 맡겨져 있는 실정이다.

5. 도산법정지법(lex fori concursus)[109]의 원칙

가. 일반론

국제도산에서는 통상 국제도산절차법과 국제도산저촉법으로 분류한다.[110] 전자는 도산의 개시를 위한 도산개시신청, 법정관리인의 지정, 채권신고 등 도산의 순수한 절차적인 측면에 관한 규정으로서 절차는 법정지법에 따른다는 원칙상 도산개시지법인 도산법정지법의 법이 국제도산절차법이 된다.[111] 그리고 후자는 도산절차에서의 상계 또는 부인권와 같은 실체적 사항에 관한 규정으로서 국제도산절차법과 마찬가지로 도산법정지법의 규율을 받는다. 이와 같이 도산법정지법에 따르도록 한 이유는 도산절차에는 다수의 이해관계인이 존재하고, 국가기관인 법원에 의하여 진행되기 때문에 국제도산절차를 통일적으로 도산법정지법에 따라 진행할 필요가 있기 때문이다. 또한 도산법정지법에 따르게 되면 복잡한 준거법 지정의 과정을 피할 수 있고, 다수의 준거법 간의 충돌과 모순을 방지함으로써 채권자평등의 원칙과 국제도산절차에서의 법적안정성의 보장이라는 이념에 보다 충실할 수 있는 이점이 있다.[112] 그리고 국제도산의 절차법적 사항과 실체법적 사항이 모두 도산법정지법에 의하여 규율되므로 절차와 실체의 구별이라는 어려운 문제를 피할 수 있는 장점이 있다.[113] 「채무자 회생 및 파산에 관한 법률」에서는 명시적으로 도산법정지법 원칙을 선언하지 않았지만, 외국도산절차의 승인제도, 외국도산절차에 대한 지원제도를 도입함으로써 도산법정지법원칙을 간접적으로 선언하고 있다. 만일 복수의 도산절차가 개시되고 있다면, 「채무자 회생 및 파산에 관한 법률」 제639조 제2항의 규정에 따라서 주된 도산절차를 결정한 후 그 법정지법에 따르면 될 것이다.

앞서 도산법정지법이 적용되는 실체적 사항이란 도산사건의 모든 실체적 사항이 아니라 도산절차의 개시에 의하여 영향을 받는 소위 '도산전형적인 법률효과'만이 도산법정지법에 따른다.[114] 대법원 2015.5.28. 선고 2012다104526, 104533 판결에서도 "외국적 요소가 있는 계

승인하는 것으로서 그 법적 효과는 외국도산절차가 지원결정을 하기 위한 적격을 갖추고 있음을 확인하는 것에 그치는 것이고, 그 승인에 의하여 외국도산절차의 효력이 직접 대한민국 내에서 확장되거나 국내에서 개시된 도산절차와 동일한 효력을 갖게 되는 것은 아니다."라고 보고 있다.

109) 도산절차가 개시된 국가를 '도산개시국', 그 국가의 법을 '도산개시국법' 또는 '도산법정지법'이라 한다(석광현, 국제사법과 국제소송 제3권, 제6장[8], 국제도산법에 관한 연구, 박영사, 각주1).

110) 석광현, 국제사법과 국제소송 제1권, 박영사, 465쪽. 앞서 언급한 바와 같이 절차법과 실체법의 구분은 법정지의 절차적 이익을 위한 것이므로 법정지법을 기준으로 구별해야 할 것으로 본다.

111) 앞의 책, 같은 쪽.

112) 석광현, "도산국제사법의 제 문제: 우리 법의 해석론의 방향", 사법 제4호(2008), 122쪽. 이에 대하여 보편주의를 반대하고 협력적 속지주의(Cooperative Territoriality)를 주장하고 있는 Lynn M. LoPucki 교수는 위와 같이 볼 경우 전적으로 내국적 관계에 대하여도 외국법이 적용되어 결과적으로 도산절차를 통하여 외국이 그 나라의 사회적, 경제적 제도를 수출하게 된다고 비판하고 있다(Lynn M. LoPucki, "Cooperation in International Bankruptcy: A Post－Universality Approach", 84 Cornell L. Rev. p. 704).

113) 석광현, "채무자회생 및 파산에 관한 법률(이른바 통합도산법)에 따른 국제도산법", 국제거래법연구, 제15집 제2호(2006), 376쪽.

114) 석광현, "도산국제사법의 제 문제: 우리 법의 해석론의 방향", 사법 제4호(2008), 122쪽; Collins, paras. 31－040－31－041.

약을 체결한 당사자에 대한 회생절차가 개시된 경우, 계약이 쌍방미이행 쌍무계약에 해당하여 관리인이 이행 또는 해제 · 해지를 선택할 수 있는지, 그리고 계약의 해제 · 해지로 인하여 발생한 손해배상채권이 회생채권인지는 도산법정지법인 채무자 회생 및 파산에 관한 법률에 따라 판단되어야 하지만, 계약의 해제 · 해지로 인한 손해배상의 범위에 관한 문제는 계약 자체의 효력과 관련된 실체법적 사항으로서 도산전형적인 법률효과에 해당하지 아니하므로 국제사법에 따라 정해지는 계약의 준거법이 적용된다."고 판시하고 있다.

도산절차의 개시로 인하여 상계가 가능한지 여부는 도산전형적인 법률효과이므로 도산법정지법에 따르게 되지만 상계의 대상인 수동채권 또는 자동채권이 적법하게 성립되었는지는 도산법정지법에 따를 것이 아니라 원래의 준거법에 따른다. 이와 같은 결론에 따를 경우 국내에서 개시된 도산절차에 대하여는 국내 도산법이 적용되므로 「채무자 회생 및 파산에 관한 법률」상의 상계의 요건을 갖춘 경우에만 상계가 허용된다. 이러한 도산법정지법의 원칙에도 예외가 있을 수 있는데 그 대표적인 예가 아래에서 보는 바와 같이 도산절차에 관한 유럽연합규칙에서 규정하고 있는 예외들이다.

나. 도산법정지법 원칙에 대한 예외 인정의 가능성

(1) 「도산절차에 관한 유럽연합규칙」의 상계의 준거법에 관한 예외

도산절차에서의 상계에 관하여는 앞서 언급한 바와 같이 「도산절차에 관한 유럽연합규칙」 제6조, 금융기관의 회생 및 청산에 관한 유럽연합지침 제23조 및 보험회사의 회생 및 청산에 관한 유럽연합지침 제22조 각 규정에서 채무자에 대하여 도산절차가 개시되었다고 하더라도 도산채무자의 채권에 적용되는 준거법에서 채권자의 채무자에 대한 상계를 허용하고 있다면 상계권을 행사할 수 있도록 예외를 두고 있다. 이와 같이 예외규정을 둔 이유는 「도산절차에 관한 유럽연합규칙」 서문(26)[115]에서 설명하는 바와 같이 채권자가 종전에 적용되던 법률에 따라 상계할 수 있다고 믿은 경우 이러한 기대권을 보호함으로써 상계의 담보적 기능을 제고하기 위해서다. 따라서 위 유럽연합규칙에 따르면 도산절차에서의 상계의 준거법은 원칙적으로 도산법정지법이 되고, 수동채권의 준거법은 보충적으로 적용된다.[116] 한편 위 제6조의 규정은 상계를 허용하기 위한 경우에만 원용될 수 있으며 도산법정지법에 따라 상계할 수 있는 채권자의 권리를 해하기 위하여 원용될 수 없다.[117]

---

115) If a set－off is not permitted under the law of the opening State, a creditor should nevertheless be entitled to the set－off if it is possible under the law applicable to the claim of the insolvent debtor. In this way, set－off will acquire a kind of guarantee function based on legal provisions on which the creditor concerned can rely at the time when the claim arises.

116) 참고로 제6조의 규정에 대하여는 두 가지 문제가 제기되고 있는데, 첫째는 파산채무자의 채권(즉 수동채권)에 적용되는 준거법이 EU회원국 법이어야 하는지 명확하지 아니하고, 둘째는 수동채권의 준거법에 도산법도 포함되는가이다. 첫째 문제에 대하여는 수동채권의 준거법이 EU회원국법 이어야 한다는 것이 다수설이고(Miguel Virgos and Etienne Schmitt, Report on the Convention on Insolvency Proceedings, para. 44에 따르면 도산절차에 관한 유럽연합규칙은 공동체안에서 발생하는 효과(intra－Community effect)에 대하여만 적용되므로 제6조에서 규정하고 있는 수동채권의 준거법이 EU회원국의 법이어야 한다), 두 번째 문제에 관하여는 도산법이 포함된다는 견해가 일반적이라고 한다(석광현, "도산국제사법의 제 문제: 우리 법의 해석론의 방향", 사법 제4호(2008), 144쪽).

117) Ian Fletcher, The Law of Insolvency, third ed, Sweet & Maxwell Ltd, 2002, para 31－038.

상계에 대한 예외에 더하여 위 유럽연합규칙 제5조 내지 제15조에서는 도산법정지법에 대한 예외를 규정하고 있다.[118] 예외를 인정하는 근거는 각 예외규정마다 차이가 있다. 이를 크게 나누어 보면 당사자의 신뢰보호, 제3자의 보호, 국가기능의 보호 등으로 나눌 수 있다. 위 규칙 제4조에서 도산법정지법 원칙을 선언하면서도 위와 같은 예외를 인정한 것은 위 규칙이 순수 보편주의를 채택하지 아니하고 수정된 보편주의를 채택하였기 때문이다.

(2) 우리 법상 도산절차에 관한 유럽연합규칙 제6조와 같은 해석이 가능한지 여부

우리 법상 위 유럽연합규칙 제6조와 같은 해석이 가능한지의 문제는 위 규칙의 도산법정지주의에 대한 예외규정에 비추어 보았을 때 다음과 같은 두 단계의 논의를 거쳐할 것으로 보인다. 첫째 우리 법상 도산법정지주의에 대한 예외를 인정할 수 있는가. 둘째 만일 인정할 수 있다면 상계에 대하여 예외를 인정할 수 있는가.

「채무자 회생 및 파산에 관한 법률」이 명시적으로 도산법정지주의를 선언하지도 않았고 당연히 그에 대한 예외규정도 없지만 「채무자 회생 및 파산에 관한 법률」이 외국도산절차에 대하여 승인제도를 채택하였다는 점에서 수정된 보편주의를 채택한 사실을 알 수 있다. 「채무자 회생 및 파산에 관한 법률」이 기존의 극단적 속지주의를 버리고 수정된 보편주의를 채택한 이상 도산법정지주의에 대한 예외를 인정하는 데에 있어서 문제가 없어 보인다. 물론 '절차는 법정지법에 따른다.'는 원칙상 실체적 측면에서만 예외가 인정되며, 절차적 측면에서는 인정되지 아니할 것이다. 한편 이러한 도산법정지주의는 앞서 언급한 바와 같이 채권자평등의 원칙과 법적 안정성을 위하여 인정된다. 만일 이러한 이념에 우선하는 이익이 있다면 이에 대하여는 예외를 인정하는 것이 타당할 것이다.

'상계에 대한 당사자의 신뢰'는[119] 좁게는 도산절차가 개시되기 전부터 존재하던 당사자의 기대이익이므로 도산절차가 개시되었다는 사실만으로 이러한 이익을 박탈할 만한 정당성이 부족하고 넓게는 상계의 담보적 효력에 대한 신뢰를 바탕으로 하여 거래가 촉진되는 기능이 있는데, 만일 상계에 대한 예외를 인정하지 않는다면 거래리스크가 높아져서 종국에는 거래규모를 축소시키는 결과를 초래할 것이다. 이러한 두 가지 관점은 다른 채권자들의 이익으로 작용하는 채권자평등의 원칙에 우선한다고 생각한다. 따라서 위 유럽연합규칙 제6조와 같은 해석이 가능할 것이다. 다만 도산절차의 법적 안정성을 위해서 「채무자 회생 및 파산에 관한 법률」에서 도산법정지주의의 예외에 대하여 명시하는 것이 바람직하다.

추가적 논점으로 도산절차에 관한 유럽연합규칙 제6조와 관련하여 논의되고 있는 바와 같이 수동채권의 준거법에 도산법도 포함되는가의 문제가 있다. 이 문제는 도산법정지법원칙

118) 구체적으로 제3자의 물권, 소유권유보, 부동산 관련 계약, 청산시스템에 관련한 권리와 의무, 노동계약, 부동산 등 등기가 필요한 물건에 대한 권리, 특허권과 상표권, 채권자들을 해하는 법률행위, 제3매수자에 대한 보호, 파산자가 상실한 권리 또는 재산에 관한 소송 등이 있다.

119) Ian Fletcher, Insolvency in Private International Law, 2nd ed, Oxford University Press, 2007, para. 2.89에서는 채권자가 채무자와 교섭하는 과정에서 상계에 대하여 적법한 기대를 가졌다는 점에 대한 입증책임은 채권자에게 있다고 한다. 하지만 채권자의 신뢰는 구체적인 상계의 가능성에 대한 신뢰가 아니라 의제되는 신뢰라는 사견에 따르면 채권자가 곧이 신뢰의 존재를 입증할 필요가 없다고 본다.

에 대한 예외의 이유인 상계에 대한 신뢰가 채권자의 구체적인 상계의 가능성의 인식을 의미하는 것인지(다시 말하면, 채권자가 수동채권의 준거법의 도산법까지 고려하여 상계의 가능성을 인식하고 있어야 하는 것인지) 아니면 상계를 허용하는 법률이 존재하는 이상 채권자의 상계에 대한 신뢰가 의제되는 것인지에 달려 있다. 먼저 소송법적으로 주관적 인식인 신뢰를 객관적으로 입증하는 것은 매우 어렵다. 따라서 이러한 입증이 없었다고 하여 상계에 대한 신뢰를 부정한다면 대부분의 경우에 도산법정지주의의 예외를 인정할 수 없을 것이다. 그리고 도산법정지주의의 예외를 인정하는 이유 중에는 상계의 가능성을 높여서 거래촉진에 기여하자는 관점도 있고, 이러한 관점에 따르면 반드시 채권자의 신뢰를 구체적 현실적으로 요구할 필요는 없다고 본다. 현실적으로 채권자가 도산법상의 상계에 관한 규정은 차치하고 원래의 상계의 준거법이 수동채권의 준거법이란 점조차 인식하는 경우가 많지 않을 것이다. 그러므로 채권자의 구체적 현실적 상계의 가능성에 대한 인식까지는 필요 없다고 생각한다.

6. 종절차가 개시된 경우 상계의 준거법

가. 문제제기

영국의 Re Bank of Credit and Commerce International 판결[120]에서는 채무자 회사의 설립지인 룩셈부르크에서 주된 도산절차가, 영국에서는 종절차가 개시되었는바, 도산절차에서의 상계에 관하여 룩셈부르크법보다 영국법이 유리하였기 때문에 영국의 종절차의 관리인은 영국법에 따른 상계를 주장하였다. 이에 대하여 영국 법원은 상계는 도산절차의 근간이므로 강행법규에 해당하고, 룩셈부르크법을 적용하는 것은 공서양속에 반한다고 판결한 바 있다.[121] 이 판결은 우리에게도 동일한 과제를 던져준다. 즉 주된 절차의 도산법과 종절차의 도산법이 충돌할 경우 어느 법에 따라 상계여부를 결정할 것인가의 문제이다.

나. 우리나라에서 종절차가 개시된 경우

「채무자 회생 및 파산에 관한 법률」에는 명시적인 규정이 없지만 UN모델법 제2조(c)나 도산절차에 관한 유럽연합규칙 제3조 제2항에서는 도산채무자의 영업소(establishment)[122]가 소재한 국가에서 종절차[123]를 진행할 수 있도록 규정하고 있다. 이러한 종절차를 인정하는 이유는 주된 절차가 진행되는 국가 이외에 소재한 국가의 채권자들이 그 국가의 법에 따라서 가지는 우월한 지위 또는 비용상의 이점을 보호하기 위한 것이다.[124] 이러한 종절차의 취지

---

120) [1996] 4 All E.R. 796.

121) Ian Fletcher, Insolvency in Private International Law, 2nd ed, Oxford University Press, 2007, para. 2.81에서는 이 사건을 예시로 들면서 영국 법원이 국제사법적 고려 없이 공서양속을 남용한다고 비판하고 있다.

122) 도산절차에 관한 유럽연합규칙 제2조(h)에서는 'establishment'를 채무자가 인력과 물자를 갖추고서 장기간의 경제적 활동을 하는 장소라고 정의하고 있다('establishment' shall mean any place of operations where the debtor carries out a non-transitory economic activity with human means and goods).

123) UN모델법에서는 Main Proceeding과 Non-main proceeding으로 표현하고 있는 반면에, 도산절차에 관한 유럽연합규칙에서는 Main Proceeding과 Secondary Proceeding으로 표현하고 있다.

124) 석광현, 국제사법과 국제소송 제3권, 박영사, 2004, 266쪽.

상 종절차가 진행 중인 국가의 도산법규정이 주된 절차의 도산법에 우선하는 효력이 있다는 것은 당연할 것이다. 「채무자 회생 및 파산에 관한 법률」 제638조 제1항에서는 "채무자를 공통으로 하는 외국도산절차와 국내도산절차가 동시에 진행하는 경우 법원은 국내도산절차를 중심으로 제635조(승인 전 명령 등) 및 제636조(외국도산절차에 대한 지원)의 규정에 의한 지원을 결정하거나 이를 변경 또는 취소할 수 있다"고 규정하여 국내에서 진행되는 종절차가 주된 절차에 우선한다는 점을 시사하고 있다.[125] 따라서 우리나라에서 종절차가 진행된 경우 상계의 가능성은 우리의 「채무자 회생 및 파산에 관한 법률」에 따라서 결정해야 한다. 다만 예를 들어 주된 절차에서는 상계가 허용되는데 우리나라에서의 종절차에서는 상계가 허용되지 않는 경우에 도산채무자의 관리인이 이를 이익으로 원용할 수 있는지 의문이다. 이에 대하여는 좀 더 연구가 필요하지만 사견으로는 상계에 대한 기대권은 이 경우에도 보호되어야 하므로 상계를 금지하는 「채무자 회생 및 파산에 관한 법률」은 적용되지 않는다고 생각한다.

다. 제3국에서 종절차가 개시된 경우

종절차가 우리나라가 아닌 제3국에서 개시된 경우에는 달리 볼 필요가 있다. 「채무자 회생 및 파산에 관한 법률」에는 명시적인 규정이 없지만 도산절차에 관한 유럽연합규칙 제3조 제2항에서는 종절차의 효력은 그 국가에 소재한 재산에 대하여만 효력이 있다고 규정하고 있다.[126] 이 유럽연합규칙에 따르면 외국에서의 종절차는 상계에 대하여 영향을 끼치지 못할 것이다. 우리의 경우에는 외국에서의 종절차의 효력범위를 어떻게 볼 것인가 대하여 여러 가지 견해가 가능할 것이다. 그런데 「채무자 회생 및 파산에 관한 법률」 제639조 제3조에서 "법원은 주된 외국도산절차를 중심으로 제636조의 규정에 의한 지원을 결정하거나 변경할 수 있다."고 규정하고 있는데, 이 규정이 비록 외국도산절차에 대한 지원절차에 관한 규정이지만 규정의 취지에 비추어 볼 때 원칙적으로 주된 절차가 종절차에 우선하는 효력을 가진다고 해석할 수 있다.[127] 하지만 예외적으로 종절차가 우선할 수 있는 여지를 남기고 있으므로 종절차에 따른 상계가 가능한지 검토할 필요가 있다. 채무자에 대하여 도산절차가 개시된 후에 상계의 준거법이 도산법정지법이 되는 이유는 도산절차의 통일적 진행을 목적으로 하며, 우리나라에서 종절차가 진행된 후에 종절차에 따르는 이유는 채권자보호 또는 채권자의 신뢰보호를 목적으로 한다. 그런데 제3국에서의 종절차는 도산절차의 통일적 진행과 관련이 없으므로 논외로 하고, 채권자의 상계가 제3국의 종절차와 밀접하게 관련되어 있고 당해 절차에 따라 상계할 수 있다고 신뢰하였다는 등의 예외적 사유에 대한 주장 · 입증에 성공할 경우에 한하여 종절차에 따라서 상계할 수 있을 것이다. 하지만 이러한 예외적 사유가 존재할 수 있는지 매

125) 도산절차에 관한 유럽연합규칙 제28조에서는 당해 규칙에서 별도로 규정하고 있지 아니한 이상 종절차가 개시된 국가의 법이 종절차의 준거법이 된다고 명시하고 있다.

126) The effects of those proceedings shall be restricted to the assets of the debtor situated in the territory of the latter Member.

127) 이러한 해석은 도산절차에 관한 유럽연합규칙과 마찬가지로 제3국에서의 종절차는 그 국가에서만 효력이 있다는 결과에 이르게 한다.

우 의문이다.

7. 상계와 외국도산절차의 승인의 필요성

외국에서 도산절차가 개시된 경우에 우리 법원이 외국의 도산법정지법을 적용하기 위하여는 원칙적으로 외국도산절차가 승인되어야 하고, 따라서 우리 법원의 승인결정이 필요하다.[128] 그렇다면 상계의 경우에도 채권자가 도산법정지법에 따라서 상계하기 위해서 우리 법원의 승인결정을 받아야 할까?[129] 상계의 원래의 준거법과 도산법정지법에서 모두 상계를 허용하지 않는 경우와 반대로 모두 허용하는 경우에는 상계에 도산법정지법이 적용되는지 여부에 따라서 결론에 차이가 없으므로 승인의 필요성을 논할 큰 의미가 없다. 또한 원래의 준거법에서는 상계를 허용하였는데, 도산법정지법에서 상계를 불허하는 경우는 앞서 언급한 예외사유에 해당하여 여전히 상계할 수 있으므로 승인여부가 큰 의미를 갖지 않는다. 그렇다면 원래의 준거법에 따라서 상계를 할 수 없었던 채권자가 도산법정지법에 따라서 상계할 수 있는 경우만이 위 질문의 대상이 될 것이다.

본 질문에 대하여는 결론을 상정한 후 이러한 결론이 합당한지 여부를 검토하는 방법으로 역순에 의하여 살펴보기로 한다. 먼저 채권자가 도산법정지법에 따라서 상계하기 위해서는 법원의 승인결정을 받아야 한다고 상정하자. 그런데 「채무자 회생 및 파산에 관한 법률」 제631조에서는 외국도산절차의 대표자만이 승인신청을 할 수 있도록 하고 있기 때문에 채권자는 신청적격이 없다. 그렇다고 외국도산절차의 대표자가 채권자의 이익을 위해서 승인신청하는 것을 기대하기도 어려울 것이다. 따라서 사실상 채권자가 도산법정지법에 따라서 상계하기 어려울 것이다. 한편 외국도산절차의 대표자가 당해 외국도산절차가 「채무자 회생 및 파산에 관한 법률」상 승인요건을 갖추지 못했으므로 채권자의 도산법정지법에 따른 상계는 허용되지 않는다거나 아니면 효력이 없다고 주장한다고 가정해 보자. 외국도산절차의 대표자가 자신에게 채권자의 상계의 효력을 다툴 수 있는 대표권을 수여한 도산법정지법을 우리 법원에서 그 효력을 부인한다면 도저히 받아들이기 힘든 모순된 주장이 될 것이다. 이러한 점에서도 상계를 위하여 법원의 승인결정을 필요하고 볼 수 없다.

다음으로 채권자가 외국도산절차에 대한 우리 법원의 승인결정에 관계없이 도산법정지법에 따라서 상계할 수 있다고 상정해 보자. 법률에 위반되거나 이해관계인의 이익을 해치는 결과가 있는가? 「채무자 회생 및 파산에 관한 법률」의 승인결정제도는 엄격하게 말하면 지원절차이지 효력발생요건은 아니므로 위와 같이 보더라도 「채무자 회생 및 파산에 관한 법률」을 위반하는 것은 아니라고 생각한다. 그리고 만일 외국도산절차의 대표자나 다른 채권자들이 채권자의 도산법정지법에 따른 상계로 인하여 손해를 입었다고 주장한다면, 당해 도산법정지법에서 그와 같이 주장할 수 있는 근거를 규정하고 있지 아니하는 한 자신들만 도산법정지법

128) 석광현, "도산국제사법의 제 문제: 우리 법의 해석론의 방향", 사법 제4호(2008), 123쪽.
129) 참고로 유럽연합 내에서는 자동승인제를 채택하고 있으므로 이러한 문제가 발생하지 않을 것이다.

을 이익으로 원용하고 채권자에게는 이익으로 원용될 수 없다는 주장이므로 허용되지 않는다고 본다.

그럼 외국도산절차의 대표자가 우리 법원에 승인신청을 하였는데, 신청이 기각된 경우에 채권자의 도산법정지법에 따른 상계의 효력은 어떻게 되는가? 일단 우리 법원의 승인결정여부에 관계없이 도산법정지에서는 도산법정지법에 따른 상계의 효력을 인정할 것이다. 그런데 도산법정지에서 인정하는 상계의 효력을 굳이 우리 법원이 부정할 이유가 있을지 의문이다. 물론 도산법정지법의 상계에 관한 규정이 우리의 공서양속에 위반되어서 승인거부 되었다면 상계의 효력도 거부되어야 하겠지만, 이러한 결과가 실제로 발생하리라고 생각하지 않는다.

결론적으로 채권자의 상계가 도산법정지법에 따라서 행하여지고 도산법정지에서 그 효력이 인정되는 한, 우리 법원은 「채무자 회생 및 파산에 관한 법률」에 따른 외국도산절차의 승인여부에 관계없이 그 효력을 인정해야 하며, 상계의 효력을 부인하고자 하는 외국도산절차의 대표자 또는 채권자의 시도는 금반언의 원칙 또는 신의성실의 원칙에 반하여 허용되어서는 아니 된다고 생각한다.

8. 국제도산절차에서 상계의 준거법의 강행법규성

당사자의 합의에 의하여 국제도산절차에서 상계의 준거법을 도산법과 달리 지정할 수 있을까? 영국 법원은 National Westminster Bank v Halesowen Presswork and Assemblies 판결[130]에서 파산법상의 상계에 관한 규정은 강행규정이므로 당사자 간의 계약에 의하여 그 적용을 배제할 수 없다(contract out)고 판시한 바 있다. 도산법은 일종의 국가작용이고, 다양한 이해관계를 조율하기 위하여 마련된 법이므로 전체적으로 강행규정으로 보는 것이 타당하고, 상계의 준거법에 관한 부분도 강행규정으로 보는 것이 타당하다.

Ⅲ. 상계를 절차법으로 구분하고 있는 영국법이 상계의 준거법인 경우 관련 문제들

1. 문제점

국제계약뿐만 아니라 국내계약에서도 영국법을 준거법으로 지정하는 경우를 흔히 볼 수 있다. 해상운송의 역사가 영국에서 시작되고 발달한 결과 해상운송에 관한 계약의 법리가 영국법을 중심으로 발전하였고, 이러한 이유로 국내 해운회사 상호 간에 체결되는 용선계약에서 영국법을 준거법으로 지정하는 것을 볼 수 있다.[131] 그리고 영국의 런던이 국제금융의 중심지의 역할을 하고 있기 때문에 국내 회사가 체결하는 국제금융에 관한 계약에서 영국법이 준

130) National Westminster Bank v Halesowen Presswork and Assemblies [1972] A.C. 785.

131) 순수한 국내계약에 대하여 당사자들이 외국법을 준거법으로 지정할 수 있는지 문제될 수 있는데, 국제사법 제4항에서는 당사자자치를 존중하여 이를 원칙적으로 허용하되, 국내법의 강행규정이 여전히 적용됨을 명확히 함으로써 그로 인하여 발생할 수 있는 폐해를 방지하고 있다(석광현, 국제사법 해설, 박영사, 2013, 301쪽).

거법으로 지정되는 경우가 있으며, 우리나라 회사가 중동국가와 체결하는 건설계약이나 플랜트계약에서는 중동국가가 중립적인 영국법을 선호하기 때문에 또는 영국의 금융거래와 맞물려 영국법을 준거법으로 지정하는 것을 볼 수 있다.

한편 상계는 채권을 사실상 변제받은 효과를 가져 오므로 국제계약에서 담보적 역할을 수행하고 있고, 따라서 상계가능성은 국제계약의 당사자에게 있어서 매우 중요한 위치를 차지하고 있다. 이상의 이유로 영국법이 적용되는 채권의 상계와 관련한 법률적 쟁점들이 국내에서 문제가 되는 경우가 발생하는데, 대법원 2015.1.29. 선고 2012다108764 판결의 사안[132]에서도 영국법이 적용되는 채권의 상계가능성이 문제 되었다. 영국법이 적용되는 채권의 상계에 대하여 특히 주목해야 하는 이유는 영국의 상계제도가 대륙법계의 상계제도와 다른 독특한 특징이 있기 때문이다. 이하에서는 영국의 상계제도를 살펴본 후에 영국의 상계제도의 특징으로 인하여 발생하는 국내법상의 문제에 대하여 논하도록 한다.

2. 영국법상 상계제도의 개관

가. 보통법상 상계(Legal set-off[133] 또는 Independent set-off)

(1) 연 혁

영국의 상계제도는 오래전부터 인정되던 제도가 아니라 일정한 목적을 위하여 법률에 의해 창설된 제도이다. 영국의 최초의 상계법은 1729년에 제정된 「채무자의 구금에 있어서 채무자 구조를 위한 법률」(An Act for the Relief of Debtors with respect to the Imprisonment of their Persons)이었다. 이 법의 이름에서 알 수 있듯이, 이 법의 목적은 채무를 변제하지 못한 채무자가 구금되던 시기에 채권자에 대하여 반대채권을 갖고 있는 채무자가 구금되는 것을 방지하는데 있었다.

이 법에 이어서 1735년 상계법(Statute of Set-off)이 제정되었는데 이 법은 상계가 허용되지 아니함으로써 발생하는 소송의 공전(circuity of actions)을 피하고 당사자가 다양한 분쟁을 하나의 절차에서 심판받을 수 있도록 하기 위한 절차적 수단(procedural device)으로서 마련된 것이다.[134] 이 법은 1879년에 폐지되었지만, 이 법의 법리는 보통법(common law)으로 남아서 효력을 유지하고 있다. 참고로 영국의 「민사소송절차규칙」(Civil Procedure Rules 1998) 제16.6조에서는 상계항변에 관한 규정을 두고 있지만 본 규정에서는 상계의 요건과 같은 실체적 사항을 규정하지 아니하고 단지 상계항변의 절차적 사항만 규정하고 있다.

---

132) 피고 삼선로직스와 소외 선우상선은 상호 영국법이 준거법인 미지급 용선료 및 손해배상채권을 갖고 있었다. 피고에 대하여 회생절차가 개시된 후 피고는 소외 선우상선에게 상계의 의사표시를 하였다. 이와 같은 상계의 의사표시를 한 후 소외 선우상선의 채권자인 원고 한진해운은 선우상선이 피고에 대하여 갖고 있는 채권을 가압류한 뒤 전부명령을 받아서 피고에게 용선료 등의 지급청구의 소를 제기하였다. 이 소송에서 원고는 피고의 상계권 행사는 영국법의 요건을 갖추지 못하여 효력이 없다고 주장하였다.

133) 이 상계는 1735년에 제정된 Statute of Set-off에 의하여 처음 인정된 제도이기 때문에 Legal set-off라고도 부른다 (Rory Derham, The Law of Set-off, third ed, Oxford University Press, 2003, paras. 2.04-2.06).

134) Fuller v Happy Shopper [2001] 1 W.L.R. 1681.

(2) 보통법상 상계의 요건

영국의 보통법상 상계의 가장 큰 특징은 원고에 의하여 개시된 소송에서 피고가 재판상 항변으로만 주장할 수 있다는 점이다. 그리고 원고가 소를 제기할 당시에 피고가 원고에 대하여 반대채권을 가지고 있지 아니하여도 소제기 후에 취득한 반대채권을 가지고도 상계항변을 할 수 있다.135) 그러나 적어도 상계항변을 할 당시에 양 채권의 변제기가 모두 도래해야 한다. 따라서 장래에 이행기가 도래하는 채권이나 조건부채권136)을 반대채권으로 하여 상계항변을 할 수 없다.137) 그리고 상계항변의 대상인 양 채권은 모두 금전채권이어야 하고, 금액이 확정되어 있거나 어렵지 않게 확정될 수 있어야 한다.138) 예를 들어 용선계약에서 체선료(demurrage)139)를 하루 6000파운드로 정한 경우에는 손쉽게 체선료를 산정할 수 있으므로 체선료는 확정된 금액(liquidated sum)이 된다.140)

하지만 금액의 확정을 위하여 판결 또는 중재판정이 필요한 손해액141)이나 손해사정인(surveyor)이 건물의 하자로 인한 손해액을 산정한 것만으로는 청구금액이 확정되어 있다고 할 수 없으므로 상계항변이 허용되지 아니한다.142) 그리고 피고가 주장하는 반대채권은 원고의 청구와 아무런 관련이 없어도 무방하다.143) 한편 제소기한법(Limitation Act 1980)144) 제35조(1), (2)에서는 피고가 상계항변을 한 경우에 상계항변을 한 때가 아니라 원고가 소를 제기한 때에 피고가 반대채권에 관한 소를 제기한 것으로 보고 있다. 이러한 결과 원고가 소를 제기한 후에 피고의 반대채권의 제소기한이 도과되더라도 피고는 여전히 상계항변을 할 수 있다.

(3) 보통법상 상계의 절차법적 성격

영국에서는 다음과 같은 두 가지 점을 이유로 하여 보통법상 상계를 절차법으로 분류하고 있다.145) 첫째 보통법상 상계는 원고가 제기한 금전지급청구소송에서 피고가 소송상 항변권으로만 행사할 수 있다. 둘째 한국법상 상계의 효력은 상계적상이 발생한 때에 소급하여 발생하는데 반하여146) 보통법상 상계는 판결이 선고된 때에 발생한다.147) 이러한 이유로 영국

---

135) Rory Derham, The Law of Set-off, third ed, Oxford University Press, 2003, paras. 2.08-2.11.

136) 그러나 변제기가 따로 정해져 있지 아니하고 채권자가 지급을 요구하는 때에 즉시 변제기가 도래하는 요구불채권(payable on demand)의 경우에는 조건부채권이 아니므로 상계할 수 있는 반대채권이 될 수 있다(M S Fashion Ltd v Bank of Credit and Commerce International SA [1993] Ch 425).

137) Rory Derham, The Law of Set-off, third ed, Oxford University Press, 2003, para. 2.29.

138) Stooke v Taylor (1880) 5 QBD 569, 575. 영국판결에서도 보통법상 상계에서 확정채권을 요구하는 것을 비판하면서 미확정채권에 대하여도 상계를 허용하자는 주장이 있다(Axel Johnson Petroleum AB v M G Mineral Group AG [1992] 1 W.L.R. 270).

139) 용선자가 정해진 기간 내에 화물을 선적 또는 양하하지 못한 경우에 선박소유자에게 지불해야 금액으로서 통상 1일 단위로 특정금액을 지불하도록 용선계약에 규정되어 있다.

140) President of India v. LIPS Maritime Corp., [1988] A.C. 395.

141) Rory Derham, Equitable set-off: a critique of Muscat v Smith, L.Q.R. 2006, 122(Jul), p. 471.

142) B Hargreaves Ltd v Action 2000 Ltd., [1993] B.C.L.C. 1111.

143) Rory Derham, The Law of Set-off, third ed, Oxford University Press, 2003, para. 2.14.

144) 영국에는 한국법과 같이 실체법적 효력이 발생하는 소멸시효 대신에 절차법적 효력으로서 제소기간을 두고 있다.

145) Reinhard Zimmermann, Comparative Foundations of a European Law of Set-Off and Prescription, Cambridge University Press, 2002, p. 23.

146) 한국법 뿐만 아니라 대륙법계의 상계는 소송 외에서 행사할 수 있고, 상계의 효력이 상계적상시에 소급하여 발생한다(Ibid, p. 23).

147) 따라서 판결이 선고될 때가지는 원고의 채권과 피고의 채권이 여전히 존속하여 이에 따른 권리를 행사할 수 있다. 따라

법원은 보통법상 상계를 '절차적 도구'(procedural device)라고 부른다.[148] 그러나 보통법에 따르면 채권이 양도되었다고 하더라도 채무자가 채권양도 전에 양도인을 상대로 하여 상계를 할 수 있었다면 채권의 양수인에게도 상계를 가지고 대항할 수 있고, 숨은 대리(undisclosed agency)[149]에서 대리인이 체결한 계약을 근거로 하여 본인(principal)이 대리인의 상대방에 대하여 소송을 제기한 경우에 대리인의 상대방은 대리통지(notice of the agency)를 받기 전에 대리인에게 행사가능 했던 상계를 행사할 수 있는데, 이와 같이 재판상 항변으로서의 상계가 제3자의 권리에 영향을 끼친다는 점을 고려하면 보통법상 상계를 전적으로 절차적인 것으로 볼 수 없다는 견해도 있다.[150] 또한 영국에서는 준거법의 지정이 어려운 경우에 법정지법을 적용하기 위해서 절차법의 개념을 널리 사용하였는데, 보통법상 상계가 국제사법이 발달하기 전에 절차법으로 분류된 사실을 지적하면서 보통법상 상계를 절차법이 아니라 실체법으로 분류하는 것이 옳다는 주장도 있다.[151]

나. 형평법상 상계(Equitable set-off)

(1) 의 의

형평법상 상계의 가장 특징적인 모습은 반대채권이 수동채권을 발생시킨 거래로부터 발생하거나 그러한 거래와 분리할 수 없을 정도로 긴밀한 관련(closely connected)이 있어야 한다는 점에 있다.[152] 반면에 보통법상 상계에 있어서는 위와 같은 관련성이 요구되지 아니한다. 그리고 형평법상 상계에서는 보통법상 상계와 달리 반대채권이 확정될 필요가 없으므로 손해배상청구권도 반대채권이 될 수 있다.[153] 이러한 이유로 형평법상 상계는 계약의 일방당사자가 타방당사자에게 계약상 금전지급청구를 하는데 대하여, 그 일방당사자의 채무불이행 또는 불법행위로 인하여 타방당사자가 손해배상청구권을 취득한 때에 주로 이용되고 있다.[154]

(2) 요 건

Henriksens Rederi A/s v T. H. Z. Rolimpex 판결[155]에서는 형평법상 상계가 허용되는 경우를 ① 판매된 제품에 하자가 있거나, 건축계약과 같은 도급계약에서 수급인의 과실로 인하여 완성된 물건에 하자가 있는 경우와 같이 계약에 따른 이행의 결과가 계약금액에 미치지

서 판결이 선고될 때까지 피고의 채무불이행으로 인하여 원고에게 계약해제권이 발생한다면 원고는 유효하게 계약을 해제할 수 있다(Fuller v Happy Shopper [2001] 1 W.L.R. 1681).

148) Aectra Refining and Marketing Inc v Exmar NV [1994] 1 W.L.R. 1634; Fuller v Happy shopper [2001] 1 W.L.R. 1681.

149) 숨은 대리(undisclosed agency)란 대리인이 본인인 것처럼 대리권을 행사한 경우를 의미한다. 이러한 경우 영국법에서는 일정한 예외를 제외하고는 대리인의 상대방이 숨은 대리를 안 경우 본인을 상대로 하여 계약의 이행을 청구할 수 있고, 본인도 대리인의 상대방에게 계약의 이행을 청구할 수 있다(Roy Goode, Commercial Law, third ed, Penguin, 2004, pp. 176－177).

150) Rory Derham, The Law of Set－off, third ed, Oxford University Press, 2003, paras. 2.36－2.12.

151) The New South Wales Law Reform Commission, para. 2.13.

152) Bank of Boston Connecticut v European Grain and Shipping Ltd [1989] 1 All E.R. 545.

153) Rory Derham, Equitable set－off: a critique of Muscat v Smith, L.Q.R. 2006, 122(Jul), p. 471.

154) Rory Derham, The Law of Set－off, third ed, Oxford University Press, 2003, para. 4.08.

155) [1973] 3 W.L.R. 556, [1974] Q.B. 233.

못하여 계약금액이 감액되는 경우와 ② 판매된 제품이나 완성된 물건에는 하자가 없지만, 제품의 인도가 지연되거나 계약의 이행의 과정에서 상대방의 재산을 손상하는 방법으로 상대방에게 손해를 야기하는 경우로 나누고 있다. 후자의 경우에는 자동채권이 수동채권과 동일한 계약으로부터 발생한 채권이 아니라고 하더라도 수동채권과 긴밀한 관련성이 있다는 이유로 형평법상 상계가 허용된다.

한편 Geldof Metaalconstructie NV v Simon Carves Limited 판결[156]에서는 위 판결을 지지하면서도 형평법상 상계의 요건을 좀 더 명확히 하기 위하여 그 요건을 형식적 요소(formal element)와 기능적 요소(functional element)로 나누고 있다. 여기서 형식적 요소란 상계의 대상인 채권들이 상호 밀접한 관련(close connection)이 있어야 한다는 것을 의미하고, 기능적 요소란 상계를 허용하지 아니하면 명백히 불공정(manifestly unjust)한 결과를 가져오는 경우를 의미한다. 위 판결의 사안에서 피고는 원고에게 건축공사에 대한 도급을 주면서 이와 별도로 원고로부터 자재를 공급받기로 하는 자재공급계약(supply contract)과 원고가 이 자재를 설치해 주기로 하는 설치계약(installation contract)을 체결하였다. 피고는 원고가 설치공사계약을 위반하였다고 주장하면서 자재공급계약에서 발생한 채무를 이행하지 아니하였고, 원고는 피고가 자재공급계약의 채무를 이행하지 아니하면 설치의무를 이행하지 아니하겠다고 주장하였다. 위 판결에서는 원고가, 피고가 자재공급계약상 채무를 이행하는 것을 조건으로 하여 자신의 설치의무를 이행하겠다고 답변함으로써, 양 채권이 비록 각 다른 계약으로부터 발생하였음에도 불구하고 양 채권 사이에 상호 긴밀한 관련이 발생하였고, 따라서 형평법상 상계가 허용된다고 보았다.

(3) 형평법상 상계의 실체법적 성격

보통법상 상계와 달리 형평법상 상계는 소송절차와 관계없이 행사할 수 있다. 보통법상 상계의 경우에는 판결이 있어야 비로소 상계의 효력이 발생하므로 판결이 있기까지 채무를 이행하지 아니하면 채무불이행책임을 부담한다. 하지만 형평법상 상계는 채무자가 반대채권을 가지고 상계권을 행사하면 수동채권이 소멸되므로 채무자는 반대채권을 공제한 나머지 금액만 채권자에게 지급하면 채무불이행책임을 부담하지 아니한다.[157] 이와 같이 형평법상 상계는 소송절차를 전제로 하지 아니하고 소송상 항변으로만 한정되지 아니한다는 점에서 실체법적 성격(substantive nature)을 갖고 있다고 설명되고 있다.[158]

(4) 운송계약에서의 예외

영국 판례에서는 항해용선계약(voyage charger)[159]에서 선박소유자의 화주에 대한 운임(freight)지급청구권과 화주의 선박소유자에 대한 운송물의 손상, 운송지연 등과 관련한 손해배

---

156) [2010] E.W.C.A. Civ 667.

157) Federal Commerce & Navigation Co. Ltd. v Molena Alpha Inc. [1978] Q.B. 927.

158) Fuller v Happy Shopper [2001] 1 W.L.R. 1681.

159) 항해용선계약은 당사자가 지정한 선적항과 목적항 사이에 당사자가 지정한 물품을 운송하기로 하는 화물운송계약을 의미한다.

상청구권 사이에서는 형평법상 상계가 허용되지 아니하고 있다.[160] 위와 같은 상계를 허용하면 부도적인 항변이 제기되거나 손해액의 산정을 위하여 운임의 지급이 지연되기 때문이다.[161] 이러한 경우에 화주는 보험회사로부터 우선적으로 보상받아야 하며, 만일 선박소유자에게 과실이 있다면 보험회사가 선박소유자에게 구상권을 행사하는 방법으로 문제를 해결해야 한다. 반면에 정기용선계약(time charter)[162]이나 나용선계약(demise charter)[163]에서 선박소유자의 용선자에 대한 용선료(hire)지급청구권과 용선자의 선박소유자에 대한 운송지연, 선적거부, 감항능력주의의무위반 등과 관련한 손해배상청구권 사이에서는 형평법상 상계가 허용된다.[164] 위와 같은 차이를 두는 이유가 명확하지 아니하다는 주장도 있지만, 이미 확립된 법리이므로 그대로 유지하는 것이 옳다는 주장도 있다.[165]

다. 상계계약(contractual set off)

보통법상 상계 또는 형평법상 상계의 요건을 충족하지 못하더라도 당사자 사이에 상계의 합의를 하면 상계권을 행사할 수 있다.[166]

라. 도산절차에서의 상계(set off in bankruptcy)

영국 도산법(Insolvency Act 1986) 제323조[167]에서는 파산절차가 개시된 때에 파산자와 파산채권자가 각 상대방에 대하여 갖고 있는 상호채권(mutual credits)이 상계된다고 규정하고 있고, 도산규칙(Insolvency Rules 1986) 제4.90조[168]에서도 회사의 청산(liquidation)과 관련하여 사실상 동일한 규정을 두고 있다.[169] 만일 도산절차에서 상계를 허용하지 아니하면 파산채권자는 자신의 채무의 전부를 이행해야 하지만 파산자로부터는 채무의 일부만 이행 받게 되므

---

160) Aries Tanker Corporation v Total Transport Ltd [1977] 1 Lloyd's Rep 334.

161) Bank of Boston Connecticut v European Grain and Shipping Ltd [1989] 1 All ER 545.

162) 용선자가 일정한 기간 동안 선장 등 항해능력을 갖춘 선박을 이용하고, 선박소유자에게 기간에 따른 용선료를 지급하는 계약을 정기용선계약이라고 한다. 정기용선계약에서는 용선자가 선박운항에 필요한 모든 비용을 부담한다.

163) 나용선계약은 선박임대차계약을 의미한다. 용선자는 일정 기간 선박을 사용할 권리만 있을 뿐이므로 용선자가 선장 등의 선원을 고용해야 한다.

164) Federal Commerce & Navigation Co. Ltd. v Molena Alpha Inc. [1978] Q.B. 927.

165) Rory Derham, The Law of Set−off, third ed, Oxford University Press, 2003, para. 5.16.

166) Ibid, para. 16.01.

167) (1) 본 규정은 파산절차가 개시되기 전에 파산자와 파산자의 채권자 사이에 상호 채권, 채무 또는 거래관계가 있고, 이 때의 채권이 파산채권인 경우에 적용된다. (2) 상호 간의 거래에서 발생한 청구는 공제되며, 상호 부담하고 있는 채권은 상계된다((1) This section applies where before the commencement of the bankruptcy there have been mutual credits, mutual debts or other mutual dealings between the bankruptcy and any creditor of the bankrupt proving or claiming to prove for a bankruptcy debt. (2) An account shall be taken of what is due from each party to the other in respect of the mutual dealings and the sums due from one party shall be set off against the sums due from the other).

168) (1) This Rule applies where, before the company goes into liquidation there have been mutual credits, mutual debts or other mutual dealings between the company and any creditor of the company proving or claiming to prove for a debt in the liquidation. (2) An account shall be taken of what is due from each party to the other in respect of the mutual dealings, and the sums due from one party shall be set off against the sums due from the other.

169) 「채무자 회생 및 파산에 관한 법률」 제416조에서는 파산채권자가 파산선고 당시 채무자에 대하여 채무를 부담하는 때에는 파산절차에 의하지 아니하고 상계할 수 있도록 규정하고 있지만, 파산선고와 동시에 자동적으로 상계의 효력이 발생하는 것은 아니다.

로 이러한 부당한 결과를 방지하기 위해서 도산절차에서의 상계가 허용되고 있다.[170] 위에서 말하는 상호채권은 파산자와 파산채권자가 서로 갖고 있는 채권을 의미할 뿐이며, 채권이 동시에 발생하거나 상호 관련이 있을 필요는 없다.[171] 더욱이 양 채권의 성질이 다르더라도 상계의 효력에는 영향이 없다. Stein v Blake 판결에 따르면 당사자는 상계여부를 선택할 수 없으며, 파산절차가 개시되는 즉시 자동적으로 상계의 효력이 발생한다. 또한 위 판결에서는 도산절차에서의 상계는 채권이 소멸되는 실체법적 효력이 있다는 점에서 일종의 담보적 기능(a form of security)을 수행하고 있다고 판시하고 있으며, 상계의 대상인 파산채권(bankruptcy debt)에는 장래 발생하는 채권, 조건부채권 또는 아직 금액이 확정되지 아니한 채권 등 파산자와 채권자 상호 간의 모든 채권이 포함된다고 하여 상계의 대상인 파산채권의 범위를 넓게 인정하고 있다.

마. 은행계좌의 상계(banker's set off 또는 combination of bank accounts)

은행의 고객이 은행에 대하여 여러 계좌를 갖고 있고, 이중 일부는 예금계좌이고 일부는 대출계좌인 경우에 은행은 두 계좌를 통합하여 잔액만을 남길 수 있다. 고객의 신용에 위험이 있다고 의심이 될 때, 은행이 상계권을 행사하여 고객의 예금계좌로부터 우선적으로 변제받을 수 있도록 하기 위하여 은행계좌의 상계가 인정되고 있다.[172]

3. 영국의 보통법상 상계의 적용의 가능성

가. 문제점

앞서의 논의에 따르면 자동채권과 수동채권의 준거법이 모두 영국법이거나 수동채권의 준거법이 영국법이면 상계의 준거법도 영국법이 된다. 그런데 법정지인 우리나라에서 상계의 준거법이 영국법이고 보통법상 상계가 적용된다면 다음과 같은 문제가 발생한다. 영국의 보통법상 상계는 소송이 진행된 후에 피고가 재판상 항변권으로만 사용할 수 있나는 점에서 절차법으로 분류되고 있지만 한국법상 상계는 채권을 소멸시키는 실체적 효력을 발생시키는 실체법이란 점에 의문이 없다. 그런데 '절차는 법정지법에 따른다.'는 원칙이 인정되고 있는 점에서 영국의 보통법상 상계를 절차법으로 보아서 그 적용을 배제해야 할 것인지 아니면 여전히 상계의 준거법으로 적용해야 할 것인지 문제된다.

나. 절차법과 실체법을 구분하기 위한 준거법

준거법이 영국법인 경우에는 영국의 국제절차법이 법정지인 한국법에로의 '숨은 반

170) Rory Derham, The Law of Set-off, third ed, Oxford University Press, 2003, para. 6.03. 그러나 파산절차에서의 상계를 허용하는 결과 그러한 파산채권자가 사실상 다른 일반채권에 비하여 우선변제를 받게 되는 것은 채권자평등의 원칙(*pari-pasu*)에 반한다는 지적도 있다(Ibid, para. 6.11).

171) Gye v McIntyre (1991) 171 C.L.R. 609, 623.

172) Rory Derham, The Law of Set-off, third ed, Oxford University Press, 2003, para. 15.02.

정'[173]을 한 것으로 보고 이에 따라 한국법을 적용해야 한다는 견해가 있다.[174] 그런데 이 견해에서 명시적으로 언급하지 않지만 보통법상 상계를 영국에서와 같이 절차법으로 보고 있다는 사실에서 ① 외국법이 실체법인지 절차법인지 문제되는 경우에 당해 외국법을 기준으로 하여 이를 결정해야 한다는 점과 ② 그 외국법에서 이를 절차법으로 보는 경우에는 이를 국내에서 적용해서는 안 되며 이에 상응하는 국내의 실체법을 적용해야 한다는 점을 전제로 하고 있다. 그러나 사견으로는 준거법이 외국법이라도 그 외국에서 이를 실체법과 절차법 중 어느 법으로 구별하는지에 관계없이 우리 법의 독자적 입장에서 판단해야 한다고 본다.

그 이유는 다음과 같다. 첫째 '절차는 법정지법에 따른다.'는 원칙이 인정되고 있는 이유 중 하나는, 절차법은 전체 법률 중에서 기술적 성격을 가장 강하게 갖고 있어서 법관이 외국의 절차법을 인지하기 어려우며, 일부 인지할 수 있는 부분이 있다고 하더라도 상호 밀접하게 관련되어 있어서 그 부분만 분리하여 적용하는 것이 바람직하지 않고, 법원의 구조도 자국의 절차법을 실행하기 적합하게 형성되었기 때문에 외국 절차법을 적용하기 어렵기 때문이다.[175] 즉 위 원칙은 법정지 법원의 편의를 위하여 인정되고 있으므로 절차법이 무엇인지는 그 편의를 향수하는 법원이 소재한 법정지법에 따르도록 하는 것이 타당하다. 둘째 절차법과 실체법의 구분이 그 준거법에 따라서 달라진다면 동일한 제도라고 하더라도 어느 국가에서 실체법으로 보고 있다면 법정지에서 적용되지만, 절차법으로 보고 있다면 적용이 배제되는 결과가 발생하므로 법적용의 통일성이 결여되는 문제가 발생하는데, 이는 또한 법원의 편의를 해하는 결과를 가져온다.

다. 절차법과 실체법의 구분기준

'절차는 법정지법에 따른다.'는 원칙이 인정되는 주된 이유는 법원의 편의와 공정한 권리 실현이란 점은 이미 언급한 바와 같다. 이러한 이념의 달성을 위하여 절차법은 실체적 권리에 영향을 끼쳐서는 안 되며, 오직 실체적 권리의 실현에 조력해야 한다. 즉 '실체적 권리관계의 결정에 영향(outcome determinative effect)을 끼치는 법'을 실체법으로 분류해야 한다. 실체법과 절차법의 성격이 중첩된 경우에 실체적 권리관계의 결정에 영향을 끼치는 경우에 해당하므로 원칙적으로 이를 실체법으로 처리해서 준거법인 외국법을 적용하는 것이 타당하다. 왜냐면 이를 절차법으로 처리하여 법정지법을 적용하게 되면 실체법적 성격으로 인하여 이미 발생된

173) 또는 '간접적 반정'이라고도 한다. 국제사법 제9조 제1항에서는 "이 법에 의하여 외국법이 준거법으로 지정된 경우에 그 국가의 법에 의하여 대한민국 법이 적용되어야 하는 때에는 대한민국의 법에 의한다"고 규정하여 반정(revoi)을 인정하고 있다. 이러한 국제사법의 입장은 반정을 명시적으로 인정하지 않고 있는 위 로마협약 제15조의 입장과 상치된다. 그런데 영국과 미국에서는 국제재판관할규정에 준거법이 간접적으로 지정되어 있는 경우가 있다. 즉 관할법원으로 지정된 법정지의 법이 준거법으로 지정된다. 이러한 경우 준거법을 명시적으로 지정하지 아니하고 어느 나라 법원이 재판관할을 가지는지에 관하여만 규율되고 있다. 만일 우리나라의 국제사법이 위와 같은 국가의 법을 준거법으로 지정하였는데, 위 국가의 법이 우리나라 법원의 국제재판관할을 인정하고 있다면, 이러한 국제재판관할의 지정 속에 숨겨진 저촉규정에 의한 반정을 인정하여 우리나라법을 적용해야 한다는 원칙이 '숨은 반정'이다. 우리 대법원은 위 국제사법 제9조 제1항을 근거로 하여 위 '숨은 반정'의 법리를 받아들이고 있다(대법원 2006.5.26. 선고 2005므884).

174) 이호정, 국제사법, 경문사, 1988, 321쪽.

175) Fawcett, p. 68.

실체적 권리관계에 변화를 가져오고 당사자가 의도한 바와 다른 결과를 가져오기 때문이다. 보다 상세한 내용은 관련 부분을 참조.

라. 영국의 보통법상 상계의 처리

한국법의 관점에서 영국의 보통법상 상계를 보았을 때, 상계의 효과로서 자동채권과 수동채권이 대등액에 관하여 소멸한다는 점에서는 실체법적 성격을 갖고 있지만, 이러한 상계는 원고가 개시한 소송절차에서 피고가 재판상 항변권으로만 행사될 수 있다는 점에서 절차법적 성격을 갖고 있다. 결국 보통법상 상계는 절차법과 실체법의 성격이 중첩된 경우에 해당하고, 앞서 논의한 기준을 여기에 적용해 보면 이를 실체법으로 분류하여 법정지가 한국이라고 하더라도 보통법상 상계를 적용해야 한다. 그러나 보통법상 상계의 행사를 위해서는 소송이 진행되어야 하고, 소송상 항변권으로만 행사될 수 있으며, 상계의 효력도 판결이 선고될 때에 발생한다는 점은 절차법적 성격을 갖고 있으므로 적용이 배제되어야 한다. 대법원 2015.1.29. 선고 2012다108764 판결에서도 "영국법상의 상계 제도는 보통법상 상계(legal set－off, 법률상 상계라고도 한다)와 형평법상 상계(equitable set－off)가 있는데, 그중 보통법상 상계는 양 채권 사이의 견련관계를 요구하지 않는 등 형평법상 상계와 비교하여 상계의 요건을 완화하고 있지만 소송상 항변권으로만 행사할 수 있어 절차법적인 성격을 가진다고 해석된다. 그러나 영국 보통법상 상계 역시 상계권의 행사에 의하여 양 채권이 대등액에서 소멸한다는 점에서는 실체법적인 성격도 아울러 가진다고 할 것이므로 상계의 요건과 효과에 관하여 준거법으로 적용될 수 있다."고 판시하고 있다.

제 3 절 채권자취소권의 준거법

Ⅰ. 들어가기

불성실하고 악의적인 채무자가 자신의 재산을 제3자에게 양도하여 그 책임재산을 감소시켰다면 금전채권자는 양도된 책임재산을 채무자에게 회복시켜서 이로부터 금전채권을 만족받을 필요가 있다. 이를 위하여 민법 제406조에서는 "채무자가 채권자를 해함을 알고 재산권을 목적으로 한 법률행위를 한 때에는 채권자는 그 취소 및 원상회복을 법원에 청구할 수 있다."라고 채권자취소권을 규정하고 있다.[176] 채권자취소권은 고대 로마에서는 actio pauliana에 기원을 두고 있다. 이러한 로마법은 근대에 프랑스 나폴레옹 민법(Code Napoléon) 제1167조에서 처음 입법화되었고, 이때의 입법내용은 현재도 그대로 유지되고 있다. 이러한 입법이

176) 사법연감에 따르면 제1심에 접수된 채권자취소소송의 건수는 2002년 4,817건에서 2014년 7567건으로 대폭 증가하고 있다.

있은 후에 독일, 이태리, 스페인, 네덜란드, 스위스 등 유럽 각 국이 동일 또는 유사한 내용으로 채권자취소제도를 받아 들였고 영국과 미국도 로마법의 영향으로 채권자취소제도를 갖고 있다.

채권자취소권에는 다양한 법률관계와 이해관계가 있고 이로 인하여 다양한 연결요소(connecting factor)가 존재하는데, 이 중 하나의 연결요소만으로 선뜻 하나의 준거법을 결정하기가 쉽지 않다. 채권자취소권과 관련하여 기본적으로 채권자 · 채무자 · 수익자 등 3명의 당사자가 존재하고 채권자와 채무자 사이의 법률관계(이하 '피보전채권'이라고 한다), 채무자와 수익자 사이의 법률관계(이하 '사해행위'라고 한다), 채권자와 수익자 사이의 법률관계 등 3개의 법률관계가 존재하며,[177] 이러한 복수의 당사자 사이의 법률관계에 더하여 채권자와 채무자 사이의 법률관계에서 수익자는 제3자이고 채무자와 수익자 사이의 법률관계에서 채권자는 제3자에 해당한다.

이러한 다수의 법률관계는 채권자취소권의 법적 성질을 애매하게 만들고 결과적으로 채권자취소권의 준거법에 관한 저촉규정을 두는 것을 어렵게 만든다. 또한 채권자취소권은 채권자에게 이익이 되지만 채무자와 수익자에게는 계약의 자유와 수익자의 재산권을 제한하는 결과를 가져온다는 점에서는 채권자와 수익자의 이해관계가 정면으로 충돌하고,[178] 이로 인하여 국제사법상 준거법 결정의 원칙인 가장 밀접한 관련성[179]을 찾는데 매우 큰 어려움을 주고 있다.[180]

Ⅱ. 채권자취소권이 실체법인지 절차법인지 여부

1. 문제제기

실체법(substantive law)은 당사자의 합의 또는 국제사법에 의하여 결정된 준거법(lex causae)[181]이 적용되지만 '절차는 법정지법에 따른다.'는 원칙에 의하여 실체에 외국법이 적용되더라도 절차법(procedural law 또는 adjective law)은 법정지법(lex fori)이 적용된다.[182] 채권자취소권은 채무자와 수익자 사이의 법률행위의 효력을 소멸시켜서 양도된 재산을 채무자에게 회복시킨다는 점에서 실체법적 성질을 갖고 있다. 반면에 채권자취소권이 인정되는 이유는 채

177) Ilaria Pretelli, Cross-Border Credit Protection Against Fraudulent Transfers of Assets, Yearbook of Private International Law, Volume 13(2011), p. 610.

178) 헌재 2007.10.25. 2005헌바96; 지원림, 민법강의, 홍문사, 2013, 1126쪽.

179) 국제사법은 '가장 밀접한 관련이 있는 국가의 법이 준거법이 되어야 한다'는 원칙을 명시적으로 선언하고 있지 않지만, 제8조 제1항에서 "이 법에 의하여 지정된 준거법이 해당 법률관계와 근소한 관련이 있을 뿐이고, 그 법률관계와 가장 밀접한 관련이 있는 다른 국가의 법이 명백히 존재하는 경우에는 그 다른 국가의 법에 의한다"고 규정하고, 제26조 제1항에서 "당사자가 준거법을 선택하지 아니한 경우에 계약은 그 계약과 가장 밀접한 관련이 있는 국가의 법에 의한다" 고 규정하여 위 원칙을 간접적으로 선언하고 있다.

180) Cornelis/Mathilde, Law and Reality: Essays on National and International Procedural Law, Martinus Nijhoff Publishers, 1992, p. 90.

181) 당사자의 합의에 의하여 지정된 준거법을 '주관적 준거법', 국제사법의 저촉규정에 의하여 지정된 준거법을 '객관적 준거법'이라고도 한다.

182) 대법원 1997.5.9. 선고 95다34385 판결.

권자가 수익자에게 양도된 채무자의 재산에 대하여도 여전히 강제집행 할 수 있도록 하는데 있으므로 채권자취소권은 절차적 목적을 갖고 있을 뿐만 아니라 채권자취소권은 법원에 대한 소제기의 방식으로만 권리를 행사할 수 있다는 점에서도 절차법적 성질을 갖고 있다. 이와 같이 채권자취소권이 실체법과 절차법의 성격을 모두 갖고 있는 점[183]에서 채권자취소권의 준거법을 결정하기 위해서는 채권자취소권이 어느 쪽에 속하는지 먼저 결정해야 한다.[184]

2. 채권자취소권의 경우

위와 같은 기준을 채권자취소권에 적용하면 채권자취소권은 원칙적으로 실체법으로 분류해야 한다. 하지만 이익형량의 기준을 적용할 필요가 있으므로 이를 최종결론이라고 보기 힘들다. 먼저 채권자취소권이 소제기의 방식으로 행사되어야 한다는 점은 어떤 절차적 이익이 봉사하기 위한 것이라기보다는 권리행사의 방식에 불과하므로 채권자취소권의 실체법적 성질을 뒤집기에 부족하다.[185] 그리고 채권자취소권은 궁극적으로 강제집행을 위한 제도라는 점에서 절차법적 성격을 갖고 있지만 채권자취소권이 강제집행 자체는 아니며 강제집행을 가능하도록 하는 기술에 불과하기 때문에 채권자취소권의 절차법적 성질은 매우 미약하다.[186] 오히려 채권자취소권은 부인권과 같이 도산절차 내에서의 권리가 아니라 도산절차 밖에서 채무자로부터 이탈된 재산을 회복하는 것이란 점에서도 실체법적 성질을 강하게 갖고 있다.[187] 따라서 채권자취소권은 실체법으로서 법정지법이 아닌 국제사법의 원칙에 따라서 지정된 국가의 법이 채권자취소권의 준거법으로 지정되어야 한다.

---

183) 이순동, 채권자취소권, 육법사, 2012, 112쪽; Ilaria Pretelli, Cross-Border Credit Protection Against Fraudulent Transfers of Assets, Yearbook of Private International Law, Volume 13(2011), p. 610. 프랑스에서도 채권자취소권을 실체법과 절차법이 중복된 제도로 보고 있다고 한다(김천수, "채권자취소권의 법적 성질", 성균관법학 제17권 제3호(2005.12), 246-247쪽).

184) 스위스에서는 채권자취소권이 실제로 파산절차에서만 허용되기 때문에 스위스 국제사법 제171조에서는 분쟁의 실체에 적용되는 준거법에 관계없이 채권자취소권에 관하여 스위스 파산법 제285조 내지 제291조가 적용되도록 규정하고 있다. 영국의 Paramount Airways Ltd (In Administration), Re [1992] Ch 160 판결에서도 채권자취소권에 관하여 법정지법을 적용해야 한다고 보고 있고, 영국 학계도 이에 찬성하는 입장으로 보인다(Collins, para. 31-049; Ian F. Fletcher, Insolvency in Private International Law, Oxford, 2005, para. 2.82). 그런데 영국에서 법정지법을 적용한 이유는 채권자취소권을 절차법으로 성질결정 했기 때문이 아니라 영국법의 명문규정의 내용을 이유로 한다. 영국의 채권자취소권을 규정하고 있는 Insolvency Act 1986 제423조 제1항에서는 "본조는 낮은 가격으로 이루어진 거래에 적용된다. 다음과 같은 경우에 일방이 타방과 이러한 거래를 한 것으로 본다"(This section relates to transactions entered into at an undervalue; and a person enters into such a transaction with another person if-)고 규정하고 있는데, 여기서 'another person'의 범위를 제한을 두고 있지 않고 부인권에 관한 제339조 제1항에서는 위와 사실상 동일한 규성을 두면서 'any person'이라고 규정하고 있으므로 제423조는 누구에게도 적용된다고 해석된다는 것이다. 그러나 모든 사건에서 법정지법을 적용하게 되면 부당한 결과가 발생할 수 있으므로 위 판결에서는 피고가 영국과 충분한 관련이 있는 경우에만 법원이 재판권을 행사할 수 있다고 판시하였다. 구체적으로 재산이 외국에 있다고 하더라도 피고가 영국의 거주자이거나 영국회사인 경우, 피고가 영국에서 사업을 수행하고 사건이 그 사업과 관련이 있는 경우, 피고가 외국국적이거나 외국에 거주하더라도 문제된 부동산이 영국에 소재하는 경우에는 피고가 영국과 충분한 관련이 있다. 그러나 사해행위 당시에 피고가 영국에 소재하였지만 그러한 소재가 우연적이거나 사해행위와 관련이 없는 경우 또는 다국적 기업의 경우에 영국에서 사업을 수행하더라도 문제된 행위는 모두 해외 사무소에서 이루어진 경우에는 피고가 영국과 충분한 관련이 없다.

185) 이러한 결론이 국내의 일반적 견해라고 한다(김천수, "채권자취소권의 법적 성질", 성균관법학 제17권 제3호(2005.12), 242쪽).

186) Ilaria Pretelli, Cross-Border Credit Protection Against Fraudulent Transfers of Assets, Yearbook of Private International Law, Volume 13(2011), p. 594.

187) 김용진, "민법과 민사법의 관계 재정립과 입법론적 고찰", 비교사법 제20권 제1호(2013), 147쪽.

Ⅲ. 채권자취소권의 준거법에 대한 주장과 그에 대한 비판

1. 피보전채권의 준거법(lex obligationis)이라는 주장

채권자취소권은 채권의 효력이고 채권의 효력은 그 채권에 적용되는 법에 의하여 결정되므로 피보전채권에 관한 법이 채권자취소권의 준거법이 된다는 주장이 있다.[188] 채권은 채권자취소권의 필요불가분의 조건이란 점에서 위와 같은 주장이 설득력이 있어 보이지만 이에 대하여 아래와 같은 비판이 가능하다.

첫째 채권의 상대적 효력으로 인하여 채권은 채권자와 채무자에 대한 구속력이 있을 뿐이지 제3자에 대하여는 그 효력을 주장할 수 없다. 그런데 피보전채권과 관련하여 수익자는 채권자와 아무런 법률관계가 없는 제3자에 불과하므로 채권자가 자신의 채권을 근거로 하여 제3자인 수익자에게 권리를 행사하는 것은 부당하고,[189] 결국 채권자취소권을 채권의 효력으로 보는 위 견해에는 오류가 있다. 비록 우리 민법에서 채권자취소권을 채권의 효력에 관한 장에서 함께 규정하고 있지만, 채권의 상대적 효력을 고려할 때 채권자취소권을 채권의 본질적 효력으로 볼 수 없다는 점은 우리 법에서도 마찬가지이므로 채권자취소권을 법률규정에 의하여 그 권리가 발생하는 법정채권으로 보는 것이 타당하다.

둘째 채권자취소권이 채권자의 이익을 보호하기 위한 제도이지만, 채권자취소권에는 채무자의 계약체결의 자유와 수익자의 예견가능성이라는 이익도 관련되어 있는데, 채권자취소권의 준거법의 결정에 있어서 오직 채권자 측의 사정만을 고려하는 것은 부당하다.[190]

셋째 채권자의 채권에 적용되는 법이 채권자취소권의 준거법이 된다면 수익자는 그러한 법에 의해서만 보호될 수 있는데, 수익자로서는 채무자의 모든 채무를 사전에 파악할 수 없기 때문에 채권자취소권의 준거법을 사전에 파악하는 것도 불가능하다. 따라서 피보전채권에 적용되는 법을 채권자취소권의 준거법으로 한다면 수익자에게는 그에 대한 예견가능성이 없다는 문제가 있다.[191]

2. 사해행위의 준거법(lex contractus)이라는 주장

채권자취소권의 행사에 의하여 채무자와 수익자 사이의 계약의 효력이 소멸되므로 채권자취소권은 계약의 효력의 문제이고, 계약의 효력은 당해 계약에 적용되는 법에 따르므로 사해행위에 적용되는 법이 채권자취소권의 준거법이 되어야 한다는 주장이 있다.[192] 대법원

---

188) Ilaria Pretelli, Cross-Border Credit Protection Against Fraudulent Transfers of Assets, Yearbook of Private International Law, Volume 13(2011), pp. 631-632.

189) Ibid, p. 632.

190) Kenneth C. Kattering, Codifying a Choice of Law Rule for Fraudulent Transfer: A Memorandum to the Uniform Law Commission, ABI Law Review Vol. 19: 319, p. 355.

191) Ilaria Pretelli, Cross-Border Credit Protection Against Fraudulent Transfers of Assets, Yearbook of Private International Law, Volume 13(2011), pp. 632-633.

192) Ibid, p. 630. 최근 폴란드 대법원도 사해행위에 적용되는 법이 채권자취소권의 준거법이 된다고 판시하였다. 이 사건에서 독일에 거주하는 독일인은 독일에 거주하는 폴란드인으로부터 폴란드에 소재하는 부동산을 4만 유로에 양수하기로

2016.12.29. 선고 2013므4133 판결에서는 “채권자취소권의 행사에서 피보전권리는 단지 권리행사의 근거가 될 뿐이고 취소 및 원상회복의 대상이 되는 것은 사해행위이며, 사해행위 취소가 인정되면 채무자와 법률행위를 한 수익자 및 이를 기초로 다시 법률관계를 맺은 전득자 등이 가장 직접적으로 이해관계를 가지게 되므로 거래의 안전과 제3자의 신뢰를 보호할 필요도 있다. 이러한 요소 등을 감안하면, 외국적 요소가 있는 채권자취소권의 행사에서 가장 밀접한 관련이 있는 국가의 법은 취소대상인 사해행위에 적용되는 국가의 법이다.”라고 판시하여 채무자와 수익자 사이의 법률관계에 적용되는 법이 채권자취소권의 준거법이 된다는 입장이다.[193] 현행 독일의 채권자취소권법[194] 제19조에서도 “외국과 관련이 있는 경우에 법률행위의 취소권에 관하여는 그 법률행위의 효력을 규율하는 법을 준거법으로 한다.”(Bei Sachverhalten mit Auslandsberührung ist für die Anfechtbarkeit einer Rechtshandlung das Recht maßgeblich, dem die Wirkungen der Rechtshandlung unterliegen)고 규정하여 사해행위에 적용되는 법을 채권자취소권의 준거법으로 보고 있다.[195] 그러나 이에 대하여도 아래와 같은 비판이 가능하다.

첫째 채권자취소권은 사해행위의 제3자인 채권자에게 발생하는 권리이므로 사해행위의 ‘내부’로부터 발생하는 채권과 채무의 본질적 내용이 될 수 없고, 사해행위의 ‘외부’인 법률규정에 따라서 발생하므로 사해행위에 적용되는 법이 사해행위의 제3자인 채권자에 대하여 적용되는 것은 부당하다.[196] 채권자취소권이 채무자와 수익자 사이의 계약에서 발생한 채무의 이행을 구하는 소송이 아니란 점에서 더욱 그러하다.[197]

둘째 사해행위에 적용되는 법이 채권자취소권의 준거법이 된다면, 채무자는 수익자와의 준거법의 합의를 통하여 채권자취소권을 인정하지 아니하는 국가의 법 또는 채권자취소권의 요건을 엄격히 규정하고 있는 국가의 법을 준거법으로 지정함으로써 채권자취소권의 적용으

합의했지만, 양도인은 이러한 합의를 이행하지 아니하고 자신의 아버지에게 부동산을 양도하였다. 이에 양수인은 폴란드 법원에 채권자취소소송을 제기하였다. 이에 대하여 폴란드 대법원은 계약의 효력을 규율하는 법이 채권자취소권을 규율하는 것이 합당하고, 관계 당사자의 이익에 모두 적합하다는 이유로 사해행위에 적용되는 법을 채권자취소권의 준거법으로 보았다(Michał König, Law Applicable to Actio Pauliana before Polish Supreme Court Judgment of the Supreme Court－Civil Chamber of 29 November 2012, Docket No. II CSK 96/12, available at http://polishprivatelaw.pl/law－applicable－to－actio－pauliana－before－polish－supreme－court－judgment－of－the－supreme－court－civil－chamber－of－29－november－2012－docket－no－ii－csk－9612/).

193) 이 사건에서는 관련자인 채권자, 채무자, 수익자 모두가 러시아인인데, 채권자와 채무자 사이의 계약은 러시아에서 체결되었지만, 채무자와 수익자 사이에서는 대한민국에 있는 부동산에 관하여 대한민국에서 계약이 체결되었다. 이러한 사안에서 제1심 판결에서는 당사자의 소재지, 사해행위의 장소, 부동산의 소재지 등 여러 요소가 대한민국 안에 존재한다는 이유로 한국 민법을 준거법으로 본 반면에, 제2심 판결에서는 누적적용설에 따라서 피보전채권의 준거법인 러시아법과 사해행위의 준거법인 한국법을 모두 적용하면서 러시아법에는 채권자취소권이 존재하지 않는다는 이유로 원고의 채권자취소청구를 받아들이지 아니하였다.

194) 19세기에 통일된 독일은 1879년 「파산절차 외에서 채무자의 법률행위의 취소에 관한 법률」(Gesetz betreffend die Anfechtung von Rechtshandlungen eines Schuldners außerhalb des Konkursverfahrens)을 제정하기 전까지 파산절차 외에서의 채권자취소권이 인정되지 않았으며, 단지 파산법상의 부인권만을 인정하였다. 위 법에서는 채권자취소권의 정확한 성격을 규정하지 않았지만 취소의 효력이 상대적이란 점에 대하여는 큰 이견이 없었고, 1999년부터 시행된 현행 법인 「도산절차 외에서 채무자의 법률행위의 취소에 관한 법률」(Gesetz über die Anfechtung von Rechtshandlungen eines Schuldners außerhalb des Insolvenzverfahrens)에서는 위와 같은 취지의 규정을 두고 있다.

195) Ilaria Pretelli, Cross－Border Credit Protection Against Fraudulent Transfers of Assets, Yearbook of Private International Law, Volume 13(2011), pp. 632－633.

196) Ibid, p. 630.

197) Ibid.

로부터 벗어날 수 있는 문제가 있다.198)

셋째 채권자취소권은 수익자에게 이전된 채무자의 재산에 대하여 강제집행을 실시하기 위한 권리로서 그 취소는 상대적 효력에 불과하므로 착오 · 사기 · 강박과 같은 의사표시에 하자가 있는 경우나 법률행위의 효력에 관한 문제가 아니다.199) 의사표시의 하자에 의한 취소와 채권자취소권은 '취소'라는 용어만 동일할 뿐이고, 목적 · 요건 · 효과를 달리하는 별개의 제도이다.

3. 채무자의 소재지법이라는 주장

미국에서는 채권자취소권에 관한 각 주의 법을 통일하기 위하여 미국통일법위원회(Uniform Law Commission)가 1918년 Uniform Fraudulent Transfer Act(UFTA)를 마련한 후, 1984년 같은 이름의 법에 의하여 대체되었다. 그리고 1984년 UFTA는 2014년 Uniform Voidable Transaction Act(UVTA)200)로 개정되었다.201) 2014년 개정된 UVTA의 주된 개정이유는 UFTA에 채권자취소권의 준거법에 관한 규정을 추가하는데 있었다. UVTA 제10조202)에서는 채무자의 소재지법을 채권자취소권의 준거법으로 지정하고 있다. 이와 같이 채무자의 소재지법을 채권자취소권의 준거법으로 지정하게 되면, 채권자는 채무자의 소재지를 알고 있으므로 채권자취소권의 준거법에 대한 예견가능성이 있고, 수익자도 채무자의 소재지를 알고 있으므로 채권자취소권의 준거법에 대한 예견가능성이 있기 때문이다.203) 또한 채무자의 소재지법에 따르게 되면 수명의 채권자 또는 다수의 재산이 여러 국가에 소재하는 경우에도 관련 국가의 법을 모두 적용할 필요 없이 하나의 국가의 법만을 적용할 수 있기 때문이다.204) 이에 대하여도 다음과 같은 비판이 가능하다.

---

198) Ibid, pp. 630－631; Thomas H. Day, Solution for Conflict of Laws Governing Fraudulent Transfers: Apply the Law that was Enacted to Benefit the Creditors, Business Lawyer May, 1993, pp. 898－899.

199) 김재형, "채권자취소권의 본질과 효과에 관한 연구", 인권과 정의 제329호(2004), 110－111쪽.

200) 채권자취소의 효과에 관하여는 UVTA 제7조에서 규정하고 있는데, 채권자는 자신의 채권의 한도에서만 취소할 수 있고(avoidance of the transfer or obligation to the extent necessary to satisfy the creditor's claim), 법원이 사해행위를 취소하더라도 대륙법계와 마찬가지로 상대적 효력에 불과하므로 채무자와 수익자 사이에서는 여전히 효력을 유지하고, 채권자는 수익자에게 이전된 채무자의 재산에 대하여 강제집행을 할 수 있음에 그친다(Official Comment of Section 7, UNIFORM VOIDABLE TRANSACTIONS ACT, available at http://www.uniformlaws.org/shared/docs/Fraudulent%20Transfer/2014_AUVTA_Final%20Act.pdf).

201) 미국의 각 주가 통일법을 받아들여서 입법을 한 현황에 관하여는 미국통일법위원회(Uniform Law Commission)의 웹사이트인 http://www.uniformlawcommission.com/에서 확인할 수 있다.

202) 제10조 준거법(SECTION 10. GOVERNING LAW) (a) 본 조에서 다음의 규칙은 채무자의 장소를 결정한다(In this section, the following rules determine a debtor's location): (1) 자연인인 채무자는 그 자연인의 주된 거주지에 소재한다(A debtor who is an individual is located at the individual's principal residence). (2) 채무자가 법인이고 영업소가 하나인 경우에는 그 영업소 소재지에 소재한다(A debtor that is an organization and has only one place of business is located at its place of business). (3) 채무자가 법인이고 영업소가 여럿인 경우에는 그 본부 영업소에 소재한다(A debtor that is an organization and has more than one place of business is located at its chief executive office). (b) 본 법에서 규정하고 있는 구제방법과 같은 성격을 갖고 있는 구제방법에 대하여는 양도가 일어나거나 채무를 부담할 당시 채무자가 소재한 곳의 법을 적용한다(A claim for relief in the nature of a claim for relief under this [Act] is governed by the local law of the jurisdiction in which the debtor is located when the transfer is made or the obligation is incurred).

203) Kenneth C. Kattering, Codifying a Choice of Law Rule for Fraudulent Transfer: A Memorandum to the Uniform Law Commission, ABI Law Review Vol. 19: 319, p. 352.

204) Ibid.

첫째 '준거법의 선택'의 정당성은 당사자이익, 거래이익, 질서이익 세 가지의 평가요소를 가지고 있는바, 그 중 당사자이익은 혼인 · 이혼 · 상속 · 권리능력 · 행위능력과 같은 인격적으로 관계된 사항에 대하여 그와 가장 밀접한 관련이 있는 법의 적용을 받을 이익을 의미한다.[205] 사람의 인격과 관련된 사항은 그 사람의 국적 또는 소재지가 가장 밀접한 관련이 있으므로 국제사법 제11조 이하 그리고 제36조 이하에서는 사람의 인격과 친족 및 상속과 관련하여 본국법 또는 소재지법을 중심으로 하여 준거법을 지정하고 있다. 그러나 채권자취소권은 재산적 이익에 관한 권리이므로 이를 당사자의 이익으로 볼 여지가 없다.

둘째 국제사법 제27조와 제28조는 소비자계약과 근로계약를 보호하기 위한 특별규정으로서 소비자와 근로자라는 사회적 약자를 보호하기 위한 특별한 목적을 위하여 소비자와 근로자의 상거소지법을 그 준거법으로 지정하고 있다. 채권자취소권의 경우에는 채무자나 다른 당사자에 대한 사회적 보호의 필요성으로 인하여 인정되는 권리가 아니므로 이러한 측면에서도 채무자의 소재지법을 채권자취소권의 준거법으로 보는 것은 부당하다.

셋째 국제사법 제26조 제1항에서는 계약과 가장 밀접한 관련이 있는 국가의 법을 계약의 객관적 준거법으로 지정하고 있고, 제2항에서는 당사자가 소위 '특징적 이행'(specific performance)을 행하여야 하는 경우에는 계약체결 당시 그의 상거소가 있는 국가의 법(당사자가 법인 또는 단체인 경우에는 주된 사무소가 있는 국가의 법)을 가장 밀접한 관련이 있는 법으로 추정하고 있다. 특징적 이행은 채무자가 이행해야 하므로 채무자의 소재지가 통상적으로 계약의 이행과 가장 밀접한 관련이 있기 때문이다. 그런데 채권자취소권은 수익자에게 원상회복을 청구하는 것일 뿐 채무자에게 특징적 이행을 청구하는 것이 아니므로 채무자의 소재지와 채권자취소권 사이에는 아무런 관련이 없고 채무자의 소재지법을 채권자취소권의 준거법으로 보는 것은 준거법 선택에 편의를 제외하면 그 정당성을 찾기 힘들다.[206]

넷째 미국은 각 주(州)마다 법률이 다르므로 위와 같은 통일법을 각 주가 받아들여서 널리 인식되면 주(州)간 거래에서 당사자는 채권자취소권의 준거법에 대하여 충분히 예견할 수 있을 것이다. 그러나 국제거래에서는 나라마다 채권자취소권의 준거법 결정의 원칙이 다르고 더욱이 채무자의 소재지를 채권자취소권의 준거법으로 지정한 입법이나 판례도 보기 힘든 상황에서, 국제거래의 당사자가 사해행위와 아무런 관련이 없는 채무자의 소재지가 채권자취소권의 준거법이 되리라고 예견할 것이라고 기대하기는 힘들다. 따라서 준거법에 대한 당사자의 예견가능성이 중요한 요소이지만 채무자의 소재지법을 준거법으로 하는 것은, 국제거래에서는 준거법의 예견가능성을 높이는 것이 아니라 오히려 낮추는 결과를 가져올 수 있다.

205) 이호정, 국제사법, 경문사, 1988, 1988, 16－33쪽.

206) Thomas H. Day, Solution for Conflict of Laws Governing Fraudulent Transfers: Apply the Law that was Enacted to Bencfit the Creditors, Business Lawyer May, 1993, pp. 893－894.

4. 양도된 재산의 소재지법(lex situs)이라는 주장

채권자취소권은 채무자의 책임재산으로부터 이탈된 재산을 채권자가 담보재산으로 회복시키는 제도이므로 일종의 담보권의 실행으로 볼 수 있다는 점에서 양도된 재산의 소재지법이 채권자취소권의 준거법이 되어야 한다는 주장이 있다.[207] 이와 유사하게 일본에는 채권자취소권이 채무자가 수익자에게 양도한 재산의 귀속의 문제이므로 대상 재산의 권리에 적용되는 법이 채권자취소권의 준거법이 되어야 한다는 주장이 있다.[208]

물권은 물건 자체로부터 발생하는 권리이고, 물권은 국가질서의 하나의 체계에 해당하기 때문에 당사자가 임의로 새로운 물권을 창출할 수 없다는 물권법정주의가 인정되고 있다. 이러한 이유로 물건의 소재지에서 인정되지 아니하는 물권을 인정할 수 없으므로 국제사법 제19조에서는 물권에 관하여 원칙적으로 물건의 소재지법을 물권의 준거법으로 지정하고 있다.[209] 비록 채무자의 재산이 일반채권자에 대한 담보로서의 성격을 갖고 있지만 채권자취소권이 물권법에서 인정하고 있는 담보권은 아니다.[210] 따라서 채권자취소권을 담보권과 유사한 성격으로 보거나 물권의 득실에 관한 권리로 봐서 양도된 재산의 소재지법을 채권자취소권의 준거법으로 보는 것은 부당하다.

5. 선의의 당사자의 법률관계에 적용되는 법

채권자취소권에서 피보전채권과 사해행위가 가장 보호되어야 하는 것으로 보고서, 피보전채권에 적용되는 법과 사해행위에 적용되는 법 중에 선의의 당사자가 적용될 것으로 예상한 법을 채권자취소권의 준거법으로 보자는 견해가 있다.[211] 이때 선의는 개별적 사안마다 결정되므로 준거법 결정의 유연성도 확보할 수 있다는 것이다.[212] 그러나 실질법에서는 '법의

---

207) Ilaria Pretelli, Cross-Border Credit Protection Against Fraudulent Transfers of Assets, Yearbook of Private International Law, Volume 13(2011), p. 600.

208) 일본의 저촉법인 법례(法例)에서는 채권자취소권의 준거법에 관한 규정을 두고 있지 않지만, 1995년 법례의 개정시안에서는 채권자취소권의 준거법에 관한 규정을 두고자 하는 시도가 있었다. 갑안은 채권자취소권에서의 문제의 중심은 사해행위의 대상으로 된 재산의 귀속이라는 관점에서 채무자가 처분의 대상으로 삼은 권리의 준거법에 의하는 것으로 하였다. 한편 을안은 채권자취소권은 일반적으로 재판 외에서 이를 행사하는 것은 인정되어 있지 않고, 그 의미에서 재판절차와 불가분의 관계에 있으므로 법정지법을 준거법으로 보았다(장준혁, "일본의 1989년 개정법례 및 1995년 개정시안에 대한 개관, 국제사법연구", 이호정 교수 화갑기념논문집 제3호(1998), 196-197쪽). 그런데 채권자취소권의 준거법에 관한 외국의 입법례가 거의 없어서 법례에서는 끝내 관련규정을 두지 않았다(櫻田嘉章/道垣内正人, 「注釈国際私法 第1巻」, 有斐閣コンメンタール(2011), p. 571). 덧붙여 부산가정법원 2012.12.21. 선고 2011드단14172 판결에서도 채권자취소권의 행사로 물권에 대한 득실변경이 영향을 받게 되는바, 그 득실변경의 원인된 행위 또는 사실인 채권자취소권에 대하여도 물권의 준거법에 관한 국제사법 제19조 제2항이 적용된다는 이유로 재산의 소재지법이 채권자취소권의 준거법이 된다고 판시하였다.

209) 석광현, 국제사법 해설, 박영사, 2013, 237-238쪽.

210) Steven/Ravi, Transactions in Fraud of Creditors: The Foreign Element, [2005] International Corporate Rescue (Issue 1), p. 33. 유럽사법재판소의 Reichert and Others v Dresdner Bank Case C-115/88 [1990] ECR I-27 판결은 비록 재판관할에 관한 판결이지만, 채권자취소권은 채권자의 수익자에 대한 인적 권리를 바탕으로 하고 있고 채권자취소의 효력은 그 채권자에 대하여 상대적으로 사해행위의 효력을 소멸시키는 효력이 있는 것이어서 부동산의 물권에 관한 소송이 아니므로 이러한 소송에 대하여는 브뤼셀협약 제16조 제1항의 부동산 소재지 재판적이 적용되지 않는다고 보아서 채권자취소권의 물권적 성격을 부정하였다.

211) Ilaria Pretelli, Cross-Border Credit Protection Against Fraudulent Transfers of Assets, Yearbook of Private International Law, Volume 13(2011), p. 640.

212) Ibid.

내용'이 문제되는 반면에 국제사법에서는 '적용할 법의 선택'이 문제가 되므로 국제사법은 지정된 준거법의 내용이나 그 적용의 효과에 대하여는 원칙적으로 고려하지 아니하며[213] 당사자의 주관적 의사도 고려하지 아니한다.[214] 위 주장은 선의의 당사자에게 보다 유리한 법을 적용하자는 주장으로서 법의 적용의 결과를 평가하여 준거법을 결정하는 문제가 있다.

6. 누적적용설

채권자취소권은 채권자의 이익을 보호하기 위한 제도이지만 수익자의 이익도 고려해야 하므로 피보전채권에 적용되는 법과 사해행위에 적용되는 법을 누적적으로 적용해야 된다는 주장이 있다.[215] 이러한 주장에 따르면 채권자취소권이 인정되기 위해서는 양 법의 요건이 모두 충족되어야 하며, 어느 하나의 법의 요건을 충족하지 못하면 채권자취소권은 발생하지 아니한다. 누적적용설은 채권자취소권에서 가장 중요한 이익인 채권자의 이익과 수익자의 이익을 모두 고려한 것처럼 보이기 때문에 매우 유혹적이다. 그러나 이 견해에도 다음과 같은 비판이 가능하다.

첫째 누적적용설은 채권자의 이익과 수익자의 이익을 모두 고려한 것으로 보이지만 그 적용의 결과는 그러하지 못한 문제가 있다. 예를 들어 취소채권자의 채권에 대하여는 A국법이 적용되고 채무자와 수익자 사이의 계약에 대하여는 B국법이 적용되는 경우에 누적적용설에 따른다면 채권자가 채권자취소권을 행사하기 위해서는 A국법과 B국법의 채권자취소권의 요건을 모두 충족하여야 하는데, B국법에서는 채권자취소권을 인정하지 않거나 인정하더라도 그 요건이 A국에 비하여 훨씬 엄격하여 그 요건을 충족하지 못하였다면 A국법에 따라서 채권자취소권의 요건이 충족되었다고 하더라도 B국법에 따라서 채권자취소권을 행사할 수 없게 된다. 즉 채권자취소권에 관하여 채권자의 채권에 적용되는 법과 채무자와 수익자의 계약에 적용되는 법이 채권자취소권의 준거법으로 중첩적으로 적용된다고 하여도 그 적용의 결과 또한 중첩적이 되는 것이 아니라 채권자취소권의 요건을 엄격하게 규정한 국가의 법만이 적용되는 결과에 이르게 된다. 채권자취소권과 가장 밀접한 관련이 있는 법이 채권자취소권을 인정하지 않거나 그 요건이 더 엄격한 국가의 법이 된다는 것은 받아들이기 힘들다.

둘째 채무자와 수익자 사이의 계약에 적용되는 법을 채권자취소권의 준거법으로 보자는 견해에 대한 비판과 마찬가지로 채무자가 수익자와의 준거법의 합의를 통하여 채권자취소권을 인정하지 않는 국가나 더 엄격한 요건을 규정한 국가의 법을 준거법으로 선택하는 방법으로 채권자취소권을 무력화시킬 수 있고 채권자의 권리가 채무자의 일방적 선택에 좌우되는 문제가 있다.

---

213) 이호정, 국제사법, 경문사, 1988, 16-33쪽.

214) Fawcett, p. 708.

215) 김연/박정기/김인유, 국제사법, 법문사, 2012, 347쪽; 신창섭, 국제사법, 세창출판사, 2011, 260쪽. 이러한 누적적용설이 일본의 통설이라고 한다(櫻田嘉章/道垣内正人, 「注釈国際私法 第1巻」, 有斐閣コンメンタール(2011), p. 573). 독일과 오스트리아에도 이러한 주장이 있다고 한다(Cornelis/Mathilde, Law and Reality: Essays on National and International Procedural Law, Martinus Nijhoff Publishers, 1992, p. 96).

셋째 다른 내용의 법을 중첩적으로 적용하게 되면 법률관계의 통일적 규율이 불가능하기 때문에 국제사법은 하나의 사안에 관련된 여러 국가의 법 중에서 가장 밀접한 '하나'의 법을 선택하는 것을 목적으로 한다.[216] 우리 국제사법에서는 '가장' 밀접한 관련이 있는 국가의 법을 준거법으로 결정하는 이유는 연결요소에 의하여 지정되는 여러 국가의 법 중에서 가장 밀접한 관련이 있는 '하나'의 법을 적용하고자 하는 입법의도가 있기 때문이다. 만일 채권자취소권의 준거법 결정에서 누적적용설이 타당하다면 채권자취소권 이외의 다른 모든 국제적 요소가 있는 법률관계에서도 모든 관련된 법을 누적적으로 적용하는 것이 타당할 것이며, 채권자취소권에 대하여만 누적적용을 할 특별한 이유는 없을 것이다. 하지만 이러한 결론이 부당하다는 점은 명백하다. 게다가 하나의 계약에 여러 법을 준거법으로 선택할 수 있도록 하는 국제사법 제25조 제2항의 준거법의 분열도 계약 중 분리가 가능한 부분에 대하여만 다른 국가의 법의 적용을 허용하는 것이지 동일한 부분에 대한 중첩적 적용을 허용하는 것은 아니다.[217] 이러한 규정의 취지에서도 누적적용설은 부당하다.

넷째 누적적용설은 채권자취소권의 요건에 있어서 양 국법을 누적적으로 적용해야 한다는데 그치고, 그 법률효과에 관하여 어느 국가의 법을 따를 것인지 설명하지 않는 문제점이 있다. 예를 들어 앞서 언급한 바와 같이 우리 법이나 일본법에 따르면 채권자취소권의 행사의 결과가 다른 채권자에게도 효력이 미치지만, 프랑스의 경우에는 다른 채권자에 대하여 효력이 없다. 이러한 경우에 누적적용설에 따른다면 어느 국가의 법에 따라서 효력을 결정해야 하는지 추가적 문제가 발생한다.

Ⅳ. 사 견

계약의 효력은 당해 계약의 준거법에 따라야 한다는 점에서는 채무자와 수익자 사이의 사해행위 준거법이 채권자취소권의 준거법이 되어야 한다고 본다. 이와 같이 본다면 사해행위의 당사자가 아닌 채권자가 사해행위의 준거법에 의하여 부당하게 채권자취소권을 취득할 수 있다는 반론이 있지만 반대로 채권자취소권이 인정되지 아니하는 불이익을 입을 수도 있으므로 채권자의 실질법상의 이익은 고려요소가 될 수 없다. 그리고 채무자와 수익자가 준거법의 선택에 의하여 채권자취소권으로부터 벗어날 수 있다는 점이 부당하다는 지적이 있지만 준거법의 선택에 있어서 당사자자치가 허용되고 있고 준거법을 선택하는 당사자는 자신에게 유리한 법의 적용을 받고자 하므로 채권자취소권을 벗어나기 위한 준거법의 선택도 유효하다. 더욱이 채무자와 수익자 사이의 사해행위는 위법한 계약이 아니라 적법하고 유효한 계약이란 점에서 채권자취소권을 벗어나기 위한 준거법의 선택이 반사회적 행위라고 볼 수도 없다.[218]

---

216) 이를 '질서이익'이라고도 한다(이호정, 국제사법, 경문사, 1988, 16－33쪽).
217) Fawcett, pp. 709－710.
218) Cornelis/Mathilde, Law and Reality: Essays on National and International Procedural Law, Martinus Nijhoff Publishers, 1992, p. 97; Ilaria Pretelli, Cross－Border Credit Protection Against Fraudulent Transfers of Assets,

제4절 종속적 연결

Ⅰ. 종속적 연결을 인정하는 이유

국제사법 제30조, 제31조, 제32조는 각 사무관리, 부당이득, 불법행위 등 법정채권의 준거법에 관한 규정인바 공통적으로 사건이 발생한 곳의 법을 준거법으로 지정하면서도, 그러한 사건이 당사자 사이의 법률관계에 의하여 발생한 경우에는 그 법률관계의 준거법에 따르도록 규정하고 있다. 후자의 연결원칙을 '종속적 연결'이라고 한다.[219]

국제사법은 법리적 이유, 정책적 이유, 당사자의 기대라는 세 가지의 이유 때문에 '종속적 연결'을 받아들였다. 첫째 법률관계의 이행으로 인하여 발생한 사무관리, 부당이득, 불법행위 등은 무산된 채권관계를 청산하는데 그 기능이 있으므로 그 법률관계의 준거법이 그 사건과 가장 밀접한 관련이 있는 법이 된다(법리적 이유).[220] 따라서 이러한 '종속적 연결'에 관한 규정은 국제사법 제8조의 취지를 구체화한 것으로 볼 수 있으므로 종속적 연결에 관한 규정이 없다고 하더라도 제8조를 통하여 동일한 결론에 이를 수 있다.[221] 둘째 당사자 사이의 법률관계와 위와 같은 법정채권의 준거법이 상이하고 양자가 상호 저촉되는 결론을 요구한다면 매우 까다로운 적응 또는 조정의 문제가 발생할 것이고, 손해배상청구권 등의 다른 구제수단과 동일한 준거법에 의하도록 함으로써 상이한 법질서의 적용으로 인한 긴장을 회피하는 것이 합목적적이다(정책적 이유).[222] 셋째 법률관계를 맺고 있는 당사자는 그 법률관계뿐만 아니라 그로부터 파생되는 손해배상청구[223]나 부당이득반환청구 등 모든 관련된 법률관계가 하나

Yearbook of Private International Law, Volume 13(2011), p. 626. 유럽사법재판소 Case C-115/88 Reichert and Others v Dresdner Bank [1990] ECR I-27 판결에서도 채권자취소권은 채권자에 대한 불법행위가 아니란 점을 명시적으로 판시하고 있다

219) 국제사법 제31조 단서는 "다만 부당이득이 당사자 간의 법률관계에 기하여 행하여진 이행으로부터 발생한 경우에는 그 법률관계의 준거법에 의한다"고 규정하여 '급부'에 의하여 발생한 부당이득에 대하여만 종속적 연결을 허용하고 있다. 독일 국제사법에서는 부당이득을 무산된 채권관계의 청산을 목적으로 하는 '급부부당이득', 법익보호를 목적으로 하는 '침해부당이득', 부당이득자의 관여가 전혀 없이 타인의 잘못된 인도나 지급에 의해 얻어진 '강요된 부당이득'으로 나누어 각 유형에 따라서 준거법을 지정하고 있는데, 우리는 부당이득을 하나의 유형으로 통일적으로 파악하고 있기 때문에 부당이득의 준거법에 관하여 통일적으로 규정하고 다만 급부부당이득에 한정하여 종속적 연결을 허용하였다고 한다(유영일, "개정법률안의 검토-사무관리 · 부당이득 · 불법행위-", 국제사법연구 제6호(2001), 363-364쪽). 그러나 「비계약적 채무의 준거법에 관한 유럽연합규칙」 제10조 제1항에서는 종속적 연결을 취하면서 단순히 당사자 간의 관계(relationship)라고만 규정하면서 불법행위(tort/delict)도 이러한 관계에 포함시키고 있다. 이러한 규정의 해석과 관련하여서도 견해의 대립이 있는데, 부당이득이 침해행위에 이루어진 소위 침해부당이득을 예정하여 규정되었다는 견해와 이러한 견해는 불법행위가 사전에 존재해야 한다는 위 제10조 제1항 규정내용과 모순이므로 위 규정은 피해자가 가해자에게 불법행위에 기한 청구를 하는데 있어서 가해자가 피해자에게 급부한 것이 있으면 그 반환을 청구하는데 적용된다는 견해가 있다(Andrew Dickinson, The Rome II Regulation, Oxford, 2008, pp. 501-502).

220) 석광현, 국제사법 해설, 박영사, 2013, 386쪽.

221) 앞의 책, 399쪽. 로마규칙 Ⅱ 제10조 제1항에서는 "잘못 수령한 금전의 지급을 포함하여 부당이득으로부터 발생하는 비계약적 채무가 부당이득과 보다 밀접하게 관련되어 있는 계약 또는 불법행위와 같은 당사자 사이의 관계와 관련이 있다면, 그러한 관계에 적용되는 법이 준거법 되어야 한다"(If a non-contractual obligation arising out of unjust enrichment, including payment of amounts wrongly received, concerns a relationship existing between the parties, such as one arising out of a contract or a tort/delict, that is closely connected with that unjust enrichment, it shall be governed by the law that governs that relationship)고 규정하여 종속적 연결이 '밀접한 관련성'을 근거로 하고 있다는 점을 명백히 하고 있다.

222) 앞의 책, 386쪽.

223) 가집행으로 인하여 피고가 입은 손해가 있다면 피고는 가집행선고가 실효된 후에 원고에게 손해배상청구를 할 수 있다. 이때 원고의 손해배상책임은 공평의 원칙에 입각한 일종의 무과실책임이다(대법원 1979.9.11. 선고 79다1123).

의 법률에 의하여 규율될 것을 기대하고 있으며, 이러한 당사자의 기대는 보호될 필요가 있다(당사자의 기대).

Ⅱ. 대법원 2015.2.26. 선고 2012다79866 판결에 대한 비판

대법원 2015.2.26. 선고 2012다79866 판결(이하 '대상판결'이라고 한다)은 본안청구의 준거법이 영국법인 소송사건에서 가지급물반환의무의 준거법에 관한 판결이다. 이 판결의 요지는 다음과 같다.

"제1심판결에 기하여 금원을 지급하였다가 다시 상소심판결의 선고에 의해 그 가집행선고가 실효됨에 따라 금원의 수령자가 부담하게 되는 원상회복의무는 성질상 부당이득의 반환채무이지만, 이러한 원상회복의무는 가집행선고의 실효가 기왕에 소급하는 것이 아니기 때문에 본래부터 가집행이 없었던 것과 같은 원상으로 회복시키려는 공평의 관념에서 민사소송법이 인정한 법정채무이므로, 국제사법 제31조 단서에 정한 '부당이득이 당사자 간의 법률관계에 기하여 행하여진 이행으로부터 발생한 경우'에 해당한다고 볼 수 없다. 원심이 가지급물은 그 성질이 당사자 간의 법률관계에 기하여 행하여진 이행으로부터 발생한 경우가 아니라 법원의 가집행선고부 판결에 기한 것이라는 이유로 이 사건 가지급물반환신청의 지연손해금 비율에 관하여 영국법이 적용되어야 한다는 원고들의 주장을 배척하고 특례법 제3조 제1항을 적용한 조치는 정당하고, 거기에 상고이유 주장과 같이 국제사법 제31조에 관한 법리를 오해한 위법이 없다."

대상판결에서는 가지급물반환의무가 '공평의 관념에서 민사소송법이 인정한 법정채무'라는 이유와 가지급물은 그 성질이 당사자 간의 법률관계에 기하여 행하여진 이행으로부터 발생한 경우가 아니라 법원의 가집행선고부 판결에 기한 것이라는 이유로 가지급물반환의무는 국제사법 제31조 단서의 '부당이득이 당사자 간의 법률관계에 기하여 행하여진 이행으로부터 발생한 경우'에 해당하지 않는다고 보았다.

대상판결에서는 법원의 판결에 의하여 가지급이 된 것이라는 이유로 국제사법 제31조 단서가 적용되지 아니한다고 판시하고 있을 뿐이고, 법원의 판결에 의하여 가지급이 되었기 때문에 종속적 연결에 관한 앞서 언급한 세 가지의 이유가 모두 소멸하였는지에 관하여는 아무런 판단을 하지 않고 있다. 그러므로 대상판결의 사안에서 종속적 연결에 관한 위 세 가지의 이유가 모두 소멸했는지를 법리적 이유, 정책적 이유, 당사자의 기대의 순서로 살펴보면 다음과 같다.

첫째 가집행선고는 법원이 원고의 이행청구를 인용하는 판결을 하면서 이러한 판결에 집행력을 부여하는데 그 목적이 있다. 그리고 당사자 사이에 존재하는 기존의 법률관계에 따른 원고의 이행청구가 인정되기 때문에 가집행선고를 하는 것이며, 가집행선고가 원고에게 새로운 권리를 수여하는 것은 아니다. 그렇다면 가집행선고에 따른 피고의 가지급은 당사자 사이의 기존의 법률관계를 근거로 하고 가집행선고는 단지 원고의 청구권에 대하여 집행력을 부여하는 것에 불과하다. 결국 당사자 사이의 법률관계와 가지급은 밀접한 관련을 갖고 있고 그 법률관계와 가지급물반환의무도 밀접한 관련이 있다는 점을 부정할 수 없다. 그런데 대상판결은 마치 가집행선고와 당사자 사이의 법률관계가 아무런 관련이 없고 가집행선고로 인하여 원고에게 새로운 권리가 창설되는 것인 양 판시하고 있는 오류가 있다.

둘째 원고의 이행청구를 인용하는 법원의 확정판결이 있는 경우에 피고는 당사자 사이의 법률관계의 준거법에 따라서 이행을 해야 하는 것과 마찬가지로 가집행선고가 있는 경우에도 피고는 당사자 사이의 법률관계의 준거법에 따라서 가지급을 해야 한다. 따라서 준거법의 통일적 적용을 위해서는 가지급물의 반환도 당사자 사이의 법률관계의 준거법에 따르도록 하는 것이 타당하다. 확정판결에 따른 이행과 가집행선고에 따른 가지급을 달리 취급할 이유는 없다.

셋째 가집행선고의 판결이 있다고 하여 원고에게 새로운 권리를 창설하는 것은 아니며 가지급은 당사자 사이의 기존의 법률관계를 근거로 한다. 따라서 당사자 사이의 법률관계에 관한 준거법이 그에 관련된 모든 법률관계의 준거법이 되리라는 당사자의 기대에 어떠한 변화를 가져온다고 볼 수 없다.

결론적으로 가집행선고에 따라서 가지급이 이루어졌다고 하더라도 그러한 가지급에 따른 가지급물반환의무에 대하여는 여전히 종속적 연결을 인정하는 근거인 법리적 이유, 정책적 이유, 당사자의 기대가 그대로 유지된다. 따라서 대상판결은 국제사법 제31조 단서를 적용하여 당사자 사이의 법률관계의 준거법인 영국법을 가지급반환의무의 준거법으로 지정했어야 하는데도, 대상판결은 종속적 연결을 배제할 사정이 있는지를 검토하지 않고 가지급이 법원의 명령에 의하여 이루어 졌다는 단순한 이유만으로 국제사법 제31조 단서의 적용을 거부한 오류가 있다.[224)]

224) 덧붙여 이 판결은 법률관계 성질결정과 관련하여도 문제가 있다. 법률관계 성질결정(classification 또는 characterization)이란 각 국의 저촉규정이 그 나라의 법개념(또는 체계개념)에 따라서 규정되어 있지만 각 나라의 법개념이 동일하지 않기 때문에 연결대상인 사실관계를 법정지 국제사법의 어떠한 법개념에 포섭시킬 것인가를 결정하는 과정을 의미한다고 한다. 대상판결에서 가지급금반환의무가 '성질상 부당이득의 반환채무'라고 한 것이 법률관계의 성질결정에 해당하는데, 국제사법 제31조의 부당이득에 관한 규정이 적용된다는 선언이다. 그런데 대상판결은 더 나아가 가지급물반환의무가 '민사소송법상 법정채무'라고 판시하고 있다. 그러나 이러한 판시내용은 국제사법을 적용하기 위한 법률관계의 성질결정이 아니라, 사안의 가지급물반환의무에 대한 준거법이 한국법이고 한국법 중에 가지급물반환의무에 관한 민사소송법 제215조 제2항이 적용된다는 의미이다. 즉 대상판결은 국제사법에 따라서 준거법을 결정하기도 전에 이미 한국법이 준거법이란 점에 대한 결론을 내린 뒤에 비로소 국제사법을 적용함으로써 법률관계 성질결정에 대한 오류와 법적용의 순서에 대한 오류를 범하고 있다. 대법원은 우리 법상 가지급물반환의무가 절차법인 민사소송법 제215조 제2항에 규정되어 있기 때문에 그 절차법적 성질을 끝내 놓지 못한 것인 아닌지 추측된다.

제 9 장 국제적 강행규정(절대적 강행규정)

제 1 절 국제적 강행규정(절대적 강행규정)의 범위

Ⅰ. 들어가기

국제사법 제7조에서는 "입법목적에 비추어 준거법에 관계없이 해당 법률관계에 적용되어야 하는 대한민국의 강행규정은 이 법에 의하여 외국법이 준거법으로 지정되는 경우에도 이를 적용한다."고 규정하여 외국적 요소가 있는 법률관계라고 하더라도 객관적 준거법 또는 주관적 준거법에 관계없이 항상 적용되어야 하는 한국의 강행규정이 있다는 점을 선언하고 있다. 이러한 강행규정을 '국제적 강행법규' 또는 '국제적 강행규정'(이하 '국제적 강행규정'이라고 한다)[1]이라고도 지칭하는데 사견으로는 로마규칙 I 과 같이 '절대적 강행규정'이란 용어가 보다 명확한 뜻을 전달한다고 생각하므로 이 용어를 사용하도록 한다. 그런데 위 제7조의 규정 내용만으로는 어떤 규정이 절대적 강행규정으로서 해석되어야 하는지 그 기준이 명확한 것은 아니다. 그리고 대법원 2010.8.26. 선고 2010다28185 판결에서 절대적 강행규정에 대한 판단을 내리고 있지만 명확한 기준을 제시하지 못한 아쉬움이 있다.[2]

이러한 점에서 여기서는 절대적 강행규정에 관한 그 동안의 연구성과를 종합하여 어떤 규정이 절대적 강행규정으로 해석되어야 하는지 좀 더 구체적인 기준을 제시하고자 한다.[3] 더욱이 아래에서 보는 바와 같이 유럽사법재판소의 Ingmar 결정[4]을 통하여 새로운 기준이 제시되고 있으므로 이에 대한 논의도 함께 하고자 한다.[5]

---

1) 준거법에 관계없이 강행적으로 적용되는 것은 법률전체가 아니라 특정 법률규정이란 점에서 '국제적 강행법규'보다는 '국제적 강행규정'이라는 용어가 더 적절하게 보인다. 따라서 본 글에서는 '국제적 강행규정'이라는 용어를 사용한다. 영어로는 'internationally mandatory provision', 'mandatory rules in the international sense', 'priority rules', 'overriding statutes', 'directly applicable rules' 등 다양한 용어가 사용되었는데, 로마규칙 I 에서는 이를 'overriding mandatory provisions'라고 규정하고 있다. 프랑스에서는 'lois de police', 독일에서는 'Eingriffsnormen'라고 한다. 개념의 문제에 관한 좀 더 자세한 논의는 Catherine Kessedjian, "Mandatory Rrules of Law in International Arbitration: What are Mandatory Rules?", 18 Am. Rev. Int'l Arb. 147. 참조.

2) 이 판결에 관한 평석으로는 석광현, "약관규제법은 국제적 강행규정인가", 법률신문 2011년 3월 21일 제3920호가 있다.

3) 준거법에 관계없이 적용되어야 하는 절대적 강행규정과 준거법의 합의가 무효가 되는 경우를 구분할 필요가 있다. 전자는 법률의 적용범위에 관한 사항이므로 법정지의 특정 법규정이 절대적 강행규정이라고 하더라도 그 법규정 이외에는 여전히 준거법이 적용된다. 하지만 후자의 경우에는 당사자가 합의한 준거법이 아예 적용되지 아니하고 저촉규정에 따라서 지정된 객관적 준거법이 적용된다.

4) Case C−381/98 [2000] I−9305.

5) 법정지의 절대적 강행규정의 적용을 확보할 수 있는 경우는 소송절차가 그 법정지 법원에서 진행될 때이다. 만일 중재절차가 진행된다면 중재인은 법관과 달리 절대적 강행규정을 적용할 의무가 없으므로 절대적 강행규정의 적용을 확보할 수 없다는 문제가 발생한다. 이러한 이유로 절대적 강행규정이 중재대상이 될 수 있는지, 중재가능성(arbitrability)에 관한 문제가 국제적으로 많은 논의가 있다.

Ⅱ. 절대적 강행규정의 판단기준의 준거법

법정지의 법질서를 유지하기 위해서 반드시 적용되어야 하는 법률이, 외국법이 준거법이라는 이유로 적용이 배제되는 것을 방지하기 위해서 절대적 강행규정이 인정되고 있다.6) 이때 법질서는 법정지의 법질서이므로 절대적 강행규정의 판단기준은 법정지법이 될 수밖에 없다.7) 참고로 우리 국제사법의 기초가 된 로마협약에 관한 Giuliano－Lagarde 보고서에 따르면, 위 협약을 제정하는 과정에서 국제적으로 인정되고 있는 기준에 따라서 절대적 강행규정의 목적과 성격이 정의되어야 한다는 주장이 있었지만, 이러한 국제적 기준이 존재하지 아니한다는 이유로 위와 같은 주장은 배척되었다고 한다. 이와 같이 국제적으로 통일된 기준이 없다는 점에서도 법정지법에 따를 수밖에 없다.

Ⅲ. 법률에서 국제적 적용범위를 규정하고 있는 경우

1. 절대적 강행규정임을 명백히 밝히고 있는 경우

국제사법 제7조에서는 입법목적에 따라서 절대적 강행규정임을 판단하도록 규정하고 있지만, 어떠한 입법목적이 있는 경우에 절대적 강행규정으로 인정될 수 있는지에 관하여는 침묵하고 있다. 그리고 위 로마협약 제7조 제2항에서도 "본 협약의 어떠한 규정도 계약의 준거법에 관계없이 강행적으로 적용되어야 하는 법정지법의 적용을 막지 못한다."8)고 규정하고 있을 뿐이며, '계약의 준거법에 관계없이 강행적으로 적용되어야 하는 법정지법'이 무엇인지에 관하여 아무런 언급을 하고 있지 않다. 그리고 위 협약에 관한 Giuliano－Lagarde 보고서에서는 절대적 강행규정의 예시로 담합과 경쟁에 관한 규정, 제재적 관행, 소비자 보호, 운송에 관한 규정을 들고 있지만, 이러한 규정들의 공통점을 찾기 쉽지 않다.

하지만 적어도 법률에서 절대적 강행규정임을 명시하고 있다면 그 법률 스스로 적용범위를 정한 것이고, 그러한 적용범위는 일종의 입법목적이라고 볼 수 있으므로 그 법률이 절대적 강행규정이라고 쉽게 결정내릴 수 있을 것이다.9) 예를 들어 영국의 Employment Rights Act 1996 제204조(1),10) Unfair Contract Terms Act 1977 제27조(2),11) Third Parties Act 2010

6) H.L.E. Verhagen, The tension between party autonomy and European Union law: some observations on Ingmar GB Ltd v Eaton Leonard Technologies Inc, I.C.L.Q. 2002, 51(1), p. 136

7) Christopher Tillman, The relationship between party autonomy and the mandatory rules in the Rome Convention, J.B.L. 2002, 45, p. 69

8) Nothing in this Convention shall restrict the application of the rules of the law of the forum in a situation where they are mandatory irrespective of the law otherwise applicable to the contract.

9) 석광현, 국제사법과 국제소송 제4권, 박영사, 2007, 30쪽; 장준혁, "국제적 강행법규의 연결원칙에 관한 연구", 통상법률 제75호(2007.6.), 91쪽; H.L.E. Verhagen, The tension between party autonomy and European Union law: some observations on Ingmar GB Ltd v Eaton Leonard Technologies Inc, I.C.L.Q. 2002, 51(1), p. 140.

10) 본 법의 목적을 위하여, 특정인의 근로계약에 적용되는 법이 영국법이든 아니든 관계없다(For the purposes of this Act it is immaterial whether the law which (apart from this Act) governs any person's employment is the law of the United Kingdom, or of a part of the United Kingdom, or not).

11) 다음과 같은 경우에, 영국 이외의 국가의 법을 준거법으로 지정하려는 계약규정에도 불구하고 본 법은 효력이 있다(This

제18조(c),[12] 그리고 벨기에의「불확정기한 독점적 판매점계약의 일방적 종료에 관한 법률」(a statute on the unilateral termination of exclusive distribution agreements of indefinite duration) 제4조에서는 준거법에 관계없이 위 법들이 강행적으로 적용된다는 점을 명시하고 있다.

2. 명확한 규정의 필요와 불명확한 적용범위에 관한 규정의 역할

가. 불명확한 적용범위의 문제점

유럽사법재판소의 Ingmar 결정에서는 대리상이 대리점계약이 만료된 후에 본인(本人)을 상대로 보상청구권(indemnity 또는 compensation)을 행사할 수 있도록 하는 유럽연합의「자영대리상에 관한 지침」[13](이하 '대리상지침'이라고 한다) 제17조 및 제18조가 절대적 강행규정에 해당하는지 문제되었다. 이 사건의 판결에서는 위 규정들을 절대적 강행규정으로 보았는데, 이러한 결론에 이른 이유 중의 하나로 위 지침 제19조가 제시되었다. 제19조에서는 "당사자는 대리점계약이 만료되기 전에 상사대리인에게 불이익이 되는 방법으로 제17조 및 제18조의 적용으로부터 벗어날 수 없다."[14]고 규정하고 있다. 하지만 이러한 규정내용만으로는 이를 국내적 강행규정[15]으로 선언한 것인지, 아니면 절대적 강행규정으로 선언한 것인지 다툼이 여지가 있고, 실제로 프랑스 대법원(Cour de cassation)에서는 위 규정이 국내적 공서를 보호하기 위한 국내적 강행규정을 선언한 것이라고 해석한 바 있다.[16]

더욱이 위와 같은 다툼이 가능한 것은 유럽연합의 다른 법규정에서는 대리상지침과 달리 절대적 강행규정으로서의 성격을 명확히 선언하고 있기 때문이다. 예를 들어 유럽연합의「소비물품 및 그 담보에 관한 지침」[17] 제7조 제2항에서는 "회원국은 계약이 회원국의 영토와 밀접한 관련이 있는 경우에, 회원국 이외의 국가의 법이 계약의 준거법으로 지정된 결과로 인하여 이 지침에 따라서 부여된 소비자 보호가 박탈되지 않도록 필요한 조치를 취해야 한다."[18]고 규정하여 국제적 강행법규로서의 성격을 명확히 하고 있다.

Act has effect notwithstanding any contract term which applies or purports to apply the law of some country outside the United Kingdom, where (either or both)−).

12) 보험계약이 잉글랜드, 웨일즈, 스코틀랜드 또는 북아일랜드의 법에 적용을 받든지 관계없이 본 법은 적용된다(in particular it does not depend on−(c)whether or not the contract of insurance (or a part of it) is governed by the law of England and Wales, Scotland or Northern Ireland).

13) Council Directive 86/653/EEC of 18 December 1986 on the coordination of the laws of the Member States relating to self−employed commercial agents.

14) "The parties may not derogate from Articles 17 and 18 to the detriment of the commercial agent before the agency contract expires."

15) 절대적 강행규정과 국내적 강행규정의 개념을 구분할 필요가 있다. 절대적 강행규정이 준거법의 선택에 의하여 그 적용을 배제할 수 없는 법규정을 의미한다면, 국내적 강행규정은 당사자의 합의에 의하여 그 적용을 배제할 수 없는 법규정을 의미한다. 자세한 내용은 장준혁, "국제적 강행법규 개념의 요소로서의 저촉법적 강행성", 성균관법학, 제19권 제2호(2007.8), 567−570쪽 참조.

16) H.L.E. Verhagen, The tension between party autonomy and European Union law: some observations on Ingmar GB Ltd v Eaton Leonard Technologies Inc, I.C.L.Q. 2002, 51(1), pp. 151−152.

17) Directive 1999/44/EC of the European Parliament and of the Council of 25 May 1999 on certain aspects of the sale of consumer goods and associated guarantees.

18) Member States shall take the necessary measures to ensure that consumers are not deprived of the protection afforded by this Directive as a result of opting for the law of a non−member State as the law applicable to the contract where the contract has a close connection with the territory of the Member States.

결론적으로 특정 법률을 절대적 강행규정으로서 입법하고자 의도하였더라도 그 규정이 명확하지 아니하면 다툼이 발생할 가능성이 있으므로 향후 절대적 강행규정으로서 입법을 하고자 한다면, “준거법이 외국법이라고 하더라도 본 법의 적용에 영향을 끼치지 못한다.”와 같이 그 성격을 명백히 밝힐 필요가 있다.

나. 불명확한 적용범위의 역할

아래에서 보는 바와 같이 외국환거래에 관한 법률은 국내외적으로 절대적 강행규정으로 인정되고 있다.[19] 하지만 우리의 외국환거래법에서는 본 법이 준거법에 관계없이 강행적으로 적용된다는 점에 관한 명확한 규정을 두고 있지 아니하고, 단지 위 법 제2조에서 ‘적용 대상’이란 제목 하에 동법이 적용되는 경우를 나열하고 있을 뿐이다. 이러한 이유로 준거법이 한국법인 경우에 비로소 외국환거래법이 적용되고 그때 동법 제2조도 적용된다는 주장이 가능하므로 위 규정만으로 외국환거래법이 준거법에 관계없이 적용되는 절대적 강행규정이라고 보기에는 부족하다. 그러나 굳이 특정 외환거래를 그 적용대상으로 규정했다는 사실은, 입법자가 국제사법적 고려를 한 것은 아니지만 적어도 그 법이 그 적용대상에 대하여는 중대한 의미를 갖는다는 점을 추단케 하는 요소가 되고, 아래에서 보는 다른 요소들과 결합하였을 때에 절대적 강행규정으로서의 성격을 도출하는데 있어서 중대한 역할을 할 수 있다고 본다.

Ⅳ. 명문규정이 없는 경우 절대적 강행규정의 판단을 위한 비교형량

1. 명문규정이 없는 경우의 해법

국내외를 불문하고 입법과정에서 실제로 국제사법적 고려가 있는 경우는 많지 않기 때문에[20] 법률에서 스스로 국제적 적용범위를 규정하고 있는 경우는 거의 없다. 따라서 국제적 적용범위에 관한 규정이 없다고 하여 그 법률이 곧 절대적 강행규정이 아니라고 단언할 수 없다. 또한 위와 동일한 이유로 국제사법 제7조의 입법목적을 입법자의 입법의지로부터만 도출하려는 시도도 적절하지 못하다고 본다. 절대적 강행규정이 법정지의 중대한 법질서를 유지하기 위하여 인정되고 있으므로, 국제적 적용범위에 관한 규정이 없거나 불명확하다면 국제사법 제7조의 입법목적은 법률규정이 아닌 법률의 ‘목적’과 ‘성격’으로부터 도출할 수밖에 없다.[21] 결론부터 얘기하자면 국제계약에서 준거법 선택이라는 당사자 자치와 법규정에서 보호

---

19) Nygh, p. 203에서는 통화에 관한 규제나 증권시장의 조절 등에 관한 법률은 그 목적상 절대적 강행규정으로 볼 수 있다고 한다. 이러한 견해에 따르면 외국환거래법도 절대적 강행규정으로 볼 수 있을 것이다.

20) 장준혁, “국제적 강행법규 개념의 요소로서의 저촉법적 강행성”, 성균관법학, 제19권 제2호(2007.8), p. 86; H.L.E. Verhagen, The tension between party autonomy and European Union law: some observations on Ingmar GB Ltd v Eaton Leonard Technologies Inc, I.C.L.Q. 2002, 51(1), p. 140. 모든 법률이 명시적 또는 묵시적 국제사법규칙을 내포하고 있다는 생각은 오류다.

21) H.L.E. Verhagen, The tension between party autonomy and European Union law: some observations on Ingmar GB Ltd v Eaton Leonard Technologies Inc, I.C.L.Q. 2002, 51(1), p. 141.

하고자 하는 공서양속을 비교형량 하여 후자가 전자보다 우월한 경우에 비로소 그 법규정이 국제적 공서양속을 보호하고자 하는 '목적'이 있고, 결국 절대적 강행규정으로서의 '성격'을 인정할 수 있을 것이다.

2. 절대적 강행규정의 보호법익으로서의 국제적 공서양속과 그 내용

가. 국제적 공서양속의 의의

절대적 강행규정은 법정지의 공서양속을 보호하는 것을 목적으로 한다.[22] 국제거래에서 당사자 자치가 중요한 지위를 차지하는 결과 이러한 당사자 자치를 무력하게 하는 공서양속도 국내적 공서양속(domestic public policy)보다 엄격한 의미의 국제적 공서양속(international public policy; 필자는 절대적 강행규정이라는 용어를 사용하고 있으므로 이하에서는 절대적 공서양속을 '절대적 공서양속'이라고 한다.)이 된다.[23] 국제사법 제7조에서도 "입법목적에 비추어 준거법에 관계없이 해당 법률관계에 적용되어야 하는 대한민국의 강행규정"이라고 하여 절대적 강행규정의 범위가 국내적 강행규정보다 좁다는 점을 명확히 하고 있다. 결국 이러한 '절대적 공서양속'이야 말로 절대적 강행규정의 진정한 근거가 되고 동시에 판단기준이 된다.

이를 다른 관점에서 보면 국제사법 제7조나 로마규칙 I 제9조 제2항과 같은 절대적 강행규정에 대한 특별 연결규정이 없다고 하더라도 일반 법원칙인 '절대적 공서양속'만으로 절대적 강행규정을 인정할 수 있고, 따라서 국제사법 제7조와 같은 특별연결규정은 절대적 강행규정이 인정될 수 있다는 점을 확인시키는 기능밖에 없다.[24] Giuliano-Lagarde 보고서에서도 로마협약 제7조 제2항에 의하여 비로소 절대적 강행규정이 인정되는 것이 아니라 기존에 인정되는 원칙이 위 협약에서 규정된 것에 불과하다고 설명하고 있다.[25]

나. 절대적 공서양속의 내용

(1) 공적이익을 보호하기 위한 입법목적

로마협약을 대체한 로마규칙 I 제9조 제2항에서는 '절대적 강행규정'(overriding mandatory provisions)이란 용어를 사용하였다. 이와 같은 용어를 사용하게 된 이유는 위 규칙 제3.3조, 제3.4조, 제6.2조, 제8조 등에서도 강행규정(mandatory provisions)이란 용어를 사용하고 있지만 이때의 강행규정은 국내적 강행규정을 의미하는 반면에, 위 제9조 제2항에서의 강행규정은 절대적 강행규정을 의미하므로 양자를 구분할 필요가 있었기 때문이다.[26] 이에 더하여 위 규칙

---

22) 로마규칙 I 전문(37)에서는 절대적 강행규정이 공서양속(public policy)을 근거로 하고 있다는 점을 명시하고 있다

23) 석광현, 국제사법 해설, 박영사, 2013, 176-179쪽.

24) 장준혁, "국제적 강행법규 개념의 요소로서의 저촉법적 강행성", 성균관법학, 제19권 제2호(2007.8), 566쪽; Nygh, p. 206.

25) 준거법이 외국법인 경우에도 중대한 공서양속에 관련된 법률은 여전히 강행적으로 적용된다는 점에서 긍정적으로 작용한다. 반면에 준거법인 외국법의 내용이 우리의 공서양속에 반하는 결과를 가져온다면 그러한 법률은 준거법으로서 적용될 수 없다는 점에서 부정적으로 작용한다. 후자에 관하여는 국제사법 제10조에서 "외국법에 의하여야 하는 경우에 그 규정의 적용이 대한민국의 선량한 풍속 그 밖의 사회질서에 명백히 위반되는 때에는 이를 적용하지 아니한다"라고 규정하고 있다.

제9조 제1항에서는 '절대적 강행규정'의 정의규정을 두어 절대적 강행규정의 의미를 명확히 하고자 하였다. 위 제9조 제1항에서는 "본 규칙에 따라 지정된 계약의 준거법에 관계없이 한 국가가 그 국가의 정치적, 사회적 또는 경제적 구조와 같이 공적이익을 보호하기 위하여 그 적용범위에 포함되는 사안에 대하여 적용하는 것이 중대하다고 여기는 규정이 절대적 강행규정이다"[27]라고 규정하고 있다. 이러한 정의에 따르면 절대적 강행규정이 되기 위해서는 최소한 '공적이익'(public interests)을 보호하기 위한 법규정이어야 한다.[28] 이와 같이 초개인적인 공적이익에 봉사하는 규범을 '간섭규범'이라고도 한다. 그러므로 적어도 대등한 당사자 사이의 이해관계를 조정하기 위한 법규정은 순전히 사적이익의 보호를 목적으로 하므로 절대적 강행규정으로 보기 힘들다.[29]

(2) 비교형량을 통하여 도출한 공적이익의 내용

앞의 논의를 종합하여 보면 법정지의 절대적 공서양속과 국제계약에서의 준거법 선택이라는 당사자 자치가 충돌하고 있지만, 양자가 공존해야 할 필요가 있으므로 그 균형을 찾을 필요가 있다.[30] 이러한 균형은 각 이념이 보호하고자 하는 이익을 비교형량 하는 방법을 통하여 찾을 수 있다.[31] 국제거래에서의 당사자 자치의 중요성에 대하여는 이미 언급한 바와 같으므로 그 보호이익의 수준이 높다는 것을 알 수 있다. 이와 같이 높은 수준의 보호이익을 무력하게 하기 위한 '공적이익'은 단순히 공적이익이 아니라 '근본적(fundamental) 또는 필수적(essential) 공적이익'이어야 한다. 유럽사법재판소의 Ingmar 결정이나 Eco Swiss 결정[32]에서도 절대적 강행규정이 되기 위해서 '필수적 공적이익'을 요구하고 있고, 미국의 Restatement of the Law (Second) Conflict of Laws s.187(2)(b)에서도 '어느 주(州)의 근본적 양속'(fundamental policy of a state)을 절대적 강행규정의 판단기준으로 규정하고 있다. 그러나 당사자 자치에 관

---

26) Garcimartín Alférez, Francisco J, The Rome I Regulation: Much ado about nothing?, The European Legal Forum (E) 2-2008, para. 22.

27) Overriding mandatory provisions are provisions the respect for which is regarded as crucial by a country for safeguarding its public interests, such as its political, social or economic organisation, to such an extent that they are applicable to any situation falling within their scope, irrespective of the law otherwise applicable to the contract under this Regulation. 이와 같은 정의는 유럽사법재판소의 Jean-Claude Arblade and Arblade & Fils SARL and Bernard Leloup, Serge Leloup and Sofrage SARL [1999] ECR I-8453 사건의 영향을 받았다고 한다(Garcimartín Alférez, Francisco J, The Rome I Regulation: Much ado about nothing?, The European Legal Forum (E) 2-2008, para. 75).

28) 정치적 · 사회적 · 경제적 질서의 근간과 관계있는 중요한 강행규정은 순수한 사법규정보다는 공법적 성격을 갖는 법규정이 대부분일 것이다(장준혁, "국제적 강행법규 개념의 요소로서의 저촉법적 강행성", 성균관법학, 제19권 제2호(2007.8), 576쪽).

29) H.L.E. Verhagen, The tension between party autonomy and European Union law: some observations on Ingmar GB Ltd v Eaton Leonard Technologies Inc, I.C.L.Q. 2002, 51(1), pp. 145-146. 독일 연방노동법원(Bundesarbeitsgericht 24 Aug 1989, IPRax 1991, 407, RIW 1990, 754)은 계약의 당사자 사이의 사적이익의 균형을 위한 법규는 절대적 강행규정이 될 수 없다고 판시하고 있다.

30) Nygh, p. 200; Garcimartín Alférez, Francisco J, The Rome I Regulation: Much ado about nothing?, The European Legal Forum (E) 2-2008, para. 72. 그렇다고 절대적 강행규정이 계약에 의한 법률관계에 한정되어 적용되는 것은 아니다. 국제사법 제7조는 계약적 법률관계와 비계약적 법률관계 모두 적용되며, 로마규칙 I 제9조뿐만 아니라 로마규칙 II 제16조에서도 절대적 강행규정에 관한 규정을 두어 계약적 법률관계와 비계약적 법률관계 모두에 절대적 강행규정을 인정하고 있다.

31) 미국의 Restatement of the Law (Second) Conflict of Laws s.187(2)(b)에서 준거법 소속의 주(州)보다 훨씬 큰 이익(materially greater interest)을 갖고 있는 주(州)의 법이 절대적 강행규정이 된다고 하면서 이익형량을 요구하고 있다.

32) Case C-126/97 [1999] I-3055.

한 부분에서 언급한 바와 같이 당사자 자치의 보호이익이 약화되는 예외적인 경우에는 절대적 강행규정을 인정하기 위한 공적이익의 수준도 낮아진다고 할 것이다.

V. 명문규정이 없는 경우 절대적 강행규정의 구체적 판단기준

1. 절대적 강행규정의 전제로서의 국내적 강행규정

절대적 강행규정이 되기 위해서 국내적 강행규정이어야 하는지에 관하여 견해의 차이가 있다.[33] 첫째, 국내적 강행규정 중 저촉법적 강행성까지 갖춘 것을 가리켜 절대적 강행규정이라고 하는 견해가 있는데, 이 견해에 따르면 모든 절대적 강행규정은 동시에 국내적 강행규정으로서의 성질을 갖는다. 둘째, 국내적 강행성과 저촉법적 강행성을 별개의 문제로 보아, 절대적 강행규정 가운데에는 국내적 강행규정이 아닌 것도 있을 수 있다는 견해도 있다. 당사자의 합의에 의하여 그 적용을 배제할 수 없는 법규정이 국내적 강행규정이고, 당사자의 합의에는 다양한 방법이 있을 수 있을 수 있는데, 준거법의 선택도 이러한 당사자의 합의의 일종이므로 절대적 강행규정이 되기 위해서는 일단 국내적 강행규정에 해당되어야 한다고 본다. 국제사법 제7조에서도 '대한민국의 강행규정' 중에 절대적 강행규정이 있다는 점을 명시하고 있다.

한편 공적이익의 보호수준은 각 국내적 강행규정마다 차이가 있으므로 각 강행규정마다 개별적으로 보호이익을 평가하여 이익형량을 해야 한다.[34] 아래에서는 앞서의 논의를 바탕으로 하여 다양한 형태의 국내적 강행규정 중 절대적 강행규정으로 인정될 수 있는 법규정을 실증적으로 밝히는 방법으로 좀 더 구체적인 판단기준을 제시하고자 한다.

2. 일반적 강행규정

모든 민사적 사안에 적용될 수 있는 일반적 강행규정으로는 신의성실의 원칙과 권리남용금지를 선언하고 있는 민법 제2조,[35] 반사회질서행위를 금지하고 있는 같은 법 제103조,[36] 불공정거래행위를 금지하고 있는 같은 법 제104조[37]가 있다. 위 세 가지 규정들은 규정내용상 약간의 차이는 있지만 '신의성실의 원칙'과 '사회질서유지'를 목표로 하고 있다는 점에서는

33) 구체적인 논의는 장준혁, "국제적 강행법규 개념의 요소로서의 저촉법적 강행성", 성균관법학, 제19권 제2호(2007.8), 567쪽 이하 참조.

34) Christopher Tillman, The relationship between party autonomy and the mandatory rules in the Rome Convention, J.B.L. 2002, 45, pp. 68–69.

35) 제2조(신의성실) ① 권리의 행사와 의무의 이행은 신의에 좇아 성실히 하여야 한다. ② 권리는 남용하지 못한다. 이러한 신의성실의 원칙은 다양한 효력을 갖고 있다. 판례는 신의성실의 원칙에 반하는 법률행위의 효력을 부정할 뿐만 아니라(대법원 2002.3.15. 선고 2000다13856 판결), 법률의 해석기준(대법원 2012.3.29. 선고 2011다93025 판결), 계약의 해석기준(대법원 2006.11.23. 선고 2005다13288 판결), 보호의무 등 부수적 의무의 발생근거(대법원 2006.9.28. 선고 2004다44506 판결) 등 다양한 효력을 인정하고 있다.

36) 제103조(반사회질서의 법률행위) 선량한 풍속 기타 사회질서에 위반한 사항을 내용으로 하는 법률행위는 무효로 한다.

37) 제104조(불공정한 법률행위) 당사자의 궁박, 경솔 또는 무경험으로 인하여 현저하게 공정을 잃은 법률행위는 무효로 한다. 제104조는 제103조를 구체화한 규정으로 볼 수 있는데, 불공정한 법률행위란 자기의 급부에 비하여 현저하게 균형을 잃은 반대급부를 하게 하여 부당한 재산적 이익을 얻는 행위를 의미하는 것이므로, 증여계약과 같이 아무런 대가관계 없이 당사자 일방이 상대방에게 일방적인 급부를 하는 법률행위는 그 공정성 여부를 논의할 수 있는 성질의 법률행위가 아니다(대법원 2000.2.11. 선고 99다56833 판결).

차이가 없다. 이러한 기초적 법질서의 원칙은 어느 국가에서나 인정되고 있으므로 굳이 이를 절대적 강행규정으로 적용시켜야 한다는 문제가 발생하는 경우는 많지 않을 것이다. 다만 위 원칙들에 관한 외국의 법률 또는 판례와 우리 대법원 판례가 일치하지 아니하는 경우가 발생할 수 있다는 점에서 이에 대한 분석이 필요하다.

위 원칙들을 선뜻 절대적 강행규정으로 인정하기 어려운 이유는 위 원칙들이 국내적 공서양속에 관한 대표적 규정들이고, 국내적 공서양속과 절대적 공서양속이 구별되기 때문이다. 하지만 사견으로는 일반적 강행규정도 절대적 강행규정이라고 생각하는데 그 이유는 다음과 같다. 먼저 위 원칙들은 사회질서 유지를 위하여 지켜져야 하는 최소한의 원칙을 규정하고 있으므로 공적이익을 보호법익으로 하고 있다. 그리고 이때의 공적이익은 사회질서 유지를 위한 엄격한 의미의 공적이익으로서 대법원 판결[38]에서도 신의칙과 같은 일반원칙에 의하여 계약의 효력이 제한하는 것은 자칫 잘못하면 당사자 자치의 원칙이나 법적 안정성에 대한 중대한 위협이 될 수 있으므로 신중을 기하여 '극히 예외적'으로 인정하여야 한다고 보고 있다.[39] 그렇다면 위 규정들이 보호하고 있는 사회질서라는 공적이익은 '근본적 또는 필수적 공적이익'이라고 할 것이므로 위 법규정들은 절대적 강행규정에 해당한다고 본다.

3. 획일적 제도를 유지하기 위한 강행규정

국가 전체의 질서를 유지하기 위한 목적에서 획일적 제도를 규정하고 있는 강행규정들이 있다. 예를 들어 상법의 회사편, 「자본시장과 금융투자업에 관한 법률」,[40] 외국환거래법, 은행법과 같은 금융기관에 관한 법률, 의료법 등이 있다. 이러한 규정들은 고도의 공적이익의 보호를 목적으로 하고 있으므로 법률행위의 당사자가 외국법을 준거법으로 지정하더라도 다른 국가의 제도가 이를 대체할 수 없다. 이러한 점에서 위와 같은 강행규정들은 절대적 강행규정에 해당한다. 민법의 강행규정 중 물권에 관련된 규정만 따로 논하자면 다음과 같다.

민법에서 강행규정이란 제목을 갖고 있는 규정은 두 개가 있다. 하나는 지상권에 관한 제289조와 임대차에 관한 제652조이다. 전자는 토지소유자와 지상권자, 후자는 임대인과 임차인 사이의 이해관계를 조정하기 위한 규정으로서 사적이익의 보호를 주된 목적으로 한다. 그러나 제289조에서 강행규정으로 열거하고 있는 제280조 내지 제289조의 규정들은 지상권이라는 물권의 내용 또는 효력이라는 점에서 관점을 달리할 필요가 있다. 민법 제185조에서는 물권은 법률 또는 관습법에 의하는 외에는 임의로 창설하지 못한다고 하여 물권법정주의를 선

38) 대법원 2004.1.27. 선고 2003다45410 판결.

39) 또한 대법원 판결(대법원 2004.9.24. 선고 2001다69771 판결)에서는 모든 경우에 동일한 수준의 신의성실이 요구되는 것은 아니며 거래의 종류에 따라서 요구되는 정도에 차이가 있을 수밖에 없다고 판시하고 있다. 예를 들어 사적 관계에서의 계약관계보다 금융거래에서의 계약관계에서 보다 높은 신의성실의 원칙이 요구된다. 앞의 대법원 판결에서는 보증신용장의 개설의뢰인과 개설은행 사이의 법률관계는 당사자 사이의 개설계약의 내용 및 그 계약의 내용으로 편입되는 신용장통일규칙에 의하여 규율될 것이지만, 그 외에 고도의 신뢰관계를 바탕으로 하는 개설은행과 개설의뢰인 사이의 법률관계의 특성상 사법상의 대원칙인 신의성실의 원칙이 더욱 폭 넓게 적용된다고 보고 있다.

40) 미국 연방제2순회항소법원의 Roby v Corporation of Lloyd's, 996 F.2d 1353 (2nd Cir, 1993) 사건 판결에서도 증권에 관련한 법률이 절대적 강행규정이라고 판시하고 있다.

언하고 있는데, 대법원 2002.6.14. 선고 2000다30622 판결에서는 물권의 효력에 관한 규정들은 강행규정이라고 판시하고 있다. 물권법정주의는 대한민국의 물권제도를 획일적으로 처리할 목적으로 인정되고 있으므로 물권의 내용 또는 효력에 관한 규정들은 단순히 법률관계 당사자 사이의 이해관계를 조정하는데 그치지 아니하고 물권제도의 안정을 위한 규정들로서 '근본적 또는 필수적 공적이익'의 보호를 목적으로 하고 있다고 봐야 한다. 이러한 점에서 제289조에 따른 강행규정들은 절대적 강행규정이라고 할 것이다.

4. 행정목적을 달성하기 위한 효력규정

가. 단속규정과 효력규정

행정법규 중에는 일정한 행위를 금지 내지 제한하고, 그에 위반된 행위에 대하여 과징금, 과태료 또는 형벌적 제재를 가하면서도 법률행위가 무효인지 유효인지에 대하여 침묵하고 있는 경우가 있다. 이러한 규정들 중에서 그에 위반한 법률행위가 무효가 되는 규정을 '효력규정', 반대로 행정적 또는 형벌적 제재가 있을 뿐이지 법률행위의 효력에 영향이 없는 규정을 '단속규정'이라고 한다. 이 양자를 어떻게 구분할 것인지가 쟁점이 되는데, 대법원 2008.12.24. 선고 2006다53672 판결[41]에서는 다음의 두 가지의 기준에 해당하는 경우에는 효력규정으로 보고 그렇지 않으면 단속규정으로 보고 있다.

첫째, 금지법규에 위반한 행위가 현저히 반사회성, 반도덕성을 지니는 경우, 또는

둘째, 그 행위의 사법상의 효력을 부인하여야만 비로소 입법 목적을 달성할 수 있는 경우.

참고로 첫 번째 기준에 해당한다는 이유로 금지규정을 효력규정으로 본 대법원 판례는 찾아 볼 수 없으며 반면에 두 번째 기준에 해당한다는 이유로 금지규정을 효력규정으로 본 대법원 판례는 다수 존재한다.[42]

나. 효력규정의 절대적 강행규정으로서의 성격

먼저 위 첫 번째 기준과 같이 그 금지법규를 위반한 행위가 '현저히' 반사회성, 반도덕성이 있는 경우라면 그 금지법규는 '근본적 또는 필수적 공적이익'을 보호한다고 충분히 볼 수

41) 이 판결에서는 비업무용부동산의 취득금지를 정한 구 상호신용금고법(1999.2.1. 법률 제5738호로 개정되기 전의 것) 제18조의2 제2호를 위반하여 상호신용금고가 업무용부동산 외의 부동산을 취득하는 행위 자체가 그 사법상의 효력까지도 부인하지 않으면 안 될 정도로 현저히 반사회성, 반도덕성을 지닌 것이라고 할 수 없을 뿐만 아니라 그 행위의 사법상의 효력을 부인하여야만 비로소 입법 목적을 달성할 수 있다고 볼 수도 없으므로 위 규정을 단속규정에 해당하고, 따라서 위 제한규정에 저촉되는 행위라 할지라도 그 행위의 사법상의 효력에는 아무런 영향이 없다고 판시하였다.

42) 부동산중개업법의 입법목적을 달성하기 위하여 동법에서 규정하고 있는 수수료한도에 관한 규정은 효력규정이므로 수수료한도를 넘어선 수수료약정은 무효라는 대법원 2007.12.20. 선고 2005다32159 전원합의체 판결, 상호신용금고(현재 상호저축은행)가 대통령령이 정하는 특수한 경우를 제외하고 "채무의 보증 또는 담보의 제공"을 하는 행위를 금지하고 있는 구 상호신용금고법(2001.3.28. 법률 제6429호 상호저축은행법으로 개정되기 전의 것) 제18조의2 제4호가 효력규정이라는 대법원 2004.6.11. 선고 2003다1601 판결, 의료법인은 그 재산을 처분하고자 할 경우 시·도지사의 허가를 받도록 규정하고 있는 구 의료법(2007.4.11. 법률 제8366호로 전문 개정되기 전의 것, 이하 같다) 제41조 제3항이 효력규정이라는 대법원 2008.9.11. 선고 2008다32501 판결, 의료기관의 운영 및 손익 등이 그 일반인에게 귀속되도록 하는 내용의 약정을 금지하고 있는 의료법 제33조 제2항이 효력규정이라는 대법원 2011.11.3. 선고 2010다67890 판결 등 다수의 판결에서 입법목적을 달성하기 위하여 금지규정을 효력규정으로 보고 있다.

있을 것이다. 그리고 당사자가 외국법을 준거법으로 선택하였다고 하여 국가적 목표를 달성하기 위한 행정법의 입법목적이 무시되는 것도 용납될 수 없으므로, 두 번째 기준과 같이 그 행위의 사법상의 효력을 부인하여야만 비로소 입법목적을 달성할 수 있는 경우도 '근본적 또는 필수적 공적이익'을 보호한다고 볼 것이다. 이러한 점에서 효력규정을 절대적 강행규정으로 인정하기에 무리가 없어 보인다. 한편 이러한 효력규정은 의료법과 같이 국가의 제도를 획일적으로 유지하기 위한 개별적 강행규정과 중첩되는 경우도 적지 않을 것이다.

5. 경제정의실현을 위한 강행규정

가. 경제정의실현의 중요성

대한민국헌법 제119조 제2항에서는 "국가는 균형 있는 국민경제의 성장 및 안정과 적정한 소득의 분배를 유지하고, 시장의 지배와 경제력의 남용을 방지하며, 경제주체간의 조화를 통한 경제의 민주화를 위하여 경제에 관한 규제와 조정을 할 수 있다"고 규정하여 우리가 추구하는 경제체제가 자유방임주의(laissez-faire)가 아니라 사회복지국가임을 천명하고 있다. 위 규정의 위임에 따라서 경제의 민주화라는 중대한 공적이익을 보호하기 위하여 경제에 대한 규제와 조정을 규정하고 있는 법규정들이 다수 존재한다. 크게 국가 전체의 경제정의의 실현을 대상으로 하는 '거시적 경제정의'에 관한 강행규정과 경제적 약자를 보호할 목적의 '미시적 경제정의'에 관한 강행규정이 있다.

나. 거시적 경제정의를 실현하기 위한 강행규정

거시적 경제정의를 실현하기 위한 대표적 법률은 「독점규제 및 공정거래에 관한 법률」(이하 '독점규제법'이라 한다)이다. 대법원 2010.8.26. 선고 2010다28185 판결의 사안에서는 대리점계약의 준거법이 캐나다의 온타리오주 법임에도 불구하고 특별한 설시 없이 한국법인 독점규제법을 절대적 강행규정으로서 적용하였는데, 이 법을 절대적 강행규정으로 본 원심판결을 그대로 받아들인 것으로 보인다. 원심판결인 서울고등법원 2010.2.11. 선고 2009나31323 판결에서는 공정거래법의 입법목적이 사업자의 시장지배적 지위의 남용과 과도한 경제력의 집중을 방지하고, 부당한 공동행위 및 불공정거래행위를 규제하여 공정하고 자유로운 경쟁을 촉진함으로써 창의적인 기업활동을 조장하고 소비자를 보호함과 아울러 '국민경제의 균형 있는 발전'을 도모하는 것이란 점을 이유로 위 법이 절대적 강행규정이라고 판시하고 있다. 참고로 미국의 Mitsubishi Motors 사건의 판결[43]의 주19)에서도 "준거법의 선택과 관할의 선택이 독

43) Mitsubishi Motors Corp. v. Soler Chrysler-Plymouth, Inc., 473 U.S. 614 (1985). 이 사건에서 공급자인 일본 회사 Mitsubishi는 판매자인 푸에토리코 회사 Soler Chrysler-Plymouth와 자동차판매를 위한 판매점계약을 체결하였다. 이 계약의 중재조항에서는 이 계약과 관련한 모든 분쟁을 일본중재협회의 규칙에 따라서 일본에서의 중재로 해결하기로 하였다. 위 계약에 따라서 공급자는 판매자에게 자동차를 공급하였는데, 신차시장이 위축되자 판매자는 새로운 공급분에 대한 선적을 중지하여 줄 것을 요청한 후 새로운 공급분은 푸에트리코가 아니라 미국과 남미에서 판매할 예정이니 환적(transshipment)하여 줄 것을 요청했다. 그러나 공급자는 이러한 요청을 거절하고 미국 법원에 중재조항 승인을 위한 소를 제기하였고, 이 소에서 판매자는 공급자가 시장분할을 꾀하고 있어 Sherman Act에 위반했다고 주장하면서 반소를 제기하였다. 이 소송에서는 판매점계약의 당사자 간의 중재합의에도 불구하고 판매자가 Sherman Act에 따른 반소를 법원

점금지법(Sherman Act)의 위반으로 인한 법정의 손해배상청구권을 포기하도록 하는 결과를 가져온다면, 우리는 그러한 합의가 공서양속에 어긋나는 것으로 보겠다."라고 하여 독점금지법이 절대적 강행규정이라고 판시하고 있으며, 유럽사법재판소의 Eco Swiss 결정[44]에서도 독점금지법인 유럽공동체 협약(EC Treaty) 제85조가 유럽공동체시장의 원활한 운영을 위하여 필수적(essential)인 근본적(fundamental) 규정에 해당한다는 이유로 절대적 강행규정으로 보고 있다. 결론적으로 거시적 경제정의를 실현하기 위한 강행규정이야 말로 대한민국헌법 제119조 제2항에서 천명하고 있는 국가적 경제정의라는 '근본적 또는 필수적 공적이익'의 보호목적을 갖고 있으므로 절대적 강행규정이라고 할 것이다.

다. 미시적 경제정의를 실현하기 위한 강행규정

(1) 미시적 경제정의를 실현하기 위한 강행규정과 관련한 문제

앞서 절대적 강행규정으로 언급한 법규정들은 모두 국가 또는 사회 전체의 사회적 · 경제적 · 행정적 이익에 관한 것이다. 그런데 이러한 국가적 또는 사회적 이익이 아니라 개인인 약자를 보호하기 위한 법규정도 절대적 강행규정에 포함시키자는 주장이 있고,[45] 이러한 주장에 대하여 크게 이의가 없는 것으로 보인다.[46] 오히려 약자를 보호하기 위한 법규정 중 어떤 법규정이 절대적 강행규정이 되는지 그 요건에 관하여 쟁점이 있어 보인다. 이에 대하여 명시적 또는 묵시적 입법의도가 있어야 하고, 내국관련성[47]이 있어야 하며, 약자보호의 입법의도가 명백해야 하는데, 만일 의문이 있다면 국제적 강행법규가 아니라는 주장이 있다.[48] 원칙적으로 위와 같은 요건에 동의하지만 좀 더 구체적 논의를 위하여 유럽사법재판소의 Ingmar 결정에 대한 논의를 살펴보도록 한다.

(2) 유럽사법재판소의 Ingmar 결정과 관련한 논의

Ingmar 결정에서는 대리상의 보상청구권을 인정하고 있는 유럽연합의 대리상지침 제17조와 제18조가 대리상을 위하여 설립의 자유와 왜곡되지 아니한 경쟁을 보호하는데 그 목적

에 제기한 것이 허용되는지 문제되었다.

44) 네덜란드 회사인 Benetton과 홍콩 회사인 Eco Swiss가 체결한 라이선스계약에서는 네덜란드 법을 준거법으로 지정하고, 이 계약에 관한 분쟁에 관하여는 네덜란드의 중재인기구(Netherlands Institute of Arbitrators)의 중재에 따르기로 하는 중재합의를 하였다. 위 계약에 관한 분쟁이 발생하여 중재절차가 개시되었는데, 네덜란드 회사가 홍콩 회사에 손해배상을 하도록 하는 중재판정이 내려졌다. 이에 네덜란드 회사는 위 계약이 독점금지법인 유럽공동체 협약(EC Treaty) 제85조를 위반하여 무효이고, 결국 위 중재판정이 공서양속에 반했다고 하면서 중재판정취소의 소를 네덜란드 법원에 제기하였다. 네덜란드 법원은 유럽연합규정과 관련하여 몇 가지 의문점을 유럽사법재판소에 질의하였고, 유럽사법재판소은 일단 협약 제85조를 절대적 강행규정으로 인정하고, 중재판정부가 강행법규에 관한 사항에 대하여 중재할 수 있지만, 법원이 이에 대하여 검토할 기회가 가져야 한다고 보았다.

45) 석광현, 국제사법과 국제소송 제4권, 박영사, 2007, 20쪽. 이를 '특별사법'이라고도 한다.

46) H.L.E. Verhagen, The tension between party autonomy and European Union law: some observations on Ingmar GB Ltd v Eaton Leonard Technologies Inc, I.C.L.Q. 2002, 51(1), pp. 153−154; Nygh, p. 205; Kramer, Xandra E, The Interaction between Rome I and Mandatory EU Private Rules−EPIL and EPL: Communicating Vessels?, 2010 (conference paper), available at SSRN: http://ssrn.com/abstract=1666740 or http://dx.doi.org/10.2139/ssrn.1666740, p. 18; T.C. Hartley, Beyond the Proper Law: Mandatory Rules Under Draft Convention on the Law Applicable to Contractual Obligations, 4 EUR. L. REV., p. 238.

47) 보호대상의 국적, 거소 또는 보호이익이 법정지와 관련이 있어야 한다는 요건을 내국관련성이라고 한다.

48) Nygh, p. 205.

이 있고, 이러한 목적을 고려했을 때 위 규정은 유럽연합의 법질서에 있어서 필수적이므로 절대적 강행규정에 해당한다고 보았다.

이러한 판결에 대하여 통상적으로 대리점계약에서 본인(本人)은 대리상보다 규모가 큰 기업이므로 계약을 체결할 당시에 대리상은 구조적 약자(structurally weaker party)에 해당하고, 따라서 대리상이 구축한 노하우(knowhow)와 고객관계를 본인이 자신에게 넘기도록 한 후에 갑작스럽게 대리상계약을 해지할 위험이 있는데, 이러한 위험으로 인하여 대리상계약의 체결이 주저되는 경향이 있으므로 이러한 위험을 감소시켜서 대리점계약관계를 계속적으로 유지시킬 수 있도록 한다면, 본인도 해외에서 영업을 할 수 있는 기회가 증대되는 결과를 가져오게 되어 결국 유럽연합의 공동체시장의 증진을 가져온다는 점에서 Ingmar 결정을 지지하는 견해가 있다.[49)]

그러나 Ingmar 결정에 대하여는 비판적 견해도 적지 않다. 먼저 절대적 강행규정은 중대한 사회적 · 경제적 · 문화적 기타 국가적 이익을 보호하는 법규에 한정되므로 계약 당사자 일방을 보호하기 위한 국내적 강행규정이 절대적 강행규정으로서 인정되기 위해서는 더 높은 이익(higher interest)을 보호하고자 하는 목적을 갖고 있어야 하는데 위 대리상지침의 규정은 그렇지 못하므로 절대적 강행규정이 아니라는 주장이 있다.[50)] 그 근거로서 네덜란드 대법원(Hoge Raad)의 Armaco 판결[51)]을 들고 있다. 이 판결에서는 지역노동사무소의 동의를 얻어 고용계약을 종료시키도록 하는 규정이 절대적 강행규정인지 문제되었다. 이 사건에서 네덜란드 대법원은 위 규정이 1) 개별근로자를 보호하는 기능, 2) 네덜란드의 노동시장을 보호하는 기능을 갖고 있는데, 첫 번째 기능만으로 위 규정을 절대적 강행규정으로 볼 만큼의 중요한 가치를 제공하지 못하고, 두 번째 기능이야말로 그러한 중요한 가치를 제공한다고 판시하였다. 하지만 대리상의 보상청구권에 관한 규정은 위 규정과 달리 계약당사자의 보호를 넘어서 더 높은 이익을 보호하고자 하는 목적이 있다고 볼 수 없고, 더욱이 대리상이 반드시 사회적 약자라고 볼 수 없을 뿐만 아니라 오히려 강자인 경우도 있으므로 절대적 강행규정라고 볼 수 없다는 것이 위 주장의 요지이다. 한편 Ingmar 결정에 반대하는 입장에서 장래 로마규칙 Ⅰ을 개정하는 경우에 순전히 사적이익을 보호하기 위한 법규정은 절대적 강행규정이 될 수 없다는 점을 명백히 규정하자는 주장도 있다.[52)]

(3) 사 견

사회에서 이루어지는 대부분의 거래관계에는 강자와 약자가 있고, 이로 인하여 계약내용

---

49) Jan Kleinheisterkamp, The Impact of Internationally Mandatory Laws on the Enforceability of Arbitration Agreements, LSE Law, Society and Economy Working Papers 22/2009, available at http://ssrn.com/abstract=1496923, p. 17.

50) H.L.E. Verhagen, The tension between party autonomy and European Union law: some observations on Ingmar GB Ltd v Eaton Leonard Technologies Inc, I.C.L.Q. 2002, 51(1), pp. 145-146.

51) HR 23 Oct 1987, NJ 1988, 842 (Sorensen v Aramco Overseas Company).

52) Commission of the European Communities Green Paper on the conversion of the Rome Convention of 1980 on the law applicable to contractual obligations into a Community instrument and its modernisation, Brussels, 14. 1. 2003 COM(2002) 654 final, para. 3.2.8.3.

의 결정에 있어서 협상력의 차이가 발생하기 마련이다. 이러한 협상력의 차이를 조정하기 위한 모든 법규정을 절대적 강행규정으로 본다면 준거법의 합의가 무력하게 되고 이로 인하여 국제상사거래에서의 예측가능성이 감소되어 불확실성이 증가할 것이다.[53] 따라서 거래관계의 약자를 보호하기 위한 규정이라고 하여 무조건적으로 절대적 강행규정이라고 볼 수 없지만, 대한민국헌법 제119조 제2항에서 '시장의 지배와 경제력의 남용의 방지' 및 '경제주체간의 조화'를 통한 경제의 민주화를 경제정의의 내용에 포함시키고 있으므로 경제적 약자를 보호하는 법규정도 충분히 절대적 강행규정이 될 수 있다. 이러한 형태의 강행규정은 크게 두 가지로 나눌 수 있을 것으로 본다.

가) 시장지배력 또는 우월적 지위를 남용하여 경제적 약자에게 피해를 주는 행위를 규제하고자 하는 법규정

단순히 협상력의 차이를 조정하기 위한 법규정이 아니라 시장지배력 또는 우월적 지위를 남용하여 경제적 약자에게 피해를 주는 행위를 규제하는 법규정은 계약의 당사자 일방을 보호하기 위한 목적을 넘어서 헌법에서 추구하는 경제질서를 보호하기 위한 목적이 있다고 할 것이므로 절대적 강행규정이 될 수 있을 것이다.[54] 앞서 Ingmar 결정에 대한 찬반의견을 살펴보았지만, 어느 의견에 따르더라도 약자보호를 위한 법규정이 절대적 강행규정이 될 수 있다는 점에는 차이가 없어 보인다. 다만 대리상의 보상청구권이 '계약의 당사자 일방을 보호하기 위한 목적을 넘어서 더 높은 이익을 보호하기 위한 목적'이 있는지, 환언하자면 대리상을 보호하는 것이 경제정의의 실현에 필요한 것인지에 관하여만 이견이 있을 뿐이다. 찬성하는 쪽은 대리상이 약자에 해당하고 대리상을 보호하는 것은 유럽시장 전체에 이익이 된다는 의견이고, 반대하는 쪽은 대리상이 반드시 약자가 아니므로 위 대리상지침은 사적이익의 조정에 관한 규정이라는 의견이다. 이러한 견해의 차이는 절대적 강행규정의 판단기준에 관한 차이가 아니라 시장상황과 경제적 효과에 관한 관점의 차이에 불과하다.

사견으로는 대리상 중에는 본인보다 우월한 지위 또는 협상력을 가진 경우도 있겠지만 이러한 대리상은 자신의 보호를 위하여 필요한 조치를 취할 것이므로 애당초 대리상지침에서는 이러한 대리상을 적용대상으로 고려하지 않았을 것이다. 대리상의 보상청구권을 인정하는 기본적 이유는 대리상이 막대한 시간, 노력 및 자본을 투자하여 판매망을 구축하였지만, 본인이 우월적 지위 또는 협상력 남용하여 대리점계약을 일방적으로 해지하면서도 한편으로는 대리상이 구축한 시장의 이익을 무상으로 취득하는 문제가 계속적으로 발생하였고, 이러한 문제는 궁극적으로 상사대리시장이 주된 기능을 하고 있는 유통시장에 혼란을 가져왔기 때문이

---

53) Nygh, p. 211.

54) 만일 우월적 협상력을 남용하여 일방적으로 유리한 준거법의 합의를 한 결과 현저하게 불합리하고 불공정한 결과를 초래한다면 이때는 준거법 합의 자체가 무효가 될 수 있다. 대법원 1997.9.9. 선고 96다20093 판결은, 한국법원의 관할을 배제하고 외국 법원을 관할법원으로 하는 전속적 국제재판관할합의가 현저하게 불합리하고 불공정한 경우에는 공서양속에 반하는 법률행위가 되어 무효라고 판시한 바 있고, 이러한 법리는 대법원 2010.8.26. 선고 2010다28185 판결의 원심판결인 서울고등법원 2007.10.12. 선고 2007나16900 판결에서 준거법의 합의에 관하여도 받아들여져서, 준거법 합의가 현저하게 불합리하거나 불공정한 결과를 초래하면 그러한 합의는 무효라고 한다.

다.[55] 이러한 점을 고려하면 위 대리상지침의 규정은 결국 당사자 사이의 이해관계의 조정을 넘어서 사회전체의 경제정의를 실현하고자 하는 목적이 주를 이루고 있으므로 필자는 Ingmar 결정에 동의한다.

이와 같이 '계약의 당사자 일방을 보호하기 위한 목적을 넘어서 더 높은 이익을 보호하기 위한 목적'을 갖고 있는 한국법으로는 「가맹사업거래의 공정화에 관한 법률」을 예로 들 수 있다. 과거 가맹점본부가 우월적 지위를 남용하여 가맹점사업자를 부당하게 취급하는 것은 종종 사회적 문제가 되었고 언론에서도 많이 다루어졌다. 이러한 우월적 지위의 남용을 방지하는 것은 단순히 개별 가맹점사업자의 이익을 보호하는데 그치지 아니하고, 위 법 제1조에서 규정하고 있는 바와 같이 가맹점계약에서의 공정거래를 확립하고 이를 통하여 궁극적으로 소비자복지를 증진하고자 하는 데에 그 취지가 있다. 게다가 아래에서 다시 언급하지만, 위 법을 위반하면 과태료 또는 형사처벌을 받게 되며, 공정거래위원회가 전속적 조사권을 갖고 있고, 공정거래위원회는 위 법의 위반행위에 대하여 시정조치 또는 시정권고를 할 수 있으며, 가맹사업거래분쟁조정협의회라는 별도의 분쟁해결기관이 존재하다는 점도 위 법이 '근본적 또는 필수적 공적이익'을 보호하고 있다는 사실을 추단케 한다. 이러한 이유로 위 법은 '계약의 당사자 일방을 보호하기 위한 목적을 넘어서 더 높은 이익을 보호하기 위한 목적'이 있다고 할 것이므로 절대적 강행규정이라고 본다.[56]

나) 구조적 약자에게 '최소한의 사회적 보호'를 부여하는 법규정

앞서와 같이 '시장지배력 또는 우월적 지위의 남용'을 규제하는 법규정은 아니지만 구조적 약자에 대하여 '최소한의 사회적 보호'(minimum level of social protection)를 부여하는 법규정[57]은 사회보장국가 실현을 위하여 요구되는 최소한의 기준으로서 절대적 강행규정으로 볼 수 있다. 대표적으로 소비자 보호와 근로자 보호에 관한 법규정을 둘 수 있는데, 이에 관하여는 이미 국제사법 제27조 및 제28조에서 특별규정을 두고 있다. 그렇다고 최소한의 사회적 보호가 필요한 자가 소비자와 근로자에 한정되는 것은 아니며, 예를 들어 채권계약임에도 불구하고 물권과 동일한 대항력과 우선변제권을 부여하고 있는 주택임대차보호법이나, 「상가건물임대차보호법」은 임대인이 우월적 지위를 남용하는 것을 규제하기 보다는 구조적 약자인 주택임차인을 보호하여 국민의 주거안정을 꾀하고, 영세상인의 보호하여 국민의 소득균형을 추

55) 참고로 필자는 대리상의 보상청구권에 관한 상법 제92조의2가 판매점계약(Distributorship Agreement)의 판매자에 대하여도 유추적용 될 수 있고, 위 규정이 절대적 강행규정에 해당한다고 주장한 바 있다(이헌묵, "국제거래에서 판매점계약(Distribution Agreement)의 판매자의 보상청구권에 관한 비교법적 고찰", 국제거래법연구 제19권 제2호(2010.12)). 그런데 대법원 2013.2.14. 선고 2011다28342 판결에서는 일정한 경우 유추적용이 가능하다고 판시하고 있다.

56) 덧붙여 이자제한법은 1997년 외환위기 직후의 비정상적인 고금리시기에 IMF의 고금리 정책 권고를 배경으로 하여 1998년 1월 13일 "자금의 수급상황에 따라 금리가 자유롭게 정해질 수 있도록 함으로써 자원 배분의 효율성을 도모"한다는 이유로 폐지되었으나, 현행 「대부업의 등록 및 금융이용자보호에 관한 법률」만으로는 사채업의 폐해를 해결할 수 없다는 인식하에 이자의 적정한 최고한도를 정함으로써 국민경제생활을 보호하기 위한 최소한의 사회적 안전장치를 마련하고자 2007년 위 법을 다시 제정하였다. 이러한 법제정의 취지와 더불어 위 법 제8조에서 위 법의 위반행위에 대한 형사처벌규정을 두고 있는 점을 고려할 때 위 법은 절대적 강행규정이라고 본다. 물론 위 법의 적용대상은 대부분은 금융소비자일 것이므로 국제사법 제27조가 적용되겠지만, 고금리로 인한 피해는 영세상인이나 영세기업도 포함될 것이므로 반드시 국제사법 제27조만으로 문제가 해결되지는 아니할 것이다. 미국 뉴욕주법원도 North American Bank, Ltd. v. Schulman, 474 N.Y.S.2d 383 (N.Y.Co. Ct. 1984) 사건 판결에서 이자를 제한하는 법률이 절대적 강행규정이라고 보았다.

57) 이를 '보호적 강행법규'라고도 한다(석광현, 국제사법과 국제소송 제4권, 박영사, 2007, 18쪽).

구하고자 하는데 주된 목적으로 하고 있다고 할 것이므로 절대적 강행규정으로 볼 수 있을 것이다.[58)]

6. 공적이익의 보호목적을 추단케 하는 요소

어떤 법규정이 '근본적 또는 필수적 공적이익'을 보호하고 있는지를 추단케 하는 요소들이 있다. 예를 들어 ① 강행적 법규정을 위반하면 과태료 또는 벌금이나 징역 등의 제재를 받을 수 있는 경우, ② 강행적 법규정에 관하여 전속적 관청이 존재하고 ③ 그 전속적 관청이 법위반에 대한 조사권 또는 시정명령권을 갖고 있는 경우 또는 ④ 강행적 법규정의 위반과 관련한 분쟁에 대하여 별도의 분쟁해결기관이 존재하는 경우에는 그 강행적 법규정의 준수가 사회적으로 중대한 의미가 있다는 것을 보여주므로 그 강행적 법규정이 중대한 공적이익을 보호하고 있다는 점을 알 수 있다. 물론 위와 같은 요소 중 하나의 요소가 존재한다고 하여 바로 '근본적 또는 필수적 공적이익'을 보호하고 있다는 결론에 이르는 것은 무리가 있고, 강행규정의 목적, 성격 및 규정내용과 함께 위 요소들을 종합적으로 고려하는 방법으로 절대적 강행규정으로서의 성격을 판단해야 할 것이다.

[절대적 강행규정의 판단기준의 정리]

<table>
<tr><td rowspan="2">국제적 적용범위에 관한 규정이 있는 경우</td><td colspan="3">법률에서 명시적으로 절대적 강행규정의 성격을 밝히고 있는 경우</td></tr>
<tr><td colspan="3">법률의 적용범위에서 일정한 국제거래를 적용대상으로 규정하고 있는 경우</td></tr>
<tr><td rowspan="7">근본적 또는 필수적 공적이익의 보호목적이 존재하는 경우</td><td colspan="3">일반적 강행규정</td></tr>
<tr><td colspan="3">획일적 제도를 유지하기 위한 강행규정</td></tr>
<tr><td colspan="3">행정목적 달성을 위한 효력규정</td></tr>
<tr><td rowspan="3">경제정의의 실현을 위한 강행규정</td><td colspan="2">거시적 경제정의를 실현하기 위한 강행규정</td></tr>
<tr><td rowspan="2">미시적 경제정의를 실현하기 위한 강행규정</td><td>우월적 지위의 남용을 규제하기 위한 강행규정</td></tr>
<tr><td>최소한의 사회적 보호를 부여하는 강행규정</td></tr>
<tr><td>근본적 또는 필수적 공적이익의 보호목적의 존재를 추단케 하는 요소</td><td colspan="2">① 강행적 법규정을 위반하면 과태료 또는 벌금이나 징역 등의 제재를 받을 수 있는 경우
② 강행적 법규정에 관하여 전속적 관청이 존재하는 경우
③ 그 전속적 관청이 법위반에 대한 조사권 또는 시정명령권을 갖고 있는 경우
④ 강행적 법규정의 위반과 관련한 분쟁에 대하여 별도의 분쟁해결기관이 존재하는 경우</td></tr>
</table>

58) H.L.E. Verhagen, The tension between party autonomy and European Union law: some observations on Ingmar GB Ltd v Eaton Leonard Technologies Inc, I.C.L.Q. 2002, 51(1), p. 48에서도 임차인을 보호하기 위한 법규정이 절대적 강행규정이 될 수 있다고 보고 있다.

Ⅵ. 「약관의 규제에 관한 법률」에 관한 논의

1. 문제제기

대법원 2010.8.26. 선고 2010다28185 판결에서는 "국제사법 제27조에서 소비자 보호를 위하여 준거법 지정과 관련하여 소비자계약에 관한 강행규정을 별도로 마련해 두고 있는 점이나 약관의 규제에 관한 법률의 입법목적을 고려하면, 외국법을 준거법으로 하여 체결된 모든 계약에 관하여 당연히 약관규제법을 적용할 수 있는 것은 아니다."[59]라고 하여 「약관의 규제에 관한 법률」(이하 '약관규제법'이라고 한다)이 절대적 강행규정이 아니라고 판시하고 있다.[60] 이 판결은 절대적 강행규정을 명시적으로 판단한 유일한 판결이므로 아래에서는 앞서 언급한 절대적 강행규정의 판단기준을 약관규제법에 적용하는 방법으로 앞의 대법원의 판시내용이 정당하다고 볼 수 있는지 검토해 보도록 한다.

2. 약관규제법의 절대적 강행규정으로서의 성격

가. 국제적 적용범위에 관한 규정

약관규제법에서는 스스로 절대적 강행규정이란 점을 명시하는 규정을 두고 있지 않다. 그러나 약관규제법 제15조에서는 국제적으로 통용되는 약관으로서 대통령령으로 정하는 경우에 약관규제법의 적용을 배제할 수 있도록 규정하고 있고, 이에 따라서 대통령령인 「약관의 규제에 관한 법률 시행령」 제3조에서는 약관규제법이 적용되지 아니하는 국제적으로 통용되는 약관을 열거하고 있다. 이를 반대로 해석하면 위 시행령 제3조에 해당하지 아니하는 국제거래에서 사용되는 약관은 약관규제법의 적용대상이 된다. 앞서 언급한 바와 같이 이러한 적용범위에 관한 규정만으로 약관규제법이 절대적 강행규정이라고 단정을 지을 수 없지만, 적어도 입법자로서는 일부 약관을 제외하고는 국제거래에서 사용되는 약관에도 약관규제법이 적용될 것을 의도하였다는 점에서, 다른 요소들과 종합하였을 때 약관규제법을 절대적 강행규정으로 볼 수 있는 근거로 작용한다.

나. 편입통제의 기초적 법원칙으로서의 성질

약관규제법 제3조에 따르면 약관을 사용하고자 하는 사업자는 약관을 고객에게 명시하고 중요한 내용을 설명할 의무가 있고 이러한 의무를 이행하지 아니하면 해당 약관을 계약의 내용으로 주장할 수 없다. 즉 계약의 구속력을 부정하고 있는데 이를 '편입통제'라고 한다. 사업자가 일방적으로 약관을 작성하므로 약관에는 사업자의 의사만이 반영되어 있고, 현실적으

59) 이 판결이 선고되기 전에 석광현, 국제사법과 국제소송 제3권, 박영사, 2004, 168－174쪽에서는 약관규제법이 절대적 강행규정이 아니라는 견해를 피력하고 있었다.

60) 그러나 이 판결 후에 선고된 대법원 2010.9.9. 선고 2009다105383 판결에서는 이 사건의 보험계약에서 준거법을 영국법으로 지정하고 있음에도 불구하고 여전히 약관규제법을 적용하여, 마치 약관규제법이 절대적 강행규정인 것처럼 판시하고 있다.

로 고객은 약관에 대하여 협상의 기회를 갖지 못할 뿐만 아니라, 전문적 지식의 부족과 깨알같이 인쇄된 장문(長文)의 약관으로 인하여 그 내용을 제대로 이해할 수 없다. 이러한 약관을 무작정 '당사자의 합의'인 계약으로 보아서 그 구속력을 인정하는 것은 계약법의 원칙에 합치하지 아니한다.[61] 이러한 점에서 약관규제법의 편입통제는 약관이 계약으로서 구속력을 갖기 위한 최소한의 관문으로 작용하며 약관규제법 제3조의 명시의무와 설명의무는 위와 같은 계약법의 원칙을 명문화한 것에 불과하다. 이러한 점에서 편입통제가 단순히 소비자 보호를 목적으로 한다고 볼 수 없으며, 위 제3조가 기초적 법원칙을 명문화 하고 있다는 점에서 이 규정이 '근본적 또는 필수적 공적이익'을 보호하고 있다고 본다.

다. 내용통제의 일반적 강행규정으로서의 성질

약관규제법 제6조 이하에서는 일정한 내용의 약관을 무효로 하고 있는데, 이러한 제한을 '내용통제'라고 한다. 제6조 이하의 규정들은 기본적으로 당사자에 대한 약관의 효력에 관한 규정들로서 당사자 사이의 이익을 조정하는 역할을 하고 있다는 부정할 수 없다. 그러나 한편으로는 위 규정들이 일반적 강행규정인 민법 제103조의 신의성실의 원칙과 제104조의 불공정거래행위금지를 구체화한 내용으로서 거래질서확립이라는 공적이익의 입법목적도 있다는 점도 부정할 수 없다. 그리고 약관을 통한 준거법 선택이 사실상 사업자의 이익만을 대변한다는 짐을 생각해 보면 당사자 자치라는 사적이익은 매우 축소되므로 비교형량에 있어서 거래질서확립이라는 공적이익은 상대적으로 상승하게 된다. 그렇다면 내용통제도 상대적으로 중대한 공적이익의 보호를 입법목적으로 하고 있다고 볼 수 있다.

라. 기타 절대적 강행규정임을 추단케 하는 사실

약관규제법을 위반한 사업자는 과태료 또는 형벌 등의 제재를 받을 수 있고, 공정거래위원회가 약관규제법에 관한 전속적 관청으로 지정되어 있으며, 전속적 관청으로서 약관규제법을 위반한 사업자에 대하여 시정조치를 취하거나 표준약관을 제정할 수 있고, 약관의 고객은 공정거래위원회에 약관의 심사를 청구할 수 있으며, 약관분쟁조정협의회가 별도의 분쟁해결기관으로 설치되어 있다는 사실은 약관규제법이 '본질적 또는 근본적 공적이익'을 보호하고 있다는 점을 추단케 한다.

---

61) 전문적 지식과 협상력을 갖고 있는 기업고객과 같은 경우에는 약관으로 인한 폐해가 없을 것이므로 굳이 약관규제법의 절대적 강행규정의 성질을 판단하는데 있어서 고려할 필요가 없을 것이다.

제10장 외국법의 주장과 증명

Ⅰ. 서 론

외국법이 준거법으로 지정되었다면 외국법의 내용을 밝혀서 이를 구체적 사건에 적용하여 결론에 이르러야 한다. 이러한 외국법의 적용과정에서 여러 문제가 발생한다. 무엇보다 민사소송절차에 적용되는 변론주의에 따라서 법원은 중립적 제3자로서 당사자가 주장 및 증명한 사실을 바탕으로 하여서만 판단해야 한다. 그런데 법에 관한 사항은 법원의 전권사항으로서 법원이 당사자의 주장에 구속되지 아니한다는 원칙도 적용된다. 이를 '법원이 법을 알고 있다.'(Iura novit curia)는 원칙이라고도 한다. 따라서 외국법의 성격을 사실과 법 중 어느 쪽으로 보느냐에 따라서 외국법에 대한 취급이 달라진다.

Ⅱ. 외국법이 사실(fact)인지 법률(law)인지 여부

1. 외국의 사례

외국의 법제를 보면 독일에서는 외국법을 사실이 아닌 법으로 취급하여 독일의 국내법과 동등하게 취급한다. 반면에 영국은 18세기 이래로 외국법을 사실의 문제로 취급하여 이에 대한 조사를 법관의 책임으로 보지 않았다.[1)] 미국의 경우에는 영국과 마찬가지로 외국법을 사실로 분류하여 당사자가 증명해야 할 대상으로 보았지만 이러한 입장은 입법에 의하여 변경되었다.[2)] 미국연방민사소송규칙 제44.1조에서는 "외국법에 관련된 쟁점을 주장하고자 하는 당사자는 준비서면 기타 서면에 의하여 이를 통지해야 한다. 외국법을 결정함에 있어서 법원은 증언을 포함하여 관련된 자료와 법률을 고려해야 하는데 당사자가 제출했든 아니든 연방증거규칙에 따라서 증거로 사용할 수 있는지에 관련이 없이 고려해야 한다. 법원의 결정은 법률상 문제에 관한 결정으로 취급되어야 한다."[3)][4)]고 규정하여 외국법에 관한 사항이 법적 문

1) Fawcett, pp. 111－112.

2) Russell Weintraub, Commentary on the Conflict of Laws, forth edition, Foundation Press, 2001, p. 110.

3) "A party who intends to raise an issue about a foreign country's law must give notice by a pleading or other writing. In determining foreign law, the court may consider any relevant material or source, including testimony, whether or not submitted by a party or admissible under the Federal Rules of Evidence. The court's determination must be treated as a ruling on a question of law."

4) 미국 통일법위원회(Uniform Law Commission)는 각 주의 법을 통일하기 위하여 통일법을 제정하고 있는데 그 자체로서 법적 구속력이 있는 것은 아니며 각 주가 통일법을 채택해야 비로소 법적 구속력을 갖는다. 통일법위원회에서 제정한 Uniform Interstate and International Procedure Act 제4.01조에서도 외국법의 적용을 주장하는 당사자가 서면에 의하여 통지하도록 규정하면서도 제4.02조에서는 법원이 당사자가 제출한 증거에 구속되지 아니하고 모든 자료를 이용하여 외국법의 내용을 확인할 수 있도록 허용하여 연방민사소송규칙 제44.1조와 동일한 규정을 두고 있다. 반면에 Uniform Judicial Notice of Foreign Law Act 제5조에서는 보통법과 미국 영토 내의 법에 대하여만 위와 같은 원칙을 인정하고

제임을 명확히 하였다.[5)]

2. 우리의 경우

우리의 경우에는 법률에서 직접적으로 외국법의 성격을 규정하고 있지 않지만 국제사법 제5조에서 "법원은 이 법에 의하여 지정된 외국법의 내용을 직권으로 조사·적용하여야 하며, 이를 위하여 당사자에게 그에 대한 협력을 요구할 수 있다."고 규정하여 외국법이 사실이 아니라 법적 사항이란 점을 간접적으로 보여주고 있다. 그리고 대법원 2010.3.25. 선고 2008다88375 판결 외 다수의 판결[6)]에서는 "섭외적 사건에 관하여 적용될 준거법으로서의 외국법은 여전히 사실이 아니라 법으로서 법원은 직권으로 그 내용을 조사하여야 하고"라고 하여 외국법을 사실이 아니라 법으로서 취급해야 한다는 점을 명확히 밝히고 있다.

Ⅲ. 외국법 적용의 주장책임이 당사자에게 있는지 여부

1. 객관적 준거법의 경우

가. 외국의 사례

외국법을 독일법과 동일한 효력이 있는 법으로 파악하고 있는 독일에서는 당사자의 주장이 없더라도 법원이 직권으로 준거법인 외국법을 적용해야 한다는 입장이다.[7)] 다만 독일 판례는 외국적 요소가 있음에도 불구하고 당사자가 법정지법인 독일법에 따라서만 주장을 하고 있는 경우에는 당사자가 묵시적으로 독일법을 준거법으로 선택한 것으로 보고 있다.[8)] 이러한 독일 판례의 입장은 사실상 당사자가 외국법의 적용을 주장하도록 하는 측면이 있다.[9)]

영국에서는 외국법을 사실로 보고 있기 때문에 당사자가 외국법의 적용을 주장해야 하며 만일 당사자가 이러한 주장을 하지 않는다면 외국법을 적용하지 아니하고 법정지법인 영국법을 적용한다.[10)] 미국 연방민사소송규칙 제44.1조에서는 외국법을 법으로 보고 있지만 당

그 외 국가의 법에 대하여는 쟁점(issue)으로 처리해야 한다고 규정하고 있다. 즉 사실로 보고 있다.

5) 외국법에 관련된 사건은 당사자의 국적이나 소재지가 외국에 있는 경우가 대부분이므로 통상적으로 연방법원이 관할권을 행사한다(Matthew Wilson, Demystifying the Determination of Foreign Law in U.S. Courts: Opening the Door to a Greater Global Understanding, Akron Law Publications, p. 211)

6) 대법원 1990.4.10. 선고 89다카20252 판결; 대법원 2000.6.9. 선고 98다35037 판결; 대법원 2010.3.25. 선고 2008다88375 판결.

7) Trevor C. Hartley, Pleading and Proof of Foreign Law: The Major European Systems Compared, The International and Comparative Law Quarterly, Vol. 45, No. 2 (Apr., 1996), p. 275. 이러한 판례의 입장에 대하여는 학계의 비판이 있다고 한다(Gerhard Dannemann, Establishing Foreign Law in a German Court, available at https://germanlawarchive.iuscomp.org/?p=377).

8) 이러한 점에서는 당사자의 주장이 없는 경우에 법정지법을 적용하는 영국의 입장과 사실상 동일하다(Trevor C. Hartley, Pleading and Proof of Foreign Law: The Major European Systems Compared, The International and Comparative Law Quarterly, Vol. 45, No. 2 (Apr., 1996), p. 276).

9) 이에 대하여 위와 같은 상황만으로 당사자의 합의를 추론하는 것은 문제가 있고 법원이 석명권을 행사해야 한다는 학계의 비판이 있다(Rainer Hausmann, Pleading and Proof of Foreign Law–a Comparative Analysis, The European Legal Forum, 1–2008, I–4).

10) 유럽연합의 로마규칙 I 은 제1조 제1항에서 "This Regulation shall apply, in situations involving a conflict of laws, to contractual obligations in civil and commercial matters."고 규정하고 있는데 의무적 적용을 규정하고 있으므로 법원이

사자가 외국법의 적용을 원한다는 사실을 법원에 통지해야 비로소 법원이 외국법을 적용할 수 있도록 규정하고 있다. 따라서 당사자는 외국법의 적용에 대한 주장책임이 있으며 만일 이러한 주장을 하지 않는다면 당사자가 외국법을 고려하지 않는다는 합의를 한 것으로 봐서 통상 법정지법을 적용한다.[11] 이러한 외국법의 적용의 주장에는 기한에 제한이 없으므로 항소심에서도 할 수 있다.[12]

나. 우리의 경우

대법원 1982.8.24. 선고 81다684 판결에서는 외국적 요소가 있는 사건이라면 당사자의 주장이 없더라도 법원이 직권으로 국제사법을 적용하여 외국법을 적용했어야 한다고 판시하고 있다. 앞서 언급한 바와 같이 우리의 경우에는 외국법이 법으로 취급되고 있고 법률적 사항은 법원의 전권사항이므로 당사자가 외국법의 적용을 주장하지 않더라도 법원이 직권으로 외국법을 적용할 수 있다고 보는 것이 합당하다. 더욱이 변론주의는 주요사실에 한정되어 적용되는데[13] 외국법은 주요사실이 아니란 점에서도 외국법의 적용에 당사자의 주장이 필요한 것은 아니다.

2. 주관적 준거법의 경우

가. 대법원 판례

대법원 2016.3.24. 선고 2013다81514 판결에서는 자백은 주요사실에 한정하여 허용되는데 준거법에 관한 합의가 있었다는 사실은 자백의 대상이 될 수 있다고 하여 준거법의 합의를 주요사실로 보고 있다. 이러한 대법원 판결에 따르면 당사자가 준거법의 합의사실을 주장하지 아니하면 법원이 직권에 의하여 그러한 합의사실을 인정하여 준거법인 외국법을 적용할 수 없다는 결론에 이르게 된다.

나. 대법원 판례에 대한 비판

국제사법이 실체법이 아니란 점은 명백하므로 국제사법 제25조에 따른 준거법의 합의를 주요사실로 보는 것에는 찬성할 수 없다. 덧붙여 당사자의 합의라고 하더라도 모두 주요사실이 되는 것은 아니다. 예를 들어 대법원 판례[14]에서는 소송상 합의인 부제소의 합의를 채권

직권으로 외국법을 적용할 의무를 규정한 것이 아닌가 하는 의문이 있었다. 그러나 동 규칙 제1조항에서 증거와 절차에 관한 사항이 동 규칙의 적용범위가 아니라고 규정하고 있고 외국법의 적용과 증명은 이러한 증거와 절차에 해당함에 명백하므로 동 규칙에서 법원에게 직권에 의한 외국법을 적용할 의무를 부과했다고 볼 수 없다. 다만 소비자나 근로자를 보호하기 위한 규정은 강행규정이므로 당사자가 주장하지 않더라도 법원이 직권에 의하여 이를 적용해야 한다(Trevor C. Hartley, Pleading and Proof of Foreign Law: The Major European Systems Compared, The International and Comparative Law Quarterly, Vol. 45, No. 2 (Apr., 1996), pp. 292－291).

11) Hay, pp. 607－608.

12) Thomas F. Bridgman, Proof of Foreign Law and Facts, Journal of Air Law and Commerce, 1980, p. 856.

13) 대법원 2002.6.28. 선고 2000다62254 판결.

14) 대법원 2004.12.23. 선고 2002다73821 판결.

계약으로 보고 있으면서도 이러한 부제소의 합의가 소송법적 효과를 발생시킨다는 이유로 이를 법원의 직권조사사항으로 보고 있다.[15] 따라서 당사자의 합의라는 이유만으로 준거법을 지정하는 합의까지 주요사실로 보는 것에는 찬성할 수 없다. 결론적으로 준거법의 합의는 적용될 법에 관한 합의이고 권리와 의무의 발생, 변경, 소멸을 관한 합의가 아니므로 이를 주요사실로 보기 힘들다. 결론적으로 주관적 준거법이라고 하더라도 객관적 준거법과 차이를 둘 이유가 없으므로 당사자가 주관적 준거법의 적용을 주장하지 않더라도 법원은 직권으로 합의된 준거법인 외국법을 적용할 수 있다고 본다.

Ⅳ. 외국법 내용의 증명방법

1. 문제점

외국법의 내용에 대한 증명책임이 당사자에게 있는지 아니면 법원이 직권으로 탐지해야 하는 사항인지에 관계없이 법원이나 당사자가 외국법의 내용을 어떤 방법으로 증명하거나 조사해야 하는가의 문제가 있다.

2. 외국의 사례

독일의 경우에는 민사소송법 제293조에서 규정하고 있는 바와 같이 외국법의 증거방법에 관하여 제한이 없고 법원이 적당하다고 생각하는 방법으로 조사할 수 있다. 따라서 당사자 모두가 문제된 외국법 소속국의 국민이고 외국법의 내용에 동의했다면 별도의 조사를 거치지 아니하고 당사자의 주장대로 적용할 수 있다.[16] 가장 일반적인 방법은 법원이 스스로 조사하는 방법이고 법관이 조사하여 알게 된 외국법의 내용은 별도의 절차를 거치지 아니하고 적용할 수 있다. 다만 그러나 당사자에게 알려서 의견진술의 기회를 주어야 한다.[17] 만일 법관이 외국법의 내용을 알지 못한다면 법원은 통상적으로 대학의 비교법연구소나 막스플랑크 연구소(Max Planck Institute) 등 전문기관에 외국법에 대한 전문가의견(Gutachten)을 요청한다.[18] 이와 같이 요청받은 전문가는 사건의 기록을 열람할 수 있으므로 외국법에 대한 추상적인 답변에 그치지 아니하고 사건에 관련한 구체적인 답변을 할 수 있다는 장점이 있다.[19] 전문가의 의견은 매년 "Gutachten zum internationalen und ausländischen Privatrecht"라는 이름으

15) 대법원 2013.11.28. 선고 2011다80449 판결.

16) Trevor C. Hartley, Pleading and Proof of Foreign Law: The Major European Systems Compared, The International and Comparative Law Quarterly, Vol. 45, No. 2 (Apr., 1996), p. 275.

17) Rainer Hausmann, Pleading and Proof of Foreign Law－a Comparative Analysis, The European Legal Forum, 1－2008, I－8.

18) Ibid. 준거법 소속국의 법률전문가가 아니라 독일의 학술기관에 대하여 외국법의 내용에 대하여 조사를 의뢰하는 이유는 독일의 학술기관이 비교법에 대하여 많은 조사인력을 갖고 있기 때문이라고 한다(Gerhard Dannemann, Establishing Foreign Law in a German Court, available at https://germanlawarchive.iuscomp.org/?p=377).

19) Rainer Hausmann, Pleading and Proof of Foreign Law－a Comparative Analysis, The European Legal Forum, 1－2008, I－9.

로 발간된다.

영국의 외국법의 증명방법에 관하여 Civil Evidence Act 1972 제4조에서 규정하고 있다. 외국법의 내용에 대한 증명책임을 부담하는 당사자는 반드시 전문가의 진술에 의하여 이를 증명해야 하며 서면이나 기타 다른 방법에 의하여 증명할 수 없다(제1항).[20] 왜냐하면 법에 관한 진술은 사실의 진술이라기보다는 의견의 진술이기 때문이다.[21] 이러한 전문가는 반드시 대상 국가의 변호사자격이 있을 필요는 없지만 실무적 경험이 있어야 한다. 이때 전문가는 자신의 의견의 바탕이 된 법적 자료를 제출해야 한다.[22] 다만 이러한 증명방법의 부담을 줄이기 위하여 만일 외국법에 관하여 이미 법원에서 결정한 바가 있고 동일한 외국법에 관하여 문제되었다면 그러한 결정을 증거로서 사용할 수 있다(제2항(a)).[23]

3. 우리의 경우

우리의 경우에는 독일과 마찬가지로 외국법의 조사방법이나 증명방법에 관하여 법률에서 제한을 두고 있지 않다. 이러한 이유로 대법원 1990.4.10. 선고 89다카20252 판결에서는 "외국법도 준거법으로서 적용되는 경우에는 법원이 권한으로 그 내용을 조사하여야 하고, 그 방법에 있어서 법원이 합리적이라고 판단하는 방법에 의하여 조사하면 충분하다. 반드시 감정인의 감정이나 전문가의 증언 또는 국내외 공무소, 학교 등에 감정을 촉탁하거나 사실조회를 하는 등의 방법만에 의하여야 할 필요는 없다."고 판시하여 외국법의 증명방법에 제한이 없다는 점을 밝히고 있다.

그러나 증명방법에 제한이 없다고 하여 증명력에도 차이가 없는 것은 아니다. 준거법에 관한 판결은 아니지만 대법원 1982.12.28. 선고 80누316 판결에서는 "외국세법의 내용은 그 방면의 전문가가 아니면 쉽게 이해하기 어려운 것이므로 원고 신한해운주식회사가 외국에서 납부한 각종 세금이 손금에 해당하는 공과금인지의 여부를 규명함에 있어서는 관계외국세법 전문가에의 감정 또는 관계기관에의 사실조회 등에 의하여 각국의 조세제도에 입각한 외국납부세액의 성질을 규명했어야 할 것임에도 불구하고 이에 이르지 않고 원고 회사대리인인 세무사가 작성한 심사청구서와 원고회사와 동일업종의 회사직원의 증언만으로 외국납부세액을 법인세법상 손금으로 판단함은 심리미진 또는 채증법칙위반에 해당한다."고 판시하여 외국법

---

20) "민사소송에서 영국 이외의 국가 또는 영토의 법 또는 영국에서 잉글랜드와 웨일즈를 제외한 지역의 법에 대한 전문가의 견을 줄 수 있는 사람은 그가 그곳의 법무업무를 할 수 있는 자격이 있는지 여부에 관계없이 그의 지식과 경험에 의하여 그러한 의견을 줄 수 있는 자이어야 한다."(It is hereby declared that in civil proceedings a person who is suitably qualified to do so on account of his knowledge or experience is competent to give expert evidence as to the law of any country or territory outside the United Kingdom, or of any part of the United Kingdom other than England and Wales, irrespective of whether he has acted or is entitled to act as a legal practitioner there.)

21) Fawcett, p. 115.

22) Trevor C. Hartley, Pleading and Proof of Foreign Law: The Major European Systems Compared, The International and Comparative Law Quarterly, Vol. 45, No. 2 (Apr., 1996), p. 284.

23) "처음으로 언급된 법원에서 이루어진 결정은 인용할 수 있는 형태로 보고되었거나 기록되었다면 그 국가, 영토, 그 지역의 법을 증명하기 위한 목적에서 증거로서 사용될 수 있다."(any finding made or decision given on that question in the first-mentioned proceedings shall, if reported or recorded in citable form, be admissible in evidence for the purpose of proving the law of that country, territory or part with respect to that matter.)

의 증거방법에 따라서 증명력에 차이가 있다는 점을 밝히고 있다. 실무적으로는 외국의 변호사의 진술서(affidavit)를 제출하거나 국내 대학의 교수의 의견서를 제출하는 방법을 많이 사용하고 있는 것으로 보인다.

Ⅴ. 외국법의 내용이 불확실한 경우

1. 문제점

법원은 법정지법이 적용되는 사건에서 법정지법의 내용이 불확실하다는 결론에 이를 수 없다. 그러나 외국법의 경우에는 당사자가 제출한 자료나 법원이 조사한 자료만으로 외국법의 내용이 확인할 수 없는 경우가 종종 발생한다. 이때 법원이 이를 어떻게 처리해야 하는지 문제가 발생한다.

2. 외국의 사례

독일의 경우에는 외국법이 불명으로 판명되는 경우는 드물지만 이러한 경우에는 유사법을 우선적으로 적용하고 유사법을 찾을 수 없다면 법정지법인 독일법을 적용한다.[24] 영국은 외국법도 영국법과 유사할 것이라는 '유사성의 추정'(presumption of similarity)을 근거로 법정지법인 영국법을 적용하고 있다. 그러나 외국법이 영국법과 유사할 것이라는 확정적 증명이 없고, 만일 당사자가 외국법이 영국법과 다르다는 점에 관하여 증거를 제출하면 어떻게 처리할 것인지 애매하다는 점에서 위와 같은 추정의 원칙을 버리고 바로 법정지법을 적용하자는 주장도 있다.[25] 프랑스도 당사자에게 증명책임이 있는 경우에 당사자가 증명에 실패하면 법정지법인 프랑스법을 적용한다.[26] 이태리의 경우에는 외국법의 내용이 불명하면 가능한 다른 연결요소에 의하여 결정되는 준거법을 적용하도록 시도하고 이러한 방법도 불가능하다면 법정지법인 이태리법을 적용한다.[27] 스위스 국제사법 제16조 제2항에는 외국법이 불명확한 경우에 법정지법인 스위스법을 적용하도록 규정하고 있다. 오스트리아 국제사법 제4조에서도 동일하게 규정하고 있다.

3. 우리의 경우

대법원 2000.6.9. 선고 98다35037 판결을 포함한 종전의 대법원 판결은 "섭외적 사건에 관하여 적용될 외국법규의 내용을 확정하고 그 의미를 해석함에 있어서는 그 외국법이 그 본

24) Gerhard Dannemann, Establishing Foreign Law in a German Court, available at https://germanlawarchive.iuscomp.org/?p=377.

25) Richard Fentiman, Foreign Law in English Courts: Pleading, Proof, and Choice of Law, Oxford University Press, 1988, p. 184.

26) Rainer Hausmann, Pleading and Proof of Foreign Law—a Comparative Analysis, The European Legal Forum, 1—2008, I—10.

27) Ibid, I—11.

국에서 현실로 해석 · 적용되고 있는 의미 · 내용대로 해석 · 적용되어야 하는 것인데, 소송과정에서 적용될 외국법규에 흠결이 있거나 그 존재에 관한 자료가 제출되지 아니하여 그 내용의 확인이 불가능한 경우 법원으로서는 법원(法源)에 관한 민사상의 대원칙에 따라 외국 관습법에 의할 것이고, 외국 관습법도 그 내용의 확인이 불가능하면 조리에 의하여 재판할 수밖에 없는바, 그러한 조리의 내용은 가능하면 원래 적용되어야 할 외국법에 의한 해결과 가장 가까운 해결 방법을 취하기 위해서 그 외국법의 전체계적인 질서에 의해 보충 유추되어야 하고, 그러한 의미에서 그 외국법과 가장 유사하다고 생각되는 법이 조리의 내용으로 유추될 수도 있을 것이다."라고 판시하여 소위 조리설에 따르면서도 근사법적용설도 함께 채용하고 있다.

Ⅵ. 외국법의 해석에 있어서 외국정부의 의견의 구속력

만일 외국정부가 자국의 법에 대한 해석을 법원에 제출하였다면 이러한 해석이 법원을 구속하는지 문제된다. 홍콩은 중국의 영토이기는 하지만 독립적 법체계와 사법기관을 갖고 있는데 홍콩 법원의 TNB Fuel Services SDN BHD v China National Coal Group Corporation 판결[28]에서는 중국정부가 소유하고 있는 피고회사에 대하여 주권면제[29]가 적용되는지에 관하여 중국정부의 의견을 받아들여서 주권면제가 적용되지 않는다고 판시하였다. 그러나 싱가포르 법원의 Sanum v. Laos 판결[30]에서는 중국과 라오스 사이의 양자투자협정이 마카오특별행정구역(Macao Special Administrative Region)에도 적용되는지가 문제되었는데 중국정부는 적용된다는 의견을 제출하였지만 법원은 이에 구속되지 아니하고 위 협정이 마카오에는 적용되지 않는다고 판시하였다.

한편 2016년 미국 연방제2항소부법원은 Animal Science Products, Inc. v. Hebei Welcome Pharmaceutical Co. Ltd 판결의 사안은 중국법과 미국법이 충돌되는 상황에서 중국회사가 중국법에 따른 결과 미국법을 위반하게 된 경우인데 법원은 중국정부가 중국법에 관한 공식적 의견서를 제출하고 그 내용이 합리적이라면 국제예양(international comity)을 고려하여 법원도 그 해석에 구속된다고 보았다. 이에 대하여 미국연방변호인(Solicitor General)[31]은 외국정부의 자국법에 대한 의견은 고도의 신뢰성(substantial weight)이 있지만 최종적(conclusive)이라고 볼 수 없다는 의견을 개진하였다. 위 사건에서 미국 연방대법원은 연방민사소송규칙 제44.1조에 따라서 외국법을 적용하는 연방법원은 외국정부의 의견에 대하여 존중

28) [2017] HKCFI 1016.

29) 주권면제(sovereign immunity, state immunity)란 외국정부를 피고로 하여 재판권을 행사하는 것은 그 외국의 주권에 대한 부당한 간섭이 되므로 허용되지 아니한다는 것이다. 이 이론에 따르면 외국정부를 피고로 하여 제기한 소는 부적법한 소가 되어 각하된다. 이러한 주권면제이론에는 외국정부는 무조건 다른 국가의 피고가 될 수 없다는 절대적 주권면제이론과 주권적 활동과 관련해서만 주권면제가 허용되고 주권적 활동과 관계없는 경제적 활동과 관련해서는 외국정부도 피고가 될 수 있다는 상대적 주권면제이론이 있다. 대법원 1998.12.17. 선고 97다39216 판결에서는 '상대적 주권면제이론'을 택하여 물품매매계약과 같이 외국정부의 주권적 활동과 관계없는 활동으로 인하여 발생한 분쟁에 대하여는 우리 법원이 재판권을 갖고 있다고 보고 있다.

30) [2016] SGCA 57.

31) 미국 연방대법원에서 연방정부를 대표하여 소송을 진행하는 변호사를 말한다.

의 고려(respectful consideration)를 해야 하지만 최종적 효력(conclusive effect)을 부여할 의무는 없다고 판시하였다.

03

외국재판의 승인과 집행

제1장 서 언

Ⅰ. 외국법원의 재판의 승인 및 집행의 기초

1. 외국재판의 승인의 의의

한 국가의 사법권의 행사는 주권적 행위의 하나이므로 그 국가의 영토 내에서만 효력이 있는 것이 원칙이다. 그러나 민사소송법 제217조에서는 외국법원의 재판(이하 '외국재판'이라고 한다.)이 일정한 요건을 충족하면 우리나라에서 효력을 갖도록 규정하고 있다. 이와 같이 법정지에서 외국재판의 효력을 인정하는 것을 '외국재판의 승인'이라고 한다. 외국재판이 민사소송법 제217조의 승인요건을 충족하면 승인판결이나 승인재판과 같은 별도의 절차를 갖추지 않더라도 당연히 효력을 갖는다는 점에서 이를 '자동승인'(automatic recognition)이라고 한다.[1) 이에 따라서 외국재판이 민사소송법 제217조의 요건을 충족하고 있는데도 불구하고 동일한 소송물에 대하여 우리 법원에 다시 소가 제기되었다면 우리 법원은 국내사건과 동일하게 기판력의 효력에 따라서 이를 처리해야 한다.

2. 외국법원의 재판의 집행의 의의

이행청구를 함에 있어서는 이행의 목적물이 소재한 국가에서 판결을 받아서 바로 그 국가에서 강제집행을 하는 것이 편리하고 유리하지만 소송비용이나 소송유불리 등의 여러 사정에 의하여 이행의 목적물이 소재한 국가의 법원이 아닌 다른 국가의 법원에 소를 제기할 수밖에 없는 상황이 발생할 수 있다. 이와 같이 재판을 받은 국가(이하 '재판국'이라고 한다.)와 강제집행을 할 필요가 있는 국가가 달라진 경우에는 외국재판에 대하여 강제집행 할 필요가 발생하는데 이를 '외국재판의 집행'이라고 한다.

외국재판의 승인에는 별도의 절차가 요구되지 않는 것과 달리 외국재판의 집행을 위해서는 우리 법원으로부터 집행판결을 받아야 한다. 민사집행법 제26조에서는 외국재판에 대하여 제27조의 집행판결을 받으면 그 외국재판에 기초하여 강제집행을 할 수 있도록 규정하고 있다.[2) 영토주의에 따라서 외국재판이 우리나라에서 당연히 강제력을 가진다고 할 수 없으므

---

1) 브뤼셀규칙 recast에서는 외국재판의 자동승인의 취지에 맞추어 요건을 승인요건이 아니라 승인거부의 요건으로 규정하고 있는데, 우리 민사소송법 제217조도 승인의 요건이 아니라 승인거부의 요건으로 규정하는 것이 타당하다고 본다.

2) 이러한 집행판결이 본래 국내에서도 인정되는 외국재판의 집행력을 확인하는 판결인지 아니면 본래 국내에서는 부인되고 있는 외국재판에 대하여 새로이 집행력을 부여하는 판결인지 논의가 있다(석광현, 국제민사소송법, 박영사, 2012, 417쪽). 이러한 논의에 따라서 집행판결의 소송물이 실체법상의 청구권인지 아니면 집행판결을 구하는 청구권인지 차이를 가져온다(앞의 책, 같은 쪽).

로 외국재판에 기초하여 강제집행을 하기 위해서는 외국재판에 강제력을 수여하는 법원의 집행판결이 요구된다. 외국재판에 대하여 집행판결을 받기 위한 요건은 민사소송법 제217조의 승인요건과 동일하다. 다만 국제협약에 의하여 집행판결을 받는 과정을 생략시킬 수 있을 것인데, 예를 들어 유럽연합의 경우에는 브뤼셀협약 제31조에서 집행국의 집행명령(exequatur)을 받도록 규정하고 있었지만 브뤼셀규칙으로 변경되는 과정에서 별도로 집행국의 집행명령을 요구하지 않았고 브뤼셀규칙 recast 제39조에서도 이를 유지하고 있다.

3. 외국재판의 승인 및 집행의 입법례와 국제협약

외국재판의 승인 및 집행의 허용여부나 그 요건과 효과는 나라마다 차이가 있다. 예를 들어 네덜란드처럼 국제협약이 없는 경우에는 외국재판의 효력을 인정하지 아니하는 경우, 미국처럼 외국재판을 국내재판과 같이 널리 승인하여 주는 경우,[3] 영국처럼 확정된 금전의 지급을 명하는 외국재판에 대하여만 승인 및 집행을 허용하는 경우[4]도 있다. 이와 같이 외국재판에 대하여 어떠한 효력을 인정할 것인지는 원칙적으로 주권을 가진 국가의 입법정책의 문제이다.[5]

만일 외국재판의 승인 및 집행에 대한 국제협약이 존재하여 그 요건을 통일적으로 규율할 수 있다면 외국재판의 승인 및 집행에 대한 당사자의 예측가능성을 높여서 국제거래의 증진에 기여할 수 있을 것이다. 예를 들어 「외국중재판정의 승인 및 집행에 관한 국제연합협약」(United Nations Convention on the Recognition and Enforcement of Foreign Arbitral Awards)으로 인하여 국제 중재(arbitration)가 활성화 된 것을 볼 수 있다. 헤이그국제사법회의는 국제재판관할을 포함한 외국재판의 승인 및 집행에 대한 1999년 헤이그초안을 마련하였지만 완성되지 못하였다. 그러나 이를 마련하는 과정에서의 성과는 국제재판관할합의에 따른 외국재판의 승인 및 집행에 관한 2015년 관할합의협약이 발효되는데, 그리고 국제재판관할을 제외한 외국재판의 승인 및 집행에 한정된 2019년 헤이그승인집행협약이 완성되는데 공헌하였다. 한편 유럽연합의 경우에는 회원국 법원 사이의 국제재판관할과 회원국 법원의 재판의 승인 및 집행에 관한 유럽공동체(EC)의 브뤼셀협약이 브뤼셀규칙을 거쳐서 브뤼셀규칙 recast로 변경되

3) Ralf Michaels, Recognition and Enforcement of Foreign Judgments, Max Planck Encyclopedia of Public International Law, available at http://scholarship.law.duke.edu/cgi/viewcontent.cgi?article=2699&context=faculty_scholarship, p. 3. 미국 헌법 제4장 제1조에서는 "다른 모든 주의 법령, 기록과 사법절차는 각 주에서 충분한 신뢰와 신용이 부여되어야 한다. 그리고 의회는 일반법에 의하여 그러한 법령, 기록과 사법절차가 증명되기 위한 방법과 그 효력에 관하여 규정할 수 있다."(Full Faith and Credit shall be given in each State to the public Acts, Records, and judicial Proceedings of every other State. And the Congress may by general Laws prescribe the Manner in which such Acts, Records and Proceedings shall be proved, and the Effect thereof.)고 규정하여 각 주 상호 간에 재판이 다른 주에서도 승인될 수 있는 근거를 마련하고 있다. 이를 'Full Faith and Credit doctrine'이라고 한다. 이러한 'Full Faith and Credit doctrine'은 각 주가 다른 주의 재판에 대하여 자신의 재판과 동일한 효력을 부여해야 한다는 의미로 해석되고 있다. 그런데 Restatement (Third) of Foreign Relations Law 제481조 comment c에서는 승인된 외국재판에 대하여는 미국의 다른 주의 재판과 동일한 효력이 부여되어야 한다고 하여 'Full Faith and Credit doctrine'이 외국재판에 대하여도 적용되도록 하는 취지의 규정을 두고 있고, 이에 따라서 대부분의 미국 법원은 큰 논의를 거치지 아니하고 자신의 법에 따라서 외국재판의 기판력의 범위를 결정하고 있다.

4) Collins, para. 14-022.

5) 구자헌, "집행판결의 대상이 되는 외국법원의 판결의 의미", 대법원판례해설 83호(2010.4), 323쪽.

었다. 그리고 브뤼셀협약을 유럽자유무역연합(European Free Trade Association, EFTA)의 국가에 확대적용하기 위한 루가노협약이 존재한다.

Ⅱ. 외국재판의 승인 및 집행의 근거

1. 기존의 이론[6)]

외국재판의 승인 및 집행의 대표적인 이론적 근거로는 국제예양(comity of nations)과 의무이론(doctrine of obligation)[7)]이 있다. 과거에는 국제예양이 지배적 견해이었다. 국제예양은 네덜란드에서 처음으로 주장되었지만 그 구체적 의미는 미국 연방대법원 Hilton v. Guyot 판결[8)]에 의하여 확립되었다.[9)] 이 판결에서 미국 연방대법원은 프랑스 법원의 판결의 승인을 거부하면서 "국제예양이란 법률적 관점에서 상대방에 대한 절대적 의무사항도 아니고 단순히 선의에 불과한 것도 아니다. 국제예양은 국제적 의무와 편의, 자신의 국민 또는 자신의 법의 보호 하에 있는 사람의 권리를 고려하여 어느 국가가 그 영토 내에서 다른 국가의 입법적, 행정적, 사법적 행위의 승인을 허용하는 것을 말한다."[10)]고 판시하고 있다. 이를 간단히 정리하면, 외국의 주권행사를 존중해 주어야 하지만 그 외국도 우리의 주권을 존중해 줄 때 비로소 우리도 그 외국의 주권을 존중하겠다는 상호주의(reciprocity)를 의미한다.

영국도 외국재판의 승인 및 집행의 근거를 최초에 국제예양에서 찾았지만 1842년 Russell v Smyth 판결[11)]에서 적법한 관할을 갖고 있는 법원이 일정한 금액의 지급을 명령하였다면 그 금액을 지급할 책임은 영국에서도 집행할 수 있는 법적 의무가 된다는 '의무이론'으로 대체한 이래로 이 이론이 계속 유지되고 있다.[12)] 국제예양이 국가 간의 공적 관계를 바탕으로 하고 있다면 의무이론은 당사자 사이의 사적 관계를 바탕으로 하여 외국재판의 승인 및 집행의 근거를 제시하고 있는 점에서 양자 사이에는 차이가 있다.[13)] 국제예양을 외국재판의 승인 및 집행의 근거로 주장하는 입장에서는 상호주의를 요구하므로 외국재판의 승인 및 집행이 엄격해 질 수밖에 없는 반면에, 의무이론을 외국재판의 승인 및 집행의 근거로 제시하

---

6) 외국재판의 승인 및 집행의 근거에 관한 자세한 논의는 김석호, "외국판결을 승인 · 집행하는 논거", 법학연구 제23집 (2006.8) 참조.

7) 이를 '기득권이론'(vested right theory)라고도 한다.

8) 159 U.S. 113 (1895).

9) Ralf Michaels, Some Fundamental Jurisdictional Conceptions as Applied in Judgment Conventions, Conflict of Laws in a Globalizing World: A Tribute to Arthur von Mehren (2006), Available at: https://scholarship.law.duke.edu/faculty_scholarship/1574, p. 3.

10) "'Comity,' in the legal sense, is neither a matter of absolute obligation, on the one hand, nor of mere courtesy and good will, upon the other. But it is the recognition which one nation allows within its territory to the legislative, executive or judicial acts of another nation, having due regard both to international duty and convenience, and to the rights of its own citizens, or of other persons who are under the protection of its laws."

11) (1842) 9 M. & W.

12) Fawcett, p. 514.

13) Ralf Michaels, Recognition and Enforcement of Foreign Judgments, Max Planck Encyclopedia of Public International Law, available at http://scholarship.law.duke.edu/cgi/viewcontent.cgi?article=2699&context=faculty_scholarship, p. 3.

는 입장에서는 상호주의를 요구하지 아니하므로 국제예양을 바탕으로 하는 경우보다 수월하게 외국재판이 승인되고 집행된다.

2. 우리의 경우에 있어서 외국재판을 승인하는 근거

우리의 경우에는 민사소송법 제217조 제1항 제4호에서 외국재판을 승인하기 위한 요건으로 상호보증을 요구하고 있는데 상호주의는 국제예양을 근거로 하므로 우리 민사소송법이 국제예양의 영향을 받았다는 점을 부정할 수 없다. 그렇다고 전적으로 국제예양을 근거로 하여 외국재판을 승인하고 있는 것은 아니다.

대법원 1992.7.14. 선고 92다2585 판결에서는 "영사관계에관한비엔나협약 제5조 제이(j)항에는 파견국 영사는 파견국 법원을 위하여 소송서류 또는 소송 이외의 서류를 송달할 수 있도록 되어 있으나, 이는 자국민에 대하여서만 가능한 것이고, 우리나라와 영사관계가 있더라도 송달을 받을 자가 자국민이 아닌 경우에는 영사에 의한 직접실시방식을 취하지 않는 것이 국제예양이며…"라고 판시하여 국제예양을 언급하고 있지만, 여기서는 외국재판의 승인 및 집행과 관련이 없이 국제예양을 국제법적 관습이라는 의미로 사용한 것으로 보인다. 그리고 그밖에 국제예양을 언급하고 있는 대법원 판결은 없는 듯하다. 반면에 대법원 2010.4.29. 선고 2009다68910 판결에서는 "집행판결의 제도는, 재판권이 있는 외국의 법원에서 행하여진 판결에서 확인된 당사자의 권리를 우리나라에서 강제적으로 실현하고자 하는 경우에 다시 소를 제기하는 등 이중의 절차를 강요할 필요 없이 그 외국의 판결을 기초로 하되 단지 우리나라에서 그 판결의 강제실현이 허용되는지 여부만을 심사하여 이를 승인하는 집행판결을 얻도록 함으로써 당사자의 원활한 권리실현의 요구를 국가의 독점적 · 배타적 강제집행권 행사와 조화시켜 그 사이에 적절한 균형을 도모하려는 취지에서 나온 것이다."라고 판시하고 있다. 이 판시내용 중 밑줄 친 부분을 중심으로 전체 맥락을 이해하면 영국의 의무이론을 보는 듯하다. 이와 같은 입법과 판례를 종합하면 우리의 경우에 있어서는 외국재판을 승인하는 근거가 확립되어 있다고 볼 수 없다.

3. 외국재판을 승인하는 근거의 재정립

민사소송절차가 당사자의 사적 권리를 구제하는데 주된 목적이 있으므로 외국재판의 승인 및 집행의 근거를 국가 간의 관계인 국제예양에서 찾는 것은 이해하기 힘들다. 더욱이 자본과 정보가 자유롭게 통용되고 있는 글로벌한 시대에서 국가의 주권이나 독립성을 강조하여 국제예양으로부터 외국재판의 승인 및 집행을 찾는 것은 구시대적이다.[14] 현재 우리나라에서 외국재판의 승인 및 집행의 근거를 국제예양에서 찾는 견해는 찾아보기 힘들며 일반적으로 외국재판의 승인 및 집행은 세계화의 기조 속에 원활한 국제거래의 증진에 큰 기여를 할 것이란 점, 이중의 소송을 방지하여 소송경제에 적합하다는 점, 국제적으로 모순된 판결을 방지

14) Fawcett, p. 514.

할 수 있다는 점 등과 같은 실질적인 이유가 근거로 제시되고 있다.[15] 위와 같은 이유들을 종합해 보면 궁극적으로 재판의 효력에 있어서 국경을 없애자는 '재판의 자유로운 이동'(free circulation of judgments)으로 수렴된다.[16]

이러한 실질적 · 경제적 효과에 한정되지 아니하고, 민사소송의 주된 목적은 당사자의 권리구제에 있으므로 외국재판의 승인 및 집행의 주된 근거도 당사자의 권리구제에 두어야 한다. 결국 외국재판의 승인 및 집행이 갖고 있는 내재적 의미는 외국의 주권적 행위의 존중이 아니라 외국재판에 의하여 확정되거나 창설된 당사자 사이의 권리의무의 관계인 법률관계의 승인과 집행이다.[17] 즉 우리가 승인해야 하는 대상은 외국재판의 기판력과 집행력이다. 이러한 의미에서 승인 및 집행의 대상을 '외국판결'에 한정할 이유가 없으며 2014년 개정 민사소송법과 민사집행법에서 승인 및 집행의 대상을 외국판결과 동일한 효력이 인정되는, 즉 기판력이 있는 재판까지 확대한 점은 매우 환영할 일이다.

그리고 우리가 승인해야 하는 대상을 '외국재판' 자체가 아니라 외국재판의 기판력과 집행력이라고 봐서 이러한 방향으로 민사소송법과 민사집행법의 개정이 이루어진다면 아래에서 보는 바와 같이 승인 및 집행의 대상인 외국재판에 대한 세세한 논쟁은 필요 없게 되고 단지 재판국법에 따라서 기판력과 집행력이 발생하였는지 여부를 판단하는 것으로 충분하다.

4. 외국재판의 승인의 확대의 필요성

외국재판을 승인해야 하는 필요성에 관하여는 앞서 언급한 바와 같다. 이러한 필요성을 고려하면 외국재판은 국내재판과 동일하게 취급되어야 하지만 외국재판에 대한 불신으로 인하여 민사소송법에서는 외국재판의 승인에 있어서 일정한 요건이 충족될 것을 요구한다. 그러나 일단 외국재판을 승인한다는 것은 외국재판에 대한 신뢰를 전제로 하므로 외국재판을 최대한 승인하는 방향으로 법률의 해석과 입법이 진행될 필요가 있다. 미국 헌법 제4장 제1조에서는 "다른 모든 주의 법령, 기록과 사법절차는 각 주에서 충분한 신뢰와 신용이 부여되어야 한다. 그리고 의회는 일반법에 의하여 그러한 법령, 기록과 사법절차가 증명되기 위한 방법과 그 효력에 관하여 규정할 수 있다."[18]고 규정하여 어느 주(州)의 재판이 다른 주(州)에서도 승인될 수 있는 근거를 마련하고 있다. 이를 '완전한 신뢰와 신용의 원칙'(Full Faith and Credit doctrine)이라고 한다. 우리가 외국재판을 승인하는데 있어서도 이러한 원칙을 바탕으로 할 필

15) 최공웅, "외국판결의 효력", 사법논집 제18집(1987.12), 332쪽; 윤성근, "외국판결 및 중재판정승인거부요건으로서의 공서위반", 국제사법연구 20권 2호(2014.12), 438쪽; 김동윤, "외국판결의 승인 및 집행요건으로서의 공서", 인권과 정의 353호(2006.1), 159쪽; 이연주, "민사소송법 제217조의 승인대상으로서 '외국재판'의 개념, 이화여자대학교 법학논집 21권 2호(2016.12), 62쪽; Ralf Michaels, Recognition and Enforcement of Foreign Judgments, Max Planck Encyclopedia of Public International Law, available at http://scholarship.law.duke.edu/cgi/viewcontent.cgi?article=2699&context=faculty_scholarship, p. 1.

16) 브뤼셀규칙 recast에서는 '재판의 자유로운 이동'이 본 규칙의 목적임을 명시하고 있다.

17) 유럽공동체의 브뤼셀협약 서문에서도 이 협약이 당사자의 권리구제(to strengthen in the Community the legal protection of persons)에 목적이 있다고 규정하고 있다.

18) "Full Faith and Credit shall be given in each State to the public Acts, Records, and judicial Proceedings of every other State. And the Congress may by general Laws prescribe the Manner in which such Acts, Records and Proceedings shall be proved, and the Effect thereof."

요가 있다고 본다. 싱가포르의 예를 보면 「외국재판상호집행법」(Reciprocal Enforcement of Foreign Judgments Act)에서 승인의 대상인 재판을 최종재판에 한정하지 않고 절차에 관한 재판이나 명령(interlocutory judgment or order)도 포함시키고 있으며, 재판상 화해와 비금전적 재판도 포함시키고 있다.

아래에서는 외국재판의 승인을 좀 더 자유롭게 해야 한다는 것을 전제로 하여 논의를 진행하고자 한다.

제 2 장 외국재판의 승인 및 집행의 요건

민사소송법 제217조 제1항에서는 외국법원의 확정판결 또는 이와 동일한 효력이 인정되는 재판이 다음의 네 가지 요건을 갖추면 승인된다고 규정하고 있다.

1. 대한민국의 법령 또는 조약에 따른 국제재판관할의 원칙상 그 외국법원의 국제재판관할권이 인정될 것
2. 패소한 피고가 소장 또는 이에 준하는 서면 및 기일통지서나 명령을 적법한 방식에 따라 방어에 필요한 시간여유를 두고 송달받았거나(공시송달이나 이와 비슷한 송달에 의한 경우를 제외한다) 송달받지 아니하였더라도 소송에 응하였을 것
3. 그 확정재판 등의 내용 및 소송절차에 비추어 그 확정재판 등의 승인이 대한민국의 선량한 풍속이나 그 밖의 사회질서에 어긋나지 아니할 것
4. 상호보증이 있거나 대한민국과 그 외국법원이 속하는 국가에 있어 확정재판 등의 승인요건이 현저히 균형을 상실하지 아니하고 중요한 점에서 실질적으로 차이가 없을 것

한편 민사집행법 제27조 제2항에서는 집행판결을 청구하는 소가 다음의 요건을 갖추지 못하면 각하하여야 한다고 규정하고 있다.

1. 외국법원의 확정재판 등이 확정된 것을 증명하지 아니한 때
2. 외국법원의 확정재판 등이 민사소송법 제217조의 조건을 갖추지 아니한 때

결국 외국재판이 우리나라에서 승인되거나 집행되려면 민사소송법 제217조 제1항의 네 가지 요건을 갖추어야 한다. 그리고 이러한 네 가지 요건에 추가하여 승인 및 집행의 대상은 '외국법원의 확정판결 또는 이와 동일한 효력이 인정되는 재판'으로서 외국재판이 '확정'되어야 한다.

그런데 하나의 외국재판이라고 하더라도 이 재판에서 여러 청구에 대한 판단하였다면 각 청구에 대하여 개별적으로 승인 및 집행의 요건의 충족되었는지 여부를 판단해야 한다. 대법원 2017.5.30. 선고 2012다23832 판결에서는 미국 캘리포니아 법원이 피고에 대하여 '특정한 의무의 이행에 대한 명령'(decree of specific performance)과 함께 그 소송에 소요된 변호사 보수 및 비용의 지급을 명하는 판결과 관련하여 '특정한 의무의 이행에 대한 명령'은 그 대상이 되는 계약상 의무가 충분히 특정되지 못하여 우리나라 법원에서도 그 강제집행을 허가하여서는 아니 된다고 판시하면서도, 같은 판결에서 변호사보수 및 비용의 지급을 명하는 부분

은 위 '특정한 의무의 이행에 대한 명령'에 대한 종속된 판결이 아니란 이유로 이에 대한 집행판결이 허용되는지 여부는 특정한 의무의 이행에 대한 명령과는 별도로 그 부분 자체로서 민사집행법 제27조 제2항이 정한 요건을 갖추었는지 여부를 살펴 판단하여야 한다고 보아서 외국재판의 승인 및 집행의 요건을 각 소송물별로 판단해야 한다는 입장이다.

한편 외국재판을 승인하는 과정에서 승인국 법원이 외국재판의 실질적 내용에 대하여 다시 심사를 하는 것은 외국재판의 효력을 승인국에서 그대로 인정하고자 하는 외국재판의 승인의 제도적 취지에 반한다. 이와 같이 외국재판이 승인요건을 갖추었는지 심사하는 과정에서 승인국 법원은 외국법원이 행한 사실인정과 그에 기초한 법률의 적용의 옳고 그름을 심사할 수 없다는 원칙을 '실질재심사금지의 원칙'(no review of the merits of the judgment)이라고 한다. 여기서 옳고 그름을 심사한다는 것이란 외국재판이 재판국의 절차법과 실체법을 올바르게 적용하고 해석하였는지에 한정되지 않고 승인국의 절차법과 실체법을 올바르게 적용하고 해석하였는지를 판단하는 것도 포함된다.[1] 민사소송법 제217조 제1항의 네 가지 승인요건 중에는 승인대상인 외국재판에 '사실과 법에 대판 판단에 오류가 없어야 한다.'는 요건이 포함되어 있지 않으므로 이 원칙을 간접적으로 선언하고 있다.[2] 그리고 민사집행법 제27조 제1항에서는 "집행판결은 재판의 옳고 그름을 조사하지 아니하고 하여야 한다."고 규정하여 위 원칙을 직접적으로 선언하고 있다.[3]

제1절 승인 및 집행의 대상인 외국재판의 범위

I. 문제점

2014년 개정되기 전 민사소송법에서는 '외국법원의 확정판결'만을 승인의 대상으로 규정하였지만, 2014년 개정 민사소송법에서는 '외국법원의 확정판결' 이외에 "이와 동일한 효력이 인정되는 재판"도 승인의 대상으로 포함시켰다.[4)5)] 그리고 외국재판의 집행에 관한 민사집행법 제26조도 동일하게 개정되었다. 이와 같이 개정된 이유는 외국법원의 판결뿐만 아니라 결정 등의 그 밖의 재판도 승인 및 집행의 대상에 포함시킴으로써 승인 및 집행의 대상을 확장시키는데 있다.[6] 하지만 외국재판의 형태와 내용이 다양하기 때문에 "확정판결과 동일한 효

1) 김동윤, "외국판결의 승인 및 집행요건으로서의 공서", 인권과 정의 353호(2006.1), 159쪽.
2) 앞의 글, 151쪽. 독일 민사소송법(Zivilprozessordnung; ZPO) 제723조에서도 외국재판의 집행판결에 관하여 실질재심금지의 원칙을 선언하고 있지만 외국재판의 승인에 관한 제328조에서는 실질재심사금지의 원칙을 규정하고 있지 않다.
3) 헤이그관할협약 제8조(2)와 헤이그승인집행협약 제4조(2)에서는 실질재심사금지의 원칙을 명시하고 있다.
4) 외국재판의 승인 및 집행에 관한 규정의 변천에 관하여는 석광현, "국제재판관할과 외국판결의 승인 및 집행 국제사법연구", 20권 1호(2014.6), 30쪽 이하 참조.
5) 확정판결과 동일한 효력은 기판력을 의미하는 것으로 보인다. 외국법상 화해판결과 인낙판결이 확정판결과 동일한 효력을 가진다면 이들은 확정판결과 동일한 효력이 있는 재판에 해당하겠지만 기판력이 없으면 그렇게 볼 수는 없다(앞의 글, 60쪽).

력이 인정되는 재판"에는 수많은 형태의 재판이 포섭될 수 있고 그만큼 불확실성이 가중되었다고도 볼 수 있다. 2014년 개정 전에, 우리 민사소송법의 화해조서나 인낙조서와 같이 법원의 재판에는 포함되지는 않지만 확정판결과 동일한 효력이 인정되는 경우가 우리나라에서 승인 및 집행될 수 있는지에 관하여 많은 논의가 있었다. 그런데 2014년 개정에도 불구하고 민사소송법이나 민사집행법에서 승인 및 집행의 대상을 여전히 '재판'으로 한정하고 있기 때문에 화해조서나 인낙조서와 같이 법원의 재판에 포함되지는 않지만 확정판결과 동일한 효력이 인정되는 경우는 '확정판결과 동일한 효력이 있는 재판'에 포함되지 아니한다는 견해가 가능하다.[7] 아래에서는 승인 및 집행의 대상인 '외국재판'에 포섭될 수 있는 요소를 민사소송법과 민사집행법의 해석을 통하여 찾아보도록 한다.

Ⅱ. 승인 및 집행의 대상인 '외국재판'의 의미

1. 외국재판의 주체

가. 법원의 범위

법원은 민사법원에 한정되지 아니하고 그 명칭에 관계없이 민사적 사안에 관한 재판을 하는 법원이라면 형사법원, 행정법원 모두 포함된다. 따라서 범죄 피해자에 대하여 배상명령을 한 형사법원의 판결도 승인 및 집행의 대상이 되는 외국재판에 해당한다.[8]

외국재판을 하는 주체가 우리의 개념상 법원에 한정되는지 문제된다. 이에 관한 논의를 보면 법원 이외의 사법기관도 포함된다는 점에 이론이 없는 듯하다.[9] 여기서 사법기관이란 민사분쟁에 관한 국가의 재판권을 행사하는 사법기관을 의미하는데 외국재판의 승인과 집행의 취지상 기판력과 집행력이 있는 판단을 할 수 있는 기관에 한정된다. 예를 들어 영국의 사법판정부(statutory tribunals)는 법원이 아니면서도 법률상 분쟁에 대하여 최종적 판단을 할 수 있는 권한이 있는 기구로서 노동분쟁 등 특별한 경우에만 법률에 의하여 인정되는데 그 구성에 관하여는 Tribunals, Courts and Enforcement Act 2007이 적용된다. 사법판정부도 법률상 분쟁에 관하여 최종적 판단을 할 수 있다는 점에서 그 판정에는 기판력이 발생한다.[10] 따라서 사법판정부의 판정 후에는 동일한 사법판정부 또는 법원에 동일한 사항에 대한 판단을 구할 수 없다.[11] 반면에 사용자가 근로자에 대하여 징계하는 내부적 징계절차(internal discipline process)는 법률관계를 확정시키는 효력이 없기 때문에 기판력이 발생하지 아니하므로[12] 승인

6) 법률 제13952호 민사소송법 일부개정법률 제정 · 개정문 참조.
7) 한충수, "국제민사소송절차와 국제도산절차에서의 외국재판", 민사소송 제20권 2호(2016.11), 51쪽.
8) Magnus, p. 538.
9) 석광현, 국제민사소송법, 박영사, 2012, 346; 구자헌, "집행판결의 대상이 되는 외국법원의 판결의 의미", 대법원판례해설 83호(2010.4), 323쪽.
10) Stuart Sime, *Res judicata* and ADR, C.J.Q. 2015, 34(1), pp. 42–43.
11) Ibid.
12) Ibid, p. 44.

및 집행의 대상이 되는 외국재판의 범위에 포함되지 아니한다. 대법원 2010.4.29. 선고 2009다68910 판결에서도 외국재판의 주체를 법원에 한정하지 아니하고 '재판권을 가지는 외국의 사법기관'으로 넓게 보고 있다.

위와 같은 사법기관에는 중재인(arbitrator)이나 중재기구(arbitration institute)가 포함되지 아니한다. 외국의 중재판정(arbitral award)의 승인 및 집행에 관하여는 중재법 제39조에 따라서 「외국 중재판정의 승인 및 집행에 관한 국제연합협약」(United Nations Convention on the Recognition and Enforcement of Foreign Arbitral Awards)이 적용되기 때문이다.

나. 법관에 한정되는지 여부

우리나라를 비롯한 각국은 사법의 효율성을 꾀하기 위하여 반복적이고 정형화된 사건들에 관하여 법관이 아닌 법원사무관 등에 의한 간이 · 약식의 절차를 통하거나 일정한 경우 당사자가 합의한 사항에 관하여 합의 그 자체에 판결과 같은 동등한 효력을 부여하는 방식 등으로 사건을 처리하고 있다. 이러한 사법적 효력까지도 외국재판에 해당한다고 보아 승인 및 집행의 대상으로 보아야 할지가 논란이 있다.[13] 이에 대하여 긍정하는 견해와 부정하는 견해가 있다.[14] 그런데 누구에게 사법권을 행사할 수 있는 권한이 부여할 것인지는 그 외국의 입법정책의 문제이다. 따라서 그 외국법상 사법기관에 해당한다면 재판을 한 주체가 누구인지는 승인 및 집행의 대상인 외국재판을 판단하는 기준이 될 수 없다.[15] 대법원 1997.9.9. 선고 96다47517 판결에서는 미국의 결석재판이 법관이 아닌 법원서기(clerk)에 의하여 등록됨으로써 효력이 발생함에도 불구하고 이를 승인하고 있다. 다만 위 판결의 사안에서는 상고이유로 법원서기에 의하여 등록된 판결의 유효성을 다투지 않았기 때문에 우리 대법원이 법원서기에 의한 판결도 승인한 것이라고 단정할 수 없다.[16]

다. 재판의 명칭과 형태

승인 및 집행의 대상인 재판의 명칭이나 형식 등이 어떠한지는 문제되지 아니한다. 대법원 2010.4.29. 선고 2009다68910 판결에서도 동일하게 판시하고 있다. 브뤼셀규칙 recast 제2조(a)에서는 이를 명시하고 있다. 따라서 판결만이 아니라 결정, 명령 등의 형식이라고 무방하며 소송절차에서의 변호사비용과 소송비용에 관한 재판도 승인 및 집행의 대상이 된다.[17] 참고로 헤이그관할합의협약을 입법화한 싱가폴 법원선택법(Choice of Court Agreement)의 경우에는 승인이 가능한 외국재판을 폭넓게 규정하고 있는데, 본안재판 이외에 화해재판, 결석재

---

13) 구자헌, "집행판결의 대상이 되는 외국법원의 판결의 의미", 대법원판례해설 83호(2010.4), 321쪽.
14) 앞의 글, 324-325쪽.
15) 앞의 글, 324쪽.
16) 앞의 글 326쪽. 2014년 민사소송법의 개정으로 제217조 제2항이 신설되어서 외국재판의 승인요건이 직권조사사항이 되었다. 따라서 현재는 당사자가 상고이유로 삼지 않더라도 대법원이 직권에 의하여 승인요건 모두에 대한 심사를 해야 한다.
17) 대법원 2017.5.30. 선고 2012다23832 판결.

판, 소송비용재판을 포함시키고 재판상 화해도 승인의 대상으로 규정하고 있다.

그리고 재판의 형태에도 문제되지 아니하므로 금전지급을 명하는 재판을 포함한 이행판결, 형성판결, 확인판결 모두 승인 및 집행의 대상이 된다. 부작위명령을 내리는 이행판결도 간접강제를 통하여 집행을 확보할 수 있으므로 승인 및 집행의 대상이 된다.[18] 그리고 원고청구를 기각하는 판결은 집행의 필요는 없지만 기각판결을 받은 원고가 다른 국가에서 동일한 청구를 하는 경우에는 승인의 필요가 있다. 다만 소송요건의 부재를 이유로 소를 각하하는 판결과 같이 절차상 이유로 소송을 종결한 외국재판을 승인하게 되면 외국의 절차법의 효력을 인정하는 결과를 가져와서 '절차는 법정지법에 따른다.'는 원칙에 반하므로 승인의 대상이 될 수 없다.[19]

2. 대립적 당사자에 대한 상호간의 심문이 보장된 절차이어야 하는지 여부

대법원 2010.4.29. 선고 2009다68910 판결에서는 승인 및 집행의 대상인 외국재판은 대립적 당사자에 대한 상호간의 심문이 보장된 절차, 즉 대심(對審)절차(adversarial proceedings)일 것을 요구하고 있다. 이에 대하여는 상호간 심문이 보장된 절차일 것을 요구하는 것은 방어권보장이라는 별도 요건으로 요구하는 것으로서 외국판결의 범위를 너무 좁게 보고 있다는 비판이 있다.[20] 이러한 비판에 대하여 위 판결이 내린 외국판결에 대한 정의는 통설적 견해와 일치하는 것이고, 민사집행법 제26조와 유사한 규정이 있는 일본의 민사집행법 제24조 아래서 최고재판소 1998.4.28.자 판결도 같은 취지로 판시한 바 있다면서, 상호간 심문의 보장이라는 요건은 사법기관이 심리하는 절차에 당사자 쌍방의 절차참여권이 보장된 상태에서 서로 유리한 주장과 자료제출의 기회가 부여되어야 한다는 의미로서, 사법작용의 본질이라는 관점에서 보면 이는 너무도 당연한 요건이라는 주장이 있다.

사견으로는 외국재판이 승인 및 집행이 되기 위해서는 대심절차가 요구된다고 보지만 그렇다고 후자의 견해처럼 대심절자가 사법작용의 본질이기 때문에 그와 같이 보는 것은 아니다. 민사소송법 제217조 제1항 제2호에서는 "패소한 피고가 소장 또는 이에 준하는 서면 및 기일통지서나 명령을 적법한 방식에 따라 방어에 필요한 시간여유를 두고 송달받았거나(공시송달이나 이와 비슷한 송달에 의한 경우를 제외한다) 송달받지 아니하였더라도 소송에 응하였을 것"을 외국재판의 승인의 요건의 하나로 규정하고 있는데 피고의 방어권을 보장하기 위한 규정이다. 피고의 방어권을 보장하기 위해서는 '당사자에 대한 상호간의 심문이 보장된 절차'이어야 하므로 결국 대심절차가 요구된다. 그리고 유럽사법재판소의 Marco Gambazzi v DaimlerChrysler Canada Inc. and CIBC Mellon Trust Company 판결[21]에서는 외국재판이 승인 및 집행이 되기 위해서는 대심적 절차일 것을 요구하면서 이러한 요건을 공서양속으로

18) 석광현, 국제민사소송법, 박영사, 2012, 353쪽.
19) 앞의 책, 349.
20) 석광현, "승인대상인 외국판결의 개념에 관한 대법원재판의 상충", 2011.10.20.자 법률신문(제3976호).
21) Case C-394/07 [2009] I-2563.

부터 도출하고 있다.[22] 이와 같이 대심절차를 재판의 본질적 내용으로 구성하기 보다는 절차상 공서양속에서 도출하는 것이 타당하다고 본다.

따라서 일방당사자의 신청만으로 진행되는 절차(ex parte procedure)에서는 당사자 상호간에 심문이 보장되지 아니하므로 이 절차에서 발생한 기판력과 집행력은 승인 및 집행될 수 없고[23] 당사자 모두의 절차참가권이 보장된 절차(inter partes procedure)에서 발생한 기판력과 집행력만이 승인 및 집행되어야 한다.[24] 이때 상호간의 심문이 실제로 이뤄질 필요는 없으며 그러한 기회가 보장되는 것으로 충분하다. 그리고 당사자 상호간에 심문이 보장되지 아니한 절차라고 하더라도 공서양속에 반하지 아니하는 특별한 사정이 있다면 승인 및 집행될 수 있다.

3. 판단권한의 행사

판결이나 재판은 사법적 판단을 의미하므로 승인 및 집행의 대상인 외국재판은 법원 또는 재판소의 '판단권한의 행사'(excercise of power of assessment)이어야 하는바 재판의 내용이 당사자의 의사에 전적으로 의존해서는 아니 된다.[25] 따라서 당사자가 작성한 내용대로 등록(record)할 뿐이고 그에 대하여 아무런 심사가 이루어지지 아니하는 형식적이고 기계적인 결과물은 그 명칭이 재판 또는 판결이라고 하더라도 승인 및 집행대상이 될 수 없다.[26] 이러한 경우에 법원의 역할은 단순히 '증서화 하는 활동' 또는 '공증적 기능'을 하는데 그치기 때문이다.[27] 그러나 그 경계가 애매한 경우에는 양자를 구분하는 것이 쉽지 않다.

4. 유효한 재판

외국재판의 승인은 외국재판의 효력을 우리나라에서 인정하는 것이므로 외국재판이 유효할 것을 전제로 한다. 따라서 외국재판이 재판국법상 무효이거나 유효하게 존재했지만 나중에 무효로 확정된 재판은 형식상 확정되었더라도 승인 및 집행의 대상이 될 수 없다.[28] 취소가능 한 재판이라고 주장되더라도 권한 있는 기관에 의하여 적법하게 취소되기 전에는 유효한 재판이므로 승인 및 집행의 대상이 된다. 헤이그관할합의협약 제9조a)에서는 재판국법에 따라서 외국재판이 무효인 경우를 승인 및 집행의 거절사유로 규정하고 있다. 다만 재판을 한

---

22) 이 판결의 사안에서는 영국 법원의 증거개시명령(disclosure order)을 받은 이탈리아인 당사자가 이에 응하지 아니하자 법원은 이 당사자가 더 이상 소송절차에 참여하는 것을 금지하고 당사자가 출석하지 아니한 것처럼 취급하여 판결하였다. 위 판결에서는 위와 같은 판결은 대심절차가 보장되지 아니한 판결로서 승인 및 집행의 대상인 판결(judgements)에 포함되지 않는다고 보았다.

23) 유럽사법재판소의 Bernard Denilauler v SNC Couchet Frères Case 125/79 [1980] ECR 1533, 1571 결정에서는 상대방에게 참가의 기회를 주는 송달을 실시하지 않고 명령한 보전처분이나 보호처분은 승인 및 집행의 대상이 될 수 없다고 보았다.

24) 한충수, "국제민사소송절차와 국제도산절차에서의 외국재판", 민사소송 제20권 2호(2016.11), 57쪽에서는 일방의 신청에 의해서만 발해지는 가압류나 가처분 등은 기판력을 인정할 수 없지만 변론이나 심문 등을 거쳐 당사자의 절차참여가 보장된 상태에서 발해지는 보전재판에 대해서는 제한적인 범위에서나마 기판력을 인정하는 것이 가능하다고 주장하고 있다.

25) Dickinson, paras. 2.98－2.100.

26) Ibid. 구자헌, "집행판결의 대상이 되는 외국법원의 판결의 의미", 대법원판례해설 83호(2010.4), 328쪽.

27) 석광현, 국제민사소송법, 박영사, 2012, 348쪽.

28) 앞의 책, 348쪽.

법원이 유효하다고 판단한 경우에는 거절할 수 없다.

5. 절차상 명령

소송절차가 진행되던 도중에 증거제출 등과 같은 절차적 사항과 관련하여 임시적 명령(interlocutory order)을 하는 경우가 있다. 이러한 임시적 명령은 중간재판의 형식이든 종국재판의 형식이든 당사자 사이의 법률관계를 해결하기 위한 재판이 아니므로 승인 및 집행의 대상이 될 수 없다.

Ⅲ. 개별적 검토

1. 공정증서의 경우

민사집행법 제56조 제4호에서는 일정한 금액의 지급이나 대체물 또는 유가증권의 일정한 수량의 급여에 관한 강제집행의 수락의 취지가 기재된 공정증서를, 그리고 공증인법 제56조의3 제3항에서는 건물이나 토지 또는 일정한 동산의 인도 또는 반환에 관한 강제집행을 수락하는 취지가 기재된 공정증서를 각 집행권원으로 보고 있다.[29] 이와 마찬가지로 외국의 경우에도 독일이나 일부 유럽국가에서도 공정증서(authentic instrument)에 대하여 집행력을 인정하고 있다. 공정증서는 채무명의가 된다는 점에서 화해조서 등과 구별할 이유가 없으므로 공정증서도 민사집행법 제26조 제1항의 외국재판에 포함하여야 한다는 견해가 있고, 소송절차를 거치지 아니한다는 점에서 외국재판으로 볼 수 없다는 견해가 있다.[30] 그런데 비록 공정증서가 작성된 국가에서 집행력이 있다고 하더라도 공정증서는 당사자의 합의사항을 공증인이 기계적으로 확인한 것에 불과하므로 '판단권한의 행사'가 있다고 볼 수 없다는 점, 당사자간에 상호 심문권이 보장된 대심적 구조를 가진 것도 아니라는 점에서 민사소송법 제217조에서 규정한 외국재판이라고 보기 힘들다.[31]

브뤼셀규정 recast 제4장(CHAPTER Ⅳ) 이하에서는 공정증서나 소송상 화해가 이루어진 유럽연합의 회원국에서 그러한 공정증서나 소송상 화해가 집행력을 갖고 있다면 다른 회원국에서도 집행되어야 한다고 규정하고 있다. 이와 같이 브뤼셀규정 recast에서도 법원의 재판과 공정증서 및 소송상 화해를 개념적으로 구분하여 법원의 재판의 범위에 공정증서 및 소송상 화해가 포함되지 않는 것으로 보고 있다.[32]

---

29) 그러나 기판력이 인정되지 아니하므로 채무자는 채무부존재확인의 소를 제기하거나 집행력을 배제시키기 위하여 청구이의의 소를 제기할 수 있다.

30) 구자헌, "집행판결의 대상이 되는 외국법원의 판결의 의미", 대법원판례해설 83호(2010.4), 325쪽.

31) 한충수, "국제민사소송절차와 국제도산절차에서의 외국재판", 민사소송 제20권 2호(2016.11), 51쪽.

32) 브뤼셀규칙 recast에서 이와 같이 양자를 구분하는 실익은 외국재판에 관하여는 제45조의 승인거절사유가 적용되지만 공정증서나 소송상 화해의 경우에는 제45조의 승인거절사유가 적용되지 않고 공서양속에 반하지 않아야 한다는 요건만이 요구된다는 점에 있다.

2. 독일의 집행명령(Vollstreckungsbefehl)

독일의 집행명령제도는 우리의 지급명령과 매우 유사한데[33] 채권자가 민사소송법 규정된 일정한 사항이 기재된 지급명령(Zahlungsbefehl)을 법원에 제출하면 법원은 채무자에게 이 지급명령을 송달하고, 채무자가 송달받은 후 정해진 기간 내에 이의를 제기하지 아니하면 채권자의 신청에 의하여 법원은 집행명령을 한다(독일 민사소송법 제699조). 그리고 이러한 집행명령은 임시적으로 집행력이 있는 결석재판과 동일한 효력이 있다(독일 민사소송법 제700조 제1항). 지급명령에 대하여 이의제기를 하지 아니한 채무자는 집행명령에 대하여 이의를 제기할 수 있고 이의를 제기하면 법원은 직권에 의하여 소송절차를 개시하여야 한다(독일 민사소송법 제700조 제3항). 이와 같이 독일의 집행명령에는 기판력은 없지만 집행력은 있다.

이러한 독일의 집행명령은 지급명령의 송달을 바탕으로 하여 법원에 의하여 발령되기 때문에 '판단권한의 행사'라고 볼 수 있고, 채무자에게 이의신청의 기회를 주기 때문에 당사자 간에 상호 심문권이 보장된 경우라고 볼 수 있다. 이러한 점에서는 '외국재판'에 해당한다. 유럽사법재판소도 Peter Klomps v Karl Michel 결정[34]에서 독일의 집행명령은 채권자에 의하여 일방적으로 진행되지만 채무자의 이의제기에 따라서 소송절차인 대심절차로 변동될 수 있다는 점에서 집행명령은 '대심적 절차에 의한 재판'(judgment in adversary proceedings)에 해당한다고 판시하면서 브뤼셀협약에 의하여 승인 및 집행될 수 있는 외국재판에 해당한다고 보았다.

그런데 브뤼셀협약에서는 외국재판이 확정될 것을 요구하지 않았기 때문에 독일의 집행명령이 승인 및 집행의 대상이 될 수 있지만[35] 우리 민사소송법에서는 '확정판결 또는 이와 동일한 효력이 인정되는 재판'에 한정하고 있기 때문에 '이와 동일한 효력이 인정되는 재판'을 어떻게 해석하느냐에 따라서 집행명령이 집행판결의 대상이 될 수 있는지 결정된다. 만일 이를 더 이상 다툴 수 없는 형식적으로 확정된 재판이란 의미에서 확정된 재판으로 본다면 집행명령은 집행판결의 대상이 될 수 없다.[36] 그런데 민사집행법 제27조 제2항 제2호에서는 집행판결의 요건으로서 "외국법원의 확정재판등이 민사소송법 제217조의 조건을 갖추지 아니한 때"라고 하여 외국재판이 집행력만을 갖고 있는 것으로 부족하고 기판력까지 갖출 것을 요구하고 있는 듯하다. 만일 위와 같이 해석한다면 집행력만 갖고 있는 독일의 집행명령은 집행판결을 받을 수 있는 외국재판의 범위에 포함된다고 보기 어렵다.

---

33) 민사소송법 제474조에서는 "지급명령에 대하여 이의신청이 없거나, 이의신청을 취하하거나, 각하결정이 확정된 때에는 지급명령은 확정판결과 같은 효력이 있다."고 규정하고 있다. 확정된 지급명령에 기한 강제집행은 집행문을 부여받을 필요 없이 지급명령 정본에 의하여 행한다(민사집행법 제58조 제1항). 이와 같이 지급명령에는 집행력이 있는데, 민사집행법 제58조 제3항에서는 "청구에 관한 이의의 주장에 대하여는 제44조 제2항의 규정을 적용하지 아니한다."고 하므로 지급명령에 대하여는 기판력이 인정되지 아니 한다(대법원 2009.7.9. 선고 2006다73966 판결).

34) Case 166/80 [1981] ECR 1593.

35) 유럽사법재판소는 Hengst Import BV v Anna Maria Campese Case C−474/93 [1995] ECR I−02113 결정에서도 우리의 지급명령과 유사한 이탈리아의 지급명령인 decreto ingiuntivo가 상대방의 절차참가권을 보장한다는 이유로 집행판결의 대상이라고 보았다.

36) 더욱이 독일 민사소송법은 우리 민사소송법과 달리 집행명령에 확정판결과 동일한 효력이 있다고 규정하고 있지 않다.

3. 재판상 화해와 동의판결의 경우

확정판결과 동일한 효력이 인정되는 재판상 화해에 대하여는 재판상 화해가 확정판결과 동일한 효력이 있다는 이유로 이를 긍정하는 견해와 재판상 화해는 판단권한의 행사가 아니라는 이유로 이를 부정하는 견해가 있다.[37] 하급심판결이지만 서울지방법원 1968.10.17. 선고 68가합620 판결과 제주지방법원 1998.5.28. 97가합2982 판결 등에서 일본국의 화해조서와 인낙조서가 우리 민사소송법상 확정판결과 동일한 효력이 있다는 이유로 집행판결의 대상이 될 수 있음을 인정한 바 있다. 그러나 대법원 2010.4.29. 선고 2009다68910 판결에서는 우리의 재판상 화해에 해당하는 미국의 승인판결(confession judgment 또는 judgment by confession)의 집행이 문제된 사안에서 "승인판결의 제도는 원고의 승인판결 신청이 있으면 법원서기가 사법기관이 관여하지 아니한 상태에서 작성된 피고의 채무승인진술서 및 피고의 대리인인 변호사의 확인진술서의 제출 여부만을 검토하여 이를 그대로 판결로 등록하는 것이고, 그 과정에서 당사자에 대한 상호간 심문의 기회 등이 보장되어 있다고 할 수 없다. 따라서 위와 같은 이른바 승인판결은, 비록 그 명칭이 '판결'이고 정식의 판결과 유사한 효력을 가진다고 하더라도, 또한 피고가 심문권 등 소송법상의 권리를 의도적 · 자발적으로 포기하기로 하고 승인판결 절차를 이용하기로 사전에 동의하였다고 하더라도, 이를 법원이 당사자 상호간의 심문이 보장된 사법절차에서 종국적으로 한 재판이라고 할 수 없고, 그렇다면 이는 민사집행법 제26조 제1항에서 정하는 '외국법원의 판결'에 해당하지 아니한다고 할 것이다."라고 판시하고 있는데 종합하면 미국의 승인판결제도에서는 당사자 간의 심문권이 보장되지 않고 판단권한의 행사가 없기 때문에 승인 및 집행의 대상이 될 수 없다는 것이다.

나라마다 재판상 화해의 제도가 다르기 때문에 일률적으로 이를 승인 및 집행의 대상인지 아닌지 결정하기 보다는 개별적으로 검토해야 한다.[38] 재판상 화해제도에서는, 첫째 재판상 화해의 과정에서 법원이 판단권한을 행사한다고 볼 수 있는가, 둘째 재판상 화해가 당사자 간의 심문권이 보장된 절차로 볼 수 있는가의 문제가 제기된다. 따라서 법원이 어떠한 심사도 진행하지 아니하고 당사자가 일방적으로 결정한 사항에 대하여 법원이 기계적으로 등록하는 경우와 당사자의 참여권이 보장된 절차에서 법원이 당사자의 의사를 확인하는 경우를 구분해야 한다.[39] 후자에 해당한다면 대립적 당사자에 대한 상호간의 심문이 보장되고 법원의 판단권한이 행사되었다고 볼 수 있을 것이다.

예를 들어 영국 민사소송규칙 제40.6조에서는 동의판결(consent judgment) 또는 동의명령(consent order)(이하 '동의판결'이라고 한다)을 규정하고 있다. 동의판결이란 당사자가 합의한 대로 판결 또는 명령을 발하는 것을 말하는데, 이때 당사자 모두에게 소송대리인이 있어야 하고

---

37) 구자헌, "집행판결의 대상이 되는 외국법원의 판결의 의미", 대법원판례해설 83호(2010.4), 324쪽.

38) 브뤼셀규칙 recast 제2조(b)와 제59조에서는 재판상 화해(court settlement)를 집행으로 대상으로 명시하고 있다.

39) 서울지방법원 1968.10.17. 선고 68가합620 판결과 제주지방법원 1998.5.28. 97가합2982 판결 등에서 일본국의 화해조서와 인낙조서가 집행판결의 대상이 될 수 있음을 인정한 바 있다고 한다(한충수, "국제민사소송절차와 국제도산절차에서의 외국재판", 민사소송 제20권 2호(2016.11), 50쪽).

이러한 소송대리인이 동의판결에 서명해야 한다(영국 민사소송규칙 제40.6조(2)(b)). 동의판결은 법관이 아니라 법원서기(court officer)에 의하여 발령되지만 법원서기가 당사자의 합의의 내용을 심사한 결과 그 내용이 불확실하거나 오류가 있는 것으로 보인다면 법관에게 심사를 요청할 수 있다(영국 민사소송규칙 Practice Direction 40B 제3.2조). 동의판결은 분쟁의 실체에 관한 합의 모두에 대하여 허용되는 것이 아니라 금전의 지급이나 물건의 인도에 한정되어서 허용된다(영국 민사소송규칙 제40.6조(3)(a)). 그리고 동의판결 중 동의명령은 소송절차의 중지, 강제집행의 중지, 집행이 완료되지 아니한 결석재판의 취소 등 절차적 사항에 관한 합의에 대하여도 허용된다(영국 민사소송규칙 제40.6조(3)(b)). 동의판결은 당사자 사이의 소송을 종료시키고 사법부의 사법적 승인을 거쳐서 집행력을 수여한다는 이유로 영국에서는 기판력을 인정하고 있다.[40] 따라서 화해의 당사자는 동일한 사안에 대하여 다시 소를 제기할 수 없다.[41]

이와 같이 영국 동의판결은 소가 제기된 후에 당사자가 합의하는 경우로서 법원이 당사자의 합의를 그대로 등록하는 기계적이고 형식적인 절차가 아니다. 앞서 본 바와 같이 엄격한 요건이 충족된 경우에만 동의판결이 발해지며 법원직원의 심사를 거쳐서 법관에 의한 심사의 기회까지 부여되고 있다. 게다가 당사자에게 소송대리인이 있어야 동의판결이 가능하므로 당사자에게 방어의 기회도 부여되었다고 볼 수 있다. 이러한 점에서 동의판결은 우리나라에서 승인될 수 있는 '외국재판'에 포함된다고 본다. 영국의 Landhurst Leasing Plc v Marcq 판결[42]에서도 벨기에 법원에서 이루어진 소송상 화해는 당사자의 의사를 그대로 확인한 것에 불과하여 법원의 사법적 판단이라고 볼 수 없다는 이유로 기판력을 부인한 반면에, 영국의 동의판결은 사법적 판단에 해당한다는 이유로 기판력을 긍정하였다.[43]

4. 조정에 의한 화해

사법기관이든 사법기관 이외의 기관이든 제3자가 조정한 결과 당사자 사이에 화해가 성립된 경우에 이러한 화해는 법원의 심판의 결과가 아니고 대심적 절차의 결과도 아니므로 승인 및 집행의 대상이 되는 외국재판으로 보기 힘들 것이다. 유엔국제거래법위원회(UNCITRAL)은 2018년 12월 20일 「조정의 결과로 발생한 국제화해계약에 관한 국제연합협약」(United Nations Convention on International Settlement Agreements Resulting from Mediation. 싱가폴조정협약(the "Singapore Convention on Mediation"))을 채택하였는데 이 협약에서는 강제력이 없는 조정인(mediator)에 의하여 성립된 화해계약의 승인 및 집해엥 관하여 규정하고 있다. 그러나 이 협약은 아직 발효되지 않았다.

40) Barnett, para. 1.26.

41) Neil Andrews, Andrews on Civil Processes Volume I, Intersentia, 2013, para. 14.97. 당사자 사이의 소송 외에서의 순수한 화해(pure settlement)의 경우에는 우리 민법상의 화해계약과 마찬가지로 기판력이 인정되지 않는다.

42) [1998] I.L.Pr. 822 (1997).

43) 유럽사법재판소도 Case C-414/92 Solo Kleinmotoren GmbH v Boch [1994] ECR I-2237 결정에서 소송상 화해는 기본적으로 당사자의 의사로서 계약적 성질을 갖는다는 이유로 브뤼셀협약의 승인의 대상인 '재판'에 포함되지 아니한다고 보았다.

5. 결석재판의 경우

영국 민사소송규칙 제12.1조에 따르면 피고가 정해진 기간 내에 송달수령통지(acknowledgment of service)[44] 또는 답변서를 제출하지 아니하면 원고는 법정되어 있는 신청서를 제출하여 법원으로부터 원고승소의 결석재판(default judgment)을 받을 수 있다. 우리의 경우에는 민사소송법 제256조 제1항 및 제257조 제1항에서 피고가 소장을 다투는 답변서를 소장부본을 송달받은 날로부터 30일 이내에 제출하지 아니하면, 피고가 원고의 주장을 자백하는 것으로 보는 의제자백과 변론 없이 판결을 선고할 수 있는 무변론판결만을 인정하고 있을 뿐이고 원고승소판결을 허용하는 것은 아니란 점에서 영국과 차이가 있다.

그리고 우리의 경우에는 피고의 답변서 부제출의 효력이 동일하며 사건의 형태에 따라서 특별한 제한을 두고 있지 않지만, 영국 민사소송규칙 제12.2조 및 제12.3조에서는 결석재판을 받을 수 없는 경우와 결석재판을 받을 수 있는 조건을 다양하게 규정하고 있을 뿐만 아니라, 제12.4조에서는 결석재판을 받을 수 있는 경우를 청구액이 확정되어 있는 경우, 법원에 의하여 청구액이 결정되어 있는 경우, 피고가 금전을 대체물로 지급할 수 있도록 허용하여 물건의 인도를 구하는 경우, 기타 위와 같은 구제방법이 복합되어 있는 경우[45]에 한정하고 있다. 한편 영국 민사소송규칙에서는 법관이 아닌 법원(court)이 결석재판을 내어줄 수 있도록 규정하고 있다. 영국 민사소송규칙 제2.5조에서는 법원의 권한사항 중 형식적이거나 행정적 성격을 갖고 있는 사항에 대하여는 법원직원(court staff)이 할 수 있도록 규정하고 있고, 결석재판은 본안의 심리를 필요로 하지 아니하고 위에서 언급한 결석재판을 할 수 있는 언급한 형식적 요건에 대한 심사만을 거치므로 통상적으로 법원직원이 내어주고 있다.

영국에서는 결석재판도 법원의 사법적 판단이라는 이유로 기판력을 인정하고,[46] 외국의 결석재판도 승인하고 있다.[47] 그러나 결석재판은 실제로 본안에 관하여 심리를 진행한 것이 아니므로 결석재판의 기판력은 일반적인 판결에 비하여 기판력의 범위가 상당히 제한되는데, 후소에서 문제된 사항이 결석재판에서 문제된 사항과 완전히 동일한 경우에만 기판력이 작용하고, 거의 동일한 정도의 사항이란 것만으로는 기판력이 작용하지 아니한다.[48]

대법원 1997.9.9. 선고 96다47517 판결에서는 "위 미국판결은 미국법상 결석판결에 의하여 불확정손해의 배상을 구함에 있어 요구되는 제반 절차를 제대로 거쳐 성립된 것으로서 비록 원고가 미화 500,000달러라는 거액을 청구금액으로 확정하여 결석판결을 신청하였다고 하더라도 이는 미국법상 추가적 청구는 아닌 것이며, 또 피고로서는 당초부터 미화 50,000달러

44) '송달수령통지'란 피고가 답변서 제출기한 내에 답변서를 제출할 수 없거나 법원의 관할을 다투고자 할 때 답변서를 대신하여 제출하는 서면을 말한다(영국 민사소송규칙 제10.1조 제3항).

45) "(a) a specified amount of money; (b) an amount of money to be decided by the court; (c) delivery of goods where the claim form gives the defendant the alternative of paying their value; or (d) any combination of these remedies."

46) Barnett, para. 1.28.

47) Fawcett, p. 537.

48) Neil Andrews, English Civil Procedure, Oxford, 2003, para. 40.23.

를 초과하는 합리적 손해액의 배상을 구한다고 기재된 소장을 송달받음으로써 앞으로의 소송 진행에 따라 더 많은 금액이 청구되어 인용될 수도 있음을 충분히 예상할 수 있었다고 봄이 상당함에도 별다른 응소를 하지 아니한 채 귀국함으로써 그 후에 있어서의 방어의 기회를 스스로 포기한 결과가 되었다 할 것"이라는 이유로 영국법상의 결석재판과 유사한 미국법상의 결석재판을 승인하고 있다. 위 판시내용에 비추어 볼 때, 미국법상의 결석재판을 위한 절차에서 피고의 방어권이 보장되었는가에 위 사건에서의 쟁점이 있었던 것으로 보인다. 그러나 결석재판의 쟁점은 이에 그치지 아니하고, 판결의 내용을 당사자가 작성하고 법원이 이를 승인하는데 그친다는 점에서 이를 사법기관의 '판단권한의 행사'의 결과인 '외국재판'으로 볼 수 있는가에 오히려 더 중요한 쟁점이 있다.

영국의 결석재판에 대하여 위 문제를 적용하여 보면 다음과 같다. 영국에서 수소법원이 피고의 답변서 부제출을 이유로 하여 결석재판을 하기 위해서는 원고가 제출한 결석재판신청서를 심사하여 영국 민사소송규칙에서 규정하고 있는 엄격한 요건이 충족되었는지를 판단해야 하고, 만일 위 요건을 충족하지 못한 경우에는 결석재판을 거부해야 한다. 그런데 앞서 살펴본 바와 같이 법원 심사하는 내용은 신청서의 적식(適式) 여부에 한정된 기계적이고 형식적인 심사라고 볼 수 없다. 이러한 점에서 영국 민사소송규칙의 결석재판은 당사자의 의사에 전적으로 의존한 결과물이 아니라[49] 사법기관의 사법적 판단의 결과물로 보는 것이 타당하고, 따라서 우리나라에서 승인될 수 있는 '외국재판'에 포함된다.[50] 그리고 영국의 결석재판은 법관이 아닌 법원직원에 의하여도 내어줄 수도 있는데 앞서 언급한 바와 같이 반드시 법관에 의한 재판만이 승인 및 집행되는 것은 아니므로 앞의 결론에 영향을 끼치지 아니한다.

영국 민사소송법상의 결석재판이 승인될 수 있다고 하여 이와 유사한 다른 나라의 결석재판도 모두 승인되어야 한다는 의미는 아니다. 승인여부는 재판국의 법률을 검토하여 개별적으로 판단할 수밖에 없는데, 예를 들어 피고가 일정 기간 내에 결석재판의 취소를 구할 수 있는 국가에서 내려진 결석재판이라면 확정된 재판이라고 볼 수 없으므로 우리나라에서 승인될 수 없을 것이다.[51]

6. 면책재판의 경우

외국의 도산절차에서 채무를 면하는 면책재판을 받은 경우에 이러한 면책재판의 승인도 문제된다. 대법원 2010.3.25. 자 2009마1600 결정에서는 "외국법원의 면책재판 등은 실체법상의 청구권 내지 집행력의 존부에 관한 것으로서 그에 의하여 발생하는 효과는, 채무자와 개별 채권자 사이의 채무 혹은 책임의 감면이라고 하는 단순하고 일의적인 것이고, 그 면책재판 등

49) Dickinson, para. 2.100. 영국의 보통법(common law)에서도 승인의 대상인 외국재판이 사법적 결정일 것을 요구하면서 결석재판도 사법적 결정이라고 보고 있다(Barnett, para. 1.28).

50) 이에 대하여 영국의 결석재판은 법원에 의한 등록에 불과하므로 재판에 해당하지 아니한다는 견해가 있다(Magnus, p. 537).

51) Fawcett, p. 537.

의 승인 여부를 둘러싼 분쟁은 면책 등의 대상이 된 채권에 기하여 제기된 이행소송이나 강제집행절차 혹은 파산절차 등에서 당해 채무자와 채권자 상호간의 공격방어를 통하여 개별적으로 해결함이 타당하다."라는 이유로 외국법원의 면책재판은 「채무자 회생 및 파산에 관한 법률」의 승인절차나 지원절차에 의하여 결정할 것이 아니라 민사소송법 제217조의 외국재판의 승인요건에 의하여 승인을 해야 한다고 판시하고 있다. 이에 대하여 "채무자회생법상의 지원절차는 외국도산절차에 대하여 국내에서 절차적 지원을 하기 위하여 마련된 것이지 실체법적 청구권이나 집행력의 존부의 문제를 직접 다루기 위한 것이 아니다."라는 이유로 위 판시사항을 찬성하는 견해가 있는데[52] 이에 찬성하는 바이다. 다만 외국법원의 면책재판이라고 하여 일률적으로 승인의 대상인 외국법원의 확정재판으로 볼 수는 없으며 개별적으로 재판국의 법률을 검토하여 '판단권한의 행사'로 볼 수 있는지를 1차적으로 검토해야 할 것이다.

7. 외국재판에 대한 집행판결

외국법원의 집행판결에 대하여 승인 또는 집행을 구하는 것이 가능한지 문제된다. 만일 이를 허용하면 우리 법원은 외국법원의 집행판결의 대상인 원래의 외국재판이 우리 법상 승인 및 집행의 요건을 갖추고 있는지를 심사할 기회를 갖지 못한다. 특히 원래의 재판이 우리의 공서양속에 반하는지를 심사할 기회를 갖지 못하는 문제가 발생한다. 이러한 점에서 외국법원의 집행판결은 승인 및 집행의 대상인 외국재판에 포함되지 아니한다고 본다(exequatur sur exequatur ne vaut).[53]

Ⅳ. 승인 및 집행의 확대의 필요성

현행법상 외국재판의 승인과 집행에 관한 규정 및 그에 관한 논의의 중심은 '법원의 재판'에 향해져 있다. 그러나 앞서 언급한 바와 같이 외국재판의 승인 및 집행의 근거를 공적 관계인 국제예양에서 사적 관계인 당사자의 권리구제로 봐야 한다면 승인 및 집행의 대상은 '법원의 재판'이 아니라 외국법에 의하여 발생된 기판력과 집행력이 승인 및 집행의 대상이 되어야 한다. 이와 같이 승인 및 집행의 대상을 넓게 본다면 법원은 재판국법에 따른 기판력 또는 집행력의 존재만을 심사하면 족하므로 심사절차가 빠르고 단순하게 되는 장점도 있다. 그리고 이와 같이 넓게 본다고 하여 특별한 폐해가 발생할 것으로 보이지 아니하며 개별적 사안에서 문제가 되는 경우에는 공서양속의 요건에 의하여 승인 및 집행을 거부할 수 있을 것이다. 또한 이와 같이 본다면 기판력과 집행력을 연계시킬 필요도 없기 때문에 보전처분과 같이 기판력이 없이 집행력만 발생한 경우도 집행판결의 대상이 될 수 있다.[54]

52) 오영준, "채무자 회생 및 파산에 관한 법률하에서 외국도산절차에서 이루어진 외국법원의 면책재판 등의 승인", 대법원판례해설 83호(2010.3), 638-639쪽.

53) Magnus, p. 545.

54) 헤이그관할합의협약 제7조에서는 외국법원의 보전처분을 승인할 것인지를 전적으로 체약국의 재량에 맡기고 있고, 헤이

헤이그관할합의협약 제8조(3) 및 헤이그승인집행협약 제4조(3)에서는 "재판국에서 효력을 갖고 있는 재판이면 승인되어야 하며, 재판국에서 집행력이 있는 재판이며 집행되어야 한다."(A judgment shall be recognised only if it has effect in the State of origin, and shall be enforced only if it is enforceable in the State of origin.)고 규정하여 앞서 언급한 원칙을 명확히 하고 있다. 더불어 헤이그관할합의협약 제12조 및 헤이그승인집행협약 제11조에서는 재판상 화해도 승인의 대상에 포함시키고 있다.

제2절 외국법원의 확정판결 또는 이와 동일한 효력이 인정되는 재판

Ⅰ. 외국법원의 확정판결

1. 의 의

민사소송법 제217조 제1항에서는 "외국법원의 확정판결 또는 이와 동일한 효력이 인정되는 재판"을 외국재판의 승인의 대상으로 규정하고 있다. 민사소송법에서 판결이 확정(finality)되었다는 의미는 당해 사건에 대한 소송절차가 최종적으로 종결되어 그것에 하자가 있다고 하더라도 다시 통상의 절차로는 더 이상 그 판결을 다툴 수 없는 상태를 뜻한다.55)

그런데 판결의 확정에 관하여 나라마다 법이 다르기 때문에 외국법원의 판결이 확정되었는지 여부를 우리 법과 재판국법 중 어느 법에 의하여 판단해야 하는가의 문제가 발생한다. 예를 들어 영국에서는 법원의 판결에 기판력과 집행력이 발생하기 위해서는 판결이 최종적(final and conclusive)56)이어야 한다.57) 이때 판결이 최종적이란 의미는 우리 법상 판결의 확정과 그 요건에 있어서 차이가 있다. 영국의 경우에서는 판결에 대한 상소와 관계없이 당해 판결이 완성(perfection)된 때에 판결이 최종적이 되고 기판력이 발생한다.58) 영국 민사소송규칙 제40.7조에 따르면 판결은 선고되는 즉시 효력을 발생하지만, 제40.3조에 따라서 원칙적으

그승인집행협약 제3조(1)(b)에서는 보전처분을 협약의 적용대상인 재판(judgment)에 포함시키지 않는다고 규정하여 결과적으로 외국법원의 보전처분을 승인할 것인지를 체약국의 재량으로 보고 있다.

55) 대법원 1995.2.14. 선고 93재다27 전원합의체 판결.

56) 영국의 보통법(common law)에 따르면, 판결이 최종적이란 의미는 판결을 선고한 법원이 동일한 당사자 사이의 나중의 절차에서 종전에 선고한 판결을 변경할 수 없다는 것을 의미하므로 외국의 재판 중 최종적 재판이 유보된 잠정적 재판은 승인되지 아니하고 기판력이 인정되지 아니한다(Fawcett, p. 536).

57) 영국의 사법시스템의 독특한 제도로 사법판정부가 있다. 사법판정부는 법원이 아니면서도 법률상 분쟁에 대하여 최종적 판단을 할 수 있는 권한이 있는 기구로서 노동분쟁 등 특별한 경우에만 법률에 의하여 인정되는데, 그 구성에 관하여는 Tribunals, Courts and Enforcement Act 2007이 적용된다. 사법판정부도 법률상 분쟁에 관하여 최종적 판단을 할 수 있다는 점에서 그 판정에는 기판력이 발생한다(Stuart Sime, *Res judicata* and ADR, C.J.Q. 2015, 34(1), pp. 42-43). 우리의 경우에는 특허법 제163조에서 "이 법에 따른 심판의 심결이 확정되었을 때에는 그 사건에 대해서는 누구든지 동일 사실 및 동일 증거에 의하여 다시 심판을 청구할 수 없다."고 규정하여 법원의 판결이 아닌 특허심판원의 심결에 대하여 기판력과 유사한 일사부재리의 효력을 인정하고 있지만, 유력한 증거가 새로이 제출된 경우에는 확정된 심결을 번복할 수 있는 등(대법원 2013.9.13. 선고 2012후1057 판결) 기판력과 일사부재리의 효력은 차이가 있다.

58) Neil Andrews, English Civil Procedure, Oxford, 2003, para. 39.11.

로 법원이 판결문을 작성한 때에 판결이 완성된다. 판결을 선고한 법원은 판결문을 작성하기 전까지 예외적 사정이 존재한다면 변론을 재개하거나 판결의 내용을 수정할 수 있으므로 이 때까지 판결이 완성된 것이라고 볼 수 없고 결국 그 판결이 최종적이라고 볼 수 없다.[59) 이러한 이유에서 판결이 선고된 때가 아니라 판결이 완성된 때에 기판력이 발생한다.

이와 같이 판결이 완성되었다면 법원에 의하여 제1심 판결의 효력이 정지(stay)되지 아니하는 한, 당사자가 항소를 제기하더라도 제1심 판결의 기판력과 집행력[60)]은 여전히 유지되며, 다만 항소법원이 항소를 받아들였다면 제1심 판결의 기판력과 집행력은 소멸되고 항소심 판결에 대하여만 기판력과 집행력이 발생한다.[61)] 제1심 판결에 대하여 기판력과 집행력을 인정하는 이유는 소송지연만을 목적으로 한 항소를 방지하는데 있다.[62)] 덧붙여 영국 민사소송규칙 제52.3조 제1항은 당사자가 항소하기 위해서 원칙적으로 법원의 항소허가(permission to appeal)[63)]를 받도록 요구하는데, 제52.6조에서는 항소가 받아들여질 가능성이 있거나 항소를 허용해야 하는 정당한 이유가 있는 경우[64)]에만 항소허가를 하도록 규정하고 있다.[65)] 이에 따라서 사소한 이유, 성공확률이 낮은 이유, 본안에서 벗어난 이유에 의한 항소를 불허한다. 항소에 허가를 요구하는 이유도 제1심 판결이 최종적이라는 점에 바탕을 두고 있다.[66)] 제1심 판결의 최종적 성질을 유지하기 위하여 영국은 다른 국가에 비하여 제1심에 좀 더 집중적인 심리를 진행하고 있다고 한다.[67)]

2. 외국법원의 판결의 확정의 판단기준

위와 같은 문제에 대한 자세한 논의를 찾아볼 수 없지만 '확정'의 의미는 우리 법에 따르되 확정 여부는 재판국법에 따르자는 취지의 주장이 있다.[68)] 이 주장에서는 영미법상으로는 제1심 판결이 선고되어 당해 법원을 구속하더라도 만일 항소가 제기되어 아직 우리 법상 형식적 확정력에 상응하는 효력이 발생하기 전이라면 한국에서는 승인될 없다는 견해를 취하고

59) Barnett, para. 1.32. 영국법상 판결이 완성되는 시기에 관하여는 Neil Andrews, English Civil Procedure, Oxford, 2003, para. 46.62 이하 참조.

60) 우리의 경우에는 가집행선고가 있는 경우를 제외하고는 확정되지 아니한 판결에 집행력이 발생하지 아니하지만, 영국에서는 제1심 판결만으로 강제집행이 가능하고 제1심 판결에 대하여 항소를 제기하더라도 항소법원이 강제집행을 정지시키지 아니하는 한, 항소를 제기했다는 사실만으로 강제집행이 정지되지 아니한다(영국 민사소송규칙 제52.7조).

61) Stuart Sime, *Res judicata* and ADR, C.J.Q. 2015, 34(1), pp. 42−43; Barnett, fn.55.

62) Neil Andrews, Andrews on Civil Processes Volume I, Intersentia, 2013, para. 15.18. 국제민사소송원칙도 제26.1조에서 "제1심 법원의 최종판결은 일반적으로 즉시 효력을 가져야 한다."(The final judgment of the first−instance court ordinarily should be immediately enforceable.)고 규정하고 있다.

63) 제1심 법원이 항소허가를 거부한데 대하여 당사자는 항소법원에 항소허가를 신청할 수 있고, 제1심 법원이 한 항소허가를 항소법원이 취소할 수도 있다(Neil Andrews, Andrews on Civil Processes Volume I, Intersentia, 2013, para. 15.25).

64) "(a) the court considers that the appeal would have a real prospect of success; or (b) there is some other compelling reason why the appeal should be heard."

65) Stuart Sime, A Practical Approach to Civil Procedure, Oxford, 2008, paras. 46.17-46.29.

66) Neil Andrews, English Civil Procedure, Oxford, 2003, para. 6.129.

67) Neil Andrews, Andrews on Civil Processes Volume I, Intersentia, 2013, para. 15.14.

68) 석광현, 국제민사소송법, 박영사, 2012, 349쪽. 권혁준, "외국판결 등의 승인 및 집행에 관한 실무상 문제", YGBL 제2권 제1호(2010), 201쪽에서는 "판결의 확정은 그 판결을 한 외국의 절차에 있어 통상의 불복방법으로는 더 이상 불복할 수 없는 상태를 의미하고 무엇이 통상의 불복방법에 해당하는가는 당해 판결국법에 의하여 결정할 문제이다."라고 하여 앞서의 주장과 동일한 입장이다

있다.[69] 서울지방법원동부지원 1995.2.10. 선고 93가합19069 판결에서도 "판결의 확정이라 함은 그 판결을 한 외국의 절차에 있어 통상의 불복방법으로는 더 이상 불복할 수 없는 상태를 의미하고, 무엇이 통상의 불복방법에 해당하는가는 당해 판결국법에 의하여 성질결정할 문제라고 할 것"이라고 판시하고 있다.

외국재판의 승인을 규정하고 있는 민사소송법 제217조에서 사용하고 있는 용어의 의미는 우리 법에 따라서 해석해야 하므로 '외국법원의 확정판결'의 의미는 우리 법에 따를 수밖에 없지만, 이러한 개념에 따라서 외국의 소송절차에서 확정되었는지 여부는 '절차는 법정지법에 따른다.'는 원칙상 그 나라의 소송법이 적용될 수밖에 없다. 따라서 가집행선고가 붙은 외국판결이 그 외국에서 집행력을 갖고 있다고 하더라도 우리 법상 확정되지 아니한 이상 우리나라에서 승인될 수 없다.[70] 대법원 2017.5.30. 선고 2012다23832 판결 등에서는 승인대상이 외국판결을 "종국적으로 한 재판"이라고 판시하고 있는데, 그 의미도 당사자 사이의 법률관계를 확정시키고 더 이상의 변동가능성이 없는 형식적 확정력이 있는 재판을 말한다고 보아야 할 것이다. 민사소송법 제217조 제2항에서는 제1항에서 규정하고 있는 승인의 요건이 충족되었는지 여부를 직권조사사항으로 규정하고 있으므로 법원은 해당 외국판결이 선고된 국가의 민사소송법을 조사하여 외국판결이 형식적으로 확정되었는지 여부를 확인할 필요가 있다.[71]

한편 외국법원의 판결이 확정되었는지 여부, 즉 불복이 가능하지 여부는 재판국법에 따를 수밖에 없다는 점에서 민사소송법상의 '확정된 판결'의 의미가 반드시 명확한 것은 아니다. 예를 들어 우리 민사소송법에 따르면 판결에 대한 통상의 상소가 허용되지 않는다면 재심절차가 가능하더라도 판결이 확정된 것으로 보는데, 영국에서는 엄격한 요건 하에서 상소허가를 받은 경우에만 상소가 허용된다는 점을 감안하면 영국에서의 상소를 우리의 재심에 상응하는 제도로 파악하고서 영국의 제1심 법원의 판결을 우리 법상 확정판결이라고 해석할 여지도 있다. 더욱이 2014.5.20. 개정 민사소송법 제217조 제1항에서 확정판결만이 아니라 이와 동일한 효력이 있는 재판도 승인 및 집행의 대상으로서의 외국재판에 포함시켰고, 확정판결과 동일한 효력이 있는 재판이 단일한 형태와 속성을 갖는 것도 아니기 때문이다.[72]

그러나 민사소송법 제451조의 재심은 확정된 종국판결에 재심사유에 해당하는 중대한 하자가 있는 경우에 그 판결의 취소를 취소하는데 그치지 아니하고 이미 종결된 소송을 부활시켜 재심판을 구하는 비상의 불복신청방법으로서 확정된 종국판결이 갖는 기판력, 형성력, 집행력 등 판결의 효력의 배제를 주된 목적으로 한다.[73] 환언하면 재심청구의 소송물은 재심

69) 석광현, 국제민사소송법, 박영사, 2012, 349쪽.

70) 앞의 책, 같은 쪽.

71) 권혁준, "외국판결 등의 승인 및 집행에 관한 실무상 문제", YGBL 제2권 제1호(2010), 201쪽.

72) 한충수, "국제민사소송절차와 국제도산절차에서의 외국재판", 민사소송 제20권 2호(2016.11), 59쪽에서는 이러한 이유로 당사자의 절차참여가 보장된 상태에서 발해진 보전재판을 확정판결과 동일한 효력이 있는 재판에 귀속시키더라도 이론적인 결함이 없다고 주장하고 있다.

73) 대법원 2009.5.14. 선고 2006다34190 판결.

청구의 허부와 재심이 허용됨을 전제로 한 본안심판의 두 개로 구성되어 있다.[74] 그리고 재심은 취소의 대상인 확정된 종국판결을 한 법원의 전속관할로 하는 것이 원칙이므로(민사소송법 제53조 제1항) 확정판결을 한 법원이 자신의 확정판결을 취소하는 절차이다. 대법원 1987. 7.28. 자 87마590 결정에서도 재심사건에서 그 재심의 대상으로 삼고 있는 확정된 원재판은 재심사건의 하급심판결에 해당하지 아니한다고 판시하여 상소제도와 재심제도를 엄연히 구분하고 있다.

반면에 영국의 상소제도는 하급심법원의 재판에 대하여 상급심법원에 불복하는 절차라는 점에서는 우리의 재심보다는 상소에 유사한 제도이다. 그리고 브뤼셀규칙 recast 제51조 제1항에서는 통상의 불복(ordinary appeal)이 있는 경우에 집행거부절차(proceedings for the refusal of enforcement)[75]를 중단할 수 있도록 규정하고 있는데, 영국의 상소제도의 특수성으로 인하여 영국의 상소제도가 통상의 불복[76]에 해당하는지 여부가 애매하기 때문에 브뤼셀규칙 recast 제51조 제2항에서는 영국의 상소제도가 통상의 불복에 해당한다고 규정하여 입법적으로 이 문제를 해결하고 있다. 이러한 사실에서 유럽연합과 영국에서 영국의 상소제도가 재심과 같이 특수한 구제절차로 받아들여지는 것이 아니라 통상의 불복절차로 취급되고 있다는 점을 알 수 있다. 따라서 영국의 제1심 판결이 비록 영국법상 기판력과 집행력을 갖고 있다고 하더라도 우리 법상 확정된 재판이라고 볼 수 없고, 더 이상 상소가 허용되지 아니하는 상태가 되어 형식적으로 확정된 경우[77]에 비로소 '확정된 외국법원의 재판'으로서 국내에서 승인될 수 있다고 봐야 한다.

Ⅱ. 외국법원의 확정판결과 동일한 효력이 인정되는 재판

판결이 확정되면 소송법적 측면과 실체법적 측면에서 효력이 발생한다. 먼저 소송법적 측면으로, 당사자는 더 이상 확정된 판결에 대하여 불복할 수 없다. 이를 '형식적 확정력'이라고도 한다. 민사소송법 제498조에서는 "판결은 상소를 제기할 수 있는 기간 또는 그 기간 이내에 적법한 상소제기가 있을 때에는 확정되지 아니한다."고 규정하여 판결이 확정되었다는 뜻은 더 이상 그 판결에 대하여 불복할 수 없다는 의미란 점을 명시하고 있다. 그리고 실체법적 측면으로, 확정된 판결에서 확정한 법률관계는 진실한 법률관계로 취급되어 판결을 한 법원 및 다른 법원은 확정된 판결에서 확정한 법률관계와 다른 사실을 인정할 수 없는데, 이를 '기판력' 또는 '실질적 확정력'이라고 한다. 그리고 확정된 종국판결이 이행판결이라면 강제집

74) 대법원 1994.12.27. 선고 92다22473 판결.

75) 브뤼셀규칙 recast 제39조에서는 별도의 집행판결이 없더라도 유럽연합회원국의 법원의 재판이 다른 회원국에서 집행되도록 규정하고, 집행거부사유가 있는 경우에는 오히려 집행을 당하는 당사자가 제46조에 따라서 집행거부신청을 하도록 규정하고 있다.

76) 유럽사법재판소 Industrial Diamond Supplies v Riva Case 43/77 [1977] ECR Ⅰ-2175 결정에서 통상의 불복이란 어느 당사자라도 합리적으로 예상할 수 있는 일반적 소송절차라고 보았다.

77) 영국에서는 제1심 판결이 선고된 날로부터 21일 내에 항소를 제기해야 한다(영국 민사소송규칙 제52.12조(2)(b)).

행을 할 수 있는 집행력이 발생한다(민사집행법 제24조).

외국법원의 확정판결과 동일한 효력이 인정되는 재판이 기판력 또는 집행력이 있는 재판을 의미한다는 점에서는 이론이 없을 것이다. 그런데 이에 덧붙여서 형식적 확정력도 있어야 하는가에 관하여는 민사소송법 제217조의 문언만으로는 명확하지가 않다. 민사소송법 제217조의 '외국법원의 확정판결과 동일한 효력이 인정되는 재판'의 문구상 외국판결은 확정될 것을 요구하지만 '기타의 재판'은 '형식적으로 확정된 판결의 효력'과 동일한 효력만으로 충분하고 '형식적으로 확정된 판결의 효력'은 기판력과 집행력만을 의미하므로 '기타의 재판'에는 형식적 확정력까지 요구하지 않는 것으로 해석할 여지가 충분히 있다. 이러한 문언적 해석에 더하여, 외국재판의 승인 및 집행의 취지가 외국재판을 받은 당사자의 권리구제를 목적으로 하고 있고 당사자의 권리구제를 위해서는 재판국법상 발생한 기판력과 집행력이 승인 및 집행의 대상이 되어야 한다는 점에서 더욱 그러하다. 만일 이와 같이 해석한다면 형식적으로 확정되지 아니한 외국재판이라고 하더라도 기판력 또는 집행력이 있다면 승인 및 집행의 대상인 외국재판에 포함된다. 예를 들어 앞서 언급한 독일의 집행명령도 채무자가 이를 다툴 수 있으므로 확정되었다고 볼 수 없지만 집행력이 있으므로 집행판결의 대상이 될 수 있다.

Ⅲ. 종국적 재판

민사소송법이나 민사집행법에는 규정이 없지만 대법원 2010.4.29. 선고 2009다68910 판결에서는 외국재판이 승인 및 집행의 대상이 되기 위해서는 '종국적으로' 한 재판일 것을 요구하고 있다. 종국적 재판이란 사건에 대한 종국적 판단으로서 당해 심급을 이탈시키는 재판을 말한다. 따라서 종국판결을 하기에 앞서 종국판결의 전제가 되는 개개의 쟁점을 미리 정리·판단하여 종국판결을 준비하는 '중간판결'은 승인될 수 없다. 가압류, 가처분 등의 보전재판의 경우에도 분쟁해결의 임시성·장점성을 이유로 승인 및 집행이 거부되어야 할 것이다.[78)]

Ⅳ. 입법적 제안

당사자의 권리구제를 위해서는 외국의 기판력과 집행력을 우리나라에서 인정해야 한다. 그러나 영국의 제1심 판결과 같이 종결되지 않았지만 기판력과 집행력이 있는 경우가 있고, 공정증서, 보전처분 또는 가집행선고가 붙은 이행판결과 같이 기판력이 없지만 집행력이 있는 경우도 있다. 따라서 재판의 확정과 기판력 또는 집행력이 반드시 일치하는 것은 아니다. 그런데 외국재판에서 중요한 효력은 기판력이나 집행력이지 '확정'이 아니므로 승인 및 집행의 대상을 재판국법상 발생한 기판력과 집행력이라는 취지로 개정할 필요가 있다. 그렇다면 외국

78) 석광현, 국제민사소송법, 박영사, 2012, 351쪽.

재판이 확정됐는지 여부는 더 이상 외국재판의 승인 및 집행의 요건이 될 수 없다. 이와 같이 본다면 영국법상의 1심 판결은 우리 법상 확정되었다고 볼 수 없지만 기판력과 집행력이 있기 때문에 승인 및 집행될 수 있다. 그리고 기판력과 집행력을 분리시켜서 기판력이 없지만 집행력만 있는 공정증서나 지급명령과 같은 경우에도 집행이 가능하게 된다.[79] 헤이그관할합의협약 제8조[80]나 1999년 헤이그초안 제25조에서도 외국재판의 기판력과 집행력만을 요구할 뿐이며 외국재판이 확정될 것을 요구하지 않는다.[81] 그리고 브뤼셀규칙 recast에서도 승인 및 집행의 대상인 외국재판이 종국적이거나 확정될 것을 요구하지 않는다.[82]

그런데 위와 같이 본다면, 기판력의 범위가 나라마다 다르기 때문에 어느 범위에서 기판력을 인정해야 하는가의 문제가 발생한다. 예를 들어 우리의 경우에는 재판의 결론인 주문에 대하여만 기판력을 인정하고 있지만 영국의 경우에는 쟁점기판력(issue estoppel)과 같이 선결적 법률관계에 관한 판단에 대하여도 기판력을 인정하고 있다. 이와 같이 우리의 기판력의 범위와 재판국의 기판력의 범위가 다를 경우에 어느 범위에서 기판력을 승인할 것인지는 뒤에서 논의도록 한다.

한편 형식적으로 확정되지 아니한 외국의 기판력이나 집행력에 대해서까지 승인 및 집행의 범위를 확장한다면, 당사자의 불복으로 인하여 기판력과 집행력이 취소 또는 변동이 발생할 가능성에 대비할 필요가 있다. 위와 같은 문제 중 기판력의 승인의 경우에는, 기판력의 승인에는 별도의 재판절차가 없으므로 승인이 문제되는 관련절차에서 당사자가 그 기판력에 대하여 효력정지신청을 할 수 있도록 함으로써 외국에서의 불복절차가 종료될 때까지 우리나라에서 잠정적으로 외국재판의 기판력이 정지되도록 하는 제도를 고려할 수 있다. 그리고 집행의 경우에는 당사자가 집행판결을 구하는 소송절차에 대한 정지신청을 할 수 있도록 하여 외국에서의 불복절차가 종료될 때까지 소송절차가 정지되도록 하거나 이미 집행판결이 선고되었다면 집행정지신청을 할 수 있도록 하는 방안을 고려할 수 있다. 위와 같은 당사자의 불복에는 상소와 같은 통상의 불복만이 아니라 재심과 같이 특별한 불복도 포함시킬 필요가 있다. 특별한 불복의 경우에도 기판력이나 집행력이 취소 또는 변동될 가능성이 있기 때문이다.[83] 헤이그관할합의협약 제8조(4), 헤이그승인집행협약 제4조(4) 및 1999년 헤이그초안 제

79) 앞의 책 350쪽에서는 승인 및 집행의 대상을 기판력이 있는 재판에 한정할 이유가 없다고 하면서 기판력이 없는 외국의 중간판결, 보전처분, 소송상 화해 및 비송사건 재판에 대하여도 승인 및 집행을 하자는 취지의 주장을 하고 있다.

80) 관할합의협약 제8조(3)에서는 재판국에서 집행할 수 있는 것(enforceable)만을 요구하고 있으므로 문언상 가집행명령이 있는 판결의 경우에도 승인 및 집행의 대상이 된다.

81) 독일 민사소송법 제328조에서도 외국재판이 확정될 것을 요구하지 않는데, 외국재판이 기판력이 있어야 하는지에 관하여 견해가 나뉘고 있다고 한다(석광현, 국제민사소송법, 박영사, 2012, 350쪽).

82) Magnus, p. 540.

83) 브뤼셀규칙 recast 제38조(a)에서는 승인의 대상이 된 외국재판에 관하여 불복이 있는 경우에 관련절차, 즉 집행절차를 중단할 수 있도록 규정하고 있다. 위 규칙으로 개정되기 전의 규칙(Council Regulation (EC) No 44/2001 of 22 December 2000 on jurisdiction and the recognition and enforcement of judgments in civil and commercial matters) 제37조 제1항에서는 외국재판에 대하여 통상의 불복(ordinary appeal)이 있는 경우에 관련절차를 중단할 수 있도록 규정하고 있었는데, 브뤼셀규칙 recast 제38조(a)에서는 통상의 불복에 한정하지 아니하고 재판에 대한 불복(challenge)이 있으면 관련절차를 중단할 수 있도록 개정하였다. 우리 민사소송법 제500조 제1항에서도 재심의 경우에 당사자가 집행정지신청을 할 수 있도록 규정하고 있다.

25조에서도 외국재판이 재판국에서 재심사 중에 있거나 또는 재심사를 위한 기간 내에 있는 경우에는 승인과 집행을 유예할 수 있도록 규정하고 있다.

Ⅴ. 기판력 또는 집행력의 취소 또는 변경

영국 제1심 판결의 기판력과 같이 아직 불복절차가 소멸되지 아니한 경우나 가집행선고와 같이 기판력이 없이 집행력만 발생한 경우에는 당사자가 외국에서 발생한 기판력 또는 집행력의 취소 또는 변경을 구하는 소를 우리나라 법원에 제기할 가능성이 있다. 그런데 대법원 2000.5.12. 선고 99다18909 판결에서는 행정대집행이 가능하다면 민사소송으로 공작물의 철거 및 수거를 구하는 것은 부적법하다고 판시하여 사안에 대한 특별한 구제절차가 마련되어 있는데도 민사소송으로 소를 제기하는 것은 권리보호의 이익이 없어서 각하된다고 보고 있다. 마찬가지로 기판력이나 집행력의 취소 또는 변경을 위하여 당해 외국에서 특별한 구제절차를 마련해 놓고 있다면 우리나라에서 동일한 소송물에 관하여 소를 제기하는 것은 권리보호의 이익이 없어서 각하되어야 한다. 예를 들어 영국의 제1심 판결에 대하여 영국에서 상소를 제기하지 아니하고 우리나라에서 채무부존재확인의 소를 제기하는 것은 부적법하다. 그러나 채무이행을 확약한 공정증서에 대하여 채무부존재확인의 소를 제기하는 것[84]과 같이 기판력이나 집행력이 발생한 외국에서 이를 취소하기 위한 특별한 불복절차를 따로 마련하지 아니하고 일반적 소송의 방법에 의한 구제만을 허용하고 있다면 우리나라 법원을 통한 구제도 허용해도 무방해 보인다. 물론 우리나라 법원에 국제재판관할이 있어야 할 것이다.

제3절 대한민국의 법령 또는 조약에 따른 국제재판관할의 원칙상 그 외국법원의 국제재판관할권이 인정될 것

Ⅰ. 직접관할과 간접관할

국제재판관할에는 직접관할(compétence directe, direct jurisdiction)과 간접관할(compétence indirecte, indirect jurisdiction)이 있다. 직접관할이란 외국적 요소를 갖고 있는 사건을 심리하는 법원이 당해 사건에 대하여 국제재판관할을 갖고 있는가의 문제를 말한다. 통상 국제재판관할이라고 하면 이 직접관할을 의미한다. 그런데 민사소송법 제217조 제1항 제1호에서는 "대한민국의 법령 또는 조약에 따른 국제재판관할의 원칙상 그 외국법원의 국제재판관할권이 인정될 것"이라고 하여 재판을 한 외국법원이 적법한 국제재판관할을 가질 것을 요구하고 있다.

---

84) 대법원 2013.5.9. 선고 2012다4381 판결에서는 공정증서에 관한 청구이의의 소를 제기하지 않고 그 공정증서의 작성원인이 된 채무에 관하여 채무부존재확인의 소를 제기하는 경우에도 확인의 이익이 있다고 판시하고 있다.

이와 같이 외국재판을 승인 및 집행을 하기 위한 전제로서 당해 외국재판을 한 외국법원이 당해 사건에 대하여 국제재판관할을 갖는가의 문제를 간접관할이라고 한다. 간접관할의 경우에는 승인 및 집행을 심사하는 승인국 법원은 외국재판을 한 외국법원의 국제재판관할을 직접 규율할 수 없고 오직 승인 및 집행을 통해서만 간접적으로 규율할 수 있다는 의미에서 간접관할이라고 한다.85)

직접관할에 관하여는 국제사법 제2조 또는 국제조약이 적용된다. 간접관할에 관하여는 민사소송법 제217조 제1항에서 "대한민국의 법령 또는 조약에 따른 국제재판관할의 원칙"에 따르도록 규정하고 있지만 우리나라에는 간접관할에 관한 법령규정이 따로 존재하지 아니하고 국제조약도 없으므로 간접관할에도 직접관할에 관한 국제사법 제2조가 적용된다. 즉 직접관할과 간접관할은 개념적 차이는 있으나 결정원칙은 동일하다. 독일에서는 이를 '경상의 원칙'(mirror－image principle)이라고 한다. 직접관할이나 간접관할이나 모두 법원이 불필요한 관할을 행사하는 과잉관할(exorbitant jurisdiction)을 배제하는데 그 취지가 있으므로 동일한 기준을 적용하는 것이 타당하다는 점에서 경상의 원칙이 인정되고 있다. 독일 민사소송법 제328조 제1항 제1호에서는 외국재판의 승인을 위하여 외국재판을 한 법원이 독일법에 따라서 국제재판관할을 갖고 있을 것을 요구하고 있지만 독일에는 국제재판관할에 관하여 별도의 규정이 없기 때문에 국내관할에 관한 규정이 그대로 직접관할과 간접관할 모두에 적용되고 있다.86)

이러한 결과 재판국법에 따라서 재판국 법원이 국제재판관할을 갖고 있다고 하더라도 승인국인 우리나라의 법에 따라서 국제재판관할이 없는 경우가 발생할 수 있고 이러한 경우에는 외국법원이 간접관할이 없다는 이유로 당해 외국재판의 승인이 거부될 수 있다. 이러한 경상의 원칙이 적용된다고 하여 외국법원 중 특정 법원에 한정하여 관할이 인정되는 것은 아니며 그 국가에 국제재판관할이 인정되면 그 국가의 법원 중 어느 법원이라도 관할법원으로 인정된다.87)

Ⅱ. 간접관할은 있지만 직접관할이 없는 경우

외국재판을 한 외국법원의 국제재판관할을 우리 법에 따라서 판단하게 되면 우리 법상 외국법원이 국제재판관할을 갖고 있지만 막상 그 외국법원이 자신의 국가의 법상 국내관할을 갖지 못함에도 불구하고 재판을 한 경우가 발생할 수 있다. 영국 판례의 경우에는 이러한 경우에도 관할요건이 충족된 것으로 보는 판례와 그렇지 않은 판례가 모두 존재한다.88) 민사소

85) Ralf Michaels, Some Fundamental Jurisdictional Conceptions as Applied in Judgment Conventions, Conflict of Laws in a Globalizing World: A Tribute to Arthur von Mehren (2006), Available at: https://scholarship.law.duke.edu/faculty_scholarship/1574, p. 7.

86) Wolfgang Wurmnest, Recognition and Enforcement of U.S. Money Judgments in Germany, 23 Berkeley J. Int'l Law. 175 (2005), p. 189. 영국의 보통법(common law)에서도 외국재판을 한 외국법원이 영국법상 국제재판관할을 가질 것을 요구하고 있다(Collins, para. 14－129).

87) Wolfgang Wurmnest, Recognition and Enforcement of U.S. Money Judgments in Germany, 23 Berkeley J. Int'l Law. 175 (2005), p. 189.

송법 제217조 제1항에서는 외국법원이 우리 법이나 조약에 따라 관할을 가질 것만을 요구하고 재판국법상 국내관할을 가질 것을 요구하지 않기 때문에 외국법원의 국내관할도 외국재판의 승인 및 집행의 요건이 되는지 문제된다.

외국재판의 승인은 외국재판의 효력을 우리나라에서 인정하는 것이므로 외국재판이 유효할 것을 전제로 한다. 따라서 재판국법상 무효인 재판은 형식상 확정되었더라도 승인 및 집행의 대상이 되지 않는다.[89] 이에 따르면 재판국법상 국내관할을 갖고 있지 아니한 외국법원이 한 재판의 경우에 재판국법에 따른 효력을 따져서 유효한 경우에는 승인 및 집행의 대상이 된다는 주장이 가능하다.[90] 그러나 재판국법상 재판국 법원이 당해 사건에 대하여 관할을 갖는지 여부는 외국의 사법주권의 존부에 대한 판단으로서 우리 법원에 이러한 판단을 하는 것은 외국의 주권에 대한 부당한 간섭이기 때문에 우리 법원에게 재판권이 있다고 할 수 없다. 그리고 외국법원이 재판을 한 것은 그 법원이 자신에게 국내관할이 있다는 판단을 전제로 하므로 실질재심사금지의 원칙에 따라서도 우리 법원은 외국법원의 관할의 존부에 대하여 판단할 수 없다고 해석된다. 다만 외국법원이 재판국법에 위반한 관할권을 행사하여 당사자의 절차참가권을 박탈하는 등 우리나라의 절차적 공서에 명백히 위반한 경우에는 승인 및 집행될 수 없을 것이다.[91]

Ⅲ. 간접관할에 관한 판례

1. 대법원 1995.11.21. 선고 93다39607 판결

피고 회사는 미합중국 플로리다주에 주소나 영업소를 두지 아니하고 단지 같은 주에 본점이 있는 원고 메츠사에게 1981년 이후 수년간 무선전화기를 판매하여 왔을 뿐임이 명백한 바, 이러한 사정만으로는 피고가 자신이 제조한 상품의 하자로 인한 사고가 위 플로리다주에서 발생하여 이에 관한 소송이 그 지역의 외국법원에 제소될 것임을 합리적으로 예견할 수 있을 정도로 피고 회사와 위 플로리다주와의 사이에 실질적 관련이 있다고 보기 어렵다 할 것이므로 손해 발생지인 위 플로리다주 법원에 국제재판관할권을 인정하지 아니함이 조리상 상당하다 할 것이다. 원심의 설시 이유에 다소 미흡한 점이 있으나 위 외국법원에 국제재판관할권을 인정하지 아니한 원심의 결론은 정당하므로 논지는 받아들일 수 없다.

88) Collins, paras. 14−132−14−134.

89) 석광현, 국제민사소송법, 박영사, 2012, 348쪽.

90) Collins, para, 14−135.

91) Fawcett, p. 541. 윤성근, "외국판결 및 중재판정승인거부요건으로서의 공서위반", 국제사법연구 20권 2호(2014.12), 465쪽에서는 "외국법원의 구성이나 재판의 성립과정에 당해 국가의 법을 위반한 하자가 있는 경우 이것을 들어 곧바로 '외국법원의 재판'이 아니라고 할 수는 없을 것이나 그 하자가 중대한 경우에는 외국법원의 재판으로 포섭될 수 없는 경우도 있을 수 있을 것이며 때에 따라서는 공서위반의 문제로 파악될 수도 있을 것이다."라고 하는데, 국내관할규정을 위반한 것도 외국재판에 절차상 하자가 있는 경우에 해당하므로 필자와 동일한 입장이라고 본다.

2. 대법원 2003.9.26. 선고 2003다29555 판결

원심은 이 사건 판결에서 원고가 청구한 손해라는 것이, 원고가 대한민국 국회의원 선거에서 낙선함에 따라 선거운동으로 투입한 비용 상당액과 국회의원으로서 4년간 일하여 받을 수 있었던 수입을 얻지 못하게 된 데 따른 손해라는 것이므로, 그 손해발생지도 대한민국 내라 할 것이어서 이 사건 미국 법원의 관할이 이에 미치지 아니하고, 인터넷 사이트에 게재된 발표 내용을 미국 캘리포니아 주에 거주하는 150만 명의 한국어 사용자가 보고 이해할 수 있게 되었고, 원고가 미국 캘리포니아 주립대학에서 교환연구원으로 체류하였으며, 그로 말미암아 미국 한인사회에서 원고의 평판이 악화되었다 하더라도, 원고는 이 사건 판결에서 미국 내 한인사회에서의 명예훼손에 따른 정신상 손해의 배상을 청구하는 것이 아니었으므로, 이 사건 미국 법원에 원고가 청구한 그 손해배상에 관한 불법행위지로서의 특별재판적을 인정할 수는 없으며, 또한 피고의 발표 내용 중에 미국 캘리포니아 주 소재 이 사건 주택에 관한 부분이 있다 하더라도 이것이 피고의 가해행위의 장소나 손해발생의 장소가 되는 것은 아니므로, 그러한 이유만으로 이 사건 미국 법원에 재판적이 있다고 볼 수도 없다고 판단하였다.

원심은 나아가, 대한민국에 사무소 주소를 가지고 있을 뿐, 미국 내에서의 활동 근거지가 없는 피고로서는 이 사건 미국 법원에서 응소하는 데 어려움이 있는 반면, 대한민국 국민으로서 국내에 거주 기반을 가졌던 원고로서는 반드시 이 사건 미국 법원에서 소송을 제기하고 수행하여야만 할 사정이 있다고 보기 어렵고, 청구의 내용이 우리나라 내에서 발생한 손해에 대한 것이어서 미국 법원이 그 인과관계와 손해의 발생 여부 등을 판단하기도 어렵다 할 것이므로 이 사건 미국 법원에 재판의 적정을 기대하기도 어려워 보이며, 다만 이 사건 미국 법원이, 피고의 발표내용 중 원고가 이 사건 주택을 소유하고 있다는 부분에 대하여 그 진실 여부에 관한 증거 수집과 조사를 미국내 현지에서 하는 것이 용이하다 하더라도, 그와 같은 사정만으로 이 사건 미국 법원이 이 사건 전체를 적정하고 신속하게 심리할 수 있다고 보이지는 아니할 뿐 아니라, 우리나라 민사소송법에 따라 재판적을 가지는 우리나라 법원에 의한 증거의 수집과 조사가 특히 어렵다는 사정도 보이지 않으므로 당사자 간의 공평, 재판의 적정, 신속이라는 민사소송의 기본이념에 비추어 보더라도 이 사건 미국 법원이 이 사건에 관한 재판관할권을 가진다고 할 수 없다는 취지로 판단하였다.

이 사건 사실관계를 앞서 본 법리에 비추어 보니, 원심의 그 판단은 정당한 것으로 수긍되고 그 판단에는 피고에 대하여 이 사건 미국 법원에의 관련재판적을 인정할 수 없다는 취지와 원고가 미국의 한인들 사이에 명성이 있다는 것만으로는 미국을 불법행위지의 결과발생지로 볼 수 없다는 취지도 포함되어 있다고 할 것이어서 거기에 국제재판관할에 있어서의 불법행위지에 관한 법리를 오해하였거나 판단을 유탈하였다는 위법사유는 없다.

3. 대법원 2015.2.12. 선고 2012다21737 판결

기록에 의하면, ① 주식회사 대륙전자(이후 '주식회사 드레코'로 상호를 변경하였다. 이하 '드레코'라고 한다)는 1999.6.1. 미국 뉴욕 주에 본점을 둔 기업인 'Appliance Corporation of America, L.L.C.'(이하 '에이씨에이'라고 한다)에 PC501 전기압력밥솥(이하 '이 사건 압력밥솥'이라 한다)을 제조하여 판매하는 내용의 판매계약을 체결한 사실, ② 드레코는 이 사건 압력밥솥에 에이씨에이가 지시한 'Wellbilt'라는 상표를 부착하여, 1999.8.27.과 같은 해 9.12. 에이씨에이에 모두 5,865개의 압력밥솥을 공급한 사실, ③ 에이씨에이는 2001년경부터 이 사건 압력밥솥을 위와 같은 상표로 미국 플로리다 주에 본점을 두고 홈쇼핑 사업 등을 하는 원고에게 판매하였고, 원고는 이를 다시 미국 전역에 판매한 사실, ④ 그런데 이 사건 압력밥솥의 뚜껑은 내용물이 아직 압력 하에 있는 가운데 너무 일찍 열려 사고를 야기한다는 문제가 제기되었고, 그와 같은 사고로 인해 화상과 같은 상해를 입은 피해자들이 2005년경부터 원고를 상대로 미국 뉴욕 주, 캘리포니아 주, 텍사스 주, 플로리다 주, 펜실베이니아 주, 뉴저지 주, 앨라배마 주, 오하이오 주, 뉴멕시코 주, 푸에르토리코 등의 법원에 소송을 제기하거나, 손해배상을 요구한 사실, ⑤ 피고는 2006.6.2. 드레코로부터 분할·설립된 사실, ⑥ 원고는 2006.6.16. 드레코를 상대로 미국 뉴욕 남부 연방지방법원(United States District Court of Southern District of New York, 이하 '이 사건 뉴욕법원'이라 한다)에 원고가 이 사건 압력밥솥의 하자로 피해를 입은 소비자들과의 소송에서 손해배상금을 각 지급하여 합의하였음을 이유로, 그 손해배상금, 소송비용 등을 구하는 소를 제기하였고, 위 사건의 소장과 소환장은 2006.11.9. 적법한 방식으로 드레코에 송달된 사실, ⑦ 원고는 2008.4.14. 이 사건 뉴욕법원에 피고를 상대로 피고가 드레코의 원고에 대한 채무를 인수하였음을 이유로 위 소장과 같은 내용의 보충된 소환장 등을 제출하였고, 이는 2008.6.13. 적법한 방식으로 피고에게 송달된 사실, ⑧ 이 사건 뉴욕법원은 2009.7.9. 원고의 결석재판신청을 받아들여 피고로 하여금 원고에게 그 판시와 같은 금원을 지급할 것을 명하는 판결(이하 '이 사건 대상판결'이라 한다)을 선고한 사실, ⑨ 드레코는 미국에 주소나 영업소, 판매대리점 등을 두지 않았고, 미국의 소비자에게 이 사건 압력밥솥에 관하여 상품광고나 구매상담 등의 영업활동을 하지 않았던 사실을 알 수 있다.

이와 같은 사실관계를 앞서 본 법리에 따라 살펴보면, 드레코가 미국에 주소나 영업소, 판매대리점 등을 두거나 미국 소비자에게 이 사건 압력밥솥에 관하여 상품광고 또는 구매상담 등의 영업행위를 한 것이 전혀 없는 이상, 단지 미국 뉴욕 주에 주소를 둔 에이씨에이에 2회에 걸쳐 이 사건 압력밥솥을 주문자상표부착방식으로 제작하여 수출하였고, 이 사건 압력밥솥의 결함으로 인해 손해를 입은 피해자 중 일부가 미국 뉴욕 주에 거주하고 있다는 사정만으로는, 피고가 이 사건 뉴욕법원에 그 구상금 청구의 소를 제기당할 것임을 합리적으로 예견할 수 있을 정도로 피고와 미국 뉴욕 주 사이에 실질적 관련성이 있다고 보기 어렵다.

Ⅳ. 관할요건의 심사

법원은 스스로에게 국제재판관할이 있다고 인정한 후에 본안에 관한 심리를 진행해야 하므로 반드시 관할에 관한 심사를 진행한다. 따라서 외국재판이 있다는 의미는 그 재판을 한 법원이 스스로에게 국제재판관할이 있다는 판단을 했다는 의미가 된다. 실질재심사금지의 원칙상 당해 외국법원의 국제재판관할에 관한 판단이 승인국 법원인 우리 법원을 기속하는지 문제된다. 그런데 외국법원이 실시한 국제재판관할에 관한 판단은 재판국법을 적용한 판단이고 승인단계에서 요구되는 국제재판관할은 우리 법에 따라서 요구되는 관할이므로 양자의 판단기준이 다르다. 이와 같이 판단기준이 다른데도 불구하고 원재판국의 판단이 승인국 법원을 기속하는 것은 정당하지 않다.[92)]

Ⅴ. 관할요건의 폐지의 고려

외국재판의 승인 및 집행에 있어서 다음의 이유로 국제재판관할의 요건이 반드시 필요하다고 볼 수 없으며 오히려 혼선을 불러일으킬 염려가 있다. 따라서 관할요건을 폐지할 것을 고려할 필요가 있다고 본다.

외국재판을 한 외국법원이 승인국법에 따라서 국제재판관할이 있을 것을 요구하는 취지는 크게 두 가지로 나눌 수 있다. 첫째 영국법처럼 외국법원이 영국법에 따라서 관할을 갖는다면 그러한 법원에 의한 외국재판은 국내재판처럼 의제될 수 있다는 취지가 있다. 둘째 독일과 같이 독일법에 의하여 국제재판관할을 갖고 있지 아니한 외국법원이 한 외국재판은 과잉관할에 의한 재판이므로 이에 대한 승인을 배제하려는 취지가 있다.

과거 사법주권을 중심으로 하여 외국재판을 바라봤던 시각에서는 국제예양을 바탕으로 하여 외국재판의 승인 및 집행을 허용했기 때문에 외국의 사법주권의 행사의 결과인 외국재판이 자국에서 효력을 갖기 위한 이론이 필요했고 이를 위하여 영국법에서는 영국법에 따른 관할을 요구하였다. 그러나 외국재판의 승인 및 집행의 취지와 목적이 외국의 주권적 행위의 승인에서 당사자의 권리구제로 변경된 현재의 관점에서는 그 정당성을 인정하기 어렵다.

그리고 독일의 입장은 자국의 관할규정이 적정한 관할의 표준이고 이러한 관할규정을 벗어난 관할은 과잉관할이라는 점을 전제로 하고 있는데 과연 그러한지는 상당한 의문이다. 무엇보다 국내관할규정의 상당수가 과잉관할을 방지하기 위한데 있지만 관할규정 모두가 과잉관할을 방지하는데 목적이 있는 것은 아니다. 따라서 국내관할규정을 위반하는 것이 곧바로 과잉관할이라는 결론을 가져오기에는 무리가 있다.

과잉관할의 행사의 결과인 외국재판이 승인 및 집행되지 아니하도록 하기 위해서는 이를 국제재판관할의 문제로 해결하기 보다는 절차적 공서의 문제로 해결하는 것이 타당하다고

---

92) 석광현, 국제민사소송법, 박영사, 2012, 362쪽.

본다. 과잉관할의 문제를 절차적 공서의 문제로 본다면 외국법원이 우리의 국제재판관할의 결정기준에 따라서 관할을 갖고 있었는가라는 단순한 기준을 적용할 것이 아니라 그러한 외국재판의 승인의 결과가 우리의 공서양속에 반하는 결과를 가져오는지 엄격한 기준을 적용해야 한다. 환언하면 외국재판을 한 외국법원이 우리의 국제재판관할의 결정기준에 따라서 국제재판관할이 갖고 있는지 여부에 관계없이 그 외국재판의 승인이 우리의 절차적 공서에 해치를 결과를 가져오지 않는다면 그 외국재판을 승인하는 것이 타당하다고 본다.

제 4 절 패소한 피고가 적법한 방식과 적절한 시간을 두고 송달을 받았을 것

I. 의 의

민사소송법 제217조 제1항 제2호는 외국재판의 승인의 요건의 하나로서 "패소한 피고가 소장 또는 이에 준하는 서면 및 기일통지서나 명령을 적법한 방식에 따라 방어에 필요한 시간여유를 두고 송달받았거나(공시송달이나 이와 비슷한 송달에 의한 경우를 제외한다) 송달받지 아니하였더라도 소송에 응하였을 것"을 요구하고 있다. 외국법원을 관할 법원으로 한 피소 사례가 있는 우리나라 기업들 중 송달절차에 문제가 「있다」고 응답한 업체가 53.6%이고, 절차적인 부분의 구체적 문제 발생 사항에 대한 질의에 대하여 「소장 또는 소환장 송달이 제대로 안되어서 소송에서 방어권을 제대로 행사 못함」이라고 응답한 업체가 가장 다수[93]라는 점에서도 알 수 있는 바와 같이 외국재판의 승인에서 송달의 적법성은 매우 중요한 문제이다.

위 송달요건에 따르면 외국재판의 송달에 하자가 있다고 하더라도 패소한 피고가 소송절차에 응소하였다면 피고의 방어권이 보장되었으므로 송달의 하자는 문제되지 아니하고, 패소한 피고가 소송절차에 응소하지 아니한 소위 결석재판(judgment by default)[94]의 경우에서만 송달의 하자가 문제된다.[95] 영국 민사소송규칙(Civil Procedure Rules) 제12.1조, 미국 연방민사소송규칙(Federal Procedure Rules) 제55조는 피고가 답변서를 제출하지 아니한 경우에 결석재판을 할 수 있도록 규정하고 있고, 독일 민사소송법(Zivilprozessordnung; ZPO) 제331조 제3항은 우리 민사소송법 제257조 제1항 동일하게 피고가 답변서를 제출하지 아니하면 피고가 원고의 주장사실을 자백한 것으로 보고서 변론기일을 열지 않고 판결할 수 있도록 규정하는 등 주요국가에서는 신속한 소송진행을 위하여 피고에게 일정 기간 내에 답변서를 제출할 의무를 지우고 이 의무를 이행하지 아니할 경우에는 결석재판을 허용하고 있다.

93) 박해식, "외국판결 승인요건으로서의 송달", 민사재판의 제문제 19권(2010.12), 354쪽.

94) 피고가 응소하지 아니한 경우의 재판을 통상 결석재판 또는 궐석재판이라고 한다.

95) 유럽연합의 브뤼셀규칙 recast 제45조(1)(b)에서는 외국재판의 승인에 있어서 "출석 없이 재판이 선고된 경우"(where the judgment was given in default of appearance)에만 적법한 송달이 요구된다는 점을 명시하고 있다.

그런데 결석재판의 경우에는 피고가 소송절차에 참가하여 원고의 청구를 반박할 기회를 갖질 못하므로 피고의 방어권이 침해된다. 따라서 결석재판이 정당화되는 경우는 피고에게 방어의 기회가 부여되었음에도 불구하고 피고가 스스로 소송절차에 참가하지 아니한 경우에 한정된다. 피고에게 방어의 기회가 부여되었다는 것은 피고에게 소송이 개시된 사실과 반박의 기회가 있다는 것을 알리는 것이다. 즉 송달을 통하여 피고에게 소송의 진행에 관한 정보를 제공함으로써 피고가 방어권을 행사할 수 있도록 해야 하는데 이를 위하여 민사소송법 제217조 제1항 제2호에서는 적법한 방식에 따라서 송달받았을 것(송달의 적법성)과 방어에 필요한 시간여유를 두고 송달받았을 것(송달의 적시성)을 요구하고 있다.[96] 아래에서는 위 송달요건의 세부적 요건인 ① 패소한 피고가 ② 소장 또는 이에 준하는 서면 및 기일통지서나 명령을 ③ 적법한 방식에 따라 송달받고 ④ 방어에 필요한 시간여유를 두고 송달받거나 ⑤ 송달받지 못한 경우에는 소송에 응해야 한다는 각 요건을 검토해 보고자 한다.

Ⅱ. 외국재판의 승인을 위한 송달의 요건

1. 패소한 피고의 범위

2002.1.26. 개정 민사소송법(2002.7.1. 시행) 전의 구(舊)민사소송법 제203조 제2호는 외국판결의 승인요건으로 "패소한 피고가 대한민국 국민인 경우에 공시송달에 의하지 아니하고 소송의 개시에 필요한 소환 또는 명령의 송달을 받은 일 또는 받지 아니하고 응소한 일"이라고 규정하여, 외국판결의 효력이 인정되기 위한 요건 중 위 송달에 관한 요건의 경우에는 피고가 대한민국의 국민인 경우에만 적용되도록 규정하고 있었다. 그러나 내외국인을 막론하고 누구에게나 재판상 방어의 기회가 충분히 부여되어야 한다는 입법론적 지적이 있어 왔고 이에 따라 2002.1.26. 민사소송법을 개정하면서 패소한 피고가 대한민국의 국민일 것을 요구하는 요건을 삭제함으로써 내외국인을 불문하고 송달에 관한 규정이 적용되도록 하였다.[97]

2. 소장 또는 이에 준하는 서면 및 기일통지서나 명령의 송달

가. 재판절차를 개시하게 되는 원인이 되는 서류

피고에게 송달되어야 하는 서류는 '소장 또는 이에 준하는 서면'과 '기일통지서나 명령'이다. '소장 또는 이에 준하는 서면'이란 재판절차가 개시되는 원인이 되는 서류를 말한다.[98] 대법원 2003.9.26. 선고 2003다29555 판결에서는 "외국판결의 효력에 관하여 민사소송법 제217조 제2호에서 규정하고 있는 '소장 또는 이에 준하는 서면 및 기일통지서나 명령의 송달'이라 함은 소장 및 소송개시에 필요한 소환장 등을 말하는 것으로서, 이러한 서류가 적법하게

96) 대법원 2016.1.28. 선고 2015다207747 판결.
97) 박해식, "외국판결 승인요건으로서의 송달", 민사재판의 제문제 19권(2010.12), 361쪽.
98) 석광현, 국제민사소송법, 박영사, 2012, 363-364쪽.

송달된 이상 그 후의 소환 등의 절차가 우편송달이나 공시송달 등의 절차에 의하여 진행되었더라도 승인의 대상이 될 수 있다."고 보고 있다.[99] 브뤼셀규칙 recast 제45조(1)(b)에서도 "재판절차를 개시하는 서류 또는 그에 상응하는 서류"(the document which instituted the proceedings or with an equivalent document)라고 하여 이를 명시하고 있다. 이에 따라서 재판절차가 개시된 후의 문서의 송달에 하자가 있는 경우에는 송달에 관한 민사소송법 제217조 제1항 제2호가 적용되지 아니하고 이때는 같은 항 제3호에 따른 절차적 공서위반[100]만을 주장할 수 있을 뿐이므로 공서양속위반이라는 엄격한 기준이 적용된다. 송달요건이 재판절차가 개시되는 원인이 되는 서류와 그 후의 서류를 달리 취급하는 이유는 전자의 서류가 피고의 방어권과 직접적 관련이 있고 일단 절차의 개시를 인지한 피고로서는 그 후의 절차에서 스스로 방어권 보장을 위한 조치를 취할 수 있기 때문이다.[101]

나. 소장 또는 이에 준하는 서면

소장이 소송절차를 개시하는 서면이란 점은 명확하나 '소장에 준하는 서면'이 무엇인지 명확하지 않다. 이에 관한 대법원 판례가 없으므로 유사한 규정을 두고 있는 유럽의 사례를 보면 다음과 같다.

유럽사법재판소의 Peter Klomps v Karl Michel 결정[102]에서는 독일의 집행명령에 대한 집행문(Vollstreckungsbescheid)과 관련하여 재판절차를 개시하는 서류가 집행명령신청인지 집행문부여신청인지 문제되었다. 독일의 집행명령제도에서는 채권자가 민사소송법 규정된 일정한 사항이 기재된 집행명령(Zahlungsbefehl)신청서를 법원에 제출하면 법원은 채무자에게 이 집행명령을 송달하고 채무자가 송달받은 후 정해진 기간 내에 이의를 제기하지 아니하면 채권자의 신청에 의하여 법원은 집행문을 부여한다(독일 민사소송법 제699조).[103] 이러한 사안에

99) 이 사건의 원심은, 외국판결의 전제가 된 결석재판청구서가 미국 내의 한 법률사무소 사무원을 통하여 우편함에 넣어짐으로써 피고에 대한 송달이 이루어졌는데 이러한 송달은 피고에게 방어의 기회를 적절하게 제공한 것이라고 볼 수 없으므로 적법한 송달이 아니라고 판단하였다. 그러나 대법원은, 피고는 이미 소장과 소송제기통지(summons)를 적법하게 송달받았음에도 재판관할이 없다는 판단을 하고 응소를 하지 아니한 것으로, 소송제기통지에는 응소하지 아니할 때 결석재판 등 불이익을 받을 수 있다는 기재가 되어 있었고 이 사건 미국 법원이 속한 캘리포니아주의 민사소송법은 결석재판청구서의 우편송부로 인한 송달을 적법한 것으로 인정하고 있다는 이유로 송달의 적법성을 인정하였다.

100) 민사소송법 제217조 제1항 제3호는 "그 확정재판 등의 내용 및 재판절차에 비추어 그 확정재판 등의 승인이 대한민국의 선량한 풍속이나 그 밖의 사회질서에 어긋나지 아니할 것"이라고 규정하고 있는데, 이는 소위 '공서양속'(public policy, ordre public)을 규정한 것이다. 이러한 공서양속은 '실체적 공서'와 '절차적 공서'로 나누는 것이 일반적이다. 아동의 혼인이나 일부다처제가 적법하다는 전제 하에서 내려진 외국재판과 같이 재판의 실체적 내용이 우리의 법감정상 도저히 받아들일 수 없는 경우가 '실체적 공서'가 문제되는 경우이고, 일방당사자에게 방어의 기회가 주어지지 않은 재판절차와 같이 재판의 성립과정이 우리의 공서양속에 반하는 경우가 '절차적 공서'가 문제되는 경우이다. 판례와 학설에 의하여 외국재판이 절차적 공서에 반하는 경우도 승인거부사유로 인정되어 왔는데, 2014년 개정 민사소송법 제217조 제1항 제3호에서는 "재판절차에 비추어"를 포함시켜서 외국재판의 승인요건으로서의 공서에 '절차적 공서'도 포함됨을 명확히 하였다(호문혁, "외국판결의 공서위반 판단의 대상에 관한 연구－강제징용 사건 관련 대법원 판결에 대한 검토를 중심으로－", 법학평론 6권(2016), 69쪽). 영국 보통법(common law)에서는 외국의 재판절차에서 피고의 방어권이 보장되지 아니한 경우를 절차적 공서양속의 문제로 보지 않고 자연적 정의(natural justice)에 반하는 것으로 분류하고 있다(Collins, para. 14－163).

101) Magnus, p. 581.

102) Case 166/80 [1981] ECR I－593.

103) 우리의 경우에 있어서도 확정된 지급명령은 집행권원이 되지만 지급명령 자체에서 집행력이 확인되므로 별도로 집행문을 부여받을 필요 없이 지급명령 정본에 의하여 집행할 수 있다(민사집행법 제58조 제1항).

서 위 결정에서는 집행명령신청서가 재판의 개시서류이고 집행문부여신청은 아니라고 보았다. 재판절차의 개시서류는 집행력을 얻기 전의 서류를 말하는데 채무자가 집행문부여에 대하여 이의를 제기할 수 있다고 하더라도 집행문부여신청은 이미 발생한 집행력의 존재를 확인하는 서류로서 재판절차를 개시하는 서류로 볼 수 없기 때문이다. 덧붙여 집행명령은 채권자가 일방적으로 결정하는 절차이기 때문에 이를 승인 및 집행의 대상인 대심(對審)절차[104]로 볼 수 있는지 문제되었는데, 집행명령은 채권자에 의하여 일방적으로 진행되지만 채무자의 이의제기에 따라서 소송절차인 대심절차로 변동될 수 있다는 점에서 집행명령이 재판절차를 개시하는 서류가 될 수 있다고 보았다.

유럽사법재판소의 Hengst Import BV v Anna Maria Campese 결정[105]에서는 이태리의 집행명령을 위한 제도인 procedimento d'ingiunzione가 문제되었다. 이 제도에서는 채권자가 집행명령인 decreto ingiuntivo을 신청하여 법원이 집행명령을 내리면 법원은 집행명령과 함께 채권자의 신청서도 채무자에게 송달하도록 하고 양자 모두 송달되었을 때에 채무자의 이의신청기간이 진행한다. 채무자가 이의신청기간이 도과하도록 이의가 없으면 채권자의 신청에 의하여 집행명령이 집행력을 갖는다. 위 결정에서는 앞서의 결정과 마찬가지로 재판절차를 개시하는 서류 또는 그에 상응하는 서류란 집행력이 있는 재판이 나오기 전에 피고가 그의 권리를 주장할 수 있도록 하는 서류를 말한다고 판시하면서, 사안에서는 지금명령과 신청서 모두가 채무자에게 송달된 때부터 이의제기기간이 시작되고 양서류가 함께 있어야 청구의 내용이 이해될 수 있으므로 양서류가 함께 소송절차개시의 서류가 된다고 보았다. 따라서 양서류 중 하나의 서류의 송달만으로는 재판절차를 개시하는 서류가 되지 않는다.

유럽사법재판소의 Mærsk Olie & Gas A/S v Firma M. de Haan en W. de Boer 결정[106]에서는 「해양항행선박의 소유자의 책임제한에 관한 국제협약」[107]에 따른 선주책임제한절차에서 선주책임제한명령은 선주에 의하여 일방적으로 진행되지만 이러한 명령은 제한채권자에게 통지되고 제한채권자는 이에 대하여 이의를 제기하여 대심절차로 변경되도록 할 수 있으므로 이러한 명령도 소송절차를 개시하는 서류에 해당한다고 보았다.

이러한 유럽사법재판소의 결정들을 종합하면 브뤼셀규칙 recast 제45조(1)(b)의 "재판절차를 개시하는 서류에 상응하는 서류"는 '기판력 또는 집행력이 있는 외국재판을 얻기 위한 대심절차를 개시시키는 원인이 되는 서류'를 의미한다고 볼 수 있다.

우리 민사소송법상 외국재판을 승인하는 절차는 외국재판의 효력인 기판력을 인정하는 절차이고 민사집행법 제26조의 집행판결은 외국재판에 대하여 집행력을 부여하는 절차로서

---

104) 유럽사법재판소의 Marco Gambazzi v DaimlerChrysler Canada Inc. and CIBC Mellon Trust Company Case C−394/07 [2009] I−02563 결정에서도 외국재판이 승인 및 집행이 되기 위해서는 대심절차(adversarial proceedings)일 것을 요구하면서 이러한 요건을 공서양속으로부터 도출하고 있다.

105) Case C−474/93 [1995] ECR I−2113.

106) Case C−39/02 [2004] ECR I−9657.

107) International Convention Relating to the Limitation of the Liability of Owners of Sea−Going Ships of 10 October 1957.

민사소송법 제217조의 요건이 충족되는 것을 전제로 하고 있다. 그리고 민사소송법 제217조 제1항 제2호에서 송달요건을 규정하고 있는 이유는 피고의 방어권을 보장하는데 그 취지가 있으므로 규정내용상 승인 및 집행의 대상인 외국재판이 '당사자에 대한 상호간의 심문이 보장된 절차'인 대심절차라는 점을 전제로 하고 있다. 비록 2014년 민사소송법이 개정되기 전의 판결이지만 대법원 2010.4.29. 선고 2009다68910 판결에서는 "외국법원의 판결이라고 함은 재판권을 가지는 외국의 사법기관이 그 권한에 기하여 사법상의 법률관계에 관하여 대립적 당사자에 대한 상호간의 심문이 보장된 절차에서 종국적으로 한 재판으로서 구체적 급부의 이행 등 그 강제적 실현에 적합한 내용을 가지는 것을 의미하고 그 재판의 명칭이나 형식 등이 어떠한지는 문제되지 아니 한다."고 판시하고 있다. 결국 '소장에 준하는 서면'은 유럽사법재판소의 결정과 동일하게 '기판력 또는 집행력이 있는 외국재판을 얻기 위한 대심절차를 개시시키는 원인이 되는 서류'라고 볼 수 있다.

다. 기일통지서나 명령

민사소송법 제217조 제1항 제2호에서는 '소장 또는 이에 준하는 서면 및 기일통지서나 명령'의 송달까지 규정하고 있다. 그러나 '기일통지서나 명령'의 송달까지 요구하는 것에는 의문이 있다.

민사소송법 제217조 제1조 제2호의 송달요건은 피고의 방어권을 보장하는데 목적이 있다. 피고의 방어권을 보장하는데 있어서 재판절차를 개시하는 서류가 피고에게 송달되면 충분하며[108] '기일통지서나 명령'까지 피고에게 송달될 필요는 없다. 덧붙여 민사소송법 제217조 제1항 제2호의 송달요건은 결석재판에서만 요구되는데 앞서 언급한 바와 같이 주요 국가에서는 결석재판의 경우에 변론기일을 지정하지 아니하므로 '기일통지서나 명령'을 송달하지 아니한다. 따라서 이러한 서류까지 피고에게 송달할 것을 요구하는 것은 무리가 있다. 브뤼셀규칙 recast에서도 이러한 서류의 송달을 요구하지 않고 있다.

대법원 2003.9.26. 선고 2003다29555 판결에서도 미국에서의 소송절차에서 "비록 피고에게 기일통지가 된 적은 없으나 이는 피고에 대하여 기일이 열리지 않은 것에 기인할 뿐이고 피고가 소장과 응소방법, 불응소시의 불이익 등이 기재된 서면을 송달받은 이상 민사소송법 제217조 제2호의 요건은 충족되었다고 봄이 상당하다."고 하여 피고가 반드시 '기일통지서나 명령'의 송달까지 받지 않더라도 송달요건이 충족되었다고 판단하고 있다. 이러한 점을 고려할 때 민사소송법 제217조 제1항 제2호에서 송달되어야 하는 서류 중 '기일통지서나 명령'을

---

108) 미국 연방민사소송규칙 제3조에서는 "민사소송은 소장을 법원에 제출함으로써 개시된다."(A civil action is commenced by filing a complaint with the court)고 규정하고 있고, 영국 민사소송규칙 제7.2조에서도 "소송절차는 법원이 원고의 요청에 의하여 소장을 발급한 때에 개시된다."(Proceedings are started when the court issues a claim form at the request of the claimant)고 규정하여 소송을 개시하는 서류를 소장에 한정하고 있다. 독일의 경우에는 민사소송법 제253조에서 소를 제기할 때 소장만 제출하도록 규정하고 제271조에서는 피고에 대하여 소장만 송달하도록 규정하고 있다. 우리 민사소송법 제248조에서는 "소는 법원에 소장을 제출함으로써 제기한다."고 하여 소장만을 소송을 개시하는 서류로 규정하고 있다.

삭제할 필요가 있다고 본다.

3. 적법한 방식에 의한 송달

가. 문제점

재판국의 법원은 재판국의 법에 따라서 피고에게 송달을 실시할 것이다.[109][110] 송달제도는 재판기관이 직권으로 송달을 실시하는 직권송달주의와 당사자가 송달을 실시하는 당사자송달주의가 있다. 우리 민사소송법은 직권송달주의를 채택하고 있고[111] 미국의 경우에는 당사자송달주의를 채택하고 있다.[112] 이와 같이 송달의 방법이 나라마다 다르기 때문에 송달의 적법성을 어느 나라의 법에 따라서 판단해야 하는가의 문제가 발생한다. 그리고 우리나라가 가입한 헤이그송달협약의 체약국 사이에서는 국내법의 규정에 관계없이 이 협약에 따라서만 송달이 이루어져야 한다.[113][114] 따라서 헤이그송달협약의 체약국 사이의 송달에 관하여는 이 협약이 적법성 판단의 기준이 되어야 하지만 아래에서 언급하는 대법원 2010.7.22. 선고

---

109) 국제민사사법공조법 제3조에서는 조약 기타 이에 준하는 국제법규에 다른 규정이 있는 경우에는 국제민사사법공조법에 우선하여 적용하도록 규정하고 있다. 우리나라의 경우에는 헤이그송달협약에 가입하였으므로 이 협약의 체약국에 대한 송달이 필요한 경우에는 이 협약에 따라서 송달을 실시해야 한다. 미국 연방민사소송규칙 제4조(f)(1)에서는 명시적으로 헤이그송달협약에 따라서 국제송달을 할 것을 규정하고 있다. 이 협약 제11조에서는 체약국 상호 간에 별도로 송달에 관하여 조약을 체결할 수 있도록 허용하고 있는데, 우리나라는 호주, 중국, 몽골, 우즈베키스탄, 태국과 송달에 관한 조약을 체결하였다. 한편 위 협약과 조약을 체결하지 아니한 국가로 송달이 필요한 경우에는 국제민사사법공조법 제2항에 규정된 방식에 따라서 송달을 실시해야 한다. 이 경우 해당 국가는 사법공조에 응할 법률상 의무가 있는 것이 아니므로 국제예양(international comity)의 차원에서 협조를 기대할 수밖에 없다(박해식, "외국판결 승인요건으로서의 송달", 민사재판의 제문제 19권(2010.12), 359쪽). 그리고 위와 같은 방식을 따를 수 없거나 위와 같은 방식에 따르더라도 송달을 할 수 없는 경우에는 인정되는 경우에는 법원사무관등이 직권으로 또는 당사자의 신청에 따라 공시송달을 할 수 있다(민사소송법 제194조).

110) 해외송달방법은 크게 '직접실시방식'과 '간접실시방식'으로 나눌 수 있다. 직접실시방식은 촉탁국의 법원, 외교관 영사에 의하여 직접송달이 실시되는 것을 말한다. 이 방법은 외국당국의 협조 없이 송달을 실시하는 것이므로 그 절차가 간편하고 시간이 절약되는 장점이 있다. 그러나 주권침해의 문제로 외교상 마찰이 발생할 수 있다. 직접실시방법에는 영사송달, 법원에 의한 우편송달, 원고에 의한 우편송달의 방법이 있다. 간접실시방식은 촉탁국의 당국이 수탁국의 당국에 송달을 요청하면 수탁국의 당국이 송달요청서와 송달할 자국의 송달실시기관에 전달하여 송달을 실시하는 것으로서 이에는 외교상의 경로, 중앙당국간의 경로, 사법당국간의 직접송부 등의 방법이 있다. 이 방법은 일반적으로 절차가 번잡하다는 단점이 있다. 그러나 송달의 실시를 수탁국의 통제 하에 실시되므로 외교적 분쟁이 생길 여지가 없고, 수탁국의 법률에 따른 강제력의 행사도 기대할 수 있으므로 그 효과가 확실하다는 장점이 있다(양병회, "국제사법공조로서의 해외송달에 관한 소고", 민사소송 제3권(2000.2), 299-300쪽).

111) 민사소송법 제174조 "송달은 이 법에 특별한 규정이 없으면 법원이 직권으로 한다."

112) 미국 연방민사소송규칙(Federal Rules of Civil Procedure) 제4조(c)에서는 피고에 대한 소장과 소환장의 송달을 원고의 책임으로 규정하고 있다. 우리나라에서는 일반적으로 영미법이 당사자송달주의를 취하고 있다고 소개되고 있는데, 영국의 경우에는 민사소송규칙 제6.4조에서 원칙적으로 법원이 송달을 실시하도록 하면서 당사자가 원하는 경우에는 당사자송달도 허용하고 있다.

113) 2003년 개최된 헤이그 국제사법회의 특별위원회에서도 '송달협약은 비강제적 성격을 가지나 일단 법정지국의 법에 따라 송달이 해외송달이 필요한 것으로 판단되는 경우에는 송달협약이 정한 절차에 따라서만 송달이 이루어져야 하는 것'이라고 결의했다고 한다(구자헌, "외국판결 집행요건으로서의 송달의 적법성", 대법원판례해설 85호(2010 하반기), 422-423쪽).

114) 헤이그송달협약에 따른 송달과정을 간단히 보면 다음과 같다. 헤이그송달협약의 가입국은 중앙당국(central authority)을 지정해야 한다(제2조). 우리나라의 경우 법원행정처를 중앙당국으로 지정하였다. 송달을 촉탁하는 국가의 법률상 권한 있는 당국이나 사법공무원은 협약에 부속된 양식에 일치하는 요청서를 피촉탁국의 중앙당국에 송부해야 한다(제3조). 중앙당국은 그 문서가 피촉탁국의 공용어 또는 공용어중의 하나로 기재되거나 번역되도록 요청할 수 있다(제5조). 문서를 송부받은 중앙당국은 국내소송에 있어서 자국의 영역 안에 소재하는 자에 대한 문서의 송달에 대하여 자국법이 정하는 방식으로 문서를 송달할 수 있다(제5조a). 이를 공시적 송달이라고 한다. 또는 피촉탁국의 법에 저촉되는 아니하는 한 수신인이 임의로 수령하는 방식을 취할 수 있다(제5조b). 이를 비공시적 송달이라고 한다. 이러한 중앙당국을 통한 송달 이외에도 영사를 통한 송달(제8조), 우편을 통한 송달(제10조)도 가능하지만 우리나라는 이 협약에 가입하면서 이러한 방식에 의한 송달에 대하여 반대의 선언을 하였고, 많은 나라에서 반대선언을 하였다고 한다(김용진, "국제송달과 헤이그송달협약", 이십일세기 민사소송법의 전망; 하촌정동윤선생 화갑기념(1999.6), 125쪽).

2008다31089 판결의 사안처럼 송달 자체는 위 협약에 따른 방식으로 이루어졌지만 송달내용이 재판국법에 반하는 경우가 있을 수 있으므로 위 협약의 체약국 사이의 송달에 관하여도 여전히 어느 나라의 법에 따라서 송달의 적법성이 판단해야 하는가의 문제가 발생할 수 있다.

나. 적법성 판단의 준거법에 관한 견해의 대립

송달의 적법성 판단의 준거법에 관하여 견해의 대립이 있다. 외국재판을 승인하는 국가인 승인국인 우리나라의 법에 의하여 판단하여야 한다는 견해가 있는데 명확한 근거를 제시하지 않고 있다.[115] 그리고 송달의 적법성은 원칙적으로 승인의 대상인 외국재판을 한 재판국법에 따라야 한다는 견해가 있다. 이 견해에서는 국제사법 내지 국제민사소송법상 '절차는 법정지법에 따른다.'은 원칙이 일반적으로 승인되고 있다는 점과 승인국의 법에 따라 송달의 방법을 정해야 한다면 송달 당시에는 어느 나라에서 승인을 구할 것인지를 알 수 없다는 점을 이유로 제시한다.[116] 재판국법에 따라서 송달의 적법성을 판단하자는 견해도 구체적인 내용에서 나누어지는데, 우리의 국제사법공조법과 국제협약도 종합적으로 고려하여 피고의 방어권이 실질적으로 보장되었는지 여부에 따라 송달의 적법성 여부를 결정하자는 견해[117]와 재판국이 송달이 실시된 국가와 다른 경우에 송달이 실시된 국가가 송달과 실질적 관련이 있다는 이유로 재판국법과 송달이 실시된 국가의 법을 중첩적으로 판단기준으로 삼아야 한다는 견해[118]가 있다. 한편 스위스 국제사법 제27조 제2항(a)은 피고의 주소 또는 상거소지가 있는 국가의 법에 따라서 송달의 적법성을 판단하도록 규정하고 있는데 이러한 국가가 송달과 실질적 관련이 있기 때문인 것으로 보인다.

다. 대법원 판례

대법원 판례는 일관되게 재판국법에 따라서 송달의 적법성을 판단해야 한다는 입장이다.

대법원 2003.9.26. 선고 2003다29555 판결의 원심은 미국 캘리포니아에서의 소송절차에서 결석재판청구서가 미국 내의 한 법률사무소 사무원을 통하여 우편함에 넣어짐으로써 피고에 대한 송달이 이루어졌는데 이러한 송달은 피고에게 방어의 기회를 적절하게 제공한 것이라고 볼 수 없으므로 적법한 송달이 아니라고 판단하였다. 그러나 위 대법원 판결은 캘리포니아의 민사소송법은 결석재판청구서의 우편송부로 인한 송달을 적법한 것으로 인정하고 있다는 이유로 이를 적법한 송달이라고 보았다.

대법원 2010.7.22. 선고 2008다31089 판결에서는 "패소한 피고가 이러한 소환장 등을 적법한 방식에 따라 송달받았을 것을 요구하는 것은 소송에서 방어의 기회를 얻지 못하고 패소

115) 정병석, "외국법원의 우리나라 국민에 대한 영사송달의 적법 여부", 서울지방변호사회 판례연구 6집(1992.7), 309쪽.
116) 석광현, 국제민사소송법, 박영사, 2012, 363쪽.
117) 앞의 책, 같은 쪽; 구자헌, "외국판결 집행요건으로서의 송달의 적법성", 대법원판례해설 85호(2010 하반기), 427－428쪽; 박해식, "외국판결 승인요건으로서의 송달", 민사재판의 제문제 19권(2010.12), 366쪽.
118) 유영일, "외국판결 승인의 요건으로서의 송달의 적법성", 국제판례연구 2집(2001.7), 227－228쪽.

한 피고를 보호하려는 것에 그 목적이 있는 것이므로 법정지인 판결국에서 피고에게 방어할 기회를 부여하기 위하여 규정한 송달에 관한 방식, 절차를 따르지 아니한 경우에는 여기에서 말하는 적법한 방식에 따른 송달이 이루어졌다고 할 수 없다."고 하여 송달의 적법성을 재판국법에 따르도록 판시하고 있다.

그리고 대법원 2009.1.30. 선고 2008다65815 판결에서도 송달의 적법성을 재판국법에 따르도록 판시하고 있다고 한다.[119)]

라. 검 토

송달이 적법성을 판단하는 국가의 법을 선택하는 것도 일종의 준거법의 선택의 과정이라고 본다면 국제사법의 준거법의 결정원칙인 '가장 밀접한 관련이 있는 국가의 법'[120)]이 적용되어야 한다. 이 기준을 적용하면 송달이 실시된 국가가 송달과 가장 밀접한 관련이 있다고 보이므로 이러한 국가의 법에 따라서 송달의 적법성을 판단해야 한다는 견해가 일면 타당성이 있다. 그러나 적법한 송달을 요구하는 이유는 저촉법적 이익[121)]을 보호하는데 있지 아니하고 피고의 방어권이라는 실질법적 이익의 보호하는데 목적이 있다. 그렇다면 재판국, 송달이 실시된 국가, 승인국 등 관련된 국가의 송달에 관한 규정을 비교하여 피고의 방어권을 보다 적절하게 보호하고 있는 법을 찾아야 할 것이지만 '보다 좋은 법'(better law)을 판단할 기준이 없다는 문제가 있다.

'절차는 법정지법에 따른다.'는 원칙상 재판국의 법원은 재판국 내이든 해외이든 관계없이 송달을 실시하기 위해서 법정지법을 적용할 수밖에 없다. 이러한 점을 감안하면 재판국법에 따라서 송달의 방식의 적법성을 판단해야 한다고 본다. 다만 우리의 기준에서 볼 때 재판국법에 따른 송달의 방식이 피고의 방어권을 보장하는데 있어서 명백히 적절하지 않은 경우가 있을 수 있다. 그렇다고 송달의 적법성의 판단에 있어서 재판국법과 승인국인 우리 법을 중첩적으로 적용하는 것은 송달의 적법성의 범위를 좁히고 양법의 충돌을 가져온다는 점에서 적절해 보이지 않는다. 이러한 경우에는 민사소송법 제217조 제1항 제3호의 절차적 공서를 적용하여 외국재판의 승인을 거부할 수 있을 것이다.

119) 구자헌, "외국판결 집행요건으로서의 송달의 적법성", 대법원판례해설 85호(2010 하반기), 419－420쪽.

120) 국제사법은 가장 밀접한 관련이 있는 국가의 법이 준거법이 되어야 한다는 원칙을 명시적으로 선언하고 있지 않지만, 제8조 제1항에서 "이 법에 의하여 지정된 준거법이 해당 법률관계와 근소한 관련이 있을 뿐이고, 그 법률관계와 가장 밀접한 관련이 있는 다른 국가의 법이 명백히 존재하는 경우에는 그 다른 국가의 법에 의한다."고 규정하고, 제26조 제1항에서 "당사자가 준거법을 선택하지 아니한 경우에 계약은 그 계약과 가장 밀접한 관련이 있는 국가의 법에 의한다."고 규정하여 위 원칙을 간접적으로 선언하고 있다.

121) 실질사법에서는 '법의 내용'이 문제되는 반면에 국제사법에서는 '적용할 법의 선택'이 문제가 되므로 국제사법은 지정된 준거법의 내용에 대하여는 원칙적으로 고려하지 않고 모든 법을 가치중립적으로 본다. 이에 따라서 '적용할 법의 선택'은 보다 좋은 내용의 법(better law)을 찾는 과정이 아니라 공간적으로 분쟁의 대상인 법률관계와 가장 밀접한 관련이 있는 법정지를 찾아가는 과정이라고 할 수 있다.

마. 송달의 적법성과 관련한 몇 가지 문제점

(1) 국내송달과 해외송달의 결정

당사자가 법정지 이외의 국가에 소재하더라도 모두 해외송달이 필요한 것은 아니다. 헤이그송달협약이나 민사사법공조조약은 해외송달이 필요한 경우에 송달의 방법을 규정하고 있을 뿐이고, 어떤 경우에 국내송달을 해야 하는지 또는 해외송달을 해야 하는지에 관하여는 아무런 규정을 두고 있지 않다. 결국 재판국의 법원은 자국의 법에 따라서 국내송달을 할 것인지 해외송달을 할 것인지를 결정할 수밖에 없다.122)

미국 연방대법원의 Volkswagenwerk Aktiengesellschaft v. Schlunk 판결123)에서는 미국인 원고인 Schlunk가 독일법인인 폭스바겐(Volkswagenwerk AG)의 미국 현지법인(Volkswagen of America, Inc)에게 한 송달을 모회사인 폭스바겐 독일법인에 대한 송달로 볼 수 있는지 문제되었다. 이에 대하여 위 판결에서는 헤이그송달협약이 해외송달이 필요한 경우를 규정하고 있지 않은 점에 비추어 법정지법이 해외송달이 필요하다고 정하는 경우에 비로소 송달협약이 적용된다고 판시하면서 위 미국 현지법인에 대한 송달이 일리노이주법과 연방헌법의 적법절차조항에 따라서 미국 내에서 실시된 것이므로 위 송달은 적법하다고 판시하였다.124) 이 판결에서 제시한 '해외송달의 필요 여부는 재판국의 법원이 결정한다.'는 법리는 헤이그국제사법회의 등에서도 광범위한 지지를 받았다고 한다.125)

(2) 영사송달, 사적송달

영사송달이란 외국에 주재하는 재판국의 대사 · 공사 또는 영사가 그 외국에 소재하는 자에게 직접 송달을 실시하는 직접송달방법을 말한다.126) 「영사관계에 관한 비엔나협약」127) 제5조(j)에서는 영사에 의한 소송서류의 송달을 허용하고 있고 헤이그송달협약 제8조에서도 영사송달을 허용하고 있다.128) 그리고 국제민사사법공조법 제5조 제2항 제1호에서는 송달받을 자 또는 증인신문을 받을 자가 대한민국 국민으로서 위 협약에 가입한 외국에 거주하는 경우에는 그 외국에 주재하는 대한민국의 대사 · 공사 또는 영사에 대하여 송달을 촉탁하도록 규정하고 있다.

그런데 대법원 1992.7.14. 선고 92다2585 판결에서는 자유중국 대북지방법원이 우리나라에 주재하는 대사를 통하여 피고 한국법인에게 송달을 실시하였지만 피고가 이에 응소하지

---

122) 구자헌, "외국판결 집행요건으로서의 송달의 적법성", 대법원판례해설 85호(2010 하반기), 421－422쪽.

123) 486 U.S. 694(1988). 이 판결의 사안과 판시내용에 관하여는 구자헌, 앞의 글, 421쪽을 참조하였다.

124) 일리노이주의 확대관할권 지정(long arm statute)법에 의하면, 독일 폭스바겐이 미국 현지법인을 대리인으로 선임하지 않았다 하더라도 양자의 밀접불가분성을 근거로 하여 자회사인 미국 현지법인은 모회사인 독일 폭스바겐의 송달대리인(as agent for service of process)으로 보고 송달절차에 관하여 독일 폭스바겐을 대리할 수 있다고 한다(양병회, "국제사법공조로서의 해외송달에 관한 소고", 민사소송 제3권(2000.2), 236쪽).

125) 구자헌, "외국판결 집행요건으로서의 송달의 적법성", 대법원판례해설 85호(2010 하반기), 422쪽.

126) 우리나라는 헤이그송달협약에 가입하면서 영사송달을 허용하는 제8조를 반대한다는 의사를 표시하였다.

127) Vienna Convention on Diplomatic Relations of 1961.

128) 그러나 우리나라는 헤이그송달협약에 가입하면서 영사송달에 관한 제8조와 관련하여 "협약 제8조에 따라 대한민국은 재판상 문서가 촉탁국의 국민에게 송달되는 경우를 제외하고는, 대한민국 영역 안에서 외교관 또는 영사를 통하여 직접 동 문서를 송달하는 데 반대한다."고 선언하였다.

아니한 사안에 대하여, 「영사관계에 관한 비엔나협약」에서 영사송달을 허용하더라도 송달을 받을 자가 자국민이 아닌 경우에는 영사에 의한 직접실시방식을 취하지 않는 것이 국제예양이며,129) 우리나라는 국제민사사법공조법(1991.3.8. 법률 제4342호)에서 외국으로부터의 송달촉탁은 외교상의 경로를 거칠 것을 요건으로 하여 송달장소를 관할하는 제1심 법원이 관할하도록 규정하고 있어서 외국법원이 자국민이 아닌 한국인에게 영사송달을 하는데 대하여 이의를 표시한 것으로 봐야 한다130)고 보면서 "직권송달주의를 원칙으로 하는 우리나라에 있어서 송달은 사법권에 기한 재판권의 행사이므로 우리나라의 영역 내에서는 우리나라의 동의 없이 행사할 수 없는 것이고, 우리나라의 그와 같은 동의가 있었음을 인정할 아무런 자료도 없는 이 사건에 있어서는 위와 같은 자유중국의 영사송달은 우리나라의 주권의 침해가 되므로 비록 공시송달에 의한 방법이 아니라고 하더라도 그 효력을 인정할 수 없는 부적법한 송달"이라고 판시하였다.

이에 대하여 위 판결의 결론에는 동의를 하면서도 국제예양은 국제관습법과는 구별되는 것으로 국제예양에 위반하여도 엄격한 법적 책임을 수반하지는 않는 것이므로 오히려 자유중국 영사의 대한민국 국민에 대한 영사송달이 국제관습법 위반으로 효력이 없다고 하는 것이 보다 적절했다는 견해가 있다.131) 반면에 소송서류의 송달을 엄격하게 재판권의 행사로 볼 수 없다거나 민사소송법 제217조 제2호의 송달요건은 패소한 피고를 보호할 목적이지 주권의 보호를 목적으로 하는 것은 아니라는 이유로 비록 송달이 부적법하더라도 피고가 실제로 송달을 받아 방어할 수 있는 기회를 가졌다면 외국재판의 승인 및 집행을 거부할 것은 아니라는 견해가 있다고 한다.132)

앞서 논의한 바와 같이 송달의 적법성을 재판국법을 기준으로 판단한다면 영사송달의 적법성도 재판국법에 따라야 한다. 다만 재판국법에 따른 영사송달이 우리의 절차적 공서양속에 반하는 결과를 가져오는 경우에는 승인이 거부될 수 있다. 그런데 송달을 주권의 하나인 사법재판권의 행사라고 보고서 자국민 이외에 자에 대한 영사송달은 송달이 실시된 국가의 주권을 침해하는 행위로서 민사소송법 제217조 제3호의 절차적 공서에 반한다고 볼 수 있다는 견해가 가능하다. 그런데 직권송달주의를 취하고 있는 우리나라에서 송달은 공권적 행위라고 봐야 하지만 엄격한 의미에서 당사자 사이의 법률관계에 대한 판단권한을 행사하는 재판권의 행사로 볼 수 있는지는 의문이 있다. 그리고 설령 이를 재판권의 행사로 본다고 하더라도 재판의 자유로운 이동(free circulation of judgments)133)을 위해서 외국재판의 승인거부사유로서의 공서양속은 엄격하게 해석되어야 하므로 외국재판을 승인하는 결과가 '명백히' 공서양

129) 조약을 기준으로 영사송달의 허용범위를 확정하면서, 그와 동시에 국제예양이 존재한다고 언급하는 것은 양자의 관계가 무엇인지, 나아가 무엇이 기속력 있는 규범인지에 대한 의문을 야기할 수 있으므로 바람직하지 못하다고 한다(유영일, "외국판결 승인의 요건으로서의 송달의 적법성", 국제판례연구 2집(2001.7), 233쪽).

130) 이러한 판시내용에 대하여는 조약의 서명 · 비준 또는 가입시에 선언으로써 하여야 하기 때문에, 국내법의 존재만으로 이러한 유보가 이루어졌다고 보는 것은 타당하지 않다는 비판이 있다(앞의 글, 234쪽).

131) 정병석, "외국법원의 우리나라 국민에 대한 영사송달의 적법 여부", 서울지방변호사회 판례연구 6집(1992.7), 312쪽.

132) 석광현, 국제민사소송법, 박영사, 2012, 368쪽.

133) 브뤼셀규칙 recast 전문(6)에서는 재판의 자유로운 이동을 이 규칙의 목적으로 규정하고 있다.

속에 반하는 경우에만 승인이 거부되어야 한다.[134] 그런데 일단 피고의 실질적 방어권이 보장되었다면 영사송달에 의한 주권침해가 외국재판의 승인과 집행을 거부할 사정에 이를 정도로 명백히 절차적 공서에 반하는지 의문이다.

위와 같은 영사송달의 법리를 우편송달이나 사적송달에 적용하면 이러한 송달이 직접송달의 방법으로서 주권을 침해하는 위법한 송달이라고 단정할 수 없다. 이때는 개별적 송달마다 재판국의 송달에 관한 법을 준수했는지 여부 및 피고의 방어권보장과 관련하여 우리의 절차적 공서를 위반한 것은 아닌지 여부를 따져서 결론에 이를 수밖에 없을 것이다.

(3) 보충송달, 유치송달

민사소송법 제178조에서는 송달은 특별한 규정이 없으면 송달장소에서 송달받을 사람에게 서류의 등본 또는 부본을 직접 교부하는 방식인 교부송달을 원칙으로 하고 있다. 송달받을 사람이 송달장소에서 직접 송달받을 수 없는 경우에 예외적으로 송달받을 사람 외의 사람에게 송달할 수 있는 경우가 있는데 이를 '보충송달'이라고 한다(민사소송법 제186조 제1항, 제2항). 그리고 송달받을 사람 또는 보충송달을 받을 수 있는 사람이 정당한 사유 없이 송달받기를 거부하는 때에는 송달할 장소에 서류를 놓아두는 방법으로 송달할 수 있는데, 이를 '유치송달'이라고 한다(민사소송법 제186조 제3항). 교부송달의 경우에는 송달받을 사람에게 직접 문서를 전해주는 것이므로 문제되지 않지만 보충송달과 유치송달의 경우에 송달받을 사람에게 직접 문서가 전달되지 않는다는 점에서 민사소송법 제217조 제2호의 적법한 송달로 볼 수 있는지 문제된다.

대법원 1992.7.14. 선고 92다2585 판결에서는 "이때의 송달이란 보충송달이나 우편송달이 아닌 통상의 송달방법에 의한 송달을 의미하며, 그 송달은 적법한 것이라야 할 것이다."라고 하여 통상의 송달방법, 즉 교부송달에 한하여 외국재판의 승인요건으로서의 적법한 송달로 보고 있다. 이 판결에 대하여는 보충송달이나 우편송달에 의한 송달의 경우, 통상의 송달방법이 아니라 송달을 의제하는 제도로서의 성격이 있어 공시송달과 비슷한 송달에 의한 경우에 해당한다고 하면서 보충송달이나 우편송달의 경우에는 외국판결의 효력을 배제하는 것이 입법취지에 부합한다고 한다는 견해가 있다고 한다.[135] 반면에 외국재판이 한국에서 승인 및 집행되기 위하여 국내재판보다 더 엄격한 방식에 의한 송달이 이루어질 것을 요구하는 것은

134) 과거에는 상호주의(reciprocity)를 바탕으로 한 국제예양이 외국재판의 승인의 근거로 제시되었지만 현재는 외국재판의 승인이 원활한 국제거래의 증진에 큰 기여를 할 것이란 점, 이중의 소송을 방지하여 소송경제에 적합하다는 점, 국제적으로 모순된 판결을 방지할 수 있다는 점 등과 같은 실질적인 이유가 제시되고 있다. 이러한 이유들을 종합해 보면 궁극적으로 재판의 효력에 있어서 국경을 없애자는 '재판의 자유로운 이동'으로 수렴된다. 그런데 나라마다 법, 문화, 윤리의 내용이 다르고 외국법원은 자신의 민사소송법에 따라서 자신의 국제사법에 의하여 결정된 준거법을 적용하여 재판을 수행하므로 외국재판의 판단결과가 우리의 법을 적용하였을 때의 판단결과와 차이가 발생하는 것은 피할 수 없다. 이러한 이유로 외국재판의 승인의 요건을 엄격하게 해석하여 예외적이 경우에만 적용할 필요가 있다. 또한 공서양속은 그 의미가 매우 추상적이어서 넓게 적용될 수 있기 때문에 외국재판이 공서양속에 반하는지를 위한 심사가 외국재판에 대한 재심사의 기회로 남용될 위험이 있다는 점에서도 승인의 거부사유로서의 공서양속은 엄격하게 해석되어야 한다. 이러한 엄격해석의 원칙상 외국재판이 공서양속에 반한다는 이유로 승인이 거부되기 위해서는 외국재판을 승인하는 결과가 '명백히' 공서양속에 반하는 경우에 한정되어야 한다. 브뤼셀규칙 recast 제45조 제1항(a)에서도 외국재판의 승인이 명백히(manifestly) 승인국의 공서양속에 반하는 경우에만 승인을 거부할 수 있도록 규정하여 그 엄격성을 강조하고 있다.

135) 박해식, "외국판결 승인요건으로서의 송달", 민사재판의 제문제 19권(2010.12), 367쪽.

부당하다는 비판136)과 민사소송법 제217조 제2호에서 "공시송달이나 이와 비슷한 송달에 의한 경우를 제외한다."고 규정하고 있는데 불과한데 적법한 송달을 교부송달로 제한하는 것은 위 규정에 대한 무리한 해석이라는 비판137)이 있다.

민사소송법 제256조에서는 국내소송절차에서 공시송달 이외의 방법으로 송달을 받은 피고는 답변서를 제출할 의무가 있고 이러한 의무를 이행하지 아니한 경우에는 의제자백의 효력이 있고 무변론판결을 할 수 있다. 따라서 공시송달이 아닌 보충송달 또는 유치송달의 방법으로 소장을 송달한 경우에도 무변론판결이 가능하다. 즉 민사소송법은 보충송달이나 유치송달의 경우에도 피고의 방어권이 보장되었다고 본 것이다. 이러한 국내법의 규정과 균형을 맞추면 우리의 보충송달 또는 유치송달과 동일 또는 유사한 방법으로 송달이 실시된 후 외국법원이 무변론판결 또는 무응소재판을 하더라도 원칙적으로 위법한 송달은 아니라고 본다.138) 다만 개별적 사안마다 실제로 실시된 보충송달이나 유치송달의 종합적 상황을 검토하여 실제로 피고에게 송달될 가능성이 명백히 낮은 경우라면 절차적 공서위반으로 볼 수 있을 것이다.

(4) 공시송달이나 이와 비슷한 송달

민사소송법 제217조 제2호에서는 패소한 피고가 공시송달에 의하여 소장 등을 송달받은 경우를 외국재판의 승인거절사유로 규정하고 있다. 공시송달을 승인거절사유로 규정된 이유는 이러한 송달방법은 실제로 피고에 대하여 송달을 하는 것이 아니라 송달을 의제하는 것에 불과하여 피고가 송달받을 가능성이 매우 낮기 때문이다. 공시송달 이외에 공시송달과 같이 송달을 의제하는 방식의 경우에도 피고가 실제로 송달을 받을 가능성이 낮으므로 외국재판의 승인거절사유가 될 수 있다고 본다.139) 대표적으로 우편의 방식으로 송달을 실시하는 우편송달이 이에 해당한다고 볼 수 있다.140)

한편 유럽사법재판소의 G v Cornelius de Visser 결정141)에서는 원고가 '성실과 선의의

---

136) 석광현, 국제민사소송법, 박영사, 2012, 365쪽; 정병석, "외국법원의 우리나라 국민에 대한 영사송달의 적법 여부", 서울지방변호사회 판례연구 6집(1992.7), 309쪽; 김용진, "국제송달과 헤이그송달협약", 이십일세기 민사소송법의 전망; 하촌정동윤선생 화갑기념(1999.6), 140쪽; 유영일, "외국판결 승인의 요건으로서의 송달의 적법성", 국제판례연구 2십(2001.7), 237쪽에서는 우리 법을 준거법으로 하여 송달의 적법성을 판단한다면, 당연히 민사소송법에 기초하여 본인이 현실적으로 수령하는 것과 등가적으로 평가할 수 있는 유치송달 그리고 현실적 수령이 강하게 담보되는 보충송달도 적법한 송달의 개념에 포함시키는 것이 타당하다고 한다.

137) 정병석, "외국법원의 우리나라 국민에 대한 영사송달의 적법 여부", 서울지방변호사회 판례연구 6집(1992.7), 309쪽.

138) 앞의 글, 310쪽에서는 재판국 법원이 유치송달과 보충송달을 실시했다고 하더라도 송달받을 자에게 서류가 송달되었다던가 송달받을 수 있는 상태(즉 요지할 수 있는 상태)가 되었다는 사실이 입증된다면 송달의 효력을 부인하여서는 아니 된다고 한다. 그러나 민사소송법에서는 피고에게 이러한 증명까지 요구하고 있지 아니하고 달리 이에 대한 증명책임을 인정할 근거가 없다고 본다. 즉 유치송달과 보충송달을 위한 재판국 규정의 요건이 피고의 방어권보장을 위하여 적절하다면 피고에 대한 실제 송달여부까지 고려할 필요는 없다.

139) 석광현, 국제민사소송법, 박영사, 2012, 365쪽. 그런데 민사소송법 제256조와 제257조에서는 국내소송에서 공시송달의 방법에 의하여 피고에게 소장이 송달된 경우에는 무변론판결을 할 수 없도록 규정하고 있다. 공시송달에 의한 경우에는 실제로 피고에게 송달이 이루어질 가능성이 없으므로 무변론판결이 필요성보다도 피고의 보호에 더욱 큰 비중을 둔 것이다. 민사소송법 제256조와 제257조의 규정내용과 취지를 고려하면, 민사소송법 제217조 제2호의 공시송달에 관한 규정이 없더라도 외국법원이 실시한 공시송달은 피고의 방어권을 보장하는 적절한 송달이라고 보기 힘들므로 절차적 공서에 위반된다고 볼 수 있을 것이다.

140) 보충송달 또는 유치송달의 방법으로 송달할 수 없는 때에는 등기우편에 의하여 서류를 발송할 수 있는데 이를 '우편송달'이라고 한다(민사소송법 제187조). 이러한 우편송달은 우편집배원에 의한 통상의 송달과 구분해야 한다. 우편집배원에 의한 통상의 송달은 교부송달의 원칙이 적용되어 송달받는 사람에게 송달된 때에 송달의 효력이 발생하지만, 우편송달에서는 우편으로 발송한 때에 송달된 것으로 보는 발송주의를 택하고 있다(민사소송법 제189조).

141) Case C-292/10 [2012].

원칙'(principles of diligence and good faith)에 따라서 피고의 소재를 찾기 위한 조사를 했지만 피고의 소재를 발견할 수 없었던 경우에는 원고의 권리구제가 필요하므로 피고의 방어권의 제한이 정당화된다고 하면서 독일 법원이 독일법에 따라서 소장을 공시송달(public notice)의 방법으로 송달한 것은 적절한 송달[142]이라고 보았다. 즉 피고의 방어의 이익과 원고의 권리구제의 이익을 비교형량 하여 공시송달의 적절성을 도출했다. 이러한 판시내용에 비추어 민사소송법 제217조 제2호에서 공시송달을 외국재판의 승인거부사유로 하는 것이 적절한지 검토할 필요가 있다.

민사소송법 제256조와 제257조에 따르면 공시송달의 방법으로 소장이 송달된 경우에는 의제자백과 무변론판결이 허용되지 아니한다. 따라서 원고는 주요사실에 대한 증거를 제출해야 하고 법원은 변론기일을 지정하여 변론을 거친 후에야 판결을 선고할 수 있다. 즉 원고의 권리구제는 완전히 차단되지 아니한다. 이에 반하여 민사소송법 제217조 제2호에 따를 경우 공시송달에 의하여 외국재판을 받은 원고의 권리구제는 원천적으로 차단된다.[143] 외국재판의 승인 및 집행이 원고의 권리구제의 취지에 있다는 점을 감안할 때 공시송달을 무조건 승인거부사유로 규정하는 것은 지나치므로 이 규정을 삭제하고 법원이 개별적 사안에서 공시송달에 의한 외국재판이 절차적 공서에 반하는지를 심사하도록 할 필요가 있다고 본다.

(5) 송달서류의 번역

국제소송의 특수성을 감안할 때 해외송달에 있어서 송달이 실시되는 국가의 언어로 번역문이 첨부되어야 하는지 문제된다. 이에 대하여는 번역문의 결여는 부적법한 송달이라는 견해[144]와 번역문이 첨부되지 않았다고 일률적으로 승인을 거부할 것이 아니라 피고가 송달받은 문서를 해독할 능력이 있는지 여부 등을 고려하여 피고가 방어할 수 있는 기회를 가졌는지를 기준으로 합리적으로 판단해야 한다는 견해가 있다.[145] 국제민사사법공조법에서는 외국으로의 송달의 촉탁의 경우 그 외국어로 된 번역문의 첨부를(제7조), 외국으로부터의 송달의 촉탁의 경우에는 국어로 된 번역문의 첨부를(제12조 제6호) 각 요구하고 있다. 그리고 헤이그송달협약 제5조에서는 중앙당국이 그 문서가 피촉탁국의 공용어 또는 공용어중의 하나로 기재되거나 번역되도록 요청할 수 있도록 규정하고 있다.

앞서 언급한 바와 같이 송달의 적법성은 재판국법에 따를 사항이므로 송달서류의 번역문이 첨부되어 송달되어야 하는지도 재판국법에 따를 사항이다. 다만 재판국법에서 번역문의 송달을 요구하지 않더라도 번역문을 첨부하지 아니한 송달이 절차적 공서에 반할 가능성이 있다. 번역문이 첨부되지 아니한 경우에 송달받은 자는 송달된 서류의 번역을 위한 시간이 필요하므로 이를 위한 시간까지 고려하여 응소기간이 충분한 경우에 비로소 적절한 송달이라고

142) 브뤼셀규칙 recast 제45조(1)(b)에서는 송달이 적법할 것을 요구하지 아니하고 송달이 '피고가 방어를 준비할 수 있도록 하는 방법'(in such a way as to enable him to arrange for his defence)으로 이루어질 것을 요구하고 있다.
143) 독일 민사소송법이나 스위스 국제사법에서도 공시송달을 외국재판의 승인거부사유로 규정하고 있지 않다.
144) 정병석, "외국법원의 우리나라 국민에 대한 영사송달의 적법 여부", 서울지방변호사회 판례연구 6집(1992.7), 314쪽.
145) 석광현, 국제민사소송법, 박영사, 2012, 369－370쪽.

볼 수 있다.[146] 독일 연방대법원은 이른바 Lancracy 사건에서 프랑스 낭테르 상사법원이 피고인 독일 유한회사에게 프랑스어로 된 소송서류를 송달하면서 독일어 번역문을 첨부되지 않은 점에 대하여, 피고가 3개월이라는 시간 여유가 있어서 프랑스어로 된 소송서류를 번역하여 이해할 수 있으므로 문제되지 아니한다는 판결을 한 바 있다.[147]

바. 입법적 제안

(1) 송달의 적법성을 요구하는 문제점

외국재판의 승인에 있어서 송달의 적법성을 요구한 결과 어느 국가의 법에 따라서 송달의 적법성을 판단해야 하는가의 어려운 문제가 발생한다는 점은 앞서 언급한 바와 같다. 그리고 송달의 적법성을 요구하는 실질적 이유는 법률의 형식적 적법성을 확보하는데 목적이 있지 아니하고 피고의 실질적 방어권의 보장하는데 그 목적이 있다.[148] 이러한 결과 재판국법에 따라서 송달이 적법하지만 피고의 실질적 방어권이 확보되지 아니한 경우, 재판국법에 따라서 송달이 위법하지만 피고의 실질적 방어권이 확보된 경우 각 어떻게 처리해야 하는가의 어려움이 발생한다. 재판국법에 따라서 적법한 국내송달이 이루어졌다고 하여 이를 민사소송법 제217조 제2호의 적법한 송달로 판단하는 것은 패소한 피고의 방어권 보장이라는 민사소송법의 입법목적에 반하는 결과를 초래할 수 있다는 견해도 있다.[149]

송달의 적법성과 피고의 실질적 방어권의 보장이 일치하지 아니하는 경우에는 민사소송법 제217조 제1항 제3호의 절차적 공서양속에 의하여 해결할 수도 있겠지만 공서양속의 해석의 엄격성으로 인하여 재판국법에 따른 적법한 송달을 절차적 공서양속의 위반이라는 결론에 이르기 쉽지 않다는 문제가 있다.

(2) 송달의 적법성을 송달의 적절성으로 개정할 필요성

민사소송법 제217조 제1항 제2호의 송달의 적법성은 피고의 방어권의 실질적 보장이란 의미에서 송달의 적절성으로 개정할 필요가 있다.[150] 구체적으로 민사소송법 제217조 제1항 제2호의 "적법한 방식에 따라"를 삭제하고 '피고가 적절하게 방어를 준비할 수 있도록 하는

146) Magnus, p. 589.

147) 유영일, "외국판결 승인의 요건으로서의 송달의 적법성", 국제판례연구 2집(2001.7), 238쪽.

148) 유럽공동체의 브뤼셀협약을 적용한 유럽사법재판소에서는 송달이 피고가 방어권을 행사하기에 적절하다고 하더라도 송달이 위법하다면 외국재판의 승인이 거부되어야 한다고 보았다고 한다(Magnus, p. 585).

149) 석광현, 국제민사소송법, 박영사, 2012, 370쪽; 구자헌, "외국판결 집행요건으로서의 송달의 적법성", 대법원판례해설 85호(2010 하반기), 423쪽.

150) 대법원 2010.7.22. 선고 2008다31089 판결에서는 "워싱턴주법이 워싱턴주 밖에 주소를 둔 피고에게 60일의 응소기간을 부여한 것은 재판지와 멀리 떨어진 곳에 있는 피고를 위하여 답변의 준비, 증거의 수집, 우편물의 도달기간 등을 고려하여 피고가 그 소송을 실질적으로 방어할 수 있도록 법정의 기간을 규정한 것으로 보이므로 원고가 이러한 규정을 따르지 아니하고 워싱턴주 밖에 주소를 둔 피고에게 20일의 응소기간만을 부여한 소환장을 송달한 것은 적법한 방식에 의한 송달이라고 할 수 없다."고 판시하고 있는데, 만일 송달의 적법성이 순전히 재판국의 송달에 관한 규정에 따랐는지 여부에 달려있었다면 피고에게 60일의 응소기간이 아닌 20일의 응소기간만을 부여한 소환장을 송달한 사실만으로 위 사안의 판결의 승인이 거부되었어야 했다. 그러나 위 판결에서는 "피고에게 60일의 응소기간을 부여한 것은 재판지와 멀리 떨어진 곳에 있는 피고를 위하여 답변의 준비, 증거의 수집, 우편물의 도달기간 등을 고려하여 피고가 그 소송을 실질적으로 방어할 수 있도록 법정의 기간을 규정한 것으로 보이므로"라고 하여 60일의 응소기간이 피고가 방어권을 행사하기에 적절한 기간인데 반하여 20일은 부족하다는 사실을 묵시적으로 밝히고 있다. 굳이 이러한 판시를 한 이유는 송달의 적법성이 송달의 적절성을 목적으로 한다는 내심의 의사가 표현되었기 때문으로 보인다.

방법으로'를 삽입할 필요가 있다고 본다.

유럽연합에서 이러한 입법례를 찾을 수 있다. 브뤼셀협약 제27조 제2호에서는 우리 민사소송법과 동일하게 외국재판의 승인거절의 요건으로서 소송을 개시하는 서류가 적법하게 송달되지 아니하였을 것(not duly served)을 요구하였다. 그러나 이 협약이 유럽연합의 브뤼셀규칙으로 변경되는 과정에서 위 문구는 삭제되고 대신에 '피고가 방어를 준비할 수 있도록 하는 방법'(in such a way as to enable him to arrange for his defence)이라는 문구가 추가되었다. 즉 송달의 적법성이 송달의 적절성으로 대체된 것이다. 이와 같은 변화는 기술적, 절차적 관점에서 송달의 적법성보다 피고가 방어권을 행사하는데 충분한 정보를 받았는지 여부를 우위에 놓기 위해서이다.[151]

(3) 적절한 송달의 의미

피고의 방어권이 보장되었다는 의미는, ① 적절한 송달에 의하여 피고가 방어준비를 할 수 있을 정도로 원고의 청구내용을 충분히 인지하거나 인지할 수 있었다는 점과 ③ 피고에게 실질적 의미에서 응소할 기회가 부여되었다는 점으로 나누어 볼 수 있다.

가) 피고의 인지 또는 인지가능성

송달의 적법성의 경우에는 재판국 또는 승인국의 송달규정에 맞게 송달이 이루어졌는지 '법률판단'을 요구한다면, 송달의 적절성의 경우에는 피고가 방어준비를 할 수 있을 만큼 원고의 청구내용을 충분히 인지하거나 인지할 수 있었다는 점에 대한 '사실판단'을 요구한다. 따라서 후자의 경우에는 송달의 방식이 적절해야 할 뿐만 아니라 송달되는 문서의 내용도 방어권 행사에 적절해야 하는 등[152] 개별적 사안마다 모든 정황을 고려하여 판단해야 한다. 유럽사법재판소의 ASML Netherlands BV v Semiconductor Industry Services GmbH (SEMIS) 결정[153]에서도 판결의 송달의 형식(formalities)에 적용되는 규칙에 따랐는지 여부는 승인거부사유가 될 수 없고 피고가 판결의 내용을 숙지하여 권리보호의 기회를 가졌는지 여부를 기준으로 해야 한다고 보았다. 이러한 결과 송달이 재판국 또는 승인국의 송달규정에 적합한 방식으로 송달이 이루어졌다고 하더라도 실제로는 피고가 청구내용을 충분히 인지하기에 부족한 방법으로 이루어졌다면 적절한 송달로 볼 수 없다.[154]

그런데 송달이 피고가 방어권을 행사하기에 적절한 방법으로 이루어졌지만 그러한 송달이 재판국이나 승인국의 송달규정에 위반하였고, 피고가 이러한 위법한 송달의 경우에는 응소할 필요가 없다고 판단하여 응소하지 아니한 결과 결석재판이 있었다면 이러한 외국재판을 승인해야 하는가의 문제가 발생한다. 위와 같은 사정 하에서는 피고가 응소하지 아니한 이유가 충분히 정당성을 가지므로 이러한 경우까지 송달이 적절했다고 보기에는 무리가 있다. 다만 위와 같은 사정에 대한 판단도 사실판단이므로 피고가 송달의 위법성을 조사하였는지, 그

151) Dickinson, para. 13.326.
152) Magnus, p. 591.
153) Case C-283/05 [2006] I-12041.
154) Dickinson, para. 13.326.

위법성이 피고로 하여금 응소를 하지 않도록 할 만큼 중대하였는지, 위법성과 응소를 하지 아니한 사실 사이에 인과관계가 있는지를 종합적으로 고려하여 판단해야 할 것이다.

나) 응소할 기회의 실질적 부여

피고에게 실질적 의미에서 응소할 기회가 부여되었다는 점은 피고가 절차상 응소할 수 있다는 절차법적 측면을 말하는 것이 아니라 모든 상황을 고려하였을 때에 피고가 응소할 것이 기대된다는 것을 의미한다. 이러한 취지에서 피고에 대한 송달은 피고가 절차에 참가할 것인지를 결정하고 방어를 준비하기에 충분한 시간여유를 두고 이루어져야 한다. 응소기간이 지나치게 짧다면 피고에게 실제로 방어의 기회가 주었다고 볼 수 없다. 이를 송달의 적시성이라고도 한다.[155] 방어에 충분한 시간인지는 언어의 차이, 통신의 어려움, 비용, 변호사 선임의 용이성 등 종합적 사정을 고려해서 판단해야 하는 '사실판단'의 문제이다. 따라서 송달의 적시성은 재판국이나 승인국의 절차법을 적용하여 결정할 사항이 아니라 실질적으로 적절한 시간이 주어졌는지를 기준으로 해야 한다.[156]

4. 송달받지 아니한 경우에는 소송에 응하였을 것

가. 규정의 취지

피고가 소장 등을 송달받지 아니한 경우에도 어떤 경로로 소가 제기된 사실과 청구내용을 알게 되어 응소를 하였다면 피고의 방어권이 보장되었다고 할 수 있으므로 외국재판의 승인요건으로서의 적법한 송달의 하자는 치유되었고 볼 수 있다. 국내소송에서 하자 있는 송달은 효력이 없지만 당사자가 송달의 하자에 대하여 이의를 제기하지 않았다면 민사소송법 제151조[157]의 이의권의 포기 또는 상실이 되어 유효한 송달로 의제되는 것이 원칙이다. 예를 들어 사망한 자에 대하여 실시된 송달은 위법하여 원칙적으로 무효라고 할 것이나, 그 사망자의 상속인이 현실적으로 그 송달서류를 수령고도 즉시 이의를 제기하지 않았다면 이의권의 포기 또는 상실로서 하자가 치유되어 상속인에 대한 송달로서 효력이 발생한다.[158] 민사소송법 제217조 제1항 제2호에서 송달의 하자가 있더라도 피고의 응소에 의하여 하자가 치유되는 것도 앞서의 이의권의 포기 또는 상실과 궤를 같이 있다. 브뤼셀규칙 recast 제45조(1)(b)에서도 "판결이 출석 없이 선고된 때"(where the judgment was given in default of appearance)라고 규정하여 피고가 응소한 경우에는 송달의 하자가 외국재판의 승인거부사유가 될 수 없다.[159] 그러나 재판국법상 응소를 하더라도 송달의 하자가 치유되지 아니하고 재판이 무효라면 승인

155) 이러한 점에서 적법성과 적시성은 엄격히 구분되는 것은 아니다(Magnus, p. 589).

156) Dickinson, para. 13.330.

157) 제151조(소송절차에 관한 이의권) 당사자는 소송절차에 관한 규정에 어긋난 것임을 알거나, 알 수 있었을 경우에 바로 이의를 제기하지 아니하면 그 권리를 잃는다.

158) 대법원 1998.2.13. 선고 95다15667 판결. 다만 항소 제기기간은 불변기간이고, 이에 관한 규정은 성질상 강행규정이므로 그 기간 계산의 기산점이 되는 판결정본의 송달의 하자는 이에 대한 피고의 이의권의 포기나 상실로 인하여 치유될 수 없다(대법원 2007.12.14. 선고 2007다52997 판결).

159) Mærsk Olie & Gas A/S v Firma M. de Haan en W. de Boer Case C-39/02 [2004] ECR I-9657, para. 56.

될 외국재판의 효력이 없으므로 승인이 거부되어야 할 것이다.

나. 법원이 대리인을 선임하여 그 대리인이 응소한 경우

유럽사법재판소의 Bernardus Hendrikman and Maria Feyen v Magenta Druck & Verlag GmbH 결정[160]에서는, 피고들에게 아무런 송달이 이루어지지 않았음에도 불구하고 독일 법원이 피고들을 위하여 변호사를 선임하였고 그 변호사가 피고들을 대리하여 변론기일에 출석한 사건에서, 피고들은 법원이 선임한 대리인에 대하여 어떠한 지시를 한 것도 아니므로 그 대리인의 출석을 송달의 하자를 치유할 수 있는 피고들의 출석으로 보기 힘들다고 판시하였다. 재판국법상 피고의 적법한 대리인에 해당하여 그에 대한 송달이 적법하다면 민사소송법 제217조 제1항 제2호의 적법한 송달에 해당하겠지만 피고의 대리인이 법원에 의하여 선임되는 등 피고가 실제로 소가 제기된 사실을 인지하지 못했다면 피고의 방어권이 실질적으로 보장되지 못했음이 명백하므로 절차적 공서에 반하여 승인될 수 없을 것이다.

다. 대리인이 응소하였으나 대리권이 부인된 경우

대법원 2009.1.30. 선고 2008다65815 판결의 사안에서는 멕시코 법원에서 진행된 소송과 관련하여, 피고를 대리하여 또는 대표하여 소장 및 소환명령장을 송달받을 자격이 없는 자에게 송달이 이루어 졌지만 송달받은 자가 피고에게 송달사실을 통지한 결과 피고가 소송대리인을 선임하여 그 소송대리인들로 하여금 기일에 출석하여 변론하도록 하였다. 그러나 위 멕시코법원은 위임장의 하자를 이유로 기일에 출석한 피고 소송대리인들의 소송대리권을 모두 부인하였고 달리 피고에 대하여 다시 기일을 정하여 기일소환장을 통지하지 아니한 채 피고가 본래의 기일에 불출석한 것으로 보고 판결을 선고하였다. 이 사안에서 위 대법원 판결은 피고가 외국소송에 응소한 것으로 볼 수 없다고 판시하였다. 타당하다고 본다.

라. 관할을 다투거나 송달의 하자를 다툰 경우

송달의 하자를 치유하는 피고의 응소가 본안에 대한 응소에 한정되는지 아니면 관할을 다투는 등 절차상 하자에 관한 본안전 항변도 포함되는지 문제된다. 이에 대하여 변론관할[161]을 인정하기 위한 경우와 달리 외국재판의 승인요건으로서의 송달은 피고의 방어권을 보호하기 위한 취지이므로 피고가 실제로 방어할 수 있는 기회를 가졌는지의 여부가 관건이고 따라서 관할을 다투기 위한 출석도 응소에 해당한다는 견해가 있다.[162] 그러나 피고가 관할의 위반을 다투는 등 본안전 항변만을 한 사실만으로 피고가 원고의 청구내용을 인지하였는지 알 수 없고, 피고가 원고의 청구내용을 인지하였다고 하더라도 본안에 대한 답변이 없다

160) Case C－78/95 [1996] ECR I－4943.

161) 원고가 법정관할 또는 합의관할에 위반하여 소를 제기하였는데 피고가 이의 없이 본안에 관하여 변론하게 되면 그 법원에 관할이 발생한다. 이를 '변론관할' 또는 '응소관할'이라고 한다(민사소송법 제30조).

162) 석광현, 국제민사소송법, 박영사, 2012, 372쪽.

면 본안에 대하여 방어의 기회를 가졌다고 볼 수 없으므로 이를 송달의 하자를 치유하는 응소라고 보기에는 무리가 있다고 생각한다.163) 앞서 언급한 유럽사법재판소의 Mærsk Olie & Gas A/S v Firma M. de Haan en W. de Boer 결정에서도 관할을 다투기 위한 출석은 송달의 하자를 치유하는 출석에 해당하지 않는다고 보았다.

Ⅲ. 송달의 하자와 관련한 나머지 쟁점들

1. 송달의 하자와 실질재심사금지의 원칙

실질재심사금지의 원칙에 따라서 승인국 법원은 외국재판이 승인요건을 갖추었는지 심사하는 과정에서 외국법원이 행한 사실인정과 그에 기초한 법률의 적용의 옳고 그름을 심사할 수 없다. 만일 재판국 법원이 송달이 적법하였다고 판단하였다면 승인국 법원이 송달의 적법성을 다시 판단하는 것이 실질재심사금지의 원칙에 반하는지 문제된다. 이에 관한 입법이나 대법원 판례는 없다. 반면에 유럽사법재판소는 앞서 언급한 Peter Klomps v Karl Michel 결정에서는 송달의 적법성을 요구하는 규정의 취지를 고려할 때 외국재판에서 송달의 유효성에 관하여 판단을 하였다고 하더라도 여전히 승인국 법원은 송달의 적법성을 판단할 수 있다고 보았다. 이와 동일한 이유에서 우리 법원도 송달의 적법성에 관한 재판국 법원의 판단에 구속되지 아니하고 독자적으로 송달의 적법성을 심사할 수 있다고 본다.

2. 피고에게 송달의 하자를 치유할 의무가 있는지 여부

예를 들어 피고가 소장을 송달받지 못하여 소송이 진행된 사실을 모르고 있다가 결석재판을 송달받아서 비로소 소가 제기된 사실을 알게 되었지만 송달의 하자를 다투기 위한 항소를 제기하지 않아서 재판이 확정이 된 경우에 피고가 승인절차에서 송달의 하자를 다툴 수 있는지 문제된다. 만일 송달의 하자를 치유하기 위하여 재판국에서 가능한 조치를 취할 의무가 피고에게 있다면 피고는 승인절차에서 송달의 하자를 다툴 수 없을 것이다.

이에 대하여 브뤼셀규칙 recast 제45조(1)(b)에서는 "피고가 결석재판을 다툴 수 있었음에도 불구하고 그러한 절차를 개시하지 아니한 경우"(the defendant failed to commence proceedings to challenge the judgment when it was possible for him to do so)에 송달의 하자를 이유로 외국재판의 승인을 거부할 수 없도록 규정하고 있으므로 위와 같은 경우에 피고는 승인단계에서 송달의 하자를 다툴 수 없다.164) 이와 같이 규정한 이유는 절차적 하자에 대하여는 승인국보다 재판국 법원이 가장 잘 판단할 수 있다고 보기 때문이다.165)

민사소송법 제217조 제2호에서는 명시적으로 피고에게 외국재판을 다툴 의무를 부과하

163) Dickinson, para. 13.313; Magnus, p. 584.
164) Dickinson, para. 13.319.
165) Magnus, p. 592.

고 있지 않고 그렇게 해석할 여지가 있는 것도 아니다. 다만 민사소송법 제1조 제2항에서는 "당사자와 소송관계인은 신의에 따라 성실하게 소송을 수행하여야 한다."고 규정하여 민사소송절차에서도 신의성실의 원칙이 인정된다는 점을 명시하고 있다. 이로부터 금반언의 원칙(estoppel)을 도출할 수 있는데[166] 피고가 외국재판을 다투지 아니한 것이 금반언의 원칙에 반하여 신의성실의 원칙에 반한다면 송달의 하자를 이유로 외국재판의 승인을 거부할 수 없을 것이다.

금반언의 원칙을 적용한 대법원 판례를 보면 ① 소의 취하의 합의를 한 후 소를 취하하지 아니하는 경우 원고에게 권리보호의 이익이 없어 소를 각한 경우(대법원 2005.6.10. 선고 2005다14861 판결), ② 특정한 권리나 법률관계에 관하여 분쟁이 있어도 제소하지 아니하기로 하는 합의에 반하여 소를 제기한 경우에 이러한 소를 신의성실의 원칙에도 어긋나는 소로서 각하한 경우(대법원 2013.11.28. 선고 2011다80449 판결), ③ 권리자가 장기간에 걸쳐 그 권리를 행사하지 아니함에 따라 그 의무자인 상대방이 더 이상 권리자가 권리를 행사하지 아니할 것으로 신뢰할 만한 정당한 기대를 가지게 된 경우(대법원 1996.7.30. 선고 94다51840 판결) 등이 있다.

앞의 두 판결에서는 소송당사자가 먼저 적극적으로 소송행위를 한 후에 이러한 소송행위에 반하는 행위를 한 경우이고, 세 번째 판결은 권리불행사에 대하여 상대방이 정당한 기대를 갖게 된 경우에 해당한다. 여기서의 쟁점은 세 번째 판결의 법리와 관련된다. 즉 승인을 다투는 자가 송달의 하자를 알고 있었고 이를 재판국에서 다툴 수 있었음에도 불구하고 다투지 아니한 경우에 이러한 자가 더 이상 승인단계에서도 송달의 하자를 다투지 아니할 것이라는 정당한 기대를 상대방이 가지게 되는가의 문제이다.

위와 같은 경우에 승인을 다투는 자는 재판국에서 송달의 하자를 다툴 방법을 갖고 있을 뿐만 아니라 승인단계에서 송달의 하자를 다툴 방법도 갖고 있다. 재판국에서 송달의 하자를 다툴 법적 의무를 부담하지 않는 승인을 다투는 자로서는 어떤 방법을 취할 것인지 자신에게 유리하게 방향으로 결정할 수 있다. 따라서 승인을 다투는 자가 재판국에서 송달의 하자를 다투지 않았다고 하더라도 승인단계에서 이를 더 이상 다투지 않을 것이라는 정당한 기대를 상대방이 갖게 되었다고 보기 힘들다. 더욱이 민사소송법 제217조 제1항 제2호에서 송달의 하자를 승인거부사유로 규정하고 있는 이상 승인을 다투는 자로서는 송달에 하자가 있는 외국재판이 우리 법원에서 승인되지 아니할 것이라는 강력한 기대를 갖고 있으므로 상대방이 이에 반대되는 정당한 기대를 갖고 있다고 볼 수도 없다. 결국 승인을 다투는 자가 재판국에

166) 대법원 1997.9.9. 선고 96다47517 판결에서는 미국 미네소타주 판결이 사기에 의한 판결이라는 피고의 주장에 대하여 "피고가 미국에 거주하면서 적법하게 소장과 소환장을 송달받고도 특별한 사정없이 응소하지 않고 한국으로 귀국하여 방어의 기회를 스스로 포기한 점, 이 사건 미국판결은 미국법상 결석판결에 의하여 불확정손해의 배상을 구함에 있어 요구되는 제반 절차를 제대로 거쳐 성립된 것인 점, 피고가 그 후로도 일부 소송서류를 수령하는 등으로 이 사건 미국판결이 문제가 되고 있음을 알고도 상소나 그 밖의 가능한 구제절차를 전혀 취하지 아니한 점"을 이유로 피고의 주장을 배척하였다. 즉 피고가 외국의 재판절차에서 사기의 주장을 할 수 있었는데도 불구하고 이를 고의적으로 하지 않고서 승인절차에서 비로소 사기의 주장을 하는 것은 금반언의 원칙상 허용되지 않는다고 보았다.

서 송달의 하자를 다툴 의무가 있는지 여부는 입법에 의해서만 해결되어야 하는데 유럽연합과 같이 하나의 국가를 지향하는 회원국 사이에서는 그러한 의무를 부과할 수 있지만 이러한 목표가 없는 우리의 경우에는 위와 같은 의무를 지우는 것은 송달의 하자라는 피해를 입은 피고에게 과도한 부담을 지우는 일이라고 본다.

한편 대법원 1997.9.9. 선고 96다47517 판결에서는 미국 미네소타주 판결이 사기에 의한 판결이라는 피고의 주장에 대하여 "피고가 미국에 거주하면서 적법하게 소장과 소환장을 송달받고도 특별한 사정없이 응소하지 않고 한국으로 귀국하여 방어의 기회를 스스로 포기한 점, 이 사건 미국판결은 미국법상 결석재판에 의하여 불확정손해의 배상을 구함에 있어 요구되는 제반 절차를 제대로 거쳐 성립된 것인 점, 피고가 그 후로도 일부 소송서류를 수령하는 등으로 이 사건 미국판결이 문제가 되고 있음을 알고도 상소나 그 밖의 가능한 구제절차를 전혀 취하지 아니한 점"을 이유로 피고의 주장을 배척하였다. 즉 피고가 외국의 재판절차에서 사기의 주장을 할 수 있었는데도 불구하고 이를 고의적으로 하지 않고서 승인절차에서 비로소 사기의 주장을 하는 것은 금반언의 원칙상 허용되지 않는다는 것이다. 이 판결의 사안에서는 외국의 재판절차에서 피고에게 방어권이 보장되었으므로 피고에게 사기의 주장을 할 것을 기대할 수 있고 사기의 주장을 아니 한 경우에는 원고로서는 피고가 더 이상 사기의 주장을 하지 않을 것으로 정당한 기대를 가질 수 있다. 그러나 송달의 하자의 경우에는 처음부터 피고에게 방어권이 보장되지 아니하였으므로 피고가 적극적으로 송달의 하자를 다툴 것을 기대하기 어렵고 이에 따라서 원고도 피고가 더 이상 송달의 하자를 다투지 않을 것이라는 정당한 기대를 가졌다고 보기 힘들다.

Ⅳ. 직권조사사항

민사소송법 제217조 제2항은 승인의 요건을 직권조사사항[167]으로 규정하고 있다. 그리고 대법원 2010.7.22. 선고 2008다31089 판결은 송달의 적법성은 집행판결의 소송요건이라는 이유로 법원의 직권조사사항으로 보고 있다. 이에 대하여 독일의 통설에 따라서 승인요건은 피고의 보호를 위한 것이므로 피고의 주장이 있는 경우에 비로소 판단할 항변사항이라는 주장이 있는데, 입법론적 주장이라면 모를까 현행법상 항변사항이라고 보기는 힘들다. 또한 외국재판의 승인은 외국재판의 기판력의 효력을 인정하는 것이고 대법원 2011.5.13. 선고 2009다94384, 94391, 94407 판결에서는 기판력의 존재를 직권조사사항으로 보고 있으므로 결국 외국재판의 승인요건도 직권조사사항이라고 보는 것이 위 판결과 일관성이 있는 태도라고 보인다. 만일 승인요건을 항변사항으로 보고자 한다면 영국과 같이 기판력을 항변사항으로 하는 일관성이 있는 태도가 유지되어야 할 것이다.

---

167) 직권조사사항은 당사자의 주장이 없더라도 법원이 직권으로 심판의 대상으로 삼아야 하는 사항을 말한다. 직권탐지사항과 달리 직권조사사항에 대하여는 법원이 적극적으로 사실을 조사하고 증거를 수집할 책임이 없고 당사자의 증명이 있어야 비로소 직권조사를 하는 것이 원칙이다(대법원 1981.6.23. 선고 81다124 판결).

제5절 그 확정재판 등의 내용 및 소송절차에 비추어 그 확정재판 등의 승인이 대한민국의 선량한 풍속이나 그 밖의 사회질서에 어긋나지 아니할 것

Ⅰ. 공서양속의 의의

민사소송법 제217조 제1항 제3호는 "그 확정재판 등의 내용 및 재판절차에 비추어 그 확정재판 등의 승인이 대한민국의 선량한 풍속이나 그 밖의 사회질서에 어긋나지 아니할 것"이라고 규정하고 있는데, 이는 소위 '공서양속'(public policy, ordre public)[168]을 규정한 것이다. 공서양속은 그 의미가 매우 추상적이기 때문에 그 해석과 관련하여 많은 논의가 있다. 그리고 이러한 추상성으로 인하여 외국재판의 승인을 위한 심사가 외국재판에 대한 재심사의 기회로 남용될 위험이 있다. 이러한 이유로 외국재판의 승인요건으로서 공서양속의 해석과 심리범위 등은 매우 중요한 의미를 갖는다.

이러한 공서양속은 '실체적 공서'와 '절차적 공서'로 나누는 것이 일반적이다.[169] 아동의 혼인이나 일부다처제가 적법하다는 전제 하에서 내려진 외국재판과 같이 재판의 실체적 내용이 우리의 법감정상 도저히 받아들일 수 없는 경우가 '실체적 공서'가 문제되는 경우이고, 일방당사자에게 방어의 기회가 주어지지 않은 재판절차와 같이 재판의 성립절차가 우리의 공서양속에 반하는 경우가 '절차적 공서'가 문제되는 경우이다. 판례[170]와 학설에 의하여 외국재판이 절차적 공서에 반하는 경우도 승인거부사유로 인정되어 왔는데, 2014년 개정 민사소송법 제217조 제1항 제3호에서는 "그 확정재판 등의 내용 및 재판절차에 비추어"라고 개정하여 외국재판의 승인요건으로서의 공서에 '절차적 공서'도 포함됨을 명확히 하였다.[171]

Ⅱ. 외국재판의 승인의 '결과'

재판의 자유로운 이동을 추구하여 당사자의 권리구제와 국제거래의 증진에 기여하더라도, 인종차별적 법률이나 아동의 혼인을 허용하는 법률에 기초한 외국재판과 같이 그 승인에 의하여 우리의 기본적 법질서가 파괴되는 것을 방지할 필요가 있다. 이러한 점에서 민사소송법 제217조 제1항 제3호의 공서양속은 방어적 기능을 수행하고 있다. 그러나 나라마다 법, 문화, 윤리의 내용이 다르고 외국법원은 자신의 민사소송법에 따라서 자신의 국제사법에 의하여

---

168) 공서의 연혁 및 입법례에 관하여는 윤성근, "외국판결 및 중재판정승인거부요건으로서의 공서위반", 국제사법연구 20권 2호(2014.12), 445쪽 이하 참조.

169) 석광현, 국제민사소송법, 박영사, 2012, 374쪽.

170) 대법원 2004.10.28. 선고 2002다74213 판결.

171) 호문혁, "외국판결의 공서위반 판단의 대상에 관한 연구－강제징용 사건 관련 대법원 판결에 대한 검토를 중심으로－", 법학평론 6권(2016), 69쪽. 영국 보통법에서는 외국의 재판절차에서 피고의 방어권이 보장되지 아니한 경우를 절차적 공서양속의 문제로 보지 않고 자연적 정의(natural justice)에 반하는 것으로 분류하고 있다(Collins, para. 14－163).

결정된 준거법을 적용하여 재판을 수행하므로 외국재판의 절차나 판단결과가 우리의 법, 문화, 윤리와 어느 정도 차이가 발생하는 것은 당연하다. 이와 같이 차이가 발생하였다고 하여 이를 함부로 공서양속에 반하는 재판이라고 한다면 실제로 승인될 수 있는 외국재판은 많지 않을 것이며 결국 외국재판을 승인 및 집행하는 취지는 무색하게 된다.172)

따라서 외국재판의 승인요건을 심사한다는 것은 우리 법원이 외국재판의 상급심 법원처럼 외국재판이 한 사실과 법의 적용을 다시 심사하는 것이 아니라 외국재판을 승인한 결과가 우리나라의 공서양속에 반하는지 여부만을 심사하는 것이다. 그러므로 외국재판을 승인하는 절차에서 상대방은 외국재판이 사실과 법을 적용함에 있어서 잘못이 있다는 비난을 방어방법으로 사용할 수 없고,173) 외국재판이 적용한 법의 내용이 우리 법원이 동일한 사안에서 적용했었을 법의 내용과 다르다는 이유만으로 외국재판의 승인을 거부할 수 없다.174) 예를 들어 승인국에서는 인정되지 아니하고 재판국에서만 인정되는 지적재산권이 재판국에서 침해되었다는 내용의 외국재판이 있었다고 하더라도 이러한 사유만으로 외국재판의 승인이 공서양속을 위반하는 결과를 가져온다고 볼 수 없다.175)

대법원 2009.6.25. 선고 2009다22952 판결에서 “외국법원에서 확정된 이혼판결의 이혼사유인 결혼의 파탄이 우리 민법이 정한 이혼사유가 아니고, 위 외국판결의 재산분할방식이 우리나라와 차이가 있으며, 위 외국판결에서 지급을 명한 배우자 부양료가 우리나라에서는 인정되지 않는다는 사정만으로는, 위 외국판결의 효력을 인정하는 것이 대한민국의 선량한 풍속이나 그 밖의 사회질서에 어긋난다고 할 수 없다.”고 판시한 것도 동일한 취지이다.176) 그리고 대법원 2015.10.15. 선고 2015다1284 판결에서도 외국재판 자체가 아니라 외국재판을 승인한 결과가 공서양속에 반해야 비로소 외국재판의 승인이 거부된다고 판시하고 있다.177)

Ⅲ. 우리나라의 공서양속

민사소송법 제217조 제1항 제3호에서는 “대한민국의 선량한 풍속이나 그 밖의 사회질서”라고 하여 승인요건으로서의 공서가 재판국의 공서가 아니라 승인국인 우리나라의 공서를

172) 제나드 보고서, p. 44.

173) Fawcett, p. 615.

174) 대법원 2010.6.24. 선고 2007다73918 판결에서는 “‘중재판정의 승인 또는 집행이 대한민국의 선량한 풍속 기타 사회질서에 위배되는 때’란 단순히 중재인에 의하여 이루어진 사실인정에 잘못이 있다거나 중재인의 법적 판단이 법령에 위반되어 중재판정의 내용이 불합리하다고 볼 수 있는 모든 경우를 말하는 것이 아니라, 중재판정이 명하는 결과가 대한민국의 선량한 풍속 기타 사회질서에 위배되는 때를 의미한다.”고 판시하고 있다. 그리고 브뤼셀협약의 공서에 관한 규정을 적용한 대표적인 유럽사법재판소의 Krombach v Bamberski, Case C−7/98 [2000] I−1935 결정에서도 동일하게 보고 있다. 이 판결의 사안에서 살인혐의를 받고 있는 독일인은 그 살인과 관련한 프랑스에서의 민사재판에 출석을 거부하고 대신에 변호사만을 출석시키려고 하였지만, 프랑스법상 도주자는 대리인을 출석시킬 수 없었기 때문에 피고는 아무런 진술의 기회를 갖지 못하고 패소하였다. 원고가 이 재판을 가지고 독일에 집행판결을 신청하였지만 유럽사법재판소는 위 재판이 당사자의 방어권을 침해한 공서양속에 반하는 재판으로 보았다.

175) Fawcett, p. 615.

176) 또한 대법원 2015.10.15. 선고 2015다1284 판결의 심리과정에서도 피고가 미국 특허법을 적용한 러프킨 지원의 판결이 우리의 특허법에 위반되었다고 주장하면서 공서양속의 위반을 주장하였지만 이러한 주장은 받아들여지지 않았다.

177) 석광현, 국제민사소송법, 박영사, 2012, 373쪽.

의미함을 명백히 하였고, 대법원 2015.10.15. 선고 2015다1284 판결도 이와 같이 판시하고 있다. 외국재판의 승인에 따라서 침해될 수 있는 국내법질서가 있다면 공서를 통하여 승인을 거부함으로써 국내법질서를 보존하는 것이 공서요건의 취지이므로 이때의 공서는 우리나라의 공서일 수밖에 없다. 따라서 외국재판이 재판국의 관할규정에 위반했다거나 그 국가의 재판절차에 위반하였다고 하더라도 이러한 위반이 당사자의 절차참가권을 박탈하는 등 우리나라의 공서에 위반되지 아니한 이상 상대방은 이를 공서위반의 승인거부사유에 해당한다는 주장을 제출할 수 없고, 법원은 실질재심사금지의 원칙상 외국재판이 재판국의 절차법에 위반되었는지 여부를 심사할 수 없다.[178] 더욱이 아래에서 보는 바와 같이 민사소송법 제217조 제1항의 승인요건 네 가지는 한정적 열거로 해석되어야 하고, 네 가지의 승인요건에는 외국재판이 재판국의 법률에 위반되지 않았을 것이 포함되어 있지 않다는 점에서도 그러하다.

그리고 이러한 결론은 외국재판이 재판국의 절차법만이 아니라 재판국의 실체법에 위반한 경우에도 마찬가지이다.[179] 영국의 Merker v Merker 사건 판결[180]에서 승인의 대상인 독일판결이 독일법을 적용하였을 때에 '혼인이 부존재 한다(non-existence)'고 판결했어야 함에도 불구하고 '혼인이 무효(null and void)'라고 판결하였고 이러한 판결이 독일에서는 무효라고 하더라도, 영국법상 관할이 있는 법원에서 선고하였고 공서양속에 위반이 없는 이상 이러한 판결은 영국에서 승인되어야 한다고 보았다. 우리의 경우에도 이와 동일한 법리가 적용될 것이다. 다만 위 판결이 독일에서 무효라면 우리나라의 법원으로서는 민사소송법 제217조 제1항의 '외국법원의 확정판결'이 없다는 이유로 승인을 거부할 수밖에 없을 것이다.

Ⅳ. 공서양속의 해석의 엄격성

과거에는 상호주의(reciprocity)를 바탕으로 한 국제예양(comity)이 외국재판의 승인의 근거로 제시되었지만[181] 현재는 외국재판의 승인이 당사자의 권리구제에 필요하다는 점, 원활한 국제거래의 증진에 큰 기여를 할 것이란 점, 이중의 소송을 방지하여 소송경제에 적합하다는 점, 국제적으로 모순된 판결을 방지할 수 있다는 점 등과 같은 실질적인 이유가 제시되고 있다.[182] 이러한 이유들을 종합해 보면 궁극적으로 재판의 효력에 있어서 국경을 없애자는

178) Fawcett, p. 541

179) 윤성근, "외국판결 및 중재판정승인거부요건으로서의 공서위반", 국제사법연구 20권 2호(2014.12), 463쪽.

180) [1963] P 283.

181) 국제예양은 네덜란드에서 처음으로 주장되었지만 그 구체적 의미는 미국 연방대법원 Hilton v. Guyot 159 U.S. 113 (1895) 판결에 의하여 확립되었다. 이 판결에서 미국 연방대법원은 프랑스 법원의 판결의 승인을 거부하면서 "국제예양이란 법률적 관점에서 상대방에 대한 절대적 의무사항도 아니고 단순히 선의에 불과한 것도 아니다. 국제예양은 국제적 의무와 편의, 자신의 국민 또는 자신의 법의 보호 하에 있는 사람의 권리를 고려하여 어느 국가가 그 영토 내에서 다른 국가의 입법적, 행정적, 사법적 행위의 승인을 허용하는 것을 말한다."고 판시하고 있다. 이를 간단히 정리하면, 외국의 주권행사를 존중해 주어야 하지만 그 외국도 우리의 주권을 존중해 줄 때 비로소 우리도 그 외국의 주권을 존중하겠다는 상호주의를 의미한다. 영국도 외국재판의 승인의 근거를 최초에 국제예양에서 찾았지만 1842년 Russell v Smyth (1842) 9 M. & W 판결에서 적법한 관할을 갖고 있는 법원이 일정한 금액의 지급을 명령하였다면 그 금액을 지급할 책임은 영국에서도 집행할 수 있는 법적 의무가 된다는 '의무이론'(이를 '기득권이론'(vested right theory)라고도 한다.)으로 대체한 이래로 이 이론이 계속 유지되고 있다.

182) 최공웅, "외국판결의 효력", 사법논집 제18집(1987.12), 332쪽; 윤성근, "외국판결 및 중재판정승인거부요건으로서의 공

재판의 자유로운 이동으로 수렴된다. 그런데 나라마다 법, 문화, 윤리의 내용이 다르고 외국법원은 자신의 민사소송법에 따라서 자신의 국제사법에 의하여 결정된 준거법을 적용하여 재판을 수행하므로 외국재판의 판단결과가 우리의 법을 적용하였을 때의 판단결과와 차이가 발생하는 것은 피할 수 없다. 이러한 이유로 외국재판의 승인의 요건으로서의 공서양속은 엄격하게 해석하여 예외적으로 적용될 필요가 있다.[183] 또한 공서양속은 그 의미가 매우 추상적이어서 넓게 적용될 수 있기 때문에 외국재판이 공서양속에 반하는지를 위한 심사가 외국재판에 대한 재심사의 기회로 남용될 위험이 있다는 점에서도 승인의 거부사유로서의 공서양속은 엄격하게 해석되어야 한다.

이러한 엄격해석의 원칙상 외국재판이 공서양속에 반한다는 이유로 승인이 거부되기 위해서는 외국재판을 승인하는 결과가 '명백히' 공서양속에 반하는 경우에 한정되어야 한다. 브뤼셀규칙 recast 제45조 제1항(a)에서도 외국재판의 승인이 명백히(manifestly) 승인국의 공서양속에 반하는 경우에만 승인을 거부할 수 있도록 규정하여 그 엄격성을 강조하고 있다. 이러한 점에서 사기적 방법이 사용된 외국재판이라고 하여 무조건 우리의 공서양속에 반한다는 결론에 이를 수는 없으며 엄격한 요건을 제시한 후에 이러한 요건이 충족되는 경우에만 '사기에 의한 외국재판'으로서 승인이 거부되어야 한다.

V. 공서양속과 실질재심사금지의 원칙

외국재판이 공서양속에 반해야 하는 것이 아니라 외국재판을 승인 및 집행한 결과가 공서양속에 반해야 한다는 의미는 외국재판의 내용에 대한 비난과 재심사를 금지한다는 의미이므로, 이는 실질재심사금지의 원칙과 연결된다. 이에 따라서 상대방은 외국재판의 오류를 밝히기 위하여 새로운 증거를 제출할 수 없고 승인국 법원은 외국재판과 다른 새로운 사실을 인정할 수 없다. 만일 당사자가 외국재판의 실체법과 절차법의 위반에 대하여 의심을 갖고 있다면 이러한 의심은 재판국의 불복절차를 이용해서 해결해야 한다.[184] 또한 실질재심사를 무제한으로 허용한다면 외국재판의 승인여부를 심사하는 절차는 외국재판의 당부를 심사하는 절차로 전락하여 이중의 소송을 방지하고자 하는 외국재판의 승인의 취지는 형해화되고 재판의 자유로운 이동은 저해될 것이다. 이러한 이유에서 민사집행법 제27조 제1항에서는 "집행판결은 재판의 옳고 그름을 조사하지 아니하고 하여야 한다."고 규정하여 외국재판의 집행판결

서위반", 국제사법연구 20권 2호(2014.12), 438쪽; 김동윤, "외국판결의 승인 및 집행요건으로서의 공서", 인권과 정의 353호(2006.1), 159쪽; 이연주, "민사소송법 제217조의 승인대상으로서 '외국재판'의 개념, 이화여자대학교 법학논집 21권 2호(2016.12), 2016, 62쪽; Ralf Michaels, "Recognition and Enforcement of Foreign Judgments, Max Planck Encyclopedia of Public International Law", available at http://scholarship.law.duke.edu/cgi/viewcontent.cgi?article=2699&context=faculty_scholarship, p. 1. 외국재판의 승인 및 집행의 근거에 관한 자세한 논의는 김석호, "외국판결을 승인 · 집행하는 논거", 법학연구 제23집(2006.8) 참조.

183) Ibid. p. 44에서도 브뤼셀협약 제27조의 공서양속에 관한 규정은 예외적인 경우에만 적용되어야 한다고 지적하고 있다(this clause ought to operate only in exceptional cases).

184) Fawcett, p. 539.

을 위한 절차에서 실질재심사금지의 원칙이 적용된다는 점을 선언하고 있다. 대법원 2009.6. 25. 선고 2009다22952 판결에서도 "우리나라의 특허법령에 따라 354특허의 신규성과 806특허의 진보성 인정 여부를 다시 판단하는 것은 이 사건 미국판결의 옳고 그름을 조사하는 것에 해당하여 실질재심사금지 원칙에 반하므로 허용될 수 없는 점"이라고 판시하고 있는데 타당한 판단이다.

한편 외국재판의 주문이 우리의 공서에 반하는 행위를 명하는 경우에 그 승인이 공서에 위반됨은 명백하지만 금전지급을 명하는 판결과 같이 주문만으로는 공서에 위반되는지를 판단하기 어려운 경우가 많을 것이다. 따라서 공서위반의 여부의 심사에서는 주문은 물론 판결이유도 고려할 필요가 있다.[185] 그러나 공서위반여부의 조사를 위하여 판결이유에 대한 무제한의 심사를 할 수 있도록 한다면 앞서 언급한 실질재심사금지의 원칙에 반하는 문제가 발생한다.

대법원 1988.2.9. 선고 84다카1003 판결에서는 "집행국 법원에 중재판정의 내용에 대한 당부를 심판할 권한은 없지만 … 집행조건의 충족 여부 및 집행거부사유의 유무를 판단하기 위하여 필요한 범위 내에서는 본안에서 판단된 사항에 대하여도 집행국법원이 독자적으로 심리판단 할 수 있다."고 판시하고 있는바, 이러한 취지는 외국재판의 승인에도 그대로 적용될 것이므로 법원은 외국재판을 승인한 결과가 우리의 공서에 위반되는지 여부를 심사하기 위하여 외국재판에 대한 실질재심사를 할 수 있다. 그러나 이러한 경우에도 실질재심사금지의 원칙의 취지는 유지되어야 하므로 외국재판의 승인의 과정에서 실질재심사금지의 원칙과 공서양속의 보존 사이에 적절한 균형이 요구된다.[186] 이와 같은 균형을 유지하기 위해서는 공서양속에 한정하여 필요한 경우에만 재심사가 허용되어야 한다. 이러한 점에서 대법원 2015. 10.15. 선고 2015다1284 판결이 확정재판 등을 승인한 결과가 선량한 풍속이나 그 밖의 사회질서에 어긋나는지를 심리한다는 명목으로 실질적으로 확정재판 등의 옳고 그름을 전면적으로 재심사하는 것은 허용되지 아니한다고 본 것은 매우 타당하다.

결국 우리 법원은 승인요건의 구비 여부를 판단하기 위하여 필요한 범위 내에서는 외국재판의 판단에 구속되지 아니하므로[187] 외국재판의 승인이 공서에 반하는 결과가 발생한다고 주장하는 상대방은 이러한 주장을 뒷받침하기 위하여 외국재판에서 주장하지 않았던 새로운 사실과 증거를 제출할 수 있고 법원은 이에 대하여 판단할 수 있다. 그리고 외국재판을 승인한 결과가 공서에 반하는지 여부는 고도의 공적이익에 관련된 사항으로서 민사소송법 제217조 제2항에서는 법원이 직권으로 심판의 대상으로 삼아야 하는 직권조사사항으로 규정하고 있고,[188] 대법원 2009.2.26. 선고 2008다8898 판결은 직권조사사항에 의심이 갈 만한 사정이

185) 석광현, 국제민사소송법, 박영사, 2012, 375쪽.

186) 윤성근, "외국판결 및 중재판정승인거부요건으로서의 공서위반", 국제사법연구 20권 2호(2014.12), 445쪽.

187) 석광현, 국제민사소송법, 박영사, 2012, 655쪽.

188) 최공웅, "외국판결의 효력", 사법논집 제18집(1987.12), 350쪽에서는 외국재판의 승인요건은 강행적 성격을 갖고 있으므로 직권조사사항이고 이의권의 포기와 상실이 허용되지 아니한다고 보고 있는데, 앞서 언급한 바와 같이 필자는 송달의 적법성의 요건은 피고의 항변사항이고 이의권의 포기와 상실의 대상이라고 본다.

엿보인다면 상대방이 이를 구체적으로 지적하여 다투지 않더라도 법원이 이에 관하여 직권증거조사를 할 의무가 있다고 판시하고 있으므로, 외국재판을 승인한 결과가 공서를 침해할 염려가 있다고 법원이 판단하였다면 외국재판의 본안에서 판단된 사항에 대해서도 직권으로 사실관계나 재판의 경위 등에 대하여 독립적인 증거조사를 해야 한다.[189)]

Ⅵ. 국내적 공서와 국제적 공서의 구분

민사소송법 제217조 제1항 제3호의 대한민국의 공서양속이란 민법 제103조가 규정하는 '국내적 공서'(domestic public policy)와 구별되는 그보다 좁은 '국제적 공서'(international public policy)라는 견해가 있는 반면에, 민법 제103조의 공서와 민사소송법 제217조 제1항 제3호의 공서가 동일한 개념이라는 견해도 있다고 한다.[190)] 대법원 2009.5.28. 선고 2006다20290 판결에서는 "뉴욕협약 제5조는 승인 및 집행의 거부사유를 제한적으로 열거하면서, 제2항 (나)호에서 중재판정의 승인이나 집행이 그 국가의 공공의 질서에 반하는 경우에는 집행국 법원은 중재판정의 승인이나 집행을 거부할 수 있도록 규정하고 있는바, 이는 위 협약의 적용을 받는 외국중재판정의 승인이나 집행이 집행국의 기본적인 도덕적 신념과 사회질서를 해하는 것을 방지하여 이를 보호하려는 데 그 취지가 있는 것이므로, 국내적인 사정뿐만 아니라 국제적 거래질서의 안정이라는 측면도 함께 고려하여 이를 제한적으로 해석하여야 하고, 해당 외국중재판정을 인정할 경우 그 구체적 결과가 집행국의 선량한 풍속 기타 사회질서에 반할 경우에 한하여 그 승인이나 집행을 거부할 수 있다."고 판시하였는데, 국내적 공서보다 좁은 의미로의 국제적 공서를 명시적으로 인정한 판결이고 이는 외국재판의 승인의 경우에도 타당하다는 주장이 있다.[191)] 애매한 면이 없지 않지만 위 판결에서 '국제적 거래질서의 안정'을 함께 고려하여 공서양속을 '제한적으로' 해석해야 한다고 판시한 점에서 국내적 공서와 구분되는 국제적 공서를 인정한 것이 아닌가 생각된다. 민법 제103조의 공서가 당사자자치의 원칙에 한계를 부여하여 사회질서를 유지하는데 목적이 있다면 민사소송법 제217조 제1항 제3호의 공서는 당사자자치와 관련이 없이 외국재판의 승인에 따른 국내의 사회질서를 유지하는데 그 목적이 있다는 점에서 양자의 목적과 기능에 차이가 있고, 이러한 측면에서 국내적 공서와 국제적 공서는 구분된다.

그러나 위와 같이 국내적 공서와 국제적 공서가 목적과 기능에서 차이가 있다고 해서 공서의 내용에도 차이가 있는지는 의문이다. 무엇보다 국제적 공서가 국내적 공서보다 그 범위에 있어서 좁아야 한다는 절대적 명제에는 반대한다. 예를 들어 국내적 공서를 매우 엄격하게 본다면 국제적 공서와 범위가 동일할 수 있고, 국내적 공서를 완화하여 해석한다면 국제적

189) 윤성근, "외국판결 및 중재판정승인거부요건으로서의 공서위반", 국제사법연구 20권 2호(2014.12), 457쪽.
190) 석광현, 국제민사소송법, 박영사, 2012, 373쪽.
191) 석광현, "사기에 의하여 획득한 외국중재판정의 승인과 공서위반 여부", 판례연구 24집 2호(2010.12), 158쪽.

공서보다 범위가 좁아질 것이다. 국내적 공서나 국제적 공서나 확정적 기준을 갖고 있는 절대적 개념이 아니라 모든 상황을 종합하여 고려할 때 그 기준이 변경될 수 있는 유동적이고 상대적이 개념이기 때문이다.192) 따라서 국내적 공서라고 하여 반드시 국제적 공서보다 좁아야 한다고 점에는 찬성할 수 없다.

그리고 국내적 공서에 관한 민법 제103조는 추상적이고 포괄적 성격으로 인하여 남용의 위험이 있고, 이러한 이유로 대법원 판결193)에서는 신의칙과 같은 일반원칙에 의하여 계약의 효력이 제한하는 것은 자칫 잘못하면 당사자자치의 원칙이나 법적 안정성에 대한 중대한 위협이 될 수 있으므로 신중을 기하여 '극히 예외적'으로 인정하여야 한다고 보고 있다. 한편 브뤼셀규칙 recast 제45조 제1항(c)(d)나 독일 민사소송법 제328조에서는 승인의 대상인 외국재판이 승인국이나 기타 제3국의 기판력 있는 판단과 저촉되는 경우를 공서양속의 위반과 별도의 승인거부사유로 규정하고 있지만 우리 민사소송법은 위와 같은 경우를 별도의 승인거부사유로 규정하지 않고 있지 않다. 이러한 이유로 대법원 판례는 공서양속에 의존하여 기판력에 저촉되는 외국재판의 승인이 공서양속에 반한다고 보았다.194) 그리고 영국의 보통법(common law)에서는 사기에 의하여 취득한 외국재판의 경우에 공서위반과 별도의 승인거부사유195)로 분류하고 미국의 Restatement 제482조 제2항(c)에서도 별도의 승인거부사유로 규정하고 있지만 우리의 경우에는 이를 별도의 승인거부사유로 규정하고 있지 않다. 이러한 이유로 앞서와 마찬가지로 대법원 판례는 공서양속에 의존하여 사기에 의하여 취득한 외국재판의 승인이 공서양속에 반한다고 보았다.196) 이와 같이 우리의 경우에는 외국재판의 승인을 거부하기 위한 공서양속의 의미를 외국에 비하여 다소 포괄적으로 활용할 수밖에 없는 입장이다.197) 앞서의 논의를 정리하면 민법 제103조의 공서는 엄격하게 해석되고 있는 반면에 민사소송법 제217조 제1항 제3호는 완화되어 해석되고 있으므로 우리에게 있어서 국내적 공서와 국제적 공서는 상당히 가까이 자리에 위치하고 있다.

그리고 국제적 공서에서는 '국제적 거래의 안정'이 추가적인 고려요소가 된다는 점에서 국내적 공서와 결정적 차이가 있다고 하지만 국내적 공서는 주로 국내적 사정만 고려하기 때문에 위와 같은 요소를 항상 고려하지 않을 뿐이며, 국내적 공서라고 하여 '국제적 거래의 안

192) Dickinson, para. 13.283. 대법원 2004.9.24. 선고 2001다69771 판결에서는 모든 경우에 동일한 수준의 신의성실이 요구되는 것은 아니며 거래의 종류에 따라서 요구되는 정도에 차이가 있을 수밖에 없다고 판시하고 있다. 이 판결에서는 보증신용장의 개설의뢰인과 개설은행 사이의 법률관계는 당사자 사이의 개설계약의 내용 및 그 계약의 내용으로 편입되는 신용장통일규칙에 의하여 규율될 것이지만, 그 외에 고도의 신뢰관계를 바탕으로 하는 개설은행과 개설의뢰인 사이의 법률관계의 특성상 사법상의 대원칙인 신의성실의 원칙이 더욱 폭 넓게 적용된다고 보고 있다.

193) 대법원 2004.1.27. 선고 2003다45410 판결.

194) 대법원 1994.5.10. 선고, 93므1051, 1068 판결은 국내 판결의 기판력과 충돌하는 외국판결은 대한민국판결의 기판력에 저촉되는 것으로서 대한민국의 선량한 풍속 기타 사회질서에 위반되어 승인될 수 없다고 보았다. 영국의 보통법(common law)에 따라서도 기판력에 저촉되는 외국판결은 공서양속에 반하여 승인이 거부된다(Collins, para. 14-15).

195) Fawcett, p. 552.

196) 그리고 대법원 2004.10.28. 선고 2002다74213 판결은 사기적인 방법으로 편취한 판결도 승인이 거부될 수 있다고 보았다. 석광현, "사기에 의한 외국판결승인의 공서위반여부와 상호보증", 민사판례연구 28권(2006.2), 699쪽에서도 "영미에서는 사기를 공서위반의 문제로 취급하는 대신 독립적인 승인 내지는 집행의 거부사유로 보나, 우리 민사소송법상으로는 이를 절차적 공서위반으로 보아야 할 것이다."라고 한다.

197) 장상균, "외국판결의 집행요건", 대법원판례해설 통권 제51호, 509쪽.

정'을 국제적 거래의 안정을 고려해야 하는 상황이 발생하지 않는 것도 아니다. 덧붙여 아래에서 논의하는 바와 같이 국내적 공서이든 국제적 공서이든 모두 법률에 의하여 보호되는 있는 고도의 법적 이익을 보호함으로써 대한민국의 기본적 법질서를 유지하는데 그 목적을 갖고 있다는 점에서 양자의 기준이나 범위에 차이가 없다. 결론적으로 우리의 경우에 있어서 국내적 공서와 국제적 공서의 내용상에 차이가 있다고 보이지 않는다. 단지 민법 제103조의 공서가 당사자자치의 원칙을 제한하기 위한데 그 목적이 있으므로 주로 실체적 공서를 보호하는데 그 목적이 있다면, 민사소송법 제217조 제1항 제3호는 외국재판의 효력을 제한하는데 그 목적이 있으므로 실체적 공서 이외에 방어권보장 등의 절차적 공서까지 보호하는데 그 목적이 있다는 점에서 그 목적이나 적용대상에 차이가 있을 뿐이라고 본다.

Ⅶ. 법적 이익의 보호

1. 의 의

민사소송법 제217조 제1항 제3호에서는 "대한민국의 선량한 풍속이나 그 밖의 사회질서"라고만 규정하고 있어서 '선량한 풍속'과 '그 밖의 사회질서'를 구분해야 하는지 그 내용은 무엇인지 문제된다. 사전적 의미로 해석하면 '선량한 풍속'은 오래 전부터 내려온 전통적인 미풍양속을 의미하고 '그 밖의 사회질서'는 전통적 미풍양속과 큰 관계없이 국가의 질서를 유지하기 위한 법질서를 의미하는 것으로 볼 수 있다. 그러나 법적으로 보호할 가치가 없는 것을 법으로 보호하는 것은 성립될 수 없으므로 민사소송법 제217조 제1항 제3호의 '선량한 풍속'이나 '그 밖의 사회질서'는 모두 법적으로 보호되고 있는 우리의 기본질서를 의미한다. 그리고 양자를 개념적으로 완전히 분리하는 것도 불가능하므로 이를 각 다른 개념으로 이해할 것이 아니라 그 전체를 하나의 개념으로 이해하는 것이 타당하다.[198]

대법원 2015.10.15. 선고 2015다1284 판결에서도 "대한민국의 선량한 풍속이나 그 밖의 사회질서"를 구체화하여 "우리나라의 국내법 질서가 보호하려는 기본적인 도덕적 신념과 사회질서"라고 판시하면서 '기본적 도덕적 신념'과 '사회질서'가 모두 '법적 이익'[199]이란 점을 명시하고 있다. 그리고 이때의 법적 이익은 법률에서 보호하는 모든 법적 이익이 아니라 '기본적 도덕적 신념'과 '사회질서'를 유지하기 위한 고도의 공적이익만을 의미한다.

198) 윤성근, "외국판결 및 중재판정승인거부요건으로서의 공서위반", 국제사법연구 20권 2호(2014.12), 447쪽; 박태안, "고액의 손해배상을 명한 미국판결의 승인 및 집행에 관한 문제점 검토", 재판실무 3집, 264쪽.

199) 유럽사법재판소는 2014년 ASflyLAL Lithuanian Airlines, in liquidation v Starptautiskā lidosta Rīga VAS, Air Baltic Corporation AS Case C−302/13 [2014] 결정에서 공서양속은 순전히 경제적 이익이 아닌 법규칙을 통하여 표현되고 있는 법적 이익을 보호하는데 그 목적이 있다고 보았다.

2. 공서양속이 보호하는 법적 이익

가. 헌법과 헌법적 가치를 보호하기 위한 법률규정

기본적인 법질서와 도덕적 가치관을 보호하기 위한 법규범으로는 대표적으로 헌법이 있다. 헌법은 모든 법률의 근거가 되는 최상위법으로서 대한민국이 지켜야 하는 핵심적 가치를 규정하고 있기 때문이다.

일제강제징용사건에 관한 대법원 2012.5.24. 선고 2009다22549 판결에서는 일본판결의 이유 중 일본의 한반도와 한국인에 대한 식민지배가 합법적이라는 규범적 인식을 전제로 하여, 일제의 국가총동원법과 국민징용령을 한반도와 원고 등에게 적용하는 것이 유효하다고 평가한 부분은 일제강점기의 강제동원 자체를 불법이라고 보고 있는 대한민국 헌법의 핵심적 가치와 정면으로 충돌하는 것이므로, 이러한 판결 이유가 담긴 일본판결을 그대로 승인하는 결과는 그 자체로 대한민국의 선량한 풍속이나 그 밖의 사회질서에 위반되는 것임이 분명하므로 우리나라에서 일본판결을 승인하여 그 효력을 인정할 수는 없다고 판시하였는데 지극히 타당한 판결이다.

미국 파산법원의 회생계획 인가결정에 따른 면책적 효력의 승인에 관한 대법원 2010.3. 25. 자 2009마1600 결정에서는 "외국법원의 면책재판 등에 따른 면책적 효력이 국내 채권자의 권리나 이익을 부당하게 침해하는 등의 결과를 가져온다면 이러한 결과는 선량한 풍속이나 그 밖의 사회질서에 어긋나는 경우에 포함된다."고 판시하고 있는데 비록 위 결정에서 헌법을 언급하고 있지 않지만 헌법 제23조 제1항에서 보장하고 있는 재산권이 침해되었음을 이유로 하였다 점을 부정할 수 없을 것이다.

원금의 일부만을 지급하여도 유효한 변제가 되도록 한 아르헨티나 대통령령을 근거로 한 아르헨티나 법원의 채무부존재확인 판결의 승인에 관한 서울고등법원 2009.3.6. 선고 2007나122966 판결도 위 판결의 승인을 거부하면서 거부이유 중의 하나로, 위 판결을 그대로 승인할 경우 그에 따른 결과로서 채무자인 원고가 당연히 져야 할 부담을 채권자인 피고에게 일방적으로 전가하게 되어 피고의 재판권을 부당하게 침해하는 것을 용인하게 되는바, 이는 한국 헌법이 채택하고 있는 재산권보장의 기본원칙에 어긋나는 점을 지적하고 있다.[200)]

헌법 이외에 헌법적 가치를 보호하기 위한 법률도 기본적인 법질서와 도덕적 가치관을 보호하기 위한 법규범으로 볼 수밖에 없다. 예를 들어 헌법 제119조 제2항에서는 시장의 지배와 경제력의 남용을 방지해야 한다고 천명하고 있는데, 이를 구체적으로 실천하기 위하여 제정된 법률 중의 하나가 「독점규제 및 공정거래에 관한 법률」이다. 외국재판이 위 법에 반하는 내용의 재판을 하였다고 하여 바로 공서양속에 반하는 외국재판이라고 볼 수는 없지만, 외국재판이 위 법에 반하고 이를 승인한 결과가 시장의 지배와 경제력의 남용을 허용하는 결과를 가져온다면 이는 공서양속에 반하는 외국재판이라고 볼 수 있을 것이다.

---

200) 석광현, 국제민사소송법, 박영사, 2012, 386쪽.

나. 국제적 강행규정

국제사법 제7조에서는 "입법목적에 비추어 준거법에 관계없이 해당 법률관계에 적용되어야 하는 대한민국의 강행규정은 이 법에 의하여 외국법이 준거법으로 지정되는 경우에도 이를 적용한다."고 규정하여 외국적 요소가 있는 법률관계라고 하더라도 객관적 준거법 또는 주관적 준거법[201)]에 관계없이 항상 적용되어야 하는 한국의 강행규정이 있다는 점을 선언하고 있다. 이러한 강행규정을 '국제적 강행법규' 또는 '국제적 강행규정'(이하 '국제적 강행규정'이라고 한다)[202)]이라고 한다. 이러한 국제적 강행규정에 위반하는 행위의 이행을 명하는 외국재판의 승인이 공서에 반하는 결과를 가져오는지 문제된다. 이에 대하여 위와 같은 경우에 당연히 한국의 공서에 반하는 것은 아니지만 국제적 강행규정의 취지에 따라서는 한국법의 본질적인 원칙에 해당하는 경우가 있고 이러한 국제적 강행규정에 반하는 행위를 명하는 외국재판의 승인은 우리의 공서에 반한다고 볼 가능성이 있다는 견해가 있다.[203)]

국제적 강행규정도 법정지의 공서양속을 보호하는 것을 목적으로 하므로[204)] 국제적 강행규정이 되기 위해서는 최소한 '공적이익'(public interests)을 보호하기 위한 법규정이어야 한다. 이와 같이 초개인적인 공적이익에 봉사하는 규범을 '간섭규범'이라고도 한다.[205)] 그러므로 적어도 대등한 당사자 사이의 이해관계를 조정하기 위한 법규정은 순전히 사적이익의 보호를 목적으로 하므로 국제적 강행규정으로 보기 힘들다.[206)] 그리고 이때의 '공적이익'은 단순한 공적이익이 아니라 '근본적(fundamental) 또는 필수적(essential) 공적이익'이어야 하므로 앞서 언급한 헌법적 가치를 보호하기 위한 법규정은 국제적 강행규정에 해당한다. 결국 국제적 강행규정이 보호하고자 하는 공서양속의 내용과 외국재판의 승인요건으로서의 공서양속의 내용은 동일하고, 단지 전자는 준거법에 의한 공서위반을 후자는 외국재판에 의한 공서위반을 방지한다는 점에서 그 목적과 작용범위에서 차이가 있을 뿐이다.[207)] 그리고 위와 같이 공서양속의 내용을 동일하게 취급하는 것이 재판실무에도 간편하리라고 생각한다. 따라서 우리의 국제적 강행규정에 위반하는 행위의 이행을 명하는 외국새판의 승인은 원칙적으로 공서에 반하는 결과를 가져온다고 본다. 예를 들어 대법원 2010.8.26. 선고 2010다28185 판결에서는 원심

---

201) 당사자가 선택한 준거법을 '주관적 준거법', 국제사법의 규정에 따라서 지정된 준거법을 '객관적 준거법'이라고 한다.

202) 준거법에 관계없이 강행적으로 적용되는 것은 법률전체가 아니라 특정 법률규정이란 점에서 '국제적 강행법규'보다는'국제적 강행규정'이라는 용어가 더 적절하게 보인다. 따라서 본 글에서는 '국제적 강행규정'이라는 용어를 사용한다. 영어로는 'internationally mandatory provision', 'mandatory rules in the international sense', 'priority rules', 'overriding statutes', 'directly applicable rules' 등 다양한 용어가 사용되었는데, 로마규칙 I에서는 이를 'overriding mandatory provisions'라고 규정하고 있다. 프랑스에서는 'lois de police', 독일에서는 'Eingriffsnormen'라고 한다. 개념의 문제에 관한 좀 더 자세한 논의는 Catherine Kessedjian, Mandatory Rrules of Law in International Arbitration: What are Mandatory Rules?, 18 Am. Rev. Int'l Arb. 147. 참조.

203) 석광현, 국제민사소송법, 박영사, 2012, 384쪽.

204) 유럽연합의 「계약적 채무에 관한 준거법 규칙」 전문(37)에서는 국제적 강행규정이 공서양속(public policy)을 근거로 하고 있다는 점을 명시하고 있다.

205) 석광현, 국제사법과 국제소송 제4권, 박영사, 2007, 20쪽 이하.

206) H.L.E. Verhagen, The tension between party autonomy and European Union law: some observations on Ingmar GB Ltd v Eaton Leonard Technologies Inc, I.C.L.Q. 2002, 51(1), pp. 145－146; 석광현, 국제민사소송법, 박영사, 2012, 20쪽 이하. 독일 연방노동법원(Bundesarbeitsgericht 24 Aug 1989, IPRax 1991, 407, RIW 1990, 754)은 계약의 당사자 사이의 사적이익의 균형을 위한 법규는 국제적 강행규정이 될 수 없다고 판시하고 있다.

207) 영국에서도 국제사법상의 공서양속과 외국재판 승인에서의 공서양속을 동일하게 취급하고 있다(Fawcett, p. 556).

판결인 서울고등법원 2010.2.11. 선고 2009나31323 판결대로 「독점규제 및 공정거래에 관한 법률」을 준거법이 외국법인 경우에도 적용되어야 하는 국제적 강행규정으로 보았는데, 만일 외국재판의 내용이 위 법의 규정 중 헌법적 가치를 보호하기 위한 중대한 규정과 상치된다면 그러한 외국재판의 승인은 거부되어야 한다.

다. 국제사법 제10조

국제사법 제7조와 함께 준거법의 결정에 있어서 국내의 공서양속을 보호하기 위한 규정으로 국제사법 제10조가 있다. 국제사법 제10조에서는 "외국법에 의하여야 하는 경우에 그 규정의 적용이 대한민국의 선량한 풍속 그 밖의 사회질서에 명백히 위반되는 때에는 이를 적용하지 아니한다."고 규정하고 있는데, 이러한 점에서 위 규정은 국제사법 제7조 및 민사소송법 제217조 제1항 제3호와 유사한 기능을 수행하고 있다.[208] 다만 국제사법 제10조는 준거법이 외국법인 경우에만 적용되지만 민사소송법 제217조 제1항 제3호는 그러한 제한이 없다는 점에서 차이가 있다. 이와 관련하여 국제사법 제10조에 의하여 적용이 배제되어야 하는 외국법을 적용한 외국재판의 승인이 거부되어야 하는가의 문제가 있다. 이에 대하여 우리 법원이 재판하였을 경우 국제사법 제10조에 의하여 그 적용이 배제되었어야 하는 외국법을 외국재판에서 적용하였다고 하더라도 이를 이유로 당연히 외국재판의 승인이 배제되는 것은 아니라는 견해가 있다.[209]

그런데 국제사법 제10조는 외국법의 규정이 우리의 공서에 반하는 경우가 아니라 외국법의 규정을 적용한 결과가 우리의 공서에 반하는 경우를 규정하고 있다. 대법원 2006.5.26. 선고 2005므884 판결에서도 "준거법으로 외국법을 적용해야 할 경우에 이로 인하여 대한민국의 선량한 풍속 그 밖의 사회질서에 명백히 위반되는 결과가 발생하는지 여부 등을 심리해야 한다."고 판시하고 있다. 그리고 국제사법 제7조와 마찬가지로 국제사법 제10조의 공서양속의 내용도 민사소송법 제217조 제1항 제3호의 공서양속의 내용과 차이가 없고 단지 그 목적과 적용범위에서 차이가 있을 뿐이다.[210] 즉 우리 법원이든 외국법원이든 관계없이 그 적용의 결과가 우리의 공서에 반한다면 이를 용인할 수 없다는 점에서는 차이가 없다. 이러한 점에서 국제사법 제10조에 의하여 그 적용이 배제되었어야 하는 외국법을 적용한 사실만으로 이에 따른 외국재판이 공서양속에 위반되었다는 결론에 이르기 보다는 그 외국재판을 승인한 결과가 우리의 공서양속에 반하는 결과를 가져올 때 비로소 승인을 거부하는 것이 마땅하다.

---

208) 석광현, 국제민사소송법, 박영사, 2012, 374쪽.

209) 앞의 책, 같은 쪽.

210) 덧붙여 민사소송법 제217조의2에서 규정한 "재판이 대한민국의 법률의 기본질서 또는 대한민국이 체결한 국제조약의 기본질서에 현저히 반하는 결과를 초래하지 않을 것"의 해석을 제217조 제1항 제3호에서 규정한 "승인이 공서에 반하지 않을 것"과 어떻게 조화롭게 해석할 것인지 문제되는데 대한민국의 법률 또는 국제조약의 '기본질서'는 결국 공서에 포함된다는 점 등에 비추어 본다면 실질적인 차이는 없다고 생각된다(윤성근, "외국판결 및 중재판정승인거부요건으로서의 공서위반", 국제사법연구 20권 2호(2014.12), 443쪽). 그리고 민사소송법 제217조 제1항 제3호가 규정하고 있는 '선량한 풍속이나 그 밖의 사회질서' 개념과 뉴욕협약 제5조에서 규정하고 있는 '공공의 질서'는 그 개념이나 역할이 기본적으로 같은 것이며 '공서' 개념에 의해 포괄된다고 본다(윤성근, 앞의 글, 454쪽).

예를 들어 대법원 2012.5.24 선고 2009다22549 판결에서는 "이 사건에서 외국법인 일본법을 적용하게 되면, 원고들은 구 미쓰비시에 대한 채권을 피고에 대하여 주장하지 못하게 되는데, 위 1. 마.항에서 본 바와 같이 구 미쓰비시가 피고로 변경되는 과정에서 피고가 구 미쓰비시의 영업재산, 임원, 종업원을 실질적으로 승계하여 회사의 인적, 물적 구성에는 기본적인 변화가 없었음에도, 전후처리 및 배상채무 해결을 위한 일본 국내의 특별한 목적 아래 제정된 기술적 입법에 불과한 회사경리응급조치법과 기업재건정비법 등 일본 국내법을 이유로 구 미쓰비시의 대한민국 국민에 대한 채무가 면탈되는 결과로 되는 것은 대한민국의 공서양속에 비추어 용인할 수 없다."고 판시하고 있는데, 일본 법원이 회사경리응급조치법과 기업재건정비법 등 일본 국내법을 적용하여 판결하였다는 사실만으로는 부족하고 이러한 법률을 적용한 외국재판을 허용하면 대한민국 국민에 대한 일본인의 채무가 부당하게 면탈되는 결과를 가져올 때 비로소 이러한 일본판결은 우리의 공서에 반한다고 볼 수 있다.

라. 보편적 공서

우리 법을 초월한 보편적 공서를 인정하고서 이러한 보편적 공서에 반하는 외국재판의 승인을 거부할 것인가의 문제가 있다. 이에 대하여 기본적 인권과 최소한의 자연적 정의와 같은 보편적 공서를 인정할 수 있다는 견해가 있다.[211] 이 견해에서는 외국재판이 보편적 공서를 위반의 경우에는 내국관련성을 요하지 아니한다고 한다.[212] 그러나 보편성을 담보할 수 있는 수단이 없기 때문에 남용의 우려가 있으며, 헌법 또는 헌법적 가치를 실행하고자 하는 개별적 법률의 명시적 규정이나 그 취지에서도 사회 일반에서 받아들이기 힘든 공서위반을 충분히 도출할 수 있으므로 굳이 판단기준이 불확실한 보편적 공서라는 개념을 사용하는 데는 찬성하지 아니한다. 무엇보다 민사소송법 제217조에서는 외국재판의 승인거부사유로서의 공서양속이 우리의 공서양속라고 명시하고 있고 이로부터 내국관련성이 요구되는데, 보편적 공서의 개념을 인정한다면 내국관련성이 필요하지 않은 경우를 법적 근거 없이 도출하는 결과를 가져오기 때문에 적절하지 않다고 본다.

VIII. 내국관련성

내국관련성이란, 외국재판의 승인 및 집행을 거부하기 위해서는 외국재판의 사안이 한국과 관련이 있어야 하며, 이러한 내국관련의 정도가 낮은 경우에는 우리의 공서가 개입할 가능성이 낮다는 의미이다.[213] 징벌배상을 명한 외국재판이 우리의 기본질서에 현저히 반하는지 여부를 판단함에 있어서 내국관련성을 고려할 수 있다는 주장이 있는데,[214] 내국관련성이 약

211) 윤성근, "외국판결 및 중재판정승인거부요건으로서의 공서위반", 국제사법연구 20권 2호(2014.12), 463쪽.
212) 석광현, 국제민사소송법, 박영사, 2012, 376쪽; 윤성근, 앞의 글, 470쪽.
213) 박태안, "고액의 손해배상을 명한 미국판결의 승인 및 집행에 관한 문제점 검토", 재판실무 3집, 265쪽.
214) 강수미, "징벌적 손해배상을 명한 외국판결의 승인 · 집행에 관한 고찰", 민사소송 12권 2호(2008.5), 131쪽; 이규호, "외

하다면 외국판결에서 명한 손해배상에 대한 승인의 허용범위가 넓어진다고 한다.[215] 예를 들어 미국인이 미국에서 저지른 불법행위에 대하여 미국 법원이 징벌배상을 명한 후 한국에 있는 그 미국인의 재산에 대한 강제집행을 위하여 미국판결의 집행판결을 구하였다면 내국관련성이 낮다고 볼 수밖에 없을 것이다. 독일의 경우에는 민사소송법에서 내국관련성을 규정하지 않지만 판례에서 이를 고려하고 있다.[216] 이에 따라서 독일연방사법재판소는 피고가 독일국적을 갖고 있을 뿐이며 미국에서 거주하는 동안에 미국에서 발생한 불법행위에 관한 사안은 내국관련성이 낮다고 보았다.[217] 대법원 2015.10.15. 선고 2015다1284 판결에서는 "외국판결의 승인이 우리나라의 국내법 질서가 보호하려는 기본적인 도덕적 신념과 사회질서에 미치는 영향을 외국판결이 다룬 사안과 우리나라와의 관련성의 정도에 비추어 판단하여야 하고"라고 판시하여 명시적으로 내국관련성을 요구하고 있다.

민사소송법 제217조 제1항 제3호의 공서양속이 우리의 공서양속이고 이러한 공서양속이 외국재판의 승인에 의하여 침해된다는 뜻은 외국재판의 승인이 우리나라에 영향을 끼칠 수 있다는 의미이므로 외국재판의 승인이 우리의 공서에 반하는 결과를 가져오는지를 심사하기 위해서는 당연히 내국관련성을 고려해야 한다. 이때 어느 정도의 영향을 끼쳤을 때에 비로소 내국관련성을 인정할 수 있는지 문제되는데 매우 추상적인 공서양속은 다양한 각도에서 작용하기 때문에 이에 대한 일률적인 기준을 제시할 수 있는지 의문이며 적어도 외국재판의 사안과 대한민국과의 관련성으로 인하여 외국재판의 승인 및 집행의 결과가 대한민국에 실질적 영향을 끼치는 정도에 이르러야 한다는 정도로 정리될 수 있다고 본다.

예를 들어 앞의 대법원 2015.10.15. 선고 2015다1284 판결에서 승인의 대상인 미국 판결에서 문제 된 사안은 미국 법인이 미국에서 등록한 특허권을 우리나라 법인인 피고가 미국에서 침해한 사안으로서, 불법행위지와 결과발생지가 모두 미국이고, 특허권의 유·무효 등도 미국 특허법에 따라 판단되어야 하므로 우리나라와의 관련성이 크다고 볼 수 없다고 판단하였는데 타당하다고 본다.

Ⅸ. 민사소송법 제217조의2에 관련된 문제

제217조의2(손해배상에 관한 확정재판 등의 승인) ① 법원은 손해배상에 관한 확정재판 등이 대한민국의 법률 또는 대한민국이 체결한 국제조약의 기본질서에 현저히 반하는 결과를 초래할 경우에는 해당 확정재판 등의 전부 또는 일부를 승인할 수 없다.

국판결의 승인·집행에 관한 2014년 개정 민사소송법·민사집행법의 의의 및 향후 전망", 민사소송 19권 1호(2015.5), 133쪽.

215) 강수미, 앞의 글, 131쪽.

216) Wolfgang Wurmnest, Recognition and Enforcement of U.S. Money Judgments in Germany, BERKELEY JOURNAL OF INTERNATIONAL LAW Vol. 23:175, 2005, p. 196.

217) Ibid, 196.

② 법원은 제1항의 요건을 심리할 때에는 외국법원이 인정한 손해배상의 범위에 변호사보수를 비롯한 소송과 관련된 비용과 경비가 포함되는지와 그 범위를 고려하여야 한다.

1. 의 의

대법원 2015.10.15. 선고 2015다1284 판결은 민사소송법 제217조의2 제1항이 징벌배상과 같이 손해전보의 범위를 초과하는 배상액의 지급을 명한 외국법원의 확정판결 또는 이와 동일한 효력이 인정되는 재판의 승인을 적정범위로 제한하기 위하여 마련된 규정이고, 손해배상을 명한 외국법원의 확정재판 등이 전보적 손해배상을 명한 경우에까지 승인을 제한할 수 있도록 한 규정이라고 볼 수 없다고 판시하고 있다. 결국 위 판결은 가해자의 불법행위에 의해 피해자가 입은 신체, 재산 기타의 손실을 회복시키는 것을 목적으로 하는 전보배상(compensatory damages)을 우리의 기본적 손해배상체계로 이해하고서 이를 초과한 손해액의 지급을 명하는 외국재판을 승인하는 것은 공서에 반한다고 본 것이다.

그런데 우리 법에 3배 배상제도가 도입되었음에도 불구하고 여전히 전보배상을 우리의 기본적 손해배상체계로 봐서 징벌배상이 공서양속에 반한다고 볼 수 있는지는 의문이 있다. 그리고 민사소송법 제217조의2는 우리 법에 3배 배상제도가 도입되기 전에 신설되었는데 3배 배상제도가 도입된 이상 이를 어떻게 해석할 것인지도 함께 문제된다.

2. 논 의

2013년 신설되어 2014년 시행된 「하도급거래공정화에 관한 법률」 제35조에서는 이 법의 일정한 규정을 위반하여 타인에게 손해를 가한 경우에 가해자로 하여금 실제로 발생한 손해의 3배의 범위 내에서 손해배상의 책임을 지우고 있다. 이러한 3배 배상제도는 실제로 발생한 손해액를 초과한 금액의 지급을 명할 수 있도록 허용하므로 일종의 징벌배상에 해당한다.[218] 그리고 위 법에서 3배 배상제도가 도입된 이후에 다른 법률에서도 3배 배상제도를 채택하고 있는데, 「가맹사업거래의 공정화에 관한 법률」, 「대리점거래의 공정화에 관한 법률」 등이 있다. 이와 같이 우리나라가 3배 배상제도를 도입한 이상 징벌배상을 명한 외국재판이 당연히 우리의 공서양속에 반한다고 볼 수 없게 되었다.[219]

이에 반하여 3배 배상제도는 당사자 사이의 교섭력에 현저한 차이를 보이는 공정거래법 및 노동법 분야 등 특정 분야에 예외적으로 적용되는 제도로 보아야 한다는 점에서 징벌배상

218) 제18대 국회 제298회 국회본회의회의록(2011년 3월 11일) 제2호, 8면에서는 "원사업자의 기술자료 탈취나 유용행위를 근절키 위하여 고의 또는 과실의 입증책임을 원사업자에게 전환하였고 기술자료 유용의 경우에는 원사업자가 발생한 손해의 3배까지 배상하도록 하는 징벌적 손해배상제도를 도입하였습니다."라고 밝히고 있기 때문에 2011년 3월 29일 공포되어 신설된 하도급거래공정화에 관한 법률 제35조의 3배 배상제도는 징벌적 성격을 가짐을 분명히 밝히고 있다고 한다(이규호, "외국판결의 승인 · 집행에 관한 2014년 개정 민사소송법 · 민사집행법의 의의 및 향후 전망", 민사소송 19권 1호(2015.5), 각주30).

219) 석광현, 국제민사소송법, 박영사, 2012, 382쪽.

을 명하는 외국재판은 여전히 우리의 민사법의 기본질서를 반할 가능성이 높다는 견해가 있다.[220] 그러나 3배 배상제도가 계속적으로 확산되면서 당사자 사이의 교섭력의 차이와 크게 관련이 없는 「개인정보 보호법」, 「정보통신망 이용촉진 및 정보보호 등에 관한 법률」에서도 3배 배상제도를 채택하였고, 「제조물 책임법」도 마찬가지이다. 이러한 점에서 3배 배상제도는 특정 분야에 한정되거나 예외적인 제도가 아니라 우리의 손해배상체계의 하나로 정착된 제도로 보는 것이 타당하다.[221] 그러므로 징벌배상을 명한 외국재판의 승인이 반드시 우리의 공서에 반하는 결과를 가져온다고 볼 수 없다. 우리나라에 3배 배상제도가 도입된 후에 민사소송법 제217조의2가 적용될 수 있는 사안을 두 가지 정도 상정할 수 있다.

첫째 외국재판이 전보배상을 명하였지만 그 금액이 실제손해에 비하여 '현저하고 명백히' 과다한 경우이다. 실질재심사금지의 원칙에 따라서 외국재판에 대한 비난이 금지되어 있는 이상 외국재판이 손해액을 산정하는 방식의 합리성은 우리의 심판대상이 아니므로 우리 법원이 판단해야 하는 것은 외국재판에서 명한 손해액이 우리 법을 적용했을 경우의 손해액과 비교하였을 때에 '현저하고 명백히' 비례의 원칙에 반하는지 여부이다.

만일 외국재판에서 인정한 손해액이 비례의 원칙에 반한다면 우리 법원에서 인정될 만한 상당한 손해액만을 승인하고 나머지 금액은 승인을 거부할 것인지도 문제된다. 그런데 우리 법원에서 인정될 만한 손해액이 비례의 원칙의 기준은 아니므로 이 금액만 승인하고 나머지 금액에 대하여 승인을 거부하는 것은 부당하다.[222] 그렇다고 비례의 원칙에 합당한 금액을 산정할 명백한 기준이 있는 것도 아니고 판례가 정립된 것도 아니다. 우리 법상 인정되는 전보배상액에 비하여 어느 정도의 금액을 가산하여 승인하는 것이 타당한데[223] 그 가산될 수 있는 금액을 판단하기 위해서는 개별적 사안마다 손해의 공평 · 타당한 분담이라는 전보배상의 목적을 '현저히' 초과한 금액을 산정할 수밖에 없다. 부산고등법원 2009.7.23. 선고 2009나3067 판결에서는 비경제적 손해액을 미화 425만 달러로 인정한 미국 판결에 대하여 위자료의 조절적 기능을 합리적으로 고려하여 미화 100,000 달러로 한정하여 비경제적 손해를 승인한 바 있다.[224]

둘째 외국재판이 징벌배상을 명하였지만 실제 손해액의 3배를 초과한 금액의 지급을 명한 경우이다. 앞서 언급한 바와 같이 3배 배상제도가 우리의 손해배상체계에 도입된 이상 적어도 손해액의 3배까지는 우리의 공서에 반한다고 보기 힘들고, 이를 초과하는 부분은 종전과

220) 이규호, "외국판결의 승인 · 집행에 관한 2014년 개정 민사소송법 · 민사집행법의 의의 및 향후 전망", 민사소송 19권 1호(2015.5), 133쪽.

221) 국제사법 제32조 제4항에서는 "제1항 내지 제3항의 규정에 의하여 외국법이 적용되는 경우에 불법행위로 인한 손해배상청구권은 그 성질이 명백히 피해자의 적절한 배상을 위한 것이 아니거나 또는 그 범위가 본질적으로 피해자의 적절한 배상을 위하여 필요한 정도를 넘는 때에는 이를 인정하지 아니한다."고 규정하여 징벌배상이 우리의 공서양속에 반하는 취지로 규정하고 있는데 우리가 3배 배상제도를 채택한 이상 이에 맞추어 위 규정을 개정할 필요가 있다.

222) 석광현, 국제민사소송법, 박영사, 2012, 382쪽에서도 "외국재판이 과도한 손해배상을 명하였음을 이유로 승인을 제한할 경우, 과도한지의 여부를 판단함에 있어서는 동일한 사안에서 우리 법원이 우리 법을 적용하여 재판하였을 경우 인용되었을 금액을 기계적으로 판단해서는 곤란하다."고 지적하고 있다.

223) 석광현, 국제민사소송법, 박영사, 2012, 382쪽에서도 우리 법원이 우리 법을 적용하여 재판하였을 경우 인용되었을 금액에 쿠션을 인정할 여지가 있다고 한다.

224) 석광현, 국제민사소송법, 박영사, 2012, 377-378쪽.

마찬가지로 우리의 공서에 반한다고 하여 승인을 거부할 수 있을 것이다. 그런데 이때 3배의 기준은 우리의 산정기준을 적용했을 때의 전보배상액이 아니라 재판국법상의 산정기준을 적용했을 때의 전보배상액으로 보는 것이 실질재심사금지의 원칙에 합당하다.

X. 절차적 공서 위반의 사례로서의 사기에 의한 외국재판

1. 대법원 판례

대법원 2004.10.28. 선고 2002다74213 판결에서는 "민사집행법 제27조 제2항 제2호, 민사소송법 제217조 제3호에 의하면 외국법원의 확정판결의 효력을 인정하는 것이 대한민국의 선량한 풍속이나 그 밖의 사회질서에 어긋나지 아니하여야 한다는 점이 외국판결의 승인 및 집행의 요건인바, 외국판결의 내용 자체가 선량한 풍속이나 그 밖의 사회질서에 어긋나는 경우뿐만 아니라 그 외국판결의 성립절차에 있어서 선량한 풍속이나 그 밖의 사회질서에 어긋나는 경우도 승인 및 집행을 거부할 사유에 포함된다고 할 것이나, 민사집행법 제27조 제1항이 "집행판결은 재판의 옳고 그름을 조사하지 아니하고 하여야 한다."고 규정하고 있을 뿐만 아니라 사기적인 방법으로 편취한 판결인지 여부를 심리한다는 명목으로 실질적으로 외국판결의 옳고 그름을 전면적으로 재심사하는 것은 외국판결에 대하여 별도의 집행판결제도를 둔 취지에도 반하는 것이어서 허용할 수 없으므로, 위조 · 변조 내지는 폐기된 서류를 사용하였다거나 위증을 이용하는 것과 같은 사기적인 방법으로 외국판결을 얻었다는 사유는 원칙적으로 승인 및 집행을 거부할 사유가 될 수 없고, 다만 재심사유에 관한 민사소송법 제451조 제1항 제6호, 제7호, 제2항의 내용에 비추어 볼 때 피고가 판결국 법정에서 위와 같은 사기적인 사유를 주장할 수 없었고 또한 처벌받을 사기적인 행위에 대하여 유죄의 판결과 같은 고도의 증명이 있는 경우에 한하여 승인 또는 집행을 구하는 외국판결을 무효화하는 별도의 절차를 당해 판결국에서 거치지 아니하였다 할지라도 바로 우리나라에서 승인 내지 집행을 거부할 수는 있다."고 판시하고 있다.[225] 이를 정리하면 실질재심사금지의 원칙 때문에 위조 · 변조 내지는 폐기된 서류를 사용하였다거나 위증을 이용하는 것과 같은 사기적인 방법으로 취득한 외국재판이라는 사정은 외국재판의 승인거부사유가 될 수 없지만, 예외적으로 민사소송법의 재심규정에 따른 판시된 요건을 갖추면 소위 '절차적 공서'에 반하여 승인이 거절될 수 있다는 것이다.

이에 대비되는 판결로는 대법원 2009.5.28. 선고 2006다20290 판결이 있다. 이 판결에서는 "그 외국중재판정의 집행을 신청하는 당사자가 중재절차에서 처벌받을 만한 사기적 행위를 하였다는 점이 명확한 증명력을 가진 객관적인 증거에 의하여 명백히 인정되고, 그 반대당

225) 이 판결 이전의 대법원 1997.9.9. 선고 96다47517 판결에서 피고는 미국에서의 판결이 사기적 방법으로 취득되었다고 주장하였는데, 대법원은 미국에서의 판결이 사기적 방법에 의하여 취득되었고 볼 수 없다고 판시하고 있을 뿐이고, '사기에 의한 외국재판'이 공서양속에 반하는 것은 아니라거나 사기적 방법에 대한 명백한 증거가 필요하다는 등의 언급을 하지 않아서 '사기에 의한 외국재판'이 당연히 승인거절사유에 해당하는 듯한 태도를 취하고 있었다.

사자가 과실 없이 신청당사자의 사기적인 행위를 알지 못하여 중재절차에서 이에 대하여 공격방어를 할 수 없었으며, 신청당사자의 사기적 행위가 중재판정의 쟁점과 중요한 관련이 있다는 요건이 모두 충족되는 경우에 한하여, 외국중재판정을 취소·정지하는 별도의 절차를 거치지 않더라도 바로 당해 외국중재판정의 집행을 거부할 수 있다."고 판시하고 있는데, 비록 중재판정에 관한 판결이지만 원칙적으로 사기적 방법에 의하여 편취된 중재판정은 공서양속에 반하여 집행이 거절될 수 있다고 판시한 점에서 원칙적으로 '사기에 의한 외국재판'이 승인거부사유가 아니라는 앞의 대법원 판결과 다른 입장을 취하고 있다.

그러나 위 판결 모두 '사기에 의한 외국재판' 또는 '사기에 의한 중재판정'이 공서양속에 반하여 승인 또는 집행이 거절될 수 있는 가능성을 인정하고 있고, 다만 사기적 방법에 대한 명백한 증거가 있는 경우에만 승인 또는 집행이 거절될 수 있다고 본 점에서 실질적인 내용에 차이는 없고 다만 기술(記述)상의 차이에 불과해 보인다.[226]

2. 대륙법계

대부분의 대륙법계 국가는 우리와 마찬가지로 '사기에 의한 외국재판'의 승인여부에 관하여 명시적인 규정을 두고 있지 않고[227] 이를 공서양속에 반하는 외국재판으로서 승인을 거부하고 있다.[228] 또한 우리와 마찬가지로 사기를 확정된 재판에 대한 재심사유로 인정하고 있다.[229]

3. 영미법계

대륙법계와 달리 영미법에서는 '사기에 의한 외국재판'을 공서양속과 분리된 별도의 외국재판의 승인거절사유로 취급하고 있다.

가. 영국의 경우

영국의 보통법(common law)에 따르면 영국의 국내재판이 사기에 의하여 취득된 경우에 당사자는 항소를 제기하지 아니하고 재판의 취소(setting aside)를 구하는 별도의 소를 제기할 수 있고 재판이 확정된 경우에도 그 재판의 취소를 구하는 소를 제기할 수도 있다.[230] 다만 사기를 이유로 재판이 취소되기 위한 요건이 엄격하다. Boswell v Coaks 판결[231]과 그 후의 판결에 따르면 사기를 이유로 재판의 취소를 구하는 당사자는 재판과정에서 합리적 노력을

226) 석광현, "사기에 의하여 획득한 외국중재판정의 승인과 공서위반 여부", 판례연구 24집 2호(2010.12), 142쪽. 그밖에 양 판결 사이에는 몇 가지 차이점이 있는데 구체적인 내용에 관하여는 앞의 책 164쪽 참조.

227) 1999년 헤이그초안 제28조 제1항(e)에서는 "절차와 관련한 사기에 의하여 취득한 재판"(the judgment was obtained by fraud in connection with a matter of procedure)을 승인거부사유로 규정하고 있었지만 위 협약은 아직까지 효력이 발생하지 않고 있다.

228) Peter Schlosser, Report on the Brussels Convention, OJ 1979 C 59/71, para. 192.

229) Ibid.

230) Fawcett, p. 552.

231) [1894] 6 R 167.

다하더라도 발견할 수 없었던 새로운 증거를 제출해야 하며, 이러한 증거는 재판의 결론에 영향을 미칠 정도로 중요해야 한다.232) 반면에 보통법이 적용되는 외국재판의 승인에 있어서는 위와 같은 요건을 요구하지 아니하고, 피고가 외국의 재판절차에서 사기의 주장을 하여 이에 관한 심리가 진행되었던 피고가 이에 관한 주장을 하지 않고 승인단계에서 비로소 사기의 주장을 하든 관계없이, 피고는 승인단계에서 사기의 주장을 할 수 있고 영국 법원은 이에 관한 심사를 진행하여 사기가 인정되면 승인을 거부할 수 있다.

한편 Administration of Justice Act 1920와 Foreign Judgments (Reciprocal Enforcement) Act 1933가 적용되는 외국재판의 경우에는 별도의 승인절차를 거치지 아니하고 외국재판을 등록할 수 있는데, 이와 같이 등록되면 외국재판은 영국에서도 효력을 갖는다. 그런데 위 법들에서는 '사기에 의하여 취득한 재판'(the judgment was obtained by fraud)을 등록취소사유로 규정233)하고 있으므로 '사기에 의한 외국재판'을 주장하는 당사자는 외국재판의 등록의 취소(set aside)를 구하는 소를 제기할 수 있다. 그리고 보통법과 마찬가지로 취소소송의 원고는 외국의 재판절차에서 사기의 주장을 했던 하지 않았던 여전히 사기의 주장을 할 수 있고 영국 법원은 이에 관한 심리를 진행할 수 있다.234) 이러한 점에서 영국에서는 '사기에 의한 국내재판'과 '사기에 의한 외국재판'을 달리 취급하고 있다.235)

나. 미국의 경우

미국에서는 외국재판의 승인에 관한 연방법이 존재하지 않고 주(州)법이나 보통법에 따라서 외국재판을 승인하고 있다. 미국에서는 외국재판의 승인에 있어서 사기를 외재적 사기(extrinsic fraud. '외부적 사기'라고도 번역한다.)와 내재적 사기(intrinsic fraud. '내부적 사기'라고 번역한다.)로 구분하고, 판례는 통상 외재적 사기가 존재하는 경우에 한정하여 외국재판의 승인을 거부하고 있다.236) 외재적 사기는 허위의 주소로 송달을 실시하거나 상대방에게 재판의 장소와 시간을 잘못 알려주어 상대방으로 하여금 재판절차에 참가지 못하도록 한 경우와 같이 원고가 재판절차 외에서의 행위로 피고가 재판절차에 참가하여 적절히 변론하는 것을 방해한 경우를 말하고, 내재적 사기는 원고가 법원에 위조된 증거를 제출하거나 증인으로 하여금 위증을 하도록 하는 경우와 같이 외국의 재판절차에서 법원을 기망한 경우를 말한다. 1962년 통일외국금전재판승인법(Uniform Foreign Money-Judgments Recognition Act)237)에서는 외재적 사

232) Collins, para. 14-138.

233) 각 Administration of Justice Act 1920 제9조(2)(d), Foreign Judgments (Reciprocal Enforcement) Act 1933 제4조(1)(a)(iv).

234) Interdesco SA v Nullifire Ltd [1992] 1 Lloyd's Rep 180.

235) 이와 같이 달리 취급되고 있다는 점은 Owens Bank Ltd v Fulvio Bracco [1992] I.L.Pr. 114 판결에서 확인해 주고 있다.

236) Christopher A. Whytock, "Lessons From Chevron", Stanford Journal of Complex Litigation, University of Stanford, 2013, p. 474.

237) 미국의 통일법(uniform law)는 명칭으로 인하여 오해의 소지가 있지만 구속력이 있는 법은 아니며 미국의 주(州) 사이에 법을 통일하기 위해서 비정부기관인 통일법위원회(Uniform Law Commission)에서 마련한 법이다. 각 주(州)는 통일법을 채택할 것인지 재량을 갖고 있다.

기와 내재적 사기를 구분하지 아니하고 단순히 "사기에 의하여 취득한 재판"을 승인거절사유로 규정하고 있었지만, 2005년 개정된 통일외국금전재판승인법 제4조(c)(2)에서는 필수적 승인거절사유[238)]의 하나로 "패소한 당사자가 자신의 주장을 할 수 있는 적절한 기회를 박탈시키는 사기적 방법에 의하여 취득한 재판"(the judgment was obtained by fraud that deprived the losing party of an adequate opportunity to present its case)이라고 규정하여 외재적 사기에 한정하여 승인거절사유가 된다는 점을 명확히 하였다. 이와 같이 판례나 통일외국금전재판승인법에서 승인거절사유로서의 사기를 외재적 사기에 한정하는 이유는 내재적 사기의 경우에는 원래의 재판절차인 외국의 재판절차에서 주장되고 심리되어야 하기 때문이다.[239)]

그러나 Restatement (Second) of Judgments 제70조의 코멘트에서는 내재적 사기도 상대방이 그러한 사기에 의하여 진술의 기회를 갖지 못한다는 점에서는 외재적 사기와 차이가 없고, 더욱이 사기를 한 당사자가 사기를 당한 당사자보다 더 보호받아야 할 합리적인 이유가 없다고 지적하고 있다. 그리고 미국연방제2순회재판부는 Chevron Corp. v. Naranjo 판결[240)]에서 외국재판이 사기에 의하여 취득되었다는 주장에 대하여 검토하였는데 비록 이러한 주장이 받아들여지지 않았지만 주장된 사기가 대부분 내재적 사기였음에도 불구하고 심리가 진행된 바가 있다. 이러한 결과 외재적 사기의 개념이 확장되고 있거나 아니면 양자의 구분이 사라지고 있다는 전망이 나타나고 있다.[241)]

4. 실질재심사금지의 원칙과 사기의 주장 시기

가. 대법원 판례

대법원 2004.10.28. 선고 2002다74213 판결에서는 실질재심사금지의 원칙을 근거로 피고가 판결국 법정에서 사기적인 사유를 주장할 수 없었을 때에 비로소 '사기에 의한 외국재판'에 대한 승인을 거부할 수 있다고 판시하였다. 그러나 어떤 경우가 "피고가 판결국 법정에서 사기적인 사유를 주장할 수 없었던 때"에 해당하는지와 왜 이러한 요건이 요구되는지에 관하여는 아무런 언급이 없다. 대법원 1997.9.9. 선고 96다47517 판결에서는 미국 미네소타주 판결이 사기에 의한 판결이라는 피고의 주장에 대하여 "피고가 미국에 거주하면서 적법하게 소장과 소환장을 송달받고도 특별한 사정없이 응소하지 않고 한국으로 귀국하여 방어의 기회를 스스로 포기한 점, 이 사건 미국판결은 미국법상 결석재판에 의하여 불확정손해의 배상을 구함에 있어 요구되는 제반 절차를 제대로 거쳐 성립된 것인 점, 피고가 그 후로도 일부 소송서류를 수령하는 등으로 이 사건 미국판결이 문제가 되고 있음을 알고도 상소나 그 밖의 가능한 구제절차를 전혀 취하지 아니한 점"을 이유로 피고의 주장을 배척하였다. 즉 피고가 외국

---

238) 통일외국금전재판승인법 제4조에서는 승인거절사유를 재량적 승인거절사유와 필수적 거절사유로 나누어 규정하고 있다.
239) Christopher A. Whytock, "Lessons From Chevron", Stanford Journal of Complex Litigation, University of Stanford, 2013, p. 475.
240) 667 F.3d 232, 235 (2d Cir. 2012).
241) Christopher A. Whytock, "Lessons From Chevron", Stanford Journal of Complex Litigation, University of Stanford, 2013, p. 477.

의 재판절차에서 사기의 주장을 할 수 있었는데도 불구하고 이를 고의적으로 하지 않고서 승인절차에서 비로소 사기의 주장을 하는 것은 금반언의 원칙상 허용되지 않는다는 것이다.

나. 관련 학설

먼저 당사자가 상소에 의하여 그 사유를 주장하였거나 이를 알고도 주장하지 아니한 때에는 재심청구를 제한하고 있는 민사소송법 제451조 제1항 단서의 규정을 감안할 때, 외국재판이 선고되기 전까지 그와 같은 사정을 알지 못해 소송과정에서 주장할 수 없었던 경우에는 승인절차에서 사기적 방법을 주장할 수 있지만 외국의 재판절차에서 사기적 방법을 알고 있었는데도 이를 주장하지 않았다면 승인과정에서 주장할 수 없다는 견해가 있다.[242)]

다음으로 세 가지 경우를 나누어 검토하는 견해가 있는데 다음과 같다.[243)] 첫째 피고가 외국의 재판절차에서 사기를 이미 알고 있어 이를 주장하였으나 외국법원이 이를 배척한 경우. 이 경우 실질재심사 금지의 원칙에 비추어 승인단계에서 사기의 주장을 하는 것은 원칙적으로 허용되지 않는다. 승인거부사유의 유무를 판단하기 위하여 필요한 범위 내에서는 실질재심사가 허용되지만 그 경우에도 가능한 한 예외적인 경우에 한하여 절차법적 공서위반을 인정하는 것이 바람직하기 때문이라고 한다.

둘째 예컨대 사기를 주장하는 당사자가 외국재판 후에 비로소 사기의 존재를 알게 된 경우와 같이 외국의 재판절차에서 사기를 주장할 수 없었던 경우. 이 경우 피고는 승인단계에서 사기의 주장을 할 수 있고 사기에 기한 외국재판의 승인은 우리의 절차적 공서에 반하는 것이므로 승인을 거부할 수 있다고 한다.

셋째 피고가 외국의 재판절차에서 사기를 이미 알고 있었고 따라서 주장할 수 있었음에도 불구하고 이를 주장하지 않았다가 승인단계에서 비로소 주장하는 경우. 이 경우에도 위 첫째의 경우처럼 승인단계에서 비로소 사기를 주장하는 것은 허용되지 않는다. 피고가 사기를 알고 있었지만 그를 입증할 증거가 없어 주장하지 않은 경우에도 같은데, 그 이유는 피고는 외국법원에서 사기를 주장하고 입증을 위한 노력을 했어야 하기 때문이라고 한다. 이 경우에는 외국법원의 판단이 있었던 것은 아니므로 실질재심사 금지의 원칙에서 근거를 구할 수 있는지는 논란의 여지가 있을 수 있으나, 이를 인정하지 않더라도 절차의 안정성 보장, 금반언의 법리와 절차법상의 책문권의 상실 등으로 설명할 수 있다고 한다.

다. 해외사례

영국의 경우 보통법을 적용한 Abouloff v Oppenheimer 판결[244)]에서 외국의 재판절차에서 사기에 관한 주장을 하였지만 이러한 주장이 받아들여지지 않았다고 하더라도 영국 법

242) 장상균, "외국판결의 집행요건", 대법원판례해설 통권 제51호, 2004, 513쪽.

243) 석광현, "사기에 의하여 획득한 외국중재판정의 승인과 공서위반 여부", 판례연구 24집 2호(2010.12), 154쪽. 이 견해는 중재판정의 승인과 관련하여 논의를 전개하고 있지만 외국재판의 승인에 있어서도 동일하게 적용될 것이다.

244) (1882) 10 QBD 295.

원은 외국법원의 판단에 구속되지 아니하고 처음부터 사기에 의한 재판인지 여부를 검토할 수 있다고 판시하였는데, 이를 'Abouloff 규칙'이라고 한다.245) 이러한 원칙은 현재도 유지되고 있는데 영국 상원(House of Lords)246)은 Owens bank 판결247)에서 외국의 재판절차에서 사기의 주장을 할 수 없었는지 여부에 관련 없이 피고는 영국 법원에서 사기의 주장을 할 수 있다고 보았다.248)

독일에서는 원고와 피고의 이익을 비교형량하여 국제재판관할요건을 인정하는 것은 피고가 판결국의 법원에서 그 권리를 행사하지 않으면 안 된다는 것을 확정하는 것이고, 이는 절차상 하자를 판결국의 절차에서 제거할 책임도 포함한다는 등의 이유로 승인 및 집행 절차에서 다시 이를 주장할 수 없다는 견해가 유력하고, 일본의 경우 국내 소송법의 기본 원칙이 외국법상 위법으로 평가되어 외국법상 인정되는 방법에 의해 판결확정 전에 구제를 기대할 수 있었던 경우에는 이를 이유로 승인을 거부할 수 없다는 견해와 절차적하자의 유형에 따라 외국 법정에서 이의를 제기하지 않은 경우에 다시 이의를 제기할 수 있는 것과 제기할 수 없는 것으로 나누어야 한다는 견해가 있다고 한다.249)

브뤼셀규칙 recast에서는 '사기에 의한 외국재판'이 승인 배제되기 위해서는 피고가 재판국에서 가능한 모든 구제수단을 취해야 하고,250) 만일 외국재판에서 사기의 주장을 하였지만 받아들여지지 않았다면 실질재심사금지의 원칙상 승인과정에서 이를 다시 심사할 수 없는 것으로 해석되고 있다.251) 앞서 언급한 Interdesco SA v Nullifire Ltd 판결252)에서는 브뤼셀협약 제29조에서 "어떠한 경우에도 외국재판은 그 실체에 관하여 심사될 수 없다."(In no circumstances may a foreign judgment be reviewed as to its substance.)253)고 하여 실질재심사금지의 원칙을 규정하고 있고, 규정내용상 '사기에 의한 외국재판'의 경우에도 이 원칙은 그대로 적용되어 브뤼셀협약이 적용되는 사건에서는 'Abouloff 규칙'이 적용되지 아니한다는 이유로, 피고가 외국재판에서 사기를 주장하여 심리가 이루어진 사항에 대하여는 영국 법원이 이에 대하여 다시 심리를 진행할 수 없다고 보았다. 다만 외국재판이 종결된 후에 새롭게 발견된 사기의 증거에 대하여는 외국법원이 재판하지 않았으므로 실질재심사금지의 원칙에 반하지 않는다고 한다.

그리고 1999년 헤이그초안 제28조 제1항(e)에서는 "절차와 관련한 사기에 의하여 취득한 재판"을 승인거부사유로 규정하고 있었는데, 실질재심사금지의 원칙상 외국법원에서 사기

245) Fawcett, p. 553.
246) 영국의 상원은 종전에 최종심으로서의 역할을 하였는데, 2009년부터 대법원(Supreme Court)이 설치되어 최종심의 역할을 하고 있다.
247) [1992] 2 AC 443.
248) Fawcett, p. 554.
249) 김동윤, "외국판결의 승인 및 집행요건으로서의 공서", 인권과 정의 353호(2006.1), 157쪽.
250) Peter Schlosser, Report on the Brussels Convention, OJ 1979 C 59/71, p. 192.
251) Fawcett, p. 612.
252) [1992] 1 Lloyd's Rep 180.
253) 브뤼셀규칙 recast 제52조에서 사실상 동일한 규정을 두고 있다.

의 주장이 받아들여지지 않았다면 승인과정에서 이를 다시 심사할 수 없다고 해석되었다.[254)]

라. 검 토

피고가 외국재판의 승인을 위한 과정에서 사기를 주장한 경우에도 실질재심사금지의 원칙이 전면적으로 적용된다는 결론에 따르면, '사기에 의한 외국재판'의 승인이 공서양속에 반하는지에 관한 심사가 허용되는지 여부는 다음과 같다.

첫째 피고가 외국의 재판절차에서 사기의 주장과 증거를 제출하였지만 받아들여지지 아니한 경우. 이러한 경우에는 외국법원이 원고에 의하여 매수되어 편파적으로 재판을 진행하였다는 등의 특별한 사유가 없는 이상[255)] 실질재심사금지의 원칙상 외국법원에서 사기에 관한 심리를 진행한 이상 우리 법원이 이에 관하여 다시 심리할 수 없다. 그런데 앞서 언급한 바와 같이 외국법원은 구체적 사건의 해결을 위하여 재판을 하고 그 전제로서 사실을 인정하는 것이고 이 과정에서 외국법원이 우리나라의 공서에 대하여는 배려하지 않는다는 점에서 위와 같은 경우에는 실질재심사금지의 원칙이 적용되지 아니한다는 견해가 있다.[256)] 외국재판의 승인요건으로서의 공서양속이 우리의 공서양속이란 점에서 위와 같은 주장은 일면 타당성이 있고, 우리의 공서양속에 한정된 절차적 공서위반의 주장에서 적용될 수 있을 것이다. 그러나 피고의 사기의 주장에 대하여 진행되는 주된 심리내용은 원고가 제출한 증거가 허위인지 원고가 피고로 하여금 절차에 참여할 수 없게 기망을 한 것인지 등과 같은 사실인정의 문제로서 외국법원이나 우리 법원이나 심리내용에 차이가 없으므로 이를 우리의 공서양속에 한정된 문제라고 볼 수 없다. 따라서 위와 같은 경우에 우리 법원이 다시 심리하는 것은 실질재심사금지의 원칙에 반한다고 본다.

둘째 피고가 외국의 재판절차에서 사기의 증거를 발견하였거나 발견할 수 있었음에도 불구하고 사기의 증거를 제출하지 않다가 승인과정에서 비로소 사기의 주장을 한 경우. 이러한 경우에는 외국법원이 이미 증거의 적법성을 조사하여 이를 확정하였고 그 적법성을 다시 조사할 합리적인 이유가 없으므로 실질재심사금지의 원칙상 우리 법원이 다시 증거의 적법성을 조사하는 것은 타당하지 않다. 다만 이러한 결론을 민사소송법 제151조의 이의권의 포기 또는 상실에 근거를 두는 것은 적당하지 않다고 본다. 이의권의 포기 또는 상실은 절차규정 중 당사자가 처분가능한 임의규정의 위반에서만 허용되고 당사자가 처분할 수 없는 강행규정의 위반에서는 허용되지 아니하기 때문이다.

셋째 피고가 외국의 재판절차가 진행되는 동안에는 사기의 증거를 제출할 수 없었던 경우. 이러한 경우에는 외국법원에서 사기에 관한 심리가 진행되지 않았고 이에 대하여 피고에게 과실이 없으므로 승인단계에서 사기에 관한 심리를 진행하더라도 실질재심사금지의 원칙

---

254) Nygh/Pocar, "Report of the Special Commission", Preliminary Document No. 11 of August 2000, p. 113.

255) 이러한 사유가 있다면 '사기에 의한 외국재판'이 문제되기 보다는 피고의 방어권 침해의 절차적 공서위반이 더욱 문제될 것이다.

256) 김동윤, "외국판결의 승인 및 집행요건으로서의 공서", 인권과 정의 353호(2006.1), 162쪽.

에 반한다고 볼 수 없다. 이에 대하여 이미 외국재판이 확정되어 당사자 사이의 법률관계가 확정되고 이에 반하는 주장이 차단된 이상 새로운 증거가 발견되었다고 하더라도 사기에 대한 심사를 할 수 없다는 견해가 가능하다. 그러나 사기의 피해자가 사기의 가해자에 비하여 보호받지 못한다는 것이야 말로 공서양속에 반한다고 할 것이므로 위와 같이 볼 바는 아니다. 한편 '피고가 외국의 재판절차가 진행되는 동안에는 사기의 증거를 제출할 수 없었던 경우'는 ① 피고가 합리적 노력을 다했는데도 불구하고 사기에 관한 증거를 찾을 수 없었던 경우,[257] ② 상대방의 강압에 의하여 사기에 관한 증거를 제출할 수 없었던 경우,[258] ③ 재판국의 절차법이 당사자의 방어권을 박탈하거나 외국법원이 원고에게 매수되는 등 부패하여 피고가 외국의 재판절차에서 그러한 증거를 제출할 것을 기대할 수 없는 경우[259]로 나눌 수 있다. 위와 같은 경우에는 우리의 공서양속에 비추어 '재판의 자유로운 이동'보다도 사기의 피해자인 피고의 보호가 우선시되는 게 마땅하기 때문이다.

넷째 피고가 외국재판에서 증거 없이 사기의 주장을 하였지만 외국법원에서 받아들여지지 아니하고 재판이 종결된 후에 새로운 증거가 발견된 경우. 이러한 경우에도 외국법원이 새롭게 발견된 증거에 관한 심리가 진행되지 않았으므로 우리 법원은 사기에 관한 심리를 진행할 수 있다고 봐야 한다.[260] 물론 피고가 외국의 재판절차 중에 합리적 노력을 다했음에도 불구하고 사기에 관한 증거를 발견할 수 없는 경우에 한정된다.

5. 재판국에서 구제절차를 밟아야 하는지 여부

외국재판이 종결된 후에서야 피고가 사기에 관한 증거를 제출할 수 있게 된 경우에 피고가 재판국에서 가능한 구제절차를 모두 거쳐야 하고 그렇지 않으면 우리 법원이 사기의 주장에 대한 심리를 진행할 수 없는지 문제된다. 이에 대하여 앞서 언급한 영국의 Interdesco SA v Nullifire Ltd 판결에서는 재판국 법원이 사건에 관한 모든 심리를 진행하는 것이 타당하다는 이유로 새롭게 발견된 사기의 증거라도 재판국에서 구제절차를 밟을 수 있다면 영국 법원은 사기의 주장에 대한 심리를 진행할 수 없다고 보았다.[261] 독일에서도 외국에서 모든 법적 구제수단을 소진하였어야 하고 그렇지 않으면 승인국에서 절차적 공서위반을 주장할 수 없다는 유력한 견해가 있다고 한다.[262]

유럽연합 내에서 재판의 자유로운 이동을 목적으로 하는 브뤼셀협약이나 브뤼셀규칙 recast의 특수성을 감안하면 유럽연합에서는 위와 같은 주장이 가능하지만 우리의 경우에는 재판국법에 따라서 외국재판이 확정된 이상 피고로 하여금 재판국에서의 구제절차를 모두 소

257) 예를 들어 위조된 서류의 의심이 있다면 피고로서는 필적감정 등을 통하여 위조사실의 밝혔어야 하는데 이러한 노력을 전혀 하지 아니한 경우에는 합리적 노력을 다했다고 볼 수 없다.

258) Fawcett, pp. 543-544.

259) Magnus, p. 628.

260) Fawcett, p. 612.

261) 다만 영국의 Owens Bank Ltd v. Fulvio Bracco [1992] I.L.Pr. 114 판결에서는 외국법원이 뇌물에 의하여 매수된 경우와 같은 이례적인 경우에는 재판국에서 구제절차를 밟는 것이 예외적으로 적정하지 않다고 보았다.

262) 석광현, "사기에 의한 외국판결승인의 공서위반여부와 상호보증", 민사판례연구 28권(2006.2), 14쪽.

진하도록 요구할 법적 근거가 없다. 또한 공평하지 못한 절차의 위험에 노출된 피고에게 외국에서 비용과 노력을 투자하여 법적 구제수단에 호소할 것을 기대하는 것은 무리이므로 그렇게 볼 것은 아니다.[263] 대법원 2004.10.28. 선고 2002다74213 판결도 "… 승인 또는 집행을 구하는 외국판결을 무효화하는 별도의 절차를 당해 판결국에서 거치지 아니하였다 할지라도 바로 우리나라에서 승인 내지 집행을 거부할 수는 있다."고 판시하여 동일한 입장이다.

6. 구체적 요건의 제시[264]

대법원 판례는 '사기에 의한 외국재판'이 성립되기 위한 구체적인 요건을 제시하지 않고 있다. 다만 국내재판에서의 편취행위에 관한 대법원 2010.2.11. 선고 2009다82046 판결을 참조할 수 있는데, 이 판결에서는 편취행위가 되기 위해서는 ① 소송당사자가 상대방의 권리를 해할 의사로 ② 상대방의 소송관여를 방해하거나 허위의 증거제출을 동반한 허위의 주장으로 법원을 기망하는 등 부정한 방법을 사용하여 ③ 실제의 권리관계와 다른 내용의 확정판결을 취득하고 ④ 그로 인하여 상대방의 절차적 기본권을 근본적으로 침해함으로써 확정판결의 효력을 존중하는 것이 정의관념에 반하여 이를 도저히 묵과할 수 없는 사정을 요구하고 있다. 그렇지 않고 당사자가 단순히 실체적 권리관계에 반하는 허위주장을 하거나, 자신에게 유리한 증거를 제출하고 불리한 증거는 제출하지 아니하거나, 제출된 증거의 내용을 자기에게 유리하게 해석하는 등의 행위만으로는 확정판결의 위법한 편취에 해당하는 불법행위가 성립한다고 단정할 수 없다고 한다. 아래에서는 위 판결에서 제시한 요건을 참조하여 '사기에 의한 외국재판'의 승인이 공서양속에 반한다고 볼 수 있는 요건을 제시하여 본다.

가. 사해의사가 존재할 것

'사기에 의한 외국재판'이 우리의 절차상 공서에 반하려면 원고에게 외국법원을 기망한 행위가 있어야 하는데 이러한 기망행위에는 당연히 사해의사가 수반된다. 만일 원고에게 외국법원을 기망하려는 사해의사가 없었다면 설령 외국재판에서 확정한 법률관계가 실제의 법률관계와 다르다고 하더라도 이를 우리의 절차상 공서에 위반되었다고 할 수 없으며 우리 법원은 실질재심사금지의 원칙상 외국재판에서 확정한 법률관계가 실제의 법률관계와 다른지에 관하여 심사할 수 없다. 즉 원고가 제출한 주장과 증거에 오류가 있다고 하더라도 사해의사가

---

263) 앞의 글, 같은 쪽.

264) '사기에 의한 외국재판'이 공서양속에 반하기 위한 사기적 방법이 무엇인지에 관한 논의는 찾아보기 힘들다. 다만 미국의 외재적 사기와 내재적 사기의 분류를 바탕으로 한 주장이 있는데, 이 주장에서는 내부적 사기는 우리나라에서도 제한된 요건 하에서 재심사유로 되어 있고 미국을 비롯한 각국에서도 마찬가지로 무효화시킬 수 있는 별도의 제도를 두고 있어서 승인거부사유로 삼기 보다는 판결국의 불복절차를 밟도록 하는 것이 타당한 측면이 있고, 내부적 사기에 대한 심사를 한다는 것은 곧 부분적인 "실질심사"와 다름없으므로 부적절한 측면이 있다는 이유로 내부적 사기의 경우 재심사유에 대한 증명 정도의 엄격한 증명을 요구하는 신중한 태도가 요구된다고 한다(장상균, "외국판결의 집행요건", 대법원판례해설 통권 제51호, 2004, 513쪽). 즉 민사소송법 제451조에 의하면, 위조서류(제6호), 위증(제7호)의 경우, 유죄판결의 증명을 요구하고 있는 점(제2항)을 감안하여, 위와 같은 사유로 유죄판결까지 받아놓은 상태라면 이를 판결국법원에 제출하여 그 판결을 먼저 무효화시키라고까지 요구하는 것은 부적절하고, 그와 같은 정도의 증명이 있으면 우리 법원이 승인 및 집행을 거부할 수 있다고 해석함이 상당하다고 한다. 결론적으로 대법원 2004.10.28. 선고 2002다74213 판결과 동일한 입장을 취하고 있다.

없는 과실의 존재만으로는 그 외국재판을 공서위반이라고 볼 수 없다.[265)]

나. 기망에 의하여 상대방의 소송관여를 방해하거나 허위의 증거제출을 동반한 허위의 주장으로 법원을 기망하는 등 부정한 방법을 사용하였을 것

(1) 외재적 사기

앞서 언급한 바와 같이 '사기에 의한 외국재판'이 절차상 공서에 위반되는 이유는 이러한 재판이 공정한 재판이라고 볼 수 없기 때문이다. 미국의 외재적 사기에 해당하는 '기망에 의하여 상대방의 소송관여를 방해하는 행위'는 피고의 절차참여의 기회를 박탈하여 재판받을 권리를 침해하므로 이에 따른 외국재판을 공정한 재판이라고 볼 수 없다. 따라서 이에 따른 외국재판의 승인은 우리의 절차상 공서에 위반된다. 그러나 송달사기의 경우에는 특별한 고려가 필요하다. 대법원 1980.3.25. 선고 78다2113 판결에 따르면 제소자가 피고의 주소를 허위로 표시하여 그 허위주소에 소장이 송달된 소위 사위판결은 그것이 공시송달의 방법으로 송달된 것이 아니라면 형식적으로 확정되지 아니하므로 피고는 여전히 항소를 제기할 수 있다. 항소는 판결서가 송달된 날부터 2주 이내에 하여야 하는데[266)] 허위주소로 판결서가 송달되었다면 피고가 판결서를 송달받지 못하여 항소기간이 기산되지 않기 때문이다. 즉 사위판결은 확정된 판결이 아니다.

그런데 민사소송법 제217조 제1항에서는 "외국법원의 확정판결 또는 이와 동일한 효력이 인정되는 재판"을 외국재판의 승인의 대상으로 규정하고 있으므로 확정된 외국재판만이 승인의 대상이 된다. 외국재판의 승인을 규정하고 있는 민사소송법 제217조에서 사용하고 있는 용어의 의미는 우리 법에 따라서 해석해야 하므로 '외국법원의 확정재판'의 의미도 우리 법에 따를 수밖에 없지만, 외국의 재판절차에서 확정되었는지 여부는 '절차는 법정지법에 따른다.'는 원칙상 그 나라의 소송법이 적용될 수밖에 없다.[267)] 따라서 재판국법에서도 사위판결을 확정된 재판으로 보고 있지 않다면 이때는 '사기에 의한 외국재판'이 문제되는 것이 아니라 미확정의 외국재판으로서 승인이 거부되어야 한다. 반대로 재판국법에서 사위판결을 확정된 재판으로 보고 있다면 이러한 사위판결은 '사기에 의한 외국재판'으로서 문제되어야 한다.

(2) 내재적 사기

미국의 내재적 사기에 해당하는 허위의 증거제출 등은 미국에서 대체로 승인거부사유로 보지 않고 있으며 대법원 2004.10.28. 선고 2002다74213 판결도 실질재심사금지의 원칙을 이

---

265) Nygh/Pocar, "Report of the Special Commission", Preliminary Document No. 11 of August 2000, p. 113.

266) 민사소송법 제396조 제1항.

267) 석광현, 국제민사소송법, 박영사, 2012, 349쪽. 이 주장에서는 영미법상으로는 제1심 판결이 선고되어 당해 법원을 구속하더라도 만일 항소가 제기되어 아직 우리 법상 형식적 확정력에 상응하는 효력이 발생하기 전이라면 한국에서는 승인될 없다는 견해를 취하고 있다. 권혁준, "외국판결 등의 승인 및 집행에 관한 실무상 문제", YGBL 제2권 제1호(2010), 201쪽에서는 "판결의 확정은 그 판결을 한 외국의 절차에 있어 통상의 불복방법으로는 더 이상 불복할 수 없는 상태를 의미하고 무엇이 통상의 불복방법에 해당하는가는 당해 판결국법에 의하여 결정할 문제이다."라고 하여 앞서의 주장과 동일한 입장이다.

유로 하여 이 경우를 원칙적으로 승인거부사유가 아니라고 보았다. 그러나 앞서 검토한 바와 같이 '사기에 의한 외국재판'에 대한 심사는 실질재심사금지의 원칙에 반하지 아니하는 경우에만 허용되고 내재적 사기의 주장이라고 하더라도 실질재심사금지의 원칙에 반하지 않는 경우가 있으므로 내재적 사기의 주장이라고 하여 일률적으로 실질재심사금지의 원칙에 반하다고 보는 것은 타당하지 않다.

또한 위 판결에서는 민사소송법 제451조의 재심의 규정을 근거로 하여 내재적 사기라고 하더라도 엄격한 증명이 있는 경우에는 승인거부사유가 될 수 있다고 보았고 이에 찬성하는 견해도 있다.[268] 이에 대하여 민사소송법 제451조의 재심사유가 있다면 외국판결에 중요한 절차적 하자가 있다는 것이므로 그의 승인은 대체로 우리의 절차적 공서에 위반할 것이라고 볼 여지가 있겠지만, 우리 민사소송법이 재심사유를 비교적 넓게 규정하므로 반드시 그렇다고 단정하기는 어렵다는 견해가 있다.[269] 예컨대 재심사유 중 "판결에 영향을 미칠 중요한 사항에 관하여 판단을 누락한 경우"에는 그 외국판결의 승인이 당연히 절차적 공서위반이 되는 것은 아니라고 하면서 외국재판의 승인의 거부를 마치 외국재판에 대해 재심을 하는 것처럼 이해할 것은 아니고 외국판결의 절차적 하자는 결국 절차적 공서위반의 틀 내에서 해결해야 한다고 한다.[270] 또한 공서요건의 심사에 있어서 민사소송법의 재심사유와 같은 요건을 요구해야 할 법률적 근거가 없고 외국재판의 승인에서 공서는 국내적 공서[271]보다는 좁은 개념이기 때문에 재심사유로부터 공서위반을 찾고 있는 대법원 판결에 반대하는 견해도 있다.[272]

'사기에 의한 외국재판'의 경우에는 헌법상 공정한 재판을 받을 권리가 문제되는데 민사소송법 제451조의 재심사유 중 일부는 이러한 공정한 재판을 받을 권리를 보호하기 위한데 그 목적이 있다는 점에는 이론이 없을 것이다. 이러한 점에서 위 대법원 판결이 민사소송법의 재심사유를 참조한 점에 법률적 근거가 없는 것은 아니다. 다만 민사소송법이 재심사유를 비교적 넓게 규정하고 있어서 모든 재심사유가 공정한 재판을 받을 권리를 보호하는데 그 목적이 있는 것은 아니다. 따라서 '사기에 의한 외국재판'이 절차적 공서에 반하는지를 심사하는데 있어서 굳이 재심사유를 참조하는 것보다는 독자적인 절차적 공서양속을 근거로 하는 것이 옳다는 견해에 찬성한다.[273]

268) 장상균, "외국판결의 집행요건", 대법원판례해설 통권 제51호, 2004, 513쪽.

269) 석광현, "사기에 의한 외국판결승인의 공서위반여부와 상호보증", 민사판례연구 28권, 14쪽.

270) 석광현, 앞의 글, 같은 쪽.

271) 민사소송법 제217조 제1항 제3호의 대한민국의 공서양속이란 민법 제103조가 규정하는 '국내적 공서'(domestic public policy)와 구별되는 그보다 좁은 '국제적 공서'(international public policy)라는 견해가 있는 반면에, 민법 제103조의 공서와 민사소송법 제217조 제1항 제3호의 공서가 동일한 개념이라는 견해도 있다. 대법원 2009.5.28. 선고 2006다20290 판결에서는 "뉴욕협약 제5조는 승인 및 집행의 거부사유를 제한적으로 열거하면서, 제2항 (나)호에서 중재판정의 승인이나 집행이 그 국가의 공공의 질서에 반하는 경우에는 집행국 법원은 중재판정의 승인이나 집행을 거부할 수 있도록 규정하고 있는바, 이는 위 협약의 적용을 받는 외국중재판정의 승인이나 집행이 집행국의 기본적인 도덕적 신념과 사회질서를 해하는 것을 방지하여 이를 보호하려는 데 그 취지가 있는 것이므로, 국내적인 사정뿐만 아니라 국제적 거래질서의 안정이라는 측면도 함께 고려하여 이를 제한적으로 해석하여야 하고, 해당 외국중재판정을 인정할 경우 그 구체적 결과가 집행국의 선량한 풍속 기타 사회질서에 반할 경우에 한하여 그 승인이나 집행을 거부할 수 있다"고 판시하였는데, 국내적 공서보다 좁은 의미로의 국제적 공서를 명시적으로 인정한 판결이라는 견해가 있다(석광현, "사기에 의하여 획득한 외국중재판정의 승인과 공서위반 여부", 판례연구 24집 2호(2010.12), 158쪽).

272) 김동윤, "외국판결의 승인 및 집행요건으로서의 공서", 인권과 정의 353호(2006.1), 165쪽.

무엇보다 "제1항 제4호 내지 제7호의 경우에는 처벌받을 행위에 대하여 유죄의 판결이나 과태료부과의 재판이 확정된 때 또는 증거부족 외의 이유로 유죄의 확정판결이나 과태료부과의 확정재판을 할 수 없을 때에만 재심의 소를 제기할 수 있다."는 민사소송법 제451조 제2항의 규정은 헌법상 공정한 재판을 받을 권리와 관계없이 확정판결을 함부로 취소할 수 없다는 재심사유의 엄격성을 규정한 것에 불과하고, 더욱이 이 규정은 외국재판의 승인에서의 공서양속의 엄격한 해석의 원칙과 관계가 없으므로 이를 근거로 하여 내재적 사기에서 '유죄판결과 같은 고도의 증명'을 요구하는 것은 타당하지 않다.[274] 그리고 공서양속의 엄격한 해석의 원칙상 객관적이고 엄격한 증명은 내재적 사기에서만 요구되지 않고 실체적 공서위반과 절차적 공서위반 전반에서 요구된다는 점에서 위의 대법원 판결이 유독 사기의 경우에만 엄격한 증명을 요구하는 데는 찬성하지 아니한다.[275] 결론적으로 내재적 사기라고 하더라도 공서양속에 위반될 수 있지만 '유죄판결과 같은 고도의 증명'을 승인거부의 요건으로 보기 힘들다.

다. 외재적 사기로 인하여 피고가 절차에 참여하지 못하거나 내재적 사기로 인하여 외국법원이 실제의 권리관계와 다른 내용의 판결을 하였을 것

'사기에 의한 외국재판'을 포함하여 절차적 공서위반으로서 외국재핀의 승인이 거부되기 위해서는 절차적 공서위반으로 인정되는 하자가 외국재판의 결과에 영향을 미칠 필요가 있는지, 즉 외국재판의 결론이 실체적 권리관계와 달라야 하는지 검토할 필요가 있다. 이에 대한 논의는 많지 않은데, 이를 일률적으로 논할 수 없으며 하자가 중대하고 그러한 외국재판을 승인하는 것이 내국의 절차적 공서에 반하는 경우는 결론에 영향을 미쳤는지를 문제 삼지 않고 승인을 거부해야 한다는 견해가 있다.[276]

절차적 공서위반 중 법원이 원고에게 매수되거나 재판국법에 따라서 법원이 피고의 재판절차참여권을 박탈한 경우[277]와 같이 외국법원이 고의로 피고의 절차참가권을 박탈한 경우에는 우리의 법감정상 이에 따른 외국재판을 도저히 승인할 수 없으므로 재판의 결과와 관계없이 절차적 공서에 반한다고 보는 것이 타당하다. 그러나 원고의 일방적 기망행위만이 존재하고 법원이 고의로 피고의 방어권을 박탈한 것이 아니라면 실질재심사금지의 원칙과 공서양

---

273) 헤이그승인집행협약 제7조(1)(b)에서는 "사기에 의하여 얻은 재판"(the judgment was obtained by fraud)을 승인 및 집행의 거절사유로 규정하고 있는 반면에, 헤이그관할합의협약 제9조(d)에서는 "절차적 사항과 관련하여 사기에 의하여 얻은 재판"(the judgment was obtained by fraud in connection with a matter of procedure)이라고 규정하여 기망행위가 절차적 사항을 대상으로 해야 한다는 점을 명시하고 있다.

274) 김동윤, "외국판결의 승인 및 집행요건으로서의 공서", 인권과 정의 353호(2006.1), 165-166쪽에서도 유사한 주장을 하고 있다.

275) 석광현, "사기에 의하여 획득한 외국중재판정의 승인과 공서위반 여부", 판례연구 24집 2호(2010.12), 160쪽.

276) 김동윤, "외국판결의 승인 및 집행요건으로서의 공서", 인권과 정의 353호(2006.1), 157쪽.

277) 예를 들어 유럽사법재판소의 Krombach v Bamberski 결정의 사안에서 살인혐의를 받고 있는 독일인은 그 살인과 관련한 프랑스에서의 민사재판에 출석을 거부하고 대신에 변호사만을 출석시키려고 하였지만, 프랑스법상 도주자는 대리인을 출석시킬 수 없었기 때문에 피고는 아무런 진술의 기회를 갖지 못하고 패소하였다. 원고가 이 재판을 가지고 독일에 집행판결을 신청하였지만 유럽사법재판소는 위 재판이 당사자의 방어권을 침해한 공서양속에 반하는 재판으로 보았다.

속의 엄격해석의 원칙상 원고의 일방적 기망행위의 존재만을 이유로 외국재판이 공서양속에 반하다고 보기에는 무리가 있다. 앞서 언급한 바와 같이 '사기에 의한 외국재판'이 절차적 공서에 반하는 이유는 원고의 기망행위로 인하여 피고의 방어권이 침해당했기 때문이므로 원인행위인 원고의 기망행위만으로는 절차적 공서가 문제되지 않고 피고의 방어권이 침해되었다는 결과가 발생해야 비로소 외국재판이 절차적 공서에 위반되었다고 볼 수 있다. 구체적으로 외재적 사기와 내재적 사기를 나누어 보면 다음과 같다.

외재적 사기는 원고의 기망행위에 속은 피고가 재판절차에 참여하지 못하여 방어권을 행사하는 못한 것을 의미하므로 원고의 기망행위만으로 외국재판의 절차적 공서위반을 따지기에 부족하고 피고가 이에 속아서 재판절차에 참여하지 못한 결과가 발생해야 비로소 이에 따른 외국재판의 승인이 절차적 공서에 반한다고 볼 수 있다. 내재적 사기의 경우에는 원고가 법원을 기망하여 이에 속은 법원이 실제의 권리관계와 다른 내용의 재판을 한 것을 의미하므로 원고의 기망행위만으로 절차적 공서를 따지기에 부족하고 원고에게 속은 외국법원이 실제의 권리관계와 다른 결론에 이르러야 비로소 이러한 외국재판의 승인이 절차적 공서에 반한다고 볼 수 있다.[278]

라. 피고의 절차적 기본권을 근본적으로 침해함으로써 외국재판의 효력을 존중하는 것이 정의관념에 반하여 이를 도저히 묵과할 수 없는 사정이 있을 것

'사기에 의한 외국재판'이 절차적 공서양속에 반하여 승인이 거부되기 위해서는 헌법에서 보호하는 공정한 재판이 침해될 정도에 이르러야 하므로 여기서 사기적 방법은 피고의 절차참여권을 완전히는 아니더라도 근본적으로 박탈시킬 정도에 이를 필요가 있다. 여기서 근본적으로 절차참가권을 박탈시킨다는 의미는 사기적 방법에 의하여 피고가 방어의 기회를 가지지 못하거나 방어의 기회를 가졌지만 외국법원이 사기적 방법에 속은 결과 방어에 대한 심리를 제대로 진행할 수 없어서 실질적으로 심리가 진행되었다고 볼 수 없을 정도를 의미한다.

대법원 2010.2.11. 선고 2009다82046 판결에서는 국내재판에서 ① 당사자가 허위의 증거를 동반하지 아니한 채 단순히 실체적 권리관계에 반하는 허위주장을 하거나, ② 자신에게 유리한 증거를 제출하고 불리한 증거는 제출하지 아니하거나, ③ 제출된 증거의 내용을 자기에게 유리하게 해석하는 등의 행위에 의하여 유리한 판결을 받은 경우에는 확정판결의 위법한 편취에 해당하는 불법행위가 성립한다고 단정할 수 없다고 보았다. 외국재판의 경우에도 위와 같은 경우에는 상대방이 충분히 방어의 기회를 가지고 있었고 외국법원이 공정한 제3자의 입장에서 심판하는데 무리가 없었다고 보는 것이 타당하므로 상대방의 절차적 기본권을 근본적으로 침해하였다고 볼 수 없다.

278) Collins, para. 14-138.

제 6 절 상호보증이 있거나 대한민국과 그 외국법원이 속하는 국가에 있어 확정재판 등의 승인요건이 현저히 균형을 상실하지 아니하고 중요한 점에서 실질적으로 차이가 없을 것

Ⅰ. 상호보증의 의미

민사소송법 제217조 제4호에서는 외국재판의 승인요건으로서 “상호보증이 있거나 대한민국과 그 외국법원이 속하는 국가에 있어 확정재판 등의 승인요건이 현저히 균형을 상실하지 아니하고 중요한 점에서 실질적으로 차이가 없을 것”을 요구하고 있다. 환언하면 우리나라가 외국재판을 승인 및 집행하는 것과 마찬가지로 우리나라에서 승인 및 집행이 문제된 외국재판을 한 당해 외국도 우리나라 법원의 재판을 승인 및 집행해야 한다는 상호주의가 보증됨을 말한다.279) 우리나라만이 입을 수 있는 불이익을 방지하고 국제관계에서 형평을 도모하기 위하여 외국판결의 승인요건으로서 ‘상호보증이 있을 것’을 요구하고 있다.280)

Ⅱ. 상호보증의 존재의 판단기준

1. 과거의 엄격한 기준

2014년 민사소송법이 개정되기 전에는 제217조에서 단순히 “상호보증이 있을 것”이라고만 규정하고 있었기 때문에 상호보증의 의미가 무엇인지에 관하여 논의가 있었다.281) 이에 대하여 대법원 1971.10.22. 선고 71다1393 판결에서는 “상호의 보증이 있는 일이라 함은 당해 외국이 조약에 의하여 또는 그 국내법에 의하여 대한민국 판결의 당부를 조사함이 없이 민사소송법 제203조의 규정과 같던가 또는 이보다도 관대한 조건아래에서 대한민국의 판결의 효력을 인정하고 있는 경우를 말하는 것”이라고 하여 매우 엄격한 기준을 제시하였다. 이러한 엄격한 기준에 따라서 대법원 1987.4.28. 선고 85다카1767 판결에서는 “호주국의 보통법상으로는 승인요건이 갖추어진 경우라 하더라도 외국판결 자체를 승인하는 것이 아니라 외국판결에 의하여 확정된 의무의 존재를 인정하는 것이고, 따라서 이를 집행하기 위해서는 단순히 집행판결을 구하는 것이 아니라 그것을 청구원인으로 하여 일반소송절차에 따라 소를 제기하고 새로운 판결을 받아야 하므로, 형식적 심판만으로 외국판결을 승인하고 있는 우리나라와는 상호보증이 존재하지 아니한다.”고 판시하였다.282)

---

279) 석광현, 국제민사소송법, 박영사, 2012, 397쪽.
280) 대법원 2004.10.28. 선고 2002다74213 판결.
281) 석광현, 국제민사소송법, 박영사, 2012, 398쪽.
282) 그러나 호주는 1991년 외국재판법의 하위규범을 개정하여 한국의 각급 법원을 상호주의가 존재하는 법원으로 명시하였으므로 상호주의가 인정될 것이다(석광현, 국제민사소송법, 박영사, 2012, 405쪽).

2. 완화된 기준

대법원 2004.10.28. 선고 2002다74213 판결에서는 "판결국에 있어서 외국판결의 승인요건이 우리나라의 그것과 모든 항목에 걸쳐 완전히 동일하거나 오히려 관대할 것을 요구하는 것은 지나치게 외국판결의 승인 범위를 협소하게 하는 결과가 되어 국제적인 교류가 빈번한 오늘날의 현실에 맞지 아니하고 오히려 외국에서 우리나라의 판결에 대한 승인을 거부하게 만드는 불합리한 결과를 초래한다는 점을 고려할 때, 우리나라와 외국 사이에 동종 판결의 승인요건이 현저히 균형을 상실하지 아니하고 외국에서 정한 요건이 우리나라에서 정한 그것보다 전체로서 과중하지 아니하며 중요한 점에서 실질적으로 거의 차이가 없는 정도라면 민사소송법 제217조 제4호에서 정하는 상호보증의 요건을 구비하였다고 봄이 상당하고, 또한 이와 같은 상호의 보증은 외국의 법령, 판례 및 관례 등에 의하여 승인요건을 비교하여 인정되면 충분하고 반드시 당사국과의 조약이 체결되어 있을 필요는 없으며, 당해 외국에서 구체적으로 우리나라의 동종 판결을 승인한 사례가 없더라도 실제로 승인할 것이라고 기대할 수 있는 상태이면 충분하다 할 것이고, 이와 같은 상호의 보증이 있다는 사실은 법원이 직권으로 조사하여야 하는 사항이라 할 것이다."라고 판시하여 종전 판례에 비하여 완화된 입장을 취하였다.[283] 2014년 개정 민사소송법 제217조 제1항 제4호는 이러한 대법원 판례를 따른 것이다.

구체적인 사례를 보면 대법원 2017.5.30. 선고 2012다23832 판결에서는 "미국 캘리포니아주 연방법원은 보통법(common law)에 기초한 예양의 일반원칙에 근거하여, ① 외국법원이 해당 사건에 관하여 인적 · 물적 관할권을 가지고 있고, ② 피고가 해당 외국법원의 소송절차에서 적정한 송달과 적법절차에 따라 공정하게 재판을 받았으며, ③ 재판결과가 기망에 의하여 부정하게 취득되지 않았고, ④ 미국 또는 캘리포니아주의 공공질서에 어긋나지 않는 경우에는 외국 비금전판결의 승인 · 집행을 허용하고 있다. 이와 같은 미국 캘리포니아주의 외국판결 승인요건은 우리나라의 민사소송법이 정한 것보다 전체로서 과중하지 아니하고 중요한 점에서 실질적으로 거의 차이가 없는 정도라 할 것이어서, 미국 캘리포니아주 연방법원에서 우리나라의 동종판결을 승인할 것이라고 기대할 수 있다고 봄이 타당하다."고 판시한 바가 있다.

이러한 상호보증은 외국의 법령, 판례 및 관례 등에 따라 승인요건을 비교하여 인정되면 충분하고 반드시 당사국과의 조약이 체결되어 있을 필요는 없으며, 외국에서 구체적으로 우리나라의 같은 종류의 판결을 승인한 사례가 없더라도 실제로 승인할 것이라고 기대할 수 있는 정도이면 충분하다.[284] 그리고 상호보증이 있는지 여부는 민사소송법과 재판국의 외국재판의

283) 이러한 판결에 따르면, 만일 당해 재판국도 외국재판의 승인의 요건으로 상호보증을 요구하고 나아가 재판국의 외국재판 승인의 요건이 한국보다 관대한 경우에 재판국 측에서 보면 한국의 요건이 더 엄격한 것으로 되어 한국의 재판을 승인할 수 없게 되고, 결국 한국 측에서도 상호보증이 없다고 보게 되는 불합리한 결과가 발생한다(석광현, 국제민사소송법, 박영사, 2012, 399쪽).

284) 대법원 2016.1.28. 선고 2015다207747 판결.

승인 및 집행에 관한 법률을 비교하여 일률적으로 결정할 것이 아니라 쌍방이 상응하는 재판, 즉 동일하거나 유사한 재판 사이에 상호보증이 있는 것으로 충분하다. 이를 '부분적 상호보증' 이라고도 한다. 앞의 대법원 판결에서도 '같은 종류의 판결'이라고 하여 민사소송법 제217조 제4호의 상호보증이 부분적 상호보증이란 점을 간접적으로 보여주고 있다. 이러한 이유로 신분판결 또는 재산판결과 같은 일정한 종류의 재판에 한정하여 상호보증이 인정될 수 있다.[285] 예를 들어 영국의 보통법(common law)에 따르면 금전지급을 명하는 외국재판만이 영국에서 승인 및 집행이 될 수 있기 때문에 사람의 신분에 관한 재판은 승인 및 집행될 수 없다. 따라서 영국과 우리나라 사이에는 금전지급판결에 관하여 상호보증이 존재할 수 있지만 신분에 관한 재판에 대하여는 상호보증을 인정하기 힘들다.

Ⅲ. 상호보증의 존재에 대한 조사

민사소송법 제217조의 요건을 충족하면 외국재판에 대한 승인판결이나 승인재판과 같은 별도의 절차를 갖추지 않더라도 그 외국재판이 우리나라에서 당연히 효력을 갖는데, 이를 '자동승인'(automatic recognition)이라고 한다.[286] 외국재판의 승인에 대하여 별도의 재판을 할 필요가 없다면 법원이 직권에 의하여 승인요건을 조사하는 것은 적절하지 아니하고 피고가 승인요건의 부재를 다투기 위한 항변을 제출하도록 하는 것이 자동승인의 취지에 부합된다. 또한 상호보증은 고도의 공적이익을 보호하는데 목적이 있는 것도 아니고 아래에서 보는 바와 같이 오히려 외국재판의 승인 및 집행의 요건에서 제외하는 것이 타당하다는 점에서 더욱 그러하다. 그러나 민사소송법 제217조 제2항 및 대법원 2004.10.28. 선고 2002다74213 판결에서는 상호보증의 존재를 직권조사항으로 보고 있다.

Ⅳ. 상호주의의 폐지의 필요성

상호보증을 요구하는 취지는, 한국만이 일방적으로 외국재판을 승인 및 집행함으로써 입게 되는 불이익을 방지하고 국제관계에서 형평을 도모하며, 한국의 재판을 승인 및 집행하지 않는 나라에 대해 보복을 가하는 의미에서 당해 외국으로 하여금 한국 재판의 승인 및 집행 요건을 완화하도록 함으로써 외국의 승인 및 집행의 요건과 우리의 요건이 균형을 이루도록 하기 위한 정책적인 것이다.[287] 즉 상호보증은 주권적 발상에 기초를 두고 있는 요건으로서 국제예양(comity)을 근거로 한다.[288] 여기서 국제예양이란 외국의 주권행사를 존중해 주어야

285) 석광현, 국제민사소송법, 박영사, 2012, 401쪽.

286) 더불어 브뤼셀규칙 recast에서는 외국재판의 자동승인의 취지에 맞추어 요건을 승인요건이 아니라 승인거부의 요건으로 규정하고 있는데, 우리 민사소송법 제217조도 승인의 요건이 아니라 승인거부의 요건으로 규정하는 것이 타당하다고 본다.

287) 석광현, 국제민사소송법, 박영사, 2012, 397쪽.

288) 앞의 책, 344쪽. 최공웅, "외국판결의 효력", 사법논집 제18집(1987.12), 332쪽. 영국의 Adams v Cape Industries Plc

하지만 그 외국도 우리의 주권을 존중해 줄 때 비로소 우리도 그 외국의 주권을 존중하겠다는 상호주의(reciprocity)를 의미한다.

앞서 언급한 바와 같이 현행법에 따르더라도 우리나라에서 외국재판을 승인 및 집행하는 근거가 외국의 법원에서 행하여진 판결에서 확인된 당사자의 권리를 우리나라에서도 보호해야 한다는 데에 있다고 해야 하므로 민사소송법에서 외국재판의 승인 및 집행의 요건으로 상호보증을 요구하는 것은 적절하지 않다. 더욱이 외국재판이 내용상 정당하더라도 상호보증이 없다는 이유만으로 승인을 거절하는 것은 보복의 성격을 가질 뿐이고 정당한 권리를 가지고 외국재판에서 승소한 자를 보호하지 못하는 불합리한 결과를 가져온다.289) 그리고 국가의 과실을 가지고 승소한 자를 비난하는 결과를 가져온다는 점에서도 부당하고,290) 특히 신분법상의 외국재판의 경우에는 파행적 법률관계를 초래한다는 문제가 있다.291) 더욱이 우리가 승인 및 집행해야 하는 것이 '외국법에 의하여 확정된 당사자 사이의 사법상의 법률관계'이라고 본다면 이와 전혀 관련이 없는 상호주의는 폐지하는 것이 타당하다.292)

영국의 경우에는 애당초 상호보증을 요구한 바가 없고,293) 미국에서는 과거 상호보증을 요구하였지만 현재는 대부분의 주에서 상호보증을 요구하지 않고 있으며,294) 스위스는 상호보증을 폐지하였다.295) 관할합의협약이나 브뤼셀규칙 recast도 상호보증을 요구하지 않는다.

[1990] Ch. 433 판결 그리고 미국연방대법원의 Hilton v. Guyot 59 U.S. 113 (1895) 판결에서도 상호주의가 국제예양에 바탕을 두고 있다고 보았다.

289) 석광현, 국제민사소송법, 박영사, 2012, 398쪽.

290) Ralf Michaels, Recognition and Enforcement of Foreign Judgments, Max Planck Encyclopedia of Public International Law, available at http://scholarship.law.duke.edu/cgi/viewcontent.cgi?article=2699&context=faculty_scholarship, p. 2.

291) Ibid.

292) 김석호, "외국판결을 승인 · 집행하는 논거", 법학연구 제23집(2006.8), 298-300쪽과 최공웅, "외국판결의 효력", 사법논집 제18집(1987.12), 348-350쪽에서도 상호주의의 요건의 문제점에 대하여 비판을 가하고 있다. 독일에서는 상호주의의 폐지를 주장하고 있는 학계에 응하여 법원이 상호주의의 요건을 완화하여 해석하고 있다고 한다(Wolfgang Wurmnest, Recognition and Enforcement of U.S. Money Judgments in Germany, Berkeley Journal of International Law, Volume 23 Issue 1(2005), p. 187).

293) Collins, para. 14-087.

294) Restatement Third, *Foreign Relations Law*, s.481, Rep. Note 1.

295) 김석호, "외국판결을 승인 · 집행하는 논거", 법학연구 제23집(2006.8), 299쪽.

제 3 장 승인된 외국재판의 기판력

Ⅰ. 서 론

1. 외국재판의 승인과 기판력

외국재판을 우리나라에서 강제집행하기 위해서는 민사집행법 제26조에 규정된 집행판결을 받아야 하는 것과 달리 외국재판의 승인에 관하여는 별도로 승인절차가 존재하는 것은 아니며 승인요건을 구비한 외국재판은 우리나라에서 사법적인 확인절차 없이 자동적으로 승인된다.[1] 이와 같은 자동승인의 결과 외국재판은 당해 외국에서 효력이 발생한 시점에서 우리나라에서도 효력이 발생하고[2] 여기서 외국재판의 효력은 주로 외국재판의 기판력을 의미한다.[3]

사법체계를 갖추고 있는 모든 국가들은 법원 등의 사법기관에 의한 사법적 판단에 대하여 기판력(res judicata)을 인정하고 있다. 로마법 이후로 인정되어 온 기판력은 '모든 소송에는 종결이 있어야 한다.'(Interest reipublicate ut sit finis litium)는 공적이익과 '누구도 동일한 이유로 하여 다시 제소당하지 않아야 한다.'(Nemo debet bis vexari pro una et eadem causa)는 사적이익을 근거로 한다.[4] 기판력의 구체적인 내용은 나라마다 다르지만, 그 일반적인 효력은 위 기판력의 근거에 따라서 적극적 효력과 소극적 효력으로 나눌 수 있다. 기판력의 적극적 효력은 법원의 재판에 의하여 확정된 법률관계는 당사자를 구속하고 당사자는 이에 따라서 이행을 해야 한다는 실체법적 효력이고, 소극적 효력은 법원의 재판에 의하여 확정된 법률관계에 대하여 다시 소를 제기할 수 없고 이와 모순된 주장을 할 수 없다는 소송법적 효력이다.[5] 기판

---

1) 석광현, 국제민사소송법, 박영사, 2012, 408쪽. 이를 '자동적 승인'(automatic recognition)이라고 한다. 이러한 자동적 승인은 대부분의 국가에서 인정하고 있지만 독일에서는 혼인관계에 관한 외국재판은 자동승인 되지 아니하고 승인절차를 밟아야 한다(Wolfgang Wurmnest, Recognition and Enforcement of U.S. Money Judgments in Germany, BERKELEY JOURNAL OF INTERNATIONAL LAW Vol. 23:175, 2005, p. 182). 중재판정도 외국재판과 같이 자동적으로 승인되는지 여부에 관하여 논의가 있었지만(석광현, "사기에 의하여 획득한 외국중재판정의 승인과 공서위반 여부", 판례연구 24집 2호(2010.12), 135-136쪽), 2016년 개정 중재법 제37조 제1항에서 "중재판정은 제38조 또는 제39조에 따른 승인 거부사유가 없으면 승인된다."고 규정하여 중재판정이 자동적으로 승인된다는 점을 명백히 하였다. 자동승인의 취지에서 보면 브뤼셀규칙 recast와 같이 민사소송법 제217조의 요건을 승인의 요건이 아니라 승인거부의 요건으로 규정하는 것이 타당하다고 본다.

2) 석광현, 국제민사소송법, 박영사, 2012, 408쪽.

3) 석광현, 앞의 책, 409-416쪽. 반면에 외국재판의 집행력이 그대로 우리나라에서도 미치는지 여부에 관하여 논의가 있는데 외국재판의 집행판결을 위한 절차를 외국재판의 집행력의 존재를 확인하는 확인소송이라고 보는 견해에서는 외국재판의 집행력을 인정하지만, 집행판결을 위한 절차를 외국재판에 대하여 강제력을 부여하는 형성소송이라는 견해에서는 외국재판의 집행력을 부인한다.

4) International Law Association Berlin Conference(2004), Interim Report on "*Res judicata*" and Arbitration, available at http://www.ila-hq.org/en/committees/index.cfm/cid/19, p. 3.

5) 민사소송법 제216조에서는 기판력의 객관적 범위를 규정하고 제218조에서는 기판력의 주관적 범위를 각 규정하고 있지만, 기판력을 확정판결의 효력이라고만 설명하고 있어서 그 효력의 구체적 내용은 전적으로 판례에 맡겨져 있다. 대법원 1987.6.9. 선고 86다카2756 판결에서는 "확정판결의 기판력이라 함은 확정판결의 주문에 포함된 법률적 판단의 내용은

력의 모순저촉을 피하기 위하여 현재 진행 중인 소송과 동일한 소는 허용되지 아니한다는 중복제소(lis pendens)금지의 원칙도 기판력을 근거로 한다.

2. 승인된 외국재판의 기판력과 관련한 문제점

기판력의 범위는 나라마다 차이가 있는데, 특히 영미법계(common law)와 대륙법계(civil law) 사이에 많은 차이가 존재한다. 예를 들어 우리 민사소송법 제216조 제1항에 따르면 확정판결은 주문에 포함된 것에 한하여 기판력을 가진다. 따라서 주문에 포함된 소송물인 법률관계의 존부에 관한 판단에 대하여서만 기판력이 발생하고,6) 주문에 이르게 된 이유인 판결이유에 기재된 사실에 대하여는 기판력이 발생하지 않는다.7) 그리고 항변이나 법률해석은 주문에 기재되지 아니하고 판결이유에만 설시되므로 이에 대하여는 기판력이 발생하지 아니한다. 반면에 영국에서는 기판력이 판결의 주문에 한정되지 아니하고 판결이유 중의 판단이라고 하더라도 전소에서 확정된 사실적 쟁점 또는 법률적 쟁점에 대하여는 전소와 동일한 당사자 사이에 진행되는 후소에서 그와 모순된 주장을 할 수 없는데 이를 쟁점기판력(issue estoppel)이라고 한다.8) 그리고 전소의 청구원인(cause of action)9)과 후소의 청구원인이 다른 경우에도 전소에서 확정된 쟁점이 후소에서도 쟁점이 되었다면 쟁점기판력이 작용한다.10) 심지어 영국에서는 재판절차에서 현출되지 아니하여 심판의 대상이 되지 않았던 사항이라고 하더라도 당사자가 모든 주의를 기울였을 때 전소에서 주장할 수 있었고 주장해야 했던 사항에 대하여 당사자가 주장하지 않았다면 그러한 사항에 대하여 후소에서 주장할 수 없는데 이를 Henderson v Henderson 규칙이라고 한다.11)

이후 그 소송당사자의 관계를 규율하는 새로운 기준이 되는 것이므로 동일한 사항이 소송상 문제가 되었을 때 당사자는 이에 저촉되는 주장을 할 수 없고 법원도 이에 저촉되는 판단을 할 수 없는 기속력을 의미하는 것"이라고 판시하여 앞의 기판력의 효력 중 적극적 효력인 실체법적 효력을 강조하고 있다. 이에 따라서 전소에서 기각판결이 확정된 후에 이와 동일한 소가 다시 제기되었다면 법원은 소를 각하할 것이 아니라 전소와 동일하게 기각판결을 해야 한다. 그리고 전소와 후소의 소송물이 동일한 경우뿐만 아니라 전소의 소송물이 후소의 선결관계에 있거나, 전소와 후소의 당사자가 동일한 경우에 전소의 기판력과 모순되는 주장을 하는 경우에도 후소법원은 전소에서 확정된 법률관계에 따라서 실체적 판단을 해야 한다. 이에 반하여 대법원 1993.6.25. 선고 92다33008 판결에서는 전소에서 이미 승소한 원고가 동일한 권리를 실현하기 위하여 다시 소를 제기하였다면 권리보호의 이익이 없다는 이유로 각하해야 한다고 하여 위와 같은 경우에는 기판력의 효력 중 소극적 효력인 소송법적 효력에 따르고 있다. 이러한 대법원 판례를 종합해보면 기판력의 적극적 효력과 소극적 효력을 모두 인정하고 있는 사실을 알 수 있다.

6) 대법원 1970.9.29. 선고 70다1759 판결. 대법원 판례는 소송물의 구분을 구실체법설에 따르고 있으므로 확정판결의 기판력의 범위는 판결주문의 문언의 형식에만 의하여 판단할 것이 아니고 판결에 기재된 이유와 대조하여 인정해야 한다고 판시하고 있다(대법원 1970.7.28. 선고 70누66,67,68 판결).

7) 독일법도 우리와 마찬가지로 판결의 주문에 한하여 기판력이 발생하여 판결이유 중의 판단에 대하여는 기판력이 발생하지 아니한다(Dickinson, para. 13.37).

8) Barnett, para. 3.35. 이러한 쟁점기판력은 우리나라에서 주장되고 있는 '쟁점효 이론'에 상응한다. 판결이유 중의 판단이라고 하더라도 쟁점으로서 다투어지어 법원이 판단하였다면 기판력을 인정하는 것이 일면 소송경제에 합당하다는 점에서 설득력이 있다. 그러나 무엇이 쟁점인지 불확실하다는 점과 당사자가 기판력을 확장하려고 무리하게 주장과 증거를 제출할 수 있다는 우려가 있다.

9) 이를 소인(訴因)이라고 번역하는 경우가 많은데 그 정확한 의미가 다가오지 않기 때문에 여기서는 우리의 법개념 중 가장 유사한 청구원인으로 번역한다. cause of action이란 우리의 청구원인 또는 소송물에 상응하는 개념으로서 청구권(claim)을 발생시키기에 충분한 일련의 사실과 정황을 의미한다. 오직 사실만이 cause of action이 되며, 이러한 사실로부터 발생하는 권리는 cause of action에 포함되지 아니한다. 예를 들어 불법행위(tort)에 기한 손해배상청구를 할 때 cause of action은 의무의 존재, 의무의 위반, 그 결과 원고에 대하여 발생한 손해가 된다(Neil Andrews, Andrews on Civil Processes Volume I, Intersentia, 2013, para. 8.06).

10) Barnett, para. 5.04.

한편 우리의 경우에 통상공동소송에서는 공동소송인독립의 원칙이 적용되기 때문에 공동피고들 사이에서는 기판력이 발생하지 않는다. 그러나 영국에서는 공동피고들 사이에서도 기판력이 작용한다는 점에서 원칙적으로 공동피고들 사이에서는 기판력이 작용하지 아니하는 우리와 차이가 있다. 다만 법원이 공동피고들 사이의 관계에 관하여도 판단해야 비로소 원고가 소송의 목적을 달성할 수 있는 경우에만 공동피고들 사이에서도 기판력이 발생한다.[12] 그리고 영국에서는 '소송당사자로 간주되는 자'(deemed party)에 대하여도 기판력이 발생하는데 이와 같은 '소송당사자로 간주되는 자'에는 소송절차에 참가한 자, 소송을 수행하기 위하여 근로자나 대리인을 소송대리인으로 사용한 사용자, 분쟁에 대하여 이해관계가 있고 소송절차에 참가할 권리가 있음에도 불구하고 타인의 소송을 참가하지 아니하고 이를 방관한 자 등이 포함된다.[13] 그러나 우리 민사소송법은 원칙적으로 소송당사자, 변론종결 후의 승계인, 청구목적물의 소지자, 제3자의 소송담당에서 권리의무의 귀속주체에 대하여만 기판력이 미치므로 위와 같은 자들에 대하여는 기판력이 미치지 아니한다.

이와 같이 기판력의 범위는 나라마다 차이가 있기 때문에 민사소송법 제217조의 요건을 갖추어 자동으로 승인된 외국재판의 기판력의 범위를 재판국법과 승인국법 중에 어느 나라의 법에 따라서 결정해야 하는지 문제가 발생한다.

Ⅱ. 외국재판의 기판력의 준거법에 관한 이론

외국재판의 기판력의 범위를 어느 국가의 법에 따라서 결정해야 하는가에 관하여 세계적으로 다양한 이론이 존재하지만 대표적으로 아래와 같은 세 가지 이론이 있다.

1. 효력확장설(doctrine of extension of effects, Wirkungserstreckungstheorie)

효력확장설은 승인요건을 구비한 외국재판은 재판국에서 부여되는 것과 동일한 효력을 승인국에서도 가진다는 재판국법기준설을 취한다. 따라서 그 효력의 종류, 기판력의 객관적 범위, 시적 범위, 주관적 범위도 모두 재판국법에 따른다.[14] 이 이론이 우리나라의 다수의 견해로 보인다.[15] 유럽사법재판소는 Hoffmann v Krieg 결정[16]에서 브뤼셀협약 제26조[17]에 의

11) International Law Association Berlin Conference(2004), Interim Report on "*Res judicata*" and Arbitration, available at http://www.ila-hq.org/en/committees/index.cfm/cid/19, p. 8.

12) K.R. Handley, Some Overlooked Aspects of the rest judicata Doctrine, L.Q.R. 2011, 127(Jan), p. 84.

13) Barnett, para. 3.17. 그밖에 기판력의 범위와 관련하여 영국법과 우리 법 사이에 많은 차이가 존재하는데 구체적인 내용에 관하여는 이헌묵, "영국법상 기판력에 관한 연구", 민사소송 20권 2호(2016.11) 참조.

14) 석광현, 국제민사소송법, 박영사, 2012, 410쪽.

15) 석광현 앞의 책; 최공웅, "외국판결의 효력", 사법논집 제18집(1987.12), 337쪽; 권혁준, "외국판결 등의 승인 및 집행에 관한 실무상 문제", YGBL 제2권 제1호(2010), 198쪽. 또한 Savigny 이후의 독일의 통설이고 판례라고 한다. 그리고 「지적재산에서 저촉법에 관한 원칙」(Principles for Conflict of Laws in Intellectual Property) 제4:102조 제3항에서도 "재판의 효력은 재판국법에 따라서 결정된다."(The effect of the judgment is determined by the law of the State of origin.) 고 규정하고 있다.

16) Case 145/86 [1988] ECR I-648.

17) "체약국에서 내려진 재판은 특별한 절차를 거치지 아니하고 다른 체약국에서 승인되어야 한다."(A judgment given in a

하여 승인된 외국재판은 재판국에서와 동일하게 집행국에서도 효력을 갖는다고 판시하고 있는데[18] 이는 효력확장설에 따른 것으로 볼 수 있다.[19] 이와 같이 유럽사법재판소가 효력확장설에 따른 이유는, 브뤼셀협약이 가능한 범위에서 재판의 자유로운 이동(free movement of judgments)을 추구하고 있으므로 외국재판의 승인은 재판이 내려진 국가에서 그 재판에 부여하고 있는 효력과 동일한 효력을 그 재판에 부여해야 하기 때문이라고 한다.[20] 이를 'Hoffmann 원칙'이라고 하는데 이 원칙은 위 판결 이후의 유럽사법재판소의 판결에서도 유지되고 있다.[21]

그리고 브뤼셀규칙 recast 제54조[22]에서는 승인국이 알지 못하는 효력이 외국재판에 있는 경우에 승인국의 상응하는 재판의 효력에 맞추어 적응(adaptation)할 수 있도록 규정하고 있는데, 이 규정은 재판국법이 당해 외국재판에 부여한 효력과 동일한 효력이 승인국에서도 인정된다는 것을 전제로 하므로 간접적으로 효력확장설을 지지하는 규정이라고도 볼 수 있다.[23] 반면에 유럽사법재판소가 누적설을 따르고 있다는 주장도 있는데 이에 관하여는 누적설에 관한 설명에서 언급하도록 한다.

2. 동등설(doctrine of equalization of effects, Gleichstellungstheorie)

동등설은 승인된 외국재판은 마치 승인국에서 선고된 재판처럼 취급되어야 한다는 주장이다. 그 결과 승인된 외국재판의 기판력의 범위 등 외국재판의 효력의 내용은 재판국법이 아니라 승인국법(정확하게는 승인된 외국재판에 상응하는 승인국의 재판에 적용되는 승인국법)에 따라서 결정된다. 승인된 외국재판의 효력이 승인국에서 인정되는 이유는 승인에 의하여 외국재판의 효력이 승인국으로 확장되기 때문이 아니라 승인국에서 외국재판에 효력을 부여하기 때문이라고 한다.[24]

영국은 일찍이 외국재판을 승인하여 왔는데 외국재판의 승인의 근거를 최초에 국제예양에서 찾았지만 1842년 Russell v Smyth 판결[25]에서 적법한 관할을 갖고 있는 법원이 일정한 금액의 지급을 명령하였다면 그 금액을 지급할 책임은 영국에서도 집행할 수 있는 법적 의무가 된다는 '의무이론'(doctrine of obligation)으로 대체한 이래로 이 이론이 계속 유지되고 있

Contracting State shall be recognized in the other Contracting States without any special procedure being required.)

18) "a foreign judgment which has been recognized by virtue of article 26 of the convention must in principle have the same effects in the state in which enforcement is sought as it does in the state in which judgment was given."

19) Dickinson, para. 13.29.

20) 정확하게 이 판결에서는 브뤼셀협약에 관한 '제나드 보고서'(제나드 보고서, p. 43) 중 위와 같은 취지의 내용을 인용하고 있다.

21) Dickinson, para. 13.30.

22) "만일 재판이 승인국의 법에 알려지지 아니한 조치나 명령을 포함하고 있다면, 그러한 조치나 명령은 가능한 범위에서 그 재판의 효력에 상응하고 유사한 목적과 이익을 추구하고 있는 조치 또는 명령에 맞추어 적응되어야 한다."(If a judgment contains a measure or an order which is not known in the law of the Member State addressed, that measure or order shall, to the extent possible, be adapted to a measure or an order known in the law of that Member State which has equivalent effects attached to it and which pursues similar aims and interests.)

23) Dickinson, para. 13.31.

24) 최공웅, "외국판결의 효력", 사법논집 제18집(1987.12), 334쪽.

25) (1842) 9 M. & W.

다.[26] 이에 따르면 외국재판은 승인을 거쳐서 '영국의 재판'으로 받아들여지는데, 그 결과 외국재판에 대하여는 영국재판과 동일한 효력이 인정된다.[27] 따라서 앞서 언급한 쟁점기판력이나 Henderson v Henderson 규칙도 외국재판에 대하여 인정된다. 그러나 쟁점기판력이 인정되지 아니하는 대륙법계 국가의 판결이 영국에서 승인된 경우에 어느 범위에서 쟁점기판력을 인정할 것인지 어려운 문제가 발생하는데, 이에 관하여는 아직 확립된 원칙이 없다.[28]

미국의 경우에는 승인된 외국재판의 기판력의 범위에 관한 법이나 연방대법원의 판례가 없는 실정이다.[29] 그러나 대부분의 주(州)법원은 자신의 주(州)법에 따른 기판력을 적용하고 있으며, 연방법원의 경우에는 연방법이 적용되는 사건에서는 연방법상 기판력을 적용하고 'diversity jurisdiction'[30]의 경우에는 연방법원이 소재한 주(州)법의 기판력을 적용하고 있다.[31] 이러한 결론은 영국과 동일하지만 그 이유에서는 차이가 있다. 미국 헌법 제4장 제1조에서는 "다른 모든 주의 법령, 기록과 사법절차는 각 주에서 충분한 신뢰와 신용이 부여되어야 한다. 그리고 의회는 일반법에 의하여 그러한 법령, 기록과 사법절차가 증명되기 위한 방법과 그 효력에 관하여 규정할 수 있다."[32]고 규정하여 어느 주(州)의 재판이 다른 주(州)에서도 승인될 수 있는 근거를 마련하고 있다. 이를 '완전한 신뢰와 신용의 원칙'(Full Faith and Credit doctrine)이라고 한다. 그리고 이러한 '완전한 신뢰와 신용의 원칙'은 각 주(州)가 다른 주(州)의 재판에 대하여 자신의 재판과 동일한 효력을 부여해야 한다는 의미로 해석되고 있다.[33] 그런데 Restatement (Third) of Foreign Relations Law 제481조 comment c에서는 승인된 외국재판에 대하여는 미국의 다른 주(州)의 재판과 동일한 효력이 부여되어야 한다고 하여

---

26) Fawcett, p. 514. 영국에서 외국판결의 승인요건은 보통법(common law)에 따른 승인요건, 브뤼셀규칙 recast에 따른 승인요건, 루가노협약(Convention on jurisdiction and the enforcement of judgments in civil and commercial matters)에 따른 승인요건이 있다. 브뤼셀규칙 recast는 유럽연합(EU) 회원국 사이에 적용되고, 루가노협약은 유럽연합의 회원국과 EFTA(아이슬란드, 노르웨이, 스위스) 사이에서 적용되며, 그 밖의 국가의 판결에 관하여는 보통법이 적용된다. 이에 관한 자세한 내용은 Ibid, p. 513이하 참조.

27) Pedro Alberto, Recognition and Enforcement of Judgments in International Property Litigation: the CLIP Principles, available at http://eprints.ucm.es/15214/1/Recognition-Tokyo-PDeMiguelf.pdf, p. 16.

28) 이에 관한 구체적인 논의는 Sirko Harder, The Effects of Recognized Foreign Judgment in Civil and Commercial Matters, I.C.L.Q. 2013, 62(2), p. 14 참조. 반대로 영국판결을 대륙법계 국가에서 승인하는 경우에 쟁점기판력을 인정할 것인지의 문제도 발생할 것이다.

29) Lerman/Morris, Foreign Country Judgments and the Res Judicata Puzzle, Civil Procedure Review, v.6, n.1: 66-80, jan-apr, 2015, p. 67. Uniform Foreign Money Judgments Recognition Act에서도 외국재판의 효력에 관하여 아무런 규정을 두고 있지 않다. 다만 제3조에서 "외국재판은 완전한 신뢰와 신용이 부여된 자매주의 재판과 동일한 방법에 의하여 집행될 수 있다."(The foreign judgment is enforceable in the same manner as the judgment of a sister state which is entitled to full faith and credit.)고 규정하여 외국재판을 집행하는 경우에는 미국의 재판과 동일하게 취급하도록 규정하고 있다. 서울지법 2002.11.6. 선고 2001나48643 판결에서는 위 통일법상의 외국재판의 승인의 요건이 우리 민사소송법의 승인의 요건과 비슷하다고 하여 상호보증을 인정한 바 있다.

30) 'diversity Jurisdiction'은 사물관할(subject-matter jurisdiction)의 일종으로서 당사자가 각 다른 주의 주민 또는 다른 국가의 국민인 경우에 연방법원에게 관할을 인정하는 제도를 말한다(Friedenthal/Kane/Miller, Civil Procedure, 4th ed, 2005, p. 24).

31) Lerman/Morris, Foreign Country Judgments and the Res Judicata Puzzle, Civil Procedure Review, v.6, n.1: 66-80, jan-apr, 2015, p. 70. 미국 법원은 주법원과 연방법원, 심지어 같은 연방법원 사이에서도 다양한 판결이 나오고 있다고 한다(Robert C. Casad, Issue Preclusion and Foreign Country Judgments; Whose Law?, 70 Iowa L. Rev. 53, pp. 57-58).

32) "Full Faith and Credit shall be given in each State to the public Acts, Records, and judicial Proceedings of every other State. And the Congress may by general Laws prescribe the Manner in which such Acts, Records and Proceedings shall be proved, and the Effect thereof."

33) Robert C. Casad, Issue Preclusion and Foreign Country Judgments; Whose Law?, 70 Iowa L. Rev. 53, p. 56.

'완전한 신뢰와 신용의 원칙'이 외국재판에 대하여도 적용되도록 하는 취지의 규정을 두고 있고, 이에 따라서 대부분의 미국 법원은 큰 논의를 거치지 아니하고 자신의 법에 따라서 외국재판의 기판력의 범위를 결정하고 있다. 그리고 일부 연방법원의 경우에는, 'diversity jurisdiction'에서 자신이 위치한 주(州)의 실체법을 적용해야 한다는 'Erie 원칙'[34)]을 적용하여 외국재판의 기판력의 범위도 자신이 위치한 주(州)의 법 또는 그 주(州)의 저촉규칙에 따라서 결정하고 있다.[35)] 이러한 미국의 입장은 동등설을 바탕으로 한 것이 아니라 미국의 연방제도의 산물이라고 볼 수 있다.

3. 누적설(Kumulationstheorie)

누적설은 원칙적으로 재판국법에 따라서 외국재판의 효력을 인정하되 승인국법에서 인정하는 효력만을 인정하고 승인국법에서 인정하지 아니하는 효력은 인정되지 아니한다는 주장이다. 이에 덧붙여 승인국법에서 허용하고 있는 재판의 효력이라고 하더라도 재판국법에서 인정하지 아니하는 효력은 승인국에서도 인정되지 아니한다고 주장한다. 즉 승인국법이 일종의 여과기와 같은 기능을 한다.[36)] 예를 들어 영국의 재판이 우리나라에서 승인되었다고 할 때에 우리의 기판력과 유사한 '청구원인 기판력'(cause of action estoppel)[37)]은 인정될 수 있지만 우리나라에서 전혀 인정되지 아니하는 쟁점기판력이나 Henderson v Henderson 규칙은 인정되지 아니한다. 외국재판의 효력은 승인국의 기본원칙이나 공공질서에 반하지 아니하는 한도에서 허용되기 때문에 승인국법에 의하여 외국재판의 효력범위가 제한되고 재판국법에서 인정하는 재판의 효력이 승인국법보다 좁다면 당사자는 재판국법에 따른 재판의 효력만을 기대할 것이므로 당사자의 기대에 부응하기 위해서 재판의 효력을 재판국법에 따르도록 하는 것이 타당하다고 한다.[38)] 이러한 누적설이 독일의 다수설이라고 하며[39)] 우리나라에도 누적설을 따르는 견해가 있다.[40)]

---

34) 미국 연방대법원은 Erie Railroad Company v. Tompkins 326 U.S. 99.에서 '미국법 역사상 가장 중요한 판결 중의 하나'라고 일컬어지고 있는 판결을 하였다. 이 판결에서 연방법원은 연방법원관할사건(diversity of citizenship Jurisdiction)에서 절차법은 연방법을 적용하고, 실체법은 주법을 적용해야 한다는 소위 Erie 원칙을 선언하였다. 그 이유는 첫째 유리한 법의 적용을 목표로 하는 관할법원의 쇼핑(forum shopping)을 방지하고, 둘째 법적용의 차이로 인하여 차별적 보호가 부여되는 것(inequitable administration of law)을 방지해야 하는데 있다.

35) Lerman/Morris, Foreign Country Judgments and the Res Judicata Puzzle, Civil Procedure Review, v.6, n.1: 66-80, jan-apr, 2015, p. 76이하 참조.

36) 석광현, 국제민사소송법, 박영사, 2012, 410쪽.

37) 전소의 청구원인(cause of action)과 동일한 청구원인에 관한 후소는 금지된다는 원칙이 '청구원인 기판력'이다. '청구원인 기판력'이 적용되기 위해서는 전소와 후소의 당사자가 동일해야 하고, 만일 동일한 청구권이라도 다른 사건으로부터 발생한 청구권이라면 '청구원인 기판력'이 적용되지 아니한다(Neil Andrews, English Civil Procedure, Oxford, 2003, para. 40.13). 그런데 '청구원인 기판력의 효력'은 절대적이므로 전소에서 모든 노력을 기울여도 찾을 수 없었던(즉 과실 없이 찾을 수 없었던) 새로운 사실을 나중에 발견하더라도 동일한 청구원인에 관하여는 소를 제기할 수 없다. 다만 기망에 의하여 편취한 판결이라는 이유로 그 판결이 취소되는 경우에는 '청구원인 기판력'이 작용하지 아니한다.

38) Pedro Alberto, Recognition and Enforcement of Judgments in International Property Litigation: the CLIP Principles, available at http://eprints.ucm.es/15214/1/Recognition-Tokyo-PDeMiguelf.pdf, p. 16.

39) Wolfgang Wurmnest, Recognition and Enforcement of U.S. Money Judgments in Germany, BERKELEY JOURNAL OF INTERNATIONAL LAW Vol. 23:175, 2005, pp. 181-182.

40) 김용진, "국제적 제조물책임에 관련한 제3자 소송의 비교법적 고찰", 인권과 정의 제265호(1998.9), 94쪽. 이 견해에서는 승인가능 한 외국판결은 우리나라에서도 그대로 인정되어야 하는데 그에 상응한 국내효력으로 변환된다고 보는 동등설은 기교적 해석이고, 효력확장설은 승인국가의 실질법 또는 승인국가의 국제사법에 따라서 지정된 제3국의 실질법과 저

한편 유럽사법재판소는 Apostolides v Orams 결정[41]에서 다음과 같이 설시하고 있다. "승인은 원칙적으로 재판이 내려진 회원국에서 그 재판에 부여하고 있는 효력을 그 재판에 수여하는 효력을 갖고 있어야 하지만, 그 재판이 집행되는 경우에 재판국에서 부여하지 아니하는 권리를 그 재판에 부여할 이유는 없다." 이러한 판시내용을 종합하면 외국재판을 집행함에 있어서 집행국법을 고려해야 한다는 것인데 이러한 이유로 유럽사법재판소가 누적설을 따르고 있다는 주장이 있다.[42] 그러나 위 판시내용은 외국재판의 집행에 한정하여 집행국법의 적용을 허용하고 있을 뿐이고 외국재판의 승인에 관하여는 여전히 앞서 언급한 'Hoffmann 원칙'을 따르고 있으므로 유럽사법재판소는 여전히 효력확장설의 입장이라는 반대견해도 있다.[43]

4. 각 주장의 문제점 검토

외국재판을 승인한다는 의미는 외국에서 발생한 외국재판의 효력을 인정한다는 의미이므로 이론적으로 효력확장설이 설득력 있어 보인다. 그러나 현실은 세계 여러 나라의 법률문화의 정도나 내용이 평등하지 아니하고 외국의 법률이나 재판에 대한 편견과 불신이 존재하기 때문에 재판국에서 당해 재판에 부여한 효력을 그대로 존중한다는 것이 쉽지 않다.[44] 또한 여러 나라의 민사소송법상 판결의 효력이 다양하여 법원이 외국의 소송법을 해석 · 적용하기가 어렵기 때문에 법원으로서는 전문가의 도움을 얻을 수밖에 없고 이러한 전문가의 도움을 얻기 위해서는 시간과 비용이 소요되어 소송경제와 신속에 반하는 결과가 발생한다.[45] 게다가 원고와 피고가 각자 자신에게 유리하고 서로 상충되는 내용의 전문가의 의견을 제출한다면 이에 따라서 소송경제와 신속을 저해할 가능성은 더욱 높아진다.[46]

효력확장설의 정반대에 있는 동등설의 경우에는 승인국의 법관이 자신에게 친숙한 법률을 적용하여 기판력의 범위를 결정한다는 점에서는 소송경제와 신속에 적합한 것처럼 보인다. 그러나 동등하지 아니한 것을 억지로 동등하게 취급하는 문제가 있다. 구체적으로 재판의 효력은 재판국의 소송법과 불가분의 관계에 있다. 예를 들어 우리 법에 따르면 기판력은 소송물에 대하여 발생하는데, 우리 대법원은 구실체법설에 따라서 실체법상의 권리의무 하나마다 별개의 소송물로 보고 있으므로 당사자는 이에 맞추어서 공격방어방법을 설정할 수밖에 없다. 그런데 동등설에 따르면 재판국법에 따른 재판의 효력이 무시되어 재판국의 소송법에 따른

축될 위험이 있다는 이유로 위와 같은 견해를 배척한다. 반면에 승인국가인 우리나라에서 외국판결의 효력범위를 검토해야 할 필요가 있다는 이유로 외국판결의 효력을 국내의 판결효의 범위 내로 축소시키는 누적설에 찬성한다.

41) Case C-420/07 [2009] ECR I-3571.

42) Pedro Alberto, Recognition and Enforcement of Judgments in International Property Litigation: the CLIP Principles, available at http://eprints.ucm.es/15214/1/Recognition-Tokyo-PDeMiguelf.pdf, p. 13.

43) Dickinson, para. 13.49.

44) 최공웅, "외국판결의 효력", 사법논집 제18집(1987.12), 331쪽.

45) Dickinson, para. 13.44.

46) Ibid, para. 13.45; Lerman/Morris, Foreign Country Judgments and the Res Judicata Puzzle, Civil Procedure Review, v.6, n.1: 66-80, jan-apr, 2015, p. 68.

소송절차도 무시되는 결과를 가져오는 반면에 승인국의 소송법에 따른 소송절차는 이루어지지 아니하였음에도 불구하고 승인국법에 따라서 재판의 효력이 부여되는 문제가 있다. 게다가 당사자는 재판국법에 따른 재판의 효력을 기대하기 마련인데 승인국법이 적용되어 당사자가 재판국법에 따라서 예상한 것보다 더 큰 불이익을 받는다면 결국 이러한 당사자의 재판받을 권리까지 사실상 박탈하는 결과를 가져오는 문제가 있다.

누적설의 경우에는, 외국재판이 함부로 승인거절 되는 것을 방지하기 위하여 민사소송법 제217조 제1항에 규정된 네 가지 승인요건은 한정적 열거로 봐야 하는데, 이 네 가지의 요건에는 재판국법에 따른 기판력의 범위가 우리 기판력의 범위와 동일해야 한다는 요건이 없다. 그렇다고 기판력의 범위에 차이가 있는 것이 민사소송법 제217조 제1항 제3호의 공서양속에 위반되는지에 관하여 누적설에서 구체적인 주장을 하는 것도 아니며 그렇게 보이지도 아니한다는 점에서 누적설은 문제가 있다. 이러한 이론적 문제점 이외에 누적설에 따르면 집행국법과 승인국법 모두를 고려하여 외국재판의 효력을 확정해야 하므로 효력확장설에 비하여 더 오랜 소송기간과 더 많은 비용이 발생하는 실질적인 문제도 있다.

이러한 검토결과에 따르면 각 주장마다 어느 정도의 문제가 있다. 그런데 우리나라에서 외국재판의 기판력의 범위에 관한 논의가 필요한 이유는 외국재판이 우리나라에서 승인되기 때문이므로 아래에서는 우리나라에서 외국재판을 승인하는 이유가 무엇인지를 되짚어 이를 바탕으로 외국재판의 기판력의 범위를 어느 국가의 법에 따라서 결정하는 것이 타당한지 그 이론적 검토를 해 보도록 한다.

Ⅲ. 외국재판의 기판력의 준거법

외국재판을 승인하는 이론적 근거에 관한 논의에서 언급한 바와 같이 승인되어야 하는 대상을 '외국재판에 의하여 확정된 사법상의 법률관계'로 봐야 한다. '외국재판에 의하여 확정된 사법상의 법률관계'는 재판국법에 따른 기판력의 결과이므로 외국재판의 기판력의 범위는 재판국법에 따라서 결정될 수밖에 없다. 또한 외국재판은 승인의 요건을 갖추면 재판이 있는 때에 자동적으로 승인되므로 이때에도 승인의 대상은 '외국재판에 의하여 확정된 사법상의 법률관계'가 될 수밖에 없다.

한편 외국재판의 기판력에 의하여 확정된 법률관계 중 일부만이 공서양속에 반하거나 당사자의 재판받을 권리를 침해하는 결과를 가져오는 경우에 문제되는 법률관계만을 제외한 나머지 법률관계를 승인할 수 있는지 문제된다. 이는 '부분승인'(또는 '일부승인')의 문제와 관련이 있다. 앞서 언급한 바와 같이 승인의 실질적인 대상을 외국재판에 의하여 확정된 당사자 사이의 법률관계라고 본다면, 외국재판의 소송물이 여럿이거나 당사자가 여럿이어서 그 외국재판에서 수 개의 법률관계에 관하여 판단한 경우에 승인의 대상은 전체로서의 하나의 외국재판이 아니라 그 외국재판의 기판력에 의하여 확정된 개별적 법률관계가 된다. 이러한 결과

하나의 재판 중 일부 청구권에 관한 재판만 승인하는 부분승인은 허용된다.47)

그런데 위와 같이 재판국법에 따라서 외국재판의 기판력을 결정하게 되면 소송비용이 증가하는 문제와 외국의 기판력과 우리의 법률시스템 사이에 일치할 수 없는 부분이 있는 경우에 외국의 기판력을 우리의 법률시스템에 맞추어 변경해야 하는 적응의 문제가 발생한다. 소송비용으로는 외국의 법률전문가로부터의 의견서 정도의 비용이 예상되므로 소송비용이 크게 소요된다고 볼 수 없다. 그리고 국제소송에서 적응의 문제는 법이 다른 국가 사이에서는 항상 발생하는 문제이므로 이를 완전히 피할 수 없으며 아래에서 같이 '절차는 법정지법에 따른다.'는 원칙에 따라서 기판력의 범위 이외의 부분에서는 우리 법이 적용될 것이므로 크게 적응의 문제가 발생할 것으로도 보이지 않는다.

Ⅳ. 우리 법에 의한 외국재판의 기판력의 범위의 제한

1. 외국재판의 기판력의 승인의 한계

외국재판의 기판력의 승인에도 공적이익과 사적이익의 보호를 위하여 그 한계가 있을 수밖에 없는데, 공적이익으로서는 내국적 질서의 보호라는 의미에서 공서양속의 보호가 있고 사적이익으로서는 당사자의 재판받을 권리 또는 피고의 방어권의 보장이 있다. 전자는 민사소송법 제217조 제1항 제3호에서 보호하고 있고 후자는 같은 항 제2호에서 보호하고 있다. 이러한 규정의 취지와 "외국법에 의하여야 하는 경우에 그 규정의 적용이 대한민국의 선량한 풍속 그 밖의 사회질서에 명백히 위반되는 때에는 이를 적용하지 아니한다."고 규정하고 있는 국제사법 제7조의 규정을 참작할 때, 외국법에 의하여 인정되고 있는 외국재판의 기판력이 우리의 공서양속에 반하거나 당사자의 재판받을 권리를 침해한다면 이를 승인할 수 없다. 대법원 2010.3.25. 자 2009마1600 결정에서도 "외국법원의 면책재판 등의 성립절차가 선량한 풍속이나 그 밖의 사회질서에 어긋나는 경우나 외국법원의 면책재판 등의 내용이 선량한 풍속이나 그 밖의 사회질서에 어긋나는 경우뿐만 아니라, 외국법원의 면책재판 등에 따른 면책적 효력을 국내에서 인정하게 되면 국내 채권자의 권리나 이익을 부당하게 침해하는 등 그 구체적 결과가 선량한 풍속이나 그 밖의 사회질서에 어긋나는 경우 등도 포함된다."고 판시하여 공서양속에 위반되지 말아야 하는 요소를 외국재판의 절차, 내용, 결과로 보고 있다. 결론적으로 위와 같은 한도에서는 재판국법이 아니라 우리 법이 적용된다.

2. 공서양속에 의한 외국재판의 기판력의 범위의 제한

민사소송법 제217조 제1항 제3호에서는 "그 확정재판 등의 내용 및 소송절차에 비추어

47) 석광현, 국제민사소송법, 박영사, 2012, 415쪽. 2014년도 신설된 민사소송법 제217조의2 제1항에서는 "법원은 손해배상에 관한 확정재판 등이 대한민국의 법률 또는 대한민국이 체결한 국제조약의 기본질서에 현저히 반하는 결과를 초래할 경우에는 해당 확정재판 등의 전부 또는 일부를 승인할 수 없다."고 규정하여 손해배상에 관한 외국재판에 관하여 부분승인을 허용하고 있다.

그 확정재판등의 승인이 대한민국의 선량한 풍속이나 그 밖의 사회질서에 어긋나지 아니할 것"을 외국재판의 승인의 요건의 하나로 규정하고 있는데, 이는 외국의 입법례에서도 널리 인정되는 요건이다.[48] 위 규정은 우리나라의 본질적인 법원칙, 즉 기본적인 도덕적 신념 또는 근본적인 가치관념과 정의관념에 반하는 외국재판의 승인을 거부함으로써 국내법질서를 보존하는 방어적 기능을 가진다.[49] 사전적 의미로 해석하면 '선량한 풍속'은 오래 전부터 내려온 전통적인 미풍양속을 의미하고 '그 밖의 사회질서'는 전통적 미풍양속과 큰 관계없이 국가의 질서를 유지하기 위한 법질서를 의미하는 것으로 볼 수 있다. 그러나 법적으로 보호할 가치가 없는 것을 법으로 보호하는 것은 성립될 수 없으므로 민사소송법 제217조 제1항 제3호의 '선량한 풍속'이나 '그 밖의 사회질서'는 모두 법적으로 보호되고 있는 우리의 기본질서를 의미한다. 그리고 양자를 개념적으로 완전히 분리하는 것도 불가능하므로 이를 각 다른 개념으로 이해할 것이 아니라 그 전체를 하나의 개념으로 이해하는 것이 타당하다.[50] 대법원 2015.10.15. 선고 2015다1284 판결에서도 "대한민국의 선량한 풍속이나 그 밖의 사회질서"를 구체화하여 "우리나라의 국내법 질서가 보호하려는 기본적인 도덕적 신념과 사회질서"라고 판시하면서 '기본적 도덕적 신념'과 '사회질서'가 모두 '법적 이익'[51]이란 점을 명시하고 있다. 그리고 이때의 법적 이익은 법률에서 보호하는 모든 법적 이익이 아니라 '기본적 도덕적 신념'과 '사회질서'를 유지하기 위한 고도의 공적이익만을 의미한다.

기본적인 법질서와 도덕적 가치관을 보호하기 위한 법규범으로는 대표적으로 헌법이 있다. 헌법은 모든 법률의 근거가 되는 최상위법으로서 대한민국이 지켜야 하는 핵심적 가치를 규정하고 있기 때문이다. 대법원 2012.5.24. 선고 2009다22549 판결에서는 일본 판결의 이유 중 일본의 한반도와 한국인에 대한 식민지배가 합법적이라는 규범적 인식을 전제로 하여, 일제의 국가총동원법과 국민징용령을 한반도와 원고 등에게 적용하는 것이 유효하다고 평가한 부분은 일제강점기의 강제동원 자체를 불법이라고 보고 있는 대한민국 헌법의 핵심적 가치와 정면으로 충돌하는 것이므로, 이러한 판결 이유가 담긴 일본 판결을 그대로 승인하는 결과는 그 자체로 대한민국의 선량한 풍속이나 그 밖의 사회질서에 위반되는 것임이 분명하므로 우리나라에서 일본 판결을 승인하여 그 효력을 인정할 수는 없다고 판시하였는데 지극히 타당한 판결이다. 그리고 헌법 이외에 헌법적 가치를 보호하기 위한 법률도 기본적인 법질서와 도덕적 가치관을 보호하기 위한 법규범으로 볼 수밖에 없다. 예를 들어 헌법 제119조 제2항에서는 시장의 지배와 경제력의 남용을 방지해야 한다고 천명하고 있는데, 이를 구체적으로 실천

48) 브뤼셀규칙 recast 제45조 제1항(a)과 미국의 Restatement (Third) of Foreign Relations Law 제482조 제2항(d)에서도 자국의 공서양속에 반하는 외국재판의 승인을 거부할 수 있도록 규정을 두고 있다. 기타의 입법례에 관하여는 윤성근, "외국판결 및 중재판정승인거부요건으로서의 공서위반", 국제사법연구 20권 2호(2014.12), 449쪽 이하 참조.

49) 대법원 2015.10.15. 선고 2015다1284 판결.

50) 윤성근, "외국판결 및 중재판정승인거부요건으로서의 공서위반", 국제사법연구 20권 2호(2014.12), 447쪽; 박태안, "고액의 손해배상을 명한 미국판결의 승인 및 집행에 관한 문제점 검토", 재판실무 3집(2005.9), 264쪽.

51) 유럽사법재판소는 flyLAL－Lithuanian Airlines AS v Starptautiskā lidosta Rīga VAS and Air Baltic Corporation AS, Air Baltic Corporation AS Case C－302/13 [2014] 결정에서 공서양속은 순전히 경제적 이익이 아닌 법규칙을 통하여 표현되고 있는 법적 이익을 보호하는데 그 목적이 있다고 보았다.

하기 위하여 제정된 법률이 「독점규제 및 공정거래에 관한 법률」 이다. 그리고 대법원 2010. 8.26. 선고 2010다28185 판결에서는 원심판결인 서울고등법원 2010.2.11. 선고 2009나31323 판결대로 「독점규제 및 공정거래에 관한 법률」을 국제적 강행규정으로 보았다.

그러나 공서양속위반의 주장을 쉽게 허용할 경우에는 외국재판을 승인하는 취지를 망각시킬 수 있으므로 공서양속위반의 주장은 엄격하게 해석되어서 예외적인 경우에만 한정시켜야 한다. 대법원 2009.6.25. 선고 2009다22952 판결에서 "외국법원에서 확정된 이혼판결의 이혼사유인 결혼의 파탄이 우리 민법이 정한 이혼사유가 아니고, 위 외국판결의 재산분할방식이 우리나라와 차이가 있으며, 위 외국판결에서 지급을 명한 배우자 부양료가 우리나라에서는 인정되지 않는다는 사정만으로는, 위 외국판결의 효력을 인정하는 것이 대한민국의 선량한 풍속이나 그 밖의 사회질서에 어긋난다고 할 수 없다."고 판시한 것도 동일한 취지이다. 그리고 외국재판이 우리나라의 강행규정에 위반되었다는 것만으로 위 제217조 제1항 제3호의 공서양속에 반하였다고 볼 수 없다. 예를 들어 공인중개사 자격이 없는 자가 중개사무소 개설등록을 하지 아니한 채 부동산중개업을 하면서 체결한 중개수수료 지급약정은 부동산중개업법에 반하여 효력이 없지만,[52] 공인중개사 자격을 가진 자만이 중개수수료를 받을 수 있다는 점이 우리의 국가질서를 유지하는데 절대적으로 필요한 것은 아니므로 외국재판에서 위와 같은 약정을 유효하다고 봤다고 하여 이러한 재판을 '우리의 법감정상 도저히 받아들일 수 없는 내용의 재판'이라고는 할 수 없을 것이다.[53]

2014년 민사소송법이 개정되기 전 민사소송법 제217조 제3호에서는 "그 판결의 효력을 인정하는 것이 대한민국의 선량한 풍속이나 그 밖의 사회질서에 어긋나지 아니할 것"이라고 규정하고 있었다. 그런데 현행 규정에서는 "그 확정재판 등의 내용 및 소송절차에 비추어"를 포함시켜서 외국재판의 승인거부사유로서의 공서가 재판의 실체적 내용에 대한 '실체적 공서'에 한정되지 아니하고 기존에 학설과 판례에 의하여 인정되어 오던 '절차적 공서'도 포함됨을 명확히 하였다.[54] 절차적 공서가 문제되는 사례로는 반대신문권이 보장되지 아니한 절차에서의 외국재판 등이 있다.[55]

---

52) 대법원 2010.12.23. 선고 2008다75119 판결.

53) 참고로 민사집행법 제27조 제1항에서는 "집행판결은 재판의 옳고 그름을 조사하지 아니하고 하여야한다."고 규정하고 있는데 이를 '실질적 재심사금지'라고 한다. 그런데 대법원 2004.10.28. 선고 2002다74213 판결에서는 실질적 재심사금지를 천명하면서도 재심사유에 관한 민사소송법 제451조를 근거로 하여 외국재판이 공서양속에 반하였다고 판단할 수 있다고 보았는데 이러한 결론에 찬성하기 어렵다. 이에 관한 구체적 논의는 김동윤, "외국판결의 승인 및 집행요건으로서의 공서", 인권과 정의 353호(2006.1), 참조.

54) 호문혁, "외국판결의 공서위반 판단의 대상에 관한 연구－강제징용 사건 관련 대법원 판결에 대한 검토를 중심으로－", 법학평론 6권(2016.4), 69쪽. 영국의 보통법에서는 외국재판의 절차에 하자가 있는 경우를 절차적 공서양속의 문제로 보지 않고, 자연적 정의(natural justice)에 반하는 것으로 분류하고 있다(Collins, para. 14－163).

55) 석광현, "사기에 의하여 획득한 외국중재판정의 승인과 공서위반 여부", 판례연구 24집 2호(2010.12), 147쪽. 브뤼셀협약의 공서에 관한 규정을 적용한 대표적인 유럽사법재판소의 Krombach v Bamberski Case C－7/98 [2000] ECR I－1935 결정에서도 동일하게 보고 있다. 이 판결의 사안에서 살인혐의를 받고 있는 독일인은 그 살인과 관련한 프랑스에서의 민사재판에 출석을 거부하고 대신에 변호사만을 출석시키려고 하였지만, 프랑스법상 도주자는 대리인을 출석시킬 수 없었기 때문에 피고는 아무런 진술의 기회를 갖지 못하고 패소하였다. 원고가 이 재판을 가지고 독일에 집행판결을 신청하였지만 유럽사법재판소는 위 재판이 당사자의 방어권을 침해한 공서양속에 반하는 재판으로 보았다.

3. 당사자의 재판받을 권리에 의한 외국재판의 기판력의 제한

민사소송법 제217조 제1항 제2호에서는 피고가 방어에 적합한 시간을 두고서 적법한 방법에 의하여 송달받았을 것을 외국재판의 승인의 요건이 하나로 규정하고 있다. 이를 송달의 적시성과 적법성[56]이라고 한다. 위와 같은 규정은 둔 이유는 재판절차에서 피고에게 방어권이 보장되었다는 것은 헌법에서 보호하는 절차적 정당성을 확보하기 위한 가장 중요한 요소이기 때문이다. 비록 위 규정이 송달에 한정하고 있지만 이 규정의 취지와 '절차적 공서'를 근거로 할 때 당사자의 재판받을 권리 또는 피고의 방어권 보장은 이를 배제할 만한 정당한 사유가 없는 한 외국재판의 효력을 제한하는 사유로 작용될 수 있을 것이다.[57]

4. 구체적인 적용의 결과

가. 영국의 쟁점기판력

우리 법의 관점에서 볼 때 영국의 쟁점기판력의 문제점은 판결의 주문에 포함되지 아니한 판결이유 중의 판시사항에 대하여까지 기판력이 발생함으로써, 당사자의 재판받을 권리가 침해될 염려가 있고 그 결과 절차적 공서에 반할 수 있다는 점에 있다. 쟁점기판력을 넓게 인정하면 당사자의 재판받을 권리가 넓은 범위에서 침해될 수 있다는 문제는 영국에서도 인지되고 있다. 이러한 이유로 쟁점기판력에 의하여 기판력이 발생하는 쟁점(issue)이 되기 위해서는, 법원이 그 쟁점에 관하여 판단을 한 것만으로는 부족하고 그 쟁점이 청구권이 발생하기 위한 여러 개별적 요건에 해당하고 원고의 청구원인 또는 피고의 답변에 있어서 핵심적 요소에 해당해야 한다.[58] 핵심적 요소인지 여부는 그러한 쟁점이 판결을 선고하는데 있어서 반드시 해결되어야 하는 사항에 해당하는지 여부에 따라서 결정된다.[59] 결국 부수적 또는 보충적 판시사항에 대하여는 쟁점기판력이 발생하지 아니하는데, 영국에서는 판시내용 중 기판력이 발생하는 쟁점부분은 ratio decidendi라고 하며, 부수적인 방론을 obiter dictum이라고 하여 양자를 구분한다.[60] 이와 같이 쟁점기판력은 법원이 충분한 심리를 거친 쟁점에 대하여만 인

---

56) 송달의 적법성은 외국 판결의 승인 및 집행이 구하여지는 우리나라의 법에 의하여 판단하여야 한다는 견해가 있는데 명확한 근거를 제시하지 않고 있다(정병석, "외국법원의 우리나라 국민에 대한 영사송달의 적법 여부", 서울지방변호사회 판례연구 6집(1992.7), 309쪽). 그리고 송달의 적법성은 재판국법에 따르는 것을 원칙으로 하자는 견해가 있다(석광현, 국제민사소송법, 박영사, 2012, 363쪽). 이 견해에서는 국제사법 내지 국제민사소송법상 '절차는 법정지법에 따른다.'은 원칙이 일반적으로 승인되고 있고 외국재판을 승인해야 하는 국가(이하 '승인국'이라고 한다.)의 법에 따라 송달의 방법을 정해야 한다면 송달 당시에는 어느 나라에서 승인을 구할 것인지를 알 수 없기 때문이라고 한다. 이와 같이 송달의 적법성을 재판국법에 따르자는 견해도 구체적인 내용에서 나누어지는데, 우리의 국제사법공조법과 국제협약도 종합적으로 고려하여 피고의 방어권이 실질적으로 보장되었는지 여부에 따라 송달의 적법성 여부를 결정하자는 견해(구자헌, "외국판결 집행요건으로서의 송달의 적법성", 대법원판례해설 85호(2010 하반기)(2010.7), 427-428쪽)와 송달이 실시된 국가가 송달과 실질적 관련이 있다는 이유로 재판국법과 중첩적으로 송달이 실시된 국가의 법에 따라 판단해야 한다는 견해(유영일, "외국판결 승인의 요건으로서의 송달의 적법성", 국제판례연구 2집(1992.7), 227-228쪽)가 있다.

57) 석광현, 국제사법과 국제소송 제5권, 박영사, 2012, 445쪽에서는 "상호간의 심문의 기회가 보장된 절차"일 것은 외국판결의 개념요소라기 보다는 별도의 방어권보장의 요건으로 이해하여 민사소송법 제217조 제2호를 적용하자고 주장하고 있는데, 결론적으로 필자의 주장과 동일하다고 생각된다.

58) International Law Association Berlin Conference(2004), Interim Report on "*Res judicata*" and Arbitration, available at http://www.ila-hq.org/en/committees/index.cfm/cid/19, p. 7.

59) Barnett, para. 5.08.

60) International Law Association Berlin Conference(2004), Interim Report on "*Res judicata*" and Arbitration, available at

정되고 있다는 점에서 당사자의 재판받을 권리를 박탈할 염려가 없으며, 우리나라에서도 쟁점기판력과 유사한 주장이 제기되고 있는 이상 쟁점기판력이 공서양속에 반하여 그 효력이 우리나라에서 제한될 필요는 없어 보인다.

나. 영국의 Henderson v Henderson 규칙

Henderson v Henderson 규칙은 재판을 하지 아니한 사항에 대하여 기판력이 발생한다는 점에서 매우 특이하다.61) 이 규칙은 재판받지 아니한 사항에 대하여 재판을 받지 못하게 하는 결과를 가져오기 때문에 국민의 재판받을 권리를 침해할 우려가 있다는 이유로 영국에서는 그 적용에 있어서 신중을 기하고 있다.62) 더욱이 Henderson v Henderson 규칙이 적용되는 대부분의 경우는 '청구원인 기판력'이나 쟁점기판력이 적용될 수 있는 경우이고 Henderson v Henderson 규칙은 오히려 국민의 재판받을 권리를 침해하기 때문에 이를 매우 제한적으로 적용해야 한다거나,63) 아예 Henderson v Henderson 규칙을 폐지해야 한다는 견해도 있다.64) 비록 영국에서 Henderson v Henderson 규칙이 신중하게 적용되고 있다고 하더라도 사법적 심판이 이루어지지 아니한 사항에 대해서까지 기판력을 인정하는 것은 당사자의 재판받을 권리를 원천적으로 박탈한다는 점을 부정할 수 없다. 이러한 점에서 위 규칙은 우리의 절차적 공서나 당사자의 방어권 보장에 정면으로 충돌하므로 이 원칙이 적용된 법률관계는 우리 법원에서 승인될 수 없다.

V. 외국재판의 기판력과 관련하여 우리 법이 승인국법과 집행국법으로서 적용되는 경우

1. 승인국법으로서 적용되는 경우

앞서 언급한 바와 같이 기판력의 범위는 재판국법에 따라서 결정해야 하지만, '절차는 법정지법에 따른다.'는 원칙에 따르면 외국재판이 승인국에서 절차적으로 어떻게 주장되어야 하는지에 관하여는 승인국법에 따라야 한다.65) 예를 들어 영국에서는 기판력의 존재를 피고의 항변사유로 보고 있으므로 법원이 직권에 의하여 기판력의 효력을 인정할 수 없고 당사자의 항변이 있는 때에 비로소 외국재판의 기판력에 대하여 심리를 진행한다.66) 반면에 우

---

http://www.ila-hq.org/en/committees/index.cfm/cid/19, p. 7.

61) Barnett, para. 6.05.

62) Neil Andrews, English Civil Procedure, Oxford, 2003, para. 40.37.

63) K.R. Handley, A Closer Look at Henderson v Henderson, L.Q.R. 2002, 118(Jul), p. 397.

64) Barnett, pp. 42-43.

65) Dickinson, para. 13.99.

66) Simon Beckwith, Res Judicata and Foreign Judgments: the Indian Grace, I.C.L.Q. 1994, 43(1), p. 192. 대륙법계인 프랑스, 벨기에, 네덜란드도 기판력을 항변사유로 보고 있으므로 당사자가 기판력의 주장을 하지 아니하면 법원은 이에 대하여 심리를 진행하지 아니한다(International Law Association Berlin Conference(2004), Interim Report on "*Res judicata*" and Arbitration, available at http://www.ila-hq.org/en/committees/index.cfm/cid/19,).

리 대법원 판례는 기판력의 존재가 법원의 직권조사사항으로서67) 당사자가 임의로 법원의 판결에 발생한 기판력을 포기하는 것이 허용되지 아니한다고 하므로68) 영국의 재판이 우리나라에서 승인대상이 되었을 때에 우리 법원은 우리 법에 따라서 직권으로 영국재판의 기판력의 범위를 조사해야 하고 당사자의 주장이 없다는 이유로 영국재판의 기판력을 무시할 수 없다.

앞서와 동일한 이유로 외국재판의 기판력이 승인국에서 소송법적으로 어떤 효력을 발생시키는지도 승인국법에 따라야 한다. 환언하면 우리 법원에서 외국재판의 기판력이 주장되고 이러한 기판력이 인정된다면 법원이 이러한 기판력에 따라서 어떠한 재판을 할 것인지는 우리 법에 따른다. 대법원 1987.4.14. 선고 86므57 판결에서도 "반심계속중 반심청구인이 반심피청구인을 상대로 그 반심청구와 같은 내용을 포함하는 심판청구를 제기하여 승소한 뉴욕주 법원의 확정판결이 현출되었다면 원심으로서는 위 확정판결이 우리나라에서 승인의 요건이 구비되어 그 판결의 효력이 인정됨으로써 반심청구가 그 판결의 기판력에 저촉되어 권리보호의 요건을 갖추지 못하였는지 여부를 심리, 판단하여야 한다."고 판시하여 외국재판의 기판력에 저촉되는 우리나라에서의 후소를 어떻게 처리해야 하는지에 관하여 우리 법을 적용하고 있다.69)70)

2. 집행국법으로서 적용되는 경우

외국재판의 승인과 집행판결은 구별되어야 한다. 승인이 외국재판의 효력을 국내에 확장하는 것이라면, 집행판결은 외국재판에 대하여 집행력을 부여하여 우리나라 법률상의 강제집행절차로 나아갈 수 있도록 허용하는 것으로서 그 변론종결시를 기준으로 하여 집행력의 유무를 판단하는 재판이다.71) 그런데 집행법은 절차법으로서 '절차는 법정지법에 따른다.'는 원칙이 적용되어 외국재판의 집행이라고 하더라도 집행국의 집행법이 적용될 수밖에 없다. 따라서 외국재판의 집행력은 집행국의 법과 절차에 의하여 제한될 수밖에 없기 때문에72) 우리 법상 강제집행이 허용되는 범위에서만 외국재판의 강제집행이 가능하다. 브뤼셀규칙 recast 제41조 제1항에서도 "다른 회원국에서 내려진 재판의 집행절차에 관하여는 집행국법이 적용된

67) 대법원 2011.5.13. 선고 2009다94384 판결.

68) 대법원 1995.12.5. 선고 94다59028 판결에서는 "재판상의 화해를 조서에 기재한 때에는 그 조서는 확정판결과 같은 효력이 있고 당사자 간에 기판력이 생기는 것이므로 재심의 소에 의하여 취소 또는 변경이 없는 한 당사자는 그 화해의 취지에 반하는 주장을 할 수 없는바"라고 판시하여 당사자가 판결의 기판력을 임의로 처분할 수 없다는 점을 밝히고 있다.

69) 반면에 전소와 후소 사이의 소송물의 동일성이나 당사자의 동일성은 각 기판력의 객관적 범위와 기판력의 주관적 범위에 해당하므로 재판국법에 의하여 결정해야 한다고 본다. 이때 집단소송과 같이 비자발적으로 소송의 당사자가 되어 판결의 효력을 받는 경우에도 이러한 판결을 승인해야 할 것인지 문제되는데 그 당사자가 소송통지를 받아서 집단소송의 구성원의 지위에서 탈퇴할 수 있는 기회가 주어졌는지 여부에 달려 있다고 본다.

70) 영국의 Civil Jurisdiction and Judgments Act 1982 제34조에서는 승인된 외국재판의 원고가 승소한 경우에는 영국에서 다시 소를 제기할 수 없다고 명시하여 외국재판의 기판력의 영국 내 효력에 관하여 입법적으로 해결하고 있다.

71) 대법원 2003.4.11. 선고 2001다20134 판결. 외국판결과 집행판결 중 어느 판결이 집행의 대상인가에 관하여 외국판결설, 집행판결설, 외국판결과 집행판결의 합체설이 있다. 이 중 합체설이 우리의 다수설이라고 한다(석광현, 국제민사소송법, 박영사, 2012, 418쪽).

72) Pedro Alberto, Recognition and Enforcement of Judgments in International Property Litigation: the CLIP Principles, available at http://eprints.ucm.es/15214/1/Recognition-Tokyo-PDeMiguelf.pdf, p. 14.

다."(the procedure for the enforcement of judgments given in another Member State shall be governed by the law of the Member State addressed.)고 규정하여 이를 명확히 하고 있다.

제 4 장　외국재판의 집행을 위한 절차

Ⅰ. 집행판결의 요구

민사집행법 제26조 제1항에서는 "외국법원의 확정판결 또는 이와 동일한 효력이 인정되는 재판에 기초한 강제집행은 대한민국 법원에서 집행판결로 그 강제집행을 허가하여야 할 수 있다."고 규정하여 외국법원의 확정재판이 강제집행 되기 위해서 집행판결을 요구하고 있다. 외국재판의 승인은 자동승인으로서 승인을 위한 별도의 절차가 요구되지 않는다는 점과 차이가 있다. 강제집행이라는 국가의 강제력은 속지적인 것이어서 외국재판에서의 명령이 우리나라에서 당연히 강제력을 가질 수 없고 우리 법원의 집행판결을 통하여 외국재판이 강제집행 될 수 있다.

Ⅱ. 외국재판의 승인과 집행의 연계와 문제점

민사소송법 제217조에서는 외국재판의 승인을, 민사집행법 제26조에서는 외국재판의 강제집행을 각 분리하여 규정하고 있다. 그러나 민사집행법 제27조에서는 외국재판에 대한 강제집행을 허용하기 위한 요건을 "1. 외국법원의 확정재판 등이 확정된 것을 증명하지 아니한 때, 2. 외국법원의 확정재판 등이 민사소송법 제217조의 조건을 갖추지 아니한 때"로 규정하여 외국재판의 승인요건과 연계하여 이와 동일한 요건을 요구하고 있다. 다만 집행판결의 대상이 되는 외국재판은 구체적 급부의 이행 등 그 강제적 실현에 적합해야 한다[1)]는 추가적 요건을 갖고 있을 뿐이다. 만일 외국재판이 위 요건을 갖추지 못한다면 민사집행법 제27조 제2항에 따라서 소가 각하된다. 이러한 결과 외국재판은 기판력을 가지는 확정재판이어야 하고 기판력이 없이 집행력만 있는 경우는 집행판결의 대상이 될 수 없는 한계에 부딪히게 된다.

앞서 여러 차례 언급한 바와 같이 외국재판을 승인 및 집행은 당사자의 권리구제를 목적으로 하고 있기 때문에 외국재판의 확정여부와 관련 없이 외국에서 발생한 기판력과 집행력을 그 대상으로 할 필요가 없다. 이에 따르면 기판력과 집행력을 분리시켜서 기판력이 없지만 집행력만 있는 공정증서나 지급명령과 같은 경우에도 집행이 가능하도록 할 필요가 있다고 본다.

---

1) 대법원 2010.4.29. 선고 2009다68910 판결.

Ⅲ. 집행판결의 성격

집행판결은 이행을 명하는 판결이 아니므로 집행판결을 이행판결은 아니다. 만일 외국재판의 강제력이 우리나라에서도 효력이 있다면 집행판결은 이러한 강제력의 존재를 확인하는 확인판결이 되겠지만 외국재판의 강제력은 속지적 성격으로 재판국에서만 효력이 있으므로 집행판결은 확인판결이라고 보기 힘들다. 집행판결은 외국재판에 기초하여 강제집행 하는 것을 허용하는 판결이므로 새로운 법률관계를 창설하는 형성판결이 보는 것이 합당하다고 본다. 서울고등법원 2016.4.7. 선고 2015나8423 판결에서도 집행판결로 보고 있다.

Ⅳ. 집행판결의 집행권원

1. 집행판결과 외국재판

'집행권원'은 사법상의 일정한 이행청구권의 존재와 범위를 표시함과 동시에 강제집행으로 그 청구권을 실현할 수 있는 집행력을 인정한 공정증서를 말한다. 집행권원에는 강제집행에 의하여 실현되어야 할 급부의 종류 · 내용 · 범위 등이 직접 · 구체적으로 표시되어야 한다. 집행권원의 기능은 집행절차를 집행권원 절차에서 분리하여 집행기관으로 하여금 급부의무의 존부 · 내용을 조사함이 없이 집행을 실시하도록 함에 있기 때문이다. 이를 '채무명의'라고도 한다.

집행판결을 집행력이 없는 외국재판에 대하여 집행력을 부여하는 절차라고 이해한다면 집행권원은 집행판결 자체가 되어야 한다. 그런데 우리 다수설은 집행판결은 집행의 기본인 청구권의 존부와 범위를 확정하는 것은 아니므로 집행판결과 그 근거인 외국재판이 일체로서 집행권원이 된다고 한다.[2] 서울고등법원 2012.1.27. 선고 2011나27280 판결에서도 이러한 다수설에 따라서 외국재판도 집행권원으로 보면서 대상 외국재판인 미국판결의 특정이행 부분은, "원고들은 피고들에 대하여, 합의각서와 독점적 라이센스 계약의 특정이행(specific performance)을 청구할 권리를 부여받았다."는 것으로서, 피고들의 원고들에 대한 의무의 내용이 특정되어 있지 않다는 이유로 소를 각하하였다.

위 고등법원 판결에 대한 상소심판결인 대법원 2017.5.30. 선고 2012다23832 판결에서는 "미국 법원은 손해배상(Damages)이 채권자에게 적절한 구제수단이 될 수 없는 경우에 형평법(equity)에 따라 법원의 재량에 의하여 계약에서 정한 의무 자체의 이행을 명하는 특정이행 명령(decree of specific performance)을 할 수 있는데, 특정이행 명령을 집행하기 위해서는 그 대상이 되는 계약상 의무가 충분히 구체적이고 명확하지 않으면 아니 된다."라고 판시하고 있는데 우리 민사소송법이 아니라 미국 캘리포니아주의 법을 근거로 집행가능성을 판단하고 있다는 점에서 대법원도 원심과 마찬가지로 집행판결과 외국재판을 모두 집행권원으로 본 것

2) 석광현, 국제민사소송법, 박영사, 2012, 418쪽.

으로 보인다.

2. 외국재판이 특정되지 아니한 경우

집행권원인 외국재판의 내용이 특정되지 아니한 경우에는 강제집행의 내용과 범위가 특정되지 않기 때문에 집행기관이 강제집행을 할 수 없다. 이러한 경우에 앞의 대법원 판결에서는 집행판결을 할 수 없다는 입장이지만 우리 법원이 집행권원을 보충하여 강제집행이 가능하도록 하자는 견해도 있다.[3] 그러나 민사소송법 제211조에서는 "판결에 잘못된 계산이나 기재, 그밖에 이와 비슷한 잘못이 있음이 분명한 때"에 해당하더라도 집행법원이 이를 보완하여 강제집행 하는 것을 허용하지 않고 판결의 경정을 받도록 규정하고 있으며, 대법원 1998.5.15. 선고 97다57658 판결에서는 소송물이 동일한 경우라도 판결 내용이 특정되지 아니하여 집행을 할 수 없는 경우에는 다시 소송을 제기할 권리보호의 이익이 있다고 하여 역시 집행법원이 보완하는 것을 허용하지 않는 대신에 새로운 소를 제기하는 것을 허용하고 있다. 이러한 국내법과 대법원 판례의 취지를 고려할 때 외국재판의 내용이 특정되지 않았다면 재판국법에 따라서 외국재판의 내용을 시정한 후에 다시 집행판결을 구하는 소를 제기하도록 하는 것이 타당하다고 본다.

Ⅴ. 집행판결의 절차

1. 관 할

집행판결을 청구하는 소는 채무자의 보통재판적이 있는 곳의 지방법원이 관할하는 것이 원칙이다(민사집행법 제26조 제2항). 그러나 채무자가 우리나라에 주소나 거소를 갖고 있지 않은 상태에서 재산만 우리나라에서 소유하고 있는 경우도 있으므로 채무자의 보통재판적이 없는 때에는 민사소송법 제11조 "대한민국에 주소가 없는 사람 또는 주소를 알 수 없는 사람에 대하여 재산권에 관한 소를 제기하는 경우에는 청구의 목적 또는 담보의 목적이나 압류할 수 있는 피고의 재산이 있는 곳의 법원에 제기할 수 있다."가 적용된다.

이러한 집행판결의 관할은 전속관할이다. 대법원 1982.12.28. 선고 82므25 판결에서는 "민사소송법 제476조 제2항에 의하면 집행판결을 청구하는 소는 채무자의 보통 재판적 소재지의 지방법원이 관할한다고 규정하고 있는바, 법원조직법 제3조 제1항은 법원을 대법원, 고등법원, 지방법원, 가정법원의 4종으로 하며 지방법원은 필요에 따라 이를 민사사건만을 관할하는 민사지방법원과 형사사건만을 관할하는 형사지방법원으로 할 수 있다고 규정하고 있으므로 가정법원은 민사소송법 제476조 제2항의 지방법원에 해당하지 아니한다고 볼 수 밖에 없으며, 집행판결을 청구하는 대상이 된 외국판결이 가사심판법 제2조에 정한 가정법원의 심

---

3) 앞의 책, 424쪽.

판사항을 내용으로 한 것이라 하여 그 소가 반드시 가정법원의 관할에 속하는 것으로 해석하여야만 할 이유도 없다."고 하여 집행판결의 관할이 전속관할임을 확인해주고 있다.

이와 같이 볼 경우 집행판결에는 국제거래에 관한 소의 특칙인 민사소송법 제24조 제1항[4]도 적용되지 아니하는데 국제사건의 전문적 성격을 제고한 규정까지 배제되는 부당함이 있다. 그리고 굳이 피고의 보통재판적을 전속관할로 해야 할 합리적 이유도 없으므로 민사소송법 제24조 제1항이 적용되는 쪽으로 해석 또는 개정이 필요하다고 본다.

2. 당사자

집행판결의 원고와 피고는 외국재판에 원고와 피고로 표시된 자 및 그의 승계인이 된다. 집행판결을 청구하는 소도 소의 일종이므로 통상의 소송에서와 마찬가지로 당사자능력 등 소송요건을 갖추어야 한다.[5]

3. 집행판결의 주문

민사집행법 제26조 제1항에서는 법원이 외국재판의 강제집행을 허가할 수 있도록 규정하고 있으므로 집행판결의 주문도 이에 맞추어 이루어지고 있다. 통상적으로 "원고들과 피고들 사이의 어느 법원 (사건번호) 어떠한 청구 사건에 대하여 위 법원이 2000.○.○.자로 한 판결에 기하여 별지 판결문 중 선고내용에 따른 강제집행을 허가한다."라고 주문을 기재한다. 또는 별지를 사용하지 않고 "원고와 피고 사이의 어느 법원 (사건번호) 어떠한 청구 사건에 대하여 위 법원이 2000.○.○.자로 한 판결에 기초하여 미화 ○○○달러 및 이에 대한 2000.○.○.부터 다 갚는 날까지 연 ○○%의 비율에 따른 금원의 지급에 관하여 원고의 피고에 대한 강제집행을 허가한다."라고도 할 수 있다.

만일 외국재판 중 일부에 대하여 집행을 허용한다면 "원고들과 피고 사이의 어느 법원 (사건번호) 어떠한 청구 사건에 대하여 위 법원이 2000.○.○.자로 한 판결에 기한 강제집행은 미화 ○○○달러와 이에 대한 2002.○.○.부터 다 갚는 날까지 연 10%의 비율로 계산한 돈의 지급을 명하는 범위 내에서만 이를 허가한다."라고 기재한다.

그리고 외국재판의 명령의 형식 및 기재 방식이 우리나라 판결의 주문 형식이나 기재 방식과 상이하다 하더라도, 집행국인 우리나라 법원으로서는 민사집행법에 따라 외국법원의 확정재판 등에 의한 집행과 같거나 비슷한 정도의 법적구제를 제공하는 것이 원칙이다.[6]

4. 가집행과 소송비용

원고의 신속한 권리구제를 위한 가집행선고를 할 필요가 있다. 그리고 재판실무에서도

4) "국제거래에 관한 소를 제기하는 경우에는 제2조 내지 제23조의 규정에 따른 관할법원 소재지를 관할하는 고등법원이 있는 곳의 지방법원에 제기할 수 있다. 다만 서울고등법원이 있는 곳의 지방법원은 서울중앙지방법원으로 한정한다."

5) 대법원 2015.2.26. 선고 2013다87055 판결.

6) 대법원 2017.5.30. 선고 2012다23832 판결.

가집행선고를 하고 있다. 물론 국내판결에서도 소유권이전등기절차를 이행하라는 판결 또는 채권양도통지를 하라는 판결과 같이 의사진술을 이행하라는 판결에 대하여는 가집행선고를 할 수 없으므로 이와 같은 외국재판에 대한 집행판결에 대하여는 가집행선고를 할 수 없다. 다만 앞서 본 바와 같이 집행판결을 형성판결로 본다면 이에 대하여 가집행선고를 하는 것은 논리적으로 문제가 있다. 통상적으로 소장의 청구취지에서 가집행선고를 구하고 있지만 이와 같이 청구취지에 기재가 없더라도 법원이 직권으로 가집행선고를 할 수 있다(민사소송법 제213조 제1항). 한편 집행판결절차도 소의 일종이므로 법원은 집행판결을 하면서 소송비용에 관한 재판도 해야 한다. 소송비용의 재판은 법원의 직권사항이므로 당사자가 별도로 청구할 필요가 없다(민사소송법 제104조).

5. 집행판결의 요건에 흠결이 있는 경우

법원이 집행판결을 구하는 소송절차에서 집행판결의 요건을 심사한 결과 요건에 흠결이 있다면 청구를 기각할 것이 아니라 소를 각하해야 한다(민사집행법 제27조 제2항).

6. 집행판결이 확정된 후 외국재판이 취소 또는 변동된 경우

재판이 확정되면 무효사유가 없는 한 재판이 오류가 발견되더라도 확정된 재판의 효력이 소멸되지 아니한다. 마찬가지로 일단 집행판결이 확정되었다면 그 외국재판이 재판국 법원에 의하여 취소되거나 변동되더라도 집행판결의 효력에는 영향을 끼치지 못한다. 이러한 경우에 민사소송법 제451조 제1항 제8호의 "판결의 기초가 된 민사나 형사의 판결, 그 밖의 재판 또는 행정처분이 다른 재판이나 행정처분에 따라 바뀐 때"에 해당하여 재심의 소의 대상이 될 수 있을 뿐이다.

7. 집행판결의 판단시기와 청구이의의 사유

가. 집행판결에 대한 청구이의의 소

기판력과 집행력은 변론종결 당시를 기준으로 하여 발생하므로 집행판결의 집행력도 변론종결 시를 기준으로 판단해야 한다. 대법원 2010.4.29. 선고 2010다3148 판결에서도 중재판정의 집행판결에 관하여 변론종결 시를 기준으로 집행력의 유무를 판단해야 한다고 보았다.[7] 한편 민사집행법 제44조 제2항에서는 변론종결 후의 변제, 면제, 소멸시효의 완성과 같이 변론종결 후에 발생된 사유만을 청구이의의 소의 원인으로 규정하고 있다. 집행판결도 변론종결 시를 기준으로 집행력이 발생되므로 청구이의의 소의 대상이 된다. 따라서 집행판결 이후에 변제 등의 사유가 발생하였다면 채무자는 청구이의 소를 제기하여 집행판결의 집행력을 제거

7) 다만 이 판결에서는 집행판결을 외국중재판정에 대하여 집행력을 부여하는 절차라고 하여 외국재판 자체에 집행력이 있는 것이 아니라는 설시를 하면서도 뒤에서는 '집행력의 유무를 판단'이라고 하여 마치 외국재판에 집행력이 있는 것처럼 표현한 오류가 있다.

시킬 수 있다.

나. 집행판결의 절차에서의 청구이의의 사유의 주장

만일 외국재판의 원판결의 변론종결 시 이후에 위와 같은 사유가 발생하였다면 아직 집행판결이 없기 때문에 청구이의의 소를 제기할 대상이 없다는 문제가 발생한다. 외국재판에 집행력을 인정한다면 외국재판의 집행력을 제거하기 하여 청구이의의 소를 제기할 것을 고려해 볼 수 있겠지만 외국재판의 집행력을 인정할 수 없으므로 청구이의의 소를 제기할 수 없다. 이때에는 집행판결의 절차에서 청구이의의 사유를 주장할 수밖에 없는데 민사집행법 제26조나 제27조에서 청구이의의 사유를 집행거절의 사유로 규정하고 있지 않기 때문에 청구이의의 사유의 존재 자체를 이유로 하여 집행을 거절하기는 힘들다. 이 경우에는 청구이의사유의 존재로 인하여 외국재판의 집행을 허용한 결과가 우리의 공서양속에 반하는 경우에 한하여 집행을 거절할 수밖에 없는데, 청구이의의 사유는 강제집행을 저지할 수 있는 사유이므로 대부분이 공서양속에 위반될 것으로 보인다.

대법원 2010.4.29. 선고 2010다3148 판결에서는 "중재판정의 성립 이후 채무의 소멸과 같은 집행법상 청구이의의 사유가 발생하여 중재판정문에 터 잡아 강제집행절차를 밟아 나가도록 허용하는 것이 우리 법의 기본적 원리에 반한다는 사정이 집행재판의 변론과정에서 드러난 경우에는, 법원은 뉴욕협약 제5조 제2항 (나)호의 공공질서 위반에 해당하는 것으로 보아 그 중재판정의 집행을 거부할 수 있다."고 판시하고 있는데 이러한 판시내용은 외국재판의 집행판결에서도 그대로 적용될 것이다.

집행판결의 절차에서 청구이의의 사유를 주장할 수 있다고 하더라도 이러한 사유는 원재판의 변론종결 시 이후에 발생한 사유에 한정된다. 따라서 원재판의 절차에서 주장하였지만 받아들여지지 아니한 사유는 기판력의 차단효[8] 또는 민사집행법 제27조 제1항[9]의 실질재심사금지의 원칙상 집행판결의 절차에서도 주장할 수 없다. 앞의 대법원 판결에서도 외국중재절차에서 상계 주장이 배척된 경우 중재판정의 성립 이후 다시 같은 상계 주장을 이유로 그 중재판정의 집행을 거부할 수 없다고 보았다.

다. 강제집행을 허용하는 것 자체가 불법한 경우

변론종결 전 · 후의 사유에 관계없이 판결을 집행하는 것 자체가 불법한 경우에는 청구이의의 소가 허용된다.[10] 예를 들어 채권자가 확정판결의 변론종결 이전에 부진정연대채무자

8) 판결이 확정되면 당사자 사이의 법률관계는 확정된 판결의 내용대로 창설되므로 당사자는 더 이상 전소 확정된 법률관계와 다른 주장을 할 수 없다. 따라서 후소에서 전소 사실심 변론종결 이전에 존재하고 있던 공격방어방법을 주장하여 전소 확정판결에서 판단된 법률관계의 존부와 모순되는 판단을 구하는 것은 확정판결의 기판력에 반하여 허용되지 아니한다(대법원 2014.3.27. 선고 2011다79968 판결). 이와 같이 더 이상 공격방어방법을 주장할 없다는 의미에서 이를 '실권효' 또는 '차단효'라고 부른다. 이러한 '실권효' 또는 '차단효'는 전소에서 당사자가 그러한 공격방어방법의 존재를 알았는지 몰랐는지, 몰랐다면 과실이 있는지 없는지 여부를 묻지 아니하고 인정된다(앞의 판결).

9) "집행판결은 재판의 옳고 그름을 조사하지 아니하고 하여야한다."

10) 대법원 2006.7.6. 선고 2004다17436 판결.

중의 1인으로부터 금원을 수령하고 더 이상 손해배상을 청구하지 않는다고 합의하였다면 채권이 소멸한다. 그런데 채권자가 이러한 합의의 존재를 모르는 다른 채무자에게 이미 소멸한 채권의 존재를 주장하여 확정판결을 받아서 강제집행을 개시하였다면, 이러한 강제집행을 용인함은 이미 변제, 소멸된 채권을 이중으로 지급받고자 하는 불법행위를 허용하는 결과가 된다 할 것이므로 청구이의의 소로써 집행력을 배제시킬 수 있다.[11] 위와 같은 사유가 있는 경우에는 그러한 사유가 변론종결 전 · 후의 사유인지 관계없이 청구이의의 소를 제기할 수 있을 뿐만 아니라 집행판결의 절차에서 공서위반을 주장할 수 있을 것이다.

11) 대법원 1984.7.24. 선고 84다카572 판결.

사항색인

ㅅ

ㅇ

ㅈ

판례색인(국내)

판례색인(외국)

이 헌 묵

고려대학교 법학과 졸업
사법연수원 수료
국제변호사협회(IBA) International M&A diploma
영국 에딘버러 대학교(University of Edinburgh) 상법석사
변호사
영국 에딘버러 대학교 방문교수
변호사시험, 사법시험, 각종 시험 출제위원
(현재) 경북대학교 법학전문대학원 민사소송법 담당교수

(저서)
민사소송법(제3판), 2020, 홍문사
민사소송법사례연습, 2020, 법률저널
무역계약실무, 2017, 유로

(논문)
"국제재판관할의 결정에서 피고의 예측가능성의 기능"
"국제재판관할의 결정에 있어서 몇 가지 문제점"
"영국법상 상계제도와 영국법이 적용되는 채권의 상계와 관련한 국내법상의 문제"
"국제적 강행규정의 판단기준"
"화환신용장의 중간은행의 법률관계와 독립적 은행보증의 제2의 은행의 법률관계에 대한 준거법"
"Rationales and Requirements of the Legal Framework of Insider Dealing in the European Union" 외 다수

국제계약분쟁해결론

2020년 9월 1일 제1판 인쇄
2020년 9월 10일 제1판 발행

저 자 이 헌 묵
발행인 임 권 규
발행처 弘 文 社

저자와 협의
하에 인지를
생략함

05855 서울시 송파구 송파대로 167 테라타워 B동 802호
등록 1993. 6. 24 제1-1543호
TEL : (02) 712-5311(代) FAX : (02) 716-5311
http://www.hongmoonsa.co.kr

값 45,000원

ISBN 978-89-7770-461-9 93360